ABAP® – Das umfassende Handbuch

SAP PRESS

SAP PRESS ist eine gemeinschaftliche Initiative von SAP SE und der Rheinwerk Verlag GmbH. Unser Ziel ist es, Ihnen als Anwendern qualifiziertes SAP-Wissen zur Verfügung zu stellen. SAP PRESS vereint das Know-how der SAP und die verlegerische Kompetenz von Rheinwerk. Die Bücher bieten Ihnen Expertenwissen zu technischen wie auch zu betriebswirtschaftlichen SAP-Themen.

Damit Sie nach weiteren Titeln Ihres Interessengebiets nicht lange suchen müssen, haben wir eine kleine Auswahl zusammengestellt.

Franz, Kühnhauser
Einstieg in ABAP
6., aktualisierte und erweiterte Auflage 2023, 550 Seiten, brosch.
ISBN 978-3-8362-9354-9
www.sap-press.de/5652

Colle, Dentzer, Hrastnik
Core Data Services für ABAP
3., aktualisierte und erweiterte Auflage 2023, 824 Seiten, geb.
ISBN 978-3-8362-9214-6
www.sap-press.de/5602

Felix Roth
Kundeneigene Erweiterungen mit ABAP
2019, 594 Seiten, geb.
ISBN 978-3-8362-6549-2
www.sap-press.de/4728

Häuptle et al.
Clean ABAP
2022, 398 Seiten, geb.
ISBN 978-3-8362-8659-6
www.sap-press.de/5403

Felix Roth

ABAP® – Das umfassende Handbuch

Rheinwerk
Publishing

Liebe Leserin, lieber Leser,

SAP-Landschaften sind komplex, und wir alle wissen, wie schnell sich Technologien und Anforderungen in der IT-Welt ändern. Genau da setzt SAP PRESS an: mit Büchern, die nicht nur Theorie vermitteln, sondern konkret im Alltag helfen.

In diesem Buch finden Sie direkt umsetzbare Ratschläge, praktische Beispiele und Lösungen für drängende Herausforderungen. Unsere Autor*innen sind Profis, die wissen, wo der Schuh drückt – und wie man Probleme effizient löst. Mit ihrer Erfahrung an Ihrer Seite können Sie Ihre SAP-Projekte gezielter angehen, fundiertere Entscheidungen treffen und die vielen Facetten von SAP besser meistern.

Ob Sie gerade erst beginnen oder schon lange im SAP-Umfeld tätig sind: Wir sind davon überzeugt, dass dieses Buch Ihnen hilfreiche Anleitungen und Tipps an die Hand gibt, um Ihre täglichen Aufgaben und Projekte erfolgreich zu meistern.

Wir freuen uns stets über Lob, aber auch über kritische Anmerkungen, die uns helfen, unsere Bücher zu verbessern. Zögern Sie also nicht, sich bei mir zu melden; Ihr Feedback ist jederzeit willkommen.

Wir wünschen Ihnen viele Aha-Momente und eine erfolgreiche Umsetzung mit diesem Buch!

Ihre Eva Wigger
Lektorat SAP PRESS

eva.wigger@rheinwerk-verlag.de
www.rheinwerk-verlag.de
Rheinwerk Verlag · Rheinwerkallee 4 · 53227 Bonn

Auf einen Blick

Wir hoffen, dass Sie Freude an diesem Buch haben und sich Ihre Erwartungen erfüllen. Ihre Anregungen und Kommentare sind uns jederzeit willkommen. Bitte bewerten Sie doch das Buch auf unserer Website unter **www.rheinwerk-verlag.de/feedback**.

An diesem Buch haben viele mitgewirkt, insbesondere:

Lektorat Eva Wigger
Korrektorat Annette Lennartz, Bonn
Herstellung Nadine Preyl
Typografie und Layout Vera Brauner
Einbandgestaltung Lisa Kirsch
Coverbild iStock: 1083356612 © Allusioni
Satz Typographie & Computer
Druck Beltz Grafische Betriebe GmbH, Bad Langensalza

FSC www.fsc.org MIX Papier | Fördert gute Waldnutzung FSC® C089473

Dieses Buch wurde gesetzt aus der TheAntiquaB (9,35/13,7 pt) in FrameMaker.
Gedruckt wurde es mit mineralölfreien Farben auf chlorfrei gebleichtem, FSC®-zertifiziertem Offsetpapier (80 g/m²).
Hergestellt in Deutschland.

Bibliografische Information der Deutschen Nationalbibliothek:
Die Deutsche Nationalbibliothek verzeichnet diese Publikation in der Deutschen Nationalbibliografie; detaillierte bibliografische Daten sind im Internet über *http://dnb.dnb.de* abrufbar.

ISBN 978-3-8362-9449-2

3., aktualisierte und erweiterte Auflage 2024

Informationen zu unserem Verlag und Kontaktmöglichkeiten finden Sie auf unserer Verlagswebsite **www.rheinwerk-verlag.de**. Dort können Sie sich auch umfassend über unser aktuelles Programm informieren und unsere Bücher und E-Books bestellen.

Inhalt

TEIL II Der Kern der Sprache ABAP

TEIL III Techniken zur Qualitätssicherung

TEIL IV Fortgeschrittene Programmiertechniken

Einleitung

ABAP ist die von SAP entwickelte Programmiersprache für die Erstellung kundenspezifischer Anwendungsprogramme. Die Abkürzung steht für Advanced Business Application Programming. Darüber hinaus nutzt SAP selbst ABAP auch als Basis für SAP ERP, die SAP Business Suite und die SAP-NetWeaver-Plattform. All diese Systeme basieren auf Millionen von in ABAP geschriebenen Zeilen.

Die Abkürzung ABAP bedeutete ursprünglich Allgemeiner Berichtsaufbereitungsprozessor und war, wie es der Name vermuten lässt, dafür gedacht, kundeneigene Berichte aufzubereiten. ABAP orientierte sich in seiner ursprünglichen Form an der Syntax der Programmiersprache COBOL. Über die Jahrzehnte wurde ABAP kontinuierlich weiterentwickelt und verbessert. So hat sich der Sprachumfang mittlerweile vervielfacht, da immer wieder neue Anweisungen und Funktionen hinzukamen, wobei ältere aus Kompatibilitätsgründen beibehalten wurden.

Die aktuelle Version von ABAP (7.57, Stand Ende 2023) steht in ihrer Funktionalität anderen modernen Programmiersprachen kaum noch nach. Bereits 2004 wurde der Sprachumfang um die objektorientierten Elemente von *ABAP Objects* erweitert. Dennoch findet man aufgrund der erwähnten Kompatibilitätssicherung in ABAP auch heute noch viel ältere Funktionalität, die sich mit den neuen, modernen Konstrukten vermischt hat. In der Praxis hat es der Entwickler daher häufig mit einer Mischform aus »alter« und »neuer« Welt zu tun. Eine einseitige Betrachtung ergibt daher keinen Sinn.

Dennoch ist die Zukunft von ABAP bereits angebrochen. ABAP hat durch die letzten Releases bis 7.57 sehr viele neue Funktionen gewonnen, die in die Kapitel dieses Buches integriert sind. In Abbildung 1 können Sie die verschiedenen ABAP-Versionen über die Jahre dargestellt sehen.

Auffällig ist hier, dass zwischen 2004 und 2013 praktisch keine Neuerungen in ABAP eingeführt wurden. Dies war auch die Zeit, als es hieß, dass Java der Nachfolger von ABAP werden sollte. Dies hat sich aber zum Glück nicht durchgesetzt.

Besonders wichtig in Bezug auf dieses neue ABAP sind die neue Datenbank SAP HANA und die neue Oberflächentechnologie SAPUI5 bzw. die von SAP bereitgestellten SAP-Fiori-Apps. Diese neuen Technologien sind das Aushängeschild des SAP-ERP-Nachfolgers SAP S/4HANA. Doch auch wenn die SAP Business Suite für SAP S/4HANA (auf Vorlage der alten Systeme) komplett überarbeitet wurde, bleibt ABAP die Kernprogrammiersprache auch für dieses System.

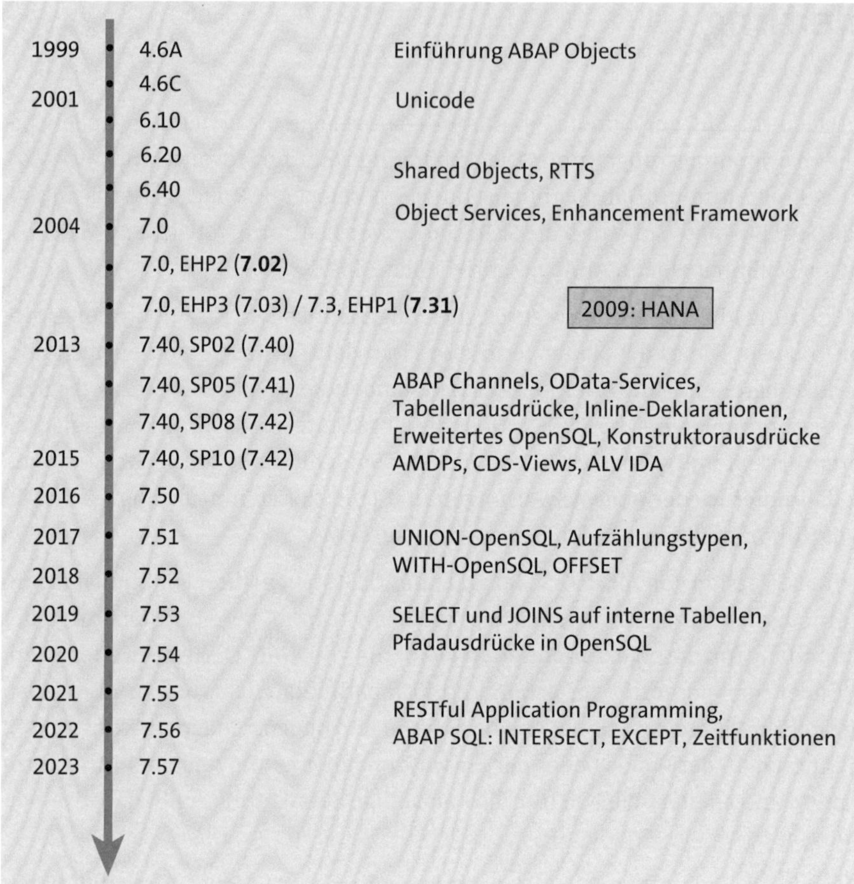

Abbildung 1 Neuerung in ABAP seit 1999 bis heute

Altlasten existieren weiterhin

Es ist wichtig zu verstehen, dass in der On-Premise-Version von SAP S/4HANA weiterhin alle alten Sprachelemente vorzufinden sind. Das heißt, Sie können auch hier Makros, Unterprogramme, Funktionsbausteine etc. verwenden. Technisch gesehen ist es für uns ABAP-Entwickler der gleiche Unterbau. In anderen Worten: Es muss alles beherrscht werden, insbesondere, wenn Altanwendungen gewartet oder erweitert werden sollen.

Betrachtet man die durchschnittliche Halbwertszeit (d. h. die Einsatzzeit beim Kunden) eines ERP-Systems von ca. 20 Jahren (SAP R/3 kam 1993, SAP ECC 2004), wird uns ABAP durch SAP S/4HANA noch lange erhalten bleiben – auch wenn dies in den letzten Jahren (z. B. im Rahmen der Ankündigung der Java-Strategie) nicht immer als Selbstverständlichkeit galt.

In anderen Worten: ABAP ist die Programmiersprache von SAP und wird dies bleiben. Herzlich willkommen seien daher alle Leser, die sich entschieden haben, sich intensiver mit ABAP im Allgemeinen und ABAP Objects im Speziellen zu beschäftigen.

Aufbau dieses Buches

Zuallererst möchte ich Ihnen einen Überblick über das vor Ihnen liegende Buch geben. Im Anschluss habe ich Ihnen verschiedene Lesepläne zusammengestellt – abhängig davon, welche Vorkenntnisse Sie mitbringen.

- **Teil I, »Die Werkzeugkiste des ABAP-Entwicklers«**, beschäftigt sich mit den Entwicklungswerkzeugen des SAP GUI wie der eingebauten ABAP Workbench (Transaktion SE80). Außerdem stelle ich Ihnen hier die neuen ABAP Development Tools for SAP NetWeaver (ADT) für die Entwicklungsumgebung Eclipse vor.
- **Teil II, »Der Kern der Sprache ABAP«**, beschäftigt sich mit dem ABAP-Sprachkern. Von absolut grundlegenden Anweisungen über den Zugriff auf Datenbanktabellen, die Verarbeitung der Daten und ABAP-Objects-Anweisungen bis hin zur Report- und Dynpro-Programmierung ist hier alles vertreten. So hat hier auch der Zugriff auf die neue SAP-HANA-Datenbank mit ABAP (auch *ABAP für HANA* genannt) mit Eingang gefunden. Insbesondere finden Sie in diesem Teil Sprachbefehle und Funktionen, die mit den Releases bis ABAP 7.57 nochmals erweitert wurden.
- **Teil III, »Techniken zur Qualitätssicherung«**, dreht sich um den Test und die Qualitätskontrolle Ihrer geschriebenen Anweisungen. Hier werden die gezielte Verwendung des ABAP Debuggers sowie die zur Verfügung stehenden Analysewerkzeuge erläutert.
- **Teil IV, »Fortgeschrittene Programmiertechniken«**, behandelt weitere Themen aus dem Umfeld von ABAP. Dazu gehören die Entwicklung von Schnittstellen, die Erweiterung von SAP-Standardprogrammen, die Entwicklung von Formularen und Tabellenanzeigen sowie auch fortgeschrittene Techniken wie die dynamische Programmierung oder die Anwendung objektorientierter Frameworks wie der Object Services oder Shared Objects.
- **Teil V, »Objektorientierte Programmierung«**, vermittelt in erster Linie die Grundlagen der objektorientierten Programmierung mit ABAP und zeigt konkrete Methoden für den Entwicklungsprozess. Insbesondere werden hier die objektorientierte Modellierung sowie Hilfsmittel wie UML und Entwurfsmuster besprochen.
- Im letzten Teil des Buches, **Teil VI, »Ein Blick über den Tellerrand: Was Sie als ABAP-Entwickler sonst noch kennen sollten«**, möchte ich Ihnen den Grund für die vielen Änderungen der letzten Releases etwas genauer vorstellen: SAP HANA als neue Datenbankplattform sowie SAPUI5 als neue Web-Frontend-Technologie, die eine regelrechte Innovationswelle ab 2010 angestoßen haben. In diesem Teil

gehe ich insbesondere sowohl auf die vielen neuen Begriffe im Umfeld dieser Technologien als auch auf die Entwicklung von OData-Services ein.

Der Anhang fasst alle wichtigen ABAP-Anweisungen, obsoleten ABAP-Anweisungen, Systemfelder, eingebauten Datentypen, nützliche Funktionsbausteine und Klassen, Transaktionscodes sowie technische Tabellen zur Programmierung mit ABAP zusammen.

Ihr Weg durch das Buch

Da sich dieses Buch an mehrere Zielgruppen richtet (ABAP-Einsteiger, -Kenner und -Experten) und gleichermaßen als Nachschlagewerk für den Alltag dienen soll, finden Sie im Folgenden einige Hinweise, wie Sie aus dem Buch für sich am meisten Gewinn erzielen können.

Aus folgenden Leseplänen können Sie wählen:

- Einsteiger in ABAP
- Einsteiger in ABAP Objects
- Kenner von ABAP Objects (vor allem der Releases vor und bis 7.40)
- Leser der Vorauflage
- Interessenten an den neuen Technologien
- Fortgeschrittene

Die Lesepläne bauen aufeinander auf, vom Einsteiger bis zum Experten. Versuchen Sie, wann immer es geht, so viel wie möglich am System nachzuvollziehen, da sich Programmierung am besten durch die konkrete Anwendung erlernen lässt.

In hervorgehobenen Informationskästen sind Inhalte zu finden, die wissenswert und hilfreich sind, aber etwas außerhalb der eigentlichen Erläuterung stehen. Damit Sie die Informationen in den Kästen sofort einordnen können, haben wir die Kästen mit Symbolen gekennzeichnet:

[+] Die mit diesem Symbol gekennzeichneten *Tipps* geben Ihnen spezielle Empfehlungen, die Ihnen die Arbeit erleichtern können.

[»] In Kästen, die mit diesem Symbol gekennzeichnet sind, finden Sie Informationen zu *weiterführenden Themen* oder wichtigen Inhalten, die Sie sich merken sollten.

[!] Dieses Symbol weist Sie auf *Besonderheiten* hin, die Sie beachten sollten. Es *warnt Sie* außerdem vor häufig gemachten Fehlern oder Problemen, die auftreten können.

Leseplan für Einsteiger in ABAP

Fangen Sie mit der Lektüre des Kapitel 1 an, um sich mit der Entwicklungsumgebung vertraut zu machen. Insbesondere ist hier Abschnitt 1.4.2, »Einen Report anlegen«, von Bedeutung, der Ihnen zeigt, wie Sie einen neuen Report in Transaktion SE80 anlegen und ausführen können.

Bevor Sie sich dann mit den Anweisungen von ABAP auseinandersetzen, ist es wichtig, die Rolle des in Kapitel 3 beschriebenen ABAP Dictionarys zu verstehen. Lesen Sie sich hier alle Abschnitte bis Abschnitt 3.4, »Tabellentypen«, durch. Die folgenden Abschnitte können Sie erst mal außer Acht lassen.

Mit Ihrem ersten angelegten Report und dem Grundwissen über das ABAP Dictionary können Sie nun die in Kapitel 7, »Die ABAP-Grundbefehle«, beschriebenen grundlegenden ABAP-Anweisungen ausprobieren. Versuchen Sie, die vielen Beispiele direkt bei sich im System auszuprobieren. Überspringen Sie erst mal die als fortgeschritten markierten Abschnitte.

Nach einer kurzen Verschnaufpause können Sie sich direkt mit Kapitel 8 auseinandersetzen, das die internen Tabellen von ABAP intensiv behandelt. Kapitel 9 zeigt Ihnen im Anschluss, wie Sie Daten von der Datenbank in interne Tabellen laden und weiterverarbeiten können.

Lesen Sie nun die restlichen Abschnitte (ab Abschnitt 3.5) von Kapitel 3, »Das ABAP Dictionary«. Insbesondere ist hier Abschnitt 3.5, »Datenbanktabellen«, von Bedeutung, der Ihnen zeigt, wie Sie selbst eine Tabelle auf der Datenbank anlegen können. So eine Tabelle können Sie mit den in Kapitel 9, »Zugriff auf Datenbanken«, gelernten Open-SQL-Anweisungen bzw. den in Abschnitt 3.9 beschriebenen Pflegedialogen bearbeiten.

Haben Sie eine SAP-HANA-Datenbank zur Verfügung, empfehle ich Ihnen nun die Lektüre von Kapitel 30, »SAP HANA«, sowie anschließend von Kapitel 10, »Zugriff auf SAP-HANA-Entwicklungsobjekte«. Sollten Sie keine SAP-HANA-Datenbank zur Verfügung haben, so ist dies nicht weiter schlimm, da Sie diese beiden Kapitel jederzeit nachträglich ohne Probleme durcharbeiten können.

Kapitel 12 beschäftigt sich dann mit der Erstellung von Selektionsbildschirmen in Reports. Dies hilft Ihnen dabei, Eingabemasken für Ihre Anwender bereitzustellen. Kapitel 4 zeigt Ihnen, wie Sie es schaffen, Ihren Report mit einem Transaktionscode zu verknüpfen, damit Ihre Anwender den von Ihnen entwickelten Report direkt aufrufen können.

Da die Programme durch die vielen Anweisungen immer größer werden, finden Sie in Kapitel 13 die in ABAP zur Verfügung stehenden Strukturierungselemente, die Ihnen dabei helfen, Ihre Programme in kleinere, voneinander abgetrennte Bereiche zu unterteilen. Insbesondere ist hier Abschnitt 13.4, »Funktionsbausteine«, von Bedeutung. Lesen Sie sich dazu auch Kapitel 5, »Der Function Builder«, durch, um zu verstehen, wie Sie eigene Funktionsbausteine anlegen und verwenden können. Natürlich können Sie auch direkt Klassen und Interfaces zur objektorientieren Strukturierung Ihrer Programme nutzen, wie in Kapitel 11, »Die ABAP-Objects-Syntax«, beschrieben.

Anschließend können Sie dem Leseplan für Einsteiger in ABAP Objects folgen. Haben Sie bis hierhin alle Kapitel gemeistert, können Sie sich dem Umfeldwissen zu ABAP widmen, hierzu gehören die Kapitel in Teil III, Teil IV und Teil VI. Heben Sie sich Kapitel 24, »Fortgeschrittene Programmiertechniken«, bis ganz zum Schluss auf.

Um das große Ganze zwischen all den ABAP-Technologien zu verstehen, empfehle ich Ihnen außerdem Kapitel 29, »ABAP-Programmiermodelle«, wo ich Ihnen einen Überblick über die aktuelle und zukünftige Art der Programmierung mit ABAP gebe.

Leseplan für Einsteiger in ABAP Objects

Dieser Leseplan ist für all jene gedacht, die sich mit dem Sprachkern von ABAP bestens auskennen, aber noch nicht die Chance hatten, sich mit ABAP Objects auseinanderzusetzen, oder bei denen der letzte Einsatz der objektorientierten Konzepte schon eine Weile her ist.

Lesen Sie zunächst Kapitel 25, »Grundlagen der Objektorientierung«, sowie Kapitel 11, »Die ABAP-Objects-Syntax«. Üben Sie nach der Lektüre dieser beiden Kapitel erst einmal intensiv die Anwendung von Klassen und Instanzen am Beispiel des SAP List Viewers (ALV) mithilfe von Kapitel 19. Konzentrieren Sie sich hier insbesondere auf die neue ALV-Anzeige auf Basis der Klasse `CL_SALV_TABLE`, die in Abschnitt 19.2 beschrieben ist.

Legen Sie, wie in Kapitel 6, »Der Class Builder«, beschrieben, eine eigene Klasse an, die Sie anschließend in Ihrem Report instanziieren und verwenden können. Hinweise zur objektorientierten Gestaltung von Reports gibt Abschnitt 28.6, »Objektorientierte Reports«.

Arbeiten Sie nun schrittweise die restlichen Kapitel in Teil V durch. Am Ende der Einleitung zu Teil V finden Sie Verweise auf die konkrete Anwendung bereits in SAP existierender objektorientierter Frameworks. Dazu gehört beispielsweise das Business Object Processing Framework, das Sie in Kapitel 23 beschrieben finden.

Leseplan für Kenner von ABAP Objects

Sie kennen bereits ABAP und ABAP Objects und sind vor allem an den Neuerungen bis Release 7.57 interessiert? Dann ist dieser Leseplan richtig für Sie.

Wenn Sie die ABAP Development Tools (ADT) für Eclipse noch nicht kennen, sollten Sie direkt mit Kapitel 2 einsteigen. Anschließend sind für Sie insbesondere die Übersichten in den folgenden Abschnitten interessant, die Auskunft über die ABAP-Neuerungen geben und jeweils auf die Abschnitte im Buch verweisen, in denen diese ausführlicher behandelt werden:

- Abschnitt 7.15, »Änderungen und Neuerungen bis ABAP 7.57«
- Abschnitt 8.11, »Änderungen und Neuerungen im Umfeld von internen Tabellen bis ABAP 7.57«
- Abschnitt 9.9, »Änderungen und Neuerungen im Umfeld von Open SQL bis ABAP 7.57«
- Abschnitt 10.4, »Änderungen und Neuerungen beim Zugriff auf SAP-HANA-Entwicklungsobjekte bis ABAP 7.57«
- Abschnitt 11.15, »Änderungen und Neuerungen in ABAP Objects bis ABAP 7.57«

Insbesondere sollten Sie nach der Lektüre folgende Begriffe verstanden haben und anwenden können:

- Inline-Deklaration
- Tabellenausdrücke
- Änderungen an Open SQL, z. B. die neuen Open-SQL-Ausdrücke, eine Selektion mit `SELECT` auf interne Tabellen oder die Verwendung der neuen Anweisung `WITH`
- Konstruktorausdrücke, insbesondere die Verwendung der Zusätze von `BASE` und `LET`
- den Zusatz `GROUP BY` der Anweisung `LOOP AT`
- ABAP Managed Database Procedures (AMDP) zur Programmierung von Stored Procedures in Klassen (für SAP HANA)
- AMDP BAdIs
- ABAP-CDS-Views

Leser der Vorauflage

Sie kennen bereits die vorige Auflage dieses Buches und sind nur am Delta von ABAP bis zur Version 7.57 interessiert?

Dann sind für Sie die folgenden Abschnitte interessant, die Auskunft über die ABAP-Neuerungen geben und jeweils auf die Abschnitte im Buch verweisen, in denen diese ausführlicher behandelt werden.

- Abschnitt 7.15, »Änderungen und Neuerungen bis ABAP 7.57«
- Abschnitt 8.11, »Änderungen und Neuerungen im Umfeld von internen Tabellen bis ABAP 7.57«
- Abschnitt 9.9, »Änderungen und Neuerungen im Umfeld von Open SQL bis ABAP 7.57«

Zusätzlich finden Sie in Kapitel 29, »ABAP Programmiermodelle«, ein ausführbares Beispiel zum ABAP RESTful Application Programming Model, damit Sie einen Eindruck davon gewinnen können, wie sich SAP die Entwicklung mit ABAP in den nächsten Jahren vorstellt.

Leseplan für Interessenten an den neuen Technologien

Um einen Überblick über SAP HANA und die neue Web-Frontend-Technologie zu erhalten, ist insbesondere Teil VI mit Kapitel 30, »SAP HANA«, und Kapitel 31, »SAPUI5, SAP Fiori und SAP Gateway«, von Bedeutung. In Kapitel 31 wird der Fokus auf die Entwicklung von OData-Services mit ABAP gelegt. Kapitel 10, »Zugriff auf SAP-HANA-Entwicklungsobjekte«, fasst die ABAP-Anweisungen zusammen, die Sie für den Zugriff auf die SAP-HANA-Datenbank benötigen. Vor allem aber mit den in Kapitel 2, »Die ABAP Development Tools«, beschriebenen ADT als Nachfolger der ABAP Workbench sollten Sie sich vertraut machen.

Leseplan für Fortgeschrittene

Sie wissen bereits, welche sprachlichen Neuerungen es bis Release 7.57 gibt, und haben diese Anweisungen auch bereits verinnerlicht? Dann sind Sie hier richtig!

Informieren Sie sich z. B. über den neuen SAP List Viewer mit integriertem Datenzugriff (ALV with Integrated Data Access, IDA, siehe Abschnitt 19.3).

Kapitel 24 behandelt Themen der fortgeschrittenen Programmierung, insbesondere Parallelisierung, dynamische Programmierung und dynamisches SQL. Außerdem finden Sie hier Informationen zu persistenten Klassen und Shared Objects sowie der Arbeit mit XML und JSON. Kapitel 28 zeigt Ihnen, wie Sie Entwurfsmuster auf ABAP Objects anwenden können. Gerade die Implementierung des Model-View-Controllers und des Observer-Musters wird Sie hier interessieren. Zusätzlich lohnt sich die Kenntnis des Business Object Processing Frameworks (BOPF), das Sie in Kapitel 23 beschrieben finden.

Ihr individueller Leseweg

Abweichend von den hier vorgestellten Leseplänen können Sie sich dem Buch natürlich auf vielen unterschiedlichen Wegen nähern. Da das Buch eine breite Zielgruppe ansprechen und gerade für den Alltag nützlich sein soll, habe ich versucht, mehrere Zugänge zum Buch zu ermöglichen. Stöbern Sie doch einfach einmal durch das Inhaltsverzeichnis, oder suchen Sie im Index nach den Themen, die Sie interessieren. Im Anhang finden Sie außerdem ein Glossar mit den wichtigsten Fachbegriffen sowie nützliche Übersichten mit ABAP-Anweisungen, wichtigen Klassen und Funktionsbausteinen, Transaktionscodes, technischen Tabellen und vieles mehr.

Bleibt mir nur noch, Ihnen viel Erfolg und Spaß bei der Arbeit mit dem Buch zu wünschen. Ich hoffe, es hilft Ihnen dabei, die kleinen und großen Herausforderungen des Alltags zu meistern. Die Zusammenstellung des Inhalts basiert vor allem auf meiner Tätigkeit als ABAP-Entwickler und meinen Erfahrungen als Trainer. Mein Dank gilt daher insbesondere denjenigen Teilnehmern meiner Kurse, die immer eine Frage mehr gestellt und mir auf diese Weise neue Sichtweisen eröffnet haben. So gesehen ist das vorliegende Buch ein Gemeinschaftswerk von und für (angehende) ABAPer. Ich freue mich daher auch über jeden Kommentar, der dazu beiträgt, das Buch weiter zu verbessern und abzurunden. Schreiben Sie mir gerne unter der E-Mail-Adresse *abap.felix.roth@gmail.com*.

In diesem Sinne: `COMMIT WORK`!

Felix Roth

TEIL I

Die Werkzeugkiste des ABAP-Entwicklers

Kapitel 1
Die ABAP Workbench

Die ABAP Workbench ist die integrierte Entwicklungsumgebung und damit die Schmiede des SAP-Systems. Von der Entwicklung bis zum Testen und der Auslieferung – hier entstehen ABAP-Programme jeglicher Art.

Die ABAP Workbench ist eine Sammlung von Entwicklungswerkzeugen und damit die zentrale Stelle für die Arbeit mit ABAP. Es handelt sich um die integrierte Entwicklungsumgebung (*Integrated Development Environment*, IDE) des SAP-Systems. Viele Werkzeuge können Sie zwar über eigene Transaktionscodes einzeln aufrufen; in der ABAP Workbench sind sie jedoch nahtlos ineinander integriert. Von der Startseite der ABAP Workbench aus können Sie die in Abschnitt 1.1 vorgestellten Werkzeuge problemlos erreichen, ohne jeden Transaktionscode auswendig kennen oder sich über das in Abbildung 1.1 dargestellte SAP-Menü hangeln müssen.

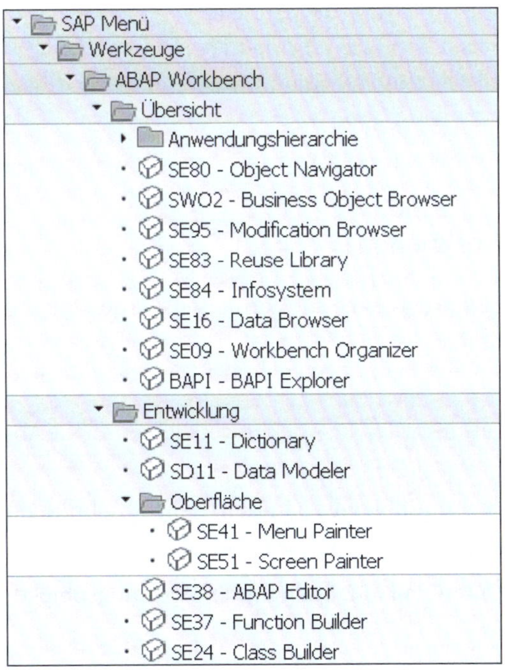

Abbildung 1.1 Die ABAP Workbench im SAP-Menü

Dieses Kapitel dient Ihnen als Übersicht über den Funktionsumfang und den Umgang mit der ABAP Workbench. Gleichermaßen verweist es auf folgende Kapitel, die sich ausführlicher mit Teilen der ABAP Workbench beschäftigen.

In Abschnitt 1.4 beschäftigen wir uns mit dem Herzstück der ABAP Workbench: dem ABAP Editor. Hier zeige ich Ihnen, wie Sie mit dem ABAP Editor umgehen und einen Report anlegen können und welche Funktionen, z. B. das Muster oder die Autovervollständigung, Sie bei der Arbeit besonders schätzen lernen werden.

Für Kenner der Transaktion SE80 empfehle ich Abschnitt 1.4.4, »Die (Auto-)Vervollständigung«. Dort zeige ich Ihnen, wie Sie sich den kompletten Aufruf von Methoden generieren lassen können – eine Funktion, die zwar schon länger existiert, aber vielen noch unbekannt ist.

[»]

Abkündigung des Supports für das SAP GUI

Die ABAP Development Tools (ADT) in Eclipse wurden als Nachfolger der Entwicklungsumgebung für ABAP angekündigt. Der komplette Umstieg soll bis 2030 erfolgen, wenn auch der Support für das aktuelle SAP ECC (SAP ERP Central Component) ausläuft. Zum Zeitpunkt der zweiten Auflage dieses Buches im Jahr 2023 werden die ABAP Development Tools in Eclipse nur von sehr wenigen ABAP-Entwicklern aktiv verwendet. Ihr Ziel sollte dennoch sein, dass Sie zukünftig mit beiden Entwicklungsumgebungen umgehen können, weil auch nach 2025 weiterhin alte Technologien gewartet werden müssen (beispielsweise SAP Smart Forms). Die ADT werden aktuell nur für die Core Data Services (CDS) und das RESTful Application Programming Model benötigt, alles andere kann weiterhin im SAP GUI entwickelt und gewartet werden.

1.1 Die Werkzeuge der ABAP Workbench

Die ABAP Workbench stellt Ihnen mehrere Werkzeuge zur Verfügung, die den folgenden Funktionsbereichen zuzuordnen sind:

- Übersicht und Navigation:
  - der Object Navigator für die Navigation zu den Entwicklungsobjekten (siehe Abschnitt 1.2)
  - der Repository Browser, um Entwicklungsobjekte zu finden (siehe Abschnitt 1.3)
- Entwicklung von ABAP-Anwendungen:
  - das ABAP Dictionary für von der Datenbank unabhängige Entwicklungsobjekte (siehe Kapitel 3)
  - der ABAP Editor für die reine ABAP-Programmierung (siehe Abschnitt 1.4)
  - der Class Builder für die Programmierung mit ABAP Objects (siehe Kapitel 6)

  - der Function Builder für die Arbeit mit Funktionsbausteinen (siehe Kapitel 5)
  - der Screen Painter und Menu Painter zur Dynpro-Programmierung und zur Entwicklung von SAP-GUI-Oberflächen (siehe Kapitel 14, »Die Dynpro-Programmierung«)
  - das Enhancement Framework zur modifikationsfreien Erweiterung von SAP-Standardentwicklungen (siehe Kapitel 21, »SAP-Erweiterungen«)
  - die Webservices zur Entwicklung von Webservices jeglicher Art (siehe Kapitel 20, »SAP-Schnittstellen«)
  - die Nachrichtenklassen zur Verwaltung von Meldungen (siehe Kapitel 12, »Reports und Selektionsbildschirme«)
- Entwicklung von Webanwendungen (siehe jeweils Kapitel 32, »Andere SAP-Webtechnologien«):
  - Business Server Pages (BSP)
  - Web Dynpro ABAP
  - ITS-Services (Internet Transaction Server)
- Testen von ABAP-Anwendungen:
  - der ABAP Debugger zur Analyse von Programmfehlern (siehe Kapitel 15, »Tests und Qualitätskontrolle«)
  - die Laufzeitanalyse und der Performance-Trace zur Analyse der Performance von Programmen (siehe Kapitel 16, »Werkzeuge und Tipps zur Performanceanalyse«)
- Organisation und Auslieferung:
  - die Transaktionen zum Aufrufen von Programmen über Transaktionscodes (siehe Kapitel 4)
  - der Package Builder zur Gruppierung von Entwicklungen (siehe Abschnitt 1.4.7)
  - der Transport Organizer zum Transportieren von Entwicklungen (siehe Kapitel 17, »Das Transportwesen«)

1.2 Der Object Navigator

Nach dem Aufruf der ABAP Workbench über die Transaktion SE80 wird Ihnen standardmäßig der in Abbildung 1.2 dargestellte **Object Navigator** angezeigt. Dieser ermöglicht Ihnen die einfache Navigation zu Entwicklungsobjekten.

Über die Buttons auf der linken Seite gelangen Sie in die gewünschten Browser. Standardmäßig werden in dieser Liste bis zu acht Browser angezeigt. Sie können dabei über die Einstellungen (im Hauptmenü unter **Hilfsmittel • Einstellungen**) eine persönliche Auswahl treffen und bestimmte Browser ein- bzw. ausblenden.

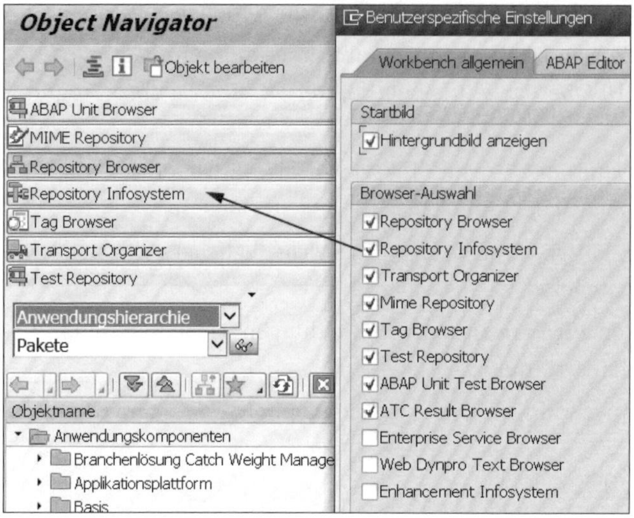

Abbildung 1.2 Der Object Navigator und seine Browser

Die einzelnen Browser haben die folgenden Funktionen:

- Der **Repository Browser** ist der Hauptbrowser und damit der wichtigste Browser für jeden ABAP-Entwickler, hier werden Entwicklungsobjekte bearbeitet.
- Das **Repository Infosystem** wird verwendet, um ABAP-Dictionary-Objekte und Entwicklungsobjekte im SAP-System zu suchen. Es lässt sich auch über den Transaktionscode SE84 aufrufen.
- Der **Transport Organizer** zeigt Transportaufträge/-aufgaben an. Er lässt sich auch über die Transaktionscodes SE10 bzw. SE01 (erweiterte Transport-Organizer-Sicht) starten.
- Das **Mime Repository** dient der Ablage von *Multipurpuse Internet Mail Extensions* (MIMEs, also z. B. Grafiken, Flash, Text, Icons, PowerPoint-Folien) auf der Datenbank. Diese können später aus anderen Anwendungen heraus referenziert werden.
- Der **Tag Browser** dient hauptsächlich der Entwicklung von BSP-Anwendungen und stellt eine Bibliothek aller verfügbaren Tags dar.
- Das **Test Repository** dient der zentralen Verwaltung von Testfällen, z. B. in eCATT (erweitertes Computer Aided Test Tool). Es lässt sich auch über den Transaktionscode STWBM aufrufen.
- Der **ABAP Unit Test Browser** dient der Verwaltung von ABAP-Unit-Testklassen.
- Der **ATC Result Browser** oder ATC-Ergebnis-Browser dient der Ergebnisanzeige im ABAP Test Cockpit (ATC).
- Der **Enterprise Service Browser** beinhaltet Tools zum Anlegen und Verwalten von Webservices.
- Der **Web Dynpro Text Browser** dient als Übersicht für OTR-Texte für Web Dynpro.

- Das **Enhancement Infosystem** oder Erweiterungs-Infosystem dient der Übersicht über alle Erweiterungen (*Enhancements*). Es lässt sich auch über den Transaktionscode SE20 aufrufen.

Als ABAP-Entwickler werden Sie vor allem mit dem Repository Browser arbeiten, den ich in Abschnitt 1.3 näher erläutere. Mitunter kann es ziemlich mühsam sein, über die einzelnen Browser und Auswahlmöglichkeiten zum Zielobjekt zu navigieren. Daher zeige ich Ihnen im folgenden Abschnitt eine zentrale Möglichkeit des Schnellzugriffs.

Schnellzugriff auf Entwicklungsobjekte

Eine Abkürzung für den Zugriff auf Entwicklungsobjekte ermöglicht der Button **Objekt bearbeiten** in der Menüleiste des Object Navigators. Über diesen Button öffnen Sie das Fenster **Objektauswahl**. Hier können Sie, wie in Abbildung 1.3 zu sehen, entweder unter der Option **Entwicklungsobjekt** direkt nach einem Entwicklungsobjekt suchen oder über die Option **Erweiterte Optionen** gezielt auf die Kategorie des gewünschten Entwicklungsobjekts zugreifen. Besonders hilfreich sind dabei die eingebundenen Suchhilfen für jedes Eingabefeld sowie die Möglichkeit, direkt aus dem Dialog neue Objekte anlegen (), kopieren () und löschen () zu können.

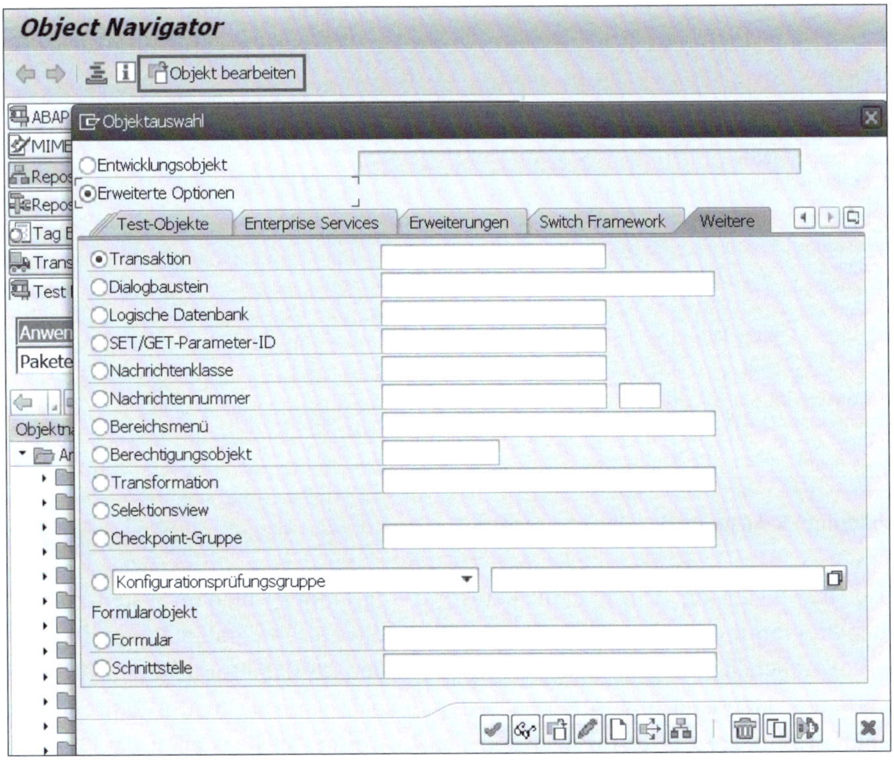

Abbildung 1.3 Die Objektauswahl als Schnellzugriff

Wenn Sie den Namen Ihres Entwicklungsobjekts (teilweise) kennen, können Sie diesen auch im Eingabefeld **Entwicklungsobjekt** eintragen. Wie in Abbildung 1.4 gezeigt, sind Suchen mit einem Platzhalter (dem Stern »*«) ebenfalls möglich. Die Ergebnisliste zeigt Ihnen dann alle Entwicklungsobjekte an, die dieser Auswahl entsprechen.

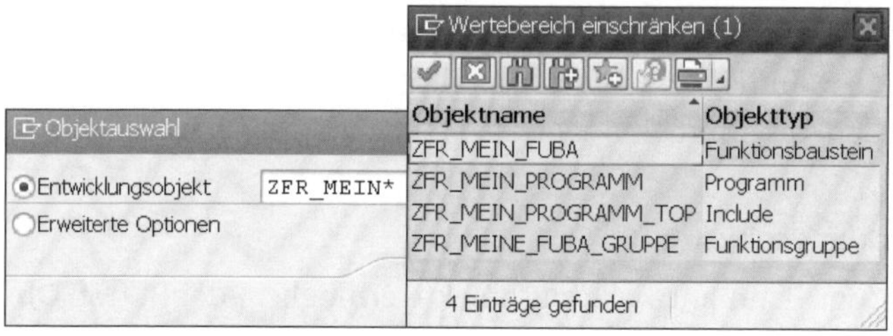

Abbildung 1.4 Suche nach Entwicklungsobjekten

1.3 Der Repository Browser

Mit dem Repository Browser können Sie sich Entwicklungsobjekte anzeigen lassen und diese bearbeiten. Wenn Sie die Ansicht des Repository Browsers aktiviert haben (wird standardmäßig beim Aufruf der Transaktion SE80 ausgewählt), können Sie, wie in Abbildung 1.5 dargestellt, aus der Dropdown-Liste die gewünschte Objektkategorie auswählen.

Abbildung 1.5 Auswahl der Objektkategorie

Beispielsweise gelangen Sie über die Kategorie **Programm** zu allen im System befindlichen Programmen und damit auch zum ABAP Editor als integralem Bestandteil der ABAP Workbench. Natürlich ist es auch möglich, den ABAP Editor über den Transaktionscode SE38 separat aufzurufen. Spätestens jedoch, wenn Sie im ABAP Editor in der Menüleiste auf **Objektliste anzeigen** () klicken, werden Sie feststellen, dass Sie sich wieder im Repository Browser befinden und auf dieselbe Anzeige zugreifen. In beiden Fällen arbeiten Sie somit mit demselben Werkzeug.

Darüber hinaus stehen Ihnen in der Menüleiste unterhalb der Dropdown-Liste zwei nützliche Funktionen bereit, auf die ich in den folgenden beiden Abschnitten eingehe:

- **Übergeordnete Objektliste** anzeigen ()
- Favoriten anlegen ()

1.3.1 Übergeordnete Objektliste

Wie in Abbildung 1.6 dargestellt, haben Sie über den Button **Übergeordnete Objektliste** () die Möglichkeit, sich entlang der Objekthierarchie eines Entwicklungsobjekts zu hangeln. Auf diesem Weg können Sie z. B. einfach von einem Programm in das dazugehörige Paket wechseln und anschließend den gesamten Inhalt des Pakets ansehen. Dies ist etwa besonders hilfreich, wenn Sie in die übergeordnete Funktionsgruppe eines Funktionsbausteins wechseln, um verwandte Funktionsbausteine zu finden.

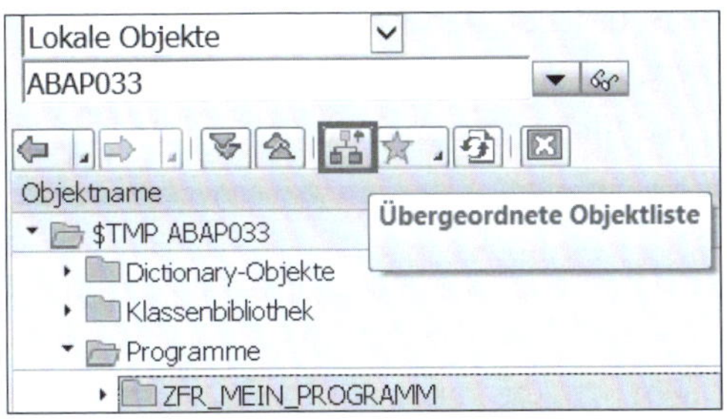

Abbildung 1.6 Übergeordnete Objektliste anzeigen lassen

1.3.2 Favoriten anlegen

Sie haben darüber hinaus die Möglichkeit, Ihre Entwicklungsobjekte als Favoriten hinzuzufügen. Diese lassen sich, wie in Abbildung 1.7 zu sehen, dann einfach wieder über das Favoritenmenü aufrufen. Klicken Sie hierzu auf den Favoriten-Button () und anschließend im Untermenü auf **Hinzufügen**. Dadurch wird das Objekt aus Ihrer Objektliste in die Favoriten aufgenommen.

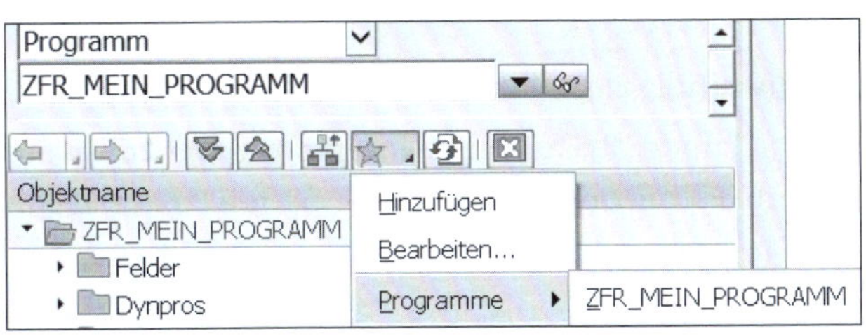

Abbildung 1.7 Favoriten hinzufügen und aufrufen

1.4 Der ABAP Editor

Der ABAP Editor ist das Werkzeug für die ABAP-Programmierung. Neben der Entwicklung normaler ABAP-Programme nutzen Sie ihn zum Schreiben und Bearbeiten von:

- Klassenmethoden
- Funktionsbausteinen
- Dynpro-Ablauflogik
- Typgruppen
- logischen Datenbanken

Den ABAP Editor gibt es in zwei Versionen, je nach Release-Stand Ihres SAP-Systems. Wie Sie den neuen ABAP Editor aktivieren, ist in Abschnitt 1.4.1 beschrieben. Um ein Gefühl für den ABAP Editor zu bekommen, erfahren Sie in Abschnitt 1.4.2, wie Sie mithilfe des Editors ein neues ABAP-Programm anlegen und ausführen können.

Sind Sie fit im Umgang mit dieser Grundfunktionalität, können Sie sich in Abschnitt 1.4.3 etwas genauer mit der Funktionsleiste beschäftigen. Hier finden Sie eine Beschreibung der wichtigsten Funktionen des ABAP Editors. In den folgenden Abschnitten gehe ich dann gezielt auf folgende Funktionen genauer ein:

- die (Auto-)Vervollständigung als Programmierhilfe
- den Pretty Printer zur Formatierung
- das Muster als Codegenerator
- den Package Builder, um Pakete anzulegen bzw. die Paketzuordnung zu ändern
- die integrierten ABAP-Beispiele

1.4.1 Den neuen ABAP Editor aktivieren

Den sogenannten *neuen* ABAP Editor gibt es nun schon eine ganze Weile. Er wurde bereits mit dem Release SAP NetWeaver 7.0 unterstützt. Wann immer Sie feststellen, dass es in Ihrer Quellcodeanzeige keine farblichen Hervorhebungen gibt, die Zeilennummerierung fehlt oder Syntaxfehler nicht direkt bei der Programmierung angezeigt werden, befinden Sie sich im alten ABAP Editor. Den neuen ABAP Editor können Sie wie folgt aktivieren:

1. Wählen Sie im Hauptmenü **Hilfsmittel • Einstellungen.**
2. Gehen Sie, wie in Abbildung 1.8 dargestellt, auf der Registerkarte **ABAP Editor** auf die untergeordnete Registerkarte **Editor**, und wählen Sie die Option **Frontend Editor (neu)**.

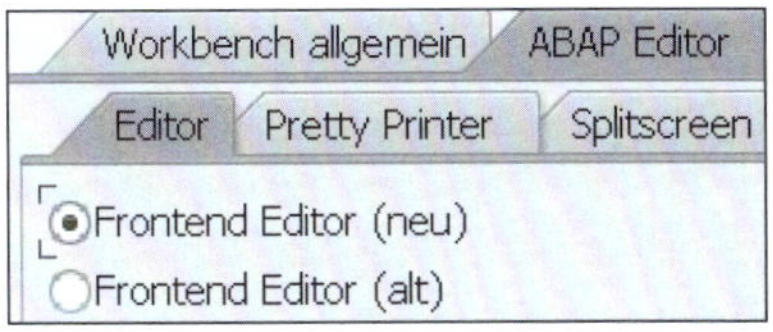

Abbildung 1.8 Auswahl des ABAP Editors

Hervorragend! Nun haben Sie auch die Möglichkeit, z. B. die neue (Auto-)Vervollständigung für Strukturen und Objekte bzw. Klassen im Rahmen der Objektorientierung zu nutzen, wie in Abschnitt 1.4.4 beschrieben.

1.4.2 Einen Report anlegen

Einen Report können Sie sowohl in Transaktion SE80 (ABAP Workbench) als auch über Transaktion SE38 (ABAP Editor) anlegen. Wie eingangs erwähnt, arbeiten Sie hier mit demselben Werkzeug.

Zur Anlage eines Programms in Transaktion SE80 wählen Sie, wie in Abbildung 1.9 dargestellt, aus der Dropdown-Liste auf der linken Seite den Eintrag **Programm** aus und tragen in dem Eingabefeld darunter den Namen des anzulegenden Programms ein. Der Name muss dabei im Kundennamensraum (z. B. Z oder Y) liegen. Bestätigen Sie Ihre Eingabe anschließend mit der [↵]-Taste.

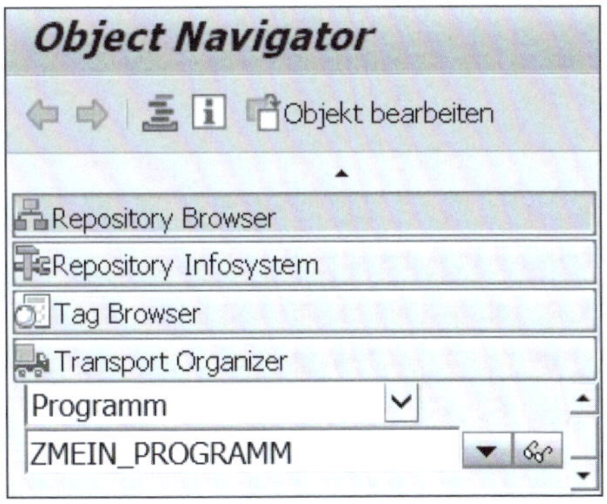

Abbildung 1.9 Anlage eines Programms

Alternativ können Sie diese Aufgabe auch über die Transaktion SE38 lösen, indem Sie dort im Hauptbildschirm den Namen des anzulegenden Programms eingeben und anschließend auf **Anlegen** klicken.

In dem in Abbildung 1.10 dargestellten Pop-up-Fenster haben Sie nun die Möglichkeit, den Namen des Programms nochmals zu verändern.

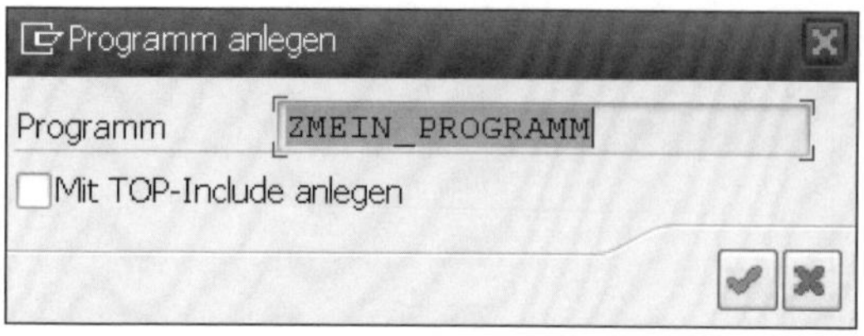

Abbildung 1.10 Auswahl eines Top-Includes

[»]

»Mit TOP-Include anlegen«

Top-Includes sind Unterprogramme, die Daten- und Typdefinitionen kapseln. Mehr Informationen zu Top-Includes finden Sie in Abschnitt 13.3, »Includes«. Sie haben auch nachträglich noch die Möglichkeit, ein solches Top-Include anzulegen.

Nach dem Bestätigen über das grüne Häkchen (✔) werden Sie in einem weiteren, in Abbildung 1.11 dargestellten Pop-up-Fenster aufgefordert, Programmeigenschaften einzutragen. Wählen Sie hier zur Anlage eines Reports den Typ **Ausführbares Programm**, und tragen Sie, falls gewünscht, einen Titel für Ihr Programm ein.

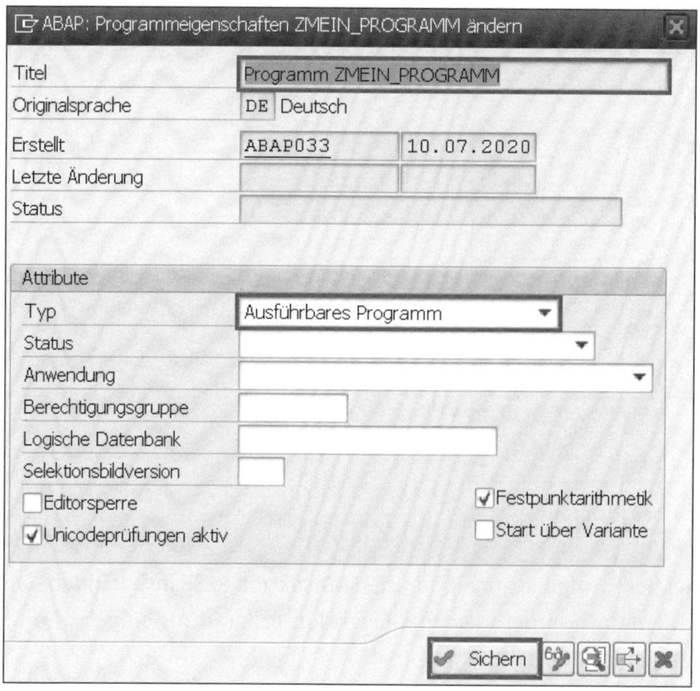

Abbildung 1.11 Eigenschaften eines Programms

Programmtypen

In der Liste stehen mehrere Programmtypen zur Auswahl. Der Typ **Ausführbares Programm** (auch *Report* genannt) ist dabei die einzige Programmart, die Sie direkt und ohne Transaktionscode ausführen können. Alle anderen sind Spezialfälle, die Sie nur selten brauchen werden. Bei der Ausführung eines Reports übernimmt ein unsichtbares Systemprogramm die Steuerung und ruft bestimmte Verarbeitungsblöcke in einer festgelegten Reihenfolge auf. Es sorgt auch für die Anzeige eines Selektionsbildes und bei Programmende für die Anzeige der Listenausgabe. Wie Sie gezielt mit diesen Reports arbeiten, erläutere ich in Kapitel 12, »Reports und Selektionsbildschirme«.

Dieser Titel wird bei jeder Ausführung im Programmkopf angezeigt. Speichern Sie Ihr Programm anschließend über den Button **Sichern**.

Anschließend müssen Sie noch ein Entwicklungspaket zuweisen. Wollen Sie das Programm niemals transportieren, können Sie das Programm über den Button **Lokales Objekt** dem Paket `$TMP` zuweisen (siehe Abbildung 1.12).

Wenn Sie dagegen ein richtiges Paket zuweisen, werden Sie auch dazu aufgefordert, einen Transportauftrag anzugeben. Weitere Informationen dazu finden Sie in Kapitel 17, »Das Transportwesen«.

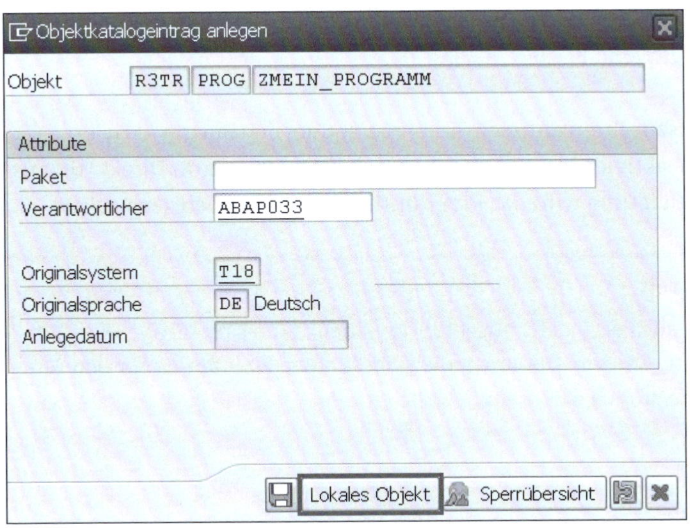

Abbildung 1.12 Zuweisung eines Pakets

Ihr Programm wurde nun angelegt. Um den ABAP Editor zu starten, klicken Sie, wie in Abbildung 1.13 dargestellt, innerhalb der linken Leiste doppelt auf Ihr angelegtes Programm.

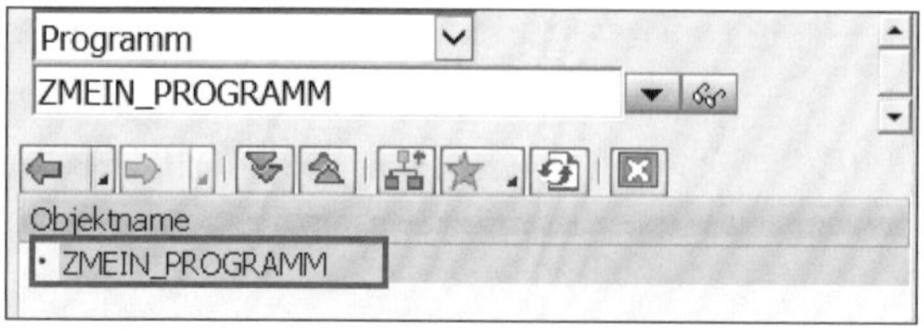

Abbildung 1.13 Navigation zum ABAP Editor

Wechseln Sie über die obere Funktionsleiste mit dem Button **Anzeigen <-> Ändern** (icon) in den Bearbeitungsmodus. Dadurch wird der ABAP Editor eingabebereit, wie in Abbildung 1.14 zu sehen, d. h., Sie können nun anfangen, ABAP zu programmieren. In der Abbildung ist das bekannte Hello-World-Beispiel umgesetzt. Eine Beschreibung der ABAP-Grundbefehle finden Sie in Kapitel 7.

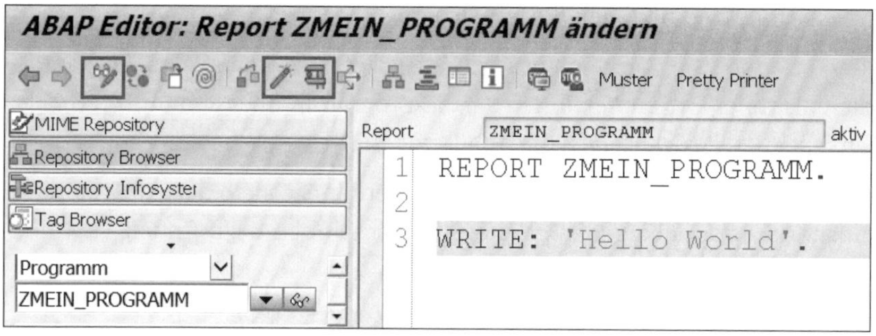

Abbildung 1.14 Ein Hello-World-Beispiel in ABAP

Um das Programm auszuführen, müssen Sie es zuerst über den Button **Aktivieren** (icon) in der Funktionsleiste aktivieren und anschließend über den Button **Direkt** (icon) ausführen. Durch die Aktivierung wird das Programm gleichzeitig auch gespeichert.

[»]

Programme aktivieren

Programme können auch als inaktiv ausgeführt werden, dann sind sie aber nicht im System veröffentlicht, d. h., nur Sie sehen die Änderungen. Programme für den Anwender müssen daher immer aktiv sein.

1.4.3 Die Funktionsleiste

Die Funktionsleiste des ABAP Editors, die in Abbildung 1.15 dargestellt ist, wird Sie während der Entwicklung immer begleiten.

Abbildung 1.15 Die Funktionsleiste des ABAP Editors

Damit Sie die Möglichkeiten des ABAP Editors besser einschätzen können, gibt Ihnen Tabelle 1.1 eine Übersicht über die Funktionen.

Icon	Beschreibung	Tastaturkürzel
,	Über diese Buttons gelangen Sie entlang der Navigationshierarchie zum vorangehenden bzw. nächsten Objekt. Haben Sie beispielsweise die Vorwärtsnavigation mit einem Doppelklick (unter anderem auch im selben Fenster) genutzt, können Sie so wieder zurücknavigieren.	–
	Über diesen Button gelangen Sie in den Bearbeitungs- bzw. den Anzeigemodus. Immer wenn Sie im ABAP Editor nichts eingeben können, haben Sie vergessen, auf diesen Button zu klicken.	Strg + F1
	Über diesen Button gelangen Sie bei Änderungen zur letzten aktiven Version und wieder zurück. So können Sie überprüfen, was Sie bisher geändert haben.	⇧ + F8
	Über diesen Button können Sie die Objektkategorie wechseln, wie im Abschnitt »Schnellzugriff auf Entwicklungsobjekte« in Abschnitt 1.2 beschrieben.	⇧ + F5
	Mit diesem Button gelangen Sie in den Erweiterungsmodus, um Enhancements, eine Erweiterungsart für den SAP-Standard, anzulegen. Weitere Informationen dazu finden Sie in Kapitel 21, »SAP-Erweiterungen«.	⇧ + F4
	Mit dieser Funktion wird eine Quellcodeprüfung durchgeführt, und eventuelle Fehler werden unterhalb des ABAP Editors angezeigt. Durch einen Doppelklick auf einen Fehler in dieser Liste springt der ABAP Editor automatisch zu der Zeile im Quellcode.	Strg + F2
	Mit diesem Button aktivieren Sie Ihren Quellcode. Dabei wird automatisch auch die Codeprüfung angestoßen und der Code gespeichert.	Strg + F3
	Über diesen Button können Sie Ihr Programm ausführen.	F8
	Über diesen Button rufen Sie einen Verwendungsnachweis auf und können so überprüfen, wo Ihr Entwicklungsobjekt (z. B. ein Include) überall eingebunden ist.	Strg + ⇧ + F3

Tabelle 1.1 Buttons der Funktionsleiste

Icon	Beschreibung	Tastaturkürzel
	Mit diesem Button können Sie sich die Objektliste auf der linken Seite anzeigen lassen. Diese ist in Transaktion SE80 standardmäßig ein-, in Transaktion SE38 standardmäßig ausgeblendet.	Strg + ⇧ + F5
	Hier können Sie sich den Navigationsstapel anzeigen lassen und damit sehen, wie Sie navigiert sind.	Strg + ⇧ + F4
	Hier können Sie den Vollbildmodus ein- bzw. ausschalten. Dies ist hilfreich, wenn Sie sich auf das Programmieren konzentrieren möchten und die linke Leiste nicht benötigen.	⇧ + F12
	Mit diesem Button rufen Sie eine Einstiegsseite zur Hilfe auf. Unter anderem erhalten Sie hier Zugriff auf die ABAP-Schlüsselwortdokumentation.	Strg + F8
	Mit diesem Button können Sie einen Session-Breakpoint anlegen.	Strg + ⇧ + F12
	Mit diesem Button können Sie einen externen Breakpoint anlegen. Der Debugger und seine Breakpoints werden in Kapitel 15, »Tests und Qualitätskontrolle«, beschrieben.	Strg + ⇧ + F8
Muster	Über diesen Button rufen Sie die Musterfunktion auf, die Sie bei der Generierung von Quellcode unterstützt. Weitere Informationen hierzu finden Sie in Abschnitt 1.4.6.	Strg + F6
Pretty Printer	Mit dieser Funktion wird eine Codeformatierung durchgeführt. Diese ist sehr nützlich, um die Lesbarkeit Ihres Codes zu erhöhen, und sollte am Ende der Entwicklung einmal ausgeführt werden. Informationen zur Einstellung finden Sie in Abschnitt 1.4.5, »Der Pretty Printer«.	⇧ + F1

Tabelle 1.1 Buttons der Funktionsleiste (Forts.)

1.4.4 Die (Auto-)Vervollständigung

Vielleicht ist Ihnen beim Programmieren mit ABAP schon aufgefallen, dass beim Tippen manchmal wie in Abbildung 1.16 schwarz hinterlegte Schlüsselwörter angezeigt werden. Dies sind Vorschläge für ABAP-Anweisungen, die Sie über die ⇥-Taste übernehmen können. Das Drücken der ⇥-Taste muss dabei recht zügig (innerhalb von 1 bis 2 Sekunden) erfolgen.

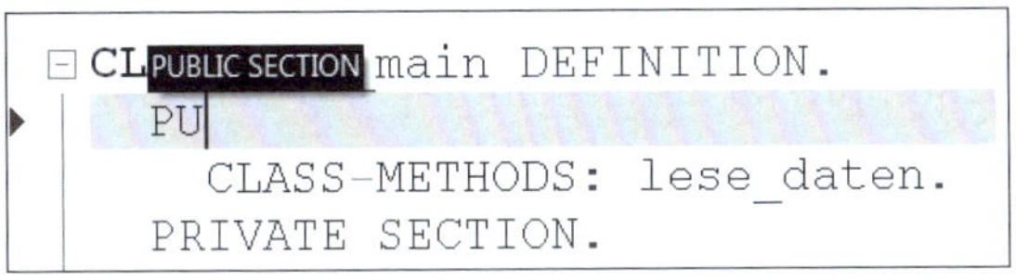

Abbildung 1.16 Die Vorschlagshilfe

Eine Art Weiterentwicklung dieser Vorschläge ist die *Vorschlagsliste*, die Ihnen die Komponenten bestimmter Datenobjekte (z. B. Strukturen und Klassen bzw. Objekte) anzeigen kann. In Abbildung 1.17 können Sie z. B. die beiden möglichen Methoden der Klasse `CL_SALV_TABLE` in der Vorschlagsliste sehen. Wenn Sie mit dem Mauszeiger über einen Eintrag in der Vorschlagsliste gehen, wird Ihnen darüber hinaus ein Hinweis mit weiteren Informationen angezeigt, in diesem Fall zur Schnittstelle der Methode `FACTORY()`.

Die Vorschlagsliste können Sie weiter einschränken, wenn Sie im Editor den Code weitertippen. In dem Beispiel aus Abbildung 1.17 würde nach der Eingabe von »F« nur noch die Methode `FACTORY()` in der Vorschlagsliste angezeigt.

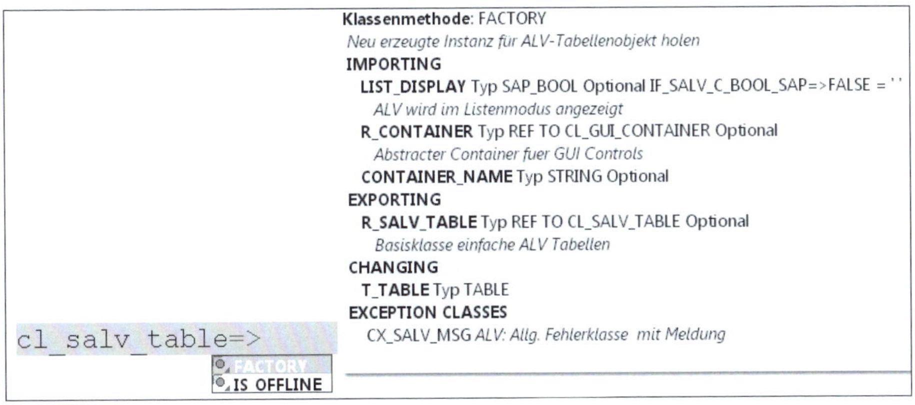

Abbildung 1.17 Die Vorschlagsliste

Um sich die Vorschlagsliste anzeigen zu lassen, müssen Sie lediglich nach einem Komponentenselektor (Bindestrich -, Einfachpfeil -> oder Doppelpfeil =>) die Tastenkombination [Strg] + Leertaste drücken. Dies funktioniert allerdings nur, wenn Ihr zuvor eingetippter Quellcode keine Fehler beinhaltet.

Vorschlagsliste automatisch anzeigen lassen

Sie können sich die Vorschlagsliste auch automatisch anzeigen lassen. Dadurch wird sie nach jeder Eingabe eines Komponentenselektors automatisch geöffnet und angezeigt. Klicken Sie dazu innerhalb des ABAP Editors in der rechten unteren Ecke auf den

Button **Options** (siehe in Abbildung 1.18). Dieser Button ist nur im neuen ABAP Editor vorhanden. Dort können Sie dann unter dem Navigationspunkt **Code-Vervollständigung**, der in Abbildung 1.18 markiert ist, die Option **Vervollständigung aktivieren** auswählen.

Ich empfehle Ihnen, die Zeit im Eingabefeld **Liste automatisch öffnen nach** auf eine sehr geringe Zahl (z. B. 10 ms) zu stellen. Sonst wird, falls Sie schneller tippen, Ihr bereits getippter Code wieder verworfen. Sichern Sie abschließend die geänderten Einstellungen mit dem Button **Sichern**.

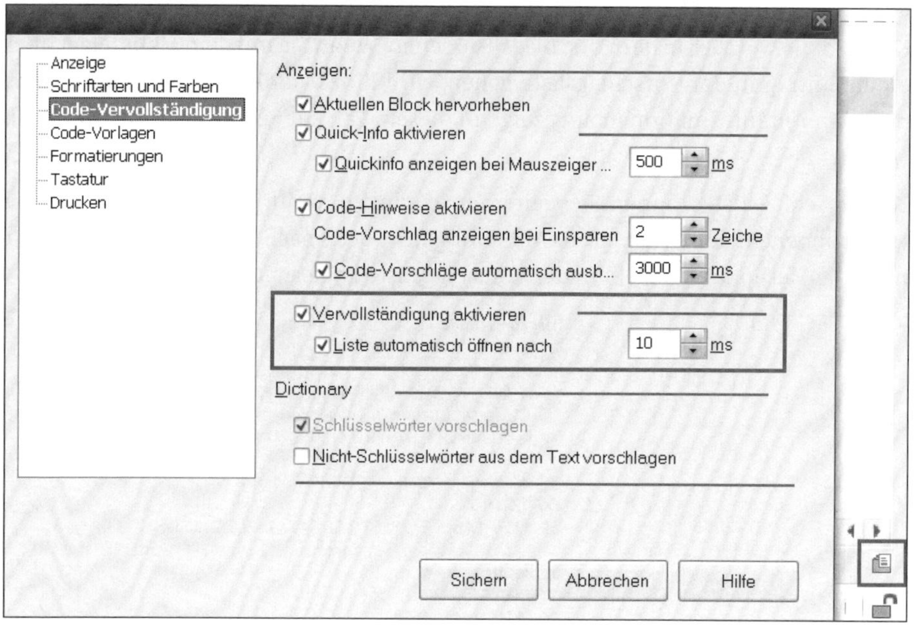

Abbildung 1.18 Aktivieren der Auto-Vervollständigung

Rumpf einer Methode einfügen lassen

Neben der reinen Anzeige der Vervollständigungsliste haben Sie auch die Möglichkeit, sich den Aufruf für Methoden von Klassen generieren zu lassen. Dies kann zwar in der Form bereits die Musterfunktion (siehe Abschnitt 1.4.6), allerdings erfordert die Methode über die (Auto-)Vervollständigung deutlich weniger Aufwand, da Sie z. B. die Klasse hinter dem Objekt nicht kennen müssen.

Für die Generierung müssen Sie lediglich einen Eintrag aus der Vorschlagsliste auswählen (wie in Abbildung 1.17) und die Tastenkombination [⇧] + [↵] anwenden. Anschließend wird der dazugehörige Aufruf wie in Abbildung 1.19 generiert.

```
  cl_salv_table=>factory(
* EXPORTING
*     list_display   = IF_SALV_C_BOOL_SAP=>FALSE
*     r_container    = r_container      " Abstracter
*     container_name = container_name
* IMPORTING
*     r_salv_table   = r_salv_table      " Basisklass
    CHANGING
      t_table          = t_table
  ).
* CATCH cx_salv_msg.     " ALV: Allg. Fehlerklasse
```

Abbildung 1.19 Ein generierter Methodenaufruf

1.4.5 Der Pretty Printer

Innerhalb der Funktionsleiste des ABAP Editors können Sie mit der Funktion **Pretty Printer** Ihren Quellcode formatieren lassen. Im Rahmen der Einstellungen können Sie diese Formatierung noch optimieren. Klicken Sie hierzu im Hauptmenü auf **Hilfsmittel • Einstellungen**, und gehen Sie auf die Registerkarte **ABAP Editor** und anschließend auf die untergeordnete Registerkarte **Pretty Printer** (siehe Abbildung 1.20).

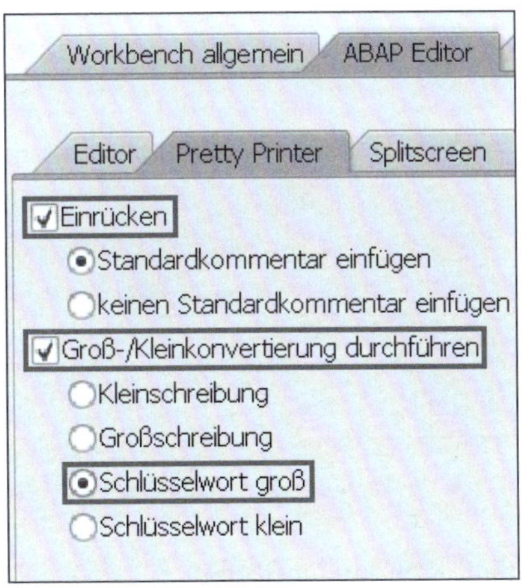

Abbildung 1.20 Standardeinstellung des Pretty Printers

Dort haben Sie nun die Möglichkeit, sowohl die Art der Einrückung als auch die Groß-/Kleinschreibung zu beeinflussen. Es hat sich dabei der Standard etabliert, dass ABAP-Schlüsselwörter immer großgeschrieben werden und alles andere kleingeschrieben wird, etwa Variablennamen oder Parameter, wie in Abbildung 1.20 eingestellt.

Darüber hinaus ist eine Einrückung, wie in anderen Programmiersprachen auch, für eine gute Lesbarkeit unersetzlich. Gewöhnen Sie sich am besten an, den Pretty Printer nach bzw. während jeder Entwicklung *mindestens* einmal zu benutzen.

1.4.6 Die Musterfunktion

Innerhalb der Funktionsleiste des ABAP Editors können Sie über den Button **Muster** die Musterfunktion aufrufen.

Das Muster ist ein umfangreiches Werkzeug zur Generierung von Quellcode und kann daher Ihre Entwicklungszeit verkürzen, da Sie viele Elemente nicht manuell programmieren müssen. Die möglichen Optionen der Musterfunktion sehen Sie in Abbildung 1.21.

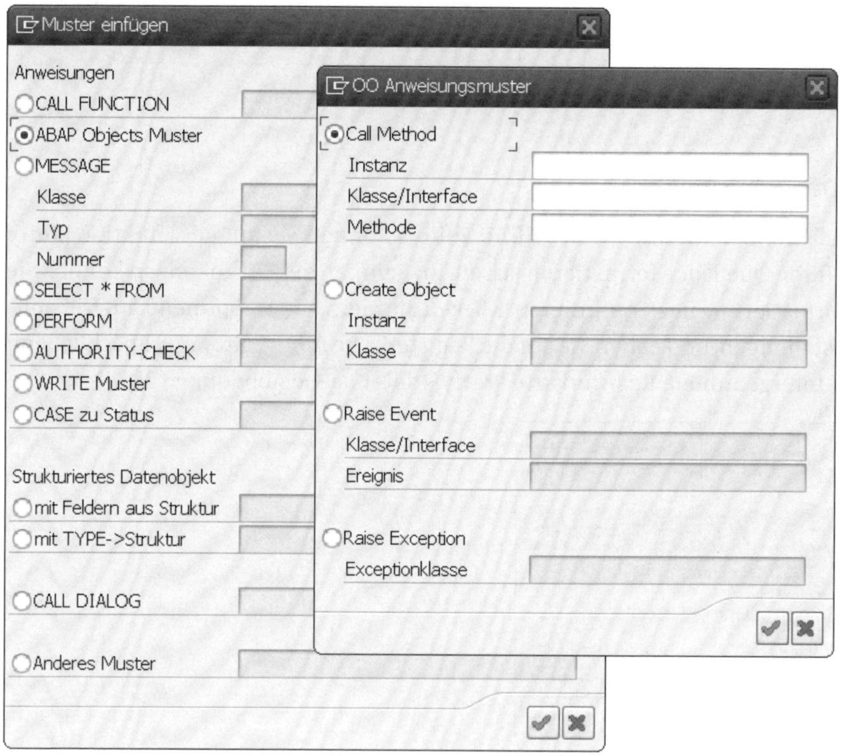

Abbildung 1.21 Muster einfügen

Besonders interessant und häufig genutzt sind die folgenden Optionen:

- **CALL FUNCTION** zum Aufruf von Funktionsbausteinen (siehe Abschnitt 13.4.2)
- **ABAP Objects Muster** für die Arbeit mit Klassen (siehe Abschnitt 11.12)
- **Message**, um eine Meldung in Kombination mit einer Nachrichtenklasse auszugeben (siehe Abschnitt 12.6)

Darüber hinaus haben Sie die Möglichkeit, eigene Muster anzulegen, die Sie anschließend über den Eintrag **Anderes Muster** aufrufen können. Dieses Vorgehen beschreibe ich im Abschnitt »Eigene Muster«.

Einstellungen für die Musterfunktion

Über die Einstellungen im Hauptmenü unter **Hilfsmittel • Einstellungen** haben Sie auf der Registerkarte **ABAP Editor** und der untergeordneten Registerkarte **Muster** die Möglichkeit, den generierten Code zu beeinflussen (siehe in Abbildung 1.22).

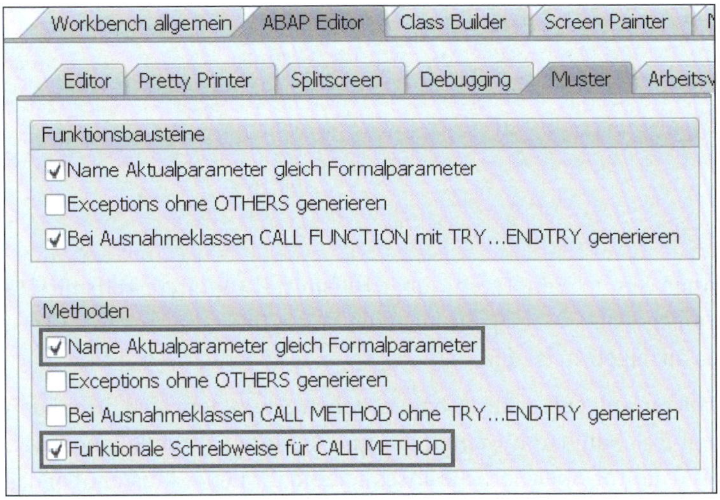

Abbildung 1.22 Einstellungen für das Muster

Besonders hilfreich ist hier sowohl für Funktionsbausteine als auch für Methoden die Einstellung **Name Aktualparameter gleich Formalparameter**. Durch diese Einstellung wird, wie in Abbildung 1.23 dargestellt, neben dem eigentlichen Aufruf auch die Datendeklaration mit den erwarteten Typen generiert. Ohne diese Einstellung müssten Sie diese Datendeklarationen manuell schreiben. Durch die Einstellung **Funktionale Schreibweise für CALL METHOD** wird die neue Schreibweise für den Aufruf von Methoden verwendet.

```
*DATA FORMNAME     TYPE TDSFNAME.
*DATA VARIANT      TYPE TDVARIANT.
*DATA DIRECT_CALL  TYPE TDBOOL.
*DATA FM_NAME      TYPE RS38L_FNAM.

CALL FUNCTION 'SSF_FUNCTION_MODULE_NAME'
  EXPORTING
    formname                    = formname
*   VARIANT                     = ' '
*   DIRECT_CALL                 = ' '
* IMPORTING
```

Abbildung 1.23 Ein Funktionsbausteinaufruf mit Datendeklaration

[»]

Alte und neue Schreibweisen für Methodenaufrufe

Die alte Schreibweise für Methodenaufrufe lautet:

```
CALL METHOD cl_klasse->methode
    EXPORTING
        ...
```

Die neue Schreibweise lautet:

```
cl_klasse->method( EXPORTING ... ).
```

Eigene Muster

Eigene Muster können Sie im Hauptmenü über **Hilfsmittel • Weitere Hilfsmittel • Muster bearbeiten** anlegen. Dort haben Sie auch die Möglichkeit, Muster zu ändern, zu löschen oder sich anzeigen zu lassen.

Nachdem Sie auf **Muster anlegen** geklickt haben, geben Sie in dem sich öffnenden Eingabefenster einen frei wählbaren Namen ein und kopieren anschließend Ihren Quellcode in den ABAP Editor. Speichern Sie anschließend Ihr neues Muster über das Speichern-Symbol (💾). Dieses Muster können Sie nun im Dialog **Muster einfügen** unter der Auswahlmöglichkeit **Andere Muster** aufrufen (siehe Abbildung 1.21).

1.4.7 Der Package Builder

Eines der Werkzeuge der ABAP Workbench ist der ziemlich unscheinbare *Package Builder*, der Sie bei der Modularisierung und Kapselung Ihrer Entwicklungen unterstützt, indem diese in Paketen zusammengefasst werden. In der Regel sehen Sie den Package Builder immer dann, wenn Sie ein neues Entwicklungsobjekt anlegen und nach einer Paketzuordnung gefragt werden. In diesem Kontext kann es mitunter notwendig sein, dass Sie Ihr eigenes Paket anlegen. Pakete dienen prinzipiell dazu, Entwicklungsobjekte zusammenzufassen, die zu einer Anwendung gehören.

[+]

Eigenständige Transaktion

Der Package Builder ist auch als separate Transaktion verfügbar, mit der Sie ebenfalls neue Pakete anlegen und verwalten können. Diese können Sie über die Transaktionscodes SE21 bzw. SPACKAGE erreichen.

Ein Paket anlegen

Zur Anlage eines Pakets in Transaktion SE80, wie es in Abbildung 1.9 für Programme zu sehen war, wählen Sie aus der Dropdown-Liste auf der linken Seite den Eintrag **Pa-**

ket (anstelle für Programm) aus und tragen in dem darunterliegenden Eingabefeld den Namen des anzulegenden Pakets ein. Bestätigen Sie Ihre Eingabe anschließend mit der Taste [↵].

Alternativ können Sie diese Aufgabe auch über Transaktion SE21 lösen, indem Sie dort auf dem Hauptbildschirm den Namen des anzulegenden Pakets eingeben und anschließend auf **Anlegen** klicken.

In beiden Fällen vergeben Sie im sich öffnenden Pop-up-Fenster aus Abbildung 1.24 eine **Kurzbeschreibung**. Wählen Sie eine **Transportschicht** (benutzen Sie dazu die [F4]-Hilfe), und wählen Sie als Art des Pakets **Entwicklungspaket** aus. Bestätigen Sie Ihre Eingaben anschließend mit **Weiter** (✔).

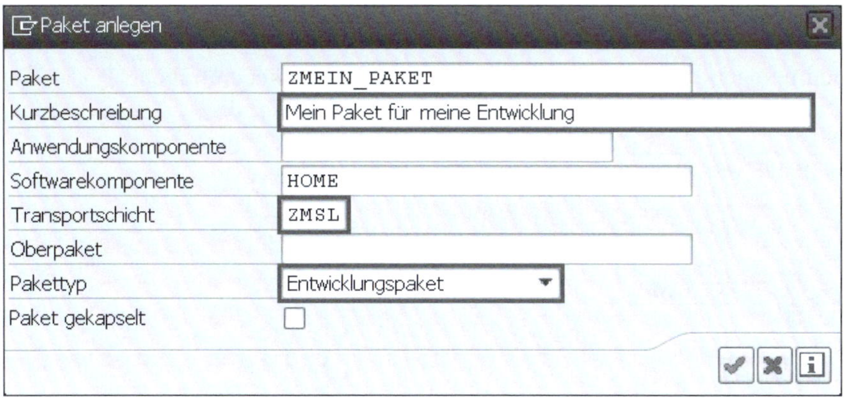

Abbildung 1.24 Anlage eines Pakets

Die **Softwarekomponente** `HOME` kennzeichnet dabei Kundenentwicklungen, während die **Transportschicht** bestimmt, wohin die im Paket enthaltenen Entwicklungsobjekte transportiert werden sollen. Mehr zu Transporten erfahren Sie in Kapitel 17, »Das Transportwesen«.

Über eine Differenzierung durch Pakettypen haben Sie die Möglichkeit, eine Pakethierarchie aufzubauen, um so Ordnung und Struktur in Ihre kundeneigenen Entwicklungen zu bringen. Folgende Pakettypen stehen Ihnen dazu zur Auswahl:

- **Strukturpaket**
  Höchste Ebene einer Pakethierarchie. Strukturpakete enthalten in der Regel mehrere Hauptpakete. Mit ihnen werden die verschiedenen Softwarekomponenten voneinander entkoppelt. Über Filter können die nach außen sichtbaren Entwicklungsobjekte eingegrenzt werden.
- **Hauptpaket**
  Ein Hauptpaket dient nur der Strukturierung und kann keine Entwicklungsobjekte, sondern nur Pakete beinhalten. Unterpakete können weitere Hautpakete und reguläre Entwicklungspakete sein.

- **Entwicklungspaket**
  Entwicklungspakete sind normalerweise Unterpakete von Haupt- und Strukturpaketen und enthalten die Entwicklungsobjekte.

Paketzuordnung ändern

Oft kommt es vor, dass Sie aus Versehen ein falsches Paket bei der Anlage eines Entwicklungsobjekts ausgewählt haben oder erst einmal unabhängig im lokalen Paket gearbeitet haben und Ihre Entwicklung nun doch transportieren möchten. In so einem Fall möchten Sie natürlich die Paketzuordnung ändern.

Dies können Sie direkt über Transaktion SE80 bewerkstelligen, indem Sie im Kontextmenü Ihres Entwicklungsobjekts, das Sie mit der rechten Maustaste aufrufen, über den Eintrag **Weitere Funktionen** auf **Paketzuordnung ändern** gehen (siehe Abbildung 1.25) und im folgenden Pop-up-Fenster Ihr gewünschtes Paket eintragen.

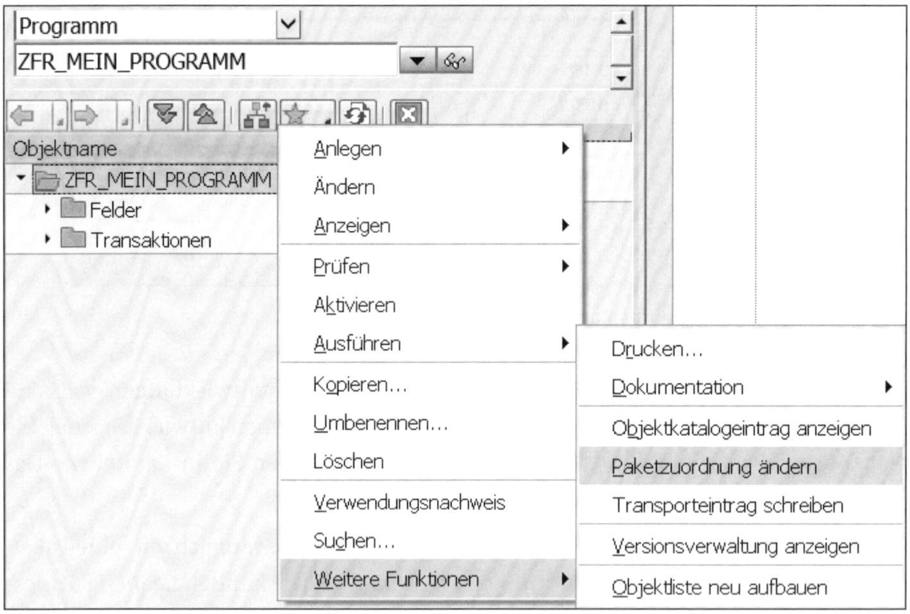

Abbildung 1.25 Paketzuordnung ändern

1.4.8 ABAP-Beispiele

Eine der vielleicht hilfreichsten, aber unbekanntesten Ecken des SAP-Systems sind die in die ABAP-Schlüsselwortdokumentation integrierten ABAP-Beispiele. Dort können Sie, nach dem Alphabet sortiert, ca. 130 Beispiele mit Programmcode, integriertem Editor und Ausführung sowie einer Beschreibung finden. Diese sind zwar teilweise nicht mehr ganz aktuell, bilden aber immer noch einen Großteil aller Funktionen ab. In Abbildung 1.26 ist ein solches Beispiel abgebildet.

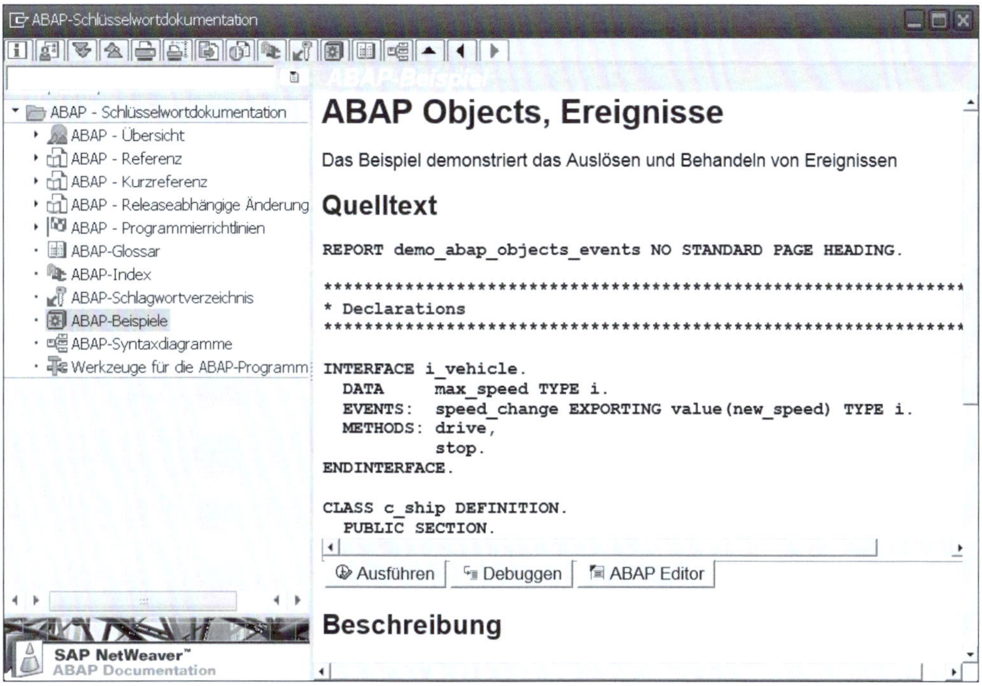

Abbildung 1.26 ABAP-Beispiele in der ABAP-Schlüsselwortdokumentation

Sie können diese Beispiele über das Hauptmenü unter **Umfeld • Beispiele** aufrufen. Wie Sie in Abbildung 1.27 sehen können, stellt Ihnen das SAP-System in diesem Menü neben den ABAP-Beispielen auch **Ergonomie-Screens** und **Performance-Beispiele** bereit.

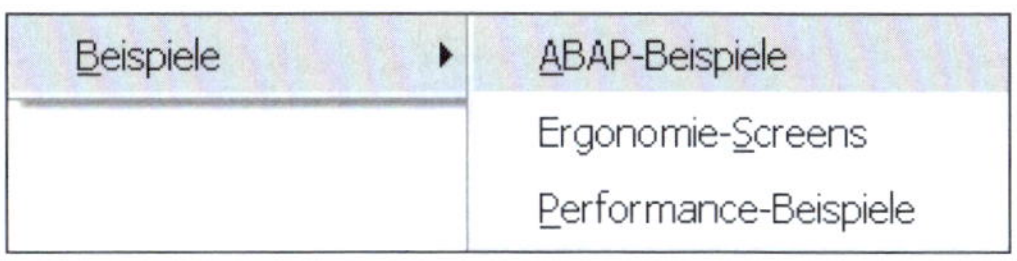

Abbildung 1.27 Auswahl der Beispiele

Wann immer Sie also die Funktionsweise einer ABAP-Anweisung ergründen wollen, empfehle ich Ihnen einen Blick in diese Beispiele. Sie sind nur zwei Klicks entfernt.

Kapitel 2
Die ABAP Development Tools

Die ABAP Development Tools sind die Entwicklungsumgebung für ABAP: Machen Sie sich startklar!

Eclipse als zentrale Entwicklungsplattform für SAP stellt unter anderem die sogenannten ABAP Development Tools (ADT) for SAP NetWeaver für die Entwicklung mit ABAP bereit. In diesem Kapitel erläutere ich Ihnen, was das für eine Umgebung ist, wie es dazu kam und was dies für Sie in Hinblick auf SAPs Eclipse-Strategie bedeutet. Anschließend gebe ich Ihnen einen Überblick darüber, wie Sie Eclipse mit den ADT installieren und ein System anbinden können. Viel wichtiger jedoch ist, wie Sie mit den neuen ADT arbeiten können. Daher zeige ich Ihnen in Abschnitt 2.4, wie Sie hier einen Report anlegen und ausführen können. Die darauffolgenden Abschnitte widmen sich altbekannten Funktionen aus der ABAP Workbench und wie Sie diese in den ADT wiederfinden können. Dazu gehören:

- die Menüleiste und die wichtigsten Tastaturkürzel (siehe Abschnitt 2.5)
- der Pretty Printer (siehe Abschnitt 2.6)
- die Musterfunktion (siehe Abschnitt 2.7)
- der Debugger (siehe Abschnitt 2.8)

Darüber hinaus stelle ich Ihnen Funktionen vor, die Sie vielleicht schon seit Jahren in der ABAP Workbench vermisst haben:

- Dokumentation mit ABAP Doc (siehe Abschnitt 2.9)
- Refactoring-Funktionen (siehe Abschnitt 2.10)

2.1 SAPs Eclipse-Strategie

In den letzten Jahren ist bei SAP viel passiert. Es wurden viele Produkte wie SAP HANA und die SAPUI5-Oberflächentechnologie entwickelt, und selbst ein Nachfolger des SAP-ERP-Systems wurde mit SAP S/4HANA auf den Weg gebracht. Viele neue Produkte bedeuten, dass viele neue Werkzeuge für die Entwickler bereitgestellt werden mussten. Und für SAP stellte sich die Frage: Wie? Eine Integration in das klassische SAP GUI ergab als Antwort keinen Sinn, wurde doch gerade mit SAPUI5 eine neue

Oberflächentechnologie als Ablösung vorgestellt. Also schaute sich SAP um und fand Eclipse.

Eclipse ist eine integrierte Entwicklungsumgebung (Integrated Development Environment, IDE), die ursprünglich von IBM für die Programmiersprache Java entwickelt und Ende 2001 als Open-Source-Software freigegeben wurde. Dank Ihrer Erweiterbarkeit kamen im Laufe der Jahre viele neue Plug-ins für andere Programmiersprachen hinzu. Und auch SAP erkannte, dass sich Eclipse als Entwicklungsplattform – in Form von Plug-ins – eignen würde, und nahm Eclipse als neue zentrale Entwicklungsplattform in die Strategie auf, mit dem Effekt, dass die heutige ABAP Workbench nur noch indirekt weiterentwickelt wird und neue Funktionalitäten immer zuerst in Eclipse abgebildet werden. Momentan ist zu beobachten, wie die komplette Funktionalität der ABAP Workbench nach und nach in Eclipse abgebildet wird. Zurzeit können jedoch noch nicht alle Entwicklungsobjekte direkt in Eclipse angelegt werden. Dies wird aktuell umgangen, indem für alle nicht nachgebildeten Werkzeuge das SAP GUI in Eclipse auf einer neuen Registerkarte aufgerufen werden kann. Wollten Sie beispielsweise vor ABAP 7.50 eine Datenbanktabelle in Eclipse anlegen, so öffnete sich weiterhin die Transaktion SE11 auf einer Registerkarte.

Heute stellt SAP sieben verschiedene Plug-ins, inklusive der ADT, für Eclipse zur Verfügung:

- ABAP Development Tools (ADT) for SAP NetWeaver: für die Entwicklung mit ABAP
- BW-Modellierungswerkzeuge: Modellierungswerkzeuge für SAP Business Warehouse (BW) powered by SAP HANA bzw. für SAP BW/4HANA
- SAP-Business-Technology-Platform-Tools: Ermöglichen die Entwicklung von Java EE und OSGi-Webanwendungen für die SAP Business Technology Platform.
- SAP-HANA-Tools: Werkzeuge zur Entwicklung von SAP-HANA-Objekten auf der SAP-HANA-Datenbank
- SAP-Business-Technology-Platform-Integration-Tools: Entwicklung von cloudbasierten Integrationen
- SAP Identity Management (SAP ID Management) Developer Studio: Entwicklung von Konfigurationen für SAP ID Management
- UI Development Toolkit für HTML5 (SAPUI5-Tools): Entwicklung von neuen Oberflächen mit dem SAPUI5-Framework

Das Prinzip ist dabei einfach: Eclipse – lokal auf Ihrem PC installiert – kommuniziert über eine dafür eigens programmierte Schnittstelle (Application Programming Interface, API) über Webservices mit den Backend-Systemen, die die entsprechenden Funktionen der ABAP Workbench (und mehr) aufrufen. Das heißt, dass alles im Endeffekt so bleibt wie vorher: Ihre Entwicklungsobjekte liegen immer noch auf dem SAP

NetWeaver Application Server (SAP NetWeaver AS), können auch nur dort bearbeitet werden und unterliegen dort z. B. weiterhin dem Transportmechanismus.

Für Sie ändern sich folgende Dinge:

- Es gibt eine komplett neue Oberfläche (siehe Abbildung 2.1).
- Es ist jetzt möglich, sich in mehrere Entwicklungssysteme gleichzeitig einzuloggen.
- Ein Werkzeug wird innerhalb von Eclipse ähnlich wie in einem Webbrowser als Registerkarte geöffnet.
- Ein Doppelklick markiert eine Zeile. Die Vorwärtsnavigation im selben Fenster über ein Navigationsstack, die Sie aus dem SAP GUI kennen, gibt es in der Form nicht mehr; es öffnet sich über die Taste [F3] (**Navigate to**) immer eine neue Registerkarte.
- Ihnen wird eine verbesserte Refactoring-Funktionalität bereitgestellt.

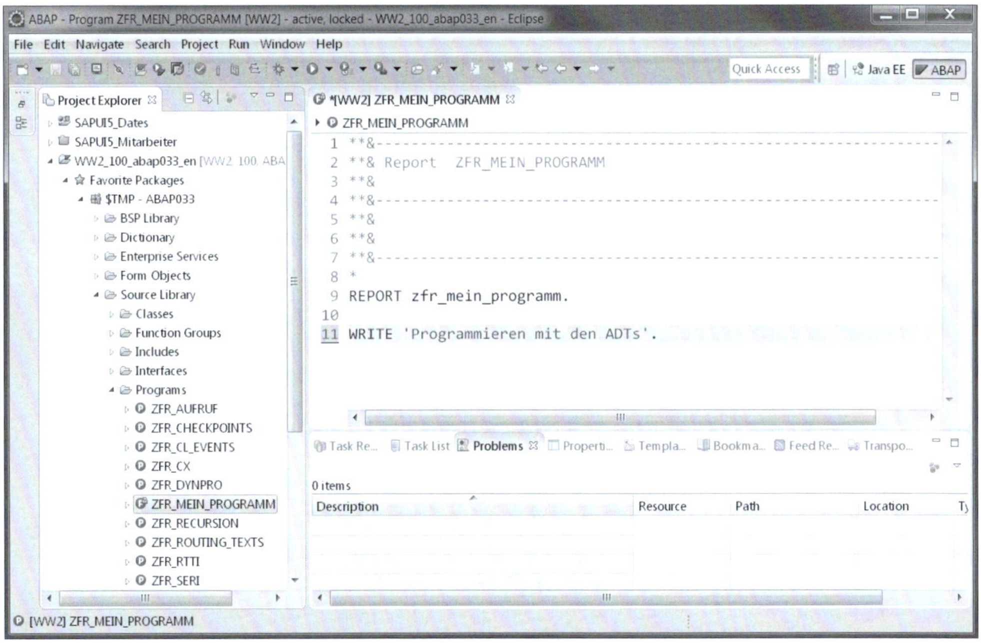

Abbildung 2.1 Ein Report in den ADT für Eclipse

2.2 Installation und Konfiguration

Anleitungen zur Installation von Eclipse gibt es viele, und auch SAP stellt auf folgender Webseite eine englischsprachige Anleitung zur Verfügung: *https://tools.hana.ondemand.com/#abap*.

Dennoch versuche ich, Ihnen hier in aller Kürze das Wichtigste mitzugeben. Die Installation und Konfiguration besteht aus zwei Teilen:

- der Installation von Eclipse
- der Konfiguration des Backend-Systems

2.2.1 Installation von Eclipse

Um Eclipse zu installieren, müssen Sie zuerst Ihr System vorbereiten. Alles fängt damit an, dass Sie mindestens SAP GUI für Windows 7.40 oder SAP GUI für Java 7.40 (inoffiziell funktioniert auch 7.31) installiert haben müssen. Anschließend müssen Sie eine Java-Laufzeitumgebung installieren. Meistens liegt diese schon installiert vor. Überprüfen Sie daher, je nach System, welche Java-Version Sie installiert haben. Als Versionsstand für die aktuellste ADT-Version brauchen Sie 1.8. Die Vorgängerversionen laufen auch ab Java 1.6.

Bit-Version von Java

Besondere Aufmerksamkeit müssen Sie nun auf die Bit-Version von Java richten: Es empfiehlt sich, alle folgenden Komponenten auf derselben Bit-Version (32-Bit oder 64-Bit) zu installieren.

Haben Sie also eine Java-Version mit 32-Bit installiert, sollten Sie auch Eclipse in der 32-Bit-Version installieren, während Sie bei einer 64-Bit-Version Eclipse in der 64-Bit-Version installieren sollten. Sonst erhalten Sie beim Start von Eclipse später eine Fehlermeldung wie in Abbildung 2.2.

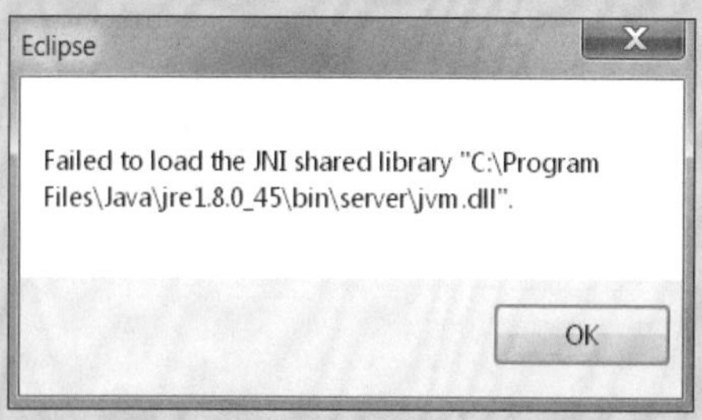

Abbildung 2.2 Falsche Bit-Version von Java und Eclipse

Nun brauchen Sie noch die Runtime *Microsoft Visual C++*, sozusagen die Microsoft-Version der Java-Runtime. Einen entsprechenden Downloadlink zu Ihrer Bit-Version finden Sie auf der Webseite *https://tools.hana.ondemand.com/#abap* in der letzten Zeile des Kastens **Prerequisites**.

Nun können Sie sich Eclipse widmen:

1. Laden Sie Eclipse von der offiziellen Website *www.eclipse.org* herunter. SAP empfiehlt dabei, die *Eclipse IDE for Java Developers* zu wählen. Die zur Drucklegung die-

ses Buches aktuell unterstützte Version war 2023-09 (4.29). Ich empfehle Ihnen, die aktuell empfohlene Version vor der Installation von Eclipse nochmals auf der Webseite *https://tools.hana.ondemand.com/#abap* zu überprüfen.

2. Eclipse wird in der Regel als gepackte Datei (***.zip**) heruntergeladen. Diese gepackte Datei müssen Sie entpacken und in ein Verzeichnis Ihrer Wahl legen. Eine Installationsroutine werden Sie so nicht vorfinden, da Eclipse ein Stand-alone-Programm ist, was bedeutet, dass Sie es auch von einem USB-Stick aus starten könnten.
3. Nach dem Entpacken können Sie Eclipse durch einen Doppelklick auf die Datei **Eclipse.exe** ( ) in dem entsprechenden Ordner starten. Wird Ihnen die in Abbildung 2.2 dargestellte Fehlermeldung angezeigt, haben Sie verschiedene Bit-Versionen von Java und Eclipse installiert (siehe Hinweiskasten). Konnten Sie Ihr Eclipse erfolgreich starten, werden Sie nach einem Pfad für Ihren *Workspace* gefragt (siehe Abbildung 2.3).

   Ein Workspace ist ein Verzeichnis, in dem all Ihre Projekte abgespeichert werden. Legen Sie den Workspace in einem Verzeichnis Ihrer Wahl an. Es bieten sich dabei das Eclipse-Verzeichnis oder z. B. der Desktop an.

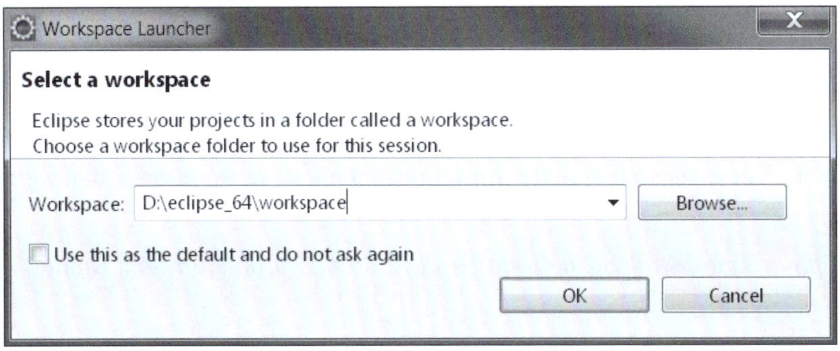

Abbildung 2.3 Workspace als zentrales Projektverzeichnis

Sind Sie erfolgreich zur Startseite von Eclipse vorgedrungen, müssen Sie nun noch das ADT-Plug-in installieren:

1. Klicken Sie hierzu nach dem Starten im Hauptmenü auf **Help • Install New Software**.
2. Klicken Sie anschließend, wie in Abbildung 2.4 dargestellt, auf **Add**, und geben Sie die folgende Adresse in die Maske ein: *https://tools.hana.ondemand.com/latest*
3. Bestätigen Sie die Maske anschließend mit **OK**.
4. Warten Sie, bis in der Liste Einträge erscheinen. Wählen Sie anschließend den Eintrag **ABAP Development Tools** aus, und klicken Sie auf **Next**. Die anderen in Eclipse verfügbaren Plug-ins von SAP werden auf dieselbe Art und Weise installiert.
5. Bestätigten Sie die Lizenzen mit **I accept**. Eclipse wird nun das Plug-in herunterladen und installieren. Dies kann eine Weile in Anspruch nehmen.

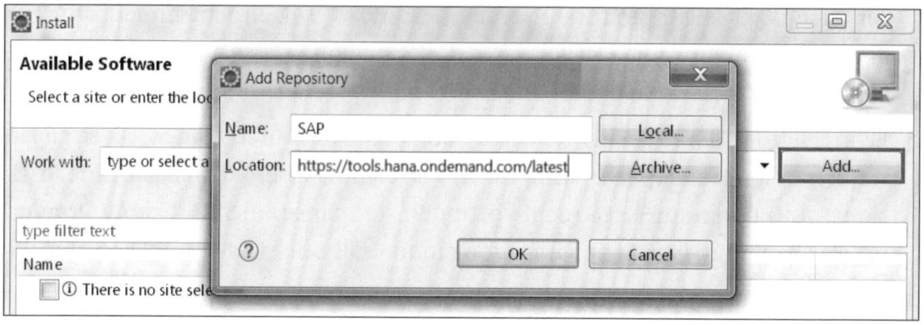

Abbildung 2.4 ADT über die offizielle Webseite herunterladen

6. Bejahen Sie nach der erfolgreichen Installation abschließend die Frage nach einem Neustart von Eclipse.

2.2.2 Konfiguration des Backend-Systems

Auch das Backend-System, für das Sie die ADT einsetzen möchten, muss auf seine neue Aufgabe vorbereitet sein. Dazu müssen Sie vor allem technische Benutzer mit Rechten versehen und die nötigen Services im Internet Communication Framework (ICF) aktivieren, damit Eclipse die benötigten Webservices ansprechen kann.

Eine englischsprachige Anleitung zur Einrichtung finden Sie unter folgendem Link, der auf der im vorangegangenen Abschnitt angegebenen Webseite gefunden werden kann:

http://help.sap.com/download/netweaver/adt/SAP_ADT_Configuration_Guide_Backend_en.pdf

Aber auch hier fasse ich wieder das Wichtigste in aller Kürze zusammen:

- **Systemvoraussetzung**
  Die Grundversionen zum Anbinden der ADT lauten wie folgt:
  - SAP NetWeaver 7.3, EHP1 SP04 oder höher
  - SAP NetWeaver 7.4, SP02 oder höher
  - SAP NetWeaver 7.5, SP00 oder höher
- **Benutzer zuweisen**
  Damit das System weiß, ob Sie als Benutzer die Erlaubnis haben, in den ADT ABAP-Objekte zu ändern, müssen Sie Ihrem Benutzer in Transaktion PFCG die folgenden beiden Rollen zuweisen:
  - Für Entwicklerrechte: `SAP_BC_DWB_ABAPDEVELOPER`
  - Für Anzeigerechte: `SAP_BC_DWB_WBDISPLAY`

- **Services aktivieren**
  Zusätzlich müssen Sie die folgenden Services in Transaktion SICF unter dem Knoten **default_host** aktivieren:
  - **SAP • BC • ADT**
  - **SAP • BC • ABAP • DOCU**
  - **SAP • BC • ABAP • TOOLSDOCU**
  - **SAP • BC • WEBDYNPRO • SAP_WDY_AIE_VD_PREVIEW**

2.3 Ein System anbinden

Ein System wird in den ADT über ein *Projekt* abgebildet. Möchten Sie also eine Verbindung zu einem Backend-System herstellen, müssen Sie ein neues Projekt anlegen und dort Ihre Verbindungsdaten hinterlegen. Ein Projekt in den ADT entspricht also nicht einem Entwicklungsprojekt, wie Sie es vielleicht aus Transaktion SE80 kennen, sondern bildet nur eine Verbindung zu einem System ab. Sie können in Eclipse beliebig viele solcher Verbindungen zum System anlegen:

1. Klicken Sie hierzu im Hauptmenü auf **File • New • ABAP Project**. Es öffnet sich eine Eingabemaske, in der Ihnen alle Systeme aus dem SAP Logon präsentiert werden.
2. Wählen Sie hier das gewünschte System aus, und bestätigen Sie Ihre Auswahl mit **Next**.
3. In der folgenden Eingabemaske haben Sie die Möglichkeit, die Verbindungsdetails zu überprüfen und gegebenenfalls zu ändern. In der Regel sind alle Daten bereits richtig, und Sie können diese Maske ebenfalls mit **Next** bestätigen.
4. In der letzten Eingabemaske werden Sie aufgefordert, einen **Client**, einen **User**, ein **Passwort** und die gewünschte **Anmeldesprache** einzutragen.
5. Schließen Sie die Anlage des Projekts mit **Finish** ab.

Anschließend wird überprüft, ob Ihr Backend-System den nötigen Release-Stand hat. Hat alles funktioniert, wird im **Project Explorer** auf der linken Seite (siehe Abbildung 2.5) ein Ordner mit dem Namen Ihres Systems, des Mandanten und Ihres Nutzers angelegt.

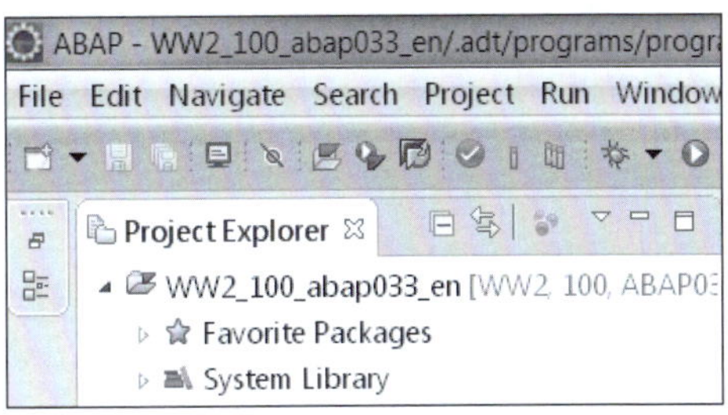

Abbildung 2.5 Eine Verbindung als Projektordner

2.4 Einen Report anlegen

Nun können Sie Ihren ersten Report anlegen:

1. Klicken Sie mit der rechten Maustaste auf Ihr Projekt (Systemverbindung) im **Project Explorer** (siehe Abbildung 2.5), und gehen Sie im Kontextmenü auf **New • ABAP Program**. Sollte dieser Eintrag nicht direkt vorhanden sein, so können sie ihn unter dem Unterpunkt **Other ...** finden, welchen Sie auch direkt über das Tastaturkürzel [Strg] + [N] öffnen können.
2. Im folgenden Dialog, den Sie in Abbildung 2.6 sehen können, müssen Sie ein Paket im Eingabefeld **Package**, einen Namen für das Programm im Feld **Name** und eine Kurzbeschreibung im Feld **Description** eingeben. Tragen Sie, falls gewünscht, »$TMP« für das lokale Paket ein. Sie können aber auch über den Button **Browse** nach einem bestimmten Paket suchen.
3. Bestätigen Sie Ihre Eingaben anschließend mit **Finish**.

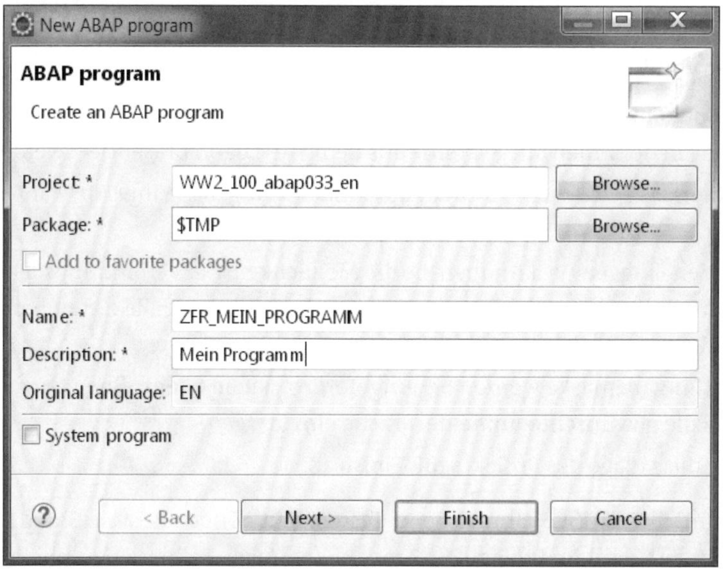

Abbildung 2.6 Ein neues ABAP-Programm anlegen

4. Anschließend öffnet sich eine neue Registerkarte mit Ihrem neuen Report, den Sie nun wie gewohnt mit ABAP programmieren können.
5. Aktivieren können Sie Ihren Report über die Menüleiste mit dem Button **Activate** ( ) bzw. mit der Tastenkombination [Strg] + [F3].

Funktionen der Menüleiste

Alle anderen Funktionen der Menüleiste finden Sie im folgenden Abschnitt 2.5.

Zum Ausführen Ihres Reports können Sie in der Funktionsleiste auf **Run** () drücken und dort **ABAP Application** auswählen. Alternativ können Sie die Taste F8 drücken.

Beim Ausführen werden Sie wohl etwas überrascht sein, denn wie in Abbildung 2.7 dargestellt, wird sich die SAP-GUI-Oberfläche innerhalb einer neuen Registerkarte öffnen und Ihnen das Ergebnis z. B. als Listenausgabe anzeigen.

Über das »X« oben rechts auf der Registerkarte können Sie die Ausführung wieder schließen.

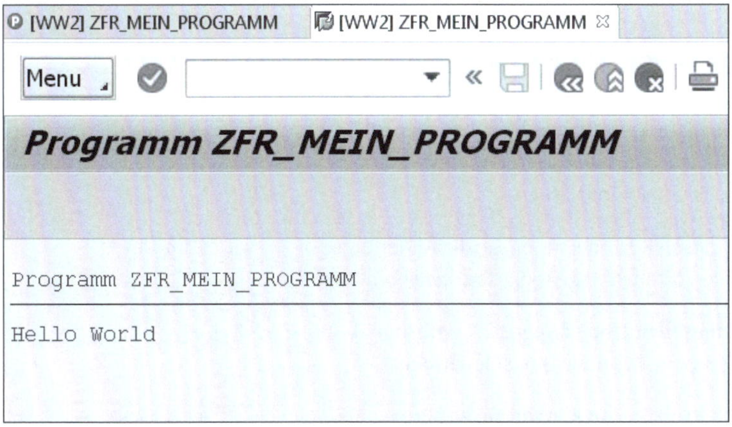

Abbildung 2.7 In Eclipse integriertes SAP GUI

SAP hat das SAP GUI integriert, um noch nicht in Eclipse abgebildete Funktionalität in Eclipse anzeigen zu können. SAP arbeitet momentan mit Hochdruck daran, mehr und mehr Eclipse-eigene Sichten anzubieten. Bisher gibt es zum Beispiel schon einen formularbasierten Editor für Datenelemente und einen quellcodebasierten Struktur-Editor.

2.5 Die Menüleiste und wichtige Tastaturkürzel

Die Funktionsleiste, wie Sie in Abbildung 2.8 dargestellt ist, wird Sie während der Entwicklung immer begleiten.

Abbildung 2.8 Die Menüleiste des ABAP Editors in Eclipse

Damit Sie die Möglichkeiten des ABAP Editors in den ADT besser einschätzen können, enthält Tabelle 2.1 eine Übersicht über die Funktionen.

Icon	Beschreibung	Tastaturkürzel
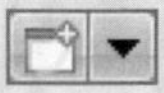	Hier können Sie neue Entwicklungsobjekte anlegen, wie z. B. Klassen oder Programme. Über den Unterpunkt **Others** im Ordner **ABAP** erreichen Sie alle weiteren bekannten Entwicklungsobjekte. Hier werden noch nicht alle Entwicklungsobjekte unterstützt. Für das ABAP Dictionary (Transaktion SE11) z. B. gibt es zur aktuellen Version nur einen Editor für Datenelemente und Strukturen.	[Strg] + [N]
	Mit diesem Button speichern Sie die Einstellungen auf der aktuell geöffneten Registerkarte. Eine Registerkarte, deren Änderungen noch nicht gespeichert wurden, erkennen Sie an einem Stern »*« im Namen.	[Strg] + [S]
	Über diesen Button können Sie die Änderungen auf allen offenen Registerkarten speichern.	[Strg] + [⇧] + [S]
	Über diesen Button können sie ein Terminal-Fenster (z. B. Windows-Konsole) öffnen.	[Strg] + [Alt] + [⇧] + [T]
	Über diesen Button können Sie alle Breakpoints deaktivieren. Mit einem zweiten Klick können Sie die Breakpoints wieder aktivieren.	[Strg] + [⇧] + [B]
	Hier können Sie jedes beliebige Entwicklungsobjekt finden und öffnen. Sie können einen Stern »*« als Platzhalter verwenden.	[Strg] + [⇧] + [A]
	Über diesen Button können Sie eine beliebige ABAP-Anwendung ausführen.	[Alt] + [F8]
	Über diesen Button können Sie das SAP GUI auf einer neuen Registerkarte starten und Transaktionen wie gewohnt aufrufen.	[Strg] + [F6]
	Mit diesem Button führen Sie die Syntaxüberprüfung aus.	[Strg] + [F2]
	Über diesen Button aktivieren Sie Ihr Objekt auf der aktuell angezeigten Registerkarte.	[Strg] + [F3]

Tabelle 2.1 Funktionen der Menüleiste der ADT

Icon	Beschreibung	Tastaturkürzel
	Klicken Sie auf diesen Button, werden Ihnen alle inaktiven Entwicklungsobjekte in einer Liste zur Aktivierung angeboten.	Strg + ⇧ + F3
	Über diesen Button rufen Sie einen Verwendungsnachweis auf.	Strg + ⇧ + G
	Mit diesem Button blenden Sie unterhalb der Registerkarte Ihren aktuellen Pfad ein oder aus.	Alt + ⇧ + B
	Haben Sie diese Funktion aktiviert, werden, wenn Sie auf eine Variable im Quelltext klicken, gleichnamige Variablen grau hervorgehoben.	Alt + ⇧ + O
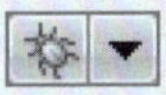	Über diesen Button starten Sie den Debugger. Wie Sie es vielleicht aus der ABAP Workbench gewohnt sind, werden Sie diesen Button aber nicht brauchen, da Sie einen Breakpoint direkt im Quellcode setzen und anschließend das Programm normal ausführen können.	F11
	Mit diesem Button können Sie Ihr Programm ausführen. Über das Untermenü **Run as** können Sie die Testperspektive bzw. einen Unit-Test ausführen.	F8
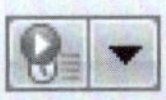	Über diesen Button können Sie Ihr Programm mit einer Konfiguration ausführen. Über das Untermenü **Profile Configurations** können Sie neue Konfigurationen anlegen und z. B. das Tracing für SQL-Statements einschalten.	-
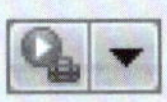	Mit einem Klick auf diesen Button wird das letzte benutzte Werkzeug nochmals aufgerufen.	-
	Mit diesem Button können Sie eine Aufgabe aus einem Repository (wie z. B. Git als Versionsverwaltungswerkzeug) öffnen bzw. anlegen.	Strg + F12
	Über diesen Button können Sie die Suche starten. Sie können hier nach ABAP-Objekten suchen oder eine Quelltextsuche durchführen. Darüber hinaus stehen weitere Suchfunktionen, wie z. B. eine Git-Suche, zur Verfügung. Die normale Textsuche erreichen Sie über Strg + F.	Strg + H

Tabelle 2.1 Funktionen der Menüleiste der ADT (Forts.)

Icon	Beschreibung	Tastaturkürzel
 bzw. 	Über diese Buttons können Sie zwischen bestimmten Bestandteilen im Quelltext (z. B. Fehlermeldungen) springen. Über das Untermenü können Sie dabei einstellen, was berücksichtigt werden soll.	Vor mit: Strg + . Zurück mit: Strg + ,
	Über diesen Button springen Sie zur letzten Bearbeitungsposition zurück.	Strg + Q
 und 	Über diese Buttons können Sie zwischen Registerkarten vor- und zurücknavigieren.	Vor mit: Alt + ← Zurück mit: Alt + →

Tabelle 2.1 Funktionen der Menüleiste der ADT (Forts.)

Darüber hinaus können Sie weitere Funktionen über die in Tabelle 2.2 aufgeführten Tastaturkürzel aufrufen.

Funktion	Tastaturkürzel
Pretty Printer	⇧ + F1
Kommentar ein/aus	Strg + 7
Kommentar ein	Strg + <
Kommentar aus	Strg + ⇧ + <
Informationen zum Codeelement	F2
Vorwärtsnavigation	F3
Vorwärtsnavigation (Implementierung und Definition)	Strg + Mauszeiger
Quellcodevervollständigung	Strg + Leertaste
Aufrufblock einführen (bei Vervollständigungsliste)	⇧ + ↵
Quick-Fix-Vorschlag	Strg + 1
Umbenennen	Alt + ⇧ + R
Methode extrahieren	Alt + ⇧ + M
nicht verwendete Variablen löschen	Alt + U
ABAP-Unit-Test	Strg + ⇧ + F10

Tabelle 2.2 Überblick über die wichtigsten Tastaturkürzel

Eine Übersicht über sämtliche, auch nicht ADT-spezifische Tastaturkürzel in Eclipse (rund 270 Kürzel) erhalten Sie, wenn Sie die folgende Tastenkombination verwenden: [Strg] + [⇧] + [L].

2.6 Der Pretty Printer und weitere Quellcodefunktionen

Ein Button für den Pretty Printer hat leider keinen Einzug in die Funktionsleiste gehalten. Dennoch können Sie Ihren Code über die Tastenkombination [⇧] + [F1] formatieren lassen.

Das in Abbildung 2.9 dargestellte Kontextmenü mit weiteren nützlichen Codefunktionen finden Sie, wenn Sie mit der rechten Maustaste auf Ihren Quellcode klicken und den Kontextmenüeintrag **Source Code** wählen. Dieselben Funktionen sind auch über den Eintrag **Source Code** im Hauptmenü erreichbar.

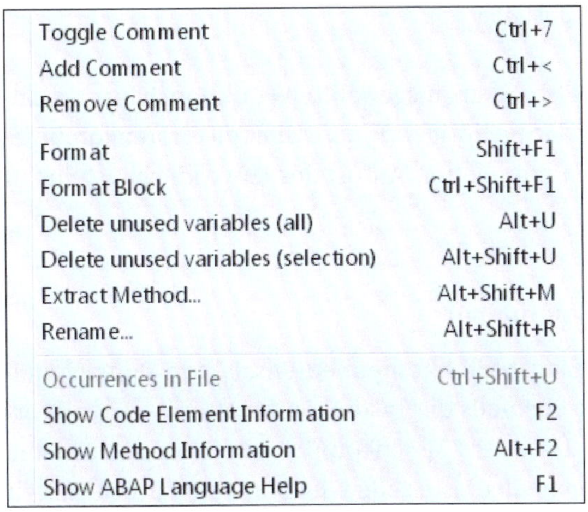

Abbildung 2.9 Weitere nützliche Codefunktionen

Dazu gehören unter anderem das Ein- und Auskommentieren von Blöcken über die Tastenkombination [Strg] + [7] und der Zugang zu den Refactoring-Funktionen, die ich in Abschnitt 2.10 beschreibe.

2.7 Die Musterfunktion

Auch einen Button für die Musterfunktion sucht man leider vergeblich in der Funktionsleiste. Dennoch gibt es Möglichkeiten, sich den Rumpf eines Funktionsbausteins oder Methodenaufrufes in den Quellcode einfügen zu lassen, um so Zeit bei der Programmierung zu sparen. Die Vorgehensweise ist dabei bei Funktionsbausteinen und bei Methoden die gleiche, nur der Ausgangspunkt ist jeweils unterschiedlich.

2.7.1 Muster für Funktionsbausteine

Möchten Sie einen Funktionsbaustein einfügen, können Sie sich, wie in Abbildung 2.10 dargestellt, bei der Eingabe des Funktionsbausteinnamens in dessen Aufruf über die Tastenkombination [Strg] + Leertaste die Liste der zum Namen passenden Funktionsbausteine anzeigen lassen.

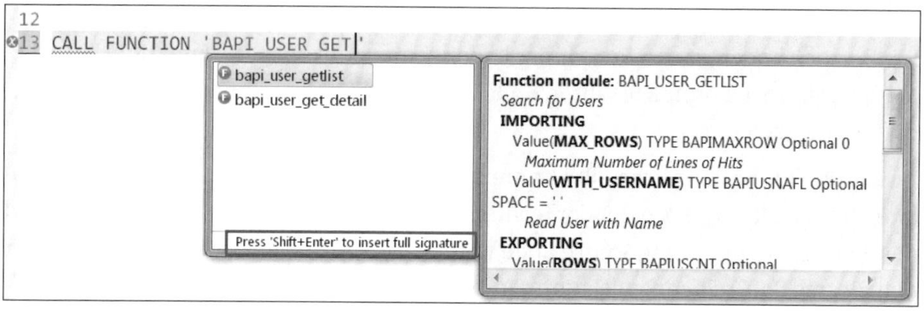

Abbildung 2.10 Muster für Funktionsbausteine

Neben der Liste sehen Sie auch Details zu dem ausgewählten Funktionsbaustein, unter anderem die Parameter und die dazugehörigen Typen. Über die Tastenkombination [⇧] + [↵] können Sie nun den kompletten Aufruf des Funktionsbausteins in den Quellcode einfügen.

2.7.2 Muster für den Aufruf von Methoden

Bei Methoden können Sie nach der Eingabe des Komponentenselektors (Einfachpfeil -> oder Doppelpfeil =>) einer Klasse ebenfalls die Tastenkombination [Strg] + Leertaste drücken und sich dadurch die Liste der Klassenkomponenten anzeigen lassen, wie in Abbildung 2.11 dargestellt. Neben der Liste sehen Sie nun ebenfalls Details zu den ausgewählten Komponenten, bei einer Methode z. B. die Signatur mit den Parametern und den dazugehörigen Typen. Über die Tastenkombination [⇧] + [↵] können Sie nun den kompletten Aufruf der Methode in den Quellcode einfügen.

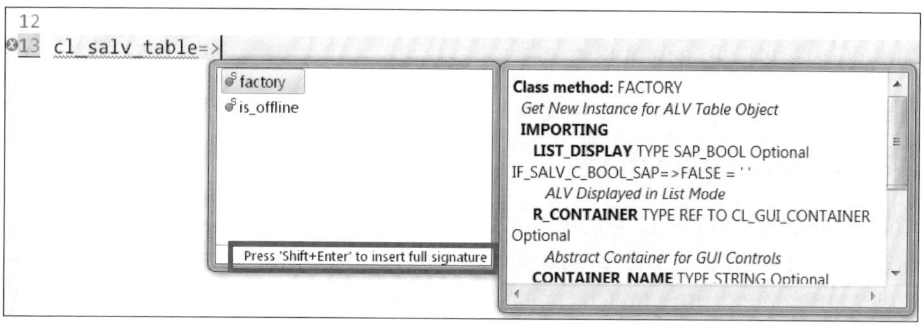

Abbildung 2.11 Muster für Methoden

2.8 Der Debugger

In Eclipse ist auch ein Debugger enthalten, der in seiner Funktionalität jedoch (noch) nicht an den Debugger aus der ABAP Workbench – im Folgenden *ABAP Debugger* genannt – heranreicht. So wurden z. B. erst mit ABAP 7.40 SP05 (bzw. ABAP 7.31 SP11) Watchpoints (siehe Abschnitt 2.8.4) und die Möglichkeit zur Bearbeitung von internen Tabellen (siehe Abschnitt 2.8.5) ergänzt. Die meisten Funktionen befinden sich aber bereits in der Entwicklung und werden mit folgenden Releases ausgeliefert.

Die Vorgehensweise, um den Debugger zu starten, ist dieselbe wie in der ABAP Workbench: Sie müssen zuerst einen Breakpoint setzen und anschließend Ihr Programm ausführen. Einen Breakpoint können Sie wie in der ABAP Workbench durch einen Doppelklick auf die linke Leiste des ABAP Editors setzen (siehe Abbildung 2.12).

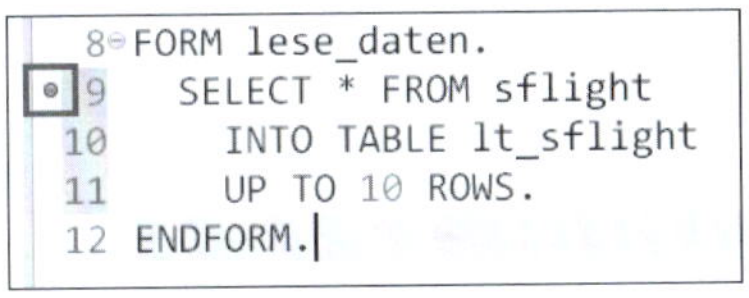

Abbildung 2.12 Einen Breakpoint setzen

Nach dem Ausführen Ihres Programms (über den Button **Run**,) wird Eclipse Sie fragen, ob Sie in die in Abbildung 2.13 dargestellte Perspektive **Debug** wechseln möchten. Bestätigen Sie dies mit **Yes**.

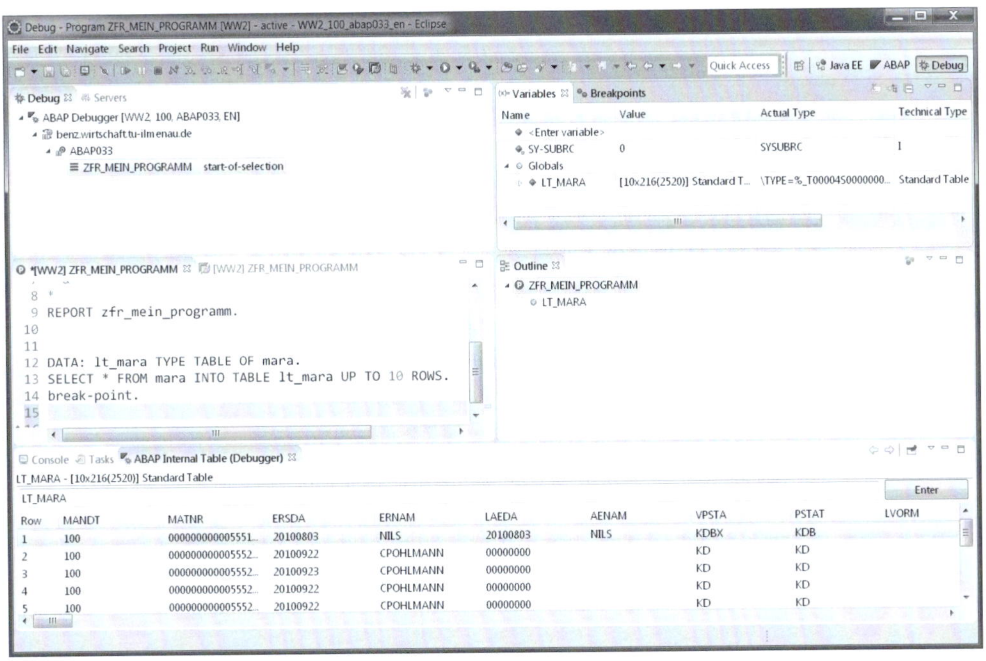

Abbildung 2.13 Die Debug-Perspektive

Die nun geöffnete **Debug**-Perspektive ist eine eigens für das Debuggen entworfene Oberfläche, zu der beim Debugging (im selben Fenster) gewechselt wird. Das heißt, es öffnet sich kein neues Fenster wie beim Debugger im SAP GUI. Sie können, wie in Abbildung 2.14 zu erkennen, in der rechten oberen Ecke sehen, in welcher Perspektive Sie sich gerade befinden, und diese gegebenenfalls wieder wechseln. Die Standardperspektive ist dabei die Perspektive **ABAP**. Das Wechseln der Perspektive startet oder stoppt noch nicht den Debugger.

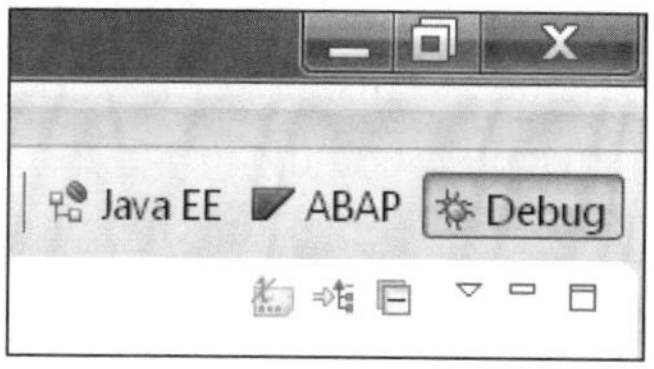

Abbildung 2.14 Wechsel zwischen den Perspektiven

2.8.1 Die Menüleiste des Debuggers

Schauen wir uns zunächst die Menüleiste der **Debug**-Perspektive an (siehe Abbildung 2.15). Die Funktionen finden Sie in Tabelle 2.3 zusammengestellt.

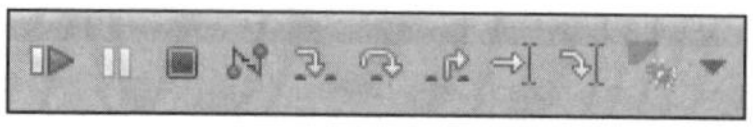

Abbildung 2.15 Die Menüleiste des Debuggers

Icon	Beschreibung	Tastaturkürzel
	Klicken Sie auf diesen Button, durchläuft der Debugger den Quellcode bis zum nächsten Breakpoint. Ist kein Breakpoint vorhanden, wird der Debugger beendet, die Debugger-Perspektive bleibt allerdings offen. Möchten Sie sie schließen, müssen Sie manuell wieder in die ABAP-Perspektive über den Button **ABAP** wechseln.	F8
	Mit einem Klick auf diesen Button beenden Sie den Debugger sofort. Das Programm wird nicht weiter ausgeführt. Auch danach müssen Sie, falls gewünscht, wieder zur ABAP-Perspektive wechseln.	–
	Über diesen Button beenden Sie nur den Debugger, das Programm wird allerdings zu Ende ausgeführt. Auch hier müssen Sie im Anschluss wieder zur ABAP-Perspektive wechseln.	–

Tabelle 2.3 Funktionen der Debug-Perspektive

Icon	Beschreibung	Tastaturkürzel
	Mit diesem Button geht der Debugger einen Schritt weiter, z. B. auch in eine Methodenimplementierung hinein oder aus einer Methodenimplementierung heraus.	F5
	Mit diesem Button geht der Debugger einen Schritt weiter, überspringt aber z. B. Methoden.	F6
	Mit diesem Button wechselt der Debugger aus der aktuellen Ebene in die nächsthöhere Ebene und hält dort an. So kommen Sie also z. B. einfach wieder aus Methodenimplementierungen heraus.	F7
	Klicken Sie auf diesen Button, durchläuft der Debugger das Programm bis zur Position Ihres Cursors.	–
	Klicken Sie auf diesen Button, springt der Debugger bis zur Position Ihres Cursors, ohne die dazwischenliegenden Zeilen auszuführen. Sie können mit dieser Funktion auch zu bereits aufgeführten Zeilen zurückspringen.	–

Tabelle 2.3 Funktionen der Debug-Perspektive (Forts.)

2.8.2 Die Variablen- und Outline-Anzeige

In der in Abbildung 2.16 dargestellten Variablenanzeige haben Sie wie im ABAP Debugger die Möglichkeit, sich Datenobjekte (Variablen, Strukturen, interne Tabellen, Feldsymbole) und ihre Werte anzeigen zu lassen. Über einen Klick in eine Zelle der Spalte **Value** zu einer bestimmten Variablen können Sie den Wert einer Variablen ändern.

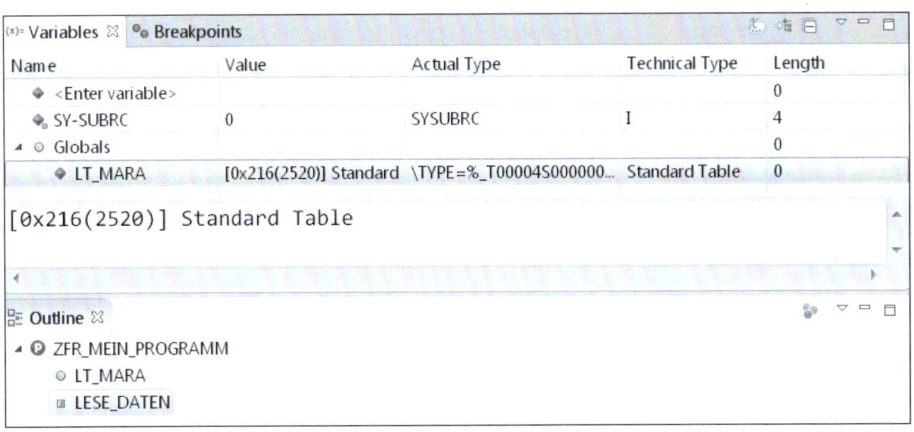

Abbildung 2.16 Anzeige von Variablen im Debugger

Die sich darunter befindende **Outline**-Anzeige zeigt Ihnen an, wie Ihr Programm aufgebaut und geschachtelt ist. Durch einen Klick auf einen Eintrag in der **Outline**-Anzeige springt der Zeiger in der Quellcodeanzeige links daneben automatisch zu diesem Eintrag.

2.8.3 Breakpoints

Auf der Registerkarte **Breakpoints**, die sich, wie in Abbildung 2.17 dargestellt, in der Standardanzeige rechts oben befindet, können Sie alle gesetzten Breakpoints sehen und gegebenenfalls über die Checkboxen neben den Listenpunkten aktivieren bzw. deaktivieren.

Über den Button **Add ABAP Breakpoint** ( ) in der darüber angezeigten Menüleiste können Sie auch neue Breakpoints bei bestimmten ABAP-Anweisungen sowie Ausnahmen hinzufügen.

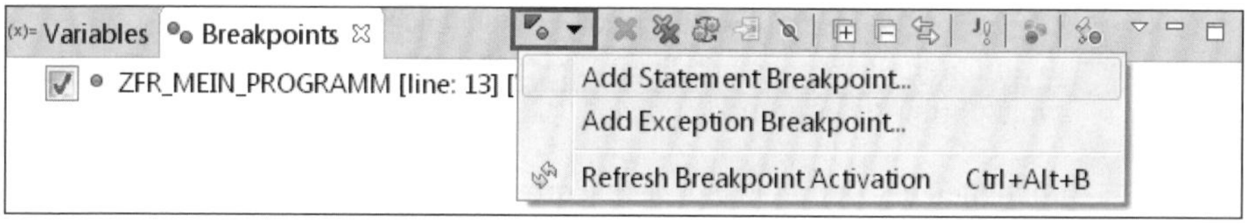

Abbildung 2.17 Breakpoints im Debugger anlegen

Zu den in Abbildung 2.18 gezeigten weiteren Breakpoint-Funktionen gelangen Sie, wenn Sie im Hauptmenü **Run • ABAP Breakpoints** auswählen. Anschließend können Sie z. B. mit **Skip All Breakpoints** alle Breakpoints deaktivieren bzw. über **Remove All Breakpoints** alle Breakpoints löschen.

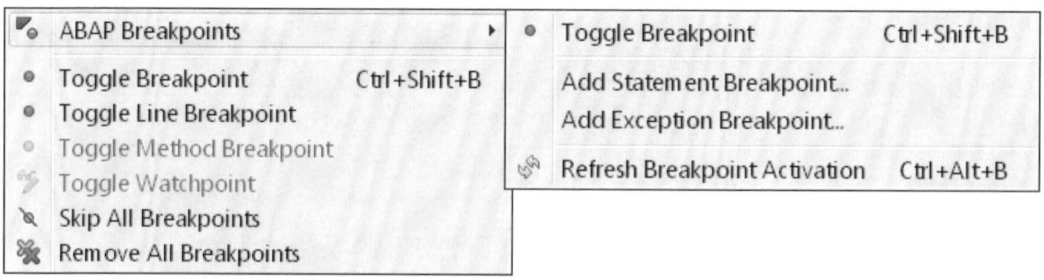

Abbildung 2.18 Breakpoints über das Hauptmenü anlegen

[»]

Externe Breakpoints

Externe Breakpoints zum Debuggen von externen Aufrufen können Sie hier nicht direkt anlegen. Als Workaround haben Sie die Möglichkeit, das Debugging in Transaktion SICF (nach der Ausführung) zu starten. Wählen Sie dazu **Bearbeiten • Debugging • Debugging aktivieren** im Hauptmenü.

2.8.4 Watchpoints

Ab ABAP 7.40 SP05 und ABAP 7.31 SP11 können Sie auch im Eclipse-Debugger Watchpoints anlegen. Watchpoints sind bedingte Breakpoints, die den Wert einer Variablen überwachen. Angehalten wird dabei nur, wenn sich der Wert der Variablen ändert bzw. – wenn Sie das so einstellen – wenn die Variable einen bestimmten Wert annimmt.

Klicken Sie zur Definition eines solchen Watchpoints, wie in Abbildung 2.19 dargestellt, während einer offenen Debugging-Session mit der rechten Maustaste auf die zu beobachtende Variable, und wählen Sie aus dem Kontextmenü den Eintrag **Set Watchpoint**.

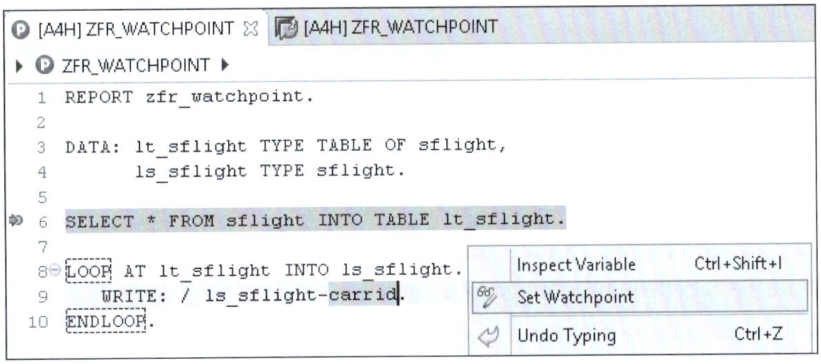

Abbildung 2.19 Watchpoint anlegen

Darüber hinaus können Sie, wie in Abbildung 2.20 dargestellt, für den angelegten Watchpoint auch eine Bedingung hinterlegen. Diese Funktion finden Sie auf der Registerkarte **Breakpoints** (siehe Abschnitt 2.8.3, »Breakpoints«). Klicken Sie hierzu auf den angelegten Watchpoint, und tragen Sie im Feld **Condition** eine Bedingung für die Variable ein. Der Debugger wird dann anhalten, wenn diese Bedingung erfüllt ist.

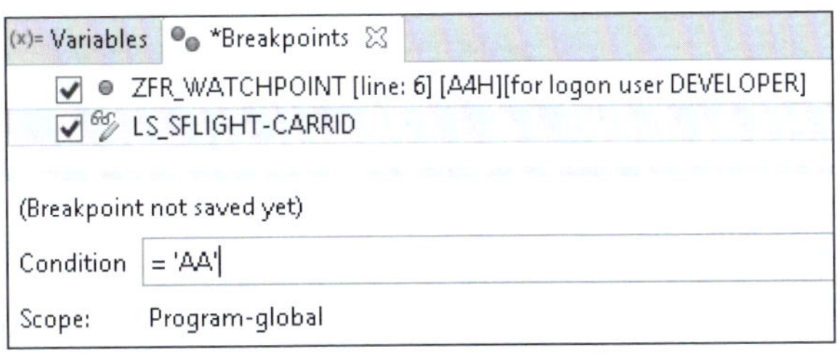

Abbildung 2.20 Definition eines Watchpoints

Vergessen Sie nach dem Eintragen der Bedingung nicht, die Änderungen über den Button **Save** (💾) in der Menüleiste zu speichern.

2.8.5 Interne Tabellen

Auch interne Tabellen können Sie innerhalb des Debuggers anschauen bzw. ändern.

Interne Tabellen anzeigen

Interne Tabellen können Sie sich auf der Registerkarte **ABAP Internal Table (Debugger)** anzeigen lassen. Tragen Sie dazu, wie in Abbildung 2.21 dargestellt, im oberen Eingabefeld den Namen der internen Tabelle ein, und bestätigen Sie Ihre Eingabe mit dem Button **Enter**. Alternativ genügt ein Doppelklick auf eine interne Tabelle in der Variablenanzeige.

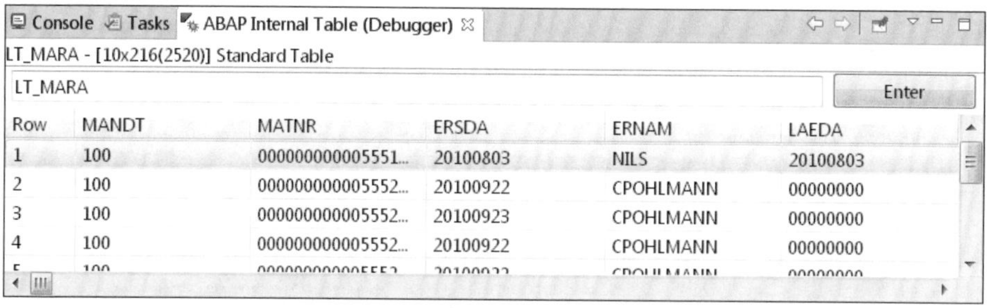

Abbildung 2.21 Interne Tabellen im Debugger anzeigen

Darüber hinaus haben Sie in der Variablenanzeige (siehe Abbildung 2.22) die Möglichkeit, einzelne Zeilen der internen Tabelle anzusehen und die Werte einzelner Spalten in der Spalte **Value** zu ändern. Markieren Sie dazu die Zeile für das entsprechende Tabellenfeld.

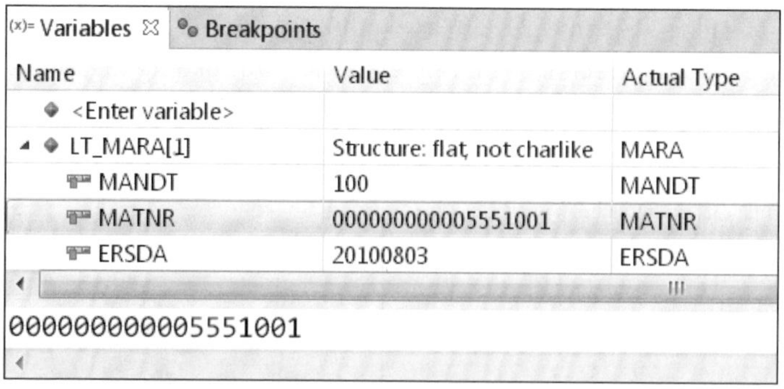

Abbildung 2.22 Einzelne Zeilen einer internen Tabelle anzeigen

Interne Tabellen bearbeiten

Ab ABAP 7.40 SP05 und ABAP 7.31 SP11 können Sie interne Tabellen auch in Eclipse bearbeiten, wie Sie es aus dem ABAP Debugger gewöhnt sind. Das heißt, Sie können Zeilen hinzufügen, ändern und löschen.

Lassen Sie sich dazu, wie im vorangegangenen Abschnitt beschrieben, eine interne Tabelle in der Tabellenanzeige anzeigen, und klicken Sie mit der rechten Maustaste auf die gewünschte Zeile. Im sich öffnenden Kontextmenü haben Sie nun folgende Möglichkeiten (siehe Abbildung 2.23):

- Zeilen hinzufügen mit **Insert Row**
- Zeilen löschen mit **Delete Selected Rows**
- Werte ändern mit **Change value**

Darüber hinaus können Sie über den Eintrag **Go to Line** zu einer bestimmten Zeile springen.

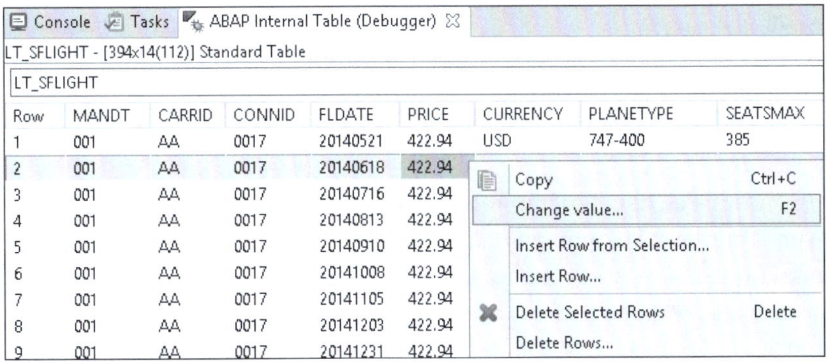

Abbildung 2.23 Interne Tabelle ändern

2.9 Dokumentation mit ABAP Doc

Ab ABAP 7.40 SP02 haben Sie die Möglichkeit, in Ihrem Quellcode Dokumentation über Kommentare mithilfe von ABAP Doc hinzuzufügen. Diese kommentierte Dokumentation wird Ihnen anschließend im ABAP Editor der ADT (aber nicht in Transaktion SE80) angezeigt. Zur Anzeige positionieren Sie den Mauszeiger auf einer Anweisung (z. B. einer Methode) und drücken die Taste [F2]. Wie Sie in Abbildung 2.24 sehen können, werden die im Quellcode angegebenen Textkommentare dabei gefunden und in einem Pop-up-Fenster aufbereitet angezeigt.

Die Dokumentation wird im Quelltext durch einen Kommentar, gefolgt von einem Ausrufezeichen, eingeleitet:

```
"! Das ist eine Dokumentation
```

Dieser Kommentar muss vor der Deklaration stehen, die sie erläutert. Hier geht es also gezielt darum, Methoden und Attribute von Klassen und Interfaces zu dokumentieren. Diese Form der Dokumentation ist aber auch für globale und lokale Datenobjekte sowie für Feldsymbole möglich.

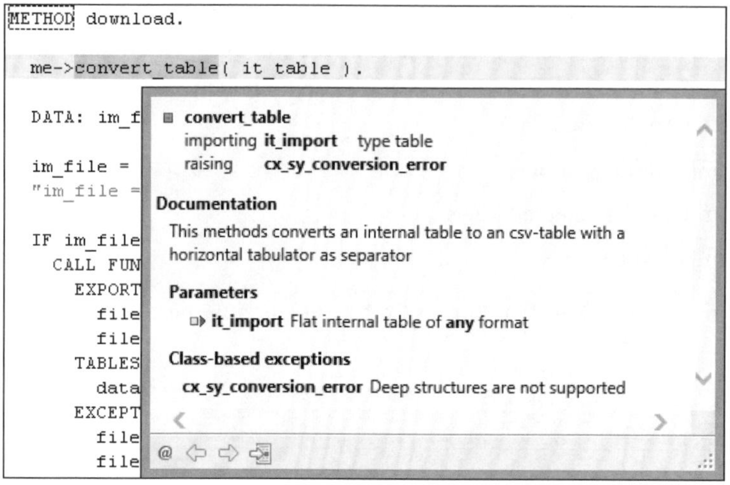

Abbildung 2.24 Anzeige von ABAP-Doc-Kommentaren

Ziel von ABAP Doc ist es, dem Programmierer in den ADT ergänzende Informationen zu Klassen und Interfaces zukommen zu lassen, da hierfür keine grafische Oberfläche wie in Transaktion SE24 existiert. Zusätzlich ist es ab ABAP 7.50 möglich, diese Dokumentation auch als HTML-Dokument zu exportieren (siehe Abschnitt 2.9.3). Um Parameter und Ausnahmen einer Methode zu dokumentieren, fügen Sie die folgenden Befehle nach der Einleitung der Dokumentationszeile hinzu:

- Für Parameter:
  `"! @parameter parametername1 | Beschreibung`
- Für Ausnahmeklassen:
  `"! @raising cx_klasse | Beschreibung`
- Für lokale Ausnahmen:
  `"! @exception exp_name | Beschreibung`

Dadurch weiß ABAP Doc, wie die Dokumentationen zu interpretieren sind. Sie können die Dokumentation durch die in Tabelle 2.4 aufgeführten HTML-Tags formatieren.

Formatierung	HTML-Tag
Zeilenumbruch	` </br>`
Paragraf	`<p></p>`
Hervorhebung	`<em></em>`
starke Hervorhebung	`<strong></strong>`

Tabelle 2.4 HTML-Tags für ABAP Doc

Formatierung	HTML-Tag
eine unsortierte Liste	<ul><li></li></ul>
eine sortierte Liste	<ol><li></li></ol>
Überschriften	<h1></h1> <h2></h2> <h3></h3>

Tabelle 2.4 HTML-Tags für ABAP Doc (Forts.)

2.9.1 Beispiel

Als Beispiel zeige ich Ihnen in Listing 2.1 die Umsetzung der Dokumentation aus Abbildung 2.24.

```
CLASS zcl_excel DEFINITION.
PRIVATE SECTION.
"! This methods converts an internal table to an csv-
  table with a horizontal tabulator as separator
"! @parameter it_import | Flat internal table of
   <strong>any</strong> format
"! @raising cx_sy_conversion_error | Deep structures are not
   supported
  METHODS convert_table
    IMPORTING !it_import TYPE TABLE
    RAISING   cx_sy_conversion_error.
ENDCLASS.
```

Listing 2.1 Beispiel für die Anwendung von ABAP Doc

2.9.2 Quick Fix

Um neue Methoden von Klassen und Interfaces zu dokumentieren, müssen Sie diese Kommentare nicht selbst schreiben. Die ADT unterstützen Sie hier mit einer Quick-Fix-Funktion. Wie in Abbildung 2.25 gezeigt, müssen Sie dazu lediglich den Mauszeiger auf die unfertige Dokumentation einer Methode setzen und die Tastenkombination [Strg] + [1] drücken. Dadurch werden die fehlenden Parameter und Ausnahmen der Dokumentation hinzugefügt.

[+]

Importieren von Kurzbeschreibungen

Sie haben hier auch die Möglichkeit, bereits existierende Beschreibungen von Klassen, Interfaces und Funktionsbausteinen zu importieren. Wählen Sie dazu **Source • Import ABAP Doc from Descriptions** im Hauptmenü.

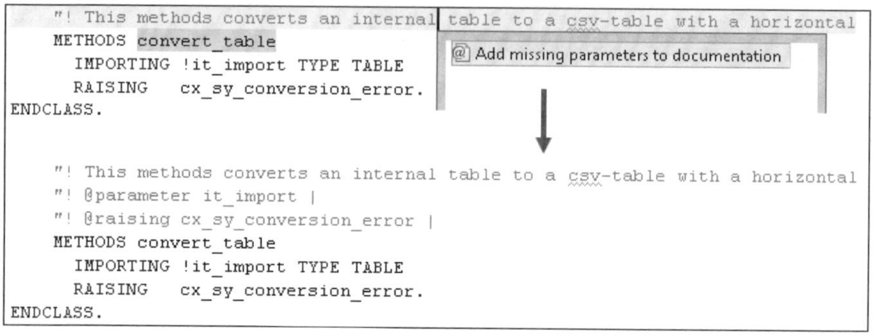

Abbildung 2.25 Hinzufügen von ABAP-Doc-Kommentaren für Parameter und Ausnahmen

2.9.3 Dokumentation exportieren

Ab ABAP 7.50 haben Sie die Möglichkeit, die mit ABAP Doc umgesetzte Dokumentation als HTML-Datei zu exportieren:

1. Klicken Sie dazu im **Project Explorer** mit der rechten Maustaste auf ein Paket, eine Klasse oder ein Interface, und wählen Sie den Eintrag **Export** aus dem Kontextmenü.
2. Wählen Sie anschließend in der sich öffnenden Maske unter dem Ordner **ABAP** den Eintrag **ABAP Doc**.
3. Geben Sie hier auf Wunsch weitere Objekte an, oder entfernen Sie nicht benötigte Objekte. Das HTML-Dokument wird dabei im angegebenen Pfad erstellt.

[+]

> **Auswahl der Klasse bzw. des Interface im Project Explorer**
>
> Wenn Sie gerade eine Klasse oder ein Interface geöffnet haben und Sie den Pfad dazu im Project Explorer anzeigen lassen wollen, können Sie die Tastenkombination `Alt` + `⇧` + `W` verwenden. Wählen Sie aus dem eingeblendeten Menü anschließend den Eintrag **Project Explorer** aus.

2.9.4 Verlinkung zu Kurztexten des SAP GUI

Ab ABAP 7.50 haben Sie die Möglichkeit, eine Verlinkung zu bestehenden Kurztexten der Transaktionen SE24 bzw. SE37 einzurichten. Dazu verwenden Sie den folgenden ABAP-Doc-Kommentar:

```
"! <p class="shorttext synchronized" lang="en">...</p>
```

Dadurch wird bei jeder Änderung des Kurztextes der ABAP-Doc-Text aktualisiert und wie in Abbildung 2.26 veranschaulicht. Die Sprache entspricht dabei der Original-Entwicklungssprache Ihres Entwicklungsobjekts.

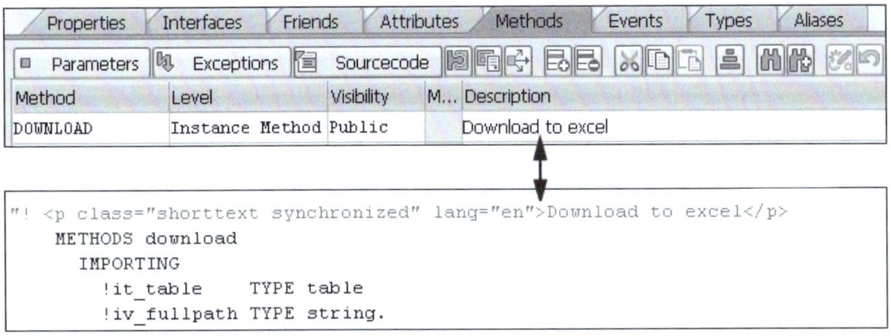

Abbildung 2.26 Verknüpfung von ABAP Doc und Kurztexten

2.10 Refactoring-Funktionen

Die ADT enthalten einige eingebaute Refactoring-Funktionen, die Sie beim Programmieren bzw. Aufräumen Ihres Quellcodes unterstützen. Drei wichtige Funktionen sind hier hervorzuheben:

- Umbenennung
- eine Methode extrahieren
- Quick Fix

2.10.1 Umbenennung

Kennen Sie das nicht auch? Sie wollen den Namen einer Variablen in allen Codeelementen ändern. Im ABAP Editor im SAP GUI hätten Sie dafür die Funktion **Suchen und Ersetzen** benutzt oder die Variable eventuell sogar an mehreren Stellen händisch umbenannt. Für diese Problemstellung wurde in den ADT durch eine neue Umbenennungsfunktion Abhilfe geschaffen, die alle im Quellcode existierenden Vorkommen eines Objekts sucht und automatisch umbenennt.

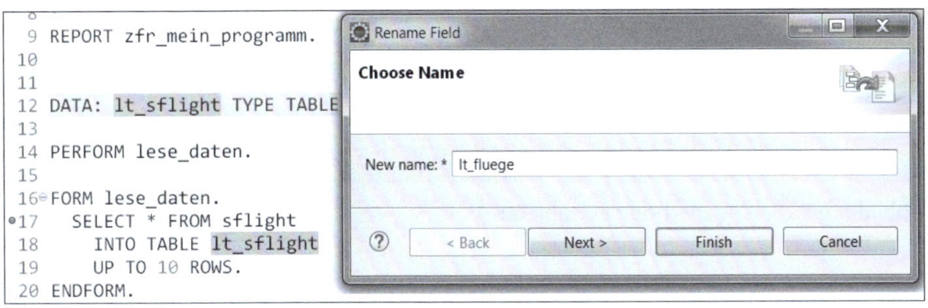

Abbildung 2.27 Variablen umbenennen

Klicken Sie hierfür lediglich mit der rechten Maustaste auf die umzubenennende Variable, und wählen Sie aus dem Kontextmenü den Eintrag **Rename** aus. Tragen Sie, wie in Abbildung 2.27 dargestellt, im sich öffnenden Pop-up-Fenster einen neuen Namen ein, und bestätigen Sie mit **Finish**.

2.10.2 Eine Methode extrahieren

Mit der Funktion **Extract Method** können Sie aus bestehendem Quellcode eine neue Methode anlegen lassen. Dieser Quellcode kann sich überall, z. B. in einem Report, einer Formroutine oder z. B. einem Funktionsbaustein befinden.

1. Ist dies der Fall, können Sie den Quellcode, den Sie für Ihre neue Methode verwenden möchten, markieren und im Kontextmenü den Pfad **Source Code • Extract Method** wählen.
2. Im folgenden Fenster können Sie nun einen Namen für die neue Methode vergeben und die Eigenschaften für die Methode auswählen.
3. Wie Sie in Abbildung 2.28 sehen, versucht der Editor automatisch, die Parameter der Methode anhand des ausgewählten Quelltextes zu bestimmen. Hier können sie gegebenenfalls noch Anpassungen vornehmen. Bestätigen Sie anschließend mit **Finish**.
4. Nun wird die neue Methode mit den ausgewählten Parametern angelegt und der entsprechende Methodenaufruf an der Ausgangsstelle eingefügt.

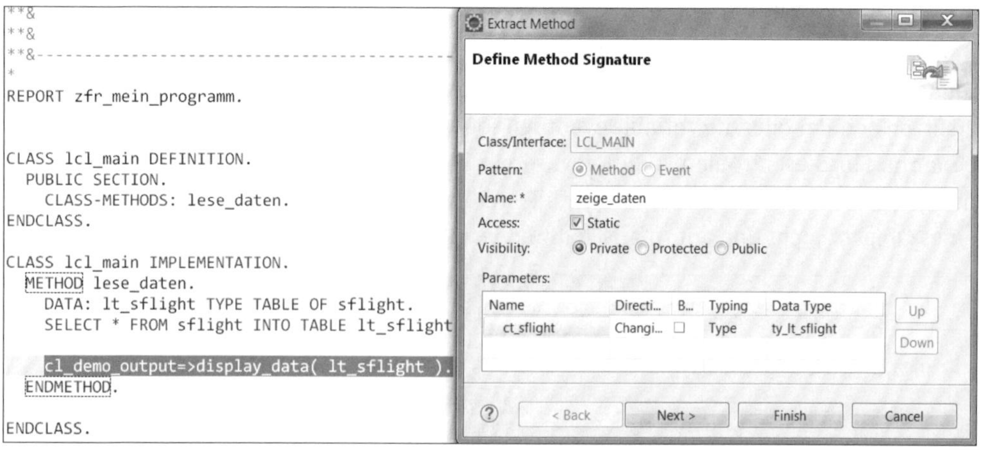

Abbildung 2.28 Eine Methode extrahieren

2.10.3 Quick Fix

Die Quick-Fix-Funktion schlägt bei Fehlern im Quellcode schnelle Lösungen vor. Fehlt z. B. wie in Abbildung 2.29 die Implementierung einer Methode, können Sie mit der rechten Maustaste auf die Methode klicken und im Kontextmenü den Eintrag **Quick Fix** auswählen ([Strg] + [1]). In dem sich öffnenden Pop-up-Fenster klicken Sie anschließend doppelt auf **Create implementation**. Der Editor legt nun die fehlende Implementierung für die Methode an.

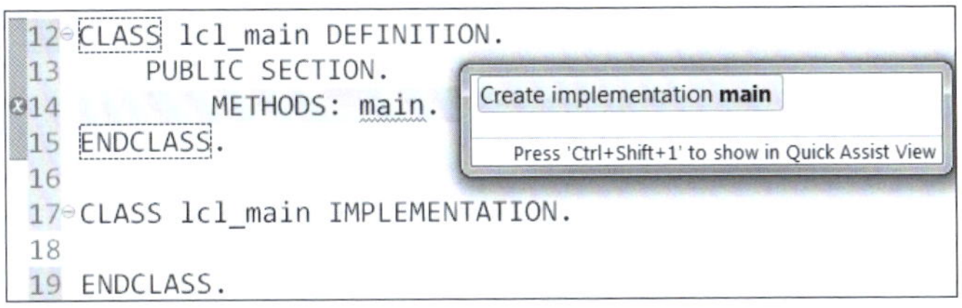

Abbildung 2.29 Quick Fix: Implementierung einer Methode

Weiterführende Informationen zu den ABAP Development Tools

Wenn Sie zukünftig gerne mit den ADT arbeiten möchten und weitere Informationen benötigen, empfehle ich Ihnen die Lektüre des Buches »ABAP-Entwicklung in Eclipse« von Daniel Schön (siehe *www.sap-press.de/3700*).

Kapitel 3
Das ABAP Dictionary

Das ABAP Dictionary ist die zentrale Stelle für alle im System vorhandenen Datendefinitionen und damit unerlässlich für jede ABAP-Programmierung. Von Tabellen über Strukturen bis hin zu Suchhilfen – hier werden Sie fündig!

Das ABAP Dictionary erreichen Sie über den Transaktionscode SE11. Es ist die zentrale Stelle im System, um Datendefinitionen anzulegen und zu verwalten. Es enthält die Beschreibung aller im System vorhandenen Datenstrukturen und stellt diese allen anderen Systemkomponenten auf Bedarf zur Verfügung. Diese Informationen können auch direkt in ABAP-Anweisungen konsumiert werden.

Das ABAP Dictionary ist darüber hinaus die Schnittstelle zur an das SAP-System angebundenen, unter dem System liegenden Datenbank und damit das Tool, um Tabellen bzw. Views auf dieser Datenbank zu erzeugen und zu verwalten. Dazu kann mit ABAP und Open SQL über das ABAP Dictionary auf die Datenbanktabellen zugegriffen werden, ohne diesen Zugriff (z. B. den Aufbau und Abbau der Verbindung) explizit orchestrieren zu müssen. Diese Art des Zugriffs ist einer der Hauptgründe für die Stärke von ABAP, wenn es darum geht, mit großen Datenmengen umzugehen.

Fast der ganze Funktionsumfang des ABAP Dictionarys ist bereits auf dem Einstiegsbildschirm der Transaktion SE11 zu erkennen (siehe Abbildung 3.1), auch wenn sich hinter den Eingabefeldern **View** und **Datentyp** mehr Auswahlmöglichkeiten verstecken.

Sie können mit dem ABAP Dictionary folgende Objekte anzeigen, bearbeiten und anlegen:

- Domänen (siehe Abschnitt 3.1)
- Datenelemente (siehe Abschnitt 3.2)
- Strukturen (siehe Abschnitt 3.3)
- Tabellentypen (siehe Abschnitt 3.4)
- Datenbanktabellen (siehe Abschnitt 3.5)
- Typgruppen (siehe Abschnitt 3.7)
- Views (siehe Abschnitt 3.8)

- Suchhilfen (siehe Abschnitt 3.10)
- das Sperrkonzept (siehe Abschnitt 3.12)

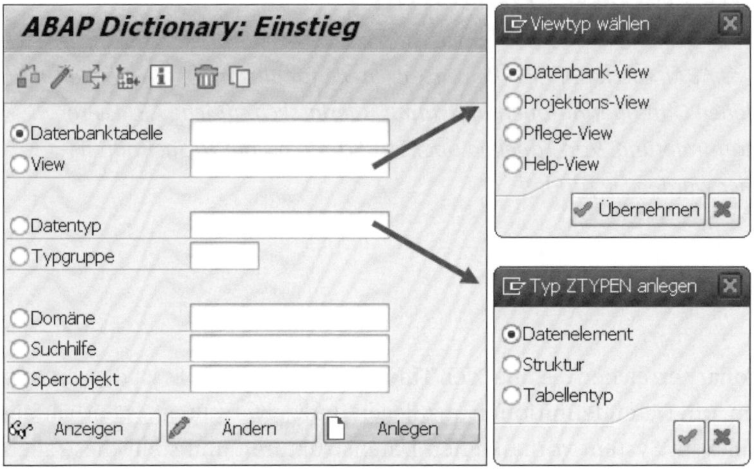

Abbildung 3.1 Einstiegsbildschirm des ABAP Dictionarys

Darüber hinaus bietet das ABAP Dictionary noch etwas verstecktere Funktionen an:

- Pflegedialoge (siehe Abschnitt 3.9)
- Datenbank-Utility-Tool (siehe Abschnitt 3.11)
- Indizes (siehe Abschnitt 3.6)

Im Rahmen der vielen Änderungen in der ABAP-Programmierung, die im Zuge der Einführung von SAP HANA vorgenommen wurden, wurde Transaktion SE11 an der einen oder anderen Stelle leicht angepasst. So wurde z. B. die Möglichkeit eingeführt, die Speicherart von Datenbanktabellen zu beeinflussen (siehe Abschnitt 3.5.9) und Volltextindizes zu erstellen (siehe Abschnitt 30.5.1, »Volltextindex anlegen«).

Beispiel

Wie gut ABAP mithilfe des ABAP Dictionarys mit großen Datenmengen umgehen kann, zeigt das folgende Beispiel.

Das folgende ABAP-Programm selektiert 100 Einträge aus der SAP-Standardtabelle für Materialien `MARA`:

```
DATA: lt_mara TYPE TABLE OF mara.
SELECT * FROM mara INTO TABLE lt_mara UP TO 100 ROWS.
```

Das Programm deklariert lediglich eine interne Tabelle auf Basis der im ABAP Dictionary enthaltenen Tabelle `MARA` mit all seinen Feldnamen, Datentypen und Feldlängen. Alle Programme greifen, wenn es um Daten geht, also auf das ABAP Dictionary als zentrale Stelle zu. Das heißt, wenn Sie im ABAP Dictionary Änderungen an einer Tabelle vornehmen, müssen Sie keine Änderungen am Quelltext von Programmen vornehmen. Beim nächsten Aufruf des Programms wird automatisch die Änderung festgestellt, und das Programm wird mit den neuen Informationen neu generiert.

3.1 Domänen

In diesem Abschnitt erläutere ich das dem ABAP Dictionary zugrunde liegende zweistufige Domänenprinzip sowie die Anlage und den Wertebereich einer Domäne.

3.1.1 Das zweistufige Domänenprinzip

Im ABAP Dictionary gibt es ein zweistufiges Domänenprinzip, das technische und semantische Domänen vorsieht:

- Die *technische Domäne* beschreibt den Wertebereich eines Feldes, der durch die Angabe eines eingebauten Datentyps, der Ausgabelänge und eventueller Festwerte festgelegt wird. Im ABAP-Umfeld werden diese technischen Domänen nur *Domänen* genannt.
- Die *semantischen Domänen* auf der anderen Seite weisen den technischen Domänen durch die Vergabe von Texten einen bestimmten Zusammenhang zu. Im ABAP-Umfeld werden diese semantischen Domänen *Datenelement* genannt.

Wie in Abbildung 3.2 dargestellt, kann ein Feld einer Struktur oder Tabelle auf ein Datenelement verweisen, das wiederum auf eine Domäne verweist.

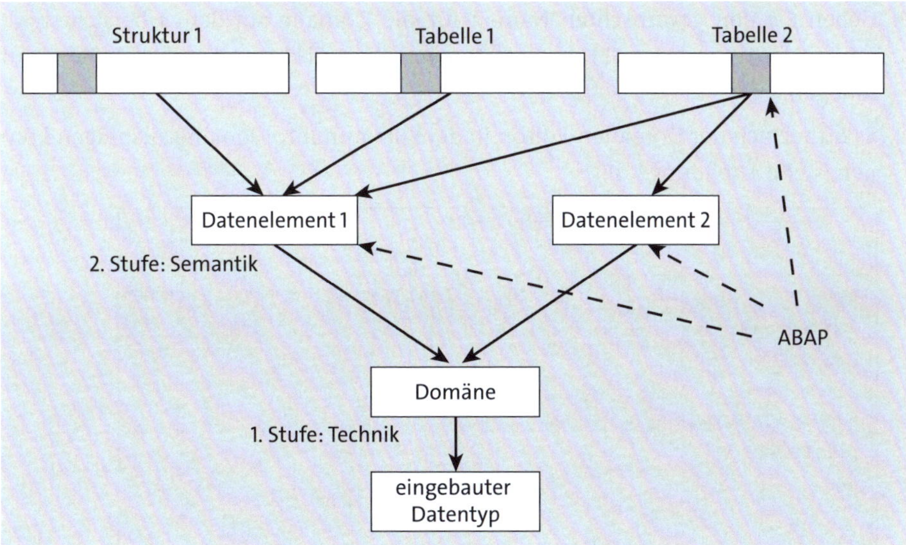

Abbildung 3.2 Das zweistufige Domänenprinzip

Eine Domäne kann demzufolge in mehreren Datenelementen verwendet werden, und ein Datenelement kann in vielen Feldern von Tabellen und Strukturen verwendet werden. Die Domäne fasst also technische Informationen über mehrere Tabellen hinweg zusammen und kann in Form von Datenelementen verschiedene Ausprägungen haben. Darüber hinaus können Sie auf die Datenelemente auch aus ABAP heraus zugreifen und z. B. einen Parameter für eine Eingabemaske definieren.

Beispiel

Eine Identifikationsnummer (ID) wird als Feld nicht nur für eine, sondern in der Regel für viele Tabellen verwendet. Beispielsweise arbeitet eine Universitätsverwaltung mit einer Tabelle für Professoren und einer für Studenten, vielleicht auch einer für Kantinenangestellte. Die Gemeinsamkeit dieser Tabellen: Es wird ein Feld benötigt, das z. B. eine bis zu zehnstellige Identifikations- oder Personalnummer abspeichern kann.

Um diese Aufgabenstellung zu lösen, würden Sie als ABAP-Entwickler nun eine Domäne (CHAR der Länge 10) und für die unterschiedlichen Ausprägungen (Professor, Student) jeweils ein Datenelement anlegen. In ABAP können Sie sich jetzt in mehreren Reports und Selektionsbildschirmen jeweils auf eines der angelegten Datenelemente beziehen und so den dahinterliegenden Text aufrufen und sich damit viel Arbeit sparen. Es dreht sich bei den Domänen und Datenelementen also primär um das Thema der Wiederverwendung.

3.1.2 Domänen anlegen

Um eine Domäne anzulegen, gehen Sie wie folgt vor:

1. Geben Sie den gewünschten Namen für die Domäne auf dem Übersichtsbildschirm der Transaktion SE11 im Feld **Domäne** ein, und klicken Sie anschließend auf **Anlegen**.
2. Es öffnet sich der Domänen-Editor, in dem Sie nun Ihre Domäne ausprägen können (siehe Abbildung 3.3).

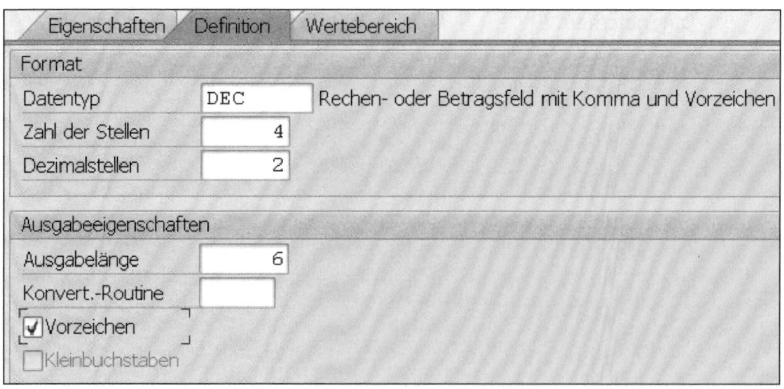

Abbildung 3.3 Definition einer Domäne

Sie müssen mindestens im Eingabefeld **Datentyp** aus den ca. 30 verschiedenen Datentypen einen Datentyp auswählen. Zusätzlich können Sie die **Zahl der Stellen** (im Beispiel mit der Personalnummer waren dies 10) und für numerische Typen die gewünschten **Dezimalstellen** einstellen (bei der Zahl 3,41 sind das z. B. zwei).

3. Unter den **Ausgabeeigenschaften** können Sie zusätzlich die **Ausgabelänge** festlegen. Wichtig ist, dass Sie bei numerischen Datentypen und negativen Zahlen das Häkchen in der Checkbox **Vorzeichen** setzen, da ansonsten das Minuszeichen nicht berücksichtigt wird.
4. Aktivieren Sie die Domäne anschließend über den Button **Aktivieren** () in der Menüleiste.

Darüber hinaus können Sie für Domänen eine Konvertierungsroutine hinterlegen und einen Wertebereich definieren, was in den folgenden Abschnitten beschrieben ist.

3.1.3 Konvertierungsroutinen

Konvertierungsroutinen sind spezielle Routinen, die die Umwandlung von Werten von und zur Datenbank ermöglichen. Im SAP-System gibt es knapp 2.000 Konvertierungsroutinen. Die beiden bekanntesten sind die Konvertierungsroutinen `ALPHA`, um einem Wert führende Nullen hinzuzufügen oder von ihm zu entfernen, und die Konvertierungsroutine `ISOLA`, um zweistellige ISO-Sprachschlüssel in einstellige SAP-Sprachschlüssel umzuwandeln und umgekehrt.

Jede Konvertierungsroutine hat einen fünfstelligen Namen und wird als Konvertierungs-Exit in Form von zwei Funktionsbausteinen im System abgelegt. Diese Konvertierungs-Exits finden Sie, indem Sie in Transaktion SE37 (siehe Kapitel 5, »Der Function Builder«) nach Funktionsbausteinen suchen, die wie in Abbildung 3.4 mit dem Namen `CONVERSION_EXIT_` anfangen.

Der für Sie interessante Namensbestandteil der Funktionsbausteine in dieser Liste steht zwischen `CONVERSION_EXIT_` und `_INPUT` bzw. `_OUTPUT`: Dies ist der Name, den Sie im ABAP Dictionary bei der Anlage von Domänen als Konvertierungsroutine im Feld **Konvert.-Routine** angeben müssen (siehe Abbildung 3.3).

Um eigene Konvertierungsroutinen anzulegen, müssen Sie lediglich eine Funktionsbausteingruppe mit zwei Funktionsbausteinen anlegen, einen Funktionsbaustein für die Eingabe und einen für die Ausgabe. Wie Sie eine Funktionsgruppe anlegen können, ist in Abschnitt 5.4 beschrieben.

Die Namen müssen dabei folgendem Schema entsprechen, wobei `NAME` durch Ihren maximal fünfstelligen Namen ersetzt werden kann:

- CONVERSION_EXIT_NAME_INPUT
- CONVERSION_EXIT_NAME_OUTPUT

Abbildung 3.4 Konvertierungs-Exits finden

Die beiden Funktionsbausteine müssen folgende Schnittstelle aufweisen:

- einen Eingabeparameter unter IMPORTING mit einem Werteparameter INPUT
- einen Ausgabeparameter unter EXPORTING mit einem Werteparameter OUTPUT

Der einfachste Weg, dies zu erreichen, ist es, einen bestehenden Funktionsbaustein (z. B. CONVERSION_EXIT_ALPHA_INPUT und CONVERSION_EXIT_ALPHA_OUTPUT) zu kopieren und diesen anschließend entsprechend abzuändern.

3.1.4 Wertebereich einer Domäne

Auf der Registerkarte **Wertebereich** zu einer Domäne (siehe Abbildung 3.3) haben Sie die Möglichkeit, die Werte einer Domäne über Festwerte (Einzelwerte), Festwertintervalle oder über eine Wertetabelle einzuschränken. Falls Festwerte für eine Domäne definiert wurden, können diese zusätzlich für eine Eingabeprüfung in Dynpros herangezogen werden. Dies gilt allerdings nur für die Datentypen CHAR und NUMC.

Sie können die Werteüberprüfung für folgende Elemente aktivieren:

- für Parameter mit dem Zusatz VALUE CHECK (siehe Abschnitt 12.2.1, »Parameter«)
- für Selektionsoptionen durch das Event AT SELECTION-SCREEN ON (siehe Abschnitt 12.4, »Ereignisse eines Selektionsbildschirms«)

Sollte keine andere Hilfemöglichkeit, wie z. B. eine Suchhilfe (siehe Abschnitt 3.10), definiert sein, werden die Festwerte auch als Eingabehilfe (F4-Hilfe) angezeigt.

Festwerte und Festwertintervalle

Die Angabe von Festwerten und Intervallen ist nur für Domänen der Datentypen CHAR, NUMC, DEC, INT1, INT2 und INT4 möglich. Beide können beliebig miteinander kombiniert werden.

Wertetabelle

Es können auch alle Werte einer Domäne gegen eine Wertetabelle geprüft werden. Diese Tabelle muss dazu lediglich bei der Angabe des Wertebereichs in der Domäne eingetragen werden. Diese Angabe können Sie auf der Registerkarte **Wertebereich** im Feld **Wertetabelle** machen.

Durch das Eintragen einer Wertetabelle wird aber noch keine Prüfung implementiert. Die Prüfung in Form des Abgleichs mit der Wertetabelle wird erst nach Definition eines Fremdschlüssels wirksam. Eine Fremdschlüsselbeziehung definiert eine Abhängigkeit zwischen zwei Tabellen.

Dazu werden die Schlüsselfelder der ersten Tabelle mit dazu passenden Feldern der zweiten Tabelle verknüpft. Dies wäre beispielsweise möglich, wenn zwei Tabellen jeweils ein Feld MATNR mit einer Materialnummer hätten.

Solange eine solche Verknüpfung nicht definiert wurde, weiß das System nicht, anhand welchen Feldes der angegebenen Wertetabelle die Werte der Domäne geprüft werden soll.

Beispiel

In Abbildung 3.5 ist beispielweise ein Feld CARRID mit dem Datenelement und der gleichnamigen Domäne S_CARR_ID definiert. In der Domäne ist die Wertetabelle SCARR als Prüftabelle eingetragen, die alle möglichen Fluggesellschaften enthält. Durch die für das Feld CARRID über den Button **Fremdschlüssel** () eingetragene Fremdschlüsselbeziehung ist die Prüfung aktiviert worden.

In dem Pop-up-Fenster in Abbildung 3.5 ist erkenntlich, dass die beiden Tabellen über die Felder MANDT und CARRID miteinander verknüpft wurden.

Wenn ein Anwender nun einen Wert für das Feld CARRID auf einer Selektionsmaske eingibt, wird dieser anhand der Wertetabelle SCARR geprüft. Ist der eingegebene Wert nicht in der Prüftabelle enthalten, wird eine Fehlermeldung ausgegeben.

Abbildung 3.5 Wertetabelle aktivieren

3.2 Datenelemente

Um ein Datenelement anzulegen, gehen Sie wie folgt vor:

1. Geben Sie den gewünschten Namen für das Datenelement auf dem Hauptbildschirm der Transaktion SE11 im Feld **Datentyp** ein, und klicken Sie auf **Anlegen**.
2. Wählen Sie in dem Pop-up-Fenster **Datenelement** aus.
3. Es öffnet sich der Datenelement-Editor, in dem Sie nun, wie in Abbildung 3.6 dargestellt, auf der Registerkarte **Datentyp** den Typ spezifizieren können.

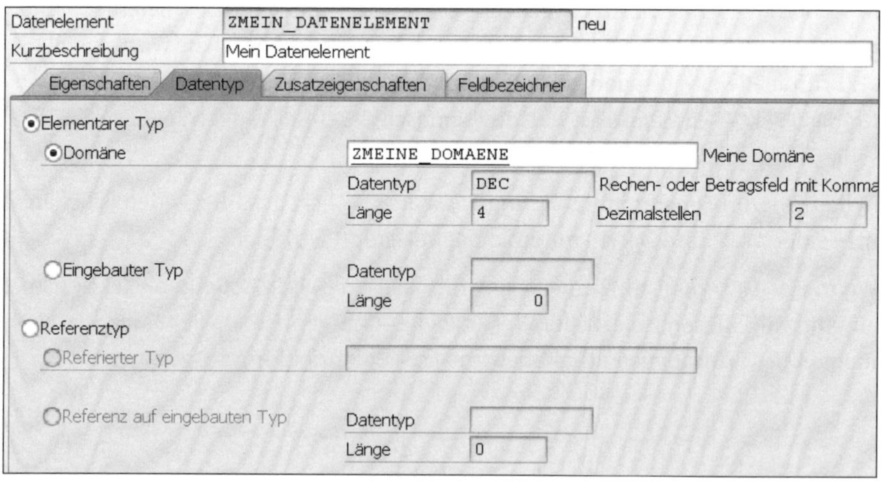

Abbildung 3.6 Datentyp eines Datenelements

Sie können hier aus den folgenden Datentyparten auswählen:

- **Domäne** (siehe Abschnitt 3.1)
- **Eingebauter Typ**
- **Referenztyp** (kann eine Referenz auf eine Klasse, ein Interface oder auf einen eingebauten Typ sein)

4. Danach können Sie Ihr Datenelement bereits aktivieren ().

Sie haben darüber hinaus aber noch die Möglichkeit, auf der Registerkarte **Feldbezeichner** die Texte zum Datenelement und auf der Registerkarte **Zusatzeigenschaften** beispielsweise eine Suchhilfe anzugeben. Beide Registerkarten erläutere ich in den folgenden Abschnitten.

3.2.1 Feldbezeichner

Da das Datenelement ja die semantische Bedeutung zur Typdefinition liefert (siehe Abschnitt 3.1.1, »Das zweistufige Domänenprinzip«), können Sie dem Datenelement auf der Registerkarte **Feldbezeichner** verschiedene Texte zuordnen (siehe Abbildung 3.7).

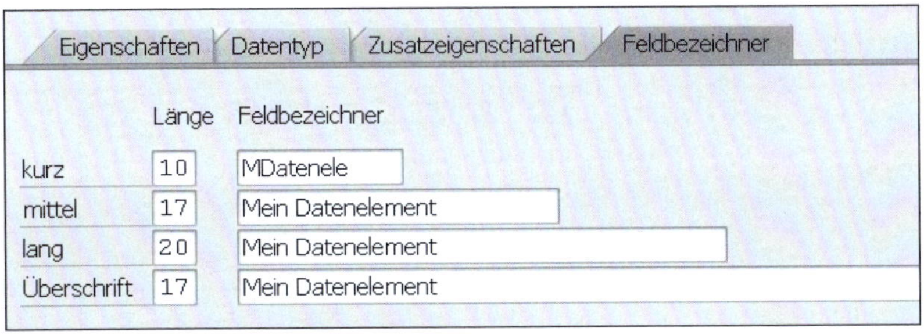

Abbildung 3.7 Feldbezeichner eines Datenelements

Um die Texte zu pflegen, geben Sie sie in die Eingabefelder **Feldbezeichner** ein, und bestätigen Sie Ihre Eingabe anschließend mit [↵]. Die Länge der Eingabefelder gibt dabei die maximale Länge der Texte vor.

3.2.2 Übersetzung

Fast alle in Transaktion SE11 zu pflegenden Objekte haben Texte (z. B. eine Kurzbeschreibung), die sich übersetzen lassen. Doch nirgends hat dies eine wichtigere Bedeutung als bei den Feldbezeichnern eines Datenelements.

Diese Texte werden später beispielsweise beim Aufbau einer ALV-Tabelle als Spaltentexte verwendet (siehe Kapitel 19, »Tabellenanzeige mit dem SAP List Viewer (ALV)«) oder auf einem Selektionsbildschirm in Form eines Parameters oder eines Select-

Option-Namens dargestellt (siehe Kapitel 12, »Reports und Selektionsbildschirme«). Ist der Text übersetzt, wird abhängig von der Anmeldesprache des Nutzers jeweils die passende Übersetzung angezeigt.

Um einen Text zu einem Datenelement zu übersetzen, gehen Sie wie folgt vor:

1. Rufen Sie das Datenelement im ABAP Dictionary auf, und wählen Sie **Springen • Übersetzung** im Hauptmenü.
2. Wählen Sie, wie in Abbildung 3.8 dargestellt, im sich öffnenden Pop-up-Fenster die gewünschte Zielsprache aus.

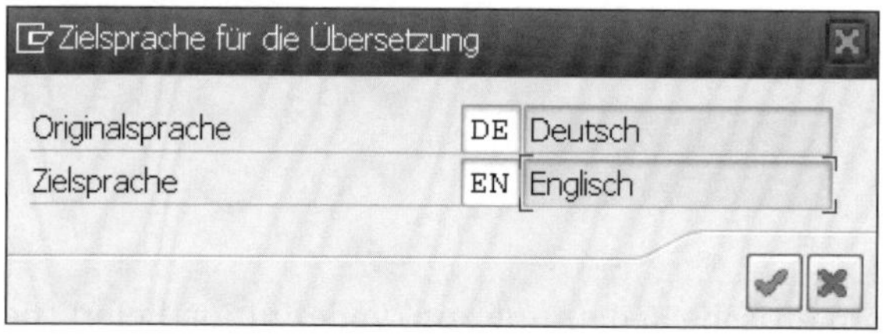

Abbildung 3.8 Angabe der Zielsprache

3. In der nächsten Maske werden Ihnen nun alle zu übersetzenden Texte angezeigt. Diese können Sie jeweils unter dem originalen Textblock übersetzen, indem Sie den übersetzten Text eintragen, wie in Abbildung 3.9 dargestellt.

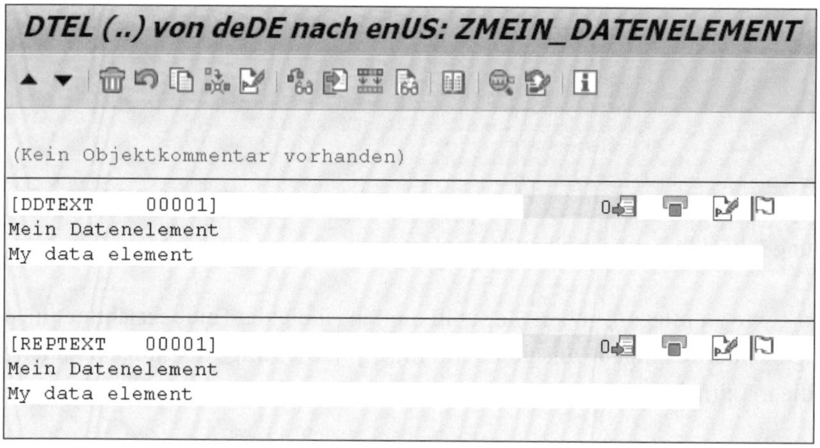

Abbildung 3.9 Übersetzung von Textelementen

4. Sie haben darüber hinaus die Möglichkeit, sich über den Button **Quelltexte in SAPterm suchen** () auf der Funktionsleiste Vorschlagswerte aus der SAPterm-Datenbank anzeigen zu lassen.
5. Wenn Sie anschließend auf **Speichern** () klicken, werden Ihnen Ihre eingegebenen Texte gelb angezeigt.

Prinzipiell können Texte folgende Status haben:

- Rot: neuer Text
- Gelb: beanstandeter Text
- Grün: korrekt übersetzter Text

Wenn Sie lediglich eine Übersetzung benötigen, reicht der Status Gelb aus. Damit verzichten Sie allerdings auf die Wiederverwendung von bereits angefertigten Übersetzungen, da damit Ihre Übersetzung nicht in den Vorschlagspool übernommen wird.

Möchten Sie Ihre Übersetzung dagegen in den Vorschlagspool übernehmen, um z. B. die Wiederverwendung zu ermöglichen, können Sie auf den Button **Vorschlag direkt anlegen** rechts neben dem gelben Statusfeld klicken. Damit wechselt der Status von Gelb auf Grün. Speichern Sie gegebenenfalls erneut.

3.2.3 Zusatzeigenschaften

Auf der Registerkarte **Zusatzeigenschaften** haben Sie die Möglichkeit, dem Datenelement eine Suchhilfe zuzuordnen (siehe Abschnitt 3.10). Über eine Parameter-ID kann Ihr Feld mit einem Vorschlagswert aus dem SAP-Memory gefüllt werden. Für jeden Benutzer können Sie einen solchen Wert in dessen Benutzerstammdaten auf der Registerkarte **Parameter** pflegen. Die Benutzerstammdaten erreichen Sie über den Pfad **System • Benutzervorgaben** im Hauptmenü.

3.3 Strukturen

Eine Struktur ist ein Verbund einzelner Felder. Wie Sie eine Struktur programmatisch definieren, ist in Abschnitt 7.4.4 erläutert. Um eine Struktur im ABAP Dictionary anzulegen, gehen Sie wie folgt vor:

1. Geben Sie den gewünschten Namen auf dem Hauptübersichtsbildschirm der Transaktion SE11 im Feld **Datentyp** ein. Klicken Sie anschließend auf **Anlegen**.
2. Wählen Sie im sich öffnenden Pop-up-Fenster den Datentyp **Struktur** aus.
3. Es öffnet sich der Struktur-Editor, in dem Sie nun, wie in Abbildung 3.10 dargestellt, auf der Registerkarte **Komponenten** die gewünschten Felder Ihrer Struktur eintragen können. Für jedes Feld müssen Sie die **Typisierungsart** und einen Typ in Form eines Datenelements oder anderer Strukturen (*tiefe Strukturen*) vergeben.
4. Danach können Sie Ihre Struktur bereits **Aktivieren** ( ).

Die in Abbildung 3.10 angegebene Struktur wird allerdings eine Warnung und eine Fehlermeldung produzieren:

- **Warnung**
  Die Erweiterungskategorie fehlt.
- **Fehler**
  Für das Feld BRGEW fehlen die Referenztabelle und das Referenzfeld.

Dies schauen wir uns in den folgenden beiden Abschnitten an.

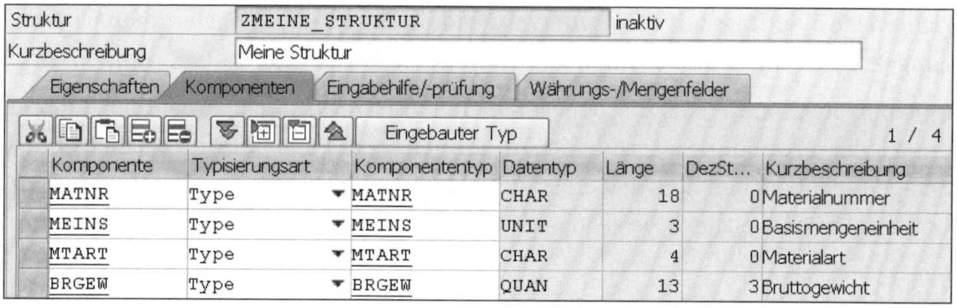

Abbildung 3.10 Komponenten einer Struktur

3.3.1 Erweiterungskategorie

Die Erweiterungskategorie können Sie über den Pfad **Zusätze • Erweiterungskategorie definieren** im Hauptmenü definieren (siehe Abbildung 3.11). Damit bestimmen Sie, ob und wie die Struktur erweitert werden darf.

Die folgenden Optionen stehen Ihnen dazu zur Verfügung:

- **beliebig erweiterbar**
  Die Struktur darf um beliebige Komponenten erweitert werden.
- **erweiterbar und zeichenartig oder numerisch**
  Die Struktur darf erweitert werden, die Erweiterung darf aber keine tiefen Datentypen enthalten.
- **erweiterbar und zeichenartig**
  Die Struktur darf mit zeichenartigen Komponenten (c, n, d oder t) erweitert werden.
- **nicht erweiterbar**
  Die Struktur darf nicht erweitert werden.
- **nicht klassifiziert**
  Undefiniert, kann für einen Übergangszustand verwendet werden.

Darf eine Struktur erweitert werden, kann dies mithilfe einer Append-Struktur geschehen. Mehr Informationen zu Append-Strukturen finden Sie in Abschnitt 21.4.7, »Strukturerweiterungen«.

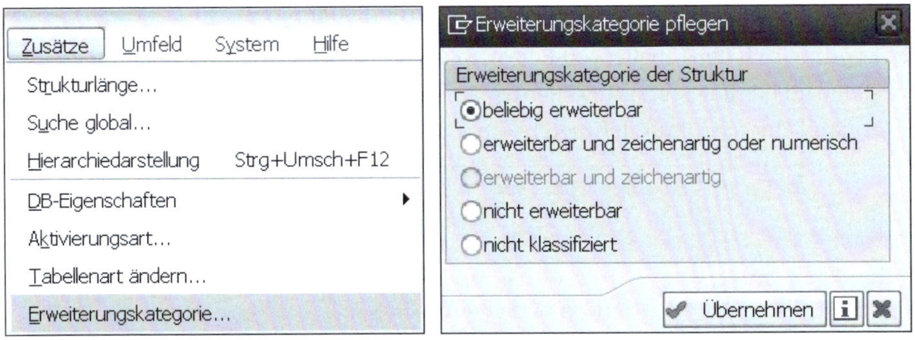

Abbildung 3.11 Erweiterungskategorie einer Struktur

3.3.2 Referenztabellen und das Referenzfeld

Mengen- und Währungsfelder benötigen immer eine Zuweisung zu einer Mengen- bzw. Währungseinheit, damit das System weiß, in welcher Form die Menge bzw. die Währung darzustellen ist. Diese Zuweisung können Sie auf der Registerkarte **Währungs-/Mengenfelder** vornehmen (siehe Abbildung 3.12). Der Verweis kann dabei auf jede beliebig andere Tabelle bzw. Struktur zeigen.

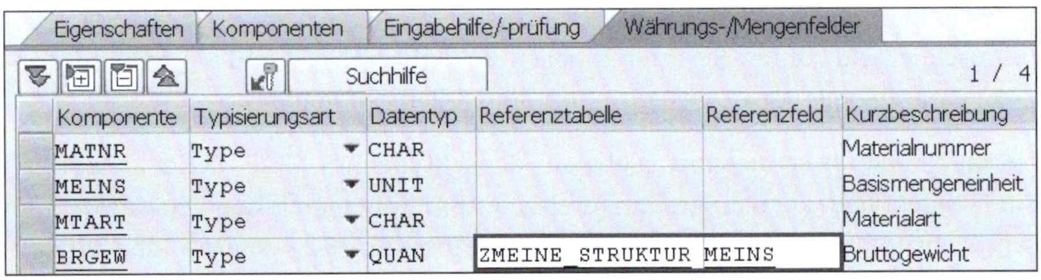

Abbildung 3.12 Verweis auf Einheiten

3.4 Tabellentypen

Tabellentypen sind spezielle Typen, die den Aufbau einer internen Tabelle beschreiben. Das Besondere ist, dass eine interne Tabelle auf Basis des Tabellentyps einfach mit dem Zusatz TYPE definiert werden kann und dass dazu nicht der Zusatz TYPE TABLE OF benötigt wird. Dies ist insbesondere in Schnittstellen von z. B. Funktionsbausteinen und Methoden von Klassen wichtig, da dort nicht TYPE TABLE OF, sondern nur TYPE angegeben werden kann.

Um einen Tabellentyp anzulegen, gehen Sie wie folgt vor:

1. Geben Sie den gewünschten Namen des Tabellentyps auf dem Hauptübersichtsbildschirm der Transaktion SE11 im Feld **Datentyp** ein. Klicken Sie anschließend auf **Anlegen**.

2. Wählen Sie im Pop-up-Fenster den Datentyp **Tabellentyp** aus.
3. Es öffnet sich der Tabellentyp-Editor, in dem Sie nun, wie in Abbildung 3.13 dargestellt, auf der Registerkarte **Zeilentyp** den gewünschten Aufbau Ihres Tabellentyps anhand einer Struktur definieren können.

Abbildung 3.13 Zeilentyp eines Tabellentyps

4. Auf der Registerkarte **Initialisierung und Zugriff** können Sie die Art der internen Tabelle für den Tabellentyp auswählen (siehe Abschnitt 8.1, »Tabellenarten«).
5. Auf den Registerkarten **Primärschlüssel** und **Sekundärschlüssel** können Sie nun noch die Schlüsselfelder definieren.
6. Anschließend können Sie Ihren Tabellentyp **Aktivieren** () und z. B. in Methodensignaturen oder Funktionsbausteinschnittstellen verwenden.

Neben den hier beschriebenen globalen Tabellentypen im ABAP Dictionary können Sie Tabellentypen auch programmatisch mit ABAP für einen lokalen Einsatz definieren. Mehr Informationen dazu finden Sie in Abschnitt 8.2, »Interne Tabellen definieren«.

3.4.1 Ranges-Tabellentypen anlegen

Neben den Tabellentypen für Standardtabellen können Sie im ABAP Dictionary auch globale Ranges-Tabellen als Typ definieren (siehe Abschnitt 8.2.3):

1. Legen Sie dazu, wie in Abschnitt 3.4, »Tabellentypen«, beschrieben, einen neuen Tabellentyp an, und wählen Sie **Bearbeiten • Als Ranges-Tabellentyp definieren** im Hauptmenü (siehe Abbildung 3.14).

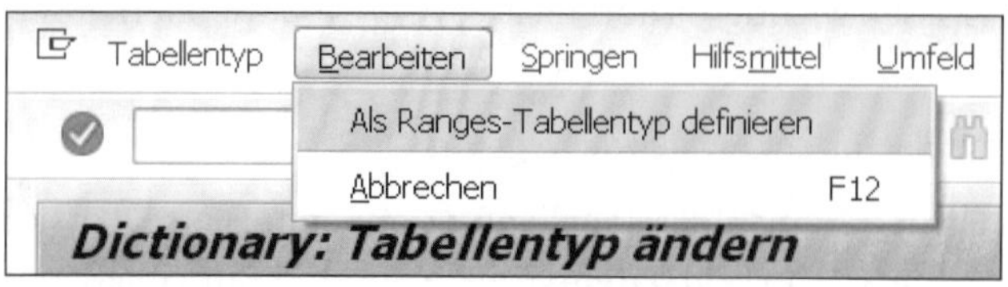

Abbildung 3.14 Einen Ranges-Tabellentyp anlegen

2. Tragen Sie im folgenden Bildschirm, wie in Abbildung 3.15 dargestellt, eine **Kurzbeschreibung** und ein **Datenelement** bzw. einen eingebauten Typ ein, für das oder den Sie den Ranges-Tabellentyp definieren wollen.
3. Vergeben Sie anschließend noch einen Namen für die dahinterliegende Struktur im Feld **Strukturierter Zeilentyp**.
4. Speichern (💾) Sie nun Ihren Ranges-Tabellentyp, da sonst die Anlage des strukturierten Zeilentyps nicht funktioniert.

Abbildung 3.15 Anlage des strukturierten Zeilentyps

5. Nun können Sie auf den Button **Anlegen** klicken, wodurch eine neue Struktur auf Basis Ihrer Eingabe angelegt wird. Wie Sie in Abbildung 3.16 sehen können, ist dies die Standardstruktur einer Ranges-Tabelle.

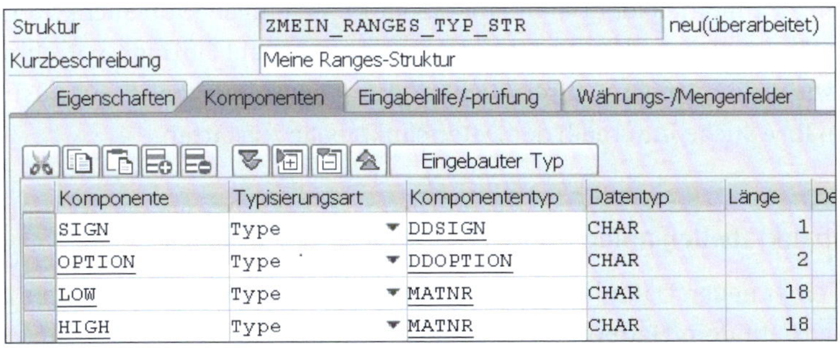

Abbildung 3.16 Komponenten der Ranges-Struktur

6. Vergeben Sie hier eine **Kurzbeschreibung**, aktivieren (✎) Sie die Struktur, und wechseln Sie über die Navigationsleiste (◀) zurück zum Bildschirm **Tabellentyp ändern.**
7. Aktivieren (✎) Sie auch dort Ihren Ranges-Tabellentyp.

3.5 Datenbanktabellen

Eine der Hauptfunktionen des ABAP Dictionarys ist die Verwaltung der zentralen Datenbanktabellen des SAP-Systems. Eine Datenbanktabelle beinhaltet eine Menge von Daten, die wie in einem Excel-Sheet in Zeilen und Spalten strukturiert sind. Die Spaltennamen definieren, was für Daten in jeder Spalte stehen sollen, während die einzelnen Zeilen die einzelnen Datensätze repräsentieren. Über das ABAP Dictionary als Schnittstelle zur an das SAP-System angebundenen Datenbank können Sie sowohl die Strukturen als auch die Daten aller Datenbanktabellen anzeigen lassen. Zusätzlich können Sie auch eigene Datenbanktabellen für Ihre Entwicklungen anlegen und so ermöglichen, dass Daten langfristig gespeichert werden.

3.5.1 Datenbanktabellen anzeigen

Um eine Datenbanktabelle anzuzeigen, gehen Sie wie folgt vor:

1. Tragen Sie den Namen der gewünschten Tabelle auf dem Hauptübersichtsbildschirm der Transaktion SE11 im Feld **Datenbanktabelle** ein.
2. Anschließend gelangen Sie durch einen Klick auf den Button **Anzeigen** zur Definition der Tabelle. Wenn Sie nun den Inhalt der Datenbanktabelle sehen möchten, klicken Sie in der Funktionsleiste auf den Button **Datenanzeige** (▦).
3. In der folgenden Selektionsmaske können Sie die anzuzeigende Datenmenge einschränken. Nehmen Sie hier keine Einstellung vor, werden standardmäßig 200 Datensätze angezeigt.
4. Nun können Sie innerhalb der Datenbanktabelle durch Eingabe von Suchkriterien nach Datensätzen suchen. Klicken Sie auf den Button **Anzahl Einträge**, wird Ihnen angezeigt, wie viele Einträge zu Ihren Suchkriterien passen. Klicken Sie auf **Ausführen** (⊕), um Ihre Suche innerhalb der Datenbanktabelle zu starten.

3.5.2 Datenbanktabellen anlegen

Zum Anlegen einer neuen Datenbanktabelle tragen Sie den gewünschten Namen der Tabelle ebenfalls auf dem Hauptübersichtsbildschirm der Transaktion SE11 im Feld **Datenbanktabelle** ein, und klicken Sie anschließend auf **Anlegen**. Für den Namen gibt es keine speziellen Namenskonventionen, er muss lediglich im Kundennamensraum (z. B. Z oder Y) liegen. Es öffnet sich nun der Tabellen-Editor (siehe Abbildung 3.17).

Zur Anlage einer Tabelle müssen Sie die folgenden Einstellungen vornehmen, auf die ich in den folgenden Abschnitten näher eingehe:

- Auf der Registerkarte **Auslieferung und Pflege:**
  - **Auslieferungsklasse:** Soll die Datenbanktabelle einen Transportanschluss haben (siehe Abschnitt 3.5.3)?

- **Data Browser/Tabellensicht-Pflege:** Wie soll auf die Datenbanktabelle zugegriffen werden können (siehe Abschnitt 3.5.4)?

- In den technischen Einstellungen:
  - **Datenart:** Was soll in der Tabelle gespeichert werden (siehe Abschnitt 3.5.5)?
  - **Größenkategorie:** Wie viele Daten werden erwartet (siehe Abschnitt 3.5.6)?
  - **Pufferung** (optional): Darf die Datenbanktabelle gepuffert werden (siehe Abschnitt 3.5.7)?
- Ausprägen der Tabellenfelder auf der Registerkarte **Felder**: Welche Spalten soll die Datenbanktabelle haben (siehe Abschnitt 3.5.8)?

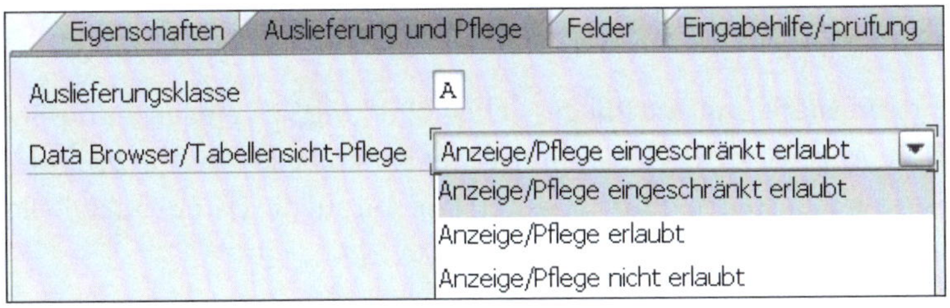

Abbildung 3.17 Registerkarte »Auslieferung und Pflege« im Tabellen-Editor

Darüber hinaus gibt es seit der Einführung von SAP HANA die Registerkarte **Speicherart**, auf die ich in Abschnitt 3.5.9 eingehe.

3.5.3 Auslieferungsklasse

Eine Auslieferungsklasse wählen Sie auf der Registerkarte **Auslieferung und Pflege** (siehe Abbildung 3.17). Die Auslieferungsklasse bestimmt, wie sich die Datenbanktabelle bei der Installation, beim Upgrade, bei einer Mandantenkopie und beim Transport zwischen Kundensystemen verhält. Die Frage, die Sie sich hier also stellen müssen, lautet: Wie soll sich die Datenbanktabelle beim Transport verhalten? Möchten Sie die Datenbanktabelle in jedem System (z. B. Entwicklungs-, Qualitätssicherungs- und Produktivsystem) einzeln pflegen, oder soll die Datenbanktabelle mithilfe der Transporttechnologie über alle Systeme hinweg den gleichen Inhalt haben?

Wenn Sie eine Tabelle mit der Auslieferungsklasse »A« anlegen (siehe Abbildung 3.18), kann die Datenbanktabelle in jedem System über einen *Pflegedialog* geändert werden. Legen Sie Ihre Datenbanktabelle dagegen mit der Auslieferungsklasse »C« an, kann diese Datenbanktabelle nur in Entwicklungssystemen geändert werden (wenn das System auf **änderbar** gesetzt ist), und die Inhalte müssen über das *Transportwesen* im Rahmen eines Customizing-Auftrags transportiert werden.

Wie Sie einen Pflegedialog anlegen, ist in Abschnitt 3.9, »Pflegedialoge«, beschrieben, während Sie in Kapitel 17, »Das Transportwesen«, eine Erläuterung des Transportmechanismus finden.

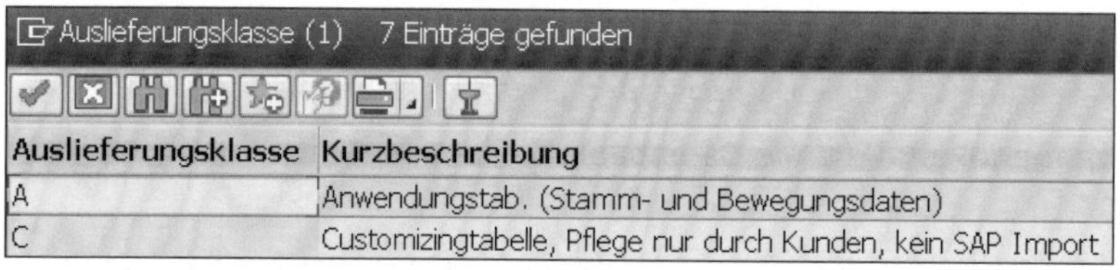

Abbildung 3.18 Auslieferungsklasse einer Tabelle

3.5.4 Tabellensicht-Pflege

Auf der Registerkarte **Auslieferung und Pflege** (siehe Abbildung 3.17) stellen Sie die Berechtigungen für die Anzeige bzw. Pflege Ihrer Datenbanktabelle ein. Die grundlegende Frage, die Sie sich hier stellen müssen, lautet: Wie soll auf die Datenbanktabelle zugegriffen werden können?

Hier haben Sie die folgenden Optionen zur Auswahl:

- **Anzeige/Pflege eingeschränkt erlaubt**
  Die Anzeige der Datenbanktabelle ist nur im ABAP Dictionary (Transaktion SE11) und in der allgemeinen Tabellenanzeige (Transaktion SE16 bzw. SE16N) möglich.
- **Anzeige/Pflege erlaubt**
  Die Tabelle kann in der allgemeinen Tabellenanzeige angezeigt und in der Tabellensicht-Pflege (Transaktion SM30) über einen Pflegedialog (siehe Abschnitt 3.9, »Pflegedialoge«) gepflegt werden.
- **Anzeige/Pflege nicht erlaubt**
  Anzeige bzw. Pflege ist nur über ABAP-Anweisungen (d. h. via Open SQL) möglich.

3.5.5 Datenart

Die Art der in Ihrer Datenbanktabelle gespeicherten Daten können Sie in den technischen Einstellungen auswählen (siehe Abbildung 3.19). Klicken Sie dazu auf den Button **Technische Einstellungen** in der Funktionsleiste.

Die wichtigsten Datenarten sind:

- **APPL0** für Stammdaten
- **APPL1** für Bewegungsdaten
- **APPL3** für Organisations- und Customizing-Daten

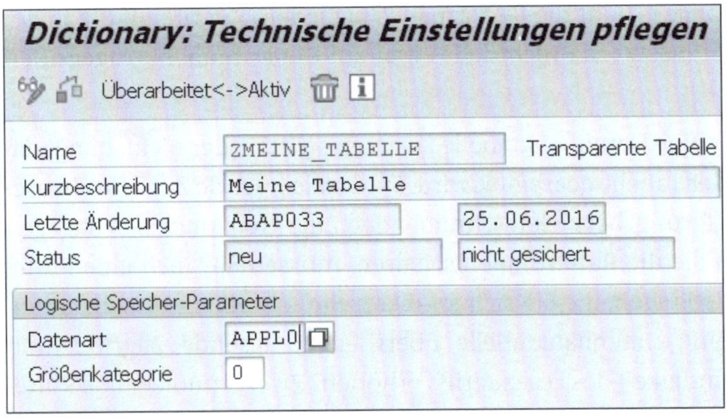

Abbildung 3.19 Technische Einstellungen einer Tabelle

Die Frage, die Sie sich hierbei stellen müssen, lautet: Welche Daten wollen Sie speichern? Sind es Daten, die sich häufig ändern (*Bewegungsdaten*), sind es Daten, auf die zwar häufig lesend zugegriffen wird, die sich jedoch sehr selten ändern (*Stammdaten*), oder sind es Daten, die für das Customizing des Systems benötigt werden? Die Auswahl hat für Sie als Programmierer keine großen Auswirkungen, Sie beeinflusst lediglich, wo die Daten auf der Datenbank abgelegt werden, und dies auch nur für die Datenbanksysteme Oracle und Informix.

3.5.6 Größenkategorie

Die Größenkategorie Ihrer Datenbanktabelle können Sie ebenfalls in den technischen Einstellungen auswählen (siehe Abbildung 3.19). Hier geht es darum, anzugeben, wie viel Speicherplatz Ihre Tabelle in Zukunft vermutlich einnehmen wird.

Beim Anlegen der Datenbanktabelle wird aufgrund der hier angegebenen Größe ein initialer Speicherplatz auf der Datenbank reserviert. Hintergrund ist, dass aufwendige Reorganisationen des Speicherplatzes vermieden werden sollen, die entstehen, wenn der reservierte Speicherplatz überschritten wurde. Die Frage, die Sie sich in diesem Kontext stellen müssen, lautet also: Wie viele Daten werden vermutlich in der Datenbanktabelle gespeichert werden?

3.5.7 Pufferung

Die Pufferung können Sie ebenfalls in den technischen Einstellungen konfigurieren. Der *Puffer* ist ein spezieller Bereich auf dem Applikationsserver, in dem Datensätze Ihrer Tabelle vorgehalten werden. Greift eine SQL-Anweisung auf eine gepufferte Tabelle zu, wird geprüft, ob die angefragten Daten sich in diesem Pufferbereich befinden. Ist dies der Fall, werden die Daten direkt aus dem Puffer gelesen. Ist dies nicht der Fall, werden die Daten von der Datenbank gelesen und dabei in den Puffer geladen.

Die Pufferung einer Tabelle erhöht die Performance bei jedem Zugriff auf die in der Tabelle enthaltenen Datensätze, da nicht jedes Mal auf die Datenbank zugegriffen werden muss.

Ob Sie die Pufferung für eine Datenbanktabelle zulassen sollten oder nicht, hängt davon ab, wie später mit der Tabelle gearbeitet wird. Sind viele lesende Zugriffe abzusehen, lohnt sich eine Pufferung, bei vielen schreibenden Zugriffen lohnt sich dagegen keine Pufferung. Wenn Sie die Pufferung einschalten, müssen Sie auch eine Pufferungsart auswählen. Die Fragen, die Sie sich an dieser Stelle stellen müssen, lauten also: Erfolgen auf meine Datenbanktabelle überwiegend lesende Zugriffe, und möchte ich die Geschwindigkeit des Lesezugriffs erhöhen? Zwei grundlegende Pufferungsarten stehen Ihnen zur Verfügung (siehe Abbildung 3.20):

- **Einzelsätze gepuffert**
  Lohnt sich bei großen Tabellen mit vielen einzelnen Zugriffen, da auch für nicht vorhandene Einträge im Puffer ein Vermerk angelegt wird.
- **vollständig gepuffert**
  Je kleiner eine Tabelle ist, je häufiger sie gelesen und je seltener in sie geschrieben wird, desto günstiger ist es, sie vollständig zu puffern

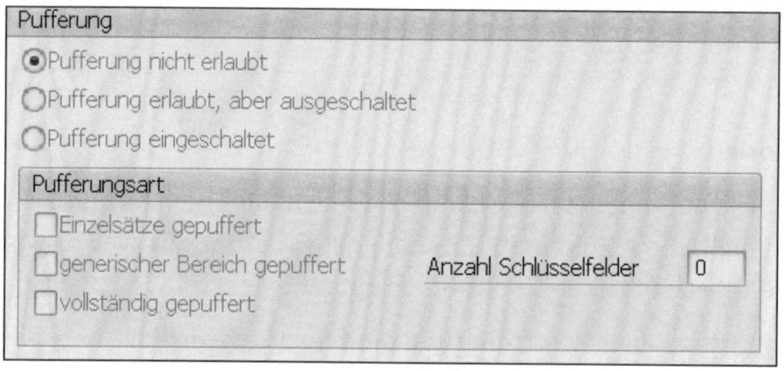

Abbildung 3.20 Pufferung einer Tabelle

3.5.8 Felder ausprägen

Nachdem Sie die Eigenschaften und technischen Einstellungen gepflegt haben, können Sie sich endlich dem wichtigsten Punkt bei der Anlage einer Datenbanktabelle widmen: den Tabellenfeldern auf der Registerkarte **Felder**. Wie in Abbildung 3.21 zu sehen, können Sie hier wie bei der Anlage von Strukturen (siehe Abschnitt 3.3) Ihre gewünschten Felder eintragen und über Datenelemente typisieren.

Wenn Ihre Tabelle mandantenabhängig sein soll (das ist in der Regel der Fall), müssen Sie als erstes Feld das Feld `MANDT` vom Typ `MANDT` hinzufügen. Dieses Feld wird dann automatisch bei jeder Open-SQL-Anweisung mit dem aktuellen Mandanten gefüllt bzw. beim lesenden Zugriff entsprechend verarbeitet.

Abbildung 3.21 Felder einer Tabelle ausprägen

Summe aller Feldlängen

Eine Tabelle darf maximal 749 Felder enthalten, wobei die Summe aller Feldlängen auf 4.030 begrenzt ist. Die Summe der Feldlängen ergibt sich aus der Anzahl von Bytes der nicht zeichenartigen Felder und der Anzahl der Zeichen der zeichenartigen Felder. Die Summe der Feldlängen wird mit ABAP 7.53 nicht mehr geprüft, sondern nur noch die Anzahl der Spalten. Diese wurden bei der Speicherart **Row Store** auf 1.000 und bei **Column Store** (sowie Datenbank-Views und CDS Views) auf 1.500 Spalten erhöht.

3.5.9 Speicherart von Datenbanken mit SAP HANA

Mit SAP NetWeaver Application Server ABAP 7.40 wurde im ABAP Dictionary eine neue Registerkarte **DB spezifische Eigenschaften** eingeführt (siehe Abbildung 3.22). Hier können Sie steuern, mit welcher Speicherart eine Datenbanktabelle auf dem Datenbanksystem angelegt werden soll.

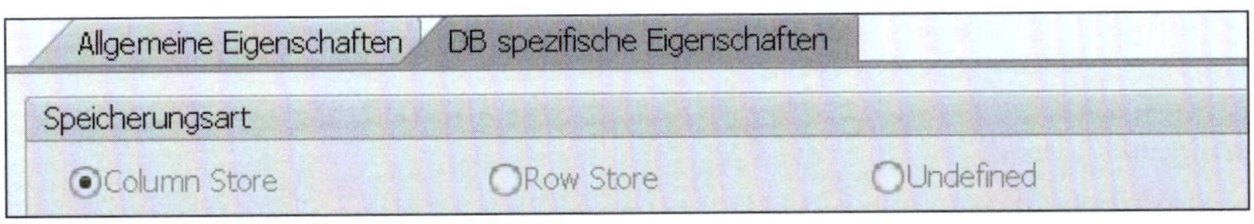

Abbildung 3.22 Speicherart einer Tabelle

Sie können zwischen drei verschiedenen Speicherarten wählen:

- **Column Store:** spaltenbasierte Speicherung als die neue Speicherart der SAP-HANA-Datenbank (siehe Kapitel 30, »SAP HANA«)
- **Row Store:** zeilenbasierte Speicherung als herkömmlicher Standard
- **Undefined:** andere

Diese Einstellung kann jederzeit nach der Erstellung der Tabelle geändert werden. Die Tabelle wird anschließend entsprechend umgesetzt.

3.6 Indizes

Mit Indizes können Sie das Durchsuchen einer Tabelle nach Datensätzen beschleunigen. Ein Index kann als sortierte Teilmenge einer Datenbanktabelle verstanden werden und ermöglicht so einen schnelleren Zugriff auf die Datensätze. Im SAP-System wird zwischen folgenden Arten von Indizes unterschieden:

- **Primärindizes**
  Der Primärindex besteht aus dem Primärschlüssel einer Tabelle sowie einem Zeiger auf ihre Nicht-Schlüsselfelder, damit diese bei Bedarf schnell nachgelesen werden können. Der Primärindex wird beim Anlegen der Tabelle auf der Datenbank automatisch erstellt.
- **Sekundärindizes**
  Darüber hinaus können Sie im ABAP Dictionary sogenannte Sekundärindizes anlegen. Diese Indizes sind notwendig, wenn häufig über Nicht-Schlüsselfelder auf die Tabelle zugegriffen wird, da hier der Primärindex nicht genutzt werden kann, der ja nur Schlüsselfelder enthält.

  Es können mehrere dieser Sekundärindizes für eine Tabelle existieren. Erst zur Laufzeit wird vom Datenbanksystem entschieden, welcher Index verwendet werden muss.

[»]

> **Sekundärindizes und SAP HANA**
>
> Durch die Einführung von SAP HANA und die spaltenorientierte Speicherung haben Sekundärindizes an Bedeutung verloren. Weitere Informationen dazu finden Sie unter Regel 4 im Abschnitt »Die goldenen Regeln für SAP HANA« in Abschnitt 9.1.1.

Indizes anlegen

Um einen Index anzulegen, gehen Sie wie folgt vor:

1. Lassen Sie sich die Definition der Tabelle, für die Sie einen Index anlegen möchten, in Transaktion SE11 anzeigen (siehe Abschnitt 3.5.1, »Datenbanktabellen anzeigen«).
2. Klicken Sie im Tabellen-Editor in der Funktionsleiste auf **Indizes**.
3. In der Übersicht der vorhandenen Indizes für die Tabelle klicken Sie nun, wie in Abbildung 3.23 dargestellt, in der Menüleiste auf den Button **Anlegen** () und wählen aus dem Auswahlmenü die Aktion **Index anlegen** aus.

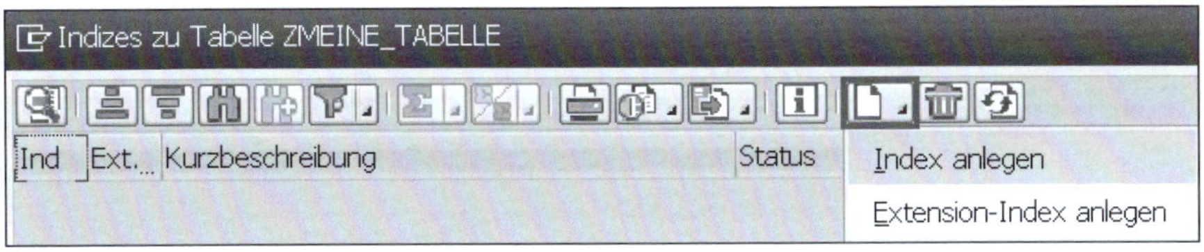

Abbildung 3.23 Index zu einer Tabelle anlegen

4. Hier können Sie nun angeben, für welches Datenbanksystem der Index angelegt werden soll und welche Felder der Index beinhalten soll (siehe Abbildung 3.24). Wenn Ihr Index den Primärschlüssel enthält, also eine Zeile eindeutig identifiziert, können Sie auch die Option **Unique-Index** auswählen.

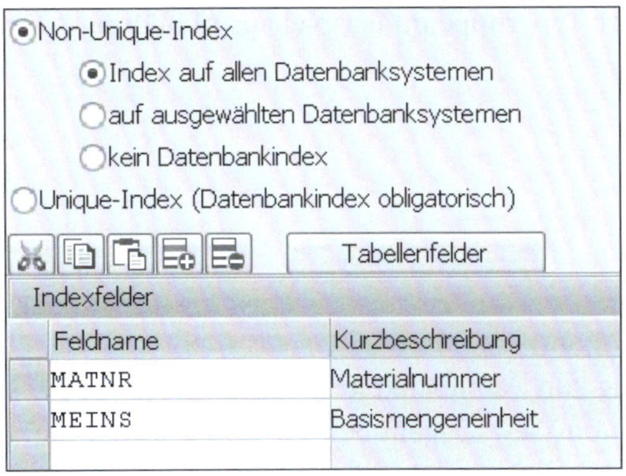

Abbildung 3.24 Definition der Indexfelder

5. Aktivieren Sie Ihren Index anschließend über den Button **Aktivieren** (✎).

3.7 Typgruppen

Eine Typgruppe ist ein historisch bedingtes Konstrukt und dient der Sammlung mehrerer Typen. Es war nötig, da es vor Release 4.5A im ABAP Dictionary keine eigenständigen Datentypen gab, auf die in ABAP-Programmen mit dem TYPE-Zusatz verwiesen werden konnte.

Um eine Typgruppe anzulegen, geben Sie den gewünschten Namen auf dem Hauptübersichtsbildschirm der Transaktion SE11 im Feld **Typgruppe** ein und klicken anschließend auf **Anlegen**. Im sich öffnenden Pop-up-Fenster tragen Sie eine **Kurzbeschreibung** ein und speichern die Typgruppe mit einem Klick auf **Sichern**. Innerhalb der angelegten Typgruppe können Sie nun über den Editor Ihre benötigten Typen jeglicher Art definieren (siehe Abbildung 3.25).

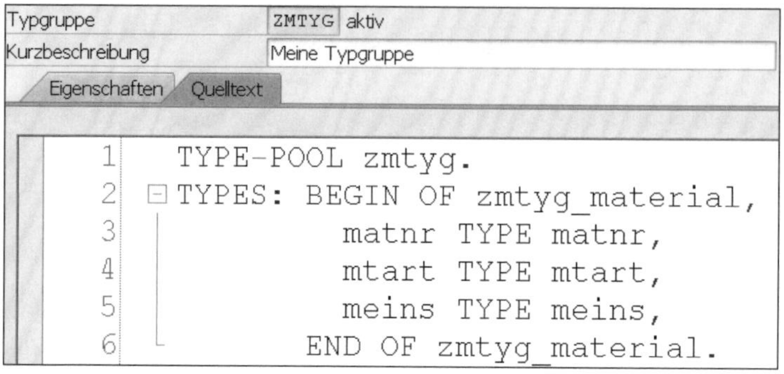

Abbildung 3.25 Eine Typgruppe und seine Typen

Im ABAP-Programm können Sie Ihre Typgruppe im Beispiel aus Abbildung 3.25 mit der folgenden Anweisung einbinden:

```
TYPE-POOLS zmtyg.
```

3.8 Views

Ein View ist eine Zusammenfassung ausgewählter Felder aus mehreren Tabellen, ähnlich einem Join zur Verknüpfung von Datenbanktabellen (siehe Abschnitt 9.2.12, »JOIN: Verknüpfung«). Der Vorteil von Views gegenüber selbst mit ABAP programmierten Joins ist, dass sie rein über Definitionsmasken und nicht durch Programmierung definiert werden und dass Views durch die zentrale Anlage im ABAP Dictionary systemweit wiederverwendet werden können. Die so ausgewählte Schnittmenge wird als eigene Struktur definiert und kann in ABAP-Programmen mit Open SQL konsumiert werden.

Die Daten eines Views werden wie bei einem Join nicht physisch in einer separaten Tabelle gespeichert, sondern als Teilmenge zur Laufzeit aus einer oder mehreren Tabellen durch Selektion (Weglassen von Spalten) und Projektion (Weglassen von Zeilen) abgeleitet.

Um einen View anzulegen, geben Sie den gewünschten Namen auf dem Hauptübersichtsbildschirm der Transaktion SE11 im Feld **View** ein und klicken anschließend auf **Anlegen**. Im sich öffnenden Pop-up-Fenster haben Sie nun folgende View-Typen zur Auswahl:

- Datenbank-View (siehe Abschnitt 3.8.1): normale Umsetzung einer Tabellenverknüpfung
- Projektions-View (siehe Abschnitt 3.8.2): Hier ist keine Verknüpfung von Tabellen möglich; dieser View-Typ dient dem Ausblenden von Spalten einer Tabelle.

- Pflege-View (siehe Abschnitt 3.8.3): Pflege-Views ermöglichen die Pflege von über mehrere Tabellen verteilten Daten.
- Help-View (siehe Abschnitt 3.8.4): Help-Views dienen als Selektionsmethode in Suchhilfen.

3.8.1 Datenbank-View

Wenn Sie in dem Pop-up-Fenster zur Anlage eines Views den Typ **Datenbank-View** ausgewählt haben, gelangen Sie in den Datenbank-View-Editor:

1. Hier geben Sie auf der Registerkarte **Tabellen/Joinbedingungen** die zu verknüpfenden Tabellen an. In Open SQL wäre dies die `JOIN`-Klausel. Die Tabellen müssen dabei über ihre Primär- und Fremdschlüssel miteinander verknüpfbar sein. Tragen Sie die Tabellen unter **Tabellen** auf der linken Seite ein (siehe Abbildung 3.26), und klicken Sie anschließend auf den Button **Beziehungen** unterhalb der Tabelle. Dadurch werden Ihnen bereits mögliche Verknüpfungen vorgeschlagen, von denen Sie eine auswählen können.

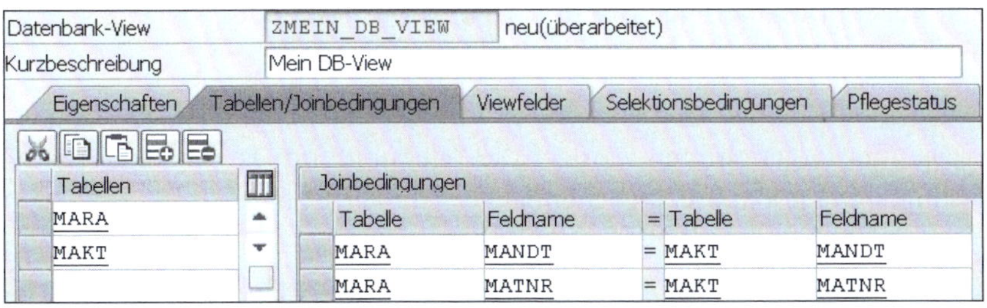

Abbildung 3.26 Join-Bedingung eines Views

2. Nun wählen Sie auf der Registerkarte **Viewfelder** (siehe Abbildung 3.27) die gewünschten Felder der ausgewählten Tabellen aus. Bei einer Definition in Open SQL entspräche das der Feldleiste nach der `SELECT`-Anweisung. Die View-Felder können Sie entweder manuell in die Tabelle eintragen oder sie über den Button **Tabellenfelder** automatisch hinzufügen lassen.

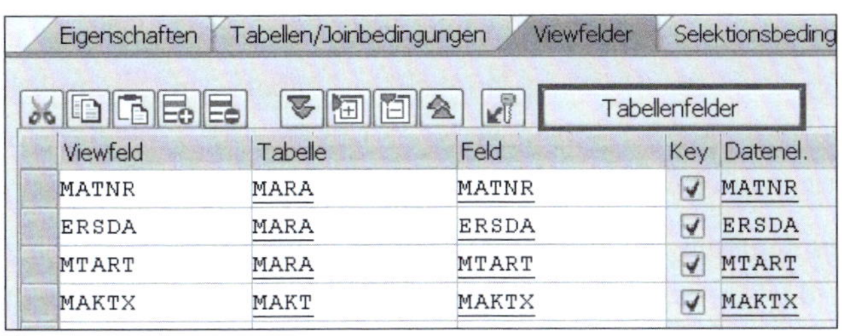

Abbildung 3.27 Felder eines Views

3. Jetzt können Sie Ihren View **Aktivieren** () und testen.

Sie haben darüber hinaus aber noch die Möglichkeit, auf der Registerkarte **Selektionsbedingungen** (siehe Abbildung 3.28) eine Selektionsbedingung analog zur einer WHERE-Klausel in einer Open-SQL-Anweisung anzugeben, um so nur eine Teilmenge der Daten zu selektieren. Auch dabei können Sie die Felder wieder über den Button **Tabellenfelder** automatisch hinzufügen lassen. Die möglichen Operatoren und Vergleichswerte entsprechen dabei genau der Schreibweise einer Open-SQL-Anweisung.

Für die Operatoren steht als Unterstützung eine [F4]-Hilfe bereit. Über die Spalte **AND/OR** können Sie Ihre Bedingungen verknüpfen.

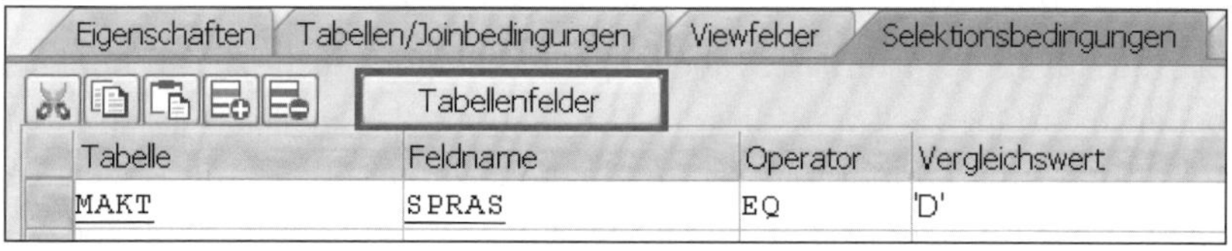

Abbildung 3.28 Selektionsbedingung eines Views

Aktivieren () Sie gegebenenfalls erneut. Nun können Sie Ihren View testen. Dies ist über den Button **Datenanzeige** () in der Funktionsleiste oder – wie eingangs beschrieben – über eine Open-SQL-Anweisung möglich.

Wie Sie in Listing 3.1 sehen können, können auch hier nochmals eine Selektion sowie eine Projektion vorgenommen werden. Die Selektion von Datenbanktabellen mit ABAP ist in Kapitel 9, »Zugriff auf Datenbanken«, beschrieben.

```
DATA: lt_mat_texte TYPE TABLE OF zmein_db_view.
SELECT matnr mtktx FROM zmein_db_view
  INTO CORRESPONDING FIELDS OF TABLE lt_mat_texte
  WHERE ersda = sy-datum.
```

Listing 3.1 Verwendung eines Views in einer SELECT-Anweisung

3.8.2 Projektions-View

Wenn Sie im Pop-up-Fenster zum Anlegen eines Views den Typ **Projektions-View** ausgewählt haben, gelangen Sie zum Projektions-View-Editor. Hier haben Sie im Vergleich zum Datenbank-View-Editor nicht die Möglichkeit, Tabellen miteinander zu verknüpfen, sondern können lediglich auf Basis einer Tabelle eine *Projektion*, also eine Auswahl von Feldern, vornehmen:

1. Dazu tragen Sie auf der Registerkarte **Viewfelder**, wie in Abbildung 3.29 dargestellt, die Basistabelle ein und wählen die gewünschten Felder aus. Der Button **Tabellenfelder** hilft Ihnen wieder bei der Auswahl der Felder.

2. Darüber hinaus können Sie auf der Registerkarte **Pflegestatus** steuern, ob auf die Tabelle nur lesend oder auch schreibend zugegriffen werden darf. Für die Auswahl der Felder für die **Data Browser/Tabellensicht-Pflege** gelten dieselben Erläuterungen wie bei der Anlage einer Tabelle (siehe Abschnitt 3.5.4, »Tabellensicht-Pflege«).

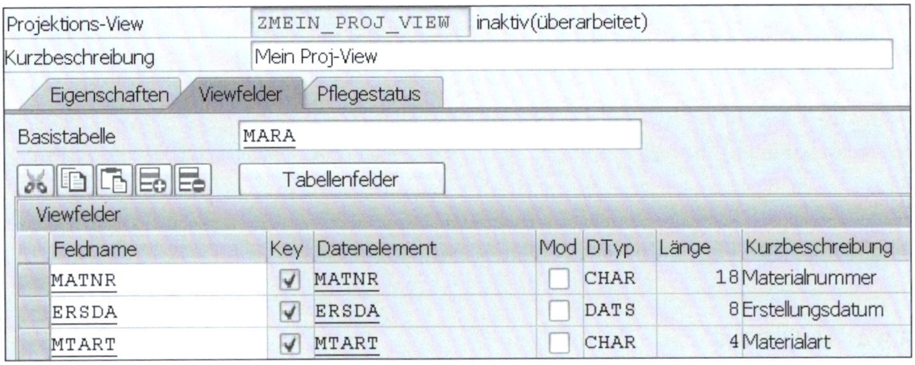

Abbildung 3.29 View-Felder eines Projektions-Views

3.8.3 Pflege-View

Wenn Sie in dem Pop-up-Fenster zum Anlegen eines Views den Typ **Pflege-View** ausgewählt haben, gelangen Sie in den Pflege-View-Editor. Ihnen wird vermutlich auffallen, dass der Pflege-View-Editor genau denselben Aufbau hat wie der für Datenbank-Views (siehe Abschnitt 3.8.1).

Der Unterschied ist, dass Sie hier auf der Registerkarte **Tabellen/Joinbedingungen** gezwungen sind, bei der Definition von Tabellenverknüpfungen über den Button **Beziehungen** unterhalb der linken Tabelle zu arbeiten, die Tabellen also nicht frei eintragen können. Hiermit soll sichergestellt werden, dass nur mit Fremdschlüsselbeziehungen gearbeitet wird. Hintergrund ist, dass ein Pflege-View die Pflege mehrerer verknüpfter Tabellen ermöglicht. Sie können damit im Unterschied zu normalen Datenbank-Views auch ändernde Open-SQL-Befehle anwenden bzw. einen Pflegedialog generieren (siehe Abschnitt 3.9).

Um den Pflege-View anzulegen, gehen Sie wie folgt vor:

1. Tragen Sie, wie in Abschnitt 3.8.1, »Datenbank-View«, erläutert, die Basistabelle unter **Tabellen** ein, und verknüpfen Sie diese über den Button **Beziehungen**.
2. Anschließend können Sie auf der Registerkarte **Pflegestatus** auswählen, inwiefern Ihr Pflege-View bearbeitet werden darf (siehe Abbildung 3.30). Für die Auswahlmöglichkeiten **Auslieferungsklasse** und **Data Browser/Tabellensicht-Pflege** gelten dabei dieselben Erläuterungen wie bei der Anlage einer Datenbanktabelle (siehe Abschnitt 3.5.2 und Abschnitt 3.5.4, »Tabellensicht-Pflege«).

Abbildung 3.30 Pflegestatus eines Pflege-Views definieren

3.8.4 Help-View

Wenn Sie im Pop-up-Fenster zum Anlegen eines Views den Typ **Help-View** ausgewählt haben, gelangen Sie in den Help-View-Editor. Dieser ist wie der Editor zur Anlage eines Pflege-Views aufgebaut. Auch hier müssen Sie die einzelnen Tabellenverknüpfungen auf der Registerkarte **Tabellen/Joinbedingungen** über den Button **Beziehungen** eintragen.

Anschließend können Sie diesen Help-View als Datenquelle für eine Suchhilfe angeben. Dieses Vorgehen ist in Abschnitt 3.10, »Suchhilfen«, beschrieben.

3.9 Pflegedialoge

Datenbanktabellen müssen mit Daten gefüllt werden. Damit dies nicht ausschließlich über SQL-Befehle (siehe Kapitel 9, »Zugriff auf Datenbanken«) geschehen kann, bietet SAP die Möglichkeit, einen sogenannten *Pflegedialog* für eine Datenbanktabelle anzulegen. Über einen solchen Pflegedialog können Sie den Inhalt einer Datenbanktabelle pflegen. Sie können Zeilen hinzufügen, löschen oder ändern. Häufig wird für Pflegedialoge auch der Begriff *SM30-Tabelle* verwendet, da diese über den Transaktionscode SM30 (Tabellensicht-Pflege) zugänglich sind.

In den folgenden Abschnitten zeige ich Ihnen, wie Sie einen Pflegedialog anlegen (siehe Abschnitt 3.9.1) und die Eingabemaske verbreitern können (siehe Abschnitt 3.9.2).

3.9.1 Pflegedialog anlegen

Zur Anlage eines Pflegedialogs gehen Sie wie folgt vor:

1. Wechseln Sie in Transaktion SE11, und lassen Sie sich die Tabelle anzeigen, zu der Sie den Pflegedialog anlegen wollen (siehe Abschnitt 3.5.1, »Datenbanktabellen anzeigen«).
2. Aus der Tabellenanzeige können Sie nun über den Pfad **Hilfsmittel • Tabellenpflegegenerator** im Hauptmenü zur Anlage eines Pflegedialogs gelangen.
3. Folgende Angaben müssen Sie in der Anlageoberfläche machen (siehe Abbildung 3.31).

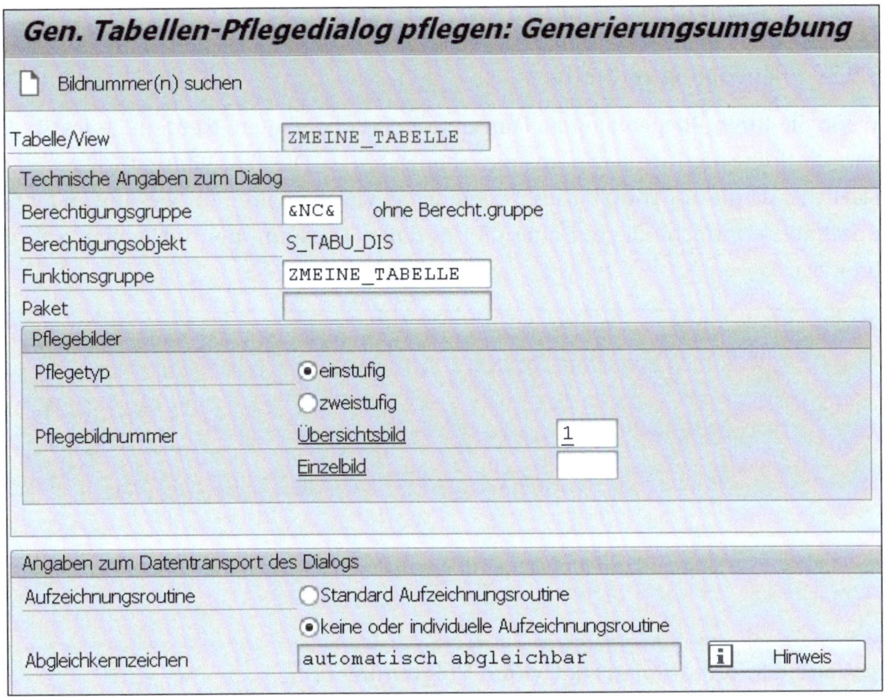

Abbildung 3.31 Generierung eines Pflegedialogs

- **Berechtigungsgruppe:** Wer darf später auf die Tabelle zugreifen, alle Benutzer oder nur bestimmte?
- **Funktionsgruppe:** die Funktionsgruppe, in der die Dynpros und die Ablauflogik für den Pflegedialog generiert werden sollen
- **Pflegetyp:** Möchten Sie eine Suchmaske als Einstiegsbild haben (**zweistufig**), oder soll der Benutzer direkt zur Tabellenanzeige gelangen (**einstufig**)?
- **Pflegebildnummer:** Wenn Sie als **Pflegetyp einstufig** ausgewählt haben, müssen Sie nur das Eingabefeld **Übersichtsbild** füllen, bei einem zweistufigen Pflegedialog müssen Sie sowohl das Eingabefeld **Übersichtsbild** als auch das Feld **Einzelbild** füllen. Vergeben Sie hier jeweils eine Nummer (z. B. 1 oder 2), diese müssen sich lediglich unterscheiden.

- **Aufzeichnungsroutine:** Wählen Sie **Standard Aufzeichnungsroutine**, fordert das System nach einer Pflege von Tabellenzeilen einen Transportauftrag an, damit ein Transport in andere Systeme ermöglicht wird. Bei der Auslieferungsklasse »C« ist diese Option standardmäßig eingestellt.

4. Klicken Sie anschließend in der Funktionsleiste auf **Anlegen** ().

Wenn alles geklappt hat, können Sie Ihren Pflegedialog nun in Transaktion SM30 testen. Geben Sie hierzu den Namen der Tabelle ein, und klicken Sie auf **Pflegen**.

3.9.2 Pflegedialog verbreitern

Wenn Sie Ihren Pflegedialog in Transaktion SM30 aufrufen, werden Sie feststellen, dass die Breite der Tabelle viel zu knapp bemessen ist. Die in Abbildung 3.32 markierte Fläche ist damit ungenutzt. Dies ist gerade bei vielen Spalten für die Anwender sehr unschön und umständlich. Daher gibt es einen Trick, um den Pflegedialog zu verbreitern.

Abbildung 3.32 Ungenutzter Platz eines Pflegedialogs

> **Weitere Informationen zur Dynpro-Programmierung**
>
> Zum Verständnis der folgenden Erläuterungen ist es hilfreich, wenn Sie bereits grundlegende Kenntnisse in der Dynpro-Programmierung haben. Die Grundlagen lernen Sie in Kapitel 14.

Die Vorgehensweise ist überschaubar:

1. Öffnen Sie die Funktionsgruppe zum Pflegedialog, indem Sie in Transaktion SE80 die Dropdown-Liste **Funktionsgruppe** nutzen.
2. Öffnen Sie das Dynpro für das Übersichtsbild des Pflegedialogs (im Ordner **Dynpros**, z. B. Dynpro 0001).
3. Wechseln Sie in den Bearbeitungsmodus über den Button **Anzeigen <-> Ändern** ().
4. Öffnen Sie den Layout-Editor über den Button **Layout**.

5. Verbreitern Sie, wie in Abbildung 3.33 dargestellt, den Hauptbereich für das Fenster, indem Sie den Rahmen mit der Maus nach rechts ziehen.

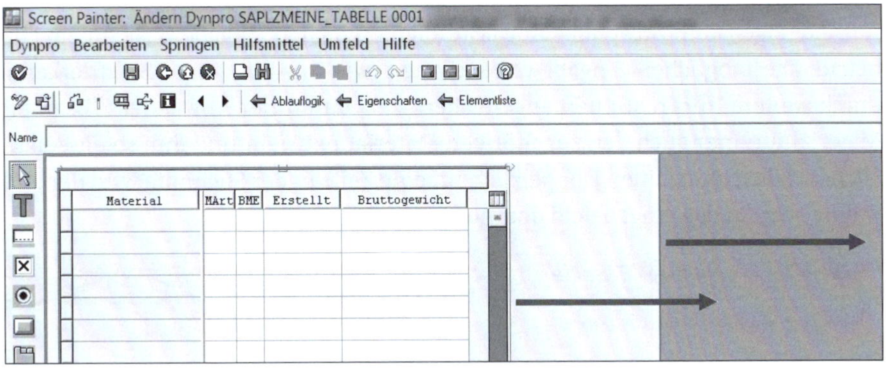

Abbildung 3.33 Verbreiterung eines Pflegedialogs im Screen Painter

Dynpro-Größe ändern

Falls Ihnen dabei die Meldung »Element(e) außerhalb der neuen Grenzen (Dynpro-Größe nicht verändert)« angezeigt wird, müssen Sie die Dynpro-Größe vergrößern. Scrollen Sie dazu, wie in Abbildung 3.34 dargestellt, zum unteren Rand des Bildschirms im Screen Painter, und ziehen Sie die Ecke des Dynpros mit gedrückter linker Maustaste erst nach unten und dann nach rechts.

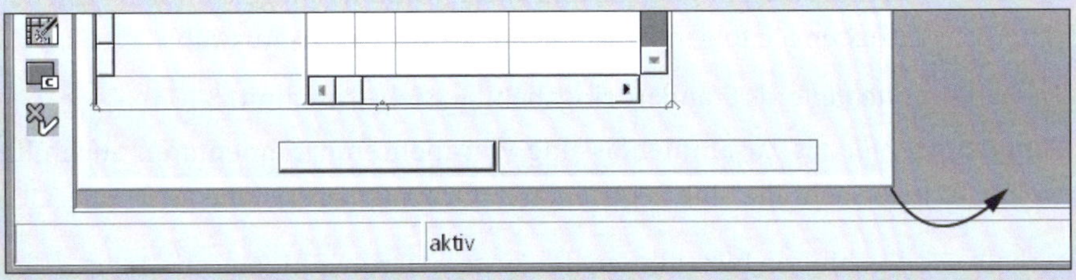

Abbildung 3.34 Dynpros im Screen Painter verbreitern

6. Aktivieren (✎) Sie anschließend, und testen Sie Ihre Änderungen in Transaktion SM30.

Neugenerierung bei Anpassung

Falls Sie den Pflegedialog später in Transaktion SE11 bzw. SE54 nochmals anpassen, wird das Dynpro teilweise neu generiert und wieder auf die Standardgröße gebracht. In diesem Fall müssen Sie also die beschriebenen Änderungen noch einmal durchführen.

3.10 Suchhilfen

Suchhilfen stehen innerhalb des SAP-Systems als Eingabehilfen für den Anwender bereit. Sie zeigen dem Anwender eine Liste aller möglichen Eingabewerte für ein Eingabefeld. Die möglichen Eingabewerte können, wie in Abbildung 3.35 zu erkennen, durch weitere Informationen angereichert sein, damit der Anwender z. B. zu einer Materialnummer auch den zugehörigen Materialtext sieht und ihm so die Auswahl leichter fällt. Durch einen Doppelklick auf eine Zeile in der Suchhilfe wird der ausgewählte Wert in das Eingabefeld übernommen.

Abbildung 3.35 Eine Suchhilfe für die Materialnummer

Innerhalb des ABAP Dictionarys können Sie eigene Suchhilfen anlegen. Geben Sie dazu den gewünschten Namen der Suchhilfe auf dem Hauptübersichtsbildschirm der Transaktion SE11 im Feld **Suchhilfe** ein, und klicken Sie auf **Anlegen**. Im sich öffnenden Pop-up-Fenster haben Sie folgende Arten von Suchhilfen zur Auswahl:

- *Elementare Suchhilfe* als Standardeingabehilfe (siehe Abschnitt 3.10.1)
- *Sammelsuchhilfe* als Zusammenfassung von mehreren elementaren Suchhilfen, wobei für jede Suchhilfe eine Registerkarte angezeigt wird (siehe Abschnitt 3.10.2)

Innerhalb von Suchhilfen bietet Ihnen das System darüber hinaus mit *Append-Suchhilfen* die Möglichkeit, Sammelsuchhilfen modifikationsfrei zu erweitern. Dieses Vorgehen ist in Abschnitt 21.4.8, »Suchhilfenerweiterungen«, beschrieben.

3.10.1 Elementare Suchhilfe

Wenn Sie im Pop-up-Fenster zur Anlage einer Suchhilfe den Typ **Elementare Suchhilfe** ausgewählt haben, gelangen Sie in den Suchhilfen-Editor:

1. Zur Definition einer Suchhilfe müssen Sie zunächst folgende Eigenschaften definieren (siehe Abbildung 3.36):
   - **Selektionsmethode:** Wählen Sie, ob die Daten von einer Datenbank oder einem View gelesen werden sollen.

- **Dialogverhalten:** Wählen Sie, ob ein Fenster zur Werteeinschränkung angezeigt werden soll oder ob die Ergebnisliste direkt angezeigt werden soll.

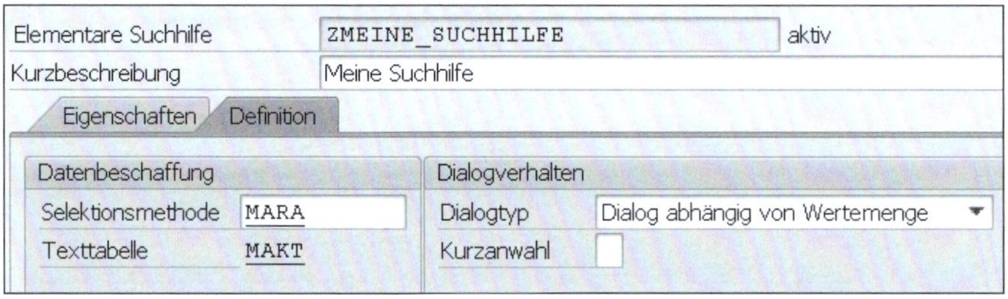

Abbildung 3.36 Selektionsmethode und Dialogverhalten einer Suchhilfe

2. Darüber hinaus müssen Sie die **Suchhilfeparameter** bestimmen (siehe Abbildung 3.37). Das sind die Felder, die im Suchhilfefenster angezeigt werden sollen. Dabei müssen Sie auch bestimmen, welche Felder bei der Auswahl eines Eintrags aus der Ergebnisliste übernommen werden.

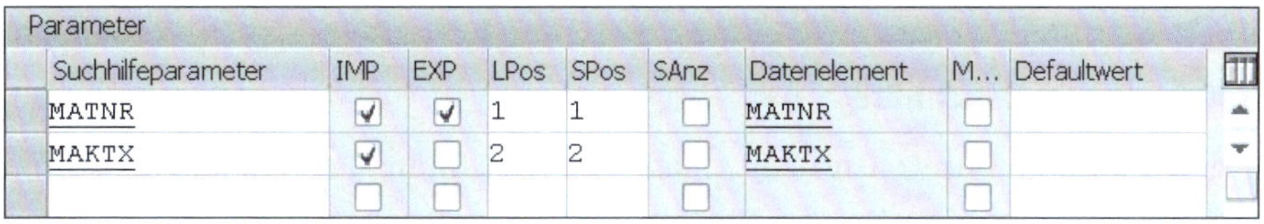

Abbildung 3.37 Definition von Suchhilfeparametern

3. Über die Spalte **IMP** definieren Sie, welche Werte aus Ihrer Datenquelle übernommen werden, also in der Wertetabelle angezeigt werden könnten.
4. Über die Spalte **EXP** definieren Sie, welche Werte in die Maske übernommen werden.
5. Über die Spalte **LPos** definieren Sie, ob das Feld in der Trefferliste auch wirklich dargestellt werden soll. Mit der Nummer geben Sie die Reihenfolge der Spalten an (z. B. zuerst das Feld `MATNR` für das **Material** ❶ und anschließend das Feld `MAKTX` für den **Materialkurztext** ❷, siehe Abbildung 3.38). Soll der Parameter nicht auf der Trefferliste erscheinen, lassen Sie dieses Feld frei.
6. Über die Spalte **SPos** definieren Sie, ob das Feld in der Suchmaske dargestellt werden soll. Mit der Nummer geben Sie die Reihenfolge der Eingabefelder an (z. B. erst das Feld `MATNR` für das **Material** ❸ und dann das Feld `MAKTX` für den **Materialkurztext** ❹, siehe Abbildung 3.38). Soll der Parameter nicht auf der Suchmaske erscheinen, so lassen Sie dieses Feld frei.
7. Zum Schluss **Aktivieren** (![]) Sie Ihre Suchhilfe.

Abbildung 3.38 Unterschied zwischen den Angaben in den Spalten »LPos« und »SPos«

Nun können Sie die Suchhilfe an ein Datenelement hängen (siehe auch Abschnitt 3.2) oder sie direkt in einem Selektionsbildschirm durch die Angabe eines Parameters mit dem Zusatz `MATCHCODE OBJECT` verwenden:

```
PARAMETERS: p_matnr TYPE matnr MATCHCODE OBJECT zmeine_suchhilfe.
```

3.10.2 Sammelsuchhilfe

Wenn Sie im Pop-up-Fenster zur Anlage einer Suchhilfe den Typ **Sammelsuchhilfe** ausgewählt haben, gelangen Sie zum Suchhilfen-Editor:

1. Zur Definition einer Sammelsuchhilfe müssen Sie zuerst die Suchhilfeparameter definieren (d. h. bestimmen, welche Werte übernommen und welche zurückgegeben werden). Diese Suchhilfeparameter tragen Sie auf der Registerkarte **Definition** ein (siehe Abbildung 3.39).

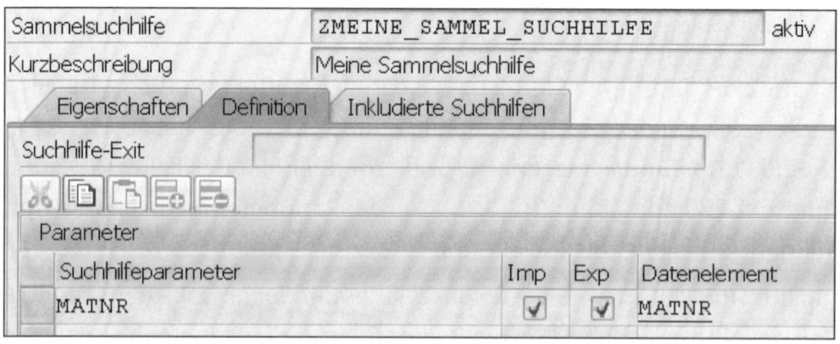

Abbildung 3.39 Suchhilfeparameter einer Sammelsuchhilfe

2. Anschließend geben Sie auf der Registerkarte **Inkludierte Suchhilfen** die elementaren Suchhilfen an, die zur Sammelsuchhilfe zusammengefasst werden sollen.
3. Nun müssen Sie die auf der Registerkarte **Definition** definierten Suchhilfeparameter den Suchhilfeparametern der inkludierten Suchhilfen zuordnen. Klicken Sie

hierzu, wie in Abbildung 3.40 dargestellt, auf die Zeile der Suchhilfe ❶ und anschließend auf den Button **Parameterzuordnung** ❷.

4. Tragen Sie einen **Bezugsparameter** ein, und bestätigen Sie Ihre Zuordnung mit dem Button **Übernehmen**.

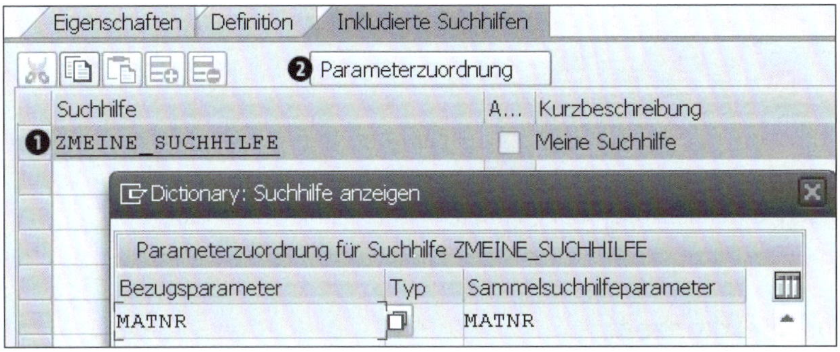

Abbildung 3.40 Parameterzuordnung in einer Sammelsuchhilfe

5. **Aktivieren** () Sie anschließend Ihre Sammelsuchhilfe.

Nun können Sie die Sammelsuchhilfe an ein Datenelement hängen (siehe Abschnitt 3.2) oder wie die elementare Suchhilfe in einem Selektionsbildschirm verwenden (siehe Abschnitt 3.10.1).

3.11 Datenbank-Utility-Tool

Das Datenbank-Utility-Tool brauchen Sie vor allem dann, wenn Ihre Datenbanktabelle bereits Daten beinhaltet, Sie aber aufgrund einer neuen Anforderung z. B. neue Schlüsselfelder hinzufügen müssen und beim Aktivieren der Tabelle dadurch folgende Fehlermeldung erhalten: »Strukturänderung auf Feldebene (Bitte Tabelle umsetzen).«

Wählen Sie im Hauptmenü **Hilfsmittel • Datenbankobjekt • Datenbank-Utility**, um das Tool zu öffnen. Sie können nun drei grundlegende Datenbankoperationen (siehe Abbildung 3.41) durchführen:

- **Datenbanktabelle anlegen**
- **Datenbanktabelle löschen**
- **Aktivieren und Datenbank anpassen**

Um die geänderte Datenbanktabelle zu aktivieren, wählen Sie **Aktivieren und Datenbank anpassen**. Bestätigen Sie das Pop-up-Fenster **Auftrag: Anpassen** mit **Ja**.

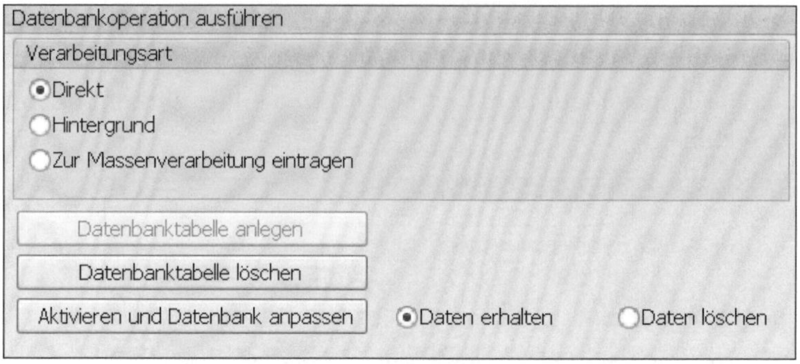

Abbildung 3.41 Datenbankoperationen mit dem Datenbank-Utility-Tool

3.12 Das Sperrkonzept

Über das Sperrkonzept soll verhindert werden, dass durch gleichzeitige Änderungen Datenschiefstände in einer Datenbanktabelle entstehen. Vergleichen könnte man diesen Mechanismus mit dem Sperrmechanismus in Microsoft Excel: Nur ein Benutzer darf mit einer Excel-Tabelle arbeiten, ein anderer Benutzer darf derweil auf die Daten nur lesend zugreifen.

Das Sperrkonzept im ABAP Dictionary geht hier noch einen Schritt weiter und ermöglicht nicht nur das Sperren einer kompletten Datenbanktabelle, sondern auch das Sperren einzelner Einträge einer Datenbanktabelle. In einem Sperrobjekt werden die Tabellen mit ihren Schlüsselfeldern angegeben, in denen bestimmte Datensätze gesperrt werden sollen. Das Setzen bzw. Freigeben von Sperren erfolgt durch den Aufruf von Funktionsbausteinen, die automatisch bei der Definition eines Sperrobjekts generiert werden.

Ein Sperrobjekt anlegen

Um ein Sperrobjekt anzulegen, gehen Sie wie folgt vor:

1. Geben Sie den gewünschten Namen des Sperrobjekts auf dem Hauptübersichtsbildschirm der Transaktion SE11 im Feld **Sperrobjekt** ein. Der Name muss dabei mit einem `E` anfangen, gefolgt vom Kundennamensraum (z. B. `Z` oder `Y`). Beispielsweise könnte Ihr Sperrobjekt `EZ_MEIN_SPERROBJ` heißen.
2. Klicken Sie anschließend auf **Anlegen**.
3. Es öffnet sich der Sperrobjekt-Editor, in dem Sie nun auf der Registerkarte **Tabellen** die zu sperrende Tabelle eintragen und einen Sperrmodus auswählen (siehe Abbildung 3.42). Folgende (wichtige) Sperrmodi stehen Ihnen dazu zur Verfügung:
   - **Schreibsperre:** Nur ein Benutzer kann die gesperrten Daten lesen bzw. bearbeiten.

- **Lesesperre:** Mehrere Benutzer können auf dieselben Daten (lesend) zugreifen. Sobald ein Benutzer jedoch die Daten bearbeitet, hat ein zweiter Benutzer keinen Zugang auf diese Daten.
- **erweiterte Schreibsperre:** Eine Transaktion kann nur eine Sperre anfragen, jede weitere Anforderung einer Sperre wird abgewiesen.

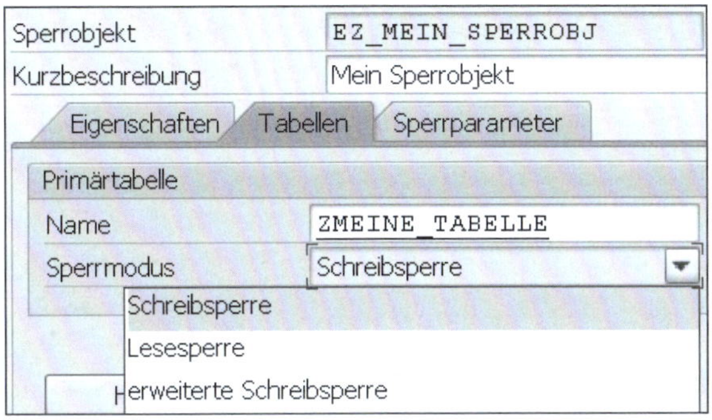

Abbildung 3.42 Sperrmodi eines Sperrobjekts

4. Auf der Registerkarte **Sperrparameter** können Sie zusätzlich die Sperrparameter (in Form der Primärschlüssel) bearbeiten und gegebenenfalls einen Primärschlüssel deaktivieren.
5. Zuletzt **Aktivieren** () Sie Ihr Sperrobjekt.

Wenn Sie nun im Hauptmenü den Pfad **Springen • Sperrbausteine** wählen, werden Ihnen zwei Funktionsbausteine präsentiert (siehe Abbildung 3.43).

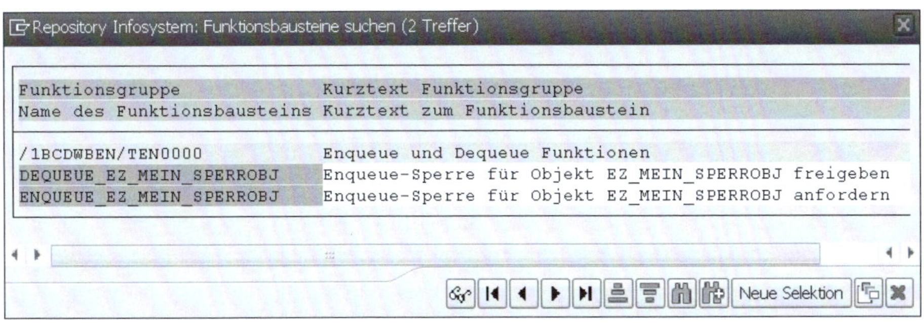

Abbildung 3.43 Sperrbausteine eines Sperrobjekts

Diese können Sie nun verwenden, um die Datenbanktabelle zu sperren bzw. zu entsperren. Wie Sie Funktionsbausteine mit ABAP generell aufrufen, ist in Abschnitt 13.4.2, »Aufruf von Funktionsbausteinen«, beschrieben. Sie müssen beim Aufruf lediglich die Primärschlüssel der zu sperrenden Datensätze angeben.

[+]

Sperreinträge überprüfen

Über die Transaktion SM12 können Sie sich alle Sperreinträge für das gesamte System, einen Mandanten, einen Benutzer oder eine Datenbanktabelle anzeigen lassen. Hiermit haben Sie die Möglichkeit, zu überprüfen, ob das Setzen einer Sperre mit den obigen Sperrbausteinen funktioniert hat.

Kapitel 4
Transaktionen

Transaktionscodes scheinen wirre Kürzel für den oft wirren Alltag zu sein, sind aber sehr nützlich. In diesem Kapitel erfahren Sie, wie Sie selbst solche Codes für Ihre Programme anlegen.

Transaktionscodes erlauben den schnellen Zugriff auf SAP-Anwendungen und kundeneigene Anwendungen. Durch die Eingabe eines Transaktionscodes, wie in Abbildung 4.1 dargestellt, kann eine Funktion in einem einzigen Arbeitsschritt gestartet werden – im Gegensatz zur Verwendung des SAP-Menüs.

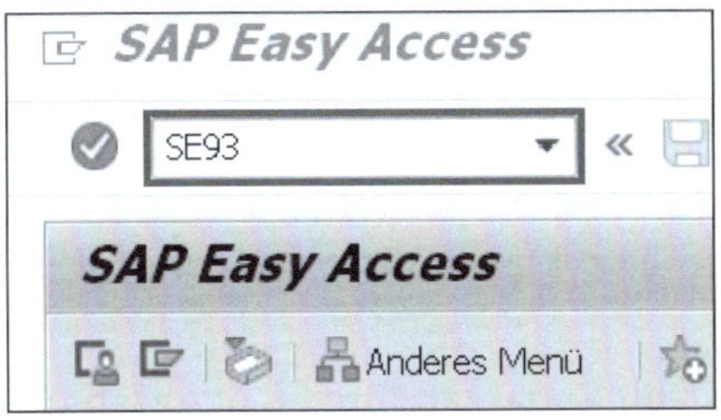

Abbildung 4.1 Eingabe eines Transaktionscodes

Daher sind Transaktionscodes für viele Anwender und Entwickler bei der täglichen Arbeit unerlässlich. Mit der Zeit lernt man immer mehr Codes auswendig und kann sich dadurch schneller und gezielter im SAP-System bewegen. Doch gerade nach einem dreiwöchigen Urlaub können diese Kürzel schnell wieder in Vergessenheit geraten. Daher finden Sie in Anhang D eine Liste der wichtigsten Transaktionscodes.

Wenn Sie Systemcodes vor das Transaktionskürzel stellen, wie hier am Beispiel der Transaktion SE93 gezeigt, ersparen Sie sich mitunter weitere Arbeitsschritte:

- `/nSE93`: Die aktuelle Transaktion im Modus wird geschlossen, und SE93 wird aufgerufen.
- `/oSE93`: Es wird ein neuer Modus (Fenster) aufgemacht, und Transaktion SE93 wird darin aufgerufen.
- `/nend`: So können Sie sich vom System abmelden.

In diesem Kapitel zeige ich Ihnen, wie Sie selbst eigene Transaktionen anlegen (siehe Abschnitt 4.1) und über den definierten Transaktionscode mit ABAP aufrufen können (siehe Abschnitt 4.2).

4.1 Transaktionen anlegen

Neue Transaktionen können Sie in Transaktion SE93 anlegen und pflegen:

1. Öffnen Sie dazu Transaktion SE93, tragen Sie im Feld **Transaktionscode** den gewünschten Code Ihrer Transaktion ein, und klicken Sie auf **Anlegen**.
2. Im sich öffnenden Dialog werden Ihnen die folgenden Arten von Transaktionen angeboten:
   - **Programm und Dynpro:** Für normale Programme mit einer Benutzeroberfläche (kein Selektionsbildschirm, siehe Abschnitt 4.1.1, »Dialogtransaktion«). Die Dynpro-Programmierung zur Entwicklung von klassischen grafischen Oberflächen für das SAP GUI wird in Kapitel 14 erläutert.
   - **Programm und Selektionsbild:** Für Programme mit einem Selektionsbildschirm (siehe Abschnitt 4.1.2, »Reporttransaktion«). Die Entwicklung von Selektionsbildschirmen für Reports wird in Kapitel 12 erläutert.
   - **Methode einer Klasse:** für die Methode einer Klasse (siehe Abschnitt 4.1.3, »ABAP-Objects-Transaktion«)
   - **Transaktion mit Variante:** für den Aufruf von Varianten für Standardtransaktionen (siehe Abschnitt 4.1.4, »Variantentransaktion«)
   - **Transaktion mit Parametern:** für den parametrisierten Aufruf von Transaktionen (siehe Abschnitt 4.1.5, »Parametertransaktion«)

   Über diese Auswahl legen Sie fest, was Ihr Transaktionscode später aufrufen soll. In den angegebenen Abschnitten ist jeweils beschrieben, wie Sie die verschiedenen Transaktionsarten einsetzen können.
3. Bei allen Optionen haben Sie, wie in Abbildung 4.2 dargestellt, nach der Auswahl die Möglichkeit, ein **Berechtigungsobjekt** anzugeben. Ein Berechtigungsobjekt ist Teil des Berechtigungssystems und enthält bis zu zehn verschiedene Berechtigungsfelder, anhand derer die Berechtigung eines Benutzers geprüft wird. Berechtigungsobjekte können Sie in Transaktion SE21 einsehen und bearbeiten. Die Definition der Berechtigungen (und des dazugehörigen Berechtigungskonzepts) ist Aufgabe des SAP-Basisteams.

   Mit der Angabe eines solchen Berechtigungsobjekts stellen Sie sicher, dass Ihre Transaktion nicht unberechtigterweise von Benutzern aufgerufen werden kann, die nicht die benötigten Berechtigungen besitzen. Nur Benutzern, denen alle Feldwerte des Berechtigungsobjekts im Benutzerstamm zugeordnet wurden, ist der

Zugriff erlaubt. Die zu erfüllenden Werte können Sie für die einzelnen Felder über den Button **Werte** eintragen.

Abbildung 4.2 Berechtigungsobjekt für Transaktionen

4.1.1 Dialogtransaktion

Wählen Sie die Option 1, **Programm und Dynpro**, können die Anwender mit Ihrem Transaktionscode ein Programm mit einem zugehörigen Dynpro aufrufen. Möchten Sie dagegen Ihren Transaktionscode für einen Report mit einem Selektionsbild anlegen, nutzen Sie bitte die in Abschnitt 4.1.2 beschriebene Reporttransaktion.

Um die Transaktion anzulegen, geben Sie, wie in Abbildung 4.3 gezeigt, den Namen Ihres Programms und die Nummer des Dynpros an, und speichern Sie Ihre Transaktion über den Button **Speichern** (💾).

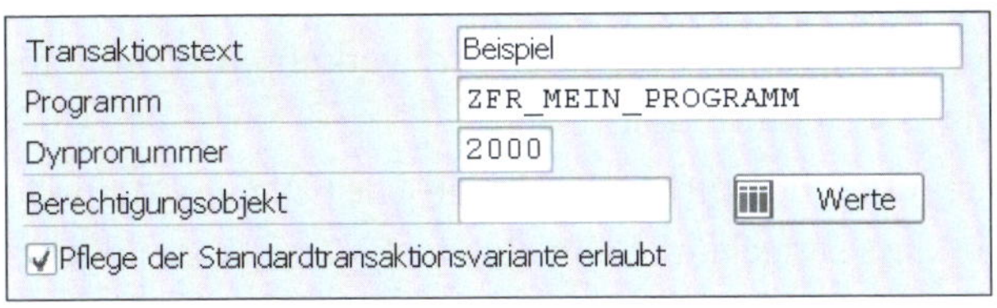

Abbildung 4.3 Dialogtransaktion anlegen

Sie können Ihren Transaktionscode nun testen, indem Sie in der Funktionsleiste auf **Ausführen** (▣) klicken.

4.1.2 Reporttransaktion

Wählen Sie die Option 2, **Programm und Selektionsbild**, können Sie mit Ihrem Transaktionscode einen Report mit einem zugehörigen Selektionsbild aufrufen. Geben Sie dazu, wie in Abbildung 4.4 gezeigt, den Namen Ihres Programms und die Nummer des Selektionsbildes an. Das Selektionsbild hat dabei in der Regel die Nummer 1000.

Abbildung 4.4 Reporttransaktion anlegen

Darüber hinaus haben Sie die Möglichkeit, im Feld **Start mit Variante** die Variante für das Programm vorauszuwählen. Eine Variante enthält gespeicherte Eingaben eines Selektionsbildschirms. Um sie anzulegen, müssen Sie lediglich auf einem Selektionsbildschirm auf **Speichern** klicken. Durch die Angabe einer solchen Variante können Sie erreichen, dass bestimmte Felder auf dem Selektionsbildschirm mit den gespeicherten Werten vorbelegt werden. Speichern und testen Sie Ihre Transaktion anschließend.

4.1.3 ABAP-Objects-Transaktion

Wählen Sie die Option 3, **Methode einer Klasse**, können Sie Ihren Transaktionscode mit einer Methode einer Klasse verknüpfen. Die in Abbildung 4.5 gezeigte Eingabemaske stellt Ihnen dabei verschiedene Optionen, abhängig von der Auswahl des *OO-Transaktionsmodells* (OO steht hier kurz für objektorientiertes ABAP, *ABAP OO* bzw. *ABAP Objects*) zur Verfügung:

- Markieren Sie die Checkbox **OO-Transaktionsmodell**, wird die Transaktion mit dem Transaktionsdienst der sogenannten *Objects Services* verknüpft. Weitere Informationen dazu finden Sie in Abschnitt 24.1.
- Setzen Sie das Häkchen in der Checkbox nicht, können Sie jede beliebige Methode einer globalen oder lokalen Klasse angeben. Wenn eine Instanzmethode angegeben wird, erzeugt das System beim Aufruf automatisch eine Instanz der Klasse.

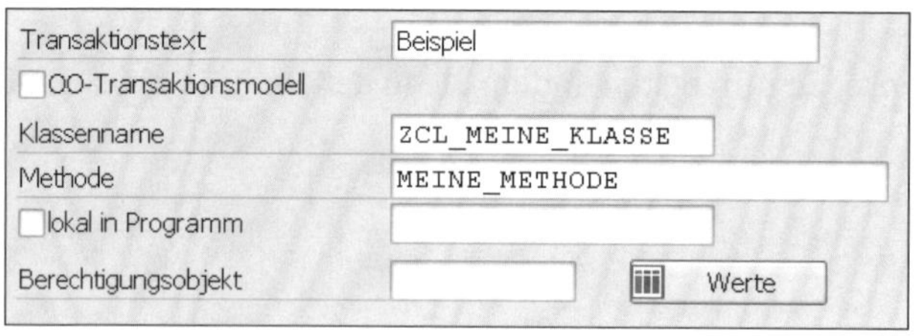

Abbildung 4.5 ABAP-Objects-Transaktion anlegen

Speichern und testen Sie Ihre Transaktion anschließend.

4.1.4 Variantentransaktion

Wählen Sie Option 4, **Transaktion mit Variante**, können Sie mit dem Transaktionscode eine Transaktionsvariante aufrufen. Mit Transaktionsvarianten können Sie die Abläufe von Transaktionen vereinfachen, indem Sie darauf Einfluss nehmen, wie die Oberfläche dem Anwender angezeigt wird. Das Anlegen eigener Transaktionsvarianten wird hier nicht weiter beschrieben, da dies eine sehr alte Technik ist, die keine Anwendung mehr findet. Möchten Sie dennoch eigene Transaktionsvarianten anlegen oder verwalten, so können Sie nach der Transaktion SHDO recherchieren.

Um den Aufruf der Variantentransaktion einzurichten, müssen Sie, wie in Abbildung 4.6 gezeigt, einen Transaktionstext und die gewünschte Transaktion inklusive der Transaktionsvariante angeben. Speichern () und testen () Sie Ihre Transaktion anschließend.

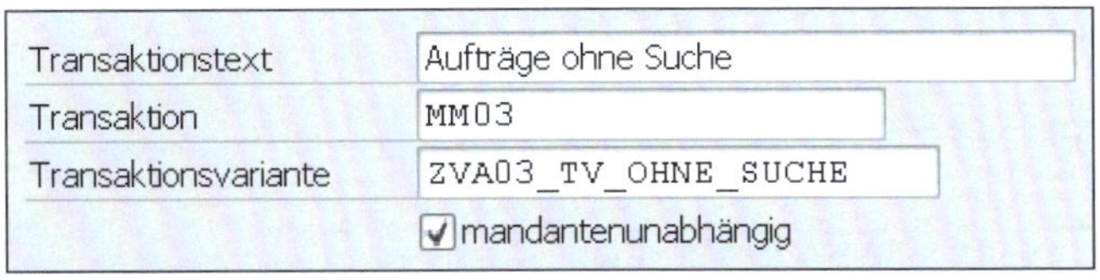

Abbildung 4.6 Variantentransaktion anlegen

4.1.5 Parametertransaktion

Wählen Sie Option 5, **Transaktion mit Parametern**, können Sie über Ihren Transaktionscode andere Transaktionen aufrufen und deren Selektionsbildschirm mit Parametern versorgen. Auf diese Art und Weise können Sie z. B. eine Web-Dynpro-Anwendung (siehe Abschnitt 32.2, »Web Dynpro ABAP«) über einen Transaktionscode starten, indem Sie der Transaktion WDYID den Namen Ihrer Web-Dynpro-Anwendung als Parameter übergeben. Der Aufruf mit Parametern funktioniert jedoch auch mit vielen anderen Transaktionen (dann mit anderen Parametern).

1. Tragen Sie, wie in Abbildung 4.7 gezeigt, im Abschnitt **Vorschlagswerte für** den Namen der gewünschten Zieltransaktion ein, und klicken Sie auf **Speichern** ().

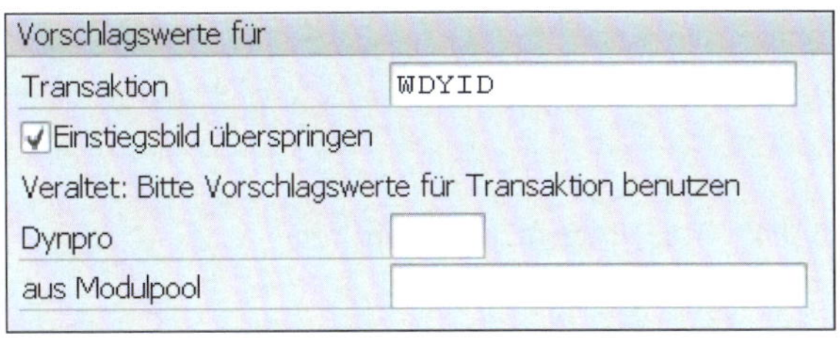

Abbildung 4.7 Parametertransaktion anlegen

2. In der darunterliegenden Tabelle **Vorschlagswerte** (siehe Abbildung 4.8) bietet Ihnen die Wertehilfe einer Zeile nun die Parameter an, die Ihnen die Zieltransaktion zur Verfügung stellt.
3. Für Transaktion WDYID müssen Sie hier zwei Werte angeben:
   - Für das Feld **APPLICATION** tragen Sie den Namen der aufzurufenden Web-Dynpro-Anwendung ein.
   - Für das Feld **STARTMODE** geben Sie an, ob die Anwendung im SAP GUI (Wert: **GUI**) gestartet oder im Browser (Wert: **BROWSER**) aufgerufen werden soll.

4. Speichern (💾) und testen (🖥) Sie Ihre Transaktion anschließend.

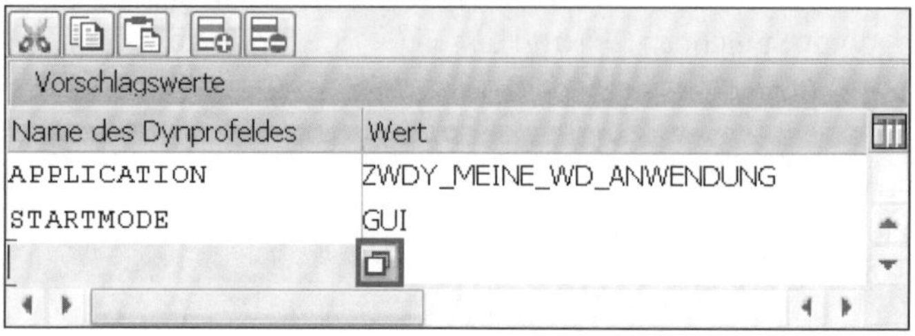

Abbildung 4.8 Transaktionsparameter definieren.

4.2 Transaktionen mit ABAP aufrufen

Transaktionen können Sie auch mit ABAP mithilfe des Funktionsbausteins `ABAP4_CALL_TRANSACTION` aufrufen.

Beispiel

Listing 4.1 zeigt dies am Beispiel der Transaktion VA03.

```
DATA: lv_tcode TYPE sy-tcode VALUE 'VA03'.
CALL FUNCTION 'ABAP4_CALL_TRANSACTION'
  EXPORTING
    tcode                  = lv_tcode
  EXCEPTIONS
    call_transaction_denied = 1
    tcode_invalid          = 2
    OTHERS                 = 3.
```

Listing 4.1 Funktionsbaustein ABAP4_CALL_TRANSACTION aufrufen

[»]

SPA-/GPA-Parameter

Um die Felder auf dem Selektionsbildschirm der Transaktion zu setzen, stehen Ihnen die SPA-/GPA-Parameter zur Verfügung, auf die ich in Abschnitt 12.8 zurückkomme.

4.2.1 Verwendung von CALL TRANSACTION

Alternativ können Sie Transaktionen auch über die ABAP-Anweisung `CALL TRANSACTION` aufrufen. Da bei diesem Aufruf vor Release 7.40 die Berechtigungsprüfung jedoch nicht durchlaufen wird, sollten Sie diese Variante in älteren Releases nicht nutzen, sondern immer auf den in Listing 4.1 verwendeten Funktionsbaustein `ABAP4_CALL_TRANSACTION` zurückgreifen.

Ab ABAP 7.40 gibt es die beiden Zusätze WITH AUTHORITY-CHECK zum Aktivieren der Berechtigungsprüfung und WITHOUT AUTHORITY-CHECK zum Deaktivieren der Berechtigungsprüfung. Eine Verwendung der Anweisung CALL TRANSACTION ohne einen dieser Zusätze ist obsolet. Bei der Berechtigungsprüfung werden dabei das Berechtigungsobjekt S_TCODE sowie eventuell in der Definition des Transaktionscodes angegebene Berechtigungsobjekte geprüft.

Schlägt die Berechtigungsprüfung fehl, wird eine Ausnahme der Klasse CX_SY_AUTHORIZATION_ERROR ausgelöst. Das objektorientierte Konzept der Ausnahmeklassen ist in Abschnitt 11.8.3 beschrieben. Die Behandlung einer solchen Ausnahmeklasse erläutere ich in Abschnitt 11.9.2, »Lokale Ausnahmen«.

Beispiel

Listing 4.2 zeigt den Aufruf der Transaktion VA02 über die Anweisung CALL TRANSACTION und mit dem neuen Zusatz WITH AUTHORITY-CHECK.

```
TRY.
 CALL TRANSACTION 'VA02' WITH AUTHORITY-CHECK.
 CATCH cx_sy_authorization_error.
   RETURN.
ENDTRY.
```

Listing 4.2 Die Anweisung CALL TRANSACTION

Kapitel 5
Der Function Builder

Der Function Builder ist Ihr Werkzeug zur Erzeugung von Funktionsbausteinen. Wie Sie mit diesen zentralen Logikbausteinen des SAP-Systems umgehen, zeige ich Ihnen in diesem Kapitel.

Der Function Builder ist über den Transaktionscode SE37 erreichbar und im SAP-System das Werkzeug, um Funktionsbausteine anzulegen und zu pflegen. Was Funktionsbausteine sind und wie diese im Allgemeinen funktionieren, erläutere ich in Abschnitt 13.4. Dort finden Sie auch einige Anhaltspunkte, die Ihnen bei der Suche nach Funktionsbausteinen in den Weiten des SAP-Systems helfen werden.

In diesem Kapitel zeige ich Ihnen vor allewm, wie Sie mithilfe der Transaktion SE37 Funktionsbausteine anlegen und welche Bedeutung Funktionsgruppen in diesem Kontext haben. Darüber hinaus gehe ich kurz darauf ein, wie Sie die Funktionalität eines Funktionsbausteins testen können.

[!]

Funktionsbausteine in Neuentwicklungen

Für Neuentwicklungen sollten Sie auf Klassen mit ABAP Objects zurückgreifen. Die hier vorgestellte Anlage von Funktionsbausteinen brauchen Sie dennoch für einige spezielle Anwendungsfälle wie Konvertierungs-Exits oder die Erweiterung von SAP-Standardoberflächen.

5.1 Der Aufbau eines Funktionsbausteins

Ein Funktionsbaustein besteht aus Eigenschaften, der Schnittstelle und dem zugehörigen Quelltext. Für jeden dieser Bereiche finden Sie im Function Builder eine Registerkarte, wie in Abbildung 5.1 zu erkennen.

Abbildung 5.1 Aufbau des Function Builders

5.1.1 Eigenschaften

Auf der Registerkarte **Eigenschaften** können Sie allgemeine Einstellungen für den Funktionsbaustein vornehmen. Die wichtigste Einstellung ist hierbei die **Ablaufart**. Folgende Ablaufarten stehen Ihnen zur Verfügung (siehe Abbildung 5.2):

- **Normaler Funktionsbaustein**
- **Remote-fähiger Baustein:** Ermöglicht das Aufrufen des Bausteins über Remote Function Call (RFC), z. B. von außerhalb des SAP-Systems. Mehr Informationen dazu finden Sie in Abschnitt 20.1, »RFC-Funktionsbausteine«.
- **Verbuchungsbaustein:** Der Funktionsbaustein wird nicht sofort ausgeführt, sondern zur Ausführung in einem speziellen Verbuchungs-Workprozess vorgemerkt. Die tatsächliche Ausführung wird erst durch die ABAP-Anweisung `COMMIT WORK` angestoßen. Weitere Informationen dazu finden Sie in Abschnitt 13.5, »Datenkonsistenz«.

Abbildung 5.2 Ablaufarten von Funktionsbausteinen

5.1.2 Die Schnittstelle

Über die Schnittstelle können Sie definieren, welche Daten beim Aufruf des Funktionsbausteins übergeben und nach der Verarbeitung zurückgegeben werden. Die Schnittstelle des Funktionsbausteins wird über folgende Registerkarten definiert:

- **Export:** Parameter für die Rückgabe von Datenobjekten
- **Import:** Parameter für die Annahme von Datenobjekten
- **Changing:** Parameter für die An- und Rückgabe von Datenobjekten
- **Tabellen:** Parameter für interne Tabellen mit einer Kopfzeile (obsolet, siehe Abschnitt 8.2.2, »Obsolet: Deklaration einer internen Tabelle mit Kopfzeile«)

Die bei Funktionsbausteinen generell möglichen Übergabearten (Referenzübergabe, Werteübergabe und -rückgabe) sind in Abschnitt 13.1.4, »Parameterübergabe«, beschrieben. Auf den jeweiligen Registerkarten wählen Sie, wie in Abbildung 5.3 dargestellt, einen Namen, eine **Typisierung** und einen **Bezugstyp** für die einzelnen Parameter aus.

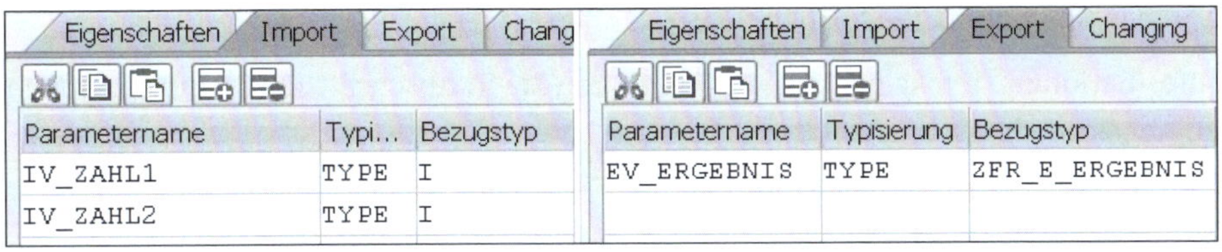

Abbildung 5.3 Definition von Import- und Exportparametern

Als Namenskonvention für Parameter haben sich in den meisten Unternehmen die in Tabelle 5.1 gezeigten Schreibweisen durchgesetzt.

Datenobjekt	Aufrufparameter	Rückgabeparameter
Variable	iv_name	ev_name
Struktur	is_name	es_name
Tabelle	it_name	et_name

Tabelle 5.1 Namenskonventionen für Parameter eines Funktionsbausteins

Über die Eingabemaske können Sie keine eigene Typisierung in der Form TYPE p DECIMALS 2 vornehmen. Hierfür müssen Sie vorher ein Datenelement im ABAP Dictionary anlegen, wie in Abschnitt 3.2, »Datenelemente«, beschrieben. Dieses Datenelement weisen Sie dann direkt dem Parameter zu (siehe Abbildung 5.3). Geben Sie hierzu in der Spalte **Typisierung** das Schlüsselwort TYPE an, um zu definieren, dass es sich um einen Datentyp aus dem ABAP Dictionary handelt.

Übergabe von internen Tabellen

Die Übergabe von normalen internen Tabellen findet ebenfalls über die Registerkarten **Import**, **Export** und **Changing** statt. Wenn Sie interne Tabellen an Funktionsbausteine übergeben, werden Sie auf den einzelnen Registerkarten in den Spalten **Typisierung** jedoch nicht die Möglichkeit TYPE TABLE OF vorfinden (wie Sie es bei der Definition der Tabelle mit ABAP gewöhnt sind). Sie brauchen in diesem Fall einen Tabellentyp, den Sie global im ABAP Dictionary (siehe Abschnitt 3.4, »Tabellentypen«) oder mit der Anweisung TYPES im Rahmenprogramm der Funktionsgruppe anlegen müssen (siehe Abschnitt 5.4).

5.1.3 Ausnahmen

Auf der Registerkarte **Ausnahmen** können Sie Ausnahmen definieren. Geben Sie dazu einfach den Namen einer Ausnahme in der Ausnahmeliste ein. Über der Ausnahmeliste finden Sie eine Checkbox **Ausnahmeklasse**, über die Sie steuern können, ob Sie lokale Ausnahmen oder eine globale Ausnahmeklasse eintragen wollen. Beide Varianten lassen sich nicht gleichzeitig verwenden.

Informationen zu lokalen Ausnahmen finden Sie in Abschnitt 11.9.2, Informationen zu Ausnahmeklassen in Abschnitt 11.8.3.

5.1.4 Der Quellcode

Auf der Registerkarte **Quelltext** können Sie den Funktionsbaustein programmieren. Im Kopf werden Sie alle verfügbaren Parameter als Kommentar eingefügt sehen. Auf diese Parameter können Sie innerhalb des ABAP-Codes über die angegebenen Namen zugreifen. Der eigentliche Quellcode befindet sich immer innerhalb der Anweisungen `FUNCTION` und `ENDFUNCTION`.

5.2 Einen Funktionsbaustein anlegen

Bevor Sie Funktionsbausteine anlegen können, müssen Sie eine Funktionsgruppe anlegen. Dies ist in Abschnitt 5.4.1 beschrieben. Wenn Sie bereits eine Funktionsgruppe angelegt haben, können Sie wie folgt fortfahren:

1. Öffnen Sie den Function Builder (Transaktion SE37).
2. Tragen Sie einen Namen für Ihren Funktionsbaustein ein, und klicken Sie auf **Anlegen**.
3. Wählen Sie in der folgenden Maske Ihre vorher angelegte Funktionsgruppe aus. Ignorieren Sie dabei die Meldung »Funktionsbaustein-Name liegt im SAP-Namensraum«.
4. Prägen Sie die Schnittstelle über die Registerkarten **Import**, **Export**, **Changing** und **Tabellen** aus (siehe Abschnitt 5.1.2), definieren Sie eventuelle Ausnahmen über die Registerkarte **Ausnahmen** (siehe Abschnitt 5.1.3), und programmieren Sie den Quellcode auf der Registerkarte **Quelltext** (siehe Abschnitt 5.1.4).
5. Schalten Sie, falls gewünscht, die RFC-Fähigkeit des Funktionsbausteins auf der Registerkarte **Eigenschaften** ein (siehe Abschnitt 5.1.1).
6. Aktivieren Sie Ihren Funktionsbaustein über den Button **Aktivieren** ().
7. Testen Sie Ihren Funktionsbaustein (siehe Abschnitt 5.3).

[!]

Inaktives Rahmenprogramm

Wird Ihnen die Meldung »Das Rahmenprogramm der Funktion ... beginnt nicht mit FUNCTION-POOL« angezeigt, haben Sie vergessen, Ihre zugehörige Funktionsbausteingruppe zu aktivieren.

Klicken Sie hierzu auf **Aktivieren** (🖉) in der Menüleiste, und wählen Sie aus der Auswahlmaske alle Objekte aus, die den Namen Ihres Funktionsbausteins oder Ihrer Funktionsbausteingruppe tragen.

5.3 Funktionsbausteine testen

Funktionsbausteine können unabhängig vom aufrufenden Programm getestet werden. Leider ist die Dokumentation bestehender Funktionsbausteine nicht immer sehr umfangreich. Um zu prüfen, ob eine Dokumentation zu einem Funktionsbaustein hinterlegt ist, können Sie in der Menüleiste in Transaktion SE37 auf den Button **Fbausteindokumentation** klicken.

Aufgrund der eventuell fehlenden Dokumentation ist es nicht immer einfach, die Funktionsweise eines Funktionsbausteins auf Anhieb zu erkennen. Sollten Sie schon den schwierigsten Teil hinter sich haben und den passenden Funktionsbaustein gefunden haben (siehe Abschnitt 13.4.5, »Funktionsbausteine finden«), lohnt es sich immer, die Funktionsbausteine zu testen, um sie zu verstehen und ihre Funktionsweise zu ergründen.

Einen Funktionsbaustein können Sie auf folgende Weise testen:

1. Öffnen Sie den Function Builder (Transaktion SE37).
2. Tragen Sie den Namen des gewünschten Funktionsbausteins ein.
3. Führen Sie den Funktionsbaustein mit dem Button **Ausführen** (▣) aus.
4. Tragen Sie in der folgenden Maske die gewünschten Werte für die Importparameter für den Test ein, und klicken Sie erneut auf **Ausführen** (▣).
5. Werten Sie anschließend die Exportparameter im angezeigten Ergebnisbild aus (siehe Abbildung 5.4).

   Den Inhalt von Strukturen und Tabellen können Sie in Detailansichten über die Icons **Detailsicht** und **Bearbeiten** (▣ und ▣) aufrufen. Eventuell aufgetretene Ausnahmen werden abgefangen und ebenfalls auf dem Ergebnisbild angezeigt.
6. Wiederholen Sie gegebenenfalls den Test mit anderen Werten, indem Sie über die Rückwärtsnavigation zurückgehen.

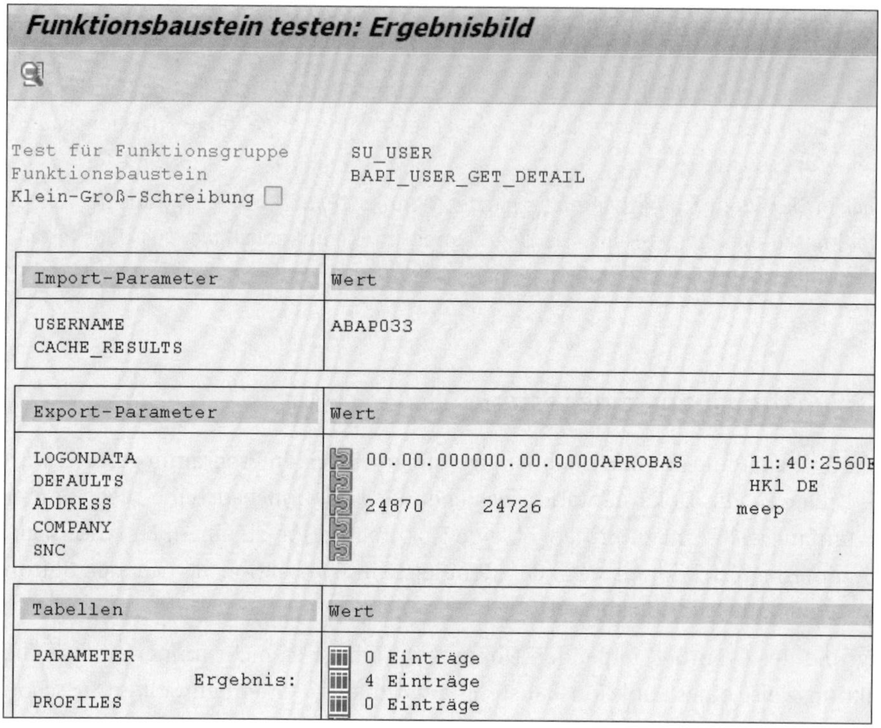

Abbildung 5.4 Ergebnisbild eines Funktionsbausteinaufrufes

5.4 Funktionsgruppen

Funktionsbausteine werden in Funktionsgruppen zusammengefasst. Ein Funktionsbaustein muss immer einer Funktionsgruppe zugeordnet sein. Eine Funktionsgruppe ist in einem Rahmenprogramm definiert, in dem Sie lokale Datendefinitionen für die gesamte Funktionsgruppe bereitstellen können. Auf diese Datendefinitionen können Sie dann funktionsbausteinübergreifend zugreifen.

5.4.1 Funktionsgruppe anlegen

Eine Funktionsgruppe können Sie auf zwei verschiedenen Wegen anlegen:

- **Über den Function Builder (Transaktion SE37)**
  Klicken Sie hierzu im Hauptmenü auf **Springen • Gruppenverwaltung • Gruppe anlegen**. Im sich öffnenden Fenster können Sie anschließend einen Namen vergeben.
- **Über die ABAP Workbench (Transaktion SE80)**
  Wählen Sie, wie in Abbildung 5.5 dargestellt, über die Auswahlliste den Objekttyp **Funktionsgruppe** aus, und geben Sie anschließend im darunterliegenden Eingabefeld einen Namen für die Gruppe an. Bestätigen Sie dann mit dem Button **Sichern**.

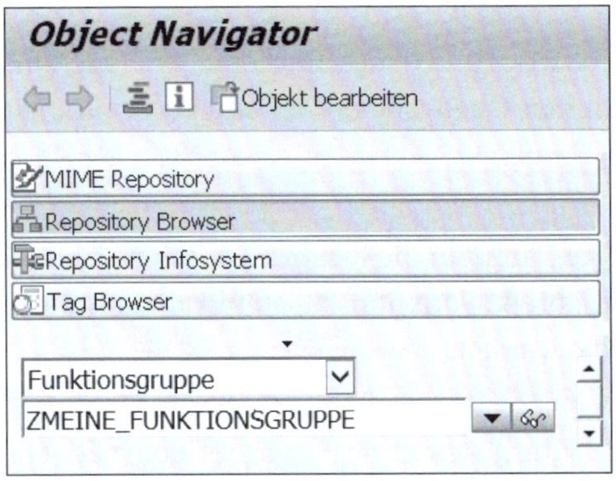

Abbildung 5.5 Funktionsgruppe in Transaktion SE80 anlegen

Aktivieren Sie die Funktionsgruppe in beiden Fällen über den Button **Aktivieren** (). Dies ist sehr wichtig, da Sie ansonsten später zugehörige Funktionsbausteine nicht aktivieren können.

5.4.2 Aufbau einer Funktionsgruppe

Wie eingangs erwähnt, ist für eine Funktionsgruppe immer ein Rahmenprogramm definiert. Dieses kann z. B. aufgebaut sein, wie in Abbildung 5.6 dargestellt.

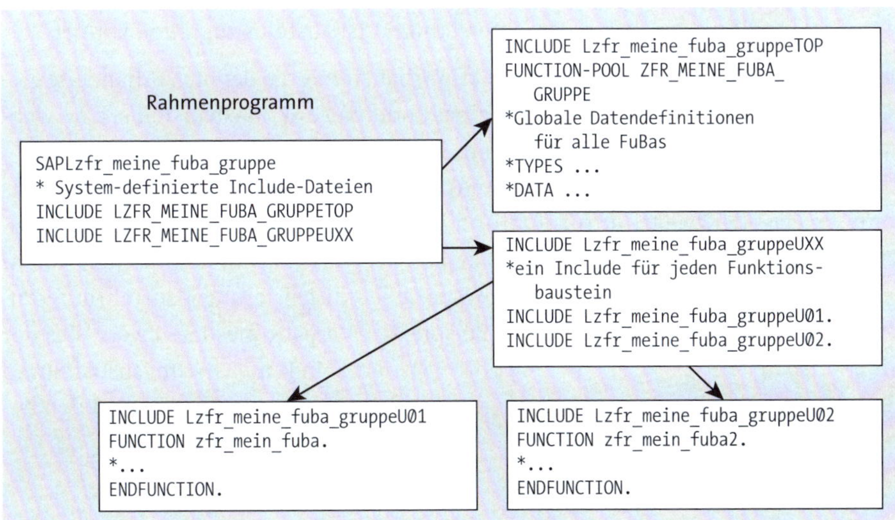

Abbildung 5.6 Aufbau eines Funktionsgruppenprogramms

Das Rahmenprogramm wird automatisch vom System mit dem folgenden Namen erstellt: `SAPL<Funktionsgruppe>`. Es enthält die `INCLUDE`-Anweisungen für folgende Includes:

- **Das Master-Include**
  Das Master-Include enthält pro Funktionsbaustein der Gruppe einen Include-Eintrag. Diese Includes enthalten letztlich den Quellcode der jeweiligen Funktionsbausteine. Das Master-Include hat den Namen `L<Funktionsgruppe>UXX`.
- **Das Top-Include**
  Das Top-Include enthält global definierte Daten für die gesamte Funktionsgruppe, d. h., jeder in der Funktionsgruppe enthaltene Funktionsbaustein kann auf diese Daten zugreifen. Das Top-Include hat den Namen `L<Funktionsgruppe>TOP`.
- **Das Form-Include**
  Falls Sie in Ihren Funktionsbausteinen Unterprogramme (Formroutinen) verwenden, wird ein Form-Include angelegt. Es enthält für alle Funktionsbausteine der Funktionsgruppe Ihre definierten Formroutinen. Das Form-Include hat den Namen `L<Funktionsgruppe>F01`.

5.4.3 Lebensdauer einer Funktionsgruppe

Die Funktionsgruppe als Ganzes ergibt ein Laufzeitobjekt. Die enthaltenen globalen Daten bleiben auch nach dem Aufruf eines der enthaltenen Funktionsbausteine erhalten und werden erst am Ende der Transaktion bzw. des obersten aufrufenden Programms gelöscht. Das heißt, wenn Sie innerhalb eines Reports zwei Funktionsbausteine derselben Funktionsgruppe aufrufen, wird der zweite Funktionsbaustein auf die global modifizierten Daten des ersten Funktionsbausteins zugreifen können.

Das ist eine trickreiche Falle. Es gibt Funktionsbausteine, die bereits vorhandene globale Daten erwarten (z. B. durch Aufruf eines anderen Funktionsbausteins) bzw. während der Laufzeit setzen. So kann es, wenn Sie einen Funktionsbaustein (z. B. HU_GET_HUS zum Auslesen von Verpackungsdaten) in einer Schleife aufrufen, mitunter vorkommen, dass der zweite Aufruf aufgrund des ersten Aufrufes und der damit gesetzten globalen Daten falsche Daten zurückgibt. Hier muss bei einem erneuten Aufruf desselben Funktionsbausteins vorher ein spezieller Initialisierungsbaustein aufgerufen werden, sofern einer existiert. Am Beispiel der Verpackungsdaten wäre dies der Funktionsbaustein HU_INITIALIZE_PACKING. Existiert kein Initialisierungsbaustein, so hilft es häufig, den Funktionsbaustein in einem komplett neuen Modus über den Zusatz DESTINATION aufzurufen.

Kapitel 6
Der Class Builder

Der Class Builder ist das Werkzeug zur Erstellung globaler Klassen aller Art und damit das Tor zu ABAP Objects.

Der Class Builder ist das Werkzeug zur Erstellung globaler Klassen und über den Transaktionscode SE24 aufrufbar. In diesem Kapitel zeige ich Ihnen, wie Sie normale ABAP-Klassen (siehe Abschnitt 6.1), Ausnahmeklassen (siehe Abschnitt 6.2) und Interfaces (siehe Abschnitt 6.3) mit dem Class Builder anlegen und ausprägen.

Bevor Sie mit der Lektüre dieses Kapitels beginnen, empfiehlt es sich, zum einen bereits Kenntnisse der Objektorientierung, zum anderen Kenntnisse über die Implementierung von Klassen in ABAP Objects zu haben. Erläuterungen hierzu finden Sie in Teil V, »Objektorientierte Programmierung«, und in Kapitel 11, »Die ABAP-Objects-Syntax«.

6.1 Klassen anlegen

Eine Klasse können Sie in Transaktion SE24, dem Class Builder, wie folgt anlegen:

1. Tragen Sie einen Namen für Ihre gewünschte Klasse ein, und klicken Sie anschließend auf **Anlegen**. Der Name der Klasse muss dabei den Kundennamensraum (z. B. `Z` oder `Y`) und das Präfix `CL_` enthalten.
2. Im sich öffnenden Fenster geben Sie eine Kurzbeschreibung ein. Neben gewöhnlichen ABAP-Klassen (in diesem Abschnitt beschrieben) können Sie die folgenden Klassentypen bestimmen (siehe Abbildung 6.1):
   - **Ausnahmeklasse** für die Spezifizierung von Fehlern (siehe Abschnitt 6.2)
   - **Persistente Klasse** für die Kapselung von Datenbankzugriffen (siehe Abschnitt 24.1.1, »Persistente Klasse anlegen«)
   - **Testklasse** für ABAP Unit (siehe Abschnitt 15.4)
3. Über die Checkbox **Final** können Sie steuern, dass keine andere Klasse von dieser Klasse erben kann, während Sie über die Auswahlliste **Inst.-Erzeugung** auswählen können, welche Sichtbarkeit die Klasse haben soll, d. h., ob sie von außen instanziiert werden kann oder abstrakt ist.

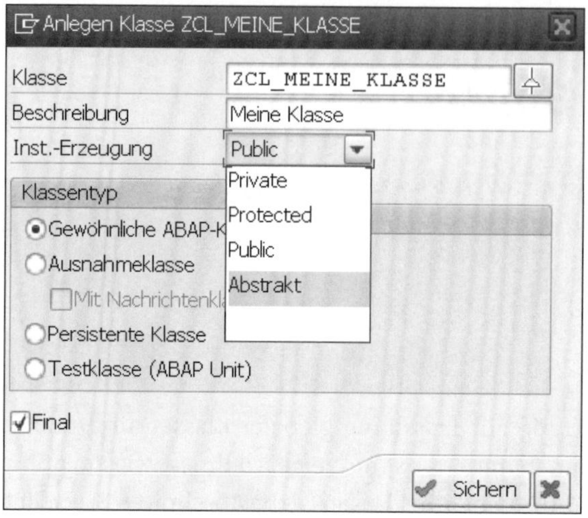

Abbildung 6.1 Auswahl der Eigenschaften für eine Klasse

4. Darüber haben Sie über den Button **Vererbung anlegen** () die Möglichkeit, eine Vererbung einzutragen, was in Abschnitt 6.1.1, »Vererbung«, beschrieben ist.
5. Speichern Sie anschließend Ihre Auswahl über den Button **Sichern**. Dadurch gelangen Sie in den eigentlichen Class Builder.

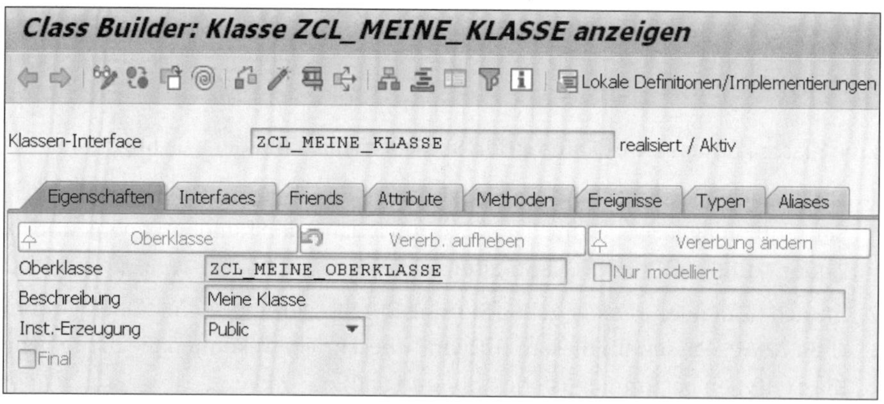

Abbildung 6.2 Der Class Builder und seine Registerkarten

6. Auf der in Abbildung 6.2 dargestellten Oberfläche können Sie nun Ihre Klasse nach Belieben ausprägen. Auf die hier zur Verfügung stehenden Registerkarten und Menüs gehe ich in den folgenden Abschnitten ein.

6.1.1 Vererbung

Auf die Bedeutung der Vererbung gehe ich in Abschnitt 25.6 ausführlicher ein. Eine Vererbung können Sie auf zwei verschiedene Weisen definieren:

- im Anlagedialog
- auf der Registerkarte **Eigenschaften**

Vererbung über den Anlagedialog definieren

Beim Anlegen einer Klasse (siehe Abbildung 6.1) haben Sie im Anlagedialog über den Button **Vererbung anlegen** ( ) die Möglichkeit, eine Klasse anzugeben, von der Ihre Klasse erben soll. 6

Klicken Sie auf diesen Button, wird unter dem Feld **Klasse** ein Eingabefeld **Oberklasse** eingeblendet (siehe Abbildung 6.3), in dem Sie den Namen der vererbenden Klasse eintragen können.

Abbildung 6.3 Eine Vererbung bei der Anlage einer Klasse definieren

Vererbung über die Registerkarte »Eigenschaften« definieren

Wie in Abbildung 6.4 dargestellt, finden Sie auf der Registerkarte **Eigenschaften** einen Button **Oberklasse**. Klicken Sie darauf, wird darunter ein Eingabefeld **Oberklasse** eingeblendet, in das Sie den Namen der vererbenden Klasse eintragen können. Durch die Bestätigung mit [↵] werden alle relevanten Komponenten der Oberklasse in Ihre Klasse übernommen.

Abbildung 6.4 Nachträgliches Eintragen einer Vererbung

6.1.2 Interfaces

Interfaces dienen dazu, einen einheitlichen Zugriff auf unterschiedliche Klassentypen zu ermöglichen. Eine ausführlichere Erläuterung finden Sie in Abschnitt 25.8. Interfaces können Sie, wie in Abbildung 6.5 dargestellt, auf der Registerkarte **Interfaces** eintragen. Nach der Bestätigung mit [↵] werden alle Komponenten des Interface der Klasse hinzugefügt. Diese Komponenten können Sie nun auf den anderen Komponenten-Registerkarten finden.

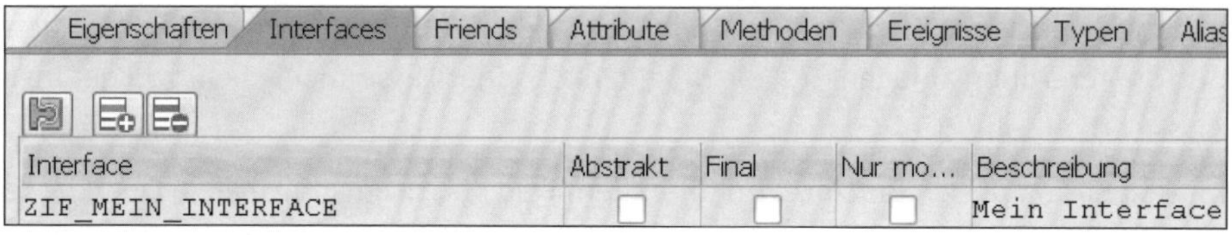

Abbildung 6.5 Interface eintragen

Über die drei folgenden Spalten können Sie darüber hinaus steuern, wie das Interface behandelt wird:

- **Abstrakt:** Die Methoden des Interface können nicht implementiert werden.
- **Final:** Die Komponenten des Interface werden im Fall einer Vererbung nicht weitervererbt.
- **Nur modelliert:** Auf die Bestandteile kann zur Laufzeit nicht zugegriffen werden.

Wählen Sie hier nichts aus, wird das Interface normal implementiert.

Beispielsweise wurde auf der Registerkarte **Methoden** eine Methode aus dem Interface übernommen. Wie Sie in Abbildung 6.6 sehen können, wird dieser Methode der Name des Interface vorangestellt und mit einer Tilde (~) abgetrennt. Durch einen Doppelklick auf den Methodennamen können Sie die Interface-Methode (falls erlaubt) implementieren.

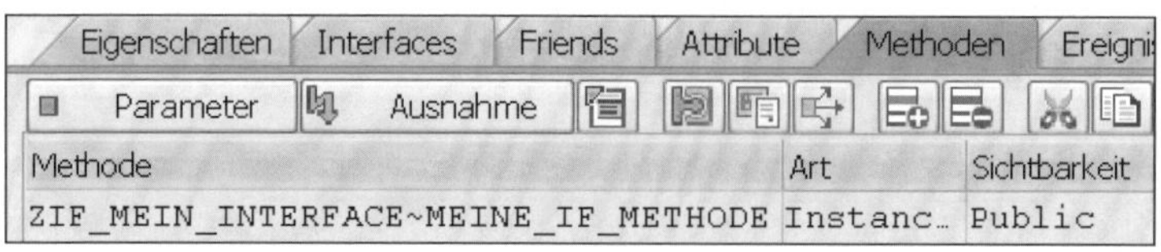

Abbildung 6.6 Methoden eines Interface

6.1.3 Freunde

Freunde (*Friends*) dienen dazu, fremden Klassen Zugriff auf die privaten und geschützten Komponenten einer Klasse zu ermöglichen. Eine Erläuterung finden Sie in Abschnitt 25.4, »Datenkapselung«. Auf der Registerkarte **Friends** können Sie andere Klassen und Interfaces als Freunde der Klasse eintragen, wie in Abbildung 6.7 dargestellt.

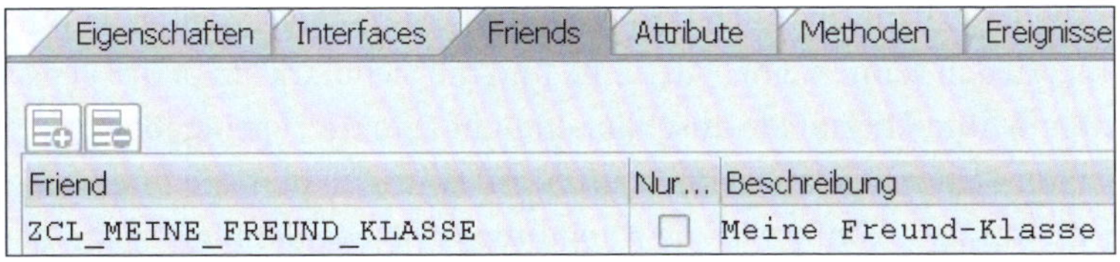

Abbildung 6.7 Freunde einer Klasse eintragen

6.1.4 Attribute

Attribute als elementare Bestandteile einer Klasse erläutere ich in der Einführung zur Objektorientierung in Abschnitt 25.1. Den Unterschied zwischen dynamischen und statischen Klassen finden Sie im Abschnitt »Statische Klassen« in Abschnitt 25.2.1 näher erläutert.

Attribute können Sie, wie in Abbildung 6.8 dargestellt, auf der Registerkarte **Attribute** anlegen. Über die Spalte **Art** können Sie dabei steuern, ob ein Attribut als statisches Attribut (**Static Attribute**, `CLASS-DATA`) oder ein Instanzattribut (**Instance Attribute**, `DATA`) angelegt wird, während Sie über die Spalte **Sichtbarkeit** die Sichtbarkeit des Attributs bestimmen können. Nutzen Sie hier am besten jeweils die [F4]-Hilfe, damit Sie die englischen Begriffe nicht händisch eintragen müssen.

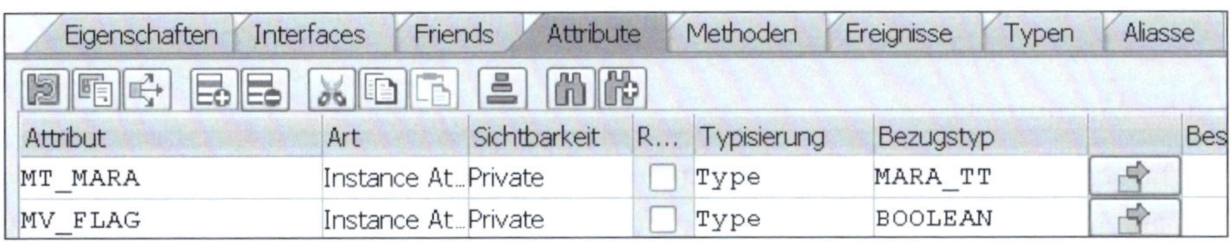

Abbildung 6.8 Attribute einer Klasse

Beim Vergeben von Attributnamen sollten Sie folgende Richtlinien beachten:

- Verwenden Sie keine Verben am Anfang, diese Wortart sollte Methoden vorbehalten bleiben (da diese wirklich etwas tun).
- Verwenden Sie das Präfix `s` für statische Variablen (`s` für statisch).
- Verwenden Sie das Präfix `m` für Instanzvariablen (`m` für Member).

Deklaration von internen Tabellen

Da in der Spalte **Typisierung** nicht der Zusatz `TYPE TABLE OF` angeboten wird, können Sie interne Tabellen über die Eingabemaske nur über Tabellentypen definieren. Diese stellen bereits eine Definition einer internen Tabelle dar, weshalb die Typisierung mit dem Zusatz `TYPE` ausreicht.

Sie können aber die Eingabemaske auch umgehen und die direkte Typeingabe nutzen. Tragen Sie hierzu den Namen eines Attributs und die Sichtbarkeit auf der Registerkarte **Attribute** ein, und klicken Sie anschließend auf **Direkte Typeingabe** ( ), siehe Abbildung 6.8). Dadurch gelangen Sie zum ABAP Editor, in dem Sie Ihre Variablen wie gewohnt eintragen können (siehe Abbildung 6.9). Jede definierte Variable entspricht dabei einem Attribut der Klasse.

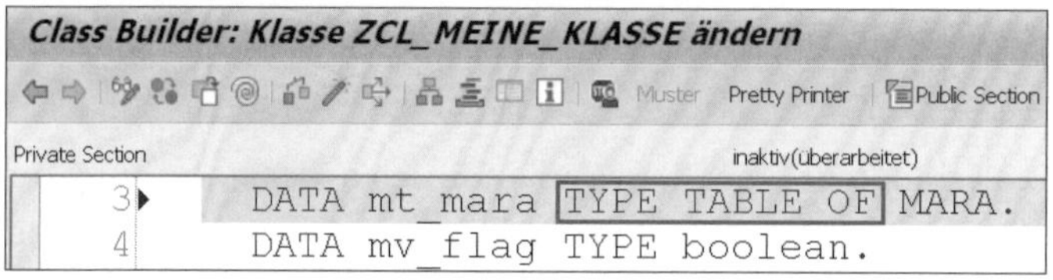

Abbildung 6.9 Direkte Attributeingabe

Wenn Sie anschließend zurücknavigieren ( ), wird die Maske Ihre Eingabe (da es kein Tabellentyp ist) nicht verarbeiten können und daher die Spalten auf »nicht eingabefähig« setzen. Dennoch werden Sie die Klasse problemlos aktivieren können ( ).

Eine allgemeine Erklärung zu den Tabellenarten in ABAP finden Sie in Abschnitt 8.1, während die Anlage eines globalen Tabellentyps in Abschnitt 3.4, »Tabellentypen«, beschrieben ist.

6.1.5 Methoden

Methoden können Sie, wie in Abbildung 6.10 dargestellt, auf der Registerkarte **Methoden** anlegen. Tragen Sie dort einen Methodennamen ein, wählen Sie in der Spalte **Art** die Art der Methode (STATIC METHOD für statisch oder INSTANCE METHOD für dynamisch) aus, und definieren Sie anschließend eine **Sichtbarkeit** für die Methode. Nutzen Sie hier am besten jeweils die F4-Hilfe, damit Sie die englischen Begriffe nicht händisch eintragen müssen. Ein Methodenname sollte mit einem Verb beginnen, z. B. GET_STATUS oder DETERMINE_STATE.

Durch einen Doppelklick auf den Methodennamen gelangen Sie in den ABAP Editor, in dem Sie die Methode nun mit ABAP ausprogrammieren können.

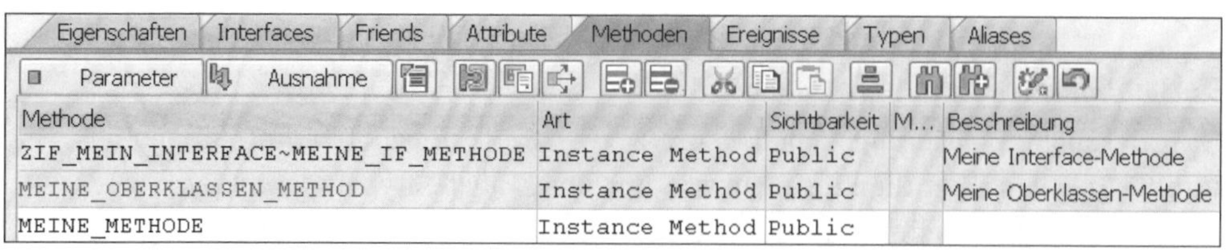

Abbildung 6.10 Methoden einer Klasse

Ab und zu werden Sie in der Methodenliste auf der Registerkarte **Methoden** – neben den normalen Methoden in schwarzer Schrift – noch zwei weitere Arten von Methoden sehen:

- **Blaue Schrift: geerbte Methode**
  Wie Methoden von einer anderen Klasse erben können, ist in Abschnitt 6.1.1, »Vererbung«, beschrieben. Wie Sie eine vererbte Methode redefinieren können, erkläre ich im folgenden Abschnitt »Redefinition von Methoden«.
- **Schwarze Schrift mit vorangestelltem Interface-Namen, getrennt durch eine Tilde (~): Interface-Methode**
  Wie Sie ein Interface anlegen und implementieren, ist in Abschnitt 6.3, »Interfaces anlegen«, beschrieben.

Methodenparameter

Die Parameter für eine Methode können Sie sehen und definieren, indem Sie auf die Zeile der gewünschten Methode und anschließend auf den Button **Parameter** oberhalb der Tabelle klicken.

Sie gelangen zu der in Abbildung 6.11 dargestellten Parameterliste einer Methode. Zurück zur Methodenliste kommen Sie über den Button **Methoden**, der nun oberhalb der Tabelle angezeigt wird.

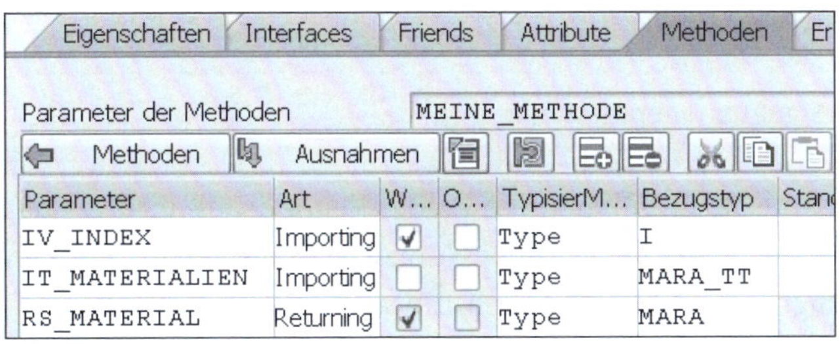

Abbildung 6.11 Parameter einer Methode

Die Parameter werden immer aus der Sicht der Methode benannt. Je nach Unternehmen lassen sich hier verschiedene Namenskonventionen vorfinden, wobei vornehmlich die zwei in Tabelle 6.1 dargestellten Varianten vorzufinden sind.

Parametertyp	Variante 1	Variante 2 mit Typ im Namen
IMPORTING	IM_	Iv_ für Variablen Is_ für Strukturen It_ für interne Tabellen
EXPORTING	EX_	ev_/es_/et_

Tabelle 6.1 Namenskonvention für Methodenparameter

Parametertyp	Variante 1	Variante 2 mit Typ im Namen
CHANGING	CH_	cv_/cs_/ct_
RETURNING	RE_	rv_/rs_/rt_

Tabelle 6.1 Namenskonvention für Methodenparameter (Forts.)

Wenn Sie Ihre Parameter eingetragen haben und zurück zur Methodenliste gewechselt sind, gelangen Sie über einen Doppelklick auf den Namen der Methode in den ABAP Editor. Dort können Sie sich die Signatur, also die Parameter der Methode, über den Button **Signatur** (siehe Abbildung 6.12) in der Funktionsleiste ein- und durch einen zweiten Klick wieder ausblenden lassen.

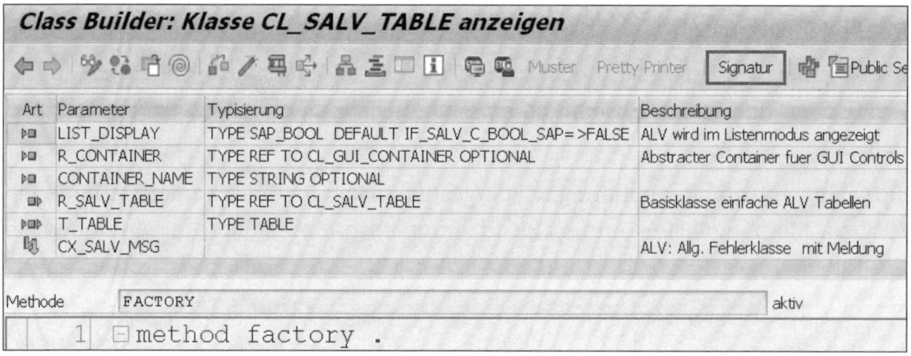

Abbildung 6.12 Anzeige der Signatur einer Methode

Die Signatur ist sowohl bei der Ausimplementierung der Methode als auch bei der Analyse von bestehenden Methoden von großem Nutzen. Darüber hinaus können Sie die Typisierung in der Signatur einfach kopieren, um so eventuelle Zwischenvariablen für den Aufruf der Methode anzulegen.

[+]

Der Kopiermodus

Hier empfiehlt es sich, den Kopiermodus über die Tastenkombination Strg + Y zu aktivieren. Dadurch wird der Mauszeiger zu einem Fadenkreuz, und Sie können mehr als eine Zelle spaltenübergreifend durch Strg + C kopieren und durch Strg + V wieder einfügen.

Methodenausnahmen

Die Ausnahmen für eine Methode können Sie sehen und definieren, indem Sie in der Methodenübersicht auf die Zeile mit der Methode und anschließend auf den Button

Ausnahme klicken (siehe Abbildung 6.11). Zurück zur Methodenliste kommen Sie über den Button **Methoden**, der nun oberhalb der Tabelle einblendet wird.

Über der Ausnahmeliste finden Sie eine Checkbox **Ausnahmeklasse**, über die Sie steuern können, ob Sie lokale Ausnahmen oder eine globale Ausnahmeklasse eintragen wollen. Sie können beide Varianten nicht gleichzeitig verwenden. Lokale Ausnahmen sind in Abschnitt 11.9.2, Ausnahmeklassen in Abschnitt 11.8.3 beschrieben.

Redefinition von Methoden

Von Oberklassen geerbte Methoden können Sie ebenfalls über die Registerkarte **Methoden** redefinieren. Klicken Sie hierzu auf die Methode, die Sie redefinieren möchten, und anschließend auf **Redefinieren** () im Menü oberhalb der Methodentabelle (siehe Abbildung 6.13). Die Implementierung können Sie, falls gewünscht, über den daneben befindlichen Button **Redefinition aufheben** () wieder entfernen.

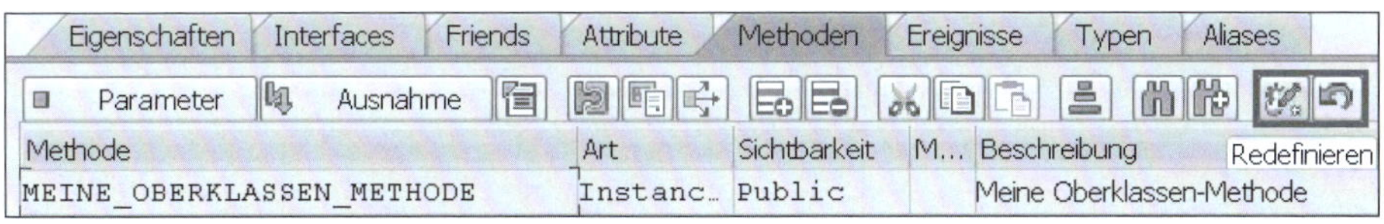

Abbildung 6.13 Redefinition von Methoden

Durch den Klick auf den Button **Redefinieren** () öffnet sich der ABAP Editor, wo Sie die Methode ausimplementieren können. Ein Aufruf der ursprünglichen Methode der Oberklasse ist durch den Bezeichner `SUPER->NAME_DER_METHODE()` möglich.

6.1.6 Ereignisse

Wie in Abbildung 6.14 dargestellt, können Sie Ereignisse einer Klasse auf der Registerkarte **Ereignisse** eintragen. Vergeben Sie dazu einen Namen für das Ereignis, seine Art und seine Sichtbarkeit.

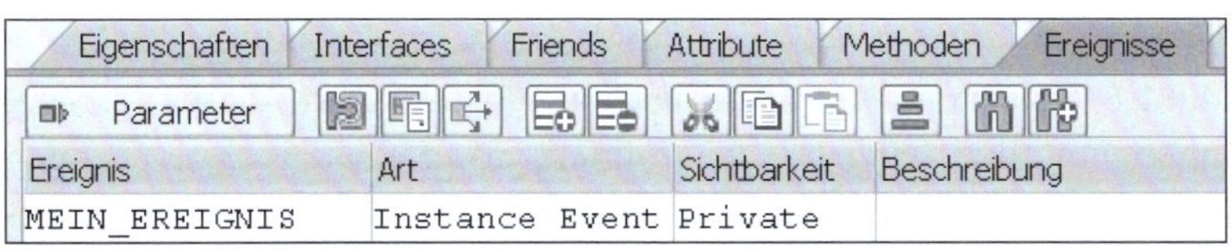

Abbildung 6.14 Ereignisse von Klassen

Darüber hinaus können Sie dem Ereignis über den Button **Parameter** oberhalb der Tabelle Parameter zuordnen. Aus der Parameterliste kommen Sie mit einem Klick auf den Button **Ereignis** wieder zurück zur Ereignisliste. Das Eintragen der Parameter folgt dabei nach den in Abschnitt 6.1.5, »Methoden«, beschriebenen Regeln. In Abschnitt 11.6, »Ereignisse«, ist beschrieben, wie Sie mit Ereignissen in ABAP arbeiten.

6.1.7 Typen

Auf der Registerkarte **Typen** können Sie eigene Typen jeglicher Art innerhalb Ihrer globalen Klasse definieren (siehe Abbildung 6.15). Beispielsweise ließe sich hier ein lokaler Tabellentyp definieren, auf den Sie anschließend als Typ eines Attributs oder Parameters einer Methode verweisen können. Nähere Informationen zu Typen erhalten Sie in Abschnitt 7.6, »Typdefinitionen«.

Um einen Typ zu definieren, müssen Sie einen Namen für den Typ, seine Sichtbarkeit und einen Bezugstyp angeben. Da Sie hier in der Regel keine ABAP-Dictionary-Typen angeben, sondern eher eigene lokale Typen definieren wollen, können Sie über den Button **Direkte Typeingabe** ( ) in die Quellcodeansicht wechseln, wie in Abbildung 6.15 dargestellt. Hier können Sie jegliche Typdefinition mit ABAP vornehmen. Beispielhaft könnten Sie hier Tabellentypen definieren, auf die Sie sich dann bei der Anlage von Attributen beziehen können.

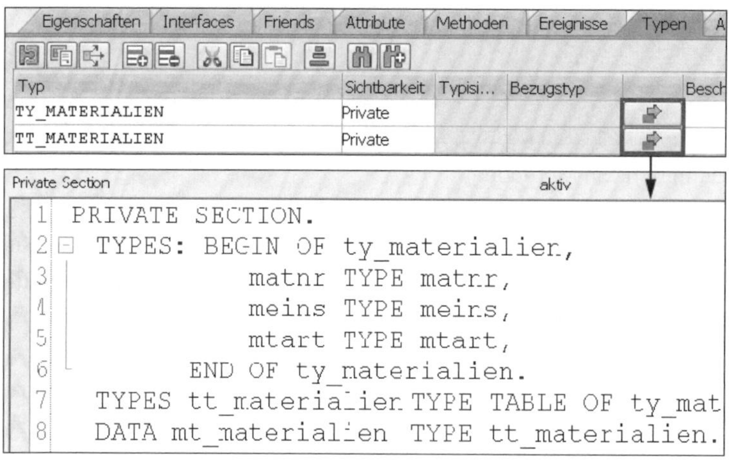

Abbildung 6.15 Direkte Typeingabe

6.1.8 Aliases

Wie in Abbildung 6.16 zu erkennen, haben Sie auf der Registerkarte **Aliases** die Möglichkeit, Komponenten Ihrer eingebundenen Interfaces in einen kürzeren Namen umzubenennen. Über diese Namen können Sie dann später innerhalb Ihrer Methoden auf die Interface-Komponenten zugreifen.

Beispielsweise wäre anhand der Aliasdefinition in Abbildung 6.16 ein Methodenaufruf über den Bezeichner `MIM()` statt über `ZIF_MEINE_INTERFACE~MEINE_IF_METHODE()` möglich.

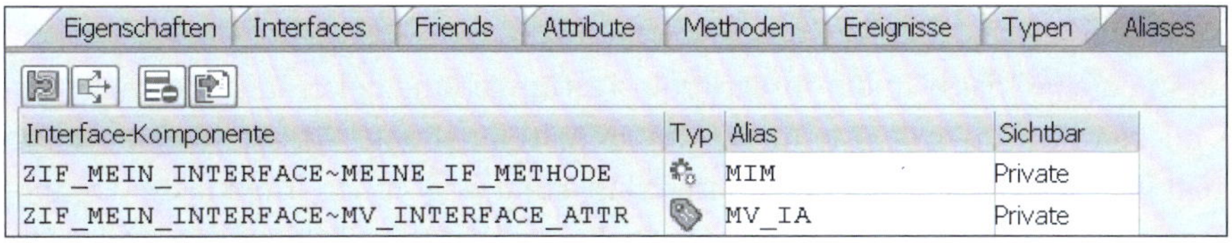

Abbildung 6.16 Aliases

6.1.9 Konstruktoren anlegen

Im Class Builder können Sie drei verschiedene Konstruktoren, d. h. Methoden für bestimmte Aufgaben, anlegen:

- einen *Instanzkonstruktor*, der bei der Erzeugung eines Objekts aufgerufen wird
- einen *Klassenkonstruktor*, der beim erstmaligen Aufruf einer statischen Methode zum Einsatz kommt
- einen *Destruktor*, der bei der Zerstörung eines Objekts aufgerufen wird

Ausführlichere Informationen zu Konstruktoren erhalten Sie in Abschnitt 25.3.1.

Zum Anlegen eines Konstruktors rufen Sie im Hauptmenü den Eintrag **Bearbeiten** auf (siehe Abbildung 6.17).

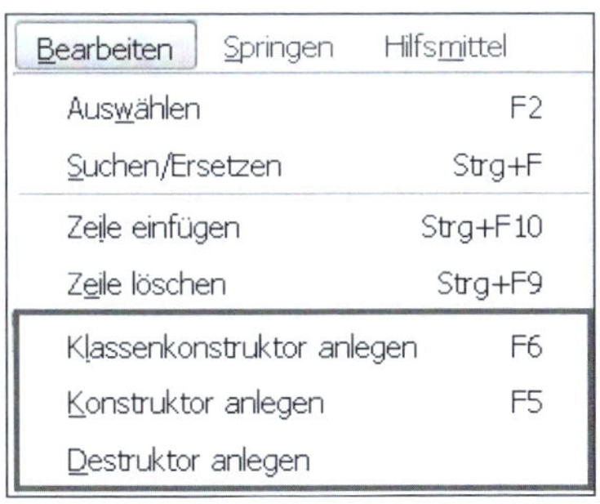

Abbildung 6.17 Anlage von Konstruktoren

Durch die Auswahl einer dieser Aktionen wird jeweils eine Methode in die Methodenliste eingefügt (siehe Abbildung 6.18), die Sie nun durch einen Doppelklick ausprogrammieren können.

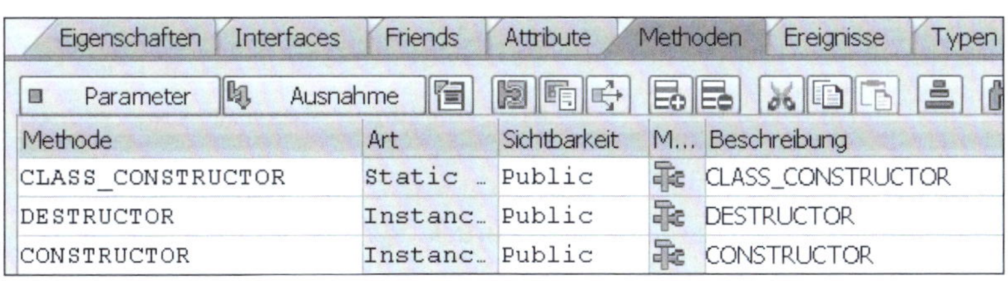

Abbildung 6.18 Konstruktoren als Methoden

6.1.10 Eine Klasse testen

Sie können eine Klasse in der integrierten Testumgebung der Transaktion SE24 testen. Klicken Sie dazu in der Menüleiste auf **In Testumgebung** (). Die Testumgebung erstellt (falls möglich) eine Instanz Ihrer Klasse und zeigt Ihnen Ihre Klassenkomponenten an, z. B. Attribute und Methoden (siehe Abbildung 6.19). Interfaces und deren Komponenten werden separat über den Button **Interface-Sicht bearbeiten** () angezeigt.

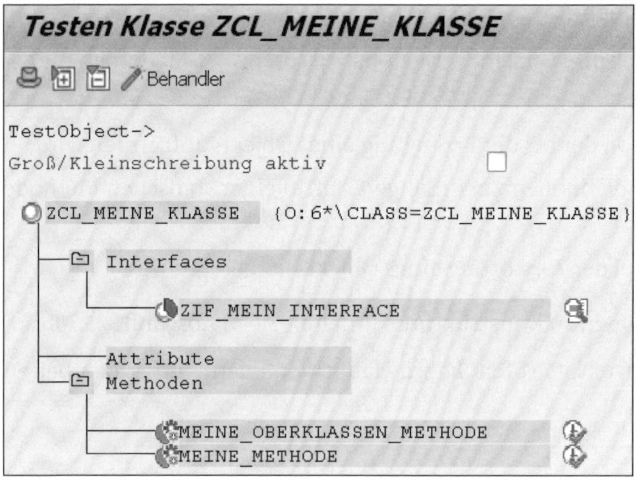

Abbildung 6.19 Klassen testen

Hinter jeder Methode finden Sie einen **Ausführen**-Button (). Dadurch öffnet sich ein neues Fenster, in dem Sie die Parameter der Methode, falls vorhanden, befüllen können. Den Aufruf der Methode selbst starten Sie durch einen erneuten Klick auf **Ausführen** () in der Funktionsleiste.

6.1.11 Klassen direkt bearbeiten

Wenn Sie die Eingabemasken des Class Builders nicht besonders mögen oder schnell eine lokale Klasse in eine globale Klasse umwandeln möchten, können Sie sich für kundeneigene Klassen immer den dahinterliegenden Quellcode anzeigen lassen. Dies ist auf mehreren Wegen möglich:

- über die Funktionsleiste mithilfe des Buttons **Quelltextbasiert**
- über das Kontextmenü unter dem Eintrag **Wechsel zu quelltextbas. Class Builder**

Daraufhin wird der quelltextbasierte Class Builder mit dem Quelltext Ihrer Klasse geöffnet (siehe Abbildung 6.20). Über die Buttons **Zurück** () oder **Formularbasisert** gelangen Sie wieder zur normalen Ansicht.

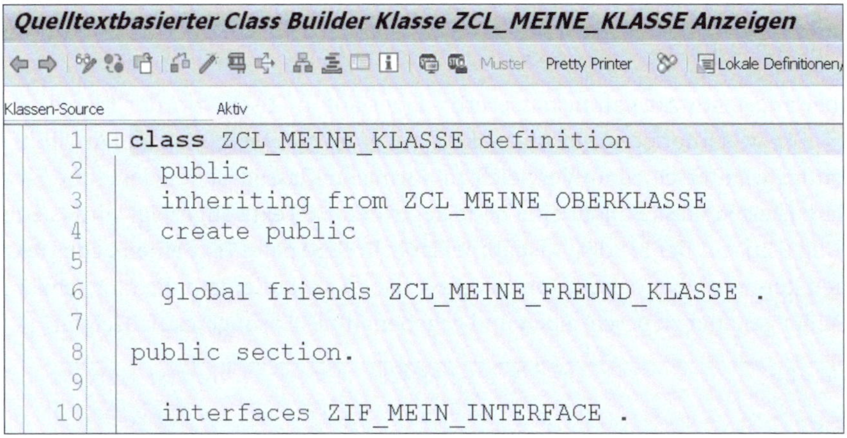

Abbildung 6.20 Quelltextbasierter Class Builder

6.2 Ausnahmeklassen anlegen

Ausnahmeklassen sind Klassen, die Fehler spezifizieren und gegebenenfalls einen Fehlertext zur Verfügung stellen. Eine Ausnahme wird in einer Ausnahmesituation durch eine Instanz einer Ausnahmeklasse, ein sogenanntes *Ausnahmeobjekt*, repräsentiert und enthält gegebenenfalls den zugehörigen Fehlertext.

Neben den bereits im System vordefinierten Ausnahmeklassen können Sie auch eigene Ausnahmeklassen (und dazugehörige Fehlertexte) definieren, um eventuell auftretende Fehler Ihrer Programme möglichst gut zu spezifizieren. Bei der Anlage von Ausnahmeklassen haben Sie zwei Möglichkeiten:

- Anlage einer globalen Ausnahmeklasse
- Definition von lokalen Ausnahmen

In diesem Abschnitt stelle ich Ihnen die globale Variante vor, die lokalen Ausnahmen sind in Abschnitt 11.9.2 beschrieben.

Ausnahmeklassen können Sie ebenfalls in Transaktion SE24 anlegen:

1. Dazu müssen Sie in der Einstiegsmaske des Class Builders (siehe Abbildung 6.1) im Feld **Klasse** nach dem Kundennamensraum (z. B. `Z` oder `Y`) `CX_` als Präfix eingeben. Dieses Präfix ist zwingend, ansonsten funktioniert die Anlage nicht.
2. Nach dem Klick auf **Anlegen** erkennt der Class Builder automatisch, dass Sie eine Ausnahmeklasse anlegen wollen, und wählt in der Maske für die Anlage einer Klasse den Typ **Ausnahmeklasse** aus. Sie haben nun die Möglichkeit, die Ausnahmeklasse direkt bei der Anlage mit einer Nachrichtenklasse (siehe Abschnitt 12.6) zu verknüpfen.

3. Tragen Sie in der Anlagemaske eine Kurzbeschreibung ein, und bestätigen Sie Ihre Eingabe mit **Sichern**.

Die dabei angelegte Ausnahmeklasse erbt dabei automatisch von der Klasse CX_STATIC_CHECK zwei Interfaces und andere Komponenten wie Methoden und Attribute. Der wichtigste Unterschied im Vergleich zu normalen Klassen ist der, dass Ihnen im formularbasierten Class Builder eine neue Registerkarte **Texte** angezeigt wird (siehe Abbildung 6.21), auf der Sie der Ausnahmeklasse in der Spalte **Text** einen Fehlertext zuordnen können. Über den Button **Langtext** haben Sie außerdem die Möglichkeit, Ihren Fehler genauer zu beschreiben und gegebenenfalls Lösungen aufzuzeigen.

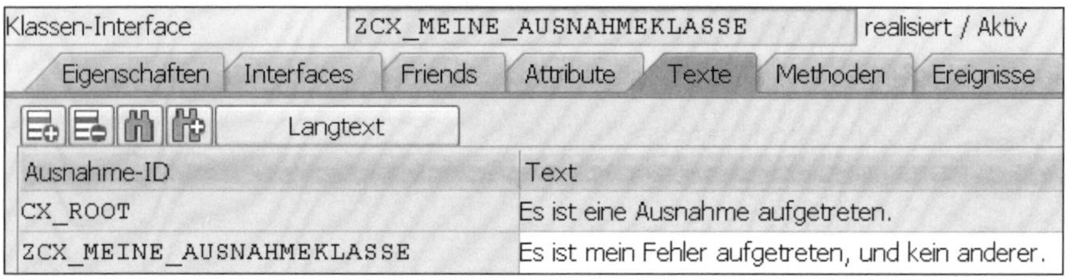

Abbildung 6.21 Texte einer Ausnahmeklasse

Kurz- und Langtext sind nach dem Auslösen der Ausnahme im Ausnahmeobjekt enthalten und können über die bereitgestellten Methoden IF_MESSAGE~GET_TEXT und IF_MESSAGE~GET_LONGTEXT ausgelesen werden. Ein Beispiel, wie Sie mit klassenbasierten Ausnahmen umgehen können, finden Sie in Abschnitt 11.9.2, »Lokale Ausnahmen«.

6.3 Interfaces anlegen

Interfaces können Sie ebenfalls in Transaktion SE24 anlegen:

1. Dazu müssen Sie in der Einstiegsmaske des Class Builders (siehe Abbildung 6.1) im Feld **Klasse** nach dem Kundennamensraum (z. B. Z oder Y) IF_ als Präfix angeben. Beispielsweise könnte Ihr Interface ZIF_MEIN_INTERFACE heißen. Dieses Präfix ist zwingend, ansonsten funktioniert die Anlage nicht.
2. Nach einem Klick auf **Anlegen** erkennt der Class Builder automatisch, dass Sie ein Interface anlegen wollen, und zeigt Ihnen die passende Anlagemaske an, in der Sie eine Beschreibung vergeben können. Bestätigen Sie Ihre Eingabe mit dem Button **Sichern**.
3. Sie gelangen nun wieder zur gewohnten Class-Builder-Oberfläche, in der Sie bis auf die Registerkarte **Friends** alle bekannten Registerkarten vorfinden werden, um dem Interface Komponenten hinzuzufügen. Wie es für ein Interface typisch ist, können Sie keine Methoden ausimplementieren.

TEIL II

Der Kern der Sprache ABAP

Kapitel 7
Die ABAP-Grundbefehle

Dieses Kapitel ist eine Kurzreferenz der wichtigsten ABAP-Grundbefehle. Hier finden Sie Befehle, die jeder ABAP-Entwickler beherrschen und anwenden können sollte. Diese Anweisungen sind in diesem Kapitel jeweils mit Beispielen aufgeführt.

Ziel dieses Kapitels ist es, Ihnen einen Überblick über die ABAP-Grundfunktionalität zu geben, also jenen Kern, den Sie – egal, ob Sie Oberflächen oder objektorientierte Lösungen programmieren, immer gebrauchen werden. Es handelt sich um die grundlegenden Bestandteile der Syntax, die Sie bei jeder anderen Programmiersprache auch zuerst lernen würden:

- Syntaxregeln (siehe Abschnitt 7.1)
- Deklarationen von Variablen (siehe Abschnitt 7.4, »Datendeklaration«)
- Typdefinitionen (siehe Abschnitt 7.6)
- Initialisierung (siehe Abschnitt 7.7)
- Steueranweisungen (siehe Abschnitt 7.8)
- Rechenoperationen (siehe Abschnitt 7.9)
- Ausgabeanweisungen (siehe Abschnitt 7.10)
- Arbeiten mit Zeichenketten (siehe Abschnitt 7.12)

In diesem Kapitel geht es mir nicht um eine vollständige Aufzählung aller möglichen ABAP-Anweisungen, sondern ich habe bewusst eine Auswahl der wichtigsten und am häufigsten benutzten Anweisungen getroffen. Mit diesen Anweisungen können Sie den Großteil der Problemstellungen des Alltags bestreiten. Wenn Sie diese Grundfunktionalität beherrschen, sind Sie bestens auf die darauf aufbauenden Funktionen vorbereitet, die in den weiteren Kapiteln des Buches behandelt werden. Dieses Kapitel ist daher so konzipiert, dass auch Neulinge schrittweise in die ABAP-Welt eingeführt werden.

Ich erläutere jede ABAP-Anweisung anhand eines kurzen Beispiels, das sich auf die wesentliche Funktion der Anweisung konzentriert. Sie sollten so ein Verständnis dafür gewinnen, was der Grundnutzen einer Anweisung ist und wie Sie diese verwenden.

Neuerungen, die in den Releases bis ABAP 7.57 eingeführt wurden, sind bereits in die Abschnitte dieses Kapitels integriert. Ich gebe entsprechende Hinweise, ab wann eine Funktionalität zur Verfügung steht.

Wenn Sie ABAP bereits gut kennen und nur auf der Suche nach diesen Neuerungen sind, finden Sie am Ende des Kapitels in Abschnitt 7.15 einen Überblick über die wichtigsten Änderungen der ABAP-Grundbefehle. Insbesondere empfehle ich Ihnen in diesem Fall die Lektüre der folgenden Abschnitte:

- Abschnitt 7.5, »Inline-Deklarationen«
- Abschnitt 7.13, »Konstruktorausdrücke«

7.1 Syntaxregeln

Die Syntaxregeln in ABAP sind überschaubar. Durch die in den ABAP Editor eingebaute Syntaxüberprüfung werden Sie schnell auf Fehler aufmerksam gemacht. Die wichtigsten Regeln lauten:

- Jedes ABAP-Programm besteht aus mehreren Anweisungen, auch *Sätze* genannt, wobei jeder Satz aus mehreren Wörtern (auch *Tokens* genannt) besteht und durch einen Punkt abgeschlossen wird. Ein ABAP-Wort ist entweder ein *ABAP-Schlüsselwort* (wie z. B. WRITE) oder ein *Zusatz* zu dem Schlüsselwort (wie z. B. /):

  ```
  WRITE / 'Satz 1'. "Die komplette Zeile ist ein Satz
  WRITE  'Satz 2'.  "Ein zweiter Satz
  ```

- Die ABAP-Wörter müssen mindestens durch ein *Leerzeichen* voneinander getrennt sein (im folgenden Beispiel durch Unterstriche verdeutlicht). Dies gilt auch für Sonderzeichen wie Schrägstriche, Rechenzeichen oder sogar Klammern.

  ```
  WRITE_/_'Satz 1'.
  lr_objekt->meine_methode(_value_=_1_).
  ```

- ABAP ist nicht case sensitive, d. h., die Groß- und Kleinschreibung der Wörter wird nicht geprüft. Bei ABAP-Programmierern gilt der Standard, dass Schlüsselwörter groß- und alles andere kleingeschrieben wird. Dies erhöht die Lesbarkeit Ihrer Programme. Vergleichen Sie z. B. die Lesbarkeit der folgenden Schreibweisen:

  ```
  WRITE 'Satz 1'.
  write 'Satz 2'.
  wrITe 'Satz 3'.
  ```

- Sätze dürfen eingerückt werden und müssen nicht am Zeilenanfang stehen (im folgenden Beispiel durch Unterstriche verdeutlicht). Sätze können sich auch über mehrere Zeilen erstrecken (der Punkt beendet den Satz), und es dürfen mehrere Sätze in einer Zeile stehen.

```
______WRITE / 'Satz 1'. WRITE  'Satz 2'. "nicht am Anfang
SELECT matnr matkl
  FROM mara
  INTO CORRESPONDING FIELDS OF lt_mara
  WHERE matkl = 'AL'. "Vier Zeilen und nur ein Punkt
```

- Aufeinanderfolgende Sätze mit gleichem Schlüsselwort können zu einem Kettensatz zusammengefasst werden. Dabei folgt dem Schlüsselwort ein *Doppelpunkt*, und zwischen den einzelnen Wörtern steht ein *Komma*. Der Satz muss wieder mit einem Punkt abgeschlossen werden.

```
WRITE: / 'Satz 1',
 / 'Satz 2'. "Der erste Befehl wird weitergeführt
```

7

7.2 Kommentare

Es gibt in ABAP zwei Arten von Kommentaren. Kommentare mit einem *Stern* (*) oder mit einem *Gänsefüßchen* ("). Kommentare werden vom ABAP Compiler ignoriert und sind nur zur Information der Entwickler gedacht. Ziel ist es, die Verständlichkeit eines Programms zu erhöhen.

- Ein Zeilenkommentar wird mit einem Stern (*) gekennzeichnet. Dieser Stern muss genau an erster Stelle in einer Zeile stehen. Sie fügen ihn über die Tastenkombination [⇧] + [+] ein.
- Ein Inline-Kommentar wird mit einem Gänsefüßchen (") gekennzeichnet. Dieses Gänsefüßchen kann an einer beliebigen Stelle einer Zeile stehen. Sie fügen es über die Tastenkombination [⇧] + [2] ein.

Beispiel

```
*Kommentar mit einem Stern
WRITE 'Hello World'. "Kommentar mit einem Gänsefuß
```

[+]

Sinnvolle Kommentare

Ein Kommentar sollte immer die Frage nach dem Wieso beantworten. Schreiben Sie nicht, was die Anweisung macht, dies sieht ein geübter Programmierer mit wenigen Blicken. Er weiß allerdings nicht, warum Sie die Anweisung ausführen bzw. wieso Sie diese Anweisung auf diesem Weg und nicht vielleicht auf einem anderen (üblicheren) Weg ausführen. Zu einem guten Programmierstil gehört die Nutzung von Kommentaren ebenso, wie gut lesbaren Code zu schreiben.

7.2.1 Mehrere Zeilen kommentieren

Wollen Sie mehr als eine Zeile auskommentieren, d. h. mit Kommentarzeichen versehen, um den Code ungültig zu machen, empfiehlt sich die Benutzung von Tastenkombinationen, um ganze Blöcke mit Gänsefüßchen zu versehen.

Markieren Sie dazu den gewünschten Text, und drücken Sie eine der folgenden Tastenkombinationen:

- Kommentarzeichen entfernen: [Strg] + [.] oder [Strg] + [⇧] + [<]
- Kommentarzeichen setzen: [Strg] + [,] oder [Strg] + [<]

7.3 Die SAP-Hilfe

Das System stellt eine sehr ausführliche ABAP-Schlüsselwortdokumentation bereit. Jeder einzelne Begriff des kompletten ABAP-Umfangs ist dort aufgeführt und erläutert. Viele der hier aufgeführten Syntaxdefinitionen sind dieser Hilfe (vereinfacht) entnommen. Die Schlüsselwortdokumentation ist daher eine wichtige Unterstützung für Entwickler bei der täglichen Arbeit mit ABAP.

Die Schlüsselwortdokumentation für eine Anweisung können Sie aufrufen, indem Sie den Cursor in Ihrem Quelltext auf eine ABAP-Anweisung setzen und die Hilfetaste [F1] drücken. Gibt es mehrere ähnliche Anweisungen, wird Ihnen eine Vorschlagsliste angezeigt. Wählen Sie dort die Anweisung aus, zu der Sie Informationen suchen.

In der SAP-Hilfe werden Sie Angaben wie in Listing 7.1 finden.

```
DATA { {var[(len)] TYPE abap_type [DECIMALS dec]}
     | {var TYPE abap_type [LENGTH len] [DECIMALS dec]} }
       [VALUE val|{IS INITIAL}]
       [READ-ONLY].
```

Listing 7.1 Angaben in der SAP-Hilfe

Jedes Zeichen hat dabei eine fest definierte Bedeutung, ähnlich einer Lautschrift in einem Wörterbuch:

- **Normale Schrift**
  Bezeichnet einen verpflichtenden Bestandteil der Anweisung, den Sie benutzen müssen (in Listing 7.1 sind `DATA` und `TYPE` obligatorisch).
- **Eckige Klammern [ ]**
  Bezeichnen einen optionalen Zusatz, der genutzt werden kann, aber nicht muss (in Listing 7.1 sind die Zusätze `(len)`, `DECIMALS`, `LENGTH`, `VALUE`, `IS INITIAL` und `READ-ONLY` optional).

- **Senkrechter Strich |**
  Ein senkrechter Strich entspricht einer Oder-Bedingung. Hier besteht eine Option, d. h., Sie können *einen* der Zusätze links oder rechts des Strichs auswählen (in Zeile 3 von Listing 7.1 können Sie `VALUE` oder `IS INITIAL` verwenden). Beide Zusätze gleichzeitig können nicht verwendet werden.
- **Geschweifte Klammern { }**
  Geschweifte Klammern kennzeichnen eine Klammerung verschiedener Zusätze, die semantisch zusammengehören (in Listing 7.1 sind Zeile 1 und Zeile 2 ein Block, die selbst jeweils noch mal als Block geklammert sind; zwischen den Blöcken befindet sich eine mit einem waagerechten Strich angezeigte Oder-Bedingung, d. h., Sie haben die Wahl zwischen Zeile 1 und Zeile 2).

Diese Schreibweisen übernehme ich in den Syntaxbeispielen in diesem Buch.

Jeder der in der Syntax angegebenen Zusätze ist im Text darunter erläutert. In der Regel ist für jeden Zusatz ein Link hinterlegt, der Sie zum entsprechenden Absatz des Textes führt. Besonders hilfreich sind die (etwa in der Hälfte der Fälle angegebenen) Beispiele, die Sie am Ende der Hilfeseite finden.

7.4 Datendeklaration

Bei der Arbeit mit einer Programmiersprache werden *Variablen* benötigt, die zur Laufzeit Werte halten und durch ABAP-Anweisungen ausgelesen und manipuliert werden können. In ABAP sind die drei wichtigsten Arten von Variablen Felder, Strukturen und interne Tabellen. Darüber hinaus unterstützt ABAP die Arbeit mit Konstanten, Zeigern sowie Objektreferenzen. All diese Objekte werden in ABAP auch übergeordnet *Datenobjekte* genannt und bezeichnen abstrakt einen Abschnitt im Speicher, dessen Inhalt vom Programm adressiert und interpretiert werden kann.

Bei der Benennung von Variablen ist folgende Syntax einzuhalten:

- Sie bestehen aus maximal 30 Zeichen.
- Sie dürfen keine Leerzeichen enthalten.
- Sonderzeichen sollten vermieden werden.
- Sie dürfen nicht nur aus Ziffern bestehen.
- Unterstriche sind erlaubt.

Normale Variablen lassen sich mit der Anweisungen `DATA` deklarieren. Ab ABAP 7.40 werden auch Inline-Deklarationen durch die Anweisungen `DATA` und `FIELD-SYMBOLS` unterstützt. Eine Beschreibung dieser neuen Anweisungen finden Sie in Abschnitt 7.5, »Inline-Deklarationen«.

7.4.1 Felder

Felder (häufig auch selbst Variablen genannt) können genau einen Wert speichern und müssen vorher statisch mit Bezug auf einen Typ definiert werden. Folgende Möglichkeiten haben Sie zur Definition:

- Verweis auf eingebaute Datentypen
- Verweis auf Datenelemente aus dem ABAP Dictionary
- Verweis auf eigens definierte Typen

Verweis auf eingebaute Datentypen

Datentypen beschreiben die technischen Eigenschaften von Datenobjekten. Dazu gehören der zu reservierende Speicherbereich, eine Einschränkung, was in diesem Speicherbereich gespeichert werden darf, wie der Inhalt zu interpretieren ist sowie eine initiale Vorbelegung.

Das SAP-System stellt für die Programmierung mit ABAP fest eingebaute Datentypen bereit. Eine Auflistung aller eingebauten Datentypen finden Sie in Anhang C. Von diesen eingebauten Datentypen werden Sie bei der Programmierung mit ABAP nicht immer alle brauchen. Die am häufigsten verwendeten sind: `c`, `string`, `i`, `p` und `f`. `c` steht für Zeichenketten bestimmter Länge, `string` für Zeichenketten unbestimmter Länge, `i` für Ganzzahlen, `p` für gepackte Zahlen (mit fest definierten Nachkommastellen) und `f` für Fließkommazahlen in Exponentialdarstellung.

Eine Variable können Sie mit der Anweisung `DATA` anlegen. Dazu müssen Sie mindestens einen Variablennamen `varname` sowie nach dem Zusatz `TYPE` den ausgewählten eingebauten Datentyp `abap_typ` angeben. Je nach eingebautem Datentyp haben Sie außerdem die Möglichkeit, die Länge (bei `c`, `p`) mit `LENGTH` und `laenge` sowie die Nachkommastellen (nur bei `p`) mit `DECIMALS` und `stellen` anzugeben. Durch den Zusatz `VALUE` haben Sie immer die Möglichkeit, einer Variablen einen initialen Wert `wert` zuzuweisen.

[»]

> **Unterschied zwischen TYPE und LIKE**
>
> Auf den Unterschied zwischen dem Zusatz `TYPE` und dem Zusatz `LIKE` gehe ich in Abschnitt 7.4.8 ein. In den folgenden Abschnitten sind alle Beispiele mit dem Zusatz `TYPE` definiert.

Syntax

```
DATA { {varname[(len)] TYPE abap_typ [DECIMALS stellen]}
  | {var TYPE abap_type [LENGTH laenge] [DECIMALS stellen]} }
  [VALUE wert|{IS INITIAL}].
```

Beispiele

Die folgenden Beispiele zeigen Felddeklarationen mit Verweis auf eingebaute Datentypen:

- Eine variable Zeichenkette:

```
DATA lv_text TYPE string.
```

- Es kann nur ein Text mit der maximalen Länge 20 gespeichert werden.

```
DATA lv_text(20)  TYPE c. "oder mit dem Zusatz LENGTH 20
```

- Eine normale ganzzahlige Zahl, mit dem Wert 3 vorbelegt:

```
DATA lv_zahl TYPE i VALUE 3.
```

- Eine (gepackte) Kommazahl, z. B. 3.41:

```
DATA lv_kommazahl TYPE p DECIMALS 2.
```

Verweis auf Datenelemente aus dem ABAP Dictionary

Das ABAP Dictionary ist der zentrale Ort im System, an dem vordefinierte Datentypen vorliegen und an dem die Schnittstelle zur Datenbank realisiert wird (siehe Kapitel 3). Möchten Sie sich auf ein Datenelement aus dem ABAP Dictionary beziehen, schreiben Sie den Namen des Datenelements `datentyp` nach dem Zusatz `TYPE`. Mit dem Zusatz `VALUE` können Sie die Variable mit einem Wert `wert` vorbelegen.

Syntax

```
DATA varname {TYPE datentyp} }
             [VALUE wert|{IS INITIAL}].
```

Beispiele

- Deklaration des Datenelements des Feldes `CARRID` der Tabelle `SFLIGHT`:

```
DATA lv_fluggesellschaft TYPE sflight-carrid.
```

- Direkte Angabe eines Datenelements:

```
DATA lv_fluggesellschaft TYPE s_carr_id.
```

Verweis auf eigene Datentypen

Neben den von SAP definierten elementaren Datentypen können Sie auch eigene Datentypen definieren. Diese benötigen keinerlei Speicherplatz und können nach ihrer Definition genau wie andere Datentypen benutzt werden. Wie Sie eigene Datentypen definieren, erkläre ich in Abschnitt 7.6, »Typdefinitionen«.

Die Syntax beim Verweis auf einen eigenen Datentyp ist exakt dieselbe, wie wenn Sie sich auf einen Datentyp aus dem ABAP Dictionary beziehen. Schreiben Sie nach dem

Zusatz TYPE den Namen des eigenen Datentyps. Die Deklaration einer Variablen mit Bezug auf einen eigenen Datentyp kann demnach wie folgt aussehen:

```
DATA lv_meine_variable TYPE ty_mein_eigener_typ.
```

Zuweisungen von Variablen

Mit Zuweisungen können Sie den Wert eines Quellfeldes in ein Zielfeld übertragen. Das Quellfeld kann dabei ein beliebiges Datenobjekt sein, während das Zielfeld eine Variable sein muss. Eine solche Zuweisung kann in ABAP mit dem Zuweisungsoperator »ist gleich« (=) oder in der älteren obsoleten Variante durch die Anweisung MOVE durchgeführt werden.

Syntax

```
{ ziel = quelle. }
| { MOVE quelle TO ziel. }
```

Beispiel

Listing 7.2 zeigt Zuweisungen von numerischen und zeichenartigen Datenobjekten.

```
DATA: lv_zahl TYPE i,
      lv_text TYPE string.
lv_zahl = 1.
lv_text = 'Text'.
```

Listing 7.2 Zuweisungen von Datenobjekten

Automatische Typkonvertierung

Bei einer Zuweisung können das Quell- und das Zielfeld verschiedene Datentypen besitzen. In diesem Fall erfolgt bei der Zuweisung eine automatische Typkonvertierung. Dies wird auch *Casting* genannt.

Beispiele

Nach der folgenden Zuweisung enthält das Feld LV_ZAHL den Wert 5.

```
lv_zahl TYPE i.
lv_txt  = '5'.
lv_zahl = lv_txt.
```

Nicht jede Konvertierung ist dabei möglich. Die folgende Anweisung führt zu einem Abbruch, da der Text »Keine Zahl« nicht als Zahl interpretiert werden kann:

```
lv_txt  = 'Keine Zahl'.
lv_zahl = lv_txt.
```

7.4.2 Konstanten

Konstanten sind im Vergleich zu Variablen während des Programmablaufs unveränderlich. Ihnen kann nur bei der Definition einmalig ein Wert zugewiesen werden. Mit einer Konstanten möchte der Programmierer verhindern, dass sich dieser Wert während des Programmablaufs ändert und sich das Programm anschließend falsch verhält.

Konstanten lassen sich in ABAP auf ähnliche Weise wie Variablen anlegen. Anstelle von `DATA` wird dabei aber die Anweisung `CONSTANTS` verwendet, wobei Sie immer über den Zusatz `VALUE` einen initialen Wert zuweisen müssen.

Bei der initialen Angabe von Fließkommazahlen müssen diese mit Hochkommata umschlossen werden, da die interne Darstellung des Dezimalzeichens ein Punkt ist, der sonst die Anweisung abschließen würde.

Wie auch bei Variablen haben Sie zur Definition von Konstanten folgende Möglichkeiten:

- Verweis auf eingebaute Datentypen
- Verweis auf Datenelemente aus dem ABAP Dictionary
- Verweis auf eigens definierte Typen

Syntax

```
CONSTANTS name VALUE wert.
```

Beispiele

```
CONSTANTS lc_pi      TYPE p DECIMALS 2 VALUE '3.14'.
CONSTANTS lc_sprache TYPE c LENGTH 4   VALUE 'ABAP'.
```

7.4.3 Konstanten mit Inline-Deklaration

Ab ABAP 7.57 gibt es neben der Anweisung `CONSTANTS` zusätzlich die Inline-Variante `FINAL`, mit der die Konstanten inline erzeugt werden können. Generelle Informationen zu den neuen Inline-Deklarationen können Sie in Abschnitt 7.5, »Inline-Deklarationen« finden. `FINAL` muss sich an einer Schreib-Position befinden und der Datentyp muss aus dem Kontext hergeleitet werden können.

Syntax

```
... FINAL(name) ...
```

Beispiele

```
"Definition einer unveränderlichen Variable vom Datentyp Char
"der Länge 4
```

```
FINAL(lc_sprache) = 'ABAP'.
"Definition einer unverändlichen internen Tabelle, hier mit @ da
"die Definition in einem OpenSQL-Statement geschieht
SELECT * FROM sflight INTO TABLE @FINAL(ltc_fluege).
"Definition einer unverändlichen Struktur in einer LOOP-Anweisung
LOOP AT ltc_fluege INTO FINAL(lsc_fluege).
  ...
ENDLOOP.
```

7.4.4 Strukturen

Eine Struktur, die auch *Feldleiste* genannt wird, ist ein Verbund von einzelnen Feldern. Die Komponenten von Strukturen können selbst Strukturen oder interne Tabellen (*tiefe Strukturen*) sein. Im älteren Sprachgebrauch werden Strukturen auch als *Arbeitsbereich* bzw. auf Englisch *Workarea* bezeichnet.

Eine Struktur wird ebenfalls mit dem Schlüsselwort DATA definiert. Anders als bei Variablen ist es nicht möglich, sich dabei auf die eingebauten Datentypen von ABAP zu beziehen.

Die einzelnen Felder können Sie anschließend zuweisen, indem Sie über einen Bindestrich (-) als *Feldselektor* auf die Struktur zugreifen und danach das gewünschte Feld angeben.

Folgende Möglichkeiten haben Sie zur Definition:

- Verweis auf Strukturen und Datenbanktabellen sowie Tabellentypen aus dem ABAP Dictionary (globale Typen)
- Verweis auf eigens definierte Strukturtypen (lokale Typen)

Syntax

```
DATA struktur {TYPE [LINE OF] type}.
```

Beispiele

Listing 7.3 zeigt eine Definition mit Verweis auf einen Tabellentyp aus dem ABAP Dictionary.

```
DATA ls_sflight TYPE sflight. "Bezug auf eine Tabelle
DATA ls_sflight TYPE LINE OF flighttab. "Bezug auf Tabellentyp
ls_sflight-carrid = 'AA'.
ls_sflight-connid = 17.
```

Listing 7.3 Definition von Strukturen mit dem ABAP Dictionary

Sollten Sie bereits eine eigene Struktur als lokalen Typ definiert haben, können Sie diese einfach nach dem Schlüsselwort TYPE angeben. Listing 7.4 zeigt die Angabe der Struktur TY_ADRESSE als lokalen Typ.

```
TYPES: BEGIN OF ty_adresse,
         strasse TYPE string,
         stadt   TYPE string,
         plz(10) TYPE c,
       END OF ty_adresse.
DATA ls_adresse TYPE ty_adresse.
ls_adresse-strasse = 'Straße A'.
ls_adresse-stadt   = 'Stadt B'.
ls_adresse-plz     = '012345'.
```

Listing 7.4 Definition und Zugriff auf eine Struktur

Wie Sie eine eigene Struktur definieren, können Sie in Abschnitt 7.6.2, »Strukturen«, nachlesen.

7.4.5 Zuweisung mit MOVE-CORRESPONDING

Mit der Anweisung MOVE-CORRESPONDING weisen Sie den Inhalt der Komponenten (Felder) einer Struktur STRUKTUR1 automatisch gleichnamigen Zielfeldern einer Struktur STRUKTUR2 zu. Felder, deren Namen nicht zugeordnet werden können, werden nicht berücksichtigt und müssen durch manuelle Zuweisung übernommen werden (ls_struktur1-feldx = ls_strukur2-feldy).

Syntax

```
MOVE-CORRESPONDING struktur1 TO struktur2.
```

Beispiel

Nach der Zuweisung in Listing 7.5 stehen in der Struktur LS_SFLIGHT2 exakt dieselben Werte in den Feldern CARRID und CONNID.

```
DATA: ls_sflight  TYPE sflight,
      ls_sflight2 TYPE sflight.
ls_sflight-carrid = 'AA'.
ls_sflight-connid = 17.
MOVE-CORRESPONDING ls_sflight TO ls_sflight2.
```

Listing 7.5 Zuweisung mit MOVE-CORRESPONDING

[»]

Deklaration von internen Tabellen

Aufgrund der hohen Bedeutung interner Tabellen sind diese Datenobjekte separat in Kapitel 8 erläutert. Dort beschreibe ich ausführlich, wie Sie interne Tabellen definieren und mit ihnen arbeiten können.

[»]

MOVE-CORRESPONDING für interne Tabellen

Ab ABAP 7.40 SP05 funktioniert die Anweisung `MOVE-CORRESPONDING` auch für interne Tabellen (siehe auch Abschnitt 8.8.1, »Strukturgleiche interne Tabellen kopieren«). Darüber hinaus wurde mit ABAP 7.40 SP02 ein fast gleichnamiger Konstruktorausdruck `CORRESPONDING` eingeführt. Diese Variante ermöglicht zusätzlich die Angabe eines Mappings für strukturungleiche Strukturen (also namensungleiche Spalten). Diese Anweisung ist in Abschnitt 7.13.8, »CORRESPONDING: Mapping von Strukturen und internen Tabellen«, beschrieben.

7.4.6 Aufzählungstypen

Ab ABAP 7.51 wurden Aufzählungstypen eingeführt. Diese definieren eine bestimmte Wertemenge in Form von Aufzählungskonstanten und können nur einen der darin enthaltenen Werte annehmen. Dies entspricht dem Konzept der Festwerte von Domänen (siehe Abschnitt 3.2.2, »Übersetzung«), nur dass Sie mit einem Aufzählungstyp direkt mit ABAP auf die einzelnen definierten Werte zugreifen und damit arbeiten können.

Die Aufzählungskonstanten werden innerhalb des Aufzählungstyps über die Anweisung `TYPES` definiert. Dabei werden sie von den Anweisungen `TYPES BEGIN OF ENUM` und `TYPES END OF ENUM` umschlossen (`ENUM` steht für *Enumerated Type*, also Aufzählungstyp). Für jede so angegebene Aufzählungskonstante wird jeweils ein Datenobjekt deklariert. Der Wert muss über eine Aufzählungskonstante definiert werden. Den Wert der Aufzählungskonstanten können Sie über den Zusatz `VALUE` zuweisen.

Die Werte können in beliebiger Reihenfolge zugewiesen werden, müssen aber innerhalb des Aufzählungstyps eindeutig sein und dem durch `BASE TYPE` angegebenen Datentyp (flach und elementar, kein String) entsprechen. Wird der Zusatz `BASE TYPE` nicht angegeben, wird als Basistyp `i` angenommen. Der Basistyp beschreibt, wie die einzelnen Aufzählungswerte intern abgelegt werden.

Ist der Basistyp numerisch (also z. B. `i`), können Sie auch den Zusatz `VALUE` komplett weglassen. Dadurch wird jeder Aufzählungskonstanten automatisch ein ganzzahliger Wert, startend bei null (0, 1, 2, 3, ...), zugewiesen. Den Zusatz `IS INITIAL` müssen Sie angeben, wenn Sie den Zusatz `VALUE` zur manuellen Zuweisung und einen zeichenartigen Datentyp als Basistyp verwenden, ansonsten (bei numerischen Datentypen als Basistyp) müssen Sie bei jeder Aufzählungskonstanten den Zusatz VALUE angeben.

Verwendung von Kettensätzen

Wenn nach der ersten TYPES-Anweisung (vor BEGIN OF ENUM) kein Doppelpunkt steht, muss vor jeder Angabe einer Aufzählungskonstanten erneut ein TYPES stehen.

Syntax

```
TYPES: BEGIN OF ENUM enum_typ
  [STRUCTURE struktur]
  [BASE TYPE datentyp]
  wert1 [VALUE IS INITIAL],
  wert2 [VALUE wert2],
  wert3 [VALUE wert3],
 ...
TYPES END OF ENUM enum_typ [STRUCTURE struktur].
```

Beispiel

In Listing 7.6 werden die Wochentage als Aufzählungstyp definiert. Der technische Datentyp ist nicht explizit über BASE TYPE definiert, also ist i der technische Typ. Da durch VALUE keine expliziten Werte zugeordnet werden, wird Montag der Wert 0, Dienstag der Wert 1 usw. und Sonntag der Wert 6 zugeordnet. Die Aufzählungsvariable LE_WOCHENTAG wird mithilfe des Aufzählungstyps deklariert und erhält den Wert für Montag (0).

```
*Definition des Aufzählungstyps
TYPES: BEGIN OF ENUM wochentage,
         Montag,
         Dienstag,
         Mittwoch,
         Donnerstag,
         Freitag,
         Samstag,
         Sonntag,
       END OF ENUM wochentage.
*Deklaration der Aufzählungsvariablen
DATA: le_wochentag TYPE wochentage.
le_wochentag = Montag. "Aufzählungswert zuweisen
*Verwendung in einer CASE-Anweisung
CASE le_wochentag.
  WHEN Montag.
```

```
    ...
  WHEN Dienstag.
    ...
ENDCASE.
*Oder:
IF le_wochentag = Montag. "Kein direkter Zugriff möglich
  WRITE: 'Es ist Montag'.
ENDIF.
*Oder:
IF Montag = 0. "Vergleich nur mit dem gleichen Datentyp möglich
  WRITE: 'Es ist Montag'.
ENDIF.
```

Listing 7.6 Definition und Verwendung eines Aufzählungstyps

Der Zusatz STRUCTURE

Über den optionalen Zusatz STRUCTURE können Sie die einzelnen Aufzählungskonstanten zu einer *Aufzählungsstruktur* zusammenfassen. Dadurch sind die Aufzählungswerte des Aufzählungstyps über die Struktur in Form von STRUKTUR-WERT1 ansprechbar.

Beispiel

Listing 7.7 zeigt die Umsetzung des Beispiels aus Listing 7.6 unter Verwendung einer Struktur WT. Jeder Wochentag erhält einen Aufzählungswert von 0 bis 6.

```
TYPES: BEGIN OF ENUM wochentage STRUCTURE wt,
         Montag,
         Dienstag,
         Mittwoch,
         Donnerstag,
         Freitag,
         Samstag,
         Sonntag,
       END OF ENUM wochentage STRUCTURE wt.
DATA: le_wochentage TYPE wochentage.
le_wochentage = wt-Montag.
```

Listing 7.7 Definition eines Aufzählungstyps mit einer Struktur

7.4.7 Feldsymbole

Mithilfe von Feldsymbolen ist es möglich, Felder indirekt zu adressieren. Die Funktionalität von Feldsymbolen entspricht also der Funktionalität von Zeigern (*Pointer*) in anderen Programmiersprachen. Der Zeiger zeigt nur auf den dahinterliegenden Speicherbereich.

Die Definition eines Feldsymbols erfolgt mit der Anweisung `FIELD-SYMBOLS`, gefolgt von einem Namen. Der Name muss in spitzen Klammern (< >) angegeben werden.

Wann immer möglich, sollten Sie ein Feldsymbol typisieren, d. h. ihm einen Datentyp zuordnen. Es ist aber auch möglich, einen generischen Typ anzugeben, falls zur Designzeit noch nicht klar ist, auf welchen Typ verwiesen werden soll. Folgende Möglichkeiten haben Sie zur Definition:

- Verweis auf eingebaute Datentypen
- Verweis auf das ABAP Dictionary
- Verweis auf eigens definierte Typen jeglicher Art
- Verweis auf generische Typen

Syntax

```
FIELD-SYMBOLS <feldsymbolname> TYPE type.
```

Beispiele

- Verweis auf Tabellen aus dem ABAP Dictionary:

  ```
  FIELD-SYMBOLS <fs_flug> TYPE sflight.
  ```

- Verweis auf eingebaute Datentypen:

  ```
  FIELD-SYMBOLS <fs_zahl> TYPE i.
  ```

- Verweis auf eigens definierte Typen jeglicher Art:

  ```
  FIELD-SYMBOLS <fs_adressse> TYPE ty_adresse.
  ```

Verweis auf generische Typen

Diese Vorgehensweise stelle ich Ihnen in Abschnitt 24.5, »Dynamische Erzeugung von Datenobjekten«, vor.

Zuweisung eines Feldsymbols

Die initiale Zuweisung eines Feldsymbols zu einem Datenobjekt erfolgt mit der Anweisung `ASSIGN`. Nach der Zuweisung können Sie die jeweilige Variable über den Namen des Feldsymbols ansprechen.

Syntax

```
ASSIGN Datenobjekt TO <fs_Feldsymbolname> [ELSE UNASSIGN].
```

Beispiel

Der in Listing 7.8 gezeigte Mechanismus soll während der Laufzeit die Performance verbessern. So müssen Daten nicht im Arbeitsspeicher kopiert und vorgehalten werden. Wird z. B. eine entfernte Prozedur aufgerufen, kann durch diesen Mechanismus ein Zeiger mitgegeben werden (und die mitgegebenen Daten müssen nicht extra kopiert werden). Die Prozedur kann die Daten über den Zeiger lesen und damit weiterarbeiten. Diese Funktion macht man sich vor allem in der dynamischen Programmierung zunutze, nämlich dann, wenn erst zur Laufzeit bekannt ist, auf welche Variable zugegriffen werden soll.

```
DATA: lv_zahl1 TYPE i VALUE 3,
      lv_zahl2 TYPE i VALUE 5.
FIELD-SYMBOLS <fs_zahl> TYPE i.
*Dynamische Bestimmung, ob auf LV_ZAHL1 oder LV_ZAHL2
*zugegriffen werden soll
ASSIGN ('LV_ZAHL1') TO <fs_zahl>.
*Wenn Sie jetzt <fs_zahl> ändern, ändert sich auch LV_ZAHL1 mit!
<fs_zahl> = 2. "lv_zahl1 ist jetzt ebenfalls 2
```

Listing 7.8 Zuweisung eines Feldsymbols

[»]

Plastisches Beispiel

Das Beispiel in Listing 7.8 soll lediglich den Mechanismus von Feldsymbolen verdeutlichen, insbesondere, dass sich bei Änderung des Feldsymbols die zugewiesene Variable mit ändert. Der häufigste Anwendungsfall der Feldsymbole ist die Änderung interner Tabellen, die im folgenden Kapitel 8, »Mit internen Tabellen arbeiten«, behandelt werden. Eine besondere Bedeutung haben Feldsymbole auch bei der dynamischen Programmierung, auf die ich in Kapitel 24, »Fortgeschrittene Programmiertechniken«, näher eingehe.

7.4.8 Unterschied zwischen TYPE und LIKE

Zur Definition von Datenobjekten können prinzipiell zwei Zusätze nach der Anweisung `DATA` verwendet werden: `TYPE` und `LIKE`. `TYPE` wird verwendet, um sich auf eigenständige Datentypen zu beziehen. Eigenständige Datentypen dienen als Vorlage für Datenobjekte. Sie verbrauchen keinen Speicherplatz, sondern beschreiben nur, wie ein Datenobjekt definiert ist. Diese Datentypen können lokal und global definiert werden:

- *Globale Datentypen* sind hauptsächlich im ABAP Dictionary angelegt und definiert. Weitere Quellen könnten Klassen, Interfaces, aber auch Typgruppen sein. Das ABAP Dictionary ist ausführlich in Kapitel 3 beschrieben.

- *Lokale Datentypen* sind mit dem Befehl TYPES deklarierte Typen. Wie Sie programmlokale Datentypen anlegen können, ist in Abschnitt 7.6 »Typdefinitionen«, beschrieben.

LIKE bezieht sich dagegen auf gebundene Datentypen, also Variablen (Strukturen, interne Tabellen oder Feldsymbole), die bereits in einem Kontext definiert worden sind (also alle Variablen, die Sie mit DATA angelegt haben oder über eine Schnittstelle erhalten). Eine Ausnahme dieser Regel bilden Strukturen aus dem ABAP Dictionary.

Beispiele

- Bezug auf einen globalen Datentyp:

```
DATA lv_flugnummer TYPE s_conn_id.
```

- Bezug auf eine bereits existierende Variable:

```
DATA lv_flugnummer2 LIKE lv_flugnummer.
```

7.5 Inline-Deklarationen

Ab Release 7.40 SP02 unterstützt ABAP sogenannte *Inline-Deklarationen* durch die beiden Anweisungen DATA und FIELD-SYMBOLS. Damit müssen Sie eine Variable vor der Benutzung nicht mehr explizit mit DATA deklarieren, sondern können diese Datenobjekte direkt im Rahmen eines anderen Befehls (*inline*) deklarieren. Sie können damit also Variablen und Feldsymbole in dem gleichen Schritt erzeugen, in dem Sie diese auch befüllen.

Die Inline-Deklarationen können an jeder Stelle eingesetzt werden, an der eine Rückgabe stattfindet und an der diese Rückgabe eindeutig ist. Dies ist notwendig, damit der entsprechende Datentyp bestimmt werden kann, denn dieser wird ja nicht mehr explizit durch den Zusatz TYPE angegeben.

Eine explizite Typangabe, wie es die DATA-Anweisung normalerweise vorgibt, ist hier nicht mehr vonnöten. Der Typ wird automatisch zur Laufzeit bestimmt.

[!]

Weiterverwendung der deklarierten Datenobjekte

Solche inline deklarierten Datenobjekte sollten Sie mit Vorsicht weiterbenutzen. Prinzipiell empfiehlt SAP die Weiterverwendung nicht, da dadurch der Überblick verloren geht. Datenobjekte, die von mehreren Anweisungen verwendet werden, sollten weiterhin vorwiegend im Deklarationsteil des Programms definiert werden.

Syntax

```
... DATA(dobj_name) ...
```

Beispiele

- Die hier aufgeführten Anweisungen werden in Abschnitt 7.13, »Konstruktorausdrücke«, ausführlich erläutert und dienen hier nur der Demonstration der Anwendung DATA bei normalen Zuweisungen und Berechnungen:

```
DATA(lv_text) = '...'.
DATA(lv_ergebnis) = lv_zahl1 + lv_zahl2.
ASSIGN lv_text TO FIELD-SYMBOL(<fs_text>).
```

- Mit der Anweisung LOOP:

```
LOOP AT lt_itab INTO DATA(ls_itab).
ENDLOOP.
"Oder mit einem Feldsymbol
LOOP AT lt_itab ASSIGNING FIELD-SYMBOL(<fs_itab>).
ENDLOOP.
```

- Mit Verarbeitungsbefehlen für interne Tabellen:

```
READ TABLE lt_itab INDEX sy-index INTO DATA(ls_itab).
  DESCRIBE lt_itab LINES DATA(lv_anzahl).
"Oder mit einem Feldsymbol
READ TABLE lt_itab ASSIGNING FIELD-SYMBOL(<fs_itab>) INDEX 1.
```

- Bei Selektionen von der Datenbank:

```
SELECT SINGLE matnr AS material
  FROM mara
  WHERE matkl = 'LH'
INTO @DATA(ls_result).
```

- Bei Aufrufen von Methoden mit IMPORTING und RECEIVING:

```
DATA(lv_ok) = lo_ref->methode(
 IMPORTING
   p1 = DATA(lv_a1)
   p2 = DATA(lv_a2) ).
```

- Bei Anweisungen mit einer Ergebnismenge, z. B. TRANSFORMATION:

```
CALL TRANSFORMATION ... RESULT XML DATA(lv_xml).
```

- Bei Abfangen von Ausnahmen:

```
TRY.
   CATCH cx_sy_division_by_zero
   INTO DATA(lx_div_by_zero).
ENDTRY.
```

7.6 Typdefinitionen

Neben den von SAP definierten elementaren eingebauten Datentypen und den Datentypen aus dem ABAP Dictionary können Sie auch eigene programmlokale Datentypen definieren, von Feldern über Strukturen und interne Tabellen bis hin zu Tabellentypen.

Diese Definitionen können Sie anschließend in Ihrem Programm zur Deklaration von Datenobjekten nutzen. Wollen Sie Ihre Definitionen auch außerhalb Ihres Programms (global) anderen Programmierern zur Verfügung stellen, müssen Sie diese im ABAP Dictionary anlegen. Dieses Vorgehen ist in Kapitel 3 beschrieben.

7.6.1 Felder

Eigene Felder definieren Sie mit der Anweisung `TYPES`. Die Syntax ist analog zur `DATA`-Anweisung, nur dass Sie anstelle von `DATA` das Schlüsselwort `TYPES` schreiben. Hierbei haben Sie folgende Möglichkeiten:

- Verweis auf eingebaute Datentypen
- Verweis auf Datenelemente aus dem ABAP Dictionary

Geben Sie dazu jeweils den eingebauten Typ oder das Datenelement nach dem Zusatz `TYPE` mit `abap_typ` an. Je nach eingebautem Datentyp haben Sie außerdem die Möglichkeit, die Länge (bei `c`, `p`) mit `LENGTH` und `laenge` sowie die Nachkommastellen (nur bei `p`) mit `DECIMALS` und `stellen` anzugeben. Alle Datenobjekte, die Sie auf Basis dieses Typs deklarieren, werden dann genau die Länge und genau die angegebenen Nachkommastellen haben. Bei ABAP-Dictionary-Elementen können Sie keine Länge und keine Nachkommastellen angeben, da diese direkt im ABAP Dictionary definiert werden.

Syntax

- Eingebaute Datentypen:

  ```
  TYPES dtype TYPE abap_typ [LENGTH laenge] [DECIMALS stellen].
  ```

- Datenelement aus dem ABAP Dictionary:

  ```
  TYPES dtype TYPE [LINE OF] type.
  ```

Beispiel

Listing 7.9 zeigt die Definition von Datenobjekten zunächst mit einem eigenen lokalen Typ und anschließend mit einem ABAP-Dictionary-Element.

```
*Verwendung von selbst definierten (lokalen) Typen
 TYPES: ty_zahl      TYPE i,
        ty_name      TYPE c LENGTH 30,
        ty_ergebnis TYPE p LENGTH 4 DECIMALS 2.
```

```
  DATA: lv_divident TYPE ty_zahl,
        lv_divisior TYPE ty_zahl,
        lv_ergebnis TYPE ty_ergebnis,
        lv_name     TYPE ty_name.
*Definition auf Basis von ABAP-Dictionary-Elementen
 TYPES ty_carrid TYPE carrid.
 DATA  lv_carrid TYPE ty_carrid.
```

Listing 7.9 Definition von Datenobjekten mit eigenen Datentypen

7.6.2 Strukturen

Neben eigenen Variablen können Sie auch eigene Strukturen definieren. Diese können sich aus einer beliebigen Anzahl von Feldern zusammensetzen. Sie können sich dabei wie bei Variablen auf eingebaute Typen oder auf Datenelemente aus dem ABAP Dictionary beziehen.

Syntax

```
TYPES BEGIN OF struktur_typ.
  ...
  feld1 TYPE dtype ...,
  feld2 TYPE dtype ...,
  ...
TYPES END OF struc_type.
```

Beispiel

Listing 7.10 zeigt die Definition einer eigenen Struktur.

```
TYPES: BEGIN OF ty_adresse,
         strasse TYPE string,
         stadt   TYPE string,
         plz(10) TYPE c,
       END OF ty_adresse.
DATA ls_adresse TYPE ty_adresse.
ls_adresse-strasse = 'Straße A'.
ls_adresse-stadt   = 'Stadt B'.
ls_adresse-plz     = '012345'.
```

Listing 7.10 Definition eigener Typstrukturen

Der Zusatz INCLUDE STRUCTURE

Durch den Zusatz INCLUDE STRUCTURE in Kombination mit der Anweisung TYPES kann eine ABAP-Dictionary-Tabelle oder eine ABAP-Dictionary-Struktur zur Definition einer Struktur oder internen Tabelle übernommen werden. Dabei werden die Feldnamen, Feldtexte und z. B. auch Konvertierungsroutinen übernommen. Sie können also Strukturen im ABAP Dictionary inklusive Datenelementen mit den zugehörigen Texten anlegen und im Programm dann einfach wiederverwenden. Gegebenenfalls können Sie weitere benötigte Felder hinzufügen.

Unterbrechung der TYPES-Anweisung

Beachten Sie, dass nach dem Zusatz INCLUDE STRUCTURE die TYPES-Anweisung unterbrochen ist. Wollen Sie nach der eingebundenen Struktur weitere Felder hinzufügen, muss die Anweisung mit TYPES erneut geöffnet werden.

Syntax

```
TYPES BEGIN OF struc_type.
  ...
  INCLUDE STRUCTURE ... .
  ...
TYPES END OF struc_type.
```

Beispiel

Listing 7.11 zeigt eine Erweiterung der Struktur SFLIGHT um ein weiteres Feld LT_COLORS.

```
TYPES: BEGIN OF ty_sflight.
  INCLUDE STRUCTURE sflight.
  TYPES: lt_colors TYPE lvc_t_scol,
END OF ty_sflight.
```

Listing 7.11 Inkludieren von Strukturen mit INCLUDE STRUCTURE

Definition von Strukturen mit DATA

In älteren ABAP-Programmen findet man häufig die in Listing 7.12 angegebene Schreibweise mit DATA.

```
DATA: BEGIN OF ls_adresse,
          strasse TYPE string,
          stadt   TYPE string,
          plz(10) TYPE c,
        END OF ls_adresse.
```

Listing 7.12 Definition eigener Strukturen mit DATA

Hier wird ebenfalls eine Struktur definiert, allerdings als Variable und nicht als lokaler Datentyp, d. h., Sie können die Struktur hier direkt weiterverwenden und müssen diese nicht erst mit DATA deklarieren.

Zur besseren Strukturierung und effektiven Programmierung empfiehlt es sich, die TYPES-Anweisung anstelle der DATA-Anweisung zu verwenden. Dies hat unter anderem den Vorteil, dass die Strukturdefinition mehrfach verwendet werden kann und sich die Lesbarkeit Ihres Programms erhöht.

7.7 Initialisierung

In diesem Abschnitt stelle ich Ihnen die Anweisungen CLEAR und FREE vor, die Variablen wieder auf ihren initialen Ausgangszustand zurücksetzen bzw. den dafür allokierten Speicherplatz freigeben können.

7.7.1 Felder initialisieren

Um ein Datenfeld typgerecht zu leeren, verwenden Sie die Anweisung CLEAR. Numerische Felder werden dabei mit dem Wert null gefüllt, Zeichenketten mit Leerzeichen, Datums- und Zeitfelder mit Nullen, Hexadezimalfelder mit binären Nullen. Die einzelnen initialen Werte für eingebaute Typen können Sie in Anhang C, »Eingebaute Datentypen«, nachschlagen.

Geben Sie nach der Anweisung CLEAR den Namen eines Datenobjekts dobj an.

Syntax

```
CLEAR dobj.
```

Beispiel

Die folgenden Anweisungen initialisieren eine Struktur bzw. eine Variable:

```
CLEAR ls_mara. "Struktur initialisieren
CLEAR lv_name. "Variable initialisieren
```

7.7.2 Speicherbereich freigeben

Die Anweisung CLEAR setzt zwar den Inhalt eines Datenfeldes zurück, der dahinterliegende reservierte Speicherbereich bleibt allerdings für eine spätere Verwendung reserviert. Wenn Sie sich sicher sind, dass die Variable im laufenden Programm nicht wiederverwendet wird, dann können Sie mit dem Befehl FREE den Speicherbereich für das Datenfeld freigeben:

```
FREE dobj.
```

Anders ausgedrückt, zerstört die Anweisung FREE das Datenfeld und gibt damit den reservierten Speicherbereich frei. Wird das Datenfeld erneut zugewiesen, muss der Speicher neu reserviert werden.

7.8 Steueranweisungen

Folgende Anweisungen stellt ABAP Ihnen zur Verfügung, um Verzweigungen und Schleifen in Ihren Programmen zu realisieren:

- bedingte Anweisungen mit `IF` (siehe Abschnitt 7.8.1)
- verwendbare logische Ausdrücke (siehe Abschnitt 7.8.2)
- bedingte Verzweigungen mit `CASE` (siehe Abschnitt 7.8.3)
- bedingte Verzweigungen mit `CASE TYPE OF` (siehe Abschnitt 7.8.4)
- nicht bedingte Schleifenverarbeitung mit `DO` (siehe Abschnitt 7.8.5)
- bedingte Schleifenverarbeitung mit `WHILE` (siehe Abschnitt 7.8.6)
- bedingte Durchführung von Schleifen mit `CHECK` (siehe Abschnitt 7.8.7)
- Verlassen der aktuellen Anweisungsblocks mit `EXIT` (siehe Abschnitt 7.8.8)
- Überspringen von Durchläufen mit `CONTINUE` (siehe Abschnitt 7.8.9)

Der Anweisungsteil innerhalb der Abfragen und Schleifen kann Schleifen, Abfragen, Module, Methoden und Unterprogramme beinhalten. Sie können also alle Anweisungen beliebig ineinander verschachteln, müssen jedoch darauf achten, dass die verwendeten Bedingungen und Schleifen innerhalb eines Ereignisses immer abgeschlossen werden.

7.8.1 Die IF-Abfrage

Mit der `IF`-Abfrage können Sie den Programmablauf abhängig von einer Bedingung verzweigen. In der einfachsten Form der Abfrage einer Bedingung führt das System alle Anweisungen `anweisungen1` zwischen den Schlüsselwörtern `IF` und `ENDIF` durch, sobald die Bedingung `bedingung1` der `IF`-Anweisung erfüllt ist. Dabei kann der Anweisungsteil wiederum neue Abfragen oder Schleifen enthalten.

Verwenden Sie `ELSE` in der `IF`-Anweisung, führt das System die Anweisungen `anweisungen2` nach `ELSE` aus, wenn die Bedingung `bedingung1` der `IF`-Anweisung nicht erfüllt ist.

Verwenden Sie `ELSEIF` in der `IF`-Anweisung, wird eine neue Bedingung `bedingung2` abgefragt, wenn die Bedingung `bedingung1` der ersten `IF`-Anweisung nicht erfüllt ist.

Syntax

```
IF bedingung1.
  [anweisungen1]
[ELSEIF bedingung2.
  [anweisungen2]]
...
```

```
[ELSE.
  [anweisungen3]]
ENDIF.
```

Beispiele

Einfache Bedingung:

```
IF sy-subrc <> 0.
  "Fehler
ENDIF.
```

Bedingung mit Alternative:

```
IF sy-subrc <> 0.
  "Fehler
ELSE.
  "Erfolg
ENDIF.
```

Komplexe Bedingung mit Alternative:

```
IF sy-subrc <> 0.
  "Fehler
ELSEIF sy-dbcnt = 1.
  "Ein Satz
ELSE.
  "Erfolg
ENDIF.
```

7.8.2 Logische Ausdrücke

Logische Ausdrücke werden in Vergleichen z. B. zur Fallunterscheidung gebraucht. ABAP stellt die in Tabelle 7.1 gezeigten logischen Ausdrücke zur Verfügung. Aus historischen Gründen gibt es für einen logischen Ausdruck jeweils zwei Schreibweisen.

Bedeutung	Mögliche Schreibweisen
gleich	`A = B.` `A EQ B.`
größer als	`A > B.` `A GT B.`
kleiner als	`A < B.` `A LT B.`

Tabelle 7.1 Logische Ausdrücke

Bedeutung	Mögliche Schreibweisen

ungleich	`A <> B.`
	`A >< B.`
	`A NE B.`

größer gleich	`A >= B.` `A GE B.`
kleiner gleich	`A <= B.` `A LE B.`
zwischen	`A BETWEEN B AND C` `BT` (für Ranges-Tabellen)
initiale Belegung	`A IS INITIAL`

Tabelle 7.1 Logische Ausdrücke (Forts.)

Bedingungen können mit Klammern gruppiert werden und über die Anweisungen `NOT` (nicht), `OR` (oder) und `AND` (und) verknüpft werden. Die Auswertung komplexer Bedingungen erfolgt immer von links nach rechts. Sobald das Ergebnis gefunden wurde, wird mit der weiteren Verarbeitung der nächsten Anweisung fortgesetzt.

7.8.3 Die CASE-Anweisung

Die `CASE`-Anweisung nutzen Sie, um verschiedene Anweisungsblöcke abhängig vom Inhalt eines bestimmten Datenfeldes zu verarbeiten. Das System vergleicht den Wert der `CASE`-Anweisung `operand` mit dem Wert der `WHEN`-Anweisungen `operand1`, `operand2` ... `operandn`. Bei Übereinstimmung einer der Werte führt das System den zugehörigen Anweisungsteil der `WHEN`-Anweisung durch und nimmt die Verarbeitung nach `ENDCASE` wieder auf. Ist keine Übereinstimmung vorhanden, wird die optionale Anweisung `WHEN OTHERS` durchlaufen.

Die Anweisung `CASE` hat gegenüber der `IF`-Anweisung einen Performancevorteil, kann aber immer nur den Wert *eines* Feldes abfragen.

Syntax

```
CASE operand.
  [WHEN operand1 [OR operand2 [OR operandn [...]]].
    [anweisungen1]]
  ...
  [WHEN OTHERS.
    [anweisungen0]]
ENDCASE.
```

Beispiel

Listing 7.13 zeigt die Definition einer CASE-Anwendung.

```
CASE sy-subrc.
  WHEN 0.
   "Satz gefunden
  WHEN 4.
   "Satz nicht gefunden
  WHEN OTHERS.
   "Unbekannter Fehler
ENDCASE.
```

Listing 7.13 Definition einer CASE-Anweisung

7.8.4 Die Anweisung CASE TYPE OF

Die Anweisung CASE TYPE OF wurde mit ABAP 7.50 eingeführt und erlaubt die spezielle Fallunterscheidung für Objektreferenzvariablen. Diese Anweisung ist also für ABAP Objects gedacht (siehe Kapitel 11, »Die ABAP-Objects-Syntax«). Sollten Sie neu in ABAP einsteigen, empfehle ich Ihnen, diesen Abschnitt zu überspringen.

Die CASE-Anweisung überprüft für die hinter CASE TYPE OF angegebene Objektreferenzvariable den dynamischen bzw. statischen Typ. Es wird der erste Block aufgeführt, für den die hinter WHEN TYPE angegebene Klasse bzw. das Interface allgemeiner oder gleich der angegebenen Objektreferenzvariablen ist. Wenn dies für keinen Block zutrifft, wird der Anweisungsblock hinter WHEN OTHERS ausgeführt.

Über den Zusatz INTO nach WHEN TYPE kann die angegebene Objektreferenz in eine neue Objektreferenzvariable übernommen werden.

Syntax

```
CASE TYPE OF objektreferenz
  [WHEN TYPE klasse|interface [INTO ziel1].
    [...]]
  [WHEN TYPE klasse|interface [INTO ziel2].
    [...]]
  ...
  [WHEN OTHERS.
    [...n]]
ENDCASE.
```

Beispiel

Listing 7.14 zeigt die Anwendung der Anweisung CASE TYPE OF.

```
DATA lr_ref TYPE any.
*Bestimmung des Typs
DATA(lr_typ) = cl_abap_typedescr=>describe_by_data( lr_ref ).
 CASE TYPE OF lr_typ.
   WHEN TYPE cl_abap_elemdescr   INTO DATA(lr_element).
     "Es ist ein Elementartyp
   WHEN TYPE cl_abap_structdescr INTO DATA(lr_struktur).
     "Es ist eine Struktur
   WHEN TYPE cl_abap_tabledescr  INTO DATA(lr_tabelle).
     "Es ist eine interne Tabelle
   WHEN OTHERS.
     "ein anderer Typ
  ENDCASE.
```

Listing 7.14 Anwendung von CASE TYPE OF

7.8.5 Die DO-Schleife

Um eine Verarbeitung mehrfach auszuführen, können Sie eine Schleife mit der DO-Anweisung verwenden. Wollen Sie die Anzahl der Schleifendurchläufe auf eine bestimmte Anzahl anzahl beschränken, können Sie die Option TIMES verwenden. Bei der Angabe 0 TIMES oder <0 wird die Schleife nicht verarbeitet. Ohne den Zusatz TIMES befindet sich Ihre Verarbeitung in einer Endlosschleife. Hier müssen Sie dafür sorgen, dass die Verarbeitung nach Eintreten einer bestimmten Bedingung z. B. mit der EXIT-Anweisung verlassen wird (siehe Abschnitt 7.8.8, »Die EXIT-Anweisung«). Falls Sie doch einmal in einer Endlosschleife gelandet sind, können Sie das Programm über **Transaktion abbrechen** im Menü abbrechen.

Das Systemfeld sy-index enthält den aktuellen Schleifendurchlauf.

Syntax

```
DO [anzahl TIMES].
  [anweisungen]
ENDDO.
```

Beispiel

In Listing 7.15 wird die DO-Schleife siebenmal durchlaufen. Die Ausgabe lautet: 1 2 3 4 5 6 7 ENDE.

```
DO 7 TIMES.
  WRITE: / sy-index.
  IF sy-index = 7.
    WRITE 'ENDE'.
```

```
  ENDIF.
ENDDO.
```

Listing 7.15 Definition einer DO-Schleife

7.8.6 Die WHILE-Schleife

Mit der `WHILE`-Anweisung, einer sogenannten *Kopfschleife* (da die Bedingung am Kopf stattfindet), durchlaufen Sie eine Schleife abhängig von einer Bedingung. Die Verarbeitung innerhalb des `WHILE-ENDWHILE`-Blocks wird so lange durchlaufen, bis die Bedingung nicht (mehr) erfüllt oder eine Abbruchanweisung innerhalb der Schleife erreicht wird.

Das Systemfeld `sy-index` enthält den aktuellen Schleifendurchlauf.

Syntax

```
WHILE bedingung.
  [anweisungen]
ENDWHILE.
```

Beispiel

Die Schleife in Listing 7.16 wird verlassen, wenn der siebte Durchlauf erreicht ist. Die Ausgabe wäre: `1 2 3 4 5 6 7 ENDE`.

```
WHILE sy-index <= 7.
  WRITE: / sy-index.
  IF sy-index = 7.
    WRITE: 'ENDE'.
  ENDIF.
ENDWHILE.
```

Listing 7.16 Definition einer WHILE-Schleife

7.8.7 Die CHECK-Anweisung

Mit der Anweisung `CHECK` können Sie die Bearbeitung des Anweisungsteils in einer Schleife durch Abfrage einer Bedingung verhindern. Ist die Bedingung der `CHECK`-Anweisung nicht erfüllt, überspringt das System die übrigen Anweisungen innerhalb des aktuellen Durchlaufs und fährt mit der Verarbeitung des nächsten Schleifendurchlaufs fort.

Syntax

```
CHECK bedingung.
```

Beispiel

Die Ausgabe der CHECK-Anweisung aus Listing 7.17 wäre: 3 4 5 6 7 ENDE.

```
DO 7 TIMES.
  CHECK sy-index > 2.
  WRITE: sy-index.
ENDDO.
WRITE: 'ENDE'.
```

Listing 7.17 Anwendung von CHECK

7.8.8 Die EXIT-Anweisung

Die EXIT-Anweisung können Sie einsetzen, um die Verarbeitung des aktuellen Rahmens (z. B. einer Schleife, eines Funktionsbausteins oder gar eines Reports) vollständig und ohne Bedingung abzubrechen. Nach der EXIT-Anweisung bricht das System die Verarbeitung des aktuellen Ereignisses ab und setzt den Programmablauf danach fort.

Schreiben Sie z. B. einen EXIT-Befehl in Ihren Report außerhalb einer Schleife, bricht ABAP die Verarbeitung Ihres Reports ab. Bei geschachtelten Schleifen bricht das System nur die Verarbeitung der aktuellen Schleife ab. Ist eine äußere Schleife vorhanden, wird der nächste Schleifendurchlauf aufgenommen.

Syntax

```
EXIT.
```

Beispiel

In Listing 7.18 sehen Sie eine DO-Schleife ohne Angabe von TIMES. Dennoch wird die Schleife im siebten Durchlauf durch die Anwendung von EXIT verlassen. Die Ausgabe wäre: 1 2 3 4 5 6 ENDE.

```
DO.
  WRITE: / sy-index.
  IF sy-index = 7.
    WRITE 'ENDE'.
    EXIT.
  ENDIF.
ENDDO.
```

Listing 7.18 Anwendung von EXIT

7.8.9 Die CONTINUE-Anweisung

Durch die CONTINUE-Anweisung wird der aktuelle Durchlauf ohne weitere Bedingung an dieser Stelle beendet, und das System fährt mit dem nächsten Durchlauf fort.

Syntax

```
CONTINUE.
```

Beispiel

In Listing 7.19 werden ungerade Durchläufe übersprungen. Die Ausgabe wäre: `2 4 6 ENDE`.

```
DATA: lv_erg TYPE i.
DO 7 TIMES.
  lv_erg = sy-index MOD 2.
  IF lv_erg <> 0.
    CONTINUE.
  ENDIF.
  WRITE: / sy-index.
ENDDO.
WRITE: 'Ende'.
```

Listing 7.19 Anwendung von CONTINUE

7.9 Rechenoperationen

ABAP unterstützt die gängigsten Rechenoperationen wie Addition, Multiplikationen oder andere mathematische Operationen, wie z. B. die Bildung eines Absolutwertes oder einer Quadratwurzel. Geben Sie dazu zwischen zwei Variablen die Rechenoperation `operation` an. Ein solcher Ausdruck wird auch als *Rechenausdruck* bezeichnet.

Das Ergebnis der in `operation` angegebenen arithmetischen Operation wird der Variablen auf der linken Seite zugewiesen. Wenn das Ergebnis der Operation nicht denselben Datentyp hat wie die angegebene Variable, führt das System eine automatische Typkonvertierung durch. Die möglichen Operationen sind in Tabelle 7.2 aufgelistet.

Operation	Mathematischer Ausdruck	Ausdruck mit Schlüsselwort
Addition	v1 + v2.	ADD v1 TO v2.
Subtraktion	v1 - v2.	SUBTRACT v1 FROM v2.
Multiplikation	v1 * v2.	MULTIPLY v1 BY v2.
Division	v1 / v2.	DIVIDE v1 BY v2.
Ganzzahldivision	–	v1 DIV v2.
Rest	–	v1 MOD v2.
Potenzieren	v1 ** v2.	–

Tabelle 7.2 Rechenoperationen

In mathematischen Ausdrücken ist es erlaubt, Operationen beliebig zu kombinieren und Klammern zu setzen. Dabei werden die Ausdrücke in der folgenden Reichenfolge verarbeitet:

1. Klammerausdrücke
2. Funktionen
3. Potenzieren
4. Multiplikation/Division
5. Addition/Subtraktion

Kombinieren Sie gleichranginge mathematische Ausdrücke, wird die Berechnung von rechts nach links durchgeführt. So ist `v1 ** v2 ** v3` gleich `v1 ** ( v2 ** v3 )` und nicht gleich `( v1 ** v2 ) ** v3`.

Syntax

```
ergebnis = variable1 operation variable2
```

Beispiel

```
lv_erg = lv_zahl1 + lv_zahl2.
```

7.9.1 Mathematische Funktionen

Tabelle 7.3 zeigt die in ABAP bereitgestellten mathematischen Funktionen. Der Rückgabewert dieser Funktionen ist immer vom Typ `f`. Gleitpunktfunktionen erwarten eine Fließkommazahl (Exponentialdarstellung) vom eingebauten Datentyp `f`. Felder anderer Datentypen werden vor der Berechnung der Funktion in den Datentyp `f` konvertiert.

Funktion	Bedeutung
`acos()`	Arcuscosinus
`asin()`	Arcussinus
`atan()`	Arcustangens
`cos()`	Cosinus
`sin()`	Sinus
`tan()`	Tangens
`cosh()`	Hyperbelcosinus

Tabelle 7.3 Mathematische Funktionen

Funktion	Bedeutung
sinh()	Hyperbelsinus
tanh()	Hyperbeltangens
exp()	Exponentialfunktion zur Basis e
log()	natürlicher Logarithmus
log10()	Logarithmus zur Basis 10
sqrt()	Quadratwurzel
ipow()	Potenzierung (ab ABAP 7.40 SP02)

Tabelle 7.3 Mathematische Funktionen (Forts.)

Beispiel

Anwendung einer mathematischen Funktion:

```
DATA: lv_sin TYPE f.
lv_sin = sin( 0 ).
```

7.9.2 Berechnungszuweisungen

Mit ABAP 7.54 wurden die sogenannten Berechnungszuweisungen eingeführt, die neben der klassischen Zuweisung mit = eine Zuweisung mit eingebauter Berechnung ermöglichen.

Folgende Berechnungszuweisungen stehen zur Verfügung:

- Additionszuweisung mit +=
- Subtraktionszuweisung mit -=
- Multiplikationszuweisung mit *=
- Divisionszuweisung mit /=

Syntax

```
Variable += | -= | *= | /= Variable
```

Beispiel

```
lv_index += 1. "lv_index wird um den Wert 1 erhöht
lv_index -= 1. "lv_index wird um den Wert 1 verringert
lv_index *= 2. "lv_index wird mit dem Wert 2 multipliziert
lv_index /= 2. "lv_index wird durch den Wert 2 dividiert
```

Die Berechnungszuweisungen ermöglichen dadurch eine kürzere Schreibweise, als es davor möglich war. Im klassischen ABAP hätte dies durch zwei Schreibweisen formuliert werden können:

```
ADD 1 TO lv_index.
Lv_index = lv_index + 1.
```

Wie die ursprünglichen Schreibweisen müssen die Berechnungszuweisungen als eigenständige Anweisungen in einer eigenen Zeile stehen und können nicht inline in anderen Ausdrücken verwendet werden.

7.10 Ausgabeanweisungen

Die Ausgabeanweisungen, die ich Ihnen in diesem Abschnitt vorstelle, sind historische ABAP-Anweisungen, die in der Vergangenheit vorwiegend zur Darstellung von Listenausgaben benutzt wurden. Aber auch Eingaben durch Eingabefelder bzw. Hotspots (Links) oder Checkboxen (Auswahlfelder) waren möglich. In Abbildung 7.1 sehen Sie eine solche Listenausgabe.

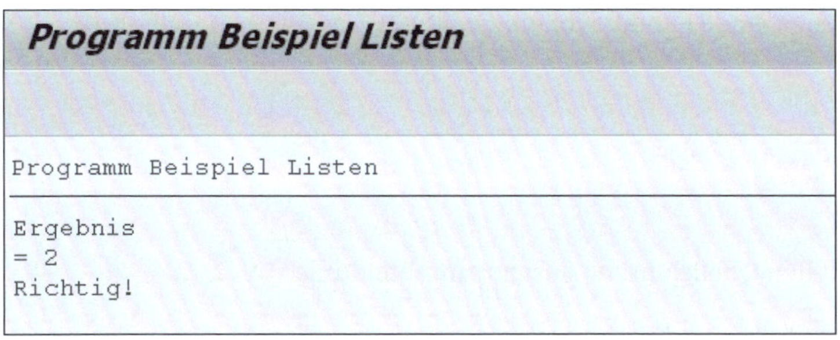

Abbildung 7.1 Beispielhafte Listenausgabe

Die Liste in ABAP könnte man mit der Konsole in anderen Programmiersprachen vergleichen (z. B. Java mit der Anweisung `console.log('Hello World');`). Während die in diesen Sprachen in der Konsole ausgegebenen Einträge sofort angezeigt werden, sammelt ABAP diese und zeigt sie erst am Ende in einer Listenausgabe wie in Abbildung 7.1 an.

Die Listenausgabe besteht aus Spalten und Zeilen, wobei jede Zelle exakt dieselbe Größe hat. So liegt in Abbildung 7.1 das »g« des Wortes »Ergebnis« exakt auf derselben Höhe wie die darunter befindliche Zahl 2.

Ähnlich wie in anderen Programmiersprachen die Konsole wurde die Listenausgabe im Laufe der Zeit durch mächtigere Frameworks ersetzt, die die Programmierung von komplexen grafischen Oberflächen ermöglichen. Dies ist in ABAP mit der Einführung der Dynpro-Programmierung (siehe Kapitel 14) passiert. Sollten Sie dennoch einmal die Anforderung erfüllen müssen, eine Listenausgabe zu programmieren, empfehle ich Ihnen das hierfür bereitgestellte Muster. Ein einfaches Beispiel zur Arbeit mit der Listenausgabe finden Sie in Abschnitt 7.10.2, »Das Muster für die Listenausgabe«.

Was die Ausgabeanweisungen anbelangt, möchte ich mich auf die Hauptanweisung `WRITE` beschränken.

7.10.1 Die Anweisung WRITE

Die Anweisung `WRITE` dient der Ausgabe von Text in der Listenausgabe. Die Syntax ist wie folgt zu interpretieren:

- Ein Schrägstrich (/) leitet eine neue Zeile ein.
- Mit `spalte` geben Sie die Spaltenposition auf dem Bildschirm an.
- Mit `laenge` legen Sie die Ausgabelänge des auszugebenden Feldes fest.
- * bzw. ** erlauben die automatische Bestimmung der Ausgabelänge abhängig vom Datentyp (siehe Tabelle in der F1-Hilfe). In der Regel ist dies die Länge, die nötig ist, um den aktuellen Wert auszugeben. Alle nicht benötigten Zeichen werden entfernt.
- `dobj` ist das auszugebende Literal oder eine Variable.

Syntax

```
WRITE {[AT] [/][spalte][(laenge|*|**)]} dobj.
```

Beispiel

Listing 7.20 enthält den Quellcode zur Ausgabe in Abbildung 7.1.

```
DATA lv_ergebnis TYPE i.
lv_ergebnis = 2.
WRITE / 'Ergebnis'.
WRITE: / '=', (*)lv_ergebnis.
```

Listing 7.20 Ausgabe mit WRITE

7.10.2 Das Muster für die Listenausgabe

Ein Muster stellt für die `WRITE`-Anweisung den in Abbildung 7.2 dargestellten Report zur Generierung von Ausgabeanweisungen zur Verfügung. Um es zu verwenden, nutzen Sie die Musterfunktion im ABAP Editor (siehe Abschnitt 1.4.6). Wählen Sie dort im Muster-Pop-up-Fenster die Option **WRITE Muster**.

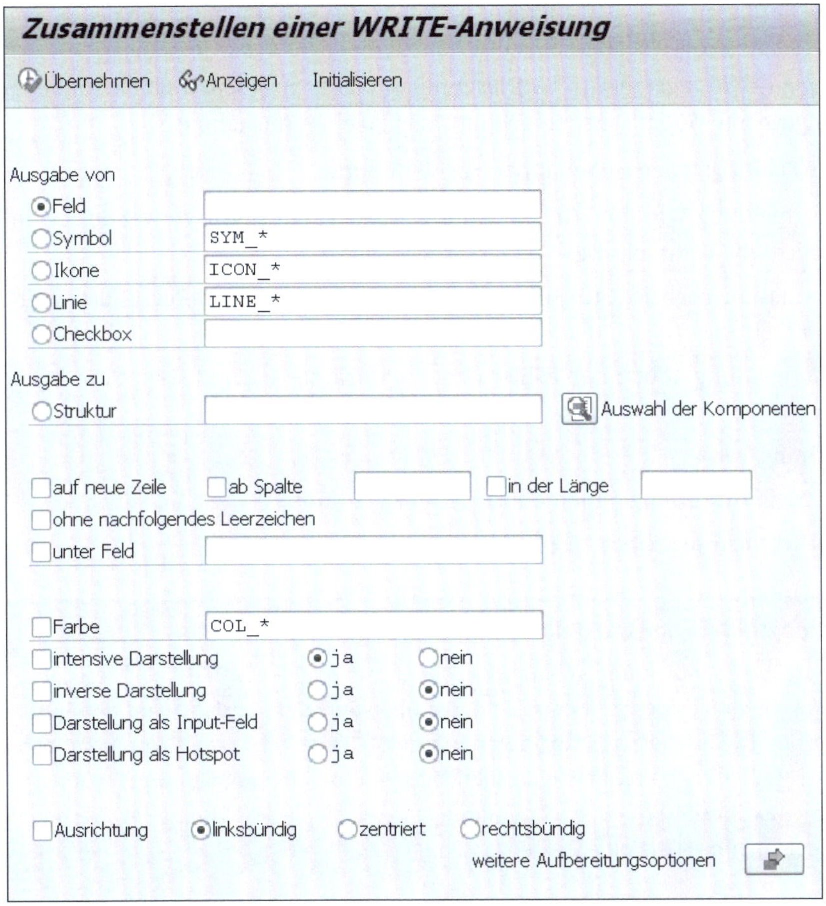

Abbildung 7.2 Das WRITE-Muster zur Erzeugung von WRITE-Anweisungen

7.11 Meldungen

Durch die Anweisung `MESSAGE` haben Sie die Möglichkeit, dem Anwender Informationen zukommen zu lassen. In Abbildung 7.3 ist eine solche Informationsmeldung dargestellt.

Abbildung 7.3 Eine Informationsmeldung

Geben Sie dazu eine Nachricht `text`, die maximal 300 Zeichen hat, nach der Anweisung `MESSAGE` an (diese Angabe ist auch als Literal möglich). Nach dem Zusatz `TYPE` geben Sie einen Meldungstyp `mtyp` an. Dieser muss zeichenartig sein und in Großbuchstaben angegeben werden, ansonsten kommt es zu einer Ausnahme.

Folgende Meldungstypen stehen Ihnen zur Verfügung:

- `S`: Statusmeldung. Wird für Erfolgsmeldungen in der Statusleiste verwendet, beeinflusst nicht die Verarbeitung.
- `I`: Informationsnachricht für Informationen für den Benutzer. Beeinflusst nicht die Verarbeitung.
- `E`: Fehlermeldung. Gibt einen Fehler in der Statusleiste aus und stoppt die Verarbeitung.
- `W`: Warnung, wie `E`
- `X`: Exit-Meldung. Erzeugt einen Abbruch mit Kurzdump.
- `A`: Abbruchmeldung. Bricht das laufende Programm ab.

[»]

Einstellungsabhängige Darstellung der Meldungen

Die Darstellung der Meldungen hängt von der Einstellung des SAP GUI ab. Diese Einstellung können Sie ändern, indem Sie in der obersten Funktionsleiste auf den Button **Lokales Layout** (letztes Icon auf der rechten Seite oder Tastenkombination `Alt` + `F12`) klicken und im sich öffnenden Menü den Eintrag **Optionen** wählen. Unter **Interaktionsdesign • Benachrichtigungen** können Sie sich Erfolgs-, Warn- und Fehlermeldungen als Dialog anzeigen lassen.

Nur der Typ `I` wird in einem Pop-up-Fenster ausgegeben, alle anderen (bis auf `X`) werden in der Statusleiste unterhalb des Bildschirms ausgegeben. In Abbildung 7.4 ist eine Statusmeldung in der Statusleiste dargestellt.

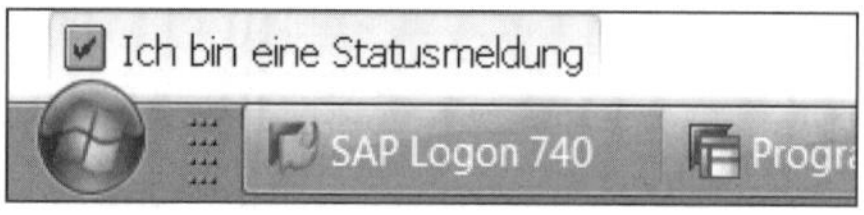

Abbildung 7.4 Eine Statusmeldung

Die Anweisung `MESSAGE` kann zusätzlich mit übersetzbaren Texten arbeiten: mit lokalen Textsymbolen (siehe Abschnitt 12.5.2) und mit Nachrichtenklassen (siehe Abschnitt 12.6).

Syntax

```
MESSAGE text TYPE mtyp.
```

Beispiel

Der Quellcode für die Meldung in Abbildung 7.3 lautet:

```
MESSAGE 'Ich bin eine Information' TYPE 'I'. "Großschreibung!
```

7.12 Mit Zeichenketten arbeiten

Immer wieder kommt es vor, dass man in der Programmierung Zeichenketten-Manipulationen vornehmen muss. Klassische Operationen sind dabei:

- Vergleich von Zeichenketten (siehe Abschnitt 7.12.1)
- Verkettungsoperatoren (siehe Abschnitt 7.12.2)
- Teilfeldzugriffe (siehe Abschnitt 7.12.3)
- Teilzeichenketten finden (siehe Abschnitt 7.12.4)
- Teilzeichenketten ersetzen (siehe Abschnitt 7.12.5)

ABAP stellt hierfür eine Vielzahl von Zeichenketten-Operatoren bereit, die mit den Releases 7.31 bzw. 7.40 noch einmal erweitert und verbessert wurden. So wurde eine Reihe von neuen eingebauten Funktionen hinzugefügt (siehe Abschnitt 7.12.6). Aber auch für die älteren Zeichenketten-Templates (siehe Abschnitt 7.12.7) wurde mit `ALPHA` eine neue Formatierungsfunktion hinzugefügt, die dabei hilft, führende Nullen hinzuzufügen und zu entfernen.

7.12.1 Vergleich von Zeichenketten

Zum Vergleichen von Zeichenketten stellt das System die in Tabelle 7.4 aufgeführten Operatoren bereit. `A` und `B` sind dabei jeweils Zeichenketten (vom Typ `CHAR` oder `STRING`).

Operator	Bedeutung	Syntax	Beispiel
`CA`	A enthält mindestens ein Zeichen aus B (*contains any*).	`A CA B.`	`IF 'abc' CA 'b'.` `ENDIF.`
`CO`	A enthält nur Zeichen aus B (*contains only*).	`A CO B.`	`IF 'abc' CO 'abcd'.` `ENDIF.`

`CS`	A enthält die Zeichenkette B (*contains string*).	`A CS B.`	`IF 'Rheinwerk' CS`
			`'Rhein'.`
			`ENDIF.`

Tabelle 7.4 Operatoren für Zeichenketten

Operator	Bedeutung	Syntax	Beispiel

CP	A enthält das Textmuster B (*contains pattern*).	A CP B.	`IF lv_html CP '*<*>*'.`
			`  WRITE: / 'HTML!'.`
			`ENDIF.`

Tabelle 7.4 Operatoren für Zeichenketten (Forts.)

Beim Textmuster (CP) ersetzt der Stern * eine Zeichenkette und das Pluszeichen + genau ein Zeichen.

Zusätzlich zu diesen Vergleichsoperatoren gibt es weitere, die die jeweiligen Bedingungen negieren. Statt »C« wird dann »N« eingesetzt (z. B. wird CA zu NA). So bedeutet A NA B dasselbe wie NOT (A CA B).

Intervalle mit BETWEEN

Ab ABAP 7.40 SP02 können Sie auch Zeichenausdrücke mit dem Operator BETWEEN vergleichen. Damit können Sie prüfen, ob ein Operand operand in einem durch operand1 und operand2 angegebenen und geschlossenen Intervall liegt. Die Operanden können dabei direkte Werteangaben oder Datenobjekte sein. Damit ersparen Sie sich das Schreiben von zwei IF-Anweisungen, die durch ein AND verknüpft sind. Über den Zusatz NOT können Sie die Prüfung negieren.

Syntax

```
... operand [NOT] BETWEEN operand1 AND operand2 ...
```

Beispiel

Die in Listing 7.21 angegebene Funktion xsdbool() wurde mit ABAP 7.40 SP08 eingeführt. Sie gibt je nach Wahrheitswert des als Argument angegebenen logischen Ausdrucks den Wert »X« oder ein Leerzeichen vom Typ c der Länge 1 zurück.

```
DATA lv_wert TYPE i.
lv_wert = 5.
DATA lv_flag TYPE boolean.
lv_flag = xsdbool( lv_wert BETWEEN 3 AND 10 ).
"LV_FLAG wird anschließend den Wert X enthalten
```

Listing 7.21 Werteprüfung mit BETWEEN

7.12.2 Verkettungsoperatoren

Eine Verkettung von Zeichenketten kann in ABAP auf drei Wegen erfolgen: durch die Anweisung CONCATENATE, durch den Verkettungsoperator &&, der Ihnen ab ABAP 7.31

zur Verfügung steht, oder durch Zeichenketten-Templates. Die letzte Variante wird separat in Abschnitt 7.12.7 behandelt.

Die Anweisung CONCATENATE

Die Anweisung CONCATENATE ist die bekannteste Möglichkeit, zwei Zeichenketten miteinander zu verketten. Dazu werden nach dem Schlüsselwort CONCATENATE alle Variablen aufgeführt, die miteinander verkettet werden sollen. Zum Schluss wird nach INTO die Zielvariable angegeben. Über den Zusatz SEPARATED BY ist es möglich, zwischen den zu verkettenden Zeichenketten ein Trennzeichen einzufügen.

Syntax

```
CONCATENATE {dobj1 dobj2 ...}
            INTO result
            [SEPARATED BY seperator].
```

Beispiel

Listing 7.22 zeigt eine Verkettung mit CONCENTENATE.

```
DATA: lv_vorname  TYPE string,
      lv_nachname TYPE string,
      lv_name     TYPE string.
CONCATENATE lv_vorname lv_nachname
  INTO lv_name SEPARATED BY space.
```

Listing 7.22 Verkettung mit CONCATENATE

[«]

»space« als globale Konstante

space ist eine programmglobale Konstante. Sie hat den Datentyp c der Länge 1 und enthält ein Leerzeichen.

Verkettungsoperator &&

Der Verkettungsoperator && (ab ABAP 7.31) kann verwendet werden, um mehrere einzelne Zeichenketten zu einer neuen Zeichenkette zu verketten.

[«]

Leerzeichen bei &&

Bei normalen Hochkommata ' ' wird das eingeschlossene Leerzeichen nicht berücksichtigt. Wenn Sie wollen, dass das Leerzeichen berücksichtigt wird, müssen Sie zwei Akzente ` ` benutzen. Diese fügen Sie durch die Tastenkombination [⇧] + [´] ein (die Taste [´] befindet sich rechts neben dem Fragezeichen).

Syntax

```
... operand1 && operand2 ...
```

Beispiel

```
lv_name = lv_vorname && ` ` && lv_nachname.
```

7.12.3 Teilfeldzugriff

Der Zugriff auf Teile von Zeichenketten kann in ABAP durch sogenannte *Offsets* und die eingebaute Funktion `substring()` realisiert werden.

Offsets

Offsets werden benutzt, um die Teilmenge einer Zeichenkette anzusprechen. Dazu werden direkt an die Zeichenkette ein Pluszeichen (+) und ein Startpunkt (dies ist das sogenannte Offset) gesetzt sowie die Länge der Teilzeichenkette, auf die Sie zugreifen möchten, in Klammern angegeben. Wird keine Länge angegeben, wird die Teilzeichenkette bis zum Ende der Länge der Ausgangszeichenkette zurückgegeben.

Syntax

```
... dobj[+off][(len)] ...
```

Beispiel

Listing 7.23 zeigt den Teilfeldzugriff mit Offsets.

```
DATA: lv_jahr(4)  TYPE c,
      lv_monat(2) TYPE c,
      lv_tag(2)   TYPE c.
*sy-datum enthält das aktuelle Datum in der Form
*YYYYMMDD (Year, Month, Day), z. B. 20160914
lv_jahr  = sy-datum+0(4). "ab der 0-Stelle, 4 Stellen
lv_monat = sy-datum+4(2). "ab der 4-Stelle, 2 Stellen
lv_tag   = sy-datum+6(2). "ab der 6-Stelle, 2 Stellen
```

Listing 7.23 Teilfeldzugriff auf Zeichenketten mit Offsets

[!]

Offsets als häufiger Abbruchgrund

Wenn Sie mit einem Offset Bereiche adressieren, die nicht existieren, die z. B. die Länge des originalen Datenobjekts überschreiten, kommt es entweder (bei der Syntaxprüfung) zu einem Syntaxfehler oder während der Laufzeit zu einem Ausnahmefehler. Deshalb sollten Sie immer vorher prüfen, ob Ihr Datenobjekt wirklich die

Länge hat, von der Sie ausgehen. Dies können Sie mit der eingebauten Zeichenkettenfunktion strlen() realisieren:

```
IF strlen( lv_string ) >= 8.
  "Zugriff auf bis zu 8 Zeichen in Form von +0(8) möglich
ENDIF.
```

Weitere eingebaute Funktionen für Zeichenketten finden Sie in Abschnitt 7.12.6.

Teilfeldfunktion »substring()«

Für die Rückgabe eines Teilbereichs einer Zeichenkette stellt ABAP die eingebaute Funktion substring() zur Verfügung. Geben Sie in text die Zeichenkette an, und definieren Sie mit offset, ab wann, und mit laenge, wie lang der Teilbereich sein soll.

Syntax

```
... substring( val = text [ off = offset ]
                          [ len = laenge ] ) ...
```

Beispiel

Listing 7.24 zeigt den Teilfeldzugriff mit der Funktion substring().

```
DATA: lv_jahr(4)  TYPE c,
      lv_monat(2) TYPE c,
      lv_tag(2)   TYPE c.
*sy-datum enthält das aktuelle Datum in der Form
*YYYYMMDD, z. B. 20160914 ab der 0-Stelle, 4 Stellen:
lv_jahr  = substring( val = sy-datum off = 0 len = 4 ).
*ab der 4-Stelle, 2 Stellen:
lv_monat = substring( val = sy-datum off = 4 len = 2 ).
*ab der 6-Stelle, 2 Stellen:
lv_tag   = substring( val = sy-datum off = 6 len = 2 ).
```

Listing 7.24 Teilfeldzugriff auf Zeichenketten mit »substring()«

7.12.4 Teilzeichenketten finden

Um eine bestimmte Zeichenkette innerhalb einer anderen Zeichenkette zu finden, können Sie die Anweisung FIND oder die eingebaute Suchfunktion find() verwenden. Ich gehe in diesem Abschnitt nur auf die Grundfunktionalität beider Anweisungen ein. Beide sind aber so mächtig, dass auch über reguläre Ausdrücke bestimmte Textmuster innerhalb einer Zeichenkette gefunden werden können.

Die Anweisung FIND

Mit der Anweisung FIND können Sie prüfen, ob eine Zeichenkette eine bestimmte Teilzeichenkette enthält. Mit dem Zusatz FIRST OCCURENCE suchen Sie nur das erste Vorkommen einer Teilzeichenkette, mit dem Zusatz ALL OCCURRENCES suchen Sie alle Vorkommen (d. h., der Suchbegriff kann überall stehen). Geben Sie keinen Zusatz an, wird immer nach dem ersten Vorkommen gesucht.

Es besteht außerdem die Möglichkeit, Groß- und Kleinschreibung entweder mit dem Zusatz RESPECTING CASE zu beachten oder mit IGNORING CASE zu ignorieren.

Wurde die gesuchte Zeichenkette gefunden, wird das Systemfeld sy-subrc auf 0, bei einem Misserfolg auf 4 gesetzt.

Syntax

```
FIND {FIRST OCCURENCE} | {ALL OCCURRENCES}
  OF sub_string IN dobj
  [(RESPECTING|IGNORING} CASE]
```

Beispiel

Listing 7.25 zeigt ein Beispiel für die Verwendung von FIND.

```
DATA lv_satz TYPE string.
lv_satz = 'Ich bin ein String'.
FIND FIRST OCCURENCE OF 'String' IN lv_satz RESPECTING CASE.
IF sy-subrc = 0.
  WRITE 'Gefunden!'.
ENDIF.
```

Listing 7.25 Teilzeichenketten mit FIND finden

Suchfunktion »find()«

Um zu überprüfen, ob eine Teilzeichenkette in einer anderen Zeichenkette enthalten ist, können Sie auch die Suchfunktion find() verwenden. Geben Sie dazu eine Zeichenkette text mit der zu findenden Teilzeichenkette substring an. Über den Parameter case können Sie angeben, ob die Groß- und Kleinschreibung berücksichtigt (dies ist der Standardwert) oder nicht berücksichtigt (mit ABAP_FALSE) werden soll. Mit off und len haben Sie die Möglichkeit, den Suchbereich einzuschränken, während Sie mit occ unter Angabe eines Integerwertes bestimmen können, welches Vorkommen der Teilzeichenkette berücksichtigt werden soll. Wollen Sie beispielsweise überprüfen, ob ein Wert zweimal enthalten ist, geben Sie hier 2 an. Wenn das vorvorletzte Vorkommen des Wertes zurückgegeben werden soll, können Sie hier –2 angeben.

Wird der angegebene Text gefunden, wird der Offset der Fundstelle zurückgegeben.

Syntax

```
... find( val = text  { sub = substring }
   [ case = grossklein ]
   [ off = offset]
   [ len = laenge]
   [ occ = auftreten ] ) ...
```

Beispiel

Listing 7.26 zeigt die Verwendung der Funktion `find()`.

```
DATA lv_satz TYPE string.
lv_satz = 'Ich bin ein String'.
IF FIND( val = lv_satz sub = 'String' ) > 0.
  WRITE 'Gefunden!'.
ENDIF.
```

Listing 7.26 Teilzeichenketten mit »find()« finden

7.12.5 Teilzeichenketten ersetzen

Das Ersetzen von Teilzeichenketten ist auf mehreren Wegen möglich:

- über die in Abschnitt 7.12.3 beschriebenen Teilfeldzugriffe
- über den Befehl `REPLACE`
- über die eingebaute Funktion `replace()`

Ersetzen durch Teilfeldzugriffe

Nutzen Sie die Offsets, um die zu ersetzende Zeichenkette auszuwählen. Anschließend können Sie diese Teilzeichenkette mit einer normalen Zuweisung durch einen neuen Wert ersetzen.

Beispiel

Listing 7.27 ersetzt das aktuelle Jahr in der Variablen `LV_DATUM` durch das Jahr 2015.

```
DATA lv_datum TYPE string.
lv_datum = sy-datum.
lv_datum+0(4) = '2015'.
```

Listing 7.27 Ersetzung durch Teilfeldzugriffe

Ersetzen mithilfe der Anweisung REPLACE

Um eine Teilzeichenkette mithilfe von `REPLACE` zu ersetzen, verwenden Sie diese Anweisung wie die `FIND`-Anweisung (siehe Abschnitt 7.12.4, »Teilzeichenketten finden«). Geben Sie dabei einfach den Suchbegriff `suchbegriff` sowie den neuen Wert `neu` an.

Syntax

```
REPLACE {FIRST OCCURENCE} | {ALL OCCURRENCES}
  OF suchbegriff IN text WITH neu [(RESPECTING|IGNORING} CASE]
```

Beispiel

Listing 7.28 zeigt die Verwendung der Anweisung REPLACE.

```
DATA lv_satz TYPE string VALUE 'Ich bin ein(e) String'.
REPLACE FIRST OCCURENCE OF 'String'
  IN lv_satz WITH 'Zeichenkette' RESPECTING CASE.
IF sy-subrc = 0.
  WRITE: 'Ersetzt!'.
ENDIF.
```

Listing 7.28 Ersetzung mithilfe von REPLACE

Ersetzen mithilfe der Funktion »replace()«

Bei der Verwendung der eingebauten Funktion replace() haben Sie zwei Möglichkeiten: Sie definieren die zu ersetzende Stelle explizit über das Offset offset und eine Längenangabe laenge (wie bei der Funktion substring(), siehe Abschnitt 7.12.3, »Teilfeldzugriff«), oder Sie lassen eine Teilzeichenkette substring suchen und diese anschließend ersetzen (wie bei der Funktion find(), siehe Abschnitt 7.12.4, »Teilzeichenketten finden«). In beiden Fällen geben Sie die zu ersetzende Zeichenkette als text an, während Sie für neu den neuen Text eingeben.

Syntax

Ersetzen über die Offset-Angabe:

```
replace( val = text
        [ off = offset ]
        [ len = laenge ]
        with = neu ) ...
```

Angabe der zu ersetzenden Teilzeichenkette:

```
replace( val = text { sub = substring }
            with = neu
            [ case = case]
            [ occ = auftreten ] ) ...
```

Beispiele

Listing 7.29 bezieht sich auf dasselbe Beispiel wie Listing 7.27, ersetzt die Teilzeichenkette aber über die Angabe eines Offsets.

```
DATA lv_datum TYPE string.
lv_datum = sy-datum.
lv_datum = replace( val = lv_datum
                   "off = 0 -> implizit, muss nicht mit
                               "angegeben werden
                    len = 4
                   with = '2015' ).
```

Listing 7.29 Ersetzen über die Offset-Angabe

Listing 7.30 bezieht sich auf dasselbe Beispiel wie Listing 7.28 und nimmt die Ersetzung durch die Angabe der zu ersetzenden Teilzeichenkette vor.

```
DATA lv_satz TYPE string VALUE 'Ich bin ein(e) String'.
lv_satz = replace( val = lv_satz  sub = 'String'
           with = 'Zeichenkette' ).
```

Listing 7.30 Ersetzung über die Angabe der Teilzeichenkette

7.12.6 Eingebaute Funktionen für Zeichenketten

In den vorangegangenen Abschnitten habe ich Ihnen mit `substring()`, `strlen()`, `find()` und `replace()` bereits einige der wichtigsten eingebauten Funktionen für Zeichenketten vorgestellt. Der große Vorteil dieser eingebauten Funktionen ist, dass sie als Teil von Zeichenketten-Templates oder Funktionsaufrufen verwendet werden können. Das heißt, es werden keine expliziten Variablen mehr benötigt, wodurch sich der Quellcode verkürzt.

In Tabelle 7.5 finden Sie die wichtigsten eingebauten Zeichenkettenfunktionen im Überblick, die viele Spezialfälle abdecken. Die zur Implementierung benötigte Syntax können Sie über die SAP-Hilfe abfragen, indem Sie die Funktion in den ABAP Editor schreiben, anklicken und die F1-Taste drücken. Alle hier aufgeführten Zeichenkettenfunktionen stehen Ihnen ab ABAP 7.02 zur Verfügung.

Funktion	Nutzen
`strlen()` `charlen()`	Länge bestimmen

`count()`
`count_any_of()`
`count_any_not_of()`
	Suchen

`condense()`	Verdichtet den Inhalt einer Zeichenkette.

Tabelle 7.5 Eingebaute Funktionen für Zeichenketten

Funktion	Nutzen
`concat_lines_of()`	Verkettung von Zeilen einer internen Tabelle
`escape()`	Fluchtsymbolfunktion

`find()`
`find_end()`
`find_any_of()`
`find_any_not_of()`
	Teilzeichenketten finden

`insert()`	Einfüge-Funktion
`match()`	Teilzeichenkette bestimmen
`replace()`	Ersetzungsfunktion
`shift_left()` `shift_right()`	eine Verschiebung von Zeichenketten

`substring()`
`substring_after()`
`substring_from()`
`substring_before()`
`substring_to()`
	Teilfeldfunktion

`to_upper()` `to_lower()`	Groß-/Kleinschreibefunktionen
`translate()`	Umsetzungsfunktion

Tabelle 7.5 Eingebaute Funktionen für Zeichenketten (Forts.)

7.12.7 Zeichenketten-Templates

Zeichenketten-Templates (*String-Templates*) gibt es bereits seit ABAP 7.02. Mit Zeichenketten-Templates, die zwischen zwei senkrechten Strichen (| |) angegeben werden, wird eine neue Zeichenkette aus Literalen und eingebetteten Ausdrücken erstellt. Einen senkrechten Strich können Sie durch die Tastenkombination [Alt] + [<] einfügen. Listing 7.31 zeigt hierfür ein einfaches Beispiel.

```
DATA lv_ausgabe TYPE string.
lv_ausgabe = |Das ist ein Literal.|.
* Exakt dasselbe Ergebnis wie:
lv_ausgabe = 'Das ist ein Literal.'.
```

Listing 7.31 Einfaches Beispiel für ein Zeichenketten-Template

Der eigentliche Nutzen von Zeichenketten-Templates wird jedoch erst deutlich, wenn Literale mit eingebetteten Ausdrücken kombiniert werden. Eingebettete Ausdrücke werden durch geschweifte Klammern definiert:

```
{ Ausdruck }
```

Beachten Sie zwischen dem Ausdruck und den geschweiften Klammern jeweils das obligatorische Leerzeichen. Innerhalb der geschweiften Klammern wird eine allgemeine Ausdrucksposition definiert. Als Ausdrücke sind folgende ABAP-Ausdrücke möglich:

- Datenobjekte
- Konstruktorausdrücke (siehe Abschnitt 7.13)
- Tabellenausdrücke (siehe Abschnitt 8.5.2)
- Rechenausdrücke (siehe Abschnitt 7.9, »Rechenoperationen«)
- eingebaute Funktionen (siehe Abschnitt 7.12.6, »Eingebaute Funktionen für Zeichenketten«, und Abschnitt 8.10, »Eingebaute Funktionen für interne Tabellen«)
- funktionale Methoden (Methoden mit `RETURNING`-Parameter, siehe Abschnitt 11.4, »Methoden«)

Eingebettete Ausdrücke unterstützen mehrere Formatierungsoptionen, die Sie hinter dem Ausdruck angeben können, analog zu den Optionen der obsoleten Anweisung `WRITE TO`, die in diesem Buch nicht behandelt wird. In Listing 7.32 können Sie einige Beispiele dieser Zeichenketten-Templates dargestellt finden.

Beispiele

```
DATA: lv_ausgabe TYPE string,
      lv_zahl TYPE i VALUE 3,
      lv_text TYPE string VALUE 'Mein Text'.
*Angabe von Variablen
lv_ausgabe = |{ lv_zahl }|.
lv_ausgabe = |Return-Code: { sy-subrc }|.
*Eingebaute Funktion:
lv_ausgabe = |Die Länge des Textes ist { strlen( lv_text ) }|.
```

Listing 7.32 Beispiele für Zeichenketten-Templates

[«]

Angabe von Textsymbolen

Soll der Text übersetzt werden können, können Sie in dem Beispiel aus Listing 7.32 ein Textsymbol angeben, wie in Abschnitt 12.5.2 erläutert:

```
lv_ausgabe = |{ text-001 } { strlen( lv_text ) }|.
```

Der in LV_WERT enthaltene Wert wird in Listing 7.33 abhängig von der angegebenen Währung CURRENCY bzw. dem Land COUNTRY formatiert.

```
DATA: lv_wert      TYPE vbap-netwr VALUE '1234567.123',
      lv_waehrung TYPE vbap-waerk,
      lv_ausgabe  TYPE string.
lv_ausgabe = |{ lv_wert CURRENCY = lv_waehrung }|.
lv_ausgabe = |{ lv_wert COUNTRY = 'GB' }|.
```

Listing 7.33 Behandlung von Währungen

Intern werden Primärschlüssel durch führende Nullen aufgeführt. Wollen Sie diese hinzufügen oder entfernen, können Sie dies wie in Listing 7.34 über die Formatierungsoption ALPHA = IN (hinzufügen) und ALPHA = OUT (entfernen) umsetzen. Dies ist seit ABAP 7.40 SP02 möglich.

```
DATA: lv_matnr TYPE matnr.
lv_matnr = '23'.
lv_matnr = | { lv_matnr ALPHA = IN } |.
WRITE: lv_matnr.
*Ausgabe: 000000000000023
lv_matnr = | { lv_matnr ALPHA = OUT } |.
WRITE: / lv_matnr.
*Ausgabe: 23
```

Listing 7.34 Behandlung von führenden Nullen

Formatierungsoptionen

Folgende (wichtige) Formatierungsoptionen stehen Ihnen zur Verfügung; falls nicht anders angegeben, beziehen sich die Angaben dabei auf die vom eingebetteten Ausdruck dargestellte Zeichenkette:

- [WIDTH = laenge]

  Legt die Länge laenge der Zeichenkette fest.

- [ALIGN = LEFT|RIGHT|CENTER|(dobj)|ausdruck]

  Legt die Ausrichtung der Zeichenkette fest. Die Angabe hat nur eine Wirkung, wenn gleichzeitig mit WIDTH eine Länge festgelegt wird, die größer ist als die minimal benötigte Länge.

  - LEFT für linksbündig
  - RIGHT für rechtsbündig
  - CENTER für zentriert

- [PAD = zeichen]

  Legt das Zeichen zeichen fest, mit dem die überzähligen Stellen im Ergebnis ausgefüllt werden. Die Angabe hat nur eine Wirkung, wenn gleichzeitig mit WIDTH eine Länge festgelegt wird, die größer ist als die minimal benötigte Länge.
- [CASE = RAW|UPPER|LOWER|(dobj)|ausdruck]

  Legt die Groß- und Kleinschreibung der Zeichenkette dobj fest, die selbst erst durch einen Ausdruck ausdruck konstruiert werden kann (z. B. durch Verkettung).
  - RAW für unverändert
  - UPPER für Großschreibung
  - LOWER für Kleinschreibung
- [DECIMALS = dezimalstellen]

  Legt die Anzahl der Nachkommastellen fest. Kann nur bei numerischen Datentypen angegeben werden.
- [CURRENCY = waehrung]

  Legt die Anzahl der Nachkommastellen bei der Aufbereitung von numerischen Werten in Abhängigkeit von einer in waehrung angegebenen Währung fest (nur möglich, wenn der Datentyp i, p oder f ist). Als Währung wird ein Währungskürzel aus der Spalte WAERS der Datenbanktabelle TCURC erwartet.
- [NUMBER = RAW|USER|ENVIRONMENT|(dobj)|ausdruck]

  Legt das Format der Dezimaldarstellung in Form des Dezimaltrennzeichens fest (nur möglich bei numerischem Datentyp).
  - RAW: Das Trennzeichen ist der Punkt (.), keine Tausendertrennzeichen.
  - USER: Wird aus dem Benutzerstamm (Transaktion SU01) entnommen.
  - ENVIRONMENT: Richtet sich nach der Formatierungseinstellung der Sprachumgebung, die durch die Anweisung SET COUNTRY land gesetzt werden kann (Spalte LAND der Datenbanktabelle T005X).
- [ALPHA = IN|OUT|RAW|(dobj)|ausdruck]

  Wurde mit ABAP 7.40 SP02 eingeführt. Fügt Ziffernfolgen führende Nullen hinzu oder entfernt diese (nur möglich, wenn der Datentyp string, c oder n ist).
  - IN: auffüllen
  - OUT: entfernen
  - RAW: keine Formatierung
- [DATE = RAW|ISO|USER|ENVIRONMENT|(dobj)|ausdruck]

  Legt das Format des Datums fest (nur möglich, wenn der Datentyp d ist).
  - RAW: Wird unformatiert übernommen.
  - ISO: yyyy-mm-dd
  - USER und ENVIRONMENT: siehe Formatierungsoption NUMBER

- [TIME = RAW|ISO|USER|ENVIRONMENT|(dobj)|ausdruck]

  Legt das Format einer Zeitangabe fest (nur möglich, wenn der Datentyp t ist).
  - RAW, USER und ENVIRONMENT: siehe Formatierungsoption DATE
  - ISO: hh:mm:ss

[»]

Weitere Formatierungsoptionen

Darüber hinaus stehen Ihnen folgende (eher selten gebrauchte) Formatierungsoptionen bereit: EXPONENT, ZERO, XSD, STYLE, TIMESTAMP, TIMEZONE, COUNTRY.

7.13 Konstruktorausdrücke

Mit ABAP 7.40 SP02 wurden neue Konstruktorausdrücke eingeführt, die es erlauben, an allgemeinen Ausdruckspositionen (siehe Abschnitt 7.14, »Operandenpositionen«) Werte mit einem angegebenen Typ zu konstruieren. Nehmen Sie z. B. eine IF-Anweisung, eine der ersten Anweisungen in ABAP. Sie kann jetzt mit dem neuen Konstruktorausdruck COND direkt in einer Zuweisung auf der rechten Seite (der Operandenposition) verwendet werden (siehe Listing 7.35). Zusätzlich wird mit DATA eine Variable direkt inline deklariert – alles in einem Satz und nicht separat.

Abhängig vom angemeldeten Benutzer wird in Listing 7.35 (an einer allgemeinen Ausdrucksposition) bestimmt, ob der Benutzer ein externer oder internen Benutzer oder gar ein Basisbenutzer ist. Dazu wird der Wert zum angegebenen Typ string überprüft.

```
DATA(lv_text) = COND string(
      WHEN sy-uname+0(1) = 'X' THEN 'Externer Benutzer'
      WHEN sy-uname+0(1) = 'I' THEN 'Interner Benutzer'
      ELSE 'Basisbenutzer' ).
```

Listing 7.35 Beispiel für die Verwendung von Konstruktorausdrücken

Konstruktorausdrücke bringen bis auf wenige Ausnahmen keine neue Funktionalität mit sich. Für jede der neuen Anweisungen existieren bereits ältere Anweisungen, mit denen Sie genau dasselbe Ergebnis erreichen können. Der Hauptunterschied ist: Diese älteren Anweisungen müssen immer separat ausgeführt werden. Das Hauptziel der Konstruktorausdrücke ist daher einfach, Zwischenvariablen zu vermeiden und so den ABAP-Code zu verschlanken.

Folgende Konstruktorausdrücke stehen Ihnen zur Verfügung:

- VALUE zur Erzeugung von Werten (siehe Abschnitt 7.13.1)
- REF zur Besorgung von Referenzen (siehe Abschnitt 7.13.2)
- EXACT zur verlustfreien Zuweisung/Berechnung (siehe Abschnitt 7.13.3)

- CONV zur Konvertierung von Werten (siehe Abschnitt 7.13.4)
- COND für komplexe bedingte Ausdrücke (siehe Abschnitt 7.13.5)
- SWITCH für einfache bedingte Ausdrücke (siehe Abschnitt 7.13.6)
- NEW zur Instanziierung (siehe Abschnitt 7.13.7)
- CORRESPONDING zur Konstruktion einer Struktur oder internen Tabelle durch Mapping-Vorschriften (siehe Abschnitt 7.13.8)

Neben diesen genannten gibt es mit CAST für die objektorientierte Programmierung (siehe Kapitel 11, »Die ABAP-Objects-Syntax«) und mit REDUCE und FILTER für interne Tabellen (siehe Kapitel 8, »Mit internen Tabellen arbeiten«) weitere Konstruktorausdrücke. Diese werden in den angegebenen Kapiteln separat behandelt.

Zusätzlich stehen Ihnen ab ABAP 7.40 SP05 die Zusätze LET (siehe Abschnitt 7.13.9) zur Konstruktion von Hilfsvariablen und ab ABAP 7.40 SP08 BASE (siehe Abschnitt 7.13.10) zur Übernahme von Werten aus anderen Datenobjekten zur Verfügung.

7.13.1 VALUE: Erzeugung von Werten

Die Anweisung VALUE kann verwendet werden, um:

- Initialwerte zu erzeugen
- Strukturen zu befüllen
- interne Tabellen zu befüllen

Das Ergebnis hat den angegebenen Datentyp mit den in Klammern angegebenen Werten. Durch die Angabe eines Hash-Symbols (#) können Sie den Datentyp automatisch bestimmen lassen. Dies funktioniert an allen Operandenpositionen, an denen der benötigte Datentyp eindeutig und vollständig erkennbar ist.

Neben den in den folgenden Abschnitten gezeigten Anwendungsfällen, der Erzeugung von Initialwerten und der Befüllung einer Struktur können Sie mit VALUE die Art des Ergebnisses eines Tabellenausdrucks (zum Lesen einer Zeile einer internen Tabelle) als Werteübergabe beeinflussen und einen Standardwert für nicht gefundene Zeilen angeben (beschrieben in Abschnitt 8.4.4, »Werte mit VALUE hinzufügen«).

Syntax

```
... VALUE {Datentyp|#} ( [LET ...]
                         [BASE ...]
                         [...] ) ...
```

Erzeugung von Initialwerten

Wird in den Klammern kein Parameter angegeben, erhält der Rückgabewert der Anweisung VALUE seinen typspezifischen Initialwert. Dies ist besonders hilfreich, wenn

Sie für einen obligatorischen Eingabeparameter einer Methode eine passende initiale Struktur erzeugen wollen.

Syntax

```
... VALUE type( ... ) ...
```

Beispiel

Listing 7.36 zeigt die Verwendung der Anweisung VALUE.

```
DATA: lv_zahl TYPE i.
Lv_zahl = 2.
Lv_zahl = value #( ). "Zurücksetzen auf Initialwert
```

Listing 7.36 Die VALUE-Anweisung zur Erzeugung von Initialwerten

Befüllung einer Struktur

Die Anweisung VALUE können Sie auch verwenden, um eine Struktur mit Werten zu füllen. Dazu müssen Sie in den Klammern des VALUE-Ausdrucks die einzelnen Komponenten der Struktur mit Werten versorgen. Wenn der Strukturtyp bekannt ist, können Sie vor die Klammern das Hash-Symbol (#) schreiben.

Syntax

```
... VALUE {Datentyp|#} ( [LET ...]
                          [BASE ...]
                        komponente1 = datenobjekt1
                        komponente2 = datenobjekt2 ) ...
```

Beispiele

Die folgenden Beispiele zeigen die Befüllung der Struktur T100 mit ihren drei Feldern SPRSL, ARBGB und MSGNR mit Werten:

- Klassische Befüllung (ohne VALUE):

  ```
  DATA ls_t100 TYPE t100.
  ls_t100-sprsl = 'E'.
  ls_t100-arbgb = '00'.
  ls_t100-msgnr = '001'.
  ```

- VALUE ohne Typangabe, da der Typ hergeleitet werden kann:

  ```
  ls_t100 = VALUE #( sprsl = 'E'
                     arbgb = '00'
                     msgnr = '001' ).
  ```

- VALUE mit Typangabe, da der Typ durch die Inline-Deklarierung unbekannt ist:

```
DATA(ls_t100) = VALUE t100( sprsl = 'E'
                            arbgb = '00'
                            msgnr = '001' ).
```

7.13.2 REF: Referenzen besorgen

Die Anweisung REF erzeugt entweder eine Datenreferenzvariable des angegebenen Datenobjekts – analog zu der Anweisung GET REFERENCE – oder zwingt einen Tabellenausdruck dazu, als Rückgabewert eine Referenz auszugeben (siehe Abschnitt 8.5.2, »Tabellenausdrücke«).

7

Bedeutung von Referenzen

Sollten Sie neu in ABAP einsteigen, empfehle ich Ihnen, diesen Abschnitt zu überspringen. Die Besorgung von Referenzen ist vor allem für die dynamische Programmierung mit ABAP (siehe Kapitel 24, »Fortgeschrittene Programmiertechniken«) von Bedeutung.

Zur Erzeugung einer Datenreferenzvariablen müssen Sie lediglich das zu referenzierende Datenobjekt nach dem Schlüsselwort REF in Klammern angeben. Darüber hinaus können Sie den Datentyp bestimmen oder, falls dieser aus dem Kontext erkennbar ist, mit dem Hash-Symbol (#) automatisch bestimmen lassen.

Syntax

```
... REF {Datentyp|#}( datenobjekt | tabellenausdruck ) ...
```

Beispiel

Listing 7.37 zeigt die Verwendung der Anweisung REF.

```
DATA: lt_table TYPE TABLE OF t001.
DATA: dref     TYPE REF TO data.
FIELD-SYMBOLS: <fs_tab> TYPE INDEX TABLE.
dref = REF #( lt_table ).
*Anstelle von GET REFERENCE OF lt_table INTO dref.
ASSIGN dref->* TO <fs_tab>.
*<fs_tab> hält jetzt die Referenz auf LT_TABLE
```

Listing 7.37 Die REF-Anweisung

7.13.3 EXACT: Verlustfreie Zuweisung/Berechnung

Die Anweisung EXACT führt eine verlustfreie Zuweisung oder eine verlustfreie Berechnung durch. EXACT ersetzt den gleichlautenden Zusatz der obsoleten Anweisungen MOVE und COMPUTE.

Die verlustfreie Zuweisung bzw. Berechnung geschieht abhängig vom Datenobjekt dobj, das Sie nach der Anweisung EXACT in Klammern angeben. Aus dem Ergebnis erzeugt die Anweisung ein Datenobjekt, das den vor der Klammer angegebenen Datentyp datentyp hat. Ist der Typ eindeutig erkennbar, kann für den Datentyp auch das Hash-Symbol (#) angegeben werden.

Über den Zusatz LET (siehe Abschnitt 7.13.9) haben Sie darüber hinaus die Möglichkeit, Hilfsvariablen für die Berechnung zu definieren.

Syntax

```
... EXACT {datentyp|#}( [LET] dobj ) ...
```

Beispiel

Bei der Berechnung in Listing 7.38 wird die Ausnahme CX_SY_CONVERSION_ROUNDING ausgelöst, da die Berechnung nicht verlustfrei ist. Das gerundete Ergebnis wird anschließend über das Attribut VALUE des Ausnahmeobjekts LO_AUSNAHME ausgelesen und der Variablen LV_GERUNDET zugewiesen.

```
TRY.
  DATA(lv_exakt) = EXACT #( 3 * ( 1 / 3 ) ).
CATCH cx_sy_conversion_rounding INTO DATA(lo_ausnahme).
  DATA(lv_gerundet) = lo_ausnahme->value.
ENDTRY.
```

Listing 7.38 Die EXACT-Anweisung

7.13.4 CONV: Konvertierung von Werten

Die Anweisung CONV konvertiert den Wert eines Datenobjekts in einen angegebenen Datentyp. Geben Sie dazu innerhalb der Klammern das umzuwandelnde Datenobjekt dobj an und vor den Klammern den Datentyp datentyp, den Sie dem Datenobjekt zuweisen wollen. Ist der Datentyp aus dem Kontext erkennbar, können Sie auch das Hash-Symbol (#) angeben.

Über den Zusatz LET (siehe Abschnitt 7.13.9) haben Sie darüber hinaus die Möglichkeit, Hilfsvariablen zu definieren.

Syntax

```
... CONV {datentyp|#}( [LET] dobj ) ...
```

Beispiele

Umwandlung von c zu String:

```
DATA lv_text TYPE c LENGTH 255.
lv_text = 'Ich bin ein Text'.
DATA(lv_xstr) = cl_abap_codepage=>convert_to(
                source   = CONV string( lv_text )
                codepage = 'UTF-8' ).
```

Umwandlung von f zu i:

```
... CONV i( sqrt( 5 ) )
```

7.13.5 COND: Bedingte Ausdrücke

Mit der Anweisung COND können Sie eine IF-Abfrage an Operandenpositionen durchführen. Für einfache Fallunterscheidungen zur Überprüfung des Wertes einer Variablen steht Ihnen die Anweisung SWITCH (siehe Abschnitt 7.13.6) zur Verfügung.

Während bei einer klassischen IF-Anweisung nur eine Fallunterscheidung stattfindet, erzeugt die Anweisung COND als Ergebnis einen Wert mit dem angegebenen Datentyp datentyp. Das heißt, es wird immer ein Wert zurückgegeben. Ist der Typ vollständig erkennbar, kann auch die Raute # anstelle des Typs angegeben werden.

Die einzelnen bedingten Ausdrücke können Sie dabei nach dem Zusatz WHEN, gefolgt von den eigentlichen Anweisungen nach dem Zusatz THEN, angeben. Falls keiner der behandelten Fälle zutrifft, haben Sie die Möglichkeit, einen ELSE-Zweig zu programmieren, über den Sie mit der Anweisung THROW eine klassenbasierte Ausnahme auslösen können.

Über den Zusatz LET (siehe Abschnitt 7.13.9) haben Sie darüber hinaus die Möglichkeit, Hilfsvariablen zu definieren.

Syntax

```
... COND {datentyp|#}( [LET]
              WHEN log_ausdruck1 THEN ...
            [ WHEN log_ausdruck2 THEN [ ... ]]
            ...
            [ ELSE [THROW ...] ... ] ) ...
```

Beispiele

Die folgenden Beispiele dienen der Umwandlung einer deutschen Zeitangabe in eine englische Zeitangabe (mit »AM« bzw. »PM«). Ist die Zeitangabe kleiner als 120000, soll »AM« angegeben werden, ist sie größer gleich 120000, soll »PM« angegeben werden.

Listing 7.39 zeigt die einfache Implementierung ohne Zeitangabe (es wird nur AM oder PM bestimmt).

```
DATA lv_zeit TYPE string.
lv_zeit =  COND #(
      WHEN sy-timlo <  '120000' THEN 'AM'
      WHEN sy-timlo => '120000'
       AND sy-timlo <  '240000' THEN 'PM'
        ).
```

Listing 7.39 Einfache Fallunterscheidung mit COND

Listing 7.40 zeigt eine umfangreichere Implementierung mit Zeitangabe. Mithilfe des Zusatzes LET wird ein Hilfsfeld mittag eingeführt, das als Vergleichswert dient.

```
DATA lv_zeit TYPE string.
lv_zeit =  COND #( LET mittag = '120000' IN
      WHEN sy-timlo < mittag THEN
        "Durch die Angabe von TIME = iso wird die Zeit
        "nicht im Format von 180000, sondern im
        "Format 18:00:00 angezeigt
        |{ sy-timlo TIME = iso } AM|
      WHEN sy-timlo => mittag
       AND sy-timlo < '240000' THEN
        "z. B. 18:00:00 PM in 6:00:00 PM umrechnen
        "Abzug von 12 Stunden (60s * 60min * 12h = 43200)
        |{ CONV t( sy-timlo - 43200 ) TIME = iso } PM|
        ).
```

Listing 7.40 Umfangreiches Beispiel für die COND-Anweisung

7.13.6 SWITCH: Bedingte Ausdrücke

Mit der Anweisung SWITCH können Sie eine Fallunterscheidung an Operandenpositionen durchführen. Es wird entweder ein Wert mit dem angegebenen Datentyp erzeugt oder eine klassenbasierte Ausnahme ausgelöst.

Während bei einer klassischen CASE-Anweisung nur eine Fallunterscheidung stattfindet, erzeugt die Anweisung SWITCH als Ergebnis einen Wert mit dem angegebenen Datentyp datentyp. Das heißt, es wird immer ein Wert zurückgegeben. Ist der Typ vollständig erkennbar, kann auch die Raute # anstelle des Typs angegeben werden. Die Position operand in der Klammer dahinter ist der Wert, der in der Fallunterscheidung geprüft werden soll.

Die einzelnen Vergleichswerte wert1, wert2, ... können Sie nach dem Schlüsselwort WHEN, gefolgt von den eigentlichen Anweisungen nach dem Schlüsselwort THEN, angeben.

Über den Zusatz LET (siehe Abschnitt 7.13.9) haben Sie darüber hinaus die Möglichkeit, Hilfsvariablen zu definieren.

Syntax

```
... SWITCH {datentyp|#}( operand
                 WHEN wert1 THEN ...
               [ WHEN wert2 THEN ... ]
               ...
               [ ELSE ... ] ) ...
```

Beispiele

```
DATA lv_sprache TYPE string.
lv_sprache = SWITCH string( sy-langu
                            WHEN 'D' THEN 'DE'
                            WHEN 'E' THEN 'EN'
                            ELSE 'XX' ).
```

Listing 7.41 Die SWITCH-Anweisung

Die SWITCH-Anweisung in Listing 7.41 ist gleichbedeutend mit der COND-Anweisung in Listing 7.42. Der Unterschied zwischen den beiden Anweisungen ist, dass bei SWITCH (analog zur CASE-Anweisung) keine umfangreichen Bedingungen nach dem WHEN-Zusatz angegeben werden können. Dies ist bei COND möglich. Ein Beispiel für eine komplexere Bedingung mit COND finden Sie in Listing 7.40.

```
DATA lv_sprache TYPE string.
lv_sprache = COND #( WHEN sy-langu = 'D' THEN 'DE'
                     WHEN sy-langu = 'F' THEN 'FR'
                     ELSE 'EN' ).
```

Listing 7.42 Dieselbe Fallunterscheidung mit COND

7.13.7 NEW: Instanziierung

Mit der Anweisung NEW können Sie:

- Instanzen analog zur Anweisung CREATE OBJECT erzeugen. Innerhalb der Klammern werden dabei die obligatorischen Parameter des Konstruktors versorgt. Diese Verwendung ist in Abschnitt 11.1.1, »Instanziierung von Klassen«, beschrieben.

- Anonyme Datenobjekte analog zur Anweisung `CREATE DATA` erzeugen. Die so erzeugten Datenobjekte können Sie zusätzlich mit (Initial-)Werten befüllen. Diese Verwendung ist in Abschnitt 24.5.2, »Anonymes Datenobjekt mit NEW erzeugen«, beschrieben.

7.13.8 CORRESPONDING: Mapping von Strukturen und internen Tabellen

Der Konstruktorausdruck `CORRESPONDING` ist das Inline-Gegenstück zur Anweisung `MOVE-CORRESPONDING` (siehe Abschnitt 7.4.4, »Strukturen«). Das heißt, Sie können die einzelnen Komponenten einer Struktur oder einer internen Tabelle automatisch zuweisen lassen.

Folgende Varianten stehen Ihnen dafür zur Verfügung:

- Grundform
- Mapping-Angabe
- Look-up-Variante für interne Tabellen (beschrieben in Abschnitt 8.7.4, »Tabelle mit CORRESPONDING anreichern«)

Grundform

Aus einer Quellstruktur oder Quelltabelle wird eine Zielstruktur oder Zieltabelle konstruiert. Dazu müssen Sie vor der Klammer ein Zieldatenobjekt (Struktur oder interne Tabelle) und innerhalb der Klammern Ihr Quelldatenobjekt (Struktur oder interne Tabelle) angeben. Über den Zusatz `DEEP` können Sie definieren, dass auch tiefe Strukturen (wenn hinter einem Feld eine weitere Struktur oder interne Tabelle steckt) aufgelöst werden sollen. Dies entspricht dem Zusatz `EXPANDING NESTED TABLES` bei der klassischen Anweisung `MOVE-CORRESPONDING`.

Mit dem Zusatz `BASE` können Sie Ihrer Zielstruktur Startwerte zuweisen. Diesen Zusatz beschreibe ich in Abschnitt 7.13.10. Sie können ihn anwenden, um die Originalwerte Ihres Ziels zu erhalten und nur gleichnamige Komponenten neu zuweisen zu lassen. Ab ABAP 7.56 gibt es mit `APPENDING` einen neuen Zusatz, der es ermöglicht, dass die Zeilen der Zieltabelle erhalten bleiben und die neuen Zeilen der Quelltabelle hinzugefügt werden.

Syntax

```
... CORRESPONDING datentyp|#( [DEEP]
    [[APPENDING] BASE ( base )] struktur|itab) ...
```

Beispiel

Ohne die Angabe von `BASE` wäre in Listing 7.43 die Spalte `spalte3` in der Zielstruktur (`ls_strukt2`) leer.

```
TYPES: BEGIN OF ty_1,
         spalte1 TYPE c LENGTH 3,
         spalte2 TYPE c LENGTH 3,
       END OF ty_1,
       BEGIN OF ty_2,
         spalte2 TYPE c LENGTH 3,
         spalte3 TYPE c LENGTH 3,
       END OF ty_2.
DATA: ls_strukt1 TYPE ty_1,
      ls_strukt2 TYPE ty_2.
ls_strukt1-spalte1 = 'A'.
ls_strukt1-spalte2 = 'B'.
ls_strukt2-spalte3 = 'C'.
ls_strukt2 = CORRESPONDING #( BASE ( ls_strukt2 ) ls_strukt1 ).
```

Listing 7.43 Die Anweisung CORRESPONDING

Eine Zuweisung von Strukturen

```
strukt2 = CORRESPONDING #( BASE ( strukt2 ) strukt1 ).
```

ist das Gleiche wie eine Zuweisung

```
MOVE-CORRESPONDING strukt1 TO strukt2.
```

Eine Zuweisung von internen Tabellen

```
itab2 = CORRESPONDING #( BASE ( itab2 ) itab1 ).
```

ist das Gleiche wie eine Zuweisung

```
MOVE-CORRESPONDING itab1 TO itab2 KEEPING TARGET LINES.
```

Zuweisung mit Mapping-Angabe

Mit einer Mapping-Vorschrift kann die auf Namensgleichheit beruhende Zuweisungsregel übersteuert werden. Wenn eine Mapping-Vorschrift angegeben ist, ist der Zusatz `DEEP` immer aktiv und darf nicht explizit angegeben werden.

Die Mapping-Vorschrift wird direkt hinter dem Zusatz `MAPPING` angegeben. Dort müssen die Komponentennamen der Quelle und des Ziels mithilfe des Zuweisungsoperators (=) zugewiesen werden.

Wenn eine links und rechts des Gleichheitszeichens angegebene Komponente selbst strukturiert ist (d. h., eine Struktur oder interne Tabelle ist), kann für diese Komponente eine eigene Mapping-Vorschrift geschachtelt werden. Setzen Sie hierzu die erste Mapping-Vorschrift in Klammern, und geben Sie direkt nach der Komponente erneut den Zusatz MAPPING an.

Über den Zusatz EXCEPT können Sie Komponenten der Quelle bzw. des Ziels von der Mapping-Vorschrift ausschließen. Wenn es z. B. in dem Quell- und Zielobjekt namensgleiche Komponenten gibt, die nicht typkompatibel sind, können diese mit EXCEPT von der Zuweisung ausgenommen werden. Es kommt dadurch zu keinem Syntax- bzw. Laufzeitfehler. Wenn Sie nach dem Zusatz EXCEPT ein Sternchen (*) angeben, werden alle nicht in der Mapping-Vorschrift aufgeführten Komponenten von der Zuweisung ausgenommen.

Syntax

```
... CORRESPONDING datentyp|#( [BASE ( base )]
                              {struktur|itab}
   [ MAPPING {t1 = s1}|( t1 = s1 [MAPPING ...] [EXCEPT ...] )
             {t2 = s2}|( t2 = s2 [MAPPING ...] [EXCEPT ...] )
              ... ]
    [ EXCEPT {ti tj ...}|* ]
 ) ...
```

Beispiel

Ohne die Angabe von EXCEPT currency nach der Mapping-Vorschrift würde das Feld CURRENCY aufgrund der Namensgleichheit ebenfalls übernommen werden. Die Struktur von SFLIGHT beinhaltet die Felder CARRID, CONNID, FLDATE, CURRENCY, wie Sie in Listing 7.44 sehen.

```
TYPES: BEGIN OF ty_ergebnis,
         carrier    TYPE sflight-carrid,
         connection TYPE sflight-connid,
         flightdate TYPE sflight-fldate,
         currency   TYPE sflight-currency,
       END OF ty_ergebnis.
DATA: ls_sflight  TYPE sflight,
      ls_ergebnis TYPE ty_ergebnis.
SELECT SINGLE carrid connid fldate currency FROM sflight
  INTO CORRESPONDING FIELDS OF ls_sflight.
ls_ergebnis = CORRESPONDING #(
         ls_sflight MAPPING carrier    = carrid
                            connection = connid
                            flightdate = fldate
                            EXCEPT currency ).
```

Listing 7.44 Die Anweisung CORRESPONDING mit Mapping-Angabe

[«]

Dynamische Mapping-Vorschriften

Ab ABAP 7.50 steht Ihnen zur Definition von dynamischen Mapping-Vorschriften die Klasse CL_ABAP_CORRESPONDING zur Verfügung.

7.13.9 Der Zusatz LET

Ab ABAP 7.40 SP05 können Sie mit dem Zusatz LET in einem Konstruktorausdruck lokale Hilfsvariablen definieren, die Sie dabei unterstützen, Werte für die Ergebnismenge zu berechnen. Die Hilfsvariablen können normale Variablen oder Feldsymbole sein. Nach der Definition der Hilfsvariablen nach dem Zusatz LET können Sie die Variable wie gewohnt mit Werten versorgen und damit weitere Operationen durchführen. Zum Schluss können Sie die Hilfsvariable nach dem Zusatz IN den Zielkomponenten zuweisen. Ein Beispiel zur Verwendung von LET finden Sie in Listing 7.40 in Abschnitt 7.13.5, »COND: Bedingte Ausdrücke«.

Syntax

```
... LET {var1 = ...}|{<fs1> = ...}
        {var2 = ...}|{<fs2> = ...} ... IN ...
```

7.13.10 Der Zusatz BASE

Ab ABAP 7.40 SP08 kann über den Zusatz BASE der Rückgabewert eines Konstruktorausdrucks mit einem Startwert aus einem anderen Datenobjekt versehen werden. Erst danach erfolgt die eigentliche Konstruktion. Auf diese Weise können Sie z. B. bestimmte Komponenten mit Default-Werten vorbelegen. Ein Beispiel zur Verwendung von BASE finden Sie in Listing 7.43 in Abschnitt 7.13.8, »CORRESPONDING: Mapping von Strukturen und internen Tabellen«.

Syntax

```
... VALUE {Datentyp|#} ( [BASE ...]
                         [...] ) ...
```

7.14 Operandenpositionen

Bisher konnten Sie Datenobjekte an einer Operandenposition angeben, also nach oder in ABAP-Anweisungen. Je nachdem, wo Sie dabei Ihr Datenobjekt angeben, wird bei diesen Operandenpositionen zwischen Lese- und Schreibposition unterschieden.

Schreibpositionen sind Positionen, an denen ein Datenobjekt geändert wird. Diese Positionen haben Sie z. B. verwendet, wenn Sie einem Datenobjekt über den Zuweisungsoperator (=) einen neuen Wert zugewiesen haben: `lv_zahl = 1`. Das Datenobjekt `LV_ZAHL` steht dabei an einer Schreibposition und wurde auf den neuen Wert `1` geändert.

Folgende Angaben an Schreibpositionen gibt es:

- Datenobjekte, Feldsymbole `<fs>`, dereferenzierte Datenreferenzen `dref->*` oder interne Tabellen mit Kopfzeile (über die Angabe von `[]`, um den Tabellenkörper zu adressieren)
- Offset-/Längenangaben von Datenobjekten
- Ausgabeparameter (`EXPORTING`)
- Ein-/Ausgabeparameter (`CHANGING`) bei einem Funktionsbaustein- bzw. Methodenaufruf
- Rückgabewerte (`RETURNING`) bei einem Methodenaufruf

Darüber hinaus haben Sie auch Datenobjekte an *Lesepositionen* angegeben, also jenen Positionen, an denen kein Datenobjekt geändert wurde, z. B.:

- Eingabeparameter von Methodenaufrufen
- Eingabeparameter von Funktionsbausteinen
- bei der Erzeugung von Objekten
- bei der Auslösung von Ausnahmen

Ab ABAP 7.40 ändert sich nun Folgendes: Sie können an diesen Lese- und Schreibpositionen neben Datenobjekten jetzt deutlich mehr Funktionen und Ausdrücke angeben. Vorher waren hier nur einige vereinzelte eingebaute Funktionen möglich.

7.14.1 Funktionen und Ausdrücke für Lesepositionen

Allgemeine Ausdruckspositionen sind Lesepositionen, an denen außer einem passenden Datenobjekt auch Folgendes angegeben werden kann:

- Konstruktorausdrücke (siehe Abschnitt 7.13)
- Tabellenausdrücke (siehe Abschnitt 8.5.2)
- Rechenausdrücke (siehe Abschnitt 7.9)
- eingebaute Funktionen (siehe Abschnitt 7.12.6, »Eingebaute Funktionen für Zeichenketten«, und Abschnitt 8.10, »Eingebaute Funktionen für interne Tabellen«)
- funktionale Methoden (Methoden mit `RETURNING`)

Die Frage, die sich dabei stellt, ist, wann dies geschehen darf, d. h., wann Sie außer einem Datenobjekt die oben aufgeführten Ausdrücke benutzen dürfen. Es gibt folgende allgemeinen Ausdruckspositionen:

- rechte Seite einer Zuweisung mit dem Zuweisungsoperator (=)
- Operanden arithmetischer Ausdrücke
- eingebettete Ausdrücke in Zeichenketten-Templates
- Operanden von Vergleichsausdrücken in logischen Ausdrücken
- Operand der Anweisung CASE
- Eingabeparameter von Methodenaufrufen, zur Objekterzeugung und zum Auslösen von Ausnahmen
- Eingabeparameter von Funktionsbausteinen
- Argumente von eingebauten numerischen Funktionen
- Operanden hinter WITH TABLE KEY bei den Anweisungen READ TABLE und DELETE TABLE
- Operanden hinter WITH KEY bei der Anweisung READ TABLE
- als Struktur bei den Anweisungen APPEND ... TO, INSERT ... INTO und MODIFY ... FROM
- als Ausdruck nach der Anweisung SORT ... BY
- Quellfelder der Anweisungen WRITE und WRITE TO (als Angabe von eingebetteten Ausdrücken in Zeichenketten-Templates)

7.14.2 Ausdrücke für Schreibpositionen

Ausdrücke, die an Schreibpositionen aufgeführt werden können, sind:

- die Inline-Deklarationsausdrücke DATA() und FIELD-SYMBOL()
- die Konstruktorausdrücke NEW class(...)->attr und CAST type(...)->dobj
- die Tabellenausdrücke mit itab[...] und deren Verkettungen

7.15 Änderungen und Neuerungen bis ABAP 7.57

Hier finden Sie alle wichtigen Änderungen der ABAP-Grundbefehle bis ABAP-Release 7.57. Diese Änderungen habe ich in den vorangegangenen Abschnitten dieses Kapitels bereits angesprochen, dieser Abschnitt dient daher als zusätzlicher Überblick.

- **Änderungen in ABAP 7.40 SP02:**
  - Eine neue Art von Konstruktorausdrücken wurde eingeführt. Sie erlauben es, mithilfe von Konstruktoroperatoren an allgemeinen Ausdruckspositionen Resultate mit einem angegebenen Datentyp zu konstruieren (siehe Abschnitt 7.13).
  - Die neue eingebaute Funktion ipow() ermöglicht es, Felder beliebiger numerischer Typen mit ganzzahligen Werten zu potenzieren (siehe Abschnitt 7.9, »Rechenoperationen«).

- Die neue Formatierungsoption ALPHA wurde für eingebettete Ausdrücke in Zeichenketten-Templates geschaffen und fügt führende Nullen vor Ziffernfolgen ein oder entfernt diese (siehe Abschnitt 7.12.7).
- Der Vergleich von Zeichenkettenausdrücken ist jetzt auch mit BETWEEN möglich (siehe Abschnitt 7.12.1).

- **Änderungen in ABAP 7.40 SP05:**
  - Die neuen LET-Ausdrücke erlauben die Definition von Variablen und Feldsymbolen als Hilfsfelder in Konstruktorausdrücken (siehe Abschnitt 7.13.9, »Der Zusatz LET«).
- **Änderungen in ABAP 7.40 SP08:**
  - Die neue boolesche Funktion xsdbool( ) gibt je nach Wahrheitswert des als Argument angegebenen logischen Ausdrucks den Wert »X« oder ein Leerzeichen vom Typ c der Länge 1 zurück.
  - Mit dem neuen Zusatz BASE für die in ABAP 7.40 SP02 eingeführten Konstruktorausdrücke kann der Rückgabewert mit einem Startwert versehen werden, bevor die eigentliche Konstruktion erfolgt (siehe Abschnitt 7.13.10).
  - Der Operand der Anweisung WAIT UP TO wurde von i nach f und die Zeitauflösung von Sekunden auf Millisekunden geändert.
- **Neuerungen in ABAP 7.50:**
  - Für die Fallunterscheidung wurde eine Variante für die Typinspektion durch die Anweisung CASE TYPE OF eingeführt (siehe Abschnitt 7.8.4).
  - Es gibt einen neuen eingebauten ABAP-Typ int8.
- **Neuerungen in ABAP 7.51:**
  - Für Aufzählungstypen wurde die Anweisung TYPES BEGIN OF ENUM eingeführt, für die Aufzählungsvariablen definiert werden können (siehe Abschnitt 7.4.6).
- **Neuerungen in ABAP 7.54:**
  - Es wurden die Berechnungszuweisungen +=, -=, *=, /= und &&= eingeführt (siehe Abschnitt 7.9.2).
- **Neuerungen in ABAP 7.55:**
  - Mit FINAL wurde die Inline-Variante der Anweisung CONSTANTS eingeführt (siehe Abschnitt 7.4.2).

Kapitel 8
Mit internen Tabellen arbeiten

Interne Tabellen als Herzstück von ABAP ermöglichen die Bearbeitung großer Datenmengen. Die Arbeit mit ABAP unterscheidet sich dabei elementar von der Arbeit mit anderen Programmiersprachen, da ein Set fest eingebauter Anweisungen bereitgestellt wird.

Interne Tabellen sind eine Besonderheit in ABAP und bilden gleichermaßen in Kombination mit der eingebauten Datenbankschnittstelle die eigentliche Stärke dieser Sprache. In anderen Programmiersprachen bilden interne Tabellen ein zweidimensionales Array. Verwechseln Sie interne Tabellen nicht mit den normalen Tabellen der Datenbank. Interne Tabellen sind Datenobjekte und existieren nur zur Laufzeit eines Programms. Sie sind im Hauptspeicher (daher die Bezeichnung *intern*) des Applikationsservers abgebildet.

In Abbildung 8.1 sehen Sie, wie eine solche interne Tabelle im ABAP Debugger angezeigt wird. Sie hat 16 Spalten und insgesamt 1.291 Einträge. Der Inhalt wurde dabei aus einer Tabelle der Datenbank geladen.

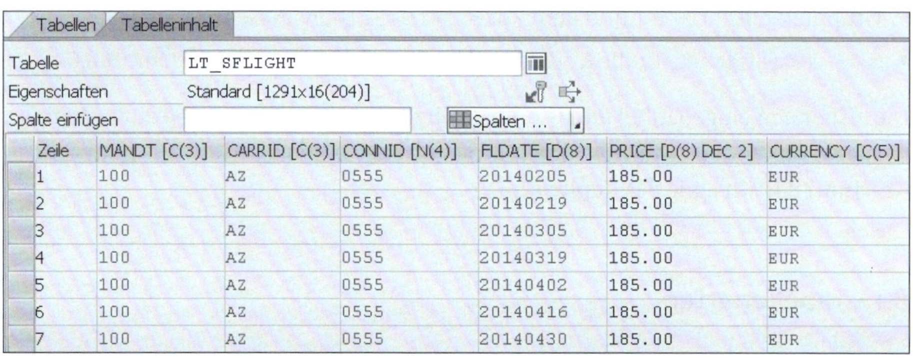

Zeile	MANDT [C(3)]	CARRID [C(3)]	CONNID [N(4)]	FLDATE [D(8)]	PRICE [P(8) DEC 2]	CURRENCY [C(5)]
1	100	AZ	0555	20140205	185.00	EUR
2	100	AZ	0555	20140219	185.00	EUR
3	100	AZ	0555	20140305	185.00	EUR
4	100	AZ	0555	20140319	185.00	EUR
5	100	AZ	0555	20140402	185.00	EUR
6	100	AZ	0555	20140416	185.00	EUR
7	100	AZ	0555	20140430	185.00	EUR

Abbildung 8.1 Eine interne Tabelle

In diesem Kapitel stelle ich Ihnen die verschiedenen Arten von internen Tabellen vor, zeige Ihnen anschließend, wie Sie diese definieren und initialisieren und wie Sie die folgenden Grundoperationen auf interne Tabellen anwenden können:

- Hinzufügen (siehe Abschnitt 8.4)
- Auslesen (siehe Abschnitt 8.5)

- Löschen (siehe Abschnitt 8.6)
- Ändern (siehe Abschnitt 8.7)
- Kopieren (siehe Abschnitt 8.8)
- Aufbereiten (siehe Abschnitt 8.9)

Wenn Sie die klassischen Anweisungen für interne Tabellen bereits kennen, empfehle ich Ihnen, sich mit den mit ABAP 7.40 hinzugefügten Methoden als Inline-Varianten der bisher bestehenden Anweisungen auseinanderzusetzen:

- `VALUE` zur Befüllung von internen Tabellen (siehe Abschnitt 8.4.4)
- `NEW` zur Befüllung von anonymen internen Tabellen (siehe Abschnitt 8.4.8)
- Tabellenausdrücke mit `[ ]` zum Auslesen von internen Tabellen (siehe Abschnitt 8.5.2)
- `CORRESPONDING` zum Kopieren von internen Tabellen (nicht nur von namensgleichen Feldern, sondern auch durch Angabe eines zusätzlichen Mappings für Felder mit unterschiedlichen Namen, siehe Abschnitt 8.7.4)
- `REDUCE` zur Reduzierung von internen Tabellen über Iteratoren (siehe Abschnitt 8.9.4)
- `FILTER` zur Filterung von internen Tabellen mit einer `WHERE`-Klausel oder einer zweiten Tabelle (siehe Abschnitt 8.9.5)

Darüber hinaus haben in den letzten Releases auch ältere Anweisungen ein Update erfahren:

- Gruppieren mit `LOOP AT` und dem Zusatz `GROUP BY` (siehe Abschnitt 8.5.4)
- `MOVE-CORRESPONDING` für die Kopie von internen Tabellen (siehe Abschnitt 8.8.1)

Die bisherigen eingebauten Funktionen (siehe Abschnitt 8.10) wurden außerdem um ein paar Funktionen erweitert. Eine Liste aller Neuerungen bis ABAP 7.57 finden Sie in Abschnitt 8.11 am Ende des Kapitels.

8.1 Tabellenarten

Man unterscheidet drei verschiedene Arten von internen Tabellen. Der Hauptunterschied zwischen den Tabellenarten ist der Zugriff und damit auch die benötigte Zugriffszeit. Im Normalfall reichen Standardtabellen aus. Nur wenn Ihr Programm sehr viele Daten verarbeitet und eine hohe Laufzeit aufweist, gewinnen die anderen beiden Tabellenarten an Bedeutung. Die Art der internen Tabelle können Sie bei der Definition mit `DATA` auswählen. Dies ist in Abschnitt 8.2, »Interne Tabellen definieren«, beschrieben.

Folgende Tabellenarten stehen Ihnen zur Verfügung:

- Standardtabellen
- sortierte Tabellen
- Hash-Tabellen

Darüber hinaus gibt es mit Ranges-Tabellen (siehe Abschnitt 8.2.3) einen Spezialfall einer Standardtabelle mit einem fest vorgeschriebenen Aufbau. Nicht jede Anweisung können Sie für jeden Tabellentyp verwenden. In Tabelle 8.1 finden Sie die Anweisungen als Übersicht.

8

Anweisung	Standardtabelle		Sortierte Tabelle		Hash-Tabelle	
	Zugriff über Schlüssel	**Zugriff über Index**	**Zugriff über Schlüssel**	**Zugriff über Index**	**Zugriff über Schlüssel**	**Zugriff über Index**
`INSERT`	ja	ja	ja	nein	ja	nein
`APPEND`	ja	ja	ja	nein	ja	nein
`COLLECT`	ja	nein	ja	nein	ja	nein
`MODIFY`	ja	ja	ja	nein	ja	nein
`DELETE`	ja	ja	ja	ja	ja	nein
`READ TABLE`	ja	ja	ja	ja	ja	nein
Tabellen-ausdrücke mit [ ]	ja	ja	ja	ja	ja	nein
`LOOP`	ja	ja	ja	ja	ja	nein

Tabelle 8.1 Einschränkungen für Indexzugriffe

8.1.1 Standardtabellen

Standardtabellen können ohne Primärschlüssel definiert werden. Das heißt, Datensätze können mehrfach vorkommen.

- Zugriff: über den Index (Zeilennummer) oder den (Primär-)Schlüssel
- Zugriffszeit: Über den Index ist ein direkter Zugriff möglich. Beim Zugriff über den Schlüssel nimmt die Antwortzeit linear zur Anzahl der Sätze zu.

8.1.2 Sortierte Tabellen

Bei einer sortierten Tabelle werden die Sätze immer aufsteigend sortiert gespeichert. Der Schlüssel kann dabei eindeutig oder nicht eindeutig sein.

- Zugriff: über den Index oder den (Primär-)Schlüssel
- Zugriffszeit: Beim Zugriff über den Schlüssel nimmt die Antwortzeit logarithmisch zur Anzahl der Sätze zu, da das System eine binäre Suche durchführt.

8.1.3 Hash-Tabellen

Bei Hash-Tabellen wird kein Index erzeugt, der Zugriff erfolgt über einen eindeutigen Schlüssel. Der Schlüssel kann aus einem oder auch mehreren Feldern bestehen. Achten Sie darauf, dass der Schlüssel bei Hash-Tabellen eindeutig sein muss und zu Ihrem Lesezugriff passt.

- Zugriff: nur über (Primär-)Schlüssel
- Zugriffszeit: Wenn auf die Tabelle über den Primärschlüssel zugegriffen wird, hängt die Zugriffszeit nicht von der Anzahl der Sätze ab, sondern ist immer konstant. Das bedeutet, dass die Laufzeit Ihres Programms unabhängig vom Datenaufkommen durch den Einsatz von Hash-Tabellen konstant gehalten werden kann.

8.2 Interne Tabellen definieren

Bevor Sie mit internen Tabellen arbeiten können, müssen Sie diese erst einmal definieren. Dazu nutzen Sie wie bei anderen Datenobjekten auch die Anweisung `DATA`. Als Typ können Sie sich dabei auf folgende Elemente beziehen:

- auf eine Struktur
- auf eine Tabelle
- auf einen (globalen) Tabellentyp
- auf einen lokalen Strukturtyp

Anstelle der Zusätze `TYPE` und `LIKE` benutzen Sie hier allerdings den Zusatz `TYPE TABLE OF`. Wollen Sie dagegen eine interne Tabelle auf Basis eines Tabellentyps definieren, brauchen Sie nur `TYPE`, da der Tabellentyp schon der Typ einer internen Tabelle ist.

Sie können zusätzlich den Typ der internen Tabelle mit `STANDARD TABLE`, `SORTED TABLE` und `HASHED TABLE` angeben. Geben Sie keinen dieser Zusätze, sondern nur `TABLE` an, wird eine Standardtabelle angelegt.

Wollen Sie zu einer internen Tabelle eine Struktur definieren, verwenden Sie den Zusatz `LIKE LINE OF` mit Angabe der internen Tabelle. Dies ist besonders hilfreich, wenn Sie über eine Schnittstelle (z. B. einen Funktionsbaustein) eine interne Tabelle erhalten, deren Typ nicht global im ABAP Dictionary definiert wurde. Eine solche Definition könnte wie folgt aussehen:

```
DATA ls_zeile LIKE LINE OF lt_itab.
```

Syntax

```
DATA itab {TYPE ... { {[STANDARD] TABLE}
                    | {SORTED TABLE}
                    | {HASHED TABLE}
          } ... OF type}
```

Beispiel

Listing 8.1 zeigt eine Beispieldefinition.

```
DATA lt_sflight1 TYPE TABLE OF sflight.
DATA lt_sflight2 TYPE SORTED TABLE OF sflight.
*Bezug auf Zeilentyp
DATA lt_sflight3 TYPE TABLE OF ty_sflight.
*Bezug auf Tabellentyp
DATA lt_sflight4 TYPE sflight_tt.
```

Listing 8.1 Definition interner Tabellen

8.2.1 Schlüssel definieren

Mit dem Zusatz WITH KEY können Sie Schlüssel für die interne Tabelle definieren. Anhand dieses Schlüssels kann eine Zeile eindeutig identifiziert werden. Primärschlüssel (es kann keine zweite Zeile mit dem gleichen Schlüssel existieren) definieren Sie über den Zusatz UNIQUE (über ALIAS können Sie den Schlüssel benennen); nicht eindeutige Schlüssel (eine Zeile kann doppelt vorkommen) definieren Sie mit dem Zusatz NON-UNIQUE. Über den Zusatz COMPONENTS können Sie die Spalten der internen Tabelle angeben, die den Schlüssel bilden. Bei Standardtabellen kann nur NON-UNIQUE, bei Hash-Tabellen muss UNIQUE, bei sortierten Tabellen kann beides angegeben werden.

Mit dem Zusatz DEFAULT KEY werden alle Felder einer internen Tabelle als Standardschlüssel definiert. Dieser Zusatz wird implizit verwendet, wenn Sie für eine Standardtabelle keinen Schlüssel angeben möchten. Eine explizite Angabe von DEFAULT KEY ist also nicht nötig.

Syntax

```
DATA itab {TYPE ... { {[STANDARD] TABLE}
                    | {SORTED TABLE}
                    | {HASHED TABLE}
          } ... OF type}
          [WITH [UNIQUE | NON-UNIQUE]
            {KEY [primary_key [ALIAS schluesselname]
```

```
              COMPONENTS]
          spalte1 spalte2 ...} |
         {DEFAULT KEY}
       ].
```

Beispiel

Listing 8.2 zeigt eine Definition mehrerer Tabellen mit Schlüsseln. Die Definition der Tabelle LT_SFLIGHT2 entspricht dabei der Definition der Tabelle LT_SFLIGHT3, d. h., auch LT_SFLIGHT2 hat einen Primärschlüssel, auch wenn der Zusatz nicht explizit mit angegeben ist.

```
DATA lt_sflight1 TYPE SORTED TABLE sflight
                 WITH UNIQUE KEY carrid connid fldate.
DATA lt_sflight2 TYPE HASHED TABLE OF sflight
                 WITH UNIQUE KEY carrid connid fldate.
DATA lt_sflight3 TYPE HASHED TABLE OF sflight
                 WITH UNIQUE KEY primary_key
                 COMPONENTS carrid connid fldate.
```

Listing 8.2 Definition interner Tabellen mit Schlüsseln

8.2.2 Obsolet: Deklaration einer internen Tabelle mit Kopfzeile

Bei einer internen Tabelle mit Kopfzeile wird direkt eine Struktur als Arbeitsbereich für den Kopf der internen Tabelle definiert. Diese Schreibweise ist jedoch obsolet und in objektorientierten Konzepten nicht mehr erlaubt. Sie sollten solche Tabellen nur noch verwenden, wenn z. B. ein alter Funktionsbaustein sie benötigt.

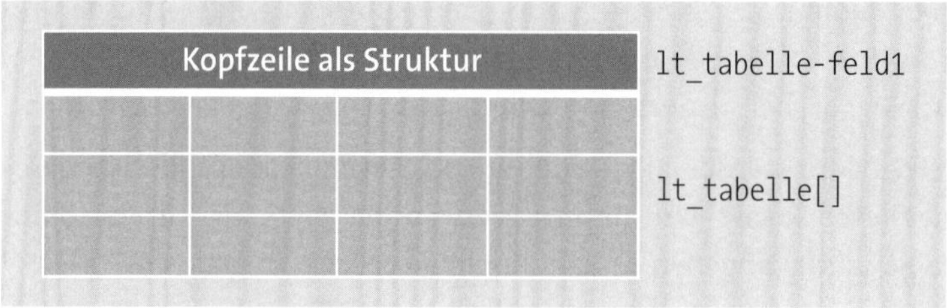

Abbildung 8.2 Aufbau einer internen Tabelle mit Kopfzeile

Sie können wie folgt auf die Komponenten der internen Tabelle zugreifen:

- Zugriff auf die Struktur (Zeile 1 der Tabelle in Abbildung 8.2) mit `lt_tabelle-feld1`.
- Zugriff auf den Inhalt (ab Zeile 2 der Tabelle in Abbildung 8.2) der internen Tabelle mit `lt_tabelle[]`.

Beispiel

```
DATA lt_tabelle TYPE TABLE OF dbtab WITH HEADER LINE.
```

8.2.3 Ranges-Tabellen definieren

Ranges-Tabellen sind spezielle interne Tabellen, die für die Selektion von Werten von der Datenbank benötigt werden. Ranges-Tabellen haben den in Tabelle 8.2 gezeigten Aufbau.

OPTION	SIGN	LOW	HIGH

Tabelle 8.2 Aufbau einer Ranges-Tabelle

Jede später hinzugefügte Zeile stellt genau eine Selektionsbedingung dar. Sie haben also durch Ranges-Tabellen die Möglichkeit, mehrere Selektionsbedingungen zu kombinieren. Folgende Werte können Sie dazu verwenden:

- SIGN: I für Include oder E für Exclude. Soll die Wertemenge, auf die die Bedingung zutrifft, der Ergebnismenge hinzugefügt oder soll sie entfernt werden?
- OPTION: EQ, NE, BT, LT, GT, LE oder GE. Welcher logische Ausdruck soll für die Bedingung verwendet werden?
- LOW: Der auf der Datenbanktabelle zu suchende Wert; wenn als Suchoption BT (Between) angegeben ist, der Von-Wert (gibt alle Einträge zurück, die zwischen dem Von-Wert und dem Bis-Wert liegen). Der Wert selbst kann jeglicher Art sein: ein Datum, eine Menge, eine Größe, eine Position. Dies wird bei der Definition der Ranges-Tabelle bestimmt.
- HIGH: wenn die Suchoption BT angegeben ist, der Bis-Wert

Je nachdem, welchen logischen Ausdruck Sie wählen, müssen Sie die Spalten LOW und HIGH füllen. Zum Beispiel muss bei Verwendung des Ausdrucks EQ (equal, also gleich) nur der LOW-Wert gefüllt sein. Wird BT (between, also zwischen) ausgewählt, müssen LOW und HIGH gefüllt sein. In Tabelle 8.3 sind beispielhaft drei Bedingungen (standardmäßig über AND verknüpft) aufgeführt.

OPTION	SIGN	LOW	HIGH
EQ	I	123456	
BT	I	A	Z
EQ	E	H	

Tabelle 8.3 Beispielhaft gefüllte Ranges-Tabelle

Ranges-Tabellen definieren Sie mit dem Zusatz TYPE RANGE OF, gefolgt von dem Namen des Datenelements aus dem ABAP Dictionary.

Ranges-Tabellen sind interne Tabellen, deshalb unterscheidet sich die Arbeit mit Ranges-Tabellen nicht von der mit anderen internen Tabellen. Alle in den folgenden Abschnitten beschriebenen Arbeitsweisen gelten daher auch für Ranges-Tabellen.

[»]

Ranges-Tabellen in SELECT-Anweisungen

Sie können Ranges-Tabellen zusätzlich in einer Bedingung innerhalb einer SELECT-Anweisung verwenden. Diese Vorgehensweise zeige ich Ihnen in Abschnitt 9.2, »Die Open-SQL-Anweisung SELECT«.

Syntax

```
DATA rtab TYPE RANGE OF type.
```

Beispiel

```
DATA lr_carrid TYPE RANGE OF sflight-carrid.
```

8.3 Interne Tabellen initialisieren

In Abschnitt 7.7, »Initialisierung«, habe ich Ihnen bereits die zwei Anweisungen CLEAR und FREE vorgestellt. Diese funktionieren auf dieselbe Weise mit internen Tabellen. Darüber hinaus gibt es noch die Anweisung REFRESH, die für interne Tabellen mit Kopfzeilen gedacht ist.

Beispiel

```
CLEAR lt_sflight.
FREE lt_sflight.
```

REFRESH: für interne Tabellen mit Kopfzeile

In Abschnitt 8.2.2 hatte ich Ihnen den obsoleten Spezialfall interner Tabellen mit Kopfzeilen vorgestellt. Diese wurden wie folgt definiert:

```
DATA lt_tabelle TYPE TABLE OF dbtab WITH HEADER LINE.
```

Wollen Sie so eine interne Tabelle löschen, würden Sie wahrscheinlich den folgenden Befehl schreiben:

```
CLEAR lt_tabelle.
```

Diese Anweisung würde allerdings nur die Kopfzeile der internen Tabelle löschen und nicht den Inhalt. Wollen Sie mit CLEAR den Inhalt der internen Tabellen löschen, müssen Sie dies explizit durch die Angabe von zwei eckigen Klammern sagen:

```
CLEAR lt_tabelle[].
```

Nutzen Sie dagegen die Anweisung REFRESH, wird der Inhalt der internen Tabelle gelöscht. Die Kopfzeile dagegen bleibt genauso wie vorher:

```
REFRESH lt_tabelle.
```


Wenn Sie also sowohl die Kopfzeile als auch den Inhalt einer internen Tabelle löschen wollen, müssen Sie die folgenden zwei Anweisungen schreiben:

```
CLEAR lt_tabelle.   "für Kopfzeile
REFRESH lt_tabelle. "für den Inhalt
```

8.4 Zeilen hinzufügen

Um eine interne Tabelle zu füllen, stehen die Anweisungen SELECT, APPEND, INSERT, VALUE und NEW bereit, die ich in diesem Abschnitt erläutere.

8.4.1 Daten mit SELECT hinzufügen

Interne Tabellen können Sie wie in Listing 8.3 direkt von der Datenbank durch eine SELECT-Anweisung befüllen. Wichtig ist hierbei der Zusatz INTO TABLE, damit ABAP weiß, dass das Ziel eine interne Tabelle darstellt. Ausführliche Informationen zur Verwendung von Open SQL finden Sie in Kapitel 9, »Zugriff auf Datenbanken«.

```
DATA: lt_sflight TYPE TABLE OF sflight.
SELECT carrid connid fldate
  FROM sflight
  INTO CORRESPONDING TABLE OF lt_sflight.
```

Listing 8.3 Beispielhafte Selektion von Daten in eine interne Tabelle

8.4.2 Zeilen mit APPEND anhängen

Mit der Anweisung APPEND können Sie einzelne Zeilen an das Ende einer internen Tabelle hängen. Dieser Befehl funktioniert bei sortierten Tabellen nur, wenn damit die Sortierungsreihenfolge nicht durchbrochen wird. Für Hash-Tabellen können Sie diesen Befehl nicht nutzen.

Das Systemfeld sy-tabix wird nach dem Hinzufügen der Zeilen auf die Zeilennummer der letzten angehängten Zeile im primären Tabellenindex gesetzt.

Syntax

```
APPEND struktur TO itab.
```

Beispiel

In Listing 8.4 wird eine Struktur LS_SFLIGHT gefüllt und einer internen Tabelle LT_SFLIGHT hinzugefügt.

```
DATA: ls_sflight TYPE sflight,
      lt_sflight TYPE TABLE OF sflight.
ls_sflight-carrid = '123456'.
APPEND ls_sflight TO lt_sflight.
```

Listing 8.4 Zeilen mit APPEND anhängen

Der Zusatz LINES OF

Mit dem Zusatz LINES OF können Sie Zeilen aus einer zweiten internen Tabelle itab2 Ihrer Tabelle itab hinzufügen. Dabei können Sie die Zeilen über eine Indexangabe mit den Zusätzen FROM und TO oder über die Angabe eines Schlüssels mit dem Zusatz USING KEY eingrenzen. Geben Sie keinen dieser Zusätze an, werden alle Zeilen hinzugefügt.

Syntax

```
APPEND { LINES OF itab2 [FROM idx1][TO idx2]
                        [USING KEY schluessel] ... }
  TO itab [SORTED BY komponente].
```

Beispiel

In Listing 8.5 werden zwei Tabellen LT_SFLIGHT_GEBUCHT und LT_SFLIGHT_STORNIERT zu einer dritten Tabelle LT_SFLIGHT zusammengeführt.

```
DATA: lt_sflight_gebucht    TYPE TABLE OF sbook,
      lt_sflight_storniert TYPE TABLE OF sbook,
      lt_sflight            TYPE TABLE OF sbook.
SELECT connid carrid fldate FROM sbook
   INTO TABLE lt_sflight_gebucht   WHERE cancelled NE 'X'.
SELECT connid carrid fldate FROM sbook
   INTO TABLE lt_sflight_storniert WHERE cancelled EQ 'X'.
APPEND LINES OF lt_sflight_storniert TO lt_sflight.
APPEND LINES OF lt_sflight_gebucht   TO lt_sflight.
```

Listing 8.5 Verwendung des Zusatzes LINES OF

8.4.3 Zeilen mit INSERT hinzufügen

Mit der Anweisung INSERT können Sie eine Zeile struktur an einer beliebigen Stelle einer internen Tabelle itab einfügen. Die Stelle lässt sich dabei über eine Indexangabe mit dem Zusatz INDEX angeben (z. B. Zeile 1) oder wird über den Primärschlüssel (der aus der angegebenen Struktur gelesen wird) bestimmt.

Wenn die Zeile eingefügt werden konnte, wird das Systemfeld sy-subrc auf 0 gesetzt, ansonsten auf 4.

Syntax

```
INSERT struktur INTO {TABLE itab} | {itab INDEX index}.
```


Beispiel

In Listing 8.6 wird versucht, der Tabelle LT_SFLIGHT zwei Zeilen hinzuzufügen, einmal über die Angabe des Zusatzes INDEX 1 und einmal über den Primärschlüssel. Da die Tabelle mit den Feldern CARRID, CONNID und FLDATE einen eindeutigen Primärschlüssel hat, wird nur eine Zeile eingefügt.

```
DATA: ls_sflight TYPE sflight,
      lt_sflight TYPE SORTED TABLE OF sflight
                 WITH UNIQUE KEY carrid connid fldate.
ls_sflight-carrid = 'AA'.
ls_sflight-connid = '0017'.
ls_sflight-fldate = '12.09.2016'.
INSERT ls_sflight INTO lt_sflight INDEX 1.
INSERT ls_sflight INTO TABLE lt_sflight.
"Zweites Hinzufügen schlägt fehl, da Zeile bereits vorhanden
```

Listing 8.6 Beispiel zur Anweisung INSERT

Der Zusatz LINES OF

Mit dem Zusatz LINES OF können Sie mehrere Zeilen einer zweiten Tabelle itab2 Ihrer Tabelle itab hinzufügen. Dabei können Sie die Zeilen über eine Indexangabe mit den Zusätzen FROM und TO oder über die Angabe eines Schlüssels mit USING KEY eingrenzen. Geben Sie keinen dieser Zusätze an, werden alle Zeilen hinzugefügt.

Syntax

```
INSERT LINES OF itab2 [FROM index1][TO index2]
                      [USING KEY schluessel]
                INTO { TABLE itab} | {itab INDEX index }.
```

Beispiel

Mit den folgenden Anweisungen werden zwei Tabellen LT_SFLIGHT_GEBUCHT und LT_SFLIGHT_STORNIERT zusammengeführt:

```
INSERT LINES OF lt_sflight_storniert INTO lt_sflight INDEX 1.
INSERT LINES OF lt_sflight_gebucht   INTO lt_sflight INDEX 1.
```

8.4.4 Werte mit VALUE hinzufügen

Die Anweisung VALUE bildet einen Konstruktorausdruck, mit dem Sie Werte von Datenobjekten definieren können. Diese Anweisung habe ich Ihnen für Variablen und Strukturen in Abschnitt 7.13.1, »VALUE: Erzeugung von Werten«, vorgestellt. In diesem Abschnitt zeige ich Ihnen nun, wie Sie mit der Anweisung VALUE eine interne Tabelle befüllen können.

Dazu müssen Sie in den Klammern des VALUE-Ausdrucks die einzelnen Komponenten einer Zeile zeilendefinition mit Werten versorgen. Jede Zeilendefinition ist dabei separat geklammert. Wenn der Typ der internen Tabelle bekannt ist, können Sie vor die Klammern das Hash-Symbol (#) schreiben, ansonsten müssen Sie hier einen Tabellentyp angeben.

Darüber hinaus stehen Ihnen zu den Konstruktorausdrücken die folgenden Zusätze zur Verfügung:

- LET zur Konstruktion von Hilfsvariablen (siehe Abschnitt 7.13.9)
- BASE zur Übernahme von Werten aus anderen Datenobjekten (siehe Abschnitt 7.13.10)
- FOR für Iterationen (siehe Abschnitt 8.4.5) und Gruppierungen (siehe Abschnitt 8.4.6)
- LINES OF für die Übernahme von Zeilen aus anderen Tabellen (siehe Abschnitt 8.4.7)

Syntax

```
... VALUE datentyp|#( [LET][BASE][FOR]
                  ( zeilendefinition1 )
                  ( zeilendefinition2 ) ... ) ...
```

Beispiel

In Listing 8.7 wird eine interne Tabelle zur Selektion von Benutzerdaten durch VALUE mit zwei Zeilen gefüllt. Jede Zeilendefinition ist dabei extra geklammert.

```
DATA: lt_selection TYPE TABLE OF bapiussrge.
lt_selection = VALUE #(
```

```
    "Angabe Zeile 1
    ( parameter = 'USERNAME' sign = 'I' option = 'BT'
      low = 'A' high = 'Z' )
    "Angabe Zeile 2
    ( parameter = 'USERNAME' sign = 'E' option = 'EQ'
      low = 'M' )
).
*Lese Benutzer, die den Kriterien entsprechen
CALL FUNCTION 'BAPI_USER_GETLIST'
  EXPORTING
    with_username   = 'X'
  TABLES
    selection_range = lt_selection
    userlist        = lt_userlist.
```

Listing 8.7 Erzeugung von Werten mit VALUE

8.4.5 Der Zusatz FOR

Ab ABAP 7.40 SP05 können Sie mit `FOR` eine zusätzliche Angabe machen. Der Zusatz `FOR` definiert eine Schleife (einen sogenannten *Iterationsausdruck*). Sie haben hier die Wahl zwischen bedingten Iterationen (»iteriere so lange, bis Wert x erreicht ist«, z. B. als Zählschleife) und Tabelleniterationen (auch *Tabellen-Comprehensions* genannt). Über Tabelleniterationen haben Sie die Möglichkeit, neue Tabellenzeilen aus Zeilen bereits vorhandener interner Tabellen zu konstruieren, d. h., hier können Sie über eine andere interne Tabelle iterieren. Die innerhalb der Schleife über `zeilendefinition` definierten Zeilen werden für jede Iteration in die Zieltabelle eingefügt.

Der Zusatz `FOR` steht auch den Anweisungen `NEW` (siehe Abschnitt 8.4.8) und `REDUCE` (siehe Abschnitt 8.9.4) zur Verfügung.

Bedingte Iterationen

Mit einer bedingten Iteration können Sie Schleifendurchläufe innerhalb von Konstruktorausdrücken realisieren. Mit den bedingten Iterationen können Sie die `DO`- und `WHILE`-Schleifen, mit denen Sie vielleicht bisher interne Tabellen mit Werten befüllt haben, in vielen Fällen ersetzen.

Um eine bedingte Iteration zu definieren, geben Sie nach dem Zusatz `FOR` eine Iterationsvariable `iterationsvar` an und versehen diese mit einem Startwert `startwert`. Der Wert dieser Iterationsvariablen wird während der Iteration standardmäßig um eins erhöht (`iterationsvariable + 1`).

Falls Sie diese Funktionsweise übersteuern möchten, können Sie nach dem Schlüsselwort `THEN` eine eigene Logik angeben (z. B. `iterationsvariable - 1`). Dies müssen Sie in jedem Fall, wenn Sie als Iterationsvariable einen Wert angegeben haben, der nicht um 1 erhöht werden kann (also einen nicht numerischen Datentyp und nicht d oder t).

Anschließend können Sie mit UNTIL oder WHILE eine Abbruchbedingung angeben. Hierbei handelt es sich um einen logischen Ausdruck.

Für jeden Schleifendurchlauf wird der Zieltabelle eine Zeile hinzugefügt. In der Zeilendefinition zeilendefinition können Sie auf die in den Schleifen definierten Werte zugreifen und Komponenten zuweisen.

Syntax

```
... REDUCE|NEW|VALUE datentyp( FOR iterationsvar = startwert
            [THEN ausdruck]
            UNTIL|WHILE ausdruck
            ( zeilendefinition1 )
            ( zeilendefinition2 ) ... ) ...
```

Beispiel

In Listing 8.8 wird eine interne Tabelle mit der Potenz der Werte 1 (j) bis 10 (j > 10) befüllt. Zur Berechnung wird die eingebaute Funktion ipow() verwendet. Das Ergebnis wird der Spalte potenz zugewiesen.

```
TYPES: BEGIN OF ty_potenzen,
         potenz TYPE i,
       END OF ty_potenzen.
DATA lt_potenzen TYPE TABLE OF ty_potenzen.
lt_potenzen = VALUE #( FOR j = 1 UNTIL j > 10
                 ( potenz = ipow( base = j exp = 2 ) ) ).
```

Listing 8.8 Der Zusatz FOR für bedingte Iterationen

Tabellen-Comprehensions

Über eine Tabellen-Comprehension können Sie neue Tabellenzeilen aus Zeilen bereits vorhandener interner Tabellen konstruieren. Geben Sie dazu innerhalb der Klammern des Konstruktorausdrucks den Zusatz FOR an, gefolgt von einer Struktur struktur oder einem Feldsymbol <fs>, dem Schlüsselwort IN und dem Namen der internen Tabelle itab. Die interne Tabelle können Sie entweder über die Angabe eines Schlüssels nach USING KEY, die Angabe eines Index mit FROM und TO oder durch eine WHERE-Klausel einschränken. Die WHERE-Klausel muss dabei separat von Klammern umfasst sein.

In der Zeilendefinition zeilendefinition können Sie nun angeben, welche Spalten Sie übernehmen wollen bzw. wie sich die neuen Spalten zusammensetzen sollen. Eine

Übernahme aller Spalten ist möglich, indem Sie einfach die Struktur `struktur` oder das Feldsymbol `<fs>` ohne Komponentenangabe angeben.

Den Index des aktuellen Durchlaufs können Sie durch den Zusatz `INDEX INTO` entgegennehmen. Geben Sie dazu eine Variable vom Typ `i` an.

Syntax

```
... REDUCE|NEW|VALUE datentyp( FOR struktur|<fs>
          IN itab [INDEX INTO index]
          [[USING KEY schluessel]
           [FROM index1] [TO index2]
           [WHERE ( log_ausdruck )]]
          [LET]
          ( zeilendefinition1 )
          ( zeilendefinition2 ) ... ) ...
```

Beispiel

Aus der in Listing 8.8 erzeugten Tabelle werden in Listing 8.9 alle Potenzen kleiner als 30 in eine neue Tabelle übernommen.

```
DATA: lt_klein TYPE TABLE OF ty_potenzen.
lt_klein = VALUE #(
      FOR ls_potenz IN lt_potenzen WHERE ( potenz < 30 )
        ( potenz = ls_potenz-potenz ) ).
*In der Zeilendefiniton wäre auch nur die Angabe der
*Struktur LS_POTENZ möglich, um alle Spalten zu übernehmen
```

Listing 8.9 Der Zusatz FOR für Tabellen-Comprehensions

[+]

Performantere Lösungen mit FILTER und CORRESPONDING

Mit den Tabellen-Comprehensions lassen sich sowohl Verknüpfungen (Joins) als auch Filterungen erreichen. Für Filterungen sollten Sie allerdings den Filteroperator `FILTER` (siehe Abschnitt 8.9.5) bzw. den Zusatz `LINES OF` bevorzugen (siehe Abschnitt 8.4.7), während es sich für Joins empfiehlt, die Anweisung `CORRESPONDING` (siehe Abschnitt 8.7.4) zu verwenden. Nutzen Sie den `FOR`-Zusatz nur für einfache Anreicherungen Ihrer internen Tabelle, in der Regel durch bedingte Iterationen.

8.4.6 Gruppierungen mit FOR

Ab ABAP 7.40 SP08 stehen Ihnen zur Gruppierung von Zeilen bei der Konstruktion von internen Tabellen zwei neue Varianten zur Verfügung:

- FOR GROUPS ... OF: Gruppierungen bilden
- FOR ... IN: Gruppenmitglieder lesen

Zum Verständnis dieses Abschnitts ist es hilfreich, vorher den Abschnitt 8.5.4, »Gruppieren mit dem Zusatz GROUP BY«, durchzuarbeiten. Wenn Sie neu in ABAP einsteigen, empfehle ich Ihnen, diesen Abschnitt erst einmal zu überspringen, da dies eine fortgeschrittene Technik ist.

FOR GROUPS ... OF: Gruppierungen bilden

Mit dem Zusatz FOR GROUPS ... OF können Sie Zeilengruppen innerhalb einer internen Tabelle bilden.

Geben Sie dazu nach dem Zusatz einen Namen für die zu bildende Gruppe an, gefolgt von der zu gruppierenden Tabelle itab nach dem Zusatz IN. Zusätzlich müssen Sie als Datenobjekt eine Struktur struktur bzw. ein Feldsymbol <fs> angeben, in das iteriert werden soll.

Danach können Sie einen Gruppenschlüssel gruppenschluessel für das zu gruppierende Feld angeben. Die Sortierreihenfolge können Sie mit ASCENDING (aufsteigend) bzw. DESCENDING (absteigend) einstellen.

Der Zusatz WITHOUT MEMBERS schaltet das standardmäßige Zuweisen der Gruppenzeilen zur Gruppe aus (wodurch kein Zugriff auf die Zeilen einer Gruppe mehr möglich ist).

Eine Beschreibung des Zusatzes WITHOUT MEMBERS finden Sie in Abschnitt 8.5.4, »Gruppieren mit dem Zusatz GROUP BY«.

Anschließend können Sie die gruppierten Zeilen über den Gruppennamen in Ihre konstruierte Tabelle übernehmen.

Syntax

```
... FOR GROUPS [gruppe|<gruppe>] OF struktur|<fs> IN itab
        [INDEX INTO index] [cond]
        GROUP BY gruppenschluessel
        [ASCENDING|DESCENDING [AS TEXT]]
        [WITHOUT MEMBERS]
        [LET] ...
```

Beispiel

In Listing 8.10 wird die interne Tabelle LT_SFLIGHT nach Fluggesellschaften (Spalte CARRID) gruppiert, und das Ergebnis wird der internen Tabelle LT_SFLIGHT_GRP zugewiesen. Diese enthält dann jede Fluggesellschaft genau einmal.

```
DATA: lt_sflight_grp TYPE TABLE OF sflight-carrid.
SELECT carrid FROM sflight
  INTO TABLE @DATA(lt_sflight).
lt_sflight_grp = VALUE #(
    FOR GROUPS fluggesellschaften
      OF ls_sflight IN lt_sflight
      GROUP BY ls_sflight-carrid
      ASCENDING
      WITHOUT MEMBERS
      ( fluggesellschaften ) ).
```

Listing 8.10 Gruppierung in Konstruktorausdrücken mit FOR GROUPS ... OF

FOR ... IN: Gruppenmitglieder lesen

Mit dem Zusatz FOR GROUPS ... OF können Sie nur die Zeilen einer Spalte einer internen Tabelle gruppieren. Dies ermöglicht Ihnen eine Abfrage wie die »Liste aller Fluggesellschaften«. Mit dem Zusatz FOR ... IN können Sie auf die einzelnen Zeilen einer solchen Gruppe zugreifen, um Fragestellungen wie die nach der »Summe der belegten Plätze für jede Fluggesellschaft« zu beantworten. Die Antwort steht in der gruppierten Tabelle, auf die Sie nun mit FOR ... IN zugreifen können.

Diesen Zusatz können Sie nur an Stellen verwenden, an denen auf eine Gruppe zugegriffen werden kann, d. h.:

- in einem Konstruktorausdruck hinter FOR GROUPS ... OF
- in einer LOOP-Schleife mit dem Zusatz GROUP BY

Dazu stehen Ihnen zwei Varianten zur Verfügung:

- **Variante 1: FOR ... IN GROUP**
  Das Ergebnis dieser Variante sind die einzelnen Zeilen der Gruppe. Die Mitglieder der aktuellen Gruppe werden so wie bei der Anweisung FOR ... IN ITAB ausgewertet (siehe Abschnitt 8.4.5, »Der Zusatz FOR«).
- **Variante 2: FOR GROUPS OF ... IN GROUP**
  Die Zeilen der aktuellen Gruppe werden erneut gruppiert. Das Ergebnis sind entweder die einzelnen gruppierten Zeilen oder deren Schlüsselfelder.

In beiden Varianten können Sie über die WHERE-Klausel die auszuwertenden Zeilen der Gruppe einschränken.

Variante 1: FOR ... IN GROUP

Mit dieser Variante greifen Sie auf die einzelnen Zeilen einer gebildeten Gruppe zu.

Syntax

```
... FOR struktur|<fs> IN GROUP gruppe
    [INDEX INTO index]
    [WHERE ( log_ausdruck )]
```

Beispiel

Über die Anweisung LOOP AT ... GROUP BY werden die Zeilen in Listing 8.11 nach der Fluggesellschaft gruppiert. In der Schleife wird innerhalb eines Konstruktoraufrufes mit der Anweisung FOR ... IN GROUP auf die einzelnen Zeilen der gebildeten Gruppen zugegriffen, um die Summe der belegten Sitze bilden zu können.

Die Summe wird dabei über die Anweisung REDUCE gebildet, die über die gebildete Gruppe iteriert und die Sitze pro Fluggesellschaft zusammenzählt. Details zu dieser Anweisung finden Sie in Abschnitt 8.9.4, »Reduzierungen mit REDUCE«.

```
SELECT * FROM sflight INTO TABLE @DATA(lt_sflight).
TYPES: BEGIN OF ty_ergebnis,
         gesellschaft TYPE sflight-carrid,
         buchungen    TYPE i,
       END OF ty_ergebnis.
DATA: lt_ergebnis TYPE STANDARD TABLE OF ty_ergebnis.
*Das Feldsymbol <fs_fluggesellschaft> enthält sowohl den
*Schlüssel für die Gruppe als auch die einzelnen
*Zeilen der Gruppe
LOOP AT lt_sflight INTO DATA(ls_sflight)
  GROUP BY ls_sflight-carrid ASCENDING
  ASSIGNING FIELD-SYMBOL(<fs_fluggesellschaft>).
  lt_ergebnis = VALUE #( BASE lt_ergebnis
     "Übernahme der Orignaltabelle durch BASE ...
     ( gesellschaft = <fs_fluggesellschaft>-carrid
     "... als Gruppierungskriterium
       buchungen = REDUCE #( INIT sitze = 0
             FOR flight IN GROUP <fs_fluggesellschaft>
             NEXT sitze = sitze + flight-seatsocc ) ) ).
ENDLOOP.
```

Listing 8.11 FOR IN ... GROUP zum Zugriff auf Gruppenmitglieder

Variante 2: FOR GROUPS OF ... IN GROUP

Mit dieser Variante wird die aktuelle Gruppe erneut gruppiert.

Syntax

```
... FOR GROUPS OF struktur|<fs> IN GROUP gruppe
   [INDEX INTO index] [ WHERE ( log_ausdruck )]
   GROUP BY group_key
   [ASCENDING|DESCENDING [AS TEXT]]
   [WITHOUT MEMBERS] [LET] ...
```

Beispiel

In Listing 8.12 wird eine Tabelle mit Flügen aufsteigend nach der Spalte mit den Ländern und anschließend absteigend nach der Spalte mit den Städten sortiert. Die innerhalb der Gruppierung benötigten Feldsymbole werden automatisch von der Anweisung deklariert.

```
TYPES: BEGIN OF ty_destination,
         country TYPE spfli-countryto,
         city    TYPE spfli-cityto,
         deptime TYPE spfli-deptime,
       END OF ty_destination.
DATA: lt_spfli  TYPE TABLE OF spfli,
      lt_output TYPE TABLE OF TY_DESTINATION.
SELECT * FROM spfli INTO TABLE lt_spfli.
lt_output = VALUE #(
  FOR GROUPS country OF <zeile> IN lt_spfli
    GROUP BY <zeile>-countryto ASCENDING
  FOR GROUPS city OF <zeile2> IN GROUP country
    GROUP BY <zeile2>-cityto DESCENDING
  FOR connection IN GROUP city
    ( country = country
      city    = city
      deptime = connection-deptime ) ).
```

Listing 8.12 FOR GROUPS ... IN GROUP zur weiteren Gruppierung

8.4.7 Der Zusatz LINES OF

Mit dem Zusatz `LINES OF` der Anweisungen `VALUE` und `NEW`, der ab ABAP 7.40 SP08 zur Verfügung steht, können Sie eine oder mehrere Zeilen einer zweiten internen Tabelle entnehmen und Ihrer Zielmenge hinzufügen. Die Funktionsweise ähnelt der der älteren ABAP-Anweisung `APPEND LINES OF`.

Nach dem Zusatz `LINES OF` geben Sie den Namen der Tabelle `itab` an, aus der die Zeilen entnommen werden sollen. Anschließend können Sie über eine Zeilenangabe zwischen `FROM index1` und `TO index2` den Bereich angeben, den Sie aus der internen Tabelle übernehmen wollen. Die Reihenfolge der Übernahme können Sie über die Angabe eines Schlüssels schluessel mit dem Zusatz USING KEY beeinflussen. Wird weder ein Index noch ein Schlüssel (Stichwort: doppelte Zeilen) angegeben, werden alle Zeilen aus der internen Tabelle übernommen.

[!]

Vorhandene Zeilen erhalten

Vor der Zuweisung der aus der zweiten internen Tabelle ausgewählten Zeilen wird die Zieltabelle initialisiert. Wollen Sie eventuell vorhandene Zeilen erhalten, müssen Sie den Zusatz BASE verwenden, um diese Zeilen mit in die Zielmenge zu übernehmen. Der Zusatz BASE ist in Abschnitt 7.13.10 beschrieben.

Syntax

```
... LINES OF itab [FROM index1] [TO index2]
    [USING KEY schluessel] ...
```

Beispiel

In Listing 8.13 werden zwei Tabellen LT_SFLIGHT_GEBUCHT und LT_SFLIGHT_STORNIERT zusammengeführt.

```
DATA: lt_sflight_gebucht   TYPE TABLE OF sbook,
      lt_sflight_storniert TYPE TABLE OF sbook.
*SELECT ...
lt_sflight_gebucht = VALUE #( BASE lt_sflight_gebucht (
                        LINES OF lt_sflight_storniert ) ).
```

Listing 8.13 Der Zusatz LINES OF für VALUE und NEW

8.4.8 Hinzufügen mit NEW

Mit der Anweisung NEW können Sie eine interne Tabelle als anonymes Datenobjekt (analog zu CREATE DATA) erzeugen und füllen. Die Erzeugung ist in Abschnitt 7.13.7, »NEW: Instanziierung«, erklärt. Die Befüllung funktioniert nach derselben Syntax wie der für die Anweisung VALUE (siehe Abschnitt 8.4.4, »Werte mit VALUE hinzufügen«).

8.5 Inhalt auslesen

Die einzigen Wege, den Inhalt einer internen Tabelle auszulesen, sind die Anweisungen READ TABLE, die Anweisung LOOP AT und die neu eingeführten Tabellenausdrücke. Die Entscheidung für einen dieser Ansätze sollte sich nach folgenden Kriterien richten:

- Zum Lesen genau einer Zeile können Sie die Anweisung READ TABLE (siehe Abschnitt 8.5.1) oder einen Tabellenausdruck verwenden (siehe Abschnitt 8.5.2).

- Zum Lesen mehrerer Zeilen verwenden Sie die Anweisung LOOP AT (siehe Abschnitt 8.5.3).

Bei beiden Varianten ist die Ergebnismenge immer eine Struktur, ein Feldsymbol vom Typ einer Struktur oder eine Referenz.

8.5.1 Tabellen mit READ TABLE auslesen

Die Anweisung READ TABLE ist die klassische Schreibweise, um genau eine Zeile aus einer internen Tabelle auszulesen. Treffen mehrere Zeilen auf die dabei definierten Bedingungen zu, wird nur die zuerst gefundene Zeile zurückgegeben.

Nach erfolgreichem Zugriff enthält das Systemfeld sy-tabix den Index der gefundenen Zeile und das Feld sy-subrc den Wert 0. Verwenden Sie die Variante mit dem Indexzugriff und ist der Index kleiner oder gleich 0, tritt ein Laufzeitfehler auf, und das System bricht die Verarbeitung ab. Übersteigt der Index die Tabellengröße, setzt das System das Systemfeld sy-subrc auf den Wert 4.

Syntax

- Indexzugriff:

```
READ TABLE itab INDEX index INTO struktur.
```

- Zugriff über freien Schlüssel:

```
READ TABLE itab WITH KEY spalte1 = ... spalte2 = ...
  INTO struktur.
```

- Schlüsselzugriff über Tabellenschlüssel:

```
READ TABLE itab WITH TABLE KEY schluessel
  COMPONENTS spalte1 = ... spalte2 = ...
  INTO struktur.
```

Beispiel

Listing 8.14 zeigt ein Beispiel für das Auslesen einer Zeile.

```
DATA: lt_sflight TYPE TABLE OF sflight,
      ls_sflight TYPE sflight.
SELECT * FROM sflight INTO TABLE lt_sflight.
*Indexzugriff:
READ TABLE lt_sflight INDEX 1 INTO ls_sflight.
*Zugriff über freien Schlüssel:
READ TABLE lt_sflight WITH KEY carrid = 'AA'
   INTO ls_sflight.
*Schlüsselzugriff über Tabellenschlüssel:
DATA: lt_sflight TYPE SORTED TABLE OF sflight
```

```
                  WITH UNIQUE KEY carrid.
READ TABLE lt_sflight WITH TABLE KEY carrid = 'AA'
                      INTO ls_sflight.
```

Listing 8.14 Beispiel zum Auslesen einer Zeile mit der Anweisung READ TABLE

Sonderfall unbenannte Spalte

Falls Sie eine interne Tabelle mit nur einer unbenannten Spalte haben, also einem elementaren Datentyp, können Sie keinen Namen für die Spalte bei der Variante über den freien Schlüssel angeben, auch wenn Sie explizit auf den Inhalt dieser unbenannten Spalte prüfen wollen. Für diesen Sonderfall können Sie die Pseudokomponente `table_line` verwenden, die die gesamte Tabellenzeile identifiziert.

Syntax

```
READ TABLE itab WITH KEY table_line = …
  INTO struktur.
```

Beispiel

Im Beispiel in Listing 8.15 ist die interne Tabelle vom Typ `string` definiert, was dazu führt, dass die Spalte keinen expliziten Namen hat. Zum Auslesen mit der Anweisung `READ TABLE` wird daher die Pseudokomponente `table_line` verwendet.

```
DATA: lt_text TYPE TABLE OF string,
      lv_text TYPE string.
APPEND 'Wert 1' TO lt_text.
APPEND 'Wert 2' TO lt_text.
APPEND 'Wert 3' TO lt_text.
"Die interne Tabelle hat jetzt drei Zeilen
"Auslesen der Zeile mit Wert 2
READ TABLE lt_text WITH KEY table_line = 'Wert 2' INTO lv_string.
```

Listing 8.15 Beispiel zum Auslesen einer Zeile mit der Anweisung READ TABLE ohne benannte Spalte

Prüfen der Existenz einer Zeile mit TRANSPORTING NO FIELDS

Der Zusatz `TRANSPORTING NO FIELDS` bewirkt, dass die Tabellenzeile gesucht (und, falls vorhanden, gefunden) wird, aber keine Daten zurückgegeben werden. Dieses Verhalten können Sie ausnutzen, um die Existenz einer Zeile zu prüfen. Fragen Sie das Systemfeld `sy-subrc` danach ab, ob eine Zeile gefunden wurde (= 0) oder nicht (= 4).

Syntax

```
READ TABLE ... TRANSPORTING NO FIELDS.
```

Beispiel

Listing 8.16 zeigt die Verwendung des Zusatzes `TRANSPORTING NO FIELDS`.

```
READ TABLE itab ... TRANSPORTING NO FIELDS.
IF sy-subrc = 0. "Zeile vorhanden
ENDIF.
```

Listing 8.16 Der Zusatz TRANSPORTING NO FIELDS

8.5.2 Tabellenausdrücke

Tabellenausdrücke wurden mit ABAP 7.40 SP02 eingeführt und sind eine andere Schreibweise der Anweisung `READ TABLE`. Sie lesen ebenfalls genau eine Zeile einer internen Tabelle. Der Vorteil im Vergleich zu der Anweisung `READ TABLE` ist, dass sie als eingebaute Funktion direkt an Operandenpositionen (siehe Abschnitt 7.14) anderer Anweisungen verwendet werden können. Der Zugriff geschieht durch die Angabe von eckigen Klammern `[]` nach dem Namen der internen Tabelle. In den eckigen Klammern können ein Index oder eine Feldangabe angegeben werden, die die auszulesende Zeile identifizieren. Die ausgelesene Zeile wird dem auf der linken Seite vor dem Gleichheitszeichen (`=`) angegebenen Ziel zugewiesen. Die Art der Übergabe (Werteübergabe, Referenzübergabe) kann explizit über weitere Zusätze gesteuert werden.

[+]

Mit Komponentenselektor weiterarbeiten

Ab ABAP 7.50 können Sie direkt hinter Tabellenausdrücken, die eine Referenzvariable zurückgeben, mit dem Komponentenselektor (Einfachpfeil ->) weiterarbeiten.

Syntax

- Indexzugriff:

```
struktur = itab[ index ]
```

- Zugriff über freien Schlüssel:

```
struktur = itab[ spalte1 = ... spalte2 = ... ]
```

- Schlüsselzugriff über Tabellenschlüssel:

```
struktur = itab[ KEY schluessel spalte1 = ...
                                spalte2 = ... ].
struktur = itab[ KEY schluessel COMPONENTS
                                spalte1 = ...
                                spalte2 = ... ]
```

Beispiel

Die Anweisungen in Listing 8.17 setzen dieselbe Funktionalität um wie das Beispiel für die Anweisung READ TABLE in Listing 8.14. Da der Typ der Rückgabe immer eindeutig ist, können Sie hier auch Inline-Deklarationen direkt mit DATA() verwenden (siehe Abschnitt 7.4, »Datendeklaration«).

```
DATA: lt_sflight TYPE TABLE OF sflight.
SELECT * FROM sflight INTO TABLE lt_sflight.
* Indexzugriff:
DATA(ls_sflight) = lt_sflight[ 1 ].
* Zugriff über freien Schlüssel:
DATA(ls_sflight) = lt_sflight[ carrid = 'AA' ].
* Schlüsselzugriff über Tabellenschlüssel:
DATA: lt_sflight TYPE SORTED TABLE OF sflight
                 WITH UNIQUE KEY carrid.
DATA(ls_sflight) = lt_sflight[ KEY primary_key
                   COMPONENTS carrid = 'AA' ].
```

Listing 8.17 Beispiel für die Verwendung von Tabellenausdrücken

[»]

Ausnahme bei nicht gefundener Zeile

Im Gegensatz zur Anweisung READ TABLE wird bei der Verwendung der Tabellenausdrücke das Systemfeld sy-subrc nicht mehr gesetzt. Wird die gesuchte Zeile nicht gefunden, wird eine Ausnahme CX_SY_ITAB_LINE_NOT_FOUND ausgelöst, die mit der Anweisung TRY ... CATCH ... ENDTRY abgefangen werden kann (siehe den Abschnitt »Ausnahme behandeln« in Abschnitt 11.9.2). Daher sollten Sie, falls Sie mit Tabellenausdrücken arbeiten möchten, immer den Zusatz OPTIONAL verwenden, den Sie im nachfolgenden Abschnitt beschrieben finden.

Default-Wert, falls keine Zeile gefunden wird

Seit ABAP 7.40 SP08 haben Sie darüber hinaus die Möglichkeit, mit den Zusätzen OPTIONAL und DEFAULT einen Default-Wert für den Fall zu spezifizieren, dass keine Zeile gefunden werden kann. Dadurch wird in einem solchen Fall nicht mehr die Ausnahme CX_SY_ITAB_LINE_NOT_FOUND ausgelöst, sondern der spezifizierte Default-Wert zurückgegeben.

- Mit dem Zusatz OPTIONAL wird ein Datenobjekt vom Datentyp der Anweisung mit initialem Inhalt angegeben.
- Mit dem Zusatz DEFAULT können Sie ein vorgefülltes Datenobjekt standard_dobj angeben, das vom Typ der Anweisung (oder konvertierbar) sein muss.

Die beiden Zusätze können Sie nur angeben, wenn die Art des Resultats des Tabellenausdrucks über die Konstruktorausdrücke VALUE oder REF gesteuert wird.

Syntax

```
... OPTIONAL|{DEFAULT standard_dobj} ...
```

Beispiel

In Listing 8.18 wird versucht, die Fluggesellschaft »AA« zu lesen. Wenn dies nicht funktioniert, wird durch die Angabe von DEFAULT versucht, die erste Zeile der Tabelle zu lesen. Falls diese nicht vorhanden ist, wird durch Angabe von OPTIONAL eine leere Struktur zurückgegeben.


```
DATA: lt_sflight TYPE TABLE OF sflight.
SELECT * FROM sflight INTO TABLE lt_sflight.
DATA(ls_sflight) = VALUE #( lt_sflight[ carrid = 'AA' ]
  DEFAULT VALUE #( lt_sflight[ 1 ] OPTIONAL ) ).
```

Listing 8.18 Default-Werte für Tabellenausdrücke verwenden

Existenz einer Zeile prüfen

Auch mit Tabellenausdrücken kann die Existenz einer Zeile überprüft werden. Verwenden Sie dazu die eingebaute Funktion LINE_EXISTS(). Diese und weitere eingebaute Funktionen sind in Abschnitt 8.10 erläutert.

Zusätze für Tabellenausdrücke

Sie können die Art der Rückgabe von Tabellenausdrücken so beeinflussen, dass entweder eine Struktur, ein Feldsymbol oder gar eine Referenz zurückgegeben wird, indem Sie keinen Zusatz oder den Zusatz VALUE oder REF angeben.

Keinen Zusatz angeben

Wenn kein Zusatz angegeben wird und wenn der Tabellenausdruck nicht als Operand von VALUE oder REF angegeben ist (bzw. direkt einer Struktur zugewiesen wird), ist das Ergebnis wie bei der Anweisung READ TABLE ... ASSIGNING ein Feldsymbol. Das heißt, wenn Sie einen Tabellenausdruck innerhalb eines Methodenaufrufes verwenden, wird ein Zeiger übergeben.

Beispiel

Die folgenden Zeilen zeigen die Ausgabe eines Feldsymbols bei normalen Tabellenausdrücken:

```
FIELD-SYMBOLS: <fs_sflight> TYPE sflight.
ASSIGN lt_sflight[ 1 ] TO <fs_sflight>.
```

Der Zusatz VALUE

Mit dem Zusatz VALUE können Sie explizit eine Werteübergabe erzwingen. Der Tabellenausdruck verhält sich dadurch wie ein READ TABLE ... INTO.

Beispiel

Mit der folgenden Anweisung wird die Werteübergabe mit dem Zusatz VALUE erzwungen:

```
... parameter1 = VALUE #( itab[ 1 ] ) ...
```

Der Zusatz REF

Der Zusatz REF bewirkt, dass eine Referenz auf die jeweilige Zeile zurückgegeben wird, sich der Tabellenausdruck also wie ein READ TABLE ... REFERENCE INTO verhält.

Beispiel

Mit der folgenden Anweisung wird eine Referenz auf die Tabellenzeile zurückgegeben:

```
DATA(sflight_ref) = REF #( lt_sflight[ 1 ] ).
WRITE: sflight_ref->carrid.
```

Tabellenausdrücke verknüpfen

Auf das Ergebnis eines Tabellenausdrucks können Sie direkt zugreifen, und Tabellenausdrücke können auch beliebig miteinander verknüpft werden. Auf diese Weise können tiefe Strukturen verarbeitet werden.

Syntax

```
... itab[ ...]-komponente
... struktur-komponente[ ... ] ...
... itab[ ... ][ ... ] ...
```

Beispiel

Aus der Tabelle wird die zweite Zeile itab[2] gelesen, die in der zweiten Spalte spalte2 eine weitere interne Tabelle beinhaltet. Von dieser wird wiederum die erste Zeile spalte2[1] gelesen und davon anschließend die erste Spalte spalte1:

```
DATA(zahl) = itab[ 2 ]-spalte2[ 1 ]-spalte1.
```

8.5.3 Tabellen mit LOOP AT auslesen

Die Anweisung `LOOP AT` ist im klassischen Sinne ein Iterator über die interne Tabelle und ermöglicht dadurch ein zeilenweises Lesen. Das heißt, Zeile für Zeile der internen Tabelle werden der Struktur oder dem Feldsymbol zugewiesen, mit dem dann innerhalb der Anweisung `LOOP AT ... ENDLOOP` gearbeitet werden kann. Innerhalb des Schleifenkörpers können Sie also immer genau eine Zeile verarbeiten.

Nach einem Schleifendurchlauf springt ABAP nach der `ENDLOOP`-Anweisung wieder zur Anweisung `LOOP AT` zurück und wiederholt dieses Vorgehen so lange, bis jede Zeile der internen Tabellen durchlaufen wurde. Kann keine Zeile der internen Tabellen gelesen werden, z. B. weil die Tabelle leer ist, wird der Anweisungsteil innerhalb der `LOOP`-Schleife nicht durchlaufen.

Geben Sie nach der Anweisung `LOOP AT` die gewünschte interne Tabelle `itab` an. Standardmäßig wird durch den Zusatz `INTO` eine Struktur `struktur` zurückgegeben, die Sie ebenfalls angeben müssen.

Wollen Sie einen Zeiger in Form eines Feldsymbols haben, können Sie den Zusatz `ASSIGNING` verwenden, der im folgenden Abschnitt beschrieben ist.

Die Anweisung `LOOP AT` kann durch eine `WHERE`-Klausel ergänzt werden. Dadurch können die Zeilen, die für Sie keinen Nutzen haben, gezielt ignoriert werden. Auf der anderen Seite können Sie so eine Suche realisieren, die nicht wie bei der Anweisung `READ TABLE` nur die erste gefundene Zeile ausgibt, sondern alle Zeilen, die den Suchkriterien in der `WHERE`-Klausel entsprechen.

Darüber hinaus können Sie mit den Zusätzen `FROM` und `TO` die Anzahl der Zeilen begrenzen, die in der Schleife verarbeitet werden sollen. `FROM` enthält dabei den Index `index1` der ersten Zeile, die gelesen werden soll, und `TO` enthält den Index `index2` der letzten Zeile, die gelesen werden soll. Ab ABAP 7.57 haben Sie die Möglichkeit, mit dem Zusatz `STEP` die Schrittweite der Iteration anzugeben. Wollen Sie beispielsweise, dass nur über jede zweite Zeile iteriert wird, können Sie dies mit `STEP = 2` angeben. Ohne Angabe von `STEP` ist die Schrittweite immer 1.

Negative Iteration

Wollen Sie in Spezialfällen (d. h., wenn eine umgekehrte Sortierung nicht möglich ist) rückwärts über eine interne Tabelle iterieren, können Sie dies nicht mit `index2 < index1` realisieren. Sie müssen sich hier z. B. mit `DO ... ENDO`, einer herunterzählenden Variablen, und `READ TABLE ... INDEX` behelfen. Ab ABAP 7.57 ist dies direkt in der `LOOP`-Anweisung durch den Zusatz `STEP` möglich, indem Sie hier einen negativen Wert, beispielsweise -1, angeben.

Innerhalb des zwischen LOOP und ENDLOOP eingeschlossenen Anweisungsblocks können Sie über das Systemfeld sy-tabix den Index der aktuellen Zeile bestimmen. Sobald die Schleife endet, weil alle relevanten Zeilen der Tabelle verarbeitet wurden, enthält das Systemfeld sy-subrc den Wert 0, wenn mindestens eine Zeile gelesen wurde. Wurde keine Zeile gefunden, so enthält es den Wert 4.

Syntax

```
LOOP AT itab INTO struktur [FROM index1 TO index2]
                           [STEP schrittweite]
                           [WHERE ...]. ... ENDLOOP.
```

Beispiel

Listing 8.19 zeigt die Verwendung der Anweisung LOOP AT.

```
DATA: lt_sflight TYPE TABLE OF sflight,
      ls_sflight TYPE sflight.
LOOP AT  lt_sflight INTO ls_sflight FROM 1 TO 100
                    WHERE carrid = 'AA'.
  "ls_sflight-...
ENDLOOP.
```

Listing 8.19 Die Anweisung LOOP AT

[+]

Inline-Deklarationen

Die mit ABAP 7.40 SP02 hinzugekommenen Inline-Deklarationen können Sie ebenfalls in LOOP-Anweisungen verwenden. Schreiben Sie dazu einfach:

```
LOOP AT itab INTO DATA(ls_itab)
```

Beziehungsweise für Feldsymbole:

```
LOOP AT itab ASSIGNING FIELD-SYMBOL(<fs_zeile>).
```

Weitere Informationen dazu finden Sie in Abschnitt 7.5, »Inline-Deklarationen«.

Der Zusatz ASSIGNING

Anstelle des Zusatzes INTO können Sie auch den Zusatz ASSIGNING verwenden. Dies hat den Vorteil, dass mit Feldsymbolen gearbeitet werden kann. Diese Schreibweise ist aus Performancegründen zu empfehlen, da nicht der Inhalt jeder Zeile in die Struktur kopiert wird, sondern das Feldsymbol lediglich einen Zeiger auf die aktuelle Zeile der internen Tabelle enthält. Hier ist allerdings darauf zu achten, dass sich beim Ändern des Feldsymbols auch der Inhalt der Tabelle ändert (was durchaus ein gewünschtes Verhalten ist).

Syntax

```
LOOP AT ... ASSIGNING <fs>.
ENDLOOP.
```

Beispiel

Listing 8.20 zeigt die Übergabe von Feldsymbolen.

```
DATA: lt_sflight TYPE TABLE OF sflight.
FIELD-SYMBOLS: <fs_sflight> TYPE sflight.
LOOP AT lt_sflight ASSIGNING <fs_sflight>.
  WRITE: / <fs_sflight>-carrid.
*Achtung: Zuweisung ändert auch den Inhalt der internen Tabelle
  <fs_sflight>-price = 0.
ENDLOOP.
```

Listing 8.20 Übergabe von Feldsymbolen durch ASSIGNING

Abbruch von LOOP-Schleifen

Wie DO- oder WHILE-Schleifen können Sie auch die LOOP-Schleife mit den Abbruchanweisungen EXIT, CHECK und CONTINUE beeinflussen:

- EXIT bricht die aktuelle Schleifenverarbeitung komplett ab.
- CHECK prüft einen Wert und bricht den aktuellen Schleifendurchlauf ab. Die Verarbeitung fährt mit dem nächsten Schleifendurchlauf fort.
- CONTINUE fährt direkt mit dem nächsten Schleifendurchlauf fort.

8.5.4 Gruppieren mit dem Zusatz GROUP BY

Ab ABAP 7.40 SP08 haben Sie über den Zusatz GROUP BY die Möglichkeit, Gruppierungen mit LOOP AT durchzuführen. Dies wurde in älteren Programmen durch die Anweisung AT ... ENDAT umgesetzt. Wenn Sie neu in ABAP einsteigen, empfehle ich Ihnen, diesen Abschnitt erst einmal zu überspringen, da dies eine fortgeschrittene Technik ist.

Verwendung mit dem Zusatz FOR

Die Erläuterungen aus diesem Abschnitt gelten ebenfalls für die Gruppierung in Konstruktorausdrücken mit dem Zusatz FOR (siehe Abschnitt 8.4.6).

Der Zusatz GROUP BY gruppiert die Zeilen der internen Tabelle anhand der angegebenen Spalten und Bedingungen und ermöglicht es Ihnen anschließend, eine weitere Schleife über die gebildeten Gruppen auszuführen, um gegebenenfalls die Inhalte der gebildeten Gruppen zu verarbeiten. Über die Zusätze ASCENDING und DESCENDING können Sie die gebildeten Gruppen anhand ihres angegebenen Gruppenschlüssels sortieren.

Die Verarbeitung erfolgt in zwei Phasen:

1. Gruppierung anhand der angegebenen Bedingungen. Die Anweisungen zwischen LOOP und ENDLOOP werden dabei nicht ausgeführt.
2. Es wird eine Schleife über die erzeugten Gruppen ausgeführt. Für jeden Schleifendurchgang werden die Anweisungen zwischen LOOP und ENDLOOP ausgeführt. Über die Unterschleife LOOP AT GROUP können Sie die einzelnen Zeilen einer Gruppe lesen.

Bei der Umsetzung der Syntax haben Sie zwei Möglichkeiten der Gruppierung:

- Gruppierung über eine Repräsentantenbindung
- Gruppierung über eine Gruppenschlüsselbindung

Beide Varianten führen zum selben Ergebnis, steuern aber, wie die Ergebnismenge der Gruppierung gelesen werden kann. Darüber hinaus haben Sie bei der Gruppenschlüsselbindung die Möglichkeit, die Anzahl der Gruppen und den Index der aktuellen Gruppe abzufragen.

Syntax

```
LOOP AT itab ...  [WHERE log_ausdruck]
    GROUP BY key | ( key1 = dobj1
                     key2 = dobj2 ...
                     [gruppengroesse = GROUP SIZE]
                     [gruppenindex = GROUP INDEX] )
      [ASCENDING|DESCENDING [AS TEXT]]
      [WITHOUT MEMBERS]
  [{INTO gruppe}|{ASSIGNING <gruppe>}|{REFERENCE INTO gruppen_ref}]
      ...
  [LOOP AT GROUP ...
    ...
  ENDLOOP.]
  ...
ENDLOOP.
```

Repräsentantenbindung

Die Repräsentantenbindung wird genutzt, wenn für das Ausgabeverhalten nichts angegeben ist. Ein *Repräsentant* ist immer die erste Zeile einer Gruppe, die bei jedem Schleifendurchlauf genutzt wird, um die komplette Gruppe zu identifizieren. Der Repräsentant wird dazu beim Durchlauf dem angegebenen definierten Datenobjekt bzw. Feldsymbol zugewiesen. In der Anweisung LOOP AT GROUP können Sie die Gruppe anschließend über den Namen des Repräsentanten ansprechen.

Wenn Sie diese Variante nutzen, können Sie den Zusatz WITHOUT MEMBERS nicht verwenden, da es dann keine Zuordnung vom Repräsentanten zu seiner Gruppe gäbe. Außerdem können in diesem Fall keine zusätzlichen Komponenten für GROUP SIZE und GROUP INDEX zu einem Gruppenschlüssel angelegt werden, da dann kein Zugriff auf diese Komponenten besteht. Diese Zusätze sind in den folgenden Abschnitten beschrieben.

In der Praxis können Sie diese Variante immer dann verwenden, wenn Sie an den Detaildaten (d. h. den einzelnen Zeilen) jeder Gruppe interessiert sind, ähnlich wie Sie bisher vielleicht Gruppen über AT ... ENDAT gebildet haben. Ist dies nicht der Fall, sollten Sie immer die Variante mit WITHOUT MEMBERS vorziehen, da dadurch die gesamte Gruppierung schneller läuft.

Stellen Sie sich z. B. vor, dass Sie eine Tabellenanzeige anbieten, die in jeder Zeile die Verkaufszahlen verschiedener Märkte (eine Zeile für Deutschland, eine Zeile für Frankreich ...) anzeigt. Zusätzlich soll der Anwender auf eine dieser Zeilen doppelt klicken können, um die Verkaufszahlen der einzelnen Teilbereiche des Marktes (z. B. pro Bundesland) anzusehen. Wenn Sie so etwas umsetzen wollen, sind Sie nicht nur am Ergebnis der Gruppierung (kompletter Markt), sondern auch an den Detaildaten jeder Gruppe (Teilmarkt) interessiert. Für einen solchen Fall ist die Repräsentantenbindung bestens geeignet.

Beispiel

In Listing 8.21 wird die interne Tabelle LT_SFLIGHT nach der Fluggesellschaft (CARRID) und der Flugnummer (CONNID) gruppiert. Über den Gruppenschlüssel <fs_grp> können Sie auf die einzelnen Zeilen der Gruppe zugreifen. In diesem Fall werden die einzelnen Zeilen der internen Tabelle LT_GRPDATEN zugewiesen.

```
DATA: lt_sflight  TYPE TABLE OF sflight.
DATA  lt_grpdaten TYPE TABLE OF sflight.
SELECT * FROM sflight INTO TABLE lt_sflight.
LOOP AT lt_sflight ASSIGNING FIELD-SYMBOL(<fs_grp>)
               GROUP BY ( key1 = <fs_grp>-carrid
                          key2 = <fs_grp>-connid ).
  CLEAR lt_grpdaten.
  "<fs_grp> enthält den aktuellen Gruppenschlüssel
  WRITE: / 'Fluggesellschaft:', <fs_grp>-carrid,
           'Flugnummer: ', <fs_grp>-connid.
  LOOP AT GROUP <fs_grp> ASSIGNING
    FIELD-SYMBOL(<fs_grpeintrag>).
```

```
    APPEND <fs_grpeintrag> TO lt_grpdaten.
  ENDLOOP.
ENDLOOP.
```

Listing 8.21 Zugriff auf die gebildete Gruppe (Repräsentantenbindung)

Gruppenschlüsselbindung

Bei jedem Schleifendurchgang wird der Gruppenschlüssel der aktuellen Gruppe dem hinter INTO, ASSIGNING oder REFERENCE INTO angegebenen Datenobjekt bzw. Feldsymbol zugewiesen. Das angegebene Datenobjekt bzw. Feldsymbol wird an die aktuelle Gruppe gebunden. In der Anweisung LOOP AT GROUP ist die Gruppe über dessen Namen ansprechbar.

Da in dieser Variante der Bindung kein Bezug zu den einzelnen Zeilen der Gruppe besteht (wie bei der anderen Bindung) können Sie, wenn Sie diese Variante nutzen, den Zusatz WITHOUT MEMBERS verwenden. Dadurch können Sie die Performance optimieren, da die einzelnen Zeilen einer Gruppe nicht extra abgelegt werden. Diese Variante würden Sie also immer dann verwenden, wenn Sie nur an dem reinen Ergebnis der Gruppierung, nicht aber an den einzelnen Zeilen einer Gruppe interessiert sind. Außerdem können Sie die zusätzlichen Komponenten für GROUP SIZE und GROUP INDEX zu einem Gruppenschlüssel anlegen, um mehr Informationen über die einzelnen Gruppen zu erhalten. Diese Zusätze sind in den folgenden Abschnitten beschrieben.

Beispiel

In Listing 8.22 wird dasselbe Beispiel wie in Listing 8.21 umgesetzt. Die Gruppe kann über das Feldsymbol <fs_grp> identifiziert werden. Über LOOP AT GROUP können Sie auf die einzelnen Einträge zugreifen (nur wenn der Zusatz WITHOUT MEMBERS nicht verwendet wurde).

```
DATA: lt_sflight  TYPE TABLE OF sflight.
DATA  lt_grpdaten TYPE TABLE OF sflight.
SELECT * FROM sflight INTO TABLE lt_sflight.
LOOP AT lt_sflight ASSIGNING FIELD-SYMBOL(<fs>)
                GROUP BY ( key1 = <fs>-carrid
                           key2 = <fs>-connid )
                ASSIGNING FIELD-SYMBOL(<fs_grp>).
  "<fs> ist nicht zugewiesen, stattdessen enthält
  "<fs_grp> jetzt den aktuellen Gruppenschlüssel,
  "allerdings über die angegebenen Schlüsselnamen
  "(nicht über CARRID und CONNID)!
  "<fs> enthält die normale Datenzeile der Schleife
  WRITE: / 'Fluggesellschaft:', <fs_grp>-key1,
          'Flugnummer: ', <fs_grp>-key2.
```

```
  CLEAR lt_grpdaten.
  LOOP AT GROUP <fs_grp>
      ASSIGNING FIELD-SYMBOL(<fs_grpeintrag>).
    APPEND <fs_grpeintrag> TO lt_grpdaten.
  ENDLOOP.
ENDLOOP.
```

Listing 8.22 Zugriff auf die gebildete Gruppe (Gruppenschlüsselbindung)

Der Zusatz WITHOUT MEMBERS

Über den Zusatz `WITHOUT MEMBERS` werden zwar Gruppen gebildet, allerdings wird nicht jede Tabellenzeile ihrer Gruppe zugeordnet, weshalb Sie in der Gruppeschleife durch `LOOP AT GROUP` keinen Zugriff auf die Zeilen einer Gruppe haben. Wenn Sie also nicht den Inhalt der Gruppen, sondern nur die Gruppennamen benötigen, können Sie durch diesen Zusatz die Performance deutlich verbessern.

Ohne diesen Zusatz darf die interne Tabelle in der Gruppenschleife nicht modifiziert werden. Der Zusatz `WITHOUT MEMBERS` ist nur bei der Gruppenschlüsselbindung verfügbar.

Zusätze GROUP SIZE und GROUP INDEX

Die beiden Zusätze `GROUP SIZE` und `GROUP INDEX` dienen dem Auslesen der Gruppengröße und des Index der Gruppe. Voraussetzung für die Deklaration dieser zusätzlichen Komponenten ist, dass für die Gruppierung eine Gruppenschlüsselbindung definiert ist. Über das dort angegebene Datenobjekt bzw. Feldsymbol kann in der Gruppenschleife auf die zusätzlichen Komponenten zugegriffen werden.

Dabei steht `GROUP SIZE` für die enthaltene Anzahl der Einträge einer Gruppe und `GROUP INDEX` für den aktuellen Index der Gruppe.

Für das Systemfeld `sy-subrc` gilt das Gleiche wie bei einer Schleife über Zeilen. Das Systemfeld `sy-tabix` enthält bei der Gruppenschlüsselbindung die Anzahl der Gruppen. Im ersten Schleifendurchgang wird `sy-tabix` auf 1 (nicht auf 0) gesetzt, und danach wird es bei jedem Schleifendurchgang um 1 erhöht.

Syntax

```
GROUP BY key | ( ...
  [gruppengroesse = GROUP SIZE]
  [gruppenindex   = GROUP INDEX] ).
```

Beispiel

In Listing 8.23 werden Gruppengröße und -index entgegengenommen.

```
DATA: lt_sflight TYPE TABLE OF sflight.
SELECT * FROM sflight INTO TABLE lt_sflight.
LOOP AT lt_sflight ASSIGNING FIELD-SYMBOL(<fs_sflight>)
     GROUP BY ( carrier = <fs_sflight>-carrid
                connid = <fs_sflight>-connid
                  size = GROUP SIZE
                 index = GROUP INDEX )
     ASCENDING
     REFERENCE INTO DATA(gruppe_ref).
*Hier haben Sie jetzt Zugriff auf die Schlüssel ...
  WRITE: / gruppe_ref->carrier.
  WRITE: / gruppe_ref->connid.
*... und auf die beiden zusätzlich definierten Komponenten
*Für die Gruppengröße und den Gruppenindex
  WRITE: / gruppe_ref->size.
  WRITE: / gruppe_ref->index.
ENDLOOP.
```

Listing 8.23 Entgegennahme der Gruppengröße und des Gruppenindex

8.6 Einträge löschen

Um gezielt Einträge aus internen Tabellen zu löschen, steht Ihnen die Anweisung DELETE zur Verfügung. Hierbei haben Sie ähnlich wie bei der Anweisung READ TABLE unterschiedliche Möglichkeiten: Sie können einzelne, aber auch mehrere Zeilen über die Angabe des Schlüssels, einer WHERE-Klausel oder eines Index löschen. Möchten Sie dagegen den kompletten Inhalt einer internen Tabelle löschen, können Sie die Anweisungen CLEAR, REFRESH und FREE verwenden (siehe Abschnitt 7.7, »Initialisierung«).

War das Löschen erfolgreich, enthält sy-subrc den Wert 0, ansonsten den Wert 4.

Syntax

- Löschen über Schlüssel:

  ```
  DELETE TABLE itab FROM ls_itab.
  ```

- Löschen mit Bedingung:

  ```
  DELETE itab WHERE ...
  ```

- Löschen einer Zeile über den Index:

  ```
  DELETE itab INDEX index.
  ```

- Löschen mehrerer Zeilen über den Index:

  ```
  DELETE itab FROM index1 TO index2.
  ```

Beispiel

Mit der folgenden Anweisung werden alle Zeilen aus der internen Tabelle gelöscht, die Flugbuchungen enthalten, die nicht storniert wurden:

```
DATA: lt_sflight_gebucht TYPE TABLE OF sbook.
SELECT * FROM sbook INTO TABLE lt_sflight_gebucht.
DELETE lt_sflight_gebucht WHERE cancelled NE 'X'.
```

8.7 Inhalt ändern

In diesem Abschnitt geht es darum, wie Sie den Inhalt einer bestehenden internen Tabelle ändern können, wie Sie einen Wert oder mehrere Werte innerhalb einer Tabellenzeile ändern.

Dazu stehen Ihnen im Wesentlichen die folgenden Anweisungen zur Verfügung:

- `READ TABLE` (siehe Abschnitt 8.7.1)
- Tabellenausdrücke (siehe Abschnitt 8.7.2)
- `MODIFY` (siehe Abschnitt 8.7.3)
- der Zusatz `ASSIGNING` zur Anweisung `LOOP AT` (siehe Abschnitt 8.5.3)
- Mit ABAP 7.40 SP02 wurde außerdem die Anweisung `CORRESPONDING` hinzugefügt, mit der Sie in der Look-up-Variante Werte aus einer zweiten Tabelle Ihrer Tabelle hinzufügen bzw. eine Tabelle »anreichern« können (siehe Abschnitt 8.7.4).

8.7.1 Tabelle mit READ TABLE ändern

In Abschnitt 8.5.1 habe ich Ihnen bereits die Anweisung `READ TABLE` zum Auslesen interner Tabellen vorgestellt. Mit dieser Anweisung und dem Zusatz `ASSIGNING` können Sie sich auch einen Zeiger auf eine bestimmte Tabellenzeile ausgeben lassen. Wenn Sie diesen Zeiger ändern, ändert sich auch der Inhalt der Zeile.

Beispiel

Listing 8.24 zeigt die Verwendung der Anweisung `READ TABLE`.

```
DATA lt_sflight TYPE TABLE OF sflight.
FIELD-SYMBOLS <fs_sflight> TYPE sflight.
READ TABLE lt_sflight INDEX 1 ASSIGNING <fs_sflight>.
IF sy-subrc = 0.
  <fs_sflight>-price = 2.
*Die Änderung von Werten führt zur Änderung des
*Wertes in der internen Tabelle
ENDIF.
```

Listing 8.24 Beispiel für das Ändern mit der Anweisung READ TABLE

8.7.2 Tabelle mit Tabellenausdrücken ändern

In Abschnitt 8.5.2 habe ich Ihnen die mit ABAP 7.40 SP02 eingeführten Tabellenausdrücke vorgestellt. Ähnlich wie bei der Anweisung READ TABLE können Sie sich auch bei einem Tabellenausdruck einen Zeiger auf eine bestimmte Tabellenzeile ausgeben lassen. Dazu müssen Sie keinen Zusatz verwenden, sondern lediglich den Zeiger mit der Anweisung ASSIGN einem Feldsymbol zuweisen. Wenn Sie diesen Zeiger ändern, ändert sich auch der Inhalt der Zeile, auf die er zeigt.

[!]

Zusatz angeben

Vergessen Sie nicht, dass ohne den Zusatz OPTIONAL bzw. DEFAULT VALUE eine Ausnahme ausgelöst wird, wenn keine Zeile gefunden werden kann.

Beispiel

Listing 8.25 zeigt die Verwendung der Tabellenausdrücke.

```
DATA lt_sflight TYPE TABLE OF sflight.
FIELD-SYMBOLS <fs_sflight> TYPE sflight.
ASSIGN lt_sflight[ 1 ] TO <fs_rest>.
*Oder mit einer Inline-Deklaration in einem Schritt:
ASSIGN lt_rest[ 1 ] TO FIELD-SYMBOL(<fs_rest>).
```

Listing 8.25 Beispiel für das Ändern einer Tabelle mit Tabellenausdrücken

8.7.3 Tabelle mit MODIFY ändern

Mit der Anweisung MODIFY haben Sie im Vergleich zu den anderen Varianten auch die Möglichkeit einer Massenverarbeitung, d. h. der Änderung mehrerer Zeilen gleichzeitig unter Verwendung einer Bedingung. Die Vorgehensweise ist dennoch die gleiche: Sie müssen eine Struktur struktur mit den neuen Werten sowie die zu ändernde Tabelle itab angeben. Anschließend müssen Sie spezifizieren, welche Zeilen in der angegebenen internen Tabelle geändert werden sollen. Dies können Sie über Angabe des Zusatzes INDEX mit einem Index idx oder über die Angabe des Zusatzes USING KEY mit einem Schlüssel schluessel realisieren. Lassen Sie beide Zusätze weg, wird automatisch der Primärschlüssel aus der Struktur verwendet.

Wollen Sie mehrere Zeilen mit der angegebenen Struktur ändern, können Sie auch den Zusatz WHERE, gefolgt von einer Bedingung, angeben. In dieser Variante haben Sie keine Möglichkeit, einen Index anzugeben.

Über den Zusatz TRANSPORTING (der Ihnen sowohl bei der Einzel- als auch bei der Massenänderung zur Verfügung steht) können Sie bestimmen, welche Komponenten aus der Struktur in die interne Tabelle übertragen werden sollen. Beachten Sie hier, dass der Zusatz an einer anderen Position angegeben werden muss, abhängig davon, ob Sie eine oder mehrere Zeilen ändern.

[!]

Änderung einer Datenbanktabelle

Zur Änderung einer Datenbanktabelle gibt es ebenfalls eine Anweisung `MODIFY dbtab FROM struktur`, die dieselbe Syntax wie die Anweisung für interne Tabellen aufweist. Wenn Ihre interne Tabelle den gleichen Namen wie eine Datenbanktabelle hat, wird auf die interne Tabelle zugegriffen.

Syntax

- Ändern einer Zeile:

```
MODIFY TABLE itab {{USING KEY schluessel]
    |INDEX idx [USING KEY keyname]}
  FROM struktur
  [TRANSPORTING spalte1 spalte2 ...].
```

- Ändern mehrerer Zeilen:

```
MODIFY itab FROM struktur [USING KEY schluessel]
  TRANSPORTING spalte1 spalte2...
  WHERE log_ausdruck.
```

Beispiel

Für alle Zeilen der Fluggesellschaft `AA` wird in Listing 8.26 der Preis auf den Wert 2 geändert.

```
DATA: lt_sflight TYPE SORTED TABLE OF sflight
         WITH UNIQUE KEY carrid connid fldate,
      ls_sflight TYPE sflight.
SELECT * FROM sflight INTO TABLE lt_sflight UP TO 10 ROWS.
ls_sflight-price = 2.
MODIFY lt_sflight
  FROM ls_sflight TRANSPORTING price
  WHERE carrid = 'AA'.
```

Listing 8.26 Massenhafte Änderung mit MODIFY

Mit einer `LOOP`-Anweisung lässt sich dasselbe Ergebnis (nur weniger performant) erreichen (siehe Listing 8.27).

```
LOOP AT lt_sflight INTO ls_sflight
  WHERE carrid = 'AA'.
  ls_sflight-price = 2.
  MODIFY lt_sflight
```

```
    FROM ls_sflight
    TRANSPORTING price.
ENDLOOP.
```

Listing 8.27 Änderung einer Zeile

8.7.4 Tabelle mit CORRESPONDING anreichern

Die Anweisung CORRESPONDING habe ich Ihnen bereits in Abschnitt 7.13.8, »CORRESPONDING: Mapping von Strukturen und internen Tabellen«, vorgestellt. In diesem Abschnitt möchte ich Ihnen nun eine Erweiterung dieses Befehls zeigen: die Look-up-Variante.

Die Look-up-Variante

Mit der Look-up-Variante der CORRESPONDING-Anweisung wird aus den Komponenten von zwei internen Tabellen (itab und lookup_itab) durch den Abgleich der Zeilen dieser Tabellen eine neue interne Tabelle als Ergebnismenge konstruiert. Überspitzt formuliert können Sie so einen Join zwischen zwei internen Tabellen realisieren. Als häufigsten Anwendungsfall werden Sie genau das machen: eine interne Tabelle mit Informationen aus einer zweiten internen Tabelle anreichern.

Der angegebene Datentyp Datentyp oder der über das Hash-Zeichen (#) angegebene Zieltyp muss ein Tabellentyp sein (da keine Angabe von TYPE TABLE OF möglich ist), während Sie für die Parameter itab und lookup_itab interne Tabellen angeben müssen, deren Zeilentyp strukturiert ist. Der Parameter itab muss außerdem in den angegebenen Zieltyp konvertierbar sein.

Über eine Mapping-Vorschrift mapping können Sie die standardmäßige Zuweisung namensgleicher Komponenten übersteuern. Über den Zusatz KEY geben Sie dabei die Verknüpfung der beiden internen Tabellen itab und lookup_itab an. Die Suche der Zeile in der Tabelle lookup_itab muss über einen sortierten Tabellenschlüssel oder einen Hash-Schlüssel erfolgen:

- Ohne die Angabe von KEY kann für die Tabelle lookup_itab keine Standardtabelle angegeben werden, da der Zugriff nicht mehr eindeutig wäre. Daher muss in diesem Fall eine sortierte Tabelle oder eine Hash-Tabelle angegeben werden.
- Wird nach dem Zusatz KEY als Schlüssel key_name ein Primärschlüssel angegeben, muss lookup_itab ebenfalls eine sortierte Tabelle oder eine Hash-Tabelle sein.

Syntax

```
CORRESPONDING datentyp|#( itab FROM lookup_itab
                USING [KEY key_name] spalte1 = tspalte1
                                     spalte2 = tspalte2
                     [Mapping] ) ...
```

Beispiel

In Listing 8.28 werden zwei interne Tabellen über die Schlüsselfelder CARRID und CONNID miteinander verknüpft. Die verknüpfte Menge ist die Ergebnismenge des Ausdrucks, wobei die Spalte FLDATE nicht aus der Zusatztabelle übernommen wird, da diese Spalte dort leer ist. Die Tabelle LT_SFLIGHT wird dadurch mit Informationen aus der zweiten Tabelle LT_SPFLI (CITYFROM, CITYTO) angereichert.

```
TYPES: BEGIN OF ty_ergebnis,
         carrid TYPE sflight-carrid,
         connid TYPE sflight-connid,
         fldate TYPE sflight-fldate,
         cityfrom TYPE spfli-cityfrom,
         cityto   TYPE spfli-cityto,
 END OF ty_ergebnis.
DATA: lt_spfli TYPE TABLE OF ty_ergebnis WITH NON-UNIQUE
               SORTED KEY key COMPONENTS carrid connid,
      lt_sflight TYPE TABLE OF ty_ergebnis WITH NON-UNIQUE
                 SORTED KEY key COMPONENTS carrid connid.
SELECT carrid connid cityfrom cityto FROM spfli
  INTO CORRESPONDING FIELDS OF TABLE lt_spfli
  WHERE carrid = 'AA'.
SELECT carrid connid fldate FROM sflight
  INTO CORRESPONDING FIELDS OF TABLE lt_sflight
  WHERE carrid = 'AA'.
lt_sflight = CORRESPONDING #( lt_sflight FROM lt_spfli
                              USING KEY key carrid = carrid
                                            connid = connid
                              EXCEPT fldate
                             ).
```

Listing 8.28 Anreicherung einer internen Tabelle mit CORRESPONDING

Die Suche findet in folgenden Schritten statt:

- Für jede Zeile in der Tabelle LT_SFLIGHT wird in der Look-up-Tabelle LT_SPFLI eine Zeile gesucht, die in den Spalten CARRID und CONNID den gleichen Inhalt hat wie die Spalten CARRID und CONNID der Zeile von LT_SFLIGHT.
- Wenn eine Zeile gefunden wird, wird diese der aktuellen Zeile von LT_SFLIGHT zugewiesen und in das Zwischenergebnis eingefügt. Die Zuweisung erfolgt dabei nach den normalen Zuweisungsregeln (d. h. nach Namensgleichheit, und auch tiefe Strukturen werden übernommen), mit der Ausnahme, dass die in der Suche verwendeten Schlüsselfelder ignoriert werden.
- Bei nicht eindeutigem Schlüssel wird die erste gefundene Zeile verwendet.

- Wenn keine solche Zeile gefunden wird, wird die aktuelle Zeile von `LT_SFLIGHT` unverändert in das Zwischenergebnis eingefügt.
- Das Zwischenergebnis vom Typ der Tabelle `LT_SFLIGHT` wird, falls kein explizites Mapping angegeben ist, nach den normalen Zuweisungsregeln (d. h. nach Namensgleichheit) dem Ergebnis des Ausdrucks zugewiesen und gegebenenfalls in den Zieltyp konvertiert.

[»]

Verwendung von »table_line« für umbenannte Zeilen

Mit ABAP 7.52 können Sie bei der hier beschriebenen Anweisung `CORRESPONDING` die Pseudokomponente `table_line` für interne Tabellen ohne benannte Spalte benutzen. Mehr allgemeine Informationen zur Pseudokomponente `table_line` finden Sie in Abschnitt 8.5.1, »Tabellen mit READ TABLE auslesen«.

8.8 Interne Tabellen kopieren

Wie das Kopieren von internen Tabellen funktioniert, hängt davon ab, ob die beiden internen Tabellen strukturgleich sind oder nicht:

- **Strukturgleiche interne Tabellen**
  Strukturgleich sind alle Tabellen, die in der exakt gleichen Reihenfolge die gleichen Typen aufweisen. Die Länge und der Name der Spalten werden dabei nicht berücksichtigt.
- **Strukturfremde interne Tabellen**
  Strukturfremd sind alle Tabellen, in denen sich der Typ in mindestens einer Spalte unterscheidet.

Beispiele

Die folgenden Tabellen sind strukturgleich:

- Struktur 1, Spalte 1: Name `FELD1`, Typ `CHAR` der Länge 3
- Struktur 2, Spalte 1: Name `FELD0`, Typ `CHAR` der Länge 2

`FELD0` und `FELD1` sind beide an erster Position und haben beide denselben Datentyp (`CHAR`).

Die folgenden Tabellen sind strukturfremd:

- Struktur 1, Spalte 1: Name `FELD1`, Typ `CHAR` der Länge 3
- Struktur 2, Spalte 1: Name `FELD0`, Typ `i`

`FELD0` und `FELD1` sind beide an erster Position, haben aber einen unterschiedlichen Datentyp.

8.8.1 Strukturgleiche interne Tabellen kopieren

Beim Kopieren von strukturgleichen internen Tabellen haben Sie folgende zwei Möglichkeiten:

- eine normale Zuweisung (Tabelle1 = Tabelle2)
- die Anweisung APPEND LINES OF (siehe Abschnitt 8.4.2, »Zeilen mit APPEND anhängen«)
- die Anweisung MOVE-CORRESPONDING, die für interne Tabellen erweitert wurde

MOVE-CORRESPONDING für interne Tabellen

Ab ABAP 7.40 SP05 wurde die Anweisung MOVE-CORRESPONDING, die ursprünglich zum Kopieren von Strukturen gedacht war (siehe Abschnitt 7.6.2, »Strukturen«), für interne Tabellen erweitert. Dadurch ist es jetzt möglich, den Inhalt einer Ausgangstabelle direkt in eine Zieltabelle zu kopieren. Die Syntax der Anweisung ist dabei fast gleichgeblieben, Sie müssen lediglich Quelltabelle LT_TABELLE1 und Zieltabelle LT_TABELLE2 angeben, getrennt von dem Zusatz TO.

Neben der Übernahme von tiefen Strukturen gibt es auch die Möglichkeit, eine Tabelle zu kopieren und einer Zieltabelle anzuhängen. Dazu wird der Zusatz KEEPING TARGET LINES verwendet. Namensungleiche Felder werden hier nicht berücksichtigt und müssen immer noch auf dem bisherigen Weg übernommen werden, wie im folgenden Abschnitt beschrieben.

Syntax

```
MOVE-CORRESPONDING [EXACT] itab1 TO itab2
    [EXPANDING NESTED TABLES] [KEEPING TARGET LINES].
```

Beispiel

Die folgende Anweisung kopiert den Inhalt der Tabelle LT_TABELLE1 in die Zieltabelle LT_TABELLE2:

```
MOVE-CORRESPONDING lt_tabelle1 TO lt_tabelle2.
```

8.8.2 Strukturfremde interne Tabellen kopieren

Das Kopieren strukturfremder interner Tabellen war vor ABAP 7.40 nur über den folgenden Weg möglich:

1. Definition einer LOOP-Schleife, um jede Zeile der Ausgangstabelle in eine Ausgangsstruktur zu schreiben

2. Übernahme der namensgleichen Felder mit MOVE-CORRESPONDING von der Ausgangsstruktur in die Zielstruktur (siehe Abschnitt 7.4.5, »Zuweisung mit MOVE-CORRESPONDING«)
3. Übernahme der namensungleichen Felder durch eine Zuweisung mit dem Zuweisungsoperator (=)
4. Verwendung von APPEND, um die Zielstruktur der Zieltabelle hinzuzufügen

Ab ABAP 7.40 SP02 haben Sie dazu mit der Anweisung CORRESPONDING ein mächtigeres Werkzeug zur Verfügung. Mit dieser Anweisung können Sie zusätzlich ein Mapping für namensungleiche Felder definieren. Sie ist in Abschnitt 7.13.8, »CORRESPONDING: Mapping von Strukturen und internen Tabellen«, beschrieben.

Beispiel

In Listing 8.29 wird die strukturungleiche Tabelle lt_tabelle1 kopiert.

```
LOOP AT lt_tabelle1 INTO ls_tabelle1.
  MOVE-CORRESPONDING ls_tabelle1 TO ls_tabelle2.
  ls_tabelle2-feld0 = ls_tabelle-feld1.
  APPEND ls_tabelle2 TO lt_tabelle2.
ENDLOOP.
```

Listing 8.29 Kopieren einer strukturungleichen Tabelle

8.9 Interne Tabellen aufbereiten

Sie können eine interne Tabelle sortieren, zusammenfassen, reduzieren oder filtern, wie in den folgenden Abschnitten beschrieben.

8.9.1 Sortieren mit SORT

Mit der Anweisung SORT können Sie eine interne Tabelle nach bestimmten Kriterien sortieren. Geben Sie dazu nach der Anweisung SORT die interne Tabelle itab und die gewünschte Sortierreihenfolge an (ASCENDING für aufsteigend und DESCENDING für absteigend). Wird keiner der beiden Zusätze angegeben, wird automatisch aufsteigend sortiert. Über den Zusatz BY, gefolgt von einer oder mehreren Spalten, können Sie die Sortierreihenfolge (ebenfalls über ASCENDING und DESCENDING) spaltenweise einstellen.

Syntax

```
SORT itab { { [ASCENDING|DESCENDING]
              [BY { spalte1 [ASCENDING|DESCENDING] }
                  { spalte2 [ASCENDING|DESCENDING] }
               ... ] } }.
```

Beispiel

Die erste Tabelle LT_SBOOK wird nach der Spalte CONNID aufsteigend sortiert, während in der zweiten Tabelle LT_SFLIGHT die Spalte CONNID aufsteigend und anschließend die Spalte CARRID absteigend sortiert wird:

```
SORT lt_sbook   BY connid.
SORT lt_sflight BY connid ASCENDING carrid DESCENDING.
```

8.9.2 Virtuelles Sortieren

Neben dem tatsächlichen Sortieren von internen Tabellen steht ab ABAP 7.52 das virtuelle Sortieren von Tabellen zur Verfügung, wodurch die ursprüngliche Tabelle nicht geändert werden muss. Dazu liefert die Methode VIRTUAL_SORT der Klasse CL_ABAP_ITAB_UTILITIES eine Indextabelle zurück, die die Indexnummern der sortierten Zeilen enthält.

Als Beispiel soll die interne Tabelle in Abbildung 8.3 virtuell sortiert werden, ohne dass diese interne Tabelle geändert wird.

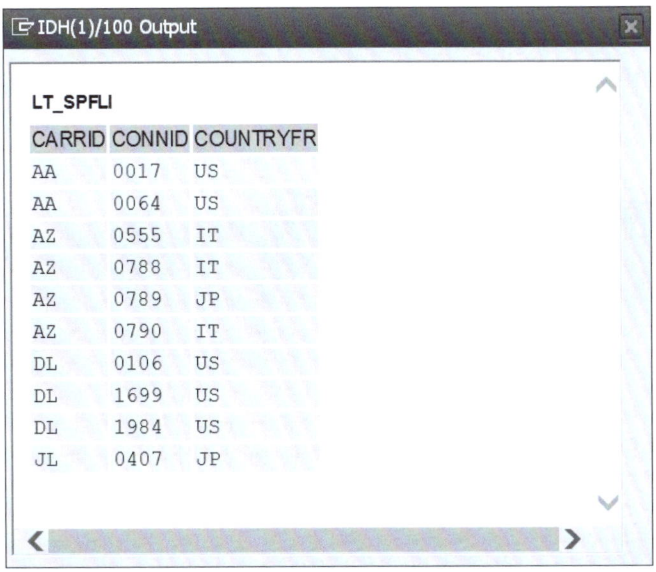

IDH(1)/100 Output

LT_SPFLI

CARRID	CONNID	COUNTRYFR
AA	0017	US
AA	0064	US
AZ	0555	IT
AZ	0788	IT
AZ	0789	JP
AZ	0790	IT
DL	0106	US
DL	1699	US
DL	1984	US
JL	0407	JP

Abbildung 8.3 Die zu sortierende Ursprungstabelle

Listing 8.30 zeigt eine Anwendung der Methode VIRTUAL_SORT in der Tabelle SPFLI (Flugpläne) für die Spalte COUNTRYFR (Abflugland). Dazu wird der Methode im Parameter IM_VIRTUAL_SOURCE eine interne Tabelle mit den Quelldaten übergeben. Dieser internen Tabelle vom Typ CL_ABAP_ITAB_UTILITIES=>VIRTUAL_SORT_TABLE wird im Feld SOURCE eine Referenz mit REF auf die interne Tabelle LT_SPFLI übergeben und im Parameter COMPONENTS mitgeteilt, nach welcher Spalte (im Feld NAME) und wie sortiert werden soll (im Feld DESCENDING). Wird DESCENDING weggelassen, wird die interne Tabelle automatisch aufsteigend sortiert.

```
DATA: lt_vso TYPE cl_abap_itab_utilities=>virtual_sort_table.
SELECT * FROM spfli INTO TABLE @DATA(lt_spfli).
APPEND VALUE #(
  source     = REF #( lt_spfli )
  components = VALUE #(
    ( name = 'COUNTRYFR' descending = 'X' )
  )
) TO lt_vso.
DATA(lt_sorted) = cl_abap_itab_utilities=>virtual_sort(
  EXPORTING
    im_virtual_source = lt_vso
).
Cl_demo_output=>display( lt_sorted ).
```

Listing 8.30 Quellcode zum virtuellen Sortieren einer internen Tabelle

Nach Ausführung des Quellcodes erhalten Sie die Ausgabe aus Abbildung 8.4.

Beachten Sie, dass diese Ausgabe die Sortierung der internen Tabelle aus Abbildung 8.3 darstellt und Ihre interne Tabelle gegebenenfalls unterschiedliche Ausgangswerte haben kann.

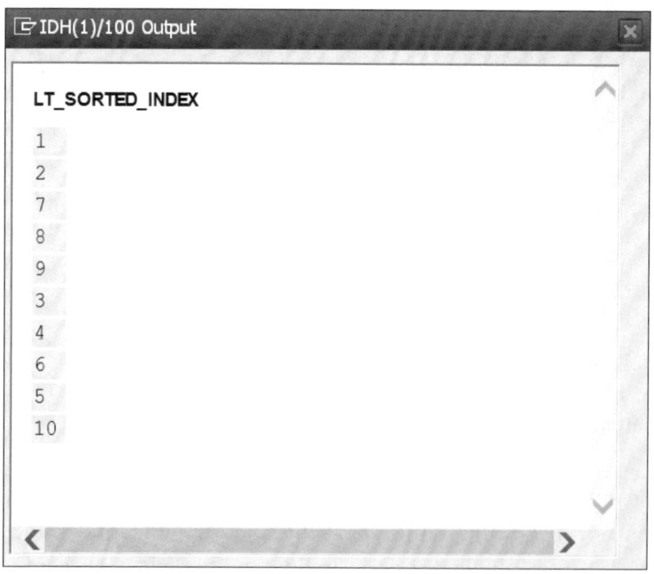

Abbildung 8.4 Die Indextabelle mit den sortierten Indexwerten

Mit dieser Indextabelle können Sie nun frei nach Ihrem gewünschten Prozess weiterarbeiten. Die Gründe können hier vielfältig sein und von Performanceverbesserungen reichen (Sie wollen die erste Zeile der sortierten Tabelle) bis hin zu dem Fall, dass Sie die Ursprungstabelle nicht ändern dürfen. Unter anderem könnten Sie beispielsweise eine neue interne Tabelle erzeugen, die die sortierten Zeilen aus der Ursprungstabelle enthält.

Dies ließe sich anhand des Quellcodes aus Listing 8.31 umsetzen, wodurch Sie eine Ausgabe wie in Abbildung 8.5 erhalten.

```
DATA: lt_spfli_sorted LIKE lt_spfli.
LOOP AT lt_sorted_index ASSIGNING FIELD-SYMBOL(<index>).
  APPEND lt_spfli[ <index> ] TO lt_spfli_sorted.
ENDLOOP.
cl_demo_output=>display( lt_spfli_sorted ).
```

Listing 8.31 Erzeugen einer sortierten internen Tabelle aus der sortierten Indextabelle

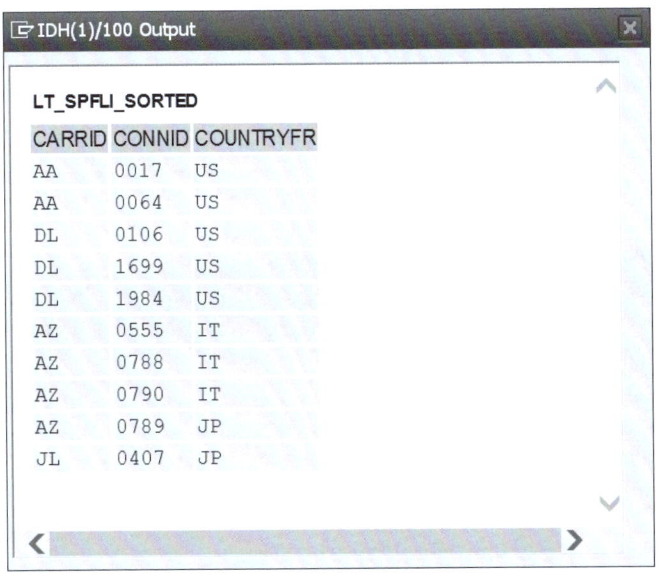

CARRID	CONNID	COUNTRYFR
AA	0017	US
AA	0064	US
DL	0106	US
DL	1699	US
DL	1984	US
AZ	0555	IT
AZ	0788	IT
AZ	0790	IT
AZ	0789	JP
JL	0407	JP

Abbildung 8.5 Die neu erzeugte sortierte interne Tabelle

Mit der Methode `VIRTUAL_SORT` der Klasse `CL_ABAP_ITAB_UTITLITIES` sind noch deutlich komplexere Anwendungsfälle realisierbar. So könnten Sie beispielsweise mehrere interne Tabellen abhängig voneinander virtuell sortieren lassen. Weitere komplexe Beispiele können Sie hierzu in der ABAP-Hilfe finden, aber auch, indem Sie einen Verwendungsnachweis auf die Methode `VIRTUAL_SORT` durchführen und sich die dazugehörigen Programme mit dem Präfix `DEMO_` anschauen.

8.9.3 Zusammenfassung mit COLLECT

Mit der Anweisung COLLECT in Zusammenhang mit einer Schleife (z. B. LOOP ... ENDLOOP oder SELECT ... ENDSELECT) können Sie die numerischen Komponenten einer internen Tabelle summieren. Die Anweisung COLLECT übernimmt in diesem Zusammenhang die Aufgabe der Zusammenfassung und benötigt als Ziel eine interne Tabelle itab. Ist diese Tabelle itab leer, fügt COLLECT die angegebene Struktur struktur in diese Tabelle ein. Erst beim zweiten Aufruf fängt COLLECT an, die numerischen Komponenten der Struktur mit den Werten aus den bereits vorhandenen Zeilen (mit dem gleichen Primärschlüssel) in der internen Tabelle itab zusammenzurechnen. Die übergebene Struktur struktur muss dabei typkompatibel mit der Zieltabelle sein.

Syntax

```
COLLECT struktur INTO itab.
```

Beispiel

Die Anzahl der Sitzplätze für jede Fluggesellschaft (CARRID) und Verbindung (CONNID) wird in Listing 8.32 zusammengerechnet.

```
TYPES: BEGIN OF ty_sitze,
         carrid   TYPE sflight-carrid,
         connid   TYPE sflight-connid,
         seatsocc TYPE sflight-seatsocc,
       END OF ty_sitze.
DATA: lt_sflight TYPE TABLE OF ty_sitze,
      lt_sitze   TYPE SORTED TABLE OF ty_sitze
        WITH UNIQUE KEY carrid connid.
FIELD-SYMBOLS: <fs_sflight> TYPE ty_sitze.
SELECT carrid connid seatsocc FROM sflight
  INTO CORRESPONDING FIELDS OF TABLE lt_sflight.
LOOP AT lt_sflight ASSIGNING <fs_sflight>.
  COLLECT <fs_sflight> INTO lt_sitze.
ENDLOOP.
```

Listing 8.32 Die Anweisung COLLECT

8.9.4 Reduzierungen mit REDUCE

Bei der Verwendung mit Tabelleniterationen kann mit der Anweisung REDUCE der Inhalt der angegebenen internen Tabelle auf einen zusammenfassenden Wert reduziert werden (z. B. Summenbildung über eine Spalte). Bei der Verwendung mit bedingten Iterationen können Mengen von Datenobjekten auf ein einzelnes Datenobjekt reduziert werden. Durch die umfangreiche Syntax der Anweisung sind viele andere Varianten denkbar. Zur Filterung von internen Tabellen z. B. sollten Sie jedoch die Anweisung `FILTER` (siehe Abschnitt 8.9.5) benutzen.

Die Anweisung `REDUCE` baut vollständig auf dem Zusatz `FOR` aus Abschnitt 8.4.5 auf. Im Grunde ist die Funktionsweise wie folgt:

1. Sie geben ein Datenobjekt (über das iteriert werden soll) in Form eines Ausdrucks `for_ausdruck1` (z. B. einer internen Tabelle) nach dem Zusatz `FOR` an.
2. Nun müssen Sie die Variablen `ergebnis1`, `ergebnis2`, die die Zusammenfassung beinhalten sollen, nach dem Zusatz `INIT` angeben. Mit einem Ausdruck `start_ausdruck1` können Sie diese Variablen mit einem Startwert versehen. Sie haben die Wahl zwischen einer normalen Variablen oder einem Feldsymbol (das Feldsymbol können Sie über adressierbare Ausdrücke, wie z. B. `tab[...]` oder `CAST type( ... )->comp`, setzen).
3. Anschließend müssen Sie noch die Frage beantworten, was eigentlich in jedem Durchlauf passieren soll. Das geben Sie nach dem Zusatz `NEXT` in in Form eines Ausdrucks `erg_ausdruck1` und weisen dies dem Feld `ergebnis1` zu. Ab ABAP 7.55 können Sie hier neben einer normalen Zuweisung (`=`) auch die Zuweisungsoperatoren `+=` (Addieren), `-=` (Subtrahieren), `*=` (Multiplizieren), `/=` Dividieren oder `&&=` (Konkatenieren) verwenden.

Syntax

```
... REDUCE datentyp( [LET] INIT
         {ergebnis1 = start_ausdruck1}
           |{<ergebnis1> = start_ausdruck1}
           |{ergebnis1|<ergebnis1> TYPE datentyp1} ...
      FOR for_ausdruck1
      FOR for_ausdruck2 ...
      NEXT ...
           {ergebnis1 =|+=|-=|*=|/=|&&= erg_ausdruck1}
          |{<ergebnis1> =|+=|-=|*=|/=|&&= erg_ausdruck1}
     ... ) ...
```

Beispiel

In Listing 8.33 werden die Werte einer internen Tabelle, die die Zahlen von 1 bis 10 enthält, zu einer Summe zusammengerechnet.

```
DATA lt_itab TYPE TABLE OF i.
lt_itab = VALUE #( FOR j = 1 WHILE j <= 10 ( j ) ).
DATA(lv_summe) = REDUCE i( INIT ergebnis = 0
                           FOR wert IN lt_itab
                           NEXT ergebnis = ergebnis + wert ).
```

Listing 8.33 Die Anwendung von REDUCE

Ein weiteres Beispiel zur Anwendung von REDUCE mit Tabelleniterationen finden Sie in Listing 8.11. Dort wird über eine gebildete Gruppe iteriert, und die Werte einer Spalte werden zusammengefasst.

8.9.5 Filterungen mit FILTER

Mit der Anweisung FILTER können Sie eine Teilmenge aus einer Tabelle bestimmen und entnehmen. Zur Filterung haben Sie dabei zwei Möglichkeiten:

- Einzelwerte angeben
- eine Filtertabelle nutzen (ähnlich wie mit der Anweisung FOR ALL ENTRIES IN ...)

In beiden Fällen müssen Sie die interne Tabelle itab angeben, die gefiltert werden soll. Standardmäßig wird die Einzelwertsuche durchgeführt, erst durch Angabe einer zweiten Tabelle filtertab nach dem Zusatz IN wird auf die Filtertabelle umgestellt.

Nach dem Zusatz WHERE können Sie anschließend Ihre Bedingungen ausprägen. Der Zusatz USING KEY mit dem Schlüssel schluessel muss für einen Primärschlüssel nicht unbedingt angegeben werden. Mit dem Zusatz EXCEPT können Sie die Bedingung negieren und damit Werte ausschließen.

Für die Einzelwertsuche sollten Sie die Einzelwerte mit CONV #(Einzelwert) in den erwarteten Typ umwandeln lassen, während Sie bei der Filtertabelle lediglich den Namen der Spalte aus der Filtertabelle angeben müssen.

Syntax

```
... FILTER {datentyp|#}( itab [EXCEPT] [IN filtertab]
      [USING KEY schluessel WHERE spalte1 op filter
                              [AND spalte2 operand filter
                              [...] ] ) ...
```

Beispiel

Aus einer Tabelle LT_SFLIGHT wird in Listing 8.34 eine Teilmenge LT_AUSZUG entnommen (über den angegebenen Einzelwert AA). Mit dieser Teilmenge (als Filtertabelle) wird in einem zweiten Schritt die Restmenge LT_REST bestimmt. Dazu wird der Zusatz EXCEPT verwendet, der die WHERE-Klausel negiert.

```
DATA: lt_sflight TYPE SORTED TABLE OF sflight
                 WITH UNIQUE KEY carrid connid fldate.
SELECT * FROM sflight INTO TABLE lt_sflight.
DATA(lt_auszug) = FILTER #( lt_sflight
                  WHERE carrid = CONV #( 'AA' ) ).
```

```
DATA(lt_rest) = FILTER #( lt_sflight
                 EXCEPT IN lt_auszug
                 WHERE carrid EQ carrid ).
```

Listing 8.34 Filterung mit der Anweisung FILTER

[«]

Zusatz USING KEY zur Schlüsselangabe

Vor ABAP 7.52 können Sie die Anweisung `FILTER` (wie im Beispiel) nur mit einer sortierten Tabelle oder mit einer Hash-Tabelle benutzen. Ab ABAP 7.52 wird der Zusatz `USING KEY` unterstützt, damit Sie dies auch für eine normale Tabelle mit Schlüsselangabe benutzen können.

8.10 Eingebaute Funktionen für interne Tabellen

Folgende eingebaute Funktionen (*Tabellenfunktionen*) können Sie für interne Tabellen verwenden:

- `lines()` zur Bestimmung der Zeilenanzahl
- `concat_lines_of()` zur Verbindung von Zeilen

Ab ABAP 7.40 SP02 stehen Ihnen zusätzlich die folgenden Funktionen zur Verfügung:

- `line_index()` zur Bestimmung des Index einer Zeile
- `line_exists()` zur Prüfung der Existenz einer Zeile

Für jede dieser Funktionen gibt es ältere ABAP-Anweisungen, die zum selben Ergebnis führen würden. Der Vorteil der eingebauten Funktionen liegt darin, dass Sie sie ohne Zwischenvariablen direkt an Operandenpositionen verwenden können (siehe Abschnitt 7.14).

Die Funktion »lines()«

`lines()` gibt die Anzahl der Zeilen einer internen Tabelle zurück. Dazu müssen Sie lediglich Ihre interne Tabelle in den Klammern angeben.

Beispiel

```
IF lines( lt_tabelle ) > 0.
  ...
ENDIF.
```

Die Funktion »concat_lines_of()«

`concat_lines_of()` ist eigentlich eine Verkettungsfunktion, erwartet als Parameter jedoch immer eine interne Tabelle. Diese Funktion verkettet alle Zeileninhalte einer internen Tabelle und gibt das Ergebnis als Zeichenkette (Typ `string`) zurück. Die interne Tabelle muss dabei mit einem zeichenartigen Zeilentyp angegeben werden.

Mit dem Parameter `SEP` kann ein Separator angegeben werden, der zwischen die einzelnen Zeilen eingefügt wird. Definieren Sie den Separator, müssen Sie auch den Parameter `TABLE` vor dem Namen der internen Tabelle zwingend angeben.

Syntax

```
... concat_lines_of( [table =] itab
                     [sep = seperator] ) ...
```

Beispiel

Eine interne Tabelle mit drei Zeilen wird in Listing 8.35 zu einem String zusammengefasst. Durch die Angabe von `SEP` als Textstringliteral mit `` ` ` `` (Backquotes) wird jeweils ein Leerzeichen als Separator hinzugefügt.

```
DATA: lt_text TYPE TABLE OF char16.
lt_text = VALUE #( ( 'Interne Tabellen' )
                   ( 'sind' )
                   ( 'ABAP.' ) ).
DATA(lv_ergebnis) = concat_lines_of( table = lt_text
                                     sep   = ` ` ).
```

Listing 8.35 Die Funktion »concat_lines_of()«

Die Funktion »line_index()«

Diese Tabellenfunktion gibt die Nummer der mit dem Tabellenausdruck gefundenen Zeile zurück. Für den Ausdruck muss eine Schlüsselangabe verwendet werden. Der Rückgabewert ist vom Typ `i`. Mehr Informationen zu Tabellenausdrücken finden Sie in Abschnitt 8.5.2.

Beispiel

```
lv_index = line_index( lt_sflight[ carrid = 'UA'
                                   connid = '0941' ].
```

Die Funktion »line_exists()«

Diese Prädikatfunktion überprüft, ob die im Tabellenausdruck angegebene Zeile existiert, und gibt einen Wahrheitswert zurück. Die Funktion kann als Kurzform der Anweisung READ TABLE mit dem Zusatz TRANSPORTING NO FIELDS verstanden werden. Wenn die gesuchte Zeile nicht gefunden wird, wird keine Ausnahme ausgelöst, sondern immer der Wert 0 zurückgegeben.

Beispiel

Listing 8.36 zeigt die Verwendung der Prädikatfunktion.

```
IF line_exists( lt_sflight[ carrid = 'UA'
                            connid = '0941' ] ).
  "Zeile existiert
ENDIF.
```

Listing 8.36 Die Funktion »line_exists()«

8

8.11 Änderungen und Neuerungen im Umfeld von internen Tabellen bis ABAP 7.57

Hier finden Sie alle wichtigen Änderungen und Neuerungen für die Arbeit mit internen Tabellen bis ABAP 7.57 im Überblick. Alle Änderungen sind in die vorangegangenen Abschnitte integriert und wurden dort anhand von Beispielen erläutert.

- **Änderungen in ABAP 7.40 SP02:**
  - Interne Tabellen können jetzt über die neuen Tabellenausdrücke itab[ ] an Operandenpositionen gelesen werden (siehe Abschnitt 8.5.2).
  - Es gibt zwei neue eingebaute Funktionen für interne Tabellen: line_index(), um eine Zeilennummer zu bestimmen, und line_exists(), um die Existenz einer Zeile zu prüfen (siehe Abschnitt 8.10).
- **Änderungen in ABAP 7.40 SP05:**
  - Bei der Erzeugung interner Tabellen mit NEW oder VALUE können als Teilausdruck ein oder mehrere FOR-Ausdrücke angegeben werden. Diese FOR-Ausdrücke werten vorhandene interne Tabellen aus, deren Inhalt für die Konstruktion des Ergebnisses innerhalb der Schleifen verwendet werden kann (siehe Abschnitt 8.4.5, »Der Zusatz FOR«).
  - MOVE-CORRESPONDING wurde für interne Tabellen erweitert (siehe Abschnitt 8.8.1, »Strukturgleiche interne Tabellen kopieren«).
  - Es wurden Meshes eingeführt, die als spezielle Strukturen interne Tabellen über Assoziationen miteinander verknüpfen (siehe Abschnitt 8.11).
- **Änderungen in ABAP 7.40 SP08:**
  - frei programmierbare Iteratorausdrücke für die Konstruktorausdrücke NEW und VALUE (siehe Abschnitt 8.4.5, »Der Zusatz FOR«)

  - neuer Zusatz `LINES OF` in den Konstruktorausdrücken `NEW` und `VALUE` (siehe Abschnitt 8.4.7, »Der Zusatz LINES OF«)
  - Tabellenfilterungen mit der neuen Anweisung `FILTER` (siehe Abschnitt 8.9.5)
  - Tabellenreduzierungen mit der neuen Anweisung `REDUCE` (siehe Abschnitt 8.9.4)
  - Die Gruppierung interner Tabellen ist jetzt bei dem Zusatz `FOR` durch die neuen Varianten `FOR GROUPS ... OF` (erneute Gruppierung) und `FOR ... IN` (Zugriff auf Gruppenmitglieder) möglich (siehe Abschnitt 8.4.6, »Gruppierungen mit FOR«).
  - Es wurden Standardrückgabewerte für Tabellenausdrücke mit den Zusätzen `DEFAULT` (Datenobjekt) und `OPTIONAL` (initial) eingeführt (siehe Abschnitt 8.5.2, »Tabellenausdrücke«).
  - `LOOP AT` wurde um den Zusatz `GROUP BY` erweitert (siehe Abschnitt 8.5.4, »Gruppieren mit dem Zusatz GROUP BY«).
- **Neuerungen in ABAP 7.50:**
  - Hinter Tabellenausdrücken, die eine Referenzvariable zurückgeben, kann direkt der Objektkomponentenselektor (`->`) angegeben werden (siehe Abschnitt 8.5.2, »Tabellenausdrücke«).
  - Die neue Systemklasse `CL_ABAP_CORRESPONDING` ermöglicht die Angabe dynamischer Mapping-Vorschriften für die komponentenweise Zuweisung von Strukturen und internen Tabellen.
- **Neuerungen in ABAP 7.52:**
  - Die Anweisung `FILTER` unterstützt jetzt den Zusatz `USING KEY`. Dieser kann angegeben werden, um für die Quelltabelle den Schlüssel zu spezifizieren, damit diese nicht zwingend eine sortierte oder Hash-Tabelle sein muss (siehe Abschnitt 8.9.5, »Filterungen mit FILTER«).
  - Mit der Methode `VIRTUAL_SORT` der Klasse `CL_ABAP_ITAB_UTILITIES` besteht die Möglichkeit, eine interne Tabelle virtuell sortieren zu lassen (siehe Abschnitt 8.9.2).
  - Bei der Anweisung `CORRESPONDING` kann jetzt die Pseudokomponente `table_line` für interne Tabellen ohne benannte Spalte benutzt werden (siehe Abschnitt 8.7.4, »Tabelle mit CORRESPONDING anreichern«).
- **Neuerungen in ABAP 7.55:**
  - Bei generischen Zugriffen auf internen Tabellen muss die Tabellendefinition jetzt nicht mehr zwingend mit `TYPE any table` definiert werden, sondern können auch mit `TYPE data` oder `TYPE any` definiert werden.

- Bei dem Konstruktorausdruck REDUCE kann nach dem Zusatz NEXT jetzt auch neben einer Zuweisung mit = die Zuweisungsoperatoren += für Addieren, -= für Subtrahieren, *= für Multiplizieren, /= für Dividieren und &&= angegeben werden.

- **Neuerungen in ABAP 7.56:**
  - Für die Anweisungen LOOP, FOR, APPEND, DELETE, INSERT und VALUE kann mit dem neuen Zusatz STEP die Schrittweite angeben werden. Für LOOP und FOR kann durch eine negative Angabe auch die Iterations-Richtung beeinflusst werden.

Kapitel 9
Zugriff auf Datenbanken

Open SQL, natives SQL, AMDB, CDS Views – das ABAP-System stellt viele Mittel und Wege bereit, um Daten von einer Datenbank zu lesen. In diesem Kapitel bekommen Sie einen Überblick.

Seit der Einführung der SAP-Datenbank SAP HANA (siehe Kapitel 30) hat sich viel getan. Plötzlich wurde mit *Code-to-Data* (zu Deutsch: Code zu den Daten) ein neues Konzept propagiert, das besagt, dass die Datenbank nicht mehr durch auf dem Anwendungsserver ausgeführten ABAP-Quellcode entlastet werden, sondern dass so viel Code wie möglich direkt auf der Datenbank ausgeführt werden sollte. Dazu musste die wichtigste Schnittstelle im SAP-System angepasst werden: Open SQL. Als seit Jahren stabiler Begleiter jedes ABAP-Programmierers bekam Open SQL plötzlich die volle Aufmerksamkeit der Entwickler bei SAP und dadurch viele neue Funktionen und Features. Mit den ABAP CDS Views (Core Data Services) wurde sogar eine neue Alternative zum klassischen Open SQL geschaffen.

Da viele der neuen Funktionen von SAP HANA den Kunden bereits in einem sehr frühen Stadium zur Verfügung standen, konnten diese teilweise nur über natives SQL aufgerufen werden. In diesem Kontext bekam die API *ABAP Database Connectivity* (ADBC) zum besseren Handling von nativem SQL (obwohl schon seit ABAP 7.02 vorhanden) mehr Bedeutung.

In diesem Kapitel beschreibe ich sowohl den wesentlichen Funktionsumfang von Open SQL (vom Lesen und Ändern der Daten über die Berechnung von Werten bis hin zu Aggregat- und Zeichenkettenfunktionen) als auch ADBC als Klassenbibliothek für native SQL-Anfragen und ABAP CDS für die Abbildung komplexer Datenmodelle. Darüber hinaus finden Sie am Ende des Kapitels in Abschnitt 9.9 einen Überblick über die wichtigsten Änderungen in Open SQL bis ABAP 7.57.

ABAP SQL

Mit ABAP 7.53 wurde Open SQL in ABAP SQL umbenannt. Diese Umbenennung soll verdeutlichen, dass Bestandteile von ABAP SQL nicht mehr vollständig datenbankunabhängig sind, sondern nur direkt von SAP HANA als Datenbank unterstützt werden. Diese SAP-HANA-spezifischen Funktionen stelle ich Ihnen in Kapitel 10, »Zugriff auf SAP-HANA-Entwicklungsobjekte«, vor. Im Rahmen dieses Buches wird die Bezeichnung Open SQL für ABAP SQL beibehalten.

9.1 Die fünf goldenen Regeln

Die fünf goldenen Regeln sind Performancerichtlinien für die Nutzung von Open SQL. Die Erfahrung zeigt, dass es keine hundertprozentig auf alle Fälle anwendbare Anleitungen geben kann, sondern dass jedes Problem eine eigene spezifische Lösung erfordert.

Bewirkt etwa eine Verknüpfung von Tabellen mithilfe eines *Joins* bei der einen Problemstellung einen Performanceschub, kann sie bei einer anderen Problemstellung aufgrund von abweichenden Spalten zu einer Verlangsamung führen.

Der Grund der Verlangsamung ist jedoch in aller Regel klar: Der Flaschenhals eines jeden SAP-Systems ist die Schnittstelle zwischen der Datenbank und dem Applikationsserver. Je mehr Daten von der Datenbank angefragt werden und über die Schnittstelle laufen, desto langsamer wird die Übertragungsgeschwindigkeit. Natürlich kann auch die Datenbank eine bestimmte Menge an Anfragen gleichzeitig bearbeiten.

Hier verhält es sich wie auf der Autobahn: Je mehr Autos auf der Autobahn fahren wollen, desto zäher wird es, bis es letzten Endes zum Stau kommt. Wenn Sie eine `SELECT *`-Anfrage auf eine hundertspaltige Tabelle absetzen (vielleicht sogar ohne `WHERE`-Klausel), obwohl nur fünf Spalten und fünf Zeilen gebraucht werden, ist es, als hätten Sie einen Schwertransport auf die Autobahn geschickt – zu Beginn der Sommerferien.

Daher haben sich über die Zeit ein paar Regeln herauskristallisiert, die Sie beachten sollten, um performante Open-SQL-Anweisungen mit ABAP zu schreiben:

- **Regel 1: Ergebnismenge kleinhalten**
  Nutzen Sie `WHERE`- und `HAVING`-Klauseln, um die Größe der Ergebnismenge kleinzuhalten. Dadurch entlasten Sie den angesprochenen Flaschenhals und verwenden weniger Speicher des Applikationsservers.
- **Regel 2: Übertragene Datenmenge minimieren**
  Wählen Sie über die Selektionsliste nur Spalten, die Sie auch für die weitere Verarbeitung benötigen. Achten Sie auf lesbaren Quellcode, damit bei Änderungen die Feldliste einfach erweitert werden kann.
- **Regel 3: Anzahl der Datenbankzugriffe minimieren**
  Nutzen Sie keine geschachtelten `SELECT`-Schleifen, und versuchen Sie, mehrere `SELECT`-Anweisungen z. B. mit Joins oder Unterabfragen zusammenzufassen. Mit jeder Verbindung erzeugt ein Datenbanksystem einen geringen Performance-Overhead, der mit einer Anfrage verbunden ist. Darunter fallen z. B. der Verbindungsaufbau (und -abbau) und das Parsen und Optimieren der SQL-Anweisungen.

Nutzen Sie daher die Möglichkeit der Massenverarbeitung. Auch Operationen wie `INSERT`, `UPDATE`, `MODIFY` und `DELETE` sollten jeweils als Array-Variante verwendet werden.

- **Regel 4: Suchaufwand reduzieren (gilt nicht für SAP HANA)**
  Formulieren Sie die `WHERE`- und `HAVING`-Klauseln so, dass sie zum Index und zur Struktur der Datenbanktabelle passen, in der Sie suchen. Versuchen Sie über Primärschlüssel zu selektieren, und legen Sie gegebenenfalls Sekundärindizes an.
- **Regel 5: Datenbankaufwand reduzieren (gilt nicht für SAP HANA)**
  Es gibt nur eine Datenbank im System. Nutzen Sie daher die Datenbank so wenig wie möglich. Je mehr die Datenbank zu tun hat, desto langsamer wird Ihr System. Vermeiden Sie wie in Regel 3 die Anzahl der Datenbankzugriffe, puffern Sie Datenbanktabellen, falls möglich, und sortieren Sie Daten im ABAP-Programm und nicht über eine `ORDER-BY`-Klausel.

Die hier aufgeführten Regeln gelten für das alte Paradigma *Data-to-Code*. Gerade Regel 5 widerspricht dem neuen mit SAP HANA eingeführten Paradigma deutlich.

9.1.1 Die goldenen Regeln für SAP HANA

SAP HANA ist eine deutlich stärkere Datenbank. Deshalb sind einige der im vorangegangenen Abschnitt aufgeführten Regeln im Umfeld von SAP HANA etwas anders zu bewerten:

- **Regel 1: Ergebnismenge kleinhalten**
  Selektieren Sie keine Zeilen von der Datenbank, die Sie später wieder verwerfen oder nicht benutzen. Das Rekonstruieren der Zeilen bei der spaltenbasierten Speicherung in SAP HANA dauert deutlich länger (d. h., es ist *teurer*) als bei der normalen zeilenbasierten Speicherung.
- **Regel 4: Suchaufwand reduzieren**
  Die wichtigste Änderung ist, dass `WHERE`-Klauseln auf Nicht-Index-Felder nicht mehr vermieden werden müssen, da der In-Memory-Scan auf die ganze Tabelle sehr schnell ist. Das heißt, Sekundärindizes werden so nicht mehr gebraucht und können in spaltenbasierten Tabellen entfernt werden.
- **Regel 5: Datenbankaufwand reduzieren**
  Versuchen Sie die SAP-HANA-Datenbank so viel wie möglich machen zu lassen. Berechnungen und Aggregationen mithilfe der Datenbank sind effizient. Gerade datenintensive Berechnungen sollten Sie auf der Datenbank ausführen. SAP HANA stellt hierfür viele Möglichkeiten z. B. in Form von Views oder SQLScript bereit. ABAP wurde dahingehend ab Release 7.40 angepasst, sodass Open SQL jetzt deutlich mächtiger ist, als es vorher war, und z. B. `CASE`-Anweisungen verarbeiten kann. Machen wir uns hier aber nichts vor: Auch SAP HANA hat begrenzte Ressourcen.

Daher gilt es, komplexe Berechnungen immer mit realistischen Datenmengen zu testen. Auch hier sollten Sie mit viel Sorgfalt programmieren, damit die neuen Möglichkeiten zur Steigerung der Performance nicht freigebig wieder verschenkt werden.

9.2 Die Open-SQL-Anweisung SELECT

In diesem Abschnitt zeige ich Ihnen, wie Sie mit der SELECT-Anweisung arbeiten können. Da die Syntax (siehe Listing 9.1) sehr umfangreich ist, erläutere ich die einzelnen Teile der folgenden Syntax in den nächsten Abschnitten jeweils einzeln.

Syntax

```
SELECT [SINGLE]
   { selektionsklausel FROM quelle }
   |{ FROM quelle FIELDS selektionsklausel }
     [[FOR ALL ENTRIES IN itab] WHERE sql_bedingung]
     [GROUP BY gruppe] [HAVING gruppen_bedingung]
     [UNION [ALL|DISTINCT] select]  "Ab ABAP 7.55
     [INTERSECT select]             "Ab ABAP 7.56
     [EXCEPT select]                "Ab ABAP 7.56
     [ORDER BY sortierung]
   INTO|APPENDING ziel
   [OFFSET offset]
   [UP TO n ROWS]
   [CONNECTION verbindung]
  ...
[ENDSELECT].
```

Listing 9.1 Syntax einer Open-SQL-SELECT-Anweisung

9.2.1 Einträge lesen

Über die SELECT-Anweisung können Sie Daten von der Datenbank, von klassischen Views oder CDS Views lesen und in Datenobjekten (Variablen, Strukturen, internen Tabellen) ablegen.

[»]

Core Data Services (CDS) als Datenquelle für Open SQL

Ab ABAP 7.50 können Sie als Datenquelle auch CDS-Tabellenfunktionen angeben.

Die SELECT-Anweisung ermöglicht Ihnen dabei folgende Zugriffe, um Daten von der Datenbank zu lesen:

- Lesen genau einer Zeile
- Lesen mehrerer Zeilen
- Lesen mehrerer Zeilen in einer Schleife

Alle drei Varianten brauchen dazu mindestens den INTO-Zusatz, womit der Zielbereich angegeben wird, in den die gelesenen Daten geschrieben werden sollen. Dies können je nach Selektionsart entweder Variablen, Strukturen oder interne Tabellen sein.

Darüber hinaus müssen Sie über den Zusatz FROM die Datenquelle quelle angeben, von der die Daten gelesen werden sollen.

Wenn eine gesuchte Zeile gefunden wurde, wird das Systemfeld sy-subrc auf 0, ansonsten auf 4 gesetzt. Das Feld sy-dbcnt wird auf die Anzahl der gefundenen Zeilen gesetzt.

Selektion aller Spalten

In den folgenden Beispielen werden über die Angabe eines Sterns (*) erst einmal alle Spalten selektiert. In diesem Abschnitt geht es erst einmal um die aufgezählten drei Grundformen einer Selektion. Im nächsten Abschnitt beschreibe ich dann, wie Sie die zu lesenden Spalten einschränken können.

Genau eine Zeile lesen

Wollen Sie genau eine Zeile von der Datenbank lesen, verwenden Sie den Zusatz SINGLE für die Anweisung SELECT .

Syntax

```
SELECT SINGLE * FROM quelle INTO {struktur|variable}.
```

Beispiel

In Listing 9.2 wird die erste Zeile der Datenbank selektiert und in die Struktur LS_SFLIGHT geschrieben. Dabei wird der Primärschlüssel ausgegeben.

```
DATA ls_sflight TYPE sflight.
SELECT SINGLE * FROM sflight INTO ls_sflight.
WRITE: ls_sflight-carrid,
       ls_sflight-connid,
       ls_sflight-fldate.
```

Listing 9.2 Die Anweisung SELECT SINGLE

Mehrere Zeilen lesen

Wollen Sie mehrere Zeilen gleichzeitig von der Datenbank lesen, lassen Sie den Zusatz SINGLE weg und geben als Ziel nach dem Zusatz INTO den Zusatz TABLE OF, gefolgt von einer internen Tabelle an. Dies ist eine sogenannte *Array-Variante*. Es werden anstelle einer Zeile mehrere Zeilen gleichzeitig verarbeitet (in dem Fall gelesen). Anstelle des Zusatzes INTO können Sie bei dieser Variante auch den Zusatz APPENDING verwenden. Dieser bewirkt, dass die bereits in der internen Tabelle enthaltenen Zeilen nicht überschrieben werden, sondern erhalten bleiben.

Über den Zusatz UP TO ... ROWS können Sie die selektierten Zeilen einschränken. Über den Zusatz DISTINCT können Sie doppelt vorkommende Zeilen aus der Ergebnismenge ausschließen.

Syntax

```
SELECT [DISTINCT] * FROM quelle [INTO|APPENDING] TABLE OF itab.
```

Beispiel

In Listing 9.3 werden die ersten zehn Flüge von der Datenbanktabelle in die interne Tabelle LT_SFLIGHT selektiert und mit den Spalten für die Fluggesellschaft, die Flugnummer und das Flugdatum als Listenausgabe ausgegeben.

```
DATA lt_sflight TYPE TABLE OF sflight.
SELECT * FROM sflight INTO TABLE OF lt_sflight UP TO 10 ROWS.
LOOP AT lt_sflight INTO ls_sflight.
 WRITE: / ls_sflight-carrid,
          ls_sflight-connid,
          ls_sflight-fldate.
ENDLOOP.
```

Listing 9.3 Die SELECT-Anweisung

Mehrere Zeilen in einer Schleife lesen

Darüber hinaus haben Sie die Möglichkeit, einzelne Zeilen von der Datenbank in einer Schleife zu lesen. Lassen Sie hierzu nach dem INTO den Zusatz TABLE OF weg, und geben Sie als Ende des Schleifenblocks das Schlüsselwort ENDSELECT an. Als Ziel können Sie keine internen Tabellen, sondern nur Strukturen und einzelne Variablen angeben. Die zwischen SELECT und ENDSELECT angegebenen ABAP-Anweisungen werden für die jeweils aktuell selektierte Zeile durchgeführt.

Syntax

```
SELECT * FROM quelle INTO {struktur|variablen}.
ENDSELECT.
```

Beispiel

In Listing 9.4 werden die ersten zehn Flüge der Datenbanktabelle selektiert und mit den Spalten für die Fluggesellschaft, die Flugnummer und das Flugdatum als Listenausgabe ausgegeben.

```
DATA ls_sflight TYPE sflight.
SELECT * FROM sflight INTO ls_sflight UP TO 10 ROWS.
  WRITE: / ls_sflight-carrid, ls_sflight-connid,
           ls_sflight-fldate.
ENDSELECT.
```

Listing 9.4 Die SELECT-ENDSELECT-Anweisung

Das Beispiel in Listing 9.4 ist mit dem Ergebnis der Array-Variante aus Listing 9.3 identisch. Dennoch sollten Sie die Array-Variante mit `INTO TABLE` bevorzugt nutzen, gerade wenn Sie nach der `SELECT`-Anweisung mit den Daten weiterarbeiten wollen. Ein `APPEND` in der Anweisung `SELECT ... ENDSELECT` wäre langsamer als die direkte Selektion in eine interne Tabelle als Ziel. Nutzen Sie anschließend die Variante `LOOP AT ... ASSIGNING` für den Zugriff auf die einzelnen Zeilen (siehe Abschnitt 8.5.3, »Tabellen mit LOOP AT auslesen«).

9.2.2 Gelesene Spalten einschränken

Neben den in Abschnitt 9.2.1, »Einträge lesen«, beschriebenen Grundformen der `SELECT`-Anweisung haben Sie die Möglichkeit, die Anzahl der gelesenen Spalten zu minimieren. Dies wird auch *Projektion* genannt. Dazu können Sie direkt nach der `SELECT`-Anweisung die gewünschten Spaltennamen auflisten (also eine *Selektionsliste* angeben). Dabei können Sie über den Zusatz `AS` die Spaltennamen aus der Datenbanktabelle durch alternative Spaltennamen ersetzen. Möchten Sie alle Spalten selektieren, können Sie anstelle der Spaltennamen einen Stern * angeben.

[«]

Spaltennamen durch Kommata trennen

Ab ABAP 7.40 SP05 gibt es eine neue Schreibweise, in der die einzelnen Spaltennamen durch Kommata (,) voneinander getrennt werden.

Syntax

```
SELECT [SINGLE] spalte1 [AS name1] spalte2 [AS name2] ...
                spalteN [AS nameN] ...
[ENDSELECT].
```

Beispiele

Vor ABAP-Release 7.40 SP05 wurde die Selektionsliste wie folgt angegeben:

```
DATA lt_sflight TYPE TABLE OF sflight.
SELECT mandt carrid connid fldate
  FROM sflight INTO TABLE lt_sflight.
```

Ab ABAP-Release 7.40 SP05 wird die Selektionsliste wie folgt angegeben:

```
DATA lt_sflight TYPE TABLE OF sflight.
SELECT mandt, carrid, connid, fldate
  FROM sflight INTO TABLE lt_sflight.
```

9.2.3 Zielspalten angeben

Darüber hinaus benötigt die `SELECT`-Anweisung die Information, in welche Spalten der Zielstruktur die selektierten Spalten geschrieben werden sollen. Geben Sie nur die Zielstruktur an, wird ABAP die Spalten der Reihenfolge nach übernehmen, d. h., die Auswahlliste muss exakt mit der Reihenfolge der Spalten der Struktur übereinstimmen, sonst werden die selektierten Werte falsch übernommen. Im vorangegangenen Beispiel werden alle Spalten selektiert, und die Zielstruktur entspricht der Struktur der Datenbanktabelle.

Ist die Reihenfolge unterschiedlich oder sind die Namen der Spalten nicht gleich, haben Sie folgende Möglichkeiten:

- Angabe des Zusatzes `INTO CORRESPONDING FIELDS OF`
- explizite Angabe der Zielspalte(n)

Angabe von INTO CORRESPONDING FIELDS OF

Der Zusatz `INTO CORRESPONDING FIELDS OF` bewirkt, dass zur Laufzeit automatisch anhand des Namens nach der entsprechenden Zielspalte gesucht wird. Jede Spalte der Selektionsliste sollte dabei eine namensgleiche Spalte in der Zielstruktur haben. Wollen Sie anstelle einer Zeile mehrere Zeilen selektieren und haben Sie nach `INTO` eine interne Tabelle angegeben, müssen Sie den Zusatz `INTO CORRESPONDING FIELDS OF` **`TABLE`** verwenden.

Beispiel

Die Spalte `MANDT` wird in Listing 9.5 nicht selektiert, deshalb muss verhindert werden, dass der Wert der Spalte `CARRID` in die Spalte `MANDT` der Zielstruktur geschrieben wird. Da es sich um eine Selektion von mehreren Zeilen in eine interne Tabelle handelt, muss der Zusatz `TABLE` mit angegeben werden.

```
DATA lt_sflight TYPE TABLE OF sflight.
SELECT carrid connid fldate
  FROM sflight
  INTO CORRESPONDING FIELDS OF TABLE lt_sflight.
```

Listing 9.5 Der Zusatz CORRESPONDING FIELDS OF

Explizite Angabe der Zielspalte

Diese Variante benötigen Sie, wenn Ihre Quell- und Zielspalten komplett unterschiedlich heißen und deshalb anhand ihres Namens nicht zugeordnet werden können. Ist dies der Fall, können Sie die Reihenfolge der Zielspalten direkt nach der INTO-Klausel innerhalb von Klammern angeben. ABAP wird sie dann in dieser Reihenfolge abarbeiten und die Inhalte der Quellspalten in die entsprechenden Zielspalten der Zielstruktur übernehmen.

Beispiel

In Listing 9.6 wird der Reihenfolge nach angegeben, welches Selektionsfeld in welches Zielfeld übertragen werden soll.

```
DATA: lv_flugnummer TYPE sflight-carrid,
      lv_verbindung TYPE sflight-connid,
      lv_flugdatum  TYPE sflight-fldate.
SELECT SINGLE carrid connid fldate
  FROM sflight INTO (lv_flugnummer,
                     lv_verbindung,
                     lv_flugdatum).
```

Listing 9.6 Explizite Angabe der Zielspalten

9.2.4 Die WHERE-Klausel

Mit der optionalen WHERE-Klausel haben Sie die Möglichkeit, die selektierten Zeilen einzuschränken. Wird sie angegeben, werden nur diejenigen Zeilen der Datenbanktabelle selektiert, die den nach der WHERE-Klausel angegebenen Bedingungen entsprechen. Dies wird auch *Selektion* genannt.

Eine Bedingung wird durch eine Spalte operand, gefolgt von dem Operator der Bedingung (einem logischen Ausdruck) und einer beliebigen Variablen oder eines Literals operand2 angegeben. Die Leerzeichen zwischen den Feldnamen und dem Operator sind zwingend.

In Tabelle 9.1 sind die einzelnen Operatoren aufgeschlüsselt.

Operator	Bedeutung
EQ oder =	Der Inhalt von operand1 muss gleich dem Inhalt von operand2 sein.
NE oder <>	Der Inhalt von operand1 muss ungleich dem Inhalt von operand2 sein.
LT oder <	Der Inhalt von operand1 muss kleiner dem Inhalt von operand2 sein.
GT oder >	Der Inhalt von operand1 muss größer dem Inhalt von operand2 sein.
LE oder <=	Der Inhalt von operand1 muss kleiner gleich dem Inhalt von operand2 sein.
GE oder >=	Der Inhalt von operand1 muss größer gleich dem Inhalt von operand2 sein.

Tabelle 9.1 SQL-Operatoren

Zusätzlich haben Sie die Möglichkeit, statt operand2 eine weitere SQL-Anweisung Unterabfrage hinzuzufügen, um den Wert der Ergebnismenge einzuschränken.

Syntax

```
... WHERE { {operand1 {=|EQ|<>|NE|>|GT|<|LT|>=|GE|<=|LE}
            {operand2| {unterabfrage} }}
          | {operand [NOT] BETWEEN operand1 AND operand2}
          | {operand IS [NOT] NULL}
          | {operand [NOT] IN unterabfrage} }
          | {operand LIKE [wildcards] } ...
```

Beispiel

In Listing 9.7 werden alle Flüge für die Fluggesellschaft AA selektiert, deren Datum vor dem heutigen Datum liegt.

```
DATA lt_sflight TYPE TABLE OF sflight.
SELECT carrid connid fldate FROM sflight
  INTO CORRESPONDING FIELDS OF TABLE lt_sflight
  WHERE carrid = 'AA'
    AND fldate <= sy-datum.
```

Listing 9.7 Die WHERE-Klausel

Wildcards für die WHERE-Klausel

Wenn Sie nicht den genauen Wert für operand2 kennen, können Sie Teile davon durch Wildcards ersetzen:

- % (Prozentzeichen) für beliebig viele beliebige Zeichen
- _ (Unterstrich) für genau ein beliebiges Zeichen

Diese Platzhalter müssen nach dem zu vergleichenden Operator mit dem Schlüsselwort LIKE eingeleitet werden.

Beispiel

In Listing 9.8 werden alle Fluggesellschaften selektiert, die mit A anfangen und deren Flugnummern eine 7 enthalten.

```
DATA lt_sflight TYPE TABLE OF sflight.
SELECT carrid connid fldate FROM sflight
  INTO CORRESPONDING FIELDS OF TABLE lt_sflight
  WHERE carrid LIKE 'A_'
    AND connid LIKE '%7%'.
```

Listing 9.8 Beispiel für eine Wildcard-Suche

9.2.5 Ranges-Tabellen und Selektionsoptionen

Sie haben auch die Möglichkeit, Ranges-Tabellen (siehe Abschnitt 8.2.3, »Ranges-Tabellen definieren«) und Selektionsoptionen (siehe Abschnitt 12.2.5, »Selektionsoptionen«) direkt in der SELECT-Anweisung zu verarbeiten. Verwenden Sie hierzu in der WHERE-Klausel nach der Angabe der Spalte, auf die die Selektion eingeschränkt werden soll, den Zusatz IN, gefolgt vom Namen der Ranges-Tabelle. Der IN-Zusatz prüft, ob ein Wert bzw. eine Werteliste in einer vorgegebenen Wertemenge enthalten ist.

Syntax

```
... WHERE ... {operand [NOT] IN seltab} ...
```

Beispiel

In Listing 9.9 werden alle Flüge selektiert, für die der Anwender Bedingungen im Selektionsbildschirm eingegeben hat.

```
DATA ls_sflight TYPE sflight.
SELECT-OPTIONS: so_carr FOR ls_sflight-carrid,
                so_conn FOR ls_sflight-connid,
                so_flda FOR ls_sflight-fldate.
SELECT carrid connid fldate
  FROM sflight
  WHERE carrid IN so_carr
    AND connid IN so_conn
    AND fldate IN so_flda.
```

Listing 9.9 Angabe von Selektionsoptionen in einer SELECT-Anweisung

[!]

Leere Ranges-Tabellen

Wenn die Ranges-Tabellen leer sind, verhält sich die WHERE-Klausel so, als würde die Bedingung nicht existieren, d. h., es werden alle Werte von der Datenbank selektiert. Prüfen Sie daher vor der SELECT-Anweisung, ob die Ranges-Tabellen gefüllt sind.

9.2.6 FOR ALL ENTRIES IN: Einschränkung durch interne Tabellen

Mit dem Zusatz FOR ALL ENTRIES IN können Sie die Ergebnismenge der SELECT-Anweisung durch eine vorgefüllte interne Tabelle einschränken. Diese wird in der Regel durch eine vorausgegangene Selektion gefüllt, kann aber auch manuell gefüllt werden. Dabei muss der Zusatz FOR ALL ENTRIES IN vor der WHERE-Bedingung stehen.

Die Spalten der internen Tabellen werden in der folgenden WHERE-Klausel durch den Namen der internen Tabelle, gefolgt von einem Bindestrich, identifiziert (keine Tilde ~). Verknüpfen Sie hier die zu vergleichenden Spalten: eine Spalte spalte der Datenbanktabelle mit einer Spalte itab-spalte der internen Tabelle.

Syntax

```
SELECT ... FOR ALL ENTRIES IN itab
  WHERE Spalte Operator itab-Spalte ...
```

Beispiel

In Listing 9.10 werden alle Flüge mit dem angegebenen Flugdatum, die in der eingegebenen Stadt starten, selektiert.

```
DATA: lt_spfli    TYPE TABLE OF spfli,
      lt_sflight TYPE TABLE OF sflight.
PARAMETERS p_city TYPE spfli-cityfrom.
SELECT carrid connid
  FROM spfli
  INTO CORRESPONDING FIELDS OF TABLE lt_spfli
  WHERE cityfrom = p_city.
IF lt_spfli IS NOT INITIAL.
  SELECT carrid connid fldate
    FROM sflight
    INTO CORRESPONDING FIELDS OF TABLE lt_sflight
    FOR ALL ENTRIES IN lt_spfli
    WHERE carrid = lt_spfli-carrid
      AND connid = lt_spfli-connid.
ENDIF.
```

Listing 9.10 Einschränkung durch eine interne Tabelle

[!]

Leere Vergleichstabelle

Wenn die bei FOR ALL ENTRIES IN angegebene interne Tabelle leer ist, wird die gesamte WHERE-Bedingung ignoriert, und es werden alle Zeilen von der Datenbank in die Ergebnismenge übernommen. Führen Sie daher vor der SELECT-Anweisung wie in Listing 9.10 immer eine Prüfung durch, ob die interne Tabelle wirklich gefüllt ist.

9.2.7 Gruppierung und Sortierung der Ergebnisse

Die SELECT-Anweisung verfügt neben der zuvor beschriebenen Grundfunktionalität zusätzlich über die folgenden Zusätze:

- ORDER BY zur Sortierung der Ergebnismenge
- GROUP BY zur Gruppierung der Ergebnismenge
- HAVING zur Einschränkung der Gruppierung

Die ORDER-BY-Klausel

Das Sortieren der einzelnen ausgelesenen Sätze erfolgt über die Klausel ORDER BY. Nach ORDER BY werden dazu die zu sortierenden Spalten angegeben. Standardmäßig wird aufsteigend sortiert, Sie können dies aber auch durch den Zusatz ASCENDING explizit angeben. Die absteigende Sortierung definieren Sie über den Zusatz DESCENDING. Es kann nach mehreren Spalten sortiert werden. Die Priorität richtet sich nach der Reihenfolge, in der die Spalten angegeben wurden. Für jede Spalte können Sie separat festlegen, ob sie aufsteigend oder absteigend sortiert werden soll. Zusätzlich haben Sie mit dem Zusatz PRIMARY KEY die Möglichkeit, aufsteigend nach dem Primärschlüssel zu sortieren.

Die Zusätze NULLS FIRST und NULLS LAST wurden erst mit ABAP 7.55 hinzugefügt und ermöglichen Ihnen zu steuern, ob die Nullwerte einer Spalte (es muss ja nicht in jeder Zeile ein Wert für die Spalte stehen) vor oder nach den eigentlichen Werten einsortiert werden sollen.

Syntax

```
SELECT ... ORDER BY { {PRIMARY KEY} |
                      { {spalte1} [ASCENDING|DESCENDING]
                        [{NULLS FIRST} | {NULLS LAST}],
                        {spalte2} [ASCENDING|DESCENDING],
                        [{NULLS FIRST} | {NULLS LAST}],
                        ... } }
```

Beispiel

In Listing 9.11 werden die Flüge absteigend nach dem Flugdatum sortiert.

```
DATA lt_sflight TYPE TABLE OF sflight.
SELECT carrid connid fldate FROM sflight
  INTO CORRESPONDING FIELDS OF TABLE lt_sflight
  ORDER BY fldate DESCENDING.
```

Listing 9.11 Gruppierung durch den Zusatz ORDER BY

Die GROUP-BY-Klausel

Mit der Klausel GROUP BY können Sie die Werte einer Spalte gruppieren. In Kombination mit den Aggregatfunktionen (siehe Abschnitt 9.4.1, »Aggregatfunktionen«) ist es außerdem möglich, Berechnungen für andere Spalten zur Gruppierung durchzuführen. Dazu müssen Sie neben der zu gruppierenden Spalte eine der Aggregatfunktionen angeben.

Die GROUP-BY-Klausel muss nach der FROM- und, falls vorhanden, der WHERE-Klausel am Ende der SELECT-Anweisung stehen.

Syntax

```
... GROUP BY { { Spalte1, Spalte2, ... } ...
```

Beispiel

In Listing 9.12 werden die Flüge nach der Fluggesellschaft und der Flugnummer gruppiert, und alle Beträge in der Spalte für den Flugpreis werden summiert. In der Ergebnistabelle steht also für jeden Flug jeder Fluggesellschaft der insgesamt erwirtschaftete Umsatz durch Tickets.

```
DATA lt_sflight TYPE TABLE OF sflight.
SELECT carrid connid SUM( price ) AS price FROM sflight
  INTO CORRESPONDING FIELDS OF TABLE lt_sflight
  GROUP BY carrid connid.
```

Listing 9.12 Gruppierung durch den Zusatz GROUP BY

Gruppen mit Bedingungen

Wenn Sie die Gruppierung von einer Bedingung abhängig machen wollen, können Sie diese durch die HAVING-Klausel angeben. So könnten Sie die zu gruppierenden Flüge (Zeilen) aus Listing 9.12 nach weiteren Kriterien einschränken und so einzelne Flüge unterdrücken, die dadurch in der Gruppierung unberücksichtigt blieben. Die HAVING-Klausel schränkt also im Normalfall die Zwischenergebnisse der GROUP-BY-Klausel ein. Die HAVING-Klausel steht direkt nach der GROUP-BY-Klausel.

Syntax

```
... HAVING sql_bedingung ...
```

Beispiel

In Listing 9.13 wird nur für eine Fluggesellschaft die Summe der Ticketpreise pro Flugnummer gebildet.

```
DATA lt_sflight TYPE TABLE OF sflight.
SELECT carrid connid SUM( price ) AS price FROM sflight
  INTO CORRESPONDING FIELDS OF TABLE lt_sflight
  GROUP BY carrid connid
  HAVING carrid = 'AA'.
```

Listing 9.13 Bedingte Gruppierung durch den Zusatz HAVING

9.2.8 Die FIELDS-Klausel

Ab ABAP 7.50 kann die FROM-Klausel einer SELECT-Anweisung auch vor der Selektionsliste stehen. In diesem Fall muss die Selektionsliste mit dem neuen Zusatz FIELDS eingeleitet werden, und die INTO-Klausel wird ganz ans Ende der Anweisung gestellt.

Diese Schreibweise ist optional, d. h., Sie können auch weiterhin wie gewohnt die Selektionsliste direkt nach der Anweisung SELECT angeben. Hintergrund dieser Änderung ist die Einführung der Vereinigung von Ergebnismengen mit der Anweisung UNION (siehe Abschnitt 9.2.14), denn dabei muss die INTO-Klausel ganz am Ende der Anweisung stehen.

Syntax

```
SELECT { selektionsliste
         FROM quelle }
       |{ FROM quelle
         FIELDS selektionsliste }
```

Beispiel

Die Selektionsliste wird in Listing 9.14 mit dem Zusatz FIELDS eingeleitet, und die einzelnen Spalten werden durch Kommata voneinander getrennt.

```
DATA: lt_sflight TYPE TABLE OF sflight.
SELECT FROM sflight
  FIELDS carrid, connid, fldate
  WHERE carrid = 'AA'
  INTO CORRESPONDING FIELDS OF TABLE @lt_sflight.
```

Listing 9.14 Der Zusatz FIELDS

[»]

Durchgängige Verwendung der neuen Syntax

Wenn Sie die neue Open-SQL-Syntax anwenden, muss sie durchgängig angewendet werden. Das gilt für die Kommata in der Selektionsliste und die Angabe von Host-Variablen mit @ (siehe folgender Abschnitt).

9.2.9 Host-Variablen und -ausdrücke

Zu den Neuerungen für Open SQL gehören auch Syntaxänderungen für den Zugriff auf ABAP-Datenobjekte und -ausdrücke. Dazu gehören:

- Host-Variablen für den Zugriff auf ABAP-Datenobjekte
- Host-Ausdrücke für den Zugriff auf ABAP-Ausdrücke

Host-Variablen

Die Angabe von ABAP-Datenobjekten (wie z. B. lokalen Variablen oder Konstanten) war in Open-SQL-Befehlen schon immer an bestimmten Stellen möglich. Ab ABAP 7.40 SP05 werden diese ABAP-Datenobjekte jetzt als *Host-Variablen* aufgefasst und müssen mit einem Fluchtsymbol, dem @-Zeichen, gekennzeichnet werden. Die Angabe von Host-Variablen ohne @-Zeichen wird daher obsolet und ist bei der Verwendung der neuen Funktionen verboten.

[!]

Literale als Ausnahme

Ein Literal wird in aller Regel wie eine Host-Variable behandelt, muss aber ohne das Fluchtsymbol @ angegeben werden. Das heißt, das Fluchtsymbol darf für Literale nicht angegeben werden.

Syntax

```
... @dobj ...
```

Beispiel

Im Folgenden wird ein Fluchtsymbol für die Host-Variable angegeben:

```
SELECT SINGLE * FROM sflight
  INTO ls_sflight
  WHERE carrid = @p_carrid. "Angabe von @ vor dem Datenobjekt
```

Host-Ausdrücke

Ab ABAP 7.50 können an fast allen Stellen, an denen Host-Variablen möglich sind, auch Host-Ausdrücke angegeben werden. Auch Host-Ausdrücke müssen durch das Fluchtsymbol @ eingeleitet werden.

Als Ausdrücke sind folgende möglich:

- Konstruktorausdrücke (siehe Abschnitt 7.13)
- Tabellenausdrücke (siehe Abschnitt 8.5.2)
- Rechenausdrücke (siehe Abschnitt 7.9, »Rechenoperationen«)
- eingebaute Funktionen (siehe Abschnitt 7.12.6, »Eingebaute Funktionen für Zeichenketten«, und Abschnitt 8.10, »Eingebaute Funktionen für interne Tabellen«)
- funktionale Methoden (Methoden mit RETURNING)

An folgenden Stellen können Sie die Host-Ausdrücke verwenden:

- Argumente von SQL-Ausdrücken
- Operand hinter UP TO und PACKAGE SIZE
- auf der rechten Seite von WHERE-, ON- oder HAVING-Bedingungen (außer nach den Zusätzen LIKE und IN)
- als Eingabeparameter von CDS Views
- in den Anweisungen INSERT, UPDATE, MODIFY und DELETE (als Arbeitsbereich oder interne Tabelle)
- als rechte Seite eines SET-Ausdrucks bei der Anweisung UPDATE

Syntax

```
... @( ausdruck ) ...
```

Beispiel

Listing 9.15 verwendet einen Tabellenausdruck innerhalb der WHERE-Klausel. Die erste Zeile einer internen Tabelle wird gelesen und der Wert aus der Spalte CARRID für den Vergleich herangezogen. Der Typ kann nicht automatisch (mit #) abgeleitet werden, sondern muss explizit angegeben werden.

```
DATA: lt_fluege TYPE TABLE OF sflight.
*Befüllung der Tabelle lt_fluege
SELECT carrid, connid, cityfrom, cityto
  FROM spfli
  WHERE carrid = @( VALUE spfli-carrid(
    lt_fluege[ 1 ]-carrid OPTIONAL ) )
  INTO TABLE @DATA(lt_spfli).
```

Listing 9.15 Angabe von Host-Ausdrücken in einem SELECT

[+]

Kürze vs. Lesbarkeit

Durch die Anwendung von Host-Ausdrücken können Sie sich viele Zwischenvariablen sparen. Je mehr Host-Ausdrücke Sie allerdings innerhalb einer SQL-Anweisung verwenden, desto größer und damit unübersichtlicher wird die Anweisung. Gehen Sie daher sparsam mit den Host-Ausdrücken um, und fragen Sie sich, ob eine direkte Angabe wirklich einen Vorteil bringt. Ansonsten empfiehlt sich eine separate Deklaration.

9.2.10 Inline-Deklaration

Sollten Sie in einer `SELECT`-Anweisung folgende Schreibweise sehen, wurde eine Inline-Deklaration verwendet:

```
... INTO @DATA(lt_tabelle)
```

Inline-Deklarationen habe ich Ihnen bereits in Abschnitt 7.5 vorgestellt. Ab ABAP 7.40 SP08 können Sie diese Inline-Deklarationen auch in der `INTO`-Klausel einer `SELECT`-Anweisung verwenden. Dies hat den Vorteil, dass der Typ der internen Tabelle automatisch aus der Selektionsliste nach der `SELECT`-Anweisung bestimmt wird (alternativ, falls so angegeben, nach `FIELDS`). Das heißt, das System nimmt nicht automatisch den Typ der nach der `FROM`-Klausel angegebenen Datenbanktabelle, sondern baut anhand der in der Selektionsliste angegebenen Spalten einen neuen Typ. Dies hat den großen Vorteil, dass Sie keine eigenen Typdefinitionen (z. B. über `TYPES` oder im ABAP Dictionary) für Strukturen mehr anlegen müssen.

Syntax

- Für einzelne, eingeklammerte Datenobjekte:

  ```
  (@DATA(dobj1),@DATA(dobj2),...),
  ```

- Für Strukturen:

  ```
  ... INTO @DATA(struktur)
  ```

- Für interne Tabellen:

  ```
  ... INTO TABLE @DATA(itab)
  ```

Beispiel

Vergleichen Sie Listing 9.16 mit Listing 9.14. Hier ist keine explizite Typdeklaration vor der Selektion mehr erforderlich, und auch die Angabe von `CORRESPONDING FIELDS OF` entfällt, da die interne Tabelle exakt nach der Selektionsliste aufgebaut wird (und dadurch die Reihenfolge der Felder und die Namensgleichheit immer sichergestellt sind). Die hier erzeugte interne Tabelle hat im Vergleich zu der aus Listing 9.14 nur die drei Spalten CARRID, CONNID und FLDATE und nicht mehr alle Spalten der Struktur SFLIGHT.

```
SELECT carrid connid fldate
  FROM sflight
  WHERE carrid = 'AA'
  INTO TABLE @DATA(lt_sflight).
```

Listing 9.16 Angabe einer Inline-Deklaration mit einer internen Tabelle als Ziel

Die Inline-Deklaration von Feldsymbolen ist hier nicht möglich, da das Ergebnis einer Datenbankoperation im Speicher (in Form einer Variablen) abgelegt werden muss.

Analog zu Listing 9.16 haben Sie auch die Möglichkeit, wie in Listing 9.17 dargestellt, dies für Strukturen zu verwenden:

```
SELECT SINGLE carrid connid fldate
  FROM sflight
  WHERE carrid = 'AA'
  INTO @DATA(lt_sflight).
```

Listing 9.17 Angabe einer Inline-Deklaration mit einer Struktur als Ziel

9.2.11 Begrenzung der Ergebnismenge mit OFFSET

Ab ABAP 7.51 steht Ihnen bei der SELECT-Anweisung der Zusatz OFFSET zur Verfügung, um die Ergebnismenge hinsichtlich der übergebenen Zeilen zu begrenzen. Es werden nur die Zeilen ab dem angegebenen Offset (Index der ersten gewünschten Zeile) zurückgegeben.

Dieser Mechanismus wurde für die neuen SAPUI5-Oberflächen entwickelt. Hintergrund ist, dass wenn eine Tabelle auf diesen Weboberflächen angezeigt wird, immer nur der aktuelle Ausschnitt an Daten auf die Oberfläche geladen wird, da ansonsten der Speicherplatzbedarf für die gesamte Tabelle zu groß wäre. Dieser Mechanismus wird auch *Paging* genannt. Abbildung 9.1 stellt eine solche Tabelle dar.

Dort wird nur die 4. Seite (*Page*) angezeigt, d. h. nur die Dokumente 9 bis 12. Alle anderen Zeilen wurden noch nicht in die Tabelle geladen. Dies geschieht erst, wenn der Anwender auf die Seite 5 klickt. Dadurch werden die Einträge 13 bis 16 geladen. In diesem Fall würde die zugrunde liegende SELECT-Anweisung den Zusatz OFFSET 12 (und den Zusatz UP TO 16) verwenden.

Geben Sie dazu nach der SELECT-Anweisung einfach den Zusatz OFFSET und die gewünschte erste Zeile als positiven ganzzahligen Wert offset an. Wird der Wert 0 angegeben, werden alle Zeilen zurückgegeben.

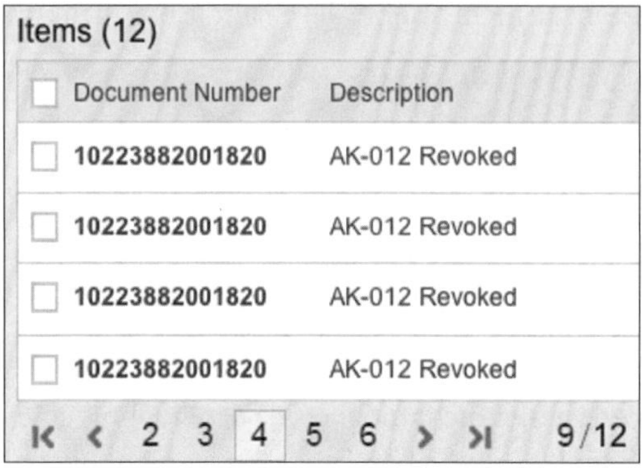

Abbildung 9.1 Eine SAPUI5-Tabelle mit Paging

Zusätzlich müssen Sie den Zusatz ORDER BY verwenden, mit dem die Ergebnismenge sortiert wird. Der Zusatz OFFSET darf nicht mit SELECT SINGLE und dem Zusatz FOR ALL ENTRIES IN verwendet werden.

Verwenden Sie den Zusatz, müssen Sie sich an die neue Syntaxschreibweise von Open SQL halten (Kommata in der Selektionsliste, INTO am Ende ...).

Syntax

```
SELECT ... ORDER BY sortierung
           OFFSET   offset
```

Beispiel

Listing 9.18 zeigt die Begrenzung der Ergebnismenge mit OFFSET.

```
DATA: lv_top  TYPE int8,
      lv_skip TYPE int8.
IF ( lv_skip >= 0 ) AND ( lv_top > lv_skip ).
SELECT FROM sbook
   FIELDS carrid, connid, fldate
   ORDER BY carrid, connid, fldate
   INTO TABLE @DATA(lt_buchungen)
   OFFSET @lv_skip
   UP TO @lv_top ROWS.
ENDIF.
```

Listing 9.18 Begrenzung der Ergebnismenge durch OFFSET

9.2.12 JOIN: Verknüpfung

Mit dem Zusatz JOIN können Sie eine Selektion über mehrere Quellen (Datenbanktabellen und [CDS] Views) einleiten. Die zugehörige Verknüpfungsbedingung wird über den sich anschließenden Zusatz ON angegeben. Die Verknüpfungsbedingung legt fest, welche Felder in den beteiligten Tabellen gleich sind, damit eine Verknüpfung hergestellt werden kann. Dies sind in der Regel der Primärschlüssel bzw. der Fremdschlüssel.

Damit doppelt vorhandene Felder (mit dem gleichen Namen) aus beiden Quellen angesprochen werden können, wird eine Spalte nach dem folgenden Muster adressiert, um die Eindeutigkeit sicherzustellen:

```
Quelle~Feldname
```

Da der Name einer Quelle sehr lang sein kann, können Sie der Quelle über den Zusatz AS einen Aliasnamen zuweisen. Über diesen Alias können Sie die Felder anschließend ebenfalls adressieren:


```
Aliasname~Feldname
```

Auswahl aller Spalten und Cross Join

Ab ABAP 7.40 SP08 haben Sie die Möglichkeit, alle Spalten einer Tabelle durch Tabellenname~* auszuwählen. Ein Beispiel hierzu können Sie im nachfolgenden Unterabschnitt »Inline-Deklarationen und JOINS« finden. Außerdem steht Ihnen der Zusatz CROSS JOIN ab ABAP 7.51 zur Verfügung.

Syntax

```
SELECT ... [(] { quelle [AS alias]}|verknuepfung
          {[INNER] JOIN}|{LEFT|RIGHT [OUTER] JOIN}|{CROSS JOIN}
             { quelle [AS alias]}|join ON join_bedingung [)] ...
```

Beispiele

Die Tabelle SFLIGHT (für Flüge) wird in Listing 9.19 mit der Tabelle SPFLI (für Verbindungen) verknüpft, um für alle Flüge der Fluggesellschaft AA das Abflugsland, die Abflugsstadt sowie das Ankunftsland und die Ankunftsstadt herauszufinden. Als Verknüpfungsbedingung werden in beiden Tabellen die Primärschlüssel CARRID für die Fluggesellschaft und CONNID für die Verbindung benutzt.

```
TYPES: BEGIN OF ty_sflight_spfli,
         carrid    TYPE sflight-carrid,
         connid    TYPE sflight-connid,
         fldate    TYPE sflight-fldate,
         countryfr TYPE spfli-countryfr,
         cityfrom  TYPE spfli-cityfrom,
         countryto TYPE spfli-countryto,
         cityto    TYPE spfli-cityto,
       END OF ty_sflight_spfli.
```

```
DATA: lt_fluganzeige TYPE TABLE OF ty_sflight_spfli.
SELECT sflight~carrid sflight~connid sflight~fldate
       spfli~countryfr spfli~cityfrom spfli~countryto
       spfli~cityto
  INTO CORRESPONDING FIELDS OF TABLE lt_fluganzeige
  FROM sflight
  INNER JOIN spfli ON sflight~carrid = spfli~carrid
                  AND sflight~connid = spfli~connid
  WHERE sflight~carrid = 'AA'.
```

Listing 9.19 Verknüpfung mit dem Zusatz JOIN

Mit den in Abschnitt 9.2.10 vorgestellten Inline-Deklarationen wäre das Beispiel aus Listing 9.19 deutlich kürzer, da hierfür kein eigener Typ aufgebaut werden müsste. Die interne Tabelle `LT_FLUGANZEIGE` würde direkt aus der Selektionsliste aufgebaut. Diese Umsetzung finden Sie in Listing 9.20. Gleichzeitig finden Sie hier auch ein Beispiel für die Verwendung von Aliasnamen für die einzelnen Tabellen.

```
SELECT sf~carrid sf~connid sf~fldate
       sp~countryfr sp~cityfrom sp~countryto
       sp~cityto
  FROM sflight AS sf
  INNER JOIN spfli AS sp ON sf~carrid = sp~carrid
                        AND sf~connid = sp~connid
  WHERE sf~carrid = 'AA'
  INTO @DATA(lt_fluganzeige).
```

Listing 9.20 Eine Selektion mit einer Inline-Deklaration

Verknüpfte Joins

In jedem Fall steht der Zusatz `JOIN` zwischen zwei Quellenangaben:

```
Quelle JOIN Quelle
```

Ein `JOIN`-Ausdruck besteht also immer aus einer linken und einer rechten Seite. Auf der linken Seite kann entweder eine Datenbanktabelle bzw. ein View oder ein weiterer `JOIN`-Ausdruck angegeben werden. Auf der rechten Seite müssen Sie eine einzelne Datenbanktabelle bzw. einen View sowie die Join-Bedingung hinter `ON` angeben.

[»]

Erweiterung der rechten Seite

Ab ABAP 7.40 SP05 muss die rechte Seite einer `JOIN`-Anweisung keine einfache Tabelle bzw. kein View mehr sein, sondern kann ebenfalls eine neue `JOIN`-Bedingung enthalten, die dann ausgewertet wird.

Die verschiedenen Verknüpfungsarten

Wie in Listing 9.20 erkennbar, können die einzelnen Quellen über die folgenden Optionen miteinander verknüpft werden:

- `[INNER] JOIN`
- `LEFT [OUTER] JOIN`
- `RIGHT [OUTER] JOIN` (ab ABAP 7.40 SP05)
- `CROSS JOIN` (ab ABAP 7.51)

Die in Klammern angegebenen Zusätze können, müssen aber nicht mit angegeben werden. Im Folgenden erläutere ich die verschiedenen Ergebnismengen der Verknüpfungsarten.

Ergebnismenge beim Inner Join

Der Zusatz `INNER JOIN` verknüpft die Spalten jeder selektierten Zeile der linken Seite mit den Spalten sämtlicher Zeilen der rechten Seite, die der `ON`-Bedingung entsprechen. Für jede Zeile der rechten Seite wird eine Zeile in der Ergebnismenge erzeugt, wobei der Inhalt der Spalten der linken Seite gegebenenfalls dupliziert wird.

Wenn keine Zeile der rechten Seite die Bedingung erfüllt, wird in der Ergebnismenge keine Zeile erzeugt.

In Abbildung 9.2 entspräche die Ergebnismenge der Schnittmenge S zwischen Tabelle A und Tabelle B.

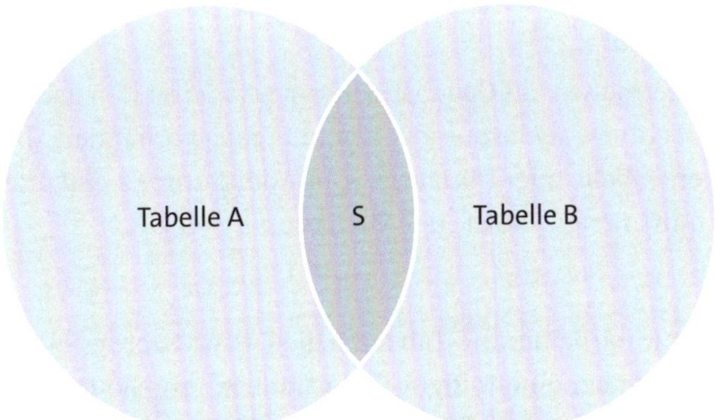

Abbildung 9.2 Mengendiagramm zu einem Inner Join

Beispiel

Tabelle A enthält die Namen von Mitarbeitern und Tabelle B eine Auflistung aller Dienst-Laptops eines Unternehmens. Die Schnittmenge S wären bei einem Inner Join alle Mitarbeiter, die einen Dienst-Laptop besitzen.

Ergebnismenge beim Outer Join

Beim Inner Join werden Datensätze ausgegrenzt, für die in der linken oder rechten Tabelle keine Daten existieren. Sollen die ausgegrenzten Tabellenzeilen in die Ergebnismenge aufgenommen werden, muss der Zusatz `OUTER JOIN` verwendet werden.

Zur weiteren Spezifizierung, welche Datensätze im Ergebnis auftauchen sollen und welche nicht, gibt es zwei verschiedene Arten von Outer Joins. Das Wort `OUTER` kann dabei weggelassen werden:

- `LEFT [OUTER] JOIN`
- `RIGHT [OUTER] JOIN`

Ergebnismenge beim Left Outer Join

Beim Left Outer Join werden alle Datensätze der linken Tabelle ausgegeben und diejenigen, zu denen Einträge in der rechten Tabelle existieren, ergänzt. Felder, die keine Entsprechung in der rechten Tabelle haben, werden mit den Initialwerten gefüllt. In Abbildung 9.2 entspräche die Ergebnismenge also der Schnittmenge S sowie der Menge aus Tabelle A.

Beispiel

Tabelle A enthält die Namen von Mitarbeitern und Tabelle B die Dienst-Laptops eines Unternehmens. Die Ergebnismenge eines Left Outer Joins wären alle Mitarbeiter (auch die, denen kein Dienst-Laptop zugewiesen wurde), ergänzt um die Daten zu den Laptops, die einem Mitarbeiter zugeordnet sind.

Ergebnismenge beim Right Outer Join

Der Right Outer Join stellt gewissermaßen das Gegenstück zum Left Outer Join dar. Es werden immer alle Zeilen der rechten Tabelle ausgegeben und, falls vorhanden, die zugehörigen Einträge der linken Tabelle oder Initialwerte. In Abbildung 9.2 entspräche die Ergebnismenge der Schnittmenge S sowie der Menge aus Tabelle B.

Beispiel

Tabelle A enthält die Namen der Mitarbeiter und Tabelle B die Dienst-Laptops eines Unternehmens. Die Ergebnismenge bei einem Right Outer Join wären alle Dienst-Laptops (auch die, die keinem Mitarbeiter zugewiesen wurden), ergänzt um die Daten der Mitarbeiter, die einen Dienst-Laptop besitzen.

Ergebnismenge beim Cross Join

Der Cross Join verbindet jede Zeile der ersten Tabelle mit jeder Zeile der zweiten Tabelle und bildet so alle möglichen Kombinationen von Zeilen ab. Der Zeile 1 der ersten Tabelle wird jeweils eine Zeile der zweiten Tabelle zugeordnet (pro Zuordnung wird eine neue Zeile in der Ergebnistabelle erstellt). Hat Tabelle 1 also 3 Einträge und Tabelle 2 ebenfalls 3 Einträge, hat die Ergebnismenge 9 Einträge. Bei einem Cross Join (auch

Kreuzprodukt oder *kartesisches Produkt* genannt) muss keine JOIN-Bedingung angegeben werden.

Außer in einigen Sonderfällen ist diese Form des Joins in der Regel unbrauchbar, da die Ergebnismenge sehr groß wird und keinerlei Beziehungen (in Form von Fremdschlüsselbeziehungen) beachtet werden.

Inline-Deklarationen und JOINS

In Abschnitt 9.2.10 hatte ich Ihnen bereits die Inline-Deklaration in einer SELECT-Anweisung mit @DATA vorgestellt. Diese Inline-Deklaration können Sie auch in Kombination mit JOIN-Anweisungen verwenden. Listing 9.21 stellt ein solches Beispiel dar.


```
SELECT sflight~carrid, sflight~connid, sflight~fldate,
       sbook~bookid
  FROM sflight
  INNER JOIN sbook
     ON sflight~carrid = sbook~carrid
    AND sflight~connid = sbook~connid
    AND sflight~fldate = sbook~fldate
  INTO TABLE @DATA(lt_ergebnis).
```

Listing 9.21 Ein JOIN mit einer Inline-Deklaration

Ab ABAP 7.40 SP08 ist es hier möglich, alle Spalten einer verknüpften Tabelle mittels tabelle~* zu selektieren. In Kombination mit der Inline-Deklaration ist hierbei zu beachten, dass als Ergebnismenge innerhalb der Ergebnistabelle eine tiefe Struktur für die betroffene Tabelle angelegt wird. Listing 9.22 zeigt ein solches Beispiel, in dem für die Tabelle SBOOK alle Spalten selektiert werden, während Abbildung 9.3 die Ergebnismenge in der Tabellenanzeige im Debugger zeigt, wo SBOOK als tiefe Struktur pro Ergebniszeile enthalten ist. Innerhalb der Struktur der Spalte SBOOK sind alle Felder der Struktur SBOOK enthalten, da über SBOOK~* alle Spalten selektiert wurden.

```
SELECT sflight~carrid, sflight~connid, sflight~fldate,
       sbook~*
  FROM sflight
  INNER JOIN sbook
     ON sflight~carrid = sbook~carrid
    AND sflight~connid = sbook~connid
    AND sflight~fldate = sbook~fldate
  INTO TABLE @DATA(lt_ergebnis).
```

Listing 9.22 Selektieren aller Spalten in einer JOIN-Bedingung

Dies kann bei einigen Programmierszenarien von Vorteil sein, Sie sollten aber die Performance im Auge behalten. Wenn sich durch diese Ausmultiplizierung Redundanzen in den Daten ergeben (beispielsweise, weil sich alle Kopfdaten pro Position eines Belegs wiederholen), dann ist von dieser Schreibweise abzusehen. Erinnern Sie sich an die erwähnten fünf goldenen Regeln: Die Datenmenge ist kleinzuhalten.

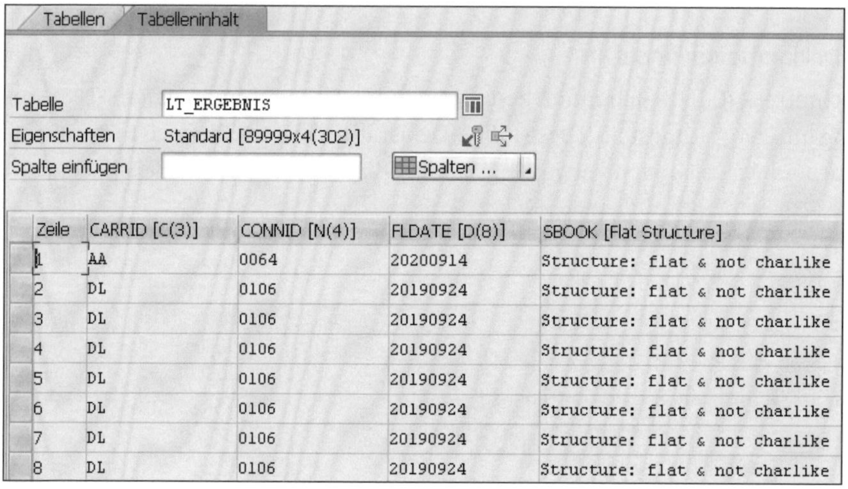

Zeile	CARRID [C(3)]	CONNID [N(4)]	FLDATE [D(8)]	SBOOK [Flat Structure]
1	AA	0064	20200914	Structure: flat & not charlike
2	DL	0106	20190924	Structure: flat & not charlike
3	DL	0106	20190924	Structure: flat & not charlike
4	DL	0106	20190924	Structure: flat & not charlike
5	DL	0106	20190924	Structure: flat & not charlike
6	DL	0106	20190924	Structure: flat & not charlike
7	DL	0106	20190924	Structure: flat & not charlike
8	DL	0106	20190924	Structure: flat & not charlike

Abbildung 9.3 Ergebnismenge der SELECT-Anweisung mit tiefer Struktur

9.2.13 WITH: Allgemeine Tabellenausdrücke

Ab ABAP 7.51 können Sie mit der Anweisung `WITH` allgemeine Tabellenausdrücke (auch *Common Table Expression*, CTE) definieren. Diese ermöglichen es Ihnen, für eine erste Unterabfrage in Form einer `SELECT`-Anweisung eine erneute Hauptabfrage ebenfalls in Form einer `SELECT`-Anweisung durchzuführen. Sie können damit also eine erneute Abfrage auf Basis der Ergebnismenge durchführen. Dazu wird die Ergebnismenge der ersten Abfrage eindeutig (mit einem + beginnend in der Form `+cte1`, `+cte2` ...) benannt und als Datenquelle für die zweite Abfrage verwendet. Sie können sich einen allgemeinen Tabellenausdruck daher wie einen temporären View vorstellen, der Ihnen innerhalb der `WITH`-Anweisung zur weiteren Selektion zur Verfügung steht.

Nach dem Namen des Tabellenausdrucks folgt die optionale Angabe der gewünschten Spalten der Ergebnismenge, gefolgt von einem Zusatz `AS` und der eigentlichen `SELECT`-Anweisung. Eine `INTO`-Klausel muss für diese Abfragen nicht angegeben werden, da hierfür automatisch der Name des Tabellenausdrucks verwendet wird. Sie haben die Möglichkeit, die Ergebnismengen mehrerer Unterabfragen über `UNION` zu vereinen.

Nach der Definition der Tabellenausdrücke folgt die Hauptabfrage als normale `SELECT`-Anweisung (außer bei der Verwendung von `FOR ALL ENTRIES IN`), die als Quelle eine der definierten Tabellenausdrücke +cte1, +cte2 ... verwendet. Hier geben Sie normal eine INTO-Klausel an, um die Ergebnismenge entgegenzunehmen. Wenn Sie eine SELECT-Schleife aufbauen, muss die WITH-Anweisung abschließend (analog zu ENDSELECT) mit ENDWITH abgeschlossen werden.

Syntax

```
WITH
  +cte1[( name1, name2, ... )]
     AS ( SELECT ... [UNION ...] )[,
  +cte2[( name1, name2, ... )]
     AS ( SELECT ... [UNION ...] ), ... ]
  SELECT ... [UNION ...] INTO|APPENDING ziel.
  ...
[ENDWITH].
```


Beispiel

Listing 9.23 zeigt ein Beispiel für die Definition und Verwendung von Tabellenausdrücken.

```
WITH
  +buchungen( fluggesellschaft, verbindung, datum, kunde ) AS
   SELECT carrid, connid, fldate, customid
     FROM sbook
     WHERE cancelled = 'X' )
SELECT * FROM scustom
  WHERE id IN ( SELECT kunde FROM +buchungen )
  INTO TABLE @DATA(lt_kunden).
```

Listing 9.23 Definition und Verwendung allgemeiner Tabellenausdrücke

9.2.14 UNION: Vereinigung

Ab ABAP 7.50 haben Sie mit dem Zusatz UNION die Möglichkeit, die Ergebnismengen zweier SELECT-Anweisungen zu einer Ergebnismenge zu vereinen. Die Zeilen der Ergebnismenge der rechten SELECT-Anweisung werden in die Ergebnismenge der linken SELECT-Anweisung eingefügt. Die in der linken SELECT-Anweisung angegebenen Spaltennamen werden in die Ergebnismenge übernommen. Die Tabellenstrukturen müssen identisch sein.

Die SELECT-Anweisung auf der rechten Seite von UNION kann selbst einen UNION-Zusatz enthalten und mit runden Klammern () umschlossen werden.

Die Zusätze ALL und DISTINCT regeln, wie mit mehrfach vorkommenden Zeilen verfahren wird:

- ALL: Alle Zeilen der rechten SELECT-Anweisung werden übernommen.
- DISTINCT (oder kein Zusatz): Alle Zeilen der rechten SELECT-Anweisung werden übernommen, wobei mehrfach vorkommende Zeilen bis auf eine gelöscht werden, d. h., Duplikate werden entfernt.

Die INTO-Klausel wird immer am Ende angegeben.

Syntax

```
SELECT ... UNION [ALL|DISTINCT]
  [(] SELECT ... [UNION [ALL|DISTINCT] select] [)] ...
```

Beispiel

Die beiden einzelnen SELECT-Anweisungen für die Fluggesellschaft AA und für die Fluggesellschaft LH werden in Listing 9.24 durch den Zusatz UNION zusammengeführt. Dies ließe sich freilich in einer SELECT-Anweisung zusammenfassen, soll hier aber die Anwendung von UNION demonstrieren.

```
SELECT carrid FROM sflight WHERE carrid = 'AA'
  UNION
SELECT carrid FROM sflight WHERE carrid = 'LH'
  INTO TABLE @DATA(lt_sflight).
```

Listing 9.24 Vereinigung der Ergebnismenge mit dem Zusatz UNION

9.2.15 INTERSECT: Schnittmenge

Ab ABAP 7.56 haben Sie mit dem Zusatz INTERSECT die Möglichkeit, sich die Schnittmenge zweier SELECT-Anweisungen zurückgeben zu lassen. Dabei werden alle vor INTERSECT ermittelten eindeutigen Zeilen zurückgegeben, die ebenfalls in den ermittelten Zeilen nach INTERSECT vorkommen.

Syntax

```
SELECT ... INTERSECT
  [(] SELECT ... [)] ...
```

Beispiel

Im ersten Schritt wird der Flugplan aus der Tabelle SPFLI mit einem INNER JOIN mit den Fluggesellschaften aus der Tabelle SCARR verknüpft. Diese Menge enthält nur die Fluggesellschaften, die auch auf dem aktuellen Flugplan stehen. Im zweiten Schritt, nach INTERSECT, werden nochmals alle Zeilen der Fluggesellschaften selektiert. Zurückgegeben wird aber nur die Schnittmenge beider Ergebnismengen (siehe Listing 9.25).

```
SELECT spfli~carrid, scarr~carrname
  FROM spfli
    INNER JOIN scarr ON scarr~carrid = spfli~carrid
  INTERSECT
    SELECT carrid, carrname
      FROM scarr
  ORDER BY carrid ASCENDING, carrname
  INTO TABLE @DATA(lt_ergebnis).
```

Listing 9.25 Bildung einer Schnittmenge mit dem Zusatz INTERSECT

9.2.16 EXCEPT: Ausschließen

Ab ABAP 7.56 haben Sie mit dem Zusatz EXCEPT die Möglichkeit, eine eindeutige Menge aus der Ergebnismenge einer SELECT-Anweisung auszuschließen. Dabei werden alle vor EXCEPT ermittelten eindeutigen Zeilen zurückgegeben, die nicht in den ermittelten Zeilen nach EXCEPT vorkommen.

Syntax

```
SELECT ... INTERSECT
  [(] SELECT ... [)] ...
```

Beispiel

Hier werden nun alle Fluggesellschaften aus der Datenbanktabelle SCARR zurückgegeben, die nicht auf dem aktuellen Flugplan der Datenbanktabelle SPFLI stehen (siehe Listing 9.26).

```
SELECT carrid, carrname
  FROM scarr
    EXCEPT
      SELECT spfli~carrid, scarr~carrname
        FROM spfli INNER JOIN scarr ON scarr~carrid = spfli~carrid
  ORDER BY carrid ASCENDING, carrname
  INTO TABLE @DATA(lt_ergebnis).
```

Listing 9.26 Ausschließen einer Menge mit dem Zusatz EXCEPT

9.2.17 Unterabfragen

In Open SQL ist es möglich, Unterabfragen innerhalb einer SQL-Anweisung zu verwenden. In der Regel betrifft dies vor allem die SELECT-Anweisung. In Listing 9.27 ist ein solches Beispiel mit einer Unterabfrage dargestellt.

```
SELECT vbeln FROM vbak
  WHERE vbeln IN (
    SELECT vbeln FROM vbap WHERE werks = '0192'
  )
  INTO TABLE @DATA(lt_ergebnis).
```

Listing 9.27 Eine Unterabfrage in einer WHERE-Klausel

In dem Beispiel aus Listing 9.27 werden die Nummern von Vertriebsbelegen (VBELN) von der Datenbanktabelle VBAK selektiert. Es sollen aber nur jene Vertriebsbelege selektiert werden, die im Werk 0192 enthalten sind. Diese Information steht aber nicht auf der Kopfebene in Tabelle VBAK, sondern auf der Positionsebene in Tabelle VBAP. Da von Tabelle VBAP keine weiteren Daten benötigt werden, lohnt sich hier eine klassische JOIN-Anweisung nicht. Daher werden in der Unterabfrage alle Vertriebsbelege selektiert, die dieses Werk haben, und anschließend werden über den IN-Operator alle Kopfeinträge selektiert, die in dieser Menge enthalten sind.

Ab ABAP 7.52 sind solche Unterabfragen auch bei den Anweisungen ORDER BY, UP TO, OFFSET und MODIFY erlaubt.

9.2.18 SELECT auf interne Tabellen

Ab ABAP 7.52 haben Sie die Möglichkeit, eine interne Tabelle auch in der FROM-Klausel einer SELECT-Anweisung zu verwenden. Mit anderen Worten: Sie können auf eine interne Tabelle selektieren.

Listing 9.28 zeigt eine solche SELECT-Anweisung auf eine interne Tabelle, die gleichzeitig auch in einer JOIN-Anweisung konsumiert wird.

```
DATA lt_carrier TYPE HASHED TABLE OF scarr
   WITH UNIQUE KEY mandt carrid.
lt_carrier =  VALUE #( ( carrid = 'LH' carrname = 'L.H.' )
                       ( carrid = 'UA' carrname = 'U.A.' ) ).

SELECT scarr~carrid, scarr~carrname, spfli~connid
       FROM @lt_carrier AS scarr
       INNER JOIN spfli ON scarr~carrid = spfli~carrid
       INTO TABLE @DATA1(lt_ergebnis).
```

Listing 9.28 Eine SELECT-Anweisung auf eine interne Tabelle

In der Tat verhalten sich die internen Tabellen in der Verwendung wie normale Datenbanktabellen oder Views. Technisch gesehen wird die Datenmenge auf die Datenbank transportiert und dort als globale temporäre Tabelle behandelt. Dies hat für große interne Tabellen zur Folge, dass die Latenz über das Netzwerk eine Rolle spielt, weil die Datenmenge erst übertragen werden muss.

Als Faustregel sollten Sie daher diese Schreibweise analog zur Anweisung FOR ALL ENTRIES IN nur dann verwenden, wenn die Daten aus der internen Tabelle, wie in Listing 9.28 gezeigt, manuell aufgebaut werden. In allen anderen Fällen sollten Sie immer versuchen, die Problemstellung mit einer JOIN-Anweisung oder einem CDS View zu lösen.

9.3 Open-SQL-Ausdrücke

Open-SQL-Ausdrücke wurden mit ABAP-Release 7.40 SP05 hinzugefügt. Damit können Sie Werte auf der Datenbank berechnen bzw. verarbeiten und das Ergebnis in eine Zielspalte schreiben.

Alle im Folgenden beschriebenen Open-SQL-Ausdrücke können an folgenden Stellen stehen:

- innerhalb der Spaltenangabe in der Selektionsliste nach SELECT
- als Argument einer Aggregatfunktion in der Selektionsliste
- als Gruppierungskriterium nach der GROUP-BY-Klausel sowie in der HAVING-Klausel

Zusätzlich sind ab ABAP 7.50 die folgenden Positionen möglich:

- linke Seite einer beliebigen WHERE-Bedingung
- linke Seite einer HAVING-Bedingung
- linke Seite einer komplexen CASE-Anweisung
- als Operanden einer CAST-Funktion

Ab ABAP 7.55 können sie außerdem auf der rechten Seite von Vergleichsoperationen stehen.

9.3.1 CASE-Anweisungen

Eine Fallunterscheidung können Sie mit dem neuen Open-SQL-Ausdruck CASE definieren. Solche Fallunterscheidungen funktionieren im Prinzip wie die in Abschnitt 7.8.3, »Die CASE-Anweisung«, beschriebenen Fallunterscheidungen. Die Anwendung ist jedoch etwas restriktiver. So müssen Sie darauf achten, dass die Datentypen miteinander vergleichbar sind (operand mit operand1 und operand2 etc.) und dass zu den angegebenen Ergebnissen (ergebnis1, ergebnis2, ...) ein gemeinsamer Ergebnistyp bestimmt werden kann.

[»]

Open SQL als Prüfkriterium

Ab ABAP 7.40 SP08 können Sie einen *Searched Case* anwenden, bei dem Sie als Prüfkriterium eine andere Open-SQL-Anweisung einfügen können. In der folgenden Syntax ist diese mit dem Platzhalter `sql_befehle` aufgeführt.

Syntax

```
... CASE operand
      WHEN {operand1|sql_befehle} THEN ergebnis1
     [WHEN {operand2|sql_befehle} THEN ergebnis2]
       ...
     [ELSE resultn]
    END ...
```

Beispiele

In Listing 9.29 wird der Preis eines Fluges in einer separaten Spalte `sitzklasse` einer Sitzklasse zugewiesen.

```
DATA lv_grenze TYPE i VALUE 1800.
SELECT carrid, connid, price,
  CASE WHEN price > @lv_grenze THEN 'First Class'
       WHEN price < @lv_grenze
        AND price > 800 THEN 'Business Class'
     ELSE 'Economy Class'
  END AS sitzklasse
  FROM sflight
  INTO TABLE @DATA(lt_sflight).
```

Listing 9.29 Fallunterscheidung mit dem CASE-Ausdruck

In Listing 9.30 sehen Sie ein Beispiel für eine `CASE`-Anweisung innerhalb der Aggregatfunktion `SUM`. Hier wird der Betrag der Spalte `FORCURAM` mit der Anweisung `CASE` abhängig von der Spalte `INVOICE` als negativ (`INVOICE = 'X'`) oder positiv bestimmt und anschließend mit der Aggregatfunktion `SUM` summiert, während das Ergebnis nach Fluggesellschaft (Spalte `CARRID`) und Flugnummer (`CONNID`) gruppiert wird.

```
SELECT carrid, connid,
  SUM(
   CASE invoice
     WHEN @abap_true THEN forcuram * -1
     ELSE forcuram
   END ) AS sum
```

```
FROM sbook
GROUP BY carrid, connid
INTO TABLE @DATA(lt_ergebnis).
```

Listing 9.30 Eine CASE-Anweisung innerhalb der Aggregatfunktion SUM

9.3.2 Verknüpfungen von Zeichenketten mit &&

Verknüpfungen von Zeichenketten sind vor allem mit der Anweisung CONCATENATE bekannt. Ab ABAP 7.31 wurde die eingebaute Funktion && (zwei kaufmännische Und-Zeichen) für Verkettungen von Zeichenketten eingeführt (siehe Abschnitt 7.12.2, »Verkettungsoperatoren«).

Dieser Verkettungsoperator kann jetzt ebenfalls in einer Open-SQL-Anweisung verwendet werden, um z. B. den Inhalt von zwei oder mehreren Spalten in einer neuen Spalte zu verketten.

Syntax

```
... operand1 && operand2 [&& operand3 ... ] ...
```

Beispiel

Die beiden Spalten CITYFROM (Abflugort) und CITYTO (Ankunftsort) werden in Listing 9.31 in einer dritten Spalte VERBINDUNG zusammengefügt, dazwischen wird ein Pfeil eingefügt (z. B. »London->Berlin«).

```
SELECT carrid, connid,
       cityfrom && '->' && cityto AS verbindung
  FROM spfli
  INTO TABLE @DATA(lt_spfli).
```

Listing 9.31 Verknüpfung von Werten mit dem &&-Ausdruck

9.3.3 Arithmetische Ausdrücke

Als arithmetische Ausdrücke stehen die mathematischen Standardoperationen für Addition, Subtraktion, Multiplikation und Division zur Verfügung. Diese können Sie beliebig klammern. Die folgenden Zeichen werden verwendet:

- + für Addition
- - für Subtraktion
- * für Multiplikation
- / für Division

Syntax

```
... [-] operand1 +|-|*|/ [-]operand2 [+|-|*|/ [-] operand3 ...
```

Beispiel

In Listing 9.32 wird eine Liste der heutigen Flüge erstellt, und für jeden Flug wird die Gesamtbelegung berechnet. Durch die Inline-Deklaration mit `DATA()` muss keine eigene Struktur definiert werden.

```
SELECT carrid, connid, fldate, seatsocc + seatsocc_b +
       seatsocc_f AS belegung
  FROM sflight INTO TABLE @DATA( lt_flights )
  WHERE fldate = sy-datum.
```

Listing 9.32 Berechnungen mit arithmetischen Ausdrücken

9.3.4 Typumwandlungen mit CAST

Typumwandlungen lassen sich über die Anweisung `CAST` realisieren. Schreiben Sie dazu den gewünschten Operanden (z. B. eine Spalte) und den gewünschten Datentyp nacheinander, getrennt durch den Zusatz `AS`, in die Klammern von `CAST( )`. Sie können diese Typanpassungen auch in arithmetischen Ausdrücken verwenden.

Folgende Datentypen stehen Ihnen neben `FLTP` seit ABAP 7.40 SP05 zur Umwandlung zur Verfügung:

- Numerische Typen: `INT1`, `INT2`, `INT4`, `INT8` für Ganzzahlen sowie `DEC[( len[, decimals] )]` für Dezimalzahlen und `FLTP` für Fließkommazahlen
- Zeichenartige Typen: `CHAR[( len )]` und `SSTRING[( len )]`
- Byteartige Typen: `RAW[( len )]`
- Datums-/Zeittypen: `DATS` und `TIMS`
- Für Schlüssel: `NUMC[( len )]`
- Mandant: `CLNT`
- Sprache: `LANG`
- Währungs- und Mengenfelder: `CURR[( len[, decimals] )]` und `CUKY` für Währungsschlüssel sowie `QUAN[( len[, decimals] )]` für Mengenfelder und `UNIT( 2|3 )` für Einheiten

[»]

Mögliche Kombinationen

Nicht jede Typumwandlung ist möglich. Eine Tabelle mit möglichen Kombinationen finden Sie, wenn Sie mit der Taste [F1] die Hilfe zur Anweisung `CAST` aufrufen, oder online unter *www.s-prs.de/v769200*.

Bei einer nicht möglichen Kombination wird versucht, den Inhalt des Operanden in den Zieltyp zu konvertieren, wobei es bei unpassenden Werten zu Ausnahmen kommen kann. Je nach ABAP-Version sind unterschiedliche Kombinationen möglich, so wurde die CAST-Anweisung mit ABAP 7.53 nochmals erweitert.

Syntax

```
... cast( spalte AS dtype ) ...
```

Beispiel

Die folgenden Zeilen zeigen eine Typumwandlung mit CAST:


```
SELECT CAST( hoehe AS FLTP ) * CAST( breite AS FLTP ) *
       CAST( tiefe AS FLTP ) AS volumen ...
```

9.3.5 Elementare Werte

Elementare Werte können entweder eine Spalte oder ein Datenobjekt in Form einer Host-Variablen oder eines Literals sein. Hier geht es darum, dass diese Werte in anderen SQL-Ausdrücken verwendet werden können, d. h., Sie können z. B. eine Host-Variable (ein ABAP-Datenobjekt) in einen arithmetischen Ausdruck einbeziehen.

Zusätzlich steht Ihnen ab ABAP 7.56 der Ausdruck NULL zur Verfügung, um Nullwerte abhängig von ihrem Kontext zu erzeugen.

Es gelten dabei folgende Einschränkungen:

- Host-Variablen bzw. Literale dürfen nicht generisch und nicht vom ABAP-Typ string oder xstring sein.
- Es darf kein leeres Textfeldliteral angegeben werden.

Syntax

```
... spalte | dobj | NULL ...
```

Beispiel

Im Folgenden wird der Preis eines Fluges um eine Vermittlungsgebühr von 10 € als Puffer erhöht (die Währung wird nicht berücksichtigt).

```
DATA: lv_abweichung TYPE i VALUE 10.
SELECT @Abweichung + price FROM sflight INTO ...
```

Im Folgenden wird eine neue Spalte mit dem Namen start erzeugt, dies geschieht mit dem Initialwert vom Datentyp INT1, also dem Wert 0.

```
SELECT carrid, connid,
  CAST( NULL AS INT1 ) AS start,
  distance
  FROM spfli ...
```

9.3.6 Typisierte Literale

Ab ABAP 7.55 können typisierte Literale für fast alle eingebauten ABAP-Dictionary-Typen in Open-SQL-Anweisungen verwendet werden. Dies ist an allen Stellen möglich, an denen bisher auch Variablen angegeben werden konnten, und betrifft insbesondere die Feldliste einer SELECT-Anweisung, die WHERE-Klausel sowie die Operandenpositionen von SQL-Funktionen und Ausdrücken.

Zu den möglichen eingebauten ABAP-Dictionary-Typen gehören folgende:

- INT1, INT2, INT3, INT4, INT8 für Integerwerte
- DEC für Dezimalwerte
- DECFLOAT16 (oder D16N), DF16_RAW (oder D16R), DECFLOAT34 (oder D34N), DF34_RAW (oder D34R), DF16_DEC (oder D16D), DF34_DEC (oder D34D), FLTP für dezimale oder binäre Fließkommazahlen
- RAW und RAWSTRING für Binärliterale
- NUMC für numerische Zahlen
- CLNT für den Mandanten
- LANG für den Sprachschlüssel
- DATS und DATN für Datumswerte
- TIMS und TIMN für Zeitwerte
- UTCLONG für Zeitstempel
- CURR für Währungen und CUKY für den Währungsschlüssel
- QUAN für Mengenfelder und UNIT für Einheiten

Syntax

Auf den gewünschte Datentyp folgen zwei rückwärts geneigte Hochkommata, die den Inhalt des Literals angeben.

```
... dtype`...`
```

[»]

Rückwärts geneigtes Hochkomma

Bitte beachten Sie, dass hier keine normalen Hochkommata (") verwendet werden, mit denen Sie normalerweise Zeichenketten angeben, sondern rückwärts geneigte Hochkommata (``), die Sie auf der Tastatur rechts neben dem Fragezeichen finden.

Um diese zu erzeugen, müssen Sie vor dem Drücken dieser Taste zusätzlich die Umschalttaste drücken und halten (⇧ + `).

Beispiele

- Mit Angabe in einer WHERE-Klausel:

```
SELECT * FROM sflight INTO TABLE @DATA(ls_sflight)
WHERE carrid = char`AA`
  AND price  = curr`123.43`
```

- Mit Angabe in einer Selektionsliste:

```
SELECT SINGLE dats`20230626` INTO @DATA(ls_sflight) WHERE ...
```

- Mit Angabe in einer Operandenposition unter Verwendung einer Inline-Deklaration für die Definition der Zieltabelle:

```
SELECT SINGLE
  dats_add_months( dats`20230626`,15 ) AS monate,
  tims_is_valid( tims`121300` ) AS zeit
  FROM sflight
  INTO @DATA(lt_sflight).
```

9.4 Open-SQL-Funktionen

Die Open-SQL-Funktionen lassen sich in folgende Teilbereiche aufteilen und an allen Stellen ausführen, an denen SQL-Ausdrücke möglich sind:

- Aggregatfunktionen, um mehrere Werte einer Spalte zusammenzufassen (siehe Abschnitt 9.4.1)
- Zeichenkettenfunktionen für die Arbeit mit Zeichenketten (siehe Abschnitt 9.4.2)
- numerische Funktionen für mathematische Berechnungen (siehe Abschnitt 9.4.3)
- Datumsfunktionen für die Arbeit mit Datumsfeldern (siehe Abschnitt 9.4.4)
- Coalesce-Funktion zur Ersetzung von Nullwerten (siehe Abschnitt 9.4.5)

9.4.1 Aggregatfunktionen

Open SQL stellt Ihnen die in Tabelle 9.2 aufgeführten Aggregatfunktionen bereit, die es Ihnen ermöglichen, verschiedene numerische Werte über eine Spalte bestimmen zu lassen.

Funktion	Beschreibung	Datentyp
AVG([DISTINCT] col)	Durchschnitt der selektierten Spalte	numerisch
COUNT([DISTINCT] sql) COUNT(*) COUNT(*)	Bestimmung der unterschiedlichen Werte in der angegebenen Spalte bzw. der Anzahl der selektierten Datensätze	numerisch
MAX([DISTINCT] sql)	Maximalwert der selektierten Spalte	numerisch
MIN([DISTINCT] sql)	Minimalwert der selektierten Spalte	numerisch
SUM([DISTINCT] sql)	Summe der selektierten Spalte	numerisch
ALLOW_PRECISION_LOSS(SUM(...))	Erlaubt Rundungsungenauigkeiten für Dezimalwerte aus Performancegründen (ab ABAP 7.55).	numerisch
STRING_AGG(sql[, trenner] [ORDER BY spalte1 [ASCENDING|DESCENDING], ...])	Verkettung von (zeichenartigen) Inhalten einer Spalte (ab ABAP 7.54)	zeichenartig, SSTRING der Länge 1333
PRODUCT(spalte)	Bildet das Produkt der Werte einer Spalte (ab ABAP 7.54).	numerisch
GROUPING(spalte)	Bestimmung, ob eine Spalte an einer Aggregation teilgenommen hat (ab ABAP 7.43)	INT1 (Wert 0: Die Spalte hat nicht teilgenommen. Wert 1: Die Spalte hat teilgenommen.)
MEDIAN([DISTINCT] sql)	Ermittelt die Mitte aller Werte (ab ABAP 7.55).	numerisch
STDDEV([DISTINCT] sql)	Ermittelt die Standardabweichung als Maß für die Streubreite der Werte (ab ABAP 7.55).	FLTP oder DECFLOAT34
VAR([DISTINCT] sql)	Ermittelt die Varianz als Maß für die Streuung einer Wahrscheinlichkeitsdichte um ihren Schwerpunkt (ab ABAP 7.55).	FLTP oder DECFLOAT34
CORR(sql1, sql2)	Ermittelt den Korrelationskoeffizienten zwischen zwei Spalten (ab ABAP 7.55).	FLTP

Tabelle 9.2 Aggregatfunktionen in Open SQL

Funktion	Beschreibung	Datentyp
CORR_SPEARMAN(sql1, sql2)	Ermittelt den Spearman'schen Rangkorrelationskoeffizienten zwischen zwei Spalten (ab ABAP 7.55).	FLTP

Tabelle 9.2 Aggregatfunktionen in Open SQL (Forts.)

Die Syntax ist bei allen numerischen Funktionen sehr ähnlich. Zuerst wird der Funktionsname angegeben, gefolgt von der Spalte oder einem Open-SQL-Ausdruck (siehe Abschnitt 9.3), für den die Funktion gelten soll.

Der Zusatz DISTINCT bewirkt, dass doppelt vorkommende Werte bei der Berechnung ausgeschlossen werden. Für AVG kann kein SQL-Ausdruck als Argument angegeben werden.

Ein Beispiel können Sie in Listing 9.13 finden. Geben Sie einen Aggregatausdruck zusammen mit anderen Spalten in der Selektionsliste an, brauchen Sie immer eine Gruppierung mit GROUP BY, die alle Spalten enthält, für die keine Aggregation gebildet wird (siehe Abschnitt 9.2.7, »Gruppierung und Sortierung der Ergebnisse«). Wie bei anderen Spaltennamen auch können Sie für Aggregationen Aliasnamen mit AS vergeben. Aggregationen können Sie darüber hinaus in der HAVING-Klausel verwenden.

Syntax

```
... { AVG( [DISTINCT] spalte )
    | MAX( [DISTINCT] spalte|sql_ausdruck )
    | MIN( [DISTINCT] spalte|sql_ausdruck )
    | SUM( [DISTINCT] spalte|sql_ausdruck )
    | COUNT( DISTINCT spalte|sql_ausdruck )
    | COUNT( * )
    | COUNT(*) }
    | STRING_AGG( sql_ausdruck[, trennzeichen] [ORDER BY ...] )
    | PRODUCT( spalte )
    | GROUPING( spalte )...
```

Ab ABAP 7.51 kann für die Aggregatfunktion der Zusatz AS angegeben werden, um den Typ des Ergebnisses zu bestimmen:

```
AVG( [DISTINCT] spalte AS datentyp )
```

Die folgenden Datentypen können Sie angeben, wobei laenge für die Länge und stellen für die Dezimalstellen steht:

- DEC[(laenge[, stellen])]
- CURR[(laenge[, stellen])]

- QUAN[(laenge[, stellen])]
- FLTP

Beispiele

- Belegte Sitze pro Flug zusammenrechnen:

```
SELECT carrid, connid, fldate, SUM( seatsocc ) AS belegte_sitze
  FROM sflight INTO TABLE @DATA(lt_ergebnis)
  GROUP BY carrid, connid, fldate.
```

- Pro Fluggesellschaft den aktuellsten Flug ermitteln:

```
SELECT carrid, MAX( fldate ) AS belegte_sitze
  FROM sflight INTO TABLE @DATA(lt_ergebnis)
  GROUP BY carrid.
```

- Anzahl der Flüge pro Fluggesellschaft:

```
SELECT carrid, COUNT( * ) AS anzahl
  FROM sflight INTO TABLE @DATA(lt_ergebnis)
  GROUP BY carrid.
```

- Verbindung von zeichenartigen Spaltenwerten:

```
DATA: lt_ausdruecke TYPE TABLE OF demo_expressions.
lt_ausdruecke = ( VALUE #(
      ( id = '3' char1 = 'ein' )
      ( id = '1' char1 = 'Dies' )
      ( id = '4' char1 = 'Satz' )
      ( id = '2' char1 = 'wird' ) ) ).
"Einfügen der Beispielwerte auf die Demo-Datenbank
DELETE FROM demo_expressions.
INSERT demo_expressions FROM TABLE @lt_ausdruecke.
"Verbindung der Werte der Spalte CHAR1 mit einem "Leerzeichen als Trenner
SELECT STRING_AGG( char1,' ' ORDER BY id ASCENDING )
  FROM demo_expressions
  INTO TABLE @DATA(lt_ergebnis).
```

9.4.2 Zeichenkettenfunktionen

Ab ABAP 7.50 wurden die im Folgenden aufgeführten Funktionen für Zeichenketten eingeführt, die Sie jetzt innerhalb von Open-SQL-Anweisungen nutzen können. Jede Funktion hat dabei unterschiedliche Argumente, die teilweise selbst wieder ein Ausdruck ausd in der Form von Spalten, Literalen, SQL-Funktionen, Host-Variablen oder Host-Ausdrücken sein können:

- `CONCAT( ausd1, ausd2 )`
  Verkettung des Ausdrucks `ausd1` und des Ausdrucks `ausd2`
- `LPAD( ausd, laenge, zeichen )`
  Zeichenkette der angegebenen Länge `laenge` mit dem rechtsbündigen Inhalt des Ausdrucks `ausd`, in dem durch die Verlängerung entstehende führende Leerzeichen durch die angegebenen Zeichen `zeichen` aufgefüllt sind. Ursprünglich führende Leerzeichen des Ausdrucks bleiben bestehen.
- `RPAD( ausd, laenge, zeichen )`
  (ab ABAP 7.51) Zeichenkette der angegebenen Länge `laenge` mit dem linksbündigen Inhalt des Ausdrucks `ausd`, in dem durch die Verlängerung entstehende schließende Leerzeichen durch die angegebenen Zeichen `zeichen` aufgefüllt sind. Ursprünglich führende Leerzeichen des Ausdrucks bleiben bestehen.
- `LTRIM( ausd, zeichen )`
  Entfernt alle angegebenen führenden Zeichen des Ausdrucks `ausd`, die dem Zeichen in `zeichen` entsprechen. Entfernt außerdem alle schließenden Leerzeichen.
- `LENGTH( ausd )`
  Bestimmt die Länge des Ausdrucks `ausd`.
- `REPLACE( ausd1, ausd2, ausd3 )`
  In der Zeichenkette `ausd1` werden alle Vorkommnisse des Ausdrucks `ausd2` durch die Zeichen des Ausdrucks `ausd3` ersetzt. Groß- und Kleinschreibung wird dabei berücksichtigt.
- `RIGHT( ausd, laenge )`
  Teilstring des Ausdrucks `ausd` in der angegebenen Länge `laenge` von der rechten Seite aus, ohne schließende Leerzeichen
- `LEFT( ausd, laenge )`
  (ab ABAP 7.51) Teilstring des Ausdrucks `ausd` in der angegebenen Länge `laenge` von der linken Seite aus, ohne schließende Leerzeichen
- `RPAD( ausd, laenge, zeichen )`
  Zeichenkette der angegebenen Länge `laenge` mit dem linksbündigen Inhalt des Ausdrucks `ausd`, in dem durch die Verlängerung entstehende schließende Leerzeichen durch die angegebenen Zeichen `zeichen` aufgefüllt sind. Ursprünglich schließende Leerzeichen des Ausdrucks bleiben bestehen.
- `RTRIM( ausd, zeichen )`
  Entfernt alle angegebenen schließenden Zeichen des Ausdrucks `ausd`, die dem Zeichen in `zeichen` entsprechen. Entfernt außerdem alle führende Leerzeichen.
- `SUBSTRING( ausd, position, laenge )`
  Teilstring des angegebenen Ausdrucks `ausd` ab der angegebenen Position `position` in der angegebenen Länge `laenge`. Position und Länge müssen innerhalb des Ausdrucks liegen.

- `CONCAT_WITH_SPACE( ausd1, ausd2, anz_leerzeichen )`
  (ab ABAP 7.51) Verkettung der beiden in `ausd1` und `ausd2` angegebenen Zeichenketten, die durch die Anzahl der in `anz_leerzeichen` angegebenen Leerzeichen voneinander getrennt werden
- `INSTR( ausd, zeichenkette)`
  (ab ABAP 7.51) Gibt die Position der Fundstelle der Zeichenkette `zeichenkette` im angegebenen Ausdruck `ausd` zurück. Wenn die Zeichenkette im Ausdruck nicht gefunden werden kann, wird eine 0 zurückgegeben. Die Suche findet unter Berücksichtigung der Groß- und Kleinschreibung und Leerzeichen statt.
- `LOWER( ausd )`
  (ab ABAP 7.51) Konvertierung der angegebenen Zeichenkette in Großbuchstaben
- `UPPER( ausd )`
  (ab ABAP 7.51) Konvertierung der angegebenen Zeichenkette in Kleinbuchstaben
- `INITCAP( ausd )`
  (ab ABAP 7.56) Wandelt den ersten Buchstaben in Großbuchstaben um, während alle anderen nachfolgenden Buchstaben in Kleinbuchstaben umgewandelt werden.

Beispiel

Listing 9.33 konstruiert eine E-Mail-Adresse aus einer URL mithilfe von Zeichenkettenfunktionen.

```
SELECT carrname,
       CONCAT( 'info@', SUBSTRING( url, 12, 244 ) ) AS email
  FROM scarr
  INTO TABLE @DATA(lt_carrier).
```

Listing 9.33 Beispiel für die Verwendung von Zeichenkettenfunktionen für Open SQL

[»]

Zeichenkettenfunktionen für reguläre Ausdrücke

Ab ABAP 7.55 gibt es die drei weiteren Zeichenkettenfunktionen `REPLACE_REGEXPR()`, `LIKE_REGEXPR()`, `OCCURRENCES_REGEXPR()` sowie ab ABAP 7.56 die Zeichenkettenfunktion `SUBSTRING_REGEXPR()`, die hier nur namentlich erwähnt werden, da sie sehr speziell sind.

9.4.3 Numerische Funktionen

Neben den bereits bekannten Aggregatfunktionen aus Open SQL sind ab ABAP 7.50 nun auch numerische Funktionen möglich. Diese Funktionen können Sie auf verschiedenste Datenobjekte wie Spalten, Host-Variablen, Literale oder ganze Ausdrücke anwenden.

Folgende numerische Funktionen stehen Ihnen zur Verfügung:

- `abs( arg )` zur Berechnung des Absolutwertes von `arg`:

  Beispiel: `abs ( -3.33 ) = 3.33`
- `ceil( arg )` zum Aufrunden auf den nächsten ganzzahligen Wert:

  Beispiel: `ceil(5.1) = 6`
- `floor( arg )` zum Abrunden auf den nächsten ganzzahligen Wert:

  Beispiel: `floor(5.1) = 5`
- `div( arg1, arg2 )` für den ganzzahligen Anteil der Division zwischen `arg1` und `arg2`:

  Beispiel: `div( 3, 2 ) = 1`
- `division( arg1, arg2, stellen )` für die Division von `arg1` durch `arg2`, wobei auf die angegebenen Stellen gerundet wird (ab ABAP 7.51):

  Beispiel: `division( 10, 3, 2 ) = 3,33`
- `mod( arg1, arg2 )` für den ganzzahligen Rest der Division zwischen `arg1` und `arg2`:

  Beispiel: `mod( 3, 2 ) = 1`
- `round( arg, stellen )` für das Runden des Wertes `arg`, mit der Angabe der gewünschten Dezimalstellen mit `stellen`:

  Beispiel: `round( ( 10 / 3 ), 2 ) = 3.33`

Beispiel

In Listing 9.34 wird eine Liste der Flugverbindungen erstellt, wobei die Flugdauer in Stunden, die aufgerundete Entfernung und die grob berechnete Durchschnittsgeschwindigkeit angegeben werden.

```
SELECT carrid, connid, div( fltime, 60  ) AS duration,
       ceil( distance ) AS distance,
       div( floor( distance ), div( fltime, 60 ) ) AS speed
  FROM spfli
  INTO TABLE @DATA(lt_verbindungen).
```

Listing 9.34 Beispiel für die Verwendung von numerischen Funktionen

9.4.4 Datums- und Zeitfunktionen

Ab ABAP 7.51 wurden den bisherigen Funktionen auch Datumsfunktionen hinzugefügt, die Operationen auf Datumsfelder (Datentyp `DATS`) ausführen können. Zusätzlich wurden ab ABAP 7.55 auch Zeitfunktionen für Zeit- und Zeitstempelfelder hinzugefügt, die mit ABAP 7.56 nochmals erweitert wurden. Als Parameter können neben Spalten auch Literale, Host-Variablen, Host-Ausdrücke, aber auch SQL-Ausdrücke und SQL-Funktionen angegeben werden.

Folgende Datumsfunktionen stehen Ihnen zur Verfügung:

- `DATS_ADD_DAYS( datum, tage )` rechnet die als Integer angegebenen Tage zum Datum hinzu (sofern es positive Tage sind) oder subtrahiert diese (wenn es negative Tage sind). Bei einem ungültigen Datum wird der Initialwert »00010101« zurückgegeben.
- `DATS_ADD_MONTHS ( datum, monate )` rechnet die als Integer angegebenen Monate zum Datum hinzu (sofern es ein positiver Monat ist) oder subtrahiert diese (wenn es ein negativer Monat ist). Bei einem ungültigen Datum wird der Initialwert »00010101« zurückgegeben.
- `DATS_DAYS_BETWEEN( datum1, datum2 )` berechnet die zwischen zwei Daten liegenden Tage und gibt diese als Integerwert (`INT4`) zurück. Wenn das `datum1` größer als `datum2` ist, ist das Ergebnis negativ.
- `DATS_IS_VALID( datum )` stellt fest, ob ein Datum ein gültiges Format `JJJJMMMDD` hat, und gibt bei einem gültigen Datum eine 1 und bei einem ungültigen Datum eine 0 zurück.

[»]

Datumsfunktionen für den eingebauten Datumstyp DATN

Ab ABAP 7.55 gibt es analog zu den vorher aufgeführten Datumsfunktionen auch die Funktionen `DATN_DAYS_BETWEEN()`, `DATN_ADD_DAYS()` und `DATN_ADD_MONTHS()` für den eingebauten Datentyp `DATN`, der wie `DATS` ebenfalls 8 Stellen vom Typ `CHAR` hat, aber nicht der Formatvorgabe `YYYYMMDD` unterliegt, sondern das interne Format Ihres verwendeten Datenbanksystems nutzt.

Ab ABAP 7.56 stehen Ihnen weitere Datums- und Zeitfunktionen zur Verfügung, die sich neben dem Datentyp `DATS` auch auf den Datentyp `DATN` für Datumswerte, die Datentypen `TIMN` und `TIMS` für Zeitwerte und auf den Datentyp `UTCLONG` für Zeitstempel anwenden lassen:

- `IS_VALID( datum|zeit|zeitstempel )` stellt fest, ob ein Datum ein gültiges Format `JJJJMMMDD`, eine Zeit ein gültiges Format `HHMMSS` oder ein Zeitstempel ein gültiges Format `0001-01-01T00:00:00:00.0000000` hat und gibt bei einem gültigen Format eine 1 und bei einem ungültigen Format eine 0 zurück.
- `EXTRACT_YEAR( datum|zeitstempel )`

  `EXTRACT_MONTH( datum|zeitstempel )`

  `EXTRACT_DAY( datum|zeitstempel )`

  gibt das Jahr, den Monat oder den Tag eines Datums oder einen Zeitstempel vom Datentyp `INT4` zurück. Für initiale angegebene Werte wird der Wert 1 zurückgegeben. Bei einem falschen Datum oder einem falschen Zeitstempel wird die abfangbare klassenbasierte Ausnahme `CX_SY_OPEN_SQL_DB` ausgelöst (ab ABAP 7.56).

- EXTRACT_HOUR(zeit|zeitstempel)

  EXTRACT_MINUTE(zeit|zeitstempel)

  EXTRACT_SECOND(zeit|zeitstempel)

  gibt die Stunde, die Minuten oder die Sekunden einer Zeit oder einen Zeitstempel vom Datentyp INT4 zurück. Für initiale Werte wird der Wert 0 zurückgegeben. Bei einer falschen Zeit oder einem falschen Zeitstempel wird die abfangbare klassenbasierte Ausnahme CX_SY_OPEN_SQL_DB ausgelöst.
- DAYNAME(datum|zeitstempel)

  MONTHNAME(datum|zeitstempel)

  WEEKDAY(datum|zeitstempel)

  gibt den Namen des Tages, des Monats oder des Wochentages von einem Datum oder Zeitstempel als Großbuchstaben in Englisch (d. h. unabhängig von der Anmeldesprache) zurück. Bei DAYNAME() und MONTHNAME() wird der Datentyp CHAR der Länge 9 und bei WEEKDAY( ) der Datentyp INT4 zurückgegeben. Bei falschen Datumsangaben wird die abfangbare klassenbasierte Ausnahme CX_SY_OPEN_SQL_DB ausgelöst.
- DAYS_BETWEEN({ datum1|zeitstempel }, { datum2|zeitstempel }) berechnet die zwischen zwei Daten liegenden Tage und gibt diese als Integerwert (INT4) zurück. Die Datentypen zur Angabe eines Datums können unterschiedlich sein. Wenn das datum1 größer als datum2 ist, ist das Ergebnis negativ.
- ADD_DAYS({ datum, zeitstempel }, tage)

  ADD_MONTHS({ datum, zeitstempel }, monate)

  rechnet die als Integer INT4 angegebenen Tage oder Monate zu einem Datum oder einem Zeitstempel hinzu (bei einem positiven Wert) oder subtrahiert diese (bei einem negativen Wert). Wird ein falsches Datum oder ein falscher Zeitstempel als Parameter mitgegeben, wird vor der Berechnung der Initialwert angenommen. Wenn bei der Berechnung ein falsches Datum produziert wird, wird die abfangbare klassenbasierte Ausnahme CX_SY_OPEN_SQL_DB ausgelöst, falls als Datumsangabe die Datentypen DATN oder UTCLONG verwendet wurden, ansonsten wird ein initiales Datum zurückgegeben.

Beispiel

In Listing 9.35 werden alle Kunden mit ihrer E-Mail-Adresse ermittelt, die seit einem Jahr nicht geflogen sind. Dazu werden in der Unterabfrage zuerst alle Kunden ermittelt, die innerhalb eines Jahres geflogen sind. Dies wird geprüft, indem die Tage zwischen dem Erstellungsdatum der letzten Buchung und dem aktuellen Datum mithilfe der Datumsfunktion DATS_DAYS_BETWEEN() ermittelt wird.

```
SELECT DISTINCT sc~email FROM sbook AS sb
  INNER JOIN scustom AS sc ON sc~id = sb~customid
  WHERE sb~customid NOT IN (
      SELECT customid FROM sbook WHERE
       dats_days_between( order_date, @sy-datum ) <= 365 )
  INTO TABLE @DATA(lt_sbook).
```

Listing 9.35 Beispiel zur Verwendung der Datumsfunktion DATS_DAYS_BETWEEN()

[»]

Zeitstempelfunktionen und dazugehörige Konvertierungsfunktionen

Ab ABAP 7.55 wurden weitere Open-SQL-Funktionen für Zeitstempel und für die Umwandlung zwischen Datentypen eingeführt. Da diese Funktionen für den Programmieralltag wenig Relevanz besitzen, werden sie hier nur namentlich erwähnt: `UTCL_CURRENT()`, `UTCL_ADD_SECONDS()`, `UTCL_SECONDS_BETWEEN()` sowie die Konvertierungsfunktionen `TSTMPL_TO_UTCL()`, `TSTMPL_FROM_UTCL()`, `DATS_TO_DATN()`, `DATS_FROM_DATN()`, `TIMS_TO_TIMN()` und `TIMS_FROM_TIMN()`.

9.4.5 Coalesce-Funktion: Nullwerte ersetzen

Um Nullwerte zu ersetzen, können Sie die ab ABAP 7.40 SP05 verfügbare eingebaute Funktion `coalesce()` verwenden. Die Funktion gibt den Wert des ersten Arguments `arg1` zurück, wenn dieser nicht null ist. Ansonsten gibt sie den Wert des zweiten Arguments `arg2` zurück. Die Datentypen der beiden Argumente müssen entweder gleich sein oder der Datentyp eines Arguments muss den Wert des anderen Datentyps vollständig darstellen können. Zurückgegeben wird dabei der ABAP-Dictionary-Typ des Arguments mit dem größeren Wertebereich.

Als Angabe sind nicht alle ABAP-Dictionary-Typen erlaubt. Für Spalten, Ausdrücke, Host-Variablen und Literale darf z. B. nicht der ABAP-Typ `string` verwendet werden.

Syntax

```
... coalesce( arg1, arg2 ) ...
```

Beispiel

Wenn der Preis eines Fluges (`PRICE`) bei der folgenden Abfrage initial (d. h. 0) ist, wird anstelle dieses Preises der Wert 10 zugewiesen:

```
SELECT coalesce( price, 10 ) FROM sflight INTO ...
```

9.4.6 UUID-Funktion: Erzeugung eindeutiger Schlüssel

Ab ABAP 7.54 steht mit der Funktion `UUID()` die Möglichkeit zur Verfügung, sich für jede gelesene Zeile einer `SELECT`-Anweisung eine neue *UUID* erzeugen zu lassen. Die Abkürzung UUID steht für Universally Unique Identifier und bezeichnet eine universell einzigartige Identifikationsnummer. Sie haben durch die Funktion daher die Möglichkeit, Zeilen, die selbst nicht durch einen Primärschlüssel eindeutig sind, mit einer eindeutigen Identifikationsnummer zu versehen, die automatisch durch das ABAP-System generiert wird. Die erzeugten Identifikationsnummern sind vom Typ `RAW` und haben die Länge 16.

Listing 9.36 zeigt die Verwendung der Funktion `UUID()`, die selbst keine Parameter hat. Die im Rahmen dieser Anweisung erzeugten Identifikationsnummern sind bei jeder Ausführung für jede Zeile einzigartig.

```
SELECT carrid, connid, uuid( ) AS uuid
  FROM sflight
  INTO TABLE @DATA(lt_ergebnis).
```

Listing 9.36 Erzeugung eindeutiger Schlüssel in einem SELECT mit der Funktion UUID()

9.4.7 Umwandlung von Währungen und Einheiten

Ab ABAP 7.55 steht Ihnen mit der Funktion `CURRENCY_CONVERSION()` und seit ABAP 7.56 mit der Funktion `UNIT_CONVERSION()` die Möglichkeit zur Verfügung, Währungen und Einheiten direkt in einer `SELECT`-Anweisung umzurechnen. Dies war vorher nur mithilfe von ABAP-Anweisungen, oder CDS Views möglich.

Währungen

Die Parameter der Funktion `CURRENCY_CONVERSION()` zur Umwandlung von Währungen finden Sie in Tabelle 9.3.

Parameter	Bedeutung
`amount`	umzuwandelnde Spalte
`source_currency`	Ausgangswährung, muss in der Datenbanktabelle TCURC (Spalte WAERS) enthalten sein.
`target_currency`	Zielwährung, muss in der Datenbanktabelle TCURC (Spalte WAERS) enthalten sein.
`exchange_rate_date`	Datum des Umrechnungskurses der Datenbanktabelle TCURR
`exchange_rate_type`	optional, Umrechnungskurstyp

Tabelle 9.3 Parameter der SQL-Funktion CURRENCY_CONVERSION()

Parameter	Bedeutung
client	optional, Mandant
round	optional, kaufmännisches Runden
decimal_shift	optional, Verschiebung der Dezimalstellen des Quellwertes anhand der Ausgangswährung
decimal_shift_back	optional, Verschiebung der Dezimalstellen des Ergebnisses anhand der Zielwährung
On_error	Behandlungsart bei Fehlern: ▪ Abbruch der SQL-Anweisung, Angabe der Konstante sql_currency_conversion=>c_on_error-fail ▪ Wert wird auf 0 gesetzt, Angabe der Konstante sql_currency_conversion=>c_on_error-set_to_null

Tabelle 9.3 Parameter der SQL-Funktion CURRENCY_CONVERSION() (Forts.)

Syntax

```
... CURRENCY_CONVERSION( parameter1 = wert1,
                         parameter2 = wert2, ... )
```

Beispiel

Der Preis der Flüge aus der Datenbanktabelle SFLIGHT in der Spalte PRICE wird abhängig von der Ausgangswährung (beispielsweise USD für US-amerikanische Dollar) in Euro umgerechnet (siehe Listing 9.37).

```
DATA(lv_zielwaehrung) = 'EUR'.
SELECT carrid, connid, fldate,
  price AS price_old,
  currency AS currency_old,
  currency_conversion(
    amount = price,
    source_currency = currency,
    target_currency = @lv_zielwaehrung,
    exchange_rate_date = @sy-datlo,
    round = 'X',
    on_error = @sql_currency_conversion=>c_on_error-set_to_null
  ) AS price_new,
    @lv_zielwaehrung AS currency_new
   FROM sflight
   INTO TABLE @DATA(lt_ergebnis).
```

Listing 9.37 Umwandlung von Währungen in SQL

Einheiten

Die Funktion UNIT_CONVERSION() zur Umwandlung von Währungen steht Ihnen ab ABAP 7.56 zur Verfügung. Die Parameter der Funktion finden Sie in Tabelle 9.4.

Parameter	Bedeutung
quantity	umzuwandelnde Spalte
source_unit	Ausgangseinheit, muss in der Datenbanktabelle T006 (Spalte MSEHI) enthalten sein.
target_unit	Zieleinheit, muss in der Datenbanktabelle T006 (Spalte MSEHI) enthalten sein.
client	optional, Mandant
on_error	Behandlungsart bei Fehlern: ▪ Abbruch der SQL-Anweisung, Angabe der Konstanten sql_unit_conversion=>c_on_error-fail ▪ Wert wird auf 0 gesetzt, Angabe der Konstanten sql_unit_conversion=>c_on_error-set_to_null

Tabelle 9.4 Parameter der SQL-Funktion UNIT_CONVERSION()

Syntax

```
... UNIT_CONVERSION( parameter1 = wert1,
                     parameter2 = wert2, ... )
```

Beispiel

Die Entfernung der Flüge aus dem Flugplan der Datenbanktabelle SPLFI wird von Meilen in Kilometer umgerechnet (siehe Listing 9.38).

```
DATA(lv_zieleinheit) = 'KM'.
SELECT carrid, connid,
  distance as distance_old,
  distid   as unit_old,
  unit_conversion(
    quantity = distance,
    source_unit = distid,
    target_unit = lv_zieleinheit,
    on_error = @sql_unit_conversion=>c_on_error-set_to_null
  ) as distance_new
  @lv_zieleinheit as unit_new
  FROM SPFLI
  INTO TABLE @DATA(lt_ergebnis).
```

Listing 9.38 Umwandlung von Einheiten in SQL

9.5 Ändernde Open-SQL-Anweisungen

Neben dem lesenden Zugriff stellt Open SQL auch Funktionen für die Manipulation von Datenbanktabellen über die folgenden Anweisungen bereit:

- Löschen von Einträgen mit `DELETE`
- Ändern von Einträgen mit `UPDATE` und `MODIFY`
- Einfügen von Einträgen mit `INSERT` und `MODIFY`

[!]

Vorsicht bei Datenbankänderungen

Ändernde Anweisungen sollten Sie nur mit Vorsicht benutzen, und auch der Einsatz von Tabellensperren ist dabei ratsam (siehe Abschnitt 3.12, »Das Sperrkonzept«). Dies ist insbesondere wichtig, wenn Sie Programme anbieten, in denen die Daten zur Laufzeit Konsistenz halten müssen (und nicht durch einen zweiten Anwender manipuliert werden können).

Bei ändernden Zugriffen müssen Sie daher immer auf die Datenkonsistenz achten. Dazu dient das LUW-Konzept (*Logical Unit of Work*, siehe Abschnitt 13.5, »Datenkonsistenz«). Bei allen der hier vorgestellten ändernden Anweisungen (`INSERT`, `UPDATE`, `MODIFY`, `DELETE`) werden die geänderten Zeilen erst beim nächsten Datenbank-Commit (d. h. explizit durch die Anweisung `COMMIT WORK`) in die Datenbanktabelle übernommen. Bis dahin können Sie durch einen Datenbank-Rollback (explizit über die Anweisung `ROLLBACK WORK`) wieder entfernt werden.

Eine Prüfung des Return-Codes `sy-subrc` (der für jede der genannten Anweisungen gesetzt wird) ist vor dem Datenbank-Commit zu empfehlen. Listing 9.39 zeigt ein solches Vorgehen.

```
INSERT INTO tabelle VALUES lt_tabelle.
IF SY-SUBRC = 0.
  COMMIT WORK.
ELSE.
  ROLLBACK WORK.
ENDIF.
```

Listing 9.39 Änderung auf der Datenbank prüfen

9.5.1 DELETE: Löschen von Einträgen

Mit der Anweisung `DELETE` können Sie Zeilen aus einer Tabelle löschen. Es können einzelne oder mehrere Zeilen gelöscht werden.

Um die zu löschenden Zeilen auszuwählen, haben Sie folgende Möglichkeiten, die sich in ihrer Syntax jeweils leicht unterscheiden:

- Angabe einer WHERE-Klausel
- Angabe einer Struktur (Arbeitsbereich)
- Angabe einer internen Tabelle

Zeilen über die Angabe einer WHERE-Klausel festlegen

Schreiben Sie nach der Angabe des Ziels eine WHERE-Klausel, wie Sie es von einer SELECT-Anweisung her gewohnt sind. Falls mindestens eine Zeile gelöscht wurde, wird sy-subrc auf 0, ansonsten auf 4 gesetzt. Das Systemfeld sy-dbcnt wird auf die Anzahl der gelöschten Zeilen gesetzt.

> **Neue Zusätze ab ABAP 7.51**
>
> Ab ABAP 7.51 stehen Ihnen zusätzlich die Zusätze ORDER BY, OFFSET und UP TO ... ROWS zur Verfügung. Für diese Zusätze gelten dieselben Erläuterungen wie für OFFSET für die Anweisung SELECT in Abschnitt 9.2.11, »Begrenzung der Ergebnismenge mit OFFSET«.

Syntax

```
DELETE FROM tabelle WHERE bedingung
  [ORDER BY ... [OFFSET offset]]
  [UP TO anzahl ROWS].
```

Beispiel

Es werden alle Flüge des Fluges 17 der Fluggesellschaft AA gelöscht:

```
DELETE FROM sflight WHERE carrid = 'AA'
                      AND connid = 17.
```

Zeilen über die Angabe einer Struktur festlegen

Mithilfe einer Struktur können Sie genau eine Zeile löschen. Dabei wird die Zeile gelöscht, die genau den gleichen Primärschlüssel hat wie die angegebene Struktur. Das Schlüsselwort FROM wird nach der Tabelle angegeben, gefolgt von der Struktur. Falls die angegebene Zeile gefunden und gelöscht wurde, wird sy-subrc auf 0, ansonsten auf 4 gesetzt.

Syntax

```
DELETE tabelle FROM struktur.
```

Beispiel

In Listing 9.40 wird der Flug 99 der Fluggesellschaft AA, der für den heutigen Tag geplant ist, aus der Tabelle SFLIGHT gelöscht.

```
DATA: ls_sflight TYPE sflight.
ls_sflight-carrid = 'AA'.
ls_sflight-connid = 99.
ls_sflight-fldate = sy-datum.
ls_sflight-price  = 1.
DELETE sflight FROM ls_sflight.
```

Listing 9.40 Löschen einer bestimmten Zeile über die Angabe einer Struktur

Zeilen über die Angabe einer internen Tabelle festlegen

Durch die Angabe einer internen Tabelle können Sie mehrere Zeilen löschen. Hier werden wie bei der Angabe der Struktur alle Zeilen gelöscht, die den gleichen Primärschlüssel haben. Nicht gefundene Zeilen aus der internen Tabelle werden nicht gelöscht, beeinflussen aber auch nicht die restliche Verarbeitung der Anweisung.

Hierzu wird das Schlüsselwort `FROM` nach der Tabelle angegeben, gefolgt von dem Zusatz `TABLE` und der Angabe der internen Tabelle. Falls alle angegebenen Zeilen gelöscht werden konnten, wird `sy-subrc` auf 0, ansonsten auf 4 gesetzt. Das Systemfeld `sy-dbcnt` wird auf die Anzahl der gelöschten Zeilen gesetzt.

Syntax

```
DELETE tabelle FROM TABLE itab.
```

Beispiel

In Listing 9.41 werden zwei Flüge aus der Tabelle `SFLIGHT` gelöscht. Der Preis `PRICE` wird nicht berücksichtigt.

```
DATA lt_sflight TYPE TABLE OF sflight,
     ls_sflight TYPE sflight.
ls_sflight-carrid = 'AA'.
ls_sflight-connid = 99.
ls_sflight-fldate = sy-datum.
ls_sflight-price = 1
APPEND ls_sflight TO lt_sflight.
ls_sflight-carrid = 'ZZ'.
ls_sflight-connid = 01.
ls_sflight-fldate = sy-datum.
ls_sflight-price = 14.
APPEND ls_sflight TO lt_sflight.
DELETE sflight FROM TABLE lt_sflight
```

Listing 9.41 Mehrere Zeilen über eine interne Tabelle löschen

9.5.2 INSERT: Einträge einfügen

Mit der Anweisung `INSERT` können Sie Datenbankeinträge einfügen. Während Sie mit `INSERT` lediglich Zeilen in eine Datenbanktabelle einfügen, kann die Anweisung `MODIFY` sowohl Zeilen hinzufügen als auch ändern, falls die betreffende Zeile bereits vorhanden ist (siehe Abschnitt 9.5.4).

Die Anweisung `INSERT` kann eine oder mehrere Zeilen hinzufügen. Um die einzufügenden Zeilen anzugeben, haben Sie die folgenden Möglichkeiten, die sich in der Syntax jeweils leicht unterscheiden:

- Angabe einer Struktur
- Angabe einer internen Tabelle

[«]

Unterabfrage als Datenquelle

Ab ABAP 7.50 können Sie beim Einfügen hinter `FROM` eine eingeklammerte untergeordnete `SELECT`-Abfrage als Datenquelle angeben. Dadurch ist kein Datentransport zwischen Datenbank und Applikationsserver notwendig.

Zeilen über die Angabe einer Struktur einfügen

Um eine einzelne Zeile hinzuzufügen, geben Sie nach `FROM` eine Struktur an. Die Struktur muss den gleichen Aufbau wie die Datenbanktabelle aufweisen. Definieren Sie hierzu am besten immer eine Struktur mit Bezug auf die Datenbanktabelle.

Als alternative Schreibweise können Sie auch den Zusatz `INTO`, gefolgt von dem Zusatz `VALUES`, verwenden. Beide Varianten verhalten sich völlig identisch.

Konnte die Zeile erfolgreich eingefügt werden, wird `sy-subrc` auf 0, ansonsten auf 4 gesetzt.

Syntax

```
INSERT { { INTO tabelle VALUES struktur }
       | { tabelle FROM struktur } }.
```

Beispiel

In Listing 9.42 wird der Flug `99` für die Fluggesellschaft mit dem heutigen Datum als Flugdatum in die Tabelle `SFLIGHT` eingefügt.

```
DATA: ls_sflight TYPE sflight.
ls_sflight-carrid = 'AA'.
ls_sflight-connid = 99.
ls_sflight-fldate = sy-datum.
INSERT sflight FROM ls_sflight.
```

Listing 9.42 Einfügen einer Zeile mit INSERT und Angabe einer Struktur

Zeilen über die Angabe einer internen Tabelle einfügen

Um mehrere Zeilen hinzuzufügen, können Sie nach der FROM-Klausel mit dem Zusatz TABLE eine interne Tabelle angeben. Schon vorhandene Zeilen, die anhand des gleichen Primärschlüssels identifiziert werden, führen zu einem Laufzeitfehler, der durch die Angabe des Zusatzes ACCEPTING DUPLICATE KEYS abgefangen werden kann. Dadurch werden bereits vorhandene Zeilen ignoriert. Konnten alle Zeilen erfolgreich eingefügt werden, wird sy-subrc auf 0, ansonsten auf 4 gesetzt. Das Systemfeld sy-dbcnt wird auf die Anzahl der eingefügten Zeilen gesetzt.

Syntax

```
INSERT INTO tabelle FROM TABLE itab
  [ACCEPTING DUPLICATE KEYS].
```

Beispiel

Die interne Tabelle im folgenden Beispiel ist aufgebaut wie in Listing 9.41. Sie können zusätzlich zur Spalte PRICE noch weitere Spalten mit Werten füllen:

```
INSERT INTO sflight FROM TABLE lt_sflight.
```

9.5.3 UPDATE: Einträge ändern

Mit der Anweisung UPDATE haben Sie die Möglichkeit, Datenbankeinträge zu ändern. Während UPDATE der reinen Änderung von Zeilen dient, kann die Anweisung MODIFY eine Zeile sowohl ändern als auch hinzufügen, falls die gewünschte Zeile nicht vorhanden ist (siehe Abschnitt 9.5.4).

Die Anweisung UPDATE kann eine oder mehrere Zeilen ändern. Die Zeilen können auch spaltenweise geändert werden. Um die zu ändernden Zeilen auszuwählen, haben Sie folgende Möglichkeiten, die sich in der Syntax jeweils leicht unterscheiden:

- zeilenweises Ändern über die Angabe einer Struktur oder einer internen Tabelle
- spaltenweises Ändern über die Angabe einer WHERE-Klausel

Zeilenweises Ändern über die Angabe einer Struktur

Über die Angabe einer Struktur können Sie eine einzelne Zeile in einer Datenbanktabelle mit dem Inhalt der Struktur überschreiben. Geben Sie dazu in der FROM-Klausel Ihre Struktur an. Es wird die Zeile geändert, die dem Primärschlüssel der Struktur entspricht. Die Struktur muss den gleichen Aufbau wie die Datenbanktabelle aufweisen. Definieren Sie hierzu am besten immer eine Struktur mit Bezug auf die Datenbanktabelle.

Falls die Zeile gefunden und geändert wurde, wird sy-subrc auf 0, ansonsten auf 4 gesetzt.

Syntax

```
UPDATE tabelle FROM struktur.
```

Beispiel

In Listing 9.43 wird der Flug der Fluggesellschaft AA mit der Flugnummer 99 am heutigen Datum und dem Preis 1 in die Tabelle SFLIGHT aktualisiert.

```
DATA ls_sflight TYPE sflight.
ls_sflight-carrid = 'AA'.
ls_sflight-connid = 99.
ls_sflight-fldate = sy-datum.
ls_sflight-price  = 1.
UPDATE sflight FROM ls_sflight.
```

Listing 9.43 Ändern einer Zeile mit UPDATE und einer Struktur

Wenn die Quellstruktur initiale Felder enthält, werden diese Felder in der Tabelle ebenfalls mit initialen Werten überschrieben. Im Beispiel wären also alle Felder außer CARRID, CONNID, FLDATE und PRICE leer. Im Folgenden zeige ich Ihnen, wie Sie dies verhindern können.

Zeilenweises Ändern über die Angabe einer internen Tabelle

Wollen Sie mehrere Zeilen gleichzeitig ändern, können Sie nach der FROM-Klausel über den Zusatz TABLE eine interne Tabelle angeben. Diese muss wie bei der Variante mit der Struktur den gleichen Aufbau wie die Datenbanktabelle haben.

Es werden alle Zeilen geändert, die den gleichen Primärschlüssel haben. Nicht gefundene Zeilen werden nicht geändert und auch nicht eingefügt, beeinflussen aber auch nicht die restliche Verarbeitung der Anweisung. Falls alle angegebenen Zeilen geändert werden konnten, wird sy-subrc auf 0, ansonsten auf 4 gesetzt. Das Systemfeld sy-dbcnt wird auf die Anzahl der geänderten Zeilen gesetzt.

Syntax

```
UPDATE tabelle FROM TABLE itab.
```

Beispiel

Die interne Tabelle im folgenden Beispiel ist aufgebaut wie in Listing 9.41:

```
UPDATE sflight FROM TABLE lt_sflight.
```

Spaltenweises Ändern über die Angabe einer WHERE-Klausel

Neben den Varianten mit der Struktur und der internen Tabelle haben Sie die Möglichkeit, gezielt Spalten mehrerer Zeilen zu ändern. Die Auswahl der zu ändernden

Zeilen geschieht dabei über die WHERE-Klausel. Wird keine WHERE-Klausel angegeben, werden alle Zeilen geändert. Über die Angabe des Zusatzes SET können Sie bestimmen, welche Spalten geändert werden sollen. Sie können sich dabei über die Angabe des Spaltennamens auf den originalen Wert der Spalte beziehen, um den Wert der Spalte z. B. um einen bestimmten Wert zu erhöhen oder zu verringern.

Falls mindestens eine Zeile geändert wurde, wird sy-subrc auf 0, ansonsten auf 4 gesetzt. Das Systemfeld sy-dbcnt enthält die Anzahl der geänderten Zeilen.

Syntax

```
UPDATE tabelle [SET spalte1 = ... spalte2 = ...]
 [WHERE bedingung].
```

Beispiel

Der Preis des Fluges 99 der Fluggesellschaft AA wurde im folgenden Beispiel auf 1 geändert. Die Änderungen betreffen dabei mehrere Flüge an verschiedenen Tagen (da das Flugdatum als dritter Primärschlüssel nicht angegeben wurde):

```
UPDATE sflight SET price = 1
  WHERE carrid = 'AA'
    AND connid = 99.
```

Einschränken der zu ändernden Spalten über eine Hilfsstruktur

In dem vorherigen Beispiel wurden die zu ändernden Spalten (hier nur die Spalte PRICE) über den Zusatz SET angegeben. Im Kontrast dazu werden alle Spalten aktualisiert, wenn die Angabe SET fehlt. Das hat den Nachteil, dass die zu aktualisierenden Spalten bereits zur Programmierzeit feststehen müssen. Ab ABAP 7.55 kann über eine separate Hilfsstruktur explizit gesagt werden, welche Spalten aktualisiert werden sollen. Das hat den Vorteil, dass diese Struktur erst zur Laufzeit gefüllt wird und so entschieden werden kann, welche Spalten aktualisiert werden sollen.

Eine solche Hilfsstruktur muss vorher in der Typdefinition TYPES mithilfe des Zusatzes WITH INDICATORS definiert werden. Daraus resultiert, dass alle Felder der Grundstruktur nochmals als tiefe Struktur, also als Unterstruktur, hinzugefügt werden. Die so hinzugefügten Felder der Unterstruktur sind mit dem Datentyp X der Länge 1 definiert. Wenn die so definierte Gesamtstruktur mithilfe des Zusatzes INDICATORS SET STRUCTURE beim UPDATE-Befehl mit angegeben wird, werden nur jene Felder aktualisiert, die in der Unterstruktur den Wert 01 enthalten, alle anderen nicht.

Alternativ kann der Zusatz INDICATORS NOT SET STRUCTURE verwendet werden, der dazu führt, dass alle Feldangaben umgedreht und alle Felder außer den angegebenen aktualisiert werden. Zusätzlich kann diese Syntax dynamisch als Variable in Form einer Zeichenkette angegeben werden.

Syntax

```
UPDATE tabelle ... INDICATORS {[NOT] SET STRUCTURE
       spaltenindikator } | (Syntax)
```

Beispiel

Im Beispiel aus Listing 9.44 wird der Flug der Fluggesellschaft AA mit der Flugnummer 99 am heutigen Datum und dem Preis 1 in die Tabelle SFLIGHT aktualisiert. Dabei werden allerdings alle anderen Spalten auf ihren Initialwert gesetzt, da diese Felder, bis auf den Preis, auch in der Struktur leer sind. Um dies zu unterbinden, kann mit der Hilfsstruktur wie folgt angegeben werden, dass nur die Spalte PRICE zu aktualisieren ist.


```
TYPES ls_sflight TYPE sflight WITH INDICATORS spaltenindikator.
DATA ls_sflight  TYPE ls_sflight.

ls_sflight-carrid = 'AA'.
ls_sflight-connid = 17.
ls_sflight-fldate = sy-datum.
ls_sflight-price  = 1.

"Angabe, dass das Feld PRICE aktualisiert werden soll:
ls_sflight-spaltenindikator-price = '01'.
"Eventuelle Angabe weiterer zu aktualisierenden Spalten:
"ls_sflight-spaltenindikator-

UPDATE sflight FROM @ls_sflight INDICATORS SET STRUCTURE spaltenindikator.
```

Listing 9.44 Ändern einer Zeile mit UPDATE und einer Hilfsstruktur zur Angabe der zu aktualisierenden Spalten

9.5.4 MODIFY: Einfügen oder Ändern

Die Anweisung MODIFY ist eine Mischung aus den Anweisungen INSERT (siehe Abschnitt 9.5.2) und UPDATE (siehe Abschnitt 9.5.3). Mit MODIFY haben Sie die Möglichkeit, Datenbankeinträge zu ändern bzw., falls diese Zeile nicht existieren sollte, hinzuzufügen.

Die Anweisung MODIFY kann eine oder mehrere Zeilen ändern oder hinzufügen. Um die zu ändernden oder neu hinzuzufügenden Zeilen auszuwählen, haben Sie folgende Möglichkeiten, die sich in der Syntax jeweils leicht unterscheiden:

- Angabe einer Struktur
- Angabe einer internen Tabelle

Zeilen durch die Angabe einer Struktur festlegen

Über die Angabe einer Struktur können Sie eine einzelne Zeile in einer Datenbanktabelle mit dem Inhalt der Struktur überschreiben und, falls diese mit dem Primärschlüssel nicht existieren sollte, neu anlegen lassen. Sollte bereits eine exakt gleiche Zeile existieren (d. h., auch alle Nicht-Schlüsselfelder sind gleich), findet keine Änderung statt. Die Struktur, die Sie nach dem Zusatz FROM angeben können, muss den gleichen Aufbau wie die Datenbanktabelle aufweisen.

Falls eine neue Zeile geändert oder hinzugefügt werden konnte, wird sy-subrc auf 0, ansonsten auf 4 gesetzt. Wie UPDATE überschreibt MODIFY Felder in der Tabelle mit Initialwerten, wenn sie in der Quellstruktur initial waren.

Syntax

```
MODIFY tabelle FROM struktur.
```

Beispiel

Wird in Listing 9.45 der Flug 99 der Fluggesellschaft AA am heutigen Tag gefunden, wird der Preis auf den Wert 1 geändert (falls der Preis vorher ungleich 1 war), ansonsten wird der Flug komplett neu in die Tabelle SFLIGHT eingefügt.

```
DATA: ls_sflight TYPE sflight.
ls_sflight-carrid = 'AA'.
ls_sflight-connid = 99.
ls_sflight-fldate = sy-datum.
ls_sflight-price  = 1.
MODIFY sflight FROM ls_sflight.
```

Listing 9.45 Einfügen oder Ändern mit MODIFY bei Angabe einer Struktur

Zeilen durch die Angabe einer internen Tabelle festlegen

Wollen Sie mehrere Zeilen gleichzeitig ändern, können Sie nach der FROM-Klausel über den Zusatz TABLE eine interne Tabelle angeben. Diese muss ebenfalls den gleichen Aufbau wie die Datenbanktabelle haben.

Falls eine neue Zeile geändert oder hinzugefügt werden konnte, wird sy-subrc auf 0, ansonsten auf 4 gesetzt. Das Systemfeld sy-dbcnt wird auf die Anzahl der geänderten Zeilen gesetzt.

Syntax

```
MODIFY tabelle FROM TABLE itab.
```

Beispiel

Die interne Tabelle im folgenden Beispiel ist aufgebaut wie in Listing 9.41:

```
MODIFY sflight FROM TABLE lt_sflight.
```

9.6 Sekundäre Datenbankverbindungen

In Open SQL wird zum Zugriff auf sekundäre Datenbankverbindungen das Schlüsselwort `CONNECTION` benutzt, gefolgt vom Namen der Verbindung. Die Verbindung selbst kann in der Transaktion DBACOCKPIT gepflegt werden.

Syntax

```
SELECT ... FROM tabelle CONNECTION verbindungsname INTO ...
```

Beispiel

Im Folgenden werden Daten von der sekundären Datenbank `hdb` (z. B. einer SAP-HANA-Datenbank) selektiert:

```
DATA ls_sflight TYPE sflight.
SELECT * FROM sflight CONNECTION hdb INTO ls_sflight.
```


9.7 Natives SQL

SAP verfolgt mit Open SQL den Ansatz, so viele Datenbanksysteme wie möglich zu unterstützen. Daher hat Open SQL nicht den vollen Funktionsumfang, wie z. B. andere datenbankspezifische Dialekte. Das hat den Vorteil, dass Ihr geschriebener ABAP-Code mit Open SQL für verschiedene von SAP unterstützte Datenbanken funktioniert und Sie keine Änderungen am Code vornehmen müssen, wenn Sie z. B. von einer Oracle-Datenbank auf SAP MaxDB wechseln. Aber auch die enge Integration mit ABAP und die direkte Verwendung von ABAP-Variablen sowie der Syntax- und Typüberprüfung sind hier von großem Vorteil.

Sollten Sie dennoch einmal eine datenbankspezifische Funktionalität benötigen, können Sie in ABAP auch native SQL-Anfragen ausführen. Hierbei haben Sie zwei Möglichkeiten:

- Verwendung der Anweisung `EXEC SQL`
- Verwendung der ADBC

In den folgenden Abschnitten sind beide Möglichkeiten kurz beschrieben.

ADBC anstelle von EXEC SQL

SAP entwickelt natives SQL nur noch im Rahmen von ADBC weiter. Daher wird immer die Verwendung von ADBC empfohlen anstelle der statischen Einbettung von nativem SQL über die Anweisung `EXEC SQL`.

9.7.1 EXEC-SQL

Bisher ließ sich natives SQL durch die Anweisung EXEC SQL ... ENDEXEC in einen beliebigen Bereich eines ABAP-Programms einbinden. Dadurch wird nicht mehr die reguläre Datenbankschnittstelle benutzt, sondern die nach EXEC SQL angegebenen Anweisungen werden direkt an die Schnittstelle für natives SQL übergeben und unbearbeitet an das Datenbanksystem weitergereicht. Das hat zur Folge, dass Sie sich als Entwickler aktiv um Aufgaben kümmern müssen, die vorher von der regulären Datenbankschnittstelle übernommen wurden. Dazu gehört unter anderem die Mandantenverwaltung (muss explizit mit angegeben werden), der Zugriff auf das korrekte Datenbankschema (spielt speziell bei SAP HANA eine Rolle) oder z. B. Sperrmechanismen und Commit-Handling.

Die Syntaxregeln werden durch das verwendete Datenbanksystem bestimmt, d. h., die ABAP-Syntaxprüfung kennt diese Syntaxregeln nicht, weshalb die angegebenen Anweisungen nicht vollständig überprüft werden. Die einzige Möglichkeit, die Sie haben, um zu überprüfen, ob der geschriebene Code korrekt ausgeführt wurde, ist die Auswertung der Return-Codes über die Systemfelder. Konnte die Anweisung erfolgreich ausgeführt werden, ist sy-subrc mit 0, ansonsten mit 4 gesetzt. In sy-dbcnt steht die Anzahl der bearbeiteten Zeilen.

Syntax

```
EXEC SQL.
  ...
ENDEXEC.
```

Beispiel

Listing 9.46 zeigt das Lesen einer Tabelle mit nativem SQL am Beispiel einer SAP-HANA-Datenbank.

```
DATA: lt_sflight TYPE TABLE OF sflight,
      ls_sflight TYPE sflight.
*Verbindung zur Datenbank aufbauen
EXEC SQL.
  CONNECT TO 'HDB' AS 'HDB'
ENDEXEC.
*native SELECT-Anweisung auf die Datenbank absetzen
EXEC SQL.
  OPEN dbur FOR SELECT * FROM "SFLIGHT"."SFLIGHT"
  WHERE mandt = '100' AND carrid = 'AA'
ENDEXEC.
*Ergebnisse abfragen
DO.
  EXEC SQL.
```

```
    FETCH NEXT dbur INTO :ls_sflight
  ENDEXEC.
  IF sy-subrc NE 0.
    EXIT.
  ELSE.
    APPEND ls_sflight TO lt_sflight
   ENDIF.
ENDDO.
EXEC SQL.
  CLOSE dbur.
ENDEXEC.
*Datenbankverbindung wieder schließen
EXEC SQL.
  DISCONNECT 'HDB'.
ENDEXEC.
```

Listing 9.46 Natives SQL mit EXEC SQL einbetten

9.7.2 ABAP Database Connectivity

Bei *ABAP Database Connectivity* (ADBC) handelt es sich um eine Sammlung von Klassen, die verwendet wird, um SQL-Anfragen an die Datenbank zu schicken.

ADBC stellt viele Klassen bereit, für eine Anfrage brauchen Sie jedoch in der Regel folgende Klassen:

- CL_SQL_STATEMENT
- CL_SQL_RESULT_SET
- CX_SQL_EXCEPTION

Hier wird wie bei der Einbindung mit der Anweisung EXEC SQL nicht mehr die reguläre Datenbankschnittstelle benutzt, d. h., Sie als Entwickler müssen sich aktiv um Aufgaben kümmern, die vorher vom System übernommen wurden. Dazu gehört unter anderem die Mandantenverwaltung, der Zugriff auf das korrekte Datenbankschema (speziell bei SAP HANA von Bedeutung) oder z. B. Sperrmechanismen und Commit-Handling.

Die Klassen helfen Ihnen dabei, die Verbindung zu einer Datenbank aufzubauen, die Ergebnismenge auszulesen und die Verbindung wieder zu schließen. Die Anwendung von ADBC folgt dem folgenden Schema:

1. Anweisungsobjekt mit der Klasse CL_SQL_STATEMENT erzeugen
2. SQL-Anfrage in eine Stringvariable schreiben
3. SQL-Anfrage mit der Methode EXECUTE_QUERY() absetzen
4. Zielvariable durch Referenzierung mithilfe der SET_PARAM*-Methoden zuweisen

5. Result-Set durch die Methode NEXT_PACKAGE() aufrufen
6. Ressourcen mit der Methode CLOSE() wieder freigeben

Optional können Sie mit der folgenden Anweisung die Datenbankverbindung auswählen:

```
cl_sql_connection=>get_connection('DB_Name').
```

Dieser Schritt ist nur erforderlich, wenn Sie auf eine sekundäre Datenbank zugreifen wollen.

Beispiel

In Listing 9.47 wird eine native SQL-Anweisung an die Datenbank geschickt, und die Ergebnismenge wird der Tabelle LT_ERGEBNIS zugewiesen.

```
DATA: lo_sql TYPE REF TO cl_sql_statement,
      lv_sql TYPE string,
lt_ergebnis TYPE TABLE OF sflight,
lr_ergebnis TYPE REF TO data,
lx_sql      TYPE REF TO cx_sql_exception,
lo_ergebnis TYPE REF TO cx_sql_result_set.
TRY.
  CREATE OBJECT lo_sql.  "Verbindungsaufbau
* Aufbau der SQL-Anweisung
  lv_sql = 'SELECT * FROM sflight WHERE carrid = "AA"'.
* Ausführen der Anweisung
  lo_ergebnis = lo_sql->execute_query( lv_sql ).
  GET REFERENCE OF lt_ergebnis INTO lr_ergebnis.
* Ergebnistabelle der Referenz auf LT_ERGEBNIS zuweisen
  lo_ergebnis->set_param_table( lr_ergebnis ).
  lo_ergebnis->next_package( ).
  lo_ergebnis->close( ).  "Verbindungsabbau
CATCH cx_sql_exception INTO lx_sql.
  MESSAGE lx_sql->get_text( ) TYPE 'E'.
ENDTRY.
```

Listing 9.47 Natives SQL mit ADBC

9.8 ABAP Core Data Services (CDS)

ABAP Core Data Services, kurz ABAP CDS, wurden mit ABAP-Release 7.40 SP05 eingeführt. Mit ABAP CDS können komplexe Datenmodelle abgebildet werden, die dann hauptsächlich in Form von Views von der Datenbank interpretiert und direkt mit ABAP und Open SQL konsumiert werden können. Da diese CDS Views auf dem Anwendungsserver (im ABAP Dictionary) definiert und auf der Datenbank ausgeführt werden, eignen sich CDS Views für den in Kapitel 30, »SAP HANA«, beschriebenen Code-to-Data-Ansatz (*Top-down-Ansatz*). CDS Views stellen eigene Entwicklungsobjekte auf dem Applikationsserver dar und sind daher wiederverwendbar. CDS Views sind datenbankunabhängig, d. h., sie sind nicht zwingend an die SAP-HANA-Datenbank gekoppelt.

Views gibt es in der ABAP-Welt schon seit Langem. In Abbildung 9.4 ist beispielsweise ein klassischer Datenbank-View aus dem ABAP Dictionary dargestellt, der in der Transaktion SE11 angelegt wurde. Das Ziel von Views ist Datenbanktabellen zu verknüpfen, Spalten der verknüpften Tabellen auszuwählen und gegebenenfalls die Ergebnismenge einzuschränken. In diesem Beispiel wird die Tabelle `MARA` (die Materialstammtabelle) mit der dazugehörigen Texttabelle `MAKT` verknüpft.

Neben dieser reinen Verknüpfung und Auswahl der zurückzugebenden Spalten haben Sie aber keine Möglichkeit, die zurückzugebenden Daten vorher aufzubereiten und gegebenenfalls Berechnungen durchzuführen.

CDS Views funktionieren nach demselben Prinzip, erlauben aber aufgrund des deutlich größeren Funktionsumfangs genau das und noch viel mehr.

Der Hauptgrund für diesen erweiterten Funktionsumfang ist, dass CDS Views nicht in ABAP, sondern in einer eigenen Sprache geschrieben werden. Die *Data Definition Language* (DDL), *Query Language* (QL) und *Expression Language* (EL), die für die Definition von CDS Views zur Verfügung stehen, basieren auf der SQL-Syntax.

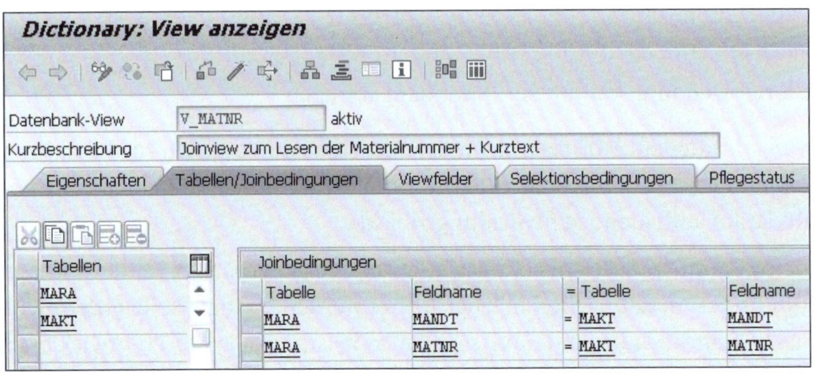

Abbildung 9.4 Ein klassischer Datenbank-View im ABAP Dictionary

Die Anlage von CDS Views geschieht hierbei nicht im SAP GUI, sondern ausschließlich in den ABAP Development Tools (ADT) in Eclipse.

In diesem Abschnitt möchte ich Ihnen den Funktionsumfang der Core Data Services (CDS) vorstellen, um zu skizzieren, warum es in SAP S/4HANA bereits über 15.000 CDS Views und viele andere CDS-Objekte gibt, die als Teil des sogenannten VDM (virtuelles Datenmodell) bezeichnet werden, und warum CDS die Grundlage des ABAP-RESTful-Programmiermodells sind.

[»]

Core Data Services als Gesamtkonzept

CDS Views sind nur ein Teil der Core Data Services, die mit ABAP 7.40 SP05 eingeführt wurden. In höheren Releases stehen mehr und mehr CDS-Entwicklungsobjekte, wie beispielsweise CDS-Rollen, CDS-Tabellenfunktionen und CDS-Hierarchien, zur Verfügung. Sie sollten daher CDS Views nicht direkt mit Core Data Services gleichsetzen. Ein Einsatz von CDS für die Entwicklung ist ab ABAP 7.51 zu empfehlen, darunter ist der Funktionsumfang zu eingeschränkt.

Zu diesem neuen Funktionsumfang der Core Data Services gehört:

- die Implementierung von Parametern
- die Einrichtung von Zugriffskontrollen zur Berechtigungsprüfung
- die Verknüpfung von CDS Views mittels Assoziationen und deren Auflösung über Pfadausdrücke mit Open SQL
- die Definition von CDS-Hierarchien und deren automatische rekursive Auflösung mit Open SQL
- die zur Verfügung stehenden CDS-Funktionen zur Aufbereitung der Daten, z. B. Umrechnung von Währungen
- die Anreicherung der CDS Views mit Annotationen für aufbauende Entwicklungsobjekte, z. B. die Definition von Oberflächen für SAP Fiori
- direkte Erzeugung eines OData-Service direkt aus der Definition des CDS Views
- die Möglichkeit zur Erweiterung von (Standard-)CDS Views
- die Wiederverwendung komplexer Datenbankabfragen

Die Auflistung macht deutlich, dass die neuen CDS Views im Vergleich zu klassischen ABAP-Views aus dem ABAP Dictionary deutlich mehr Funktionalitäten bieten, insbesondere für darauf aufbauende Entwicklungsobjekte.

Auch wenn im Rahmen dieses Abschnitts aufgrund des begrenzten Seitenumfangs nur die Grundfunktionen im Überblick betrachtet werden können, soll verdeutlicht werden, dass CDS ein grundlegender Wissensbaustein ist, den alle ABAP-Entwickler in Zukunft für ihre alltägliche Arbeit beherrschen sollten. Weitere Informationen zu CDS finden Sie im Buch »Code Data Services für ABAP« von Renzo Colle, Ralf Dentzer und Jan Hrastnik (siehe *www.sap-press.de/5602*).

9.8.1 Anlage eines CDS Views

In diesem Abschnitt möchte ich Ihnen zeigen, wie Sie einen CDS View anlegen und mithilfe von ABAP konsumieren können. Dazu soll ein CDS View angelegt werden, der zwei Datenbanktabellen mithilfe einer `JOIN`-Anweisung miteinander verknüpft.

CDS Views können ausschließlich in Eclipse mit den ABAP Development Tools (ADT) angelegt und bearbeitet werden. Sie brauchen daher eine eingerichtete Installation. Wie die Einrichtung erfolgt, können Sie in Kapitel 2 nachlesen.

Um einen CDS View anzulegen, klicken Sie im Hauptmenü auf **File • New • Other**. Dadurch gelangen Sie zum Pop-up-Fenster aus Abbildung 9.5.

Wählen Sie hier unter dem Ordner **ABAP** und dem Unterordner **Core Data Services** den Eintrag **Data Definition** aus, und klicken Sie auf den Button **Next**. Vergeben Sie im nachfolgenden Pop-up-Fenster wie in Abbildung 9.6 einen Namen im Feld **Name** (hier `ZCV_MEIN_CDS_VIEW`, wobei `CV` für CDS View als Namenskonvention steht), sowie im Feld **Description** eine Beschreibung. Klicken Sie anschließend auf den Button **Next**.

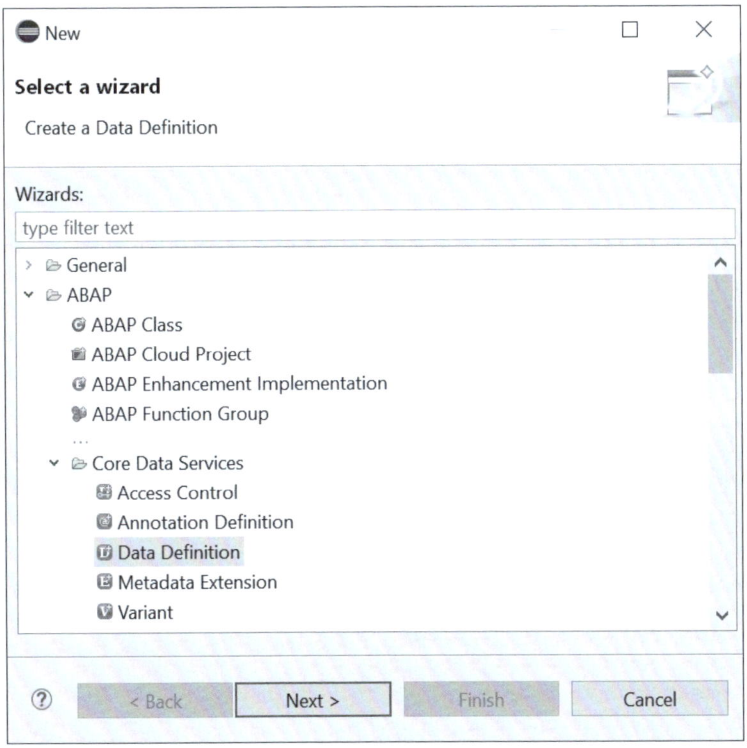

Abbildung 9.5 Anlegen eines CDS Views in den ABAP Development Tools in Eclipse

Der Button »Finish«

Wenn Sie hier auf den Button **Finish** geklickt haben, dann wird der CDS View direkt angelegt und Sie haben nicht mehr die Möglichkeit, ein Template für den CDS View auszuwählen. Dies stellt kein Problem dar, da dies nur eine unterstützende Funktion ist, damit Sie weniger programmieren müssen. Folgen Sie hier der Beschreibung nach Abbildung 9.7.

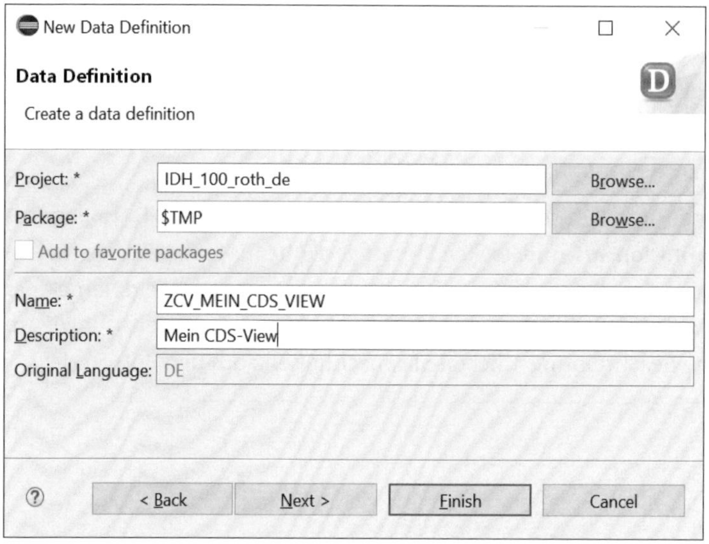

Abbildung 9.6 Vergabe eines Namens für einen CDS View

Dadurch gelangen Sie zur Template-Auswahl aus Abbildung 9.7. Wählen Sie hier das Template **Define View with Join** aus.

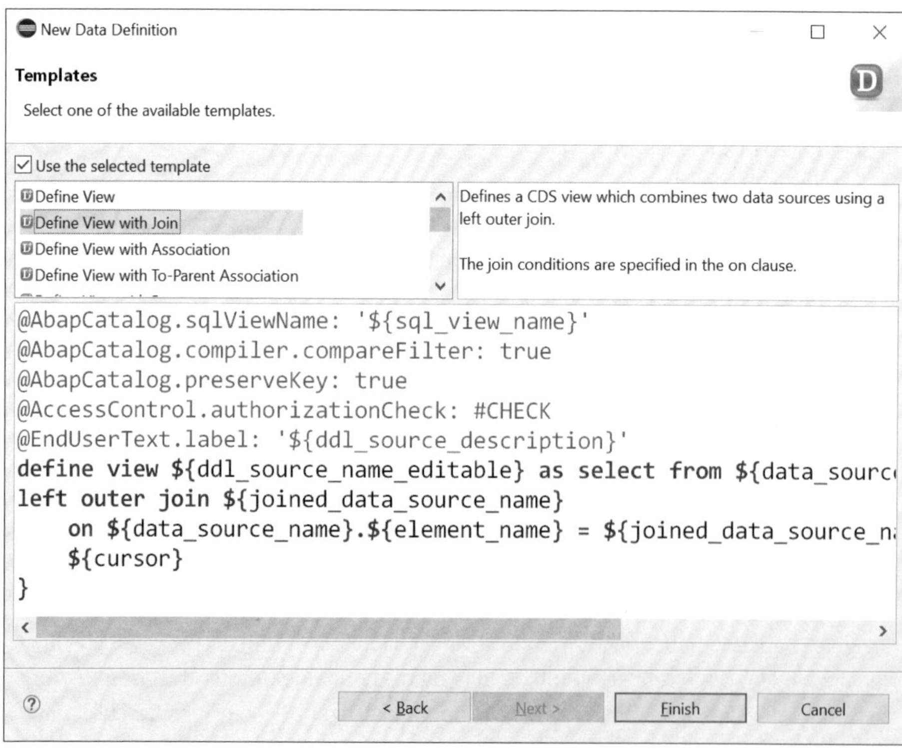

Abbildung 9.7 Auswahl eines Templates für einen CDS View

[!]

Das neue Entwicklungsobjekt CDS-View-Entität

Ab ABAP 7.55 wurden die CDS-View-Entitäten eingeführt, die ab ABAP 7.57 die hier vorgestellten klassischen CDS Views ablösen und statt mit `DEFINE VIEW` mit `DEFINE VIEW ENTITY` definiert werden. Der Hauptunterschied besteht insbesondere darin, dass für CDS-View-Entitäten nur ein einziges Entwicklungsobjekt mit gleichem Namen angelegt wird statt, wie nachfolgend beschrieben, zweier Entwicklungsobjekte mit unterschiedlichen Namen. Falls Sie zum Zeitpunkt des Lesens bereits eine neuere ABAP-Version zur Verfügung haben, bedeutet dies für Sie, dass Sie in Abbildung 9.7 den Eintrag **Define View Entity** anstelle von **Define View with Join** auswählen müssen. Neue, ab ABAP 7.56 hinzugefügte Funktionen, werden dann nur in den CDS-View-Entitäten verfügbar sein. Gegebenenfalls müssen Sie Ihre ABAP Development Tools in Eclipse mit der neuesten Version aktualisieren, damit die Einträge verfügbar werden. Zusätzlich wurde mit ABAP 7.56 mit `RUTDDLSV2MIGRATION` ein Migrationsreport zur Verfügung gestellt, mit dem veraltete CDS Views zu CDS-View-Entitäten umgewandelt werden können.

Durch das Bestätigen der Template-Auswahl mit dem Button **Finish** öffnet sich eine neue Registerkarte mit dem Quellcode aus Listing 9.48.

```
@AbapCatalog.sqlViewName: 'sql_view_name'
@AbapCatalog.compiler.compareFilter: true
@AbapCatalog.preserveKey: true
@AccessControl.authorizationCheck: #CHECK
@EndUserText.label: 'Mein CDS View'
define view zcv_mein_cds_view as select from data_source_name
left outer join joined_data_source_name
    on data_source_name.element_name = joined_data_source_name.joined_element_
                                       name {
}
```

Listing 9.48 Ein neu angelegter CDS View nach Template

Passen Sie Ihren Quellcode wie in Listing 9.49 an. Wie im vorherigen Infokasten erwähnt, müssen Sie die Annotation `@ABAPCatalog.sqlViewName` bei CDS-View-Entitäten nicht pflegen, ansonsten achten Sie bitte darauf, dass Sie für den SQL-View-Namen aus Zeile 1 nicht denselben Namen wie für den CDS View aus Zeile 6 wählen. Als Namenskonvention bietet sich an, dass der Name für den SQL View ein `V` als Präfix trägt und der Name für den CDS View das Präfix `CV`, damit diese später einfacher unterschieden werden können. Achten Sie zusätzlich darauf, dass der SQL-View-Name aus Zeile 1 nicht länger als 16 Zeichen ist, da Sie den CDS View sonst nicht aktivieren können.

```
@AbapCatalog.sqlViewName: 'ZV_MEIN_CDS_VIEW'
@AbapCatalog.compiler.compareFilter: true
@AbapCatalog.preserveKey: true
@AccessControl.authorizationCheck: #CHECK
@EndUserText.label: 'Mein CDS View'
define view ZCV_MEIN_CDS_VIEW as select from sflight
left outer join scarr
     on sflight.carrid = scarr.carrid
{
    key sflight.carrid,
    key sflight.connid,
    key sflight.fldate,
    scarr.carrname
 }
```

Listing 9.49 Ein einfacher CDS View mit JOIN-Bedingung

[»]

Umbenennung

Eine Umbenennung von bereits angelegten CDS Views wird noch nicht unterstützt. Benennen Sie daher nie den CDS-View-Namen aus Zeile 6 manuell um, da der CDS View ansonsten nicht mehr aktiviert werden kann. Löschen Sie Ihren angelegten CDS View stattdessen, und legen Sie ihn mit dem gewünschten Namen erneut an.

Aktivieren Sie anschließend Ihren CDS View. Dadurch wird sowohl der CDS View selbst (hier `ZCV_MEIN_CDS_VIEW`) als auch der dazugehörige klassische SQL View (hier `ZV_MEIN_CDS_VIEW`) angelegt. Wie in Abbildung 9.8 dargestellt, können Sie sich diesen SQL View auch in der Transaktion SE11 anzeigen lassen. Dort wird entsprechend auch auf den CDS View im Feld **DDL Source** verwiesen.

Sie können nun direkt auf den CDS View in der `FROM`-Klausel einer `SELECT`-Anweisung wie in Listing 9.50 zugreifen. Nutzen Sie hier den SQL-View-Namen, damit der Mandant bei der Verknüpfung entsprechend berücksichtigt wird. Auch wenn hier ein `SELECT *` verwendet wird, werden nur die im CDS View definierten Spalten zurückgegeben.

```
SELECT *
  FROM zv_mein_cds_view AS view
  INTO TABLE @DATA(lt_ergebnis).
```

Listing 9.50 Verwendung eines CDS Views in einer SELECT-Anweisung

Der CDS View verhält sich hierbei so, als würden Sie von einer normalen Datenbanktabelle selektieren.

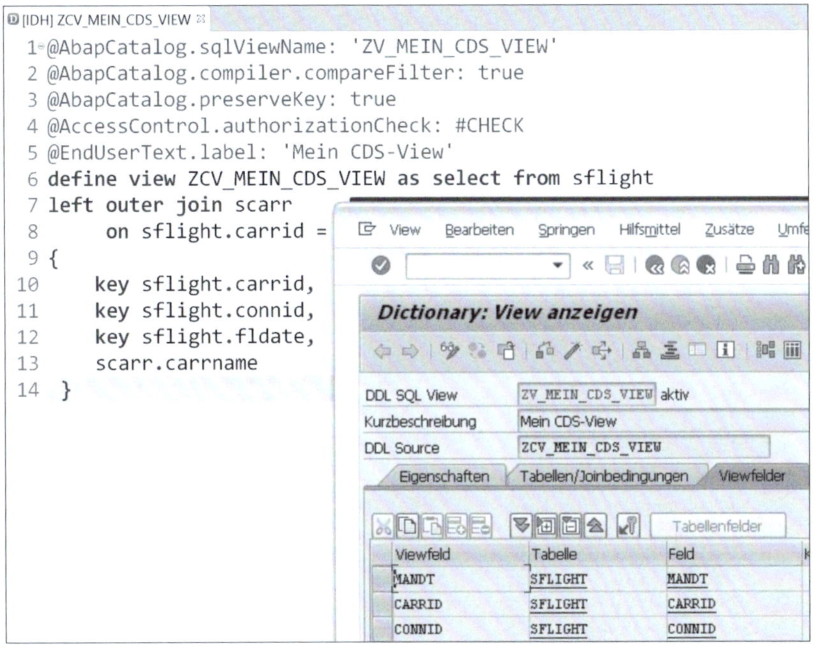

Abbildung 9.8 Generierter Datenbank-View im ABAP Dictionary

Listing 9.51 zeigt dies beispielhaft, indem der CDS View erneut mit der Datenbanktabelle SBOOK mithilfe einer JOIN-Anweisung verknüpft wird.

```
SELECT *  FROM zv_mein_cds_view AS view
  INNER JOIN sbook
     ON sbook~carrid = view~carrid
    AND sbook~connid = view~connid
    AND sbook~fldate = view~fldate
  INTO TABLE @DATA(lt_ergebnis).
```

Listing 9.51 Verwendung eines CDS Views in einer JOIN-Anweisung

Alternativ haben Sie die Möglichkeit, sich auch eine Datenvorschau zum CDS View in Eclipse anzeigen zu lassen. Klicken Sie hierzu mit der rechten Maustaste auf den Quellcode des CDS Views, um das Kontextmenü wie in Abbildung 9.9 zu öffnen. Wählen Sie hier nun unter **Open With** den Eintrag **Data Preview** aus.

Dadurch öffnet sich die Datenvorschau aus Abbildung 9.10. Hier werden immer nur die ersten 100 Einträge angezeigt. Möchten Sie mehr Zeilen sehen, so können Sie oben rechts die Anzahl beliebig erhöhen. Zu beachten ist, dass die hier angezeigten Daten mandantenübergreifend angezeigt werden.

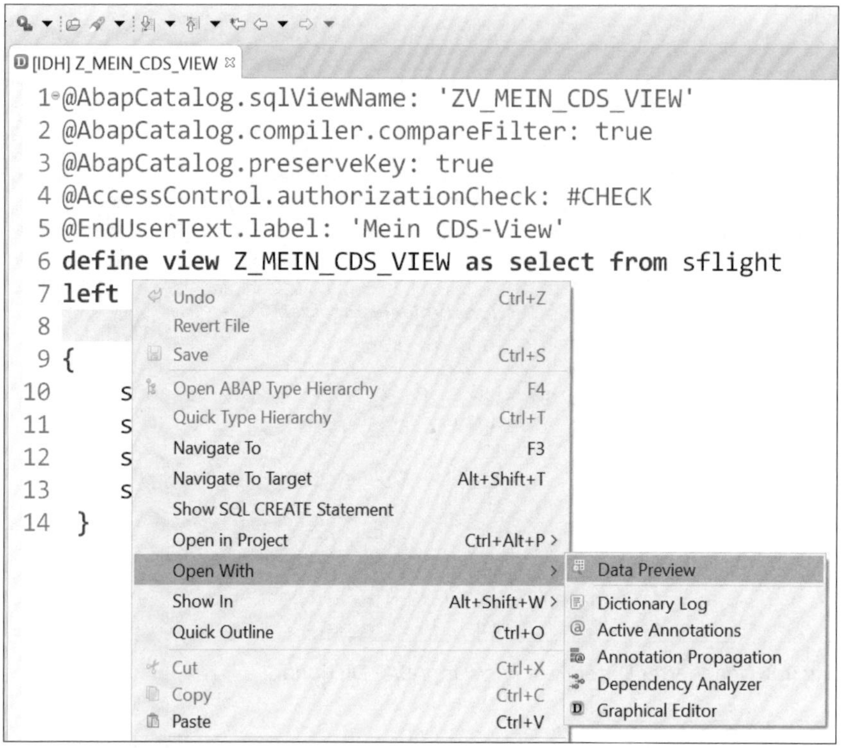

Abbildung 9.9 Aufrufen eines CDS Views in der Datenvorschau

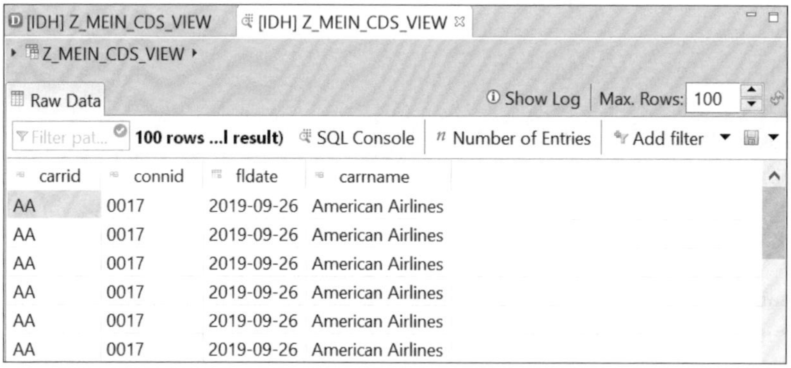

Abbildung 9.10 Die Datenvorschau für einen CDS View

9.8.2 CDS Views mit Parametern

Eine neue Funktion, die CDS Views unterstützen, ist die, beim Aufruf Parameter mit zu übergeben. In Listing 9.52 können Sie beispielhaft so einen Aufruf sehen, in dem CDS View `ZV_MIT_PARAMETER` die aktuelle Anmeldesprache des Benutzers aus dem Systemfeld `SY-LANGU` mit übergeben wird.

```
SELECT * FROM zv_mit_parameter( iv_langu = @sy-langu ) AS view
  INTO TABLE @DATA(lt_ergebnis).
cl_demo_output=>display( lt_ergebnis ).
```

Listing 9.52 Aufruf eines CDS Views mit einem Parameter

Das Ergebnis des CDS Views sehen Sie in Abbildung 9.11. Es werden zu jeder Fluggesellschaft die gespeicherten Mahlzeiten mit Text dargestellt.

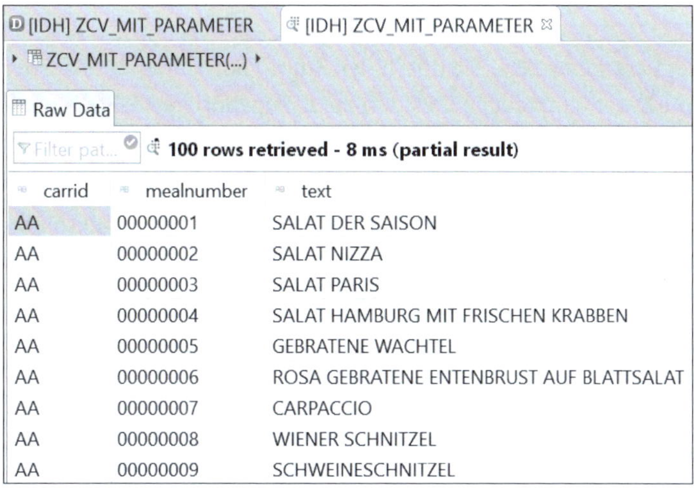

Abbildung 9.11 Ein CDS View mit Parameter in der Datenvorschau

Parameter können in CDS Views über den Zusatz `WITH PARAMETERS` nach dem CDS-Namen definiert werden. Als Datentypen stehen hierbei sowohl alle ABAP-Datentypen über `abap.` zur Verfügung als auch alle Datentypen, die in der Transaktion SE11 definiert wurden.

In Listing 9.53 ist der zum Aufruf aus Listing 9.52 gezeigte CDS View dargestellt, in dem der Parameter `IV_LANGU` vom Typ `abap.lang` definiert wurde. Weitere Parameter können danach, durch Kommata getrennt, folgen.

```
@AbapCatalog.sqlViewName: 'ZV_MIT_PARAMETER'
@AbapCatalog.compiler.compareFilter: true
@AbapCatalog.preserveKey: true
@AccessControl.authorizationCheck: #CHECK
@EndUserText.label: 'CDS View mit Parametern'
define view ZCV_MIT_PARAMETER
with parameters iv_langu : abap.lang
as select from smeal
inner join smealt as text
     on text.carrid     = smeal.carrid
```

```
    and text.mealnumber = smeal.mealnumber
    and text.sprache    = $parameters.iv_langu
{
  smeal.carrid,
  smeal.mealnumber,
  text.text
}
```

Listing 9.53 Definition eines CDS Views mit einem Parameter

In Listing 9.53 wird der Parameter `IV_LANGU` durch den Zugriff auf `$parameters` bei der `JOIN`-Anweisung auf die Datenbanktabelle `SMEALT` in der dazugehörigen `ON`-Bedingung verwendet, damit nur jene Texte von dieser Datenbanktabelle selektiert werden, die die übergebene Sprache haben.

Wenn Sie den aktivierten CDS View in der Datenvorschau über das Kontextmenü **Open With • Data Preview** aufrufen, werden Sie, wie in Abbildung 9.12 gezeigt, dazu aufgefordert, alle Parameter des CDS Views auszuprägen, bevor Ihnen die Datenvorschau aus Abbildung 9.11 angezeigt wird.

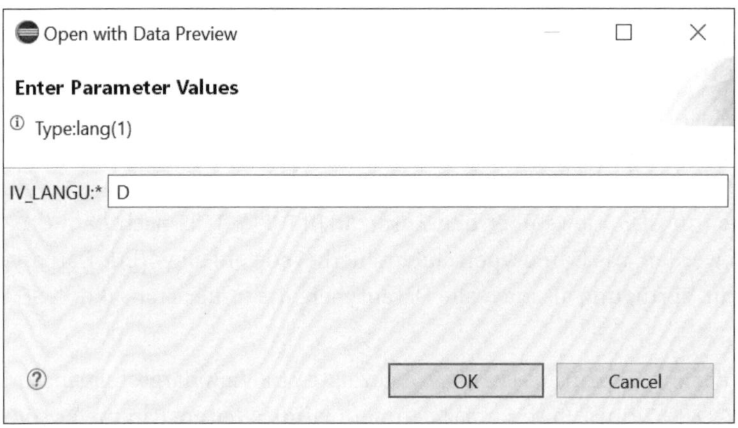

Abbildung 9.12 Vorbelegen der Parameterwerte beim Aufruf eines CDS Views in der Datenvorschau

Darüber hinaus haben Sie aber auch die Möglichkeit, diese Parameter beim Aufruf eines CDS Views innerhalb eines CDS Views zu verwenden und so einen Parameter entlang der CDS-Hierarchie weiterzureichen. Listing 9.54 zeigt dies beispielhaft.

```
@AbapCatalog.sqlViewName: 'ZV_MEIN_CDS_VIEW'
@AbapCatalog.compiler.compareFilter: true
@AbapCatalog.preserveKey: true
@AccessControl.authorizationCheck: #CHECK
@EndUserText.label: 'Mein CDS View'
```

```
define view Z_MEIN_CDS_VIEW
with parameters iv_langu : abap.lang
as select from sflight
left outer join scarr
     on sflight.carrid = scarr.carrid
inner join ZCV_MIT_PARAMETER( iv_langu: $parameters.iv_langu )
     as meals on sflight.carrid = meals.carrid
{
    key sflight.carrid,
    key sflight.connid,
    key sflight.fldate,
    scarr.carrname,
    meals.mealnumber,
    meals.text
 }
```

Listing 9.54 Aufruf eines CDS Views mit Parameter innerhalb eines CDS Views

Parameter in eingebauten Funktionen

Ab ABAP 7.50 können Parameter auch direkt in eingebauten Funktionen verwendet werden.

9.8.3 CDS-Sprachelemente

Wie bei Open SQL stehen auch in CDS Views vielfältige Funktionen und Operatoren zur Aufbereitung der Daten zur Verfügung.

Listing 9.55 zeigt einen CDS View, in dem einige der nachfolgend beschriebenen CDS-Sprachelemente verwendet wurden.

```
@AbapCatalog.sqlViewName: 'ZV_OPEN_SO_EUR'
...
define view zcv_open_so_europe as select from snwd_so as so
inner join snwd_bpa as bpa on so.buyer_guid = bpa.node_key {
  key bpa.bp_id as business_partner_id,
  //Nur die ersten zehn Zeichen des Namens
  substring( bpa.company_name, 1, 10 ) as short_company_name,
  //Umschlüsselung der Werte zu Texten
  case bpa.bp_role
    when '01' then 'Kunde'
    when '02' then 'Lieferant'
  end as business_partner_role,
  so.currency_code,
```

```
  //Zusammenrechnen des Umsatzes
  sum(so.gross_amount) as sum_gross_amount
}
//Währung Euro als auch Status "unbezahlt"
where so.currency_code = 'EUR'
  and so.billing_status = ' ' //unbezahlt
group by
  bpa.bp_id,
  bpa.company_name,
  bpa.bp_role,
  so.currency_code
//Nur offene Beträge größer als 100.000 EUR
having sum(so.gross_amount) > 100000
```

Listing 9.55 Ein CDS View mit Datenaufbereitung

Nachfolgend eine Übersicht über die wichtigsten Sprachelemente in CDS Views.

Klassische Sprachelemente

CDS Views unterstützen dieselben klassischen Sprachelemente, wie sie auch in Open SQL definiert und in Tabelle 9.5 aufgelistet sind.

Sprachelement	Bedeutung
INNER JOIN, LEFT [OUTER] JOIN, RIGHT JOIN	Verknüpfung von Datenbanktabellen (siehe auch Abschnitt 9.2.12)
EXCEPT	Ausschließen von Mengen (ab ABAP 7.56 in CDS-View-Entitäten; siehe auch Abschnitt 9.2.16)
INTERSECT	Bilden von Schnittmengen (ab ABAP 7.56 in CDS-View-Entitäten; siehe auch Abschnitt 9.2.15)
WHERE	Eingrenzung der Ergebnismenge nach formulierten Bedingungen
GROUP BY	Gruppieren der Ergebnismenge
HAVING	Bildung von Bedingungen für die Gruppierung
UNION [DISTINCT]	Bildung der Vereinigungsmenge zweier Selektionsmengen

Tabelle 9.5 Klassische Sprachelemente in CDS Views

Vergleichsoperatoren

Als Vergleichsoperatoren stehen Ihnen ebenfalls dieselben Vergleichsoperatoren zur Verfügung wie in Open SQL, die Sie in Tabelle 9.6 aufgelistet finden.

Vergleichsoperator	Bedeutung
=	A ist gleich B.
<>	A ist ungleich B.
< und >	A ist kleiner/größer als B.
<= und >=	A ist kleiner gleich/größer gleich B.
`BETWEEN`	A liegt zwischen B und C.
`LIKE`	A ist ähnlich zu B.
`IS NULL`	Spalte ist noch nicht zugewiesen und hat keinen Wert.
`IS INITIAL`	Ab ABAP 7.53: Spalte ist mit dem Initialwert des betroffenen Datentyps zugewiesen.
`NOT`	Negierung von Bedingungen
`AND`	Und-Verknüpfung
`OR`	Oder-Verknüpfung

Tabelle 9.6 Vergleichsoperatoren in CDS Views

Aggregatfunktionen

Als Aggregatfunktionen stehen die Aggregatfunktionen `MIN`, `MAX`, `AVG`, `SUM` und `COUNT` zur Verfügung. Die neuen Aggregatfunktionen `STRING_AGG`, `PRODUCT` und `GROUPING`, die in Open SQL eingeführt wurden, stehen hier nicht zur Verfügung.

Zeichenkettenfunktionen

Folgende in Tabelle 9.7 aufgezählten Zeichenketten (sowie Bytekettenfunktionen) stehen Ihnen in CDS Views zur Verwendung zur Verfügung.

Funktion	Bedeutung
`CONCAT( arg1, arg2 )`	Verbindung von `arg1` und `arg2`
`CONCAT_WITH_SPACE( arg1, arg2, spaces )`	Verbindung von `arg1` und `arg2`, jeweils durch die Anzahl von Leerzeichen aus `spaces` voneinander getrennt

Tabelle 9.7 Zeichen- und Bytekettenfunktionen in CDS Views

Funktion	Bedeutung
INSTR(arg, sub)	Position des ersten Vorkommens der Zeichenkette sub in arg. Wenn die Zeichenkette nicht gefunden werden konnte, dann ist das Ergebnis 0.
SUBSTRING(arg, pos, len)	Teilstring von arg ab der Position pos in der Länge len
LEFT(arg, len)	linker Teilstring von arg mit der Länge len
RIGHT(arg, len)	rechter Teilstring von arg mit der Länge len
LENGTH(arg)	Länge der Zeichen von arg
LOWER(arg)	Umwandlung von arg in Kleinbuchstaben
UPPER(arg)	Umwandlung von arg in Großbuchstaben
LTRIM(arg, char)	In arg werden alle schließenden Leerzeichen entfernt sowie alle führenden Zeichen, die in char angegeben sind.
RTRIM(arg, char)	In arg werden alle schließenden Leerzeichen entfernt sowie alle schließenden Zeichen, die in char angegeben sind.
REPLACE(arg1, arg2, arg3)	Es werden alle Vorkommen von arg2 in arg1 durch den angegebenen Wert in arg3 ersetzt.
LPAD(arg, len, src)	Zeichenkette der Länge len mit dem rechtsbündigen Inhalt von arg. Ist arg kürzer als len, so werden alle führenden Leerzeichen durch src ersetzt.
RPAD(arg, len, src)	Zeichenkette der Länge len mit dem linksbündigen Inhalt von arg. Ist arg kürzer als len, so werden alle schließenden Leerzeichen durch src ersetzt.
BINTOHEX(arg) und HEXTOBIN(arg)	Konvertieren der angegebenen Byteketten in arg in Zeichenketten und umgekehrt

Tabelle 9.7 Zeichen- und Bytekettenfunktionen in CDS Views (Forts.)

Als Beispielprogramme stehen hier das Programm DEMO_CDS_SQL_FUNCTIONS_STRING für Zeichenkettenfunktionen und das Programm DEMO_CDS_SQL_FUNCTIONS_BYTE für Bytekettenfunktionen zur Verfügung.

[»]

Typisierte Literale

Ab ABAP 7.56 stehen nun auch in CDS-View-Entitäten typisierte Literale zur Verfügung, die parallel zu normalen Open-SQL-Anweisungen funktionieren. Mehr Informationen dazu finden Sie in Abschnitt 9.3.6.

Fallunterscheidungen

Als Fallunterscheidung steht Ihnen in CDS Views ebenfalls wie in Open SQL die Anweisung `CASE` zur Verfügung. Ein Beispiel dazu finden Sie am Anfang dieses Abschnitts.

Numerische Funktionen

Neben den klassischen Operatoren +, -, *, / stehen Ihnen die in Tabelle 9.8 aufgezählten numerischen Funktionen zur Verfügung.

Funktion	Bedeutung
`ABS( arg )`	Absolutbetrag von `arg`
`CEIL( arg )`	kleinste ganzzahlige Zahl, die nicht kleiner als der Wert von `arg` ist
`FLOOR( arg )`	größte ganzzahlige Zahl, die nicht größer als der Wert von `arg` ist
`DIV( arg1, arg2 )`	ganzzahliger Anteil der Division von `arg1` durch `arg2`
`DIVISION( arg1, arg2, dec )`	Division von `arg1` durch `arg2`. Das Ergebnis wird auf die in `dec` angegebenen Nachkommastellen gerundet.
`MOD`	ganzzahliger Rest der Division von `arg1` durch `arg2`
`ROUND( arg, pos )`	Gerundeter Wert von `arg`. Ist der in `pos` angegebene Wert größer als 0, wird zur Position rechts vom Dezimaltrennzeichen gerundet.

Tabelle 9.8 Numerische Funktionen in CDS Views

Als Beispielprogramm steht hier das Programm `DEMO_CDS_SQL_FUNCTIONS_NUM` zur Verfügung.

Datumsfunktionen

Als Datumsfunktionen stehen Ihnen die in Tabelle 9.9 aufgezählten Funktionen zur Verfügung, die Sie ebenso in Open SQL nutzen können.

Funktion	Beschreibung
`DATS_IS_VALID( datum )`	Prüft, ob das in `datum` angegebene Datum ein gültiges Datum ist.
`DATS_DAYS_BETWEEN ( datum1, datum2 )`	Ermittelt die Differenz an Tagen zwischen `datum1` und `datum2`.

Tabelle 9.9 Datumsfunktionen in CDS Views

Funktion	Beschreibung
DATS_ADD_DAYS (datum, tage, wenn_fehler)	Rechnet die Tage tage auf das Datum datum hinzu.
DATS_ADD_MONTHS(datum, monate, wenn_fehler)	Rechnet die Monate monate in Tagen auf das angegebene Datum datum hinzu.

Tabelle 9.9 Datumsfunktionen in CDS Views (Forts.)

Als Beispielprogramm steht hier das Programm DEMO_CDS_DATE_FUNCTIONS zur Verfügung.

[»]

Zeit- und Zeitstempelfunktionen

Neben den Datumsfunktionen gibt es noch Zeit- und Zeitstempelfunktionen, auf deren Aufzählung hier aus Platzgründen verzichtet wurde. Als Beispielprogramme stehen hier die beiden Programme DEMO_CDS_TIME_FUNCTIONS und DEMO_CDS_TIMESTAMP_FUNCTIONS zur Verfügung.

Umwandlung von Einheiten

Mit der eingebauten Funktion UNIT_CONVERSION haben Sie die Möglichkeit, Einheiten direkt in einem CDS View umwandeln zu lassen. Listing 9.56 zeigt eine solche Implementierung dieser Funktion UNIT_CONVERSION. In ABAP würde dies klassisch über den Funktionsbaustein UNIT_CONVERSION_SIMPLE realisiert werden.

```
@AbapCatalog.sqlViewName: 'DEMO_CDS_UNTCNV'
...
  define view demo_cds_unit_conversion
   with parameters to_unit:abap.unit(3)
   as select from demo_expressions
   { id,
     dec3 as original_value,
     cast( 'MI' as abap.unit(3) ) as original_unit,
     unit_conversion( quantity => dec3,
                      source_unit => cast( 'MI' as abap.unit(3) ),
                      target_unit => :to_unit,
                      error_handling => 'SET_TO_NULL' ) as converted_value,
     :to_unit as converted_unit }
```

Listing 9.56 Wandlung der Einheit in einen CDS View

Als Beispielprogramm steht hier das Programm DEMO_CDS_UNIT_CONVERSION zur Verfügung.

Währungsumwandlung

Mit der eingebauten Funktion CURRENCY_CONVERSION haben Sie die Möglichkeit, Währungen direkt in einem CDS View umwandeln zu lassen. Listing 9.57 zeigt eine solche Implementierung dieser Funktion CURRENCY_CONVERSION. In ABAP würde dies klassisch über den Funktionsbaustein CONVERT_TO_LOCAL_CURRENCY realisiert werden.

```
@AbapCatalog.sqlViewName: 'DEMO_CDS_CURRCO'
...
  define view demo_cds_curr_conv
   with parameters to_currency:abap.cuky(5),
                   exc_date:abap.dats
   as select from demo_prices
   { id,
     currency_conversion(
        amount => amount,
        source_currency => currency,
        round =>  'X',
        target_currency => :to_currency,
        exchange_rate_date => :exc_date,
        error_handling => 'SET_TO_NULL' ) as amount,
     :to_currency as currency }
```

Listing 9.57 Währungsumwandlung in einem CDS View

Typwandlung mit CAST

Auch in CDS Views steht die CAST-Funktion analog zu Open SQL zur Verfügung. Wichtig ist dies besonders im Rahmen von CDS Views, weil Sie hier nicht nur eingebaute Datentypen umwandeln, sondern auch neu erzeugte Spalten mit den technischen und semantischen Eigenschaften von Datenelementen aus dem ABAP Dictionary versehen können. Listing 9.58 zeigt ein solches Beispiel, in dem eine neu erzeugte Spalte PSEUDO_CLIENT mit den Eigenschaften des ABAP-Datenelements S_MANDT versehen wird.

```
@AbapCatalog.sqlViewName: 'DEMO_CDS_CSTCLNT'
...
define view demo_cds_cast_clnt as select from scarr
{
  key cast ( 'XXX' as s_mandt ) as pseudo_client,
  key carrid,
  carrname
};
```

Listing 9.58 Umwandlung von Datentypen in einem CDS View unter Verwendung von Datenelementen aus dem ABAP Dictionary

Neben Datenelementen können Sie zur Typkonvertierung auch die eingebauten Typen verwenden, auf die Sie direkt über die Domäne abap zugreifen können. Abbildung 9.13 zeigt die grundlegenden eingebauten Datentypen in der Übersicht.

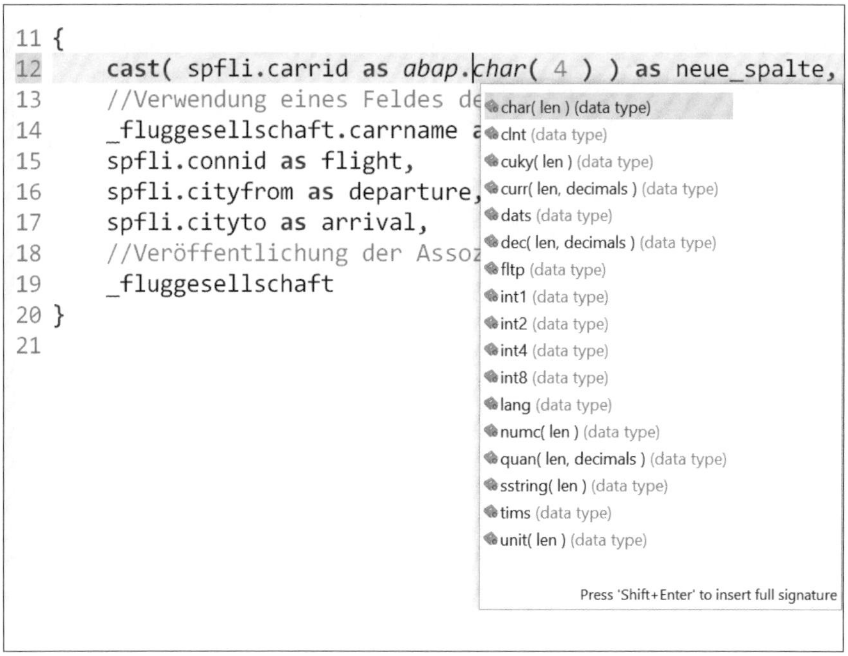

Abbildung 9.13 Eingebaute Datentypen in CDS Views

9.8.4 CDS-Zugriffskontrollen

Eine der wichtigen neuen Funktionen bei CDS Views ist die Option, eine automatische Berechtigungsprüfung beim Aufruf durchführen zu lassen. Berechtigungen werden durch CDS-Rollen vergeben, die ab ABAP 7.50 zur Verfügung stehen, die eigenständige Entwicklungsobjekte sind und ebenfalls wie CDS Views in Eclipse angelegt werden können.

Die Hauptfunktion der CDS-Rollen besteht darin, dass die einzelnen Werte ausgewählter Spalten gegen die Berechtigungswerte von PFCG-Rollen, also SAP-Standardberechtigungsrollen, geprüft werden können. Diese Prüfung der Berechtigung geschieht direkt beim Zugriff auf den CDS View mit der Anweisung SELECT. Die SELECT-Anweisung liefert hierbei nur jene Zeilen zurück, für die der angemeldete Benutzer die Rechte hat. So kann beispielsweise ohne zusätzlichen (nicht unerheblichen) Programmieraufwand eine einfache Reportanwendung implementiert werden, die nur die Daten in einer ALV-Tabelle anzeigt, für die der Benutzer auch die dazugehörige Berechtigung hat.

Abbildung 9.14 zeigt ein einfaches Berechtigungsobjekt `S_CARRID`, für das PFCG-Berechtigungsrollen ausgeprägt werden können, die dem Berechtigungsfeld `CARRID` konkrete Werte zuordnen können.

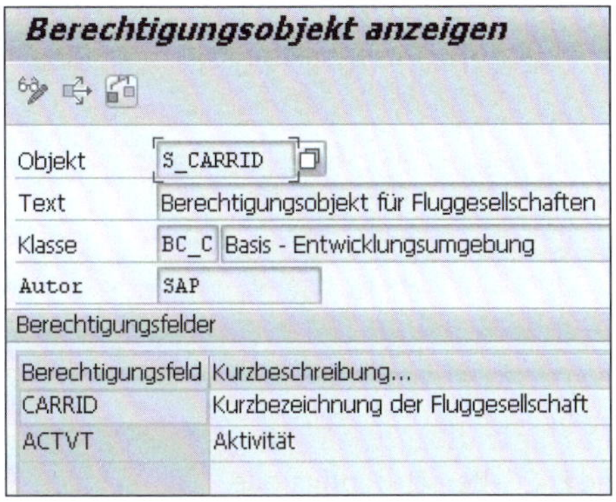

Abbildung 9.14 Das Berechtigungsobjekt S_CARRID

So wurde beispielsweise in Abbildung 9.15 eine PFCG-Berechtigungsrolle `ZSFLIGHT_AA` angelegt, die dem Berechtigungsobjekt `S_CARRID` den Wert AA für American Airlines zuordnet. Diese PFCG-Berechtigungsrolle selbst wird letztlich konkreten SAP-Benutzern zugeordnet.

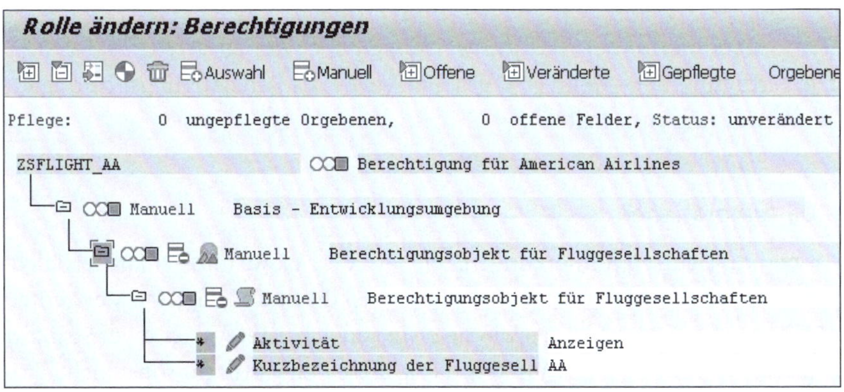

Abbildung 9.15 Ausprägung des Berechtigungsobjekts S_CARRID in einer kundeneigenen Berechtigungsrolle

Durch die Zuordnung haben die SAP-Benutzer die Berechtigung, sich Daten für die Fluggesellschaft AA anzeigen zu lassen. Damit dies funktioniert, muss diese PFCG-Berechtigungsrolle in einem weiteren Schritt noch über eine CDS-Rolle einem CDS View zugeordnet werden, da ansonsten keine Berechtigungsprüfung durchgeführt wird.

Die Anlage einer CDS-Rolle geschieht in Eclipse. Wählen Sie hierzu wie bei der Anlage eines CDS Views (siehe Abbildung 9.5) unter dem Ordner **Core Data Services** den Eintrag **Access Control** aus.

Listing 9.59 zeigt eine solche ausprogrammierte CDS-Rolle, ZAC_MEINE_ROLLE, die für den CDS View ZCV_MEIN_CDS_VIEW die Berechtigung gegen die PFCG-Rolle S_CARRID prüft. Geprüft wird sowohl, ob der Benutzer die Aktivität 03 für die Anzeige hat, als auch, ob ihm konkret eine Fluggesellschaft im Feld CARRID zugeordnet wurde. Am Anfang der WHERE-Klausel werden hierbei die dem Benutzer zugeordneten Werte gegen die gleichnamige Spalte CARRID geprüft.

```
@EndUserText.label: 'Meine Zugangsbeschränkung'
@MappingRole: true
define role Zac_Meine_Rolle {
 grant select on zcv_mein_cds_view
   where (carrid) = aspect pfcg_auth (s_carrid, carrid, actvt='03');
}
```

Listing 9.59 Eine CDS-Rolle mit Verweis auf eine PFCG-Berechtigungsrolle

Stimmen diese Werte überein, so bekommt der Benutzer entsprechend die Daten zurück. Wie bereits erwähnt, findet die Berechtigungsprüfung direkt beim Zugriff auf den CDS View statt. Voraussetzung hierfür ist, dass der betroffene CDS View die folgende Annotation am Kopf des CDS Views hat:

```
@AccessControl.authorizationCheck: #CHECK
```

Ab ABAP 7.52 steht hierfür bei SELECT-Anweisungen noch der Zusatz WITH PRIVILEGED ACCESS zur Verfügung, der – wenn er angegeben wird – die Berechtigungsprüfung für die SELECT-Anweisung ausschaltet.

9.8.5 CDS-Annotationen

Annotationen, zu Deutsch Anmerkungen, reichern CDS Views mit semantisch wichtigen Informationen an. Als einfaches Beispiel ist hier die Zuordnung von Mengenfeldern zu Einheitenfeldern zu nennen, die Sie bisher auch bei der Anlage einer Struktur in der Transaktion SE11 angeben mussten, da Sie diese neue Struktur sonst nicht aktivieren konnten.

In Abbildung 9.16 ist ein solches Beispiel in einer klassischen Struktur dargestellt, wo das Mengenfeld MENGE mit dem Einheitenfeld MEINS verbunden wird.

Auch die Angabe dieser Information der Verknüpfung zwischen Mengenfeld und Einheitenfeld muss in CDS Views möglich sein. Genau diese semantische Anreicherung von zusätzlichen Informationen liefern CDS-Annotationen.

In Listing 9.60 können Sie die Verknüpfung der beiden Felder über CDS-Annotationen in einem beispielhaften CDS View sehen.

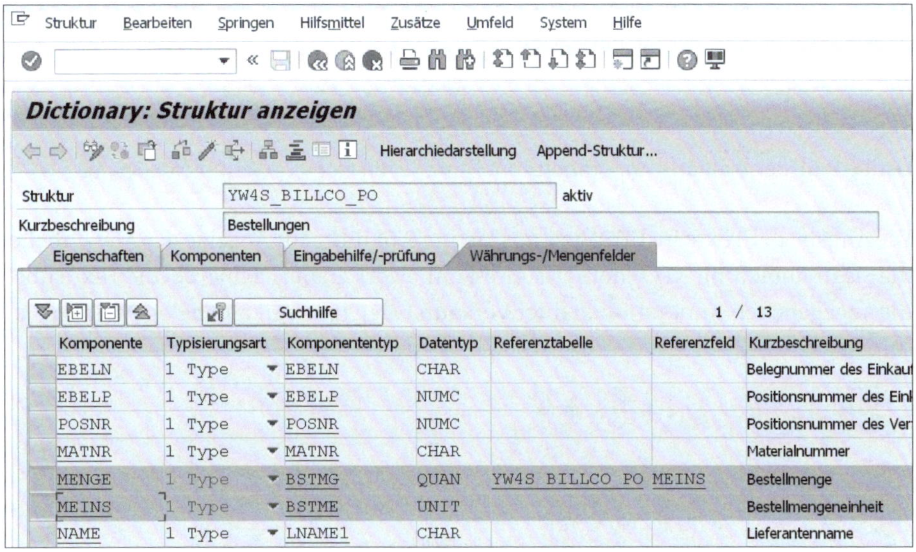

Abbildung 9.16 Eine Struktur im ABAP Dictionary mit Verknüpfung eines Mengenfeldes mit einem Einheitenfeld

```
@AbapCatalog.sqlViewName: 'ZV_PUR_ORDERS'
...
define view ZCV_ann0 as select from ekpo {
  key ebeln,
  key ebelp,
  matnr,
  @Semantics.unitOfMeasure: true
  meins as Einheit,
  @Semantics.quantity.unitOfMeasure: 'Einheit'
  menge
}
```

Listing 9.60 Beispielhafte Elementannotation zur Verknüpfung eines Mengenfeldes mit einem Einheitenfeld

Ein weiteres Beispiel für CDS-Annotationen ist die Angabe von Spaltenüberschriften für das Framework SAP List Viewer (ALV) mit der Annotationsdomäne @EndUserText. Listing 9.61 zeigt ein solches Beispiel.

```
...
@EndUserText.label: 'Verkaufsbeleg'
@EndUserText.quickInfo: 'Verkaufsbeleg'
key _vbak.vbeln,
```

```
@EndUserText.label: 'Verkaufsbeleg Position'
@EndUserText.quickInfo: 'Verkaufsbeleg Position'
key _vbap.posnr
}
```

Listing 9.61 Beispielhafte Annotation zum Hinterlegen eines Textes für eine Spalte

Die Angabe der Texte im CDS View aus Listing 9.61 führt zur Anzeige der ALV-Tabelle, die Sie in Abbildung 9.17 sehen. Das ALV-Framework zieht sich hierbei die Texte über die angegebenen Annotationen (hier **Verkaufsbeleg** und **Verkaufsbeleg Position**) automatisch.

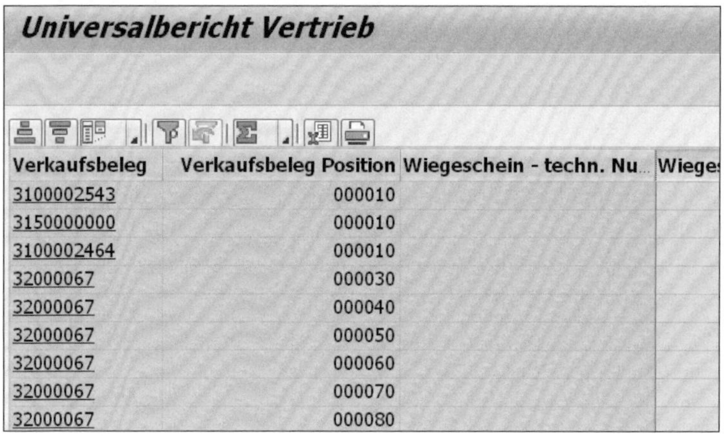

Abbildung 9.17 Der CDS View in einer ALV-Tabelle mit angereicherten Spaltentexten

CDS-Annotationen unterliegen einer klaren Syntax. So beginnen sie immer mit einem @-Zeichen, gefolgt von der Domäne, in der die Annotation definiert ist. Ist kein Zwischenknoten definiert, dann folgt direkt der Blattknoten, jeweils durch einen Punkt getrennt. Abschließend folgt die Angabe des gewünschten Wertes, der in Hochkommata angegeben wird. Ist der Wert eine Konstante, so wird er mit einer Raute eingeleitet.

- Beispiel für eine Annotation mit einem Zwischenknoten:

  ```
  @Semantics.quantity.unitOfMeasure: 'Einheit'
  @Domäne.Zwischenknoten.Blattknoten: Wert
  ```

- Beispiel für eine Annotation ohne einen Zwischenknoten:

  ```
  @EndUserText.label: 'Verkaufsbeleg Position'
  @Domäne.Blattknoten: Wert
  ```

Weitere Anwendungsfälle zum Einsatz von CDS-Annotationen wären beispielsweise das Anreichern des CDS Views, um automatisch einen OData-Service generieren zu lassen (Domäne `@OData`), oder das Definieren, wie die Oberfläche einer SAP-Fiori-App aussehen soll (Domäne `@UI`).

Hier ist es wichtig zu verstehen, dass CDS Views die Grundlage des neuen ABAP-RESTful-Programmiermodells darstellen, das mit dem neuen SAP-S/4HANA-System propagiert wird. Die CDS-Annotationen stellen hierfür eine wichtige Funktion dar, damit neben dem Datenmodell alle notwendigen Informationen für die aufbauenden Entwicklungsobjekte abgebildet werden können.

Überblick über Annotationen

Einen Überblick über alle möglichen ABAP-spezifischen CDS-Annotationen können Sie direkt in der ABAP-Hilfe, aber auch online unter diesem Link finden: *http://s-prs.de/v9449001*. Leider wird in den neueren Releases die deutsche Sprache nicht mehr unterstützt.

9.8.6 CDS-Assoziationen

Assoziationen dienen dazu, in CDS Views die Information zu Beziehungen zu anderen CDS Views zu hinterlegen, um die Frage zu beantworten: Mit welchen anderen CDS Views ist dieser CDS View verknüpft? Gleichermaßen kann eine Assoziation aber dieselbe Funktion wie eine klassische `JOIN`-Anweisung realisieren. Listing 9.62 zeigt eine solche hinterlegte Assoziation in einem einfachen CDS View.

```
@AbapCatalog.sqlViewName: 'ZV_FLUGPLAN'
...
define view zcv_flugplan as select from spfli
    //Angabe, dass dieser View mit der Tabelle SCARR
    //verknüpft ist
    association to scarr as _fluggesellschaft on
    spfli.carrid = _fluggesellschaft.carrid
{
    spfli.carrid,
    //Verwendung eines Feldes der Assoziation
    //aus Tabelle SCARR zur Ausgabe
    _fluggesellschaft.carrname as carrier,
    spfli.connid as flight,
    spfli.cityfrom as departure,
    spfli.cityto as arrival,
    //Veröffentlichung der Assoziation zur weiteren Benutzung
    _fluggesellschaft
}
```

Listing 9.62 Definition einer Assoziation in einem CDS View

Rufen Sie diesen CDS View in der in Abbildung 9.18 dargestellten Vorschau auf, dann werden die beiden Tabellen SPFLI und SCARR verknüpft, und der Name der Fluggesellschaft wird zur entsprechenden ID der Fluggesellschaft angezeigt.

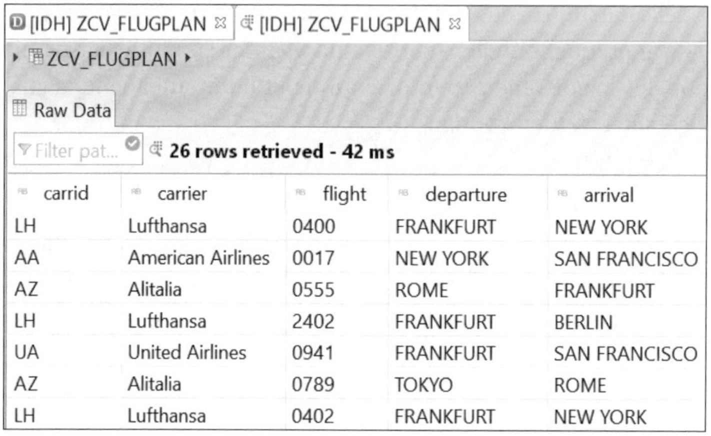

carrid	carrier	flight	departure	arrival
LH	Lufthansa	0400	FRANKFURT	NEW YORK
AA	American Airlines	0017	NEW YORK	SAN FRANCISCO
AZ	Alitalia	0555	ROME	FRANKFURT
LH	Lufthansa	2402	FRANKFURT	BERLIN
UA	United Airlines	0941	FRANKFURT	SAN FRANCISCO
AZ	Alitalia	0789	TOKYO	ROME
LH	Lufthansa	0402	FRANKFURT	NEW YORK

Abbildung 9.18 Ausgabe des CDS Views mit definierter Assoziation

Gleichermaßen haben Sie in dieser Vorschau die Möglichkeit, über den Pfeil hinter dem Namen des CDS Views vom CDS View ZCV_FLUGPLAN zur Tabelle SCARR zu navigieren, indem Sie doppelt auf den Namen der Assoziation klicken (siehe Abbildung 9.19).

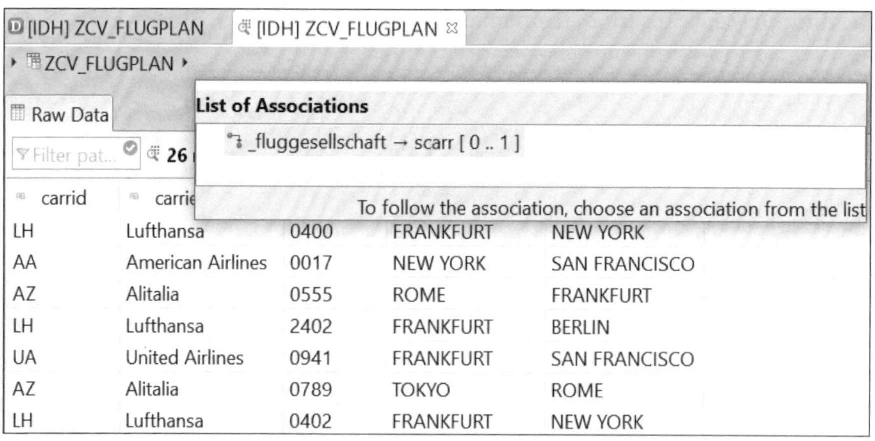

carrid	carrier	flight	departure	arrival
LH	Lufthansa	0400	FRANKFURT	NEW YORK
AA	American Airlines	0017	NEW YORK	SAN FRANCISCO
AZ	Alitalia	0555	ROME	FRANKFURT
LH	Lufthansa	2402	FRANKFURT	BERLIN
UA	United Airlines	0941	FRANKFURT	SAN FRANCISCO
AZ	Alitalia	0789	TOKYO	ROME
LH	Lufthansa	0402	FRANKFURT	NEW YORK

Abbildung 9.19 Auflösen einer in einem CDS View definierten Assoziation

Dies ist nur deshalb möglich, weil die Assoziation in Listing 9.62 in der Feldliste veröffentlicht wurde. Würde diese Zeile fehlen, so wäre die Assoziation nur im CDS View selbst definiert und stünde nicht für den Aufrufenden zur Verfügung.

Ab ABAP 7.52 lassen sich solche veröffentlichten Assoziationen auch direkt in einer SELECT-Anweisung über einen Pfadausdruck auslösen, ohne dass Sie dafür zusätzlich eine JOIN-Anweisung schreiben müssen. Listing 9.63 zeigt dies beispielhaft.

```
SELECT *
  FROM zcv_flugplan\_fluggesellschaft
  INTO TABLE @DATA(lt_fluggesellschaften).
```

Listing 9.63 Ein einfacher Pfadausdruck in einer SELECT-Anweisung

Wenn Sie im Rahmen von SAP S/4HANA mit den vielen SAP-eigenen CDS Views arbeiten, dann können Sie sich über diese Pfadausdrücke durch das Datenmodell des SAP-Systems bewegen.

9.8.7 CDS-Tabellenfunktionen

CDS bringt viele neue, wichtige Funktionen mit sich, gleichermaßen sind aber auch einige Funktionen nicht vorhanden, die Sie vielleicht von Open-SQL-Anweisungen in ABAP her gewohnt sind.

Dazu gehören unter anderem:

- die Rückgabe von n beliebigen Zeilen (UP TO ... ROWS)
- Unterabfragen in der WHERE-Klausel
- unter anderem SELECT SINGLE

Das Gleiche gilt für Anforderungen, die Sie vielleicht nicht mit den verfügbaren CDS-Funktionen aus Abschnitt 9.8.3 realisiert bekommen. Hierfür gibt es mit CDS-Tabellenfunktionen einen passablen Ausweg, den Sie immer dann nutzen können, wenn der (aktuelle) Funktionsumfang von CDS Views nicht für die zu realisierende Anforderung ausreicht.

CDS-Tabellenfunktionen bieten Ihnen die Möglichkeit, mithilfe spezieller ABAP-Klassen das Problem mit SQLScript zu lösen. In diesem Abschnitt möchte ich Ihnen diese Technik an einem kleinen Beispiel vorstellen. Dazu soll eine CDS-Tabellenfunktion angelegt werden, die den ersten Eintrag (SELECT SINGLE) der Datenbanktabelle SFLIGHT zurückgeben kann. Wie bereits eingangs erwähnt, ist dies aktuell mit dem reinen Funktionsumfang von CDS Views nicht möglich.

Die Anlage einer CDS-Tabellenfunktion geschieht ähnlich wie die Anlage eines CDS Views aus Abschnitt 9.8.1. Vergeben Sie einen Namen (beispielsweise ZMEINE_TAB_FUNKTION), wählen Sie, wie in Abbildung 9.20 dargestellt, als Template den Eintrag **Define Table Function with Parameters** aus, und bestätigen Sie Ihre Auswahl anschließend mit dem Button **Finish**.

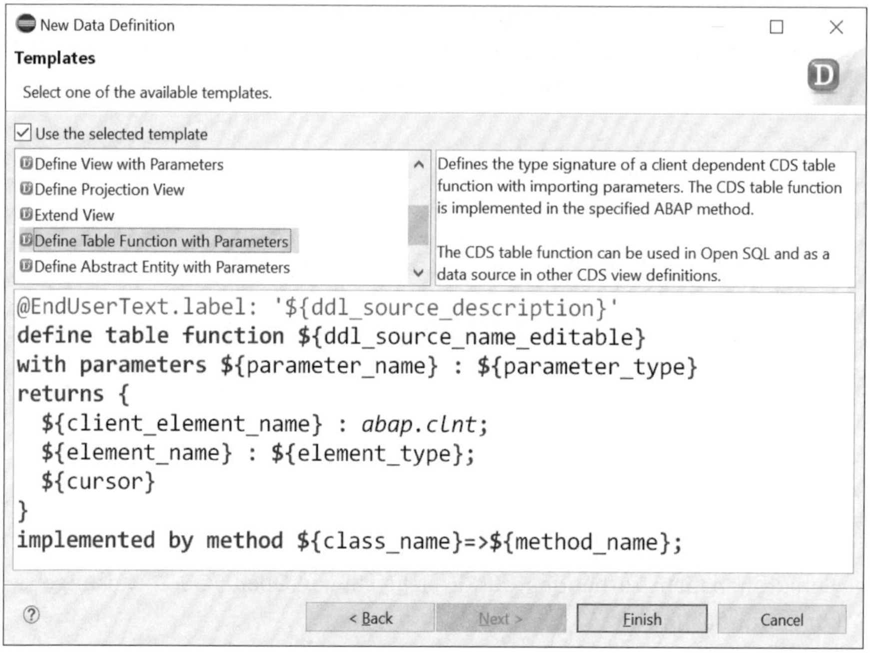

Abbildung 9.20 Anlage einer CDS-Tabellenfunktion

Ändern Sie den Quellcode der CDS-Tabellenfunktion anschließend wie in Listing 9.64 ab. Hier wird ein Eingabeparameter `IV_CLIENT` vom Typ `abap.clnt` definiert, da CDS-Tabellenfunktionen von sich aus nicht mandantenspezifisch sind. Es werden außerdem als Rückgabe fünf verschiedene Felder definiert, jeweils mit dem spezifischen Datenelement. Diese können Sie analog finden, wenn Sie die Tabelle `SFLIGHT` in der Transaktion SE11 öffnen. Eine direkte Definition einer kompletten Struktur ist hier nicht möglich, d. h., Sie müssen wirklich jedes Feld einzeln definieren.

```
@EndUserText.label: 'Tabellenfunktion'
define table function ZMEINE_TAB_FUNKTION
with parameters @Environment.systemField: #CLIENT
iv_client : abap.clnt
returns {
    client : abap.clnt;
    CARRID: S_CARR_ID;
    CONNID: S_CONN_ID;
    FLDATE: S_DATE;
    PRICE:  S_PRICE;
}
implemented by method zcl_meine_tab_funktion=>get_data;
```

Listing 9.64 Implementierung einer CDS-Tabellenfunktion

Am Ende der CDS-Tabellenfunktion werden noch eine Klasse und eine Methode für die Implementierung angegeben (hier die Klasse `ZCL_MEINE_TAB_FUNKTION` mit der Methode `GET_DATA`). Diese Klasse muss in einem zweiten Schritt jetzt noch angelegt werden. Dies kann ebenfalls nur in Eclipse geschehen, da die Klasse das Interface `IF_AMDP_MARKER_HDB` bekommt, das die Bearbeitung im SAP GUI unterbindet.

[«]

ABAP Managed Database Procedures (AMDP)

CDS-Tabellenfunktionen werden über AMDP-Klassen implementiert. Mehr Informationen zu AMDP finden Sie in Abschnitt 10.3, »ABAP Managed Database Procedures (AMDP)«.

Legen Sie hierzu eine neue Klasse an (**File • New • ABAP Class**), die denselben Namen trägt wie die Klasse, die in der CDS-Tabellenfunktion hinterlegt wurde. Prägen Sie die Klasse anschließend wie in Listing 9.65 aus.

```
CLASS zcl_meine_tab_funktion DEFINITION PUBLIC FINAL CREATE PUBLIC.
  PUBLIC SECTION.
  INTERFACES if_amdp_marker_hdb.
    CLASS-METHODS get_data
*Keine Angabe von Typen nötig,
*da die Methode an die CDS-Tabellenfunktion gebunden ist,
*welche die Parameterdefinition bereits vorgibt
    FOR TABLE FUNCTION zfr_meine_tab_funktion.
  PROTECTED SECTION.
  PRIVATE SECTION.
ENDCLASS.
CLASS zcl_meine_tab_funktion IMPLEMENTATION.
  METHOD get_data BY DATABASE FUNCTION
    FOR HDB LANGUAGE SQLSCRIPT
    OPTIONS READ-ONLY
    USING sflight.
      RETURN
      --Aufruf mit SQL-Script
      --Hier Rückgabe der ersten Zeile
      SELECT TOP 1 mandt as client, carrid, connid, fldate, price
        FROM sflight
  ENDMETHOD.
ENDCLASS.
```

Listing 9.65 Ausprägung einer AMDP-Klasse zur Implementierung einer CDS-Tabellenfunktion

Aktivieren Sie anschließend die Klasse.

In einem letzten Schritt muss die so eingerichtete CDS-Tabellenfunktion noch aufgerufen werden. In Listing 9.66 ist der Aufruf in einem separaten CDS View dargestellt. Die Angabe der CDS-Tabellenfunktion geschieht hierbei wie bei dem Aufruf eines normalen CDS Views.

```
@AbapCatalog.sqlViewName: ' ZV_MEIN_CDS_VIEW'
@AbapCatalog.compiler.compareFilter: true
@AbapCatalog.preserveKey: true
@AccessControl.authorizationCheck: #CHECK
@EndUserText.label: 'Meine'
define view zcv_mein_cds_view with parameters iv_client:
abap.clnt as select from sbook as buchung
inner join zfr_meine_tab_funktion(
   iv_client: $parameters.iv_client,
   iv_carrid: 'AA'
) as first_flight on first_flight.carrid = buchung.carrid
{
    buchung.bookid,
    first_flight.carrid
}
```

Listing 9.66 Aufruf einer CDS-Tabellenfunktion in einem CDS View

Nun können Sie den CDS View wie gewohnt direkt mit einer SELECT-Anweisung in ABAP aufrufen oder die Datenvorschau in Eclipse verwenden.

9.8.8 CDS-Hierarchien

Ab ABAP 7.53 unterstützt die SELECT-Anweisung die Auflösung von CDS-Hierarchien mit den drei neuen Zusätzen HIERARCHY_DESCENDANTS, HIERARCHY_ANCESTORS und HIERARCHY_SIBLINGS, die nach der FROM-Klausel angegeben werden können. In Listing 9.67 finden Sie sowohl die Syntax als auch ein Beispiel zu den CDS-Hierarchien dargestellt vor.

Syntax

```
SELECT ... FROM {HIERARCHY_DESCENDANTS
    |HIERARCHY_ANCESTORS
    |HIERARCHY_SIBLINGS}(
       SOURCE cds_hierarchie
       START WHERE bedingung
      [DISTANCE [FROM n1] [TO n2]] ) ...
```

Beispiel

```
SELECT *
  FROM HIERARCHY_DESCENDANTS(
    SOURCE zcvh_hierarchie
    START WHERE mgr_id = '00001'
  )
  INTO TABLE @DATA(lt_ergebnis).
```

Listing 9.67 Auflösen einer Hierarchie mithilfe von Open SQL

Voraussetzung hierfür ist, dass als Quelle nach dem Zusatz source eine CDS-Hierarchie angegeben wird. Eine CDS-Hierarchie ist dazu in der Lage, Daten aus Datenbanken zu einer Eltern-Kind-Hierarchie aufzubereiten.

Abbildung 9.21 zeigt eine solche einfache Datenbanktabelle, deren Datensätze über eine Vater-Kind-Beziehung miteinander in Beziehung stehen. Die Datensätze repräsentieren eine klassische Hierarchie von Mitarbeitern: Jeder Mitarbeiter hat einen vorgesetzten Manager. So ist beispielsweise der Mitarbeiter mit der EMP_ID = 00003 dem Manager mit der EMP_ID = 00002 über die Spalte MGR_ID zugeordnet.

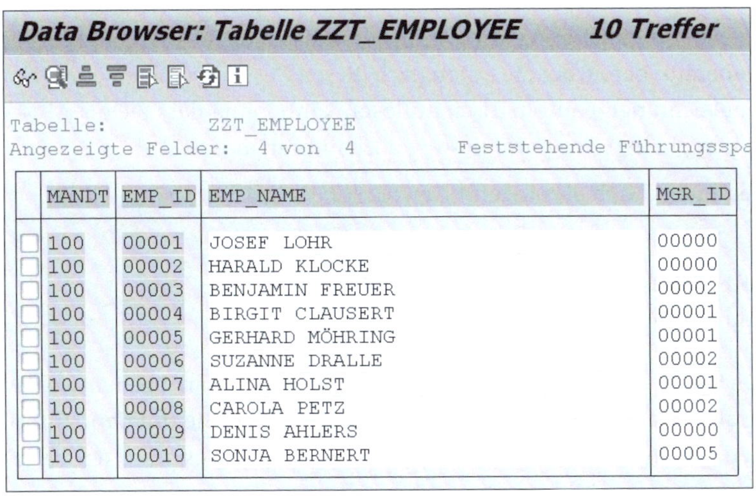

Data Browser: Tabelle ZZT_EMPLOYEE 10 Treffer

Tabelle: ZZT_EMPLOYEE
Angezeigte Felder: 4 von 4 Feststehende Führungsspa

MANDT	EMP_ID	EMP_NAME	MGR_ID
100	00001	JOSEF LOHR	00000
100	00002	HARALD KLOCKE	00000
100	00003	BENJAMIN FREUER	00002
100	00004	BIRGIT CLAUSERT	00001
100	00005	GERHARD MÖHRING	00001
100	00006	SUZANNE DRALLE	00002
100	00007	ALINA HOLST	00001
100	00008	CAROLA PETZ	00002
100	00009	DENIS AHLERS	00000
100	00010	SONJA BERNERT	00005

Abbildung 9.21 Eine Datenbanktabelle mit Hierarchie durch Selbstverweis

Als ABAP-Entwickler haben Sie häufig die Aufgabe, eine solche Eltern-Kind-Hierarchie in Form eines ALV-Baumes auszugeben, mit dessen Hilfe sich ein Benutzer vom obersten Ordner der Hierarchie entlang nach unten hangeln kann, um sich immer detailliertere Informationen anzeigen zu lassen.

Der ABAP-Entwickler muss daher beispielsweise für den Manager der MGR_ID = 00001 alle zugehörigen Mitarbeiter herausfinden und rekursiv nachschauen, ob einem Mitarbeiter ebenfalls untergeordnete Mitarbeiter zugeordnet sind usw. Abbildung 9.22 stellt eine solche aufgelöste Hierarchie der Tiefe 2 beispielhaft dar.

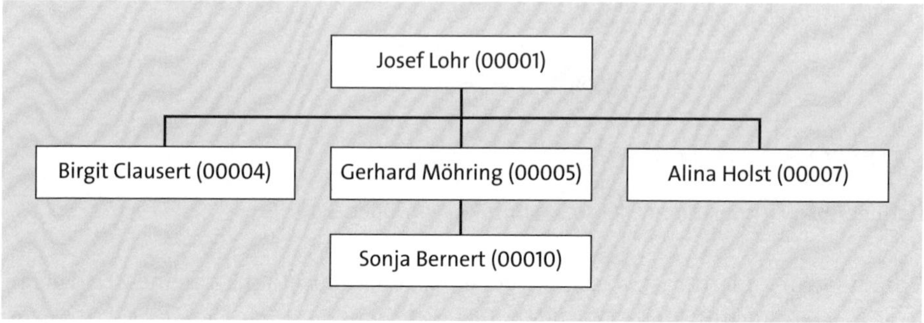

Abbildung 9.22 Die Mitarbeiterhierarchie, aufgelöst nach Mitarbeiter-ID 00001

Gleichermaßen kann es Anwendungsfälle geben, in denen z. B. nicht untergeordnete, sondern übergeordnete oder gleichrangige Mitarbeiter ermittelt werden sollen. Für jeden Fall war bisher eine spezifische ABAP-Programmierung nötig, die viel Zeit in Anspruch genommen hat und nicht immer selbsterklärend war.

Diese Funktion übernehmen in Zukunft CDS-Hierarchien. Sie lösen die Daten entsprechend der ihnen mitgeteilten Verknüpfung auf und stellen diese einem speziellen Hierarchiegenerator bereit, der die Daten nach diesen Gesichtspunkten (nach unten, nach oben, gleichrangig) automatisch auflösen kann, ohne dass Sie als ABAP-Entwickler eine komplizierte Programmierung durchführen müssen.

Das Auflösen geschieht durch die eingeführten `SELECT`-Zusätze:

- `HIERARCHY_DESCENDANTS`: Auflösung nach unten
- `HIERARCHY_ANCESTORS`: Auflösung nach oben
- `HIERARCHY_SIBLINGS`: Auflösung zur Seite

Zusätzlich haben Sie die Möglichkeit, über den Zusatz `START WHERE` anzugeben, wo der Hierarchiegenerator mit der Auflösung anfangen soll, während Sie mit dem Zusatz `DISTANCE` und den optionalen Ergänzungen `FROM` und `TO` die aufzulösende Tiefe angeben können.

Damit Sie eine CDS-Hierarchie anlegen können, brauchen Sie als Basis einen CDS View, der die Datenbanktabellen bekannt macht und diese über Assoziationen miteinander verknüpft. Listing 9.68 zeigt einen solchen CDS View, der die Datenbanktabelle `ZZT_EMPLOYEE` aus Abbildung 9.21 mit sich selbst über die Bedingung `MGR_ID = EMP_ID` als Assoziation `_Manager` verknüpft. Zusätzlich wird diese Assoziation `_Manager` in der Feldliste veröffentlicht, damit diese von außen heraus aufgerufen und aufgelöst werden kann.

```
@AbapCatalog.sqlViewName: 'ZV_MANAGER'
...
define view ZCV_MANAGER as select from zzt_employee
association[1..*] to zzt_employee as _Manager on $projection.Manager =
_Manager.Employee
{
 key emp_id as Employee,
 mgr_id as Manager,
 _Manager
}
```

Listing 9.68 Ein CDS View mit einer Assoziation auf sich selbst

Auf Basis einen solches CDS Views kann anschließend eine CDS-Hierarchie angelegt werden. Die Anlage geschieht wie bei der Anlage eines normalen CDS Views. Wählen Sie hier das Template **Define Parent Child Hierarchy** aus. Listing 9.69 zeigt solch eine definierte CDS-Hierarchie auf Basis des CDS Views aus Listing 9.68.

```
define hierarchy zcvh_hierarchie
as parent child hierarchy {
 source ZCV_MANAGER
 child to parent association _Manager
 siblings order by Employee ascending
 multiple parents allowed
}
{
key Employee,
Manager,
$node.node_id as NodeId,
$node.parent_id as ParentId,$node.hierarchy_level as Level,
$node.hierarchy_is_orphan as IsOrphan,
$node.hierarchy_is_cycle as Cycle,
$node.hierarchy_parent_rank as ParentRank,
$node.hierarchy_rank as Rank,
$node.hierarchy_tree_size as TreeSize
}
```

Listing 9.69 Eine definierte CDS-Hierarchie auf Basis eines CDS Views

Beachten Sie, dass in Listing 9.69 zusätzlich noch über die Angabe `$node` weitere Informationen zur Hierarchie, d. h. pro Eintrag in der aufgelösten Hierarchie, bereitgestellt werden können. Dazu gehören beispielsweise sowohl das Level als auch, ob es sich um eine Zirkelbeziehung handelt. Auf solch eine definierte CDS-Hierarchie können Sie nun per SELECT-Anweisung und mithilfe des Zusatzes FROM HIERARCHY [...] zugreifen, wie es am Anfang des Abschnitts im Beispiel demonstriert wurde.

9.9 Änderungen und Neuerungen im Umfeld von Open SQL bis ABAP 7.57

SAP hat seit ABAP-Release 7.02 bis zur Version 7.57 viele Neuerungen in Open SQL eingeführt. Sie sind im Einzelnen bereits in diesem Kapitel mit einem entsprechenden Hinweis beschrieben. Im Folgenden finden Sie zusätzlich eine Liste der wichtigsten Änderungen an Open SQL bis ABAP 7.57:

- **Änderungen in ABAP 7.40 SP02:**

  Falls COUNT(*) in der Selektionsliste allein angegeben wird, wird jetzt der interne Datentyp des Ergebnisses auf INT8 erweitert. Nutzen Sie hinter der INTO-Klausel einen Datentyp p oder decfloat34, um diesen Wertebereich auszunutzen.
- **Änderungen in ABAP 7.40 SP05:**
  - Die Spalten der Selektionsliste werden jetzt durch ein Komma (,) voneinander abgetrennt (siehe Abschnitt 9.2.1, »Einträge lesen«).
  - Vor Host-Variablen (ABAP-Datenobjekten) wird jetzt ein @-Zeichen geschrieben; die Angabe ohne dieses Zeichen ist obsolet (siehe Abschnitt 9.2.9, »Host-Variablen und -ausdrücke«).
  - SQL-Ausdrücke wurden eingeführt, z. B. kann jetzt in der Selektionsliste der Ausdruck CASE verwendet werden. Eingebaute mathematische Funktionen sind jetzt genauso möglich wie Typumwandlungen mit CAST (siehe Abschnitt 9.3, »Open-SQL-Ausdrücke«).
  - Mit CDS können Sie jetzt ABAP-Dictionary-Views mit einer DDL in den ADT anlegen und mit Open SQL aufrufen (siehe Abschnitt 9.8, »ABAP Core Data Services (CDS)«).
  - Neben dem LEFT OUTER JOIN ist jetzt auch ein RIGHT OUTER JOIN möglich (siehe Abschnitt 9.2.12, »JOIN: Verknüpfung«).
- **Änderungen in ABAP 7.40 SP08:**
  - Bei Joins können durch die Angabe von tabelle~* jetzt alle Spalten auf einmal ausgewählt werden (siehe Abschnitt 9.2.12, »JOIN: Verknüpfung«).
  - Die INTO-Klausel kann jetzt am Ende des SELECT-Befehls angegeben werden (siehe Abschnitt 9.2.1, »Einträge lesen«).
  - Bei der INTO-Klausel können Inline-Deklarationen mit angegeben werden, sodass ein Typ auf Basis der Selektionsliste erzeugt wird (siehe Abschnitt 9.2.10, »Inline-Deklaration«).

- **Änderungen in ABAP 7.50:**
  - Die `FROM`-Klausel einer `SELECT`-Anweisung kann jetzt auch vor der Selektionsliste stehen (Projektion). In diesem Fall muss die Selektionsliste mit dem neuen Zusatz `FIELDS` eingeleitet werden (siehe Abschnitt 9.2.8, »Die FIELDS-Klausel«).
  - Die Anweisung `UNION` erlaubt die Vereinigung der Ergebnismengen zweier `SELECT`-Anweisungen (siehe Abschnitt 9.2.14, »UNION: Vereinigung«).
  - Die mit Release 7.40 SP05 eingeführten Host-Ausdrücke können jetzt auch als Host-Ausdrücke mit der Syntax `@( ausdruck )` angegeben werden (siehe Abschnitt 9.2.9, »Host-Variablen und -ausdrücke«).
  - Es wurden neue Open-SQL-Funktionen (numerische und Zeichenkettenfunktionen) eingeführt (siehe Abschnitt 9.4, »Open-SQL-Funktionen«).
  - Erweiterung der `ON`-Bedingung bei Joins (siehe Abschnitt 9.2.12, »JOIN: Verknüpfung«)
  - Bei der Anweisung `INSERT` kann jetzt hinter `FROM` eine eingeklammerte Subquery als Datenquelle angegeben werden (siehe Abschnitt 9.5.2, »INSERT: Einträge einfügen«).
  - Eingabeparameter von CDS Views (siehe Abschnitt 9.8) werden jetzt von allen Datenbankplattformen unterstützt und können in der `SELECT`-Anweisung verwendet werden (siehe Abschnitt 9.2.1, »Einträge lesen«).
- **Änderungen in ABAP 7.51:**
  - In einer `SELECT`-Anweisung ist jetzt auch ein Cross Join (kartesisches Kreuzprodukt) möglich (siehe Abschnitt 9.2.12, »JOIN: Verknüpfung«).
  - Der neue Zusatz `OFFSET` der `SELECT`-Anweisung ermöglicht das Überspringen von Einträgen auf der Datenbanktabelle (siehe Abschnitt 9.2.11, »Begrenzung der Ergebnismenge mit OFFSET«).
  - Neue Zeichenkettenfunktionen wurden mit `lower()`, `upper()`, `left()`, `concat_with_space()`, `instr()` und `rpad()` eingeführt (siehe Abschnitt 9.4.2, »Zeichenkettenfunktionen«).
  - Neue Datumsfunktionen wurden mit `dats_is_valid()`, `dats_days_between()`, `dats_add_days()` und `dats_add_months()` eingeführt (siehe Abschnitt 9.4.4, »Datums- und Zeitfunktionen«).
  - Über den Zusatz `AS` kann jetzt bei der Aggregatfunktion `AVG` der Datentyp des Ergebnisses festgelegt werden (siehe Abschnitt 9.4.1, »Aggregatfunktionen«).
  - Eine neue numerische Funktion wurde mit `division()` eingeführt (siehe Abschnitt 9.3.3, »Arithmetische Ausdrücke«).
  - Bei der Anweisung `DELETE FROM dbtab` können jetzt die Zusätze `ORDER BY`, `OFFSET` und `UP TO` angegeben werden (siehe Abschnitt 9.5.1, »DELETE: Löschen von Einträgen«).

  - Es wurde eine neue Open-SQL-Anweisung `WITH` eingeführt, mit der allgemeine Tabellenausdrücke definiert werden können, die dazu dienen, mehrere `SELECT`-Anweisungen aufeinander aufzubauen (siehe Abschnitt 9.2.13, »WITH: Allgemeine Tabellenausdrücke«).
- **Änderungen in ABAP 7.52:**
  - Es ist jetzt möglich, mit `SELECT` auf interne Tabelle zuzugreifen (siehe Abschnitt 9.2.18, »SELECT auf interne Tabellen«).
  - Es werden jetzt Pfadausdrücke in SQL-Anweisungen unterstützt (siehe Abschnitt 9.8.6 »CDS-Assoziationen«).
  - Über den Zusatz `WITH PRIVILEG ACCESS` kann die Berechtigungsprüfungen von CDS Views ausgeschaltet werden (siehe Abschnitt 9.8.4, »CDS-Zugriffskontrollen«).
  - In Unterabfragen können jetzt die Zusätze `ORDER BY`, `UP TO`, `OFFSET` und `MODIFY` verwendet werden (siehe Abschnitt 9.2.17, »Unterabfragen«).
- **Änderungen in ABAP 7.53:**
  - Open SQL wurde in ABAP SQL umbenannt.
  - Es wurden neue Datums- und Zeitfunktionen hinzugefügt (siehe Abschnitt 9.4.4, »Datums- und Zeitfunktionen«).
  - Es wurde eine neue Aggregatfunktion `GROUPING()` hinzugefügt, die ermittelt, ob eine bestimmte Spalte an einer Aggregation teilgenommen hat (siehe Abschnitt 9.4.1, »Aggregatfunktionen«).
- **Änderungen in ABAP 7.54:**
  - Es wurden die beiden Aggregatfunktionen `STRING_AGG()` zur Verknüpfung von zeichenartigen Werten einer Spalte und `PRODUCT()` zum Bilden des Produkts von numerischen Werten einer Spalte hinzugefügt (siehe Abschnitt 9.4.1, »Aggregatfunktionen«).
  - Es wurde mit `UUID()` eine neue SQL-Funktion hinzugefügt, mit der direkt beim `SELECT` ein generischer Schlüssel erzeugt werden kann (siehe Abschnitt 9.4.6, »UUID-Funktion: Erzeugung eindeutiger Schlüssel«).
- **Änderungen in ABAP 7.55:**
  - Es wurde eine Reihe von neuen Datums-, Zeit-, und Zeitstempelfunktionen hinzugefügt (siehe Abschnitt 9.4.4, »Datums- und Zeitfunktionen«).
  - Es wurde eine neue SQL-Funktion `CURRENCY_CONVERSION()` zum Umwandeln von Währungen hinzugefügt (siehe Abschnitt 9.4.7, »Umwandlung von Währungen und Einheiten«).
  - Die Aggregatfunktionen wurden um die Funktionen `MEDIAN()`, `STDDEV()`, `VAR()`, `CORR()` und `CORR_SPEARMAN()` erweitert (siehe Abschnitt 9.4.1, »Aggregatfunktionen«).

  - Bei der UPDATE-FROM-Klausel können jetzt über eine Hilfsstruktur die zu aktualisierenden Spalten angegeben werden (siehe Abschnitt 9.5.3, »UPDATE: Einträge ändern«).
  - Bei SQL-Anweisungen können jetzt typisierte Literale angegeben werden (siehe Abschnitt 9.3.6, »Typisierte Literale«).
  - Die ORDER-BY-Klausel hat jetzt zwei neue Zusätze NULLS_FIRST und NULLS_LAST (siehe Abschnitt 9.2.7, »Gruppierung und Sortierung der Ergebnisse«).
- **Änderungen in ABAP 7.56:**
  - Es wurde die Zeichenkettenfunktion INITCAP() hinzugefügt (siehe Abschnitt 9.4.2, »Zeichenkettenfunktionen«).
  - Es wurden mit IS_VALID(), EXTRACT_YEAR(), EXTRACT_MONTH(), EXTRACT_DAY(), EXTRACT_HOUR(), EXTRACT_MINUTE(), EXTRACT_SECOND(), DAYNAME(), MONTHNAME(), WEEKDAY(), DAYS_BETWEEN(), ADD_DAYS(), ADD_MONTHS() neue Datums-, Zeit- und Zeitstempelfunktionen hinzugefügt (siehe Abschnitt 9.4.4, »Datums- und Zeitfunktionen«).
  - Die SELECT-Anweisung unterstützt neben der Vereinigungsmenge mit UNION (ab ABAP 7.50) jetzt auch die beiden Zusätze INTERSECT zum Bilden von Schnittmengen (siehe Abschnitt 9.2.15, »INTERSECT: Schnittmenge«) und EXCEPT zum Ausschließen von Mengen (siehe Abschnitt 9.2.16, »EXCEPT: Ausschließen«).
  - Es wurde eine neue SQL-Funktion UNIT_CONVERSION() zum Umwandeln von Einheiten hinzugefügt (siehe Abschnitt 9.4.7, »Umwandlung von Währungen und Einheiten«).
  - Es wurde der Ausdruck NULL hinzugefügt, um Spalten abhängig vom Datentyp initialisieren zu können.

9.10 Änderungen und Neuerungen im Umfeld von CDS bis ABAP 7.57

Konkret hat SAP die CDS Views mit dem Release 7.40 SP05 eingeführt. Seitdem wurden viele Neuerungen in den Core Data Services (CDS) eingeführt. Beim Einsatz von CDS ist es daher wichtig zu wissen, auf welchem Release Sie programmieren, um den verfügbaren Funktionsumfang zu kennen. Im Folgenden finden Sie eine Liste der wichtigsten Änderungen an CDS bis ABAP 7.57:

- **Änderungen in ABAP 7.40 SP05:**
  - Es wurden die ABAP-spezifischen CDS Views mit der Anweisung DEFINE VIEW eingeführt (siehe Abschnitt 9.8, »ABAP Core Data Services (CDS)«).

- **Änderungen in ABAP 7.40 SP08:**
  - Mit der Anweisung `DEFINE VIEW` können jetzt Eingabeparameter für CDS Views definiert werden (siehe Abschnitt 9.8.2, »CDS Views mit Parametern«).
  - Mit der Anweisung `EXTEND VIEW` können jetzt vorhandene CDS Views modifikationsfrei um neue View-Felder erweitert werden.
  - Es wurden mit `CONCAT` und `REPLACE` zwei neue Zeichenkettenfunktionen eingeführt (siehe Abschnitt 9.8.3, »CDS-Sprachelemente«).
  - Es wurden mit `ABS`, `DIV`, `DIVISION`, `FLOOR`, `MOD` und `ROUND` neue numerische Funktionen eingeführt (siehe Abschnitt 9.8.3, »CDS-Sprachelemente«).
  - Es wurde die Funktion `COALESCE` analog zu Open SQL eingeführt (siehe Abschnitt 9.4.5, »Coalesce-Funktion: Nullwerte ersetzen«).
  - Es wurden die Funktionen `CURRENCY_CONVERSION` zur Umwandlung von Währungen und `UNIT_CONVERSION` für die Umwandlung von Mengeneinheiten eingeführt (siehe Abschnitt 9.8.3, »CDS-Sprachelemente«).
  - Die `CASE`-Anweisung unterstützt jetzt auch eine komplexe Fallunterscheidung (siehe Abschnitt 9.8.3, »CDS-Sprachelemente«).
  - Über die neue Syntax `#domain.value` können jetzt die Festwerte einer ABAP-Domäne als Literal verwendet werden.
- **Änderungen in ABAP 7.40 SP10:**
  - Es können jetzt CDS-Zugriffskontrollen mit der Anweisung `DEFINE ROLE` definiert werden (siehe Abschnitt 9.8.4, »CDS-Zugriffskontrollen«).
- **Änderungen in ABAP 7.50:**
  - Es können jetzt CDS-Tabellenfunktionen mit der Anweisung `DEFINE TABLE FUNCTION` definiert werden (siehe Abschnitt 9.8.7, »CDS-Tabellenfunktionen«).
  - Falls mit ABAP auf einen CDS View zugegriffen wird, kann auf die drei neuen Sitzungsvariablen `$session.user`, `$session.client`, `$session.system_language` zugegriffen werden, in denen die drei Systemfelder `sy-uname`, `sy-mandt` und `sy-langu` zur Verfügung stehen. Hierfür müssen keine separaten Parameter mehr definiert werden.
  - Es wurden mit `CONCAT_WITH_SPACE`, `INSTR`, `LEFT`, `LENGTH`, `LTRIM`, `RIGHT`, `RPAD`, `RTRIM` neue Zeichenkettenfunktionen bzw. `BINTOHEX` und `HEXTOBIN` als Bytekettenfunktionen eingeführt (siehe Abschnitt 9.8.3, »CDS-Sprachelemente«).
  - Es wurden mit `DATS_DAYS_BETWEEN`, `DATS_ADD_DAYS`, `DATS_ADD_MONTHS` und `DATS_IS_VALID` neue Datumsfunktionen eingeführt (siehe Abschnitt 9.8.3, »CDS-Sprachelemente«).

- **Änderungen in ABAP 7.51:**
  - Die Annotation `@ClientHandling` steuert die Mandantenbehandlung und ersetzt die damit obsolete Annotation `@ClientDependent`.
  - Die Matrix für die Anweisung `CAST` wurde überarbeitet, außerdem können jetzt Aggregatausdrücke als Operanden verwendet werden.
  - Es wurden mit `UPPER` und `LOWER` zwei neue Zeichenkettenfunktionen eingeführt (siehe Abschnitt 9.8.3, »CDS-Sprachelemente«).
  - Es wurden mit `ABAP_SYSTEM_TIMEZONE`, `ABAP_USER_TIMEZONE`, `TSTMP_TO_DATS`, `TSTMP_TO_TIMS`, `TSTMP_TO_DST` und `DATS_TIMS_TO_TSTMP` neue Datums- und Zeitfunktionen eingeführt (siehe Abschnitt 9.8.3, »CDS-Sprachelemente«).
  - Es können jetzt eingebaute Funktionen in `WHERE`-Bedingungen, `ON`-Bedingungen, Filterbedingungen und `CASE`-Anweisungen verwendet werden.
  - Mit der Anweisung `EXTEND VIEW` können jetzt auch CDS Views erweitert werden, die eine `UNION`-Anweisung, Aggregatausdrücke oder eine `GROUP-BY`-Klausel haben.
- **Änderungen in ABAP 7.52:**
  - CDS-View-Erweiterungen unterliegen jetzt dem Switch Framework (siehe Abschnitt 21.6, »Switch Framework«), wenn Sie einem Paket zugewiesen sind, dem ein Schalter zugeordnet ist.
  - Annotationen sind jetzt eigenständige CDS-Objekte, die mit `DEFINE ANNOTATION` definiert werden können.
  - CDS-Rollen (siehe Abschnitt 9.8.4, »CDS-Zugriffskontrollen«) können jetzt auch für CDS-Tabellenfunktionen (siehe Abschnitt 9.8.7, »CDS-Tabellenfunktionen«) definiert werden.
- **Änderungen in ABAP 7.53:**
  - CDS-Hierarchien können jetzt mit der Anweisung `DEFINE HIERARCHY` definiert werden und mithilfe von ABAP konsumiert werden (siehe Abschnitt 9.8.8, »CDS-Hierarchien«).
  - Der Vergleichsoperator `IS INITIAL` wird jetzt unterstützt (siehe Abschnitt 9.8.3, »CDS-Sprachelemente«).
- **Änderungen in ABAP 7.54:**
  - Mit dem neuen Zusatz `PERIOD` der Anweisung `DEFINE HIERARCHY` können jetzt auch temporäre Hierarchien erzeugt werden, in denen die Hierarchieknoten über einen Zeitraum eingegrenzt werden können (siehe Abschnitt 9.8.8, »CDS-Hierarchien«).
  - Die Matrix für die Anweisung `CAST` wurde überarbeitet und berücksichtigt nun die neuen ABAP-Datentypen, wie beispielsweise `DECFLOAT16` und `DECFLOAT34`.

- **Änderungen in ABAP 7.55:**
  - Es wurden CDS-View-Entitäten als künftige Nachfolger der CDS Views eingeführt (siehe Hinweisbox in Abschnitt 9.8.1, »Anlage eines CDS Views«).
  - Es wurde die Zeichenkettenfunktion `REPLACE_REGEXPR` für reguläre Ausdrücke eingeführt.
- **Änderungen in ABAP 7.56:**
  - Analog zu Open SQL unterstützen CDS-View-Entitäten in der `SELECT`-Anweisung neben der Vereinigungsmenge mit `UNION` jetzt auch die beiden Zusätze `INTERSECT` zum Bilden von Schnittmengen und `EXCEPT` zum Ausschließen von Mengen (siehe Abschnitt 9.8.3, »CDS-Sprachelemente«).
  - Analog zu Open SQL unterstützen CDS-View-Entitäten jetzt auch typisierte Literale (siehe Abschnitt 9.8.3, »CDS-Sprachelemente«).
  - Es wurde mit `RUTDDLS_MIGRATION_CANDIDATES` ein Report zur Verfügung gestellt, mit dem veraltete CDS Views gefunden werden können.
  - Es wurde mit `RUTDDLSV2MIGRATION` ein Migrationsreport zur Verfügung gestellt, mit dem veraltete CDS Views zu CDS-View-Entitäten umgewandelt werden können.
  - Folgende neue CDS-Tabellenfunktionen wurden eingeführt (siehe Abschnitt 9.8.7, »CDS-Tabellenfunktionen«):
    - `SERIES_GENERATE_DATE()` zur Erzeugung von Datumswerten
    - `SERIES_GENERATE_INTEGER()` zu Erzeugung von Zahlenwerten
    - `SERIES_GENERATE_TIME()` zur Erzeugung von Zeitwerten
    - `SERIES_GENERATE_TIMESTAMP()` zur Erzeugung von Zeitstempeln
- **Änderungen in ABAP 7.57:**
  - Klassische CDS Views sind nun obsolet. Es sollten nur noch CDS-View-Entitäten verwendet werden (siehe Hinweisbox in Abschnitt 9.8.1, »Anlage eines CDS Views«).

Kapitel 10

Zugriff auf SAP-HANA-Entwicklungsobjekte

SAP HANA, die neue Datenbank von SAP, bringt einige neue Entwicklungsobjekte auf Datenbankebene mit. In diesem Kapitel zeige ich Ihnen, wie Sie diese SAP-HANA-Artefakte mit ABAP aufrufen können.

SAP hat ab ABAP-Release 7.40 viele Neuerungen eingeführt, die es ermöglichen, SAP-HANA-spezifische Entwicklungsobjekte mit ABAP aufzurufen. Zu diesen Objekten zählen neben SAP-HANA-Views die Stored Procedures. Während ich in Kapitel 30, »SAP HANA«, die neue Datenbank und diese Artefakte vorstelle, konzentriere ich mich in diesem Kapitel auf deren Aufruf mit ABAP. Zusätzlich zeige ich Ihnen, wie Sie ABAP Managed Database Procedures (AMDP) anlegen können, um auf dem Applikationsserver SQLScript mithilfe von ABAP-Klassen zu definieren und auszuführen. Am Ende des Kapitels in Abschnitt 10.4 finden Sie wieder eine Liste der Neuerungen und Änderungen bis ABAP 7.57. Die Übersicht über die Neuerungen in den verschiedenen Releases ist besonders wichtig, da diese Entwicklungsobjekte aktuell von SAP noch überarbeitet bzw. weiterentwickelt werden und sich damit Unterschiede von Version zu Version ergeben. In den folgenden Abschnitten dieses Kapitels finden Sie dazu jeweils Hinweise, ab welcher Version welche Funktionalität zur Verfügung steht.

10.1 Aufruf von SAP-HANA-Views

Auf der SAP-HANA-Datenbank können Sie sogenannte *SAP-HANA-Views*, auch *Information Views* genannt, entwickeln, auf die Sie anschließend mit ABAP zugreifen können. Prinzipiell werden drei Arten von SAP-HANA-Views unterschieden:

- Attribute Views
- Analytic Views
- Calculation Views

Alle drei Views haben grundsätzlich eine Aufgabe: die Verknüpfung von Tabellen, ergänzt durch zusätzliche Logik, wie z. B. Berechnungen. Um diese SAP-HANA-Views in ABAP-Anwendungen zu konsumieren, stehen Ihnen zwei Möglichkeiten zur Verfügung:

- Aufruf mit nativem SQL (z. B. über ABAP Database Connectivity, ADBC)
- Verwendung eines externen Views als Proxy-Objekt (ab ABAP 7.40 SP02)

10.1.1 Aufruf mit nativem SQL

Die ADBC-API habe ich Ihnen bereits in Abschnitt 9.7.2 vorgestellt. Schauen Sie sich das Beispiel in diesem Abschnitt noch einmal an. Um einen SAP-HANA-View über diesen Weg aufzurufen, müssen Sie in der SQL-Variablen den vollständigen Pfad des SAP-HANA-Views angeben.

Alle SAP-HANA-Views der SAP-HANA-Datenbank liegen im Systemschema `_SYS_BIC`. Der vollständige Pfad des Views setzt sich aus folgenden Bestandteilen zusammen:

```
_SYS_BIC.IhrSchema.Paket/Viewname
```

Möchten Sie z. B. einen Calculation View mit dem Namen `ZMEIN_CALC_VIEW` aufrufen, könnte die `SELECT`-Anweisung wie folgt aussehen:

```
lv_sql = |SELECT * FROM _SYS_BIC."abap4hana.developer/Zmein_calc_view"|.
```

10.1.2 Aufruf über externe Views

Ab ABAP 7.40 SP2 können Sie SAP-HANA-Views auch über externe Views aufrufen. Grundgedanke ist dabei, die SAP-HANA-Views, die sich auf der Datenbank befinden, dem ABAP Dictionary über einen externen View bekannt zu machen, damit Sie – ähnlich einem normalen Datenbank-View – mit Open SQL konsumiert werden können. Externe Views dienen hierbei also als Proxy.

Beispiel

Den externen View können Sie in der `FROM`-Klausel einer Open-SQL-Anweisung adressieren.

```
DATA lt_view TYPE TABLE OF zmein_ext_view.
SELECT * FROM zmein_ext_view INTO TABLE lt_view.
```

10.1.3 Externe Views anlegen

Externe Views können nur in Eclipse in den ABAP Development Tools (ADT) angelegt werden und auch nur, wenn Sie SAP HANA als primäre Datenbank angeschlossen haben. Eine Einführung in die ADT finden Sie in Kapitel 2, »Die ABAP Development Tools«.

1. Um einen externen View anzulegen, klicken Sie mit der rechten Maustaste auf Ihr ABAP-Projekt, und wählen Sie **New • ABAP Repository Object** (siehe Abbildung 10.1).

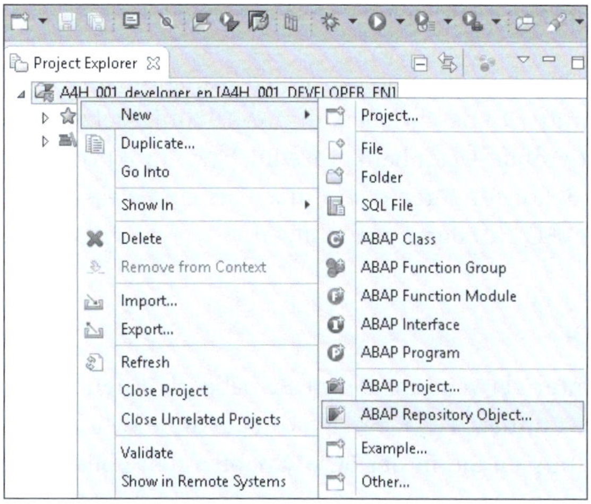

Abbildung 10.1 Anlegen von ABAP-Repository-Objekten

2. Unterhalb des Ordners **Dictionary** können Sie nun den Eintrag **Dictionary View** auswählen.
3. Tragen Sie in der in Abbildung 10.2 gezeigten Anlagemaske ein Paket, einen Namen und eine Beschreibung ein, und wählen Sie die Option **External View**. Geben Sie den SAP-HANA-View an, auf den Sie über den externen View zugreifen möchten.
4. Klicken Sie auf **Finish**.

Nach dem Anlegen können Sie die Datenvorschau nutzen, die Sie sowohl in Eclipse als auch im SAP GUI (z. B. mit den Transaktionen SE11 oder SE16) öffnen können.

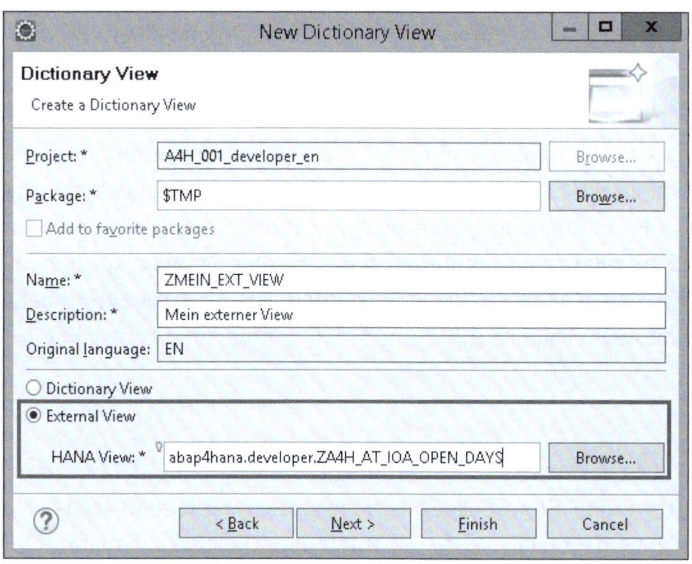

Abbildung 10.2 Externen View anlegen

10.2 Aufruf von Datenbankprozeduren

Ab ABAP 7.40 SP05 sollten Datenbankprozeduren oder *Stored Procedures* (bzw. Datenbankfunktionen), wie in Abschnitt 10.3 beschrieben, mit AMDP umgesetzt werden. Möchten Sie eine bereits existierende Datenbankprozedur bzw. -funktion auf der SAP-HANA-Datenbank mit ABAP konsumieren oder nutzen Sie ein Release vor SAP HANA SPS05, können Sie natives SQL für den Aufruf nutzen.

10.2.1 Aufruf mit nativem SQL

Den Zugriff mit nativem SQL unter Verwendung der ADBC habe ich Ihnen bereits in Abschnitt 9.7.2, »ABAP Database Connectivity«, gezeigt. Um auf diese Weise eine Datenbankprozedur aufzurufen, müssen Sie in der SQL-Variablen den vollständigen Pfad dieser Datenbankprozedur angeben. Alle Datenbankprozeduren der SAP-HANA-Datenbank liegen im Systemschema `_SYS_BIC`. Der vollständige Pfad der Prozedur setzt sich aus den folgenden Bestandteilen zusammen:

```
_SYS_BIC.IhrSchema.Paket/StoredProcedure
```

Für den Aufruf verwenden Sie diesmal allerdings keine `SELECT`-, sondern eine `CALL`-Anweisung. Hat Ihre Datenbankprozedur z. B. den Namen `MEINE_SP`, könnte die `CALL`-Anweisung wie folgt aussehen:

```
|CALL "_SYS_BIC"."abap4hana.developer/meine_sp()"|
  && | WITH OVERVIEW|.
```

Die Importparameter können dabei nach der Datenbankprozedur in Klammern angegeben werden. Die Exportparameter werden durch `null`-Angaben belegt.

Die `CALL`-Anweisung kann um den Zusatz `WITH OVERVIEW` ergänzt werden. Dieser Zusatz sorgt dafür, dass zunächst alle Rückgabeparameter im Überblick zurückgeliefert werden. Dies ist vor allem dann sinnvoll, wenn die Datenbankprozedur mehr als einen Exportparameter (beispielsweise zwei interne Tabellen) zurückgibt. Die Rückgabe der Parameter geschieht in Form einer separaten internen Tabelle, die die temporären Datenbankadressen für die Exportparameter enthält. Auf diese Tabelle können Sie dann in einem zweiten Schritt eine Selektion anwenden. Für die Parametertabelle wird ein Strukturtyp mit zwei Feldern `PARAM` und `VALUE` jeweils vom Typ `string` benötigt.

Beispiel

Listing 10.1 zeigt den Aufruf der Datenbankprozedur `MEINE_STORED_PROCEDURE` mit dem Parameterwert 5. Zuerst werden die zurückgegebenen Parameter mit dem Zusatz `WITH OVERVIEW` abgefragt. Dazu wird ein Typ `LTY_OVERVIEW` definiert. Die Rückgabeparameter werden nach der Ausführung in der internen Tabelle `LT_OVERVIEW` stehen.

```
TYPES: BEGIN OF lty_overview,
            param   TYPE string,
            value   TYPE string,
       END OF lty_overview.
DATA: lt_overview TYPE TABLE OF lty_overview,
      ls_overview TYPE lty_overview.
DATA: lo_result   TYPE REF TO cl_sql_result_set,
      lv_sql      TYPE string,
      lr_data     TYPE REF TO data.
* Aufruf der Datenbankprozedur, um die Rückgabetabellen
* zu erhalten
lv_sql = |CALL
    "_SYS_BIC"."abap4hana.developer/meine_stored_procedure"|
            && |( '5', null, null ) WITH OVERVIEW|.
lo_result = lo_sql->execute_query( lv_sql ).
GET REFERENCE OF lt_overview INTO lr_data.
lo_result->set_param_table( lr_data ).
lo_result->next_package( ).
lo_result->close( ).
"In LT_OVERVIEW stehen jetzt die Rückgabeparameter
```

Listing 10.1 Aufruf einer Datenbankprozedur mit ADBC

In einem zweiten Schritt kann nun eine SELECT-Anweisung (keine CALL-Anweisung) auf die temporären Adressen (die in der Spalte VALUE stehen) der Exportparameter ausgeführt werden, um an die Ergebnismenge zu kommen. In Listing 10.2 wird auf diese Weise ein Exportparameter (ET_TOP) ausgelesen.

```
lt_top LIKE TABLE OF ls_...
"Struktur der Stored Procedure,
"muss händisch definiert werden
READ TABLE lt_overview INTO ls_overview
   WITH KEY param = 'ET_TOP'.
IF sy-subrc = 0.
   lv_sql = 'SELECT * FROM ' && ls_overview-value.
   lo_result = lo_sql->execute_query( lv_sql ).
   GET REFERENCE OF lt_top INTO lr_data.
   lo_result->set_param_table( lr_data ).
   lo_result->next_package( ).
   lo_result->close( ).
ENDIF.
```

Listing 10.2 Auslesen der Rückgabeparameter

Dies können Sie auf Wunsch mit dem zweiten Exportparameter wiederholen. Der Zugriff wurde durch die ABAP-Datenbankprozedur-Proxies deutlich vereinfacht.

10.2.2 Aufruf mit einem Datenbankprozedur-Proxy

Ab ABAP 7.40 SP05 können Sie, ähnlich der Verwendung externer Views, für den Aufruf von SAP-HANA-Views auch Datenbankprozeduren über ein Proxy-Objekt aufrufen. Auf diese Weise können Sie Ihre Datenbankprozeduren ohne einen Umweg über natives SQL aufrufen.

Dazu verwenden Sie die neue ABAP-Anweisung `CALL DATABASE PROCEDURE`. Diese Anweisung ist von der Syntax her sehr ähnlich wie der Aufruf eines Funktionsbausteins mit der Anweisung `CALL FUNCTION`. Die Parameter werden über die Zusätze `EXPORTING` und `IMPORTING` verarbeitet. Die Parameterliste entspricht dabei den Parametern der Datenbankprozedur. Die Datentypen der Parameter können Sie durch den Bezug auf die Typdeklarationen des zugehörigen Interface definieren.

Syntax

```
CALL DATABASE PROCEDURE proxy
    [EXPORTING  p1 = a1 p2 = a2 ...]
    [IMPORTING  p1 = a1 p2 = a2 ...].
```

Beispiel

Listing 10.3 zeigt den Aufruf eines Datenbankprozedur-Proxys.

```
DATA: lv_daten TYPE zif_mein_sp_proxy=>iv_daten,
      lt_daten TYPE TABLE OF zif_mein_sp_proxy=>et_daten,
CALL DATABASE PROCEDURE meine_sp
  EXPORTING
    iv_daten = lv_daten
  IMPORTING
    et_daten = lt_daten.
```

Listing 10.3 Aufruf eines Datenbankprozedur-Proxys

10.2.3 Datenbankprozedur-Proxy anlegen

Datenbankprozedur-Proxies können nur in den ADT und nicht im SAP GUI angelegt werden:

1. Klicken Sie dazu, wie in Abbildung 10.1 in Abschnitt 10.1.3, »Externe Views anlegen«, zu sehen, mit der rechten Maustaste auf Ihr ABAP-Projekt, und wählen Sie **Neu • ABAP Repository Object**.

2. Anschließend können Sie unterhalb des Ordners **Dictionary** den Eintrag **Database Procedure Proxy** finden und auswählen.
3. In der in Abbildung 10.3 gezeigten Anlagemaske müssen Sie ein Paket, einen Namen, eine Beschreibung und die gewünschte SAP-HANA-Prozedur auswählen. Bei der Auswahl der Prozedur hilft Ihnen der **Content Assist**, den Sie im Feld **HANA Procedure** über die Tastenkombination `Strg` + Leertaste aufrufen können.
4. Es wird nun eine Datenbankprozedur-Schnittstelle in Form eines Interface angelegt. Der Name dieses Interface fängt mit dem Präfix `ZIF_` an und hört mit dem von Ihnen gewählten Namen des Prozedur-Proxys auf.

Dieses Interface besitzt die ursprünglichen Ein- und Ausgabeparameter Ihrer Datenbankprozedur als Typdefinition und liegt nun auf dem ABAP-Applikationsserver vor. In Ihrem ABAP-Quellcode können Sie es verwenden, um Datenobjekte mit den richtigen Datentypen anzulegen. Dies muss somit nicht mehr händisch geschehen.

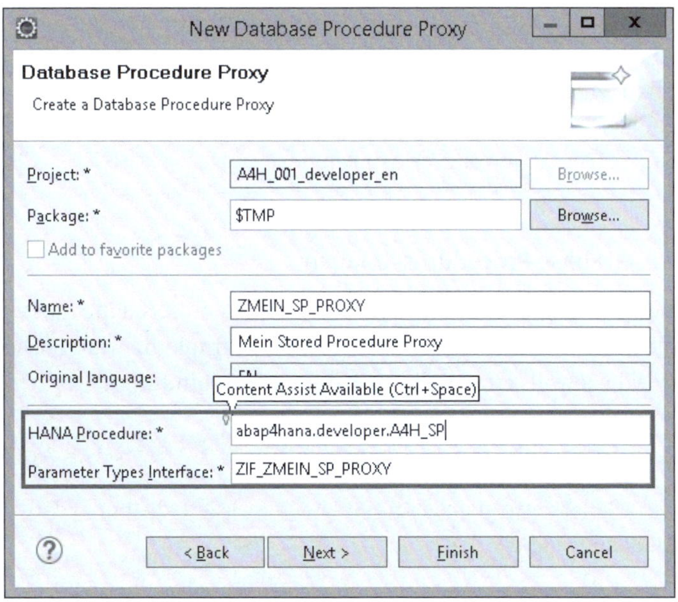

Abbildung 10.3 Anlegen eines ABAP-Datenbankprozedur-Proxys

10.3 ABAP Managed Database Procedures (AMDP)

Neben den in Abschnitt 10.2 beschriebenen Möglichkeiten für den Aufruf von Datenbankprozeduren besteht ab ABAP 7.40 SP05 die Option, sogenannte *ABAP Managed Database Procedures* (AMDP) zu nutzen. AMDP erlauben es dem Entwickler, Datenbankprozeduren (im Folgenden sind damit auch Datenbankfunktionen gemeint) auf dem SAP NetWeaver Application Server (AS) ABAP zu entwickeln und zu verwalten.

In der Theorie könnte dies auch mit anderen Datenbanken funktionieren, in der Praxis beherrschen die AMDP momentan nur die SAP-HANA-spezifische Skriptsprache *SQLScript*, was bedeutet, dass sie nur auf der SAP-HANA-Datenbank funktionieren. Langfristig soll dieses Konzept den Kunden aber auch ermöglichen, Datenbankprozeduren von anderen Datenbankherstellern zu verwenden.

Die Verwendung von AMDP folgt dem Top-down-Ansatz und bietet folgende Vorteile:

- SQLScript-Code kann auf dem Applikationsserver und muss nicht auf der SAP-HANA-Datenbank verwaltet werden.
- Ein Syntax-Check für SQLScript wurde in die ABAP-Syntaxprüfung integriert.
- Die Ablage der AMDP erfolgt im Datenbankschema des SAP NetWeaver AS ABAP, wodurch die Nutzung des ABAP-Transportsystems ermöglicht wird.

[»]

Fehlende Berechtigungen

SAP weist darauf hin, dass es, wenn das aktuelle System nicht über ausreichende Berechtigungen zum Verwalten von Datenbankprozeduren in seinem Datenbanksystem verfügt, zu Syntaxfehlern in AMDP-Methoden kommen kann. Fehlende Berechtigungen können Sie mit der Transaktion SICK feststellen.

10.3.1 ABAP Managed Database Procedures anlegen

AMDP werden als Methoden von globalen ABAP-Klassen implementiert. Eine Klasse, die AMDP enthalten soll, muss das Interface `IF_AMDP_MARKER_DB` implementieren. Die Endung `DB` steht dabei für die jeweils eingerichtete Datenbankverbindung.

[»]

Anlegen in den ADT für Eclipse

AMDP werden über speziell markierte globale ABAP-Klassen realisiert, die nur in den ADT und nicht im SAP GUI angelegt werden können.

In der Implementierung der Klasse müssen im Kopf der gewünschten AMDP-Methode die Kennzeichnung als Datenbankprozedur, die Art der genutzten Datenbank, die verwendete Skriptsprache und die verwendeten Tabellen angegeben werden. Eine optionale Angabe ist die Festlegung, dass nur Lesezugriffe (`READ-ONLY`) erlaubt sind.

Zurzeit gibt es für die verschiedenen Parameter nur SAP-HANA-bezogene Auswahlmöglichkeiten:

- `SQLSCRIPT` als Datenbanksprache
- `HDB` für SAP-HANA-Datenbanken (der Name des genannten Interface lautet also `IF_AMDP_MARKER_HDB`). `HDB` ist der im System eingestellte Verbindungsname der SAP-HANA-Datenbank.

Die angegebenen Tabellen müssen auf der SAP-HANA-Datenbank vorhanden sein. Die Angabe hat rein deklarative Funktion, damit die Methode »weiß«, auf welche Tabellen zugegriffen werden soll. Es ist darüber hinaus wichtig, dass Sie die Parameter als Werteparameter mit dem Zusatz VALUE definieren.

Die AMDP-Methode selbst wird mit SQLScript programmiert, eine Eingabe von ABAP-Code ist nicht möglich. Sie müssen innerhalb der Methode mindestens die in der Definition angegebenen Exportparameter füllen.

Syntax

```
METHOD Methodenname
  BY DATABASE PROCEDURE
  FOR DB_Plattform
  LANGUAGE DB_Sprache
  OPTIONS READ-ONLY
  USING Tabelle1 Tabelle2.
```


Beispiel

Listing 10.4 definiert eine AMDP.

```
CLASS za4h_amdp_bpa DEFINITION PUBLIC FINAL CREATE PUBLIC.
 PUBLIC SECTION.
   INTERFACES if_amdp_marker_hdb.
   METHODS amdp_methode
     IMPORTING VALUE(iv_time) TYPE timestampl
     EXPORTING VALUE(et_bpas) TYPE ztt_bpas.
ENDCLASS.
```

Listing 10.4 Definition einer AMDP

Listing 10.5 zeigt die Implementierung der Methode AMDP_METHODE() mit SQLScript.

```
CLASS za4h_amdp_bpa IMPLEMENTATION.
  METHOD amdp_methode
    BY DATABASE PROCEDURE
    FOR HDB
    LANGUAGE SQLSCRIPT
    OPTIONS READ-ONLY
    USING snwd_bpa snwd_so snwd_po.
    -- Beginn SQL-Script
    lt_bpas = select bpa.node_key, bpa.company_name,
                bpa.created_at
                from snwd_bpa as bpa join snwd_so as soh
                  on bpa.node_key = soh.buyer_guid
```

```
            union
            select bpa.node_key, bpa.company_name,
              bpa.created_at
              from snwd_bpa as bpa join snwd_po as poh
                on bpa.node_key = poh.partner_guid;
    et_bpas = select node_key, company_name from :lt_bpas
    where created_at > :iv_time;
      -- Ende SQL-Script
  ENDMETHOD.
ENDCLASS.
```

Listing 10.5 Implementierung einer AMDP-Methode

Der Aufruf erfolgt anschließend mit normalem ABAP.

Erzeugen Sie dazu eine Instanz der Klasse, und rufen Sie die AMDP-Methode auf, wie in Listing 10.6 gezeigt.

```
DATA: lr_amdp TYPE REF TO za4h_amdp_bpa.
CREATE OBJECT lr_amdp.
lr_amdp->amdp_methode(
   EXPORTING
     iv_time = iv_datum
   IMPORTING
     et_bpas = lt_bpas
).
```

Listing 10.6 Aufruf einer AMDP-Methode

10.3.2 Datenbankfunktionen anlegen

Ab ABAP 7.50 unterstützt das AMDP-Framework zusätzlich den Aufruf von Datenbankfunktionen (Database Functions) über den Zusatz `BY DATABASE FUNCTION`. Eine Datenbankfunktion ist ebenfalls in SQLScript geschrieben. Im Vergleich zu Datenbankprozeduren haben diese aber immer einen mit `RETURN` definierten Rückgabewert. Diese Datenbankfunktionen können nur direkt an Lesepositionen von Anweisungen verwendet werden. Eine solche Funktionsimplementierung kann in ABAP nicht wie eine normale Methode aufgerufen werden. Dies kann nur innerhalb einer anderen AMDP-Methode geschehen.

Beispiel

In Listing 10.7 finden Sie eine beispielhafte Definition einer solchen Datenbankfunktion. Es wird nur eine Tabelle selektiert, aber zwingend mit der Anweisung `RETURN` eine Rückgabetabelle zurückgegeben.

```
METHOD get_sflight BY DATABASE FUNCTION FOR HDB
                 LANGUAGE SQLSCRIPT
                 OPTIONS READ-ONLY
                 USING sflight.
  RETURN SELECT carrid connid fldate
           FROM sflight
           WHERE mandt  = :iv_client
             AND carrid = :ip_carrid;
ENDMETHOD.
```

Listing 10.7 Definition einer Datenbankfunktion

Ein möglicher Aufruf in einer anderen AMDP-Methode könnte wie in Listing 10.8 aussehen. Die Datenbankfunktion wird dabei nicht über die Anweisung `CALL` aufgerufen (was auch nicht möglich ist), sondern direkt als Datenquelle der `SELECT`-Anweisung mit Lesepositionen nach `FROM` angegeben.


```
METHOD select_sflight BY DATABASE PROCEDURE FOR HDB
                 LANGUAGE SQLSCRIPT
                 OPTIONS READ-ONLY
                 USING zcl_meine_klasse=>get_sflight.
  et_sflight = SELECT *
                 FROM "zcl_meine_klasse=>GET_sflight"(
                   clnt   => :iv_client,
                   carrid => :ip_carrid );
ENDMETHOD.
```

Listing 10.8 Aufruf einer Datenbankfunktion

10.3.3 BAdIs für ABAP Managed Database Procedures

Mit ABAP-Release 7.40 SP08 wurden spezielle *Business Add-ins* (BAdIs) für AMDP-Prozedurimplementierungen eingeführt. Diese nennen sich *AMDP BAdIs* und übertragen die Implementierung von Datenbankprozeduren auf die aktuelle Datenbank abhängig von der Schalterstellung des Switch Frameworks (siehe Abschnitt 21.6). Mit anderen Worten sorgt das AMDP-Framework dafür, dass die zur aktuellen Schalterstellung passende Datenbankprozedur auf der Datenbank angelegt wird.

Ein AMDP BAdI wird im BAdI-Builder über die Eigenschaft **AMDP BAdI** als solches gekennzeichnet. Diese Eigenschaft muss beim Anlegen aktiviert werden. Diese speziellen AMDP BAdIs haben keine Filter, müssen eine Fallback-BAdI-Implementierungsklasse angeben und enthalten nur Methoden, die AMDP-Prozedurimplementierungen sind und für das gleiche Datenbanksystem implementiert wurden.

Der Aufruf der BAdI-Methoden kann innerhalb einer AMDP-Methode über den Zusatz USING geschehen, wie in Listing 10.9 gezeigt.

```
METHOD aufruf BY DATABASE PROCEDURE FOR HDB LANGUAGE
              SQLSCRIPT OPTIONS READ-ONLY
              USING zcl_badi_amdp=>abhaengiger_aufruf.
*Je nach Schalter und BAdI-Implementierung wird eine
*andere Datenbankprozedur aufgerufen
  CALL "ZCL_BADI_AMDP=>ABHAENGIGER_AUFRUF"(
    "Parameterangabe
    "iv_...
    "et_...
  );
ENDMETHOD.
```

Listing 10.9 Aufruf einer AMDP-BAdI-Methode

Wenn keine Erweiterung vorliegt, wird die Implementierung der Fallback-Implementierungsklasse ausgeführt. Diese muss ja für die BAdI-Definition angegeben werden.

10.4 Änderungen und Neuerungen beim Zugriff auf SAP-HANA-Entwicklungsobjekte bis ABAP 7.57

Die neuen Aufrufmöglichkeiten von Objekten der SAP-HANA-Datenbank wurden erst ab ABAP-Release 7.40 eingeführt. Eine Übersicht der wichtigsten Änderungen bis ABAP-Release 7.57 finden Sie in diesem Abschnitt:

- **Änderungen in ABAP 7.40 SP02:**
  - Der Zugriff auf SAP-HANA-Views ist nun über externe Views des ABAP Dictionarys möglich (siehe Abschnitt 10.1.2, »Aufruf über externe Views«).
  - Die neue Anweisung CALL DATABASE PROCEDURE ermöglicht den Aufruf von SQLScript in ABAP-Programmen (siehe Abschnitt 10.2.2, »Aufruf mit einem Datenbankprozedur-Proxy«).
- **Änderungen in ABAP 7.40 SP05:**
  - AMDP wurden eingeführt und ermöglichen den Aufruf von auf der SAP-HANA-Datenbank in SQLScript programmierten Datenbankprozeduren durch den Zusatz BY DATABASE PROCEDURE (siehe Abschnitt 10.3, »ABAP Managed Database Procedures (AMDP)«).

- **Änderungen in ABAP 7.40 SP08:**
  - AMDP können nun tabellarische Ein-/Ausgabeparameter haben.
  - Spezielle AMDP BAdIs wurden eingeführt, die die Verknüpfung von AMDP-Prozeduren mit dem Switch Framework ermöglichen (siehe Abschnitt 10.3.3, »BAdIs für ABAP Managed Database Procedures«).
- **Änderungen in ABAP 7.50:**
  - Die Ergebnistabelle der AMDP unterstützt den Aufruf von Datenbankfunktionen der SAP-HANA-Datenbank durch den Zusatz `BY DATABASE FUNCTION` (siehe Abschnitt 10.3.2, »Datenbankfunktionen anlegen«).
  - CDS-Tabellenfunktionen werden jetzt über AMDP-Funktionen mit dem Zusatz `FOR TABLE FUNCTION` implementiert (siehe Abschnitt 9.8.7, »CDS-Tabellenfunktionen«)
- **Änderungen in ABAP 7.52:**
  - Bei der Implementierung einer AMDP-Methode kann jetzt in SQLScript über ein neues Makro `$ABAP.type( [name =] abap_type )` Bezug auf ABAP-Typen genommen werden.
  - Über den neuen Zusatz bei der Definition einer AMDP-Methode `AMDP OPTIONS CDS SESSION CLIENT` kann über die Sitzungsvariable `$session.client` auf den Mandanten zugegriffen werden, der beim Aufruf aus ABAP aus dem Systemfeld `sy-mandt` übernommen wird.

Kapitel 11
Die ABAP-Objects-Syntax

Dieses Kapitel behandelt die Grundlagen der ABAP-Objects-Syntax. An dieser Syntax werden Sie nicht vorbeikommen, wenn Sie in Zukunft mit ABAP programmieren wollen.

In diesem Kapitel werden die Syntaxgrundlagen von ABAP Objects behandelt. Das Kapitel setzt Kenntnisse der objektorientierten Programmierung im Allgemeinen voraus. Sollten Sie noch nicht die Möglichkeit gehabt haben, objektorientiert zu programmieren, oder sollte der letzte Einsatz objektorientierter Konzepte schon etwas länger her sein, empfehle ich Ihnen, zunächst Teil V des Buches, »Objektorientierte Programmierung«, zu studieren, insbesondere Kapitel 25, »Grundlagen der Objektorientierung«. Dort erläutere ich Ihnen alle wichtigen Grundkonzepte der Objektorientierung.

In ABAP wird – ähnlich wie in der prozeduralen Programmierung – zwischen Funktionsbausteinen (global verfügbar) und Formroutinen (lokal im Programm) sowie zwischen globalen und lokalen Klassen unterschieden:

- *Globale Klassen* werden in Transaktion SE24 (siehe Kapitel 6, »Der Class Builder«) angelegt und stehen systemweit zur Verfügung. Das Anlegen erfolgt unterstützt durch einen Dialog. Auf Basis der dabei erfolgten Eingaben wird dann die Syntax der Klasse automatisch im Hintergrund generiert.
- *Lokale Klassen* legen Sie innerhalb Ihres Programmcodes händisch an. Sie stehen nur innerhalb des Programms zur Verfügung.

Unabhängig davon, ob es sich um globale oder lokale Klassen handelt, haben alle in ABAP existierenden Klassen denselben Grundaufbau (siehe Abschnitt 11.1) und unterscheiden sich meist nur in ein paar Schlüsselwörtern bei der Definition der Klasse. Damit baut jede Klassenart, sei es eine globale, lokale, abstrakte oder finale Klasse, auf derselben Syntax auf. Diese Syntax bekommt der ABAP-Programmierer gerade bei globalen Klassen in aller Regel nicht zu Gesicht. Aber gerade für die Zukunft wird es immer wichtiger, dass Sie die dahinterliegende Syntax in- und auswendig kennen. So werden zum Beispiel in den neuen ABAP Development Tools (ADT, siehe Kapitel 2) keine Masken mehr für die Erzeugung von Klassen bereitgestellt, da SAP erkannt hat, dass dadurch kein Geschwindigkeitsgewinn beim Programmieren erzielt werden kann.

Dieses Kapitel schaut daher hinter die Kulissen der automatischen Generierung und behandelt alle wichtigen syntaktischen Varianten. Dabei werden in den angegebenen Beispielen bewusst lokale Klassen (die ja dieselbe Syntax aufweisen) herangezogen, damit Sie diese in Ihrem ABAP Editor ausprobieren und nachvollziehen können. Die Arbeit mit dem Class Builder in Transaktion SE24 finden Sie, wie erwähnt, in Kapitel 6 beschrieben.

Neben einer Beschreibung des Aufbaus von Klassen und ihren Komponenten finden Sie in diesem Kapitel auch Informationen darüber, wie Sie klassische Problemstellungen der objektorientierten Programmierung mit ABAP lösen können:

- Vererbung von Klassen (siehe Abschnitt 11.7)
- Definition und Verwendung von Interfaces (siehe Abschnitt 11.11)
- Casting von Klassen (siehe Abschnitt 11.13)

Darüber hinaus habe ich für Sie am Ende dieses Kapitels in Abschnitt 11.15 die wichtigsten Änderungen an der Syntax bis ABAP 7.57 zusammengestellt.

11.1 Grundaufbau einer Klasse

Der Grundaufbau einer ABAP-Klasse ist immer in zwei Teile gegliedert: einen Definitionsteil, der die Komponenten einer Klasse deklariert, und einen Implementierungsteil, der die Implementierung der einzelnen Methoden enthält. Während Sie im Implementierungsteil den Quellcode von Methoden schreiben können, können Sie im Definitionsteil die Sichtbarkeiten von Komponenten und die der Klasse selbst steuern sowie Datentypen, Attribute, Methoden, Ereignisse, Ausnahmen, Freunde und Konstruktoren, die Klassenart und das Erben von anderen Klassen definieren sowie Interfaces implementieren.

Einen solchen Grundaufbau einer Klasse können Sie in einem Report, einem Modulpool oder auch innerhalb einer Funktionsgruppe definieren. Wird dabei der Zusatz `PUBLIC` angegeben, wird die Klasse zu einer globalen Klasse der Klassenbibliothek.

Syntax

Definitionsteil:

```
CLASS klasse DEFINITION [PUBLIC].
  [Komponenten]
ENDCLASS.
```

Implementierungsteil:

```
CLASS klasse IMPLEMENTATION.
  "Implementierung der Methoden
ENDCLASS.
```

11.1.1 Instanziierung von Klassen

Klassen können Sie mit zwei verschiedenen Anweisungen instanziieren:

- mit CREATE OBJECT
- mit NEW (ab ABAP 7.40 SP02)

In beiden Fällen wird direkt nach der Erzeugung der Instanz der Konstruktor der Klasse aufgerufen.

11.1.2 Instanziierung mit CREATE OBJECT

Um mit der Anweisung CREATE OBJECT die Instanz einer ABAP-Klasse zu erzeugen, deklarieren Sie zuerst eine Referenz zur Klasse und erzeugen die Klasse anschließend mit der Anweisung CREATE OBJECT.

Beim Aufruf mit CREATE OBJECT müssen Sie die obligatorischen, also verpflichtenden, Parameter des Instanzkonstruktors unter dem Zusatz EXPORTING versorgen (siehe auch Abschnitt 11.5, »Konstruktoren«).

Syntax

```
CREATE OBJECT objektreferenz
  [EXPORTING p1 = a1 p2 = a2 ...].
```

Beispiel

In dem Report in Listing 11.1 wird eine Klasse definiert (mit einem öffentlichen Attribut mv_name), implementiert (der Implementierungsteil ist hier leer, da keine Methode definiert wurde) und anschließend mit CREATE OBJECT erzeugt.

```
REPORT zreport.
CLASS lcl_meine_klasse DEFINITION.
  PUBLIC SECTION.
    DATA mv_name TYPE string.
ENDCLASS.
CLASS lcl_meine_klasse IMPLEMENTATION.
ENDCLASS.
START-OF-SELECTION.
DATA: lo_objekt TYPE REF TO lcl_meine_klasse.
CREATE OBJECT lo_objekt.
lo_objekt->mv_name = 'Felix'.
```

Listing 11.1 Instanz einer Klasse erzeugen

[»]

Definition einer lokalen Klasse in einem Report

Definieren Sie eine lokale Klasse in einem Report, müssen Sie dies am Kopf des Reports tun und nach der Definition die Anweisung `START-OF-SELECTION` angeben, damit die Laufzeitumgebung weiß, wo die eigentliche Verarbeitung des Reports anfängt.

11.1.3 Instanziierung mit NEW

Die Möglichkeit der Instanziierung mit `NEW` besteht, wie erwähnt, ab ABAP 7.40 SP02. Ein solcher Instanziierungsausdruck ist ein sogenannter *Konstruktorausdruck*. Diesen habe ich Ihnen bereits in Abschnitt 7.13 vorgestellt. Konstruktorausdrücke können Sie an allgemeinen Ausdruckspositionen angeben, d. h., Sie können `NEW` zum Beispiel direkt in einem Aufruf einer anderen Methode verwenden. Das Resultat des Ausdrucks `NEW` ist eine Referenzvariable, die auf die erzeugte Instanz der Klasse zeigt. Wie bei der Instanziierung mit `CREATE OBJECT` wird der Konstruktor des Objekts nach erfolgreicher Erzeugung mit den in diesem Fall in Klammern angegebenen Parametern versorgt.

Haben Sie bereits vorher eine Referenzvariable für die Klasse angelegt, haben Sie die Möglichkeit, anstelle der Angabe der Klasse nach der Anweisung `NEW` das Rautezeichen (#) zu verwenden, da der benötigte Datentyp eindeutig und erkennbar ist. Dies gilt z. B. auch, wenn Sie die Anweisung `NEW` an einer Parameterposition (z. B. in einem Methodenaufruf) benutzen.

Syntax

```
... NEW {klasse|#}( ... )[...].
```

Beispiel

In Listing 11.2 wird dieselbe Klasse wie in Listing 11.1 instanziiert.

```
DATA: lo_meine_klasse TYPE REF TO lcl_meine_klasse.
lo_meine_klasse = NEW #( ).
* Oder in einer Zeile mit Angabe des Typs:
DATA(lo_meine_klasse) = NEW lcl_meine_klasse( ).
lo_meine_klasse->mv_name = 'Felix'.
```

Listing 11.2 Instanziierung einer Klasse mit NEW

[»]

NEW zur Erzeugung von Datenobjekten

Die Anweisung `NEW` beherrscht darüber hinaus dieselbe Funktionalität zur Erzeugung von Datenobjekten wie die Anweisung `CREATE DATA`. Diese Verwendung beschreibe ich in Abschnitt 24.5.2, »Anonymes Datenobjekt mit NEW erzeugen«.

11.2 Sichtbarkeiten

Sie haben die Möglichkeit, die Sichtbarkeit der Klasse bzw. eines Interface zu steuern. Die Sichtbarkeit gibt an, in welchem Kontext die Klasse instanziiert werden darf. Folgende Optionen stehen dabei zur Auswahl:

- *Public*: Jeder darf eine Instanz der Klasse erzeugen.
- *Protected*: Die Klasse und ihre Kinder dürfen eine Instanz der Klasse erzeugen, d. h. innerhalb der Klasse bzw. innerhalb der Kinderklassen.
- *Private*: Nur die Klasse selbst darf eine Instanz von sich erzeugen.

Die Sichtbarkeit können Sie hinter dem Definitionsteil durch den Zusatz `CREATE` unter Angabe der gewünschten Sichtbarkeit angeben. Die Sichtbarkeit *Package* wird für die Erzeugung von Klassen in ABAP nicht unterstützt. Die Sichtbarkeit der Klasse steuert nicht die Sichtbarkeit der Klassenkomponenten.

Syntax

```
CLASS klasse DEFINITION
  [CREATE {PUBLIC|PROTECTED|PRIVATE}]
  "Komponenten
ENDCLASS.
```

Beispiel

Die folgende öffentliche Klasse kann von außen mit `CREATE OBJECT` und `NEW` instanziiert werden:

```
CLASS lcl_klasse DEFINITION CREATE PUBLIC.
   ...
ENDCLASS.
```

11.2.1 Komponentensichtbarkeit

Sie können den Klassenkomponenten, d. h. Methoden, Attributen und Ereignissen von ABAP-Klassen, eine eigene Sichtbarkeit zuordnen und damit steuern, wie von außen auf diese Komponenten zugegriffen werden darf. Sie haben hierzu in ABAP wie bei der Klassensichtbarkeit folgende Möglichkeiten:

- *Public*: Die Klassenkomponenten sind nach außen hin sichtbar.
- *Protected*: Die Klassenkomponenten sind nur für die Klasse selbst und deren Erben sichtbar.
- *Private*: Die Klassenkomponenten sind nur für die Klasse selbst sichtbar; die Erben können auf diese Klassenkomponenten nicht mehr zugreifen.
- *Package*: Für Klassen des gleichen Pakets hat diese Angabe dieselbe Bedeutung wie *Public*, für Klassen außerhalb des Pakets dieselbe wie *Private*.

Jede Sichtbarkeitsart wird in ABAP in einem eigenen Sichtbarkeitsbereich definiert, dem Sie die Klassenkomponenten, denen Sie diese Sichtbarkeit zuweisen möchten, zuordnen können. Jede Komponente muss einem Sichtbarkeitsbereich zugeordnet werden. Die Sichtbarkeitsbereiche müssen in der in der Syntax angegebenen Reihenfolge aufgeführt werden, die `PUBLIC SECTION` darf also nicht nach der `PRIVATE SECTION` kommen. Sie müssen allerdings nicht alle Sichtbarkeitsbereiche benutzen.

Syntax

```
CLASS klasse DEFINITION.
  [PUBLIC SECTION.
    [Komponenten]]
  [PROTECTED SECTION.
    [Komponenten]]
  [PRIVATE SECTION.
    [Komponenten]]
  [PACKAGE SECTION.
    [Komponenten]].
ENDCLASS.
```

Ein Beispiel finden Sie in Listing 11.12. Dort wurde jeweils eine `PUBLIC SECTION` sowie eine `PRIVATE SECTION` definiert.

11.3 Datentypen und Attribute

Datentypen und Attribute lassen sich mit den ABAP-Anweisungen `TYPES`, `DATA` und `CONSTANTS` anlegen (siehe Kapitel 7, »Die ABAP-Grundbefehle«). Darüber hinaus sind statische Attribute über die Anweisung `CLASS-DATA` möglich. Um Datentypen oder Attribute einer Klasse hinzuzufügen, müssen Sie sie lediglich einem der drei verfügbaren Sichtbarkeitsbereiche zuordnen (siehe Abschnitt 11.2).

Zusätzlich steht Ihnen bei `DATA` der Zusatz `READ-ONLY` zur Verfügung. Dieser Zusatz wird im öffentlichen Sichtbarkeitsbereich angegeben und bewirkt, dass das Attribut zwar außerhalb der Klasse lesbar ist, aber nur durch Methoden der Klasse oder ihrer Unterklassen änderbar ist. Gibt eine Methode eine Referenz eines Attributs nach außen hin als Rückgabewert aus, kann dieser Schutz nicht aufrechterhalten werden.

Beispiel

Listing 11.3 zeigt die Definition von Datentypen und -objekten für die zuvor instanzierte Klasse.

```
CLASS lcl_meine_klasse DEFINITION.
  PUBLIC SECTION.
    TYPES: ty_text TYPE c LENGTH 10.
    CONSTANTS: gc_pi TYPE p DECIMALS 2 VALUE '3.14'.
    DATA gv_instanz TYPE ty_text VALUE 'Instanz!' READ-ONLY.
    CLASS-DATA gv_text TYPE ty_text VALUE 'Statisch!'.
ENDCLASS.
```

Listing 11.3 Definition von Datentypen und Datenobjekten

11.3.1 Zugriff auf Attribute

Je nach Art des Attributs können Sie über einen der Klassenkomponentenselektoren entweder mithilfe eines Einfachpfeils (->) auf Instanzattribute oder mithilfe eines Doppelpfeils (=>) auf statische Attribute zugreifen.

Syntax

- Zugriff auf Instanzattribute

```
Referenz->Attributename
```

- Zugriff auf statische Attribute

```
Klasse=>Attributname
```

Beispiel

Das Attribut `MV_TEXT` ist in den beiden folgenden Klassen als `string` definiert:

- Der Zugriff auf die Instanzattribute erfolgt dann wie folgt:

```
lo_meine_klasse->mv_text = 'Dynamischer Zugriff'.
```

- Der Zugriff auf die statischen Attribute erfolgt wie folgt:

```
zcl_meine_klasse=>mv_text = 'Statischer Zugriff'.
```

11.4 Methoden

Instanzmethoden werden in ABAP mit der Anweisung `METHODS`, statische Methoden mit der Anweisung `CLASS-METHODS` innerhalb des Definitionsteils einer Klasse (`CLASS ... DEFINITION`) definiert. Die Implementierung der Methoden findet erst im Implementierungsteil der Klasse (`CLASS ... IMPLEMENTATION`) statt. Zu der Definition der Methode gehört neben der Angabe des Namens auch die der Schnittstelle der Methode in Form von Ein- und Ausgabeparametern sowie der Ausnahmen. Zur Ausprägung der Schnittstelle stehen Ihnen folgende Zusätze zur Verfügung:

- IMPORTING: für Eingabeparameter
- EXPORTING: für Ausgabeparameter
- CHANGING: für Ein-/Ausgabeparameter
- RAISING: Liste von klassenbasierten Ausnahmen, die innerhalb der Klasse ausgelöst werden können (siehe Abschnitt 11.9.1)
- EXCEPTIONS: Liste von nicht klassenbasierten Ausnahmen, die innerhalb der Klasse ausgelöst werden können (siehe Abschnitt 11.9.2, »Lokale Ausnahmen«)
- RETURNING: für einen Rückgabeparameter

Die Verwendung von RETURNING (bzw. dessen Gegenstück beim Aufruf, RECEVING) schließt die gleichzeitige Verwendung von EXPORTING (vor ABAP 7.40 SP02) aus und umgekehrt. Mit RETURNING kann die Methode genau einen Rückgabewert haben, mit EXPORTING mehrere. Alle Rückgabewerte werden über eine normale Zuweisung (=) innerhalb der Methodenimplementierung gefüllt. Es existieren dafür keine speziellen Schlüsselwörter oder Positionen.

Über den Zusatz VALUE erfolgt eine Werteübergabe, wird nur der Parametername angegeben, erfolgt eine Referenzübergabe. Mit OPTIONAL und DEFAULT können Sie Parameter (außer Ausgabe- und Rückgabeparameter) als optional definieren, wobei mit dem Zusatz DEFAULT ein Datenobjekt als Standard angegeben werden kann. Durch die Markierung als optional muss beim Aufruf der Methode kein Parameter mitgegeben werden.

Die Methode selbst können Sie innerhalb einer abstrakten Klasse über den Zusatz ABSTRACT als abstrakte Methode definieren, d. h., keine Implementierung dieser Methode ist möglich. Eine finale Methode definieren Sie dagegen mit dem Zusatz FINAL. In diesem Fall ist keine Vererbung dieser Methode möglich. In bereits finalen Klassen ist dieser Zusatz nicht erlaubt.

Darüber hinaus haben Sie durch den Zusatz PREFERRED PARAMETER die Möglichkeit, bei mehreren Importparametern einen bevorzugten Importparameter zu bestimmen. Dies ermöglicht Ihnen beim Aufruf der Methode die Verwendung einer besonders kurzen Schreibweise.

[»]

Änderungen mit ABAP 7.40 SP02

Ab ABAP 7.40 SP02 kann eine funktionale Methode neben dem mit RETURNING definierten Rückgabewert beliebige weitere Parameter haben, die beim Methodenaufruf über EXPORTING, IMPORTING und CHANGING angegeben werden können. Das heißt, der gegenseitige Ausschluss von RETURNING und EXPORTING gilt nicht mehr. Außerdem kann der Zusatz PREFERRED PARAMETER bei Methoden jetzt auch verwendet werden, wenn die Methode optionale Ausgabe- oder Ein-/Ausgabeparameter hat.

Neben normalen Methoden gibt es für spezielle Aufgaben unterschiedliche Arten von Methoden, die in den folgenden Abschnitten erläutert sind:

- Konstruktoren (siehe Abschnitt 11.5)
- Ereignisbehandler (siehe Abschnitt 11.6.3)
- Testmethoden (siehe Abschnitt 15.4.1, »Grundsätzlicher Aufbau einer Testklasse«)
- AMDP-Methoden (siehe Abschnitt 10.3)

Syntax

```
[CLASS-]METHODS methodenname [ABSTRACT|FINAL]
  [IMPORTING {{VALUE(p1)|p1}
             [{TYPE|LIKE}[LINE OF]...][OPTIONAL|DEFAULT def1]
             ...} [PREFERRED PARAMETER parameter]
  ]
  [EXPORTING {{VALUE(p2)|p2}
             [{TYPE|LIKE}[LINE OF]...]
             ...}
  ]
  [CHANGING  {{VALUE(p3)|p3}
             [{TYPE|LIKE}[LINE OF]...][OPTIONAL|DEFAULT def1]
             ...}
  ]
  [RETURNING {VALUE(rpara) }[{TYPE|LIKE}[LINE OF]...]]
  [{RAISING exc1 exc2 ...} |
   {EXCEPTIONS exc1 exc2 ...}
  ].
```

Beispiel

Listing 11.4 zeigt die Definition von Methoden in einer Klasse.

```
REPORT zmein_report.
CLASS lcl_klasse DEFINITION.
  PUBLIC SECTION.
    METHODS division IMPORTING iv_zahl1 TYPE i
                               iv_zahl2 TYPE i
           RETURNING value(ev_ergebnis) TYPE f.
ENDCLASS.
```

Listing 11.4 Definition von Methoden

11.4.1 Methoden implementieren

Methoden müssen Sie im Implementierungsteil der Klasse (`CLASS ... IMPLEMENTATION`) implementieren. Dazu muss die Anweisung `METHOD` (ohne `S`), gefolgt von dem Namen der zu implementierenden Methode, angegeben werden. Durch die Anweisung ENDMETHOD wird das Ende der definierten Methode bestimmt. Die Parameter, die Sie im Definitionsteil definiert haben, werden dabei nicht noch einmal mit angegeben. Innerhalb des Blocks METHOD ... ENDMETHOD können Sie die Methode ausimplementieren.

Syntax

```
CLASS klasse IMPLEMENTATION.
  METHOD methodenname.
    [Anweisungen]
  ENDMETHOD.
ENDCLASS.
```

Beispiel

Listing 11.5 zeigt die Implementierung der in Listing 11.4 definierten Methode DIVISION().

```
CLASS lcl_klasse IMPLEMENTATION.
  METHOD division.
    IF iv_zahl2 <> 0. "Ansonsten keine gute Idee
      ev_ergebnis = iv_zahl1 / iv_zahl2.
    ENDIF.
  ENDMETHOD.
ENDCLASS.
```

Listing 11.5 Implementierung von Methoden

11.4.2 Methoden aufrufen

Methoden können Sie prinzipiell mit den Klassenkomponentenselektoren oder mit der Anweisung CALL METHOD aufrufen.

Aufruf mit einem Klassenkomponentenselektor

Mit einem Einfachpfeil -> werden dynamische Methoden unter Angabe der Referenzvariablen, die auf die Instanz der Klasse zeigt, aufgerufen:

```
lo_object->meine_dynamische_methode( )
```

Mit einem Doppelpfeil => werden statische Methoden unter Angabe der Klasse aufgerufen:

```
lcl_meine_klasse=>meine_statische_methode( )
```

Auf der rechten Seite muss der Name der Methode stehen, gefolgt von einer öffnenden und einer schließenden Klammer. Zwischen den Klammern muss mindestens ein Leerzeichen stehen. Innerhalb der Klammern können Sie die Parameter der Methode angeben. Die Reihenfolge der Zusätze ist fest vorgeschrieben.

Syntax

```
{Referenz|Klassenname}{=>|->}methode(
  [EXPORTING  p1 = a1 p2 = a2 ...]
  [IMPORTING  p1 = a1 p2 = a2 ...]
  [CHANGING   p1 = a1 p2 = a2 ...]
  [RECEIVING  r  = a  ]
  [EXCEPTIONS [exc1 = n1 exc2 = n2 ...]
    [OTHERS = n_andere] ] ).
```

Neben der normalen Schreibweise existieren zwei Kurzschreibweisen.

Beispiele

Listing 11.6 zeigt den Aufruf einer statischen Methode FACTORY().

```
cl_salv_table=>factory(
  IMPORTING
    r_salv_table = lo_alv
  CHANGING
    t_table      = lt_sflight
).
```

Listing 11.6 Aufruf einer statischen Methode mit dem Klassenkomponentenselektor

Listing 11.7 zeigt den Aufruf der dynamische Methode GET_FUNCTIONS.

```
DATA: lo_functions TYPE REF TO cl_salv_functions_list.
lo_alv->get_functions( RECEIVING value = lo_functions ).
lo_functions->set_all( EXPORTING value = 'X' ).
lo_alv->display( ).
```

Listing 11.7 Aufruf über den Klassenkomponentenselektor

Kurzschreibweise bei einem (bevorzugten) Importparameter

Hat eine Methode nur einen Importparameter oder wurde bei mehreren Importparametern ein Parameter mit dem Zusatz PREFERRED PARAMETER gekennzeichnet, können Sie den Zusatz EXPORTING weglassen. Bei einem Aufruf der Methode wird dann der angegebene Aufrufparameter automatisch dem einzigen bzw. bevorzugten Eingabeparameter zugeordnet.

Syntax

```
...->methode( Parameter1 )
```

Beispiel

```
lo_functions->set_all( 'X' ).
*Anstelle von:
*lo_functions->set_all( EXPORTING value = 'X' ).
```

Kurzschreibweise bei einem Rückgabeparameter

Bei einer Methode, die einen Rückgabeparameter (der über den Zusatz `RETURNING` definiert wurde) besitzt, haben Sie die Möglichkeit, das Ergebnis über den Zuweisungsoperator direkt einem Datenobjekt zuzuweisen oder in einer anderen Anweisung zu verwerten. Diese Schreibweise können Sie in folgenden Anweisungen verwenden: `IF`, `CASE`, `WHEN`, `COMPUTE`, `MOVE`, `WHERE` (bei internen Tabellen).

Syntax

```
... methode( [Parameterliste] ) ...
```

Beispiel

Der Rückgabewert der Methode `GET_UMFANG()` wird direkt in einer `IF`-Anweisung verarbeitet:

```
IF lo_mein_kreis->get_umfang( radius ) < 10.
  "Anweisungen
ENDIF.
```

Verkettung von Methodenaufrufen

Sollte der Rückgabewert der Methode eine Instanz einer Klasse sein, können Sie ab ABAP-Release 7.31 einen verketteten Methodenaufruf verwenden. Eine solche Verkettung können Sie nach denselben Regeln beliebig oft wiederholen.

Syntax

```
methode1( [Parameterliste] )->methode2( [Parameterliste] )[->...]
```

Beispiel

Das von der Methode `GET_FUNCTIONS()` zurückgegebene Objekt wird in Listing 11.8 direkt durch einen Aufruf der Methode `SET_ALL()` weiterverwendet, ohne es vorher in einer Objektreferenzvariablen zu speichern.

```
lo_alv->get_functions( )->set_all( 'X' ).
*Anstelle von:
*DATA: lo_functions TYPE REF TO cl_salv_functions_table.
*lo_functions = lo_alv->get_functions( ).
*lo_functions->set_all( 'X' ).
```

Listing 11.8 Verkettung von Methodenaufrufen

Methodenaufruf innerhalb einer Klasse

Wenn Sie innerhalb einer Klasse eine der zur Klasse gehörenden Methoden aufrufen wollen, können Sie anstelle einer Referenzvariablen die Selbstreferenz der Klasse mit `me->` angeben.

Syntax

```
me->methodenname( [Parameterliste] ).
```

Beispiel

Listing 11.9 zeigt den Methodenaufruf innerhalb der Klasse.

```
REPORT zmein_report.
CLASS lcl_klasse IMPLEMENTATION.
  METHOD meine_andere_methode.
    WRITE: "Andere Methode".
  ENDMETHOD.
  METHOD meine_methode.
    me->meine_andere_methode( ).
  ENDMETHOD.
ENDCLASS.
DATA: lo_klasse TYPE REF TO lcl_klasse.
CREATE OBJECT lo_klasse.
lo_klasse->meine_methode( ).
*Die Ausgabe wäre "Andere Methode"
```

Listing 11.9 Aufruf einer eigenen Methode in einer Klasse

Aufruf mit der Anweisung CALL METHOD

Methoden können Sie darüber hinaus mit der Anweisung `CALL METHOD` aufrufen. Geben Sie dazu bei dynamischen Methoden den Namen der Referenzvariablen, gefolgt von einem Einfachpfeil (`->`) und dem Namen der aufzurufenden Methode an. Bei statischen Methoden geben Sie den Klassennamen, gefolgt von einem Doppelpfeil (`=>`) und dem Namen der aufzurufenden Methode an. Ohne schließenden Punkt und ohne Klammern können Sie direkt danach die Parameter in der angegebenen Reihenfolge angeben.

Syntax

```
CALL METHOD {Referenz|Klassenname}{->|=>}methode
  [EXPORTING  p1 = a1 p2 = a2 ...]
  [IMPORTING  p1 = a1 p2 = a2 ...]
  [CHANGING   p1 = a1 p2 = a2 ...]
```

```
[RECEIVING  r  = a  ]
[EXCEPTIONS [exc1 = n1 exc2 = n2 ...]
            [OTHERS = n_others] ].
```

Beispiel

Listing 11.10 zeigt den Aufruf der Methode FACTORY(), die auch in Listing 11.7 aufgerufen wurde, diesmal mit der Anweisung CALL METHOD.

```
CALL METHOD cl_salv_table=>factory
  IMPORTING
    r_salv_table = lo_alv
  CHANGING
    t_table      = lt_sflight.
```

Listing 11.10 Aufruf über die Anweisung CALL METHOD

11.5 Konstruktoren

In ABAP gibt es zwei Arten von Konstruktoren:

- einen statischen Konstruktor für die statischen Komponenten von Klassen
- einen Instanzkonstruktor, der bei der Erzeugung einer Instanz einer Klasse aufgerufen wird

[»]

Destruktoren

Ein Destruktor ließe sich auch definieren, allerdings ist dieser nicht im Kundennamensraum implementierbar.

11.5.1 Instanzkonstruktor

Einen Instanzkonstruktor können Sie im Definitionsteil der Klasse über die Anweisung METHODS hinzufügen, indem Sie den vordefinierten Methodennamen CONSTRUCTOR nutzen. Der Instanzkonstruktor wird für jede Instanz einer Klasse genau einmal bei der Instanziierung aufgerufen und darf nur Importparameter besitzen.

Syntax

```
CLASS klasse DEFINITION.
METHODS constructor
    [IMPORTING parameters].
ENDCLASS.
CLASS klasse IMPLEMENTATION.
  METHOD constructor.
```

```
    "Instanziierung der Klasse über die Parameter
  ENDMETHOD.
ENDCLASS.
```

Beispiel

Listing 11.11 zeigt die Definition und Instanziierung einer lokalen Klasse innerhalb eines Reports. Die Klasse definiert ein privates Attribut und eine Methode als Konstruktor, der das Attribut bei der Erzeugung mit dem übergebenen Wert setzt.

```
REPORT zmein_report.
CLASS lcl_meine_klasse DEFINITION.
  PUBLIC SECTION.
    METHODS constructor IMPORTING iv_name TYPE string.
  PRIVATE SECTION.
    DATA mv_name TYPE string.
ENDCLASS.
CLASS lcl_meine_klasse IMPLEMENTATION.
  METHOD constructor.
    mv_name = iv_name.
  ENDMETHOD.
ENDCLASS.
START-OF-SELECTION.
DATA: lo_meine_klasse TYPE REF TO lcl_meine_klasse.
*Erstellung einer Instanz und
*Versorgung des Pflichtparamaters des Konstruktors
CREATE OBJECT lo_meine_klasse
  EXPORTING
    iv_name = 'Felix'.
```

Listing 11.11 Konstruktorverwendung mit CREATE OBJECT

Eine Instanziierung mit der Anweisung NEW würde für den Konstruktor wie folgt aussehen:

```
DATA: lo_meine_klasse TYPE REF TO lcl_meine_klasse.
lo_meine_klasse = NEW #( iv_name = 'Felix' ).
```

11.5.2 Statischer Konstruktor

Einen statischen Konstruktor (auch *Klassenkonstruktor* genannt) können Sie im Definitionsteil der Klasse über die Anweisung CLASS-METHODS hinzufügen, indem Sie den vordefinierten Methodennamen CLASS_CONSTRUCTOR nutzen. Der statische Konstruktor wird immer genau einmal pro Klasse und interner Sitzung vor dem ersten Zugriff auf die Klasse aufgerufen. Der Aufruf geschieht im Hintergrund und automatisch, sodass hier keine Parameter mitgegeben werden können.

Syntax

```
CLASS klasse DEFINITION.
  PUBLIC SECTION.
    CLASS-METHODS class_constructor.
ENDCLASS.
CLASS klasse IMPLEMENTATION.
  METHOD class_constructor.
    "Instanziierung der statischen Klassenkomponenten
  ENDMETHOD.
ENDCLASS.
```

Beispiel

Der statische Konstruktor wird in Listing 11.12 beim ersten Zugriff auf das Attribut MV_NAME aufgerufen.

```
REPORT zmein_report.
CLASS lcl_meine_klasse DEFINITION.
  PUBLIC SECTION.
    CLASS-METHODS class_constructor.
    CLASS-DATA mv_name TYPE string.
ENDCLASS.
CLASS lcl_meine_klasse IMPLEMENTATION.
  METHOD class_constructor.
    WRITE: 'Statischer Konstruktor wurde aufgerufen'.
  ENDMETHOD.
ENDCLASS.
START-OF-SELECTION.
*lcl_meine_klasse=>class_constructor( ). "NICHT möglich
*Aufruf durch ersten Zugriff
lcl_meine_klasse=>mv_name = 'Felix'.
WRITE: / lcl_meine_klasse=>mv_name.
```

Listing 11.12 Verwendung eines statischen Konstruktors

Die Listenausgabe wäre:

- Statischer Konstruktor wurde aufgerufen
- Felix

11.6 Ereignisse

ABAP-Klassen beherrschen das Ereigniskonzept der objektorientierten Programmierung. In diesem Abschnitt beschreibe ich, wie Sie Ereignisse definieren und diese Ereignisse auslösen können, wie Sie einen Ereignisbehandler für das ausgelöste Ereignis definieren können und wie Sie das ausgelöste Ereignis für diesen Ereignisbehandler registrieren. Am Ende finden Sie ein zusammenfassendes Beispiel sowie Verweise auf im Buch enthaltene komplexe Beispiele zur Verwendung von Ereignissen.

11.6.1 Definition von Ereignissen

Ereignisse werden in ABAP ähnlich wie Methoden im Definitionsteil der Klasse (`CLASS ... DEFINITION`) definiert, nur dass anstelle von `METHODS` die Anweisung `EVENTS` benutzt wird. Statische Ereignisse können Sie mit der Anweisung `CLASS-EVENTS` definieren.

Darüber hinaus können Sie über den Zusatz `EXPORTING` bestimmen, welche Parameter für das Ereignis mitgegeben werden sollen. Diese müssen Sie zwingend mit `VALUE` als Wertparameter definieren, da Referenzen hier nicht erlaubt sind. Über `OPTIONAL` kann bestimmt werden, ob ein Ereignisbehandler (d. h. eine Methode, die sich für das Ereignis registriert) den Parameter entgegennehmen muss, während Sie über den Zusatz `DEFAULT` den Parametern Startwerte `wert1`, `wert2` zuweisen können.

Syntax

```
CLASS klasse DEFINITION.
[CLASS-]EVENTS ereignisname
  [EXPORTING
    VALUE(p1) typing [OPTIONAL|{DEFAULT wert1}]
    VALUE(p2) typing [OPTIONAL|{DEFAULT wert2}]
    ...
  ].
ENDCLASS.
```

11.6.2 Ereignisse auslösen

Mit der Anweisung `RAISE EVENT`, gefolgt von dem Namen des Ereignisses, können Sie ein Ereignis auslösen. Über den Zusatz `EXPORTING` haben Sie die Möglichkeit, Werte an das Ereignis zu übergeben. Diese Parameter werden dann den Ereignisbehandlern zur Verfügung gestellt.

Syntax

```
RAISE EVENT ereignisname [EXPORTING ...].
```

11.6.3 Definition eines Ereignisbehandlers

Zur Definierung eines Ereignisbehandlers, also einer Methode, die beim Auslösen eines Ereignisses aufgerufen wird, legen Sie eine normale Methode im Definitionsteil der Klasse mit dem Zusatz `FOR EVENT` an. Über den Zusatz `IMPORTING` können Sie eventuelle Ereignisparameter entgegennehmen. Die Typen der Parameter müssen nicht spezifiziert werden, da diese im Ereignis bereits fest definiert worden sind. Es reicht also, wenn Sie lediglich die Namen der Parameter angeben.

Syntax

```
CLASS klasse DEFINITION.
METHODS methode FOR EVENT ereignis OF klasse
   [IMPORTING ...].
ENDCLASS.
```

11.6.4 Ereignisbehandler registrieren

Mit der Anweisung `SET HANDLER` können Sie Ihre Ereignisbehandler für ein Ereignis der hinter `FOR` angegebenen Instanzen oder Klassen (falls es sich um ein statisches Ereignis handelt) registrieren. Wird das entsprechende Ereignis ausgelöst, wird Ihre Methode aufgerufen.

Mit dem Zusatz `ACTIVATION` können Sie die Registrierung durch Übergabe des Wertes `abap_false` wieder rückgängig machen. Der Zusatz `ALL INSTANCES` bewirkt, dass die angegebenen Behandler für alle Instanzen entlang der Vererbungshierarchie registriert oder deregistriert werden. Dies ist z. B. notwendig, wenn Sie ein Ereignis in einer Oberklasse oder einem Interface definieren haben.

Syntax

```
SET HANDLER behandler1 behandler2 ...
  FOR { referenz |{ALL INSTANCES} }
  [ACTIVATION aktiv].
```

11.6.5 Beispiel für die Definition, das Auslösen und die Behandlung eines Ereignisses

In diesem Beispiel fasse ich die Erläuterungen aus den vorangegangenen Abschnitten zusammen: von der Definition über das Auslösen bis zum Empfangen eines Ereignisses. Dazu wird im Folgenden eine Klasse `LCL_AUSLOESER` definiert, die das Ereignis `MEIN_EREIGNIS` definiert und über eine Methode `EREIGNIS_AUSLOESEN()` auslöst. Des Weiteren wird eine Klasse `LCL_EMPFANGER` definiert, die einen Ereignisbehandler `EREIGNIS_EMPFANGEN()` für das Ereignis definiert. Beide Klassen werden abschließend durch einen Report instanziiert.

Auslöserklasse

Listing 11.13 definiert das Ereignis und den Auslöser. Das Ereignis definiert zusätzlich einen Ereignisparameter IV_NAME vom Typ string, der beim Auslösen des Ereignisses über die Anweisung RAISE EVENT über den Zusatz EXPORTING mitgegeben wird.

```
CLASS lcl_ausloeser DEFINITION.
  PUBLIC SECTION.
    EVENTS mein_ereignis EXPORTING value(iv_name) TYPE string.
    METHODS ereignis_ausloesen.
ENDCLASS.
CLASS lcl_ausloeser IMPLEMENTATION.
  METHOD ereignis_ausloesen.
    RAISE EVENT mein_ereignis
      EXPORTING iv_name = 'Mein Ereignis'.
  ENDMETHOD.
ENDCLASS.
```

Listing 11.13 Definition eines Ereignisses sowie seines Auslösers

Empfängerklasse

Beim Definieren des Ereignisbehandlers muss wie in Listing 11.14 das Ereignis unter Angabe der anderen Klasse festgelegt werden. Zusätzlich wird über den Zusatz IMPORTING der Ereignisparameter IV_NAME entgegengenommen. Der Name des Parameters muss dabei mit dem Parameter des Ereignisses übereinstimmen.

```
CLASS lcl_empfaenger DEFINITION.
  PUBLIC SECTION.
    METHODS: ereignis_empfangen FOR EVENT mein_ereignis
                                OF lcl_ausloeser
    IMPORTING iv_name.
ENDCLASS.
CLASS lcl_empfaenger IMPLEMENTATION.
  METHOD ereignis_empfangen.
    WRITE: iv_name, ' empfangen'.
  ENDMETHOD.
ENDCLASS.
```

Listing 11.14 Definition eines Ereignisbehandlers für ein Ereignis

Rahmenprogramm

Das Rahmenprogramm instanziiert beide Klassen und registriert den Ereignisbehandler aus der Klasse LCL_EMPFAENGER für die Instanz der Klasse LCL_AUSLOESER und löst mit der bereitgestellten Methode das Ereignis aus (siehe Listing 11.15).

```
START-OF-SELECTION.
DATA: lo_ausloeser  TYPE REF TO lcl_ausloeser,
      lo_empfaenger TYPE REF TO lcl_empfaenger.
CREATE OBJECT lo_ausloeser.
CREATE OBJECT lo_empfaenger.
*Setzen des Behandlers  EREIGNIS_EMPFANGEN( )für das Ereignis
*(das in der Methodendefinition angegeben wurde)
SET HANDLER lo_empfaenger->ereignis_empfangen FOR lo_ausloeser.
WRITE: / 'Ereignis auslösen'.
lo_ausloeser->ereignis_ausloesen( ).
```

Listing 11.15 Registrieren eines Ereignisbehandlers

Führen Sie das Beispiel aus, wird Ihnen folgender Text als Ausgabe angezeigt:

```
Ereignis auslösen
Mein Ereignis empfangen
```

[»]

Komplexe Beispiele

Komplexe Beispiele (und damit auch Anwendungsfälle) für die Verwendung von Ereignissen können Sie in folgenden Abschnitten finden:

- für die Arbeit mit Ereignissen mit dem SAP List Viewer (ALV) in Abschnitt 19.2.3
- für das Hinzufügen einer neuen Spalte im ALV mit integriertem Datenzugriff (IDA) in Abschnitt 19.3.4, »Spalten bearbeiten«
- zum Definieren eines eigenen Ereignisses für ein Entwurfsmuster in Abschnitt 28.5, »Observer«

11.7 Vererbung

Eine Klasse kann von einer anderen Klasse erben, wenn der Zusatz INHERITING FROM nach der Anweisung CLASS ... DEFINITION angegeben ist. Geben Sie dazu nach dem Zusatz INHERITING FROM den Namen der Klasse an, von der Sie erben wollen. ABAP unterstützt dabei nur die Angabe einer Klasse und beherrscht damit keine Mehrfachvererbung.

Sie können anschließend wie gewohnt in der Unterklasse auf alle Klassenkomponenten der Oberklasse zurückgreifen, die als *Public* oder *Protected* definiert worden sind.

Syntax

```
CLASS klasse DEFINITION INHERITING FROM oberklasse.
```

Beispiel

Listing 11.16 zeigt die Definition einer Oberklasse und Erweiterung der Unterklasse.

```
CLASS lcl_oberklasse DEFINITION.
  "Definition der Oberklasse
ENDCLASS.
CLASS lcl_unterklasse DEFINITION INHERITING FROM lcl_oberklasse.
  "Erweiterung der Oberklasse um neue Komponenten
ENDCLASS.
```

Listing 11.16 Definition einer Vererbung

11.7.1 Redefinition von Methoden

Die Redefinition einer Methode (siehe Kapitel 25, »Grundlagen der Objektorientierung«) ist bei der Definition der Methode im Definitionsteil der Klasse durch den Zusatz REDEFINITION der Anweisung METHODS möglich. Statische Methoden sind nicht redefinierbar. Geben Sie dazu lediglich den Namen der zu überschreibenden Methode aus der Oberklasse an, und fügen Sie den Zusatz REDEFINITION hinzu.

Sie haben nicht die Möglichkeit, die Schnittstelle der geerbten Methoden zu verändern, deshalb ist die Angabe von Parametern nach REDEFINITION nicht erlaubt. Um von einer Methode der Unterklasse aus eine Methode der Oberklasse aufzurufen, können Sie die Referenz SUPER verwenden.

Syntax

```
METHODS methode REDEFINITION.
```

Beispiel

Die Methode MEINE_METHODE( ) der Oberklasse wird in der Unterklasse mit einer neuen Anweisung redefiniert (siehe Listing 11.17).

```
CLASS lcl_oberklasse DEFINITION.
  "Definition der Oberklasse
  PUBLIC SECTION.
    METHODS: meine_methode.
ENDCLASS.
CLASS lcl_oberklasse IMPLEMENTATION.
  METHOD meine_methode.
    WRITE: 'Alte Logik'.
  ENDMETHOD.
ENDCLASS.
CLASS lcl_unterklasse DEFINITION INHERITING FROM oberklasse.
  PUBLIC SECTION.
```

```
  METHODS meine_methode REDEFINITION.
ENDCLASS.
CLASS lcl_unterklasse IMPLEMENTATION.
  METHOD meine_methode.
    "Aufruf der Methode der Oberklasse, falls gewünscht
    CALL METHOD super->methode( ).
    "Eigentliche Redefinition der Methode
    WRITE: 'Neue Logik'.
ENDCLASS.
```

Listing 11.17 Redefinition von Methoden

Die Ausgabe beim Aufruf der Methode `MEINE_METHODE()` der Unterklasse wäre:

- `Alte Logik`
- `Neue Logik`

11.8 Klassenarten

Neben den globalen und lokalen Klassen gibt es folgende darauf aufbauende Klassenarten, die Sie im täglichen Einsatz von ABAP immer wieder gebrauchen werden:

- abstrakte und finale Klassen (siehe Abschnitt 11.8.1)
- statische Klassen (siehe Abschnitt 11.8.2)
- Ausnahmeklassen (siehe Abschnitt 11.8.3)

Darüber hinaus gibt es im SAP-System Spezialklassen für bestimmte Tätigkeiten, die in der Regel über eigens bereitgestellte Transaktionen angelegt werden. Aus diesem Grund habe ich diese Spezialklassen in anderen Kapiteln beschrieben. Zu diesen Spezialklassen gehören:

- Testklassen (siehe Abschnitt 15.4, »ABAP Unit«)
- persistente Klassen (siehe Abschnitt 24.1, »Object Services«)

11.8.1 Abstrakte und finale Klassen

Ob eine Klasse abstrakt oder final ist, können Sie im Definitionsteil über die Zusätze `ABSTRACT` und `FINAL` definieren. Von einer abstrakten Klasse können keine Instanzen erzeugt und von einer finalen Klasse können keine Unterklassen abgeleitet werden.

Syntax

```
CLASS lcl_klasse DEFINITION [ABSTRACT][FINAL].
ENDCLASS.
```

11.8.2 Statische Klassen

Eine komplette Klasse kann in ABAP nicht als statisch oder dynamisch definiert werden. Diese Definition findet auf Klassenkomponentenebene statt, es kann also für jede Klassenkomponente einzeln ausgewählt werden, ob sie statisch oder dynamisch zur Verfügung stehen soll. Es können alle Klassenkomponenten als statisch oder als dynamisch definiert werden, eine Mischung aus statisch und dynamisch ist aber ebenfalls möglich.

Alle Klassenkomponenten können über die vorgestellte Anweisung `CLASS-` als statisch definiert werden. Weitere Informationen dazu finden Sie in den Abschnitten zu den jeweiligen Klassenkomponenten.

11.8.3 Ausnahmeklassen

Ausnahmeklassen sind Klassen, die Fehler spezifizieren und gegebenenfalls einen Fehlertext zur Verfügung stellen. Eine Ausnahme wird damit in einer Ausnahmesituation durch eine Instanz einer Ausnahmeklasse, ein sogenanntes *Ausnahmeobjekt*, repräsentiert und enthält gegebenenfalls den zum Fehler gehörigen Fehlertext.

Neben den bereits im System vordefinierten Ausnahmeklassen können Sie auch eigene Ausnahmeklassen definieren, um eventuell auftretende Fehler Ihrer Programme möglichst gut zu spezifizieren. Bei der Anlage von Ausnahmeklassen haben Sie zwei Möglichkeiten:

- Anlage einer globalen Ausnahmeklasse
- Anlage einer lokalen Ausnahmeklasse

In diesem Abschnitt stelle ich Ihnen die programmlokale Variante vor, die globalen Ausnahmeklassen erläutere ich in Abschnitt 6.2, »Ausnahmeklassen anlegen«.

Für Neuentwicklungen empfiehlt es sich, mit klassenbasierten Ausnahmen zu arbeiten, da diese unabhängig von der konkreten Methode sind. Zusätzlich stellen diese Ausnahmen zwei Methoden `GET_TEXT()` und `GET_LONGTEXT()` für den aufgetretenen Fehler bereit. Diese müssten Sie in der lokalen Klasse händisch ausprogrammieren.

Lokale Ausnahmeklassen anlegen

Zur Anlage einer lokalen Ausnahmeklasse müssen Sie eine normale Klasse anlegen, die von der Klasse `CX_ROOT` oder einer ihrer drei Unterklassen erbt. Eine Vererbung wird dazu über den Zusatz `INHERITING FROM` eingeleitet, gefolgt von der erbenden Klasse.

Folgende Ausnahmeklassen stehen Ihnen als Erben von der Hauptklasse `CX_ROOT` zur Verfügung:

- CX_STATIC_CHECK
- CX_DYNAMIC_CHECK
- CX_NO_CHECK

Erbt eine Klasse von einer dieser Klassen, wird die Ausnahmeklasse in eine *Ausnahmekategorie* eingeteilt. Die Ausnahmekategorie bestimmt, ob die Ausnahmen in den Methoden nach METHODS im Deklarationsteil der Klasse deklariert werden müssen. Die Syntaxunterschiede zur Definition der Methoden bei den einzelnen Ausnahmekategorien finden Sie in Abschnitt 11.9.1, »Klassenbasierte Ausnahmen«.

Syntax

```
CLASS cx_ausnahmeklasse DEFINITION
  INHERITING FROM cx_klasse.
    ...
ENDCLASS.
```

Beispiel

In Listing 11.18 wird eine Ausnahme vom Typ einer lokalen Klasse ausgelöst und abgefangen. Die Vererbung ist Pflicht, die restliche Implementierung ist Ihnen überlassen. Hier wurde beispielsweise ein Attribut mit einem Fehlertext hinzugefügt.

```
CLASS lcl_meine_exception DEFINITION
  INHERITING FROM cx_static_check.
PUBLIC SECTION.
  DATA: mv_fehlertext TYPE string VALUE 'Mein Fehler'.
ENDCLASS.
```

Listing 11.18 Definition einer lokalen Ausnahmeklasse

Sie könnten hier dasselbe Interface (IF_MESSAGE) implementieren wie bei globalen Ausnahmeklassen auch, dadurch hätten Sie einen einheitlichen Zugriff auf alle lokalen Ausnahmeklassen. Wie eingangs erwähnt, sollten Sie aber globale Ausnahmeklassen aufgrund ihrer Wiederverwendbarkeit (und des geringeren Aufwands) bevorzugen.

11.9 Ausnahmen für Methoden

Ähnlich wie bei Funktionsbausteinen haben Sie für die Definition von Ausnahmen zwei Möglichkeiten. Der Definitionsteil einer Klasse stellt dafür im Methodenrumpf die beiden Zusätze RAISING und EXCEPTIONS bereit:

- RAISING für klassenbasierte Ausnahmen
- EXCEPTIONS für lokale (nicht klassenbasierte) Ausnahmen

Die beiden Zusätze dürfen Sie nicht gleichzeitig verwenden. Des Weiteren darf in einer Methode immer nur die ausgewählte Ausnahmenkategorie ausgelöst werden.

Syntax

```
METHODS methode
  [{RAISING exc1|RESUMABLE(exc1)
            exc2|RESUMABLE(exc2)
            ...}
  |{EXCEPTIONS exc1 exc2 ...}].
```

11.9.1 Klassenbasierte Ausnahmen

Klassenbasierte Ausnahmen können Sie mit dem Zusatz RAISING definieren. Alle Ausnahmeklassen, die von den Klassen CX_STATIC_CHECK oder CX_DYNAMIC_CHECK erben, *müssen* mit dieser Anweisung deklariert werden, sonst kommt es beim Auslösen zur Ausnahme der vordefinierten Klasse CX_SY_NO_HANDLER.

Ausnahmeklassen, die auf Basis der Klasse CX_NO_CHECK definiert sind, dürfen hier nicht angegeben werden. Es findet somit keine Überprüfung statt, ob die Ausnahme in der Methode deklariert wurde.

Mit dem Zusatz RESUMABLE kann eine Ausnahme so deklariert werden, dass Sie als wiederaufsetzbare Ausnahme ausgelöst werden kann. Dadurch können Sie erreichen, dass die Verarbeitung unter Umständen hinter der fehlerhaften Zeile weitergeführt werden kann.

Syntax

```
METHODS methode
  [RAISING exc1|RESUMABLE(exc1)
           exc2|RESUMABLE(exc2)
  ... ]
```

Beispiel

Die Methode DIVISION() in Listing 11.19 definiert die Ausnahme CX_SY_ARITHMETIC_ERROR. Dadurch kann diese Ausnahme innerhalb der Methode ausgelöst werden.

```
CLASS klasse DEFINITION.
PUBLIC SECTION.
  METHODS division
    IMPORTING iv_zahl1 TYPE i
    RETURNING value(ev_ergebnis) TYPE i
    RAISING cx_sy_arithmetic_error.
ENDCLASS.
```

Listing 11.19 Definition einer klassenbasierten Ausnahme

Ausnahme auslösen

Durch die Angabe einer Ausnahme über den Zusatz RAISING haben Sie die Möglichkeit, eine klassenbasierte Ausnahme innerhalb einer Methode bewusst über die Anweisung RAISE EXCEPTION auszulösen. Als TYPE können Sie sowohl vordefinierte Systemklassen als auch eigens definierte Ausnahmeklassen angeben. Über den Zusatz EXPORTING können Sie bestimmte Werte mit an die Ausnahmeklasse übergeben.

Syntax

```
RAISE [RESUMABLE] EXCEPTION
  { {TYPE cx_class [EXPORTING parameter1 = wert1
                              parameter2 = wert2 ...]}
  | Ausnahmeobjekt }.
```

Beispiel

In der in Listing 11.19 definierten Methode wird die dort definierte Ausnahme in Listing 11.20 ausgelöst. Die Verarbeitung der Methode wird dadurch abgebrochen.

```
METHOD division.
  RAISE EXCEPTION TYPE cx_sy_arithmetic_error.
*Nachfolgende Anweisungen werden nicht erreicht
*Wird die Ausnahme vom Aufrufer der Methode nicht abgefangen
*(behandelt), kommt es zu einem Laufzeitfehler
ENDMETHOD.
```

Listing 11.20 Auslösen einer klassenbasierten Ausnahme

Ausnahme behandeln

Klassenbasierte Ausnahmen werden in ABAP innerhalb der Anweisung TRY ... ENDTRY abgefangen. Dabei stehen innerhalb des TRY-Blocks die Anweisungen, deren Ausnahmen behandelt werden sollten. Tritt innerhalb des TRY-Blocks eine Ausnahme auf, wird nach einer Behandlung der entsprechenden Ausnahmeklasse gesucht, die in einer CATCH-Anweisung angegeben werden muss.

Darüber hinaus haben Sie die Möglichkeit, mehrere Ausnahmen zu behandeln, indem Sie für jede Ausnahme eine CATCH-Anweisung angeben. Durch die Angabe von INTO kann eine Referenz auf das Ausnahmeobjekt entgegengenommen werden, über das Sie den Fehlertext auslesen lassen können.

Globale Fehlerklassen stellen hier die beiden Methoden GET_TEXT() und GET_LONGTEXT() bereit, in denen das Interface IF_MESSAGE implementiert wird.

Syntax

```
TRY.
  [Anweisungen]
    CATCH cx_... [INTO referenz].
  [Ausnahmebehandlung]
ENDTRY.
```

Beispiel

Ein Fehler wird in Listing 11.21 mit TRY ... CATCH abgefangen, und das Ausnahmeobjekt wird der Referenzvariablen LO_REFERENZ zugewiesen. Über die Methode GET_TEXT() wird anschließend der in der Fehlerklasse definierte Fehlertext ausgelesen.

```
DATA lo_referenz TYPE REF TO cx_sy_zerodivide.
     lv_text     TYPE string.
TRY.
  lv_ergebnis = 1 / 0. "Division durch Null
  CATCH cx_sy_zerodivide INTO lo_referenz.
    lv_text = lo_referenz->get_text( ).
    MESSAGE lv_text TYPE 'I'.
ENDTRY.
```

Listing 11.21 Behandlung einer Ausnahme

Wurde die Ausnahme mit RESUMABLE definiert, kann mit der Anweisung RESUME die mit CATCH eingeleitete Behandlung verlassen werden. Dadurch wird die Verarbeitung hinter der Anweisung fortgeführt, die die Ausnahme ausgelöst hat (nicht nach dem ENDTRY).

Ausnahmeobjekt weiterreichen

Geben Sie beim Auslösen eines Fehlers anstelle der Ausnahmeklasse (über den TYPES-Zusatz) ein Ausnahmeobjekt (einer vielleicht vorher ausgelösten Ausnahme an), wird kein neues Ausnahmeobjekt erzeugt, sondern das angegebene Ausnahmeobjekt wird weitergereicht, und die nächste behandelnde Stelle wird dieses Ausnahmeobjekt dann entgegennehmen.

Syntax

```
RAISE [RESUMABLE] EXCEPTION ausnahmeobjekt.
```

Beispiel

Listing 11.22 zeigt die Weiterleitung des Ausnahmeobjekts aus Listing 11.21.

```
DATA lo_referenz TYPE REF TO cx_sy_zerodivide.
TRY.
  lv_ergebnis = 1 / 0. "Division durch null
  CATCH cx_sy_zerodivide INTO lo_referenz.
    "Die abgefangene Ausnahme wird erneut ausgelöst,
    "allerdings mit dem bereits bestehenden Ausnahmeobjekt
    RAISE EXCEPTION lo_referenz.
ENDTRY.
```

Listing 11.22 Weiterreichung eines Ausnahmeobjekts

Verknüpfung mit Nachrichtenklassen

Ab ABAP 7.50 erlaubt es das neue Interface IF_T100_DYN_MSG, beliebige Nachrichten aus Nachrichtenklassen mit Ausnahmeklassen zu verknüpfen. Das Interface fügt dafür Attribute wie einen Meldungstyp msgty und die vordefinierten Platzhalter msgv1 bis msgv4 ein.

Um diese Lösung umzusetzen, müssen Sie das Interface einbinden und Ihre Ausnahme über den neuen Zusatz MESSAGE mit der Anweisung RAISE EXCEPTION auslösen.

Beispiel

Listing 11.23 löst eine Ausnahme mit einer Nachrichtenklasse aus.

```
RAISE EXCEPTION TYPE zcx_meine_ausnahmeklasse
  MESSAGE ID sy-msgid
        TYPE sy-msgty
      NUMBER sy-msgno
        WITH sy-msgv1 sy-msgv2 sy-msgv3 sy-msgv4.
```

Listing 11.23 Ausnahme mit einer Nachrichtenklasse auslösen

Über das Behandeln der Ausnahme kommen Sie wie gewohnt an den Fehlertext (der jetzt der Text aus der Nachrichtenklasse ist) sowie an die erwähnten Attribute, unter anderem den Meldungstyp.

11.9.2 Lokale Ausnahmen

Mit dem Zusatz EXCEPTIONS können Sie eine Liste nicht klassenbasierter Ausnahmen angeben. Für die anzugebenden Ausnahmen können Sie sich eigene Namen überlegen, über diese Bezeichner kann anschließend die Ausnahme in der Methode ausgelöst werden. Solche definierten Ausnahmen sind immer an die Methode selbst gebunden und nicht global im System verfügbar wie globale Ausnahmeklassen.

Syntax

```
METHODS methode ...
  [EXCEPTIONS exc1 exc2 ...].
```

Beispiel

```
METHODS methode EXCEPTIONS ausnahme1.
```

Ausnahme auslösen

Nicht klassenbasierte Ausnahmen können Sie mit den Anweisungen `RAISE` oder `MESSAGE RAISING` in der Methode auslösen.

Syntax

```
RAISE name_ausnahme.
MESSAGE { msg | text } [DISPLAY LIKE dtype]
   [WITH dobj1 ... dobj4] RAISING exception.
```


Beispiel

Listing 11.24 löst eine lokale Ausnahme aus.

```
CLASS klasse IMPLEMENTATION.
  METHOD berechnung.
    "...
    RAISE ausnahme1.
  ENDMETHOD.
ENDCLASS.
```

Listing 11.24 Auslösen einer lokalen Ausnahme

Ausnahme behandeln

Lokale Ausnahmen müssen mit dem gleichlautenden Zusatz `EXCEPTIONS` beim Methodenaufruf abgefangen werden. Wird der Ausnahme beim Aufruf kein Rückgabewert zugeordnet, kommt es zu einem Laufzeitfehler. Der angegebene Wert wird dem Systemfeld `sy-subrc` zugeordnet.

Syntax

```
... [EXCEPTIONS [ausnahme1 = n1 ausnahme2 = n2 ...]
                [OTHERS = n_others] ].
```

Beispiel

Tritt die Ausnahme `MEINE_AUSNAME` ein, wird `sy-subrc` der Wert 4 zugeordnet:

```
lo_meine_klasse->berechnung( "Angabe normaler Parameter
                              EXCEPTIONS meine_ausname = 4 ).
```

11.10 Freunde

Sie können für eine Klasse über die Anweisung FRIENDS einen oder mehrere Freunde definieren. Dieser Freund hat dann Zugriff auf private und geschützte Komponenten. Ist die Klasse global, muss der Zusatz GLOBAL FRIENDS verwendet werden.

Syntax

```
CLASS ... [GLOBAL] FRIENDS klasse1 klasse2.
```

Beispiel

Die Klasse LCL_KLASSE2 in Listing 11.25 hat jetzt Zugriff auf das Attribut MEIN_PRIVATES_ATTRIBUT der Klasse LCL_KLASSE1.

```
REPORT zreport.
CLASS lcl_klasse2 DEFINITION.
  PUBLIC SECTION.
     CLASS-METHODS: ausgabe.
ENDCLASS.
CLASS lcl_klasse1 DEFINITION FRIENDS lcl_klasse2.
 PRIVATE SECTION.
   CLASS-DATA: mein_privates_attribut TYPE string VALUE 'Meine!'.
ENDCLASS.
CLASS lcl_klasse2 IMPLEMENTATION.
  METHOD ausgabe.
    WRITE: lcl_klasse1=>mein_privates_attribut.
  ENDMETHOD.
ENDCLASS.
START-OF-SELECTION.
lcl_klasse2=>ausgabe( ).
"Ausgabe: Meine!
```

Listing 11.25 Definition von Freunden

11.11 Interfaces

Im Gegensatz zu Klassen hat ein Interface (siehe Kapitel 25, »Grundlagen der Objektorientierung«) nur einen Deklarationsteil, der mit der Anweisung INTERFACE eingeleitet und mit der Anweisung ENDINTERFACE geschlossen wird. Dazwischen können Sie

Interface-Komponenten definieren. Als Komponenten können Methoden (siehe Abschnitt 11.4), Datentypen und Attribute (siehe Abschnitt 11.3) sowie Ereignisse (siehe Abschnitt 11.6) angegeben werden.

Syntax

```
INTERFACE interface.
  [Komponenten]
ENDINTERFACE.
```

Beispiel

Listing 11.26 zeigt die Definition eines Interface.

```
INTERFACE zif_inventarnummer.
  TYPES: ty_inv_nummer TYPE char10.
  METHODS: get_inv_nummer
     RETURNING value(rv_inv_nummer) TYPE char10.
  DATA: mv_inv_nummer TYPE ty_inv_nummer.
ENDINTERFACE.
```

Listing 11.26 Definition von Interfaces

Optionale Interface-Methoden

Ab ABAP 7.40 SP05 können Methoden in Interfaces mit dem neuen Zusatz `DEFAULT` als optional gekennzeichnet werden. Eine optionale Interface-Methode muss bei der Implementierung eines Interface in einer Klasse nicht implementiert werden. Stattdessen können Sie bei der Definition ein Standardverhalten für Aufrufe nicht implementierter Methoden angeben. `DEFAULT IGNORE` bewirkt den Aufruf einer leeren Methode und `DEFAULT FAIL` das Auslösen der Ausnahme `CX_SY_DYN_CALL_ILLEGAL_METHOD`.

11.11.1 Implementierung eines Interface

Um Interfaces in einer Klasse zu implementieren, geben Sie innerhalb des öffentlichen Sichtbarkeitsbereichs (siehe Abschnitt 11.2) des Deklarationsteils der Klasse die Anweisung `INTERFACES`, gefolgt vom Namen des Interface, an. Alle Interface-Komponenten werden dann entsprechend der Definition übernommen. Vor der Implementierung der so übernommenen Interface-Methoden (im Implementierungsteil der Klasse) muss der Name des Interface, gefolgt von einer Tilde angegeben werden (z. B. `interface~methode`).

Über die Zusätze ABSTRACT METHODS und FINAL METHODS können Sie einzelne Methoden methode des Interface als abstrakt oder final definieren, während Sie über ALL METHODS alle Methoden abstrakt (über ABSTRACT) bzw. final (über FINAL) definieren können.

Mit dem Zusatz DATA VALUES haben Sie die Möglichkeit, den Attributen attribut des Interface einen Startwert wert mitzugegeben.

Syntax

```
CLASS klasse DEFINITION.
INTERFACES interface
  { {[ABSTRACT METHODS methode1 methode2 ... ]
     [FINAL METHODS methode1 methode2 ... ]}
  | [ALL METHODS {ABSTRACT|FINAL}] }
  [DATA VALUES attribut1 = wert1 attribut2 = wert2 ...].
...
ENDCLASS.
CLASS klasse IMPLEMENTATION.
  METHOD interface~methode1.
  ENDMETHOD.
  METHOD interface~methode2.
  ENDMETHOD.
  ...
ENDCLASS.
```

Beispiel

Die Klasse LCL_LAPTOP in Listing 11.27 implementiert das Interface aus Listing 11.26 und gibt für die Methode GET_INV_NUMMER() eine Implementierung an.

```
CLASS lcl_laptop DEFINITION.
  PUBLIC SECTION.
    INTERFACES zif_inventarnummer.
    METHODS: constructor IMPORTING iv_inv_nummer
                TYPE zif_inventarnummer=>ty_inv_nummer.
ENDCLASS.
CLASS lcl_laptop IMPLEMENTATION.
  METHOD zif_inventarnummer~get_inv_nummer.
    rv_inv_nummer = zif_inventarnummer~mv_inv_nummer.
  ENDMETHOD.
  METHOD constructor.
    zif_inventarnummer~mv_inv_nummer = iv_inv_nummer.
  ENDMETHOD.
ENDCLASS.
```

Listing 11.27 Implementierung eines Interface

Die einzigen Interface-Komponenten, die ohne Implementierung des Interface in Klassen angesprochen werden können, sind Datentypen und Konstanten. Diese können über den Namen des Interface und den Klassenkomponentenselektor (=>) adressiert werden. In Listing 11.27 ist dies für die Typdefinition der Fall.

11.11.2 Verwendung von Interfaces

Interfaces können Sie verwenden, indem Sie nach der Instanz der Klasse und dem Komponentenselektor (-> bzw. =>) den Namen des Interface angeben, gefolgt von einer Tilde und dem Namen der Komponente. Dies könnte am Beispiel einer Methode wie folgt aussehen:

```
lo_referenz->interfacename~methode( ).
```


Sie können aber auch den Typ der Klasse in den Typ des Interface durch eine Zuweisung (=) casten. Dadurch haben Sie direkten Zugriff auf die Komponenten des Interface. Am Beispiel von oben sähe dies so aus:

```
lo_interfaceref->methode( )
```

Das Casting von Instanzen ist in Abschnitt 11.13 genauer beschrieben.

Beispiel

Im Beispiel in Listing 11.28 wird das Interface aus Listing 11.26 und aus der implementierenden Klasse aus Listing 11.27 in einem Report instanziiert und verwendet. Auf das Interface wird dabei direkt und indirekt zugegriffen.

```
REPORT zreport.
START-OF-SELECTION.
  DATA: lo_laptop        TYPE REF TO lcl_laptop.
  DATA: lv_inv_nummer    TYPE zif_inventarnummer=>ty_inv_nummer.
  DATA: lo_if_inv_nummer TYPE REF TO zif_inventarnummer.
*Testweises Erzeugen einer Instanz sowie Setzen der Inv.-Nummer.
CREATE OBJECT lo_laptop
  EXPORTING
    iv_inv_nummer = '1234567890'.
*Aufruf der Methode über den Klassentyp mit Angabe
*des Interface, der Tilde (~) und des Methodennamens
lv_inv_nummer = lo_laptop->zif_inventarnummer~get_inv_nummer( ).
WRITE: / lv_inv_nummer.
CLEAR lv_inv_nummer.
*Cast vom Klassentyp zum Interface-Typ
lo_if_inv_nummer = lo_laptop.
*Dadurch direkter Zugriff auf die Methode
```

```
lv_inv_nummer = lo_if_inv_nummer->get_inv_nummer( ).
WRITE: / lv_inv_nummer.
CLEAR lv_inv_nummer.
*Eventueller Cast zurück zum Klassentyp
lo_laptop ?= lo_if_inv_nummer.
lv_inv_nummer = lo_laptop->zif_inventarnummer~get_inv_nummer( ).
WRITE: / lv_inv_nummer.
```

Listing 11.28 Verwendung von Interfaces

11.12 Das ABAP-Objects-Muster

Das ABAP-Objects-Muster hilft Ihnen bei der Bewältigung klassischer Aufgaben, wenn es um den Aufruf von Komponenten einer Klasse geht. Wie Sie Muster aufrufen, wird in Abschnitt 1.4.6, »Die Musterfunktion«, beschrieben.

Wie Sie in Abbildung 11.1 sehen können, stehen Ihnen neben einem Muster für die Anweisung **Call Method**, um Methoden aufzurufen, auch Muster für die Anweisungen **Create Object** zur Erzeugung von Instanzen, **Raise Event** zum Auslösen von Ereignissen und **Raise Exception** zum Auslösen von Ausnahmen zur Verfügung.

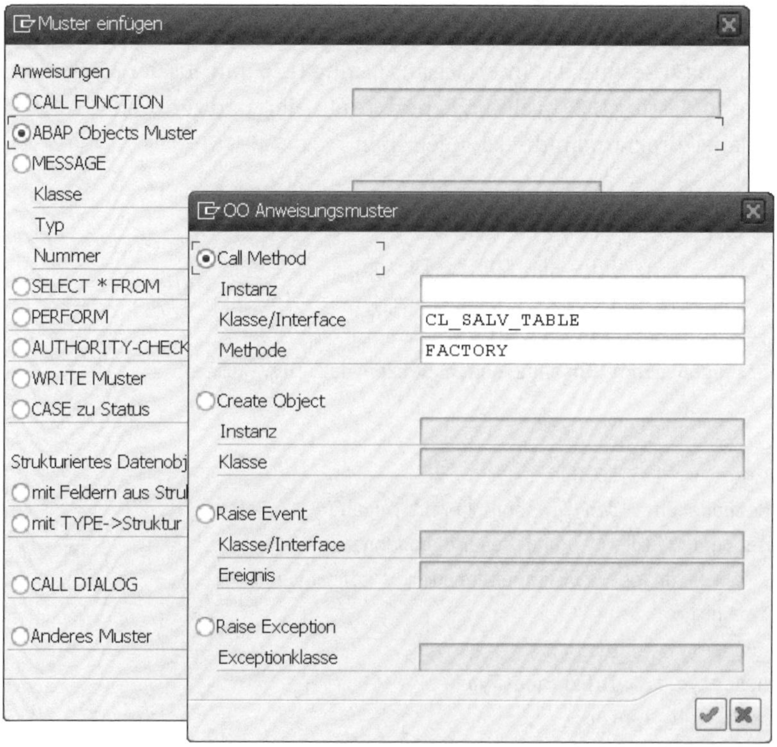

Abbildung 11.1 Das Muster für ABAP Objects

Nach Auswahl des Musters für die Anweisung **Call Method** können Sie z. B. spezifizieren, welche Methode welcher Klasse Sie von welcher Instanz aus aufrufen wollen. Bei statischen Methoden können Sie das Eingabefeld **Instanz** freilassen. In Abbildung 11.1 wurde beispielhaft der Aufruf einer statischen Methode `FACTORY()` der Klasse `CL_SALV_TABLE` spezifiziert.

[+]

Autovervollständigung

Verwenden Sie zum Aufruf von Methoden lieber die Autovervollständigung als das Muster. Diese kann den kompletten Rumpf einer Methode automatisch über die Vorschlagsliste einfügen. Diese Funktion ist in Abschnitt 1.4.4, »Die (Auto-)Vervollständigung«, beschrieben.

11

11.13 Casting

Ab ABAP 7.40 SP02 können Sie Casts (Typumwandlungen) zwischen Klassen bzw. Interfaces mit drei verschiedenen Anweisungen durchführen:

- mit dem Zuweisungsoperator `=`
- mit dem Casting-Operator `?=`
- mit der Anweisung `CAST` (ab ABAP 7.40 SP02)

Beispiel

In Listing 11.29 erbt Klasse 2 von Klasse 1.

```
DATA: lo_klasse1 TYPE REF TO lcl_klasse1,
      lo_klasse2 TYPE REF TO lcl_klasse2.
*Variante 1:
lo_klasse2 ?= lo_klasse1.
*Variante 2:
lo_klasse2 = CAST #( lo_klasse1 ).
```

Listing 11.29 Casting von Objekten

11.13.1 Casting mit dem Zuweisungsoperator

Der allgemeine Zuweisungsoperator `=` kann für einen *Up Cast* verwendet werden. Dafür muss die Quelle spezieller (also z. B. eine Unterklasse) oder vom gleichen Typ des Ziels sein.

```
Ziel = Quelle.
```

11.13.2 Casting mit dem Casting-Operator

Der spezielle Casting-Operator ?= kann für einen *Down Cast* verwendet werden. Dafür muss die Quelle allgemeiner (also z. B. eine Oberklasse) als der Typ des Ziels sein. Darüber hinaus kann ?= auch für einen Up Cast angegeben werden.

```
Ziel ?= Quelle.
```

11.13.3 Casting mit der Anweisung CAST

Wie eingangs erwähnt, kann ein Cast ab ABAP 7.40 SP02 auch mit dem neuen Konstruktorausdruck CAST durchgeführt werden. CAST führt einen Down oder einen Up Cast auf das angegebene Argument durch und erzeugt als Ergebnis eine Referenzvariable vom angegebenen Typ. Ist der Typ eindeutig erkennbar, können Sie das Rautesymbol (#) anstelle des Typs angeben.

Syntax

```
... CAST {type|#}( Objekt ) ...
```

Beispiel

Die Struktur, die in der Oberklasse CL_ABAP_TYPEDESCR beschrieben wurde, wird in Listing 11.30 auf die speziellere Klasse (Unterklasse) CL_ABAP_STRUCTDESCR gecastet.

```
DATA(lo_komponenten) =
  CAST cl_abap_structdescr(
    cl_abap_typedescr=>describe_by_name( 'T100' )
  )->components.
```

Listing 11.30 Casting mit dem Konstruktorausdruck CAST

11.14 Objekttyp überprüfen

Ab ABAP 7.50 wurden zwei neue Prädikatausdrücke eingeführt, mit denen Sie den Typ einer Objektreferenzvariablen feststellen können: IS INSTANCE OF und CASE TYPE OF.

11.14.1 Die Anweisung IS INSTANCE OF

Mit der Anweisung IS INSTANCE OF wird überprüft, ob das angegebene Objekt spezifischer oder gleich dem Vergleichstyp ist. Es wird also geprüft, ob das Objekt entweder das angegebene Interface enthält (oder implementiert) oder dieselbe Klasse bzw. eine Unterklasse der angegebenen Klasse ist. Das Objekt objektref kann dabei auch initial sein.

Syntax

```
... objektref IS [NOT] INSTANCE OF klasse|interface
```

Beispiel

In Listing 11.31 wird über die Angabe von CX_ROOT jede mögliche globale Ausnahme im System abgefangen (da alle globalen Ausnahmeklassen von CX_ROOT erben). Anschließend wird mit der Anweisung IS INSTANCE OF geprüft, von welcher Klasse das Ausnahmeobjekt wirklich stammt.

```
TRY. "...
  CATCH cx_root INTO DATA(lo_ausnahme).
    IF lo_ausnahme IS INSTANCE OF cx_sy_arithmetic_error.
    ELSEIF lo_ausnahme IS INSTANCE OF cx_sy_conversion_error.
    ELSE. "Andere Ausnahme
    ENDIF.
ENDTRY.
```

Listing 11.31 Überprüfen des Objekttyps mit IS INSTANCE OF

11.14.2 Die Anweisung CASE TYPE OF

Die Anweisung CASE TYPE OF, die ebenfalls mit ABAP 7.50 eingeführt wurde, ist eine andere Schreibweise von IS INSTANCE OF. Die Erläuterungen zu IS INSTANCE OF gelten daher auch für diese Anweisung. Zusätzlich kann mit dem Zusatz INTO die Objektreferenzvariable direkt in eine neue übernommen werden. Hier kann sowohl ein Down als auch ein Up Cast stattfinden.

Syntax

```
CASE TYPE OF oref
  [WHEN TYPE class|intf [INTO target1].
    [statement_block1]]
  [WHEN TYPE class|intf [INTO target2].
    [statement_block2]] ...
  [WHEN OTHERS.
    [statement_blockn]]
ENDCASE.
```

Beispiel

Listing 11.32 setzt dasselbe Beispiel wie Listing 11.31 um.

```
TRY. "...
  CATCH cx_root INTO DATA(lo_ausnahme).
    CASE TYPE OF lo_ausnahme.
```

```
    WHEN TYPE cx_sy_arithmetic_error.
    WHEN TYPE cx_sy_conversion_error.
    WHEN OTHERS.
  ENDCASE.
ENDTRY.
```

Listing 11.32 Überprüfen des Objekttyps mit CASE TYPE OF

11.15 Änderungen und Neuerungen in ABAP Objects bis ABAP 7.57

SAP hat mit den letzten ABAP-Versionen ein paar Änderungen an der ABAP-Objects-Syntax vorgenommen. Diese Änderungen sind in die Erläuterungen in dieses Kapitel bereits mit entsprechenden Hinweisen eingebettet.

- **Neuerungen in ABAP 7.40 SP02:**
  - Für die Erzeugung von Klasseninstanzen gibt es den neuen Konstruktorausdruck `NEW` (siehe Abschnitt 11.1.3, »Instanziierung mit NEW«).
  - Für das Casting von Klassen gibt es den neuen Konstruktorausdruck `CAST` (siehe Abschnitt 11.13, »Casting«).
  - Eine funktionale Methode kann jetzt neben dem mit `RETURNING` definierten Rückgabewert beliebige weitere Parameter haben, die beim Methodenaufruf über die Zusätze `EXPORTING`, `IMPORTING` und `CHANGING` angegeben werden können (siehe Abschnitt 11.4, »Methoden«).
  - Der Zusatz `PREFERRED PARAMETER` bei Methoden kann jetzt auch benutzt werden, wenn die Methode optionale Ausgabe- oder Ein-/Ausgabeparameter hat (siehe Abschnitt 11.4, »Methoden«).
- **Neuerungen in ABAP 7.40 SP08:**
  - In Interfaces können Methoden mit dem neuen Zusatz `DEFAULT` als optional gekennzeichnet werden (siehe Abschnitt 11.11, »Interfaces«).
- **Neuerungen in ABAP 7.50/51:**
  - Das neue System-Interface `IF_T100_DYN_MSG` erlaubt es, beliebige Nachrichten aus Nachrichtenklassen mit Ausnahmeklassen zu verknüpfen. Dazu muss die Ausnahmeklasse das Interface einbinden und über den neuen Zusatz `MESSAGE` zu `RAISE EXECPTION` und `THROW` ausgelöst werden (siehe Abschnitt 11.9.1, »Klassenbasierte Ausnahmen«, Abschnitt 7.13.5, »COND: Bedingte Ausdrücke«, und Abschnitt 7.13.6, »SWITCH: Bedingte Ausdrücke«).
  - Mit den neuen Prädikatausdrücken `IS INSTANCE OF` und `CASE TYPE OF` kann der dynamische Typ einer Objektreferenzvariablen festgestellt werden (siehe Abschnitt 11.14, »Objekttyp überprüfen«).

Kapitel 12
Reports und Selektionsbildschirme

Die Report-Programmierung ist sehr eng mit dem ABAP-Sprachkern verbunden. In diesem Kapitel beschreibe ich die wichtigsten Funktionen, um Selektionsbildschirme für Reports zu gestalten.

Während ich Ihnen in Abschnitt 1.4.2 gezeigt habe, wie Sie einen Report anlegen können, dreht sich dieses Kapitel darum, wie Sie den Selektionsbildschirm eines Reports generieren können. Diese Oberfläche wird dem Anwender nach dem Aufruf der Reporttransaktion angezeigt. Hier hat er die Möglichkeit, eine Vorauswahl für das betreffende Programm vorzunehmen. Abbildung 12.1 zeigt exemplarisch einen solchen Selektionsbildschirm mit allen möglichen definierbaren Elementen.

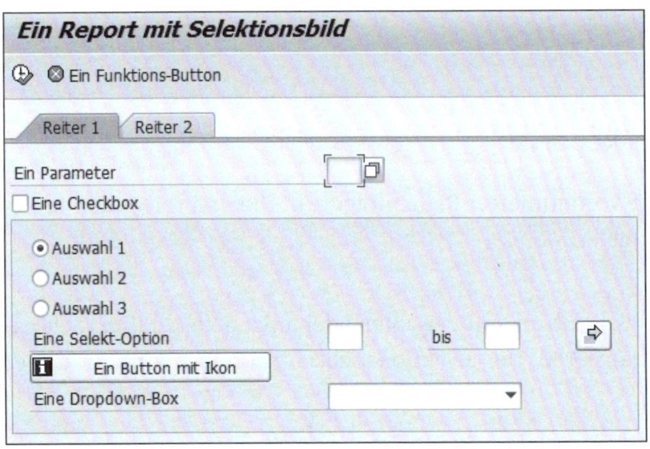

Abbildung 12.1 Ein Selektionsbildschirm

Zur Gestaltung dieser Selektionsbildschirme wird kein grafischer Editor wie der Screen Painter für Dynpros (siehe Kapitel 14, »Die Dynpro-Programmierung«) angeboten. SAP stellt stattdessen eine Anzahl von ABAP-Anweisungen bereit, die Sie nutzen können, um Ihren Selektionsbildschirm zu gestalten. Jeder Befehl erzeugt ein spezifisches Element. Die Generierung findet dabei immer am Kopf eines Reports statt. Damit das System »weiß«, wo die Definition Ihres Selektionsbildschirms anfängt und wo sie wieder aufhört, werden die vordefinierten Ereignisse eines Reports (siehe Abschnitt 12.1) verwendet.

Zur Gestaltung des Selektionsbildschirms stehen Ihnen folgende Arten von Elementen zur Verfügung:

- Eingabeelemente (siehe Abschnitt 12.2)
- Strukturierungselemente (siehe Abschnitt 12.3)

Neben den Standardereignissen eines Reports stehen Ihnen zahlreiche weitere Ereignisse (siehe Abschnitt 12.4) zur Verfügung, damit Sie auf die Eingaben eines Anwenders auf dem Selektionsbildschirm reagieren können. In diesem Kapitel zeige ich Ihnen auch, wie es Ihnen gelingt, zur Laufzeit Selektionselemente dynamisch zu beeinflussen, z. B. auszublenden.

Für die auf dem Selektionsbildschirm definierten Elemente werden standardmäßig keine Texte angezeigt, sondern es werden die technisch definierten Namen der dahinterliegenden Datenobjekte verwendet. Damit der Anwender weiß, welches Element was bedeutet, stehen Ihnen mit Textelementen (siehe Abschnitt 12.5) und Nachrichtenklassen (siehe Abschnitt 12.6) zwei Wege zur Verfügung, um die Elemente mit übersetzbaren Texten anzuzeigen. Darüber hinaus zeige ich Ihnen am Ende des Kapitels, wie Sie mithilfe von ABAP einen anderen Report aufrufen (siehe Abschnitt 12.7) und dessen Selektionsbildschirm mit Werten vorfüllen können (siehe Abschnitt 12.8, »SPA-/GPA-Parameter«).

12.1 Ereignisse eines Reports

Reportereignisse treten in vordefinierter Reihenfolge auf. Die drei folgenden Ereignisse sind dabei die wichtigsten:

- `INITIALIZATION`
  Dieses Ereignis können Sie nutzen, um Variablen oder Eingabefelder Ihres Selektionsbildschirms zu initialisieren. Der Selektionsbildschirm selbst wird vor dieser Anweisung definiert.
- `START-OF-SELECTION`
  Dieser Block definiert den Standardverarbeitungsblock Ihres ausführbaren Programms. Hier programmieren Sie die Logik zur Verarbeitung der Eingabe. Das Ereignis definiert also, wo Ihre erste richtige Zeile ABAP-Code anfängt. Dies ist wichtig, da kein Ereignis ein definiertes Ende durch ein spezielles Schlüsselwort hat, sondern erst durch das nächstfolgende Ereignis abgegrenzt wird.
- `AT SELECTION-SCREEN`
  Wird immer dann aufgerufen, wenn das Selektionsbild bestätigt wird oder wenn der Zusatz `USER-COMMAND` für Selektionsbildelemente angegeben ist.

[!]

Anweisung nicht erreichbar

Verwenden Sie ein Ereignis des Selektionsbildschirms oder definieren Sie vor der eigentlichen Ausführung deklarative Elemente wie Formroutinen oder Klassen, müssen Sie zwingend START-OF-SELECTION angeben, da Sie ansonsten die Fehlermeldung »Anweisung nicht erreichbar« erhalten.

Ein normaler Report hat daher, wenn er einen Selektionsbildschirm enthält, den in Listing 12.1 gezeigten Aufbau.

```
REPORT zreport.
  "Eventuelle Includes, z. B. Top-Include für Datendefinitionen
  "Definition Ihres Selektionsbildschirms
  "z. B. PARAMETERS: ..., SELECT-OPTIONS: ...
  "Ereignisse des Selektionsbildschirms
  INITIALIZATION.
  "z. B. Initialisierung der Eingabefelder
  AT SELECTION-SCREEN.
  "Reaktion auf Aktionen auf dem Selektionsbildschirm
  START-OF-SELECTION.
  "Ihr eigentlicher ABAP-Code
```

Listing 12.1 Standardaufbau eines Reports mit Selektionsbildschirm

Zusätzlich vorhandene Ereignisse, die Sie zur Steuerung des Selektionsbildschirms verwenden können, sind in Abschnitt 12.4 beschrieben.

12.2 Eingabeelemente

Als Eingabeelemente stehen Ihnen Parameter für eine Einfacheingabe, Checkboxen für eine Mehrfachauswahl, Radiobuttons und Dropdown-Listen für eine Einfachauswahl und Selektionsoptionen für komplexe Selektionen zur Verfügung. Sie haben aber auch die Möglichkeit, Buttons auf dem Selektionsbildschirm oder in der Funktionsleiste zu erzeugen.

Außer bei Parametern und Selektionsoptionen ermöglicht die Syntax der Eingabeelemente den Zusatz USER-COMMAND, über den dem Eingabeelement ein Funktionscode zugeordnet werden kann. Dadurch kann direkt auf eine Benutzereingabe reagiert werden. Weitere Informationen zu diesem Zusatz finden Sie in Abschnitt 12.2.8, »Der Zusatz USER-COMMAND«.

[»]

Fehlende Texte

Die folgenden Definitionen des Selektionsbildschirms definieren keine Texte für die einzelnen Eingabeelemente. Wie Sie diese hinzufügen können, erkläre ich in Abschnitt 12.5.3, »Selektionstexte«.

12.2.1 Parameter

Mit der Anweisung PARAMETERS können Sie ähnlich der DATA-Anweisung programmlokale Datenobjekte definieren. Zusätzlich wird bei der Anweisung PARAMETERS ein Eingabefeld auf einem vom System generierten Selektionsbild zur Eingabe angeboten (siehe Abbildung 12.2). Geben Sie dazu nach der PARAMETERS-Anweisung einen Namen mit einer maximalen Länge 8 an, gefolgt von dem Typ, für den Sie die Eingabe generieren wollen.

Abbildung 12.2 Ein Parameter

Geben Sie ein Datenelement aus dem ABAP Dictionary an. Ist für dieses Datenelement eine Suchhilfe eingetragen, wird diese Suchhilfe direkt hinter dem Eingabefeld angeboten und kann durch einen Klick darauf oder mit der Taste [F4] aufgerufen werden.

Die folgenden Zusätze können Sie hier verwenden:

- Mit [DEFAULT wert] können Sie einen Standardwert mitgeben.
- Mit [LOWER CASE] wird die Eingabe in Kleinschreibung umgewandelt.
- Mit [MATCHCODE OBJECT suchhilfe] können Sie eine Suchhilfe direkt spezifizieren.
- Mit [MEMORY ID pid] wird das Eingabefeld mit einem Set-/Get-Parameter im SAP-Memory verknüpft (siehe Abschnitt 12.8, »SPA-/GPA-Parameter«).
- Mit [VALUE CHECK] können Sie die Werteprüfung einschalten. Dies funktioniert nur, wenn Sie sich auf einen Typ aus dem ABAP Dictionary bezogen haben.
- Mit [OBLIGATORY] markieren Sie das Eingabefeld als Pflichtfeld, d. h., der Anwender muss zwingend einen Wert eingeben. Macht er das nicht, wird die Selektionsmaske bei der Ausführung des Reports eine Fehlermeldung ausgeben, und der Anwender bleibt auf der Selektionsmaske.
- Mit [NO-DISPLAY] wird die Anzeige unterdrückt. Dies ist hilfreich, falls Sie den Report später programmatisch aufrufen und mit zusätzlichen Werten versorgen wollen.

- Mit [LENGTH laenge] können Sie die Länge des Eingabefeldes über laenge beschränken, d. h., Sie definieren damit die maximal mögliche Anzahl der eingebbaren Zeichen.
- Mit [VISIBLE LENGTH vlaenge] können Sie die sichtbare Ausgabelänge des Parameters über vlaenge auf dem Selektionsbildschirm beeinflussen. Im Vergleich zu LENGTH beschränken Sie also nicht die gesamte Eingabelänge des Feldes.

Syntax

```
PARAMETERS {parameter}|{parameter [LENGTH laenge]}
          {{ TYPE typ [DECIMALS dezimalstellen] }
          |{ LIKE dobj }}
  [OBLIGATORY|NO-DISPLAY]
  [VISIBLE LENGTH vlaenge]
  [DEFAULT wert]
  [LOWER CASE]
  [MATCHCODE OBJECT suchhilfe]
  [MEMORY ID pid]
  [VALUE CHECK] ...
```

Beispiel

```
PARAMETERS p_carrid TYPE sflight-carrid.
```

12.2.2 Checkboxen

Ankreuzfelder (*Checkboxen*) (siehe Abbildung 12.3) können Sie ebenfalls über die Anweisung PARAMETERS und den Zusatz AS CHECKBOX erzeugen. Der angegebene Typ muss c und seine Länge 1 sein. Die Checkbox ist markiert, wenn der Wert des Parameters 'X' oder 'x' ist. Anderenfalls wird die Checkbox unmarkiert dargestellt.

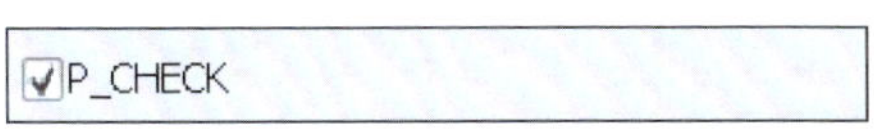

Abbildung 12.3 Eine Checkbox

Syntax

```
PARAMETERS parametername {{TYPE|LIKE}...} AS CHECKBOX
  [USER-COMMAND funktionscode].
```

Beispiel

```
PARAMETERS p_check TYPE char01 AS CHECKBOX.
```

12.2.3 Radiobuttons

Radiobuttons (siehe Abbildung 12.4) können Sie ebenfalls über die Anweisung PARAMETERS erzeugen. Verwenden Sie dazu den Zusatz RADIOBUTTON GROUP, müssen Sie immer mindestens zwei einzelne Radiobuttons in einer Gruppe erzeugen. Diese bedingen sich dann gegenseitig, d. h., es kann immer nur einer ausgewählt werden.

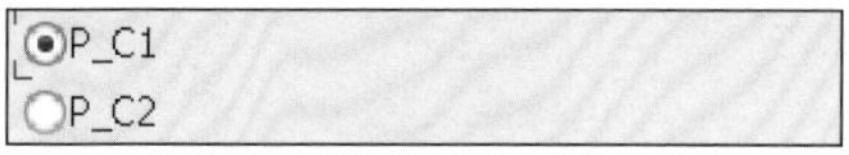

Abbildung 12.4 Radiobuttons

Syntax

```
PARAMETERS parametername {{TYPE|LIKE}...}
  RADIOBUTTON GROUP gruppe
  [USER-COMMAND funktionscode].
```

Beispiel

Die folgenden Zeilen setzen die Radiobuttons aus Abbildung 12.4 um:

```
PARAMETERS: p_c1 TYPE char01 RADIOBUTTON GROUP grp1.
PARAMETERS: p_c2 TYPE char01 RADIOBUTTON GROUP grp1.
```

12.2.4 Dropdown-Liste

Mit dem Zusatz AS LISTBOX der Anweisung PARAMETERS haben Sie die Möglichkeit, eine Dropdown-Liste wie in Abbildung 12.5 auf dem Selektionsbildschirm zu erzeugen.

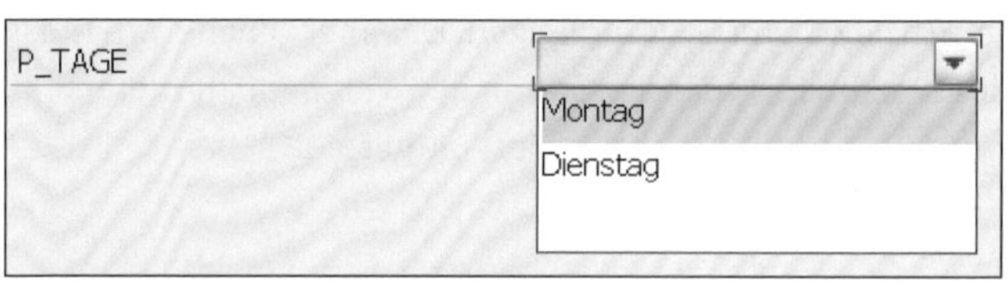

Abbildung 12.5 Eine Dropdown-Liste

Syntax

```
PARAMETERS parametername {{TYPE|LIKE}...}
  AS LISTBOX VISIBLE LENGTH vlaenge
  [USER-COMMAND funktionscode]
```

Beispiel

Die Dropdown-Liste aus Abbildung 12.5 können Sie wie folgt definieren:

```
PARAMETERS: p_tage TYPE c AS LISTBOX VISIBLE LENGTH 20.
```

Dropdown-Liste füllen

Sie können die Dropdown-Liste im Initialisierungsereignis INITIALIZATION mit dem Funktionsbaustein VRM_SET_VALUES befüllen. Dazu müssen Sie im Parameter ID den Namen der Dropdown-Liste (in Großschreibung) und im Parameter VALUES eine Wertetabelle vom Typ VRM_VALUES übergeben.

Beispiel

Listing 12.2 befüllt die Dropdown-Liste aus Abbildung 12.5.

```
REPORT zreport.
PARAMETERS: p_tage TYPE c AS LISTBOX VISIBLE LENGTH 20.
DATA: lt_tage TYPE vrm_values,
      ls_tage TYPE vrm_value.
INITIALIZATION.
  ls_tage-key = '1'.
  ls_tage-text = 'Montag'.
  APPEND ls_tage TO lt_tage.
  ls_tage-key = '1'.
  ls_tage-text = 'Dienstag'.
  APPEND ls_tage TO lt_tage.
  CALL FUNCTION 'VRM_SET_VALUES'
    EXPORTING
      id              = 'P_TAGE' "Name des Parameters
      values          = lt_tage
    EXCEPTIONS
      OTHERS          = 0.
```

Listing 12.2 Befüllung einer Dropdown-Liste

Dropdown-Liste auslesen

Eine Dropdown-Liste können Sie, wie im folgenden Beispiel gezeigt, auslesen. Dazu müssen Sie den Funktionsbaustein DYNP_VALUES_READ aufrufen und sich den Index der ausgewählten Zeile zu der Dropdown-Liste zurückgeben lassen, mit dem Sie wiederum den Wert aus Ihrer originalen Wertetabelle auslesen können.

Beispiel

Listing 12.3 führt das Beispiel aus Listing 12.2 fort.

```
AT SELECTION-SCREEN ON p_tage.
  DATA: lt_werte TYPE TABLE OF dynpread,
        ls_werte TYPE dynpread.
  CLEAR: lt_werte, ls_werte.
  ls_werte-fieldname = 'P_TAGE'.
  APPEND ls_werte TO lt_werte.
```

```
CALL FUNCTION 'DYNP_VALUES_READ'
  EXPORTING
    dyname             = sy-cprog
    dynumb             = sy-dynnr
    translate_to_upper = 'X'
  TABLES
    dynpfields         = lt_werte.
READ TABLE lt_werte INDEX 1 INTO ls_werte.
IF sy-subrc = 0.
  READ TABLE lt_tage INTO ls_tage
     WITH KEY key = ls_werte-fieldvalue.
  IF sy-subrc = 0.
  ENDIF.
ENDIF.
```

Listing 12.3 Den in einer Dropdown-Liste ausgewählten Eintrag auslesen

Wollen Sie den Wert direkt bei der Änderung der Dropdown-Liste auslesen und nicht erst, wenn die Selektionsmaske bestätigt wird, müssen Sie den Zusatz `USER-COMMAND` hinzufügen (siehe Abschnitt 12.2.8). Dann wird bei jeder Änderung das Ereignis `AT SELECTION-SCREEN` aufgerufen.

12.2.5 Selektionsoptionen

Mit der Anweisung `SELECT-OPTIONS` wird ähnlich wie bei der Anweisung `PARAMETERS` eine Eingabe auf dem Selektionsbildschirm erzeugt. Im Unterschied zur Anweisung `PARAMETERS` wird allerdings kein einfaches Eingabefeld, sondern eine Von-bis-Eingabe in Form von zwei Eingabefeldern und einem dahinter angezeigten Button für die Mehrfachselektion (⇨) generiert (siehe Abbildung 12.6).

Bei `SELECT-OPTIONS` muss anstelle eines Datentyps ein Datenobjekt angegeben werden. Das bedeutet, dass Sie sich vorher ein Dummy-Datenobjekt anlegen müssen oder sich eventuell auf ein bestehendes beziehen können. Der Name der Selektionsoption ist dabei auf maximal 8 Zeichen begrenzt.

Abbildung 12.6 Eine Selektionsoption

Mit der Anweisung `SELECT-OPTIONS` wird vom System eine interne Tabelle, genauer gesagt eine Ranges-Tabelle, aufgebaut. Diese speziellen internen Tabellen sind in Abschnitt 3.4, »Tabellentypen«, beschrieben. Wichtig zu wissen ist für Sie darüber hinaus, dass Sie diese Selektionsoptionen direkt in einer Open-SQL-Anweisung weiterverwenden können.

Zusätzlich zu den Zusätzen der Anweisung PARAMETERS (siehe Abschnitt 12.2.1) stehen Ihnen folgende Zusätze zur Verfügung:

- Mit [NO-EXTENSION] verhindern Sie, dass der Button für die Mehrfachselektion angezeigt wird.
- Mit [NO INTERVALS] wird nur das erste Eingabefeld ähnlich einem Parameter angezeigt.

Der Zusatz DEFAULT zur Angabe von Standardwerten ist bei den Selektionsoptionen für zwei Werte möglich. Es kann zusätzlich nach dem Zusatz OPTION die option (d. h. der Vergleichsoperator) bestimmt werden sowie nach dem Zusatz SIGN mit sign angegeben werden, ob die Menge inkludiert ('I') oder exkludiert ('E') werden soll.

Syntax

```
SELECT-OPTIONS so_name FOR datenobjekt
  [OBLIGATORY|NO-DISPLAY]
  [VISIBLE LENGTH vlaenge]
  [NO-EXTENSION]
  [NO INTERVALS]
  [MODIF ID modid]
  [LOWER CASE]
  [MATCHCODE OBJECT suchhilfe]
  [MEMORY ID pid]
  [DEFAULT wert1 [TO wert2]
  [OPTION option] [SIGN sign]]
```


Beispiel

Die Selektionsoptionen aus Abbildung 12.6 werden wie folgt definiert:

```
DATA: lv_carrid TYPE sflight-carrid. "Als Dummy deklariert
SELECT-OPTIONS so_cid FOR lv_carrid.
```

12.2.6 Buttons

Mit dem Zusatz PUSHBUTTON der Anweisung SELECTION-SCREEN können Sie Buttons auf dem Selektionsbildschirm hinzufügen. Als Text für den Button ist hier wieder ein Textsymbol oder eine Variable möglich. In Abbildung 12.7 ist ein beispielhafter Button dargestellt.

Damit Sie auf einen Klick auf den Button reagieren können, können Sie über den Zusatz USER-COMMAND einen Funktionscode mit angeben. Dieses Vorgehen ist in Abschnitt 12.2.8 beschrieben. Im folgenden Beispiel finden Sie eine mögliche Umsetzung.

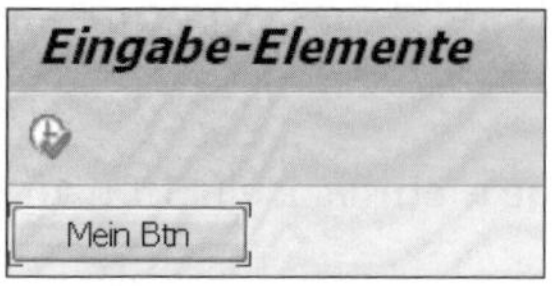

Abbildung 12.7 Ein Button auf dem Selektionsbildschirm

Syntax

```
SELECTION-SCREEN PUSHBUTTON [/][pos](len)
    button_text USER-COMMAND fcode
    [VISIBLE LENGTH vlaenge]
```

Beispiel

Listing 12.4 setzt den Button aus Abbildung 12.7 um. Der Button wird dabei in der ersten Spalte mit der Länge 10 definiert, und es wird der Text eines Textsymbols verwendet (siehe Abschnitt 12.5.2). Zusätzlich wird dem Button der Funktionscode `BUT1` zugeordnet, auf den im Ereignis `AT SELECTION-SCREEN` reagiert wird, indem eine Meldung ausgegeben wird.

```
REPORT zreport.
TABLES: sscrfields.
SELECTION-SCREEN PUSHBUTTON /1(10) text-001 USER-COMMAND but1.
AT SELECTION-SCREEN.
  IF sscrfields-ucomm = 'BUT1'.
    MESSAGE 'Button wurde geklickt!' TYPE 'I'.
  ENDIF.
```

Listing 12.4 Definition eines Buttons

Icon zuweisen

Auf dem Button können Sie ein Icon und beim Überfahren des Buttons mit dem Mauszeiger können Sie eine Quickinfo anzeigen lassen. Der einfachste Weg dazu ist die Verwendung des Funktionsbausteins `ICON_CREATE`, bei dem Sie lediglich den Namen des gewünschten Icons und der Quickinfo angeben müssen. Das Ergebnis dieses Funktionsbausteinaufrufes weisen Sie anschließend dem Button als Text zu. Beachten Sie hier, dass der Button groß genug für Text und Icon sein muss (siehe Abbildung 12.8), da Ihr Text ansonsten abgeschnitten dargestellt wird.

Abbildung 12.8 Ein Button mit Icon

Beispiel

Listing 12.5 setzt den Button aus Abbildung 12.8 um. Der vom Funktionsbaustein im Ereignis INITIALIZATION generierte Text wird dabei dem Button vor der Anzeige als Text zugeordnet.

```
SELECTION-SCREEN PUSHBUTTON /1(50) text
   USER-COMMAND btn1 VISIBLE LENGTH 30.
INITIALIZATION.
  CALL FUNCTION 'ICON_CREATE'
    EXPORTING
      name   = icon_information "Name des Icons
      text   = 'Mein Button mit Icon'
      info   = 'Meine Quickinfo'
    IMPORTING
      RESULT = text
    EXCEPTIONS
      OTHERS = 0.
```

Listing 12.5 Hinzufügen eines Icons zu einem Button

12.2.7 Buttons auf der Funktionsleiste

Neben den normalen Buttons, die Sie frei auf dem Selektionsbildschirm anordnen können, haben Sie die Möglichkeit, über den Zusatz FUNCTION KEY bis zu fünf vordefinierte Buttons in der Funktionsleiste zu definieren. Ein Beispiel sehen Sie in Abbildung 12.9.

Geben Sie dazu eine Zahl von 1 bis 5 nach dem Zusatz FUNCTION KEY an. Den Text, ein Icon sowie eine Quickinfo können Sie über die Schnittstelle SSCRFIELDS setzen, die Sie vorher durch eine TABLES-Anweisung deklariert haben müssen. Die Struktur SSCRFIELDS stellt dabei für jeden Button eine Unterstruktur mit dem Namen FUNCTTXT_0n bereit, wobei das letzte n für die Nummer des Buttons steht.

Auf die Buttons können Sie dann über vordefinierte Funktionscodes im Ereignis AT SELECTION-SCREEN (siehe Abschnitt 12.4, »Ereignisse eines Selektionsbildschirms«) reagieren, die in dem Feld UCOMM der Struktur SSCRFIELDS stehen. Die Funktionscodes haben den Namen FC0n, wobei das n für die Nummer des Buttons steht.

Abbildung 12.9 Ein Button in der Funktionsleiste

Syntax

```
SELECTION-SCREEN FUNCTION KEY n
```

Beispiel

Listing 12.6 setzt den Button aus Abbildung 12.9 um.

```
REPORT zreport.
TABLES: sscrfields.
*Struktur zur Definierung der Button-Anzeige definieren
DATA: ls_menu_btn1 TYPE smp_dyntxt.
SELECTION-SCREEN FUNCTION KEY 1.
INITIALIZATION.
*Definition zum Button ausprägen
  "ls_menu_btn1-text = 'Text'. Brauchen Sie nur,
  "wenn Sie kein Icon (ICON_ID und ICON_TEXT) angeben
  ls_menu_btn1-icon_id = ICON_DUMMY. "siehe Transaktion ICON
  ls_menu_btn1-icon_text = 'Mein Icon-Text'.
  ls_menu_btn1-quickinfo = 'Meine Quickinfo'.
*Der Schnittstellenstruktur zuweisen
  sscrfields-functxt_01 = ls_menu_btn1.
AT SELECTION-SCREEN.
*Auf einen Klick auf den Button reagieren
  CASE sscrfields-ucomm.
    WHEN 'FC01'. ...
  ENDCASE.
```

Listing 12.6 Definition eines Buttons in der Funktionsleiste

12.2.8 Der Zusatz USER-COMMAND

Mit dem Zusatz USER-COMMAND können Sie den Selektionsbildschirmelementen einen Funktionscode zuordnen. Dies ist bei Buttons, Checkboxen, Dropdown-Listen und Radiobuttons möglich. Diese Funktionscodes müssen dabei nicht als Literal, sondern können ohne Anführungszeichen angegeben werden.

Wenn ein Anwender beispielsweise ein Ankreuzfeld auf dem Selektionsbild auswählt, wird von der Laufzeitumgebung das Ereignis AT SELECTION-SCREEN ausgelöst (siehe Abschnitt 12.4, »Ereignisse eines Selektionsbildschirms«). Es wird von SAP nicht empfohlen, innerhalb dieses Ereignisses das Systemfeld sy-ucomm auszuwerten, da dies nicht immer (durch die Selektionsbildverarbeitung beeinflusst) den richtigen Wert enthalten muss. Werten Sie stattdessen das Feld UCOMM der Struktur SSCRFIELDS aus. Um auf diese Struktur zugreifen zu können, müssen Sie diese vorher mit der TABLES-Anweisung als Schnittstelle deklarieren. Eine beispielhafte Verwendung des Zusatzes USER-COMMAND finden Sie für einen Button in Listing 12.4 (siehe Abschnitt 12.2.6, »Buttons«).

12.3 Strukturierungselemente für den Selektionsbildschirm

Die verschiedenen Eingabemöglichkeiten in Form von Parametern, Selektionsoptionen, Checkboxen, Radiobuttons und Dropdown-Listen können Sie mit Strukturierungselementen gruppieren und gestalten. Dazu stehen Ihnen Blöcke zur Gruppierung, Leerzeilen und horizontale Linien zur Unterteilung, Textausgaben zur Beschriftung und Registerkarten (Tabstrips) zur Untergliederung in Teilbereiche zur Verfügung.

12.3.1 Blöcke

Blöcke dienen der inhaltlichen Gruppierung von Selektionsbildschirmen und werden mit der Anweisung `SELECTION-SCREEN BEGIN OF BLOCK` definiert. Durch den Zusatz `WITH FRAME ... TITLE` haben Sie die Möglichkeit, eine Überschrift zuzuordnen. Es empfiehlt sich, für `TITLE` ein Textsymbol (siehe Abschnitt 12.5.2) zu verwenden. Geben Sie anstelle eines Textsymbols eine Variable an, wird diese automatisch im Hintergrund deklariert, und Sie müssen diese z. B. über das Initialisierungsereignis `INITIALIZATION` initialisieren. Wenn Sie mehrere Blöcke definiert haben, werden diese untereinander dargestellt (siehe Abbildung 12.10).

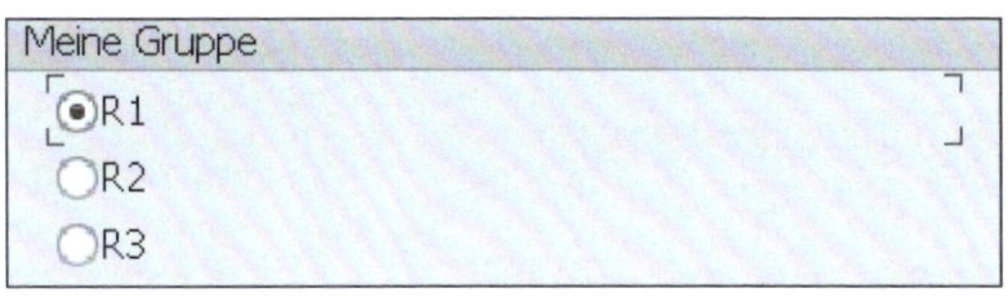

Abbildung 12.10 Gruppierung von Elementen mithilfe eines Blocks

Syntax

```
SELECTION-SCREEN BEGIN OF BLOCK block
   [WITH FRAME [TITLE title]].
   "Eingabeelemente, wie z. B. PARAMETERS ...
SELECTION-SCREEN END OF BLOCK block.
```

Beispiel

Listing 12.7 zeigt die Definition eines Blocks.

```
SELECTION-SCREEN BEGIN OF BLOCK rad1
   WITH FRAME TITLE text-001.
PARAMETERS: r1 RADIOBUTTON GROUP gr1,
            r2 RADIOBUTTON GROUP gr1,
            r3 RADIOBUTTON GROUP gr1.
SELECTION-SCREEN END OF BLOCK rad1.
```

Listing 12.7 Definition eines Blocks

12

12.3.2 Leerzeilen

Mit dem Zusatz SKIP der Anweisung SELECTION-SCREEN können Sie Leerzeilen auf dem Selektionsbildschirm erzeugen. Geben Sie dazu in anzahl die zu erzeugenden Leerzeilen an.

Syntax

```
SELECTION-SCREEN SKIP [anzahl]
```

Beispiel

```
SELECTION-SCREEN SKIP 2.
```

12.3.3 Horizontale Linien

Der Zusatz ULINE der Anweisung SELECTION-SCREEN erzeugt eine horizontale Linie auf dem Selektionsbildschirm, die so breit ist wie der Selektionsbildschirm. Sie können den Start und die Länge der Linie (maximal 83 Zeichen lang) aber auch exakt spezifizieren. Mehrere Linien können dabei hintereinanderstehen und müssen, falls dies nicht erwünscht ist, mit dem Zusatz »/« (Schrägstrich) umbrochen werden.

Syntax

```
SELECTION-SCREEN ULINE [[/][pos|POS_LOW|POS_HIGH](len)]
```

Beispiel

Im Folgenden wird eine Linie so breit wie eine Gruppe (Maximallänge) definiert.

```
SELECTION-SCREEN ULINE 1(82).
SELECTION-SCREEN ULINE 83(40).
```

12.3.4 Textausgaben

Mit dem Zusatz COMMENT der Anweisung SELECTION-SCREEN können Sie normale Texte auf dem Selektionsbildschirm ausgeben. Als Text können Sie hierbei eine Variable oder ein Textsymbol (siehe Abschnitt 12.5.2) angeben. Geben Sie eine Variable an, wird diese automatisch im Hintergrund deklariert, und Sie müssen sie z. B. über das Initialisierungsereignis INITIALIZATION initialisieren.

Syntax

```
SELECTION-SCREEN COMMENT [/][pos](len) {text}
```

Beispiel

```
SELECTION-SCREEN COMMENT /1(50) text-001. "Mein Text
```

12.3.5 Tabstrips

Auch die Erstellung eines *Tabstrips*, also einer Gruppe von Registerkarten wie in Abbildung 12.11, ist auf dem Selektionsbildschirm möglich. Mithilfe des Zusatzes `BEGIN OF SCREEN ... AS SUBSCREEN` können Sie einzelne Unterselektionsbildschirme (*Subscreens*) anlegen, die Sie dynamisch zur Laufzeit laden können, wenn der Anwender auf einen Reiter klickt. Dieser wird mit `TABBED BLOCK` angelegt. Dazu müssen Sie beim Ereignis `AT SELECTION-SCREEN` (siehe Abschnitt 12.4, »Ereignisse eines Selektionsbildschirms«) im Feld `DYNNR` Ihres Tabstrips die gewünschte Subscreen-Nummer angeben und sagen, welche Registerkarte geöffnet werden soll.

Abbildung 12.11 Ein Tabstrip

Beispiel

Listing 12.8 setzt den Tabstrip aus Abbildung 12.11 um.

```
REPORT zreport.
*Definition der ersten Registerkarte
  SELECTION-SCREEN BEGIN OF SCREEN 100 AS SUBSCREEN.
    SELECTION-SCREEN BEGIN OF BLOCK b1 WITH FRAME.
      PARAMETERS: field2 TYPE c.
    SELECTION-SCREEN END OF BLOCK b1.
  SELECTION-SCREEN END OF SCREEN 100.
*Definition der zweiten Registerkarte
  SELECTION-SCREEN BEGIN OF SCREEN 200 AS SUBSCREEN.
    SELECTION-SCREEN BEGIN OF BLOCK b2 WITH FRAME.
      PARAMETERS: feld2 TYPE c.
    SELECTION-SCREEN END OF BLOCK b2.
  SELECTION-SCREEN END OF SCREEN 200.
*Definition des Tabstrips
SELECTION-SCREEN:
BEGIN OF TABBED BLOCK meintab FOR 10 LINES,
  TAB (20) reiter1 USER-COMMAND reiter1,
  TAB (20) reiter2 USER-COMMAND reiter2,
END OF BLOCK meintab.
INITIALIZATION. "Texte vergeben und Selektionsbildschirm zuordnen
  reiter1 = 'Reiter 1'.
  reiter2 = 'Reiter 2'.
  meintab-prog = sy-repid.
```

```
  meintab-dynnr = 100.
AT SELECTION-SCREEN. "Wenn Anwender auf einen Reiter klickt
  CASE sy-dynnr.
    WHEN 1000.
      CASE sy-ucomm. "Setzen des angeklickten Reiters
        WHEN 'REITER1'.
          meintab-dynnr = 100.
          meintab-activetab = 'REITER1'.
        WHEN 'REITER2'.
          meintab-dynnr = 200.
          meintab-activetab = 'REITER2'.
      ENDCASE.
  ENDCASE.
```

Listing 12.8 Definition eines Tabstrips

12.3.6 Modifikationsgruppen

Mit dem Zusatz `MODIF-ID` können Sie Bildschirmelemente zu einer *Modifikationsgruppe* zusammenfassen. Eine Modifikationsgruppe ermöglicht die gleichzeitige Bearbeitung mehrerer Elemente durch den Entwickler. Die Angabe einer solchen Modifikationsgruppe ist bei den Zusätzen `COMMENT`, `PUSHBUTTON`, `TAB`, `ULINE`, `PARAMETERS` und `SELECT-OPTIONS` möglich.

Alle Bildschirmelemente einer Modifikationsgruppe können vor der Darstellung des Selektionsbildschirms mit der Anweisung `MODIFY SCREEN` modifiziert werden. Wollen Sie z. B. alle Felder eine Gruppe ausblenden, müssen Sie dies nur einmal für die Gruppe und nicht für jedes Feld einzeln angeben.

Beispiel

Auf dem in Abbildung 12.12 gezeigten Selektionsbildschirm soll die untere Gruppe mit den Parametern **P3** und **P4** ausgeblendet werden, wenn die Checkbox **Zeige** deaktiviert wird.

Abbildung 12.12 Dynamisches Ausblenden von Selektionsbildschirmelementen

Im Quellcode wird dazu eine Schleife über die Tabelle SCREEN ausgeführt und jedes Element mit der Gruppen-ID BL2 über das Feld ACTIVE ausgeblendet (siehe Listing 12.9). Um ein explizites Einblenden müssen Sie sich nicht kümmern. Wird die Anzeige neu aufgebaut, ist ACTIVE automatisch wieder auf 1 gestellt.

```
REPORT zreport.
*Definition des Selektionsbildschirms
*inklusive Zuordnung der MODIF-ID
PARAMETERS zeige AS CHECKBOX USER-COMMAND com1.
SELECTION-SCREEN BEGIN OF BLOCK b1 WITH FRAME.
PARAMETERS: p1 TYPE c LENGTH 10,
            p2 TYPE c LENGTH 10.
SELECTION-SCREEN END OF BLOCK b1.
SELECTION-SCREEN BEGIN OF BLOCK b2 WITH FRAME.
PARAMETERS: p3 TYPE c LENGTH 10 MODIF ID bl2,
            p4 TYPE c LENGTH 10 MODIF ID bl2.
SELECTION-SCREEN END OF BLOCK b2.
AT SELECTION-SCREEN OUTPUT.
  DATA: ls_screen LIKE screen.
  LOOP AT screen INTO ls_screen.
    IF zeige <> 'X' AND ls_screen-group1 = 'BL2'.
      ls_screen-active = '0'.
      MODIFY screen FROM ls_screen.
    ENDIF.
  ENDLOOP.
```

Listing 12.9 Gruppe auf Basis einer Checkbox-Markierung ausblenden

Auf die Tabelle SCREEN gehe ich im Abschnitt »Selektionselemente dynamisch ausblenden« in Abschnitt 12.4 näher ein. Dort zeige ich Ihnen auch, wie Sie gezielt ein einzelnes Eingabefeld beeinflussen können.

12.4 Ereignisse eines Selektionsbildschirms

Für Selektionsbildschirme können Sie im Gegensatz zu den Dynpros bei der Dialogprogrammierung (siehe Kapitel 14, »Die Dynpro-Programmierung«) keine Dialogmodule (Process Before Output, PBO, und Process After Input, PAI) definieren. Stattdessen löst die Laufzeitumgebung während der Verarbeitung bereits von SAP spezifizierte Ereignisse aus, die während der Selektionsbildverarbeitung in entsprechenden Ereignisblöcken behandelt werden können.

Dies ermöglicht es Ihnen, den Selektionsbildschirm zu verschiedenen Zeitpunkten (vor und nach der Anzeige, bei Ausführung, bei Auswahl eines Elements) zu beeinflussen oder zusätzliche Logik anzubieten.

Die einzelnen Ereignisblöcke in der folgenden Syntax haben die folgenden Funktionen:

- `AT SELECTION-SCREEN`
  Wird ohne Zusatz immer dann aufgerufen, wenn das Selektionsbild bestätigt wird oder wenn der Zusatz `USER-COMMAND` für Selektionsbildelemente angegeben ist.
- `AT SELECTION-SCREEN OUTPUT`
  Wird vor dem Anzeigen des Selektionsbildschirms (und durch Drücken der [↵]-Taste) ausgelöst und kann genutzt werden, um die angezeigten Werte der Selektionselemente, z. B. eines Parameters, zu ändern. Dieser Ereignisblock kann darüber hinaus dazu genutzt werden, eine dynamische Bildschirmmodifikation vorzunehmen, also z. B. bestimmte Selektionselemente auf dem Bildschirm aus- oder einzublenden. Ein Beispiel dazu finden Sie in dem folgenden Abschnitt »Selektionselemente dynamisch ausblenden«.
- `AT SELECTION-SCREEN ON ... FOR`
  Dieser Ereignisblock wird nach jeder Eingabe eines Wertes zum angegebenen Parameter oder der Selektionsoption ausgelöst. In diesem Ereignisblock kann die Benutzereingabe überprüft oder gegebenenfalls umgewandelt werden. Über die Zusätze `HELP-REQUEST` und `VALUE-REQUEST` können Sie zusätzlich das genaue Ereignis bestimmen:
  - `HELP-REQUEST` für die Eingabehilfe mit [F4]
  - `VALUE-REQUEST` für die Feldhilfe mit [F1]
- `ON END OF`
  Wird ausgelöst, wenn der Anwender die Mehrfachselektionsoptionen benutzt, also etwas eingegeben hat. In diesem Ereignisblock kann die gesamte Selektionstabelle überprüft werden.
- `ON BLOCK`
  Wird ausgelöst, wenn alle Eingabefelder des angegebenen Blocks übergeben wurden.
- `ON RADIOBUTTON GROUP`
  Wird ausgelöst, wenn alle Radiobuttons der angegebenen Radiobutton-Gruppe übergeben wurden.
- `ON HELP-REQUEST FOR`
  Wird aufgerufen, wenn für ein Eingabefeld eines Parameters oder eines der Eingabefelder einer Selektionsoption die Feldhilfe ([F1]) oder die Eingabehilfe ([F4]) aufgerufen wurde. Dies ermöglicht es Ihnen z. B., eigene Wertehilfen anzubieten.

- `ON EXIT-COMMAND`
  Wird ausgelöst, wenn der Anwender einen der ampelfarbenen Navigations-Buttons **Zurück** () oder **Beenden** () angeklickt hat oder **Abbrechen** () aufgerufen hat. Welchen Button der Anwender gelklickt hat, kann über das Systemfeld `sy-ucomm` abgefragt werden.

Syntax

```
AT SELECTION-SCREEN { OUTPUT }
  | { ON {parameter|seloption} }
  | { ON END OF seloption }
  | { ON BLOCK block }
  | { ON RADIOBUTTON GROUP gruppe }
  | { ON {HELP-REQUEST|VALUE-REQUEST}
      FOR {parameter|seloption-low|seloption-high} }
  | { ON EXIT-COMMAND }.
```


12.4.1 Selektionselemente dynamisch ausblenden

Der effektivste Weg, auf mehrere Elemente gleichzeitig zur Laufzeit zuzugreifen, ist der Zusatz `MODIF-ID` (siehe Abschnitt 12.3.6, »Modifikationsgruppen«).

Sie haben aber auch die Möglichkeit, gezielt auf ein einzelnes Element über dessen Namen zuzugreifen. Dafür stellt Ihnen der Selektionsbildschirm die interne Tabelle `SCREEN` zur Verfügung, die Informationen über alle Elemente enthält. Über diese Tabelle können Sie während der Laufzeit iterieren und die Werte wie gewünscht ändern.

Die Tabelle `SCREEN` hat den in Tabelle 12.1 gezeigten Aufbau.

Feldname	Bedeutung
`NAME`	Name des Elements
`GROUP1` bis `GROUP4`	die über den Zusatz `MODIF-ID` zugordneten Modifikations-IDs (siehe Abschnitt 12.3.6, »Modifikationsgruppen«)
`REQUIRED`	Wenn 1, dann ist das Element ein Mussfeld.
`INPUT`	Wenn 0, dann ist das Element nicht eingabefähig.
`OUTPUT`	Wenn 0, dann wird der Text nicht angezeigt.
`INTENSIFIED`	Wenn 1, wird der Text bläulich hervorgehoben.
`INVISIBLE`	Wenn 1, wird das Element ausgeblendet.

Tabelle 12.1 Aufbau der Tabelle SCREEN

Feldname	Bedeutung
LENGTH	Anzeigelänge
ACTIVE	Wenn 0, ist das Element inaktiv und ausgeblendet.
DISPLAY_3D	Wenn 1, wird ein Rahmen um den Text angezeigt.
VALUE_HELP	Wenn 0, wird die Wertehilfe unterdrückt.
REQUEST	Wenn 1, wird das Ereignis ON REQUEST ausgeführt, unabhängig davon, ob der Anwender wirklich einen neuen Wert eingegeben hat (siehe Abschnitt 12.4, »Ereignisse eines Selektionsbildschirms«).
VALUES_IN_COMBO	Wenn 1, sind Werte in der Dropdown-Liste.
COLOR	Bewirkt keine Änderung.

Tabelle 12.1 Aufbau der Tabelle SCREEN (Forts.)

Beispiel

Der Parameter P_TEST wird in Listing 12.10 auf »nicht eingabefähig« gesetzt.

```
REPORT zreport.
PARAMETERS: p_test TYPE mara-matnr.
INITIALIZATION. "oder: AT SELECTION-SCREEN OUTPUT.
  LOOP AT SCREEN.
    IF screen-name CP 'P_TEST'.
      screen-input = 0.
      MODIFY SCREEN.
    ENDIF.
  ENDLOOP.
```

Listing 12.10 Ausblenden von Elementen auf dem Selektionsbildschirm

[+]

Debugging von Dynpros

Für das Debugging von Dynpros (und auch von Selektionsbildschirmen) stellt der Debugger ein Spezialwerkzeug **Dynproanalyse** bereit. Innerhalb dieses Werkzeugs können Sie sich zur Laufzeit den Inhalt der Tabelle SCREEN anschauen. Dies ist über die normale Variablenanzeige nicht möglich. Die Dynproanalyse zeigt immer nur die aktuelle Zeile.

Wie Sie dieses Werkzeug starten können, erfahren Sie in Abschnitt 15.1.4, »Die Werkzeuge«.

12.5 Textelemente

Textelemente entkoppeln Quellcode und Text und sind dazu gedacht, eine Wiederverwendung und damit auch die Übersetzung der Texte zu ermöglichen. Die Angabe eines Textes über Literale ist dagegen statisch und kann nicht zur Laufzeit, sondern nur im Quellcode selbst geändert werden. Deshalb sollten Sie Angaben wie diese vermeiden:

```
MESSAGE 'Verarbeitung erfolgreich' TYPE 'S'.
```

Stattdessen sollten Sie *Textsymbole* einsetzen, die auf einen globalen Text verweisen. Eine solche Angabe könnte wie folgt aussehen:

```
MESSAGE text-s01 TYPE 'S'.
```

Darüber hinaus bieten Textelemente dieselben Vorteile wie Konstanten. Sie müssen den übergeordneten Text nur einmal ändern, obwohl der Text vielleicht an 15 verschiedenen Stellen im Programmcode verwendet wird. Sie erhöhen dadurch also auch die Wartbarkeit Ihres Programms.

12

Neben den Textsymbolen gibt es in Reports auch *Listenüberschriften* für Ausgaben auf Listen und *Selektionstexte* für die Angabe von Texten für den Selektionsbildschirm. All diese Textelemente stelle ich Ihnen in diesem Abschnitt vor.

12.5.1 Zugriff auf Textelemente

Textelemente können Sie innerhalb des ABAP Editors entweder über das Hauptmenü unter **Springen • Textelemente** (siehe Abbildung 12.13) oder über das Kontextmenü des Programmordners über **Anzeigen • Textelemente** erreichen.

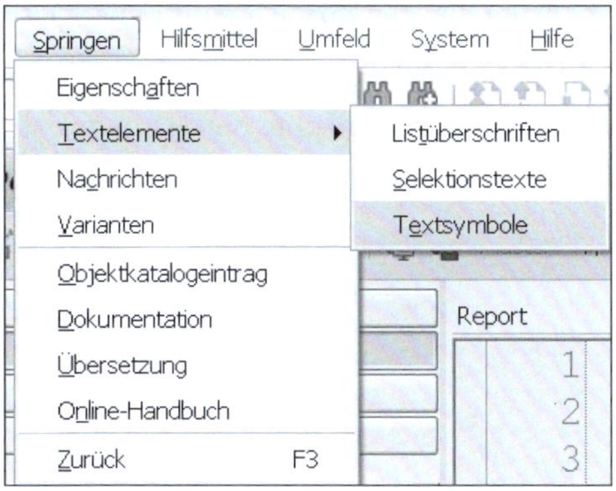

Abbildung 12.13 Zugriff auf Textelemente im ABAP-Editor-Menü

Ab ABAP-Release 7.50 steht Ihnen dafür auch in der Funktionsleiste ein Button **Textelemente** zur Verfügung.

[»]

Textelemente aktivieren

Textelemente sind eigenständige Elemente eines Programms, die Sie separat aktivieren () müssen.

12.5.2 Textsymbole

Auf der Registerkarte **Textsymbole** können Sie neue Textsymbole eingeben. Textsymbole können jegliche Literale innerhalb eines Quellcodes ersetzen. Dazu müssen Sie die Texte als Teil des Programms pflegen.

Um ein Textsymbol anzulegen, weisen Sie ihm, wie in Abbildung 12.14 dargestellt, in der ersten Spalte **Sym** eine dreistellige eindeutige ID zu, über die Sie später aus dem Programm heraus auf das Textsymbol zugreifen können. In der Spalte **Text** können Sie dann Ihren Text eintragen. Die **Länge** und die maximale Länge (**Max.**) werden automatisch bestimmt. Sie können bei einer Änderung des Textes manuell angepasst werden. Die maximale Länge sollte groß genug gewählt sein, damit eine Übersetzung in andere Sprachen möglich ist.

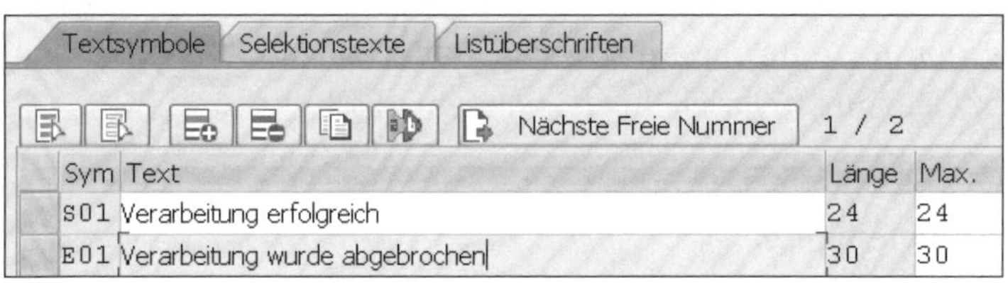

Abbildung 12.14 Definition von Textsymbolen

Vergessen Sie anschließend nicht, Ihr Textsymbol zu aktivieren (). Ob Ihre Textelemente aktiv sind oder nicht, sehen Sie oberhalb der Registerkarten, rechts neben dem Namen des Elements.

Im Programm können Sie die vergebenen Texte anschließend über den Namen `text-` und die ID ansprechen. Dies ist an allen Stellen möglich, an denen Literale angegeben werden können.

Syntax

```
text-nummer
```

Beispiel

Im Folgenden soll eine Erfolgsmeldung mit dem Text `S01` aus Abbildung 12.14 ausgegeben werden:

```
MESSAGE text-s01 TYPE 'S'.
```

Anlage im Quellcode

Sie können Textsymbole auch direkt im Quellcode anlegen. Schreiben Sie dazu Ihren Text als Literal aus, und vergeben Sie anschießend, von Klammern eingeschlossen, die eindeutige dreistellige ID:

```
MESSAGE 'Verarbeitung wurde abgebrochen'(E01) TYPE 'I'.
```

Wenn Sie anschließend zum ersten Mal doppelt auf das Literal klicken, wird Sie der ABAP Editor fragen, ob Sie das noch nicht vorhandene Textsymbol anlegen möchten. Bestätigen Sie diese Abfrage mit **ja**. Dadurch springt der ABAP Editor automatisch zu den Textelementen und trägt auf der Registerkarte **Textsymbole** Ihren angegebenen Text mit der zugehörigen Nummer ein. Das spart Zeit bei der Anlage und hat darüber hinaus den Charme, dass Ihr Quellcode etwas lesbarer wird. Aktivieren Sie auch in diesem Fall Ihr Textsymbol über den Button **Aktivieren** (🖉).

> **Textsymbol hat Vorrang**
>
> Das Textsymbol wird bei der Verarbeitung des Programmcodes der Literalangabe immer vorgezogen. Sollte sich also das Textsymbol ändern, bleibt das alte Literal im Programm bestehen, wird allerdings ignoriert.

12.5.3 Selektionstexte

Auf der Registerkarte **Selektionstexte** können Sie Ihren für den Selektionsbildschirm definierten Parametern und Selektionsoptionen einen Text zuweisen. Bisher wurde hier nur der technische Name angezeigt.

Tragen Sie dazu einfach wie in Abbildung 12.15 in der Spalte **Text** den gewünschten Text ein, und aktivieren (🖉) Sie Ihr Textelement.

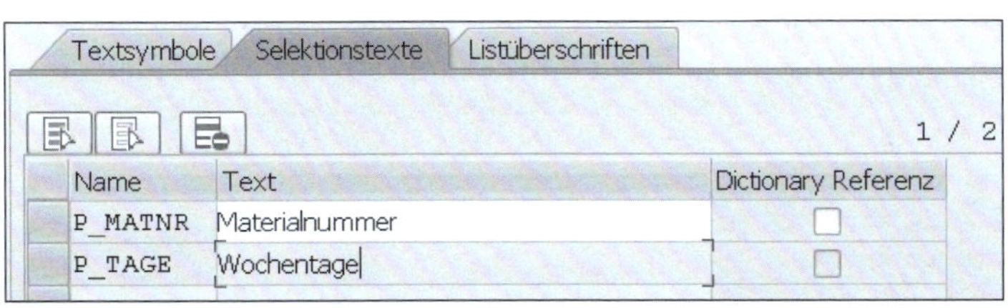

Abbildung 12.15 Definition von Selektionstexten

In Abbildung 12.15 werden z. B. die Selektionstexte für die folgenden Parameter definiert:

```
PARAMETERS: p_matnr TYPE char18,
            p_tage  TYPE char10.
```

Sie haben darüber hinaus die Möglichkeit, sich die im ABAP Dictionary gepflegten Texte angeben zu lassen. Diese Funktion ist nur möglich, wenn Sie Ihre Selektionselemente mit Bezug auf ein Datenelement definiert haben.

Markieren Sie dazu, wie in Abbildung 12.16 dargestellt, in der Spalte **Dictionary Referenz** die Checkbox, und bestätigen Sie Ihre Eingabe mit [↵]. Dadurch werden die Texte aus dem ABAP Dictionary geladen und in der Spalte **Text** eingetragen. Ändert sich der Text im ABAP Dictionary, ändert sich auch automatisch der hier angezeigte Text. Die Übersetzung der Texte findet dabei ebenfalls im ABAP Dictionary statt.

Mit der Einstellung in Abbildung 12.16 werden z. B. die Texte für folgende Parameter und Selektionsoptionen aus dem ABAP Dictionary gelesen:

```
PARAMETER p_matnr   TYPE mara-matnr.
PARAMETER p_matnr2  TYPE matnr.
SELECT-OPTIONS: so_matnr FOR p_matnr.
```

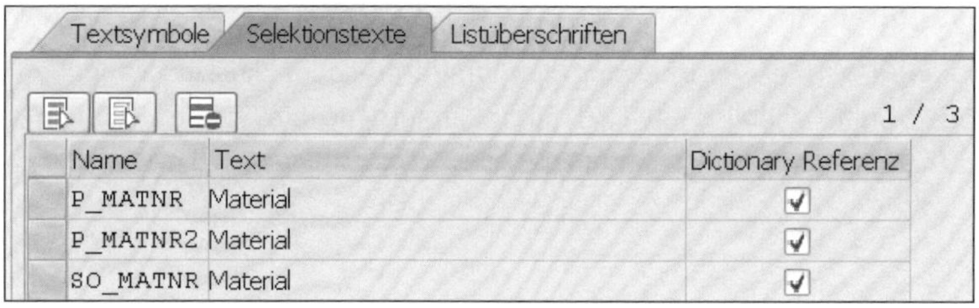

Abbildung 12.16 Selektionstexte mit Dictionary-Referenz

12.5.4 Listenüberschriften

Auf der Registerkarte **Listüberschriften** können Sie eine Überschrift für eine Listenausgabe vergeben sowie den einzelnen Spalten der Liste Überschriften zuordnen. Die Einrückung der Spaltenüberschriften geschieht dabei über Leerzeichen. Die angegebene Skala hilft Ihnen bei der Abschätzung der Einrückung. Ein Beispiel finden Sie in Abbildung 12.17.

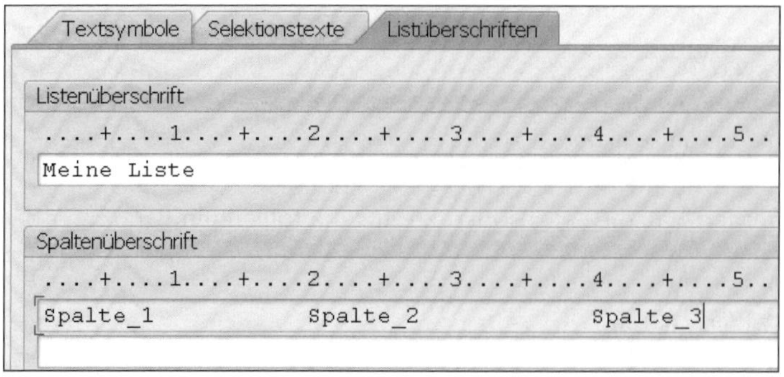

Abbildung 12.17 Listenüberschriften definieren

Komfortabler lässt sich dies direkt im Ergebnis der Listenausgabe unter **System • Liste • Listüberschrift** einstellen.

> **Übersetzung von Textelementen**
>
> Die Übersetzung von Textelementen können Sie über **Springen • Übersetzung** definieren. Eine Anleitung dazu finden Sie in Abschnitt 3.2.2, »Übersetzung«.

12.6 Nachrichtenklassen

Nachrichtenklassen sind das globale Gegenstück zu lokalen Textsymbolen. Während Textsymbole nur innerhalb eines Programms aufgerufen und benutzt werden können, lassen sich die Texte von Nachrichtenklassen programmübergreifend verwenden. Eine Nachrichtenklasse ist dabei als Behälter für Nachrichtentexte zu verstehen, wobei jeder Text über den Namen der Nachrichtenklasse sowie über eine eindeutige Nummer innerhalb der Nachrichtenklasse identifiziert wird.

12.6.1 Nachrichtenklasse anlegen

Eine Nachrichtenklasse können Sie in Transaktion SE91 anlegen. Hier haben Sie auch Zugriff auf die Standardnachrichtenklassen von SAP.

1. Tragen Sie wie in Abbildung 12.18 einen Namen für die Nachrichtenklasse in das Eingabefeld **Nachrichtenklasse** ein, und klicken Sie auf den Button **Anlegen**. Der Name muss im Kundennamensraum (z. B. Z oder Y) liegen.

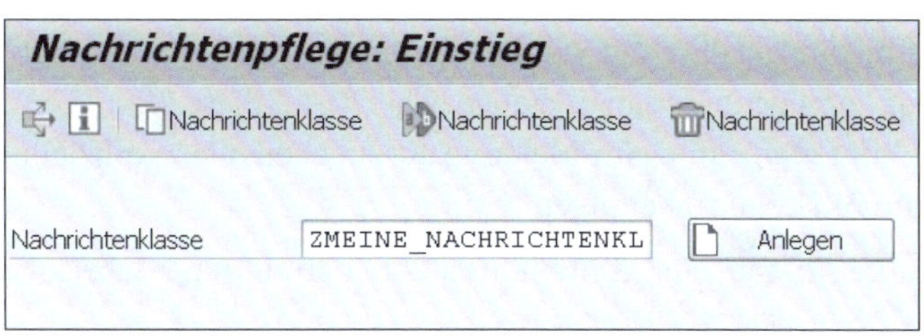

Abbildung 12.18 Anlage einer Nachrichtenklasse

2. Wechseln Sie in der nächsten Maske anschließend auf die Registerkarte **Nachrichten**. Dort haben Sie nun ähnlich wie bei den Textsymbolen die Möglichkeit, Ihre Nachrichten einzutragen. Wie Sie in Abbildung 12.19 sehen können, sind die Nachrichten bereits vornummeriert.
3. Ist der Nachrichtentext selbsterklärend, markieren Sie die entsprechende Checkbox in der Spalte **Selbsterklärend**. Anderenfalls fügen Sie in der Menüleiste über den Button **Langtext** eine ausführlichere Nachrichtenbeschreibung hinzu.

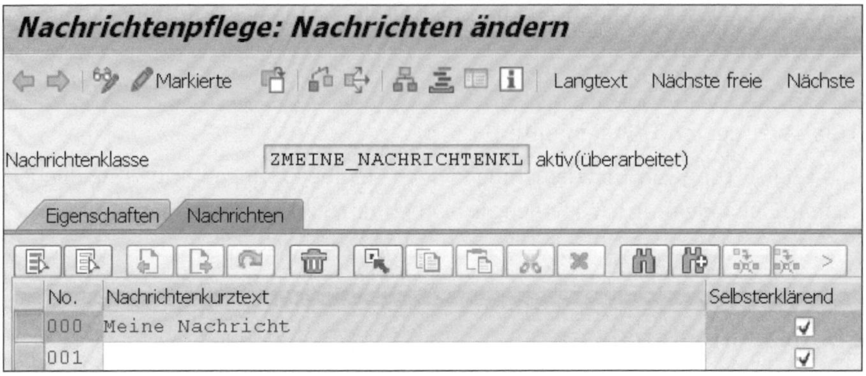

Abbildung 12.19 Eine Nachricht einer Nachrichtenklasse

4. Speichern (💾) Sie die Nachrichtenklasse anschließend.

Nun können Sie die gepflegten Nachrichten Ihrer Nachrichtenklasse aus Ihren Programmen heraus aufrufen.

12.6.2 Nachricht aufrufen

Wollen Sie einen Text aus einer Nachrichtenklasse aufrufen, nutzen Sie die Anweisung `MESSAGE`, und geben Sie den Namen der Nachrichtenklasse und die Nummer des Textes an. Vor dem Namen der Nachrichtenklasse, den Sie in Klammern angeben müssen, wird die Nummer der Nachricht `Nummer` und die Art der auszugebenden Nachricht `Typ` angegeben. Als Typen stehen Ihnen hier die in Abschnitt 7.11, »Meldungen«, beschriebenen Typen zur Verfügung.

Über den Zusatz `INTO` und die Angabe einer Variablen können Sie den Text, anstatt ihn direkt auszugeben, nur entgegennehmen und abspeichern. Auf diese Weise können Sie auch auf die Texte zugreifen, ohne eine Meldung auszugeben oder explizit einen Funktionsbaustein zum Auslesen zu benutzen.

Abbildung 12.20 zeigt die Ausgabe der in Abbildung 12.19 definierten Nachricht aus der Nachrichtenklasse `ZMEINE_NACHRICHTENKLASSE`.

Abbildung 12.20 Ausgabe einer Meldung aus einer Nachrichtenklasse

Syntax

```
MESSAGE TypNummer(Klasse) [INTO text].
```

Beispiel

```
MESSAGE s000(zmeine_nachrichtenklasse) TYPE 'S'.
```

> **Aufruf durch die Musterfunktion**
> Sie können eine Nachricht auch mithilfe der Musterfunktion aufrufen. Klicken Sie hierzu im ABAP Editor auf den Button **Muster** in der Funktionsleiste, und wählen Sie den Mustertyp **Message** aus. Tragen Sie dort die gewünschte Klasse, den Typ und die Nummer ein.

12.6.3 Parametrisierte Nachrichten

Sie können in Ihren Nachrichtentexten auch Platzhalter definieren, um diese erst zur Laufzeit mit bestimmten Werten zu füllen. Dazu müssen Sie, wie in Abbildung 12.21 dargestellt, ein kaufmännisches Und-Zeichen (&) als Platzhalter eintragen. Diese Platzhalter können Sie bei Bedarf auch durchnummerieren (z. B. &1, &2, ...). Beim Ersetzen werden die übergebenen Texte dann in der angegebenen Reihenfolge eingetragen.

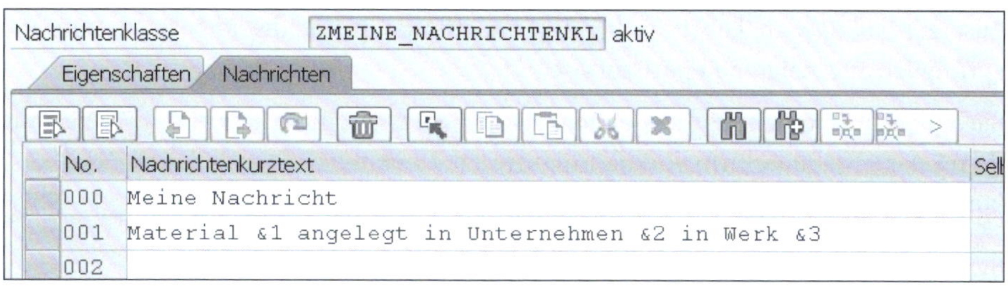

Abbildung 12.21 Eine Nachricht mit Platzhaltern

Beim Aufruf werden die Texte innerhalb der `MESSAGE`-Anweisung über den Zusatz `WITH` mitgegeben. Als Angabe sind sowohl flache Datenobjekte als auch Literale erlaubt.

Abbildung 12.22 zeigt die Ausgabe der im folgenden Beispiel aufgerufenen Meldung mit Platzhaltern.

Abbildung 12.22 Ausgabe einer Meldung mit Platzhaltern

Syntax

```
MESSAGE nummer(klasse) WITH text1 text2 [...].
```

Beispiel

Listing 12.11 zeigt die Ausgabe einer Meldung mit Platzhaltern.

```
DATA: lv_matnr TYPE matnr,
      lv_bukrs TYPE bukrs,
```

```
      lv_werks TYPE werks.
lv_matnr = '123456'.
lv_bukrs = 1000.
lv_werks = 1000.
MESSAGE s001(zmeine_nachrichtenkl) WITH lv_matnr
                                        lv_bukrs
                                        lv_werks.
```

Listing 12.11 Ausgabe einer Meldung mit Platzhaltern

12.7 Einen Report mit ABAP aufrufen

Mit der Anweisung SUBMIT können Sie einen Report mit ABAP aufrufen. Über den Zusatz VIA SELECTION-SCREEN können Sie definieren, dass der Selektionsbildschirm der aufgerufenen Reports nicht übersprungen, sondern angezeigt wird. Geben Sie den Zusatz AND RETURN an, kehrt der Benutzer nach Ausführung des Reports zu dem ursprünglich angezeigten Report zurück.

Sie haben darüber hinaus die Möglichkeit, den aufzurufenden Report mit Werten auf dem Selektionsbildschirm vorzukonfigurieren. Über den Zusatz USING SELECTION-SET können Sie eine Variante auswählen.

Syntax

```
SUBMIT reportname [VIA SELECTION-SCREEN]
  [USING SELECTION-SET variant]
  [AND RETURN].
```

Beispiel

```
REPORT z_mein_aufruf.
SUBMIT z_mein_report VIA SELECTION-SCREEN AND RETURN.
```

12.7.1 Selektionsparameter übergeben

Wie erwähnt, können Sie den aufzurufenden Report bereits mit Werten versorgen, die dann im Selektionsbildschirm vorbelegt sind.

Zwei Varianten stehen Ihnen dazu zur Verfügung:

- Selektionsparameter frei angeben
- Übergabe einer Selektionstabelle

12.7.2 Selektionsparameter frei angeben

Beim Aufruf eines Reports mit der Anweisung SUBMIT können Sie die Namen der Selektionsparameter über den Zusatz WITH angeben und entsprechend Werte zuweisen.

Syntax

```
SUBMIT reportname ... [WITH expr_syntax1 WITH expr_syntax2 ...]
```

Beispiel

```
SUBMIT zcrm_dml_status WITH p_chplva = '01'
                       WITH so_pchob IN so_objid
                       WITH pa_vari = pa_vari.
```

12.7.3 Übergabe einer Selektionstabelle

Über den Zusatz WITH SELECTION-TABLE können Sie die Eingabeelemente des aufzurufenden Selektionsbildschirms über eine interne Tabelle vom Zeilentyp RSPARAMS versorgen. Das Feld KIND muss dabei mit einem P für Parameter oder einem S für Selektionskriterien gefüllt sein, während das Feld SELNAME den Namen des Parameters oder der Selektionsoption enthält und während in den Feldern LOW und HIGH die Werte stehen. Das Feld LOW wird für Parameter genutzt und die Felder LOW und HIGH für Selektionsoptionen.

Syntax

```
[WITH SELECTION-TABLE rspar]
```

Beispiel

Listing 12.12 zeigt die Übergabe der Selektionstabelle LT_PARAM.

```
REPORT zmein_aufruf.
DATA: ls_param TYPE rsparams,
      lt_param TYPE TABLE OF rsparams.
ls_param-selname = 'P_MATNR'.
ls_param-kind    = 'P'.
ls_param-low     = '1234567'.
APPEND ls_param TO lt_param.
ls_param-selname = 'SO_MATNR'.
ls_param-kind    = 'S'.
ls_param-option  = 'BT'.
ls_param-sign    = 'I'.
ls_param-low     = '1000000'.
```

```
ls_param-high    = '9000000'.
APPEND ls_param TO lt_param.
SUBMIT z_mein_report
  VIA SELECTION-SCREEN
  WITH SELECTION-TABLE lt_param.
```

Listing 12.12 Übergabe einer Selektionstabelle

12.8 SPA-/GPA-Parameter

Bei Parametern und Selektionsoptionen haben Sie die Möglichkeit, über den Zusatz `MEMORY ID` einen *Set-/Get-Parameter* (auch *SPA-/GPA-Parameter* genannt als Abkürzung für Set-Parameter und Get-Parameter) im SAP-Memory zu verknüpfen. Diese Parameter werden benutzt, um Werte auf dem Selektionsbildschirm von einem aufrufenden Programm aus zu füllen. Auf diese Weise können Sie z. B. die Auftragsnummer eines gerade angelegten Kundenauftrags in andere Transaktionen übernehmen.

Zusätzlich hat der Anwender die Möglichkeit, einen Default-Wert in seinen Benutzereinstellungen in Transaktion SU01 auf der Registerkarte **Parameter** zu hinterlegen (siehe Abbildung 12.23). Zu dieser Oberfläche gelangen Sie auch über das Hauptmenü unter **System • Benutzervorgaben • Eigene Daten**.

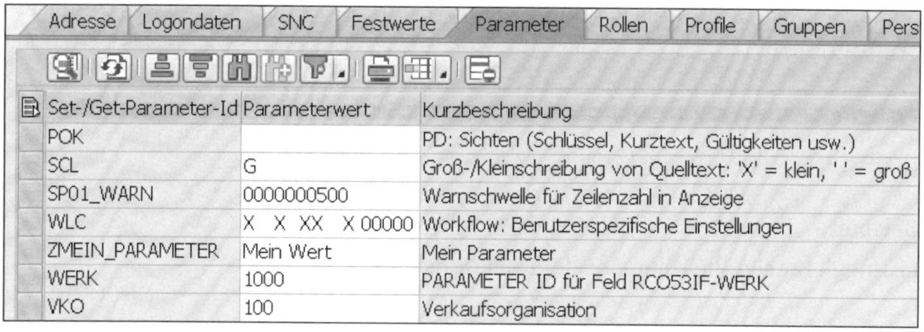

Set-/Get-Parameter-Id	Parameterwert	Kurzbeschreibung
POK		PD: Sichten (Schlüssel, Kurztext, Gültigkeiten usw.)
SCL	G	Groß-/Kleinschreibung von Quelltext: 'X' = klein, ' ' = groß
SP01_WARN	0000000500	Warnschwelle für Zeilenzahl in Anzeige
WLC	X X XX X 00000	Workflow: Benutzerspezifische Einstellungen
ZMEIN_PARAMETER	Mein Wert	Mein Parameter
WERK	1000	PARAMETER ID für Feld RCO53IF-WERK
VKO	100	Verkaufsorganisation

Abbildung 12.23 Setzen von SPA-/GPA-Parametern für jeden Benutzer

Fast jede Standardtransaktion hat für jedes Eingabefeld eine eigene ID. Diese können Sie auslesen, indem Sie in die gewünschte Transaktion gehen, auf das Eingabefeld klicken, [F1] drücken und auf den Button **Technische Info** (Symbol) klicken. In diesem Fenster finden Sie unter **Parameter-ID** die ID des Eingabefeldes.

Jeder SPA-/GPA-Parameter wird über eine 20-stellige Zeichenkette identifiziert. Im Folgenden zeige ich Ihnen, wie Sie diese SPA-/GPA-Parameter setzen und auslesen bzw. eigene Parameter anlegen können.

12.8.1 SPA-/GPA-Parameter anlegen und setzen

Einen SPA-/GPA-Parameter können Sie über die Anweisung `SET PARAMETER` setzen. Geben Sie dazu nach `ID` die ID des Parameters `pid` als Literal in Großschreibung an und nach dem Zusatz `FIELD` den zu setzenden Wert `wert`.

Syntax

```
SET PARAMETER ID pid FIELD wert.
```

Beispiel

Ein Parameter auf dem Selektionsbildschirm wird über die SPA-/GPA-Parameter-ID gefüllt (siehe Listing 12.13). Dies geschieht normalerweise für einen separaten Selektionsbildschirm vor Aufruf einer Transaktion (siehe Abschnitt 4.2, »Transaktionen mit ABAP aufrufen«).

```
REPORT zfr_setget_para.
PARAMETER: p_meine TYPE char10 MEMORY ID zmein_parameter.
INITIALIZATION. "Setzen des Wertes vor der Anzeige
  SET PARAMETER ID 'ZMEIN_PARAMETER' FIELD 'Mein Wert'.
```

Listing 12.13 Setzen eines SPA-/GPA-Parameters

Parameter-ID setzen

Wenn die ID des Parameters noch nicht existiert, können Sie hier doppelt auf die neue ID klicken, und die ABAP Workbench wird versuchen, wie in Abbildung 12.24 zur ID zu navigieren. Wählen Sie in diesem Fenster die Option **Parameter-Id** aus, und tragen Sie hier erneut die ID ein. Diese muss im Kundennamensraum liegen. Bestätigen Sie die Eingabe anschließend mit [↵].

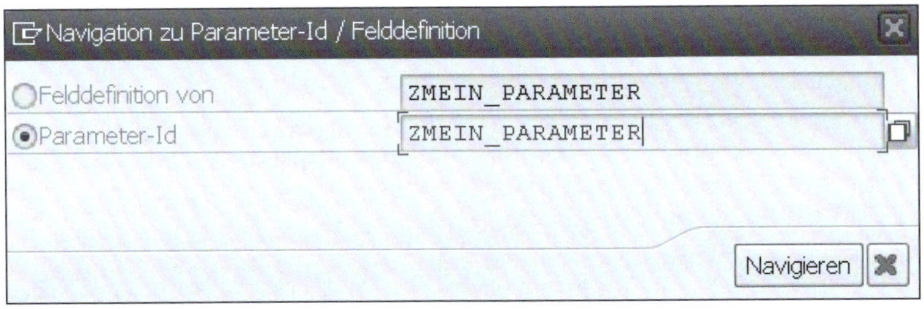

Abbildung 12.24 Anlegen eines SPA-/GPA-Parameters

Weisen Sie im nächsten Fenster ein Paket sowie eine Kurzbeschreibung zu, und bestätigen Sie die Eingabe anschließend erneut mit [↵]. Die ID wurde nun angelegt und kann einem Parameter bzw. einer Selektionsoption über den Zusatz `MEMORY ID` zugeordnet werden.

12.8.2 SPA-/GPA-Parameter auslesen

Auslesen können Sie den Wert zu einem Eingabefeld mit einer SPA-/GPA-Parameter-ID über die Anweisung `GET PARAMETER`. Geben Sie dazu nach dem Zusatz `FIELD` die zu schreibende Variable an.

Syntax

```
GET PARAMETER ID pid FIELD variable.
```

Kapitel 13
Strukturierungselemente in ABAP

Wenn Programme zu umfangreich werden, wird es irgendwann unumgänglich, diese zu strukturieren. In diesem Kapitel werden die neben Klassen wichtigsten Möglichkeiten wie Formroutinen, Includes und Funktionsbausteine erläutert.

Ihre geschriebenen Programme strukturiert und lesbar zu halten und damit die Wiederverwendung Ihres Quellcodes zu ermöglichen, ist die Königsdisziplin des Programmierens. Stellen Sie sich einfach vor, das vor Ihnen liegende Buch hätte genau ein Kapitel. Ohne Inhaltsverzeichnis, ohne Glossar, ohne Index. Wie gut würden Sie sich noch zurechtfinden? 13

ABAP stellt historisch bedingt viele Möglichkeiten zur Strukturierung Ihres Quellcodes bereit. Dies erkennen Sie unter anderem daran, dass alle im Folgenden beschriebenen Elemente so in anderen, modernen objektorientierten Programmiersprachen nicht vorgefunden werden können. Das liegt daran, dass ABAP ursprünglich, an die Sprache COBOL angelehnt, eine reine prozedurale Programmiersprache war. Doch auch damals strebte man natürlich schon einen lesbaren und wiederverwendbaren Quellcode an.

Ziel des Einsatzes dieser Strukturierungselemente ist es, Ihre Entwicklungen in wohlstrukturierte Einheiten zu zerlegen, um so die Komplexität zu verringern und die Wiederverwendbarkeit zu erhöhen. So wurde beispielsweise der Report in Listing 13.1 in Teileinheiten untergliedert, sodass auf der obersten Ebene die Funktion des Reports auf einer sehr abstrakten Ebene sichtbar ist.

```
REPORT.
INCLUDE zmein_report_top.   "Datendefinitionen
INCLUDE zmein_report_sel.   "Selektionsbildschirm
INCLUDE zmein_report_forms. "Unterprogramme
*Rumpfaufrufe
PERFORM lese_daten.
PERFORM verarbeite_daten.
PERFORM daten_ausgeben.
```

Listing 13.1 Grundaufbau eines Reports in der prozeduralen Programmierung

Die im Rahmen dieses Kapitels beschriebene Strukturierung konzentriert sich rein auf den prozeduralen Teil von ABAP und lässt den objektorientierten Sprachteil von ABAP außen vor. Der in Listing 13.1 gezeigte Aufbau eines Reports ist heutzutage immer noch sehr oft in der Praxis anzutreffen. Häufig finden Sie auch eine Mischform aus prozeduralem und dem neuen objektorientierten ABAP. Das liegt vor allem daran, dass in den letzten 30 Jahren intensiv mit prozeduralem ABAP gearbeitet wurde und so Millionen von Entwicklungen bei Kunden weltweit entstanden sind. Solange diese stabil laufen, besteht kein Grund, eine Neuentwicklung anzustreben.

[»]

Objektorientierter Entwurf eines Reports

Einen objektorientierten Entwurf eines Reports finden Sie in Abschnitt 28.6, »Objektorientierte Reports«.

Das ist genau der Grund, weshalb sich immer noch jeder an ABAP Interessierte mit den älteren Konstrukten von ABAP auseinandersetzen sollte. Dieses Kapitel tut genau dies und stellt Ihnen mit Unterprogrammen, Makros, Includes und Funktionsbausteinen sowohl die Vergangenheit als auch die Gegenwart von ABAP vor.

Gegenwart? Tatsächlich wird immer noch ein Großteil der Funktionalität des SAP-Systems über Funktionsbausteine realisiert. Die ABAP-Syntax zu erlernen und zu verstehen ist immer nur der erste Schritt. Was einen erfahrenen ABAP-Programmierer wirklich ausmacht, ist die Kenntnis des Systems, der dahinterliegenden Prozesse der einzelnen Komponenten und der darin enthaltenen Funktionsbausteine, Klassen und Tabellenstrukturen.

In Zukunft wird sich das Gewicht von Funktionsbausteinen weiter hin zu Klassen verschieben, da immer mehr Funktionsbausteine in neue Klassen umgewandelt werden. Bis diese Transformation vollständig abgeschlossen ist, wird SAP aber noch viele Jahre benötigen. Deshalb ist es unerlässlich, diese älteren Technologien zu kennen, auch wenn Sie für Neuentwicklungen immer die neuesten Technologien verwenden sollten (Stichwort ABAP Objects).

13.1 Unterprogramme

Unterprogramme, auch *Formroutinen* genannt, sind das erste Konstrukt, das ABAP Ihnen bereitstellt, um Programme zu strukturieren. Formroutinen sind in ABAP, was in anderen prozeduralen Sprachen Prozeduren wären: kleine Unterprogramme, die sowohl Parameter annehmen als auch zurückgeben können.

Unterprogramme haben im abstrakten Sinne ähnliche Aufgaben wie die Methoden einer Klasse, mit dem Unterschied, dass sie lokal im Quellcode Ihres Programms integriert sind und mehrere Rückgabeparameter ermöglichen.

13.1.1 Unterprogramm definieren

Rein syntaktisch wird ein Unterprogramm durch die Anweisungen FORM und ENDFORM gebildet. Der Anweisungsblock, der dazwischensteht, wird beim Aufruf des Unterprogramms durchlaufen. Dies kann normaler ABAP-Quellcode sein. Unterprogramme können allerdings nicht geschachtelt werden, d. h., in einer Formroutine kann keine andere Formroutine definiert werden. Sie können aber innerhalb einer Formroutine eine andere Formroutine aufrufen.

Syntax

```
FORM name [parameter].
  ...
ENDFORM.
```

Beispiel

Listing 13.2 definiert ein Unterprogramm.

```
REPORT zmein_report.
FORM hello_world.
  WRITE: 'Hello World'.
ENDFORM.
```

Listing 13.2 Definition eines Unterprogramms

13.1.2 Sichtbarkeitsbereiche von Datendeklarationen

Jedes definierte Unterprogramm kann auf das globale Datenobjekt zugreifen, in dem sich das Unterprogramm befindet. Befindet sich die Formroutine z. B. in einem Report, kann sie auf die deklarierten Daten des Reports zugreifen. Daten, die in einem Unterprogramm definiert sind, stehen dagegen auch nur innerhalb dieses Unterprogramms zur Verfügung.

Beispiel

```
REPORT zmein_report.
DATA: gv_text TYPE string. "g für global
gv_text = 'Global'.
FORM meine_form.
    DATA: lv_text TYPE string VALUE 'Lokal'.
    WRITE: lv_text.
    "Aber auch Zugriff auf globale Daten sind möglich:
    WRITE: / gv_text.
ENDFORM.
*Hier nicht möglich, da innerhalb der Form deklariert:
WRITE: / lv_text. "Angabe führt zu einem Fehler!
```

Listing 13.3 Sichtbarkeitsbereiche von Deklarationen

Der in Listing 13.3 gezeigte Zugriff auf globale Daten sollte aus Gründen der Lesbarkeit und der Wiederverwendbarkeit allerdings vermieden werden. Das hat den Vorteil, dass die Formroutine eine klare Schnittstelle nach außen besitzt und sie daher bei Bedarf auch besser kopiert (und damit auch wiederverwendet) werden könnte.

13.1.3 Aufruf eines Unterprogramms

Mit der Anweisung PERFORM können Sie ein Unterprogramm aufrufen. Nach Beendigung der Formroutine wird die Verarbeitung des Programms direkt nach dem PERFORM-Aufruf fortgesetzt.

Beim Aufruf mit PERFORM haben Sie verschiedene Möglichkeiten:

- Aufruf eines lokal definierten Unterprogramms
- Aufruf eines Unterprogramms aus einem anderen Programm

Aufruf eines lokal definierten Unterprogramms

Ein Unterprogramm, das sich innerhalb Ihres Programms befindet, können Sie mit der Anweisung PERFORM, gefolgt von dem Namen des Unterprogramms, aufrufen. Über die Zusätze TABLES, USING und CHANGING können Sie Parameter übergeben. Dieses Vorgehen ist in Abschnitt 13.1.4, »Parameterübergabe«, beschrieben.

Syntax

```
PERFORM { {name|(name) }
    [TABLES itab1 itab2 ...]
    [USING a1 a2 ...]
    [CHANGING a1 a2 ...] }.
```

Beispiel

Listing 13.4 zeigt den Aufruf eines Unterprogramms.

```
REPORT zmein_report.
PERFORM meine_form.
FORM meine_form.
  "Ihre Anweisungen
ENDFORM.
```

Listing 13.4 Aufruf eines Unterprogramms mit PERFORM

[»]

Definition von Unterprogrammen am Kopf eines Reports

Eine Definition von Formroutinen ist auch am Kopf eines Reports möglich. Dann müssen Sie aber nach der Definition die Anweisung START-OF-SELECTION hinzufügen. Danach können Sie die Formroutine beliebig aufrufen und verwenden.

Aufruf eines Unterprogramms aus einem anderen Programm

Eine Formroutine, die sich außerhalb Ihres Programms befindet, können Sie mit der Anweisung PERFORM und dem Zusatz IN PROGRAM, gefolgt vom Namen des Programms, aufrufen. Eine andere Schreibweise ist es, den Namen des Programms nach dem Namen der Formroutine einzuklammern.

Verwenden Sie den Zusatz IF FOUND, wird kein Laufzeitfehler ausgelöst, wenn die aufgerufene Form nicht gefunden werden kann.

Syntax

```
PERFORM { { { {form IN PROGRAM [programm] [IF FOUND]}
            | {form(prog) [IF FOUND]} }
         ... } }.
```

Beispiel

In Listing 13.5 wird ein Unterprogramm aus einem anderen Programm aufgerufen.


```
*Erstes Programm
REPORT zmein_programm.
  PERFORM andere_form(zanderes_programm).
*Zweites Programm
REPORT zmein_anderes_programm.
 FORM andere_form.
 ENDFORM.
```

Listing 13.5 Aufruf einer fremden Formroutine mit PERFORM

13.1.4 Parameterübergabe

Sie können Parameter an ein Unterprogramm übergeben. Das Unterprogramm bietet dazu in seiner Schnittstelle folgende Optionen zur Parameterübergabe an:

- TABLES für alte interne Tabellen mit Kopfzeilen
- USING für Variablen, Strukturen und interne Tabellen
- CHANGING für Variablen, Strukturen und interne Tabellen

Da keine Namensgleichheit zwischen Aufruf- und Formalparameter herrscht, ist die Zuordnung beim Aufruf der Formroutine stellungsabhängig. Das heißt, jedem Aufrufparameter (bei PERFORM) muss genau an derselben Stelle (bei der Definition von FORM) ein Formalparameter zugeordnet sein.

Werte- und Referenzübergabe

Sie haben bei den Parameterzusätzen mehrere Möglichkeiten, wie Sie die Datenobjekte übergeben können:

- **Werteübergabe (Call by Value)**
Hier wird im Unterprogramm eine Kopie des übergebenen Datenobjekts mit eigenem Speicherplatz angelegt. Ändern Sie dieses Datenobjekt im Unterprogramm, hat dies keine Auswirkung auf das übergebene Original im aufrufenden Programm.
- **Referenzübergabe (Call by Reference)**
Hier wird nur die Speicheradresse des übergebenen Datenobjekts übergeben, d. h., der Aufrufparameter belegt keinen eigenen Speicherplatz. Eine Änderung des Datenobjekts im Unterprogramm hat damit direkt Auswirkung auf das übergebene Original im aufrufenden Programm.
- **Wertübergabe und Werterückgabe (Call by Value and Result)**
Hier wird ebenfalls eine Kopie des Datenobjekts im Unterprogramm angelegt. Allerdings wird am Ende beim Durchlaufen der `ENDFORM`-Anweisung der Inhalt des Datenobjekts auf das übergebene Originalobjekt zurückkopiert. Dies geschieht auch, wenn Sie die Formroutine mit einem `CHECK` oder `EXIT` verlassen.

Übergabe von Variablen und Strukturen

Variablen und Strukturen können Sie über die Zusätze `USING` oder `CHANGING` übergeben:

- `USING VALUE` für Werteübergaben
- `USING` für Referenzübergaben
- `CHANGING VALUE` für Werteüber- und -rückgaben
- `CHANGING` für Referenzübergaben

[»]

Standardmäßige Referenzübergabe bei USING

Übergeben Sie Daten mit `USING` und `CHANGING` ohne jeden weiteren Zusatz, werden die Datenobjekte immer als Referenz übergeben.

Die Trennung zwischen `USING` und `CHANGING` ist irreführend. Während der Name `CHANGING` aussagt, dass die übergebenen Daten immer geändert zurückgegeben werden können, impliziert `USING` das Gegenteil. Dies ist allerdings nicht der Fall.

Wird bei `USING` ohne jeden weiteren Zusatz ein Datenobjekt übergeben, findet eine Referenzübergabe statt. Das heißt, ändern Sie den Formalparameter in der Formroutine, ändert sich auch das Original außerhalb der Form mit. Sie haben also mit `USING` denselben Effekt, den Sie mit `CHANGING` gehabt hätten, nur dass Sie das eventuell gar nicht wollten. Dies ist eine häufige Fehlerursache, da sich aufgrund der Änderung des Originals der nachfolgende Quellcode eventuell anders verhält. Sie sollten, wenn Sie dies verhindern möchten, bei `USING` also immer `VALUE` verwenden, um explizit eine Werteübergabe zu erzwingen. Wollen Sie dagegen wirklich eine Referenzübergabe nutzen, empfehle ich Ihnen, CHANGING zu verwenden. Auf diese Art und Weise ist der Zweck für jeden Programmierer auf Anhieb ersichtlich.

Beispiel

In Listing 13.6 besteht keine Fehlerquelle, da USING mit VALUE verwendet wird, was die Werteübergabe erzwingt.

```
PERFORM meine_form USING iv_zahl1 iv_zahl2
                   CHANGING ev_ergebnis.
FORM meine_form USING value(pv_zahl1) value(pv_zahl2)
                   CHANGING pv_ergebnis.
ENDFORM.
```

Listing 13.6 Explizite Übergabe von Werteparametern an eine Formroutine

Typ der Variablen angeben

Die Angabe des Typs der Variablen (wie in Listing 13.6) ist keine Pflicht, allerdings möglich. Um einem Formalparameter einer Formroutine einen bestimmten Datentyp zuzuweisen, können Sie direkt den Zusatz TYPE nutzen (siehe Listing 13.7) oder sich mit dem Zusatz LIKE direkt auf den Datentyp eines bestehenden Datenobjekts beziehen.

```
FORM meine_form USING value(pv_zahl1) TYPE i
                      value(pv_zahl2) TYPE i
                CHANGING ev_ergebnis TYPE p DECIMALS 2.
```

Listing 13.7 Definition einer Formroutine mit Typangabe

Die Datentypen der Formal- und Aufrufparameter werden dadurch auf Übereinstimmung hin überprüft. Fehlende Übereinstimmungen fängt bei einem internen Unterprogramm der Syntax-Check ab, bei einem externen Unterprogramm wird beim Aufruf ein Laufzeitfehler ausgegeben, und das Programm wird abgebrochen.

Übergabe von internen Tabellen

Interne Tabellen übergeben Sie nicht, wie man meinen könnte, mit dem Zusatz TABLES, sondern ebenfalls wie Variablen und Strukturen über die Zusätze USING oder CHANGING. Der Zusatz TABLES ist für obsolete interne Tabellen mit Kopfzeilen gedacht, die ja nicht mehr verwendet werden sollen.

Sie haben bei den Zusätzen USING und CHANGING allerdings nicht die Möglichkeit, den Zusatz TYPE TABLE OF zur Angabe des Typs zu nutzen. Das führt dazu, dass Sie sich entweder mit TYPE auf einen Tabellentyp oder mit LIKE auf eine existierende interne Tabelle beziehen müssen.

Syntax

```
... pt_name LIKE interne_Tabelle.
... pt_name TYPE Tabellentyp.
... pt_name TYPE any table.
```

Beispiele

Über den Zusatz LIKE können Sie eine interne Tabelle wie in Listing 13.8 als Parameter übergeben:

```
DATA lt_mara TYPE TABLE OF mara.
FORM materialausgabe CHANGING pt_mara LIKE lt_mara.
    DATA ls_mara LIKE LINE OF pt_mara.
ENDFORM.
```

Listing 13.8 Übergabe über den Zusatz LIKE

Listing 13.9 zeigt alternativ die Übergabe über einen Tabellentyp.

```
TYPES tt_mara TYPE TABLE OF mara.
FORM materialausgabe CHANGING pt_mara TYPE tt_mara.
    DATA ls_mara LIKE LINE OF pt_mara.
ENDFORM.
```

Listing 13.9 Definition einer Tabelle als Parameter

Die Definition des Typs ist auch global im ABAP Dictionary möglich (siehe Abschnitt 3.4, »Tabellentypen«).

13.2 Makros

Makros sind die kleinsten wiederverwendbaren Einheiten in ABAP und wohl auch eine der ältesten Varianten. Makros sind in den Entwicklungs-Guidelines heutiger Projekte normalerweise nicht erlaubt, da man sie – wie so ziemlich jedes wiederverwendbare Objekt – in ABAP missbrauchen kann und es damit zu unlesbarem und nicht wartbarem Code kommen kann. Im Vergleich zu anderen Strukturierungselementen haben Makros zwei weitere entscheidende Nachteile:

- Makros haben keinen eigenen Kontext, das heißt, Sie können ein zweites Makro mit demselben Namen definieren und damit das zuerst definierte Makro überschreiben.
- Makros können nicht schrittweise im ABAP Debugger ausgeführt werden.

Diese beiden Eigenschaften machen eine Fehlersuche in Programmen, die umfangreiche oder komplexe Makros verwenden, nahezu unmöglich. Aus diesen Gründen ist ein Makro kein vollwertiger Ersatz und sollte deshalb nur in Ausnahmefällen benutzt werden.

13.2.1 Makros definieren

Die Definition eines Makros ist denkbar einfach: Geben Sie nach der Anweisung DEFINE einen Namen für das Makro an, und schließen Sie den Block wieder mit END-OF-DEFINITION. Innerhalb des Blocks können Sie nun ABAP-Code programmieren. Eine Definition von Parametern ist nicht möglich, es stehen Ihnen dazu bis zu neun Platzhalter zur Verfügung.

Syntax

```
DEFINE macro_name.
 [Anweisungen]
END-OF-DEFINITION.
```


Beispiel

```
DEFINE mein_macro.
  write:/ &1, &2.
END-OF-DEFINITION.
```

13.2.2 Makros aufrufen

Diese Parameter können Sie beim Aufruf des Makros mitgeben. Zum Aufruf des Makros müssen Sie den Namen des Makros, gefolgt von den gewünschten Parametern, angeben. Die Parameter ersetzen beim Aufruf die Platzhalter innerhalb des Makros. Aus param1 wird &1, aus param2 wird &2 usw. Innerhalb des Makros können Sie andere Makros, aber nicht das gleiche Makro aufrufen.

Syntax

```
macro_name [param1 param2 [...]].
```

Beispiel

```
mein_macro 'Altes' 'ABAP'.
```

13.3 Includes

Includes sind neben Unterprogrammen eine weitere Möglichkeit, Ihre Programme zu strukturieren. Includes werden hauptsächlich dazu genutzt, um Quellcode nach seiner Zugehörigkeit zu kapseln. Bei Includes geht es also darum, Ihren Report in mehrere »Unterkapitel« zu untergliedern.

In der Regel wird ein Report in folgende Includes unterteilt:

- das *Top-Include*, das alle TYPES- und DATA-Definitionen beinhaltet
- ein Include für den Selektionsbildschirm
- ein Include für die Verarbeitungslogik eines Dynpros
- ein Include für Formroutinen
- eventuell weitere Includes für weitere Funktionsbereiche

13.3.1 Include einbinden

Alle Includes, die Sie anlegen, sind global im System vorhanden. Die Includes sind daher nicht an bestimmte Reports gebunden, sondern können in mehreren Reports wiederverwendet werden. Bevor Sie eines dieser Includes verwenden können, müssen Sie es einbinden. Dazu nutzen Sie die Anweisung INCLUDE, gefolgt von dem Namen des Includes. Man kann sich das Einbinden eines Includes so vorstellen, dass der Inhalt des Includes an die entsprechende Stelle im aufrufenden Programm kopiert wird.

Syntax

```
INCLUDE include_name.
```

Beispiel

```
INCLUDE zfr_materialberechnungen.
```

13.3.2 Top-Include anlegen

Standardmäßig werden Sie bei der Anlage eines Reports gefragt, ob Sie ein Top-Include anlegen möchten (Option **Mit TOP-Include anlegen**, siehe Abbildung 13.1). Haben Sie dagegen bereits einen Report und möchten nachträglich ein Top-Include einfügen, können Sie wie bei der allgemeinen Anlage eines Includes verfahren, wie in Abschnitt 13.3.3 beschrieben.

1. Bestätigten Sie die Maske in Abbildung 13.1, können Sie als Nächstes einen Namen für das Top-Include vergeben. In der Praxis hat es sich durchgesetzt, dass Top-Includes wie der Report selbst heißen, ergänzt um den Namenszusatz _TOP. Am Beispiel des Programmnamens aus Abbildung 13.1 wäre der Name des Top-Includes

z. B. ZFR_MEIN_PROGRAMM_TOP. Bestätigen Sie die Eingabe anschließend mit einem Klick auf das grüne Häkchen (✔).

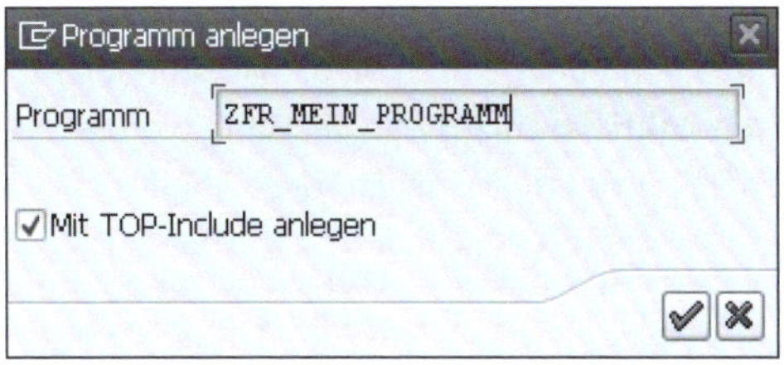

Abbildung 13.1 Programm mit TOP-Include anlegen

2. Stellen Sie im nächsten, in Abbildung 13.2 dargestellten Pop-up-Fenster sicher, dass als Typ **Ausführbares Programm** ausgewählt ist.

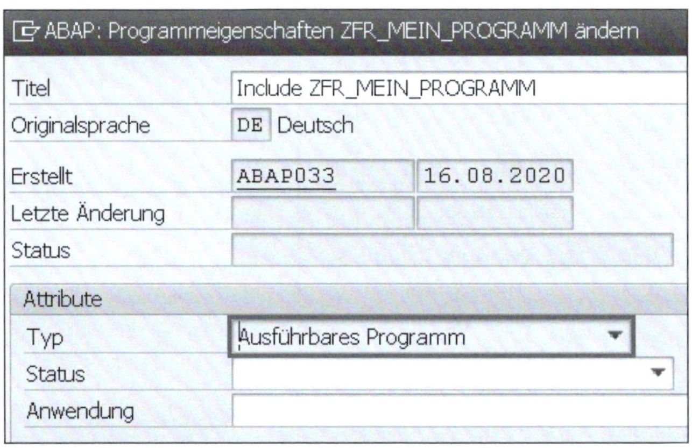

Abbildung 13.2 Auswahl des Programmtyps

3. **Sichern** Sie anschließend. Dadurch wird ein Report mit einem Top-Include am Kopf angelegt, wie in Abbildung 13.3 zu sehen.

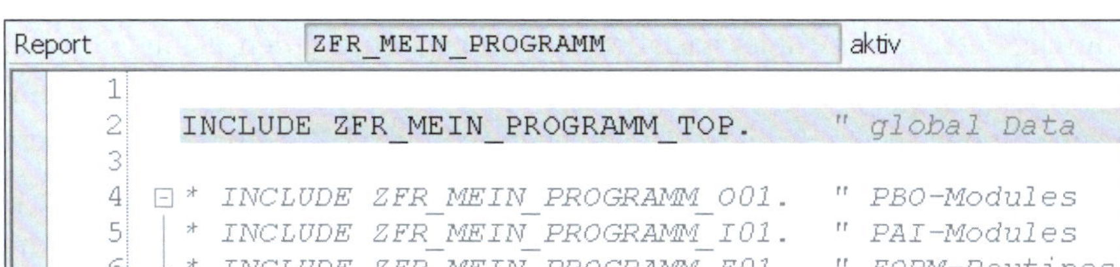

Abbildung 13.3 Eingebundenes Top-Include

4. Sie können auf das Top-Include zugreifen, indem Sie doppelt auf den Namen des Includes im Quellcode klicken. Aktivieren (✎) Sie Ihr Include anschließend.

[+]

Alles aktivieren

Sie können sicherstellen, dass sowohl Ihr Programm als auch Ihr Top-Include aktiviert werden, indem Sie wie in Abbildung 13.4 mit der rechten Maustaste auf den Programmordner klicken und im Kontextmenü **Aktivieren** auswählen. Dann werden alle inaktiven Entwicklungsobjekte Ihres Reports zur Aktivierung vorausgewählt.

13.3.3 Include anlegen

Möchten Sie neben dem Top-Include noch weitere Includes anlegen, können Sie das direkt in Ihrem Report tun:

1. Klicken Sie, wie in Abbildung 13.4 zu sehen, in Transaktion SE80 im Navigationsbaum auf der linken Seite mit der rechten Maustaste auf den Ordner Ihres Reports, und wählen Sie im Kontextmenü **Anlegen • Include**.

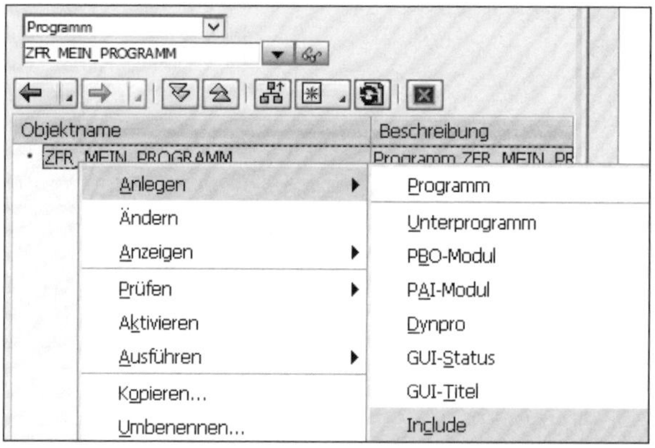

Abbildung 13.4 Anlage eines weiteren Includes

2. Vergeben Sie anschließend einen Namen für Ihr Include. Wie erwähnt, hat es sich durchgesetzt, dass Includes nach dem Report benannt werden, gefolgt von einem Suffix. Das Suffix kann den Funktionsbereich kennzeichnen. Wollen Sie z. B. ein Include für den Selektionsbildschirm anlegen, würde sich der Zusatz `_SEL` anbieten.
3. Bestätigen Sie anschließend die Maske mit einem Klick auf das grüne Häkchen (✔). Es wird nun automatisch die folgende Anweisung am Ende Ihres Reports eingebunden:

   ```
   INCLUDE zmein_report_xxx.
   ```

   Es empfiehlt sich, auch diese `INCLUDE`-Anweisung an den Kopf Ihres Reports zu kopieren (direkt nach der Anweisung `REPORT`), damit die in dem Include definierten Anweisungen bzw. Definitionen vor der Benutzung bekannt sind.

4. Aktivieren (✎) Sie Ihr Include. Beachten Sie, dass vor der Ausführung Ihres Reports alle Includes aktiv sein müssen.

13.4 Funktionsbausteine

Funktionsbausteine sind das globale Gegenstück zu Unterprogrammen. Während Formroutinen nur innerhalb von Programmen existieren können, existieren Funktionsbausteine zentral im System und können mit ABAP aufgerufen werden. Sie unterscheiden sich von Formroutinen nur in ihrer technischen Repräsentation, haben aber zusätzliche Funktionen, wie die Möglichkeit der Definition von Ausnahmen, der Dokumentation und z. B. die Remote-Fähigkeit. Sie sollten Funktionsbausteine Unterprogrammen also immer dann vorziehen, wenn Sie Ihren Quellcode reportübergreifend oder eventuell sogar systemübergreifend per Remote Function Call (RFC) wiederverwenden wollen.

Funktionsbausteine werden im Function Builder (Transaktionscode SE37) angelegt und gepflegt. Hier haben Sie die Möglichkeit, Funktionsbausteine in Funktionsgruppen anzulegen und sie zu testen. Den Function Builder habe ich in Kapitel 5 ausführlich beschrieben. 13

[«]

Umgangssprachliche Begriffe

Funktionsbausteine werden in der deutschen SAP-Umgangssprache oft als *FuBas* bezeichnet. Für eine bestimmte Art von Funktionsbausteinen wird oft auch der Begriff *BAPI* verwendet, da diese speziellen Funktionsbausteine mit dem Präfix `BAPI_` anfangen (siehe Abschnitt 20.2, »Business-Objekte und BAPIs«). Im Englischen wird für Funktionsbausteine auch der Begriff *Function Module* mit der Abkürzung FM verwendet.

Es gibt Hunderttausende von SAP bereitgestellte Funktionsbausteine, die bereits bestimmte Aufgaben erledigen. So ist es z. B. nicht sinnvoll, eine neue Funktion für die Materialstücklistenauflösung zu programmieren, in der Sie manuell zehn Tabellen verknüpfen und die Daten auswerten – SAP stellt für solche Tätigkeiten bereits Funktionsbausteine bereit.

13.4.1 Arten von Funktionsbausteinen

Es gibt verschiedene Arten von Funktionsbausteinen:

- **Normale Funktionsbausteine**
  Diese Funktionsbausteine nehmen Parameter entgegen, verarbeiten diese und geben gegebenenfalls Rückgabeparameter zurück.

- **Remote-fähige Funktionsbausteine**
  Normaler Funktionsbaustein, der zusätzlich über RFC von außerhalb des SAP-Systems aufgerufen werden kann. Weitere Informationen dazu finden Sie in Abschnitt 20.1, »RFC-Funktionsbausteine«. Diese Funktionsbausteine können außerdem zur Parallelisierung (siehe Abschnitt 24.4) und zur Generierung von Webservices (siehe Abschnitt 20.4, »Webservices (SOAP)«) verwendet werden.
- **Verbuchungsbausteine**
  Diese Funktionsbausteine werden (wenn mit dem Zusatz `IN UPDATE TASK` aufgerufen) nicht sofort ausgeführt, sondern zur Ausführung vorgemerkt. Weitere Informationen dazu finden Sie in Abschnitt 13.5, »Datenkonsistenz«.

13.4.2 Aufruf von Funktionsbausteinen

Alle Funktionsbausteinarten können Sie über die ABAP-Anweisung `CALL FUNCTION` aufrufen. Die Angabe der Parameter erfolgt immer aus Sicht des aufrufenden Objekts. Die in einem Report angegebenen `EXPORTING`-Parameter sind deshalb z. B. im Funktionsbaustein Importparameter, und die im Report angegebenen `IMPORTING`-Parameter sind im Funktionsbaustein Exportparameter (siehe Tabelle 13.1).

Im Report	Im Funktionsbaustein
Zusatz `EXPORTING`	Registerkarte **Import**
Zusatz `IMPORTING`	Registerkarte **Export**

Tabelle 13.1 Unterscheidung zwischen IMPORTING- und EXPORTING-Parametern

[+]

Import- und Exportparameter

Stellen Sie sich dazu am besten vor, dass der Report und der Funktionsbaustein verschiedene Länder sind. Das Land »Report« exportiert die Werte an das Land »Funktionsbaustein«. Nach der Verarbeitung importiert das Land »Report« die Werte aus dem Land »Funktionsbaustein«. Aus Sicht des Landes »Funktionsbaustein« werden die Werte vor der Verarbeitung also importiert und nach der Verarbeitung wieder in das Land »Report« exportiert.

Den Zusatz `IN UPDATE TASK` beschreibe ich in Abschnitt 13.5, »Datenkonsistenz«, näher.

Ich empfehle Ihnen, den Funktionsbausteinaufruf nicht händisch zu programmieren. Nutzen Sie dazu am besten die Musterfunktion des ABAP Editors, die Sie in der Funktionsleiste über den Button **Muster** erreichen können.

Markieren Sie in dem in Abbildung 13.5 dargestellten Muster die Option **CALL FUNCTION**, und geben Sie den Namen des Funktionsbausteins ein, den Sie aufrufen möchten. Nach dem Bestätigten mit dem grünen Häkchen (✔) wird der Rumpf der Anweisung `CALL FUNCTION` mit allen Abschnitten in Ihren Programmquellcode eingefügt. Optionale Parameter sind auskommentiert (ausgegraut).

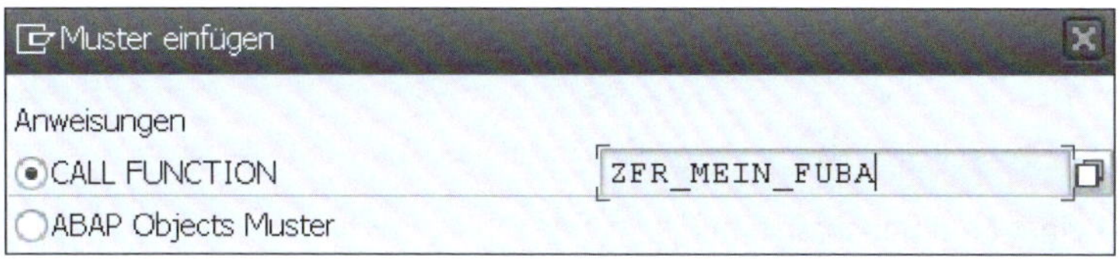

Abbildung 13.5 Aufruf eines Funktionsbausteins mithilfe des Musters

Sie als Programmierer sind jetzt nur noch gefordert, den generierten Rumpf auszuprogrammieren. Folgende Vorgehensweise bietet sich dafür an:

1. Legen Sie die benötigten Datenobjekte mit der Anweisung `DATA` an (siehe Abschnitt 7.4, »Datendeklaration«).
2. Kopieren Sie die vom Funktionsbaustein erwarteten Typen aus der Definition des Funktionsbausteins. Klicken Sie dazu doppelt auf den grünen Namen des generierten Funktionsbausteinaufrufes, und suchen Sie auf den Registerkarten **Import**, **Export**, **Changing** und **Tables** die benötigten Parameter.
3. Gehen Sie über die Rückwärtsnavigation zurück in Ihr Programm, und fügen Sie die kopierten Typen in Ihr Programm ein. Vergeben Sie Namen für die Datenobjekte.
4. Binden Sie die angelegten Datenobjekte in den generierten Aufruf ein.
5. Füllen Sie die Datenobjekte vor dem Aufruf des Funktionsbausteins entsprechend.

Syntax

```
CALL FUNCTION funktionsname [IN UPDATE TASK]
    [EXPORTING  p1 = a1 p2 = a2 ...]
    [IMPORTING  p1 = a1 p2 = a2 ...]
    [TABLES     t1 = itab1 t2 = itab2 ...]
    [CHANGING   p1 = a1 p2 = a2 ...]
    [EXCEPTIONS [exc1 = n1 exc2 = n2 ...]
                [error_message = n_error]
                [OTHERS = n_others]].
```

Beispiel

Listing 13.10 zeigt ein Beispiel für einen Funktionsbausteinaufruf.

```
DATA: lv_zahl1 TYPE i VALUE 1,
      lv_zahl2 TYPE i VALUE 2,
      lv_ergebnis TYPE p DECIMALS 2.
CALL FUNCTION zmeine_function
    EXPORTING
        iv_zahl1 = lv_zahl1
        iv_zahl2 = lv_zahl2
    IMPORTING
        ev_ergebnis = lv_ergebnis.
```

Listing 13.10 Aufruf eines Funktionsbausteins

13.4.3 Behandlung von lokalen Ausnahmen

Der Zusatz EXCEPTIONS der Anweisung CALL FUNCTION beschreibt, wie die lokalen Ausnahmen des Funktionsbausteins zu behandeln sind. Tritt während der Verarbeitung des Funktionsbausteins eine Ausnahme auf, wird die Verarbeitung abgebrochen, und die Systemvariable sy-subrc enthält den Wert, der in EXCEPTIONS der auslösenden Ausnahme zugewiesen wurde. Den zuzuweisenden Wert können Sie frei wählen.

Möchten Sie alle möglichen Ausnahmen abfangen und möchten Sie auch keine Unterscheidung der aufgetretenen Ausnahmen machen, haben Sie die Möglichkeit, OTHERS = 0 anzugeben. Dadurch wird jeder auftretenden Ausnahme automatisch der Wert 0 zugeordnet, und es wird verhindert, dass eine Ausnahme ausgelöst wird.

Beispiel

Tritt in Listing 13.11 die Ausnahme NOT_FOUND auf, wird sy-subrc auf den Wert 10 gesetzt.

```
EXCEPTIONS
   NOT_FOUND = 10.
IF sy-subrc = 10.
   "dann wurde nichts gefunden
ENDIF.
```

Listing 13.11 Abfangen einer Ausnahme

Wäre die Ausnahme aufgetreten, aber nicht wie in Listing 13.11 unter dem Zusatz EXCEPTIONS aufgeführt worden, wäre ein Laufzeitfehler ausgegeben worden, und Ihr Programm wäre abgebrochen worden. Es ist daher wichtig, jede mögliche Ausnahme entsprechend anzugeben.

13.4.4 Behandlung von Ausnahmeklassen

Wenn in einem Funktionsbaustein Ausnahmen mit Ausnahmeklassen definiert sind, greift der Zusatz EXCEPTIONS nicht mehr. In diesem Fall müssen Sie einen TRY-ENDTRY-Block um den Aufruf des Funktionsbausteins herum nach dem in Listing 13.12 gezeigten Schema einfügen.

```
TRY.
CALL FUNCTION 'ZFUBA'
  EXPORTING
    iv_para1    = lv_para1
    iv_para2    = lv_para2
  IMPORTING
    ev_ergebnis = lv_ergebnis.
CATCH zcx_ausnahmeklasse.
  "Behandlung der Ausnahme
ENDTRY.
```

Listing 13.12 Behandlung von Ausnahmeklassen bei Funktionsbausteinen

Informationen zur TRY-CATCH-Anweisung finden Sie in Abschnitt 11.9.1, »Klassenbasierte Ausnahmen«.

13.4.5 Funktionsbausteine finden

Die richtigen Funktionsbausteine für Ihre Anforderungen zu finden ist mitunter die wichtigste und schwierigste Aufgabe eines ABAP-Entwicklers, da in jedem System knapp 400.000 Funktionsbausteine existieren. Davon haben viele fast die gleiche Funktionalität oder sind veraltet. Wann immer Sie etwas programmieren sollen, sollten Sie vorher nachschauen, ob nicht schon ein Funktionsbaustein genau für diese Aufgabe existiert. Die Frage, die sich dabei stellt, ist: Wie finde ich den richtigen Funktionsbaustein für meine Problemstellung?

Die häufigsten Anlaufpunkte sind dabei folgende:

- das SAP Community Network (SCN; Beiträge im SCN können Sie gut über gängige Suchmaschinen wie Google finden)
- die Wertehilfe im Function Builder (d. h. das Repository-Infosystem)
- Kollegen
- die Transaktion BAPI (siehe Abschnitt 20.2, »Business-Objekte und BAPIs«), wenn es um einen BAPI-Funktionsbaustein geht
- der Verwendungsnachweis

Suche mit 'CALL FUNCTION name'

Wenn Sie auf Google eine konkrete Implementierung eines Funktionsbausteins suchen, dann fügen Sie vor dem Namen des Funktionsbausteins die Anweisung CALL FUNCTION hinzu. Wenn Sie dieses dann in Hochkommata setzen, werden Ihnen nur Suchergebnisse angezeigt, die wirklich nur Quellcode sind und keine unnützen Indexseiten oder Listen.

Die Wertehilfe erreichen Sie im Function Builder (Transaktion SE37), indem Sie in das Eingabefeld für den Namen des Funktionsbausteins klicken und die Taste F4 drücken. Anschließend klicken Sie auf den Button **Infosystem**. Dadurch öffnet sich das in Abbildung 13.6 dargestellte Pop-up-Fenster.

Generell sollten Sie bei der Suche nach Funktionsbausteinen Folgendes berücksichtigen:

- Funktionsbausteine sind Funktionsgruppen zugeordnet, d. h., viele logisch zusammenhängende Funktionsbausteine sind in einer Gruppe zusammengefasst. Diese Funktionsgruppen spiegeln betriebswirtschaftliche Objekte wider. Die Funktionsgruppe eines Funktionsbausteins können Sie aufrufen, indem Sie in Transaktion SE80 mit der rechten Maustaste auf einen Funktionsbaustein klicken und **Anzeigen • Rahmenprogramm** im Kontextmenü wählen.
- Die Namen von Funktionsbausteinen sind sehr häufig in Englisch und in Großbuchstaben hinterlegt.
- Die Bezeichnungen sind sehr häufig auf Deutsch und in Groß- und Kleinschreibung hinterlegt.

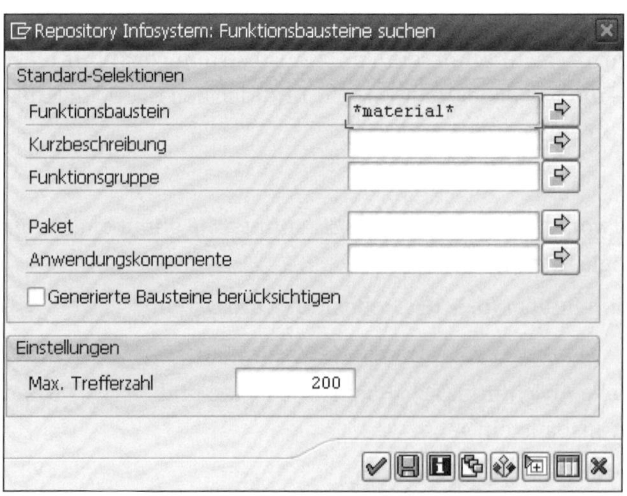

Abbildung 13.6 Suche im Repository-Infosystem

In Anhang G finden Sie eine Auflistung der am häufigsten gebrauchten technischen Funktionsbausteine.

13.5 Datenkonsistenz

Funktionsbausteine und Unterprogramme sind für die Sicherung der Datenkonsistenz sehr wichtig. Beide können durch spezielle Zusätze für die Verbuchung registriert werden, wodurch die tatsächliche Ausführung erst durch die Anweisung `COMMIT WORK` angestoßen wird. Hintergrund ist, dass die Ausführung einer Transaktion durch einen Benutzer seine Zeit dauern kann und während der Bearbeitung die Daten unvollständig sind. Erst am Ende der Transaktion, durch das Speichern, werden die Daten auf die Datenbank geschrieben. Wenn der Benutzer die Transaktion dagegen abbricht oder wenn während der Bearbeitung ein Fehler auftritt, werden die Daten wieder verworfen. Es findet ein sogenannter *Rollback* statt, der alle Änderungen seit dem Start der Transaktion zurücknimmt.

Dieser Mechanismus wird durch das *LUW-Konzept* (Logical Unit of Work) gewährleistet. Hauptaufgabe dieses Konzepts ist es, die Konsistenz der Daten auf einer Datenbank sicherzustellen. Dies geschieht, indem eine SAP-LUW sämtliche aus dem Dialog resultierenden Datenbankoperationen in einer Datenbank-LUW bündelt. Die gesammelten Datenbank-LUWs werden erst am Ende der LUW durch ein `COMMIT WORK` verarbeitet.

Wenn eine LUW erfolgreich war, werden die Daten auf die Datenbank geschrieben. Wenn ein Rollback auftritt, werden alle Änderungen seit Start der LUW zurückgenommen, um die Datenbank wieder in einen konsistenten Zustand zu versetzen. Wie in Abbildung 13.7 dargestellt, ist eine LUW dabei nicht nur auf einen Workprozess begrenzt, sondern kann sich über mehrere Workprozesse erstrecken. Ein normaler Dialog-Workprozess führt die Anfragen vom Frontend in Form der einzelnen Dialogschritte einer ABAP-Anwendung aus. Nach der Verarbeitung einer ABAP-Anwendung wird auch der zugehörige Workprozess beendet.

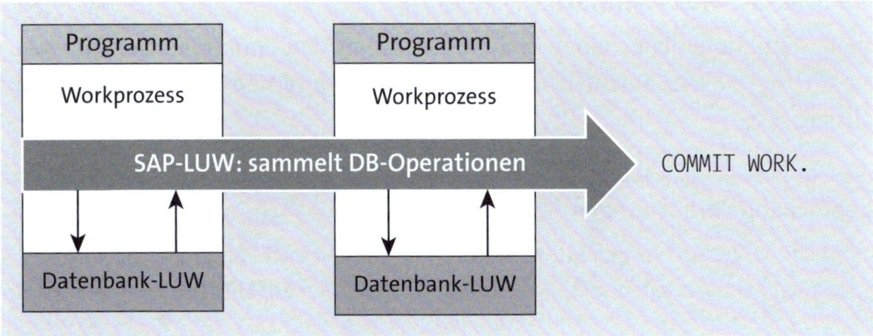

Abbildung 13.7 Funktionsweise einer SAP-LUW

Folgende Anweisungen stehen zur Sicherung der Datenkonsistenz zur Verfügung:

- `CALL FUNCTION ... IN UPDATE TASK`
  Mit dem Zusatz `IN UPDATE TASK` registrieren Sie einen Funktionsbaustein (der in den Eigenschaften als Verbuchungsbaustein eingestellt werden muss) für die Verbuchung. Dadurch wird der Funktionsbaustein nicht sofort ausgeführt, sondern zur Ausführung in einem Workprozess vorgemerkt.
- `PERFORM ... ON COMMIT`
  Die Ausführung des Unterprogramms wird vorgemerkt, analog zur Vormerkung der Funktionsbausteine.
- `COMMIT WORK [AND WAIT]`
  Mit dieser Anweisung wird eine LUW abgeschlossen, und die eigentliche Verarbeitung wird angestoßen. Damit werden die Daten auf die Datenbank geschrieben. Da dies seine Zeit dauern kann, ist es möglich, mit dem Zusatz `AND WAIT` die weitere Verarbeitung des ABAP-Codes anzuhalten.

[!]

AND WAIT verwenden

Der Zusatz `AND WAIT` ist besonders wichtig: Wenn Sie einen Verbuchungsbaustein benutzen und diesen nur mit `COMMIT WORK` abschließen und anschließend mit dem Ergebnis des Funktionsbausteins direkt weiterarbeiten, kann es sein, dass die Verbuchung noch läuft, während Ihr Programm bereits weiterarbeitet und dadurch Fehler produziert.

Bei BAPI-Funktionenbausteinen sollten Sie immer den Funktionsbaustein `BAPI_TRANSACTION_COMMIT` aufrufen, da dieser auch den internen Puffer der BAPIs aktualisiert. Dies spielt gerade bei erneuten Aufrufen eines BAPI-Funktionsbausteins eine wichtige Rolle

- `ROLLBACK WORK`
  Alle Änderungen seit dem Start der LUW werden mit dieser Anweisung zurückgenommen. Es wird ein Datenbank-Rollback angestoßen, falls bereits Daten auf die Datenbank geschrieben wurden.

  Bei `BAPI`-Funktionenbausteinen sollten Sie immer den Funktionsbaustein `BAPI_TRANSACTION_ROLLBACK` aufrufen, da dieser auch den internen Puffer der BAPIs aktualisiert.

[+]

Abgebrochene Verbuchungen

Abgebrochene Verbuchungen lassen sich in Transaktion SM13 analysieren. Hier finden Sie auch erste Anhaltspunkte, warum die Verbuchung abgebrochen wurde.

Kapitel 14
Die Dynpro-Programmierung

Dynpro-Programmierung meint die Entwicklung klassischer Oberflächen für das SAP GUI. In diesem Kapitel erläutere ich die Grundlagen dazu.

Fast jede Oberfläche, die Sie im SAP GUI in Form von Standardtransaktionen sehen, ist mittels Dynpro-Programmierung realisiert. Selbst die ABAP Workbench gehört zu diesen Oberflächen. *Dynpro* ist die Abkürzung für *dynamisches Programm* und entspricht genau dem, was Sie auf einer Oberfläche sehen. Navigieren Sie z. B. über einen Button zu einem anderen Bildschirm, wird ein zweites Dynpro aufgerufen, verarbeitet und angezeigt. Jedes Dynpro wird dabei durch eine vierstellige Nummer identifiziert. In Abbildung 14.1 ist eine solche Aufrufreihenfolge dargestellt.

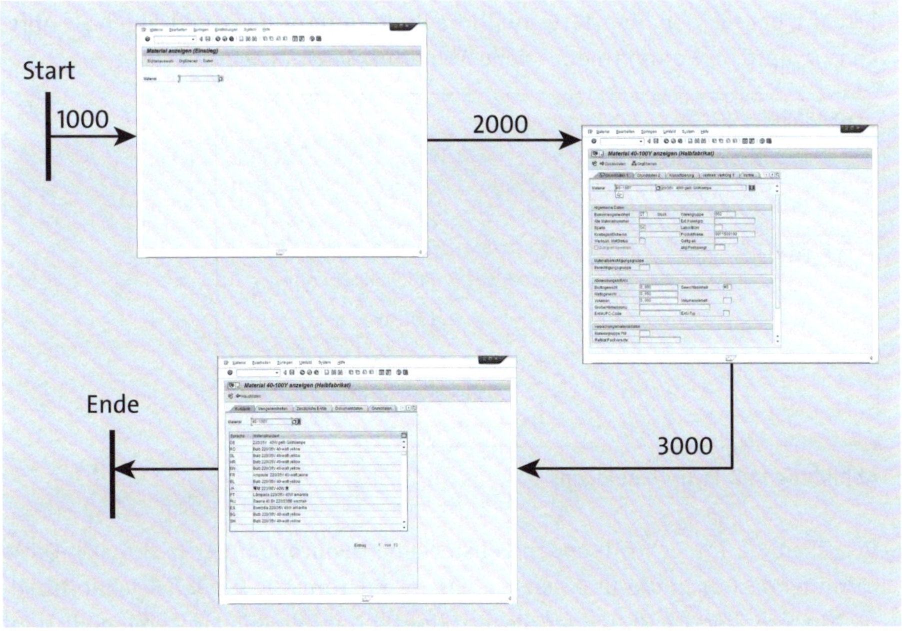

Abbildung 14.1 Dynpro-gesteuerter Ablauf

Dynpros bestehen aus zwei Komponenten: der Oberfläche und der zugehörigen Ablauflogik. Beide werden zur Laufzeit durch den *Dynpro-Prozessor* interpretiert.

In diesem Kapitel bringe ich Ihnen die Grundlagen der Entwicklung eigener Dynpros nahe. Dazu gehe in Abschnitt 14.1 darauf ein, wie Sie ein Dynpro anlegen, gestalten und aufrufen können. Abschnitt 14.2 beschäftigt sich dann mit der dahinterliegenden Ablauflogik. Auf diesen Grundlagen aufsetzend, können Sie Schritt für Schritt komplexere Oberflächen bauen. In Abschnitt 14.3 spreche ich das SAP Control Framework an, das Ihnen komplexere User-Interface-Elemente (UI-Elemente) über ein objektorientiertes Konzept zur Verfügung stellt.

Damit Sie für einfache Anwendungsfälle nicht jedes Mal ein Dynpro bauen müssen, habe ich Ihnen zum Schluss des Kapitels in Abschnitt 14.4, »Pop-up-Fenster«, nützliche Funktionsbausteine für häufige Anforderungen wie Entscheidungsabfragen, Anzeige von Texten oder Werteabfragen zusammengestellt.

14.1 Dynpros anlegen

Dynpros können Sie innerhalb eines ABAP-Programms und innerhalb einer Funktionsgruppe anlegen. In diesem Abschnitt demonstriere ich die Anlage eines Dynpros in einem Report als Standardfall:

1. Rufen Sie den ABAP Editor über die Transaktion SE80 auf. Klicken Sie in der Objektliste mit der rechten Maustaste auf Ihren Programmordner, und wählen Sie **Anlegen • Dynpro** im Kontextmenü (siehe Abbildung 14.2).

Abbildung 14.2 Dynpro anlegen

2. Vergeben Sie im sich öffnenden Fenster eine **Dynpronummer** (z. B. 2000). Diese Nummer darf nicht die 1000 sein, da diese standardmäßig für den Selektionsbildschirm reserviert ist. Bestätigen Sie Ihre Eingabe anschließend mit einem Klick auf das grüne Häkchen (✔).
3. Tragen Sie nun wie in Abbildung 14.3 eine **Kurzbeschreibung** ein, und aktivieren (Aktivieren-Symbol) Sie Ihr neu angelegtes Dynpro.

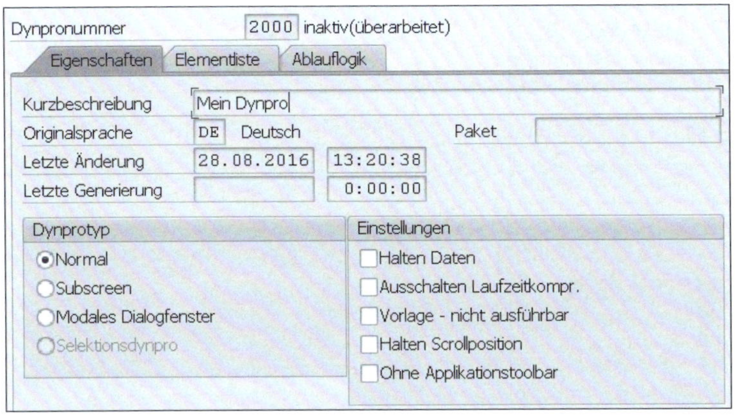

Abbildung 14.3 Eigenschaften eines Dynpros

Zu den Dynpros gelangen Sie zu einem späteren Zeitpunkt immer wieder über den Ordner Ihres Programms. Dort werden Sie (falls der Report ein Dynpro enthält) einen Unterordner **Dynpros** finden.

Wie in Abbildung 14.3 sichtbar, ist es außerdem möglich, ein Dynpro im Bereich **Dynprotyp** als **Subscreen** zu definieren. Ein Subscreen ist ein Bildschirm, der in einem anderen Bildschirm eingebettet werden kann. Dieser Dynpro-Typ ist besonders für die Erweiterung von SAP-Standardoberflächen von Bedeutung.

14.1.1 Dynpro gestalten

Ihr Dynpro können Sie nun mit UI-Elementen ausgestalten:

1. Klicken Sie in der Funktionsleiste auf den Button **Layout**, um den *Screen Painter* aufzurufen.
2. In diesem Editor sehen Sie eine leere Maske, für die Sie nun verschiedene Dynpro-Elemente aus der Leiste auf der linken Seite auswählen können. Klicken Sie z. B. wie in Abbildung 14.4 auf das Icon für ein **Ein/Ausgabefeld** (). Damit können Sie ein normales Eingabefeld einfügen.
3. Sie werden bemerken, dass sich Ihr Mauszeiger geändert hat und Sie nun das ausgewählte Eingabefeld auf der Maske platzieren können. Klicken Sie hierzu auf die gewünschte Stelle der Oberfläche. Dadurch wird das Eingabefeld platziert.
4. Ziehen Sie das Eingabefeld etwas größer, und klicken Sie doppelt darauf. Dadurch öffnet sich der in Abbildung 14.5 gezeigte Eigenschaftenbereich, in dem Sie im Feld **Name** eine eindeutige ID für das Dynpro-Element vergeben müssen. Diese ID ist wichtig, um später mithilfe von ABAP auf das Eingabefeld zugreifen zu können und um den enthaltenen Wert zu setzen oder auszulesen.
5. Aktivieren () Sie anschließend Ihr Dynpro.

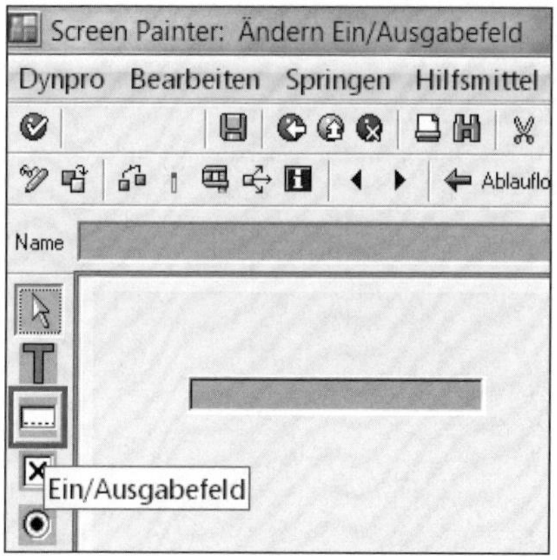

Abbildung 14.4 Auswahl eines UI-Elements

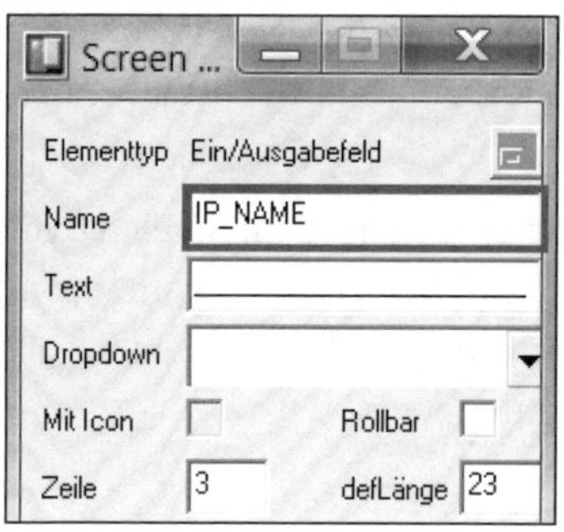

Abbildung 14.5 Eigenschaften eines UI-Elements

Die in Tabelle 14.1 aufgeführten UI-Elemente stehen Ihnen neben dem Eingabefeld zum Ausgestalten eines Dynpros im Screen Painter zur Verfügung.

Icon	UI-Element	Beschreibung
	Textfeld	ein Textbezeichner für andere UI-Elemente
	Checkbox	ein Ankreuzfeld
	Radiobutton	Auswahlknöpfe für mehrere bedingte Optionen
	Button	ein klassischer Button (Drucktaste)
	Tabstrip	Unterteilung der Oberfläche in Registerkarten, die Sie mithilfe des Tabstrip-Wizards ( ) anlegen können

Tabelle 14.1 UI-Elemente für Dynpros im Screen Painter

Icon	UI-Element	Beschreibung
	Rahmen	zur Gruppierung von UI-Elementen
	Subscreen	zur Einbettung anderer Subscreen-Dynpros
	Table Control	Die einfachste Tabellenanzeige, die Sie mithilfe des Table-Control-Wizards ( ) anlegen können. Beherrscht die Eingabefähigkeit.
	Custom Control	Bereich für die spätere Generierung von UI-Elementen mit ABAP (z. B. eine ALV-Anzeige, siehe Kapitel 19) und dem SAP Control Framework (siehe Abschnitt 14.3)
	Status-Icon	Eingabefeld mit zugewiesenem Icon

Tabelle 14.1 UI-Elemente für Dynpros im Screen Painter (Forts.)

14.1.2 Dynpro aufrufen

Ein Dynpro können Sie mit der Anweisung `CALL SCREEN`, gefolgt von der Nummer des Dynpros, aufrufen. Die Nummer muss dabei als Zahl und nicht als Literal (also ohne Hochkommata) angegeben werden. Darüber hinaus haben Sie die Möglichkeit, ein Dynpro über die Zusätze `STARTING AT` und `ENDING AT` als Pop-up-Fenster aufzurufen.

Syntax

```
CALL SCREEN dynpronummer [STARTING AT spalte1 zeile1]
                         [ENDING AT spalte2 zeile2].
```

Beispiel

Der folgende Report ruft das im vorigen Abschnitt angelegte Dynpro `2000` auf:

```
REPORT zmein_report.
CALL SCREEN 2000.
```

Wenn Sie den Report ausführen, wird das Dynpro angezeigt. Wie in Abbildung 14.6 sichtbar, sind allerdings noch keine Funktions-Buttons auf der Oberfläche aktiv (sie werden ausgegraut dargestellt), sodass der einzige Weg zum Schließen des Dynpros das Fensterkreuz oben rechts ist.

Die Buttons dieser Menüleiste können Sie mithilfe der Ablauflogik eines Dynpros aktivieren. Bevor ich Ihnen zeige, wie Sie dies bewerkstelligen können, sollten Sie noch wissen, wie Sie auf das bereits hinzugefügte Eingabefeld zugreifen können.

Abbildung 14.6 Inaktive Funktions-Buttons

14.1.3 Zugriff auf Dynpro-Elemente

Auf Dynpro-Felder können Sie zugreifen, indem Sie ein Datenobjekt anlegen, dessen Name der ID des UI-Elements entspricht. Dadurch wird eine Schnittstelle zum Dynpro erzeugt. Das Datenobjekt wird mit der Anweisung `DATA` als globale Variable oder Struktur (mit einem Feld, das den gleichen Namen wie das UI-Element hat) im Report oder im Rahmenprogramm der Funktionsgruppe angelegt.

Um beispielsweise das Eingabefeld aus Abbildung 14.5 zu füllen, muss innerhalb des Reports die globale Variable `IP_NAME` definiert werden. Setzen Sie für diese Variable einen Wert, wird nach dem Aufruf des Dynpros genau dieser Wert im Eingabefeld angezeigt. Wird dieser Wert durch einen Benutzer geändert, wird der neue Wert automatisch in die Variable `IP_NAME` übertragen. In Abbildung 14.7 ist dieser Mechanismus verdeutlicht.

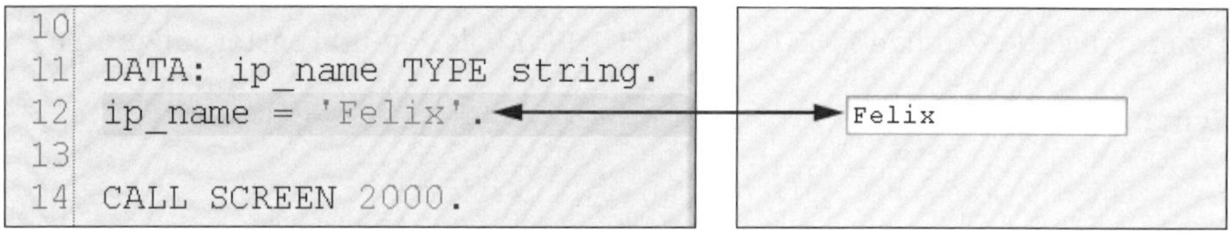

Abbildung 14.7 Zugriff auf ein Dynpro-Feld

14.2 Ablauflogik eines Dynpros

Ein Dynpro hat immer zwei grundlegende Verarbeitungsblöcke: *Process Before Output* (PBO) für die Verarbeitung vor der Anzeige und *Process After Input* (PAI) für die Verarbeitung nach Benutzeraktionen.

Wird das Programm gestartet und das Dynpro mit `CALL SCREEN` aufgerufen, wird das PBO-Modul aufgerufen und durchlaufen. Anschließend wird das Dynpro angezeigt. Drückt der Benutzer den **Beenden**-Button, wird das PAI-Modul durchlaufen und über eine Abfrage (»Welcher Button wurde gedrückt?«) geprüft, ob das Programm verlassen werden soll. Ist dies der Fall, wird das Programm geschlossen. Wurde dagegen ein anderer Button gedrückt, wird die jeweils programmierte Logik durchlaufen und die Anzeige aktualisiert. Dadurch durchläuft der Dynpro-Prozessor erneut das PBO-Modul und baut die Anzeige entsprechend auf. Dieser Ablauf wiederholt sich beliebig oft. Abbildung 14.8 fasst diesen Ablauf zusammen.

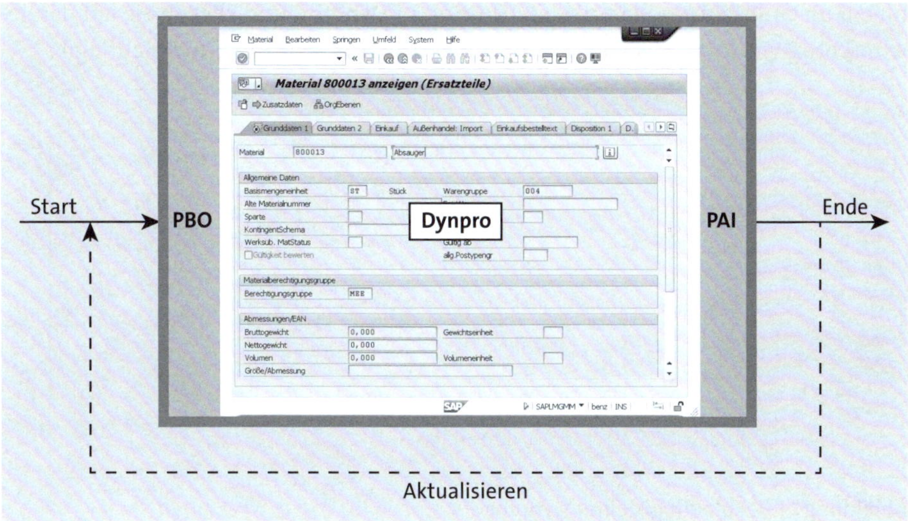

Abbildung 14.8 Verarbeitung vor und nach der Anzeige des Dynpros

Beide Verarbeitungsblöcke werden also genutzt, um Daten für das Dynpro aufzubereiten und auf Benutzereingaben zu reagieren. Ich zeige Ihnen hier zuerst das PBO-Modul und wie Sie dieses anlegen können. Insbesondere soll dafür gesorgt werden, dass der Benutzer Buttons zum Verlassen des Dynpros zur Auswahl hat. In der anschließenden Betrachtung der PAI-Moduls zeige ich Ihnen, wie Sie auf diese Buttons reagieren und das Dynpro wieder verlassen können.

14.2.1 Process Before Output (PBO)

Das PBO-Modul wird immer ausgeführt, bevor die Anzeige (neu) aufgebaut wird. Die Hauptaufgabe des PBOs ist es, die Statusleiste (mit den definierten Funktionscodes) sowie den Titel des Programms zu setzen.

Beispiel

Listing 14.1 zeigt das PBO-Modul für das Dynpro 2000. Hier werden die Funktionsleiste und der Titel des Dynpros gesetzt.

```
MODULE status_2000.
  SET PF-STATUS 'S2000'.
  SET TITLEBAR 'T2000'.
ENDMODULE.
```

Listing 14.1 Titel und Status im PBO setzen

14.2.2 PBO-/PAI-Module anlegen

Die Ablauflogik eines Dynpros können Sie wie in Abbildung 14.9 einsehen. Öffnen Sie hierzu im Ordner Ihres Reports den Unterorder **Dynpros**, und klicken Sie auf das gewünschte Dynpro. Wechseln Sie anschließend auf die Registerkarte **Ablauflogik**.

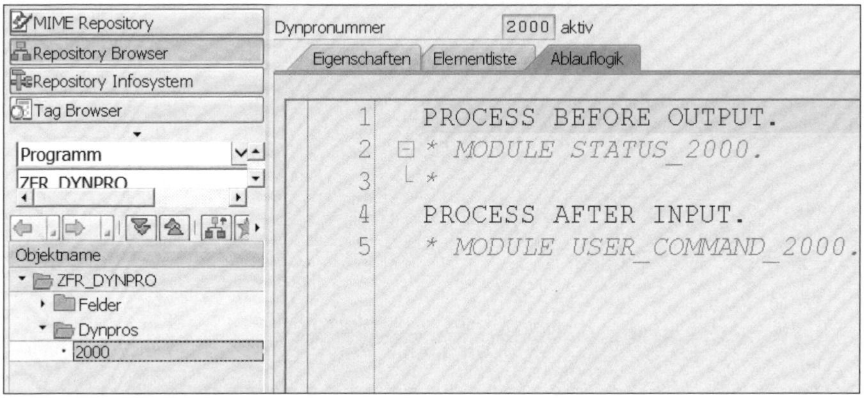

Abbildung 14.9 Ablauflogik eines Dynpros

Unter den beiden Ereignisblöcken PROCESS BEFORE OUTPUT und PROCESS AFTER INPUT können Sie keinen normalen ABAP-Code einfügen, sondern Sie müssen sich die Module zunutze machen. SAP hat bereits zwei auskommentierte Zeilen für die Module eingefügt:

- für PBO den Aufruf des Moduls STATUS_2000
- für PAI den Aufruf des Moduls USER_COMMAND_2000

2000 bezieht sich hier jeweils auf Ihre Dynpro-Nummer. Es empfiehlt sich, bei beiden Zeilen die Kommentarzeichen zu entfernen und die Module durch einen Doppelklick auf ihren Namen im Quellcode anzulegen (siehe Abbildung 14.10). Bestätigen Sie die Frage, ob das Modul angelegt werden soll, dazu jeweils mit **Ja**.

Abbildung 14.10 Anlage einer Komponente

Im in Abbildung 14.11 dargestellten Fenster können Sie für die PAI-/PBO-Module ein neues Include anlegen. Häufig werden Sie PAI- und PBO-Module im selben Include wiederfinden. Markieren Sie die erste Zeile, und ändern Sie den Namen des Includes wie gewünscht. Bestätigen Sie Ihre Eingabe anschließend mit einem Klick auf das grüne Häkchen (✔).

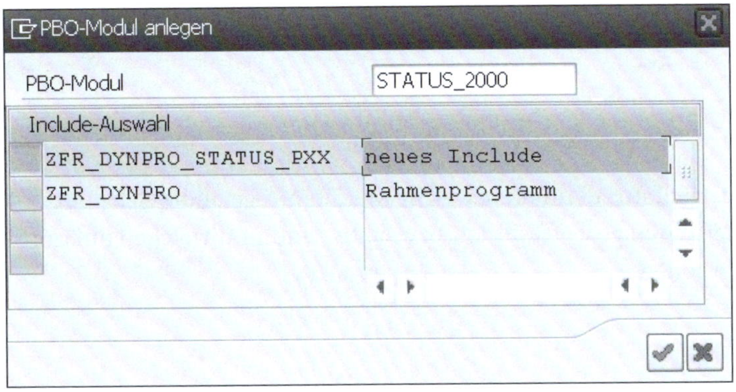

Abbildung 14.11 Auswahl der Platzierung

14

Häufig wird das Include wie das Programm genannt, gefolgt von dem Suffix _PXX. Dadurch ist erkenntlich, dass sich in diesem Include die Ablauflogik des Dynpros befindet.

Es wurden nun ein Include sowie das Modul STATUS_2000 angelegt. Wiederholen Sie die Anlage für das Modul USER_COMMAND_2000. Wählen Sie hier allerdings Ihr bereits angelegtes Include aus. Innerhalb der Module haben Sie jetzt die Möglichkeit, ABAP-Code zu programmieren (siehe Abbildung 14.12).

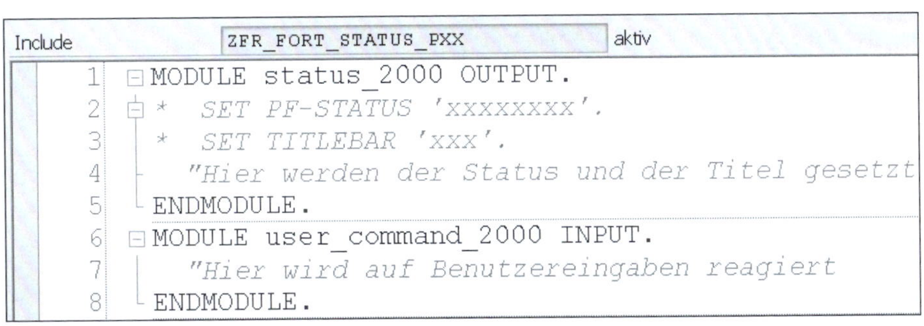

Abbildung 14.12 Angelegte Module

14.2.3 GUI-Status

Ein *GUI-Status* fasst die Menüleiste ❶, Funktionstastenleiste ❷ und die Funktionsleiste, im SAP-System *Drucktastenleiste* genannt ❸ (siehe jeweils Abbildung 14.13), für ein Dynpro zusammen und stellt eine Funktionstastenbelegung bereit. Das heißt, jedem Button wird ein Funktionscode zugeordnet.

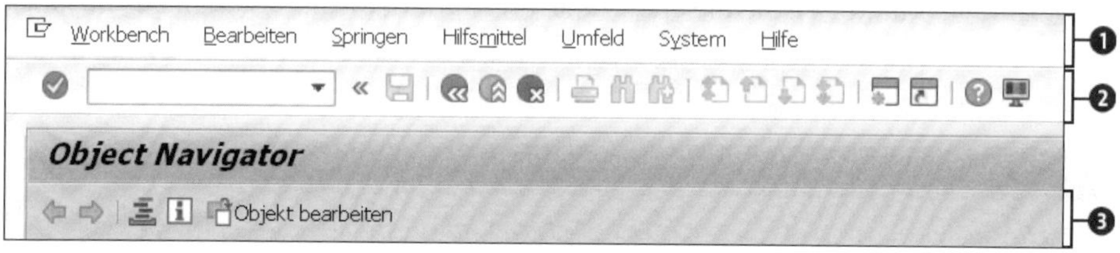

Abbildung 14.13 Der GUI-Status und seine Bestandteile

Sie können also im GUI-Status definieren, welche Menüeinträge und welche Buttons in den jeweiligen Leisten angezeigt werden bzw. aktiv sind und welche Funktionscodes diese auslösen sollen.

GUI-Status anlegen

Einen Status können Sie wie folgt anlegen:

1. Klicken Sie in Transaktion SE80 mit der rechten Maustaste auf den Ordner Ihres Reports in der Objektliste, und wählen Sie **Anlegen • GUI-Status** im Kontextmenü.
2. Im folgenden Fenster müssen Sie lediglich einen Namen und einen **Kurztext** für den GUI-Status angeben. Für den Namen des Status empfiehlt sich ein »S«, gefolgt von der Nummer des Dynpros (z. B. S2000, siehe Abbildung 14.14). Dies hilft Ihnen später – gerade wenn Sie mehrere Dynpros in Ihrem Programm definiert haben – dabei, einen Status einem Dynpro zuzuordnen.

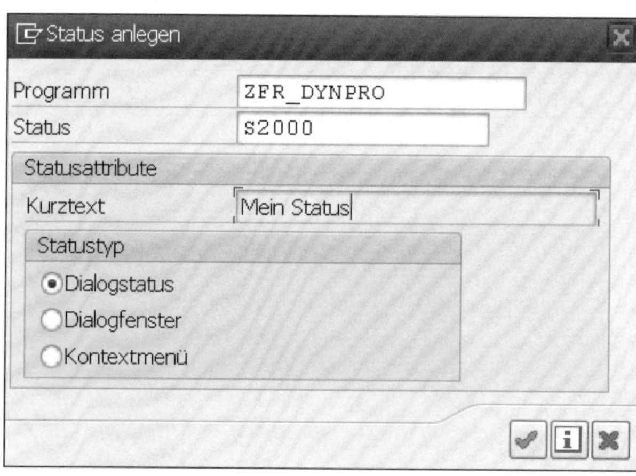

Abbildung 14.14 GUI- Status anlegen

3. Bestätigen Sie Ihre Eingaben anschließend mit einem Klick auf das grüne Häkchen ().

4. Es öffnet sich eine neue Oberfläche mit drei wichtigen Bereichen, die in Abbildung 14.13 markiert waren:
   - **Menüleiste**
   - **Drucktastenleiste**
   - **Funktionstasten**

   Diesen Bereichen können Sie nun Elemente wie Buttons zuordnen und diese mit einem Funktionscode versehen.
5. Was Sie immer ausprägen sollten, sind die Navigations-Buttons (wegen ihrer Farbe auch *Ampel-Buttons* genannt), die Sie, wie in Abbildung 14.15 gezeigt, im Bereich **Funktionstasten** finden. Damit erlauben Sie Ihren Anwendern, Ihr Programm zu verlassen.

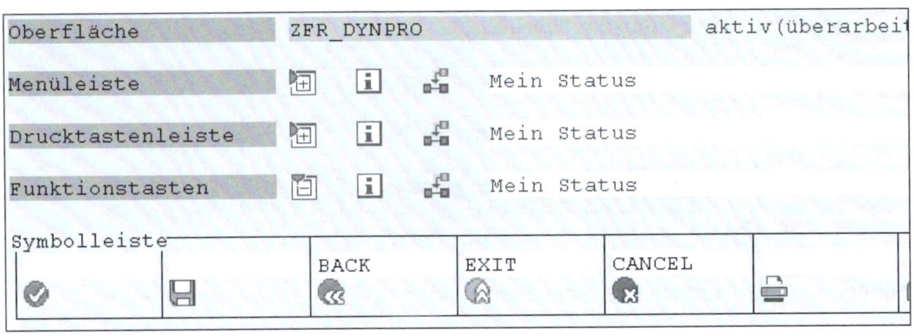

Abbildung 14.15 Ampel-Buttons (grün, gelb, rot) definieren

   Öffnen Sie dazu den Bereich **Funktionstasten**, indem Sie auf den Button **Expandieren** () klicken, der sich rechts neben dem Namen des Bereichs befindet.
6. Tragen Sie dort unter den drei Symbolen für **Zurück** (), **Beenden** () und **Abbrechen** () jeweils einen Funktionscode ein. Ein Funktionscode kann auch mehrfach in der Funktionsleiste verwendet werden. Merken Sie sich diese Funktionscodes für die Abfrage im PAI-Modul.
7. Aktivieren () Sie Ihren GUI-Status anschließend.

GUI-Status setzen

Einen Status können Sie in einem PBO-Modul über die Anweisung `SET PF-STATUS` setzen. Geben Sie dazu nach der Anweisung den Namen Ihres GUI-Status an. Sie haben darüber hinaus die Möglichkeit, über den Zusatz `OF PROGRAM` den GUI-Status eines anderen Programms zu nutzen und über den Zusatz `EXCLUDING` unter Angabe des Funktionscodes bestimmte Funktionen eines GUI-Status zu deaktivieren.

Die Reaktion auf die einzelnen im GUI-Status definierten Funktionscodes erfolgt im PAI-Modul zu einem späteren Zeitpunkt.

Syntax

```
SET PF-STATUS 'GUISTATUSNAME' [OF PROGRAM programm]
                              [EXLUDING funktionscode].
```

Beispiel

```
MODULE status_2000 OUTPUT.
  SET PF-STATUS 'S2000'.
ENDMODULE.
```

14.2.4 GUI-Titel

Ein *GUI-Titel* ist der in Abbildung 14.16 markierte Titel eines Dynpros. Pro Dynpro kann genau ein Titel angezeigt werden.

Abbildung 14.16 Der GUI-Titel eines Dynpros

Im Folgenden zeige ich, wie Sie einen GUI-Titel anlegen und setzen können. Zusätzlich erkläre ich, wie Sie den Titel oder Bestandteile des Titels zur Laufzeit dynamisch setzen können.

GUI-Titel anlegen

Einen GUI-Titel können Sie ähnlich wie den GUI-Status über die Objektliste in Transaktion SE80 anlegen. Klicken Sie dazu mit der rechten Maustaste auf den Ordner Ihres Reports, und wählen Sie **Anlegen • GUI-Titel** im Kontextmenü.

Im folgenden Fenster müssen Sie lediglich einen technischen Namen für den Titel und den Text für den Titel eingeben. Auch hier empfiehlt es sich, für den technischen Namen ein »T«, gefolgt von der Nummer des Dynpros, zu wählen (z. B. T2000). Bestätigen Sie anschließend die Anlage mit einem Klick auf das grüne Häkchen ().

GUI-Titel setzen

Einen GUI-Titel können Sie über die Anweisung SET TITLEBAR setzen. Geben Sie dazu nach der Anweisung den technischen Namen Ihres Titels an. Sie haben darüber hinaus die Möglichkeit, über den Zusatz OF PROGRAM den Titel eines anderen Programms zu nutzen.

Über den Zusatz `WITH` können Sie Platzhalter im Titeltext durch den Inhalt von `text1` bis `text9` ersetzen. Wie Sie Platzhalter innerhalb eines Titels definieren, ist im folgenden Abschnitt beschrieben.

Syntax

```
SET TITLEBAR 'GUITitlename' [OF PROGRAM] [WITH text1 ... text9].
```

Beispiel

Listing 14.2 definiert den GUI-Titel.

```
MODULE status_2000 OUTPUT.
  SET PF-STATUS 'S2000'. "Status
  SET TITLEBAR 'T2000'.  "Titel
ENDMODULE.
```

Listing 14.2 GUI-Titel setzen

Platzhalter für GUI-Titel

14

Innerhalb des Titels können Sie, wie in Abbildung 14.17 gezeigt, als Platzhalter das kaufmännische Und (&) einfügen. Sie können dabei mehrere Platzhalter von 1 bis 9 durchnummerieren, müssen dies aber nicht. Bei der Ersetzung werden allerdings zuerst die nummerierten Platzhalter verarbeitet, erst dann alle nicht nummerierten.

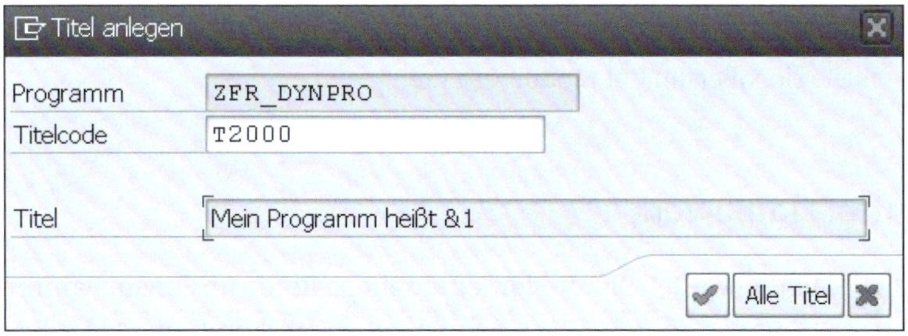

Abbildung 14.17 Platzhalter bei der Anlage eines Titels definieren

Beim Setzen des Titels mit der Anweisung `SET TITLEBAR` können die Texte über den Zusatz `WITH` entsprechend mitgegeben werden.

14.2.5 Process After Input (PAI)

Das PAI-Modul wird immer ausgeführt, nachdem der Benutzer eine Eingabe auf dem Bildschirm getätigt hat, und ist dafür gedacht, auf die im Status definierten Funktionscodes zu reagieren. Der ausgelöste Funktionscode steht im Systemfeld `sy-ucomm`.

Zwei wichtige Anweisungen in diesem Zusammenhang sind:

- LEAVE PROGRAM
  Beendet das aktuelle Programm komplett.
- LEAVE TO SCREEN 0
  Geht zum Selektionsbildschirm zurück. Falls dieser nicht vorhanden ist, wird das Programm beendet.

Beispiel

Beim Funktionscode EXIT wird in Listing 14.3 das Programm direkt verlassen, während die Anwendung beim Funktionscode BACK zum Selektionsbildschirm zurückkehrt. Wird dagegen der Funktionscode BTN_SPEICHERN ausgelöst, wird ein Unterprogramm zum Speichern aufgerufen.

```
MODULE user_command_2000 INPUT.
  CASE sy-ucomm.
    WHEN 'BACK'.
      LEAVE TO SCREEN 0.
    WHEN 'EXIT'.
      LEAVE PROGRAM.
    WHEN 'BTN_SPEICHERN'.
      PERFORM speichern.
  ENDCASE.
ENDMODULE.
```

Listing 14.3 Auf Benutzereingaben im PAI-Modul reagieren

14.3 SAP Control Framework

In vielen SAP-Transaktionen werden Sie UI-Elemente sehen, die Sie im Screen Painter so nicht vorfinden und anlegen können. Dazu gehört z. B. der in Abbildung 14.18 dargestellte Text-Editor zur Eingabe von Fließtexten.

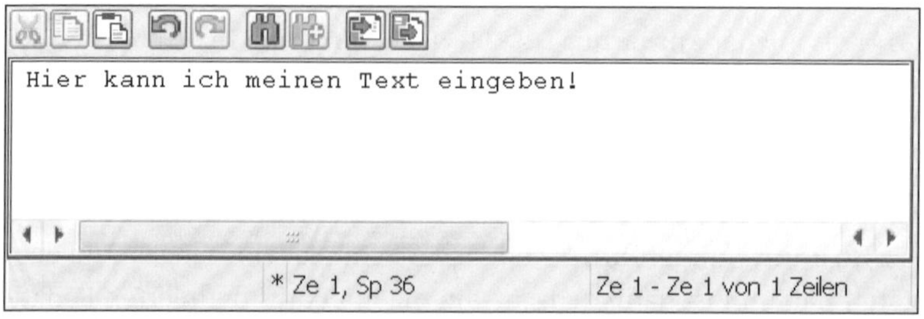

Abbildung 14.18 Ein Text-Editor

Das liegt daran, dass diese UI-Elemente über das SAP Control Framework mit der Klasse CL_GUI_CONTROL bereitgestellt werden und mit ABAP instanziiert und ausprogrammiert werden müssen.

Ein solches Control wird immer von einem *Container* getragen, der vom Typ der Klasse CL_GUI_CONTAINER oder deren Unterklassen ist. Dieser Container definiert, in welchem Bereich das Control auf der Oberfläche angezeigt werden soll. Die Klasse stellt dazu verschiedene Arten von Containern bereit: Container, die eine feste Größe haben, aber auch sogenannte *Docking-Container*, mit denen Sie Bereiche des Dynpros größer oder kleiner ziehen können (siehe Abbildung 14.19).

Aber auch der Container muss von einem Dynpro getragen werden. Dies kann entweder das gesamte Dynpro oder ein Teilbereich sein, in letzterem Fall wird ein *Custom Control* verwendet. Das **Custom Control** () hatte ich Ihnen bereits als UI-Element des Screen Painters vorgestellt (siehe Abschnitt 14.1.1, »Dynpro gestalten«). Dieses Control wird als Bereich auf dem Dynpro angelegt und anschließend programmatisch angesprochen und wiederverwendet.

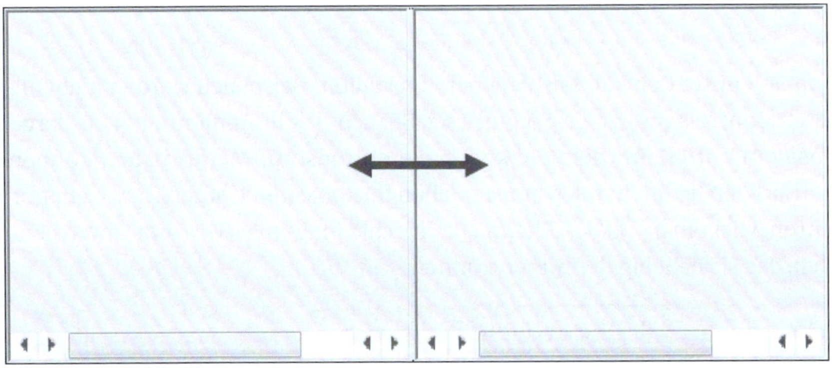

Abbildung 14.19 Ein Docking-Container

Im folgenden Beispiel in Listing 14.4 finden Sie den Quellcode zum Einfügen des Text-Editors aus Abbildung 14.18. Der Text-Editor wird mithilfe der Klasse CL_GUI_TEXTEDIT (einer Unterklasse von CL_GUI_CONTROL) erzeugt und anschließend einem Container zugewiesen, der sich auf ein Custom Control (mit dem Namen CCONTROL) auf einem Dynpro bezieht.

```
DATA: lo_text_editor TYPE REF TO cl_gui_textedit.
DATA: lo_ccontrol    TYPE REF TO cl_gui_custom_container.
  CREATE OBJECT lo_ccontrol
    EXPORTING
      parent = cl_gui_container=>screen1 "wenn als Pop-up-Fenster
      container_name = 'CCONTROL'.
```

```
CREATE OBJECT lo_text_editor
  EXPORTING
    parent = lo_ccontrol.
```

Listing 14.4 Erzeugung eines Text-Editors in einem Container

Wie Sie das in Listing 14.4 verwendete Custom Control `CCONTROL` auf einem Dynpro anlegen können, beschreibe ich im folgenden Abschnitt 14.3.1, »Custom Control anlegen«. Eine Übersicht über die verfügbaren Controls erhalten Sie, wenn Sie innerhalb des SAP GUI im Hauptmenü dem Pfad **Umfeld • Beispiele • Control-Beispiele** folgen.

Den Quelltext zu jedem Control können Sie sich über die Funktionsleiste über den Button **Quelltext** anzeigen lassen. Die dort angegebenen Beispiele sind sehr umfangreich und dadurch nicht immer hilfreich. Suchen Sie hier gezielt nach der Instanziierung der Klassen mit der Anweisung `CREATE OBJECT`. Denn wie Sie in Listing 14.4 sehen können, ist die Verwendung der Controls gar nicht so kompliziert: Erstellen Sie eine Instanz von der Klasse des Controls, und versorgen Sie die vom Konstruktor angegebenen Pflichtparameter. Dabei wird immer ein bereits instanziierter Container gefordert sein.

In den von SAP unter **Control-Beispiele** bereitgestellten Beispielen werden nicht alle verfügbaren Controls angezeigt. So gibt es z. B. auch das in Abbildung 14.20 dargestellte *Toolbar Control*, mit dem Sie komplexe Buttons mit Menüs bauen können. Klickt man auf den linken Bereich eines solchen Buttons, funktioniert er wie ein normaler Button, klickt man auf den kleinen Pfeil rechts im Button, wird ein Untermenü aufgerufen, das Sie beliebig definieren können.

Abbildung 14.20 Menü-Button mit einem Untermenü

In Tabelle 14.2 finden Sie die wichtigsten Controls des SAP Control Frameworks mit den zugehörigen Klassen.

Control	Klasse
Bild	`CL_GUI_IMAGE`
Toolbar	`CL_GUI_TOOLBAR`
HTML-Browser (Anzeige/Editor)	▪ `CL_GUI_HTML_VIEWER` ▪ `CL_GUI_HTML_EDITOR`

Tabelle 14.2 Die wichtigsten Controls und ihre Klassen

Control	Klasse
Textedit	CL_GUI_TEXTEDIT
Kalender	CL_GUI_CALENDAR

Tabelle 14.2 Die wichtigsten Controls und ihre Klassen (Forts.)

Darüber hinaus werden aber speziell auch die neuen ALV-Konstrukte für die tabellenartige Anzeige unterstützt. Diese erläutere ich in Kapitel 19, »Tabellenanzeige mit dem SAP List Viewer (ALV)«. Dort finden Sie in Abschnitt 19.4, »Mehrere ALV-Tabellen auf einer Oberfläche«, auch ein Beispiel, wie Sie die Anzeige von mehr als einer ALV-Tabelle mithilfe eines größenverstellbaren Containers umsetzen können (eines Docking-Containers). In jedem Bereich dieses in Abbildung 14.19 gezeigten Containers wird dabei eine Tabellenanzeige eingefügt. Der Benutzer kann dann den mittleren Balken mit festgehaltener Maustaste verschieben und so einen Bereich größer oder kleiner ziehen.

14.3.1 Custom Control anlegen

Um auf einem Dynpro ein Control in einem bestimmten Bereich anzeigen zu lassen, wird ein Custom Control benötigt, das später einem Container zugewiesen wird. Dieses Control können Sie im Screen Painter auf einem Dynpro definieren:

1. Legen Sie dazu ein neues Dynpro an (siehe Abschnitt 14.1), und wechseln Sie anschließend über den Button **Layout** in den Screen Painter.

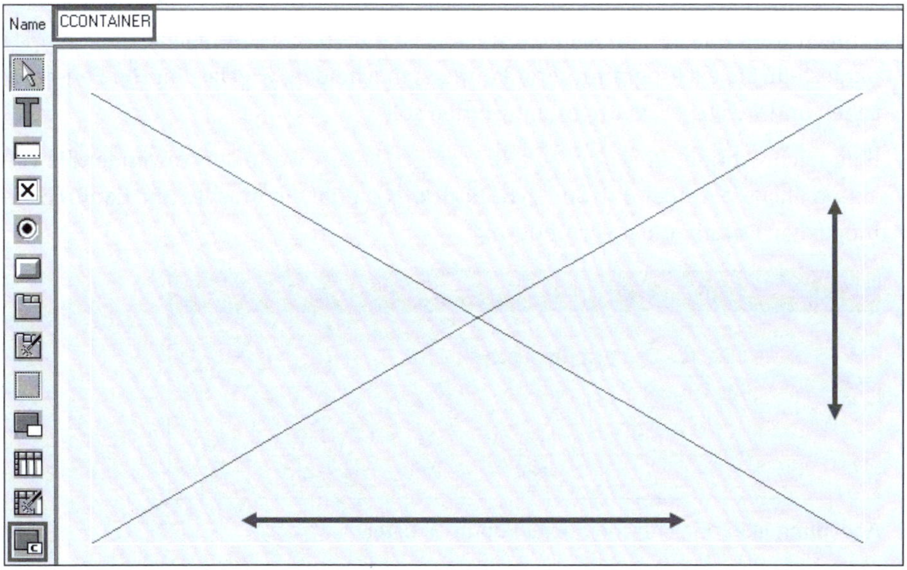

Abbildung 14.21 Anlegen eines Custom Controls

2. Klicken Sie dort auf **Custom Control** (, siehe Abbildung 14.21), und platzieren Sie anschließend das Control in der gewünschten Größe auf der Oberfläche. Die von Ihnen vorgegebene Größe definiert dabei den Bereich, in dem das Control angezeigt wird.
3. Vergeben Sie einen eindeutigen Namen (z. B. CCONTAINER) für das Custom Control. Diesen Namen werden Sie später benötigen, um im ABAP-Code einen Container zu erzeugen und dem Custom Control zuzuweisen.
4. Gehen Sie anschließend zurück () in Transaktion SE80, und aktivieren () Sie Ihr Dynpro. Nun können Sie darin beispielsweise einen Text-Editor wie in Listing 14.4 implementieren.

14.4 Pop-up-Fenster

Wenn Sie dem Anwender komplexere Nachrichten schicken oder nach Werten fragen wollen, brauchen Sie in den meisten Fällen kein eigenes Dynpro zu bauen, sondern können ein Pop-up-Fenster verwenden, für das mehrere Funktionsbausteine bereitstehen. In diesem Kapitel zeige ich Ihnen die drei am häufigsten gebrauchten: Entscheidungen, Textanzeigen und Werteabfragen. Zusätzlich finden Sie in Anhang G, »Nützliche Funktionsbausteine«, weitere Funktionsbausteine und Methoden für die Erzeugung von Pop-up-Fenstern.

14.4.1 Entscheidungen

Mit dem Funktionsbaustein POPUP_TO_CONFIRM können Sie den Anwender Entscheidungen treffen lassen. In Abbildung 14.22 ist eine solche Abfrage als Ja-/Nein-Frage dargestellt. Sie als Programmierer können entscheiden, wie das Pop-up-Fenster aussehen und welcher Text angezeigt werden soll.

Eine solche Abfrage könnten Sie z. B. anzeigen lassen, wenn der Anwender die Transaktion über die Ampel-Buttons (z. B. **Zurück**,) verlassen möchte und dadurch einen möglichen Datenverlust verhindern.

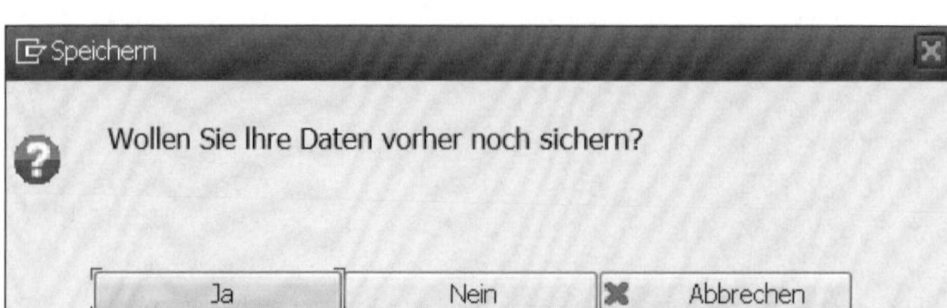

Abbildung 14.22 Ein Entscheidungs-Pop-up-Fenster

Die Überschrift des Pop-up-Fensters ist im Funktionsbaustein mit dem Parameter TITLEBAR frei wählbar. Den Text der Abfrage können Sie über den Parameter TEXT_QUESTION und die Texte der Buttons über die Parameter TEXT_BUTTON1 und TEXT_BUTTON2 definieren. Die Auswahl des Benutzers wird über den Parameter ANSWER zurückgegeben. Der erste Button ist mit dem Wert 1, der zweite Button mit dem Wert 2 belegt. Klickt der Anwender auf den dritten Button (**Abbrechen**) oder das Fensterkreuz, wird der Wert »A« für *Abort* zurückgegeben. Fragen Sie diesen Wert entsprechend nach dem Aufruf des Funktionsbausteins ab.

Beispiel

Listing 14.5 zeigt die Umsetzung des Beispiels aus Abbildung 14.22.

```
DATA: lv_answer TYPE string.
CALL FUNCTION 'POPUP_TO_CONFIRM'
  EXPORTING
    titlebar      = 'Speichern'
    text_question = 'Wollen Sie Ihre Daten vorher noch sichern?'(003)
    text_button_1 = 'Ja'(001)
    text_button_2 = 'Nein'(002)
  IMPORTING
    answer        = lv_answer.
IF lv_answer = '1'.     "Ja
ELSEIF lv_answer = '2'. "Nein
ENDIF.
```

Listing 14.5 Definition eines Entscheidungs-Pop-up-Fensters

14.4.2 Textanzeige

Über den Funktionsbaustein DD_POPUP_WITH_INFOTEXT können Sie Texte, die länger als eine Zeile sind, im Gegensatz zu den mit der Anweisung MESSAGE definierten Texten als Pop-up-Fenster darstellen. In Abbildung 14.23 ist ein dreizeiliger Text dargestellt. Ein solches Pop-up-Fenster können Sie z. B. verwenden, um dem Anwender Fehler in der Verarbeitung anzuzeigen.

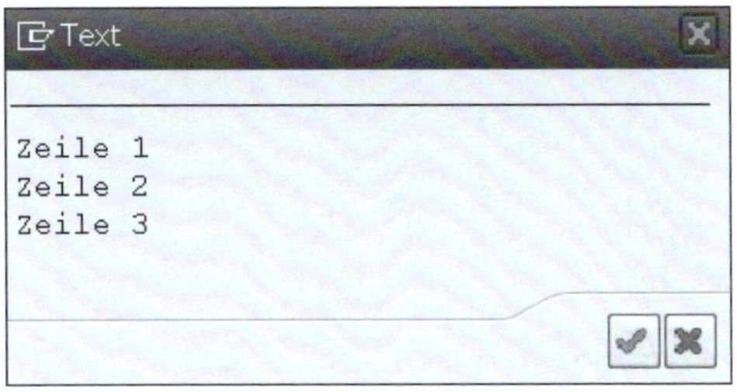

Abbildung 14.23 Ein Textanzeige-Pop-up-Fenster

Die Überschrift des Pop-up-Fensters ist im Funktionsbaustein über den Parameter TITEL frei wählbar. Der Text wird als interne Tabelle vom Typ POPUPTEXT dem Parameter LINES übergeben. Zusätzlich können Sie über die Parameter START/END_COLUMN und START/END_ROW die Position des Pop-up-Fensters bestimmen.

Beispiel

Listing 14.6 zeigt die Umsetzung des Pop-up-Fensters aus Abbildung 14.23.

```
DATA: lv_titel TYPE text40,
      ls_text  TYPE popuptext,
      lt_text  TYPE TABLE OF popuptext.
ls_text-text = 'Zeile 1'.
APPEND ls_text TO lt_text.
ls_text-text = 'Zeile 2'.
APPEND ls_text TO lt_text.
CALL FUNCTION 'DD_POPUP_WITH_INFOTEXT'
  EXPORTING
    titel        = 'Text'
    start_column = 10
    start_row    = 10
    end_column   = 45
    end_row      = 14
  TABLES
    lines        = lt_text.
```

Listing 14.6 Definition eines Textanzeige-Pop-up-Fensters

14.4.3 Werteabfrage

Die Werteabfrage über den Funktionsbaustein POPUP_GET_VALUES ist immer dann hilfreich, wenn die Selektionsmaske bereits ausgeführt wurde und Sie den Anwender nach weiteren Selektionswerten fragen wollen. In Abbildung 14.24 finden Sie eine beispielhafte Abfrage von zwei Werten vor.

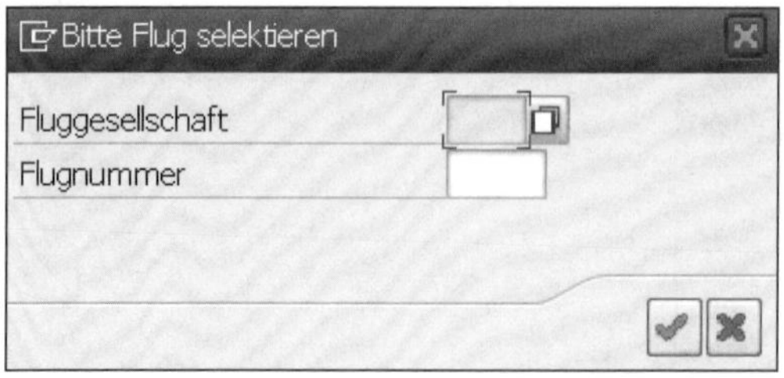

Abbildung 14.24 Ein Pop-up-Fenster zur Werteabfrage

Die Überschrift des Fensters können Sie im Funktionsbaustein über den Parameter POPUP_TITLE definieren. Die anzuzeigenden Felder werden über eine interne Tabelle vom Typ SVAL dem Parameter FIELDS übergeben. Sie werden in der Tabelle über die Angabe einer Datenbanktabelle im Feld TABNAME und FIELDNAME spezifiziert. Über das Feld FIELD_OBL können Sie bestimmen, ob das Ausfüllen des abgefragten Feldes obligatorisch ist, es also ein Pflichtfeld sein soll. Wenn Sie ein Pflichtfeld setzen, müssen Sie die anderen Felder (falls diese keine Pflichtfelder sein sollen) explizit wieder über den Wert ABAP_FALSE als fakultativ, also wahlfrei setzen. Die vom Benutzer eingetragenen Werte können Sie anschließend ebenfalls aus der Tabelle des Parameters FIELDS aus der Spalte VALUE auslesen.

Beispiel

Listing 14.7 zeigt den Code zum Pop-up-Fenster aus Abbildung 14.24.

```
DATA: lt_fields  TYPE TABLE OF sval,
      ls_fields  LIKE LINE OF lt_fields,
      lv_retcode TYPE char1.
ls_fields-tabname = 'SFLIGHT'.
ls_fields-fieldname = 'CARRID'.
ls_fields-field_obl = abap_true.
APPEND ls_fields TO lt_fields.
ls_fields-tabname = 'SFLIGHT'.
ls_fields-fieldname = 'CONNID'.
ls_fields-field_obl = abap_false.
APPEND ls_fields TO lt_fields.
CALL FUNCTION 'POPUP_GET_VALUES'
  EXPORTING
    popup_title     = 'Bitte Flug selektieren'
  IMPORTING
    returncode      = lv_retcode
  TABLES
    fields          = lt_fields
  EXCEPTIONS
    error_in_fields = 1
    OTHERS          = 2.
READ TABLE lt_fields WITH KEY fieldname = 'CARRID'
  INTO ls_fields.
WRITE: / ls_fields-value.
READ TABLE lt_fields WITH KEY fieldname = 'CONNID'
  INTO ls_fields.
WRITE: / ls_fields-value.
```

Listing 14.7 Definition eines Werte-Pop-up-Fensters

TEIL III

Techniken zur Qualitätssicherung

Kapitel 15
Tests und Qualitätskontrolle

Ein Programm funktioniert nicht, und Sie wollen herausfinden, warum? Sie wollen sicherstellen, dass sich in Ihrem Programm keine Fehler eingeschlichen haben? Dann ist dieses Kapitel genau das richtige für Sie. Hier erfahren Sie alles über den Debugger und die in das SAP-System integrierte Testumgebung.

In diesem Kapitel zeige ich Ihnen, wie Sie mithilfe von Standardwerkzeugen Programme testen und Fehler analysieren und wie Sie selbst geschriebene Programme einer Qualitätskontrolle unterziehen können. Dazu stellt Ihnen das System neben der klassischen Syntaxüberprüfung im ABAP Editor mehrere weitere nützliche Werkzeuge bereit:

- den ABAP Debugger (siehe Abschnitt 15.1) und als Spezialwerkzeug zur Automatisierung des Debugging-Prozesses das Debugging-Skript (siehe Abschnitt 15.2)
- den Code Inspector (siehe Abschnitt 15.3)
- ABAP Unit (siehe Abschnitt 15.4)
- das ABAP Test Cockpit (ATC, siehe Abschnitt 15.5)

15.1 Der ABAP Debugger

Die integrierte ABAP Workbench, die ich Ihnen in Kapitel 1 vorgestellt habe, gibt Ihnen als Entwickler mit dem ABAP Debugger ein mächtiges Werkzeug an die Hand, um Programme zur Laufzeit zu analysieren. In diesem Abschnitt stelle ich Ihnen die wichtigsten Funktionen vor, die Ihnen im täglichen Kampf gegen Fehler von großem Nutzen sein werden.

Als Grundlage zeige ich zunächst, wie Sie den neuen Debugger aktivieren und mithilfe von Breakpoints starten können, wie die Oberfläche aussieht und welche Werkzeuge Ihnen zur Verfügung stehen, wie Sie sich innerhalb des Debuggers bewegen und Datenobjekte analysieren, ändern und vergleichen können und schließlich wie Sie herausfinden, in welchen Tiefen des Programmcodes Sie sich gerade befinden.

Als Tipps und Tricks zeige ich Ihnen, wie Sie ein Pop-up-Fenster debuggen und wie Sie interne Tabellen im- und exportieren können, um sinnvolle Testdaten bereitzustellen.

Schließlich lernen Sie noch einige fortgeschrittene Techniken: das Anlegen von Debugger-Breakpoints bzw. Watchpoints zur Überwachung von Variablen und die Analyse von Ausnahmen.

15.1.1 Den neuen ABAP Debugger aktivieren

Den neuen ABAP Debugger können Sie im ABAP Editor aktivieren. Wählen Sie dazu **Hilfsmittel • Einstellungen** im Hauptmenü. Wechseln Sie anschließend auf die Registerkarte **ABAP Editor** und dort auf die Registerkarte **Debugging**. Wählen Sie hier im Bereich **ABAP Debugger** die Einstellung **Neuer Debugger** aus, und bestätigen Sie Ihre Auswahl mit einem Klick auf das grüne Häkchen ().

15.1.2 Den Debugger starten und beenden

Um den Debugger zu starten, haben Sie mehrere Möglichkeiten:

- einen Breakpoint in einem Programm setzen und es anschließend ausführen
- den Systembefehl /h eingeben und anschließend eine Aktion ausführen

Im Anschluss können Sie den Debugger wieder über den Button **Weiter** () in der Funktionsleiste verlassen.

[!]

Schwierigkeiten beim Verlassen des Debuggers

Nicht immer schließt sich der Debugger gleich beim Verlassen, sondern wartet darauf, dass das Programm, das Sie debuggt haben, ebenfalls beendet wird. Sollte der Debugger »hängen«, also keine Rückmeldung geben, wechseln Sie das Fenster, und schließen Sie Ihr anderes Programm über den Zurück-Button ().

Wenn wirklich gar nichts mehr geht, können Sie in der obersten linken Ecke am Rand Ihres Bildschirms auf gehen und anschließend auf **Transaktion abbrechen** klicken. Dies sollte in der Regel aber nicht vonnöten sein.

Wie Sie den Debugger generell steuern können, ist in Abschnitt 15.1.5 beschrieben.

Debugger durch Setzen eines Breakpoints starten

Es gibt drei Arten von Breakpoints, von denen Sie die ersten beiden außerhalb des Debuggers setzen können:

- Session-Breakpoints ()
- externe Breakpoints ()
- Debugger-Breakpoints (können nur direkt im Debugger gesetzt werden)

Die ersten beiden Arten von Breakpoints können Sie, wie in Abbildung 15.1 markiert, innerhalb der Quellcodeanzeige im ABAP Editor entweder über die Funktionsleiste (oder) oder über die Steuerungsspalte links neben dem Quellcode setzen. Klicken Sie für letztere Vorgehensweise mit der rechten Maustaste auf die Steuerungsspalte neben der Zeile, für die Sie den Breakpoint setzen möchten, und wählen Sie **Session Breakpoint setzen** bzw. **Externen Breakpoint setzen** im Kontextmenü aus. Klicken Sie einfach auf die Steuerungsspalte, wird immer automatisch ein Session-Breakpoint angelegt. Ihr Programmcode muss beim Setzen von Breakpoints immer aktiviert sein.

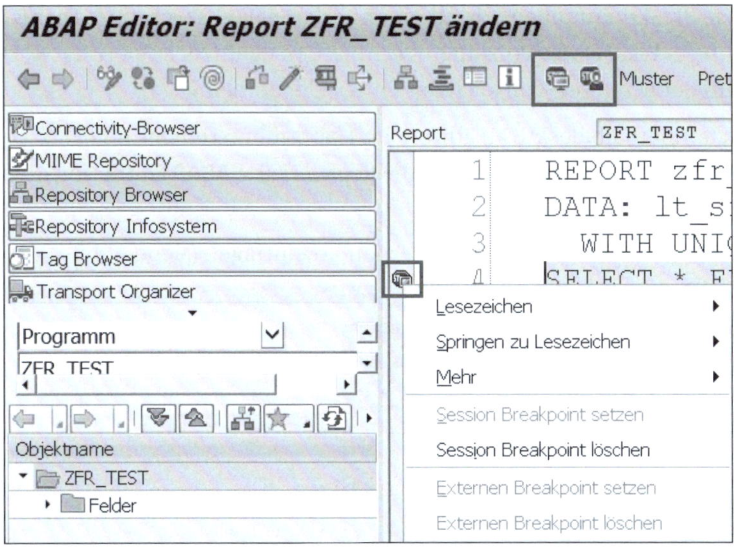

Abbildung 15.1 Anlage von Breakpoints

Session-Breakpoints

Session-Breakpoints sind unabhängig vom Debugger aktiv und gelten für alle Sitzungen (auch *Modi* genannt) einer Anmeldung. Wenn Sie sich also abmelden, verfallen Ihre gesetzten Breakpoints.

Session-Breakpoints können neben dem Weg über die Funktionsleiste () oder die Steuerungsspalte links neben dem Quellcode auch mithilfe der folgenden ABAP-Anweisungen angelegt werden:

```
BREAK-POINT.
BREAK uname.
```

Diese sollten Sie nur für Testzwecke verwenden. Ohne Angabe eines Benutzernamens für `uname` sind so angelegte Breakpoints immer aktiv (und gelten für alle Benutzer). Passen Sie hier auf, denn ein während der Arbeit mit dem SAP-System plötzlich startender Debugger kommt für manchen Anwender einer Nahtoderfahrung nahe.

Externe Breakpoints

Externe Breakpoints, auch *User-Breakpoints* genannt, gelten für alle Anmeldungen eines Benutzers auf dem Server des aktuellen Systems (und nicht nur für die Anmeldung über das SAP GUI). Wenn Sie z. B. eine Anwendung im Browser testen wollen, melden Sie sich auch dort über dem Webserver am System an. Damit hier ein Breakpoint wirken kann, brauchen Sie einen externen Breakpoint, normale Session-Breakpoints reichen hier nicht aus. Dies betrifft alle Anfragen von außen, z. B. über Remote Function Calls (RFCs), Webservices, Web-Dynpro-Anwendungen und SAP-Fiori-Anwendungen oder OData-Services.

Sie können externe Breakpoints ebenfalls für einen anderen Benutzer setzen. Dies ist z. B. hilfreich, wenn ein Webservice von einem technischen Benutzer aufgerufen wird und nicht von dem Benutzer, mit dem sich der Entwickler anmeldet.

1. Wählen Sie dazu innerhalb des ABAP Editors im Hauptmenü **Hilfsmittel • Einstellungen**, und wechseln Sie anschließend auf die Registerkarte **ABAP Editor** und dort auf die Registerkarte **Debugging**.
2. Dort können Sie nun einen anderen Benutzernamen eintragen (siehe Abbildung 15.2).

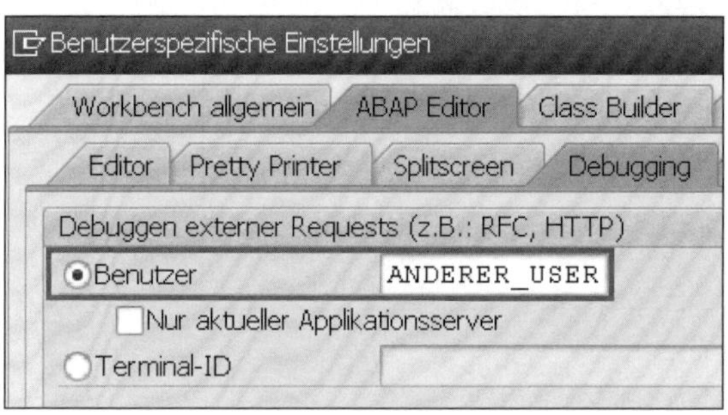

Abbildung 15.2 Externen Breakpoint für einen anderen Benutzer setzen

3. Wenn Sie die Eingabe bestätigen ( ) und das nächste Mal einen externen Breakpoint anlegen, wird dieser für denselben Benutzer registriert. Vergessen Sie daher nicht, den Benutzer nach Abschluss des Debuggens wieder zu entfernen. Diese Einstellung bleibt auch nach dem Abmelden erhalten.

Debugger mit dem Systembefehl »/h« starten

Den Debugger können Sie auch durch den Systembefehl /h starten. Tragen Sie dazu /h in das Transaktionsfeld ein. Sie erhalten nun eine Meldung in der Statusleiste, dass das »Debugging aktiv« sei. Die nächste Benutzeraktion (z. B. der Klick auf einen Button) wird den Debugger starten.

Debuggen von Pop-up-Fenstern

In Abschnitt 15.1.9 zeige ich Ihnen, wie Sie mithilfe des Systembefehls /h ein Pop-up-Fenster debuggen können.

Einen Hintergrundjob debuggen

Um einen Hintergrundjob debuggen zu können, müssen Sie dies explizit angeben. Wählen Sie dazu in Transaktion SM37, der Jobübersicht, einen Job aus der Liste aus, und aktivieren Sie anschließend das Debugging über **Zusätze • Job Debuggen** im Hauptmenü.

Hier ist es hilfreich, einen Hilfs-Breakpoint am Anfang des Reports zu setzen, zu welchem Sie anschließend mit [F8] springen können, da am Anfang SAP-Quellcode durchlaufen wird, der den Job steuert und uninteressant ist.

15.1.3 Die Oberfläche

Die Anzeige des ABAP Debuggers kann bis zu vier Werkzeuge enthalten (siehe Abbildung 15.3).

Standardmäßig werden hier der Quelltext ❶, der Aufrufstack ❷ und die Variablenschnellanzeige ❸ angezeigt.

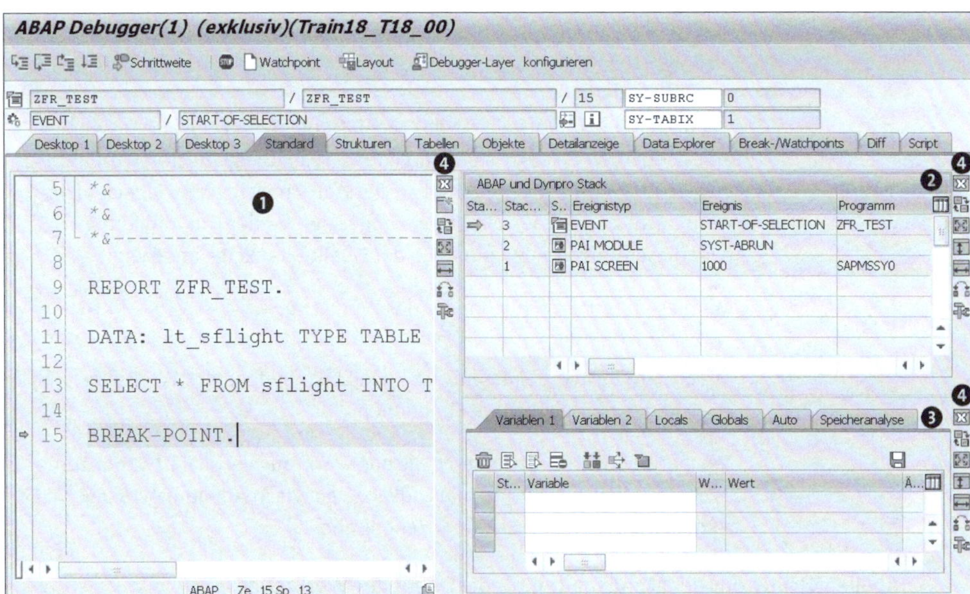

Abbildung 15.3 Die Oberfläche des ABAP Debuggers

Folgende Registerkarten stellt Ihnen der ABAP Debugger zur Verfügung:

- **Desktop1**, **Desktop2**, **Desktop3** und **Standard:** die vier Desktops des Debuggers, auf denen Sie Ihre Werkzeuge beliebig anordnen können (siehe Abschnitt 15.1.4, »Die Werkzeuge«)
- **Strukturen:** Anzeige des Inhalts von Strukturen
- **Tabellen:** Anzeige und Bearbeiten von internen Tabellen (siehe Abschnitt 15.1.10)
- **Objekte:** Anzeige von Objekten von Klassen bzw. Möglichkeit zur Änderung von Objektwerten (siehe Abschnitt 15.1.6, »Schnellanzeige der Variablen«)
- **Detailanzeige:** Anzeige einzelner Felder
- **Data Explorer:** Anzeige von Datenobjekten jeglicher Art als hierarchischer Baum (leistet dasselbe wie die Detailanzeige, nur in einer anderen Darstellung)
- **Break-/Watchpoints:** Anzeige, Änderung und Anlage von Debugger-Breakpoints jeglicher Art (siehe Abschnitt 15.1.11) und von Watchpoints (siehe Abschnitt 15.1.12)
- **Diff:** Vergleich von Variablen (siehe Abschnitt 15.1.7, »Vergleichstool«)
- **Script:** Debugging-Skript zur Automatisierung des Debuggings (siehe Abschnitt 15.2)

15.1.4 Die Werkzeuge

Neben jedem Werkzeug wird Ihnen auf der rechten Seite eine Menüspalte (siehe ❹ in Abbildung 15.3) angezeigt, die die in Tabelle 15.1 beschriebenen Buttons enthalten kann.

Icon	Beschreibung
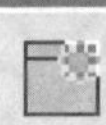	Mit diesem Button öffnen Sie das Menü **Neues Werkzeug** zur Auswahl eines neuen Werkzeugs (siehe Abbildung 15.4). Dieser Button wird nur angezeigt, wenn auf dem aktuellen Desktop-Bereich noch Platz ist (d. h., wenn nicht bereits vier Werkzeuge angezeigt werden). In Abbildung 15.3 wird dieser Button z. B. nur neben der Quelltextanzeige angezeigt.
	Mit diesem Button schließen Sie das Werkzeug.
	Mit diesem Button gelangen Sie zu den Einstellungen des Werkzeugs und erreichen eventuell weitere Funktionen.
 oder 	Mit diesen Buttons maximieren Sie das Werkzeug vertikal bzw. horizontal. Es empfiehlt sich z. B., die Quellcodeanzeige wie in Abbildung 15.3 vertikal zu maximieren, damit Sie mehr Zeilen sehen.

Tabelle 15.1 Buttons der Menüspalten für die Debugger-Werkzeuge

Icon	Beschreibung
	Klicken Sie auf diesen Button, wird das Werkzeug im Vollbildmodus dargestellt, und alle anderen Werkzeuge werden ausgeblendet. Über den Button **Zurück** ( ) in der Menüleiste können Sie den vorherigen Stand wiederherstellen.
	Über diesen Button tauschen Sie die Position eines Werkzeugs mit der eines anderen Werkzeugs.

Tabelle 15.1 Buttons der Menüspalten für die Debugger-Werkzeuge (Forts.)

Wie Sie in Abbildung 15.4 sehen können, gibt es sehr viele Werkzeuge, die Ihnen im ABAP Debugger zur Verfügung gestellt werden. Die Arbeit mit diesen Werkzeugen erläutere ich in den folgenden Abschnitten näher.

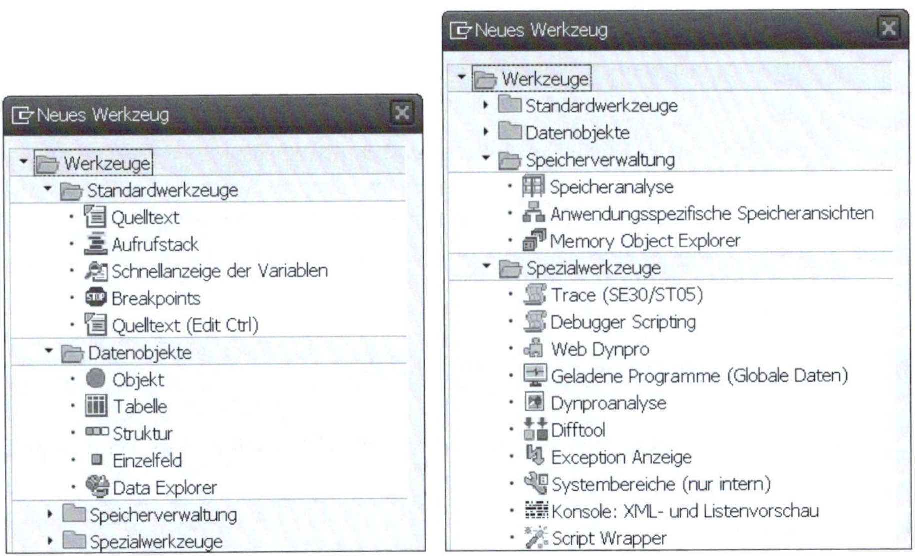

Abbildung 15.4 Die Werkzeuge des Debuggers

15.1.5 Steuerung des Debuggers

Zur Ablaufsteuerung des Debuggers steht Ihnen die in Abbildung 15.5 gezeigte Funktionsleiste zur Verfügung. Die einzelnen Steuerungsfunktionen sind in Tabelle 15.2 beschrieben.

Abbildung 15.5 Die Steuerleiste des Debuggers

Button	Beschreibung	Tastaturkürzel
	Mit diesem Button springt der Debugger im Quelltext eine Zeile weiter. Dabei springt er auch in Aufrufe ab (abhängig von der Schrittweite auch in Teilbedingungen).	F5
	Mit diesem Button springt der Debugger im Quelltext eine Zeile weiter, überspringt aber Aufrufe und bleibt dadurch auf einer Ebene.	F6
	Mit diesem Button verlässt der Debugger die aktuelle Ebene im Quelltext. Wenn Sie also z. B. in einem Funktionsbaustein sind, können Sie über diesen Button zur Aufrufstelle zurückkehren.	F7
	Ein Klick auf diesen Button bewirkt, dass der Debugger am nächsten Breakpoint hält. Ist keiner vorhanden, wird das Programm komplett ausgeführt. Damit verlassen Sie den Debugger wieder.	F8
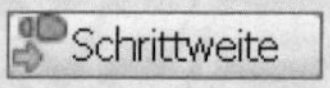	Mit diesem Button stellen Sie die Schrittweite ein. Teilbedingungen, in einer `CASE`-Anweisung z. B. die einzelnen `WHEN`-Bedingungen, werden normalerweise übersprungen. Mit diesem Button können Sie die Schrittweite herunterstellen, sodass auch an diesen Teilbedingungen angehalten wird.	Strg + ⇧ + F10

Tabelle 15.2 Buttons zur Steuerung des ABAP Debuggers

Darüber hinaus verstecken sich zwei weitere nützliche Funktionen im Hauptmenü (bzw. Kontextmenü):

- **Weiter bis Cursor** (⇧ + F8):
  Der Debugger läuft weiter bis zur aktuellen Cursorposition (das ist nicht die Zeigerposition Ihrer Maus).
- **Zur Anweisung springen** (⇧ + F9):
  Der Debugger überspringt die Anweisungen bis zur aktuellen Cursorposition. Mit dieser Funktion können Sie auch zurückspringen. Sie eignet sich sehr gut dazu, Aufrufe bzw. `SELECT`-Anweisungen erneut zu testen (durch eventuell vorher im Debugger manipulierte Datenobjekte).

System-Debugging

Quellcode, der keine Business-Logik, sondern Systemcode darstellt, ist im System als **System code** markiert. Dieser wird standardmäßig vom Debugger ignoriert. Wollen

Sie dennoch, dass der ABAP Debugger Systemcode berücksichtigt, müssen Sie dies über das Hauptmenü (**Einstellungen • Systemdebugging ein/aus**) einstellen. Dies können Sie außerhalb des ABAP Debuggers auch über den Befehl /hs erreichen.

Beispiel

Der in Listing 15.1 angegebene Funktionsbaustein TH_POPUP (zum Senden von Meldungen an Benutzer) ist als Systemcode gekennzeichnet. Daher würde der ABAP Debugger bei einer Einzelschrittanalyse nicht in den Quellcode des Funktionsbausteins gehen, sondern über den Aufruf hinwegspringen. Wenn Sie nun das System-Debugging über das Hauptmenü einschalten, durchläuft der ABAP Debugger auch den Quellcode des Funktionsbausteins.

```
CALL FUNCTION 'TH_POPUP'
  EXPORTING
    client  = '100'
    user    = sy-uname
    message = 'System wird in 10 Minuten heruntergefahren.'.
```

Listing 15.1 Beispielhafter Aufruf von Systemcode

15.1.6 Schnellanzeige der Variablen

Die Schnellanzeige der Variablen, die in Abbildung 15.6 zu sehen ist, zeigt Ihnen Datenobjekte an und dient als Einstiegspunkt in ihre Bearbeitung. Um ein Datenobjekt in der Schnellanzeige anzuzeigen, haben Sie zwei Möglichkeiten:

- per Doppelklick auf den Namen des Datenobjekts im Quellcode (im Werkzeug **Quelltext**)
- über ein manuelles Eintragen des Datenobjektnamens in der Spalte **Variable** der Schnellanzeige

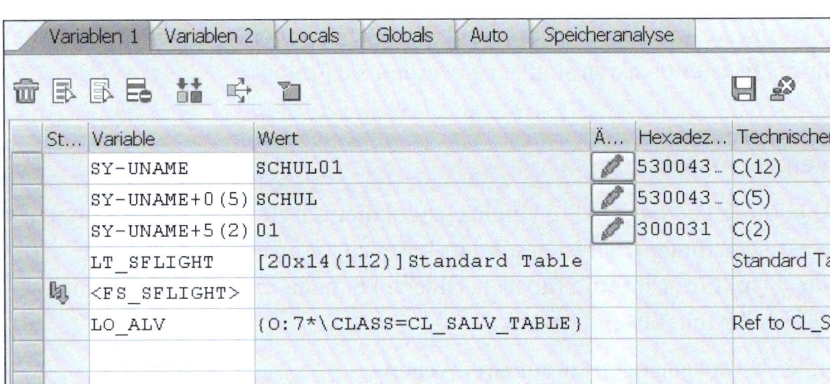

Abbildung 15.6 Schnellanzeige der Variablen

Wird vor dem Datenobjekt ein Blitz () angezeigt, befindet sich das Datenobjekt nicht im aktuellen Sichtbarkeitsbereich, also dort, wo der Debugger den Quellcode gerade durchläuft.

Mit einem Klick auf **Löschen** () oberhalb der Liste wird die komplette Liste geleert, während Sie mit dem Button **Speichern** () rechts oben die Liste als Startvariante speichern können. Wenn Sie den Debugger das nächste Mal starten, werden Sie dann dieselben Datenobjekte in der Liste vorfinden. Über den Button **Lösche Variable aus Start-Variante** () können Sie die Startvariante wieder zurücksetzen.

Durch einen Doppelklick auf eine Variable oder ein Feldsymbol gelangen Sie zum Werkzeug **Detailanzeige**. Durch einen Doppelklick auf eine Struktur gelangen Sie zum Werkzeug **Strukturen**. Klicken Sie doppelt auf eine interne Tabelle, gelangen Sie zum Werkzeug **Tabellen** (siehe Abschnitt 15.1.10). Mit dem Doppelklick auf ein Objekt einer Klasse gelangen Sie zum Werkzeug **Objekte**. In diesen Werkzeugen kann dann das jeweilige Datenobjekt bearbeitet werden.

Die Bearbeitung ist bei Variablen und Feldsymbolen (wenn sie auf eine Variable zeigen) auch direkt in der Schnellanzeige über den Button **Feldinhalt ändern** () möglich. Dadurch wird das Wertefeld eingabefähig. Bestätigen Sie eine Eingabe mit der Taste [↵].

Darüber hinaus haben Sie mit dem Button **Vergleich starten** (), oberhalb der Liste die Möglichkeit, zwei Variablen zu vergleichen (siehe Abschnitt 15.1.7, »Vergleichstool«).

Die Registerkarten »Locals« und »Globals«

Auf den beiden Registerkarten **Locals** und **Globals** werden alle lokalen und globalen Datenobjekte angezeigt. Dies ist besonders für SAP-Standardprogramme hilfreich (z. B. wenn Sie diese erweitern möchten), da Sie hier sehen, welche Datenobjekte SAP zur Laufzeit zur Verfügung stellt. Wann immer Sie also z. B. in einer Erweiterung, einem Funktionsbaustein, einer Methode, einem Include oder einer Formroutine auf der Suche nach Datenobjekten sind – hier werden Sie fündig.

15.1.7 Vergleichstool

Das in Abbildung 15.7 dargestellte Vergleichstool dient dazu, Unterschiede zwischen Datenobjekten zu finden. Dies ist besonders hilfreich, wenn es sich um komplexe Datenobjekte (Strukturen, interne Tabellen, Objekte) handelt und dadurch ein manueller Vergleich sehr zeitaufwendig wäre.

Zum Vergleichstool gelangen Sie auf zwei Wegen:

- über die Registerkarte **Diff**
- über die Schnellanzeige der Variablen

Vergleich über die Registerkarte »Diff«

Wechseln Sie auf die Registerkarte **Diff**, und tragen Sie jeweils eine Variable in die Felder **Variable 1** und **Variable 2** ein. Klicken Sie dann auf den darunter angesiedelten Button **Vergleich starten** (▦).

In der Liste darunter werden Ihnen nun, falls vorhanden, die Unterschiede der beiden Datenobjekte angezeigt. In Abbildung 15.7 gibt es z. B. in einer der beiden Tabellen eine Zeile mehr, und der Wert einer Zeile in der Spalte `PRICE` weicht um 1 Cent ab.

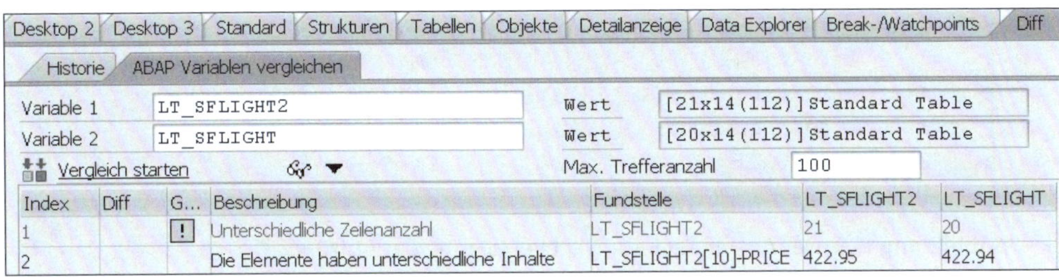

Abbildung 15.7 Ergebnisse eines Vergleichs zweier Datenobjekte

Die internen Tabellen können Sie sich über den Button **Anzeige** (▦) über der Liste einblenden lassen.

Vergleich über die Schnellanzeige der Variablen

Einen Vergleich können Sie auch direkt über die Schnellanzeige starten. Markieren Sie dazu, wie in Abbildung 15.8 dargestellt, zwei Datenobjekte, und klicken Sie anschließend auf **Vergleich starten** (▦).

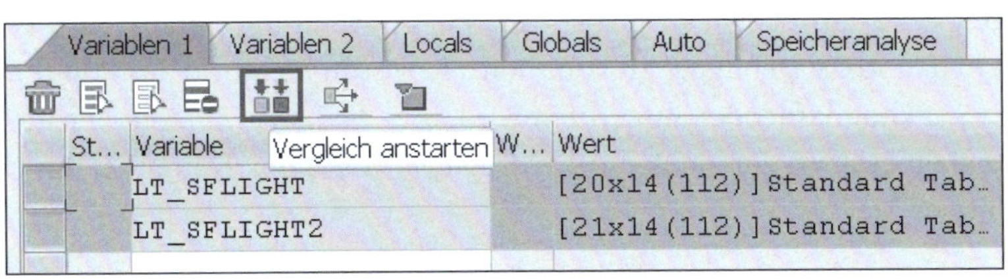

Abbildung 15.8 Vergleich von zwei Datenobjekten

15.1.8 Aufrufstack

Das Werkzeug **Aufrufstack**, das Sie in Abbildung 15.9 sehen können, zeigt Ihnen an, welche Ebenen das Programm bisher durchlaufen hat und von welchen Stellen die Aufrufe jeweils ausgeführt wurden. Zum Beispiel ist in Abbildung 15.9 erkenntlich, dass die Formroutine `MESSAGE_NOT_FOUND` durch die darüber befindliche Formroutine `LESEN_MARA_SINGLE` aufgerufen wurde.

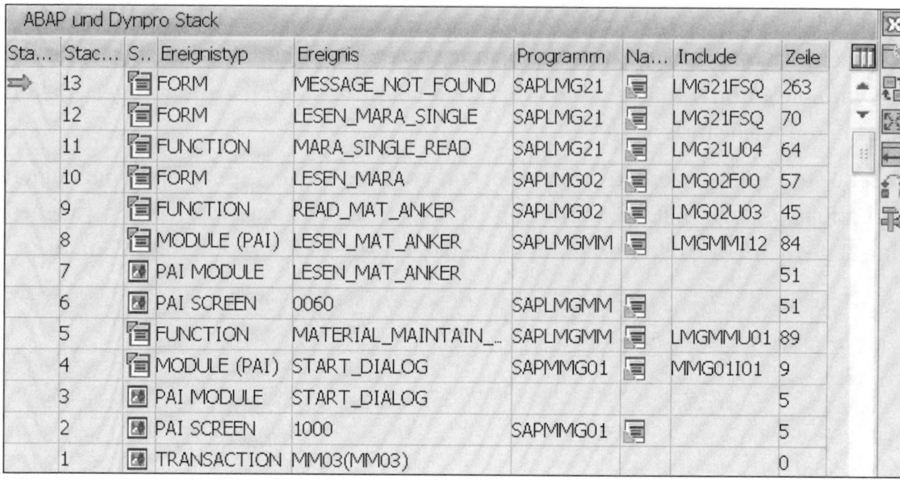

ABAP und Dynpro Stack

Sta...	Stac...	S..	Ereignistyp	Ereignis	Programm	Na...	Include	Zeile
⇒	13		FORM	MESSAGE_NOT_FOUND	SAPLMG21		LMG21FSQ	263
	12		FORM	LESEN_MARA_SINGLE	SAPLMG21		LMG21FSQ	70
	11		FUNCTION	MARA_SINGLE_READ	SAPLMG21		LMG21U04	64
	10		FORM	LESEN_MARA	SAPLMG02		LMG02F00	57
	9		FUNCTION	READ_MAT_ANKER	SAPLMG02		LMG02U03	45
	8		MODULE (PAI)	LESEN_MAT_ANKER	SAPLMGMM		LMGMMI12	84
	7		PAI MODULE	LESEN_MAT_ANKER				51
	6		PAI SCREEN	0060	SAPLMGMM			51
	5		FUNCTION	MATERIAL_MAINTAIN_...	SAPLMGMM		LMGMMU01	89
	4		MODULE (PAI)	START_DIALOG	SAPMMG01		MMG01I01	9
	3		PAI MODULE	START_DIALOG				5
	2		PAI SCREEN	1000	SAPMMG01			5
	1		TRANSACTION	MM03(MM03)				0

Abbildung 15.9 Der Aufrufstack zur Nachverfolgung der Aufrufe

Über den Button **Navigiere zum Editor** () können Sie nun zum Aufruf von `LESEN_MARA_SINGLE` springen, dort einen Breakpoint setzen und den Aufruf wiederholen. Auf diese Weise können Sie überprüfen, was den Fehler ausgelöst hat, und sich gegebenenfalls weiter in der Aufrufhierarchie zurückhangeln, bis Sie den Fehler gefunden haben.

15.1.9 Pop-up-Fenster debuggen

Nehmen wir an, Ihnen wird vom SAP-System ein Pop-up-Fenster angezeigt. Nachdem Sie es bestätigen, wird ein Fehler ausgelöst. Aus der Anwendung heraus wird es schwierig sein, in den ABAP Debugger zu kommen. Sie wissen nicht, wo das Pop-up-Fenster (tief im SAP-Standardcode) aufgerufen wird, und Sie haben in dem Fenster auch keine Eingabemaske, in der Sie den ABAP Debugger mit dem Systembefehl `/h` aktivieren könnten.

Doch hier gibt es einen Umweg: eine Desktop-Verknüpfung. Diese können Sie sich vom SAP GUI erstellen lassen. Die Wirkungsweise ist dabei einfach: In der Verknüpfung sind sowohl das System als auch der Systemcode `/h` hinterlegt. Wenn Sie jetzt die Verknüpfung, wie in Abbildung 15.10 gezeigt, per Drag & Drop auf das Pop-up-Fenster ziehen, wird der ABAP Debugger aktiviert, und der nächste Klick im Pop-up-Fenster führt in den Debugger. Hier können Sie jetzt analysieren, was passiert ist, und über den Aufrufstack (siehe Abschnitt 15.1.8) auch herausfinden, wie und wo das Pop-up-Fenster aufgerufen wurde.

Sie können dazu im Debugger einen Breakpoint für eine beliebige Zeile setzen und auf **Speichern** () klicken. Dadurch wird der Breakpoint in einen Session-Breakpoint umgewandelt. Dieser Session-Breakpoint greift auch beim nächsten Aufruf des Pop-up-Fensters direkt, sodass Sie die Verknüpfung nicht wieder extra auf das Pop-up-Fenster ziehen müssen.

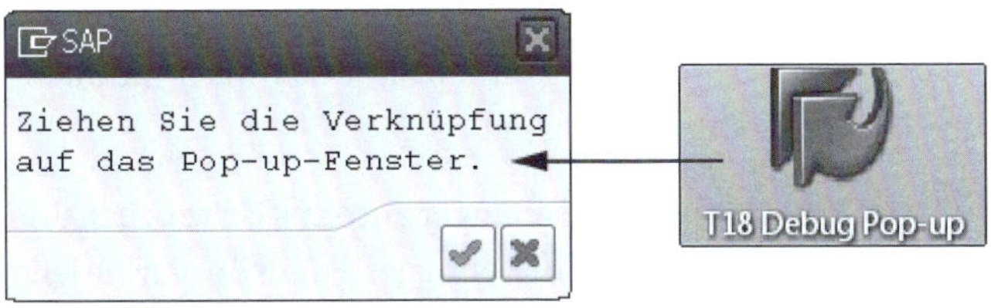

Abbildung 15.10 Aktivieren des Debuggers mit einer Verknüpfung

Um die Desktop-Verknüpfung anzulegen, gehen Sie wie folgt vor:

1. Klicken Sie in einem beliebigen Fenster in der obersten Systemleiste auf den Button **Erstellt eine Verknüpfung** (▣).
2. Vergeben Sie in der sich öffnenden Maske (siehe Abbildung 15.11) einen Titel, wählen Sie als **Typ Systembefehl** aus, und geben Sie im Eingabefeld **Befehl** den Wert »/h« ein.
3. Wählen Sie einen Speicherort aus (z. B. Ihren Desktop).
4. Bestätigten Sie das Anlegen mit **Fertig stellen**.

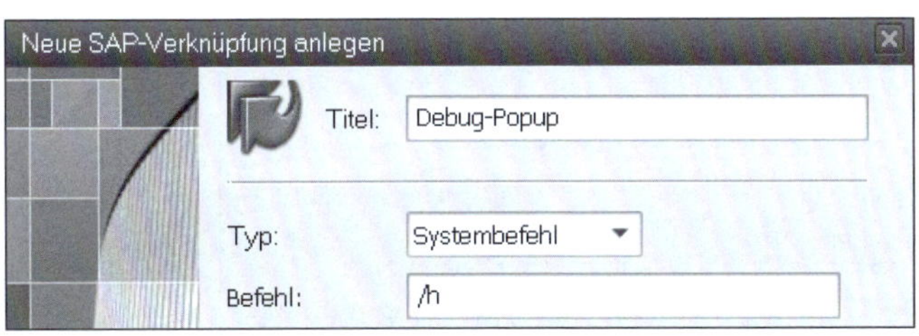

Abbildung 15.11 Eine SAP-Verknüpfung anlegen

Anschließend können Sie, wie zuvor beschrieben, die angelegte Verknüpfung auf Ihr Pop-up-Fenster ziehen.

15.1.10 Interne Tabellen

Auf der Registerkarte **Tabellen** des ABAP Debuggers können Sie sich den Inhalt von internen Tabellen anschauen und ändern. Auf diese Registerkarte gelangen Sie beispielsweise automatisch, wenn Sie auf eine interne Tabelle in der Variablenschnellanzeige aus Abbildung 15.6 doppelt klicken. Alternativ können Sie die anzuzeigende interne Tabelle auch manuell eintragen. Wenn Sie auf der Suche nach einem bestimmten Wert sind (was bei vielen Zeilen bzw. Spalten ziemlich mühsam sein kann), empfehle ich Ihnen die Anzeige im *SAP List Viewer* (ALV):

1. Klicken Sie hierzu auf den Button **Tabellenzeige im ALV** (▦), der sich auf der Registerkarte **Tabelleninhalt** rechts neben dem Tabellennamen befindet (siehe Abbildung 15.12).
2. Dadurch wird eine ALV-Anzeige aufgerufen. Hier können Sie jetzt filtern, die Suche benutzen oder bestimmte Spalten ausblenden lassen.

Durch einen Doppelklick auf eine Zelle springt der Debugger automatisch zurück und positioniert Ihren Zeiger genau auf derselben Zelle im Debugger. Hier können Sie jetzt z. B. den Wert ändern. Alternativ gelangen Sie über **Zurück** (◉) zurück zur normalen Tabellenanzeige.

Interne Tabellen ändern

Die Änderungsoptionen sehen Sie, wenn Sie mit der rechten Maustaste auf eine markierte Zeile der internen Tabelle klicken, im Kontextmenü unter dem Eintrag **Tabelleninhalt ändern** (siehe Abbildung 15.12).

Auf diese Art und Weise können Sie bestimmte Zeilen löschen, einfügen oder modifizieren, um so eventuell einen Fehler einzugrenzen oder sich genau die Testdaten zu erzeugen, die Sie testen möchten. Dies ist besonders in leeren Systemen hilfreich, in denen so gut wie keine sinnvollen Testdaten existieren.

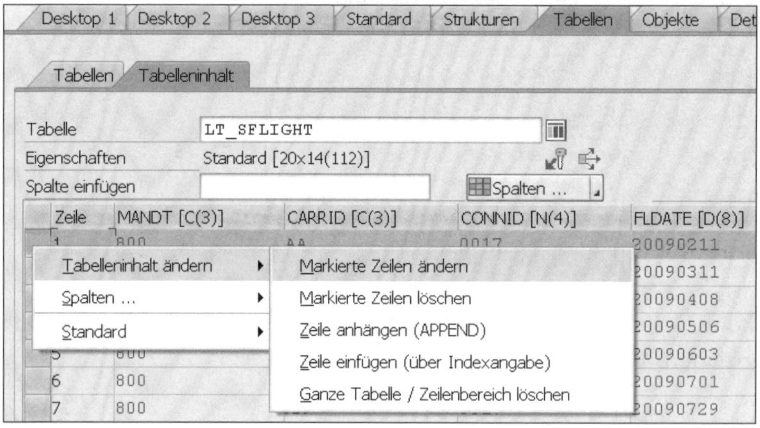

Abbildung 15.12 Eine interne Tabelle über das Kontextmenü ändern

Hoch- und Runterladen von internen Tabellen

Das lässt sich so weit treiben, dass Sie z. B. interne Tabellen aus dem Debugger eines Produktivsystems herunterladen und im Debugger in einem Entwicklungssystem wieder hochladen können. Gehen Sie hierzu ebenfalls in das Kontextmenü, und nutzen Sie dort unter dem Eintrag **Standard** die folgenden beiden Funktionen:

- **Sichern in Datei (Spaltensicht)** zum Herunterladen, wobei Sie als Option **Textformat mit Trenner (verwendbar für Tabellen-Upload)** auswählen

- **Von Datei hochladen** zum Hochladen. Wählen Sie dazu die heruntergeladene Datei aus. Die Kopfzeile erzeugt einen Fehler, den Sie allerdings ignorieren können.

15.1.11 Debugger-Breakpoints

Um im Debugger Breakpoints anzulegen (sogenannte *Debugger-Breakpoints*), stehen Ihnen mehrere Wege zur Verfügung:

- über die Registerkarte **Break-/Watchpoints**
- über das Menü **Breakpoints bei**
- direkt in der Quellcodeanzeige durch einen Klick auf die Steuerungsspalte

[+]

Debugger-Breakpoints in Session-Breakpoints umwandeln

Gesetzte Debugger-Breakpoints gehen nach Beendigung des ABAP Debuggers verloren. Wollen Sie diese erhalten, können Sie sie über das normale Speichern () in Session-Breakpoints umwandeln. Dadurch werden sie auch beim nächsten Aufruf des Debuggers vorhanden sein. Klicken Sie nach dem Entfernen eines Breakpoints ebenfalls erneut auf **Speichern** ().

Registerkarte »Breakpoints«

In Abbildung 15.13 sehen Sie die Registerkarte **Breakpoints**, die sich auf der Registerkarte **Break-/Watchpoints** befindet.

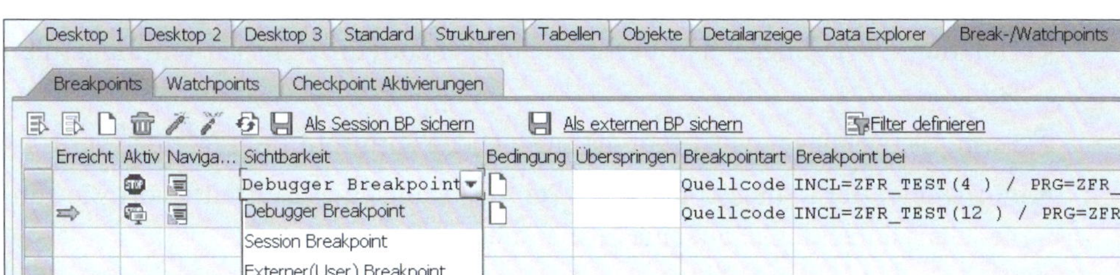

Abbildung 15.13 Die Registerkarte »Breakpoints«

Hier sehen Sie alle Breakpoints in der Übersicht und haben darüber hinaus die Möglichkeit, Breakpoints zu löschen (), zu aktivieren (), zu deaktivieren (), anzulegen (), zwischen den einzelnen Typen umzuwandeln sowie zur ihrer Stelle im Quellcode zu navigieren ().

Die Umwandlung eines Breakpoints erfolgt entweder über das in Abbildung 15.13 dargestellte Dropdown-Menü oder über die Speicher-Buttons **Als Session BP sichern** bzw. **Als externen BP sichern** in der Funktionsleiste oberhalb der Tabelle. Das Pfeilsymbol

( ) in der ersten Spalte **Erreicht** gibt an, ob ein Breakpoint beim Durchlaufen des Quellcodes schon erreicht wurde.

Menü »Breakpoints bei«

Dieses Menü erreichen Sie über den Pfad **Breakpoints • Breakpoints bei** im Hauptmenü. Jeder Eintrag des Menüs öffnet das in Abbildung 15.14 dargestellte Fenster **Breakpoints anlegen**, jedoch jeweils eine andere Registerkarte.

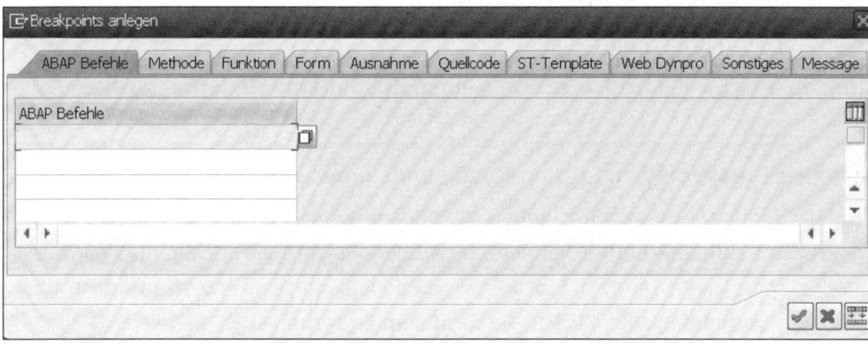

Abbildung 15.14 Die Auswahlmöglichkeiten von »Breakpoint bei«

Folgende Breakpoints stehen Ihnen hier zur Verfügung:

- **ABAP Befehle:** Der Debugger hält, bevor die angegebene Anweisung ausgeführt wird.
- **Methode:** Der Debugger hält, bevor die angegebene Methode aufgerufen wird.
- **Funktion:** Der Debugger hält, bevor der angegebene Funktionsbaustein aufgerufen wird.
- **Form:** Der Debugger hält, bevor die angegebene Formroutine aufgerufen wird.
- **Ausnahme:** Der Debugger hält nach der Auslösung eines Laufzeitfehlers. Sie können den Laufzeitfehler auf eine Ausnahmeklasse einschränken.
- **Quellcode:** Der Debugger hält bei einem bestimmten Programm (Include oder Dynpro).
- **ST-Template:** Der Debugger hält vor der Ausführung einer Transformation.
- **Web Dynpro:** Der Debugger hält bei einer bestimmten Component, einem Controller oder einer Methode einer Web-Dynpro-Komponente.
- **Sonstiges:** Hier können Sie einen Breakpoint beim Wechsel des ABAP- bzw. Dynpro-Stacks setzen.
- **Message:** Der Debugger hält, wenn eine Meldung der angegebenen Nachrichtenklasse ausgegeben wird.

Im Folgenden finden Sie zwei Beispiele für die Anwendung solcher Breakpoints.

Beispiel 1: Fehlermeldungen analysieren

Angenommen, Sie haben beim Aufruf einer Transaktion eine Fehlermeldung erhalten, die so kryptisch ist, dass Sie herausfinden möchten, was diese Fehlermeldung ausgelöst hat, um so die Fehlerursache einzugrenzen. Dazu können Sie die Nachrichtenklasse (in der technischen Information als **Arbeitsgebiet** angegeben) und -nummer herausfinden und anschließend einen Debugger-Breakpoint für diese Klasse über **Breakpoint bei** anlegen:

1. Klicken Sie hierzu doppelt auf die Meldung.
2. Klicken Sie anschließend im Hilfefenster in der Funktionsleiste auf den Button **Technische Informationen** (). Dadurch wird das Pop-up-Fenster aus Abbildung 15.15 angezeigt.
3. Mithilfe der Nachrichtennummer haben Sie nun im Menü **Breakpoints bei** zwei Möglichkeiten:
   - Geben Sie auf der Registerkarte **Message** die Daten aus Abbildung 15.15 ein: den Namen der Nachrichtenklasse (im Beispiel `00`) in das Feld **ID** und die Nachrichtennummer (im Beispiel `000`) in das Feld **Nummer**.
   - Falls die Meldungsnummer unbekannt ist oder die Meldung dynamisch ausgelöst wird, bleibt Ihnen die Registerkarte **ABAP Befehle**. Setzen Sie Ihren Breakpoint hier bei der Anweisung `MESSAGE`, und überprüfen Sie, welche Nachricht dadurch ausgelöst wird.

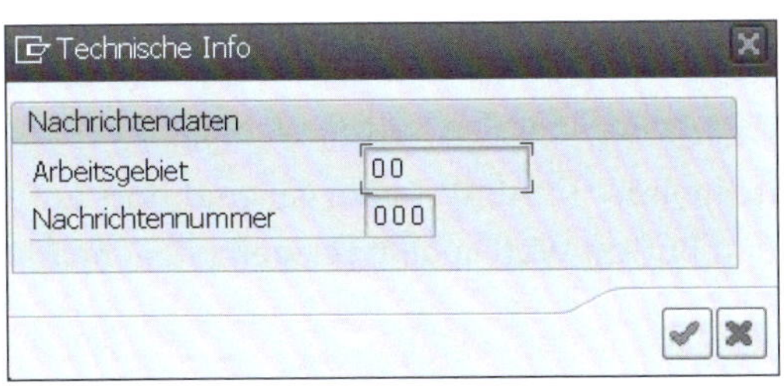

Abbildung 15.15 Herausfinden der Nachrichtenklasse und -nummer

Beispiel 2: Berechtigungsprüfung überspringen

Kennen Sie das auch? Sie sind im Entwicklungssystem unterwegs und analysieren gerade z. B. eine Standardtransaktion, haben dafür aber nicht die ausreichenden Berechtigungen? Dies ist kein Problem, wenn Sie den Debugger bei jedem Aufruf der Anweisung `AUTHORITY-CHECK` anhalten und nach dem Aufruf den Wert vom Systemfeld `sy-subrc` zurück auf 0 ändern. So simulieren Sie eine erfolgreiche Berechtigungsüberprüfung. Das machen Sie natürlich nicht manuell, sondern nutzen, wie in Abbildung 15.16 gezeigt, die Funktion **Breakpoint bei Anweisung** für die Anweisung `AUTHORITY-CHECK`.

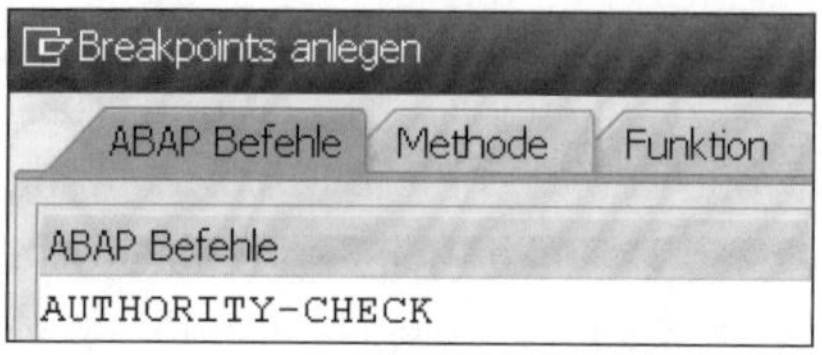

Abbildung 15.16 Einen Breakpoint für eine ABAP-Anweisung anlegen

Automatisierung mit Debugging-Skript

Dieses Beispiel lässt sich mit dem Debugging-Skript automatisieren, indem automatisch bei jedem `AUTHORITY-CHECK` angehalten wird und das Skript dabei einen Schritt über den Aufruf springt und automatisch den Wert `sy-subrc` auf 0 zurücksetzt. Diese Umsetzung ist in Abschnitt 15.2.2, »Ein Skript schreiben«, beschrieben.

15.1.12 Watchpoints

Watchpoints ermöglichen es Ihnen, den Inhalt einzelner Datenobjekte zu überwachen. Der ABAP Debugger hält an, sobald sich der Wert einer überwachten Variablen ändert bzw. genau einen von Ihnen bestimmten Wert annimmt.

Watchpoint anlegen

Sie können einen Watchpoint auf folgenden Wegen anlegen:

- in der Funktionsleiste des ABAP Debuggers über den Button **Watchpoint**
- auf der Registerkarte **Break-/Watchpoints** im ABAP Debugger und dort auf der Registerkarte **Watchpoints** über den Button **Watchpoint anlegen** (🗋, siehe Abbildung 15.17)

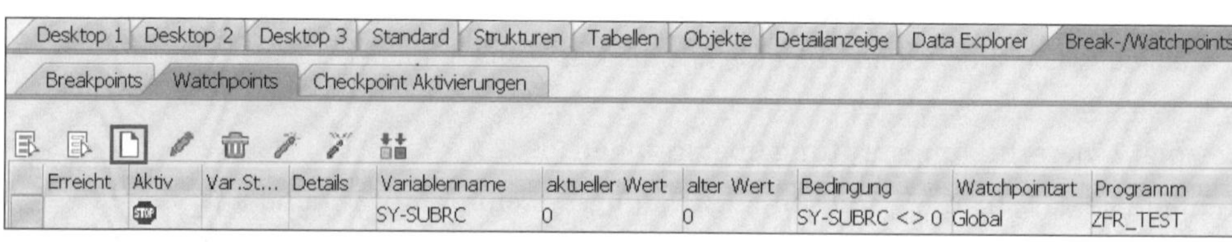

Abbildung 15.17 Watchpoints im ABAP Debugger anlegen

Tragen Sie in beiden Fällen in der sich öffnenden Maske die zu überwachende Variable ein. Wählen Sie die Option **Watchpoint auf Objektattribute**, wenn Sie ein Attribut eines Objekts überwachen wollen. Geben Sie keine Bedingung ein, wird der Debugger für diese Variable immer dann anhalten, wenn sich der Wert der Variablen ändert. Ansonsten können Sie freie Bedingungen formulieren. Sie können z. B. sagen, dass der

Debugger immer genau dann anhalten soll, wenn die Variable `sy-subrc` einen Wert ungleich 0 annimmt.

Über den Hilfe-Button () neben dem Eingabefeld erhalten Sie Hilfe bei der Formulierung Ihrer Bedingung. Eine beispielhafte Eingabe für einen Watchpoint wäre z. B.:

- **Variable:** `sy-subrc`
- Auswahl der Option **Watchpoint auf Variable**
- **Freie Bedingungseingabe:** `<> 0`

Mit dieser Bedingung würde der Debugger immer dann anhalten, wenn das Systemfeld `sy-subrc` einen Wert ungleich 0 annimmt.

> **Watchpoints für Feldsymbole**
> Watchpoints für Feldsymbole sind auf diese Weise aufgrund des Gültigkeitsbereichs nicht möglich. Sie haben aber die Möglichkeit, mit dem Debugging-Skript Watchpoints für Feldsymbole simulieren zu lassen (siehe Beispiel in Abschnitt 15.2.3, »Das Skript starten und beenden«).

15.1.13 Ausnahmen

Ein Ausnahmeobjekt (siehe Abschnitt 11.9.1, »Klassenbasierte Ausnahmen«) enthält nicht nur einen Fehlertext, sondern mitunter auch eine Ausnahmekette. Damit Sie sich nicht durch die Objektanzeige über Referenzen durch die einzelnen ausgelösten Ausnahmen klicken müssen, stellt Ihnen der ABAP Debugger die in Abbildung 15.18 dargestellte **Exception-Anzeige** zur Verfügung. Dieses Werkzeug können Sie über die Menüleiste eines anderen Werkzeugs über den Button **Neues Werkzeug** () aufrufen.

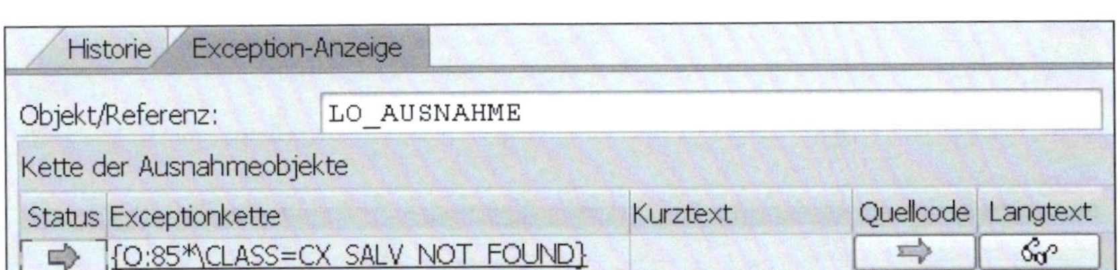

Abbildung 15.18 Die Ausnahme-Anzeige im ABAP Debugger

Das wirklich Hilfreiche daran ist, dass Sie sich über den Button **Quellcode** () die Stelle anzeigen lassen können, an der die Ausnahme ausgelöst wurde, und mit dem Button **Langtext** () eine (nicht immer vorhandene) ausführliche Beschreibung der Ausnahme aufrufen können.

15.2 Das Debugging-Skript

Die wohl mächtigste, aber am wenigsten genutzte Registerkarte im ABAP Debugger ist die Registerkarte **Script**. Mit einem Debugging-Skript können Sie alles, was Sie sonst händisch im Debugger machen (z. B. schrittweise navigieren, Variablen anschauen und ändern), automatisieren. Darüber hinaus stehen ein paar Funktionen bereit, die über die Masken des Debuggers sonst nicht zu erreichen sind.

Dazu stellt das System eine Schnittstelle in Form von Klassen bereit, mit denen die einzelnen Funktionen des Debuggers angesprochen werden können. Das Aufrufen der Methoden dieser Schnittstelle kann nur innerhalb einer Klasse erfolgen, die von der Klasse `CL_TPDA_SCRIPT_CLASS_SUPER` erbt, und auch nur, wenn der Debugger gerade aktiv ist. Das heißt, ein Skript können Sie nur im Debugger selbst ausführen:

1. Rufen Sie dazu ein zu analysierendes Programm Ihrer Wahl auf, setzen Sie einen Breakpoint (z. B. auf der ersten Anweisung), und führen Sie das Programm aus, damit Sie in den Debugger gelangen.
2. Wenn Sie auf die Registerkarte **Script** wechseln, sehen Sie genau diesen Grundrumpf einer solchen Klasse. Sie finden hier, wie in Abbildung 15.19 zu erkennen, eine bereits angelegte Klasse `LCL_DEBUGGER_SCRIPT` mit vier fest vordefinierten Methoden und auf der linken Seite Buttons, um ein Skript zu starten, zu laden oder um das in der Klasse programmierte Verhalten zu speichern.

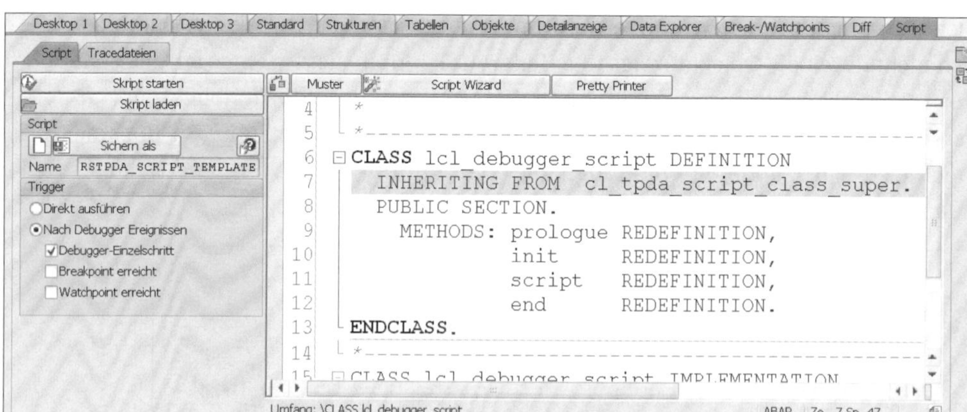

Abbildung 15.19 Registerkarte »Script« im ABAP Debugger

Die Klasse stellt vier Methoden bereit:

- `PROLOGUE`: technische Initialisierung des Skripts
- `INIT`: Initialisierung des Skripts
- `SCRIPT`: Methode, die für jeden Trigger aufgerufen wird
- `END`: Ende des Skripts

Davon werden Sie in der Regel nur die Methode `SCRIPT` verwenden. Diese wird, wie angegeben, immer dann aufgerufen, wenn ein Trigger ausgelöst wird.

Die grundlegende Ausführungsreihenfolge für die Ausführung eines Debugging-Skripts ist folgende:

- einen Trigger für das Skript definieren (siehe Abschnitt 15.2.1)
- ein Skript schreiben (siehe Abschnitt 15.2.2)
- das Skript starten und beenden (siehe Abschnitt 15.2.3)

15.2.1 Einen Trigger für das Skript definieren

Um einen Trigger für das Skript zu definieren, stehen Ihnen die in Abbildung 15.20 dargestellten Optionen auf der linken Seite der Registerkarte **Script** zur Verfügung.

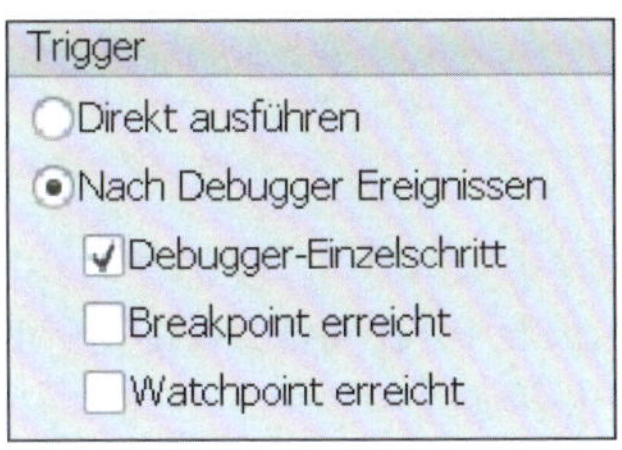

Abbildung 15.20 Einen Skript-Trigger definieren

- **Direkt ausführen:** Das Skript wird ohne Erreichen eines speziellen Ereignisses ausgeführt.
- **Nach Debugger-Ereignissen:**
  - **Debugger-Einzelschritt:** Nach jedem Debugger-Schritt wird das Skript ausgeführt.
  - **Breakpoint erreicht:** Das Skript wird ausgeführt, wenn ein Breakpoint erreicht wird. Wenn Sie keinen speziellen Skript-Breakpoint in der Tabelle über **Neu** () anlegen, wird das Skript bei jedem Breakpoint ausgeführt. Hier haben Sie dieselben Optionen wie bei der Anlage normaler Debugger-Breakpoints (siehe Abschnitt 15.1.11).
  - **Watchpoint erreicht:** Das Skript wird ausgeführt, wenn ein bestimmter Watchpoint erreicht wird. Wenn Sie keinen speziellen Skript-Watchpoint in der Tabelle über **Neu** () anlegen, wird das Skript bei jedem Breakpoint ausgeführt. Hier haben Sie dieselben Optionen wie bei der Anlage eines normalen Watchpoints (siehe Abschnitt 15.1.12).

Beispiel

Sie sind es leid, die Berechtigungsprüfung manuell zu überspringen, müssen Sie doch immer wieder dasselbe machen:

1. Breakpoint bei der Anweisung `AUTHORITY-CHECK object` setzen
2. Aufruf mit **Ausführen** (![icon] bzw. F6) überspringen
3. Doppelklick auf die Variable `sy-subrc`
4. Wert in der Schnellanzeige (![icon]) zurück auf 0 setzen

Solche sich immer wiederholenden Vorgehensweisen eignen sich ausgezeichnet für ein Debugging-Skript. Im Skript müssten Sie das Verhalten schrittweise nachprogrammieren: Überspringe den Aufruf am Breakpoint und ändere den Wert von `sy-subrc` zurück auf 0. Der Trigger für das Skript wäre ein Breakpoint bei der Anweisung `AUTHORITY-CHECK object`, denn Sie wollen das Überspringen und das Ändern des Wertes von `sy-subrc` ja nur in diesen Fällen und nicht bei jedem Schritt des Debuggers auslösen.

Dieses Beispiel greife ich in den einzelnen folgenden Schritten auf.

15.2.2 Ein Skript schreiben

Ein Skript schreiben Sie mit dem Script Wizard, den Sie über den Button **Script Wizard** auf der Registerkarte **Script** erreichen können. Platzieren Sie Ihren Mauszeiger vor dem Aufruf des Wizards im Quellcode innerhalb der Methode `SCRIPT`.

Der Wizard verfügt bereits über vorgefertigte Aufrufe der Schnittstelle zum Debugger und stellt Ihnen, wie in Abbildung 15.21 gezeigt, sehr viele bereits vorgeschriebene Funktionen bereit. Im Folgenden beschreibe ich, wo Sie die wichtigsten Funktionen wiederfinden können.

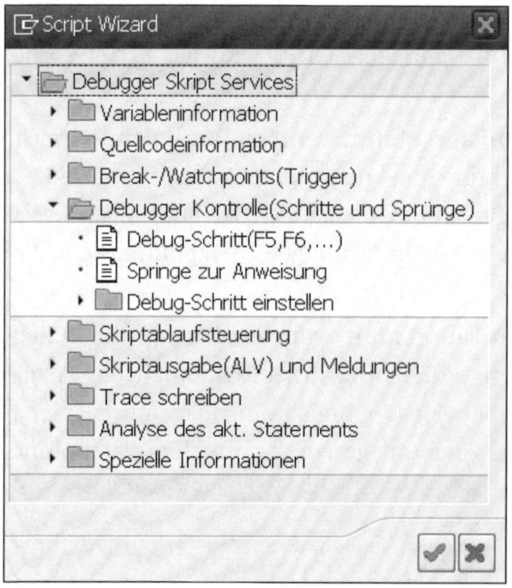

Abbildung 15.21 Der Script Wizard und seine Auswahlmöglichkeiten

Debugger-Schritte ausführen

Ein vordefiniertes Muster, um Debugger-Schritte auszuführen, finden Sie unter **Debugger Kontrolle (Schritte und Sprünge) • Debug-Schritt (F5,F6, ...)**. Den Debugger selbst können Sie mit der Methode `me->break( )` anhalten.

Auslesen und Ändern von Datenobjekten

Das Skript zum Auslesen und Ändern von Datenobjekten befindet sich in einer eigenen Klasse und hat dadurch keinen direkten Zugriff auf die globalen und lokalen Datenobjekte Ihres zu debuggenden Quellcodes. Daher müssen Sie diese separat über Methoden auslesen:

- Um Variablen, einfache Feldsymbole oder eine Komponente einer Struktur auszulesen, finden Sie ein Muster im Ordner **Variableninformation • Variablenwert (für einfache Variablen)**.
- Um diese Objekte zu ändern, finden Sie eine Methode im Ordner **Variablenwert ändern • Einfache Variable oder String**.
- Um interne Tabellen auszulesen, gibt es kein vorgefertigtes Muster. Verwenden Sie dazu den folgenden Code:

```
DATA: lr_table TYPE REF TO cl_tpda_script_tabledescr.
  CALL METHOD cl_tpda_script_data_descr=>factory
    EXPORTING
      p_var_name   = 'LT_TAB'
    RECEIVING
      p_datadescr = lr_table.
```

- Um interne Tabellen zu ändern, lassen Sie zuerst das Objekt der internen Tabelle auslesen. Danach können Sie die Funktionen im Ordner **Variableninformation • Variablenwert ändern • Tabelle** nutzen, um die interne Tabelle zu ändern (oder direkt die Methoden des ausgelesenen Objekts aufzurufen).

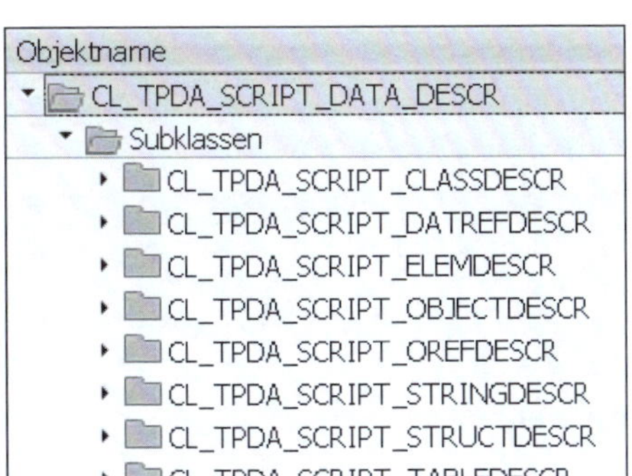

Abbildung 15.22 Klassen zum Auslesen und Bearbeiten von Datenobjekten im ABAP Debugger

Für alle anderen Datenobjekte stehen Ihnen die in Abbildung 15.22 aufgeführten Subklassen der Klasse CL_TPDA_SCRIPT_DATA_DESCR zur Verfügung. Um sie zu verwenden, geben Sie wie bei internen Tabellen eine entsprechende Referenz beim Rückgabewert der Methode FACTORY im Parameter P_DATADESCR an.

Beispiel

Zum Überspringen der Berechtigungsprüfung würden Sie innerhalb der Methode SCRIPT Folgendes angeben:

- Überspringe den Aufruf am Breakpoint:

```
CALL METHOD debugger_controller->debug_step
  EXPORTING
    p_command = cl_tpda_script_debugger_ctrl=>
                debug_step_over.
```

- Ändere den Wert von sy-subrc zurück auf 0:

```
CALL METHOD cl_tpda_script_data_descr=>change_value
  EXPORTING
    p_new_value = '0'
    p_varname   = 'sy-subrc'.
```

15.2.3 Das Skript starten und beenden

Nachdem Sie einen Trigger ausgewählt und das Skript programmiert haben, können Sie das Skript starten. Dafür gibt es zwei Wege:

- einen Klick auf den Button **Skript starten** auf der Registerkarte **Script** (siehe Abbildung 15.19)
- das in Abbildung 15.23 dargestellte Spezialwerkzeug *Script Wrapper* (siehe Abschnitt 15.1.4, »Die Werkzeuge«), in dem Sie den Namen des gespeicherten Skripts angeben können, das Skript aber auch (falls nicht bei jedem Debugger-Schritt) über den Button **Start** starten können

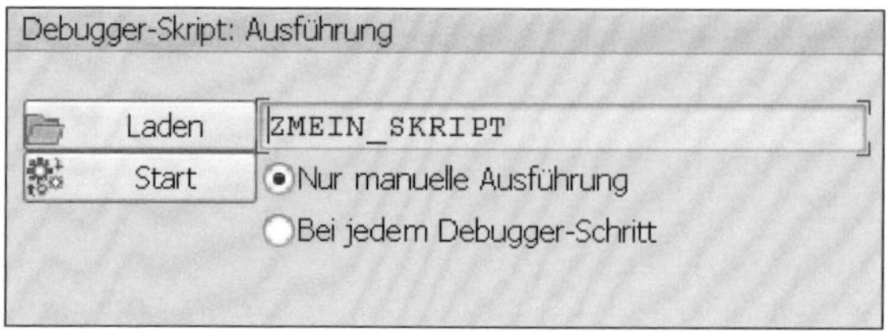

Abbildung 15.23 Der Script Wrapper zum Ausführen eines gespeicherten Skripts

Wenn Ihr Skript erfolgreich ausgeführt wurde und Sie außerdem im Skript mit `me->break( )` definiert haben, dass der Debugger nach der Ausführung anhalten soll, werden Sie dazu aufgefordert auszuwählen, ob das Skript nach dem Anhalten weiter ausgeführt (**Skript fortführen**) oder beendet (**Skript beenden**) werden soll.

15.2.4 Beispiel: Watchpoints für Feldsymbole

Dieses Beispiel fasst die Erläuterungen aus den vorigen Abschnitten zusammen. Die Aufgabe ist: Sie wollen den Debugger anhalten, wenn ein Feldsymbol einen bestimmten Wert annimmt. Die Umsetzung ist im Grunde sehr einfach:

1. Setzen Sie einen Breakpoint in Ihrem Programm.
2. Wechseln Sie auf die Registerkarte **Script**.
3. Schreiben Sie in der Methode `SCRIPT` ein Skript wie das in Listing 15.2, das in jeder Zeile versucht, den Wert Ihres gewünschten Feldsymbols (`<fs_wert>`) auszulesen. Ist das Feldsymbol nicht vorhanden, passiert nichts (da die Ausnahme durch einen `TRY-CATCH`-Block abgefangen wird). Wird das Feldsymbol gefunden, wird der Wert in einer normalen Variablen abgespeichert, die Sie nun mit einer `IF`-Anweisung mit Ihrem gewünschten Wert vergleichen können. Trifft die Bedingung zu, sagen Sie dem Debugger mit `me->break( )`, dass er anhalten soll.

```
DATA: lv_value TYPE string.
TRY.
CALL METHOD cl_tpda_script_data_descr=>get_simple_value
 EXPORTING
   p_var_name  = '<FS_WERT>'
 RECEIVING
   p_var_value = lv_value.
 CATCH cx_tpda_varname.
 CATCH cx_tpda_script_no_simple_type.
ENDTRY.
IF lv_value = '...'.
  me->break( ). "Wert trifft zu, halte an
ENDIF.
```

Listing 15.2 Skript zur Überprüfung des Wertes eines Feldsymbols

4. Definieren Sie als Trigger **Nach Debugger Ereignissen** als **Debugger-Einzelschritt**.
5. Klicken Sie auf **Skript starten**.
6. Wenn Ihr Feldsymbol den definierten Wert annimmt, wird der Debugger anhalten, wenn nicht, wird das Programm normal durchlaufen.

Speichern Sie dieses Skript!

Damit Sie nicht jedes Mal aufs Neue den Code ausprogrammieren müssen, empfiehlt es sich, das Skript unter einem passenden Namen, z. B. `ZFELDSYMBOL`, über den Button **Sichern als** zu speichern. Bei Bedarf können Sie es über **Script laden** laden und dem Namen des neuen Feldsymbols und dem gewünschten Wert anpassen. Damit haben Sie standardmäßig eine nützliche Funktionalität zur Verfügung.

15.3 Der Code Inspector

Der Code Inspector ist ein Werkzeug zur statischen Überprüfung von Quellcode und stellt unter den Gesichtspunkten Performance, Sicherheit, Syntax und Einhaltung von Namenskonventionen verschiedene Prüfungen bereit, die Sie nach Ihren Wünschen parametrisieren können. Der Code Inspector ist über den Transaktionscode SCI aufrufbar.

Im in Abbildung 15.24 dargestellten Einstiegsbild haben Sie die Möglichkeit, Inspektionen, Objektmengen und Prüfvarianten zu definieren.

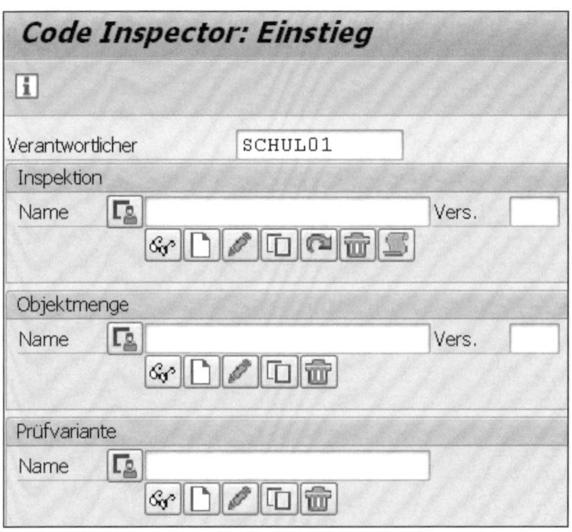

Abbildung 15.24 Der Einstiegsbildschirm des Code Inspectors

- **Objektmenge:** Was soll überprüft werden? Hier legen Sie eine Objektmenge fest (siehe Abschnitt 15.3.3).
- **Prüfvariante:** Was soll geprüft werden? Hier legen Sie die Prüfungen fest, die durchlaufen werden sollen (siehe Abschnitt 15.3.2).
- **Inspektion:** Durchführung von Prüfungen mit einer Objektmenge und einer Prüfvariante (siehe Abschnitt 15.3.4)

Im besten Fall gibt es für jedes Projekt genau eine fest vordefinierte Inspektion, in der z. B. die Namenskonventionen hinterlegt sind. Die Prüfvariante ist für jeden Entwickler im Projekt unterschiedlich. Der eine arbeitet an einem Report, der andere an einer Klassenhierarchie zur Beschaffung von Daten für Formulare. Daher ist für Entwickler der Aufwand zu hoch, jedes Mal eine Objektmenge anzulegen. Aus diesem Grund bietet Ihnen der Code Inspector die Möglichkeit einer Ad-hoc-Inspektion. Diese können Sie wie folgt aufrufen:

- aus der ABAP Workbench mit der Default-Prüfvariante (Transaktion SE80, siehe Abschnitt 15.3.1)
- über die Transaktion SCI mit beliebigen Prüfungen (siehe Abschnitt 15.3.4)

15.3.1 Ad-hoc-Prüfung über Transaktion SE80

Um die Ad-hoc-Prüfung auszuführen, gehen Sie wie folgt vor:

1. Rufen Sie in Transaktion SE80 das Entwicklungsobjekt Ihrer Wahl auf.
2. Den Code Inspector erreichen Sie nun im Hauptmenü (z. B. für Programme) unter **Programm • Prüfen • Code Inspector**. Bei Funktionsbausteinen würden Sie ihn unter dem Menüpunkt **Funktionsbaustein** finden, bei Klassen unter **Klasse**.
3. Es wird nun direkt eine Prüfung mit einer von SAP voreingestellten Default-Prüfvariante durchgeführt. Sie gelangen direkt zur Ergebnisliste (siehe Abschnitt 15.3.5).

Die Default-Prüfvariante können Sie nach Ihren Bedürfnissen anpassen, indem Sie in Transaktion SCI die Prüfvariante `DEFAULT` eintragen (siehe Abschnitt 15.3.2) und auf **Anlegen** (🗋) oder **Editieren** (✎, falls bereits existent) klicken.

> **Prüfvariante TRANSPORT**
>
> Neben der Default-Prüfvariante gibt es auch eine Prüfvariante `TRANSPORT`, die bei der Freigabe von Transporten herangezogen wird. Diese Transport-Prüfvariante wird durchlaufen, wenn Sie innerhalb eines Auftrags bzw. einer Aufgabe im Hauptmenü den Pfad **Auftrag/Aufgabe • Prüfen • Objekte** wählen.

15.3.2 Prüfvariante

Um eine Prüfvariante anzulegen, gehen Sie wie folgt vor:

1. Tragen Sie in Transaktion SCI einen Namen ein, wie in Abbildung 15.25 dargestellt, und klicken Sie auf **Anlegen** (🗋).
2. Wählen Sie aus der Liste der Prüfungen in Abbildung 15.26 die gewünschten Prüfungen aus. Weitere Informationen zu den zahlreichen Prüfungen finden Sie über die daneben angezeigten Info-Buttons (ℹ).

Abbildung 15.25 Prüfvariante anlegen

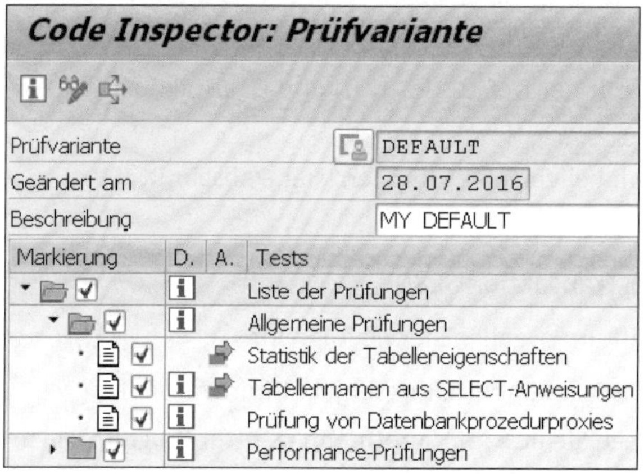

Abbildung 15.26 Auswahl von Prüfungen in einer Prüfvariante

3. Die einzelnen Prüfungen können Sie gegebenenfalls über den Pfeil-Button () in der Spalte **Attribute** mit weiteren Einstellungen versorgen. In Abbildung 15.27 finden Sie z. B. die Einstellungen für die Prüfung **Namenskonventionen** im Ordner **Programmierkonventionen**. Hier haben Sie die Möglichkeit, für jedes Datenobjekt eine Namenskonvention einzutragen. Auf diese Weise könnten Sie in einem Projekt alle Programmierer dazu anhalten, sich an dieselbe Namenskonvention zu halten (und dies auch über die Ausführung des Code Inspectors überprüfen).

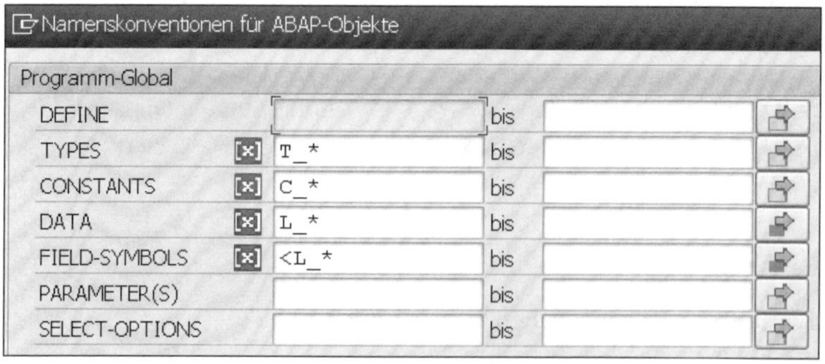

Abbildung 15.27 Weitere Einstellungen für Prüfungen

4. Speichern Sie anschließend über den Button **Speichern** ().

Die angelegte Prüfvariante können Sie nun in einer Inspektion weiterverwenden.

15.3.3 Objektmenge

Eine Objektmenge legen Sie wie folgt an:

1. Tragen Sie in Transaktion SCI einen Namen im Abschnitt **Objektmenge** ein, und klicken Sie auf **Anlegen** (🗋).
2. Mithilfe der folgenden Registerkarten können Sie nun die Entwicklungsobjekte auswählen, die überprüft werden sollen:
   - **ObjMenge selektieren:** Auswahl von Entwicklungsobjekten
   - **ObjMenge aus Ergebnis:** Übernahme einer Objektmenge aus einer anderen Inspektion
   - **ObjMenge aus Auftrag:** Prüfen eines Transportauftrags
   - **ObjKollektoren:** Objekte bestimmter Transaktionen (z. B. alle Entwicklungsobjekte, die in der Transaktion SAT – Performanceanalyse gemessen wurden)
   - **ObjMenge Bearbeiten:** Übernahme von Entwicklungsobjekten aus bereits definierten Objektmengen sowie die Möglichkeit, diese gegebenenfalls einzuschränken bzw. zu erweitern
3. Speichern Sie anschließend über den Button **Speichern** (💾).

Die angelegte Objektmenge können Sie nun in einer Inspektion (oder in einer weiteren Objektmenge) weiterverwenden.

15.3.4 Inspektion

Um eine Inspektion anzulegen, führen Sie folgende Schritte aus:

1. Tragen Sie einen Namen im Bereich **Inspektion** in Transaktion SCI ein, und klicken Sie auf **Anlegen** (🗋). Wenn Sie das Namensfeld freilassen, wird eine Ad-hoc-Prüfung angelegt, die Sie nicht speichern können.
2. Wählen Sie Ihre definierte Objektmenge (siehe Abschnitt 15.3.3) bzw. einen Auftrag/eine Aufgabe oder ein einzelnes Objekt aus.
3. Wählen Sie anschließend eine Prüfvariante (siehe Abschnitt 15.3.2), oder wählen Sie die Prüfungen einzeln aus der Liste aus.
4. Führen Sie die Prüfung nun über den Button **Ausführen** (⊕) aus. Dadurch gelangen Sie direkt zur Ergebnisanzeige.

15.3.5 Ergebnisliste

Das Ergebnisbild, das Sie in Abbildung 15.28 sehen können, zeigt Ihnen das Ergebnis einer Inspektion. Hier wird jede Prüfung einzeln aufgeführt und angegeben, wie viele Fehler gefunden wurden. Zusätzlich werden für bestimmte Sachverhalte Warnungen bzw. Hinweise angezeigt. In der Regel sollten Sie bei Ihren Entwicklungen immer dafür sorgen, dass kein Fehler (rot dargestellt) angezeigt werden.

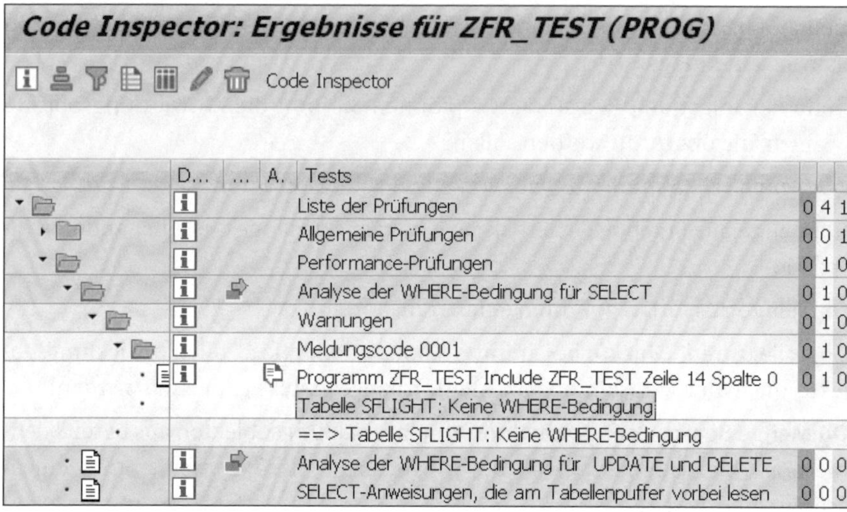

Abbildung 15.28 Ergebnisliste einer Code-Inspektion

Wenn Sie die Ergebnisliste bis zum untersten Ordner aufklappen, sehen Sie für jede Meldung einen erläuternden Text. Sie können außerdem nähere Informationen zu einer Meldung erhalten, indem Sie auf den Info-Button (i) klicken. Mit einem Doppelklick auf eine Meldung können Sie zur verursachenden Quellcodestelle navigieren. Die Meldung können Sie durch einen Pseudokommentar hinter der ABAP-Anweisung unterdrücken. Den benötigten Pseudokommentar finden Sie über den Button in der Spalte **Ausnahmen** neben der Meldung.

Die Ergebnisliste können Sie sich auch in einer Tabelle über den Button **Ergebnistabelle** () in der Funktionsleiste anzeigen lassen. Dies ermöglicht Ihnen einen Export nach Excel oder das gezielte Kopieren von Informationen (z. B. für eine E-Mail).

15.4 ABAP Unit

ABAP Unit ist ein integriertes Testwerkzeug für Modultests, auch Black-Box-Tests genannt. Modulare Programmeinheiten (z. B. Methoden und Funktionsbausteine) – in diesem Sinnbild eine schwarze Box, da die Implementierung nicht analysiert wird – werden in solchen Tests mit fest vordefinierten Werten aufgerufen, und die Rückgabeparameter werden mit ebenfalls fest vordefinierten Erwartungswerten verglichen. Entspricht der Ergebniswert dem Erwartungswert, ist alles in Ordnung. Ist das nicht der Fall, liegt ein Fehler vor.

Solche Tests brauchen natürlich entsprechende Vorbereitungszeit für die Gewinnung von Aufruf- und Erwartungswerten sowie letztlich für die Implementierung. Aufgrund dieses initialen Aufwands hat sich ABAP Unit als Testtool für Black-Box-Tests bisher noch nicht breit durchsetzen können. Denn weniger Aufwand (es funktioniert ja trotzdem irgendwie) schaut in der Bilanz eines Projekts besser aus.

Die Ernte dieses Aufwands holen Sie meist erst Jahre später ein, wenn Folgeprojekte aufgesetzt werden und es darum geht, Änderungen an einer bestehenden (komplexen) Entwicklung durchzuführen, seien es neue Wunschfunktionen oder reines Bug-Fixing. Der Entwickler, der die Änderung durchführt, hat in den seltensten Fällen das Original programmiert und kennt daher den Quellcode und damit auch die Zusammenhänge und Wirkungseffekte nicht. Aber selbst wenn der Originalentwickler die Änderungen durchführt, bleibt eine Änderung gerade bei großen Entwicklungen ein Glücksspiel: Wenn ich jetzt hier etwas ändere, funktionieren dann alte, schon getestete Funktionen noch?

Sind genau für diese älteren Funktionen ABAP-Unit-Testklassen hinterlegt, ließe sich diese Frage durch die Ausführung der ABAP-Unit-Tests schnell (durch zwei Mausklicks) beantworten. Meistens fehlen diese jedoch, und so werden mitunter unbewusst Fehler in die Entwicklung eingebaut, die dann wiederum erneute Tests, Tickets, Änderungen und Transporte nach sich ziehen können. Dieser Aufwand taucht dann allerdings in einer anderen Bilanz auf ...

Natürlich ist ABAP Unit kein Allheilmittel. Um nachträgliche Aufwände möglichst gering zu halten, ist z. B. auch eine sehr gute Dokumentation des Quellcodes (innerhalb und außerhalb) sowie der Architektur vonnöten.

15.4.1 Grundsätzlicher Aufbau einer Testklasse

Für einen ABAP-Unit-Test wird eine lokale Testklasse angelegt. Dies ist, wie Sie in Listing 15.3 sehen können, eine lokale Klasse mit dem Zusatz `FOR TESTING`. Dieser Zusatz sorgt dafür, dass die Klasse nur vom ABAP-Unit-Framework ausgeführt werden darf und z. B. die Ausführung in einem Produktivsystem je nach Einstellung verboten bzw. eingeschränkt ist.

Zudem werden standardmäßig die Zusätze `DURATION SHORT` und `RISK LEVEL HARMLESS` verwendet. Diese sagen dem System, wie lange die Ausführung der Testklasse dauert und wie gefährlich sie ist. Für jedes System ist hinterlegt, bis zu welchem Grad Ausführungen möglich sind. Mehr Informationen zu diesen Zusätzen finden Sie in Abschnitt 15.4.2, »Systemeinstellungen«.

```
CLASS zmeine_Testklasse DEFINITION FOR TESTING
DURATION SHORT RISK LEVEL HARMLESS.
  PRIVATE SECTION.
```

```
    DATA: f_cut TYPE REF TO zcl_meine_klasse. "zu testende Klasse
    CLASS-METHODS: class_setup,
                   class_teardown.
    METHODS: setup,
             teardown,
             meine_testmethode FOR TESTING. "Aufruf für die zu
                                            "testende Methode
ENDCLASS.
```

Listing 15.3 Definition der Testklasse

Die in Listing 15.3 angegebene Testklasse testet die als F_CUT definierte globale Klasse ZCL_MEINE_KLASSE. Hier würde Ihre zu testende Klasse stehen. Darüber hinaus stellt die Testklasse die vier in Tabelle 15.3 aufgeführten Methoden bereit.

Methode	Aufruf
CLASS_SETUP()	Dient der Erstellung der notwendigen Instanzen und der Definition der Testdaten beim Start des Testlaufs.
CLASS_TEARDOWN()	Löscht nicht mehr benötigte Daten beim Ende des Testlaufs.
SETUP()	vor einer Testmethode
TEARDOWN()	nach einer Testmethode

Tabelle 15.3 Methoden einer Testklasse

Außerdem enthält die Testklasse mindestens eine Testmethode MEINE_TESTMETHODE (für jede zu testende Methode aus Ihrer globalen Klasse eine). Eine Testmethode ist eine Methode, die innerhalb einer Testklasse mit dem Zusatz FOR TESTING definiert wird und sich darum kümmert, die zu testende Methode (kann z. B. auch ein Funktionsbaustein sein) mit vordefinierten Werten aufzurufen und deren Rückgabewerte mithilfe der Methoden der Klasse CL_ABAP_UNIT_ASSERT (siehe Abschnitt 15.4.3, »Assertions«) zu vergleichen.

In der Testklasse müssen keine Methodenaufrufe implementiert werden. Die Ausführung der Methoden der Testklasse erfolgt automatisch in der in Abbildung 15.29 dargestellten Aufrufreihenfolge.

Sie müssen lediglich den Modultest starten (siehe Abschnitt 15.4.5, »Ausführen eines ABAP-Unit-Tests«) und vorher (wenn Ihr Basisteam das nicht schon übernommen hat) das System für ABAP Unit einrichten (siehe Abschnitt 15.4.2, »Systemeinstellungen«).

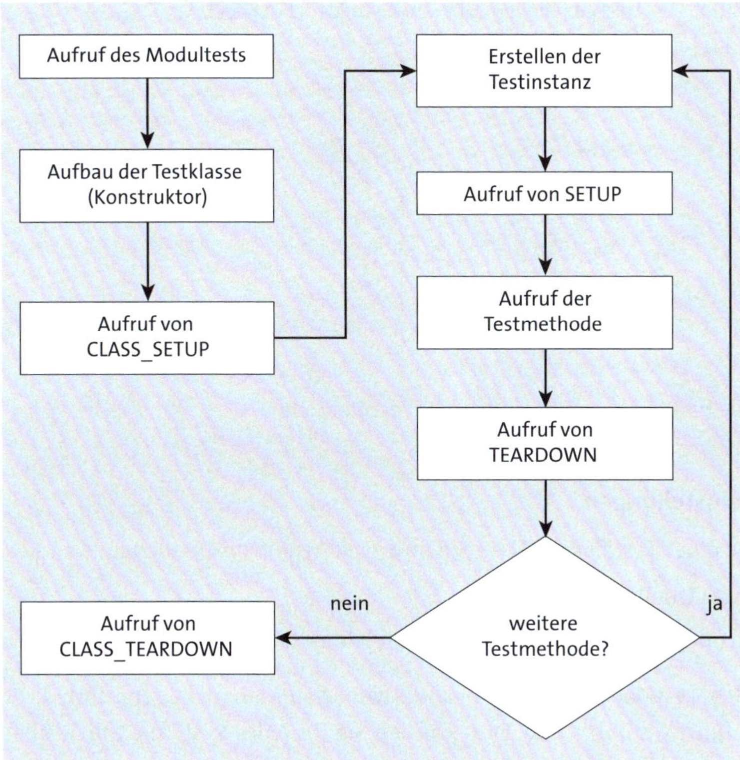

Abbildung 15.29 Ablaufschema einer ABAP-Unit-Testklasse

15

Mehrere Testmethoden und mehrere zu testende Methoden

Innerhalb einer Testklasse können mehrere Testmethoden implementiert werden. Da keine Methodenaufrufe implementiert werden, kann die Aufrufreihenfolge nicht beeinflusst werden (geschieht in alphabetischer Reihenfolge). Wenn mehrere Methoden zu einem Test gehören, müssen die Aufrufe in einer Testmethode zusammengefasst werden.

Beispiel

In Listing 15.4 sehen Sie eine beispielhafte Implementierung einer Testmethode.

```
METHOD meine_testmethode.
  DATA iv_index        TYPE i.
  DATA it_materialien  TYPE mara_tt.
  DATA rs_material     TYPE mara.
  DATA ls_material     TYPE mara.
  ls_material-matnr = '123456'.
```

```
*Die Definition der Testdaten können Sie auch in die Methode
*CLASS_SETUP() auslagern
  rs_material = f_cut->meine_methode(
    iv_index      = iv_index
    it_materialien = it_materialien ).
  cl_abap_unit_assert=>assert_equals(
    act   = rs_material
    exp   = ls_material  "Mein Erwartungswert
    msg   = 'Meine Fehlermeldung'
  ).
ENDMETHOD.
```

Listing 15.4 Beispielhafte Implementierung einer Testmethode

15.4.2 Systemeinstellungen

Durch die Anlage einer Testklasse haben Sie nun zwei Arten von Quellcode:

- den produktiven Quellcode für die Anwender
- den Testquellcode, um den produktiven Quellcode zu testen

Testquellcode (d. h. Testklassen) wird in produktiven Systemen nicht generiert, da er dort nicht ausgeführt werden sollte. Dies können Sie für jedes System explizit über den Profilparameter `abap/test_generation` steuern.

Per Customizing können Sie darüber hinaus in der Transaktion SAUNIT_CLIENT_SETUP die relevanten Testattribute pflegen (siehe Abbildung 15.30). Hier haben Sie die Möglichkeit, die Ausführung von Modultests individuell und mandantenabhängig einzuschränken oder gar zu verbieten.

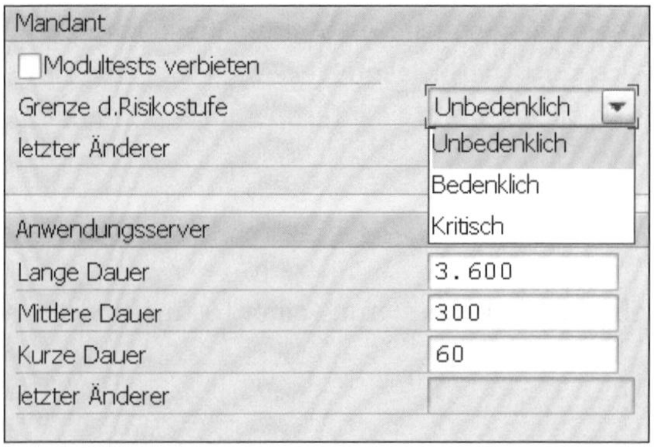

Abbildung 15.30 Systemeinstellungen für ABAP-Unit-Tests

Wie in Abbildung 15.30 dargestellt, können Sie eine Risikostufe (siehe Tabelle 15.4) und die maximale Ausführungsdauer eines Tests in Sekunden auswählen. Diese Zeit gilt für die kumulierte Zeit aller Methoden einer Testklasse. In der Testklasse wird dies über die Zusätze DURATION SHORT, MEDIUM bzw. LONG definiert.

Risikostufe	Bedeutung	Zusatz Testklasse: RISK LEVEL ...
Unbedenklich	kein Einfluss auf persistente Daten oder Systemeinstellungen	HARMLESS
Bedenklich	z. B. Änderungen von persistenten Daten	DANGEROUS
Kritisch	Änderungen von Systemeinstellungen oder Customizing	CRITICAL

Tabelle 15.4 Risikostufen für ABAP-Unit-Tests

15.4.3 Assertions

In jeder Testmethode müssen Sie am Ende, nach dem Aufruf des zu testenden Moduls, das Ergebnis vergleichen und dem Framework bekannt geben, ob das Ergebnis erfolgreich war oder nicht. Dazu steht Ihnen eine Klasse CL_ABAP_UNIT_ASSERT mit mehreren Vergleichsmethoden zur Verfügung. Der Vorteil der Benutzung dieser Klasse im Vergleich zu normalen Bedingungen (wie z. B. einer IF-Anweisung) ist, dass die Methoden jeweils auch einen Parameter für einen Fehlertext und ein Fehlerlevel haben und diese Informationen automatisch in das Testprotokoll schreiben und so das Framework bei aufgetretenen Fehlern informieren.

In Tabelle 15.5 sind die wichtigsten Assert-Methoden aufgelistet. Eine vollständige Übersicht aller Methoden erhalten Sie, wenn Sie sich die Klasse CL_ABAP_UNIT_ASSERT in Transaktion SE24 anzeigen lassen.

Methode	Beschreibung
ASSERT_EQUALS/ ASSERT_DIFFERS	Gleichheit/Ungleichheit zweier flacher Datenobjekte
ASSERT_INITIAL	Datenobjekt ist initial oder nicht.
ASSERT_NOT_BOUND	Referenz ist nicht gebunden.
ASSERT_SUBRC	Überprüfung des Return-Codes
ASSERT_TABLE_CONTAINS / ASSERT_TABLE_NOT_CONTAINS	Tabelle enthält Zeile oder nicht.
ASSERT_TRUE / ASSERT_FALSE	Wert ist ABAP_TRUE oder ABAP_FALSE.

Tabelle 15.5 Die wichtigsten Assert-Methoden

Alle diese Methoden haben (neben dem Ergebniswert und dem Erwartungswert) mindestens die in Tabelle 15.6 gezeigten Parameter. Jede Assert-Methode hat darüber hinaus unterschiedliche weitere Parameter. So muss bei der Vergleichsmethode für interne Tabellen auch eine interne Tabelle und die zu überprüfende Zeile mitgegeben werden.

Parameter	Bedeutung
MSG	Meldung für den Negativfall (Zeichenkette)
LEVEL	IF_AUNIT_CONSTANTS=>... ■ Kritisch: ... CRITICAL ■ Schwerwiegend: ... FATAL ■ Tolerierbar: ... TOLERABLE
QUIT	Gibt an, dass der Testfall abgebrochen werden soll (Boolean).
ASSERTION_FAILED	Return-Wert, ob der Vergleich erfolgreich war

Tabelle 15.6 Wichtige Parameter der Assert-Methoden

[»]

Umfangreiches Beispiel

Ein umfangreiches Beispiel für die Implementierung einer Testklasse ist die Klasse CL_ABAP_UNIT_ASSERT selbst. Öffnen Sie die Klasse in Transaktion SE24, und klicken Sie in der Funktionsleiste auf den Button **Lokale Testklassen**.

15.4.4 Assistent für die Testklassengenerierung

Damit Sie die in Abschnitt 15.4.1 beschriebene Testklasse nicht manuell anlegen müssen (was durch Kopieren und Einfügen ein vertretbarer Aufwand ist), stellt Ihnen die ABAP Workbench einen Assistenten für die Generierung von Testklassen für globale Klassen (und deren lokale Klassen) zur Verfügung. Wollen Sie einen Funktionsbaustein testen, sind Sie jedoch auf das Kopieren einer bestehenden lokalen Testklasse angewiesen (dies sollten Sie dann am besten im Rahmenprogramm der Funktionsgruppe machen).

Prinzipiell empfiehlt es sich, alle Testklassen eines Programms im selben Sichtbarkeitsbereich (z. B. durch ein Include) anzuordnen, da die Testklassen dann Zugriff auf alle globalen Daten und Prozeduren haben. Der Assistent für die Testklassengenerierung platziert die generierte Testklasse z. B. als lokale Klasse innerhalb der zu testenden globalen Klasse.

Den in Abbildung 15.31 dargestellten Wizard können Sie auf den folgenden Wegen aufrufen:

- in Transaktion SE24 im Bearbeitungsmodus einer Klasse im Hauptmenü unter **Hilfsmittel • Testklassen • Generieren**
- in Transaktion SE80 nach Auswahl einer Klasse im Repository Browser im Kontextmenü des Klassenordners unter **Anlegen • Testklasse generieren**

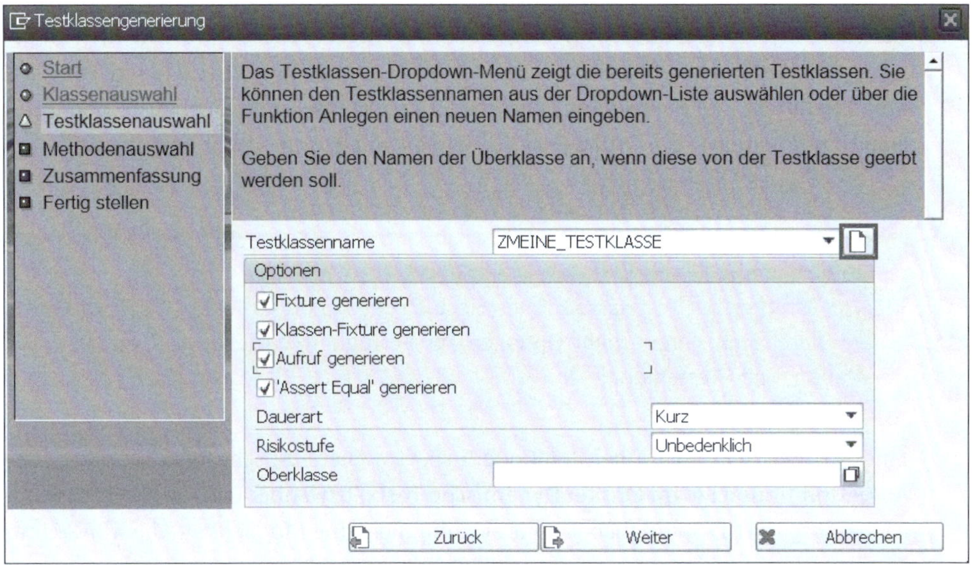

Abbildung 15.31 Wizard zur Testklassengenerierung

Den Wizard bedienen Sie in den einzelnen Schritten wie folgt:

1. **Start:** Klicken Sie auf **Weiter**.
2. **Klassenauswahl:** Wählen Sie aus, ob Sie die Testklasse für eine globale oder lokale Klasse anlegen wollen, und klicken Sie auf **Weiter**.
3. **Testklassenauswahl • Optionen** (siehe Abbildung 15.31): Wählen Sie hier aus dem Dropdown-Menü eine bestehende Testklasse aus, oder legen Sie eine neue Testklasse über **Neu** () an, indem Sie einen Namen für die Klasse vergeben.

   Wählen Sie aus den **Optionen**, welche Methoden für die Testklasse generiert werden sollen: **Fixture generieren** generiert die `SETUP`-Methode, **Klassen-Fixture generieren** die `CLASS_SETUP`-Methode, die Option **Aufruf generieren** generiert Ihnen einen Aufruf der zu testenden Methode in Ihrer Testmethode, und die Option **Assert Equal generieren** fügt Ihnen den Rumpfaufruf eines einfachen Vergleichs ein. Klicken Sie auf **Weiter**, nachdem Sie Ihre Einstellungen vorgenommen haben.
4. **Methodenauswahl:** Wählen Sie hier die Methoden aus, die Sie testen wollen, und klicken Sie auf **Weiter**.

5. **Zusammenfassung:** Überprüfen Sie Ihre Auswahl, und klicken Sie auf **Weiter**.
6. **Fertig stellen:** Klicken Sie zum Schluss auf **Fertig stellen**.

Anschließend wird Ihre Testklasse angelegt und angezeigt. Programmieren Sie die Testklasse aus, und aktivieren ( ) Sie diese.

15.4.5 Ausführen eines ABAP-Unit-Tests

Nachdem Sie eine Testklasse angelegt haben, wollen Sie diese natürlich auch aufrufen. Dazu wählen Sie in Transaktion SE24 (bzw. SE80) im Hauptmenü **Klasse • Ausführen • Modultest** (bei Reports im Hauptmenü **Report**, bei Funktionsbausteinen unter **Funktionsbaustein**). Der Aufruf ist prinzipiell auch über die Tastenkombination [Strg] + [⇧] + [F10] möglich.

[+]

> **Der ABAP Unit Test Runner**
>
> Zum Ausführen der Testklasse können Sie auch den Report `RS_AUCV_RUNNER` verwenden. Dieser stellt Ihnen mehr Optionen zur Verfügung, wie z. B. das Senden von E-Mails mit den Testergebnissen.

Ein Aufruf ist aber auch über den Code Inspector (siehe Abschnitt 15.4, die Prüfung **ABAP Unit** finden Sie im Ordner **Dynamische Tests**) bzw. über das ABAP Test Cockpit (siehe Abschnitt 15.5) möglich. Damit besteht auch eine Möglichkeit, die ABAP-Unit-Tests an das Transportsystem anzuschließen.

15.4.6 Die Ergebnisanzeige

Die in Abbildung 15.32 dargestellte Ergebnisanzeige fasst alle Meldungen nach ihrer Art zusammen und ermöglicht es Ihnen auch, zur Testmethode zu navigieren. Wenn kein Fehler aufgetreten ist, wird kein Ergebnis angezeigt, sondern nur eine Erfolgsmeldung in der Nachrichtenleiste ausgegeben.

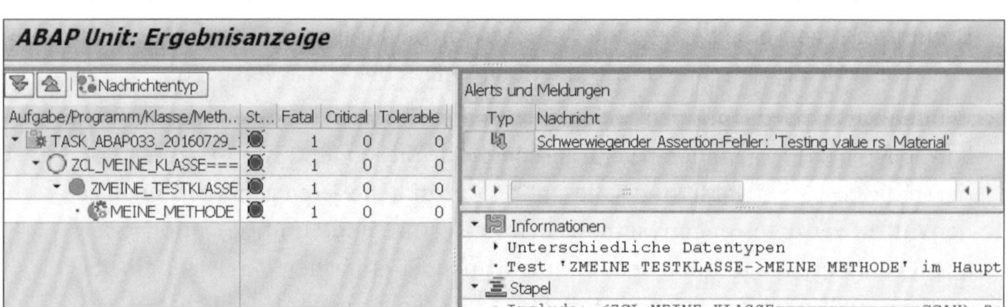

Abbildung 15.32 Ergebnisanzeige eines ABAP-Unit-Tests

15.4.7 Der ABAP Unit Browser

Der ABAP Unit Browser hilft Ihnen dabei, Testklassen zu finden und auszuführen. Sie finden den Browser in der ABAP Workbench (Transaktion SE80) auf der linken Seite (siehe Abbildung 15.33). Wenn der Button **ABAP Unit Browser** bei Ihnen nicht angezeigt wird, müssen Sie ihn erst aktivieren:

1. Wählen Sie dazu **Hilfsmittel • Einstellungen** im Hauptmenü.
2. Wechseln Sie auf die Registerkarte **Workbench allgemein**. Wählen Sie dort unter **Browser-Auswahl** den **ABAP Unit Test Browser** aus, und bestätigten Sie Ihre Auswahl mit einem Klick auf das grüne Häkchen (✔).

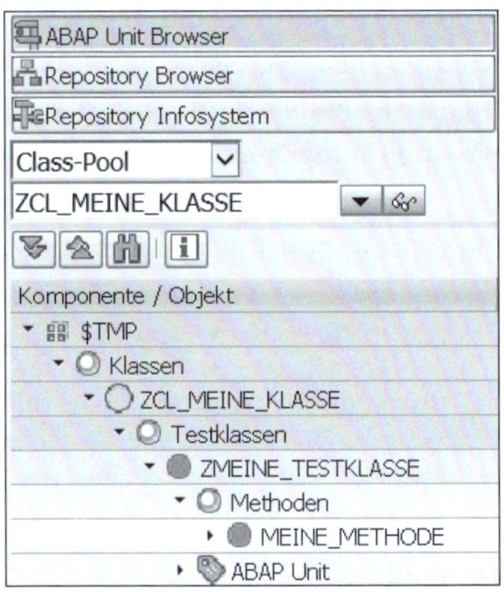

Abbildung 15.33 Suche nach Testklassen im ABAP Unit Browser

Im ABAP Unit Browser können Sie nun über die Dropdown-Liste nach Testklassen für Klassen, Programme, Funktionsgruppen und Pakete suchen. Es besteht auch die Möglichkeit, Testklassen als Favorit anzulegen.

15.5 Das ABAP Test Cockpit

Das ABAP Test Cockpit (ATC) dient als Werkzeug zur zentralen Qualitätsprüfung. Hier laufen alle anderen Prüfvarianten (erweiterte Programmprüfung, Code Inspector und ABAP Unit) zusammen und werden in einer zentralen Ergebnisliste zusammengefasst. Zusätzlich wird mit dem ATC ein Berechtigungsworkflow für Ausnahmen und die Möglichkeit der Planung von Testläufen eingeführt.

In diesem Abschnitt zeige ich Ihnen, wie Sie einen ATC-Test ausführen und wie Sie ältere Tests wiederfinden können. Darüber hinaus gehe ich kurz auf die Transaktion ATC ein, mit der Sie grundlegende Konfigurationen, wie z. B. die auszuführende Prüfvariante, einstellen können.

15.5.1 Ausführung eines ATC-Tests

Einen ATC-Test können Sie jederzeit über jedes Tool der ABAP Workbench anstoßen:

1. Rufen Sie dazu in Transaktion SE80 das Entwicklungsobjekt auf, das Sie testen möchten.
2. Rufen Sie das ATC im Hauptmenü (z. B. für Programme) über **Programm • Prüfen • ABAP Test Cockpit (ATC)** auf. Bei Funktionsbausteinen finden Sie das ATC unter dem Hauptmenüeintrag **Funktionsbaustein**, bei Klassen unter **Klasse**.

> **Objektmenge einschränken und Prüfvariante auswählen**
>
> Im selben Menü finden Sie auch den Eintrag **ABAP Test Cockpit (ATC) mit.** Darüber können Sie vor der Prüfung die Entwicklungsobjekte bzw. die zu verwendende Prüfvariante auswählen (ansonsten wird die im ATC eingestellte Prüfvariante verwendet, in der Regel `DEFAULT`). Klicken Sie hier anschließend auf **Prüfungen ausführen** in der Funktionsleiste.
>
> Diese Funktion ist besonders hilfreich, wenn Sie eine ATC-Prüfung für ein Paket ausführen und vorher die Ergebnisobjekte einschränken möchten.

3. Auf Basis Ihrer Auswahl wird eine ATC-Prüfung durchgeführt und die in Abbildung 15.34 dargestellte Ergebnisliste angezeigt.

In der Ergebnisliste können Sie wie folgt navigieren:

- die Ergebnisliste über den Button **Filter anwenden** filtern
- über **Objekt anzeigen** in der letzten Zeile der Detailanzeige zum Quelltext springen

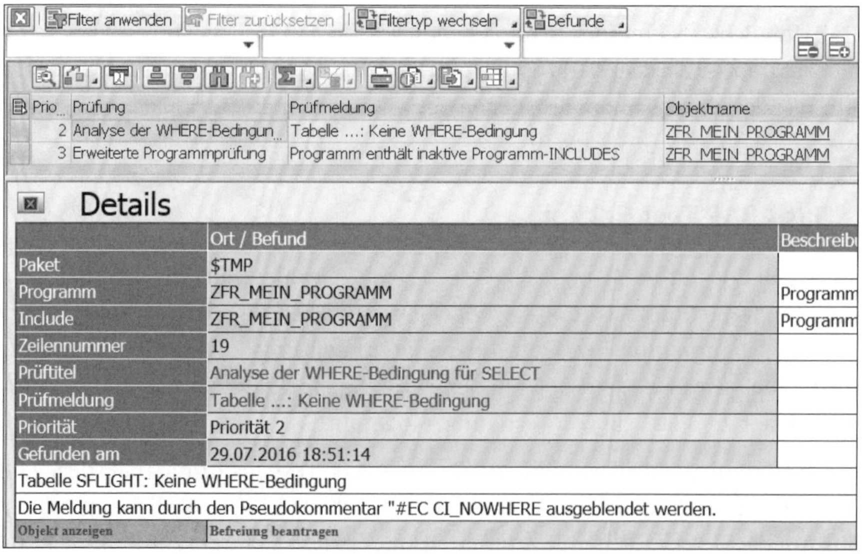

Abbildung 15.34 Die Ergebnisliste einer ATC-Prüfung

- über den Button **Befreiung beantragen** in der letzten Zeile der Detailanzeige eine Befreiung beantragen; eine Befreiung erlaubt es Ihnen, eine Meldung in der Ergebnisanzeige zu ignorieren. Ansonsten sind Sie immer gezwungen, die Meldung zu bearbeiten.
- sich zum Prüftitel und zur Prüfmeldung weitere Informationen anzeigen lassen, um die Meldung und die Ursache zu verstehen

15.5.2 Die Transaktion ATC

Die Transaktion ATC, deren Einstiegsbildschirm Sie in Abbildung 15.35 sehen können, dient der Konfiguration und Einplanung sowie der Überwachung von regelmäßigen Testläufen. An dieser Stelle können Sie auch das ATC mit dem Transportwesen verknüpfen. Darüber hinaus stellt die Transaktion im Bereich **Qualitäts-Governance** die notwendigen Werkzeuge bereit, um Ausnahmen für Prüfungen zu genehmigen bzw. die verwendeten Prüfvarianten zu verwalten.

Für die jeweiligen Setup-Schritte finden Sie über den Info-Button (i) in der Funktionsleiste viele unterstützende Informationen.

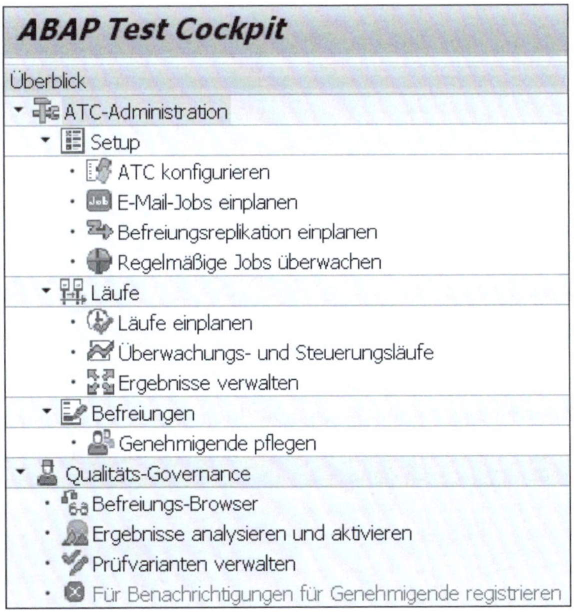

Abbildung 15.35 Das ABAP Test Cockpit

15.5.3 Der ATC-Ergebnis-Browser

Der ATC-Ergebnis-Browser hilft Ihnen, bereits durchgeführte Testläufe zu finden. Er dient als Historie von bereits durchgeführten Prüfläufen.

Sie können ihn in der ABAP Workbench (Transaktion SE80) über den Button **ATC-Ergebnis-Browser** auf der linken Seite aufrufen (siehe Abbildung 15.36). Wenn dieser Button bei Ihnen nicht angezeigt wird, müssen Sie ihn erst aktivieren. Wählen Sie dazu im Hauptmenü **Hilfsmittel • Einstellungen**, und wechseln Sie anschließend auf die Registerkarte **Workbench allgemein**. Wählen Sie dort unter **Browser-Auswahl** den **ATC Result Browser** aus, und bestätigten Sie Ihre Auswahl mit einem Klick auf das grüne Häkchen (✓).

Im ATC-Ergebnis-Browser können Sie über die Dropdown-Liste nach zentralen Prüfläufen sowie nach benutzerspezifischen Prüfläufen suchen. In Abbildung 15.36 können Sie drei benutzerspezifische Prüfläufe sehen, die Sie sich über einen Doppelklick in der Ergebnisliste anzeigen lassen können.

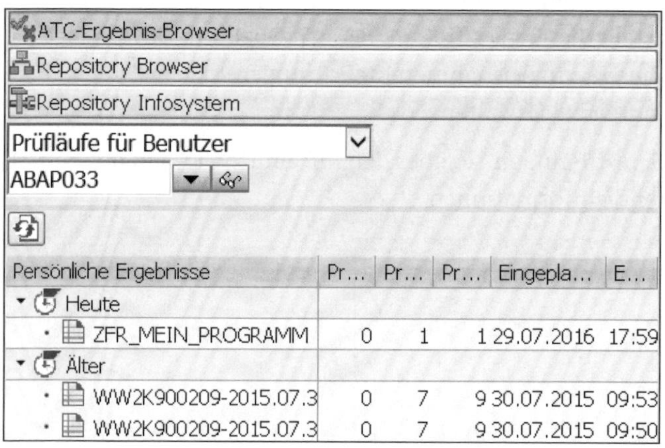

Abbildung 15.36 Alte Prüfläufe im ATC-Ergebnis-Browser

Weiterführende Informationen zur Qualitätssicherung

Weitere Tipps, wie Sie die Qualität Ihrer ABAP-Programme sichern können, gerade auch für fortgeschrittene ABAP-Entwickler, finden Sie in dem Buch »Besseres ABAP. Schnell, sicher, robust« von Robert Arlitt, Thorsten Dunz, Hermann Gahm, Damir Majer und Eric Westenberger (siehe *www.sap-press.de/3641*).

Kapitel 16
Werkzeuge und Tipps zur Performanceanalyse

In diesem Kapitel stelle ich Ihnen Werkzeuge vor, die Ihnen standardmäßig zur Verfügung stehen, um hohe Programmlaufzeiten zu analysieren und zu vermeiden.

Während ich Ihnen im vorangegangenen Kapitel Tools zur statischen Codeanalyse und den Debugger für die dynamische Codeanalyse vorgestellt habe, liegt das Hauptaugenmerk dieses Kapitels darauf, wie Sie eine schlechte Performance von ABAP-Programmen analysieren, beheben und vermeiden können. Es dreht sich um die dynamische Analyse dieser Programme und die Frage, was denn eigentlich die hohe Laufzeit verursacht.

Die beiden Hauptgründe für schlechte Performance sind ungünstig geschriebenes ABAP und damit auch ungünstig geschriebene Datenbankzugriffe. Das muss nicht einmal auf das gesamte Programm zutreffen. Auch wenn ein Programm fast ausschließlich in unter Performancegesichtspunkten perfektem ABAP geschrieben ist, kann eine Anweisung ausreichen, um das ganze Programm auszubremsen. Umgekehrt ist es für schnelle Programme gar nicht unbedingt notwendig, dass deren Anweisungen bis in die letzte Ecke optimiert wurden. Wenn Sie also die Aufgabe haben, ein Programm schneller zu machen, sollten Sie versuchen herauszufinden, welche die ein bis zwei Anweisungen sind, die das Programm ausbremsen. Ist es eine `SELECT`-Anweisung an die Datenbank, oder liegt der Grund für die schlechte Performance in der Verarbeitung, vielleicht in einer `LOOP`-Schleife? Um dies für einzelne Programme herauszufinden, stellt Ihnen das SAP-System die Laufzeitanalyse in Form der Transaktion SAT zur Verfügung, die ich Ihnen in Abschnitt 16.2 vorstelle.

Im Zuge der Einführung von SAP HANA (aber dennoch unabhängig von SAP HANA nutzbar) wurden zwei weitere Werkzeuge eingeführt:

- der SQL-Monitor (siehe Abschnitt 16.4), der über einen längeren Zeitraum ein SQL-Profil eines gesamten Systems aufnehmen kann
- die SQL Performance Tuning Worklist (siehe Abschnitt 16.5), die in der Lage ist, statische und dynamische Codeanalysen zu vereinen und Ihnen als Arbeitsliste aufbereitet darzustellen

Nachdem Sie mit diesen Werkzeugen die verursachenden Stellen gefunden haben, dreht sich alles um die Optimierung dieser Anweisungen. Hierfür habe ich Ihnen in Abschnitt 16.1 ein paar Richtlinien zusammengestellt, die Sie bei der Programmierung mit ABAP befolgen sollten.

Für SQL-Anweisungen steht Ihnen mit dem Trace der Transaktion ST05 (siehe Abschnitt 16.6) ein weiteres mächtiges Werkzeug zur Verfügung, z. B. um herauszufinden, ob ein Index angesprochen wird oder ob eine etwas modifizierte Selektion mit einer Verknüpfung einer anderen Tabelle mittels eines Joins nicht performanter wäre.

In Abschnitt 16.7 gehe ich etwas weg von den Transaktionen und zeige Ihnen, wie Sie mit ABAP eine einfache Laufzeitanalyse durchführen können und wie Sie mit ABAP eine Fortschrittsanzeige programmieren können. Am Ende des Kapitels zeige ich Ihnen in Abschnitt 16.8, wie Sie Meldungen zur Wartung und Analyse aus der Ausführung Ihrer Programme in das Application Log schreiben können. So haben Sie im Fall eines Programmabbruchs mehr Informationen zur Analyse des Fehlers zur Verfügung.

16.1 Richtlinien für die ABAP-Entwicklung

Die Hauptregel lautet: Machen Sie mit ABAP nicht mehr, als Sie müssen. Eines der wichtigsten Negativbeispiele für diese Aussage ist vielleicht die berühmt-berüchtigte Open-SQL-Anweisung `SELECT *`. Es sollten immer nur diejenigen Spalten selektiert werden, die Sie für die weitere Verarbeitung benötigen. Aber auch für die eigentlichen ABAP-Anweisungen gilt dasselbe.

Daher habe ich für Sie in diesem Abschnitt zusammengefasst, was Sie bei der Programmierung mit ABAP vermeiden sollten, da es die häufigsten Gründe für schlechte Performance sind. Alle hier erwähnten Anweisungen sind in Kapitel 7, »Die ABAP-Grundbefehle«, Kapitel 8, »Mit internen Tabellen arbeiten«, und Kapitel 9, »Zugriff auf Datenbanken«, erläutert.

Beachten Sie die folgenden Richtlinien bei der ABAP-Programmierung:

- Nutzen Sie die neue Möglichkeit eines `CASE`-Statements innerhalb einer `SELECT`-Anweisung sowie die neuen Open-SQL-Ausdrücke. Dadurch können Sie Logik auf der Datenbank ausführen, nachträgliche `LOOP`-Anweisungen vermeiden und dadurch Laufzeit sparen.
- Nutzen kein `MODIFY`, um einer Datenbank ausschließlich Zeilen hinzuzufügen. Dabei wird zuerst versucht, ein `UPDATE` auszuführen, und erst dann wird ein `INSERT` ausgeführt. Sie haben hier also doppelten Aufwand im Vergleich zur direkten Ausführung einer `INSERT`-Anweisung.

- Nutzen Sie Joins (bzw. Views), um Datenbanken miteinander zu verknüpfen (wenn sinnvolle Primärschlüssel existieren), ansonsten lohnt sich bei internen Tabellen der Einsatz des Zusatzes `FOR ALL ENTRIES IN`, um die Selektion einer Datenbanktabelle zu beschleunigen. Ein häufiger Fehler: Wenn die interne Tabelle bei `FOR ALL ENTRIES IN` leer ist, werden alle Zeilen geladen (das Gleiche gilt für `SELECT-OPTIONS`).
- Verwenden Sie sortierte (`SORTED`) und gehashte (`HASHED`) interne Tabellen, um Zugriffe zu beschleunigen. Nutzen Sie zum Zugriff mit `READ TABLE` den Zusatz `WITH TABLE KEY`, und grenzen Sie bei einem `LOOP` die `WHERE`-Klausel ein, so gut es geht. Weitere Informationen hierzu finden Sie in Kapitel 8, »Mit internen Tabellen arbeiten«.
- Nutzen Sie Feldsymbole für Zugriffe auf interne Tabellen. `LOOP AT ... ASSIGNING` ist deutlich schneller als ein `INTO` mit der Anweisung `MODIFY`, da hier keine Datenmengen im Speicher kopiert werden müssen. Dies gilt ebenfalls für `READ TABLE`.
- Nutzen Sie die Blockverarbeitung für SQL und interne Tabellen. Wenn Sie z. B. neue Zeilen von der Datenbank lesen (oder auch ändern oder einfügen), tun Sie das nicht zeilenweise in einer Schleife, sondern blockweise, d. h. nicht mit `SELECT ... ENDSELECT`. Das einzelne Ausführen der Anweisung `APPEND` für jeden Durchlauf dauert im Vergleich deutlich länger als die einmalige Selektion der Zeilen in eine interne Tabelle. Wenn Sie hier mit einem Feldsymbol mit `LOOP AT ... ASSIGNING` weiterarbeiten (oder dies durch eine `CASE`-Bedingung in der `SELECT`-Schleife bereits umgesetzt haben), haben Sie doppelt gewonnen. Das Gleiche gilt auch für die Anweisungen für interne Tabellen: Nutzen Sie lieber `APPEND LINES OF`, anstatt einzelne Zeilen mit `APPEND` hinzuzufügen.
- Parameterübergabe: Nutzen Sie, wann immer möglich, die Referenzübergabe, damit so wenige Daten wie möglich kopiert werden müssen. Dies ist besonders für umfangreiche Datenobjekte wie interne Tabellen sinnvoll (und notwendig).
- Nutzen Sie die Existenzprüfungen von Zeilen in folgenden Fällen:
  - bei internen Tabellen mit dem Zusatz `TRANSPORTING NO FIELDS`, um unnötiges Kopieren zu vermeiden
  - Für Tabellenausdrücke gibt es hier die neu eingebaute Funktion `LINE_EXISTS( )`.
  - bei Datenbanktabellen mit `SELECT * FROM ... UP TO 1 ROWS`
- Nutzen Sie Standardfunktionalität, wo immer es nur geht. *Business Application Programming Interfaces* (BAPIs, siehe Abschnitt 20.2.2) sind in dieser Hinsicht sehr nützlich. Aber gerade bei performancekritischen Anwendungen können diese die längste Laufzeit erzeugen, da sie viel mehr Daten selektieren, als Sie eventuell brauchen. Ein `LOOP` über 20.000 Einträge über ein (lesendes) BAPI zum Anreichern von Daten ist keine gute Idee (ca. 20 Minuten Laufzeit), auch wenn vielleicht kein BAPI bereitsteht, das mehr als ein Objekt selektieren kann. Haben Sie hier den Mut, sich

selbst mit Joins über die Tabellen zu bewegen und nur die Daten zu holen, die Sie wirklich brauchen (ca. 20 Sekunden).

- Nutzen Sie zur Erzeugung von Werten die neuen Konstruktorausdrücke. Gerade für interne Tabellen bietet sich `VALUE` mit dem Zusatz `FOR` anstelle von Schleifen an. Aber auch `FILTER` zur Filterung und `REDUCE` zur Zusammenfassung sind nützlich.
- Nutzen Sie für das Kopieren strukturgleicher interner Tabellen das neue erweiterte `MOVE-CORRESPONDING` anstelle einer `LOOP`-Schleife mit `APPEND`. Für strukturfremde Tabellen (mit unterschiedlichen Spaltennamen) steht Ihnen hierzu die neue Anweisung `CORRESPONDING` mit dem Zusatz `MAPPING` zur Verfügung.
- Wenn Sie Aggregationen über eine interne Tabelle bilden müssen, bietet sich der neue Zusatz `GROUP BY` der `LOOP`-Anweisung an (anstelle eines `COLLECT`). Oder noch besser: Verlagern Sie diese auf die Datenbank mit einem `SELECT` und einer `GROUP-BY`-Anweisung oder mit einem CDS View.
- Nutzen Sie zum Anreichern einer internen Tabelle aus einer anderen internen Tabelle die Look-up-Variante der neuen `CORRESPONDING`-Anweisung. Damit ersparen Sie sich ein `READ TABLE` im `LOOP` (oder ein `LOOP` im `LOOP`).
- Nutzen Sie, wenn viele Daten beschafft oder verarbeitet werden sollen, die Möglichkeit der Parallelisierung mithilfe von Funktionsbausteinen (siehe Abschnitt 24.4).

[»]

Die fünf goldenen Regeln

In diese Liste haben zwar auch SQL-Themen Einzug gehalten, der Schwerpunkt liegt aber auf ABAP. Richtlinien speziell für Open SQL finden Sie in Abschnitt 9.1, »Die fünf goldenen Regeln«.

16.2 Transaktion SAT: Laufzeitanalyse

Für die Laufzeitanalyse von ABAP-Programmen steht Ihnen die Transaktion SAT zur Verfügung, der Nachfolger der älteren Laufzeitanalyse in Transaktion SE30. Die Laufzeitanalyse dient dazu, die Problemstellen eines lange laufenden Programms zu finden.

[»]

ABAP Profiler

In der Eclipse-Umgebung (siehe Kapitel 2, »Die ABAP Development Tools«) wurde für diese Zwecke der ABAP Profiler hinzugefügt, der letztlich dieselben Problemstellungen behandelt. Dieses Kapitel konzentriert sich auf die Werkzeuge im SAP GUI.

Die Funktionsweise ist dabei relativ einfach: Im einfachsten Fall führen Sie im Rahmen der Laufzeitanalyse ein Programm (bzw. eine Transaktion, einen Funktionsbaustein etc.) aus und beenden dieses wieder. Die während der Ausführung durchgeführten Befehle werden dabei mitgeschnitten, aufbereitet und Ihnen anschließend zur Analyse übergeben. Eine solche Analyse wird auch *Performance-Trace* genannt.

Verwenden Sie repräsentative Daten!

Eine Laufzeitanalyse auf einem fast leeren Entwicklungssystem spiegelt selten die Realität wider. Nutzen Sie in einem solchen Fall die Analyse in einem Qualitätssicherungs- oder Produktivsystem.

Die Transaktion SAT stellt Ihnen die in Abbildung 16.1 dargestellte Oberfläche mit den beiden Registerkarten **Messen** zum Durchführen der Messung und **Auswerten** zum Auswerten der Messwerte zur Verfügung.

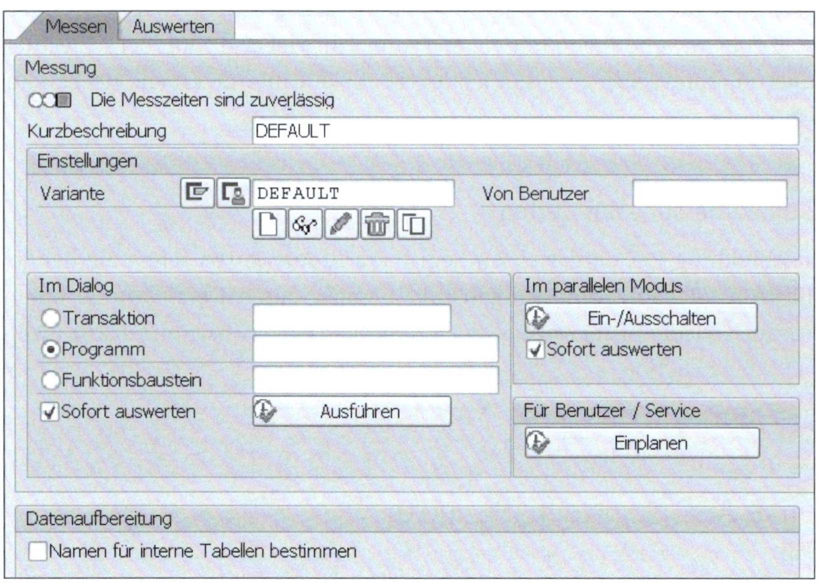

Abbildung 16.1 Der Startbildschirm der Laufzeitanalyse

16.2.1 Laufzeitmessung durchführen

Eine einfache Laufzeitmessung führen Sie durch, indem Sie im Abschnitt **Im Dialog** den Namen des zu messenden Programms eingeben und anschließend auf **Ausführen** klicken. Dadurch wird Ihr ausgewähltes Programm gestartet.

Führen Sie es aus, und beenden Sie die Messung anschließend wieder, indem Sie zurücknavigieren (). Dadurch gelangen Sie direkt in die Anzeige der Messergebnisse, die in Abschnitt 16.2.3 beschrieben ist.

Wenn Sie möchten, dass Ihnen in der Auswertung der Messdaten die Namen der internen Tabellen, wie sie im Programm angezeigt werden, anstelle der internen technischen Namen angezeigt werden, können Sie dies über die Option **Namen für interne Tabellen bestimmen** angeben.

Zusätzlich haben Sie im Abschnitt **Einstellungen** die Möglichkeit, die Messvariante (vergleichbar mit den in Abschnitt 15.3, »Der Code Inspector«, behandelten Prüfvarianten), mit der die Messung durchgeführt werden soll, auszuwählen bzw. zu ändern. Die Messvariante (standardmäßig `DEFAULT`) legt fest, was alles gemessen werden soll. Standardmäßig werden hier die gesammelten Daten nach ihren Aufrufstellen aggregiert (sonst wird jeder Aufruf einzeln betrachtet), und es werden *keine* Operationen in internen Tabellen mitgeschnitten.

Sie können die Messvarianten jederzeit über die darunter angeordneten Buttons anpassen. Bei der Änderung der Messvariante werden Sie hier häufig die Option **Interne Tabellen** auf der Registerkarte **Anweisungen** gebrauchen. Hiermit können Sie Lese- und Änderungsoperationen für interne Tabellen messen lassen. Diese Anweisungen führen gerade bei Anwendungen mit vielen Daten sehr viel Logik aus. Bei schlechter Programmierung kann selbst ein lesender Zugriff auf eine interne Tabelle viel Zeit für sich beanspruchen.

16.2.2 Laufzeitmessung auswerten

Auf der in Abbildung 16.2 dargestellten Registerkarte **Auswerten** sehen Sie bereits durchgeführte ABAP-Laufzeitmessungen und können deren Details durch einen Doppelklick auch wieder in der Anzeige der Messungen (siehe Abschnitt 16.2.3) anzeigen lassen.

Status	Messdatum	Messzeit	Trace...	LöschDat	Beschreib.	Tr.-Objekt	Trace-Benutzer	Laufzeit [µsec]
△	01.08.2020	17:16:22		20.09.2020	DEFAULT	ZFR_TEST	SCHUL01	6.751
△	01.08.2020	17:12:51		20.09.2020	DEFAULT	ZFR_TEST	SCHUL01	11.238

Abbildung 16.2 Übersicht der vorhandenen Messungen der Laufzeitanalyse

Über die Funktionsleiste der Tabelle stehen Ihnen mehrere nützliche Funktionen zur Verfügung:

- Messung exportieren () und importieren ()
- Vergleich zweier Messungen ()
- das Filtern der Liste mit dem Button **(Eigene Messungen)**

- Aufbereiten einer Messung () für den Fall, dass eine Messung den Status **noch nicht aufbereitet** () hat (wenn Sie beim Messen nicht die Checkbox **Sofort auswerten** angeklickt haben)

16.2.3 Anzeige der Messungen

Die Anzeige der Messungen in Abbildung 16.3 wird Ihnen nach Ausführung einer Laufzeitanalyse ausgegeben (falls Sie die Checkbox bei **Sofort auswerten** gesetzt haben) oder wenn Sie sich auf der Registerkarte **Auswerten** durch einen Doppelklick eine ältere Analyse haben anzeigen lassen.

Die Anzeige bietet Ihnen eine Reihe von Werkzeugen, mit denen Sie verschiedene Aspekte der Messung genauer überprüfen können, z. B. die **Hitliste**, um zu sehen, welche Anweisung/welches Ereignis am meisten Zeit bei der Ausführung beansprucht. Hier werden Sie die schlimmsten Übeltäter finden.

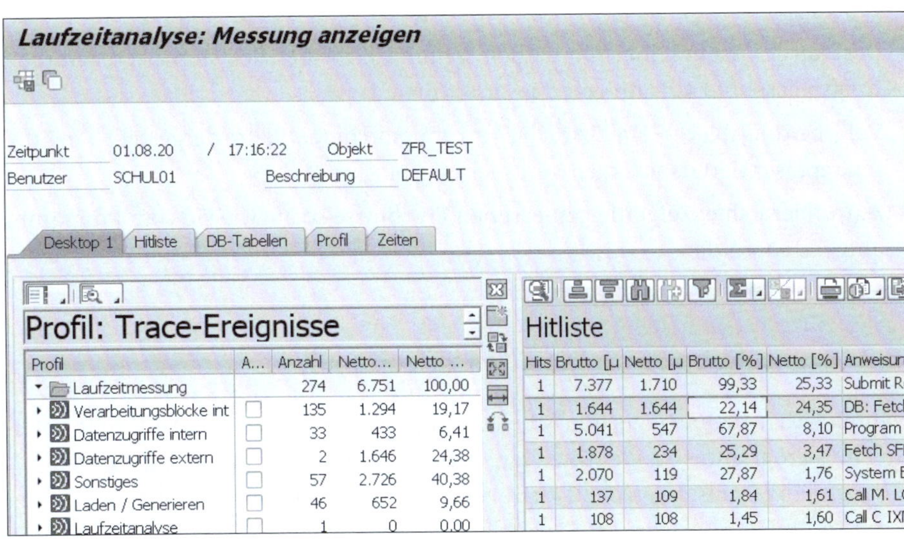

Abbildung 16.3 Detailergebnisse einer Messung

Folgende Registerkarten bzw. Werkzeuge stellt Ihnen die Anzeige zur Verfügung:

- **Desktop 1:** Fasst in seiner Standardeinstellung die anderen beiden Registerkarten **Profil** und **Hitliste** auf einen Blick zusammen. Die Werkzeuge können Sie beliebig anpassen und Ihre Einstellungen anschließend über den Button in der Funktionsleiste speichern. Ihre Auswahl steht Ihnen dann bei jedem Start der Laufzeitanalyse zur Verfügung.
- **Hitliste:** Alle ausgeführten Anweisungen sind in der Hitliste nach ihrer Nettozeit sortiert. Nettozeit bedeutet, dass die Zeit für das Aufrufen der Modularisierungs-

einheiten (Formroutinen, Funktionsbausteine usw.) abgezogen werden. Hier interessieren Sie in der Regel die ersten zehn Zeilen, die zeitintensivsten Ereignisse. Durch einen Doppelklick auf ein Ereignis gelangen Sie zum dazugehörigen Quellcode.

- **DB-Tabellen:** Dieses Register zeigt Ihnen an, auf welche Datenbanktabellen zugegriffen wurde und wie oft und wie lange dies gedauert hat.
- **Profil:** Hier erhalten Sie eine Übersicht über Ihren Trace und finden die Ereignisse bzw. Anweisungen nach verschiedenen Bereichen hierarchisch zusammengefasst. Über den Button können Sie die Hierarchie ändern und so z. B. eine Gruppierung nach Paketen oder Programmen erreichen.
- **Zeiten:** Während die Hitliste summierte Zeiten anzeigt, sehen Sie auf dieser Registerkarte speziellere Zeitmesswerte für die einzelnen Ereignisse bzw. Anweisungen.

Wenn Sie Ihren Trace ohne Aggregation (abhängig von der Messvariante) ausgeführt haben, haben Sie zusätzlich die folgenden Registerkarten zur Verfügung:

- **Desktop 2:** Fasst in seiner Standardeinstellung die beiden Registerkarten **Verarbeitungsblöcke** und **Aufrufhierarchie** zusammen.
- **Verarbeitungsblöcke:** Hier wird die Aufrufhierarchie als Baum dargestellt. Ein Knoten repräsentiert dabei einen Verarbeitungsblock.
- **Aufrufhierarchie:** Zeigt die gemessenen Ergebnisse so an, wie sie vom Programm aufgerufen werden.

16.3 Transaktion SE30: Die alte Laufzeitanalyse

Während ich in meiner täglichen Arbeit die Transaktion SAT dazu nutze, Problemstellen eines Programms zu identifizieren, habe ich es mir angewöhnt, die ältere Laufzeitanalyse in Transaktion SE30 zu verwenden, wenn die Problemstelle bereits bekannt ist und es nun Schritt für Schritt darum geht, eine Performanceverbesserung herbeizuführen.

Durch die Messungen wird natürlich der Quellcode nicht schneller. Aber gerade, wenn Sie eine Änderung am Quellcode durchgeführt haben, wollen Sie wissen, ob die Änderung eine Performanceverbesserung herbeigeführt hat. Dies ist nicht immer der Fall. Daher ist es in diesem zweiten Schritt wichtig zu wissen, ob sich die absolute Ausführungszeit verringert hat. Sie wollen eine Antwort auf die Frage: Hat meine Änderung eine Beschleunigung bewirkt oder nicht?

Dafür bietet die Transaktion SE30 entgegen der Transaktion SAT die in Abbildung 16.4 dargestellte grafische Anzeige an, zu der Sie direkt nach der Messung (die Sie exakt wie in Transaktion SAT durchführen können) durch einen Klick auf den Button **Aus-**

werten gelangen. Die in Transaktion SE30 ausgeführte Messung wird ebenfalls in Transaktion SAT auf der Registerkarte **Auswerten** aufgeführt und ist dort für nähere Analysen zugänglich.

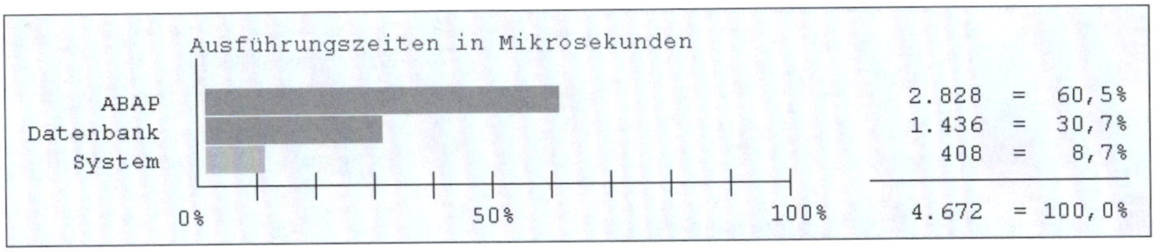

Abbildung 16.4 Die grafische Auswertung der alten Laufzeitanalyse

Diese absoluten Zeiten können Sie auch in tabellarischer Form in der Transaktion SAT auf der Registerkarte **Auswerten** einsehen, auch wenn hier bei mehreren Messungen zur besseren Übersicht mithilfe des Buttons **(Eigene Messungen)** das Programm, das die niedrige Performance aufwies, gefiltert werden muss. Wenn Sie es ganz genau wissen möchten, haben Sie hier auch die Möglichkeit, einen Vergleich zwischen zwei Auswertungen über den Button durchzuführen.

16.3.1 Performance-Trace im Debugger

Sie können auch einen Performance-Trace im Debugger nutzen. Dies bietet sich immer dann an, wenn Sie keine komplette Anwendung, sondern nur einen Teilschritt (z. B. einen bestimmten Anweisungsblock) analysieren wollen.

1. Setzen Sie einen Breakpoint vor der zu analysierenden Anweisung, und starten Sie den Debugger.
2. Klicken Sie auf **Werkzeug öffnen** (, siehe ❶ in Abbildung 16.5), und wählen Sie im Ordner **Spezialwerkzeug** das Werkzeug **Trace (SE30/ST05)** aus.
3. Aktivieren Sie den Trace, indem Sie hinter **Performance Trace (SE30)** doppelt auf **Trace aktivieren** (❷) klicken.
4. Lassen Sie den Code nun bis zum nächsten Breakpoint ausführen, und deaktivieren Sie den Trace anschließend mit dem Button **Trace deaktivieren** ().

Jetzt können Sie das Trace-Log durch einen Doppelklick auf den Button in der Spalte **Trace** aufrufen. Wählen Sie hier entweder die alte Laufzeitanalyse über den Button **Alte SE30** (klicken Sie anschließend auf **Auswerten**) oder die neue Laufzeitanalyse durch einen Klick auf den Button **Neue SAT** aus.

In der neuen Laufzeitanalyse wechseln Sie auf die Registerkarte **Auswerten** und klicken dort doppelt auf die angelegte Messung. Auf die gleiche Weise bedienen Sie auch die anderen im ABAP Debugger zur Verfügung gestellten Traces.

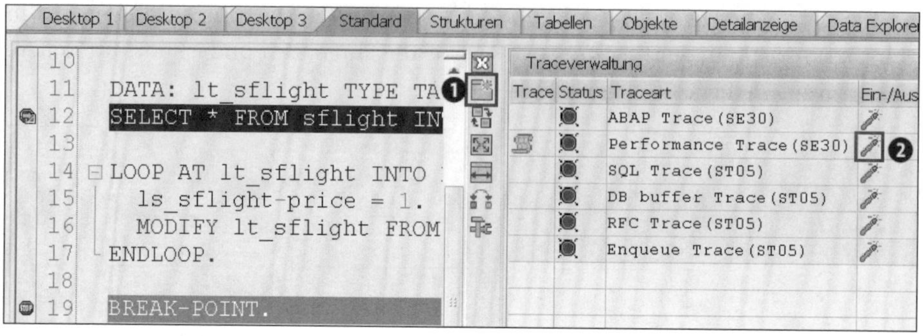

Abbildung 16.5 Performance-Trace im Debugger aktivieren

16.4 SQL-Monitor

Der SQL-Monitor steht seit ABAP 7.40 zur Verfügung und ist nicht für die Analyse der Performance einzelner Programme gedacht, sondern dient dazu, alle SQL-Anweisungen, die durch ABAP-Anwendungen ausgeführt werden, systemweit über einen längeren Zeitraum aufzuzeichnen. Zu den aufgezeichneten Informationen gehören z. B. die Häufigkeit eines Aufrufes, auf welche Tabellen zugegriffen wurde, wie viele Datensätze ermittelt wurden oder die Gesamtlaufzeit der Abfrage.

Neben diesen Informationen wird für jeden SQL-Trace-Datensatz der Einstiegspunkt (der Transaktionscode, der Report, die Klasse etc.) gespeichert. Auf diese Weise sollen Schwerpunkte in der Systemnutzung festgestellt werden, also alle Programme, die am häufigsten benutzt und aufgerufen werden und die meiste Last erzeugen. Das sind genau die Stellen, auf die Sie anschließend bei der Optimierung Ihre Aufmerksamkeit lenken können. Denn die schnellste Datenbank nützt nichts, wenn der darauf ausgeführte Quellcode sie wieder langsam macht.

Der SQL-Monitor besteht aus zwei Transaktionen:

- Transaktion SQLM zur Administration der Aufzeichnungen (siehe Abschnitt 16.4.1)
- Transaktion SQLMD zur Anzeige der gesammelten Daten (siehe Abschnitt 16.4.2)

Darüber hinaus steht Ihnen mit der Transaktion SWLT (SQL Performance Tuning Worklist, siehe Abschnitt 16.5) eine weitere Transaktion zur Verfügung, die Ihnen dabei hilft, diese gesammelten dynamischen Informationen mit statischen Informationen (z. B. aus dem Code Inspector) zu verknüpfen, um so eventuelle Ursachen für Performanceengpässe zu ermitteln. Transaktion SWLT hilft Ihnen also bei der Beantwortung der Frage, warum ein Programm so viel SQL-Last erzeugt. Würde die statische Codeprüfung zu dem langsamen Programm melden, dass eine SELECT-Anweisung in einem LOOP ausgeführt wurde, ließe sich beispielsweise ein Zusammenhang vermuten.

16.4.1 Transaktion SQLM: Den SQL-Monitor administrieren

Wenn Sie Transaktion SQLM aufrufen, wird Ihnen die in Abbildung 16.6 dargestellte Oberfläche angezeigt. Darüber können Sie die Aufzeichnung aktivieren bzw. deaktivieren, die Daten verwalten und Snapshots aus den gesammelten Daten erzeugen.

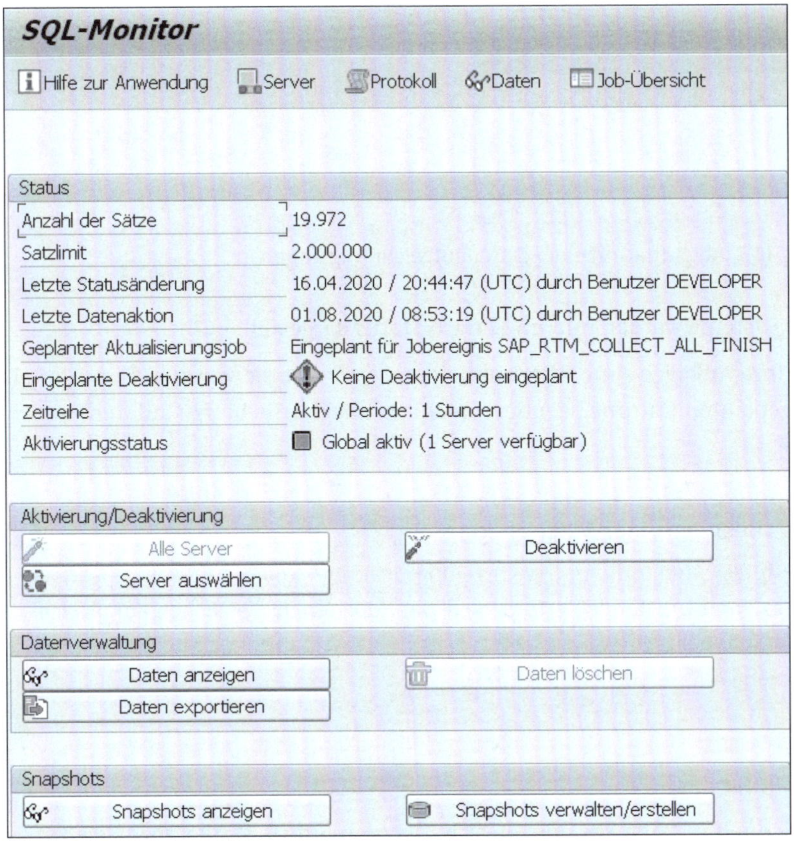

Abbildung 16.6 Die Administrationsoberfläche des SQL-Monitors

Aktivierung/Deaktivierung

Um zu garantieren, dass tatsächlich alle SQL-Anfragen aufgezeichnet werden können, erzeugt der SQL-Monitor einen minimalen Performance-Overhead, damit die eigentliche Ausführung des Systems nicht beeinflusst wird. Um dies zu erreichen, werden die benötigten Daten asynchron ohne zusätzliche Datenbankzugriffe gesammelt.

Sobald der SQL-Monitor aktiviert wird, zeichnet der ABAP-Kernel Informationen über die Datenbankzugriffe auf. Die so aufgezeichneten Daten werden periodisch (z. B. jede Stunde oder alle 24 Stunden) verarbeitet und durch einen Batch-Job in die zugehörigen SQL-Monitor-Datenbanktabellen geschrieben. Diese Batch-Jobs können Sie sich über den Button **Job-Übersicht** in der Funktionsleiste anzeigen lassen.

1. Zum Aktivieren des Monitors müssen Sie lediglich auf den Button **Alle Server** oder, falls nur ein Server analysiert werden soll, auf **Server auswählen** klicken.
2. Daraufhin fragt Sie das System nach einem Aktivierungsablaufdatum (siehe Abbildung 16.7), also nach dem Ende der Datenaufzeichnung. Tragen Sie hier ein Datum ein, und bestätigen Sie Ihre Eingabe mit einem Klick auf das grüne Häkchen (✔).

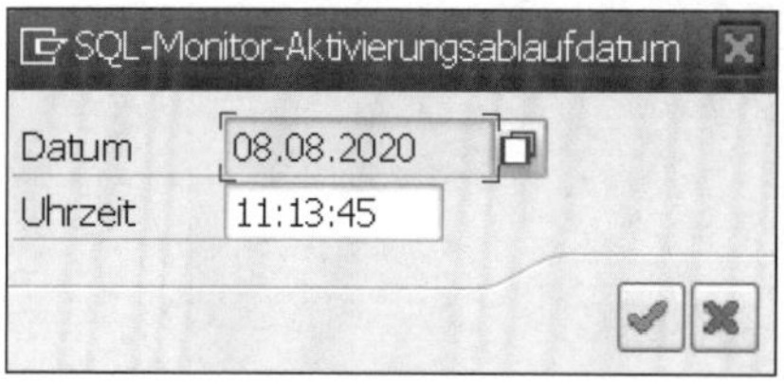

Abbildung 16.7 Ablaufdatum einer Datenaufzeichnung angeben

Ihre aktiven Systeme werden nun im Bereich **Status** dargestellt.

Sie müssen Ihre Aufzeichnung nur deaktivieren, wenn Sie sie vor dem Ende des eigentlichen geplanten Datums beenden möchten. Klicken Sie hierzu auf den Button **Deaktivieren**.

> **Vorzeitiges Beenden einer Aufzeichnung**
> Wenn die Aufzeichnung durch Deaktivierung des SQL-Monitors vorzeitig beendet wurde, ist es unter Umständen erforderlich, das Kopieren der restlichen aufgezeichneten Daten manuell anzustoßen. Gehen Sie hierzu im Hauptmenü auf **SQL-Monitor • Aktualisieren • Alle Server**.

Datenverwaltung

Die aufgezeichneten Daten können Sie sich über den Button **Daten anzeigen** anzeigen lassen. Dieser Button führt Sie direkt zur Transaktion SQLMD, die ich in Abschnitt 16.4.2 beschreibe.

In Transaktion SQLM können Sie diese Daten verwalten. Dazu stehen Ihnen zwei weitere Buttons zur Verfügung:

- **Daten löschen** zum Löschen der gesammelten Daten
- **Datendownload**, damit Sie Daten von anderen Systemen (z. B. einem Produktivsystem) exportieren können, um diese anschließend in einem Entwicklungssystem zu analysieren. Auf diese Weise gelangen Sie an repräsentative Ausführungsdaten.

Snapshots

Da Sie vielleicht nicht alle Daten, sondern nur eine Teilmenge interessiert, können Sie über die Snapshot-Verwaltungsfunktion einen Ausschnitt der Daten erzeugen. Hier haben Sie auch die Möglichkeit, die Daten eines anderen Systems zu importieren.

Klicken Sie dazu auf **Snapshots verwalten/erstellen**, vergeben Sie einen Namen für den Snapshot, wählen Sie eine Datenquelle (wählen Sie **lokales System** für Daten des aktuellen Systems), und schränken Sie – falls gewünscht – die Datenmenge über die Objektmenge ein. Klicken Sie anschließend auf **Snapshot anlegen**.

16.4.2 Transaktion SQLMD: Analyse der Daten

Wählen Sie zur Analyse der Daten auf dem Einstiegsbildschirm eine Datenquelle aus, die Sie gegebenenfalls noch weiter über Objekte einschränken können, z. B. wenn Sie nach einem bestimmten Report suchen. Wählen Sie darüber hinaus, falls gewünscht, eine Aggregation aus. Dadurch sehen Sie z. B. nicht alle Einzelaufrufe, sondern alle Aufrufe zu einer Gesamtzeit zusammengefasst. In Abbildung 16.8 sehen Sie eine aggregierte Ausgabe mit der Option **Nach Anfrage**, bei der jede SQL-Anweisung ihrem Aufrufer zugeordnet wird.

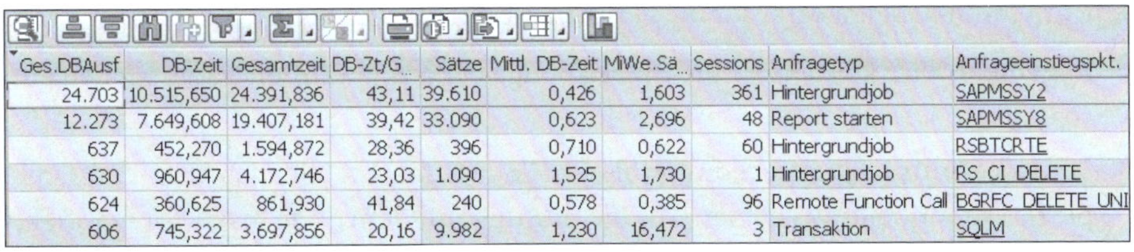

Ges.DBAusf	DB-Zeit	Gesamtzeit	DB-Zt/G...	Sätze	Mittl. DB-Zeit	MiWe.Sä...	Sessions	Anfragetyp	Anfrageeinstiegspkt.
24.703	10.515,650	24.391,836	43,11	39.610	0,426	1,603	361	Hintergrundjob	SAPMSSY2
12.273	7.649,608	19.407,181	39,42	33.090	0,623	2,696	48	Report starten	SAPMSSY8
637	452,270	1.594,872	28,36	396	0,710	0,622	60	Hintergrundjob	RSBTCRTE
630	960,947	4.172,746	23,03	1.090	1,525	1,730	1	Hintergrundjob	RS_CI_DELETE
624	360,625	861,930	41,84	240	0,578	0,385	96	Remote Function Call	BGRFC_DELETE_UNI
606	745,322	3.697,856	20,16	9.982	1,230	16,472	3	Transaktion	SQLM

Abbildung 16.8 Analyse der Daten des SQL-Monitors

Lassen Sie sich anschließend über den Button **Ausführen** (⊕) die Daten anzeigen. Wenn Sie sich die Daten ohne Aggregation anzeigen lassen (oder einen Drilldown auf die aggregierte Liste ausführen), sehen Sie auch die einzelnen SQL-Anweisungen für jedes Programm.

Die Ergebnisliste zeigt Ihnen in der aggregierten Version, welche **Anfrageeinstiegspunkte** (letzte Spalte in Abbildung 16.8) die meiste Last auf dem System verursachen. Über den **Anfragetyp** können Sie hier sehen, ob es sich um einen Report, eine Transaktion, einen RFC-Aufruf (Remote Function Call) eines Funktionsbausteins oder z. B. um eine Transaktion gehandelt hat. Sie können zusätzlich sehen, wie viel Zeit (Spalte **DB-Zeit**) verbraucht wurde, wie viele **Sätze** mitgeschnitten wurden und wie oft die Aufrufe letztlich stattfanden (Spalte **Sessions**). In der nicht aggregierten Version finden Sie diese Angaben pro Anweisung und können so herausfinden, was genau im Aufruf die meiste Last erzeugt hat.

16.5 SQL Performance Tuning Worklist

Die SQL Performance Tuning Worklist (Transaktion SWLT) verfolgt den Gedanken, dass statische Codeprüfungen, wie die mit dem Code Inspector durchgeführten, keinerlei Informationen darüber liefern, *wie oft* der Code ausgeführt wird (falls er überhaupt ausgeführt wird). Dynamische Analysen, wie z. B. die im Rahmen des SQL-Monitors durchgeführten, liefern dagegen nur Informationen darüber, wie häufig etwas aufgerufen wurde und wie lange dies dauerte.

Um die Vorzüge beider Verfahren nutzen zu können, bietet sich es sich daher an, beide Informationen miteinander zu verknüpfen, um so Aussagen darüber treffen zu können, welche Codestellen am meisten Laufzeit erzeugen und ob die lange Laufzeit vielleicht an einer fehlenden `WHERE`-Klausel liegt.

Transaktion SWLT bietet Ihnen zu diesem Zweck eine kombinierte Ansicht aus SQL-Monitor-Daten und den Ergebnissen aus dem ABAP Test Cockpit. Außerdem erstellt sie ein Ranking, aus dem Sie ablesen können, welchen Aufwand und welchen Nutzen eine potenzielle Optimierung herbeiführt. Sie erhalten so eine Arbeitsliste für SQL-Performanceoptimierungen, die Sie schrittweise bearbeiten können.

Auf dem Startbildschirm der Transaktion SWLT finden Sie die folgenden Registerkarten, um Ihren Arbeitsvorrat für die Performanceanalyse zu definieren:

- **Allgemein:** Hier können Sie die Objektmenge der ausgewählten Datenquellen einschränken.
- **Statische Prüfungen:** Hier können Sie den Code Inspector oder das ABAP Test Cockpit als Datenquelle auswählen. Für die Prüfung mit dem Code Inspector empfiehlt es sich, die vordefinierte Inspektion `PERFORMANCE_DB` zu verwenden.
- **SQL-Monitor:** Hier geben Sie einen Daten-Snapshot aus dem SQL-Monitor als Datenquelle an.
- **Coverage Analyzer:** Hier können Sie zusätzliche alternative Datenquellen definieren, falls keine SQL-Monitor-Daten zur Verfügung stehen (Transaktion SCOV).

Haben Sie diese Einstellungen vorgenommen, führen Sie anschließend die Analyse über den Button **Ausführen** (⊕) aus. Dadurch gelangen Sie zu dem in Abbildung 16.9 dargestellten Ergebnisbild.

Hier sehen die jetzt die Rangliste der SQL-Anweisungen, die am meisten Last verursachen. Klicken Sie doppelt auf eine Zeile, sehen Sie die Befunde der statischen Prüfungen dazu innerhalb der unteren rechten Tabelle.

Zu dem Quelltext der gefundenen Aufrufe kommen Sie über den Hotspot (den unterstrichenen Text in den Zellen) der Spalte **Include-Name** oder über den Button ▤ in der Funktionsleiste der oberen Tabelle.

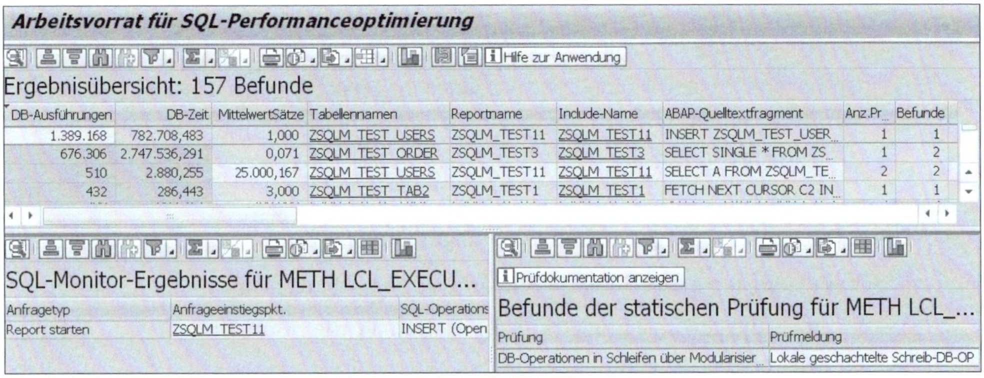

Abbildung 16.9 Arbeitsvorrat für Performanceoptimierungen definieren

In dem Beispiel aus Abbildung 16.9 finden Sie so für die erste Zeile eine Codestelle, die den Puls eines jeden Programmierers beschleunigt:

```
DO 75000 TIMES.
  wa-a = sy-index.
  INSERT zsqlm_test_users FROM wa.
ENDDO.
```

Eine Schleife, die 75.000-mal ein `INSERT` auf eine Tabelle anwendet, habe ich hier nur zu Demonstrationszwecken eingefügt.

16

16.6 Transaktion ST05

Transaktion ST05 stellt Ihnen verschiedene Traces zur Analyse Ihrer Programme zur Verfügung. Neben dem wichtigsten Trace, dem SQL-Trace, mit dem Sie Datenbankaufrufe verfolgen können (siehe Abschnitt 16.6.1), haben Sie hier auf folgende weitere Traces Zugriff:

- *Puffer-Trace* zur Verfolgung von Datenbankaufrufen, die über den Tabellenpuffer ausgeführt werden
- *Enqueue-Trace*, der einen Überblick über das Sperrverhalten des Systems gibt
- *HTTP- und RFC-Trace*, über den Sie weitere Informationen zu instanzübergreifenden Aufrufen erhalten

Ab ABAP 7.40 gibt es zusätzlich die folgenden Traces:

- *APC-Trace* zur Analyse von ABAP Push Channels (APC)
- *AMC-Trace* zur Analyse von ABAP Messaging Channels (AMC)

[+]

Traces im Debugger

Einen Teil dieser Traces können Sie auch direkt im ABAP Debugger über das Werkzeug **Trace** ausführen. Ein Beispiel dazu finden Sie im Abschnitt »Performance-Trace im Debugger« in Abschnitt 16.3.

Einen Trace führen Sie generell mit den folgenden Schritten aus:

1. Schalten Sie den Trace mit dem Button **Trace einschalten** ein.
2. Führen Sie die gewünschte Aktion aus. Halten Sie die zu prüfende Aktion dabei so klein wie möglich (z. B. nur einen Klick).
3. Schalten Sie den Trace mit dem Button **Trace ausschalten** wieder aus.
4. Lassen Sie sich den Trace über den Button **Trace anzeigen** anzeigen.

16.6.1 SQL-Trace

Zwischen dem Ein- und Ausschalten des SQL-Trace werden alle Datenbankaktivitäten aufgezeichnet. Das SAP-System übersetzt zunächst die Open-SQL-Befehle in Embedded-SQL-Befehle, übergibt diese an die verwendete Datenbank und stellt die Ergebnisse bereit.

Der an die Datenbank übergebene SQL-Befehl wird zusammen mit den zugehörigen Parametern protokolliert. Die Protokollierung der Ausführungszeit und der Aufrufstelle im Anwendungsprogramm ermöglicht Ihnen weitergehende Auswertungen.

In der Regel werden Sie den SQL-Trace nutzen, wenn es darum geht herauszufinden, auf welche Tabellen ein SAP-Standardprogramm zugreift bzw. ob beim Zugriff ein bestimmter Datenbankindex verwendet wird.

Beispiel

Sind Sie beispielsweise gerade dabei, eine Anforderung für eine Entwicklung zu schreiben und wollen Sie wissen, auf welcher Datenbank sich ein Feld aus der Standardtransaktion MM03 befindet, so würden Sie wahrscheinlich zunächst, wie in Abbildung 16.10 dargestellt, auf das relevante Feld klicken, die [F1]-Hilfe und anschließend im Hilfe-Fenster die **Technische Info** ( ) aufrufen.

Wie Sie in Abbildung 16.10 sehen können, führt dies allerdings nicht für alle Felder zum Ziel, da sehr häufig eine Struktur (im Bild `RMMG1`) anstelle der Datenbank genutzt wurde. Wollen Sie herausfinden, welches Feld dahinterliegt, bietet sich die Nutzung des SQL-Trace an. Bereiten Sie dazu den Aufruf der gewünschten Transaktion vor, indem Sie alle Schritte bis zu dem Schritt vor der Anzeige des Feldes ausführen.

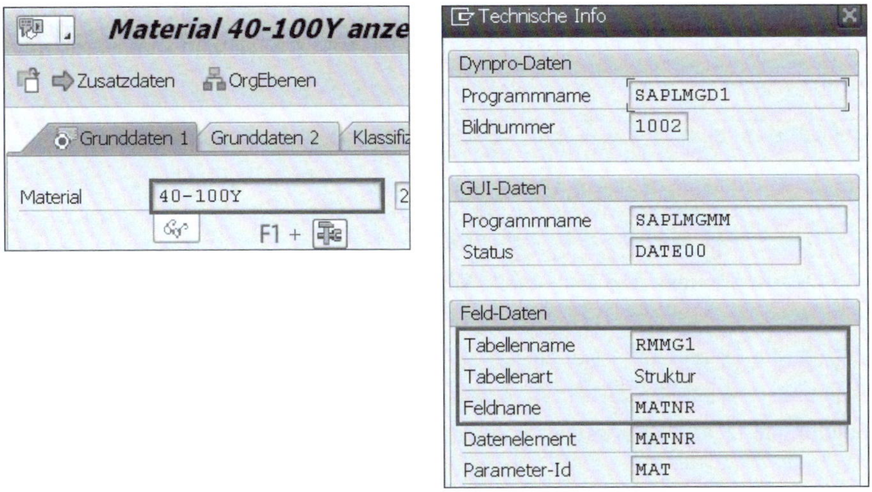

Abbildung 16.10 Technische Informationen zu einem Dynpro-Feld

Rufen Sie dann Transaktion ST05 auf, wählen Sie den SQL-Trace aus, und schalten Sie ihn, wie in Abschnitt 16.6 beschrieben, ein. Führen Sie dann die Aktion zur Anzeige des zu analysierenden Feldes aus, und schalten Sie den Trace wieder aus.

Klicken Sie anschließend auf **Trace anzeigen**, wählen Sie den SQL-Trace aus, und bestätigen Sie Ihre Auswahl mit **Ausführen** (). Dadurch gelangen Sie zu der in Abbildung 16.11 dargestellten Trace-Anzeige.

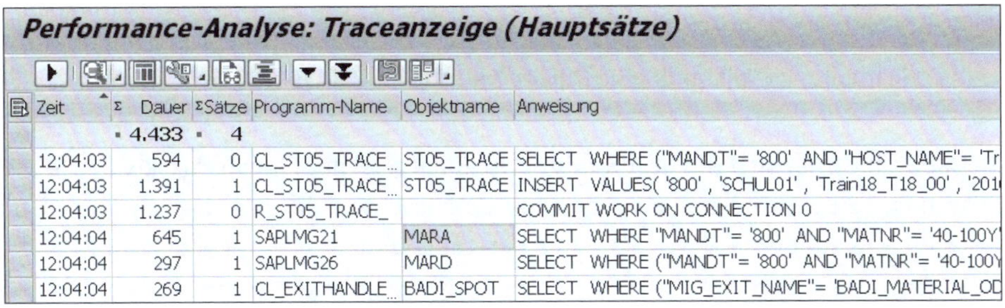

Abbildung 16.11 Ergebnisse eines SQL-Trace

Hier können Sie jetzt (abhängig davon, wie viel Sie haben mitschneiden lassen) auf Anhieb erkennen, dass das Feld nur aus den beiden Datenbanktabellen MARA und MARD (Spalte **Objektname**) stammen kann, da die anderen Tabellen technische Datenbanktabellen sind.

Über folgende Funktionen können Sie nun eine Zeile des Aufrufes weiter analysieren:

- Über den Button **Details** () können Sie sich den ausgeführten Embedded-SQL-Befehl anzeigen lassen.

- Über den Button **Explain** ( ) können Sie sich den Ausführungsplan anzeigen lassen (siehe Abbildung 16.12). Hier finden Sie auch heraus, welcher Index verwendet wurde (MARA~0).

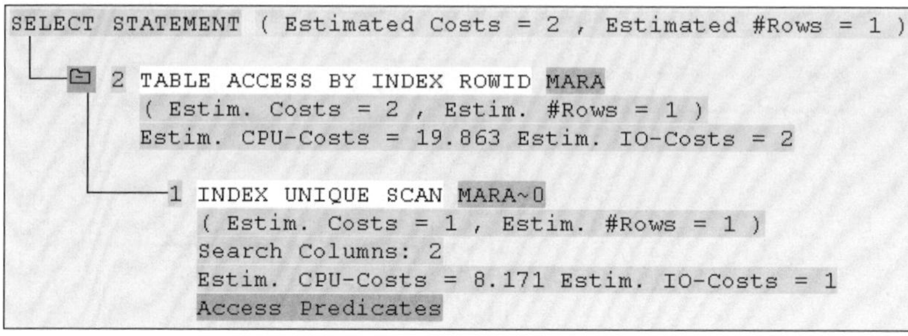

Abbildung 16.12 Ausführungsplan einer SQL-Anweisung

16.6.2 Analyse einer SQL-Anweisung

Neben dem SQL-Trace und dem Ausführungsplan hilft Ihnen auch die direkte Eingabe einer (Embedded-)SQL-Anweisung bei der Analyse eines Index:

1. Klicken Sie dazu in Transaktion ST05 auf den Button **SQL-Anweisung eingeben** in der Funktionsleiste.

[!]

> **Neue Trace-Transaktion**
>
> Sollte der Button **SQL-Anweisung eingeben** bei Ihnen nicht vorhanden sein, müssen Sie zuerst in eine Auswertung gehen und können anschließend über das Hauptmenü über **Bearbeiten • Explain für eine SQL-Anweisung** auswählen.

2. Dadurch öffnet sich die in Abbildung 16.13 dargestellte Eingabemaske, in die Sie nun Ihre SQL-Anweisung eingeben können. Beachten Sie bitte, dass Sie hier nicht Open SQL, sondern natives SQL eingeben müssen.

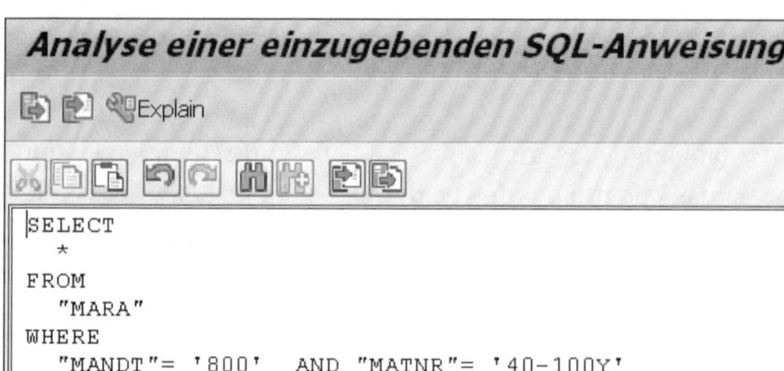

Abbildung 16.13 Direkte Analyse einer SQL-Anweisung

3. Klicken Sie anschließend auf den Button **Explain**. Das System wird nun den Ausführungsplan für die eingegebene SQL-Anweisung ermitteln und Ihnen anzeigen.

Auf diese Weise können Sie für verschiedene WHERE-Klauseln analysieren, welcher Index greift, ohne nach jeder Änderung in Ihrem ABAP-Programm erneut einen Trace ausführen zu müssen.

16.7 Laufzeitanalyse mithilfe der ABAP-Programmierung

Mithilfe von ABAP können Sie ebenfalls die Laufzeit von Anweisungen ermitteln. Darüber hinaus zeige ich Ihnen in diesem Abschnitt, wie Sie eine Fortschrittsanzeige für den Anwender anzeigen lassen können.

Diese Fortschrittsanzeige gibt dem Anwender Informationen über die Verarbeitung in der Informationsleiste (siehe Abbildung 16.14).

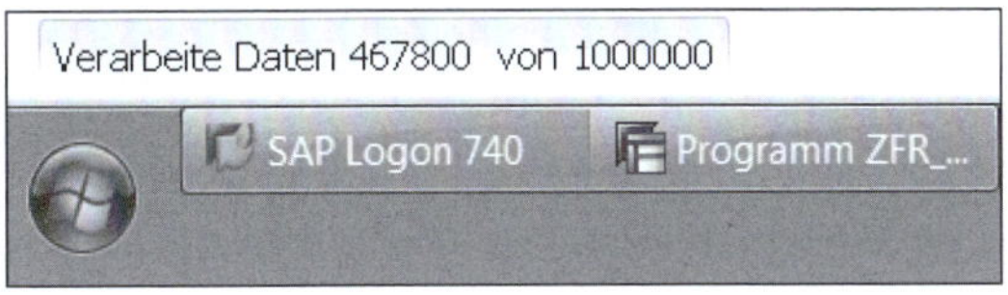

Abbildung 16.14 Fortschrittsanzeige

Dies ist besonders hilfreich, wenn Sie wissen, dass Ihr Programm länger läuft, und Sie bei den Anwendern den Eindruck (aufgrund der scheinbar endlos laufenden Sanduhr) verhindern wollen, Ihr Programm habe sich aufgehängt. Sie sollten daher den Anwendern wann immer möglich den Überblick über den Ausführungsfortschritt geben. Sie werden es Ihnen danken.

16.7.1 Zeitmessung

Die Zeitmessung mit ABAP ist relativ einfach. Es wird ein Zeitstempel vor und nach der Ausführung Ihrer Anweisung mit der Anweisung GET RUN TIME FIELD gesetzt. Die zwischen diesen Stempeln liegende Zeit wird anschließend in Sekunden berechnet (siehe Listing 16.1).

```
DATA: lv_dauer    TYPE i,
      lv_sekunden TYPE p DECIMALS 2.
GET RUN TIME FIELD lv_dauer.
  "zu messende Operationen
GET RUN TIME FIELD lv_dauer.
lv_sekunden = lv_dauer / 1000000.
```

Listing 16.1 Messung der Laufzeit mit ABAP

16.7.2 Fortschrittsanzeige implementieren

Zur Implementierung der Fortschrittsanzeige können Sie die in Listing 16.2 gezeigte Klasse und Methode benutzen, die Sie anschließend an den richtigen Stellen und den gewünschten Werten aufrufen können.

```
CLASS zcl_prog_indicator DEFINITION PUBLIC FINAL CREATE PUBLIC.
PUBLIC SECTION.
  CLASS-METHODS prog_indicator IMPORTING
    VALUE(iv_text) TYPE string
    VALUE(iv_von)  TYPE i,
    VALUE(iv_bis)  TYPE i.
ENDCLASS.
```

Listing 16.2 Definition der Klasse und Methode

Die Methode selbst implementiert, wie in Listing 16.3 gezeigt, den Aufruf des Funktionsbausteins `SAPGUI_PROGRESS_INDICATOR`, der als Parameter eine Zeichenkette (*String*) erwartet. Dieser String wird vorher entsprechend aufgebaut. Es werden dabei zwei Modi unterstützt: entweder eine statische Textanzeige wie »Materialien werden verarbeitet« oder eine Von-bis-Anzeige wie »Verarbeite Material 10 von 100«.

Beachten Sie beim Zusammenbauen der Zeichenkette die Hochkommata. Die schrägen Hochkommata (Akzente) bewirken, dass die Leerzeichen in der Zeichenkette erhalten bleiben.

```
METHOD prog_indicator.
  DATA: lv_text TYPE string,
        lv_von  TYPE string,
        lv_bis  TYPE string.
  lv_von = iv_von.
  lv_bis = iv_bis.
  IF lv_von = 0 AND lv_bis = 0.
    lv_text = iv_text.
  ELSE.
    lv_text = iv_text && ` ` && lv_von && ` ` && lv_bis.
  ENDIF.
  CALL FUNCTION 'SAPGUI_PROGRESS_INDICATOR'
    EXPORTING
      text = lv_text.
ENDMETHOD.
```

Listing 16.3 Definition einer Form für die Fortschrittsanzeige

Fügen Sie den Aufruf an jeder Stelle ein, an der Sie längere Laufzeiten erwarten. Zum Beispiel vor einer Selektion:

```
zcl_prog_indicator =>prog_indicator(
  iv_text = 'Daten werden selektiert'
  iv_von = 0
  iv_bis = 0 ).
```

Oder in einer Schleife, wie in Listing 16.4 gezeigt:

```
DATA lv_lines TYPE i.
lv_lines = lines( lt_tabelle ).
IF ( sy-tabix MOD 100 = 0 ). "nach jeder hundertsten Zeile
  zcl_prog_indicator =>prog_indicator(
    iv_text = 'Verarbeite Daten'
    iv_von = sy-tabix
    iv_bis = lv_lines ).
ENDIF.
```

Listing 16.4 Aufrufpositionen der Fortschrittsanzeige in einer Schleife definieren

[!]

Fortschrittsanzeige nicht nach jeder Zeile aufrufen

Achten Sie in einer Schleife darauf, dass Sie die Fortschrittsanzeige nicht nach jedem Durchlauf aufrufen, da Sie ansonsten die Verarbeitung verlangsamen. In Listing 16.4 findet der Aufruf beispielsweise nur nach jedem 100. Durchlauf statt.

16.8 Application Log

Das Application Log ist eine Standardfunktionalität und stellt Ihnen einen Protokollmechanismus bereit, den Sie während der Verarbeitung Ihres Programms verwenden können. Es hilft Ihnen dabei, den Überblick zu behalten, was während der Verarbeitung Ihres Programms passiert ist und welche Fehler gegebenenfalls aufgetreten sind. In Abbildung 16.15 sehen Sie ein solches Protokoll.

Dieses Protokoll können Sie dem Anwender auch nach der Ausführung Ihres Programms als Pop-up-Fenster anzeigen lassen und ihn so über eventuelle Fehler informieren.

Sie können für jedes Ihrer Programme einen eigenen Logbereich anlegen (siehe folgenden Abschnitt) und diesen während der Verarbeitung mit ABAP mit Nachrichten füllen (siehe Abschnitt 16.8.2). Das Log können Sie sich anschließend über die Transaktion SLG1 anzeigen lassen.

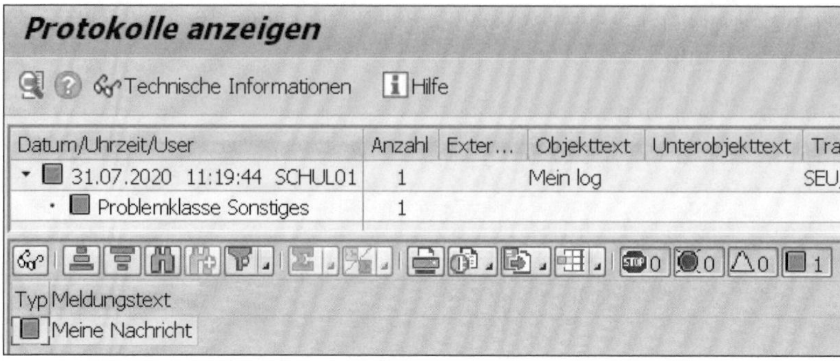

Abbildung 16.15 Anzeige eines Anwendungsprotokolls

16.8.1 Transaktion SLG0: Ein Application Log anlegen

In Transaktion SLG0 können Sie ein neues Log anlegen:

1. Wechseln Sie dazu über den Button **Anzeigen <-> Ändern** () in den Bearbeitungsmodus, und klicken Sie anschließend auf **Neue Einträge**.
2. Tragen Sie einen Namen und eine Kurzbeschreibung für Ihr Log ein. Sie können zu diesem Log außerdem Unterbereiche anlegen, indem Sie, wie in Abbildung 16.16 dargestellt, die Zeile mit Ihrem Log auswählen und auf den Ordner **Unterobjekte** klicken. Einen solchen Unterbereich könnten Sie beispielsweise anlegen, damit logisch zusammengehörende Programme jeweils einen einzelnen Logbereich haben.

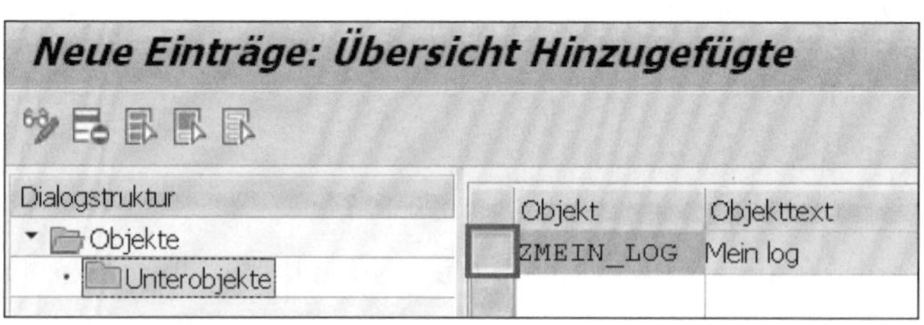

Abbildung 16.16 Anlage eines neuen Logobjekts

3. Speichern () Sie Ihr Log anschließend.

16.8.2 Log mit Nachrichten befüllen

Um ein Log mit Nachrichten zu füllen, müssen Sie vier Schritte durchführen:

1. Log initialisieren
2. Nachrichten-Header hinzufügen
3. Nachricht hinzufügen
4. Log speichern

Log initialisieren

Um Ihr Log zu initialisieren, rufen Sie den Funktionsbaustein APPL_LOG_INIT auf und geben als Parameter den Namen Ihres Logs mit (siehe Listing 16.5). Optional können Sie auch, falls vorhanden, das Unterobjekt Ihres Logs mitgeben.

```
DATA: lv_object    TYPE balhdr-object,
      lv_subobject TYPE balhdr-subobject.
lv_object = 'ZMEIN_LOG'.
CALL FUNCTION 'APPL_LOG_INIT'
  EXPORTING
    object = lv_object.
*   SUBOBJECT                  = ' '
```

Listing 16.5 Initialisieren des Logs

Nachrichten-Header hinzufügen

Als zweiten Schritt müssen Sie den Nachrichten-Header aufbauen. Das sind die Informationen, die für jede Lognachricht als Kopfinformationen verwendet werden. Dazu gehören z. B. der Transaktionscode, das Programm sowie das eigentliche Logobjekt. Den Nachrichten-Header bauen Sie mit dem Funktionsbaustein BAL_LOG_CREATE auf (siehe Listing 16.6). Als Rückgabeparameter erhalten Sie hier ein Loghandle, das Sie beim Hinzufügen von Nachrichten mitgeben müssen, um den passenden Nachrichten-Header zu identifizieren.

16

```
DATA: ls_log    TYPE bal_s_log,
      lv_handle TYPE balloghndl.
ls_log-object  = lv_object.
"ls_log-subobject = eventuelles Unterobjekt
ls_log-altcode = sy-tcode.
ls_log-alprog  = sy-repid.
CALL FUNCTION 'BAL_LOG_CREATE'
  EXPORTING
    i_s_log      = ls_log
  IMPORTING
    e_log_handle = lv_handle.
```

Listing 16.6 Erstellen des Nachrichten-Headers

Nachricht hinzufügen

Nachdem das Log initialisiert wurde und der Nachrichten-Header aufgebaut ist, können Sie die von Ihnen gewünschten Nachrichten (z. B. für Sie wichtige Fehlerinformationen) mit dem Funktionsbaustein BAL_LOG_MSG_ADD hinzufügen (siehe Listing 16.7). Die Angabe der Nachricht erfolgt dabei über eine Nachrichtenklasse. Sie können, müssen dafür aber keine eigene Nachrichtenklasse anlegen. Für internationale Projekte sollten Sie immer die Variante mit einer eigenen Nachrichtenklasse bevorzugen.

[+]

Platzhalter für die Nachricht verwenden

Sie können die Nachricht 001 der Nachrichtenklasse 00 als Dummy verwenden. Diese enthält einen Platzhalter »&«. Ihre im Feld msgv1 angegebene Nachricht wird dadurch diesem Platzhalter zugeordnet und entsprechend angezeigt.

Wie Sie eine eigene Nachrichtenklasse anlegen können, zeige ich Ihnen in Abschnitt 12.6.1.

```
DATA: ls_msg TYPE bal_s_msg.
ls_msg-msgty = 'I'.   "Anzeige als Information
ls_msg-msgid = '00'.  "Nachrichtenklasse
ls_msg-msgno = '001'. "Nachrichtennummer
ls_msg-msgv1 = 'Meine Nachricht'.
CALL FUNCTION 'BAL_LOG_MSG_ADD'
  EXPORTING
    i_log_handle = lv_handle
    i_s_msg      = ls_msg.
```

Listing 16.7 Eine Nachricht einem Log hinzufügen

Log speichern

Abschließend müssen die dem Log hinzugefügten Nachrichten noch auf der Datenbank gespeichert werden. Rufen Sie dazu den Funktionsbaustein BAL_DB_SAVE auf, und übergeben Sie Ihr Loghandle (siehe Listing 16.8).

```
DATA: lt_loghandle TYPE bal_t_logh.
APPEND lv_handle TO lt_loghandle.
CALL FUNCTION 'BAL_DB_SAVE'
  EXPORTING
    i_t_log_handle = lt_loghandle.
```

Listing 16.8 Speichern des Logs

Nun können Sie sich die Nachrichten in Transaktion SLG1 anzeigen lassen.

16.8.3 Log als Pop-up-Fenster darstellen

Sie haben nicht nur die Möglichkeit, die Nachrichten zu speichern, sondern können sie dem Benutzer auch in einem Pop-up-Fenster anzeigen lassen. In Abbildung 16.17 sehen Sie ein solches Fenster.

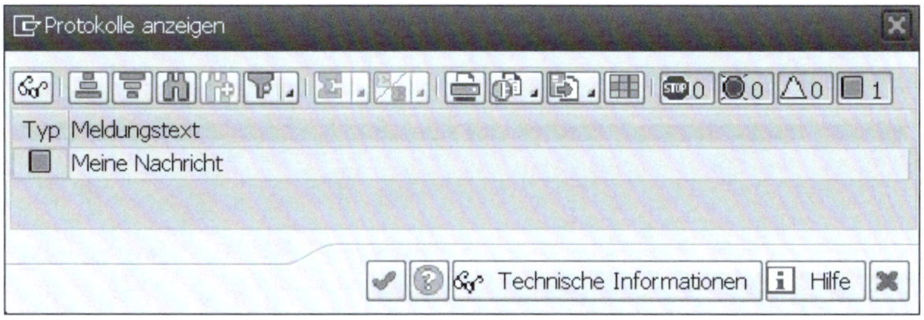

Abbildung 16.17 Anzeige des Logs als Pop-up-Fenster

Dieses Fenster können Sie über den Funktionsbaustein `BAL_DSP_PROFILE_POPUP_GET` generieren. Hier können Sie die Anzeige einstellen, z. B. die neue ALV-Anzeige durch den Parameter `USE_GRID` aktivieren. Anschließend können Sie das Pop-up-Fenster über den Funktionsbaustein `BAL_DSP_LOG_DISPLAY` zusammen mit den Einstellungen und Ihrem Loghandle aufrufen (siehe Listing 16.9).

16

```
DATA: ls_profil TYPE bal_s_prof.
DATA: lt_loghandle TYPE bal_t_logh.
APPEND lv_handle TO lt_loghandle.
CALL FUNCTION 'BAL_DSP_PROFILE_POPUP_GET'
  IMPORTING
    e_s_display_profile = ls_profil.
ls_profil-use_grid = 'X'.
CALL FUNCTION 'BAL_DSP_LOG_DISPLAY'
  EXPORTING
    i_s_display_profile = ls_profil
    i_t_log_handle      = lt_loghandle.
```

Listing 16.9 Anzeige des Logs als Pop-up-Fenster

Weiterführende Informationen zur Performanceanalyse

Eine umfassende Darstellung der Performanceanalyse und -optimierung bietet Ihnen das Buch »SAP-Performanceoptimierung« von Thomas Schneider (siehe *www.sap-press.de/4330*).

Kapitel 17
Das Transportwesen

Nach ihrer Entwicklungsarbeit müssen ABAP-Programmierer sicherstellen, dass ihre Entwicklungen den Weg in die Produktion finden. In diesem Kapitel erkläre ich Ihnen, wie das gewährleistet wird.

Als Entwickler haben Sie, wenn es um das Transportwesen geht, vor allem mit dem Pop-up-Fenster in Abbildung 17.1 zu tun, in dem Sie nach einem Transportauftrag gefragt werden. Diese Abfrage erfolgt immer, wenn Sie ein neues Entwicklungsobjekt anlegen oder eine initiale Änderung an einer bestehenden Entwicklung vornehmen.

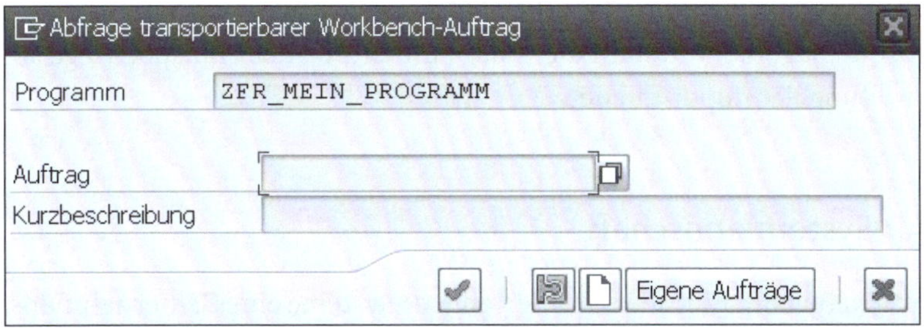

Abbildung 17.1 Abfrage nach einem Transportauftrag

Ein Transportauftrag ist ein Container, der registriert, welche Objekte oder Einstellungen auf andere Systeme übertragen werden sollen. Die Art des Transportauftrags entscheidet dabei, auf welche Weise dies geschehen soll. Es gibt zwei Hauptarten von Transportaufträgen:

- Workbench-Aufträge für Entwicklungsobjekte
- Customizing-Aufträge für Änderungen im Rahmen des Customizings

Durch die Auswahl eines Transportauftrags in Abbildung 17.1 ordnen Sie Ihrem Entwicklungsobjekt einen solchen Transportauftrag zu. Gleichzeitig wird für Ihr Entwicklungsobjekt eine Objektsperre gesetzt. Dadurch wird erreicht, dass Änderungen an diesem Entwicklungsobjekt nur noch durch Benutzer möglich sind, die mit einer sogenannten *Aufgabe* am Änderungsauftrag beteiligt sind. Für jeden neuen Benutzer wird innerhalb des Auftrags eine neue Aufgabe angelegt. Aufgaben sind Untercontainer, die ebenfalls eine Liste von Entwicklungsobjekten enthalten, aber einem bestimmten Benutzer zugeordnet sind. Im Idealfall wird die Entwicklung nun zügig abgeschlossen, und der Transportauftrag wird anschließend zum Transport in die Folgesysteme freigegeben und dort auch erfolgreich importiert.

Um zu verdeutlichen, warum dieser Transportmechanismus so angelegt ist, erkläre ich Ihnen in diesem Kapitel zunächst die grundlegende Drei-Systeme-Landschaft eines SAP-Systems. Außerdem erläutere ich, wie der Transportvorgang im Standardfall abläuft. Neben dem hier beschriebenen üblichen Kontaktpunkt mit dem *Transport Management System* (TMS) werden Sie aber in Ihrem Alltag mit ABAP mitunter auch anderen Herausforderungen begegnen. Deshalb zeige ich Ihnen in diesem Kapitel auch, wie Sie generell mit Aufträgen arbeiten können. Was passiert z. B., wenn Sie aus Versehen einen falschen Transportauftrag auswählen oder freigeben? Dabei sind insbesondere die beiden folgenden Transaktionen relevant:

- **Transaktion SE10**
  Der Transport Organizer dient der Verwaltung von Transportaufträgen. Transaktion SE01 können Sie als erweiterte Sicht nutzen (im Folgenden beziehe ich mich auf Transaktion SE01).
- **Transaktion STMS**
  Das Transport Management System dient der Einrichtung der Transportwege sowie der Verwaltung der Importqueues.

17.1 Die SAP-Systemlandschaft

Die Systemlandschaft beinhaltet alle installierten SAP-Systeme eines Unternehmens. Sie kann aus mehreren Systemen bestehen, die jeweils durch Transportwege miteinander verbunden sind. Die Rolle der verschiedenen Systeme wird dabei durch von SAP vordefinierte *Mandanten* vorgegeben, die Sie den Systemen beliebig zuteilen und einrichten können.

Ihnen ist vielleicht schon aufgefallen, dass die Anmeldung an ein SAP-System immer mit einem Mandanten geschieht. Ein System kann mehrere Mandanten haben, in der Regel empfiehlt SAP jedoch, für jeden Mandantentyp ein System aufzusetzen. Es gibt drei zentrale Mandaten, die in jeder Systemlandschaft existieren:

- `CUST`: Customizing-Mandant
- `QTST`: Qualitätssicherungsmandant
- `PROD`: Produktivmandant

Wenn diese Mandanten auf jeweils ein System verteilt werden, ergibt sich dadurch die in Abbildung 17.2 dargestellte Drei-Systeme-Landschaft, bestehend aus:

- dem Entwicklungssystem mit dem Customizing-Mandanten `CUST` (auch oft mit D oder E abgekürzt)

- dem Qualitätssicherungssystem mit dem Qualitätssicherungsmandanten QTST (auch oft mit Q oder I abgekürzt)
- dem Produktivsystem mit dem Produktivmandanten PROD (oft mit P abgekürzt)

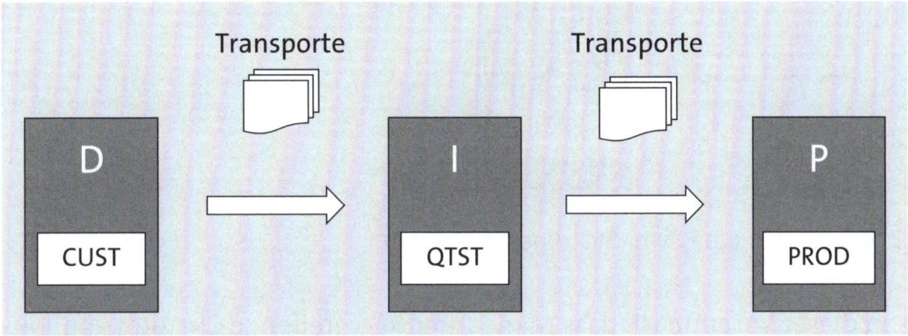

Abbildung 17.2 Eine normale Drei-Systeme-Landschaft

Der Grundgedanke ist dabei der folgende: Das Produktivsystem steuert das Alltagsgeschäft, mitunter auch Produktionslinien, und sollte daher ohne Unterbrechung laufen. Wenn z. B. das Produktivsystem durch schlechte Programmierung abstürzt und die Produktionslinie stehen bleibt und nicht mehr produziert werden kann, können hohe Schäden, gerade bei hochpreisigen Produkten, auftreten. Aber auch den Verlust von Produktivdaten (z. B. Auftragsdaten, Rechnungen) gilt es zu vermeiden.

Gleichzeitig will man aber natürlich auch die Aktualität bzw. die Stabilität des Systems, z. B. durch Patches und Fehlerbehebungen, gewährleisten und auch neue Funktionen (z. B. Eigenentwicklungen) einspielen. Daher gibt es für diese Änderungen ein separates Entwicklungssystem, das meist eine Teilkopie (0–25 % der Daten) der Anwendungsdaten des Produktivsystems enthält, auf dem nun frei programmiert werden kann. Natürlich müssen diese Entwicklungen/Einstellungen jetzt auch noch getestet werden, denn aufgrund der hohen Integrität der verschiedenen SAP-Anwendungen gibt es zu viele Abhängigkeiten, die selbst für sehr erfahrene SAP-Berater nicht auf Anhieb erkennbar sind.

Daher ist es ebenfalls keine gute Idee, die Entwicklung jetzt direkt, ohne weitere umfassende Tests, in das Produktsystem zu transportieren. Deshalb existiert zwischen dem Entwicklungs- und Produktivsystem das Qualitätssicherungssystem, das meist ebenfalls eine (aktuellere) Teilkopie des Produktivsystems ist (50–75 % der Daten). Auf einem System können, wie in Abbildung 17.3 dargestellt, mehrere Mandanten untergebracht werden (denen dann unterschiedliche Nummern zugewiesen werden, z. B. 010 für CUST und 020 für QTST). So wäre es neben einer Drei-Systeme-Landschaft auch möglich, eine Zwei-Systeme-Landschaft aufzusetzen, für den Fall, dass keine bis wenige Eigenentwicklungen durchgeführt werden.

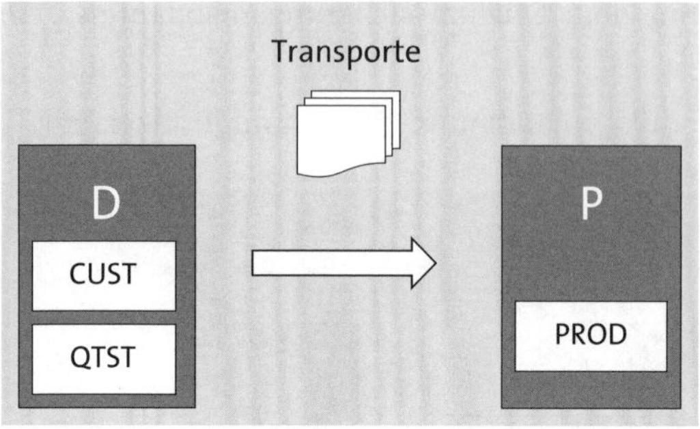

Abbildung 17.3 Beispiel für eine Zwei-Systeme-Landschaft

Der Nachteil an dieser Variante ist, dass mandantenübergreifende Customizing-Einstellungen und Repository-Objekte für alle Mandanten in einem SAP-System gelten. Das heißt, wenn Sie in dem Entwicklungssystem aus Abbildung 17.2 etwas entwickeln (oder eine Customizing-Einstellung ändern), ist diese Änderung direkt auch im Qualitätssicherungsmandanten verfügbar. Änderungen, die in einem Mandanten durchgeführt werden, wirken sich sofort auf alle Mandanten eines Systems aus. Nur die Anwendungsdaten können unabhängig voneinander eingerichtet werden, d. h., wenn Sie z. B. einen Lieferanten im Qualitätssicherungsmandanten anlegen, können Sie aus dem Entwicklungsmandanten heraus nicht auf diesen zugreifen.

Neben den drei Hauptmandanten gibt es drei weitere Mandantenrollen:

- TEST: Der Entwicklungstestmandant dient Entwicklern als Testmandant, bevor sie die Transportaufträge freigeben. Er wird auf demselben System wie der Customizing-Mandant eingerichtet. Durch den Mechanismus der automatischen Verteilung der Entwicklung sind die Entwicklungen hier sofort verfügbar. Änderungen an Entwicklungsobjekten oder Customizing-Daten können hier normalerweise nicht durchgeführt werden. Änderungen an mandantenabhängigen Daten werden mit einer speziellen Funktion des Mandantenkopierers kopiert.
- SAND: Der Prototypmandant wird dazu verwendet, bestimmte Einstellungen und Programmierungen auszuprobieren. Das System hat normalerweise keinen Transportanschluss, vielmehr muss das, was hier ausprobiert wurde, falls es sich bewährt hat, im Entwicklungssystem wiederholt werden.
- TRNG: Der Schulungsmandant dient dazu, die Benutzer auf Funktionen vorzubereiten, die bereits im Produktivmandanten vorhanden sind oder zukünftig dorthin transportiert werden sollen. Hier sollten Anwendungsdaten so angelegt werden, dass die Funktionen demonstriert werden können, ohne das Alltagsgeschäft zu beeinflussen.

17.2 Transportaufträge

Neben den normalen Workbench- und Customizing-Aufträgen stellt das System folgende weitere Arten von Transportaufträgen bereit:

- **Transport von Kopien**
  Diese Auftragsart können Sie verwenden, um Objekte gezielt als Kopie in ein anderes SAP-System zu transportieren.
- **Umzug von Objekten ohne Paketwechsel**
  Hier geht es um ein temporäres Verlagern von Entwicklungsarbeit in ein anderes SAP-System. Diese Transportart bietet prinzipiell dieselbe Funktion wie der Transport von Kopien. Zusätzlich wird hiermit aber auch der Originalstandort der Objekte in das Zielsystem verlagert.
- **Umzug von Objekten mit Paketwechsel**
  Ermöglicht ein dauerhaftes Wechseln von Objekten in ein anderes Entwicklungssystem.
- **Umzug eines kompletten Pakets**
  Ein Paket soll dauerhaft in ein anderes Entwicklungssystem kopiert werden. Die Objektliste des Auftrags enthält dann automatisch alle Objekte des angegebenen Pakets.

In diesem Abschnitt zeige ich Ihnen, wie Sie mit diesen Transportaufträgen und seinen Aufgaben umgehen können.

17.2.1 Transportauftrag anlegen

Einen Transportauftrag können Sie auf zwei Arten anlegen:

- bei der Abfrage nach einem Auftrag (Workbench- und Customizing-Auftrag)
- im Transport Organizer, d. h. in Transaktion SE01 (alle weiteren Auftragstypen)

Anlage bei der Abfrage nach einem Auftrag

In dem in Abbildung 17.1 dargestellten Pop-up-Fenster zur Abfrage eines Transportauftrags klicken Sie auf **neu** (🗋), um einen Transportauftrag anzulegen. Je nachdem, woran Sie gerade gearbeitet haben, wird hier ein Customizing- oder ein Workbench-Auftrag angelegt. Welcher Auftragstyp gerade angelegt wird, sehen Sie in dem in Abbildung 17.4 dargestellten Fenster **Auftrag anlegen** hinter dem Feld **Auftrag**.

Hier geben Sie eine Kurzbeschreibung des Auftrags ein. Diese folgt in der Regel einer klaren Konvention, z. B. mit Komponenten- oder Datumsangabe bzw. einem Verweis auf eine Implementierungs- bzw. Änderungsnummer. Dies kann für jedes Projekt und Unternehmen unterschiedlich sein.

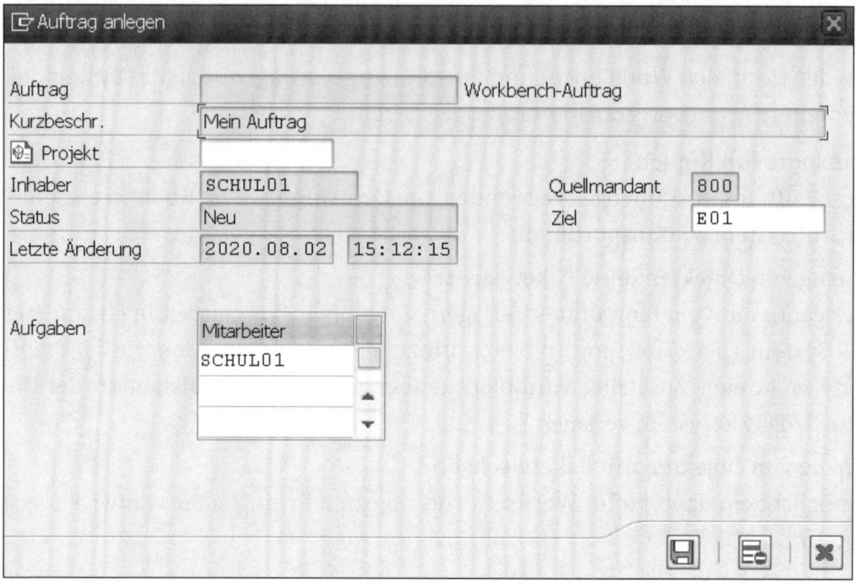

Abbildung 17.4 Einen neuen Transportauftrag anlegen

Zusätzlich können Sie das Projekt spezifizieren und Aufgaben an andere Benutzer verteilen (dadurch wird für jeden Benutzer eine Aufgabe angelegt), die dann ebenfalls ihre Änderungen diesem Transportauftrag zuweisen können. Ein anderer Benutzer darf ohne eine Aufgabe Ihrem Transportauftrag kein Entwicklungsobjekt hinzufügen.

Anlage im Transport Organizer

Die anderen in Abschnitt 17.2 beschriebenen Auftragstypen können Sie nicht auf dem zuvor beschriebenen Weg anlegen. Dazu müssen Sie in Transaktion SE01 gehen und dort auf dem Startbildschirm (siehe Abbildung 17.5) in der Menüleiste auf **Anlage** (☐) klicken.

17.2.2 Transportauftrag freigeben und importieren

Um einen Transportauftrag freizugeben, gehen Sie wie folgt vor:

1. Rufen Sie Transaktion SE01 auf, und geben Sie auf dem Hauptbildschirm (siehe Abbildung 17.5) Ihren Benutzernamen ein.
2. Wählen Sie den Auftragsstatus **Änderbar**, und bestätigen Sie Ihre Eingabe mit [↵], oder klicken Sie auf den Button **Anzeigen**.
3. Markieren Sie in der Liste den freizugebenden Auftrag (siehe Abbildung 17.6), und wählen Sie anschließend in der Funktionsleiste (oder im Kontextmenü) die Funktion **Direkt Freigeben** (🚚).

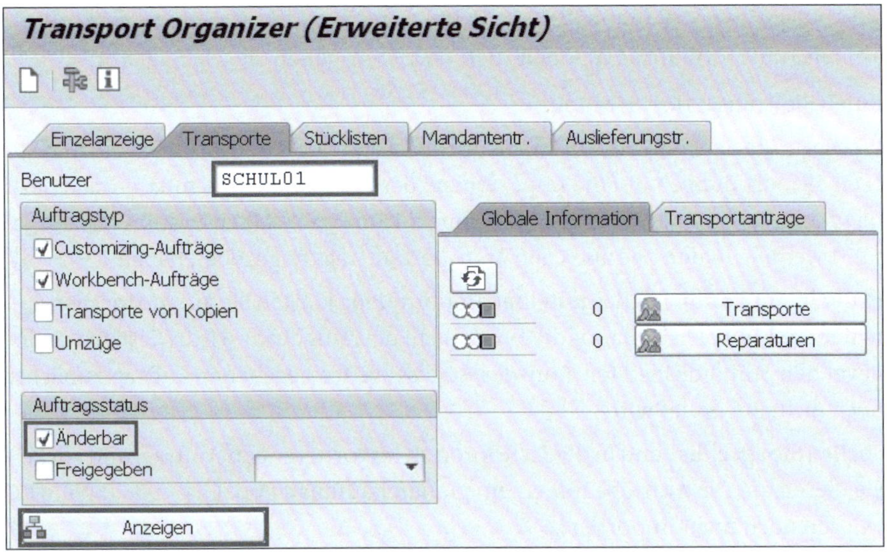

Abbildung 17.5 Der Startbildschirm des Transport Organizers

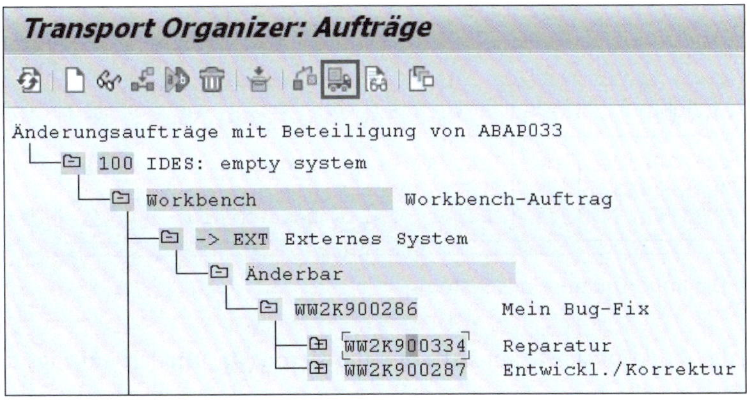

Abbildung 17.6 Auswahl und Freigabe eines Transports

Wenn der Auftrag weitere Aufträge/Aufgaben enthält, müssen Sie diese zuerst freigeben, bevor der Hauptauftrag freigegeben werden kann. Konnte der Transport erfolgreich freigegeben werden, wird dieser in der Importqueue der angeschlossenen Systeme hinzugefügt und kann von dort in die jeweiligen Systeme importiert werden. Dies geschieht je nach Einstellung des Systems automatisch (z. B. nach Ablauf eines gesetzten Intervalls) oder muss händisch vorgenommen werden. Je nach Unternehmen werden Sie oder das SAP-Basisteam diese Tätigkeit durchführen.

Einen Transportauftrag manuell importieren

Um einen Transportauftrag manuell zu importieren, gehen Sie wie folgt vor:

1. Rufen Sie Transaktion STMS auf.
2. Wechseln Sie über den Button **Importübersicht** () in die Importübersicht, und klicken Sie dort doppelt auf die Importqueue des Zielsystems. Sie müssen sich dazu nicht am Zielsystem anmelden. Der Import kann vom selben System aus ausgeführt werden, in dem Sie auch den Transportauftrag freigegeben haben.
3. In der in Abbildung 17.7 dargestellten Importqueue klicken Sie auf **Auffrischen** () in der Funktionsleiste, damit die Importliste neu aufgebaut wird. Diese hat in der Regel den Stand des letzten Aufrufes, sodass Ihr freigegebener Auftrag zunächst noch nicht angezeigt wird.
4. Suchen Sie anschließend in der Liste Ihren zu importierenden Auftrag, und klicken Sie diesen an. Die Aufträge mit einem grauen Rautensymbol () in der Spalte **RC** wurden noch nicht importiert.

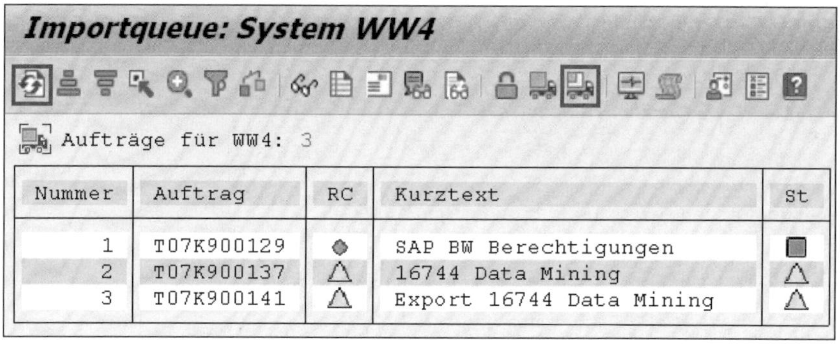

Abbildung 17.7 Die Importqueue eines Systems

5. Klicken Sie in der Funktionsleiste auf **Auftrag importieren** (), um den Auftrag zu transportieren.

[!]

Nur den gewünschten Auftrag importieren

Direkt neben diesem Button befindet sich die Funktion **Alle Aufträge importieren** (). Damit würden Sie alle Aufträge in der Importliste importieren.

6. Wählen Sie im Pop-up-Fenster in Abbildung 17.8 einen **Starttermin** aus. Auf der Registerkarte **Ausführung** können Sie auswählen, ob Ihr Transport bevorzugt importiert werden soll oder nicht, und auf der Registerkarte **Optionen** haben Sie weitere Auswahlmöglichkeiten, z. B. können Sie den Transportauftrag für einen weiteren Import in der Queue stehen lassen.

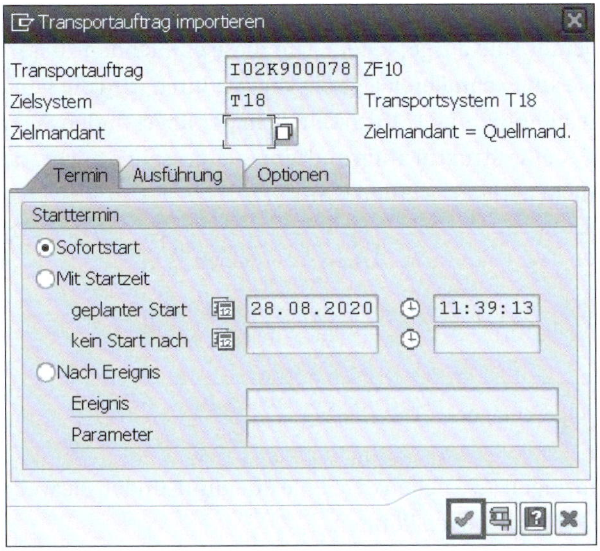

Abbildung 17.8 Imports bestätigen

7. Bestätigen Sie Ihre Auswahl mit einem Klick auf das grüne Häkchen (), oder führen Sie, falls gewünscht, über den Button **Testimport ausführen** () zuerst einen Testimport durch.
8. Aktualisieren () Sie anschließend die Importliste, und überprüfen Sie in der Spalte **RC** den Return-Code, d. h., ob Ihr Transport erfolgreich importiert wurde.

Analyse des Imports

Für den Import eines Auftrags gibt es drei Status: **Erfolgreich beendet** (RC = 0,), **Warnung** (RC = 4,) und **Beendet mit Fehler** (RC = 8,). Das in Abbildung 17.9 dargestellte Protokoll eines Transports können Sie durch einen Doppelklick auf das Return-Code-Symbol einsehen. In Abbildung 17.9 ist ein Negativfall zu sehen: Der Import eines Transports hat nicht funktioniert.

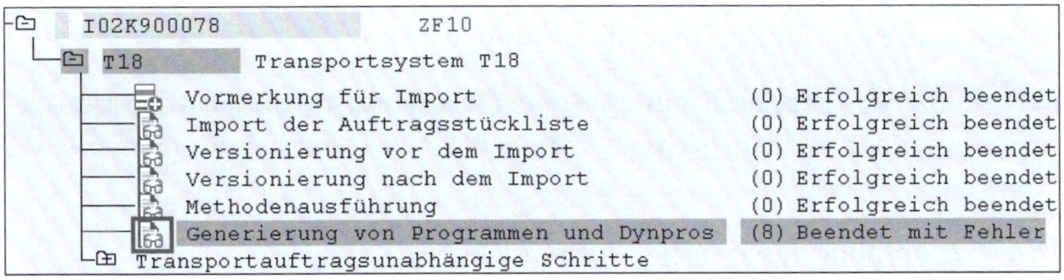

Abbildung 17.9 Protokoll eines Transports

Um herauszufinden, was passiert ist, hilft es, sich den ausgegebenen Fehler und dessen Fehlertext anzuschauen. Klicken Sie hierzu auf den Anzeige-Button () neben der rot markierten Zeile. Dadurch wird das Protokoll geöffnet, das zunächst komprimiert angezeigt wird, d. h., viele Details sind ausgeblendet. Um diese einblenden zu lassen, können Sie in der ersten Zeile auf **Expandieren** () klicken. Dadurch wird der genaue Fehlertext eingeblendet, wie in Abbildung 17.10 zu sehen. In der Regel finden Sie hier Generierungsfehler, wenn z. B. eine Struktur aufgrund eines vergessenen, nicht transportierten Datenelements nicht aktiviert werden kann.

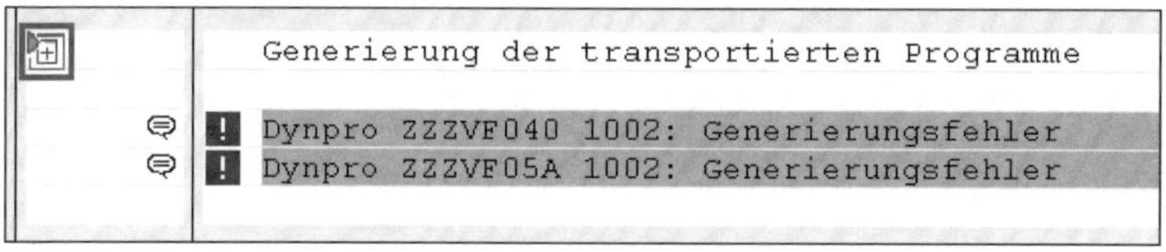

Abbildung 17.10 Grund des fehlgeschlagenen Transports

Über den Button **Langtext anzeigen** () neben der Fehlermeldung finden Sie weitere Informationen, wie Sie den Fehler beheben können.

17.2.3 Aufgabe anlegen

Wenn ein anderer Benutzer Ihren Transportauftrag ebenfalls nutzen möchte, muss dieser über eine Aufgabe daran beteiligt sein. Dies geht nur, wenn Sie manuell eine solche Aufgabe für ihn anlegen:

1. Rufen Sie dazu Transaktion SE01 auf, und geben Sie dort Ihren Benutzer ein. Wählen Sie den Auftragsstatus **Änderbar**, und bestätigen Sie Ihre Eingabe mit [↵].
2. Markieren Sie in der Liste den Auftrag, für den Sie die Aufgabe anlegen wollen, und klicken Sie in der Funktionsleiste (oder im Kontextmenü) auf **Mitarbeiter hinzufügen** ().
3. Geben Sie in dem sich öffnenden Pop-up-Fenster den Benutzernamen ein, für den Sie die Aufgabe anlegen möchten, und bestätigen Sie Ihre Eingabe mit einem Klick auf das grüne Häkchen ().
4. Die Auftragsliste können Sie mit der [↵]-Taste aktualisieren. Anschließend finden Sie die angelegte Aufgabe unter Ihrem Auftrag.

Der Benutzer wird jetzt Ihren Auftrag in seiner Transportliste vorfinden und kann diesen Transportauftrag beim nächsten Mal einem Entwicklungsobjekt zuordnen.

17.2.4 Zuordnung des Transportauftrags ändern

Sie haben aus Versehen den falschen Transportauftrag ausgewählt und wollen dies nun korrigieren? Dazu müssen Sie das zugewiesene Entwicklungsobjekt aus dem Auftrag löschen und anschließend das Entwicklungsobjekt dem richtigen Auftrag zuweisen:

1. Gehen Sie dazu in Transaktion SE01, wählen Sie Ihren Benutzer und den Auftragsstatus **Änderbar** aus, und bestätigen Sie Ihre Eingabe mit [↵].
2. Wählen Sie aus der Liste den Transportauftrag, dem Sie fälschlicherweise Ihr Entwicklungsobjekt zugeordnet haben, durch einen Doppelklick aus. Wenn Sie den Auftrag nicht kennen, finden Sie in Abschnitt 17.2.8, »Transportauftrag oder Aufgabe finden«, eine Beschreibung, wie Sie diesen Auftrag wiederfinden können.
3. Wechseln Sie über die Funktionsleiste in den Bearbeitungsmodus (), und wählen Sie aus der Liste auf der Registerkarte **Objekte** das Entwicklungsobjekt aus (siehe Abbildung 17.11). Klicken Sie dann auf den Button **Zeile Löschen** ().

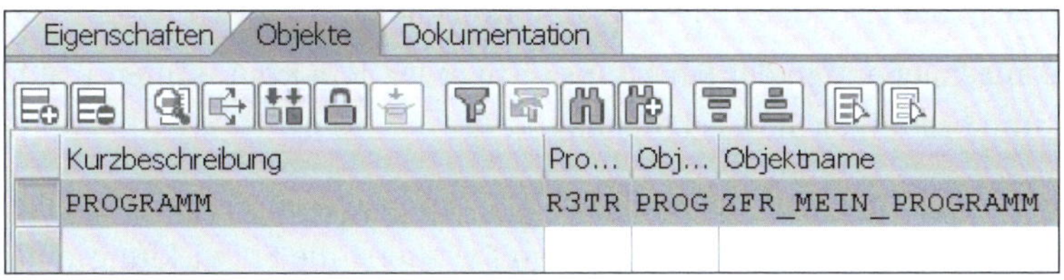

Abbildung 17.11 Entfernen eines Objekts aus einem Transportauftrag/einer Aufgabe

4. Bestätigen Sie die Sperrmeldung mit einem Klick auf das grüne Häkchen () und das Löschen mit **Ja**.
5. Speichern Sie den Auftrag bzw. die Aufgabe anschließend über den Button **Speichern** ().
6. Wenn Sie Ihr Entwicklungsobjekt nun erneut aufrufen und erneut speichern (führen Sie gegebenenfalls vorher Ihre Änderung durch), werden Sie wiederum nach einem Transportauftrag gefragt. Wählen Sie hier den richtigen Auftrag aus.

Alternativ können Sie den Transportauftrag in der Transaktion SE80 im Repository Browser zuweisen. Klicken Sie dazu mit der rechten Maustaste auf den Ordner des Entwicklungsobjekts (z. B., wie in Abbildung 17.12 dargestellt, eines Programms).

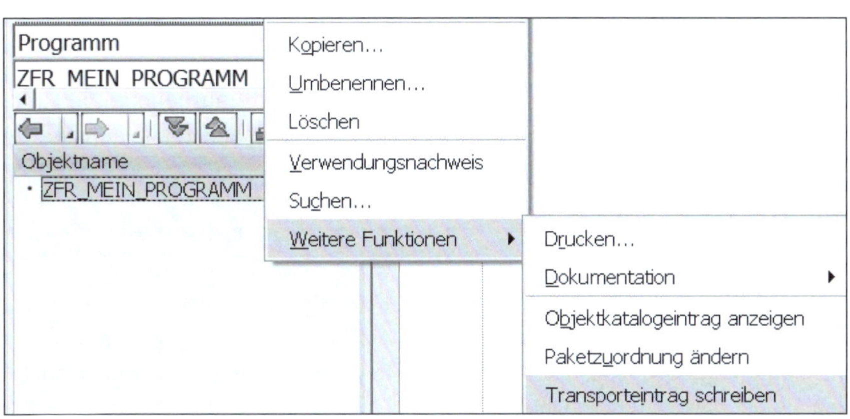

Abbildung 17.12 Transportauftrag für ein Entwicklungsobjekt zuweisen

Wählen Sie anschließend unter **Weitere Funktionen • Transporteintrag schreiben** den Transportauftrag aus. Wenn das Objekt bereits einem Transportauftrag zugewiesen war, ist das Objekt nun in beiden Transporten enthalten.

17.2.5 Transportaufträge und Aufgaben löschen

Um einen Transportauftrag zu löschen, gehen Sie wie folgt vor:

1. Rufen Sie Transaktion SE01 auf, wählen Sie Ihren Benutzer und den Auftragsstatus **Änderbar**, und bestätigen Sie Ihre Eingabe mit [↵].
2. Markieren Sie in der Liste den zu löschenden Auftrag.
3. Klicken Sie anschließend in der Funktionsleiste (oder dem Kontextmenü) auf **Löschen** (), und bestätigen Sie das Löschen mit **Ja**.

Wenn Ihnen die Meldung »Auftrag/Aufgabe XYZ kann wegen gesperrter Objekte nicht gelöscht werden« angezeigt wird, müssen Sie zuerst die Entwicklungsobjekte aus dem Auftrag entfernen. Löschen Sie dazu alle Entwicklungsobjekte in der Liste auf der Registerkarte **Objekte**, wie in Abschnitt 17.2.4, »Zuordnung des Transportauftrags ändern«, beschrieben. Für jedes Entwicklungsobjekt müssen Sie die Sperrmeldungen zweimal bestätigen. Speichern Sie anschließend den Auftrag bzw. die Aufgabe. Wiederholen Sie diese Schritte für jede Objektliste des Auftrags, und löschen Sie den Auftrag anschließend, wie zu Beginn dieses Abschnitts beschrieben.

17.2.6 Objekte in einen Transportauftrag aufnehmen

Natürlich können Sie einen Transportauftrag manuell jedem Entwicklungsobjekt zuweisen, es gibt jedoch einen schnelleren Weg, der Ihnen nebenbei auch die Möglichkeit bietet, bereits einem Transport zugewiesene Objekte zu übernehmen:

1. Rufen Sie dazu Transaktion SE01 auf, geben Sie Ihren Benutzer an, und wählen Sie den Auftragsstatus **Änderbar**. Bestätigen Sie Ihre Eingabe mit der Taste [↵].
2. Markieren Sie dort Ihren Zielauftrag, und klicken Sie anschließend in der Funktionsleiste (oder im Kontextmenü) auf den Button **Objekte aufnehmen** (). Dadurch öffnet sich das in Abbildung 17.13 dargestellte Pop-up-Fenster, in dem Sie die hinzuzufügenden Objekte auswählen können.

[!]

Keine Objektsperren

Beim Hinzufügen der Objekte wird, falls nicht bereits gesetzt, keine Objektsperre gesetzt, d. h., das müssen Sie innerhalb des Auftrags bzw. der Aufgabe selbst machen. Rufen Sie dazu die Registerkarte **Objekte** für den Auftrag/die Aufgabe auf, wählen Sie die hinzugefügten Objekte aus, und sperren Sie diese über den Button **Objekt sperren** () in der Funktionsleiste.

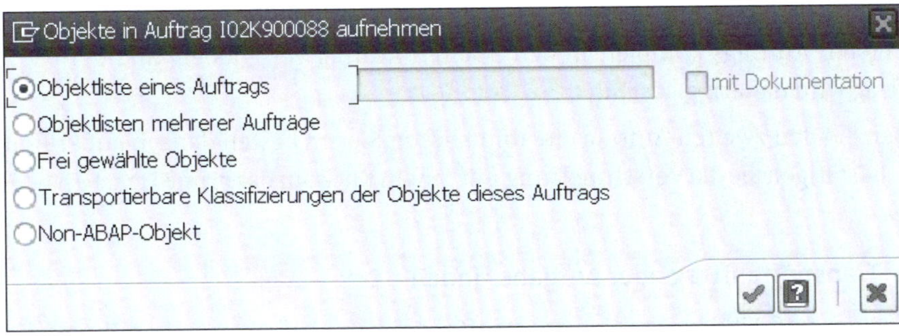

Abbildung 17.13 Objekte einem Auftrag/einer Aufgabe hinzufügen

17.2.7 Transportaufträge verschmelzen

Sie können auch zwei Transportaufträge zu einem zusammenfassen:

1. Rufen Sie dazu Transaktion SE01 auf, geben Sie Ihren Benutzer an, wählen Sie den Auftragsstatus **Änderbar**, und bestätigen Sie Ihre Eingabe mit [↵].
2. In Abbildung 17.14 sehen Sie zwei Transportaufträge, die nun zusammengeführt werden sollen. Klicken Sie mit der rechten Maustaste auf einen der beiden Aufträge, und wählen Sie aus dem Kontextmenü den Eintrag **Aufträge verschmelzen**.

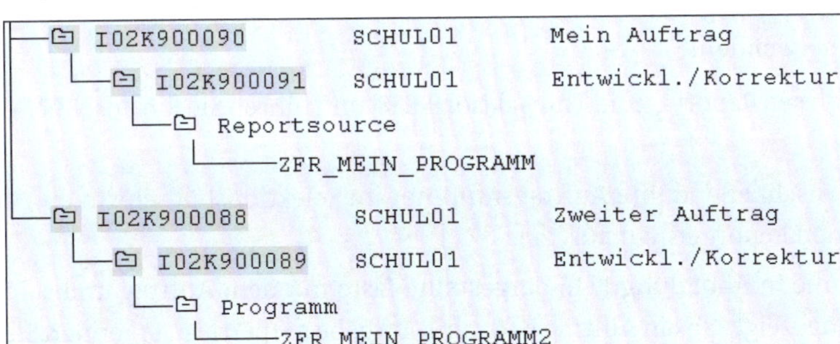

Abbildung 17.14 Verschmelzen von zwei Aufträgen

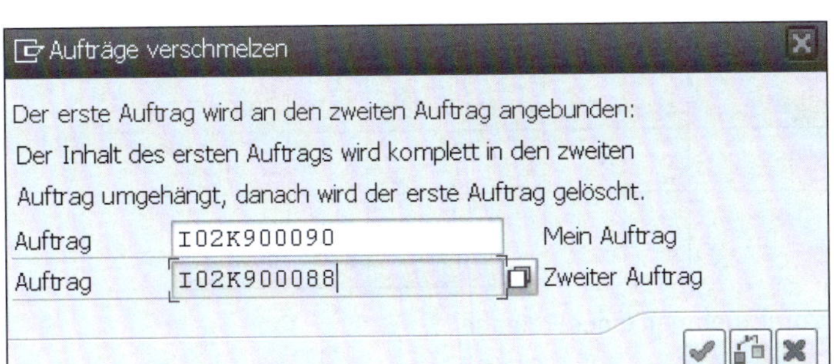

Abbildung 17.15 Angabe der zu verschmelzenden Aufträge

3. Wie Sie in dem Pop-up-Fenster in Abbildung 17.15 sehen können, wird der Inhalt des ersten Auftrags komplett in den zweiten Auftrag verschoben, und der erste Auftrag wird danach gelöscht.
4. Geben Sie den zweiten Auftrag ein, und klicken Sie am besten danach auf **Prüfen** (). Bestätigen Sie die Verschmelzung mit einem Klick auf das grüne Häkchen ().

17.2.8 Transportauftrag oder Aufgabe finden

Zum Suchen und Finden von Transportaufträgen bzw. Aufgaben stehen Ihnen die Transport Organizer Tools zur Verfügung, die Sie über Transaktion SE03 bzw. in der Funktionsleiste der Transaktion SE01 über den Button **Transport Organizer Tools** () erreichen können. Wählen Sie hier durch einen Doppelklick den folgenden Eintrag: **Objekte in Aufträgen/Aufgaben suchen** (). Tragen Sie in der neuen Maske das von Ihnen gesuchte Objekt ein, und führen Sie die Suche aus (). Achten Sie darauf, dass der Status der Aufträge bzw. Aufgaben entweder auf **Änderbar** oder auf **Freigegeben** gesetzt ist.

17.2.9 Freigabe eines Transportauftrags zurücknehmen

Um einen bereits freigegebenen Auftrag wieder zurückzusetzen, können Sie den Report `RDDIT076` verwenden:

1. Öffnen Sie diesen Report z. B. in Transaktion SE38, und führen Sie ihn anschließend aus ().
2. Tragen Sie anschließend Ihre Auftragsnummer im Selektionsbildschirm ein, und führen Sie den Report erneut aus ().
3. Ihnen wird die in Abbildung 17.16 dargestellte Liste mit dem Auftrag und seinen Aufgaben angezeigt. Ob ein Auftrag bzw. eine Aufgabe gesperrt ist, erkennen Sie in der Spalte **Stat** am Status »R« (gesperrt). In Abbildung 17.16 ist z. B. die Aufgabe I02K900089 gesperrt.

I02K900088	Zweiter Auftrag				
Auftrag/Aufgabe	Typ	Stat	Zielsystem	Kat.	Inhaber
I02K900088	K	D	E01	SYST	SCHUL01
I02K900089	S	R		SYST	SCHUL01
I02K900091	S	D		SYST	SCHUL01

Abbildung 17.16 Zurücknehmen einer Freigabe

4. Klicken Sie doppelt auf den gesperrten Auftrag bzw. die Aufgabe.
5. In dem folgenden Fenster in Abbildung 17.17 können Sie nun in den Bearbeitungsmodus wechseln () und den Status von »R« zurück auf »D« (änderbar) setzen.

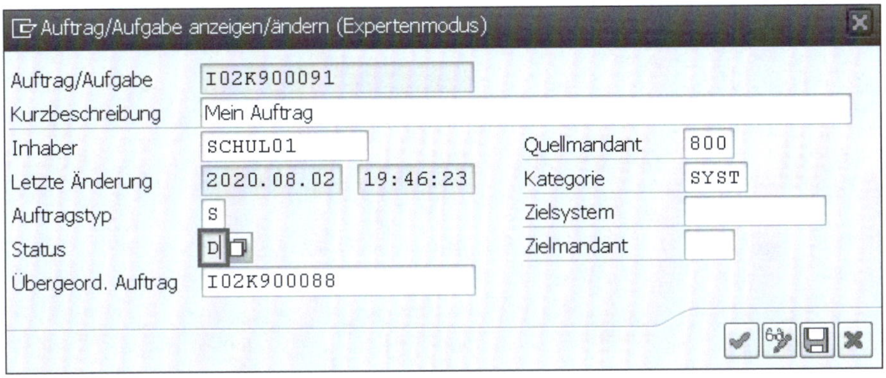

Abbildung 17.17 Status eines Auftrags ändern

6. Speichern Sie anschließend über den Button **Speichern** ().

Wenn Sie nun zurück zur Auftragsliste in Transaktion SE01 wechseln, wird Ihnen der Auftrag dort wieder als änderbar angezeigt.

Vorsicht bei bereits freigegebenen Aufträgen

Durch das erstmalige Freigeben eines Auftrags wurde bereits ein Eintrag in den Importlisten der angebundenen Systeme hinzugefügt. Ein Zurücksetzen der Freigabe entfernt diesen Eintrag nicht. Wenn Sie den Transport verhindern wollen, müssen Sie diese Aufträge manuell aus den einzelnen Importlisten löschen. Klicken Sie dazu in der Importliste mit der rechten Maustaste auf den Transport, und wählen Sie **Löschen**.

Darüber hinaus müssen Sie, wenn es sich um einen Customizing- bzw. Workbench-Auftrag (Typ K) handelt, weitere Schritte unternehmen, damit Sie diesen erneut freigeben können. Denn bei der Freigabe über den Button **Direkt freigeben** () erhalten Sie jetzt die folgende Fehlermeldung: »Auftrag XYZ besitzt das ungültige Attribut EXPTIMESTAMP.« Rufen Sie, um diesen Fehler zu beheben, den Auftrag auf, und wechseln Sie dort in den Änderungsmodus ().

Gehen Sie anschließend auf die Registerkarte **Eigenschaften**, und löschen Sie dort aus der unteren Liste mit dem Button **Attribut löschen** () die Einträge `EXPORT_TIMESTAMP` und `EXPTIMESTAMP`. Speichern Sie anschließend. Nun kann der Auftrag erneut freigegeben werden.

[»]

Weitere Informationen zum SAP-Transportwesen

Eine umfassende Darstellung des SAP-Transportwesens bietet Ihnen das Buch »SAP Transportation Management« von Lauterbach et al. (siehe *www.sap-press.de/4844*).

Kapitel 18
Die Jobverwaltung

Ihre ABAP-Programme können durch die Jobverwaltung für die Hintergrundverarbeitung zu bestimmten Zeiten eingeplant werden.

Die Jobverwaltung dient dazu, ABAP-Programme für die Hintergrundverarbeitung einzuplanen. In der Praxis sind dies vor allem Langläufer und Programme, die Schnittstellen zum SAP-System darstellen und z. B. Daten in regelmäßigen Abständen in das System laden sollen.

In diesem Kapitel zeige ich Ihnen, wie Sie Folgendes tun:

- Jobs in Transaktion SM36 definieren (siehe Abschnitt 18.1)
- ein Programm direkt über die Transaktionen SA38, SE38 oder SE80 für den Hintergrund einplanen
- Jobs mit ABAP definieren und ausführen (siehe Abschnitt 18.4)
- Jobs in Transaktion SM37 überwachen und freigeben (siehe Abschnitt 18.2)
- Ereignisse zum Start von Jobs definieren (siehe Abschnitt 18.3)

18.1 Transaktion SM36: Jobs definieren

In Transaktion SM36 (Job definieren) können Sie eigene Jobs definieren. Alle dazu erforderlichen Schritte können Sie dabei direkt auf der in Abbildung 18.1 dargestellten Startoberfläche ausführen.

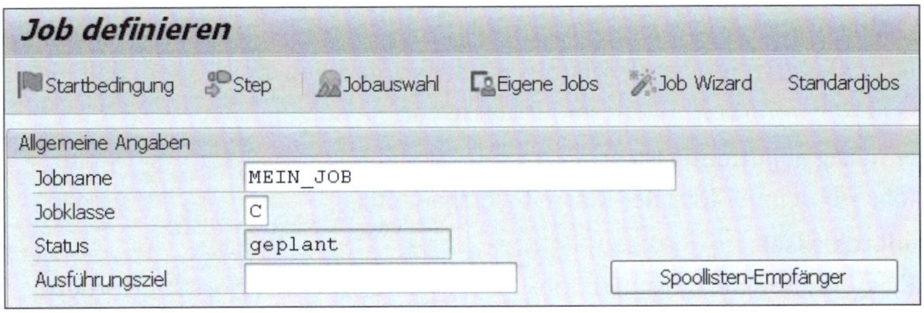

Abbildung 18.1 Einen Job in Transaktion SM36 definieren

Eine Jobdefinition besteht immer aus drei Bestandteilen:

- allgemeinen Angaben zur Definition des auszuführenden Programms
- der Startbedingung, also wann der Job auszuführen ist
- einem oder mehreren Schritten (Steps)

Wie Sie diese drei Bestandteile ausprägen können, beschreibe ich in den folgenden Abschnitten.

Neben der manuellen Definition eines Jobs haben Sie die Möglichkeit, sich vom Job Wizard, den Sie in der Funktionsleiste über den Button **Job Wizard** aufrufen können, durch die einzelnen Schritte führen zu lassen. In den folgenden Abschnitten sind die Schritte ohne Verwendung des Job Wizards beschrieben. Die Eingaben, die Sie im Wizard machen müssen, sind dieselben.

Nachdem Sie alle drei Bestandteile der Jobdefinition gepflegt haben, können Sie den Job mit einem Klick auf den Button **Speichern** (💾) speichern:

- Wenn keine Startbedingung angegeben wurde, wird der Job im Status **geplant** abgelegt und muss noch mal explizit über die Transaktion SM37 freigegeben werden (siehe Abschnitt 18.2).
- Wenn eine Startbedingung angegeben wurde, wird der Job mit dem Status **freigegeben** angelegt und muss nicht noch explizit freigegeben werden. Wurde als Startbedingung **Sofort** ausgewählt, wird dieser direkt ausgeführt.

18.1.1 Allgemeine Angaben

Unter **Allgemeine Angaben** geben Sie **Jobname** und **Jobklasse** an (siehe Abbildung 18.1). Darüber hinaus haben Sie die Möglichkeit, über das **Ausführungsziel** das System zu bestimmen (zum Systemlastausgleich), auf dem der Job ausgeführt werden soll. Über den Button **Spoollisten-Empfänger** können Sie das Ergebnis des Jobs als E-Mail verschicken, die der Empfänger dann in Transaktion SO01 bzw. SBWP lesen kann.

Folgende Jobklassen stehen zur Auswahl:

- **A (hohe Priorität)**
  Jobs dieser Klasse werden anderen Jobs immer vorgezogen. Das System hält einen Prozess für die Verarbeitung dieser Jobklasse vor.
- **B (regelmäßig ablaufende Jobs)**
  Diese Jobs werden vor Jobs der Klasse C verarbeitet.
- **C (Standardklasse)**
  Diese Klasse weisen Sie normalen Jobs zu, die keine erhöhte Priorität erfordern.

Die Definition einer Jobklasse ist besonders wichtig, wenn ein in der Nacht laufender Prozess Grundlage für die Arbeit am nächsten Tag ist, im Gegensatz zu einem Prozess, der keine direkten Auswirkungen hat.

18.1.2 Startbedingung

Um die Startbedingung Ihres Jobs zu definieren, klicken Sie in der Funktionsleiste der Transaktion SM36 auf den Button **Startbedingung**. Hier haben Sie die folgenden Auswahlmöglichkeiten:

- **Sofort**
- **Datum/Uhrzeit**
- **Nach Job**
- **Nach Ereignis**
- **Bei Betriebsart**
- Auswahl eines Fabrikkalenders/Arbeitstages mit dem Pfeil-Button (>>)

Job sofort einplanen

Klicken Sie auf den Button **Sofort**, um zu definieren, dass Ihr Job direkt nach der Anlage gestartet werden soll. Speichern ( ) Sie anschließend.

Job periodisch ausführen

Die Checkbox **Job periodisch ausführen** steht Ihnen bei den Startbedingungen **Sofort**, **Datum/Uhrzeit**, **Nach Ereignis** und **Bei Betriebsart** zur Verfügung. Sie können dadurch bestimmen, dass Ihr Job in einem gewissen Intervall ausgeführt wird. Wählen Sie dazu die Checkbox aus, und klicken Sie anschließend zur Definition der Periode auf den Button **Periodenwerte**. Bei den Startbedingungen **Nach Ereignis** und **Bei Betriebsart** müssen Sie hier keine Periodenwerte hinterlegen. Der Job wird immer dann neu ausgeführt, wenn das Ereignis eintritt oder in die Betriebsart gewechselt wird.

Wie Sie in Abbildung 18.2 sehen können, haben Sie nun die Möglichkeit, eine feste Periode für die Ausführung auszuwählen. Die Angaben beziehen sich dabei auf den ursprünglich geplanten Starttermin. Wählen Sie eine Option aus, und speichern ( ) Sie anschließend.

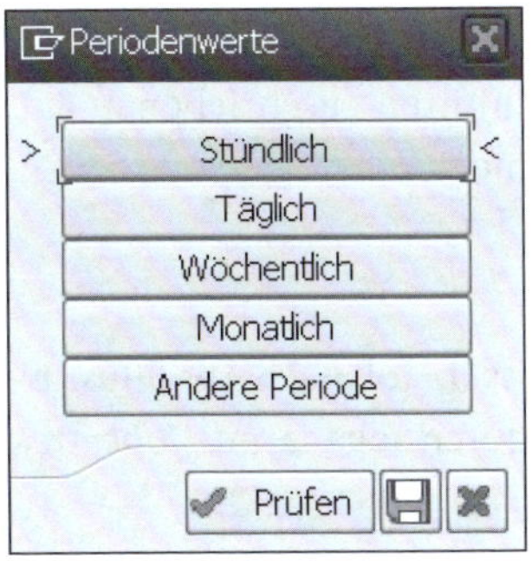

Abbildung 18.2 Auswahl von Periodenwerten

Einschränkungen definieren

Über den Button **Einschränkungen** können Sie eine Kalender-ID angeben, die die Feier- und Arbeitstage definiert. Über die in Abbildung 18.3 gezeigten Auswahlmöglichkeiten können Sie bestimmen, dass der Job an bestimmten Tagen nicht ausgeführt bzw. verschoben wird.

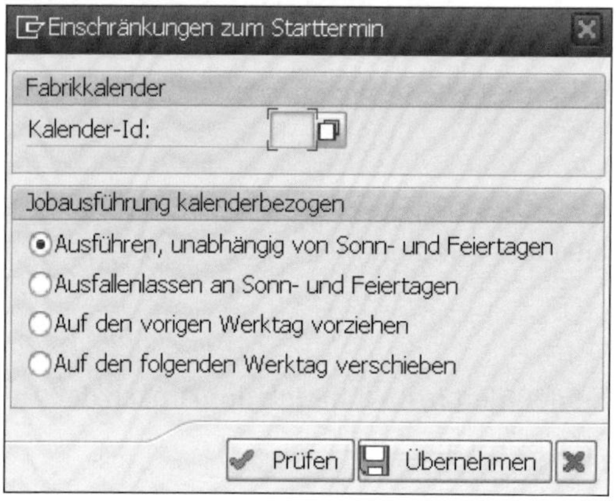

Abbildung 18.3 Einschränkungen zum Starttermin

Datum/Uhrzeit definieren

Klicken Sie auf den Button **Datum/Uhrzeit**, um zu definieren, dass Ihr Job an einem bestimmten Tag zu einer bestimmten Uhrzeit ausgeführt werden soll. Dazu wird Ihnen die in Abbildung 18.4 dargestellte Maske angezeigt. Speichern (💾) Sie Ihre Eingaben anschließend.

Abbildung 18.4 Eingabe eines geplanten Starts mit Datum und Uhrzeit

Auch hier können Sie die in den vorangegangenen Abschnitten beschriebenen Einstellungen **Periodenwerte** und **Einschränkungen** vornehmen.

Job nach einem anderen Job einplanen

Klicken Sie auf den Button **Nach Job**, um zu definieren, dass Ihr Job nach Abschluss eines anderen Jobs ausgeführt werden soll. Sie können dadurch sogenannte *Jobketten* modellieren.

In der in Abbildung 18.5 gezeigten Maske können Sie über die Checkbox **Start statusabhängig** bestimmen, dass Ihr Job nur bei Erfolg des Vorgängers ausgeführt wird.

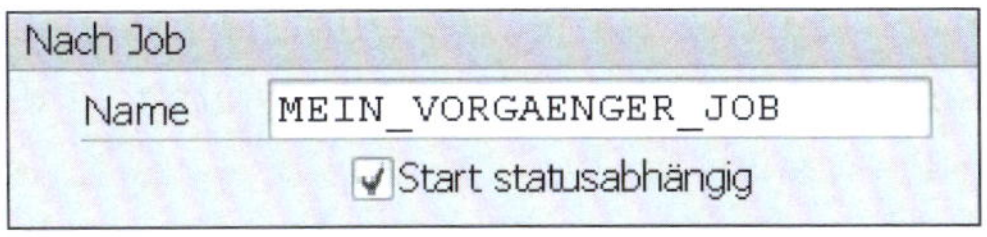

Abbildung 18.5 Start nach einem anderen Job definieren

Job nach einem Ereignis einplanen

Klicken Sie auf den Button **Nach Ereignis**, um zu definieren, dass Ihr Job nach dem Auftreten eines bestimmten Ereignisses ausgeführt werden soll (siehe auch Abschnitt 18.3, »Ereignisse für Jobs«). Tragen Sie dazu in der in Abbildung 18.6 gezeigten Maske den Namen des Ereignisses ein, und definieren Sie optional einen Parameter. Dieser Parameter kann beim Auslösen des Jobs gesetzt werden. Sie haben so auch hier die Möglichkeit, die Ausführung unter einer Bedingung zu definieren.

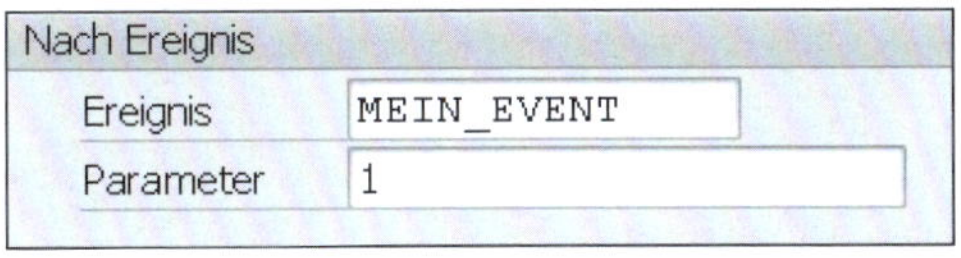

Abbildung 18.6 Start nach einem Ereignis definieren

Über die Checkbox **Job periodisch ausführen** können Sie bestimmen, dass Ihr Job jedes Mal gestartet wird, wenn das Ereignis auftritt. Weitere Informationen dazu, wie Sie ein Ereignis anlegen und auslösen, finden Sie in Abschnitt 18.3, »Ereignisse für Jobs«.

Job für eine Betriebsart definieren

Klicken Sie auf den Button **Bei Betriebsart**, um zu definieren, dass Ihr Job beim Wechsel in eine bestimmte Betriebsart ausgeführt wird. Eine Betriebsart ist eine Ressourcenkonfiguration für das SAP-System. Beispielsweise können so zusätzliche Ressourcen für die Dialog- und Hintergrundverarbeitung während der Nacht bereitgestellt werden, ohne das System neu starten zu müssen. Tragen Sie dazu in der in Abbildung 18.7 gezeigten Maske den Namen der Betriebsart ein.

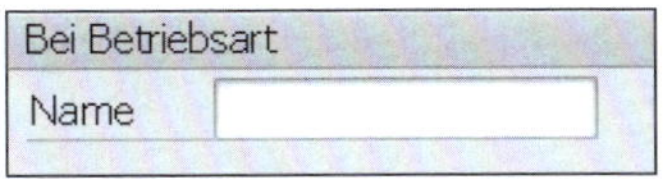

Abbildung 18.7 Definition eines Starts bei einer bestimmten Betriebsart

Wenn das SAP-System einen Betriebsartenwechsel vornimmt, wird ein Ereignis `SAP_OPMODE_SWITCH` ausgelöst, das als Parameter den Namen der neuen Betriebsart übergibt. So könnten Sie z. B. einen Job ausführen lassen, sobald das System zur Betriebsart **Nacht** wechselt. Tritt das Ereignis `SAP_OPMODE_SWITCH` mit der in Ihrem Job hinterlegten Betriebsart als Parameter ein, wird er dadurch gestartet. Über die Checkbox **Job periodisch ausführen** können Sie bestimmen, dass Ihr Job jedes Mal gestartet wird, wenn in diese Betriebsart gewechselt wird.

Arbeitstag und Uhrzeit für einen Job definieren

Klicken Sie auf **Weiter** (>>), um zu definieren, dass Ihr Job an einem bestimmten Arbeitstag und zu einer bestimmten Uhrzeit ausgeführt werden soll. Ihnen stehen dabei die in Abbildung 18.8 abgebildeten Optionen zur Verfügung.

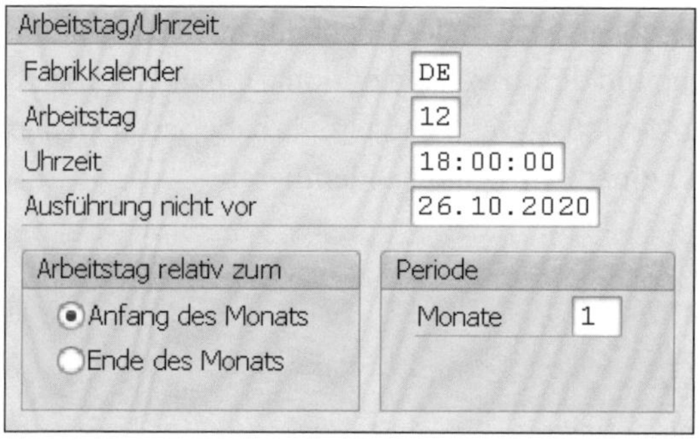

Abbildung 18.8 Start an einem Arbeitstag oder zu einer Uhrzeit

Beispiel

In diesem Beispiel wird Ihr Job nach dem deutschen Kalender am 12. Werktag ab Monatsanfang um 18 Uhr ausgeführt und jeden Monat wiederholt.

Der früheste Ausführungstermin ist der 26. Oktober 2020:

- **Fabrikkalender:** DE
- **Arbeitstag:** 12
- **Uhrzeit:** 18:00:00
- **Ausführung nicht vor:** 26.10.2020
- **Arbeitstag relativ zum: Anfang des Monats**
- **Periode:** 1 Monat

18.1.3 Schritt (Step) definieren

Neben der Startbedingung müssen Sie natürlich auch angeben, was denn eigentlich gestartet werden soll.

Dazu klicken Sie in der Funktionsleiste (siehe Abbildung 18.1) auf den Button **Step**. Hier können Sie die folgenden Jobarten angeben:

- ein ausführbares ABAP-Programm über den Button **ABAP-Programm**

- ein externes Kommando über den Button **Externes Kommando**
- ein externes Programm über den Button **Externes Programm**

Ausführbare ABAP-Programme

Klicken Sie auf den Button **ABAP-Programm**, um ein ausführbares ABAP-Programm für den Job einzuplanen. Geben Sie dazu in der in Abbildung 18.9 dargestellten Maske den Namen des Programms ein, und wählen Sie gegebenenfalls eine Variante, um das Programm mit Startwerten zu versorgen.

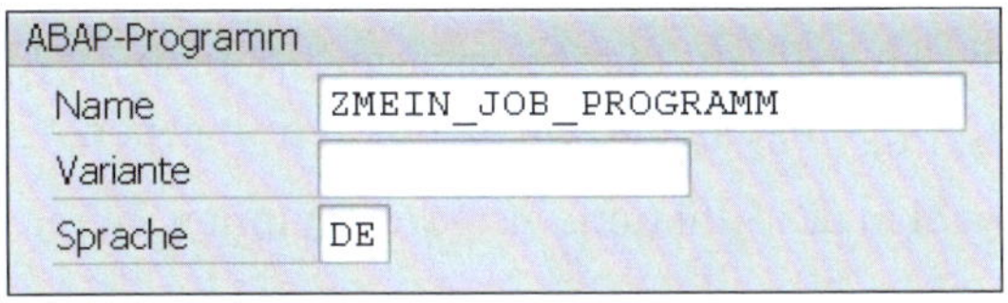

Abbildung 18.9 Zu startendes Programm definieren

Über den Button **Druckangaben** können Sie darüber hinaus einen Drucker für eventuelle Ausgaben des ABAP-Programms auswählen.

Nachdem Sie den Schritt gesichert haben, gelangen Sie zum **Steplistenüberblick** (siehe Abbildung 18.10). Über die Funktionsleiste können Sie diesen Schritt ändern (), weitere Schritte anlegen, die bei Erfolg des Vorgängers durchgeführt werden (), die Reihenfolge der Schritte durch Verschieben () Ihres Schrittes ändern, den Schritt im Detail anschauen (), die Spool-Liste über den Button **Spool** ansehen oder den Schritt löschen ().

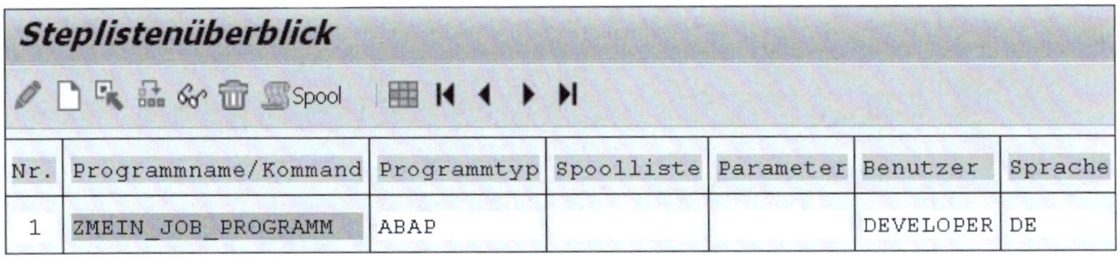

Abbildung 18.10 Anzeige der Schritte in der Steplistenübersicht

Externe Kommandos oder externes Programm

Mit den Optionen **Externes Kommando** und **Externes Programm** können Sie SAP-fremde Programme ausführen. Externe Kommandos sind vordefinierte Kommandos (siehe Transaktion SM69), die der Anwender verwenden kann. Externe Programme sind direkt eingebaute, unbeschränkte Kommandos auf Betriebssystemebene, die Administratoren vorbehalten sind. Durch die Auswahl des jeweiligen Buttons wird der dazugehörige Eingabebereich freigegeben.

18.2 Transaktion SM37: Jobs überwachen und freigeben

In Transaktion SM37 (Monitoring von Jobs) können Sie:

- den Status von Jobs überwachen
- Jobs freigeben
- die Freigabe von Jobs zurücknehmen
- sich das Spool- oder Job-Log von durchgeführten Jobs anzeigen lassen
- einen Job neu einplanen

Filtern Sie dazu auf der Selektionsmaske auf dem Startbildschirm Ihren Job. Dazu können Sie **Jobname**, **Jobstatus**, **Jobstartbedingung** und einen **Job-Step** eingeben.

Über den Button **Erweiterte Jobauswahl** in der Funktionsleiste stehen Ihnen weitere Selektionsbedingungen bereit.

War Ihre Selektion erfolgreich, gelangen Sie zu der in Abbildung 18.11 dargestellten **Jobübersicht**.

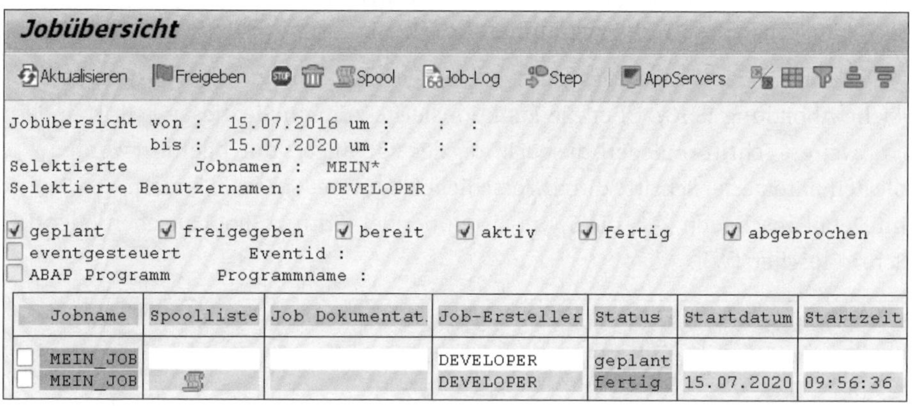

Abbildung 18.11 Jobübersicht

18.2.1 Jobs freigeben

Um einen Job aus der Jobübersicht freizugeben, markieren Sie ihn, und klicken Sie anschließend in der Funktionsleiste auf den Button **Freigeben**. Dies funktioniert nur, wenn der Status vorher den Status **geplant** hatte.

18.2.2 Freigabe zurücknehmen

Um die Freigabe aufzuheben, wählen Sie einen freigegebenen Job (Status **freigegeben**) aus der Jobübersicht aus und wählen anschließend im Menü den Pfad **Job • Freigegeben • Geplant**. Dadurch wechselt der Status des Jobs (in der Spalte **Status**) zurück auf **geplant**.

18.2.3 Spool- und Job-Log anzeigen

Wählen Sie einen Job aus der Jobübersicht aus, und klicken Sie anschließend auf den Button **Job-Log**, um zu sehen, wann der Job gestartet, ob er erfolgreich durchlaufen und wann er beendet wurde. Klicken Sie auf den Button **Spool**, um eventuelle Ausgabedokumente zu sehen. Hierzu gehören z. B. Listenaufgaben oder ein SAPscript-Dokument.

18.2.4 Einplanung eines Jobs wiederholen

Wählen Sie einen Job (Status **fertig** oder z. B. **abgebrochen**) aus der Jobübersicht aus. Wählen Sie anschließend im Menü den Pfad **Job • Einplanung wiederholen**. Geben Sie eine neue Startbedingung an, wie in Abschnitt 18.1.2 beschrieben, und speichern Sie die Jobdefinition anschließend.

18.3 Ereignisse für Jobs

Wie in Abschnitt 18.1.2 beschrieben, können Sie als Startbedingung eines Jobs ein Ereignis und einen Parameter spezifizieren. In diesem Abschnitt zeige ich Ihnen, wie Sie selbst ein Ereignis definieren und dieses Ereignis bedingungsabhängig auslösen können.

18.3.1 Ereignis definieren

Um ein Ereignis für Hintergrundjobs zu definieren, steht Ihnen die Transaktion SM62 (Event History) zur Verfügung. Wechseln Sie darin auf die Registerkarte **Batch Events** (auch direkt über den Transaktionscode SM64 erreichbar), und klicken Sie in der Funktionsleiste auf den Button **Anlegen** (, siehe Abbildung 18.12). Tragen Sie im sich öffnenden Pop-up-Fenster im Feld **Ereignis** einen Namen für das Ereignis und optional eine Kurzbeschreibung ein. Klicken Sie anschließend auf **Sichern**.

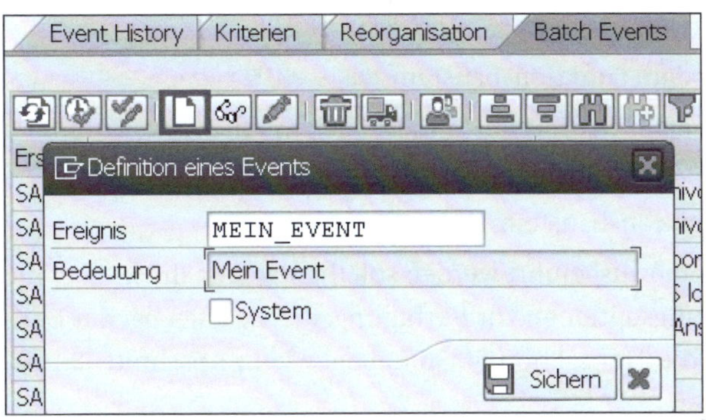

Abbildung 18.12 Definition eines Ereignisses

18.3.2 Ereignis auslösen

Das Ereignis können Sie in Transaktion SM62 auf der Registerkarte **Batch Events** durch den Button **Auslösen** () in der Funktionsleiste auslösen. Darüber hinaus haben Sie, wie in Listing 18.1 gezeigt, die Möglichkeit, das Ereignis mit ABAP und dem Funktionsbaustein `BP_EVENT_RAISE` auszulösen. Hierzu müssen Sie dem Funktionsbaustein im Parameter `EVENTID` den Namen des Ereignisses mitgeben, während Sie über den optionalen Parameter `EVENTPARAM` die Möglichkeit haben, einen Ereignisparameter zu setzen. In Listing 18.1 wird hier beispielsweise der Wert 1 mitgegeben. Dieser Wert wird bei der Jobdefinition (der Startbedingung für das Ereignis) geprüft. Entspricht der Wert dem dort angegebenen Wert, wird der Job ausgeführt, ansonsten nicht.

```
CALL FUNCTION 'BP_EVENT_RAISE'
  EXPORTING
    eventid  = 'MEIN_EVENT'
    eventparam = '1'
  EXCEPTIONS
    OTHERS     = 1.
IF sy-subrc <> 0.
 WRITE 'Ereignis konnte nicht ausgelöst werden'.
ENDIF.
```

Listing 18.1 Ereignis mit ABAP auslösen

18.4 Jobs mit ABAP definieren

Das Definieren eines Jobs mit ABAP erfolgt in drei Schritten mit drei verschiedenen Funktionsbausteinen:

1. Job anlegen mit dem Funktionsbaustein `JOB_OPEN`:
   - Übergabe des gewünschten Jobnamens
   - Erhalt einer eindeutigen Job-ID
2. Jobschritt hinzufügen mit dem Funktionsbaustein `JOB_SUBMIT`:
   - Spezifizieren, was eingeplant werden soll (dies ist auch mit der Anweisung `SUBMIT` und dem Zusatz `VIA JOB` möglich)
3. Job schließen mit dem Funktionsbaustein `JOB_CLOSE`:
   - Spezifizieren, wann der Job ausgeführt werden soll (hier stehen Ihnen über die Parameter alle Einplanungsoptionen zur Verfügung, die Sie auch bei der Definition eines Jobs über die Transaktion SM36 haben, wie in Abschnitt 18.1 beschrieben)

Beispiel

In Listing 18.2 sehen Sie ein Beispiel für die Anlage eines Jobs mit ABAP. Dabei wird mit `JOB_OPEN` der Job geöffnet und damit eine eindeutige Job-ID generiert. Beim Aufruf von `JOB_SUBMIT` wird definiert, dass der Report `ZMEIN_JOB_PROGRAMM` ausgeführt werden soll. Zum Schluss wird der Job mit `JOB_CLOSE` geschlossen und festgelegt, dass der Job direkt ausgeführt werden soll.

```
DATA: lv_jobname  TYPE tbtcjob-jobname,
      lv_jobcount TYPE tbtcjob-jobcount.
lv_jobname = 'MEIN_JOB'.
*Job öffnen
CALL FUNCTION 'JOB_OPEN'
  EXPORTING
    jobname  = lv_jobname
  IMPORTING
    jobcount = lv_jobcount.
*Definieren, welcher Report aufgerufen werden soll
CALL FUNCTION 'JOB_SUBMIT'
  EXPORTING
    authcknam = sy-uname
    jobcount  = lv_jobcount
    jobname   = lv_jobname
    report    = 'ZMEIN_JOB_PROGRAMM'.
DATA: lv_jobreleased TYPE btch0000-char1.
*Job schließen
CALL FUNCTION 'JOB_CLOSE'
  EXPORTING
    jobcount         = lv_jobcount
    jobname          = lv_jobname
    strtimmed        = 'X'
  IMPORTING
    job_was_released = lv_jobreleased.
```

Listing 18.2 Erstellen und Ausführen eines Jobs mit ABAP

[«]

Gekürzte Funktionsbaustein-Aufrufe

Damit Sie sich auf das Wesentliche konzentrieren können, sind für die Aufrufe in Listing 18.2 keine Ausnahmen implementiert. Diese sollten Sie in der Praxis aber auf jeden Fall ausimplementieren.

TEIL IV

Fortgeschrittene Programmiertechniken

Kapitel 19
Tabellenanzeige mit dem SAP List Viewer (ALV)

ALV-Tabellen können Sie als Standardausgabe für Ihre Eigenentwicklungen verwenden. Hier stelle ich Ihnen die verschiedenen Varianten vor und zeige, wie Sie diese ALV-Tabellen programmieren können.

Tabellen zur Anzeige von Auswertungen werden immer wieder von den Fachabteilungen nachgefragt und gefordert. Gerade eine eingebaute Exportfunktion zu einer lokalen Datei (in Microsoft Excel) erfreut sich großer Beliebtheit. Eine mit dem SAP List Viewer (früher ABAP List Viewer, abgekürzt auch heute noch ALV) erzeugte Tabelle, wie Sie sie in Abbildung 19.1 sehen, erfüllt genau diese Anforderungen: Sie zeigt Daten einer (internen) Tabelle auf der Oberfläche an.

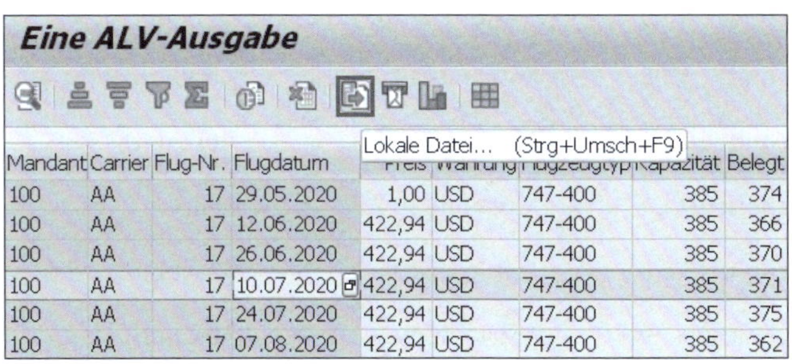

Abbildung 19.1 Beispiel für eine ALV-Ausgabe

Über die Jahre sind verschiedene Modelle zur Programmierung von ALV-Tabellen entstanden:

- auf Basis der Funktionsbausteine `REUSE_ALV_GRID_DISPLAY` bzw. `REUSE_ALV_GRID_DISPLAY_LVC`
- auf Basis der Klasse `CL_GUI_ALV_GRID`
- auf Basis der Klasse `CL_SALV_TABLE`
- mit integriertem Datenzugriff (Integrated Data Access, IDA) auf Basis der Klasse `CL_SALV_GUI_TABLE_IDA`

In diesem Kapitel stelle ich die letzten drei Modelle für die Tabellenanzeige vor, da diese für die tägliche Arbeit mit ABAP immer wieder gebraucht werden. Gerade eine

ALV-Anzeige auf Basis der Klasse CL_GUI_ALV_GRID (im Folgenden *alte ALV-Anzeige* genannt) hat wegen ihrer Eingabefähigkeit immer noch ihre Berechtigung.

Für normale Anzeigen (ohne Eingabefähigkeit) wird heutzutage der ALV auf der Basis der Klasse CL_SALV_TABLE (nachfolgend *neue ALV-Anzeige* genannt) benutzt, der durch vereinfachte Schnittstellen besticht, ansonsten allerdings denselben Funktionsumfang liefert.

Neu hinzugekommen ist mit ABAP 7.40 der ALV mit IDA, der im Zuge von SAP HANA entwickelt wurde und vor allem durch eine hohe Performance punktet. Er kann direkt mit einer Datenbank oder einem View als Datenquelle verknüpft werden.

In Tabelle 19.1 finden Sie die Abschnitte dieses Kapitels, in denen die verschiedenen ALV-Anzeigetypen und deren Funktionen beschrieben werden.

ALV-Anzeigetyp	ALV alt Abschnitt 19.1	ALV neu Abschnitt 19.2	ALV mit IDA Abschnitt 19.3
Grundgerüst	Abschnitt 19.1.1	Abschnitt 19.2.1	Abschnitt 19.3.1
Eingabefähigkeit	Abschnitt 19.1.2	nein*	nein
Funktionen	Abschnitt 19.1.3	Abschnitt 19.2.2	Abschnitt 19.3.2
Ereignisse	Abschnitt 19.1.4	Abschnitt 19.2.3	Abschnitt 19.3.3
Spalten	Abschnitt 19.1.5	Abschnitt 19.2.4	Abschnitt 19.3.4
Zellentypen	Abschnitt 19.1.6	Abschnitt 19.2.5	Abschnitt 19.3.5
Farben	Abschnitt 19.1.7	Abschnitt 19.2.6	nein
Icons	Abschnitt 19.1.8	Abschnitt 19.2.7	Abschnitt 19.3.6
Sortieren und Gruppieren	Abschnitt 19.1.9	Abschnitt 19.2.8	Abschnitt 19.3.7
Aggregation	Abschnitt 19.1.10	Abschnitt 19.2.9	Abschnitt 19.3.8
Layout speichern	Abschnitt 19.1.11	Abschnitt 19.2.10	Abschnitt 19.3.9
Filter	über interne Tabelle	Abschnitt 19.2.11 oder über interne Tabelle	Abschnitt 19.3.10
Textsuchen	über interne Tabelle	über interne Tabelle	Abschnitt 19.3.11
* Eine neue ALV-Anzeige kann eingabefähig sein, aber nur unter Zuhilfenahme des alten ALV-Typs und unter Verwendung einer Adapterklasse.			

Tabelle 19.1 Überblick über die Abschnitte und den Funktionsumfang der ALVs

Lokale Variablen

In allen Listings dieses Kapitels werden konsequent lokale Variablen (`lv_`, `ls_`, `lo_`) verwendet, damit die Listings in sich konsistent sind. Je nachdem, wo Sie die ALV-Tabelle aufbauen, müssen Sie globale Variablen verwenden. Dies gilt insbesondere für die anzuzeigende interne Tabelle und die Objektreferenzvariable für das ALV-Objekt.

Gegen Ende des Kapitels, in Abschnitt 19.4, »Mehrere ALV-Tabellen auf einer Oberfläche«, finden Sie darüber hinaus Möglichkeiten, wie Sie mehr als eine solche Tabellenanzeige auf einem Dynpro anordnen können.

Hierarchische Listen und Baumstrukturen

Neben den Tabellenanzeigen gibt es noch hierarchische Listen sowie Baumanzeigen (*ALV Tree*, siehe Abbildung 19.2), auf die aus Platzgründen in diesem Buch nicht eingegangen werden kann.

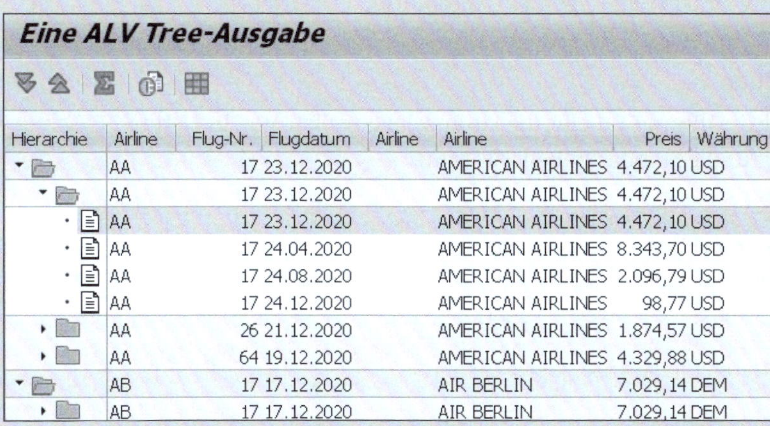

Hierarchie	Airline	Flug-Nr.	Flugdatum	Airline	Airline	Preis	Währung
▾	AA	17	23.12.2020		AMERICAN AIRLINES	4.472,10	USD
▾	AA	17	23.12.2020		AMERICAN AIRLINES	4.472,10	USD
•	AA	17	23.12.2020		AMERICAN AIRLINES	4.472,10	USD
•	AA	17	24.04.2020		AMERICAN AIRLINES	8.343,70	USD
•	AA	17	24.08.2020		AMERICAN AIRLINES	2.096,79	USD
•	AA	17	24.12.2020		AMERICAN AIRLINES	98,77	USD
▸	AA	26	21.12.2020		AMERICAN AIRLINES	1.874,57	USD
▸	AA	64	19.12.2020		AMERICAN AIRLINES	4.329,88	USD
▾	AB	17	17.12.2020		AIR BERLIN	7.029,14	DEM
▸	AB	17	17.12.2020		AIR BERLIN	7.029,14	DEM

Abbildung 19.2 Eine ALV-Tree-Ausgabe

19.1 Die alte ALV-Anzeige

Der alte ALV auf Basis der Klasse `CL_GUI_ALV_GRID` steht dem neuem ALV in seinem Funktionsumfang in nichts nach und unterstützt darüber hinaus als einzige ALV-Variante die Eingabefähigkeit, wie in Abschnitt 19.1.2 beschrieben. Die Eingabefähigkeit ist der Hauptgrund für den Einsatz dieser Variante, ansonsten empfehle ich Ihnen, aufgrund seiner einfacheren Handhabbarkeit den neuen ALV auf Basis der Klasse `CL_SALV_TABLE` zu verwenden, wie in Abschnitt 19.2 beschrieben.

19.1.1 Aufbau des Grundgerüsts

Für die Anzeige brauchen Sie eine interne Tabelle, die optimalerweise auf einer globalen Struktur basiert. Für den Grundaufbau haben Sie zwei Anzeigemodi zur Verfügung:

- Vollbildmodus: Es werden kein Container und kein Dynpro benötigt.
- Containermodus: Im Normalfall werden ein Dynpro und ein Container benötigt.

Um das Grundgerüst einer ALV-Tabelle aufzubauen, folgen Sie diesen Schritten:

1. Datenselektion in eine interne Tabelle
2. Erzeugung des Containers (optional)
3. Beschaffung des Feldkatalogs (optional)
4. Erzeugung des ALV-Objekts
5. Layout definieren (optional)
6. Anzeige der ALV-Tabelle

Diese Schritte sind in den folgenden Abschnitten beschrieben.

Datenselektion

Bereiten Sie die interne Tabelle, die Sie anzeigen wollen, vor. In Listing 19.1 sehen Sie ein Beispiel für die Standardtabelle SFLIGHT.

```
DATA: lt_sflight TYPE TABLE OF sflight.
SELECT * FROM sflight
  INTO CORRESPONDING FIELDS OF TABLE lt_sflight
  UP TO 100 ROWS.
```

Listing 19.1 Daten für die Anzeige selektieren

Erzeugung des Containers

Legen Sie für Ihr angelegtes Dynpro einen Custom Container an, und vergeben Sie eine eindeutige ID (z. B. CCONTAINER_ALV). Diesen Container müssen Sie anschließend, wie in Listing 19.2 gezeigt, noch programmatisch mit der Anweisung CREATE OBJECT erzeugen.

```
DATA: lo_container TYPE REF TO cl_gui_custom_container.
CREATE OBJECT lo_container
  EXPORTING
    container_name = 'CCONTAINER_SALV'.
```

Listing 19.2 Erzeugung eines Containers

Wenn Sie Ihre ALV-Tabelle nicht in einem bestimmten Bereich des Bildschirms, sondern im Vollbildmodus anzeigen lassen wollen, können Sie diesen Schritt weglassen und bei der Erzeugung der ALV-Liste (Schritt 4) `cl_gui_custom_container=>default_screen` anstelle des Containers mitgeben. In diesem Fall müssen Sie am Ende Ihres Reports die Anweisung `WRITE space.` hinzufügen, da sonst die Listausgabe nicht angezeigt wird.

Beschaffung des Feldkatalogs

Nun müssen Sie sich den Feldkatalog von der Struktur Ihrer internen Tabelle beschaffen lassen (siehe Listing 19.3). Dieser enthält alle Informationen, die zur Anzeige wichtig sind, wie z. B. die Spaltenüberschriften, die Anzeigebreite und die Information, welche Spalte welchen Datentyp hat. Für Eigenentwicklungen empfiehlt es sich, eine globale Struktur in Transaktion SE11 anzulegen und anschließend auf diese zu verweisen. Dadurch können Sie gezielt die angezeigten Spalten und die Texte steuern.

```
DATA lt_fcat TYPE lvc_t_fcat.
CALL FUNCTION 'LVC_FIELDCATALOG_MERGE'
  EXPORTING
    i_structure_name = 'SFLIGHT'
  CHANGING
    ct_fieldcat      = lt_fcat.
```

Listing 19.3 Beschaffung des Feldkatalogs

19 [«]

Optionale Beschaffung

Wollen Sie keine Spalten modifizieren (Texte, Position usw.), können Sie diesen Schritt überspringen. Geben Sie stattdessen bei der sich anschließenden Erzeugung des ALV-Objekts mit der Methode `SET_TABLE_FOR_FIRST_DISPLAY()` den Parameter `I_STRUCTURE_NAME` mit dem Namen der Struktur mit. Dann beschafft der ALV den Feldkatalog automatisch.

ALV-Objekt erzeugen

Erzeugen Sie ein Objekt der Klasse `CL_GUI_ALV_GRID`, und übergeben Sie dem Konstruktor beim Aufruf Ihren in Schritt 2 erzeugten Container (siehe Listing 19.4). Für den Vollbildmodus übergeben Sie hier anstelle von `LO_CONTAINER` den folgenden Wert: `cl_gui_custom_container=>default_screen`.

```
DATA lo_alv      TYPE REF TO cl_gui_alv_grid.
CREATE OBJECT lo_alv
```

```
  EXPORTING
    i_parent = lo_container.
```

Listing 19.4 Erzeugung des ALVs im Container oder Vollbildmodus

Layout definieren

Sie können darüber hinaus optional die Ausgabe noch etwas aufbereiten und z. B. das Zebrastreifenmuster (alternierende Farbwechsel für jede zweite Zeile) aktivieren. Diese Layoutstruktur stellt deutlich mehr Funktionen bereit, auf die ich in den folgenden Abschnitten zurückkomme. Aktivieren Sie das Zebramuster z. B. wie folgt:

```
DATA ls_layout  TYPE lvc_s_layo.
ls_layout-zebra = abap_true.
```

Aufruf der ALV-Tabelle

Im letzten Schritt muss die ALV-Tabelle noch für die Anzeige aufbereitet werden, indem Sie die Methode `SET_TABLE_FOR_FIRST_DISPLAY()` aufrufen und den Feldkatalog, das Layout sowie die aufbereitete interne Tabelle übergeben (siehe Listing 19.5). Anschließend können Sie mit der Anweisung `CALL SCREEN` Ihr angelegtes Dynpro aufrufen.

```
CALL METHOD lo_alv->set_table_for_first_display
  EXPORTING
    is_layout       = ls_layout
  CHANGING
    it_outtab       = lt_sflight
    it_fieldcatalog = lt_fcat.
CALL SCREEN 2000.
```

Listing 19.5 Aufrufe der ALV-Tabelle und des Dynpros

Ihre ALV-Tabelle sollte nun wie in Abbildung 19.1 angezeigt werden. Nun können Sie die Funktionalität Ihrer ALV-Tabelle weiter ausbauen.

19.1.2 Eingabefähigkeit

Die größte Stärke der alten ALV-Anzeige ist, dass Sie mit ihr den Anwendern die direkte Eingabe von Werten in der Tabelle ermöglichen können. Dazu müssen Sie die gewünschten Spalten im Feldkatalog als eingabebereit markieren. Dies können Sie erreichen, indem Sie, wie in Listing 19.6 dargestellt, das Feld `EDIT` für die jeweiligen Spalten auf den Wert `ABAP_TRUE` setzen.

```
FIELD-SYMBOLS: <fs_fcat> TYPE lvc_s_fcat.
LOOP AT lt_fcat ASSIGNING <fs_fcat>.
```

```
  "IF <fs_cat>-fieldname = 'CARRID'.
    <fs_fcat>-edit = abap_true. "bzw. X
  "ENDIF.
ENDLOOP.
```

Listing 19.6 Eingabefähigkeit für eine Spalte aktivieren

Standardmäßig wird dadurch der Bearbeitungsmodus aktiviert, und in der Funktionsleiste werden dem Anwender Buttons für die Bearbeitung angeboten (siehe Abbildung 19.3).

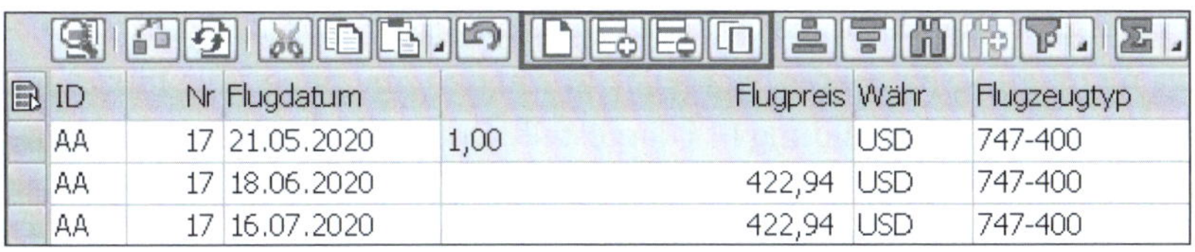

ID	Nr	Flugdatum	Flugpreis	Währ	Flugzeugtyp
AA	17	21.05.2020	1,00	USD	747-400
AA	17	18.06.2020	422,94	USD	747-400
AA	17	16.07.2020	422,94	USD	747-400

Abbildung 19.3 Der Bearbeitungsmodus in der alten ALV-Anzeige

Sie können diesen Bearbeitungsmodus auch explizit mit der Methode SET_READY_FOR_INPUT (i_ready_for_input = 1) Ihres ALV-Objekts aktivieren bzw. deaktivieren (i_ready_for_input = 0):

```
CALL METHOD lo_alv->set_ready_for_input
  EXPORTING
     i_ready_for_input = 0. "1 für Aktivierung
```

Damit ließe sich z. B. eine Funktion realisieren, mit der die Eingabefähigkeit ähnlich wie mit dem Button **Anzeigen <-> Ändern** im ABAP Editor ein- bzw. ausgestellt werden kann.

Wenn der Anwender nun die Tabelleneinträge geändert hat, möchten Sie ihm vermutlich noch eine Funktion bereitstellen, die die geänderten Daten speichert (z. B. über den Button **Speichern** des GUI-Status). Damit die Änderungen vom Frontend (d. h. von der für den Anwender sichtbaren Tabelle) in das Backend (d. h. in Ihre ursprüngliche interne Tabelle) übertragen werden, müssen Sie die Methode CHECK_CHANGED_DATA wie in Listing 19.7 aufrufen.

```
DATA lv_valid TYPE c.
CALL METHOD lo_alv->check_changed_data
  IMPORTING
    e_valid = lv_valid.
```

Listing 19.7 Prüfen, ob Daten geändert wurden

Dadurch werden vorhandene Änderungen übertragen. Ihre interne Tabelle enthält somit die aktuellsten Daten, die Sie nun auf die Datenbank übertragen können.

19

Felder sperren

Durch die Angabe im Feldkatalog, dass alle Felder eingabebereit sein sollen, haben wir auch eventuelle Primärschlüsselfelder zur Änderung freigegeben. Diese sollten aber, um die Datenkonsistenz zu gewährleisten, nicht geändert werden können. Sollen dennoch die Primärschlüsselfelder einer Zeile geändert werden, wäre die normale Vorgehensweise, die gewünschte Zeile zu kopieren, die besagten Schlüsselfelder und Werte zu ändern und anschließend die alte Zeile zu löschen. Ein direktes Ändern der Primärschlüsselfelder ist, wie erwähnt, nicht möglich.

Jetzt könnte man annehmen, dass man diese Felder im Feldkatalog einfach nicht auf `edit = abap_true` setzt. Dies hätte aber zur Folge, dass die Spalten für die Primärschlüssel ebenfalls nicht editierbar wären, wenn der Anwender eine neue Zeile hinzufügt. Ein solches Verhalten ist in Abbildung 19.4 dargestellt. Dort sind die Spalten **ID**, **Nr** und **Flugdatum** gesperrt (d. h. ausgegraut und nicht weiß) und damit nicht eingabebereit. Dies gilt auch für die neu hinzugefügte Zeile.

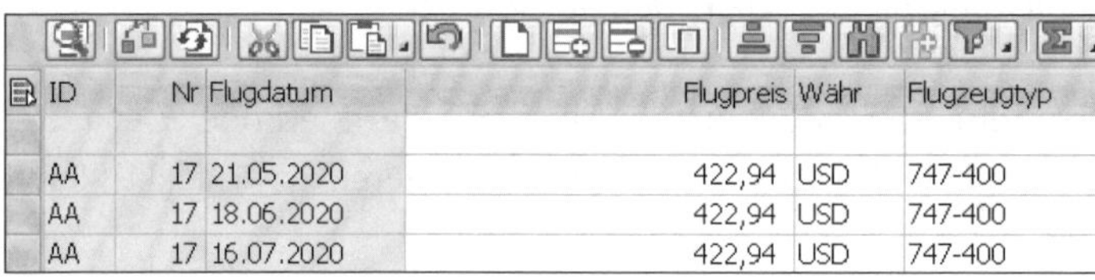

ID	Nr	Flugdatum	Flugpreis	Währ	Flugzeugtyp
AA	17	21.05.2020	422,94	USD	747-400
AA	17	18.06.2020	422,94	USD	747-400
AA	17	16.07.2020	422,94	USD	747-400

Abbildung 19.4 Sperren von eingabefähigen Spalten

Prinzipiell wollen Sie die Eingabe in diese Spalten erlauben, nämlich wenn eine neue Zeile hinzugefügt wird. Dadurch ist die Vorgehensweise über den Feldkatalog so auch notwendig, und Sie müssen für jede Zeile einzeln sagen, ob diese Spalten eingabebereit sein sollen oder nicht. In diesem Fall wollen Sie die Primärschlüsselfelder für die initial angezeigten Zeilen sperren, aber nicht für neu hinzugefügte Zeilen.

Um dies zu bewerkstelligen, müssen Sie den Typ Ihrer internen Tabelle um ein weiteres Feld des Typs `LVC_T_STYL` erweitern. In Listing 19.8 ist dies über einen lokalen Typ mit der Anweisung `INCLUDE STRUCTURE` umgesetzt. Den Namen dieses zusätzlichen Feldes müssen Sie anschließend im Layout im Feld `STYLENAME` angeben (beachten Sie die Großschreibung) und dem ALV beim Aufruf mitgeben. Dadurch »weiß« der ALV, welche Spalte die Steuerinformationen für die Eingabefähigkeit enthält.

```
TYPES: BEGIN OF ty_sflight.
        INCLUDE STRUCTURE sflight.
TYPES: fieldstyle TYPE lvc_t_styl,
       END OF ty_sflight.
DATA: lt_sflight TYPE TABLE OF ty_sflight.
DATA: ls_layout TYPE lvc_s_layo.
ls_layout-stylefname = 'FIELDSTYLE'.
```

Listing 19.8 Struktur um eine interne Tabelle für den Feld-Style

Das hinzugefügte Feld `FIELDSTYLE` ist eine interne Tabelle, die pro Zeile angibt, welche Spalte welchen Style haben soll und damit auch welche Zelle eingabefähig ist und welche nicht.

Sie müssen sich also nun vor dem Aufruf der ALV-Tabelle darum kümmern, dass Sie für die gewünschten Spalten den Bearbeitungsmodus, den Sie im Feldkatalog für alle Spalten freigegeben haben, durch die Auswahl des Styles `cl_gui_alv_grid=>mc_style_disabled` wieder sperren. Dies können Sie wie in Listing 19.9 bewerkstelligen. Dort wird die Bearbeitung der internen Tabelle für die drei Spalten `CARRID`, `CONNID` und `FLDATE` wieder deaktiviert.

```
FIELD-SYMBOLS: <fs_sflight> TYPE ty_sflight.
DATA: ls_stylerow TYPE lvc_s_styl.
LOOP AT lt_sflight ASSIGNING <fs_sflight>.
  ls_stylerow-fieldname = 'CARRID'.
  ls_stylerow-style = cl_gui_alv_grid=>mc_style_disabled.
  INSERT ls_stylerow INTO TABLE <fs_sflight>-fieldstyle.
  ls_stylerow-fieldname = 'CONNID'.
  INSERT ls_stylerow INTO TABLE <fs_sflight>-fieldstyle.
  ls_stylerow-fieldname = 'FLDATE'.
  INSERT ls_stylerow INTO TABLE <fs_sflight>-fieldstyle.
ENDLOOP.
```

Listing 19.9 Deaktivieren eingabefähiger Spalten

Wenn Sie jetzt eine neue Zeile über den Button **Zeile hinzufügen** () in der Funktionsleiste einfügen (siehe Abbildung 19.5), werden Sie feststellen, dass die Schlüsselspalten freigegeben sind, die Schlüsselspalten Ihrer vorhandenen Zeilen aber wie gewünscht gesperrt sind.

Abbildung 19.5 Ergebnis der selektiven Eingabefähigkeit

19.1.3 Funktionen

Der alte ALV aktiviert standardmäßig die in Abbildung 19.6 gezeigte Funktionsleiste. Diese stellt Ihnen neben klassischen Funktionen wie Sortieren, Summieren und einer Suchfunktion auch eine Excel-Exportfunktion bereit.

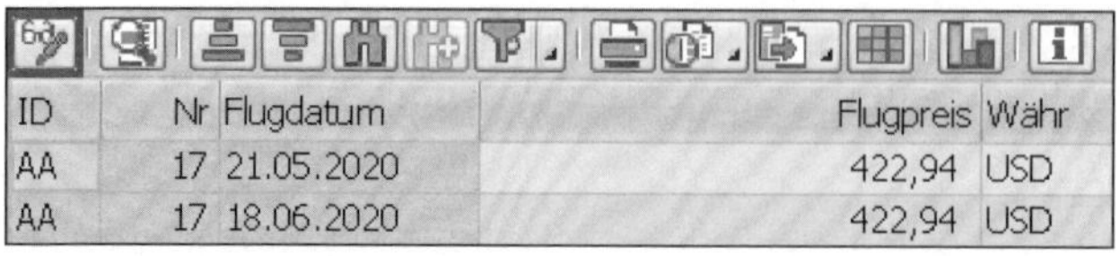

Abbildung 19.6 Die Funktionsleiste des alten ALV

Funktionen hinzufügen

Der ALV bietet Ihnen darüber hinaus die Möglichkeit, eigene Funktionen hinzuzufügen. Beispielsweise wurde in Abbildung 19.6 der erste Button neu eingefügt (dieser ist standardmäßig nicht vorhanden), um zwischen dem Bearbeitungsmodus und dem Anzeigemodus zu wechseln.

Um solche Funktionen zu ergänzen, nutzen Sie das Ereignis TOOLBAR der Klasse CL_GUI_ALV_GRID. Damit dieses Ereignis vom ALV ausgelöst wird, müssen Sie es über die Methode SET_TOOLBAR_INTERACTIVE() aktivieren (siehe Listing 19.10). Anschließend können Sie z. B. in einer lokalen Klasse einen Ereignisbehandler definieren und ihn für dieses Ereignis registrieren. Dies muss nach dem Aufruf der ALV-Tabelle und vor dem Aufruf des Dynpros mit CALL SCREEN geschehen.

```
CLASS lcl_handler DEFINITION.
  PUBLIC SECTION.
*Ereignisbehandler registrieren
  CLASS-METHODS: handle_toolbar FOR EVENT toolbar
    OF cl_gui_alv_grid IMPORTING e_object.
ENDCLASS.
CLASS lcl_handler IMPLEMENTATION.
  METHOD: handle_toolbar.
    DATA: ls_toolbar  TYPE stb_button.
    ls_toolbar-function = 'SWITCH'.
    ls_toolbar-icon = icon_toggle_display_change.
    ls_toolbar-quickinfo = 'Meine Funktion'.
    INSERT ls_toolbar INTO e_object->mt_toolbar INDEX 1.
  ENDMETHOD.
ENDCLASS.
*Aufruf nach SET_TABLE_FOR_FIRST_DISPLAY und vor CALL SCREEN
SET HANDLER lcl_handler=>handle_toolbar FOR lo_alv.
*Ereignis aktivieren
CALL METHOD lo_alv->set_toolbar_interactive.
```

Listing 19.10 Auf einen eigenen Button in der Funktionsleiste reagieren

Im Ereignisbehandler nutzen Sie anschließend den Parameter E_OBJECT, um Ihre Funktion der internen Tabelle MT_TOOLBAR hinzuzufügen.

19.1.4 Ereignisse

Die alte ALV-Anzeige stellt Ihnen mehrere Ereignisse zur Verfügung, die Sie in der Klasse CL_GUI_ALV_GRID auf der Registerkarte **Ereignisse** finden können. Die wichtigsten Ereignisse sind in Tabelle 19.2 zusammengefasst.

Ereignis	Beschreibung
DOUBLE_CLICK	Wird ausgelöst, wenn doppelt auf eine Zelle geklickt wird. Parameter: ▪ E_ROW (Zeilen-ID) ▪ E_COLUMN (Spaltenname) ▪ ES_ROW_NO (numerische Zeilen-ID)
HOTSPOT_CLICK	Wird ausgelöst, wenn auf einen Hotspot geklickt wird. Parameter: wie DOUBLE_CLICK
BUTTON_CLICK	Wird ausgelöst, wenn auf einen Button geklickt wird. Parameter: wie DOUBLE_CLICK
TOOLBAR	Wird ausgelöst, wenn die Funktionsleiste erweitert werden soll. Parameter: E_OBJECT vom Typ CL_ALV_EVENT_TOOLBAR_SET (siehe Listing 19.10)
USER_COMMAND	Wird ausgelöst, wenn eine Funktion ausgelöst wird. Parameter: E_UCOMM (Funktionscode)

Tabelle 19.2 Die wichtigsten Ereignisse im Überblick

Die Implementierung ist jedoch für alle Ereignisse gleich: Es muss ein Ereignisbehandler bereitgestellt und für das jeweilige Ereignis mit der Anweisung SET HANDLER registriert werden. Eine beispielhafte Implementierung eines solchen Ereignisses für einen Doppelklick finden Sie in Listing 19.11.

```
CLASS lcl_handler DEFINITION.
  PUBLIC SECTION.
    CLASS-METHODS: handle_double FOR EVENT double_click
       OF cl_gui_alv_grid IMPORTING e_row e_column es_row_no.
ENDCLASS.
CLASS lcl_handler IMPLEMENTATION.
  METHOD: handle_double.
    DATA: ls_sflight LIKE LINE OF lt_sflight.
    read table lt_sflight INDEX es_row_no-row_id into ls_sflight.
    IF E_COLUMN-FIELDNAME = 'CARRID'.
       "... z. B. Aufruf einer Detailanzeige
```

```
    ENDIF.
  ENDMETHOD.
ENDCLASS.
*Handler registrieren
SET HANDLER lcl_handler=>handle_double FOR lo_alv.
```

Listing 19.11 Reagieren auf einen Doppelklick

Darüber hinaus stellt Ihnen dieselbe Klasse drei weitere Methoden zur Registrierung von Ereignissen bereit:

- `REGISTER_DELAYED_EVENT()`: wenn die Zelle oder Zeile sich ändert
- `REGISTER_EDIT_EVENT()`: wenn der Inhalt geändert wird (z. B. Bestätigung mit [↵])
- `REGISTER_F4_FOR_FIELDS()`: wenn die [F4]-Hilfe für ein Feld aufgerufen wird

19.1.5 Spalten bearbeiten

Dieser Abschnitt bezieht sich auf alle Funktionen zur Bearbeitung von Spalten, z. B. Spalten ausblenden, hinzufügen oder entfernen.

Spalten ausblenden

Spalten können Sie über die Modifikation des Feldkatalogs ausblenden. Setzen Sie dafür wie in Listing 19.12 für die jeweilige Spalte das Feld `NO_OUT` auf `ABAP_TRUE`.

```
FIELD-SYMBOLS: <fs_fcat> TYPE lvc_s_fcat.
LOOP AT lt_fcat ASSIGNING <fs_fcat> WHERE fieldname = 'PRICE'.
  <fs_fcat>-no_out = abap_true.
ENDLOOP.
```

Listing 19.12 Spalten über den Feldkatalog ausblenden

Diese Spalte kann der Anwender anschließend immer noch beim Ändern des Layouts über den Button **Layout** (▦) in der Funktionsleiste einblenden.

Spalten hinzufügen

Über eine Erweiterung der Struktur vor dem Aufruf des Funktionsbausteins `LVC_FIELDCATALOG_MERGE` oder über eine nachträgliche Manipulation des Feldkatalogs haben Sie die Möglichkeit, eine neue Spalte hinzuzufügen. Darüber hinaus müssen Sie die interne Tabelle anpassen, die Sie bei der Erzeugung der ALV-Tabelle übergeben.

In Listing 19.13 wurde hierfür ein lokaler Typ angelegt und mit einer neuen Spalte `NEU` versehen. Anschließend wurde der Feldkatalog um dieses Feld erweitert.

```
*Typ für die Tabelle erweitern
*Hier lokal, aber auch global in Transaktion SE11 möglich
  TYPES: BEGIN OF ty_sflight.
          INCLUDE STRUCTURE sflight.
         TYPES: neu TYPE char8,
         END OF ty_sflight.
DATA: ls_fcat TYPE lvc_s_fcat.
ls_fcat-col_pos   = 4.
ls_fcat-fieldname = 'NEU'.
ls_fcat-inttype   = 'C'.
ls_fcat-datatype  = 'CHAR'.
ls_fcat-intlen    = 8.
ls_fcat-scrtext_s = 'Neue Spalte'.
ls_fcat-scrtext_m = 'Neue Spalte'.
ls_fcat-scrtext_l = 'Neue Spalte'.
APPEND ls_fcat TO lt_fcat. "Neue Spalte zu Feldkatalog
```

Listing 19.13 Spalten über den Feldkatalog hinzufügen

Spalten entfernen

Eine Spalte können Sie über den Feldkatalog auch ganz entfernen. Löschen Sie dazu einfach den betreffenden Eintrag für die zu entfernende Spalte:

```
DELETE lt_fcat WHERE fieldname = 'PRICE'.
```

Diese Spalte wird dem Anwender dann anschließend auch nicht mehr beim Ändern des Layouts über den Button **Layout** (▦) in der Funktionsleiste zum Einblenden zur Verfügung stehen.

Spalten umbenennen

Die Spaltentexte für eine beliebige Spalte können Sie über die in Listing 19.14 angegebenen Felder (REPTEXT, SCRTEXT_L, SCRTEXT_M und SCRTEXT_S) im Feldkatalog ändern. Die Verwendung eines bestimmten Textes können Sie dabei erzwingen, indem Sie nur einen der Texte befüllen. Der ALV wird automatisch nach diesem Text suchen.

```
FIELD-SYMBOLS: <fs_fcat> TYPE lvc_s_fcat.
LOOP AT lt_fcat ASSIGNING <fs_fcat>
  WHERE fieldname = 'MEINE_SPALTE'.
  <fs_fcat>-reptext =   'Mein Text'. "55 Zeichen
  <fs_fcat>-scrtext_l = 'Mein Text'. "40 Zeichen
  <fs_fcat>-scrtext_m = 'Mein Text'. "20 Zeichen
  <fs_fcat>-scrtext_s = 'Mein Text'. "10 Zeichen
ENDLOOP.
```

Listing 19.14 Spalte über den Feldkatalog umbenennen

Spaltenposition setzen

Die Spaltenposition können Sie über das in Listing 19.15 angegebene Feld `COL_POS` setzen. In diesem Beispiel wird eine neu hinzugefügte Spalte `MEINE_SPALTE` als erste Spalte definiert.

```
FIELD-SYMBOLS: <fs_fcat> TYPE lvc_s_fcat.
LOOP AT lt_fcat ASSIGNING <fs_fcat>
  WHERE fieldname = 'MEINE_SPALTE'.
  <ls_fcat>-col_pos = 1.
ENDLOOP.
```

Listing 19.15 Spaltenposition über den Feldkatalog setzen

Spaltenbreite setzen

Die Spaltenbreite können Sie über die in Listing 19.16 angegebenen Felder setzen. Das Feld `OUTPUTLEN` gibt dabei die fixe Größe der Spalte als Integerwert an, während das Feld `COL_OPT` auf `ABAP_TRUE` gesetzt werden muss und dafür sorgt, dass sich die Spaltenbreite an dem Inhalt der Spalte orientiert. Der breiteste Inhalt definiert dabei die Spaltenbreite, die Spalte ist jedoch mindestens so breit wie der kleinste Spaltentext. Wenn Sie beide Felder setzen, dominiert die optimierte Spaltenbreite.

```
FIELD-SYMBOLS: <fs_fcat> TYPE lvc_s_fcat.
LOOP AT lt_fcat ASSIGNING <fs_fcat>
  WHERE fieldname = 'MEINE_SPALTE'.
  <fs_fcat>-outputlen = 5.
  <fs_fcat>-col_opt = 'X'.
ENDLOOP.
```

Listing 19.16 Spaltenbreite über den Feldkatalog setzen

19.1.6 Zellentypen

Die alte ALV-Anzeige stellt Ihnen mehrere verschiedene Zellentypen bereit, von denen die folgenden drei die wichtigsten Optionen sind:

- Hotspots als unterstrichene Links, um dem Anwender zu signalisieren, dass durch einen Klick etwas passiert, meistens eine Navigation (Typ `cl_gui_alv_grid=>mc_style_hotspot`)
- Buttons, um z. B. ein Pop-up-Fenster aufzurufen (Typ `cl_gui_alv_grid =>mc_style_button`)
- Darüber hinaus gibt es die Möglichkeit, für eine Zelle eine Dropdown-Liste zu definieren.

Alle drei Varianten sehen Sie in Abbildung 19.7.

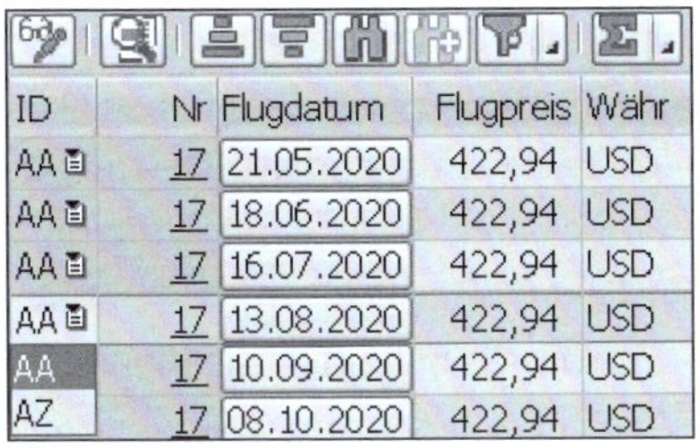

ID	Nr	Flugdatum	Flugpreis	Währ
AA	17	21.05.2020	422,94	USD
AA	17	18.06.2020	422,94	USD
AA	17	16.07.2020	422,94	USD
AA	17	13.08.2020	422,94	USD
AA	17	10.09.2020	422,94	USD
AZ	17	08.10.2020	422,94	USD

Abbildung 19.7 Zellentypen in der alten ALV-Anzeige

Hotspot und Button

Die Implementierung eines Hotspots oder eines Buttons erfolgt auf die gleiche Weise. Sie erweitern Ihre interne Tabelle um eine weitere Spalte vom Typ LVC_T_STYL. Dieser Typ stellt eine interne Tabelle dar, der Sie anschließend als neue Zeile die gewünschte Spalte im Feld FIELDNAME und den gewünschten Typ im Feld STYLE hinzufügen müssen (siehe die Anweisung APPEND in Listing 19.17). Anschließend geben Sie im Layout das Feld STYLENAME mit dem Namen Ihrer hinzugefügten Style-Spalte an, damit der ALV »weiß«, wo diese Informationen zu finden sind.

```
*Struktur um neue Spalte vom Typ LVC_T_STYL erweitern
TYPES: BEGIN OF ty_sflight.
         INCLUDE STRUCTURE sflight.
TYPES: fieldstyle TYPE lvc_t_styl,
       END OF ty_sflight.
DATA: lt_sflight TYPE TABLE OF ty_sflight.
DATA: ls_style TYPE lvc_s_styl.
FIELD-SYMBOLS: <fs_sflight> TYPE ty_sflight.
LOOP AT lt_sflight ASSIGNING <fs_sflight>.
  ls_style-fieldname = 'FLDATE'.
  ls_style-style     = cl_gui_alv_grid=>mc_style_button.
  APPEND ls_style TO <fs_sflight>-fieldstyle.
ENDLOOP.
*Setzen des Field-Styles in der Anzeigetabelle
ls_layout-stylename = 'FIELDSTYLE'.
```

Listing 19.17 Struktur um eine interne Tabelle für Feldtypen erweitern

Hotspot über Feldkatalog aktivieren

Einen Hotspot können Sie auch ohne zusätzliche Spalte direkt für eine Spalte über das Feld hotspot = 'X' im Feldkatalog aktivieren.

Dropdown-Liste

Darüber hinaus haben Sie auch die Möglichkeit, eine Dropdown-Liste für eine Zelle zu implementieren. Eine Dropdown-Liste (siehe Abbildung 19.7 in der Spalte **ID**) wird anders umgesetzt als ein Hotspot oder ein Button. Hier befüllen Sie, wie in Listing 19.18 gezeigt, im Feldkatalog Ihrer gewünschten Spalte die Felder `DRDN_HNDL` und `DRDN_ALIAS`. Das Feld `DRDN_HDNL` stellt die Verknüpfung zu der internen Tabelle her, die die Werte für die Dropdown-Liste beinhaltet, und das Feld `DRDN_ALIAS` bestimmt, welcher Wert aus der internen Tabelle übernommen wird: der technische Name `INT_VALUE` (wenn `DRDN_ALIAS = 'X'`) oder der Anzeigename `VALUE` (wenn `DRDN_ALIAS` leer ist).

```
*Beschaffung des Feldkatalogs
FIELD-SYMBOLS: <fs_fcat> TYPE lvc_s_fcat.
LOOP AT lt_fcat ASSIGNING <fs_fcat> WHERE fieldname = 'CARRID'.
  <fs_fcat>-drdn_hndl  = 1.
  "Wert aus INT_VALUE wird übernommen:
  <fs_fcat>-drdn_alias = 'X'. ENDLOOP.
```

Listing 19.18 Dropdown-Liste für eine Spalte definieren

Anschließend müssen Sie, wie in Listing 19.19 gezeigt, noch eine interne Tabelle mit den Werten für die Dropdown-Liste bereitstellen, mit Werten befüllen und anschließend der ALV-Tabelle übergeben. Zur Wertübergabe müssen Sie dabei denselben Handlewert (Feld `HANDLE`) übergeben, den Sie auch für die Spalte im vorangegangenen Schritt definiert hatten. Das Setzen der Wertetabelle muss vor dem Aufruf der ALV-Tabelle erfolgen.

```
DATA: lt_dral TYPE lvc_t_dral,
      ls_dral TYPE lvc_s_dral.
ls_dral-handle    = 1.
ls_dral-value     = 'AA'.
ls_dral-int_value = 'AA'.
APPEND ls_dral TO lt_dral. "Erster Wert
ls_dral-value     = 'AZ'.
ls_dral-int_value = 'AZ'.
APPEND ls_dral TO lt_dral. "Zweiter Wert
*Muss vor SET_TABLE_FOR_FIRST_DISPLAY aufgerufen werden!
CALL METHOD lo_alv->set_drop_down_table
  EXPORTING
    it_drop_down_alias = lt_dral.
```

Listing 19.19 Füllen und Setzen der Wertetabelle

19.1.7 Farbige Hervorhebung

Die alte ALV-Anzeige bietet Ihnen die Möglichkeit, sowohl Zellen und Zeilen als auch ganze Spalten einzufärben. In Abbildung 19.8 sehen Sie eine bei Erfüllung einer Bedingung eingefärbte Zeile (Flugpreis > 400).

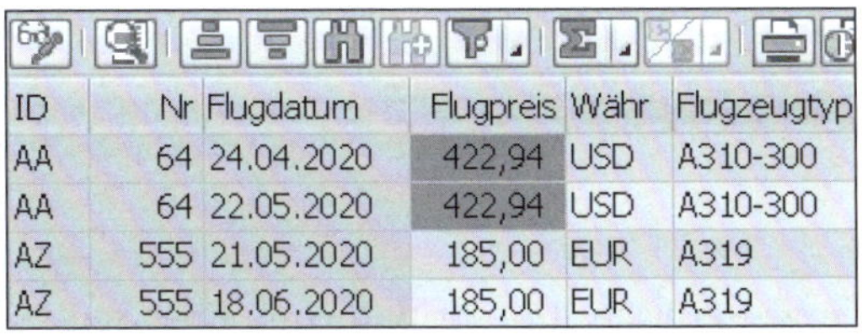

ID	Nr	Flugdatum	Flugpreis	Währ	Flugzeugtyp
AA	64	24.04.2020	422,94	USD	A310-300
AA	64	22.05.2020	422,94	USD	A310-300
AZ	555	21.05.2020	185,00	EUR	A319
AZ	555	18.06.2020	185,00	EUR	A319

Abbildung 19.8 Farben in der alten ALV-Anzeige

Jede Farbe wird dabei durch einen Farbcode repräsentiert. Eine Übersicht über die wichtigsten Farbcodes finden Sie in Tabelle 19.3.

Farbe	Alte ALV-Anzeige (Zeilen)	Alte ALV-Anzeige (Zellen) und neue ALV-Anzeige (Spalten, Zellen)		
	Code	COL	INT	INV
Blau	C110	1	1	0
Gelb	C310	3	1	0
Grün	C510	5	1	0
Rot	C610	6	1	0
Orange	C711	7	1	1

Tabelle 19.3 Die wichtigsten Farbcodes im Überblick

Zeilen vollständig einfärben

Um eine gesamte Zeile einzufärben, müssen Sie Ihre Struktur um eine weitere Spalte vom Typ c der Länge 4 erweitern, diese Spalte anschließend der ALV-Tabelle über das Layout im Feld INFO_FNAME bekannt machen und zum Schluss dieses hinzugefügte Feld mit einem Farbcode füllen, wie in Listing 19.20 gezeigt.

```
TYPES: BEGIN OF ty_sflight.
        INCLUDE STRUCTURE sflight.
*Struktur um eine Spalte erweitern
TYPES: color_line(4) TYPE c,
       END OF ty_sflight.
DATA: lt_sflight TYPE TABLE OF ty_sflight.
*Neue Spalte der ALV-Tabelle bekannt machen
```

```
ls_layout-info_fname = 'COLOR_LINE'.
FIELD-SYMBOLS: <fs_sflight> TYPE ty_sflight.
LOOP AT lt_sflight ASSIGNING <fs_sflight> WHERE price > 400.
*Farbcode für das neue Feld angeben
 <fs_sflight>-color_line = 'C510'.
ENDLOOP.
```

Listing 19.20 Struktur um eine Farbvariable für eine Zeile erweitern

Einzelne Zellen einfärben

Um eine einzelne Zelle einzufärben, erweitern Sie Ihre Struktur um eine weitere Spalte vom Typ LVC_T_SCOL (siehe Listing 19.21). Diese Spalte stellt eine interne Tabelle dar, die für jede einzelne Zeile die Farbcodes beinhalten wird. Damit die ALV-Tabelle diese neue Spalte kennt, müssen Sie diese im Layout im Feld CTAB_FNAME bekannt machen und anschließend mit Daten befüllen. Hierbei geben Sie für jede Spalte einen Farbcode an.

```
TYPES: BEGIN OF ty_sflight.
         INCLUDE STRUCTURE sflight.
*Neue Spalte hinzufügen
         TYPES: color_cell TYPE lvc_t_scol,
       END OF ty_sflight.
DATA: lt_sflight TYPE TABLE OF ty_sflight.
*Neue Spalte der ALV-Tabelle bekannt machen
ls_layout-ctab_fname = 'COLOR_CELL'.
FIELD-SYMBOLS: <fs_sflight> TYPE ty_sflight.
LOOP AT lt_sflight ASSIGNING <fs_sflight> WHERE price > 400.
  DATA: ls_color TYPE lvc_s_scol.
  ls_color-fname = 'PRICE'.
  ls_color-color-col = 6.
  ls_color-color-int = 1.
  ls_color-color-inv = 1.
*Interne Tabelle mit Daten befüllen
  APPEND ls_color TO <fs_sflight>-color_cell.
ENDLOOP.
```

Listing 19.21 Erweitern der Struktur um eine Farbtabelle

19.1.8 Icons

Um Icons in einer Zelle anzuzeigen, fügen Sie eine neue Spalte vom Typ ICON_D hinzu (siehe Listing 19.22). Anschließend müssen Sie diese Spalte noch als Icon-Spalte im Feldkatalog im Feld ICON mit dem Wert ABAP_TRUE bekannt machen. Wenn Sie nun dieses Feld in Ihrer internen Tabelle für die Ausgabe füllen, z. B. mit dem Icon ICON_BUDGET_UPDATE (siehe Transaktion ICON), werden Sie ein Ergebnis wie in Abbildung 19.9 in der Spalte **Neue Spalte** sehen.

[«]

Einbindung der Icon-Typgruppe

Sollten Sie bei der Verwendung von z. B. icon_budget_update eine Fehlermeldung bekommen, müssen Sie noch zusätzlich die Icon-Typgruppe mit der Anweisung TYPE-POOLS: icon einbinden.

```
TYPES: BEGIN OF ty_sflight.
         INCLUDE STRUCTURE sflight.
         TYPES: icon TYPE icon_d,
       END OF ty_sflight.
DATA: lt_sflight TYPE TABLE OF ty_sflight.
SELECT * FROM sflight INTO CORRESPONDING FIELDS OF TABLE
 lt_sflight UP TO 100 ROWS.
LOOP AT lt_sflight ASSIGNING <fs_sflight>.
  <fs_sflight>-icon = icon_budget_update.
ENDLOOP.
*Neue Spalte ICON dem Feldkatalog hinzufügen und aktivieren
DATA: ls_fcat TYPE lvc_s_fcat.
ls_fcat-fieldname = 'ICON'.
ls_fcat-icon      = 'X'.
ls_fcat-outputlen = 3.
APPEND ls_fcat TO lt_fcat.
```

Listing 19.22 Icon in einer ALV-Tabellenzelle anzeigen

19

[«]

Icons mit Infotext

Wenn Sie Icons mit Infotext hinzufügen wollen, reicht das Datenelement ICON_D mit der Länge 4 nicht mehr aus. Definieren Sie in diesem Fall z. B. eine Spalte vom Typ char40 (je nach benötigter Textlänge), und fügen Sie als Werte der Spalte das Icon über folgendes Schema ein:

```
"@xxx\Q Quickinfo @
```

Ersetzen Sie xxx durch den internen Namen des Icons und Quickinfo durch den anzuzeigenden Infotext. Beachten Sie hier auch die Leerzeichen nach Q und vor dem letzten @-Zeichen. Den internen Namen des Icons können Sie in der Typgruppe icon erfahren (Transaktion SE11, Eingabefeld **Typgruppe**). Ein beispielhaftes Icon (ICON_GREEN_LIGHT) mit dem Text »Meine Quickinfo« wäre:

```
'@08\Q Meine Quickinfo @'
```

19.1.9 ALV-Tabellen sortieren und gruppieren

Sie können die Sortierung und Gruppierung der ALV-Tabelle auch programmatisch einstellen, damit diese schon beim Aufruf voreingestellt sind. In Abbildung 19.9 sehen Sie ein Beispiel, wie eine solche Sortierung (Flugpreis aufsteigend) und Aggregation (des Flugpreises, nach Währungen unterschieden) aussehen kann.

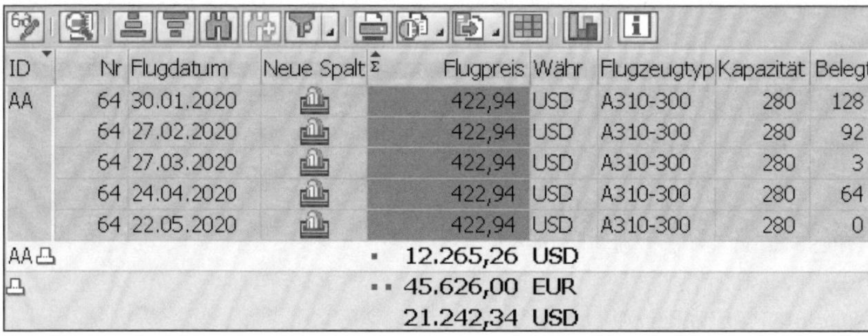

ID	Nr	Flugdatum	Neue Spalt	Σ	Flugpreis	Währ	Flugzeugtyp	Kapazität	Belegt
AA	64	30.01.2020			422,94	USD	A310-300	280	128
	64	27.02.2020			422,94	USD	A310-300	280	92
	64	27.03.2020			422,94	USD	A310-300	280	3
	64	24.04.2020			422,94	USD	A310-300	280	64
	64	22.05.2020			422,94	USD	A310-300	280	0
AA				·	12.265,26	USD			
				··	45.626,00	EUR			
					21.242,34	USD			

Abbildung 19.9 Eine sortierte und gruppierte alte ALV-Anzeige

Zur Implementierung übergeben Sie eine interne Tabelle vom Typ `LVC_T_SORT` beim Aufruf der ALV-Tabelle im Changing-Parameter `IT_SORT`. Dies können Sie in Listing 19.23 sehen.

```
DATA: lt_sort TYPE lvc_t_sort,
      ls_sort TYPE lvc_s_sort.
ls_sort-spos      = 1. "Erste Sortierung
ls_sort-fieldname = 'CARRID'.
ls_sort-down      = 'X'. "Absteigend
APPEND ls_sort TO lt_sort.
CLEAR ls_sort.
ls_sort-spos      = 2. "Zweite Sortierung
ls_sort-fieldname = 'CONNID'.
ls_sort-up        = 'X'. "Aufsteigend
APPEND ls_sort TO lt_sort.
CALL METHOD lo_alvgd->set_table_for_first_display
    ...
  CHANGING
    it_sort       = lt_sort. "Setzen der Sortiertabelle
```

Listing 19.23 Aufbau und Setzen der Sortiertabelle

Innerhalb dieser Tabelle `IT_SORT` müssen Sie für die gewünschten Spalten die Felder `FIELDNAME` füllen und die Sortierreihenfolge in den Feldern `UP` (aufsteigend) oder `DOWN` (absteigend) einstellen (Wert `ABAP_TRUE`). Falls mehrere Sortierungen vorhanden sind, müssen Sie im Feld `SPOS` angeben, welche Sortierung die erste sein soll.

19.1.10 Aggregation

Eine Aggregation nehmen Sie fast auf die gleiche Weise wie eine Sortierung bzw. Gruppierung vor. Wie in Listing 19.24 gezeigt, müssen Sie dabei lediglich noch zusätzlich das Feld `SUBTOT` mit dem Wert `X` (wahr) füllen, damit die Aggregation angezeigt wird, und im Feldkatalog angeben, dass die gewünschte Spalte aggregiert werden soll.

```
DATA: lt_sort TYPE lvc_t_sort,
      ls_sort TYPE lvc_s_sort.
ls_sort-fieldname = 'CARRID'.
ls_sort-subtot    = 'X'.
APPEND ls_sort TO lt_sort.
LOOP AT lt_fcat ASSIGNING <fs_fcat> WHERE fieldname = 'PRICE'.
  <fs_fcat>-do_sum = 'X'.
ENDLOOP.
```

Listing 19.24 Aggregation einer Spalte

19.1.11 Layout speichern

Normalerweise kann der Anwender mit der Funktion **Layout** (▦) in der Funktionsleiste sein Layout für die Tabelle einstellen, d. h., Spalten ausblenden, eine Sortierung vornehmen, einen Filter setzen oder generelle Anzeigeeinstellungen vornehmen. Möchten Sie Ihren Anwendern erlauben, diese Auswahl über das Menü in Abbildung 19.10 zu speichern, müssen Sie dies programmatisch aktivieren.

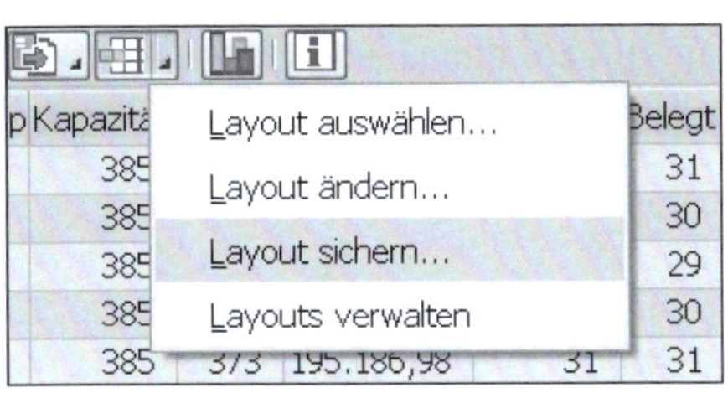

Abbildung 19.10 Speichern von Layouts in der alten ALV-Anzeige aktivieren

Dazu geben Sie bei der Anzeige der ALV-Tabelle der Methode `SET_TABLE_FOR_FIRST_DISPLAY()` eine neue Struktur `IS_VARIANT` als Exporting-Parameter vom Typ `DISVARIANT` mit. Diese Struktur enthält lediglich, wie in Listing 19.25 gezeigt, die Information, zu welchem Report und welchem Benutzernamen das Layout gespeichert werden soll. Zusätzlich geben Sie im Exporting-Parameter `I_SAVE` an, welche Speicheroptionen für die Layouts erlaubt sein sollen. Wenn Sie mehrere ALV-Tabellen im selben Programm anzeigen, sollten Sie über das Feld `HANDLE` eine ID (vierstellig) mitgeben, damit jede Variante jeder ALV-Anzeige eindeutig zugeordnet werden kann.

```
DATA: ls_variant TYPE disvariant.
ls_variant-report   = sy-repid.
ls_variant-username = sy-uname.
CALL METHOD lo_alvgd->set_table_for_first_display
  EXPORTING
    is_variant = ls_variant
    i_save     = 'A'
  ...
```

Listing 19.25 Aktivieren des Speicherns von Layouts

Folgende Optionen stehen Ihnen für `I_SAVE` zur Auswahl:

- `'U'`: Der Benutzer kann nur benutzerspezifische Layouts speichern (das Layout kann dann kein anderer Benutzer sehen).
- `'X'`: Der Benutzer kann nur übergreifende Layouts speichern (das gespeicherte Layout ist dann für andere Benutzer sichtbar).
- `'A'`: Der Benutzer kann sowohl benutzerspezifische als auch übergreifende Layouts speichern.

19.2 Die neue ALV-Anzeige

Die neue ALV-Anzeige basiert auf der Klasse `CL_SALV_TABLE` und stellt denselben Funktionsumfang wie die alte ALV-Anzeige bereit, kommt darüber hinaus aber durch kleinere Schnittstellen mit weniger Code aus. Eine direkte Eingabefähigkeit wird nicht unterstützt.

19.2.1 Aufbau des Grundgerüsts

Im Grundaufbau haben Sie zwei Anzeigevarianten zur Verfügung:

- Vollbildmodus: Es werden kein Container und kein Dynpro benötigt.
- Containermodus: Es werden ein Dynpro und ein Container benötigt.

Je nachdem, welchen Grundaufbau Sie wählen, kann sich die Programmierung in den einzelnen Punkten leicht unterscheiden.

Vollbild

Wie in Listing 19.26 gezeigt, müssen Sie sich zum Aufbau einer ALV-Tabelle im Vollbildmodus lediglich um die Beschaffung der Daten kümmern und ein Objekt der Klasse `CL_SALV_TABLE` über die Methode `FACTORY()` erzeugen. Diese Methode benötigt nur die interne Tabelle und gibt im Importing-Parameter R_SALV_TABLE die Instanz des ALV-Objekts zurück. Von dieser Instanz der ALV-Tabelle müssen Sie anschließend die Methode DISPLAY() aufrufen, wodurch die ALV-Tabelle auch direkt angezeigt wird. Jegliche nachträgliche Änderungen an der ALV-Tabelle werden ohne ein Neuaufbauen der Anzeige nicht mehr berücksichtigt.

```
DATA: lt_sflight TYPE TABLE OF sflight.
*Daten beschaffen
SELECT * FROM sflight INTO TABLE lt_sflight UP TO 100 ROWS.
DATA: lo_alv TYPE REF TO cl_salv_table.
CALL METHOD cl_salv_table=>factory
  IMPORTING
    r_salv_table = lo_alv
  CHANGING
    t_table      = lt_sflight.
*ALV-Objekt aufrufen
lo_alv->display( ).
```

Listing 19.26 Grundaufbau einer neuen ALV-Anzeige im Vollbildmodus

Container

Um die ALV-Tabelle in einem Container anzuzeigen, benötigen Sie ein Dynpro mit einem Container, von dem Sie mit der Anweisung CREATE OBJECT ein Objekt erzeugen.

[«] **19**

> **Ein Dynpro mit Container anlegen**
>
> Eine Anleitung, wie Sie ein Dynpro und den dazugehörigen Container für eine ALV-Tabelle anlegen können, finden Sie im Abschnitt »Erzeugung des Containers« in Abschnitt 19.1.1.

Dieses Objekt geben Sie dann in der Methode FACTORY() der ALV-Klasse über den Exporting-Parameter R_CONTAINER mit (siehe Listing 19.27). Trotz des Containers müssen Sie die Methode DISPLAY() und anschließend Ihr Dynpro mit der Anweisung CALL SCREEN aufrufen.

```
DATA: lt_sflight TYPE TABLE OF sflight.
*Daten beschaffen
SELECT * FROM sflight INTO TABLE lt_sflight UP TO 100 ROWS.
DATA: lo_alv TYPE REF TO cl_salv_table.
DATA: lo_container TYPE REF TO cl_gui_custom_container.
CREATE OBJECT lo_container
  EXPORTING
```

```
*Containerobjekt erzeugen
    container_name = 'CCONTAINER_SALV'.
CALL METHOD cl_salv_table=>factory
*Containerobjekt der ALV-Klasse übergeben
  EXPORTING
    r_container  = lo_container
  IMPORTING
    r_salv_table = lo_alv
  CHANGING
    t_table      = lt_sflight.
lo_alv->display( ).
CALL SCREEN 2000.
```

Listing 19.27 Aufruf einer neuen ALV-Anzeige im Containermodus

19.2.2 Funktionen

Die Funktionsleiste wird bei der neuen ALV-Anzeige standardmäßig nicht mit angezeigt und muss erst aktiviert werden. Hierfür lassen Sie sich, wie in Listing 19.28 gezeigt, vom ALV-Objekt das Funktionsobjekt geben und rufen die Methode SET_ALL() von diesem Funktionsobjekt aus auf. Damit aktivieren Sie die komplette Funktionsleiste.

```
DATA: lo_functions TYPE REF TO cl_salv_functions_list.
lo_functions = lo_alv->get_functions( ).
lo_functions->set_all( ).
```

Listing 19.28 Aktivieren der Funktionsleiste in der neuen ALV-Anzeige

[»]

Aufruf vor der Anzeige

Alle Änderungen am ALV müssen vor der Methode DISPLAY() des ALV-Objekts erfolgen, da sonst die Änderungen nicht mehr greifen.

Funktionen hinzufügen

Darüber hinaus bietet Ihnen auch die neue ALV-Anzeige die Möglichkeit, der Funktionsleiste neue Funktionen hinzuzufügen. Dies erfolgt je nach Anzeigemodus unterschiedlich: Im Container werden die Funktionen ebenfalls über das Funktionsobjekt hinzugefügt und im Vollbildmodus über einen eigenen GUI-Status für Ihr Dynpro.

In beiden Fällen können Sie auf eine Benutzereingabe mit dem Ereignis ADDED_FUNCTION reagieren (siehe Abschnitt 19.2.3, »Ereignisse«).

Funktion im Container hinzufügen

Im Container lassen Sie sich, wie in Listing 19.29 gezeigt, das Funktionsobjekt geben. Anschließend rufen Sie die Methode ADD_FUNCTION() des Objekts mit den Werten der gewünschten neuen Funktion auf.

```
DATA: lo_functions TYPE REF TO cl_salv_functions_list.
lo_functions = lo_alv->get_functions( ).
lo_functions->set_all( ).
lo_functions->add_function(
  name     = 'SUMME'
  text     = 'Summe'
  tooltip  = 'Summe'
  position = if_salv_c_function_position=>right_of_salv_functions
).
```

Listing 19.29 Eine Funktion der neuen ALV-Anzeige im Container hinzufügen

Funktion im Vollbildmodus hinzufügen

Um eine Funktion im Vollbildmodus hinzuzufügen, kopieren Sie sich zunächst den GUI-Status SALV_TABLE_STANDARD in Ihren Report:

1. Gehen Sie dazu, wie in Abbildung 19.11 dargestellt, in der Transaktion SE80 in die Funktionsgruppe SALV_METADATA_STATUS, und klicken Sie mit der rechten Maustaste auf den GUI-Status SALV_TABLE_STANDARD.
2. Wählen Sie dann **Kopieren** im Kontextmenü.

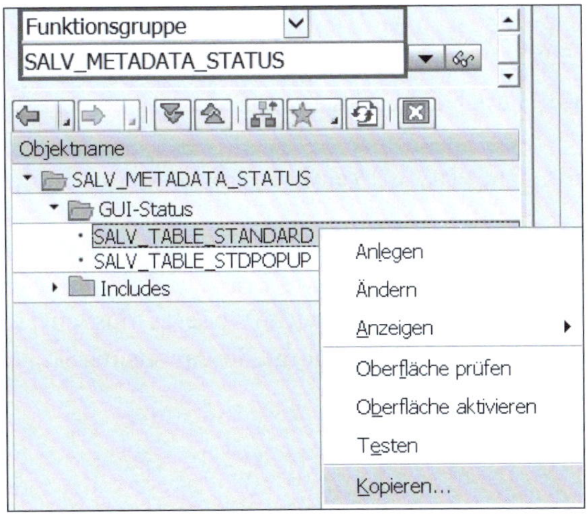

Abbildung 19.11 GUI-Status kopieren

3. Geben Sie im folgenden Pop-up-Fenster Ihr Programm und einen Zielnamen für den zu kopierenden GUI-Status an, und bestätigen Sie Ihre Eingaben.

Anschließend können Sie diesen GUI-Status anpassen und z. B. einen neuen Funktionscode hinzufügen. Diesen angepassten GUI-Status müssen Sie der ALV-Tabelle jetzt noch wie in Listing 19.30 mit Ihrem dafür vergebenen Namen bekannt machen, indem Sie die Methode SET_SCREEN_STATUS() des ALV-Objekts aufrufen.

```
lo_alv->set_screen_status(
  report        = 'ZFR_ALV'
  pfstatus      = 'SALV_TABLE_STANDARD'
  set_functions = lo_alv->c_functions_all
).
```

Listing 19.30 GUI-Status für die neue ALV-Anzeige setzen

19.2.3 Ereignisse

Die neue ALV-Anzeige stellt verschiedene Ereignisse bereit, allerdings deutlich weniger als die alte ALV-Anzeige. Die Ereignisse finden Sie in der Klasse CL_SALV_EVENTS_TABLE auf der Registerkarte **Ereignisse**. Die wichtigsten Ereignisse sind in Tabelle 19.4 aufgeführt.

Ereignis	Beschreibung
DOUBLE_CLICK	Wird nach einem Doppelklick ausgelöst. Parameter: ROW (Zeile) und COLUMN (Spalte)
LINK_CLICK	Wird nach einem einfachen Klick auf einen Hotspot oder Button ausgelöst. Parameter: wie DOUBLE_CLICK
ADDED_FUNCTION	Wird nach der Ausführung einer selbst definierten Funktion ausgelöst. Parameter: E_SALV_FUNCTION (Funktionscode)

Tabelle 19.4 Die wichtigsten Ereignisse der neuen ALV-Anzeige

Die Implementierung aller Ereignisse erfolgt auf die gleiche Weise: Es muss ein Ereignisbehandler bereitgestellt und für das jeweilige Event mit der Anweisung SET HANDLER registriert werden (siehe Listing 19.31).

```
CLASS lcl_handler DEFINITION.
  PUBLIC SECTION.
    CLASS-METHODS: on_double FOR EVENT double_click
        OF cl_salv_events_table
      IMPORTING row column.
```

```
ENDCLASS.
CLASS lcl_handler IMPLEMENTATION.
  METHOD on_double.
     FIELD-SYMBOLS: <fs_sflight> TYPE sflight.
     READ TABLE lt_sflight INDEX row ASSIGNING <fs_sflight>.
     IF sy-subrc = 0 AND column = 'CARRID'.
       "... z. B. Aufruf einer Detailanzeige
     ENDIF.
  ENDMETHOD.
ENDCLASS.
START-OF-SELECTION.
  DATA: lo_events TYPE REF TO cl_salv_events_table.
  lo_events = lo_alv->get_event( ).
  SET HANDLER lcl_handler=>on_double FOR lo_events.
```

Listing 19.31 Auf ein Ereignis der neuen ALV-Anzeige reagieren

19.2.4 Spalten bearbeiten

Dieser Abschnitt bezieht sich auf alle Aktionen für Spalten. Die Spalten können Sie dabei immer über das Spaltenobjekt bearbeiten. Dieses erhalten Sie, wenn Sie die Methode GET_COLUMNS() von der Instanz Ihres ALV-Objekts aufrufen.

Spalten ausblenden

Um eine Spalte auszublenden, lassen Sie sich zuerst das Spaltenobjekt von der ALV-Klasse geben (siehe Listing 19.32). Von diesem Objekt lassen Sie sich wiederum das Objekt einer einzelnen Spalte über deren technischen Namen geben.

Heißt Ihre Spalte in Ihrer Struktur z. B. CARRID, müssen Sie diesen Namen beim Auslesen verwenden, auch wenn die Spalte in der Ausgabe anders heißen mag. Rufen Sie anschließend die Methode SET_VISIBLE() dieses Objekts auf.

```
DATA: lo_spalten TYPE REF TO cl_salv_columns_table,
      lo_spalte  TYPE REF TO cl_salv_column_table.
*Spaltenobjekt abrufen
lo_spalten = lo_alv->get_columns( ).
*Objekt einer einzelnen Spalte
lo_spalte  = lo_spalten->get_column( 'CARRID' ).
lo_spalte->set_visible( abap_false ).
```

Listing 19.32 Eine Spalte des neuen ALVs ausblenden

Spalten hinzufügen und entfernen

Die Klasse für alle Spalten besitzt eine Methode REMOVE_COLUMN( ), für die aber die Sichtbarkeit PROTECTED definiert ist und die für Sie darum ohne Vererbung nicht aufrufbar ist. Hier muss daher der Weg über den Feldkatalog gegangen werden.

Der Feldkatalog für die ALV-Tabelle wird aus der übergebenen Struktur beim Aufruf der Methode FACTORY( ) aufgebaut. Das bedeutet, wenn Sie eine Spalte aus dem Feldkatalog entfernen oder hinzufügen wollen, müssen Sie die übergebene Struktur der ALV-Tabelle anpassen. Dies kann über eine globale Struktur in der Transaktion SE11 oder über einen lokal definierten Typ (siehe Listing 19.33) geschehen. Bei der Definition der Struktur lohnt es sich immer, Datenelemente für die einzelnen Felder zu verwenden, damit die dort gepflegten Texte als Spaltenüberschriften angezeigt werden. Ansonsten müssen Sie diese händisch setzen, wie im folgenden Abschnitt »Spalten umbenennen« beschrieben.

```
TYPES: BEGIN OF ty_sflight.
         INCLUDE STRUCTURE sflight.
         TYPES: neue_spalte TYPE zmein_datenelement,
       END OF ty_sflight.
*Anschließender Aufruf der Methode cl_salv_table=>factory
```

Listing 19.33 Eine Spalte der neuen ALV-Tabelle hinzufügen

Spalten umbenennen

Spalten können Sie über das Objekt einer einzelnen Spalte auch umbenennen. Dafür stehen mit SET_SHORT_TEXT( ), SET_MEDIUM_TEXT( ), SET_LONG_TEXT( ) und SET_TOOLTIP( ) vier Methoden für verschiedene Textlängen bereit (siehe Listing 19.34).

```
DATA: lo_spalten   TYPE REF TO cl_salv_columns_table,
      lo_spalte    TYPE REF TO cl_salv_column_table.
DATA: lv_s_text TYPE scrtext_s,
      lv_m_text TYPE scrtext_m,
      lv_l_text TYPE scrtext_l,
      lv_tip    TYPE lvc_tip.
lo_spalten = lo_alv->get_columns( ).
lo_spalte ?= lo_spalten->get_column( 'NEUE_SPALTE' ).
lv_s_text = 'Kurztext'.
lo_spalte->set_short_text( lv_s_text ).
lv_m_text = 'Text'.
lo_spalte->set_medium_text( lv_m_text ).
lv_l_text = 'Langtext'.
lo_spalte->set_long_text( lv_l_text ).
lv_tip    = 'Tooltip'.
lo_spalte->set_tooltip( lv_tip ).
```

Listing 19.34 Eine Spalte in der neuen ALV-Anzeige umbenennen

[«]

Einen Text erzwingen

Wenn Sie das Setzen eines Textes für eine Spalte erzwingen wollen, setzen Sie eine der Textarten (Kurz-, Mittel-, Langtext) für den gewünschten Text und lassen die anderen beiden leer. Beispielsweise können Sie den Kurztext mit SET_SHORT_TEXT() setzen und den mittleren und Langtext leer lassen.

Spaltenposition setzen

Für das Setzen der Spaltenposition stellt Ihnen das Spaltenobjekt eine Methode SET_COLUMN_POSITION() bereit, die Sie mit dem Namen der Spalte und der gewünschten Position versorgen müssen (siehe Listing 19.35).

```
DATA: lo_spalten  TYPE REF TO cl_salv_columns_table.
lo_spalten = lo_alv->get_columns( ).
lo_spalte->set_column_position(
  columnname = 'FLDATE'
  position = 5 ).
```

Listing 19.35 Spaltenposition in der neuen ALV-Anzeige definieren

Spaltenbreite optimieren

Zur Optimierung der Spaltenbreite stehen Ihnen drei Methoden zur Verfügung:

- Optimierung aller Spalten
- manuelles Setzen der Spaltenbreite
- Optimierung einer Spalte

19

Optimiert wird hierbei nach dem Inhalt der Tabelle. Die Spalte nimmt dabei die Breite des längsten Inhalts an, minimal aber die Breite der kürzesten Spaltenüberschrift.

Optimierung aller Spalten

Um die Breite aller Spalten zu optimieren, rufen Sie die Methode SET_OPTIMIZE() des Spaltenobjekts auf:

```
DATA: lo_spalten TYPE REF TO cl_salv_columns_table.
lo_spalten = lo_alv->get_columns( ).
lo_spalten->set_optimize( ).
```

Breite manuell setzen

Darüber hinaus stellt Ihnen das Objekt einer Spalte mit der Methode SET_OUTPUT_LENGTH() die Möglichkeit bereit, die Breite der Spalte fest auf einen bestimmten Wert zu setzen.

In Listing 19.36 wird beispielsweise die Spalte PRICE auf die Breite 20 gesetzt.

```
DATA: lo_spalten TYPE REF TO cl_salv_columns_table,
      lo_spalte  TYPE REF TO cl_salv_column_table.
lo_spalten = lo_alv->get_columns( ).
lo_spalte ?= lo_spalten->get_column( 'PRICE' ).
lo_spalte->set_output_length( 20 ).
```

Listing 19.36 Ausgabelänge einer Spalte in der neuen ALV-Anzeige festlegen

Diese Einstellung wird ignoriert, wenn Sie die Spalten vorher mit der Methode SET_OPTIMIZE() optimiert haben.

Optimierung einer Spalte

Über das Objekt einer einzelnen Spalte können Sie diese mit der Methode SET_OPTIMIZED(), wie in Listing 19.37 gezeigt, auch einzeln optimieren. Diese Variante benötigen Sie, wenn Sie die Ausgabelänge einer Spalte händisch gesetzt haben, alle anderen Spalten aber dennoch optimiert sein sollen.

```
DATA: lo_spalten TYPE REF TO cl_salv_columns_table,
      lo_spalte  TYPE REF TO cl_salv_column_table.
lo_spalten = lo_alv->get_columns( ).
lo_spalte ?= lo_spalten->get_column( 'CARRID' ).
lo_spalte->set_optimized( abap_true ).
```

Listing 19.37 Optimieren einer einzelnen Spalte in der neuen ALV-Anzeige

19.2.5 Zellentypen

Die neue ALV-Anzeige stellt verschiedene Zellentypen bereit, die Sie alle in Abbildung 19.12 sehen.

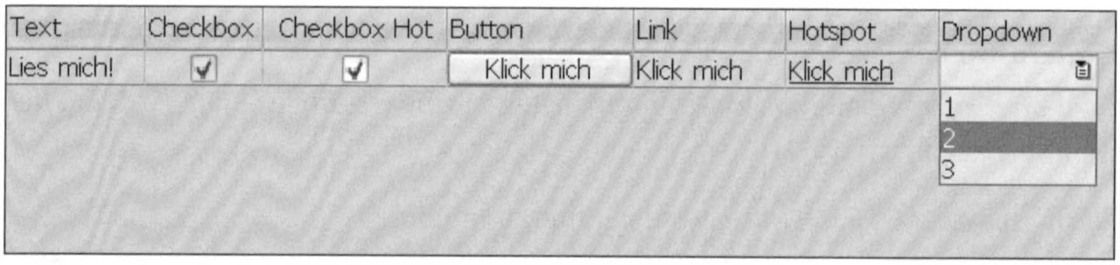

Abbildung 19.12 Die Zellentypen der neuen ALV-Anzeige

Alle Zellentypen können sowohl für Container als auch für den Vollbildmodus verwendet werden. Die wichtigsten Zellentypen werden dabei, wie in Tabelle 19.5 dargestellt, über Attribute des Interface IF_SALV_C_CELL_TYPE abgebildet.

Typ	Attribut von IF_SALV_C_CELL_TYPE	Anzeige Container/ Vollbild	Ereignis
Text	=>text	beide	
Checkbox	=>checkbox	beide	
Checkbox Hotspot	=>checkbox_hotspot	beide	link_click
Button	=>button	beide	link_click
Dropdown	=>dropdown	Container	
Hotspot	=>hotspot	beide	link_click

Tabelle 19.5 Die Zellentypen für die neue ALV-Anzeige im Überblick

[«]

Unterschied zwischen Checkbox und Checkbox Hotspot

Der Zellentyp *Checkbox* beschränkt sich auf die reine Anzeige eines Ankreuzfeldes, während die Hotspot-Version anklickbar ist und das Ereignis LINK_CLICK auslöst. Dieses Verhalten können Sie trotz der fehlenden Eingabefähigkeit in der neuen ALV-Variante ausnutzen, um den Wert des Feldes über den Ereignisbehandler zu manipulieren und die Anzeige mit LO_ALV->REFRESH() aufzufrischen. Auf diese Weise kann der Anwender den Wert der Checkbox also ändern.

Die Werte in Tabelle 19.5 werden Sie bei der Implementierung über das Objekt einer Spalte als Übergabeparameter für die Methode SET_CELL_TYPE() benötigen. 19

Beispiel

Eine beispielhafte Implementierung eines Hotspots zeigt Listing 19.38.

```
DATA: lo_spalten TYPE REF TO cl_salv_columns_table,
      lo_spalte  TYPE REF TO cl_salv_column_table.
      lo_spalten = lo_alv->get_columns( ).
      lo_spalte ?= lo_spalten->get_column( 'CARRID' ).
      lo_spalte->set_cell_type( if_salv_c_cell_type=>hotspot ).
```

Listing 19.38 Zellentyp (hier Hotspot) in der neuen ALV-Anzeige setzen

19.2.6 Farbige Hervorhebung

In der neuen ALV-Anzeige können Sie sowohl komplette Spalten als auch einzelne Zellen einfärben. Die dazu benötigten Farbcodes sind in Abschnitt 19.1.7, »Farbige Hervorhebung«, aufgelistet.

Spalten vollständig einfärben

Um eine Spalte vollständig einzufärben, stellt Ihnen das Objekt der Spalte die Methode SET_COLOR() bereit, die Sie mit den gewünschten Farbwerten versorgen müssen. In Listing 19.39 wird die Spalte PLANETYPE rot eingefärbt.

```
DATA: lo_spalten TYPE REF TO cl_salv_columns_table,
      lo_spalte  TYPE REF TO cl_salv_column_table.
      lo_spalte ?= lo_spalten->get_column( 'PLANETYPE' ).
DATA: ls_spalte_color TYPE lvc_s_colo.
      ls_spalte_color-col = 6.
      ls_spalte_color-int = 1.
      ls_spalte_color-inv = 0.
      lo_spalte->set_color( value = ls_spalte_color ).
```

Listing 19.39 Eine Spalte in der neuen ALV-Anzeige einfärben

Einzelne Zellen einfärben

Einzelne Zellen können Sie ebenfalls mithilfe der Struktur LVC_S_SCOL farbig hervorheben, nur dass Sie diese Information jetzt nicht nur für eine Spalte, sondern für jede einzelne Spalte pro Zeile bereitstellen müssen. Dafür erweitern Sie Ihre Struktur um eine weitere Spalte in Form einer internen Tabelle mit dem Typ LVC_T_SCOL (siehe Listing 19.40), die genau diese Informationen vorhalten wird. In einem zweiten Schritt machen Sie der ALV-Tabelle diese neue Spalte mit der Methode SET_COLOR_COLUMN() als Farbtabelle bekannt und füllen anschließend die Tabelle mit entsprechenden Farbwerten für die einzelnen Spalten.

```
TYPES: BEGIN OF ty_sflight.
   INCLUDE STRUCTURE sflight.
*Struktur um neue Spalte (interne Tabelle) erweitern
   TYPES: colors TYPE lvc_t_scol,
END OF ty_sflight.
DATA: ls_colors TYPE lvc_s_scol,
      lo_spalten  TYPE REF TO cl_salv_columns_table.
DATA: lt_sflight TYPE TABLE OF ty_sflight.
SELECT * FROM sflight INTO CORRESPONDING FIELDS OF TABLE   lt_sflight
  UP TO 100 ROWS.
lo_spalten = lo_alv->get_columns( ).
*Farbtabelle bekannt machen
lo_spalten->set_color_column( 'COLORS' ).
FIELD-SYMBOLS: <fs_sflight> type ty_sflight.
LOOP AT lt_sflight ASSIGNING <fs_sflight> WHERE price > 500.
  ls_colors-fname = 'PRICE'.
  ls_colors-color-col = 6.
```

```
  ls_colors-color-int = 1.
  ls_colors-color-inv = 1.
  APPEND ls_colors TO <fs_sflight>-colors.
ENDLOOP.
```

Listing 19.40 Einfärben einzelner Zellen im neuen ALV

19.2.7 Icons

Um Ihrer Tabelle Icons hinzuzufügen, brauchen Sie lediglich eine Spalte vom Typ ICON_D bzw. CHAR mit der Länge 4. Diese Spalte müssen Sie mit einem Icon-Code (siehe Transaktion ICON) befüllen. In Listing 19.41 wurde beispielsweise eine neue Spalte Icon hinzugefügt und anschließend mit dem Icon ICON_BUDGET_UPDATE gefüllt.

```
TYPE-POOLS: icon.
TYPES: BEGIN OF ty_sflight.
        INCLUDE STRUCTURE sflight.
TYPES: icon TYPE icon_d,
       END OF ty_sflight.
DATA: lt_sflight TYPE TABLE OF ty_sflight.
SELECT * FROM sflight INTO TABLE lt_sflight UP TO 10 ROWS.
FIELD-SYMBOLS: <fs_output> TYPE ty_sflight.
LOOP AT lt_sflight ASSIGNING <fs_output>.
  <fs_output>-icon = icon_budget_update.
  "siehe auch Transaktion ICON
ENDLOOP.
```

Listing 19.41 Icon der neuen ALV-Anzeige hinzufügen

> **Einbindung der Icon-Typgruppe**
>
> Sollten Sie bei der Verwendung von z. B. ICON_SUPPLIER eine Fehlermeldung bekommen, müssen Sie noch zusätzlich die Icon-Typgruppe über TYPE-POOLS: icon einbinden. In dieser Typgruppe sind alle verfügbaren Icons als Konstanten definiert.

Möchten Sie neben dem reinen Icon noch einen Infotext anzeigen lassen, beachten Sie bitte den Infokasten »Icons mit Infotext« in Abschnitt 19.1.8.

19.2.8 ALV-Tabellen sortieren und gruppieren

Sie können die Sortierung und Gruppierung der ALV-Tabelle auch programmatisch vornehmen, damit schon beim Aufruf beides voreingestellt ist.

In Abbildung 19.13 sehen Sie ein Beispiel, wie eine solche Sortierung (Flugdatum absteigend) und Gruppierung (der Fluggesellschaft) aussehen kann.

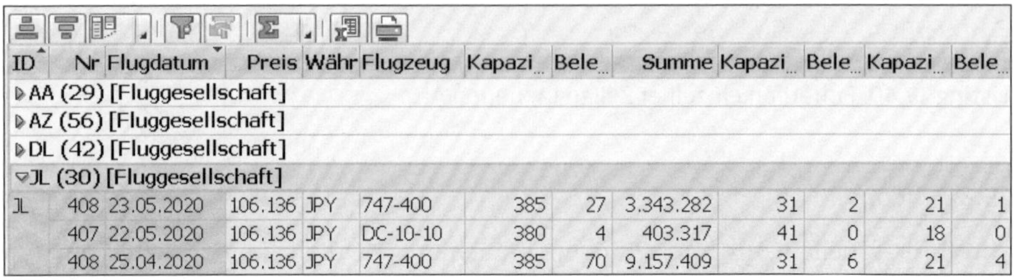

Abbildung 19.13 Sortierung und Gruppierung in der neuen ALV-Anzeige

Für die Implementierung stellt Ihnen der ALV ein eigenes Sortierobjekt mit einer Methode `ADD_SORT()` bereit, über die Sie die gewünschte Spalte und die Sortierung übergeben können (siehe Listing 19.42). Wiederholen Sie den Aufruf gegebenenfalls für beliebig viele zu sortierende Spalten.

```
DATA: lo_sorts TYPE REF TO cl_salv_sorts.
lo_sorts = lo_alv->get_sorts( ).
lo_sorts->add_sort(
  EXPORTING
    columnname = 'FLDATE'
    sequence   = if_salv_c_sort=>sort_down ).
```

Listing 19.42 Sortierung einer neuen ALV-Tabelle

Folgende Sortier- und Gruppieroptionen stehen Ihnen zur Verfügung:

- `if_salv_c_sort=>sort_down`
- `if_salv_c_sort=>sort_up`
- `if_salv_c_sort=>sort_none`
- `if_salv_c_sort=>group_with_underline`
- `if_salv_c_sort=>group_with_newpage` (für Listenausgabe)
- `if_salv_c_sort=>group_none`

19.2.9 Aggregation

Auch eine wie in Abbildung 19.14 vorgenommene Aggregation können Sie problemlos voreinstellen.

Für die Implementierung stellt Ihnen der ALV ein eigenes Aggregationsobjekt mit einer Methode `ADD_AGGREGATION()` bereit, über die Sie die gewünschte Spalte und die Aggregationsart übergeben können, wie in Listing 19.43 gezeigt.

Man...	Carri...	Flug-...	Flugdatum	Σ	Akt. Buchungssumme	Währu...
				▪	**13.201.261,13**	**EUR**
					4.904.506,80	**USD**
001	AA	17	21.05.2020		192.864,84	USD
001	AA	17	18.06.2020		192.814,28	USD
001	AA	17	16.07.2020		193.203,43	USD

Abbildung 19.14 Aggregation in der neuen ALV-Anzeige

```
DATA: lo_aggrs  TYPE REF TO cl_salv_aggregations.
lo_aggrs = lo_alv->get_aggregations( ).
lo_aggrs->set_aggregation_before_items( abap_true ).
lo_aggrs->add_aggregation(
  columnname  = 'PAYMENTSUM'
  aggregation = if_salv_c_aggregation=>total
).
```

Listing 19.43 Aggregation in der neuen ALV-Anzeige definieren

Folgende Aggregationsarten stehen Ihnen zur Verfügung:

- `if_salv_c_aggregation=>total`
- `if_salv_c_aggregation=>minimum`
- `if_salv_c_aggregation=>maximum`
- `if_salv_c_aggregation=>average`
- `if_salv_c_aggregation=>none`

19.2.10 Layout speichern

Wie in Abschnitt 19.1.11 für die alte ALV-Anzeige beschrieben, kann der Anwender auch in der neuen ALV-Anzeige mit der Funktion **Layout** (▦) sein Layout einstellen. Außerdem können Sie Ihren Anwendern erlauben, diese Auswahl über ein Menü auch zu speichern.

Um die Speichermöglichkeit zu implementieren, stellt die neue ALV-Anzeige ein Layoutobjekt bereit. Wie in Listing 19.44 gezeigt, übergeben Sie mit der Methode `SET_KEY()` den Reportnamen, während Sie über die Methode `SET_SAVE_RESTRICTION()` bestimmen, ob der Anwender das Layout nur für sich oder für alle Benutzer speichern darf.

```
DATA: ls_key    TYPE salv_s_layout_key,
      lo_layout TYPE REF TO cl_salv_layout.
ls_key-report = sy-repid.
lo_layout = lo_alv->get_layout( ).
lo_layout->set_key( ls_key ).
lo_layout->set_default( abap_true ).
```

```
lo_layout->set_save_restriction(
  if_salv_c_layout=>restrict_none
).
```

Listing 19.44 Layoutspeicherung in der neuen ALV-Anzeige aktivieren

Folgende Optionen stehen Ihnen für die Methode `SET_SAVE_RESTRICTION()` als Parameter zur Auswahl:

- `if_salv_c_layout=>restrict_user_dependant`:
  Der Benutzer kann nur benutzerspezifische Layouts speichern.
- `if_salv_c_layout=>restrict_user_independant`:
  Der Benutzer kann nur übergreifende Layouts speichern.
- `if_salv_c_layout=>restrict_none`:
  Der Benutzer kann sowohl benutzerspezifische als auch übergreifende Layouts speichern.

Darüber hinaus können Sie über die Methode `SET_DEFAULT()` das Default-Layout für die ALV-Ausgabe aktivieren.

19.2.11 Filter

Filter können Sie verwenden, um die angezeigten Daten nach bestimmten Kriterien einzuschränken. Normalerweise kann der Anwender diese Einschränkung über die Funktionsleiste mit dem Button **Filter** () selbst vornehmen. Aber auch dies können Sie programmatisch voreinstellen. Dazu stellt die neue ALV-Anzeige ein Filterobjekt bereit, über das Sie eine Einschränkung für eine bestimmte Spalte mit der Methode `ADD_FILTER()` auf die gleiche Weise wie bei einer Selektionstabelle (`SIGN`, `OPTION`, `LOW`, `HIGH`) vornehmen können.

Beispiel

In Listing 19.45 wurde beispielsweise die Anzeige in der Spalte `CARRID` auf alle Werte begrenzt, die »AA« entsprechen.

```
DATA: lo_filters TYPE REF TO cl_salv_filters.
lo_filters = lo_alv->get_filters( ).
lo_filters->add_filter(
  columnname = 'CARRID'
  sign       = 'I'
  option     = 'EQ'
  low        = 'AA'
  "high      = ...
).
```

Listing 19.45 Filter in der neuen ALV-Anzeige setzen

19.3 SAP List Viewer mit integriertem Datenzugriff (IDA)

Bei der Arbeit mit den beiden klassischen ALV-Varianten werden Sie häufig feststellen, dass die Aufbereitung der Daten relativ schnell vonstattengeht, während die Anzeige z. B. mit `DISPLAY( )` dann aber sehr lange dauern kann.

Der SAP List Viewer mit integriertem Datenzugriff (Integrated Data Access, IDA) verfolgt einen anderen Ansatz: Anstelle einer internen Tabelle erhält der ALV den Namen einer Datenbanktabelle oder eines Views. Aus dieser Datenbanktabelle oder diesem View werden dann zur Laufzeit nur die Daten des für den Benutzer aktuell sichtbaren Bereichs (mit sichtbarer Bereich sind bis zu 1.000 Zeilen gemeint) gelesen und nicht alle Daten auf einmal. Erst wenn der Benutzer z. B. innerhalb der Tabelle scrollt oder die Sortierung ändert, werden wieder Daten mit SQL aus der angegebenen Datenbanktabelle oder dem View gelesen. Dadurch reduziert sich die auf der Oberfläche vorgehaltene Datenmenge enorm und damit auch die Laufzeit der gesamten Anwendung. Darüber hinaus reduziert sich durch diesen Ansatz auch die Gesamtmenge der übertragenen Daten auf dem SAP NetWeaver Application Server (AS), da die Anwender in den seltensten Fällen alle Daten benötigen.

Jetzt werden Sie sich vielleicht die Frage stellen, wo dann die Datenaggregation, also das Vorbereiten der Daten, stattfinden soll, wollen Sie doch nicht nur die Rohdaten einer Datenbanktabelle anzeigen. Hier kommt das neue Programmierparadigma *Code-to-Data* ins Spiel, auf das ich in Kapitel 30, »SAP HANA«, noch ausführlicher eingehen werde. Es besagt, dass Berechnungen und Datenoperationen auf die Datenbank ausgelagert werden sollen.

In der Praxis würden Sie also die Daten bereits auf der Datenbank aufbereiten, z. B. in Form eines Views und durch die Verknüpfung mehrerer Tabellen. Diesen View nutzen Sie dann als Quelle für Ihre ALV-Tabelle.

Die Oberfläche der ALV-Tabelle mit IDA ist fast identisch mit der der anderen ALV-Anzeigen, nur die Funktionsleiste unterscheidet sich etwas in ihrem Aufbau. So wird unter anderem eine Eingabemaske für Freitextsuchen auf Basis der mit SAP HANA angebotenen Volltextsuchen angeboten. Diese neue Funktion erläutere ich in Abschnitt 19.3.11, »Textsuche«.

Neue ABAP-Anweisungen

Die folgenden Erläuterungen und Beispiele verwenden die ab ABAP 7.40 eingeführten Inline-Deklarationen und Konstruktorausdrücke. Weitere Informationen dazu finden Sie in Abschnitt 7.5 und Abschnitt 7.13.

19.3.1 Aufbau des Grundgerüsts

Auch für die ALV-Tabelle mit IDA stehen zwei Anzeigemodi zur Verfügung:

- Vollbildmodus: Es werden kein Container und kein Dynpro benötigt.
- Containermodus: Es werden im Normalfall ein Dynpro und ein Container benötigt.

Vollbild

Um die ALV-Tabelle mit IDA im Vollbildmodus anzuzeigen, rufen Sie, wie in Listing 19.46 gezeigt, die Methode CREATE() der Klasse CL_SALV_GUI_TABLE_IDA auf und geben dabei den Namen Ihrer Quelle (z. B. Datenbanktabelle, View) an. Anschließend können Sie von diesem Objekt mit der Methode FULLSCREEN() den Vollbildmodus erzeugen und sich mit der Methode DISPLAY() anzeigen lassen.

```
DATA(lo_alv) = cl_salv_gui_table_ida=>create(
  iv_table_name = 'SFLIGHT'
).
lo_alv->fullscreen( )->display( ).
```

Listing 19.46 Grundaufbau des ALVs mit IDA im Vollbildmodus

Container

Beim Containermodus übergeben Sie wie gewohnt einen vorher erzeugten Container, der sich auf einem Dynpro befinden muss. Der Aufruf der ALV-Tabelle mit IDA erfolgt dabei nicht explizit durch eine Methode wie DISPLAY(), sondern durch den Aufruf des Dynpros mit der Anweisung CALL SCREEN (siehe Listing 19.47).

```
DATA(lo_cc)     = NEW cl_gui_custom_container( 'CCONTAINER_SALV' ).
DATA(lo_alv)    = cl_salv_gui_table_ida=>create(
  iv_table_name = 'SFLIGHT'
  io_gui_container = lo_cc ).
CALL SCREEN 2000.
```

Listing 19.47 Grundaufbau des ALVs mit IDA im Containermodus

Bevor Sie z. B. einen externen View als Datenquelle verwenden, sollten Sie wie in Listing 19.48 prüfen, ob Ihre Datenbank dies unterstützt.

```
IF cl_salv_gui_table_ida=>db_capabilities( )->
  is_table_supported( 'MEIN_EXT_VIEW' ) <> abap_true.
  MESSAGE 'Tabelle nicht unterstützt' TYPE 'E'.
ENDIF.
```

Listing 19.48 Datenquelle für die ALV-Tabelle mit IDA überprüfen

19.3.2 Funktionen

Die Funktionsleiste ist beim ALV mit IDA standardmäßig eingeblendet. Die einzige Funktion, die nicht eingeblendet wird, ist die Textsuche. Sie können sich für die Funktionen vom ALV mit IDA ein Objekt von der Toolbar geben lassen. Dies geschieht über die Methode TOOLBAR().

Funktionen hinzufügen

Das Toolbar-Objekt des ALVs mit IDA bietet Ihnen mit der Methode ADD_BUTTON() auch die Möglichkeit, neue Funktionen zu definieren. Auf diese Funktionen können Sie anschließend mit dem Event FUNCTION_SELECTED der Klasse CL_SALV_GUI_TOOLBAR_IDA reagieren.

Beispiel

In Listing 19.49 ist beispielsweise ein Detail-Button implementiert, der die ausgewählte Tabellenzeile in einem Pop-up-Fenster anzeigt.

```
DATA(lo_alv) = cl_salv_gui_table_ida=>create(
  iv_table_name = 'SFLIGHT' ).
CLASS lcl_handler DEFINITION.
  PUBLIC SECTION.
    CLASS-METHODS: funktionsklick FOR EVENT function_selected
      OF if_salv_gui_toolbar_ida
      IMPORTING ev_fcode.
ENDCLASS.
CLASS lcl_handler IMPLEMENTATION.
METHOD funktionsklick.
  CASE ev_fcode.
    WHEN 'DETAILS'.
      DATA: ls_sflight TYPE sflight.
      IF lo_alv->selection( )->is_row_selected( ) = abap_true.
         lo_alv->selection( )->get_selected_row(
          EXPORTING iv_request_type =
            if_salv_gui_selection_ida=>cs_request_type-all_fields
          IMPORTING es_row = ls_sflight ).
        cl_salv_ida_show_data_row=>display(
          iv_text = 'Details'
          is_data = ls_sflight ).
      ENDIF.
  ENDCASE.
ENDMETHOD.
ENDCLASS.
START-OF-SELECTION.
```

19

```
DATA(lo_toolbar) = lo_alv->toolbar( ).
lo_toolbar->add_button(
  EXPORTING
    iv_fcode      = 'DETAILS'
    iv_icon       = icon_detail
    iv_text       = 'Details'
    iv_quickinfo  = 'Details der ausgewählten Zeile'
    iv_before_standard_functions = abap_true
).
"Aktiviere, dass einzelne Zeilen ausgewählt werden können
lo_alv->selection( )->set_selection_mode(
  if_salv_gui_selection_ida=>cs_selection_mode-single ).
SET HANDLER lcl_handler=>funktionsklick FOR lo_toolbar.
lo_alv->fullscreen( )->display( ).
```

Listing 19.49 Anzeige einer Tabellenzeile im Detailmodus im ALV mit IDA

19.3.3 Ereignisse

Die wichtigsten Ereignisse für den ALV mit IDA sind in Tabelle 19.6 zusammengestellt. Diese nutzen Sie nicht über die Klasse CL_SALV_GUI_TABLE_IDA, sondern über die in der Spalte »Beschreibung« angegebenen Interfaces.

Ereignis	Beschreibung
DOUBLE_CLICK	Wird nach einem Doppelklick ausgelöst. ■ Interface: IF_SALV_GUI_TABLE_DISPLAY_OPT ■ Parameter: EV_FIELD_NAME als Name der Spalte sowie EO_ROW_DATA vom Typ IF_SALV_GUI_ROW_DATA_IDA
CELL_ACTION	Wird bei einem einfachen Klick auf einen Hotspot ausgelöst. ■ Interface: IF_SALV_GUI_FIELD_DISPLAY_OPT ■ Parameter: wie Ereignis DOUBLE_CLICK
FUNCTION_SELECTED	Wird ausgelöst, wenn der Anwender eine Funktion auswählt. ■ Interface: IF_SALV_GUI_TOOLBAR_IDA ■ Parameter: EV_FCODE mit Funktionscode

Tabelle 19.6 Ereignisse des ALVs mit IDA

Beispiel

In Listing 19.50 finden Sie eine beispielhafte Implementierung für das Event FUNCTION_SELECTED. Über den Parameter EO_ROW_DATA können Sie die Daten der ausgewählten Zeile auslesen.

```
DATA: ls_row TYPE sflight.
eo_row_data->get_row_data(
  EXPORTING
    iv_request_type = 'ALL_FIELDS' "sonst nur Schlüsselfelder
  IMPORTING
    es_row          = ls_row
).
```

Listing 19.50 Auslesen der ausgewählten Zeile im ALV mit IDA

19.3.4 Spalten bearbeiten

Dieser Abschnitt bezieht sich auf den Umgang mit Spalten im ALV mit IDA.

[+]

Umsetzung mit neuem View auf der Datenbank

Die hier erläuterten programmatischen Änderungen können Sie allesamt umgehen, indem Sie auf der Datenbank einen neuen View anlegen, der die gewünschten Änderungen an den Spalteneigenschaften beinhaltet.

Spalten ausblenden

Eine Spalte können Sie ausblenden, indem Sie sich, wie in Listing 19.51 gezeigt, über die Methode FIELD_CATALOG( ) den Feldkatalog der ALV-Tabelle mit IDA geben lassen. Die Felder des Feldkatalogs lassen Sie sich mit der Methode GET_ALL_FIELDS( ) ausgeben. Aus diesen Feldern löschen Sie anschließend die gewünschte Spalte und setzen die restlichen Spalten über die Methode SET_VISIBLE_FIELDS( ) als sichtbare Felder des Default-Layouts.

```
DATA: lt_visible TYPE if_salv_gui_types_ida=>yt_field_name.
lo_alv->field_catalog( )->get_all_fields(
  IMPORTING ets_field_names = DATA(lt_alle)
).
MOVE-CORRESPONDING lt_alle TO lt_visible.
DELETE lt_visible WHERE table_line = 'FLDATE'.
lo_alv->default_layout( )->set_visible_fields(
  it_visible_fields = lt_visible
).
```

Listing 19.51 Eine Spalte in einer ALV-Tabelle mit IDA ausblenden

Ausblenden bedeutet in diesem Fall, dass der Anwender die Spalte über die Layoutfunktion wieder einblenden kann.

Spalten entfernen

Wollen Sie dagegen eine Spalte komplett entfernen (d. h., der Benutzer kann sie auch über das Layout nicht mehr einblenden), müssen Sie den Feldkatalog entsprechend manipulieren. Lassen Sie sich die Felder des Feldkatalogs über die Methoden FIELD_CATATALOG() und GET_ALL_FIELDS() geben, und löschen Sie auch hier wieder die gewünschte Spalte (siehe Listing 19.52). Anschließend geben Sie den geänderten Feldkatalog mit der Methode SET_AVAILABLE_FIELDS() als neuen Feldkatalog an.

```
DATA(lo_fldcatlog) = lo_alv->field_catalog( ).
lo_fldcatlog->get_all_fields(
  IMPORTING ets_field_names = DATA(lt_alle)
).
DELETE lt_alle WHERE table_line = 'FLDATE'.
lo_fldcatlog->set_available_fields( lt_alle ).
```

Listing 19.52 Eine Spalte in einer ALV-Tabelle mit IDA entfernen

Spalten umbenennen

Eine Spalte können Sie über den Feldkatalog auch umbenennen. Lassen Sie sich den Feldkatalog mit der Methode FIELD_CATALOG() ausgeben, und rufen Sie anschließend die Methode SET_FIELD_HEADER_TEXTS() auf. Übergeben Sie als Parameter den Namen der umzubenennenden Spalte und den neuen Text für die Spaltenüberschrift (siehe Listing 19.53).

```
lo_alv ->field_catalog( )->set_field_header_texts(
  iv_field_name        = 'SPALTEN_NAME'
  iv_header_text       = 'Meine Überschrift'
  iv_tooltip_text      = 'Mein Tooltip'
  iv_tooltip_text_long = 'Mein langer Tooltip'
).
```

Listing 19.53 Spalten in einer ALV-Tabelle mit IDA umbenennen

Spalten hinzufügen

Einer ALV-Tabelle mit IDA können Sie auch eine Spalte hinzufügen. Nur geschieht dies aufgrund der Tatsache, dass die Struktur der Datenbanktabelle oder des Views nicht direkt (z. B. durch einen lokalen Typ) manipuliert werden kann, über das Interface IF_SALV_IDA_CALC_FIELD_HANDLER. Dieses Interface ermöglicht es Ihnen, über verschiedene Methoden eine Spalte noch vor der Anzeige des ALVs hinzuzufügen und mit Daten anzureichern.

[«]

Letzter Ausweg

Das Hinzufügen von Spalten über das Interface IF_SALV_IDA_CALC_FIELD_HANDLER sollten Sie nur dann verwenden, wenn Sie wirklich nicht die Möglichkeit haben, diese neuen Spalten mit einem CDS View zu realisieren, der die neue benötigte Spalte definiert und anreichert. Neben der schlechteren Performance hat diese Variante den großen Nachteil, dass abhängige Spalten, die für die Wertbeschaffung notwendig sind (im Beispiel aus Listing 19.54 die Spalten SEATSMAX und SEATSOCC), auch dauerhaft im Layout eingeblendet sein müssen. Sind die Spalten ausgeblendet, so können Sie im Ereignisbehandler auch nicht auf die Werte dieser Spalten zugreifen.

Dieses Interface müssen Sie in einer Klasse implementieren. Beim Deklarieren der ALV-Tabelle geben Sie dabei die Referenz der Klasse mit, damit die ALV-Tabelle auf die implementierten Methoden des Interface zugreifen kann.

Folgende Methoden stellt das Interface dafür bereit:

- GET_CALC_FIELD_STRUCTURE()
  Hier werden die anzuzeigenden Zusatzfelder deklariert und als Strukturbeschreibung dem Parameter RO_CALC_FIELD_STRUCTURE übergeben.
- GET_REQUESTED_FIELDS()
  Hier können zusätzliche Felder aus der Datenbanktabelle gelesen werden, die nicht zur Anzeige gedacht sind, sondern nur für die Berechnung der zusätzlich definierten Felder. Wenn bereits alle Felder vorhanden sind, kann diese Methode leer gelassen werden. Im Parameter ITS_CALC_FIELD_NAME steht das aktuelle Zusatzfeld, und in der Rückgabetabelle RTS_DB_FIELD_NAME können Sie die eventuell benötigten Datenbankfelder angeben. 19
- START_PAGE()
  Diese Methode enthält im Parameter IT_TABLE die Daten für die aktuelle Seite sowie im Parameter ITS_CALC_FIELD_NAME die angezeigten Zusatzfelder. Ein ausgeblendetes Zusatzfeld wäre hier z. B. nicht enthalten. Dies ist für Sie wichtig zu wissen, damit Sie dieses Feld nicht in der Methode CALCULATE_LINE() umsonst berechnen bzw. mit Daten füllen und damit Performance einbüßen.
- CALCULATE_LINE()
  Diese Methode berechnet die Zusatzfelder für eine Zeile, die im Parameter IS_DATA_BASE_LINE mitgegeben wird. Sie wird vom ALV mit IDA für jede Zeile in einer Schleife aufgerufen. Die gefüllten Zusatzfelder können Sie über den Rückgabeparameter ES_CALCULATED_FIELDS zurückgeben.
- END_PAGE()
  Diese Methode wird aufgerufen, nachdem die Zusatzfelder für alle Datensätze einer Seite berechnet wurden.

Beispiel

Im Beispiel in Listing 19.54 wurde der Tabelle SFLIGHT eine Statusspalte hinzugefügt, die je nach Verfügbarkeit der freien Plätze auf einem Flug mit einem grünen (> 10 freie Plätze), einem gelben (<= 10 freie Plätze) oder einem roten Icon (keine freien Plätze) befüllt wird. Außerdem wird für die neue Spalte der Text »Status« gesetzt. Der ALV-Tabelle mit IDA muss dabei nicht explizit »mitgeteilt« werden, dass die Spalte ein Icon darstellen soll. Dies wird automatisch erkannt.

```
CLASS lcl_handler DEFINITION.
  PUBLIC SECTION.
    TYPES: BEGIN OF ty_zusatz,
             status TYPE c LENGTH 4,
           END OF ty_zusatz.
    INTERFACES if_salv_ida_calc_field_handler.
ENDCLASS.
CLASS lcl_handler IMPLEMENTATION.
  METHOD if_salv_ida_calc_field_handler~get_calc_field_structure.
    ro_calc_field_structure ?=
      cl_abap_structdescr=>describe_by_name( 'TY_ZUSATZ' ).
  ENDMETHOD.
  METHOD if_salv_ida_calc_field_handler~get_requested_fields.
  ENDMETHOD.
  METHOD if_salv_ida_calc_field_handler~start_page.
  ENDMETHOD.
  METHOD if_salv_ida_calc_field_handler~calculate_line.
    DATA ls_calc_field TYPE ty_zusatz.
    DATA ls_sflight    TYPE sflight.
    ls_sflight = is_data_base_line.
    DATA(lv_frei) = ls_sflight-seatsmax -
                    ls_sflight-seatsocc.
    ls_calc_field-status = icon_yellow_light.
    IF lv_frei = 0.
      ls_calc_field-status = icon_red_light.
    ELSEIF lv_frei > 10.
      ls_calc_field-status = icon_green_light.
    ENDIF.
    es_calculated_fields = ls_calc_field.
  ENDMETHOD.
  METHOD if_salv_ida_calc_field_handler~end_page.
  ENDMETHOD.
ENDCLASS.
START-OF-SELECTION.
DATA: lo_handler TYPE REF TO lcl_handler.
CREATE OBJECT lo_handler.
```

```
DATA(lo_alv) = cl_salv_gui_table_ida=>create(
  iv_table_name     = 'SFLIGHT'
  io_calc_field_handler = lo_handler
).
lo_alv ->field_catalog( )->set_field_header_texts(
  iv_field_name     = 'STATUS'
  iv_header_text    = 'Status'
).
lo_alv ->fullscreen( )->display( ).
```

Listing 19.54 Die Spalte einer ALV-Tabelle mit IDA hinzufügen

Spaltenposition ändern

Die Position einer Spalte können Sie ändern, indem Sie die Reihenfolge der Zeilen des Feldkatalogs manipulieren. Jede Zeile im Feldkatalog (der internen Tabelle) entspricht genau einer Spalte für das ALV. Lassen Sie sich dazu den Feldkatalog mit der Methode `FIELD_CATALOG()` und dessen Felder mit `GET_ALL_FIELDS()` geben. Ändern Sie hier nun die Position der gewünschten Zeile, und setzen Sie die geänderte interne Tabelle über das Default-Layout mit der Methode `SET_VISIBLE_FIELDS()` wieder zurück (siehe Listing 19.55).

```
DATA: lt_visible TYPE if_salv_gui_types_ida=>yt_field_name.
*Alle Felder des Feldkatalogs beschaffen und in der internen
*Tabelle LT_ALLE speichern
lo_alv->field_catalog( )->get_all_fields(
  IMPORTING ets_field_names = DATA(lt_alle)
).
MOVE-CORRESPONDING lt_alle TO lt_visible.
*Position der Spalte FLDATE durch Herauslöschen
*und Neueinfügen ändern
DATA(ls_visible) = lt_visible[ table_line = 'FLDATE' ].
DELETE lt_visible WHERE table_line = 'FLDATE'.
INSERT ls_visible INTO lt_visible INDEX 10.
*Geänderte Feldtabelle dem ALV übergeben
lo_alv->default_layout( )->set_visible_fields(
  it_visible_fields = lt_visible
).
```

Listing 19.55 Die Position einer Spalte im ALV mit IDA setzen

Datenelement einer Spalte ändern

Indem Sie das Datenelement einer Spalte ändern, können Sie jegliche Informationen zur Spalte kontrollieren. Dazu gehören sowohl die Texte und die Breite der Spalte als auch die angebundene Suchhilfe. Wie in Listing 19.56 gezeigt, lassen Sie sich den Feldkatalog mit der Methode FIELD_CATALOG() geben. Rufen Sie anschließend für die gewünschte Spalte im Feldkatalog die Methode SET_DATA_ELEMENT() auf.

Beispiel

In dem Beispiel in Listing 19.56 wird für die Spalte FLDATE das Datenelement SYSYSID als neues Datenelement gesetzt.

```
DATA: lv_field TYPE fieldname VALUE 'FLDATE',
      lv_delem TYPE rollname  VALUE 'SYSYSID'.
TRY.
  lo_alv->field_catalog( )->set_data_element(
    iv_field_name        = lv_field
    iv_data_element_name = lv_delem
).
CATCH cx_salv_ida_contract_violation INTO DATA(lx_exc).
  MESSAGE lx_exc TYPE 'I'.
  RETURN.
ENDTRY.
```

Listing 19.56 Das Datenelement für eine Spalte in einer ALV-Tabelle mit IDA ändern

19.3.5 Zellentypen

Der ALV mit IDA unterstützt zwei verschiedene Zellentypen über die Methode DISPLAY_OPTIONS() des Feldkatalogs:

- Buttons mit der Methode DISPLAY_AS_BUTTON()
- Hotspots mit der Methode DISPLAY_AS_LINK_TO_ACTION()

Beide Zellentypen lösen das Ereignis CELL_ACTION des dahinterliegenden Interface IF_SALV_GUI_FIELD_DISPLAY_OPT aus.

Beispiel

Eine beispielhafte Implementierung eines Hotspots zeigt Listing 19.57.

```
DATA(lo_alv) = cl_salv_gui_table_ida=>create(
  iv_table_name = 'SFLIGHT'
).
DATA(lo_alv_display) =
  lo_alv->field_catalog( )->display_options( ).
  lo_alv_display->display_as_link_to_action(
  iv_field_name = 'ZZUSATZ'
).
```

Listing 19.57 Hotspot als Zellentypen in einer ALV-Tabelle mit IDA definieren

19.3.6 Icons

Icons können Sie im ALV mit IDA z. B. für neue Spalten einfügen, indem Sie eine neue Spalte mit dem Icon-Wert (siehe Transaktion ICON) befüllen. Wie Sie eine neue Spalte hinzufügen, ist im Abschnitt »Spalten hinzufügen« in Abschnitt 19.3.4 beschrieben. Dort finden Sie in Listing 19.54 auch ein Beispiel für eine hinzugefügte Spalte, für die je nach Wert unterschiedliche Icons gesetzt werden.

19.3.7 ALV-Tabelle sortieren und gruppieren

Auch eine Sortierung und Gruppierung können Sie für eine ALV-Tabelle mit IDA voreinstellen. Lassen Sie sich dazu, wie in Listing 19.58 gezeigt, das Default-Layout mit der Methode `DEFAULT_LAYOUT()` geben, und rufen Sie anschließend die Methode `SET_SORT_ORDER()` des Layouts auf. Übergeben Sie dieser Methode die gewünschten Spalten und die gewünschte Sortierung (`ascending = 'X'` oder `descending = 'X'`) bzw. Gruppierung (`is_grouped = 'X'`) als interne Tabelle.

```
lo_alv->default_layout( )->set_sort_order( VALUE #(
    ( field_name = 'CARRID' is_grouped = abap_true )
    ( field_name = 'FLDATE' descending = 'X' )
  )
).
```

Listing 19.58 Sortierung und Gruppierung einer ALV-Tabelle mit IDA definieren

19

19.3.8 Aggregation

Eine Aggregation können Sie ebenfalls über das Default-Layout einstellen. Rufen Sie dazu die Methode `SET_AGGREGATIONS()` des Default-Layouts auf. Übergeben Sie darin die gewünschte Aggregation für jede Spalte als interne Tabelle.

Folgende Aggregatfunktionen stehen Ihnen zur Auswahl:

- `if_salv_service_types=>cs_function_code-sum`
- `if_salv_service_types=>cs_function_code-minimum`
- `if_salv_service_types=>cs_function_code-maximum`
- `if_salv_service_types=>cs_function_code-average`

Beispiel

In Listing 19.59 wurde beispielhaft die Summenfunktion für die Spalte `SEATSMAX` aktiviert.

```
lo_alv->default_layout( )->set_aggregations( VALUE #(
    ( field_name = 'SEATSMAX'
      function   = if_salv_service_types=>cs_function_code-sum )
  )
).
```

Listing 19.59 Aggregation für eine ALV-Tabelle mit IDA definieren

19.3.9 Layout

In einer ALV-Tabelle mit IDA können Sie das Layout wie folgt beeinflussen:

- Layout speichern
- Layoutauswahl
- Standardlayout

Layout speichern

Damit der Anwender das Layout speichern darf, müssen Sie ihm dies explizit erlauben. Lassen Sie sich dazu das Layoutobjekt vom ALV mit IDA über die Methode LAYOUT_PERSISTENCE() geben. Dieses Objekt stellt Ihnen die Methode SET_PERSISTENCE_OPTIONS() zur Verfügung. Setzen Sie hier im Parameter IS_PERSISTENCE_KEY den Namen Ihres Reports, wie in Listing 19.60 gezeigt.

```
lo_alv->layout_persistence( )->set_persistence_options(
  EXPORTING
    is_persistence_key = VALUE #( report_name = sy-repid )
    i_global_save_allowed        = abap_true
    i_user_specific_save_allowed = abap_true
).
```

Listing 19.60 Speichern des Layouts im ALV mit IDA aktivieren

Sie können die Speichererlaubnis lokal für einen Benutzer über den Parameter I_USER_SPECIFIC_SAVE_ALLOWED oder global (das gespeicherte Layout ist dann für jeden sichtbar) über I_GLOBAL_SAVE_ALLOWED setzen.

Layoutauswahl

Der ALV mit IDA hat im Vergleich zu den anderen ALV-Varianten eine kleine Neuigkeit in petto: eine Layoutauswahlbox, die Sie über die Funktionsleiste aktivieren können. Diese Auswahlbox (siehe Abbildung 19.15) wird nur angezeigt, wenn das Layout, wie im vorangegangenen Abschnitt gezeigt, als speicherbar eingestellt ist.

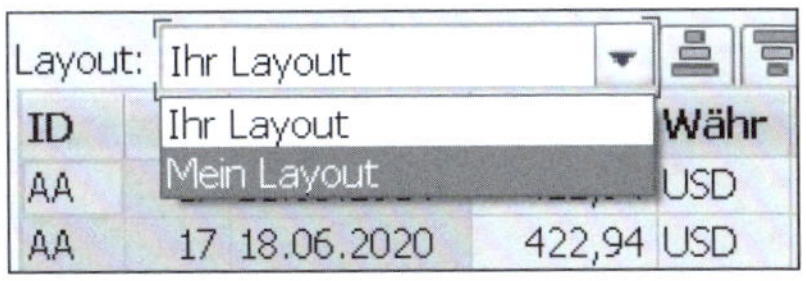

Abbildung 19.15 Auswahl des Layouts in einer ALV-Tabelle mit IDA

Um die Auswahlbox einzublenden, lassen Sie sich über die Methode TOOLBAR() die Toolbar geben, und rufen Sie dann deren Methode ENABLE_LISTBOX_FOR_LAYOUTS() auf:

```
lo_alv->toolbar( )->enable_listbox_for_layouts( ).
```

Standardlayout

Das Standardlayout können Sie vor der Anzeige beeinflussen, indem Sie Spalten ausblenden (siehe Abschnitt 19.3.4, »Spalten bearbeiten«), die Tabelle sortieren oder gruppieren (siehe Abschnitt 19.3.7) oder eine Aggregation vornehmen (siehe Abschnitt 19.3.8).

19.3.10 Filter

Natürlich wollen Sie dem Anwender in der ALV-Tabelle mit IDA nicht immer den kompletten Inhalt der Datenbanktabelle anzeigen lassen, sondern nur einen für den Benutzer interessanten Teilausschnitt, der in der Regel über einen Selektionsbildschirm vorausgewählt wird. Der ALV mit IDA bietet Ihnen die Möglichkeit, die Parameter und Selektionsoptionen des Selektionsbildschirms direkt an die ALV-Tabelle zu übergeben. Der Vorteil beim Einsatz einer solchen Filterung liegt darin, dass Sie die auf den SAP NetWeaver AS übertragene Datenmenge reduzieren können.

Wie in Listing 19.61 gezeigt, sammeln Sie dazu die Selektionsoptionen über die Methode ADD_RANGES_FOR_NAME() der Klasse CL_SALV_RANGE_TAB_COLLECTOR, damit Ihnen diese später über die Methode GET_COLLECTED_RANGES als interne Tabelle zurückgeliefert werden können. Diese interne Tabelle mit den gesammelten Selektionsoptionen können Sie dann zum Schluss über die Methode SET_SELECT_OPTIONS() im Parameter IT_RANGES an die ALV-Tabelle übergeben.

```
DATA: lv_connid TYPE sflight-connid.
SELECT-OPTIONS: so_coid FOR lv_connid.
PARAMETERS: p_caid TYPE sflight-carrid.
DATA(lo_alv) = cl_salv_gui_table_ida=>create(
  iv_table_name = 'SFLIGHT'
).
DATA(lo_range_collector) = NEW cl_salv_range_tab_collector( ).
lo_range_collector->add_ranges_for_name(
    iv_name   = 'CONNID'
```

```
    it_ranges = so_coid[]
).
lo_range_collector->get_collected_ranges(
    IMPORTING
      et_named_ranges = DATA(lt_so)
).
IF p_caid IS NOT INITIAL.
  DATA(lo_cond_factory) = lo_alv->condition_factory( ).
  DATA(lo_add_cond) = lo_cond_factory->equals(
    name  = 'CARRID'
    value = p_caid ) .
ENDIF.
lo_alv->set_select_options(
  it_ranges    = lt_so
  io_condition = lo_add_cond
).
```

Listing 19.61 Einen Filter in einer ALV-Tabelle mit IDA setzen

Die Methode SET_SELECT_OPTIONS() stellt Ihnen zusätzlich einen Parameter IO_CONDITION bereit, über den Sie ein Objekt einer *Condition Factory* übergeben können, das Ihnen die ALV-Tabelle über die Methode CONDITION_FACTORY() bereitstellt. Mit dieser »Bedingungsfabrik« können Sie beliebige Bedingungen für die ALV-Anzeige aufbauen. Die dafür zur Verfügung stehenden Methoden sehen Sie in der Signatur in Abbildung 19.16.

Methode	Beschreibung
EQUALS	Create an EQUALS condition
NOT_EQUALS	Create a NOT EQUALS condition
LESS_THAN	Create a LESS THAN condition
LESS_OR_EQUAL	Create a LESS OR EQUAL condition
GREATER_THAN	Create a GREATER THAN condition
GREATER_OR_EQUAL	Create a GREATER OR EQUAL condition
BETWEEN	Create a BETWEEN condition
NOT_BETWEEN	Create a NOT BETWEEN condition
COVERS_PATTERN	Create a COVERS PATTERN condition
NOT_COVERS_PATTERN	Create a NOT COVERS PATTERN condition
IS_NULL	Create a IS NULL condition
IS_NOT_NULL	Create a IS NOT NULL condition
CONDITION	Create a CONDITION condition
IN_RANGE	Create a IN RANGE condition

Abbildung 19.16 Methoden zum Aufbau von Bedingungen im ALV mit IDA

19.3.11 Textsuche

Eine besondere Funktionalität des ALVs mit IDA sind die über das Eingabefeld **Suchoptionen** zur Verfügung gestellten Textsuchen, die Sie in Abbildung 19.17 sehen.

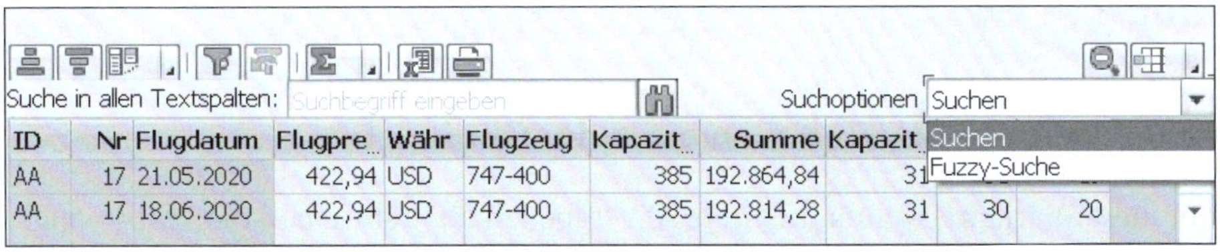

Abbildung 19.17 Aktivierte Textsuche im ALV mit IDA

Über dieses Eingabefeld können normale Textsuchen oder eine sogenannte *Fuzzy-Suche* (Ähnlichkeitssuche) durchgeführt werden.

Eingabefeld »Suchoptionen« aktivieren

Um dieses Eingabefeld zu aktivieren, rufen Sie, wie in Listing 19.62 gezeigt, von den Standardfunktionen, die Sie über die Methode STANDARD_FUNCTIONS() aufrufen können, die Methode SET_TEXT_SEARCH_ACTIVE() auf. Dadurch taucht in der Funktionsleiste ganz rechts ein neuer Button **Suchleiste anzeigen** () auf.

```
IF cl_salv_gui_table_ida=>db_capabilities( )->
  is_text_search_supported( ).
  lo_alv->standard_functions( )->
    set_text_search_active( abap_true ).
  lo_alv->field_catalog( )->enable_text_search( 'CARRID' ).
  lo_alv->field_catalog( )->enable_text_search( 'CONNID' ).
  lo_alv->field_catalog( )->enable_text_search( 'PLANETYPE' ).
ENDIF.
```

Listing 19.62 Textsuche im ALV mit IDA aktivieren

Zusätzlich müssen Sie über den Feldkatalog bekannt geben, für welche Spalten diese Textsuche gelten soll. Lassen Sie sich dazu über die Methode FIELD_CATALOG() den Feldkatalog ausgeben, und aktivieren Sie anschließend über die Methode ENABLE_TEXT_SEARCH() die Suche für eine Spalte, indem Sie diese Spalte als Parameter mitgeben.

Programmatisch suchen

Diese Textsuchen können Sie für eine ALV-Tabelle mit IDA auch programmatisch durchführen:

- Für normale Suchbegriffe mit der Methode `SET_SEARCH_TERM()`:
  `lo_alv->text_search( )->set_search_term( 'A319' ).`
- Für die Fuzzy-Suche mit der Methode `SET_FIELD_SIMILARITY()`:
  `lo_alv->text_search( )->set_field_similarity( '1.0' ).`

19.4 Mehrere ALV-Tabellen auf einer Oberfläche

Mit dieser Variante können mehrere ALV-Tabellen auf demselben Bildschirm angezeigt werden. Wie in Abbildung 19.18 zu erkennen, haben Sie hier durch den Einsatz eines Docking-Containers auch die Möglichkeit, die einzelnen Anzeigebereiche größer oder kleiner zu ziehen.

Man…	Carri…	Flug-…	Flugdatum	Flugpreis	Währu…	Flugzeugty
0…	AA	17	21.05.2020	422,94	USD	747-400
001	AA	17	18.06.2020	422,94	USD	747-400
001	AA	17	16.07.2020	422,94	USD	747-400
001	AA	17	13.08.2020	422,94	USD	747-400
001	AA	17	10.09.2020	422,94	USD	747-400
001	AA	17	08.10.2020	422,94	USD	747-400
001	AA	17	05.11.2020	422,94	USD	747-400
001	AA	17	03.12.2020	422,94	USD	747-400
001	AA	17	31.12.2020	422,94	USD	747-400
001	AA	17	28.01.2020	422,94	USD	747-400
001	AA	17	25.02.2020	422,94	USD	747-400
001	AA	17	25.03.2020	422,94	USD	747-400
001	AA	17	22.04.2020	422,94	USD	747-400

Man…	Kundennr.	Kundenname	Anrede	Stras
0…	132	Zebra Supplies		100
001	133	Zebra Supplies		Five
001	134	Zebra Supplies		6 Co
001	135	Zebra Supplies		950
001	136	Aztec Supplies		950
001	137	Farm Products Inc.		312
001	138	Colinas Maintenance Corp.		600
001	139	Schwartz Brothers		301
001	140	Destec Office Supplies		2500
001	141	Irvine Plant 3000		1801
001	142	Bellevue Plant 4000		800
001	143	Infix Co.		365
001	144	Pyramid Systems		3912

Abbildung 19.18 Mehrere ALVs nebeneinander

Eine solche Umsetzung würde sich z. B. für die Implementierung eines Drag-&-Drop-Mechanismus sehr gut eignen. Auf diese Weise könnten einzelne oder mehrere Zeilen zwischen den beiden ALV-Tabellen hin- und hergeschoben werden.

Hier trägt der Report ein Dynpro mit der Nummer 2000, auf dem die beiden ALVs erzeugt werden sollen. Für die Umsetzung nutzen Sie einen Docking-Container `LO_DOCKCON` der Klasse `CL_GUI_DOCKING_CONTAINER`. Dieser wird an einer Seite des Dynpros angedockt und auf die Größe des gesamten Dynpros (hier Dynpro `2000`) aufgespannt. Dazu wird der Container über den Parameter `EXTENSION` mit einer größeren Breite (oder Höhe) versorgt, als das Dynpro selbst aufweist.

Der Docking-Container wird anschließend mithilfe eines Split-Containers `LO_SPLITTER` der Klasse `CL_GUI_SPLITTER_CONTAINER` in zwei (oder mehr, falls gewünscht) Teile zerschnitten. Die so erzeugten Container (das sind in Listing 19.63 die Container `LO_CON1` und `LO_CON2`) können Sie dann für die Instanziierung der zwei ALV-Tabellen verwenden. Abschließend kann das Dynpro aufgerufen werden.

```
DATA: lo_dockcon  TYPE REF TO cl_gui_docking_container,
      lo_splitter TYPE REF TO cl_gui_splitter_container,
      lo_con1     TYPE REF TO cl_gui_container,
      lo_con2     TYPE REF TO cl_gui_container.
CREATE OBJECT lo_dockcon
  EXPORTING
    repid     = sy-repid
    dynnr     = '2000'
    side      = cl_gui_docking_container=>dock_at_left
    extension = 3000. "einfach breiter als das Dynpro
CREATE OBJECT lo_splitter
  EXPORTING
    parent  = lo_dockcon
    rows    = 1
    columns = 2.
lo_con1 = lo_splitter->get_container( row    = 1
                                      column = 1 ).
lo_con2 = lo_splitter->get_container( row    = 1
                                      column = 2 ).
*Hier Erzeugung der ersten ALV-Tabelle im Container LO_CON1
...
*Hier Erzeugung der zweiten ALV-Tabelle im Container LO_CON2
...
*Aufruf des Dynpros
CALL SCREEN 2000.
```

Listing 19.63 Anzeige von zwei ALV-Tabellen nebeneinander

Kapitel 20
SAP-Schnittstellen

Daten müssen immer wieder in das SAP-System importiert bzw. daraus exportiert werden. Das kann werkzeuggestützt oder direkt mit ABAP umgesetzt werden. In diesem Kapitel stelle ich Ihnen die verschiedenen Möglichkeiten vor.

Dieses Kapitel beschäftigt sich mit den Schnittstellen von und zum SAP-System. Ich möchte dabei auf die Schnittstellen eingehen, auf die Sie im ABAP-Programmieralltag immer wieder stoßen werden. In Abbildung 20.1 sind diese Schnittstellen skizziert.

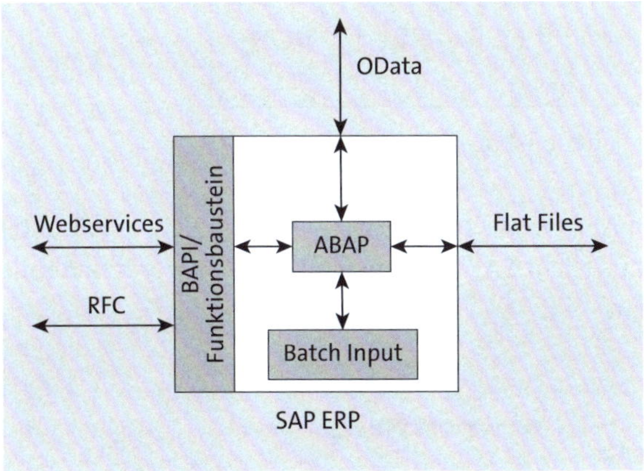

Abbildung 20.1 Die üblichen ABAP-relevanten Schnittstellen

Dazu gehören:

- RFC-Funktionsbausteine (siehe Abschnitt 20.1)
- Business-Objekte und Business Application Programming Interfaces (BAPIs) als offizielle Schnittstelle der Business-Logik (siehe Abschnitt 20.2)
- Flat Files zur einfache Dateiübertragung (siehe Abschnitt 20.3)
- Webservices (SOAP) (siehe Abschnitt 20.4)
- Batch Input für die Automatisierung von Oberflächen (siehe Abschnitt 20.5)
- OData als neue Schnittstelle für z. B. SAPUI5 (siehe Abschnitt 31.3)

Zusätzlich gehe ich darauf ein, wie Sie dafür sorgen können, dass Standard-BAPI-Funktionsbausteine Ihre Datenbankerweiterungen berücksichtigen.

20.1 RFC-Funktionsbausteine

Sie können Funktionsbausteine aus anderen Systemen per *Remote Function Call* (RFC) aufrufen. Für einen solchen Funktionsbaustein muss, wie in Abbildung 20.2 zu sehen, die Remote-Fähigkeit in Transaktion SE37 auf der Registerkarte **Eigenschaften** aktiviert sein.

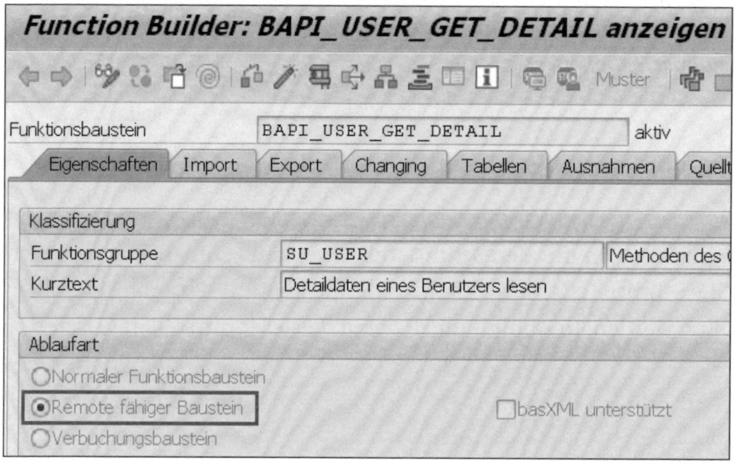

Abbildung 20.2 Ein Remote-fähiger Funktionsbaustein

Eine solche Verbindung kann von ABAP-System zu ABAP-System gehen, die Funktionsbausteine können aber auch aus Nicht-SAP-Systemen aufgerufen werden. Abbildung 20.3 stellt diese Szenarien dar.

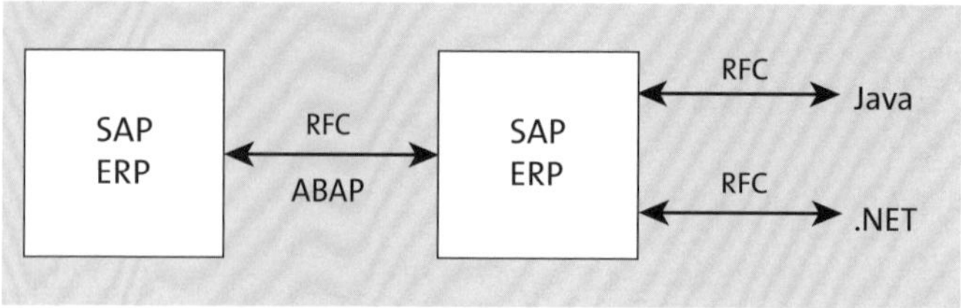

Abbildung 20.3 Aufruf von Funktionsbausteinen von verschiedenen Systemen

Während für den ersten Fall bei der ABAP-Anweisung `CALL FUNCTION` der Zusatz `DESTINATION` bereitgestellt wird, stellt SAP für den zweiten Fall Middleware-Komponenten für die Implementierung bereit:

- den SAP Java Connector (auch SAP JCo genannt) für den Aufruf aus Java-Programmen heraus
- den SAP .NET Connector für den Aufruf aus .NET-Programmen heraus (z. B. Visual Basic oder C#)

Im Hintergrund passiert jeweils dasselbe: Ein Aufruf wird in XML aufgebaut bzw. gegebenenfalls durch die Middleware-Komponenten aus den jeweiligen Programmiersprachen in XML (oder einem anderen Format, bei SAP JCo ist dies ein eigenes Format) umgewandelt und zum aufzurufenden System geschickt. Das System nimmt den XML-Aufruf entgegen, ruft den Funktionsbaustein auf, wandelt die Rückgabeparameter und gegebenenfalls Ausnahmen wieder in XML um und schickt diese als Antwort zurück. Der Aufruf geschieht dabei synchron.

20.1.1 Funktionsbaustein remote mit ABAP aufrufen

In diesem Abschnitt zeige ich Ihnen, wie Sie einen Funktionsbaustein mithilfe von ABAP auf einem Zweitsystem aufrufen können. Der Aufruf funktioniert wie ein normaler Funktionsbausteinaufruf mit der Anweisung `CALL FUNCTION`. Der Unterschied ist, dass hinter dem Namen des Funktionsbausteins über den Zusatz `DESTINATION` das Zielsystem angegeben wird.

Darüber stehen Ihnen für den Aufruf mit `SYSTEM_FAILURE` und `COMMUNICATION_FAILURE` zwei Ausnahmen zur Verfügung. Tritt eine dieser Ausnahmen auf, können Sie den zugehörigen Fehlertext über den Zusatz `MESSAGE` in ein flaches zeichenartiges Datenobjekt übernehmen.

Nutzen Sie für die Übergabe von tiefen Tabellen nur die Zusätze `IMPORTING`, `CHANGING` und `EXPORTING`, da der Zusatz `TABLES` nur Tabellen mit flachen Zeilentypen verarbeiten kann. Für normale Tabellen lohnt sich aus Performancegründen der `TABLES`-Zusatz, da hier die Tabellen in einem Binärformat und nicht in einem XML-Format übergeben werden.

20

[«]

Systemverbindung und Abfrage der Anmeldedaten

Um einen Remote-Funktionsbaustein eines anderen ABAP-Systems aufrufen zu können, brauchen Sie immer eine Systemverbindung. Diese wird in Transaktion SM59 als ABAP-Verbindung angelegt. In den Eigenschaften der Verbindung können auf der Registerkarte **Anmeldung & Sicherheit** Anmeldedaten hinterlegt sein. Sind keine Anmeldedaten z. B. in Form eines technischen Benutzers hinterlegt, werden Sie bei der Ausführung explizit durch ein Fenster nach Benutzername und Passwort für das aufzurufende System gefragt.

Über die Systemverbindung `BACK` können Sie einen Funktionsbaustein vom rufenden System aus aufrufen. Der entfernte Funktionsbaustein kann also seinen eigenen Aufrufer rufen. Der zurückgerufene Funktionsbaustein läuft dann im selben Programmkontext wie der ursprüngliche Aufrufer. Dabei wird genau die RFC-Verbindung verwendet, die beim ersten Aufruf aufgebaut wurde. Ein solches Vorgehen ist z. B. sinnvoll, wenn nicht alle Daten über die Schnittstelle des ersten Funktionsbausteins mitgegeben werden sollen, weil es eventuell zu viele sind oder weil diese nur bei Bedarf gebraucht werden.

Syntax

```
CALL FUNCTION func DESTINATION dest
  parameter_list.
```

Beispiel

In Listing 20.1 wird der Sperrstatus für einen Benutzer auf einem anderen System ausgelesen. Hinter dem Zusatz `DESTINATION` wird dabei das aufzurufende System als Zeichenkette angegeben.

```
DATA: lv_islocked TYPE bapislockd,
      lt_return   TYPE TABLE OF bapiret2.
DATA: lv_sf_message TYPE c LENGTH 255,
      lv_cf_message TYPE c LENGTH 255.
CALL FUNCTION 'BAPI_USER_GET_DETAIL' DESTINATION 'ZANDERES_SYS'
  EXPORTING
    username              = 'SCHUL01'
  IMPORTING
    islocked              = lv_islocked
  TABLES
    return                = lt_return
  EXCEPTIONS
    system_failure        = 1  MESSAGE lv_sf_message
    communication_failure = 2  MESSAGE lv_cf_message
    OTHERS                = 3.
```

Listing 20.1 Aufruf eines RFC-Funktionsbausteins

20.2 Business-Objekte und BAPIs

Ein Material, das vom SAP-System verwaltet wird, ist im System über Dutzende Tabellen verteilt abgebildet, und es gibt Dutzende Funktionsbausteine, um diese Daten auszulesen bzw. zu bearbeiten. Je erfahrener ein ABAP-Programmierer im Umgang mit einer SAP-Komponente ist, desto besser kennt er die zugrunde liegenden Tabellen, ihre Zusammenhänge und die besten Mittel und Wege, die benötigten Daten von diesen Tabellen auszulesen, zu ändern und in die Tabellen zurückzuschreiben.

Das Konzept der *Business-Objekte* verfolgt den Ansatz, ein solches Objekt, wie z. B. »Material«, analog zur objektorientierten Denkweise zu kapseln und somit die Komplexität des Systems zu reduzieren. So werden z. B. die Eigenschaften des Materials als

Attribute, das Verhalten als Methoden und Ereignisse als Objekttyp »Material« abgebildet. Die so definierten Methoden bilden eine klar definierte Schnittstelle, wie mit dem Objekt Material zu arbeiten ist. So werden für das Material z. B. eine Methode zum Anlegen und eine zum Ändern angeboten, und die eigentliche Implementierung und die zugehörige Datenhaltung werden vor dem Programmierer verborgen. Dies bedeutet, dass für die Nutzung dieser Methoden keine Kenntnis der dahinterliegenden Datenbanken nötig ist.

Wird eine Methode in einem Business-Objekt ausgeführt, kann sie den internen Status des Objekts, d. h. die Daten des Objekts, ändern. Beispielsweise würde, wenn Sie ein Material auslesen, ein Objekt für dieses Material erstellt, für das Sie dann ändernde Methoden ausführen können. Es werden allerdings nicht nur lesende oder ändernde Methoden angeboten, sondern auch Methoden, die eine Transaktion mit dem gewünschten Objekt aufrufen und anzeigen können.

Darüber hinaus hat das Objekt bereits vordefinierte Ereignisse (*Events*), die durch die verschiedenen Methoden ausgelöst werden. So wird beispielsweise nach der Anlage eines Materials ein Ereignis `CREATED` ausgelöst, das weitere Funktionsaufrufe nach sich ziehen kann. Auf diese Weise kann ein ganzer Geschäftsprozess abgebildet werden.

[«]

BAPIs

Die Methoden eines Business-Objekts werden als *Business Aplication Programming Interfaces* (BAPIs) bezeichnet. Die BAPIs sind im System als RFC-fähige Funktionsbausteine mit dem Präfix `BAPI_` realisiert.

Die Business-Objekte kapseln also die SAP-Daten und -Geschäftsprozesse, verbergen damit die Implementierungsdetails und bieten nach außen hin eine klare Schnittstelle an. Alle Business-Objekte zusammen bilden das *Business Object Repository* (BOR). Durch das Repository wird das komplexe SAP-System mit seinen Tausenden von Datenbanktabellen und Funktionsbausteinen bzw. Klassen in kleinere Einheiten zerlegt, wodurch die Strukturierung verbessert und die Komplexität reduziert wird. Das System setzt sich somit aus Komponenten zusammen, und die einzelnen Komponenten greifen über Transaktionen und Programme auf die Business-Objekte zu, die in Form von Methoden die Business-Logik sowie den Datenbankzugriff kapseln.

In Transaktion SWO1 können Sie sich eine Business-Objekt-Definition anschauen und auch neue Business-Objekte anlegen. In Abbildung 20.4 sehen Sie beispielhaft die Definition des Business-Objekts für ein Standardmaterial.

Einige Methoden sind dabei als geerbte Methoden (rot) gekennzeichnet. Hinter den Methoden können unterschiedliche Arten der Implementierung angegeben sein. Befindet sich neben dem Namen ein grünes Icon, dann ist diese Methode durch einen

BAPI-Funktionsbaustein implementiert worden. In Abbildung 20.5 ist für die Methode `Display` der BAPI-Funktionsbaustein `BAPI_MATERIAL_DISPLAY` angegeben. Wenn Sie doppelt auf eine Methode in Abbildung 20.4 klicken, gelangen Sie zur Detailansicht in Abbildung 20.5.

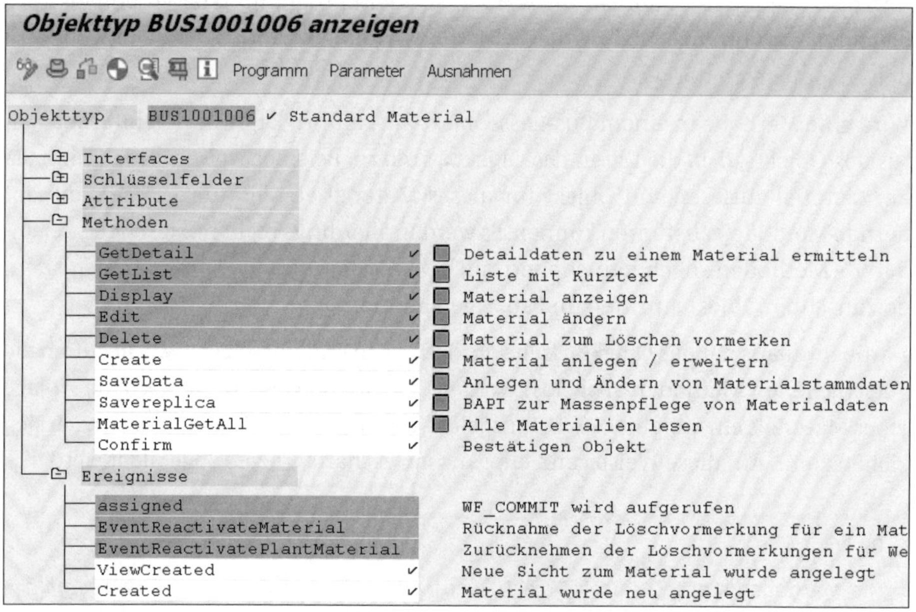

Abbildung 20.4 Ausschnitt des Business-Objekts »Standard Material«

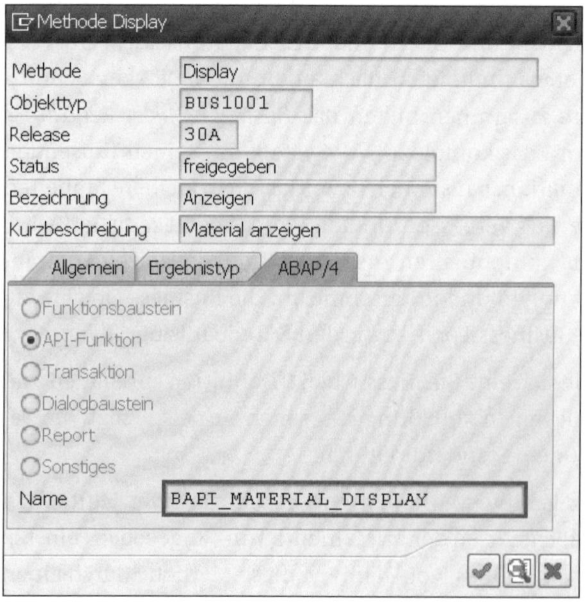

Abbildung 20.5 Mögliche Implementierung für eine Business-Objekt-Methode

Um mit solchen Business-Objekten arbeiten zu können, müssen diese erst mit ABAP erzeugt werden. In Listing 20.2 wird zu dem Material 800013 das Business-Objekt BUS1001006 erzeugt und anschließend die Methode Display aus Abbildung 20.4 aufgerufen.

Beispiel

```
DATA: lv_objtype TYPE swo_objtyp,
      lv_objkey  TYPE swo_typeid,
      lv_object  TYPE swo_objhnd.
DATA: lt_container TYPE STANDARD TABLE OF swcont.
lv_objtype = 'BUS1001006'.
lv_objkey  = '000000000000800013'.
*Erzeugen des Objekts
CALL FUNCTION 'SWO_CREATE'
  EXPORTING
    objtype = lv_objtype
    objkey  = lv_objkey
  IMPORTING
    object  = lv_object.
*Aufruf der Methode
CALL FUNCTION 'SWO_INVOKE'
  EXPORTING
    object    = lv_object
    verb      = 'DISPLAY'
  TABLES
    container = lt_container.
```

Listing 20.2 Erzeugen und Aufruf einer Business-Objekt-Methode

Das Ergebnis dieses Aufrufes ist in Abbildung 20.6 dargestellt.

Dasselbe Ergebnis hätte man auch durch den Aufruf des hinter der Methode display liegenden Funktionsbausteins BAPI_MATERIAL_DISPLAY erreichen können (siehe Listing 20.3).

```
DATA: lv_material TYPE BAPIMATALL-MATERIAL.
lv_material = '000000000000800013'.
CALL FUNCTION 'BAPI_MATERIAL_DISPLAY'
  EXPORTING
    material = lv_material.
```

Listing 20.3 Aufruf des BAPI-Funktionsbausteins

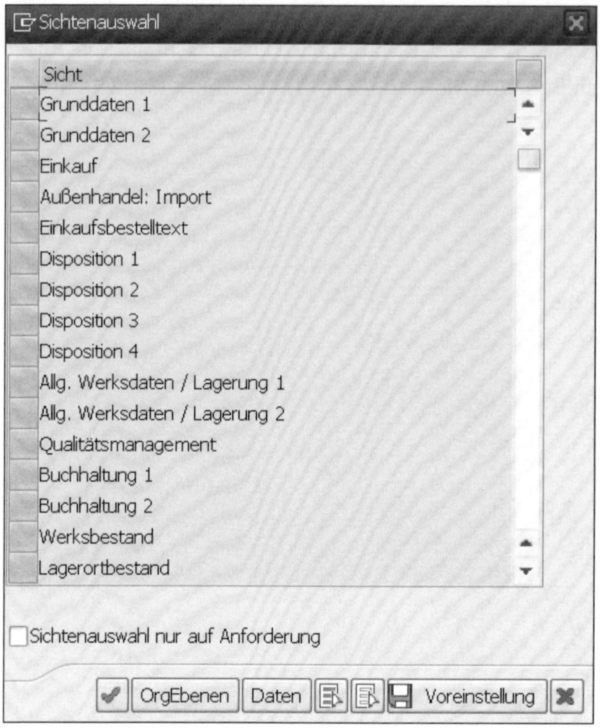

Abbildung 20.6 Material-Anzeigedialog

20.2.1 Business Object Repository und BAPI Explorer

Die Stärke der Business-Objekte sind die Ereignisse (z. B. zur Verwendung in SAP Business Workflow) sowie die Möglichkeit ihrer Weiterverwendung durch Vererbung und Polymorphie. Sie wollen das Material um ein weiteres Feld erweitern? Dann können Sie einen Subtyp vom Material-Business-Objekt anlegen, der alle Komponenten dieses Objekts erbt, und diesen gezielt anpassen. So können Sie sowohl die Business-Logik als auch die Schnittstelle erweitern.

Hier haben Sie als Programmierer zwei Wahlmöglichkeiten:

- Sie arbeiten mit Business-Objekten.
- Sie arbeiten direkt mit den dahinterliegenden Funktionsbausteinen.

Die Entscheidung hängt dabei vom Projektumfeld und den Anforderungen ab.

Um die Business-Objekte und dazugehörigen BAPIs zu finden, stellt Ihnen das SAP-System die Transaktion BAPI, den *BAPI Explorer*, bereit. Dieser hilft Ihnen dabei, das Business Object Repository zu durchsuchen.

In Abbildung 20.7 ist das Business-Objekt Material im BAPI Explorer ausgewählt. Die Business-Objekte finden Sie hier hierarchisch nach Anwendungsgebiet (Registerkarte

Hierarchisch) oder alphabetisch sortiert (Registerkarte **Alphabetisch**) vor. Der Objekttyp für ein Business-Objekt ist im Feld **Objekttyp** angegeben. Durch einen Doppelklick auf dieses Feld gelangen Sie in Transaktion SWO1, den *Business Object Builder*.

Durch einen Klick auf die einzelnen Methoden im Navigationsbaum auf der linken Seite wird Ihnen der dahinterliegende Funktionsbaustein im Feld **Funktionsbaustein** angezeigt. Durch einen Doppelklick darauf gelangen Sie in Transaktion SE37, den Function Builder.

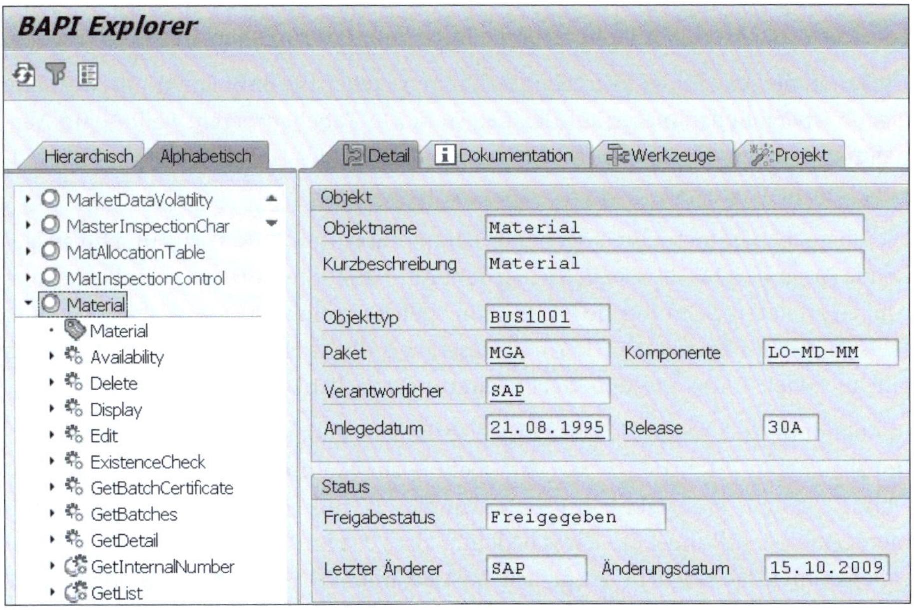

Abbildung 20.7 Der BAPI Explorer zum Finden von Business-Objekten

20

20.2.2 BAPIs

BAPIs, also die Methoden der Business-Objekte, sind im System als Funktionsbausteine realisiert. Im alltäglichen Sprachgebrauch werden diese BAPI-Funktionsbausteine kurz als *BAPI* bezeichnet. Jeder Funktionsbaustein, der einem BAPI zugrunde liegt, hat die folgenden Eigenschaften:

- Er unterstützt RFCs und ist damit auch von außerhalb des Systems aufrufbar.
- Er wurde einem Business-Objekttyp als Methode zugeordnet.
- Er ist dokumentiert.
- Er hat englische Bezeichner als Parameter.
- Sein Name fängt mit dem Präfix `BAPI_` an.
- Er muss freigegeben sein.

[»]

RFC-Funktionsbausteine

Weitere Informationen zu RFC finden Sie in Abschnitt 20.1. Dort wird gezeigt, wie Sie RFC-Funktionsbausteine aufrufen können.

BAPIs erweitern

Sie können Business-Objekte über Subtypen oder über die BAPI-Funktionsbausteine erweitern. In diesem Abschnitt zeige ich Ihnen letztere Vorgehensweise.

Um kundeneigene Felder übergeben zu können, stellen die BAPI-Funktionsbausteine eigene Übergabeparameter auf der Registerkarte **Tabellen** bereit. Sollte eine Ausnahme bestehen, finden Sie Informationen dazu in der Dokumentation des BAPI-Funktionsbausteins.

Die Übergabeparameter für eingehende Parameter lauten `EXTENSIONIN` und für ausgehende Parameter `EXTENSIONOUT`. Nicht jeder BAPI-Funktionsbaustein muss beide Richtungen anbieten. Schreibende BAPIs (zum Speichern eines Business-Objekts) bieten meist nur den Parameter `EXTENSIONIN`, lesende BAPIs meist nur `EXTENSIONOUT` an. Es gibt auch viele BAPIs, die keinerlei Erweiterungsmöglichkeiten anbieten.

In Abbildung 20.8 sehen Sie beispielsweise die Registerkarte **Tabellen** zu dem Funktionsbaustein `BAPI_MATERIAL_SAVEDATA` (gehört zur Methode `SaveData` des Business-Objekts `BUS1001006` aus Abbildung 20.4). Für diesen Funktionsbaustein wird der Parameter `EXTENSIONIN` angeboten, was bedeutet, dass das BAPI eine Erweiterung der Eingabeparameter ermöglicht. Zusätzlich existiert mit `EXTENSIONINX` eine weitere Struktur, die als *Ankreuzstruktur* dient und bestimmt, welche zusätzlichen Kundenfelder aktualisiert werden sollen.

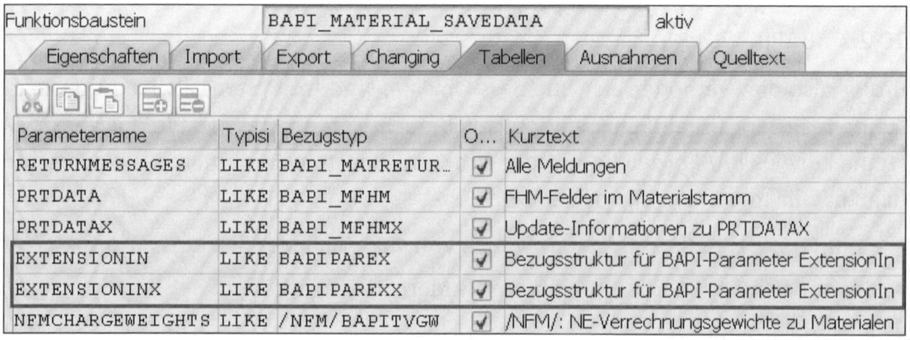

Parametername	Typisi	Bezugstyp	O...	Kurztext
RETURNMESSAGES	LIKE	BAPI_MATRETUR...	✓	Alle Meldungen
PRTDATA	LIKE	BAPI_MFHM	✓	FHM-Felder im Materialstamm
PRTDATAX	LIKE	BAPI_MFHMX	✓	Update-Informationen zu PRTDATAX
EXTENSIONIN	LIKE	BAPIPAREX	✓	Bezugsstruktur für BAPI-Parameter ExtensionIn
EXTENSIONINX	LIKE	BAPIPAREXX	✓	Bezugsstruktur für BAPI-Parameter ExtensionIn
NFMCHARGEWEIGHTS	LIKE	/NFM/BAPITVGW	✓	/NFM/: NE-Verrechnungsgewichte zu Materialen

Abbildung 20.8 Mögliche Erweiterungsparameter eines BAPIs

Beide Strukturen haben den in Tabelle 20.1 gezeigten Aufbau.

Komponente	Typ
STRUCTURE	CHAR30
VALUEPART1	CHAR240
VALUEPART2	CHAR240
VALUEPART3	CHAR240
VALUEPART4	CHAR240

Tabelle 20.1 Aufbau der EXTENSION-Parameter

Das Prinzip ist dabei: Über die beiden Strukturen können kundeneigene Tabellenfelder mit Daten versorgt werden. In der ersten Struktur werden die einzelnen Werte in den Feldern VALUEPART angegeben, in der zweiten Struktur wird für das jeweilige Feld ein Update-Flag (X) gesetzt. Der Name des Feldes wird allerdings nicht als Parameter mitgegeben, sondern der Wert wird anhand seiner Position der Reihenfolge nach den kundeneigenen Feldern zugeordnet.

Dem BAPI wird dabei durch das Erweitern von Standardstrukturen mitgeteilt, in welcher Reihenfolge es die Felder lesen muss. Die Reihenfolge der zusätzlich definierten Felder inklusive ihrer Länge in diesen Strukturen bestimmt dabei, wo welches Feld anfängt und aufhört. Die Verknüpfung zur Wertetabelle zu dieser Erweiterungsstruktur wird dabei über das Feld STRUCTURE aus Tabelle 20.1 hergestellt.

Eine solche Erweiterungsstruktur existiert für jede durch das Business-Objekt gekapselte Datenbanktabelle. Beispielsweise wurde die Standardtabelle für Materialien (MARA) in Abbildung 20.9 um das Feld ZZUSATZ (CHAR der Länge 10) erweitert.

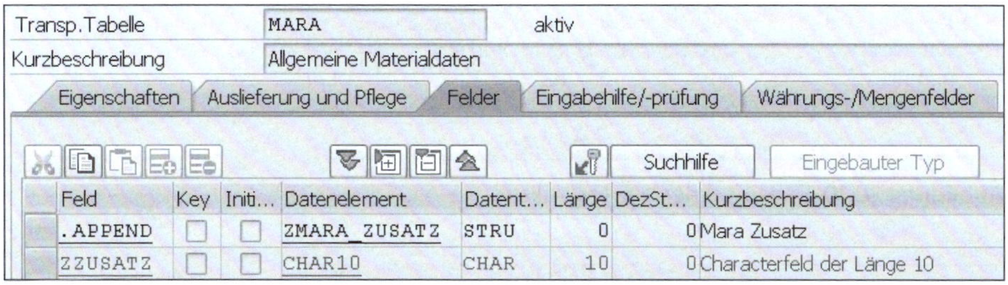

Abbildung 20.9 Erweitern der Standardtabelle MARA

Anlage einer Append-Struktur

Wie Sie eine Datenbanktabelle mithilfe einer Append-Struktur erweitern, ist in Abschnitt 21.4.7, »Strukturerweiterungen«, beschrieben.

Nun soll dafür gesorgt werden, dass dieses Feld ZZUSATZ auch über die Standardschnittstelle BAPI_MATERIAL_SAVEDATA mit Daten versorgt und gelesen werden kann. Dazu muss die Erweiterungsstruktur des BAPIs für die Tabelle MARA ebenfalls mithilfe einer Append-Struktur um ein Feld ZZUSATZ erweitert werden, immer vom Datentyp CHAR, aber mit exakt derselben Feldlänge wie das erweiterte Feld der Tabelle MARA (10 Zeichen). Das BAPI wird dann versuchen, die EXTENSIONIN-Tabelle nach dem Schema dynamisch zur Laufzeit zu lesen. Es erwartet also nach der Angabe des Schlüssels des Materials (18 Zeichen lang) von der Stelle 19 bis zu Stelle 29 den Wert des Feldes ZZUSATZ. Haben Sie ein zweites Feld, würde dessen Wert ab der Stelle 30 in der angegebenen Länge erwartet werden.

Diese so angegebenen Felder werden aber nur verarbeitet und auf die Datenbank geschrieben, wenn in der Ankreuzstruktur EXTENSIONINX für dieselbe Struktur festgelegt wurde, dass das Feld verarbeitet werden soll. Die Erweiterungsstrukturen für jede Standardtabelle setzen sich nach dem folgenden Muster zusammen:

BAPI_TE_<TABELLE> für die Felddefinition

- BAPI_TE_<TABELLE>X für die Ankreuzstruktur

Wobei <TABELLE> durch den Namen der Datenbank ersetzt werden muss, im Fall der Tabelle MARA lauten die Strukturnamen also:

- BAPI_TE_MARA für die Felddefinition (siehe Abbildung 20.10)
- BAPI_TE_MARAX für die Ankreuzstruktur (siehe Abbildung 20.11)

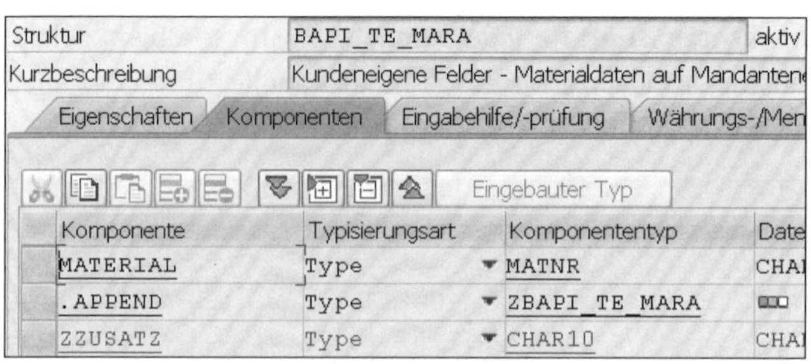

Abbildung 20.10 Erweitern der Wertestruktur

Abbildung 20.11 Erweitern der X-Struktur

Bei der Aufnahme neuer Felder in diese Strukturen ist zu beachten, dass ein Feld den gleichen Namen besitzen muss wie das Feld der Datenbanktabelle (also im Beispiel ZZUSATZ). Für die Felder der Ankreuzstruktur ist das Datenelement BAPIUPDATE zu verwenden.

Nachdem die Vorbereitung abgeschlossen ist, können Sie den BAPI-Funktionsbaustein aufrufen und die beiden Tabellen EXTENSIONIN und EXTENSIONINX mit dem Wert für das neue Feld ZZUSATZ befüllen (siehe Listing 20.4).

```
DATA ls_head   TYPE bapimathead.
DATA: lt_extin  TYPE STANDARD TABLE OF bapiparex,
      ls_extin  TYPE bapiparex.
DATA: lt_extinx TYPE STANDARD TABLE OF bapiparexx,
      ls_extinx TYPE bapiparexx.
DATA: ls_return TYPE bapiret2.
*Schlüssel des Materials
ls_head-material = '000000000000800013'.
*Angabe der Struktur und des hinzuzufügenden Wertes
ls_extin-structure = 'BAPI_TE_MARA'.
ls_extin-valuepart1 = ls_head-material && 'Zusatzwert'.
APPEND ls_extin TO lt_extin.
*Angabe der Ankreuzstruktur, um die Übergabe zu aktivieren
ls_extinx-structure = 'BAPI_TE_MARAX'.
ls_extinx-valuepart1 = ls_head-material && 'X'.
APPEND ls_extinx TO lt_extinx.
*Aufruf des BAPI-Funktionsbausteins mit den beiden Tabellen
CALL FUNCTION 'BAPI_MATERIAL_SAVEDATA'
  EXPORTING
    headdata     = ls_head
  IMPORTING
    return       = ls_return
  TABLES
    extensionin  = lt_extin
    extensioninx = lt_extinx.
CALL FUNCTION 'BAPI_TRANSACTION_COMMIT'.
```

Listing 20.4 Erweiterungstabellen befüllen

Für die meisten BAPIs würde jetzt der in Listing 20.4 angegebene Wert Zusatzwert schon in der Tabelle in der Datenbank stehen. Im Fall von Materialien müssen Sie für das neue Feld ZZUSATZ noch in Transaktion OMSR einstellen, zu welcher Feldgruppe es gehört. Dies ist ein Spezialfall, der sich je nach SAP-Komponente und Transaktion unterscheiden kann. Leider wird darauf nicht explizit in der Dokumentation des Funktionsbausteins hingewiesen, sodass hier eventuell zusätzliche Recherche notwendig ist.

> **Feldgruppe**
>
> Eine *Feldgruppe* definiert dabei für jedes Feld, ob es ein Pflichtfeld oder ein optionales Feld ist. Dies kann an den Materialtyp gebunden werden.

1. Gehen Sie dazu in Transaktion OMSR, und wählen Sie in der Funktionsleiste den Button **Neue Einträge**.
2. Tragen Sie das neue Feld ein, wie in Abbildung 20.12 gezeigt.

Abbildung 20.12 Feld einer Feldgruppe hinzufügen

3. Speichern Sie über den Button **Speichern** (), und gehen Sie zum Startbildschirm zurück ().
4. Vergeben Sie zum Schluss, wie in Abbildung 20.13 gezeigt, eine Feldgruppen-ID in der Spalte **AuswGrp**. Von SAP-Kunden können IDs von 111 bis 120 (außer 115 und 118) benutzt werden.

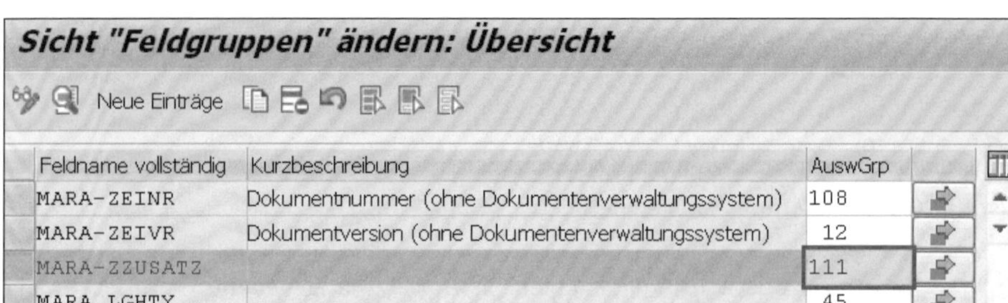

Abbildung 20.13 Vergabe einer Feldgruppen-ID

Wenn Sie jetzt den Quellcode aus Listing 20.4 erneut ausführen, wird auch das Zusatzfeld in die Tabelle `MARA` geschrieben. Über BAdIs und passende Bildschirmerweiterungen könnten Sie jetzt dafür sorgen, dass dieses Feld auch in der Transaktion MM03 angezeigt wird.

20.3 Flat Files

Flat-File-Schnittstellen sind Schnittstellen, die über flache Dateien, d. h. einfache Textdateien, ausgetauscht werden. In diesen Textdateien stehen die Werte, wie in Listing 20.5 dargestellt, hintereinander, oft durch einen Separator (Semikolon, Tabulator) getrennt.

```
AA;0017;20130529;           1.00
AA;0017;20130612;         422.94
AA;0017;20130626;         422.94
AA;0017;20130710;         422.94
AA;0017;20130724;         422.94
AA;0017;20130807;         422.94
```

Listing 20.5 Inhalt einer Flat File

Flat Files sind historisch bedingt in vielen Unternehmen immer noch weit verbreitet und müssen daher von einem ABAP-Entwickler gewartet werden können.

Eine eingehende Schnittstelle auf Basis einer Flat File folgt meist dem folgenden Schema:

1. Die Dateien werden per *File Transfer Protocol* (FTP) aus einem anderen System auf dem SAP NetWeaver Application Server (SAP NetWeaver AS) abgelegt (natürlich wäre hier auch das manuelle Hochladen über das Frontend eine Alternative).
2. Auf dem SAP-System läuft ein ABAP-Report, der als Job eingeplant ist (siehe Kapitel 18, »Die Jobverwaltung«) und die Dateien einliest.
3. Die eingelesenen Dateien werden in der Regel mithilfe von BAPI(-Funktionsbausteinen) (siehe Abschnitt 20.2.2) oder über Batch-Input-Programme (siehe Abschnitt 20.5) weiterverarbeitet.

Für ausgehende Schnittstellen ist der Ablauf umgekehrt:

1. Die Daten müssen von verschiedenen Stellen des SAP-Systems gelesen und aufbereitet werden.
2. Mithilfe von ABAP werden Dateien auf dem SAP NetWeaver AS erzeugt und abgelegt.
3. Per FTP werden die Dateien von einem anderen System abgeholt.

In diesem Abschnitt zeige ich Ihnen deshalb, wie Sie eine Datei aus einer internen Tabelle erzeugen können bzw. wie Sie eine Datei mit ABAP einlesen und in eine interne

Tabelle umwandeln können. Diese Techniken können Sie beispielsweise auch verwenden, um aus einer internen Tabelle eine Excel-Tabelle zu erzeugen. Weitere nützliche Funktionen, mit denen Sie die Anwender beim Datenaustausch unterstützen können, wie z. B. einen Dateiauswahldialog, zeige ich Ihnen im Anschluss.

20.3.1 Dateien schreiben

Wie eine interne Tabelle in eine Datei geschrieben wird, hängt davon ab, ob die Datei im Frontend oder auf dem Server liegt bzw. erzeugt werden soll.

Datei auf den Applikationsserver schreiben

Mit den folgenden Befehlen wird eine Datei auf den Applikationsserver geschrieben:

- `OPEN DATASET`, um die Datei zu öffnen
- `TRANSFER DATASET`, um eine Zeile zu schreiben
- `CLOSE DATASET`, um die Datei zu schließen

Beispiel

Die Anweisung `TRANSFER` unterstützt nur zeichenartige Felder. Eventuelle Zahlenwerte müssen Sie vor dem Verknüpfen der Felder umwandeln. In Listing 20.6 ist dies anhand des Feldes `PRICE` demonstriert. Als Pfad wurde das lokale temporäre Verzeichnis **DIR_TEMP** des SAP-Servers verwendet. Die SAP-Verzeichnisse können Sie, wie in Abbildung 20.14 erkenntlich, in Transaktion AL11 sehen.

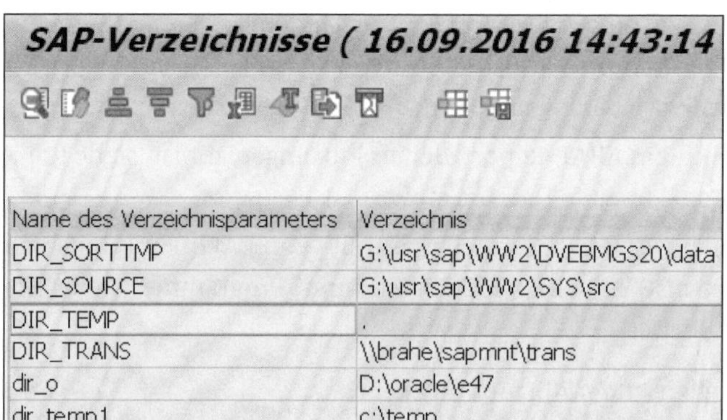

Abbildung 20.14 Die SAP-Verzeichnisse in Transaktion AL11

```
DATA  lv_pfad TYPE c LENGTH 20 VALUE './fluege.txt'.
DATA: ls_sflight TYPE sflight,
      lt_sflight TYPE TABLE OF sflight.
DATA  lv_zeile(200),
      lv_price TYPE char15.
```

```
SELECT carrid connid fldate price FROM sflight
  INTO CORRESPONDING FIELDS OF TABLE lt_sflight UP TO 10 ROWS.
*Öffnen der angegebenen Datei,
*gegebenenfalls Erstellen der Datei
OPEN DATASET lv_pfad FOR OUTPUT IN TEXT MODE ENCODING UTF-8.
IF sy-subrc = 0.
  LOOP AT lt_sflight INTO ls_sflight.
    lv_price = ls_sflight-price.
    CONCATENATE ls_sflight-carrid ls_sflight-connid
                ls_sflight-fldate lv_price
       INTO lv_zeile SEPARATED BY ';'.
    "Schreibt eine neue Zeile in der Datei
    TRANSFER DATASET lv_zeile TO lv_pfad.
  ENDLOOP.
  "Schließt die Datei wieder
  CLOSE DATASET lv_pfad.
ENDIF.
```

Listing 20.6 Eine interne Tabelle als Datei auf den Applikationsserver herunterladen

Horizontaler Tabulator

Als Trennzeichen findet man auch häufig einen Tabulator vor. Dieser wird in ABAP als '%_HORIZONTAL_TAB' angegeben. Häufig sieht man hier auch die Konstante cl_abap_char_utilities=>horizontal_tab als Hilfskonstrukt.

20

Datei auf das Frontend schreiben

Um eine interne Tabelle auf Ihr Frontend herunterzuladen, z. B. auf den Desktop, können Sie die Methode GUI_DOWNLOAD() der Klasse CL_GUI_FRONTEND_SERVICES nutzen. Dahinter steckt der Funktionsbaustein WS_DOWNLOAD. Übergeben Sie hier im Parameter DATA_TAB Ihre aufbereitete interne Tabelle.

Beispiel

```
DATA: lv_fluege(200),
      lt_fluege LIKE TABLE OF lv_fluege.
DATA  lv_price TYPE char15.
DATA  lv_pfad  TYPE string VALUE 'C:\Users\Desktop\Fluege.xls'.
DATA: lt_sflight TYPE TABLE OF sflight,
      ls_sflight TYPE sflight.
```

```
SELECT carrid connid fldate price FROM sflight
  INTO CORRESPONDING FIELDS OF TABLE lt_sflight UP TO 10 ROWS.
LOOP AT lt_sflight INTO ls_sflight.
  lv_price = ls_sflight-price.
  CONCATENATE ls_sflight-carrid ls_sflight-connid
              ls_sflight-fldate lv_price
     INTO lv_fluege SEPARATED BY ';'.
  APPEND lv_fluege TO lt_fluege.
ENDLOOP.
cl_gui_frontend_services=>gui_download(
  EXPORTING
    filename = lv_pfad
    "write_field_separator = 'X' "falls mit Tab als Trenner
  CHANGING
    data_tab = lt_fluege
  EXCEPTIONS
    OTHERS   = 0
).
```

Listing 20.7 Eine interne Tabelle auf das Frontend herunterladen

Wenn für Sie ein Tabulator als Trennzeichen ausreicht und Sie keine Kopftexte hinzufügen wollen, brauchen Sie diese interne Tabelle auch nicht extra über ein `LOOP` aufzubereiten, sondern können sie auch direkt übergeben. Im Beispiel aus Listing 20.7 würden Sie dann die Tabelle `LT_SFLIGHT` übergeben und den Paramater `WRITE_FIELD_SEPARATOR` auf `'X'` setzen).

20.3.2 Dateien einlesen

Auch wie Sie eine Datei in eine interne Tabelle einlesen, hängt wie beim Schreiben davon ab, ob die Datei auf dem Frontend oder dem Server gelesen werden soll.

Datei vom Applikationsserver lesen

Das Lesen einer Datei auf dem Applikationsserver wird mit den folgenden Befehlen umgesetzt:

- `OPEN DATASET`, um die Datei zu öffnen
- `READ DATASET`, um eine Zeile zu lesen
- `CLOSE DATASET`, um die Datei zu schließen

Beispiel

In Listing 20.8 wird die in Listing 20.6 geschriebene Datei wieder eingelesen. Es wird dabei in einer Schleife so lange versucht, Datensätze von der Datei zu lesen, bis die Anweisung `READ DATASET` fehlschlägt und das Systemfeld `sy-subrc` dadurch auf einen anderen Wert als 0 gesetzt wird. Eine Zeile in `LV_ZEILE` wird dabei über die Anweisung `SPLIT` wieder in Ihre Einzelteile zerlegt. Auch hier müssen Sie auf die Datentypen aufpassen, da Split als Zielfelder nur zeichenartige Felder erlaubt.

```
DATA  lv_pfad TYPE c LENGTH 20 VALUE './fluege.txt'.
DATA: ls_sflight TYPE sflight,
      lt_sflight TYPE TABLE OF sflight.
DATA  lv_zeile(200).
DATA  lv_price TYPE char15.
*Angegebene Datei öffnen
OPEN DATASET lv_pfad FOR INPUT IN TEXT MODE ENCODING UTF-8.
       IF sy-subrc = 0.
         DO.
           "Eine einzelne Zeile einlesen
           READ DATASET lv_pfad INTO lv_zeile.
           IF sy-subrc NE 0.
             EXIT.
           ENDIF.
           "Trennen der Zeile anhand des Trennzeichens
           SPLIT lv_zeile AT ';' INTO ls_sflight-carrid
                                      ls_sflight-connid
                                      ls_sflight-fldate
                                      lv_price.
           ls_sflight-price = lv_price.
           APPEND ls_sflight TO lt_sflight.
         ENDDO.
*Schließen der Datei
  CLOSE DATASET lv_pfad.
ENDIF.
```

Listing 20.8 Eine Datei vom Applikationsserver in eine interne Tabelle einlesen

Datei vom Frontend lesen

In Listing 20.9 wird die in Listing 20.7 geschriebene Datei wieder eingelesen. Dazu wird die Methode `GUI_UPLOAD()` der Klasse `CL_GUI_FRONTEND_SERVICES` verwendet. Übergeben werden muss hier lediglich der Pfad zur Datei im Parameter `FILENAME`. Die zurückgegebene interne Tabelle LT_FLUEGE kann anschließend wieder in einer Schleife mittels der Anweisung SPLIT Zeile für Zeile in die einzelnen Felder zerlegt werden.

```
DATA: lv_fluege  TYPE c LENGTH 200,
      lt_fluege  LIKE TABLE OF lv_fluege.
DATA  lv_price   TYPE char15.
DATA: ls_sflight TYPE sflight,
      lt_sflight TYPE TABLE OF sflight.
DATA lv_pfad TYPE string VALUE 'C:\Users\Desktop\Fluege.xls'.
*Hochladen vom Frontend
cl_gui_frontend_services=>gui_upload(
  EXPORTING
    filename = lv_pfad
  CHANGING
    data_tab = lt_fluege
   EXCEPTIONS
     others  = 1 ).
LOOP AT lt_fluege INTO lv_fluege.
*Trennen der Zeile anhand des Trennzeichens
  SPLIT lv_fluege AT ';' INTO ls_sflight-carrid
                              ls_sflight-connid
                              ls_sflight-fldate
                              lv_price.
  ls_sflight-price = lv_price.
  APPEND ls_sflight TO lt_sflight.
ENDLOOP.
```

Listing 20.9 Eine Datei vom Frontend in eine interne Tabelle einlesen

Die Methode GUI_UPLOAD() stellt zwar einen Parameter HAS_FIELD_SEPARATOR bereit, dieser funktioniert allerdings nur mit einem Tabulator als Separator.

20.3.3 Weitere nützliche Funktionen

Die in den beiden Beispielen zum Herunter- und Hochladen von Dateien genutzte Klasse CL_GUI_FRONTEND_SERVICES stellt Ihnen weitere nützliche Funktionen bereit. Dazu gehört z. B. der in Abbildung 20.15 dargestellte Dialog zur Auswahl einer Datei.

Eine solche Funktion könnten Sie beispielsweise innerhalb eines Programms anbieten, damit der Anwender nicht händisch den Pfad seiner Datei eingeben muss.

Weitere nützliche Methoden der Klasse sind in Tabelle 20.2 aufgelistet.

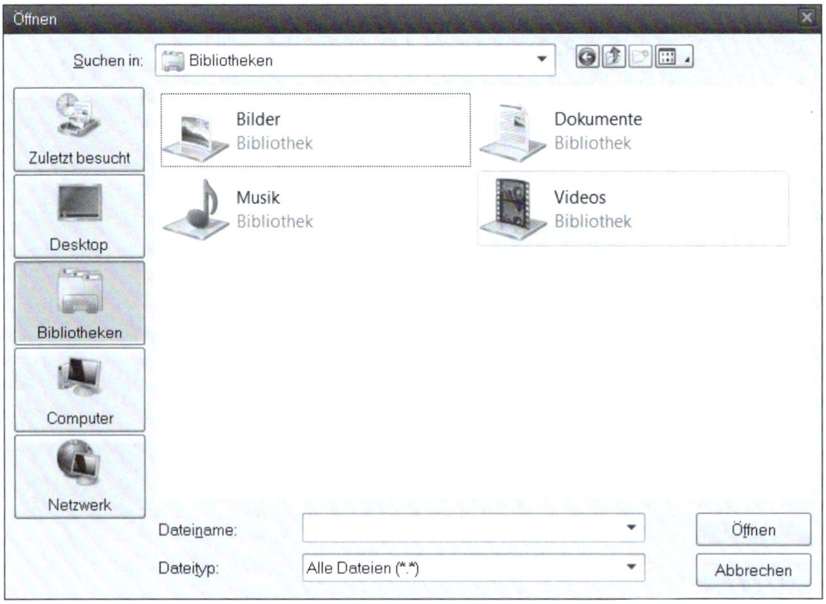

Abbildung 20.15 Öffnen-Dialog der Methode FILE_OPEN_DIALOG()

Methode	Beschreibung
directory_browse()	Ordner auswählen
directory_list_files()	Dateien in einem Ordner auslesen
file_delete()	eine Datei löschen
file_open_dialog()	Öffnen-Dialog aufrufen
file_save_dialog()	Speichern-Dialog aufrufen
get_desktop_directory()	Desktop-Verzeichnis auslesen
gui_upload()	Datei hochladen
gui_download()	Datei herunterladen

Tabelle 20.2 Nützliche Funktionen der Klasse CL_GUI_FRONTEND_SERVICES

Beispiel

Der in Abbildung 20.15 gezeigte **Öffnen**-Dialog wird durch die Implementierung in Listing 20.10 in einem Selektionsbildschirm als [F4]-Hilfe eines Parameters angeboten. Der Dialog wird dabei über das Ereignis `AT SELECTION-SCREEN ON VALUE-REQUEST FOR` geöffnet.

```
PARAMETER: p_file TYPE string.
AT SELECTION-SCREEN ON VALUE-REQUEST FOR p_file.
DATA: lt_file  TYPE filetable,
      ls_file  LIKE LINE OF lt_file,
      lv_count TYPE i,
      lv_path  TYPE string.
CALL METHOD cl_gui_frontend_services=>file_open_dialog
  CHANGING
    file_table = lt_file
    rc         = lv_count "Anzahl der Dateien oder -1, wenn Fehler
  EXCEPTIONS
    OTHERS     = 0.
  IF lv_count > 0.
    READ TABLE lt_file INDEX 1 INTO ls_file.
    p_file = ls_file-filename.
  ENDIF.
START-OF-SELECTION.
"Hochladen oder Herunterladen der Datei
```

Listing 20.10 Ein Auswahldialog als F4-Hilfe

20.4 Webservices (SOAP)

Wie in Abschnitt 20.1 beschrieben, können Funktionsbausteine per RFC von anderen Systemen aus aufgerufen werden. Webservices machen im SAP-Kontext genau dasselbe: Sie nutzen ein Netzwerkprotokoll, mit dessen Hilfe Daten zwischen Systemen ausgetauscht werden können, d. h., Funktionsbausteine können von außen aufgerufen werden. Dazu bedienen sich die Webservices des *Simple Object Access Protocols* (SOAP), HTTP sowie der Auszeichnungssprache XML.

In diesem Abschnitt führe ich Sie kurz in SOAP ein und zeige Ihnen anschließend, wie Sie einen Funktionsbaustein als SOAP-Webservice (nachfolgend nur Webservice genannt) bereitstellen und wie Sie mithilfe von ABAP einen Webservice von einem anderen System aufrufen können.

Der Aufruf einer Methode (ein Webservice kann mehrere Methoden haben, wobei eine Methode im SAP-System intern einen Funktionsbaustein darstellt) mit den zugehörigen Aufrufparametern bedient sich der klassischen XML-Form, nur dass die zu übermittelnden Daten in einem in Abbildung 20.16 veranschaulichten SOAP-Envelope gekapselt werden. Dieser Envelope enthält einen Header mit Metainformationen sowie einen Body mit dem konkreten, durch den Webservice zu übermittelnden Nachrichteninhalt.

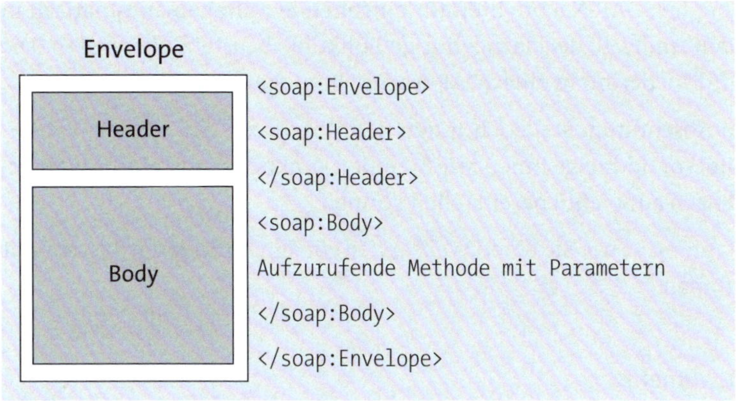

Abbildung 20.16 Aufbau von SOAP

Dieser SOAP-Envelope wird beim Aufruf des Webservice zwischen den Systemen hin- und hergeschickt. Dies habe ich schematisch in Abbildung 20.17 dargestellt.

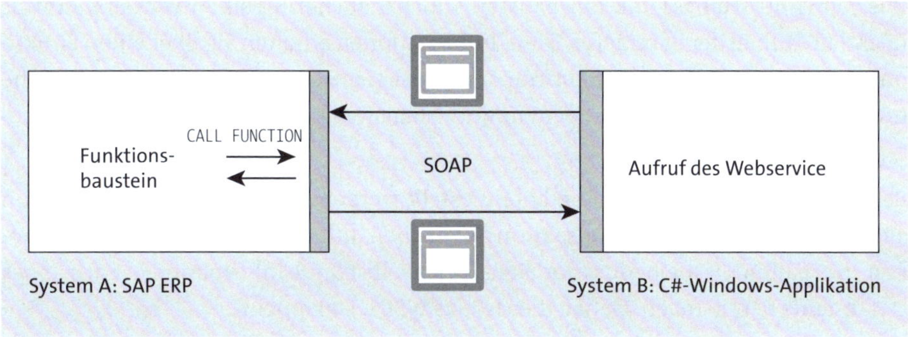

Abbildung 20.17 Schematischer Aufruf eines Webservice über SOAP

Die beiden Systeme müssen dabei jeweils eine Schicht haben, die den SOAP-Envelope lesen und erzeugen bzw. den Methodenaufruf ausführen kann. Diese Schicht ist im SAP-System das Webservice-Framework, zusammen mit dem *Internet Communication Framework* (ICF). Während das Webservice-Framework die Werkzeuge zur Erstellung des Webservice in der ABAP Workbench, den SOA-Manager zur Registrierung des Webservice nach außen und die SOAP-Runtime zur Übersetzung (d. h. zum Parsen von XML) enthält, erfolgt die Verarbeitung der eingehenden SOAP-Requests und ausgehenden SOAP-Responses über das ICF.

Für Sie bedeutet das: Ihnen werden ein Wizard sowie weitere Werkzeuge zur Anlage von Webservices (siehe Abschnitt 20.4.2) in Transaktion SE80 angeboten. Außerdem gibt es eine Web-Dynpro-Anwendung zur Freigabe von Webservices. Die Verarbeitung der SOAP-Nachrichten erfolgt automatisch im Hintergrund. Die SOAP-Runtime muss dazu nur einmal von Ihrem Administrationsteam eingestellt werden. Ist dies geschehen, werden die SOAP-Nachrichten für eingehende Anfragen automatisch in ABAP umgewandelt und z. B. der dazugehörige Funktionsbaustein aufgerufen. Die ABAP-Antwort wird wiederum in eine SOAP-Nachricht umgewandelt.

In den folgenden Abschnitten stelle ich Ihnen den Wizard zur Anlage der Webservices(-Bestandteile) vor und zeige Ihnen, wie Sie einen Funktionsbaustein als Webservice anlegen und nach außen hin bereitstellen können.

Abschließend erfahren Sie, wie Sie einen Webservice von einem anderen System mit ABAP aufrufen können.

20.4.1 WSDL-Dokument

WSDL steht für Webservice Description Language. In dieser XML-spezifischen Sprache werden Webservices und deren Methoden und Parameter innerhalb eines sogenannten *WSDL-Dokuments* beschrieben. Jeder Webservice hat genau ein solches beschreibendes Dokument.

Wie beim Aufruf eines Funktionsbausteins auch brauchen Sie als Entwickler Kenntnis über den Aufbau der Parameter. Diese Informationen erhalten Sie über einen Funktionsbaustein, wenn Sie ihn sich in Transaktion SE37 anschauen. Sie sehen hier, welche Import- und Exportparameter der Funktionsbaustein bereitstellt und welche Datentypen erwartet werden.

Bei Webservices, die nach außen bereitgestellt werden, gibt es für den Aufrufer von außen keine Chance, eine Transaktion aufzurufen, um diese benötigten Informationen zu erhalten. Deshalb muss der Webservice selbst diese Information in Form eines Dokuments bereitstellen: Genau dies ist das WSDL-Dokument.

Die URLs zu den jeweiligen Endpunkten (die Adressen, unter denen die Operationen erreichbar sind) finden Sie am Ende des Dokuments unter dem folgenden Tag:

```
<wsdl:service name="...">></wsdl:service>
```

Die Operationen (also die Funktionen des Webservice) finden Sie unter dem folgenden Tag:

```
<wsdl:operation name="..."></wsdl:operation>
```

20.4.2 Webservices anlegen und finden

Die Anlage eines Webservice geschieht in aller Regel über den in Abbildung 20.18 dargestellten Wizard, der Ihnen dabei hilft, die verschiedenen Bestandteile eines Webservice anzulegen. Sie erreichen den Wizard auf folgenden Wegen:

- durch einen Rechtsklick auf ein Paket in Transaktion SE80 und die Auswahl von **Anlegen • Enterprise Service**
- in der Transaktion SPROXY über den Button **Wizard** () auf der linken Seite

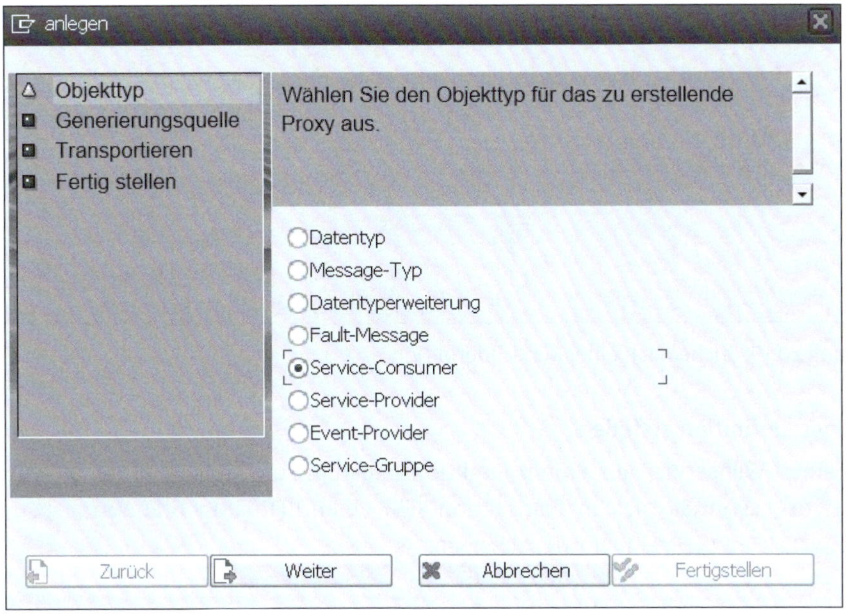

Abbildung 20.18 Der Webservice-Wizard

Der Wizard beherrscht die Erstellung aller möglichen Elemente, davon sind die beiden wichtigsten folgende:

- Service-Provider zum Bereitstellen von Webservices (siehe folgenden Abschnitt »Webservicedefinition erstellen«)
- Service-Consumer zum Aufrufen von Webservices (siehe Abschnitt 20.4.3)

Um einen bereits bestehenden Webservice zu öffnen, eignet sich der Weg über das Paket, das den Webservice beinhaltet. Lassen Sie sich dazu, z. B. in Transaktion SE80, Ihr Paket anzeigen, und öffnen Sie den Unterordner **Enterprise Services**.

Wenn Sie das Paket zum Webservice nicht kennen, können Sie die Funktion **Objekt bearbeiten** in der Funktionsleiste der Transaktion SE80 verwenden. Dort haben Sie, wie in Abbildung 20.19 dargestellt, auf der Registerkarte **Enterprise Services** die Möglichkeit, Webservicedefinitionen und -Aufrufe über ihren Namen zu suchen.

Die Anlage eines Webservice besteht aus zwei Schritten:

- Webservicedefinition erstellen
- Freigabe im SOA-Manager

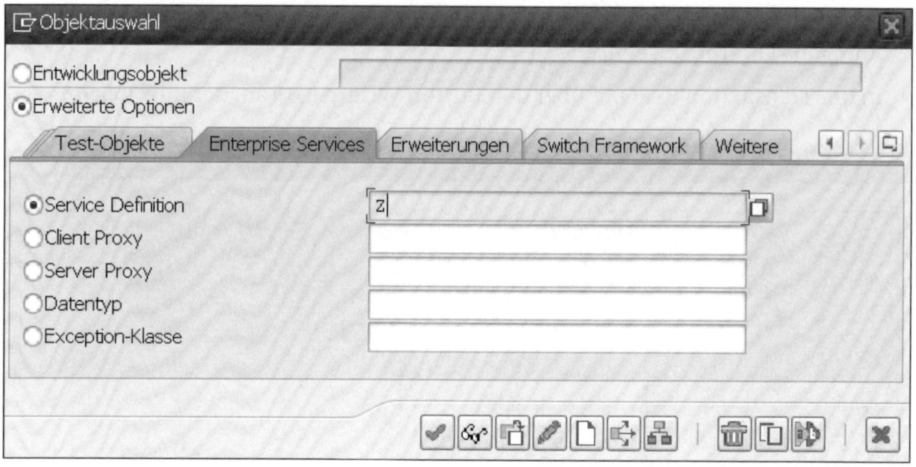

Abbildung 20.19 Suche nach einer Servicedefinition

Webservicedefinition erstellen

1. Um einen Webservice aus einem Funktionsbaustein zu erstellen, gehen Sie wie folgt vor: Lassen Sie sich in Transaktion SE37 einen RFC-fähigen Funktionsbaustein, z. B. `BAPI_USER_GET_DETAIL`, anzeigen.

[!]

> **RFC-fähiger Funktionsbaustein**
>
> Der Funktionsbaustein muss RFC-fähig sein, sonst funktioniert die Anlage der Webservicedefinition nicht (siehe Abschnitt 20.1, »RFC-Funktionsbausteine«).

2. Wählen Sie anschließend im Hauptmenü **Hilfsmittel • Weitere Hilfsmittel • Web Service erzeugen • Aus dem Funktionsbaustein**. Dadurch öffnet sich der Webservice-Wizard.
3. Tragen Sie einen Namen (z. B. `ZWS_USER_DETAILS`) sowie eine Kurzbeschreibung für die Definition ein, und bestätigen Sie Ihre Eingabe anschließend mit **Weiter**.
4. Im nächsten Schritt **Endpunktfunktionsbaustein** wird bereits Ihr ausgewählter Funktionsbaustein angezeigt. Haben Sie den Wizard aus Transaktion SE80 heraus aufgerufen, müssen Sie hier den Funktionsbaustein selbst auswählen. Dort können Sie auch ein BAPI auswählen. Für unser Beispiel nutzen wir wiederum den BAPI-Funktionsbaustein `BAPI_USER_GET_DETAIL`.
5. Markieren Sie in diesem Schritt zusätzlich die Option **Name zuordnen**. Dadurch wird die ABAP-typische Schreibweise von Variablennamen in die Standardschreibweise (Camel-Case) konvertiert, d. h., bis auf den jeweiligen Anfangsbuchstaben wird alles kleingeschrieben und alle enthaltenen Unterstriche werden entfernt.

   - Vorher: `IT_MEINE_TABELLE`
   - Nachher: `ItMeineTabelle`

   Diese Konvertierung ist optional, da die Webservices in der Regel aber Programmierern anderer Systeme bereitgestellt werden, für die die ABAP-Schreibweise fremd ist, ist dies zu empfehlen.

6. Klicken Sie anschließend auf **Weiter**. Im Schritt **Service konfigurieren** werden Sie dazu aufgefordert, ein Sicherheitsprofil auszuwählen. Ihre Auswahl hängt davon ab, wie sich der Benutzer des Webservice identifizieren soll. Sie haben hier die Wahl zwischen Zertifikaten, reiner Benutzeranmeldung (mit Passwort) oder gar keiner Abfrage. Eine *Transportgarantie* bedeutet, dass nicht nur die Anfrage, sondern auch der Inhalt geschützt wird und nicht von Dritten manipuliert werden kann. Dies bezieht sich auf die Verwendung des HTTPS-Protokolls.

   Wählen Sie hier für unser Beispiel **Authentifizierung mit Benutzer und Kennwort** und **keine Transportgarantie**, was die Verwendung des normalen HTTP und eine Sicherheitsabfrage mit Benutzername und Passwort vorgibt. Klicken Sie anschließend auf **Weiter**.

7. Im letzten Schritt müssen Sie noch ein Paket angeben. Für diese Demonstration reicht das lokale Paket `$TMP`. Beenden Sie den Wizard anschließend über den Button **Fertigstellen**, wodurch sich die in Abbildung 20.20 dargestellte Servicedefinition öffnet.

8. **Aktivieren** () Sie diese Servicedefinition.

Diese Servicedefinition befindet sich nur lokal auf Ihrem System, d. h., sie ist nicht von außerhalb aufrufbar.

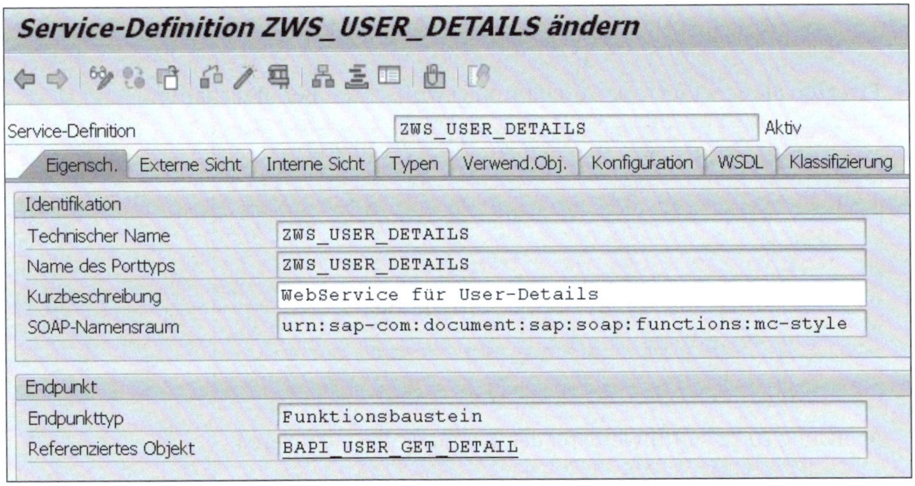

Abbildung 20.20 Angelegte Servicedefinition

Dennoch haben Sie die Möglichkeit, sie innerhalb des Systems zu testen:

1. Klicken Sie dazu in der Funktionsleiste auf **Test** ().
2. Wählen Sie im sich öffnenden Pop-up-Fenster (siehe Abbildung 20.21) die Option **Init. Request-Vorlage generieren**, und klicken Sie anschließend auf **Ausführen** (). Dadurch wird ein initialer Request für Sie generiert und Ihnen in HTML angezeigt. In diesem Request müssen Sie jetzt die Aufrufparameter definieren, also die Parameter, mit denen der Funktionsbaustein im Hintergrund aufgerufen werden soll.

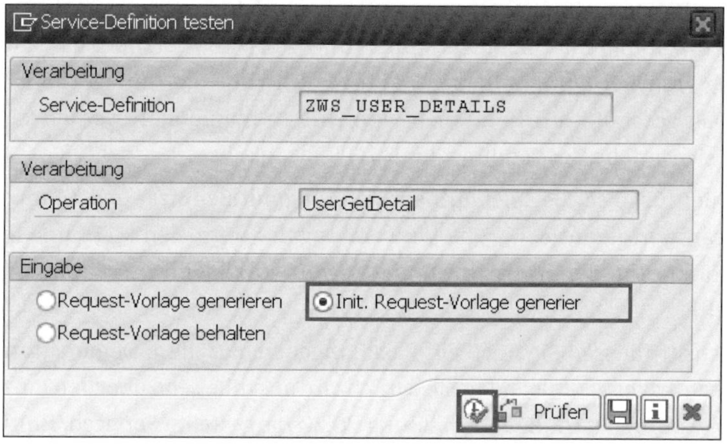

Abbildung 20.21 Initiale Vorlage für den Webservicetest generieren

3. Wechseln Sie dazu in der Funktionsleiste über den Button **XML-Editor** () in den XML-Editor.
4. Ersetzen Sie dort, wie in Abbildung 20.22 gezeigt, die Zeile <Username/> durch:

```
<Username>Benutzername</Username>
```

Ersetzen Sie Benutzername durch Ihren gewünschten Benutzernamen.

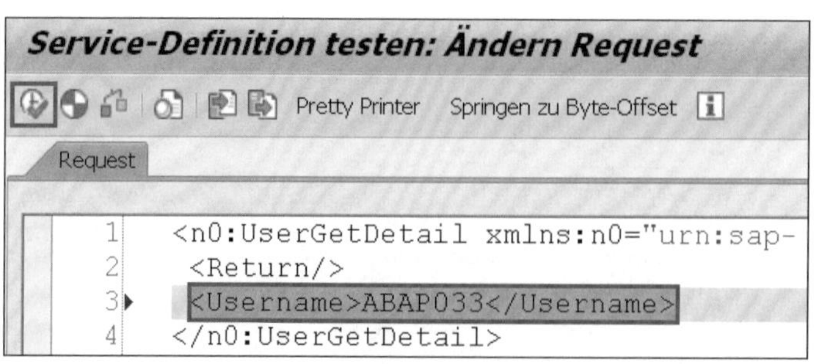

Abbildung 20.22 Aufrufwerte für den Webservicetest definieren

5. Führen Sie den Test anschließend mit einem Klick auf den Button **Ausführen** () aus.

Wenn der Test erfolgreich war, werden Ihnen auf der Registerkarte **Response** die Rückgabewerte des Funktionsbausteinaufrufes in XML angezeigt (siehe Abbildung 20.23).

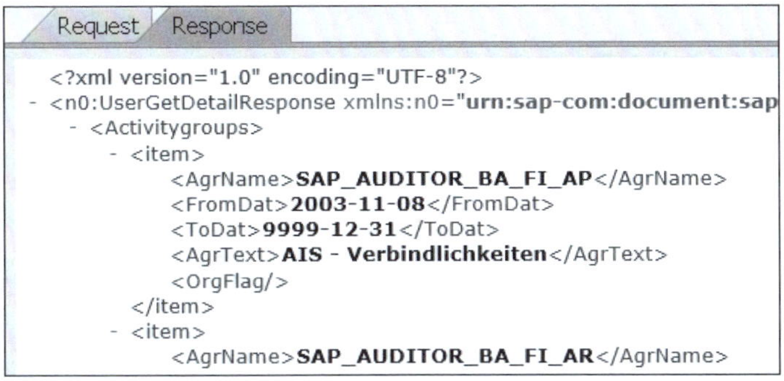

Abbildung 20.23 Rückgabe des Webservicetests

Freigabe im SOA-Manager

Nach dem Anlegen der Webservicedefinition muss sie noch nach außen hin freigegeben werden. Früher wurde hierzu die Transaktion WSCONFIG verwendet. Erst mit SAP NetWeaver 2004s SP14 wurde die Transaktion SOAMANAGER eingeführt. Für eine Basisversion höher als 7.10 wird nur noch die neue Transaktion unterstützt. Darüber hinaus unterscheiden sich die Oberflächen stark je nach Version, wundern Sie sich also nicht, wenn sie bei Ihnen eventuell etwas anders aussieht.

1. Starten Sie den SOA-Manager über den Transaktionscode SOAMANAGER.

> **Web-Dynpro-Anwendung**
>
> Der SOA-Manager ist eine Web-Dynpro-Anwendung. Wenn Sie nach dem Aufruf des Transaktionscodes SOAMANAGER eine Fehlermeldung bekommen, ist vermutlich der zugehörige ICF-Knoten **/sap/bc/webdynpro/sap/appl_soap_management** nicht aktiv. Diesen Knoten können Sie mithilfe der Transaktion SICF aktivieren. Weitere Informationen finden Sie in SAP-Hinweis 1124553.

2. Klicken Sie hier, wie in Abbildung 20.24 dargestellt, auf der Registerkarte **Service-Administration** auf den Link **Web-Service-Konfiguration**.

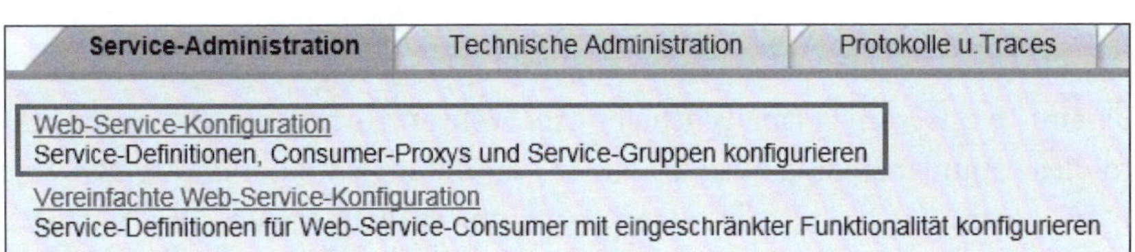

Abbildung 20.24 Konfiguration eines Webservice

3. Wählen Sie in der in Abbildung 20.25 dargestellten Suchmaske **Service-Definition** als Suchoption aus, geben Sie den Namen der Servicedefinition ein, und klicken Sie anschließend auf **Start**.

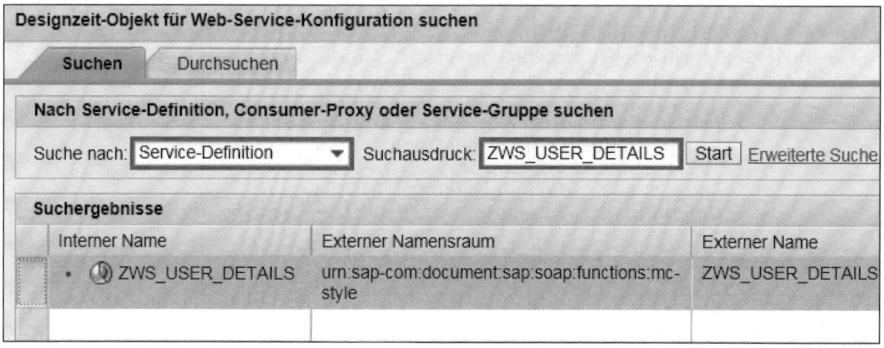

Abbildung 20.25 Suche nach der Servicedefinition

4. Wählen Sie aus den Suchergebnissen Ihre Servicedefinition aus, und bestätigen Sie Ihre Selektion anschließend mit **Apply Selection**. Dadurch werden unterhalb der Selektionsmaske die Details zur Servicedefinition eingeblendet.
5. Wechseln Sie dort auf die Registerkarte **Konfigurationen**, und klicken Sie auf **Anlegen** (siehe Abbildung 20.26).

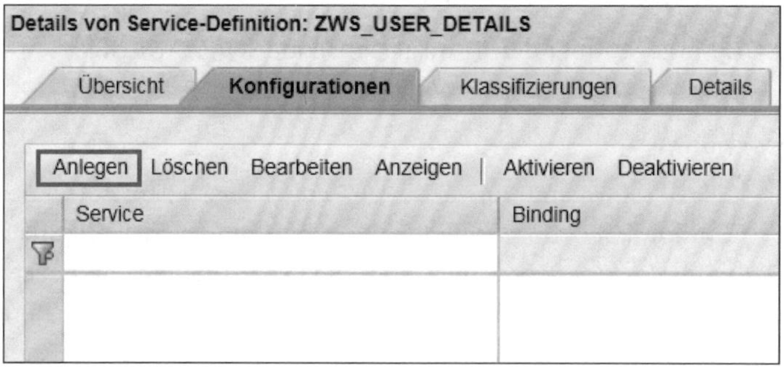

Abbildung 20.26 Anlegen eines Bindings

6. Geben Sie im Pop-up-Fenster **SOA-Management** einen Namen für Ihren Webservice und eine Beschreibung sowie einen Binding-Namen ein (siehe Abbildung 20.27). Ein Binding zeigt dabei immer auf eine Operation (also auf einen Funktionsbaustein). In unserem Beispiel enthält unser Webservice nur eine Operation, daher wird diese standardmäßig ausgewählt. Es empfiehlt sich bei mehreren Operationen (z. B. wenn Sie eine Funktionsgruppe veröffentlicht haben), den Namen des Bindings passend zur dazugehörigen Methode zu wählen.

7. Klicken Sie anschließend auf **Einstell. übernehmen**.

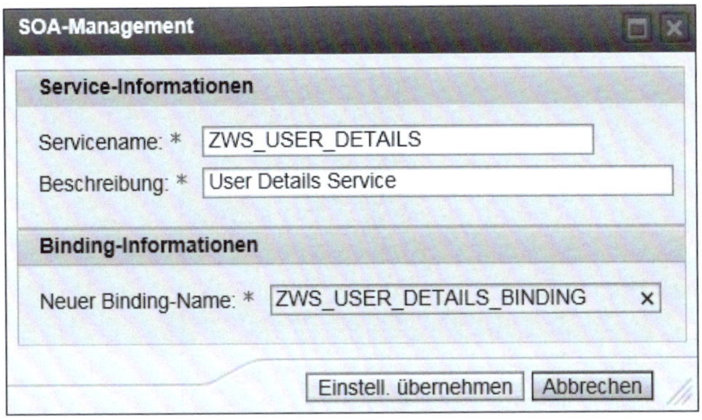

Abbildung 20.27 Definition eines Bindings

8. Zur Konfiguration muss jetzt noch die Authentifizierungsmethode ausgewählt werden. Wählen Sie im Abschnitt **Authentifizierung auf Transportebene** die Option **Benutzer-ID und Kennwort** aus (siehe Abbildung 20.28). Abhängig davon, was Sie bei der Anlage der Servicedefinition im Wizard angegeben hatten, werden hier unterschiedliche Optionen angeboten (z. B. für Zertifikate).

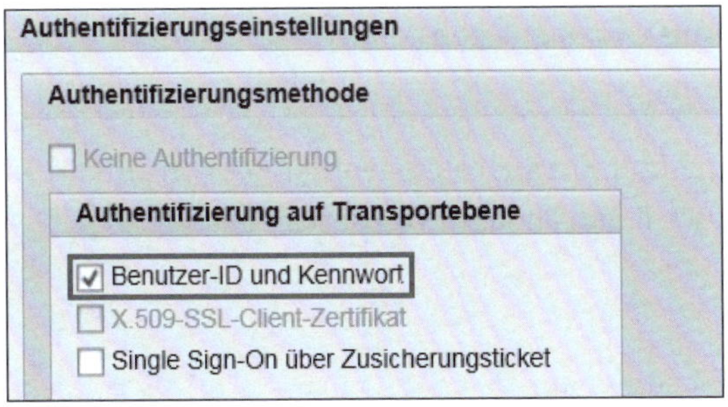

Abbildung 20.28 Auswahl der Authentifizierung

9. Speichern Sie anschließend mit dem Button **Sichern**.

Die Veröffentlichung des Webservice ist damit abgeschlossen. Sie können sich nun das angelegte WSDL-Dokument anzeigen lassen, indem Sie auf der Registerkarte **Übersicht** im Abschnitt **Allgemeine Attribute** auf den Link **WSDL-Dokument für gewählt. Binding/Service öffnen** klicken (siehe Abbildung 20.29).

Diese URL kann nun dazu verwendet werden, Ihren Webservice aus einem anderen System aufzurufen. Sie enthält die Servicebeschreibung sowie Informationen dazu, unter welchen Endpunkten die einzelnen Services erreichbar sind.

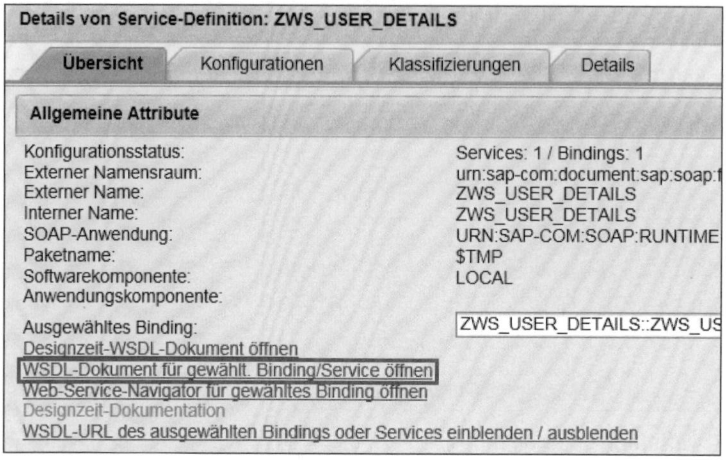

Abbildung 20.29 Aufruf des WSDL-Dokuments

20.4.3 Webservice konsumieren

Das Konsumieren eines Webservice erfolgt ebenfalls in drei Schritten:

1. Service-Consumer anlegen
2. logischen Port für Zugriffsinformationen anlegen
3. den Webservice mit ABAP aufrufen

Ich zeige Ihnen, wie der im vorigen Abschnitt angelegte Webservice konsumiert wird. Alternativ können Sie natürlich auch einen anderen Webservice aufrufen.

Service-Consumer anlegen

Legen Sie zunächst den Service-Consumer an:

1. Starten Sie den Wizard auf einem der in Abschnitt 20.4.2 beschriebenen Wege. Wählen Sie die Option **Service-Consumer** aus, und klicken Sie auf **Weiter**.
2. Wählen Sie im nächsten Schritt die Option **Externe Wsdl**, und bestätigen Sie mit **Weiter**. Alternativ haben Sie in diesem Schritt die Möglichkeit, einen Webservice aus SAP PI (dem Enterprise Service Repository) oder dem Backend eines ABAP-Systems zu konsumieren.
3. Wählen Sie im nächsten Schritt die Option **URL**, und klicken Sie erneut auf **Weiter**.
4. Geben Sie hier nun die URL zum WSDL-Dokument des Webservice an. Die WSDL-Datei können Sie, wie im vorigen Abschnitt beschrieben, über den Link **WSDL-Dokument für gewählt. Binding/Service öffnen** abrufen (siehe Abbildung 20.29). Dort können Sie sich die komplette URL aus der URL-Leiste des Browsers kopieren. Diese sollte in unserem Beispiel mit *wsdl11/allinone/ws_policy/document?sap-client=XXX* aufhören, wobei *XXX* für den Client Ihres SAP-Systems steht.

5. Klicken Sie anschließend auf **Weiter**, und weisen Sie im nächsten Schritt ein Paket zu. Für dieses Beispiel reicht das lokale Paket `$TMP`.
6. Um Namenskollisionen mit bereits vorhandenen Klassen und ABAP-Dictionary-Objekten zu vermeiden, können Sie ein Präfix für die zu generierenden Objekte vergeben. Dieses Präfix muss im Kundennamensraum liegen, und ein Unterstrich darf frühestens an der vierten Stelle benutzt werden. Dieses Präfix ist besonders wichtig, wenn Sie für einen Webservice ein zweites Mal einen Consumer anlegen.

   Eine für unseren Webservice generierte Proxy-Klasse hieße ohne Präfix beispielsweise `ZCO_ZWS_USER_DETAILS`, mit dem Präfix `Z00_` hieße sie **Z00_**`CO_ZWS_USER_DETAILS`.
7. Bestätigen Sie Ihre Eingabe mit **Weiter**. Gegebenenfalls wird Sie das SAP-System nun nach Zugangsdaten fragen, um auf das WSDL-Dokument zugreifen zu dürfen.

Logischen Port anlegen

Die angelegte Proxy-Klasse enthält keinerlei Verbindungsinformationen, da diese bei jedem System entlang der Systemlandschaft unterschiedlich sein können. Auf einem Entwicklungssystem werden die Verbindungsinformationen z. B. anders lauten als auf dem Produktivsystem. Dies hat für Sie den Vorteil, dass Sie die Proxy-Klassen auf jedes System transportieren können, ohne die URL zu dem Webservice jedes Mal anpassen zu müssen.

Die Verbindungsinformationen sind separat in einem *logischen Port* definiert. Um einen Webservice erfolgreich aufzurufen, sind sowohl der Service-Consumer als auch dieser logische Port notwendig. Das Anlegen des logischen Ports geschieht ebenfalls im SOA-Manager:

1. Starten Sie die Transaktion SOAMANAGER, und klicken Sie auf den Link **Web-Service-Konfiguration** (siehe Abbildung 20.24). Suchen Sie, wie in Abbildung 20.30 dargestellt, nach Ihrem im vorigen Schritt angelegten Consumer-Proxy. Wählen Sie dazu **Consumer-Proxy** als Suchoption aus, geben Sie den Namen der Proxy-Klasse ein, und klicken Sie auf **Start**.
2. Wählen Sie aus den Suchergebnissen Ihre Proxy-Klasse aus, und bestätigen Sie Ihre Selektion mit **Apply Selection**. Dadurch werden unterhalb der Selektionsmaske die Details zum Consumer-Proxy eingeblendet.
3. Gehen Sie dort auf die Registerkarte **Konfigurationen**, und klicken Sie auf **Anlegen** (siehe Abbildung 20.31).
4. Wählen Sie im sich öffnenden, in Abbildung 20.32 dargestellten Pop-up-Fenster die Option **WSDL-basierte Konfiguration** aus, und vergeben Sie einen Namen und eine Kurzbeschreibung für den logischen Port. Sie können diesen logischen Port zusätzlich als Standardport definieren, dies ist allerdings optional und hat vor allem für den Aufruf mit ABAP eine Bedeutung.

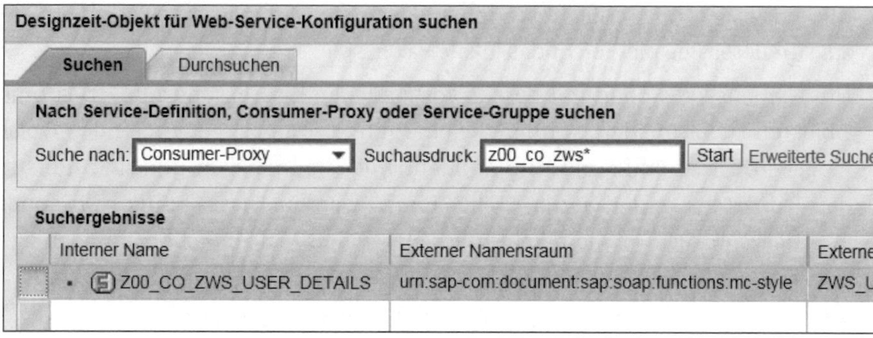

Abbildung 20.30 Suche nach dem Consumer-Proxy

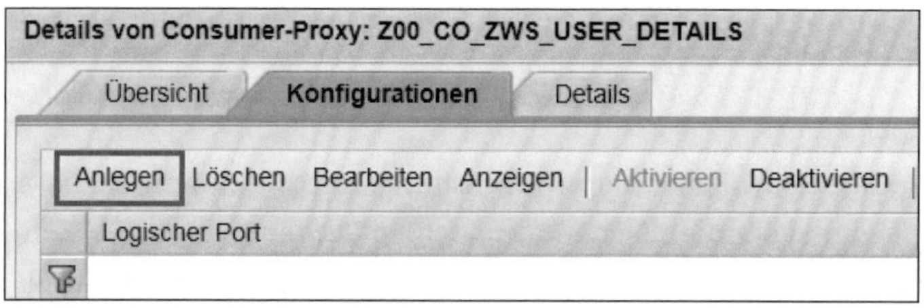

Abbildung 20.31 Anlage eines logischen Ports

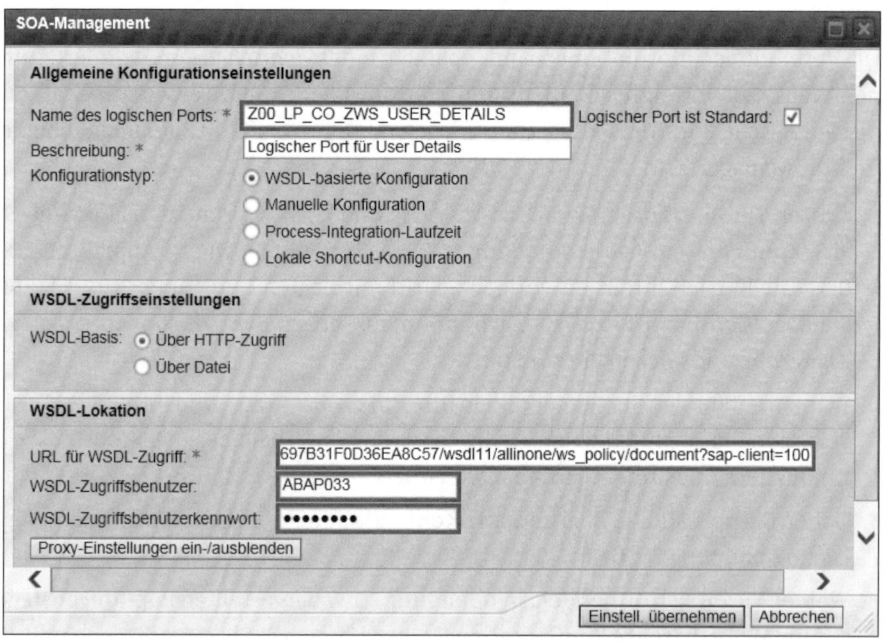

Abbildung 20.32 Definition eines logischen Ports

5. Geben Sie dieselbe URL an wie bei der Anlage des Proxy-Consumers, und tragen Sie die Login-Daten Ihres Systems ein. Bestätigen Sie Ihre Eingaben anschließend mit **Einstell. übernehmen**.

Anmeldedaten

In der Praxis wird hier ein technischer Benutzer und kein GUI-Benutzer verwendet. Technische Benutzer haben in der Regel deutlich weniger Berechtigungen (aus Sicherheitsgründen) und unterliegen anderen Passwortregeln. Beispielsweise müssen die Passwörter von GUI-Benutzern in manchen Unternehmen in einem regelmäßigen Abstand von einem Monat geändert werden. Dies würde bedeuten, dass Sie hier jedes Mal nachbessern müssten.

6. Im nächsten Pop-up-Fenster ist bereits das erste Binding (Index 1) vorausgewählt. Ein solches Binding gibt die Einstellungen, die SOAP-Version und die Binding-Operation vor (in diesem Fall ist dies `UserGetDetail`). Bestätigen Sie erneut mit **Einstell. übernehmen**.
7. Dadurch wird der logische Port angelegt und Ihnen in der Oberfläche angezeigt. Tragen Sie, wie in Abbildung 20.33 gezeigt, auf der Registerkarte **Consumer-Sicherheit** Ihre Benutzer-ID und Ihr Kennwort ein. Das ist die eigentliche Information, die der logische Port enthält. Speichern Sie anschließend mit **Sichern**.

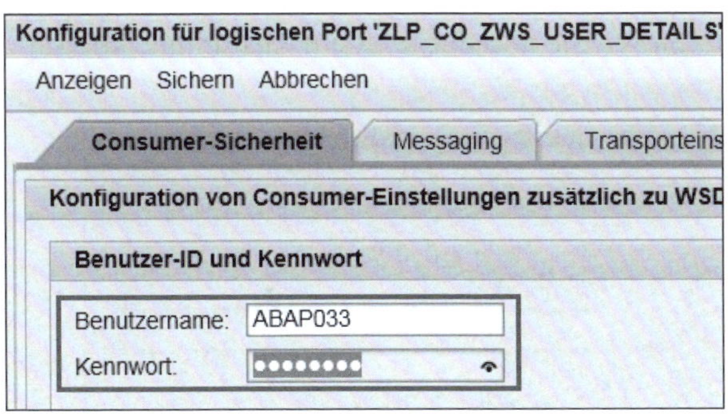

Abbildung 20.33 Anmeldeinformationen hinterlegen

Um Ihre Eingabe zu überprüfen, können Sie mit dem logischen Port in den Details des Consumer-Proxys auf der Registerkarte **Konfigurationen** einen Ping an den Webservice absetzen. Mit einem solchen Ping prüfen Sie, ob der Webservice in Ihrem Netzwerk erreichbar ist. Wählen Sie dazu, wie in Abbildung 20.34 dargestellt, den logischen Port aus, und klicken Sie anschließend auf **Ping an Web-Service**. War der Ping erfolgreich, sollte am Kopf der Seite eine Meldung »Web-Service-Ping erfolgreich ...« erscheinen.

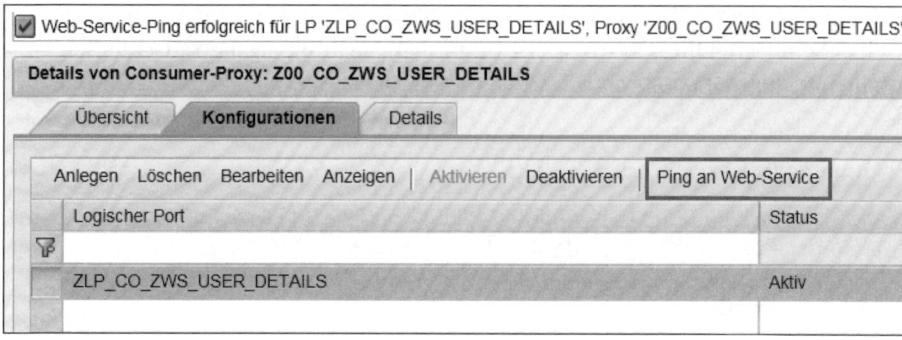

Abbildung 20.34 Ping an einen Webservice senden

Ihren Webservice können Sie darüber hinaus im Service-Consumer mit Werten testen:

1. Gehen Sie dazu zurück in Ihren Service-Consumer, entweder über Ihr Paket unter dem Ordner **Enterprise Services • Service Consumer** oder über den Button **Objekt bearbeiten** in der Funktionsleiste der Transaktion SE80. Wählen Sie hier die Registerkarte **Enterprise Services**.
2. Klicken Sie nach Auswahl des Service-Consumers in der Funktionsleiste auf **Test** ( ). Dadurch öffnet sich das in Abbildung 20.35 dargestellte Pop-up-Fenster.

   Geben Sie hier den logischen Port ein, und wählen Sie als Eingabe-Option **Init. Request-Vorlage generieren**. Klicken Sie anschließend auf **Ausführen** ( ), um den Test zu generieren.

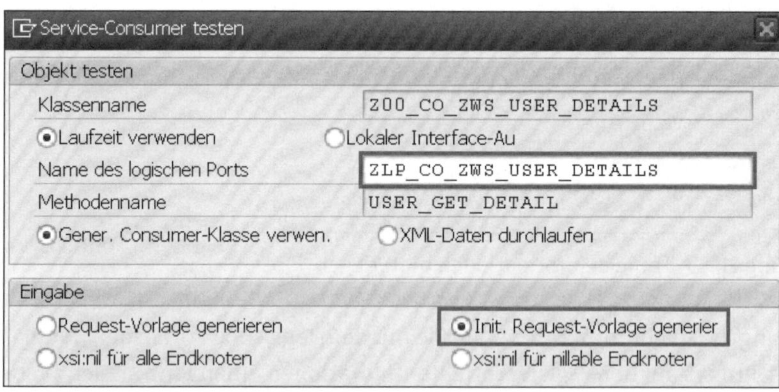

Abbildung 20.35 Testen eines Service-Consumers

3. Dadurch wird ein initialer Request für Sie generiert und Ihnen im HTML-Format angezeigt. In diesem Request müssen Sie jetzt die Aufrufparameter definieren, also die Parameter, mit denen der Funktionsbaustein im Hintergrund aufgerufen wer-

den soll. Wechseln Sie dazu über den Button **XML-Editor** (icon) in der Funktionsleiste in den XML-Editor.

4. Ersetzen Sie dort, wie in Abbildung 20.22, die Zeile `<Username/>` durch `<Username>Benutzername</Username>`, wobei Sie `Benutzername` durch Ihren Benutzernamen ersetzen.
5. Führen Sie den Test anschließend mit **Ausführen** (icon) aus.

Wenn der Test erfolgreich war, werden Ihnen unter **Response** die Rückgabewerte des Funktionsbausteinaufrufes in XML angezeigt.

Webservice mit ABAP aufrufen

Um einen Webservice mit ABAP aufzurufen, müssen Sie ein Objekt der Klasse des Service-Consumers unter Angabe des logischen Ports erzeugen. Den Namen der Proxy-Klasse können Sie innerhalb der Definition des Service-Consumers im Abschnitt **Proxy** finden. Wie Sie den angelegten Service-Consumer öffnen, ist in Abschnitt 20.4.2, »Webservices anlegen und finden«, beschrieben.

Anschließend können Sie von diesem erzeugten Objekt die Methode zum zugehörigen Webservice aufrufen. Für jede Methode innerhalb des Webservice wird eine Methode in der Proxy-Klasse angeboten. Diese können Sie wie gewohnt mit Ihren Parametern versorgen und die Rückgabewerte entsprechend entgegennehmen. Die Parameter werden dabei über eine Input- und Output-Struktur bereitgestellt, die jeweils die definierten Aufrufparameter beinhalten.

Beispiel

Der Code in Listing 20.11 ruft den in Abschnitt 20.4.3 angelegten Service-Consumer mit dem dazugehörigen logischen Port auf. 20

```
DATA: lv_log_port TYPE prx_logical_port_name,
      lo_ws       TYPE REF TO z00_co_zws_user_details.
DATA: ls_input    TYPE z00_user_get_detail,
      ls_output   TYPE z00_user_get_detail_response.
*Erzeugung einer Instanz des Webservice
*mit dem logischen Port
lv_log_port = 'ZLP_CO_ZWS_USER_DETAILS'.
TRY.
  CREATE OBJECT lo_ws
    EXPORTING
      logical_port_name = lv_log_port.
  CATCH cx_ai_system_fault.
ENDTRY.
ls_input-username = 'ABAP033'.
*Aufruf des Webservice
```

```
lo_ws->user_get_detail(
  EXPORTING
    input  = ls_input
  IMPORTING
    output = ls_output
).
```

Listing 20.11 Ein beispielhafter Webserviceaufruf mit ABAP

20.5 Batch Input

Mit Batch Input können Sie das Ausführen eines Programms oder eines Reports automatisieren, d. h., alles, was Sie händisch auf dem Bildschirm ausführen, können Sie auch durch Steuerbefehle programmatisch mithilfe von ABAP durchführen lassen. Dieses Verfahren kommt immer dann zum Einsatz, wenn für das entsprechende Programm keine sinnvolle Schnittstelle, z. B. in Form eines BAPIs, existiert. Der Programmierer schreibt die Daten dann nicht direkt und ohne komplexe Prüfung auf die Datenbank, womit er Dateninkonsistenzen oder gar Datenverlust riskieren würde, sondern die Daten werden über die Transaktion selbst, also die Oberfläche, automatisch mit ABAP eingetragen und verbucht. Dadurch wird ebenfalls die Standardlogik des SAP-Systems durchlaufen und damit auch die vom Customizing abhängige Prüflogik.

Die Umsetzbarkeit dieser Methode hängt von der Art und Komplexität der Oberfläche ab. Für einfache Transaktionen, deren Dynpro-Ablauffolge sehr statisch und immer gleich ist, eignet sich Batch Input sehr gut. Bei Oberflächen mit Tabellen, in denen beispielsweise gescrollt werden muss, stößt diese Technik an ihre Grenzen. Wenn SAP Bildschirmänderungen an den Standardtransaktionen vornimmt, muss außerdem beachtet werden, dass das zugehörige Batch-Input-Programm entsprechend angepasst werden muss.

Die Ausführung von Batch Input ist in zwei Varianten möglich:

- Aufzeichnen, Modifizieren und Ausführen einer Transaktion mit Transaktion SM35
- programmatische Definition einer Durchführung mithilfe von ABAP, wobei Sie wiederum zwei Möglichkeiten haben:
  - direktes Ausführen im Batch-Input-Modus (siehe Abschnitt 20.5.2)
  - Erstellen einer Mappe für eine spätere Ausführung in der Transaktion SM35 (siehe Abschnitt 20.5.3)

In beiden Fällen lohnt es sich, die gewünschte Transaktion zunächst aufzuzeichnen, um so schon eine gut vordefinierte Ergebnistabelle mit Screen-Befehlen zu erhalten.

20.5.1 Aufzeichnung der Transaktion

Mithilfe des Transaktionsrecorders können Sie die Schritte zur Ausführung einer Transaktion wie folgt aufzeichnen:

- in Transaktion SM35 über den Button **Aufzeichnung** in der Funktionsleiste
- in Transaktion SHDB
- Aus jeder Transaktion heraus über das Hauptmenü (**System • Dienste • Batch Input • Recorder**)

Klicken Sie anschließend auf **Neue Aufzeichnung** in der Funktionsleiste. Dadurch öffnet sich das in Abbildung 20.36 dargestellte Pop-up-Fenster.

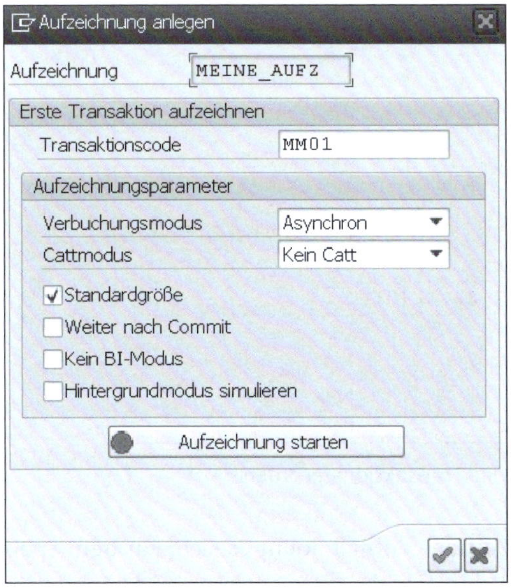

Abbildung 20.36 Anlage einer neuen Batch-Input-Aufzeichnung

Vergeben Sie einen Namen für die Aufzeichnung, und geben Sie die aufzuzeichnende Transaktion an. Starten Sie die Aufzeichnung anschließend über den Button **Aufzeichnung starten**. Dadurch startet die angegebene Transaktion. Führen Sie die Transaktion wie gewohnt aus, vermeiden Sie allerdings unnötige Schritte, da jeder Schritt aufgezeichnet wird.

Durch Speichern () oder Beenden () der Transaktion wird die Aufzeichnung beendet, und Sie gelangen zu der in Abbildung 20.37 dargestellten Ergebnistabelle, in der alles enthalten ist, was für die automatisierte Ausführung eines Dynpros benötigt wird:

- der auszuführende Transaktionscode (Zeile 1, Spalte **Feldname**)
- der Name des auszuführenden Programms (Zeile 2, Spalte **Programm**)

- OK-Codes (BDC_OKCODE), die die einzelnen Schritte abschließen (Spalte **Feldwert** in Zeilen 3 und 8 bei Benutzung der [↵]-Taste und in Zeile 11 beim Speichern)
- die Namen der einzelnen Dynpro-Felder (Zeile 4, Spalte **Feldname**)
- der Wert, der diesen Feldern zugewiesen werden soll (Zeile 4, Spalte **Feldwert**)

Darüber hinaus lässt sich auch der Cursor gezielt über BDC_CURSOR auf ein Feld platzieren (Zeile 7).

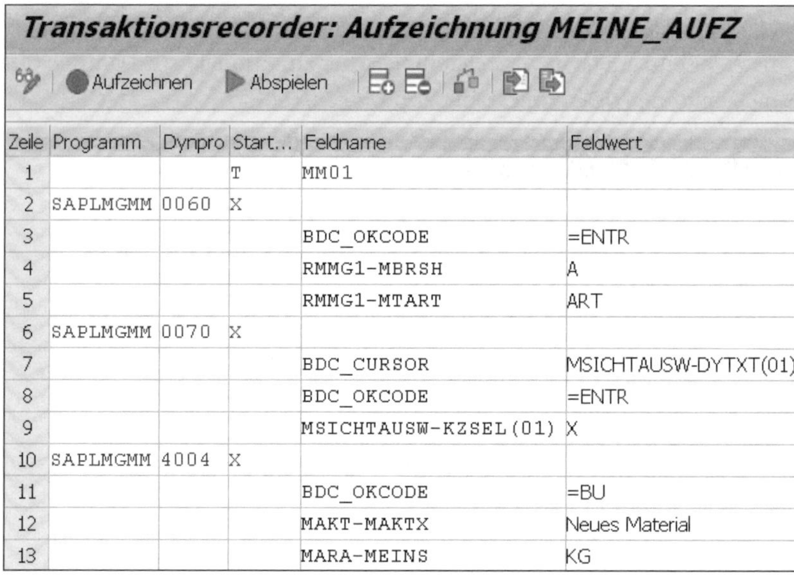

Zeile	Programm	Dynpro	Start...	Feldname	Feldwert
1			T	MM01	
2	SAPLMGMM	0060	X		
3				BDC_OKCODE	=ENTR
4				RMMG1-MBRSH	A
5				RMMG1-MTART	ART
6	SAPLMGMM	0070	X		
7				BDC_CURSOR	MSICHTAUSW-DYTXT(01)
8				BDC_OKCODE	=ENTR
9				MSICHTAUSW-KZSEL(01)	X
10	SAPLMGMM	4004	X		
11				BDC_OKCODE	=BU
12				MAKT-MAKTX	Neues Material
13				MARA-MEINS	KG

Abbildung 20.37 Aufgeräumtes Ergebnis des Transaktionsrecorders

Da die Originaltabelle deutlich mehr Einträge enthält, lohnt es sich, vor dem Speichern nicht benötigte Einträge über **Zeile entfernen** (▭) zu entfernen. So können Sie ohne Bedenken die BDC_SUBSCR-Befehle entfernen. Der Transaktionsrecorder erkennt den Befehl beim Löschen einer solchen Zeile automatisch und fragt, ob Sie sämtliche Zeilen mit BDC_SUBSCR löschen wollen (siehe Abbildung 20.38).

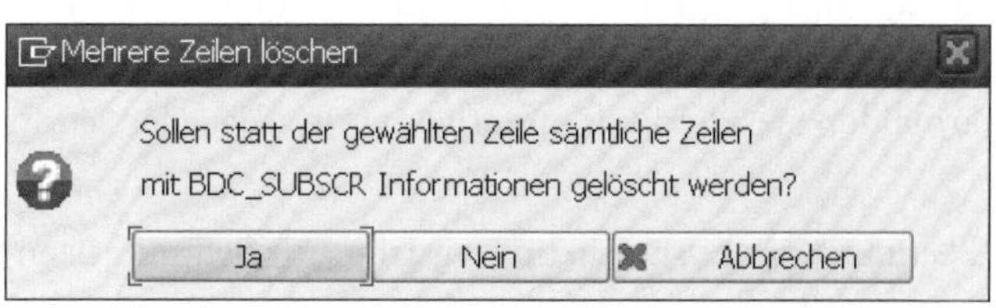

Abbildung 20.38 Löschen nicht benötigter Einträge

Sie können Ihre Änderungen testen, indem Sie auf **Prüfen** (▭) klicken. Speichern (▭) Sie die Tabelle anschließend, und gehen Sie über den Button **Zurück** (▭) zur Hauptansicht des Transaktionsrecorders zurück.

Hier haben Sie jetzt die Möglichkeit, für Ihre gespeicherte Aufzeichnung eine Mappe anzulegen. Wählen Sie dazu, wie in Abbildung 20.39 gezeigt, Ihre Aufzeichnung aus, und klicken Sie in der Funktionsleiste auf den Button **Mappe**.

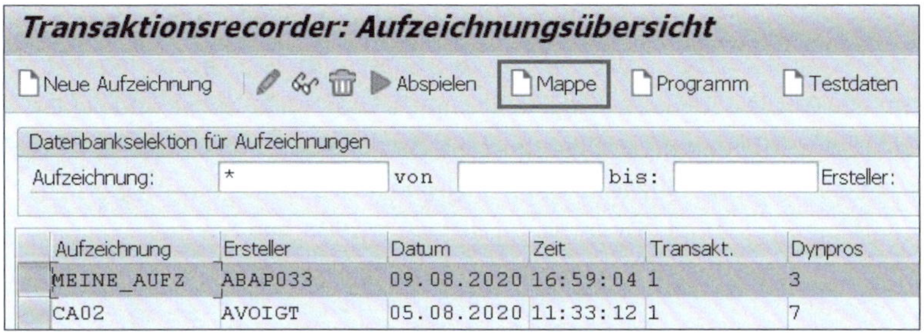

Abbildung 20.39 Anlage einer Mappe auf Basis einer Aufzeichnung

Vergeben Sie im Pop-up-Fenster einen Namen für die Mappe, und klicken Sie anschließend auf **Anlegen**. Die Mappe werden Sie jetzt in der Mappenliste in Transaktion SM35 sehen, wo Sie diese über die Funktionsleiste abspielen können.

Während eine Aufzeichnung nur den Rumpf eines Ablaufs der Transaktion darstellt, beinhaltet eine Mappe die konkrete Ausprägung eines Ablaufs mit unterschiedlichen Werten. Dies ermöglicht ein massenhaftes Ausführen der Mappe. In der Regel werden Sie die Ergebnisse des Transaktionsrecorders aber verwenden, um mit ABAP eine Screen-Tabelle aufzubauen und um anschließend eine Transaktion in einem Batch-Modus zu starten. Dieses Vorgehen beschreibe ich im folgenden Abschnitt.

20.5.2 Direkte Ausführung

Bei der direkten Ausführung werden die Steuerbefehle nicht in einer Mappe gespeichert, sondern direkt zur Laufzeit ausgeführt. Dies geschieht mit der Hilfe von ABAP. Diese Methodik können Sie z. B. nutzen, um Daten über eine Schnittstelle in das System einzulesen und anschließend in einem `LOOP` über Batch-Input-Steuerbefehle und die direkte Ausführung in das System einzuspielen.

Dies geschieht über die Anweisung `CALL TRANSACTION`, die in der Lage ist, eine Transaktion aufzurufen. Der Anweisung wird dabei über den Zusatz `USING` eine Tabelle mit den auszuführenden Steuerbefehlen für die angegebene Transaktion mitgegeben.

Die interne Tabelle ist dabei vom Typ `BDCDATA` mit den folgenden Feldern:

- `PROGRA` für das Programm
- `DYNPRO` für das Dynpro
- `DYNBEGIN` für den erstmaligen Dynpro-Aufruf
- `FNAM` für den Feldnamen
- `FVAL` für den Feldwert

Eine Zeile in dieser Tabelle entspricht einem Ausführungskommando.

[+]

Ergebnistabelle einer Aufzeichnung

Es empfiehlt sich, zum Füllen dieser Tabelle zuerst die gewünschte Zieltransaktion mithilfe der Transaktion SM35 aufzuzeichnen, wie in Abschnitt 20.5.1 beschrieben. In der Ergebnistabelle werden Sie dabei alle Programme, Dynpros, OK-Codes und Felder vorfinden, die Sie zum Füllen der Tabelle brauchen. Der einzige Unterschied ist, dass die OK-Codes in der Ergebnistabelle der Aufzeichnung zuerst aufgeführt werden, bevor die eigentlichen Felder des Dynpros gefüllt werden. Drehen Sie dies entsprechend um.

Darüber können Sie über den Zusatz MODE den Modus der Ausführung angeben (der Modus ist vom Typ CHAR der Länge 1). Hierbei können Sie prinzipiell zwischen der Anzeige auf der Oberfläche und der Ausführung im Hintergrund auswählen. Findet die Ausführung für den Benutzer sichtbar im Vordergrund statt, spricht man von *hell abspielen*, findet die Ausführung unsichtbar im Hintergrund ab, spricht man von *dunkel abspielen*. Folgende vier Modi stehen Ihnen für den Aufruf zur Verfügung:

- A: Ausführen im Vordergrund. Sie müssen dabei jeden OK-Code bestätigen.
- B: Ausführen im Hintergrund. Es wird nur bei Fehlern gestoppt, und die Ausführung wird im Vordergrund angezeigt.
- N: Ausführen im Hintergrund. Fehler werden in der angegebenen Fehlertabelle gesammelt (über den Zusatz MESSAGES der Anweisung CALL TRANSACTION sowie die Angabe einer internen Tabelle vom Typ BDCMSGCOLL).
- P: Wie N, nur dass bei einem Breakpoint in den Debugger gesprungen wird.

Es empfiehlt sich, den Batch-Input-Modus in eine Zwischenvariable zu speichern, damit der Modus im Debugger für Testzwecke gegebenenfalls geändert werden kann.

Beispiel

In Listing 20.12 wird ein neues Material mit der Transaktion MM01 erzeugt. Es wird dabei dasselbe Beispiel umgesetzt wie bei der Aufzeichnung in Abbildung 20.37.

```
*Allgemeine Datendefinitionen
DATA: ls_bdcdata  TYPE bdcdata,
      lt_bdcdata  TYPE TABLE OF bdcdata,
      lt_messages TYPE TABLE OF bdcmsgcoll,
      lv_modus    TYPE c.
*Den Startbildschirm der Transaktion MM01 füllen
PERFORM bdc_dynpro USING 'SAPLMGMM' '0060'.
PERFORM bdc_field  USING 'RMMG1-MBRSH' 'A'.
PERFORM bdc_field  USING 'RMMG1-MTART' 'ART'.
```

```
PERFORM bdc_field  USING 'BDC_OKCODE' '=ENTR'.
*Die Sicht "Grunddaten 1" auswählen
PERFORM bdc_dynpro USING 'SAPLMGMM' '0070'.
PERFORM bdc_field  USING 'BDC_CURSOR'
                         'MSICHTAUSW-DYTXT(01)'.
PERFORM bdc_field  USING 'MSICHTAUSW-KZSEL(01)' 'X'.
PERFORM bdc_field  USING 'BDC_OKCODE' '=ENTR'.
*Die Detaildaten eintragen und speichern
PERFORM bdc_dynpro USING 'SAPLMGMM' '4004'.
PERFORM bdc_field  USING 'MAKT-MAKTX' 'Neues Material'.
PERFORM bdc_field  USING 'MARA-MEINS' 'KG'.
PERFORM bdc_field  USING 'BDC_OKCODE' '=BU'.
*Transaktion mit Modus und Screen-Tabelle aufrufen
lv_modus = 'A'.
CALL TRANSACTION 'MM01'
  USING lt_bdcdata
  MODE lv_modus
  MESSAGES INTO lt_messages.
```

Listing 20.12 Definition einer Screen-Tabelle

[+]

Verwendete Formroutinen

Die beiden Formroutinen in Listing 20.13 helfen Ihnen dabei, den Code für die Erstellung von Screen-Tabellen zu verkürzen. Wenn Sie die Formroutinen am Anfang Ihres Reports einfügen, vergessen Sie nicht, danach START-OF-SELECTION zu definieren.

```
FORM bdc_dynpro USING program TYPE bdcdata-program
                      dynpro  TYPE bdcdata-dynpro.
  DATA: ls_bdcdata TYPE bdcdata.
  ls_bdcdata-program  = program.
  ls_bdcdata-dynpro   = dynpro.
  ls_bdcdata-dynbegin = 'X'.
  APPEND ls_bdcdata TO lt_bdcdata.
ENDFORM.
FORM bdc_field USING fnam TYPE bdcdata-fnam
                     fval TYPE any.
  DATA: ls_bdcdata TYPE bdcdata.
  ls_bdcdata-fnam = fnam.
  ls_bdcdata-fval = fval.
  APPEND ls_bdcdata TO lt_bdcdata.
ENDFORM.
```

Listing 20.13 Formroutinen zum Erstellen einer Screen-Tabelle

20

20.5.3 Mappe erstellen

Wenn Sie anstelle der direkten Ausführung lieber eine Mappe erstellen wollen, die zu einem späteren Zeitpunkt ausgeführt und gegebenenfalls vor der Ausführung nochmals modifiziert werden kann, ersetzen Sie die Anweisung CALL TRANSACTION aus Listing 20.12 wie folgt:

1. Erzeugen einer Mappe mit dem Funktionsbaustein BDC_OPEN_GROUP
2. Einfügen der Screen-Tabelle mit dem Funktionsbaustein BDC_INSERT
3. Schließen der Mappe mit dem Funktionsbaustein BDC_CLOSE_GROUP

Beispiel

Anstelle der direkten Ausführung der aus Listing 20.12 aufgebauten Screen-Tabelle LT_BDCDATA wird diese in Listing 20.14 als Mappe gespeichert.

```
DATA: lv_mappe TYPE BDC_RECORD-GROUPID.
lv_mappe = 'MEINE_MAPPE'.
*Legt eine neue Mappe an
CALL FUNCTION 'BDC_OPEN_GROUP'
  EXPORTING
    client = sy-mandt
    group  = lv_mappe
    user   = sy-uname
    keep   = 'X'.
CALL FUNCTION 'BDC_INSERT'
  EXPORTING
    tcode     = 'MM01'
  TABLES
    dynprotab = lt_bdcdata.
CALL FUNCTION 'BDC_CLOSE_GROUP'.
```

Listing 20.14 Anlage einer Mappe aus einer Screen-Tabelle

Dadurch wird in Transaktion SM35 pro Ausführung jeweils eine Mappe angelegt (siehe Abbildung 20.40). Der Name der Mappe muss dabei nicht eindeutig sein.

[»]

Weitere Informationen zu Schnittstellentechnologien

Informationen und Beispiele zu diesen und weiteren Schnittstellentechnologien finden Sie in den Büchern »SAP-Schnittstellenprogrammierung« von Michael Englbrecht und Michael Wegelin (siehe *www.sap-press.de/4607*) und »IDoc-Entwicklung für SAP« von Sabine Maisel (siehe *www.sap-press.de/4031*).

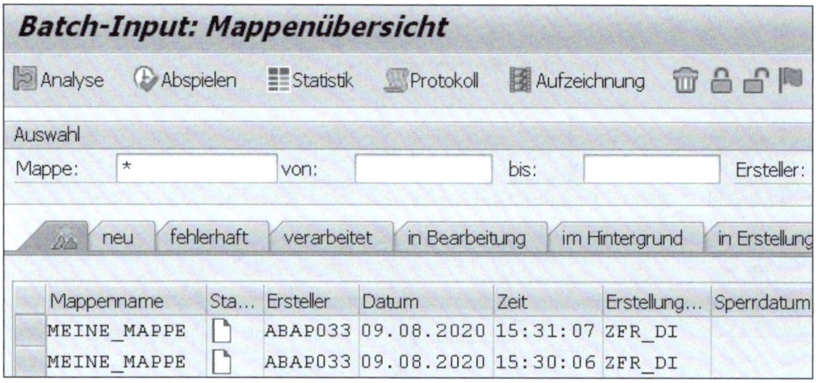

Abbildung 20.40 Mappenübersicht in Transaktion SM35

20.6 Einführung in die Legacy System Migration Workbench (LSMW)

In diesem Abschnitt möchte ich Ihnen einen kurzen Überblick über ein Werkzeug zur Datenmigration geben, das gerade in vielen SAP-Einführungsprojekten zum Einsatz kommt. Mit der *Legacy System Migration Workbench* (LSMW) lässt sich das Importieren von Daten automatisieren.

Wenn ein Entwickler Daten in das System spielen soll, sind immer dieselben drei Grundschritte zu erledigen:

1. **Daten einlesen**
   Zuerst wird sich der Entwickler darum kümmern, dass die Daten über eine Schnittstelle in das SAP-System gelangen. Im Fall von Flat Files (siehe Abschnitt 20.3) muss er diese z. B. manuell in eine interne Tabelle hochladen.
2. **Daten umsetzen**
   In den seltensten Fällen liegen die hochgeladenen Daten schon genauso so vor, wie Sie für das weitere Verarbeiten gebraucht werden. Der Entwickler muss also eine Transformation bzw. ein Mapping durchführen, beispielsweise wenn die Quellstruktur andere Feldnamen besitzt, als es das SAP-System erwartet.
3. **Daten importieren**
   Am Ende wird er die aufbereiteten Daten an einen BAPI-Funktionsbaustein (siehe Abschnitt 20.2.2) übergeben oder per Batch Input (siehe Abschnitt 20.5) in die Datenbanken des Systems einspielen.

Das Programmieren dieser drei Schritte kann viel Zeit in Anspruch nehmen. Die LSMW stellt für diese Schritte dagegen eine grafische Oberfläche zur Verfügung. Der benötigte Quellcode wird im Hintergrund automatisch auf Basis der Eingaben generiert. In Abbildung 20.41 sind die Hauptschritte der LSMW veranschaulicht.

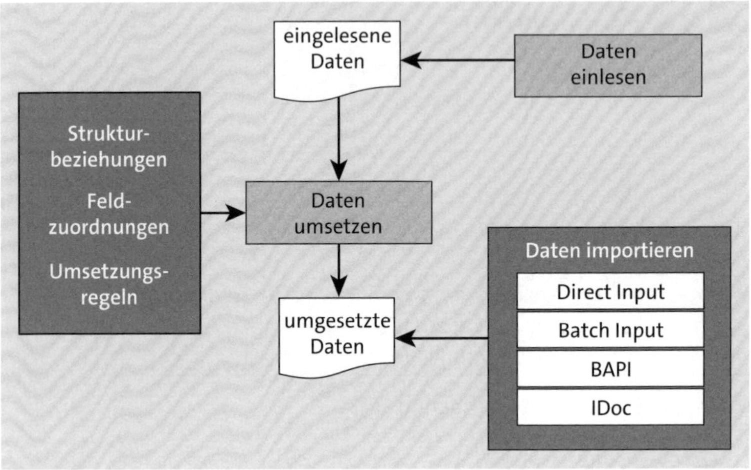

Abbildung 20.41 Die drei Hauptschritte der LSMW: Daten einlesen, umsetzen, importieren

Der Hauptvorteil der LSMW im Vergleich zu anderen Migrationswerkzeugen besteht in der Unterstützung der Transformation der migrierten Daten durch Strukturbeziehungen, Feldzuordnungen und Umsetzungsregeln. Die Schritte können hierbei von einem technisch versierten Berater durchgeführt werden, da keine tiefen Programmierkenntnisse benötigt werden.

[»]

Ausführlichere Informationen zur LSMW

Wenn Sie die LSMW nutzen möchten, erhalten Sie ausführlichere Informationen in dem Buch »Datenmigration in SAP-Systeme« von Finkbohner et al. (*www.sap-press.de/5632*).

Kapitel 21
SAP-Erweiterungen

Über die Jahre sind viele Möglichkeiten entstanden, um die Standardfunktionalität eines SAP-Systems zu erweitern, die gerade bei Updates die Kompatibilität sicherstellen sollen.

In diesem Kapitel stelle ich Ihnen alle Möglichkeiten zur Erweiterung eines SAP-Systems vor. Sie reichen von den alten Technologien mit den *User Exits* (siehe Abschnitt 21.1) und *Customer Exits* (siehe Abschnitt 21.2) über später eingeführte Technologien wie die *klassischen Business Add-ins* (BAdIs, siehe Abschnitt 21.3) bis hin zum *Enhancement Framework* (siehe Abschnitt 21.4) mit seinen impliziten und expliziten Erweiterungsoptionen und den *neuen Business Add-ins* (BAdIs, siehe Abschnitt 21.5). Darüber hinaus habe ich Ihnen am Ende des Kapitels Informationen zum *Switch Framework* (siehe Abschnitt 21.6) sowie die wichtigsten Suchbegriffe für die Suche nach Erweiterungen (siehe Abschnitt 21.7) zusammengestellt.

[«]

Ausführliche Betrachtung
In diesem Kapitel vermittele ich Ihnen die Grundkenntnisse zu Erweiterungen. Sind Sie darüber hinaus an einer ausführlichen Betrachtung der einzelnen Erweiterungstechnologien interessiert, oder haben Sie eine konkrete Problemstellung, welche hier nicht behandelt wird, so können Sie weitere Informationen in meinem Buch »Kundeneigene Erweiterungen mit ABAP«, finden, welches bei SAP PRESS erschienen ist (siehe *www.sap-press.de/4728*).

21.1 User Exits

User Exits gehören zu den klassischen Kundenerweiterungstechniken und gelten, da sie sich im SAP-Namensraum befinden, als *Modifikation*, d. h. Sie ändern damit aktiv ein SAP-Standardobjekt. Alle anderen Erweiterungstechnologien erweitern dagegen das SAP-Standardobjekt über ein neu hinzugefügtes kundeneigenes Objekt. User Exits ermöglichen nur das Hinzufügen von zusätzlichem Quellcode. User Exits werden über Formroutinen realisiert, während die einzigen darin zur Verfügung stehenden Daten die lokalen und globalen Variablen des Programms sind. Zusätzliche Daten müssen über den Zwischenspeicher (siehe Abschnitt 24.3, »Daten im Memory ablegen«) importiert werden. Sie werden wie folgt aufgerufen:

```
FORM userexit_name.
  ...
ENDFORM.
```

Die Namen der Formroutinen fangen immer mit dem Präfix USEREXIT_ an.

Mittlerweile gibt es eine Reihe von Nachfolgetechnologien, die Sie anstelle von User Exits immer bevorzugen sollten. Wenn Sie einmal einen User Exit benutzen müssen, verwenden Sie lieber einen (modifikationsfreien) impliziten Erweiterungspunkt am Kopf der Formroutine. In diesem Kapitel zeige ich Ihnen beide Wege: den Standardimplementierungsweg eines User Exits im folgenden Beispiel sowie (in Abschnitt 21.4.3, »Implizite Erweiterungspunkte«) das Umgehen der Modifikation durch die neue Technologie.

Beispiel

Ihre Anforderung ist es, vor dem Speichern eines Kundenauftrags in Transaktion VA01 (Kundenauftrag anlegen) und Transaktion VA02 (Kundenauftrag ändern) Überprüfungen und gegebenenfalls Änderungen, wie z. B. zusätzliche Kundenfelder, vornehmen zu können. Von einem Kollegen haben Sie den Tipp bekommen, dass es dafür einen User Exit gibt, der den Namensbestandteil SAVE hat. Das wollen Sie nun überprüfen:

1. Öffnen Sie dazu die Transaktion VA01, und wählen Sie **System • Status** im Hauptmenü.
2. In dem sich öffnenden Dialog in Abbildung 21.1 können Sie nun im Feld **Programm(Dynpro)** doppelt auf den Namen des Programms klicken.

Abbildung 21.1 Navigieren zum Programm

3. Dadurch gelangen Sie in den ABAP Editor, in dem Sie sich alle Unterprogramme zum Programm anzeigen lassen können. Klicken Sie hierzu in der Funktionsleiste auf **Objektliste Anzeigen** ().
4. Wie Sie in Abbildung 21.2 sehen können, wird dadurch auf der linken Seite ein Navigationsbereich geöffnet, in dem das Programm `SAPMV45A` bereits vorausgewählt ist.
5. Öffnen Sie den Ordner **Unterprogramme**, und scrollen Sie so lange nach unten, bis Sie zum Buchstaben »U« kommen. Aus Platzgründen ist die Liste in Abbildung 21.2 in zwei Blöcken nebeneinander dargestellt. Dort werden Sie jetzt alle User-Exists in diesem Programm sehen. Eines davon ist `USEREXIT_SAVE_DOCUMENT`.

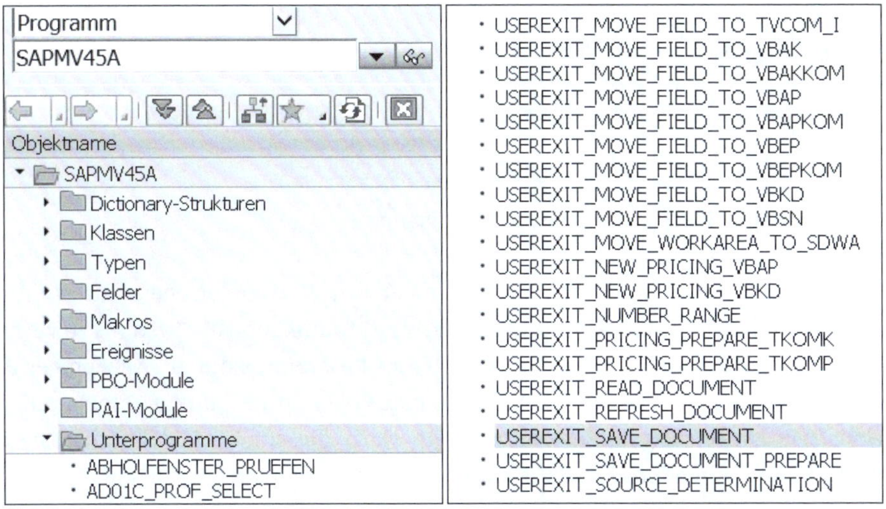

Abbildung 21.2 Finden von User Exits im Ordner »Unterprogramme«

6. Wenn Sie nun doppelt auf den Namen `USEREXIT_SAVE_DOCUMENT` klicken, wird Ihnen die entsprechende Programmstelle im ABAP Editor angezeigt, und Sie werden den Quellcode aus Listing 21.1 sehen.

```
FORM USEREXIT_SAVE_DOCUMENT.
  * Example:
  * CALL FUNCTION 'ZZ_EXAMPLE'
  *       IN UPDATE TASK
  *       EXPORTING
  *            ZZTAB = ZZTAB.
ENDFORM.
```

Listing 21.1 Eine User-Exit-Formroutine

Diese Formroutine befindet sich im SAP-Namensraum (da sie nicht mit einem `Z` oder `Y` anfängt), ihre Verwendung stellt daher eine Modifikation dar. Um diese

Formroutine auszuprogrammieren (z. B. wie die von SAP vorgeschlagene Beispielimplementierung ZZ_EXAMPLE), müssen Sie originalen SAP-Code anpassen.

7. Wenn Sie nun versuchen, über **Anzeigen <-> Ändern** () in der Funktionsleiste in den Änderungsmodus zu wechseln, wird Ihnen die in Abbildung 21.3 gezeigte Abfrage nach einem Zugangsschlüssel angezeigt. Diesen Zugangsschlüssel müssen Sie von SAP in der Regel durch Ihren Administrator generieren lassen.

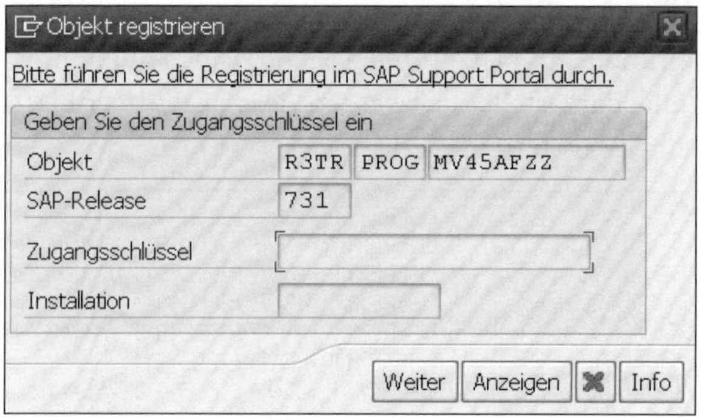

Abbildung 21.3 Registrierung einer Modifikation

Wie eingangs erwähnt, sollten Sie dies nicht tun. Verwenden Sie stattdessen die neuen impliziten Erweiterungspunkte, um eine Modifikation des Systems zu vermeiden. Dadurch haben Sie bei einem Update des Programms durch SAP weniger Probleme. Sie finden in Abschnitt 21.4.3, »Implizite Erweiterungspunkte«, eine modifikationsfreie Umsetzung dieses Fallbeispiels. Nach diesem Vorbild können Sie die weiterhin bestehenden User Exits komplett modifikationsfrei benutzen.

21.2 Customer Exits

Customer Exits sind die logische Weiterentwicklung von User Exits. Der Kunde muss keine Modifikation am SAP-Standardobjekt vornehmen, um beispielsweise ein eigenes Include (*Z-Include*) in einer USEREXIT_-Formroutine zu hinterlegen, sondern es wird ein (von SAP bereitgestellter) Funktionsbaustein aufgerufen, der bereits ein Z-Include enthält. Der Kunde kann nun in diesem bereitgestellten Z-Include seine Logik programmieren. Dadurch arbeitet der Kunde im Kundennamensraum, und es findet keine Modifikation statt.

Customer Exits werden über die Anweisung CALL CUSTOMER-FUNCTION aufgerufen. Der dazugehörige Funktionsbaustein wird über eine dreistellige Nummer identifiziert. Wie bei einem Funktionsbaustein üblich, werden IMPORT-, EXPORTING-, CHANGING- und TABLES-Parameter bereitgestellt. SAP stellt über diese Schnittstelle die Datenobjekte bereit, auf die Sie in Ihrer Erweiterung zugreifen und die Sie gegebenenfalls manipulieren können.

Der Funktionsbaustein wird nach dem folgenden Schema aufgerufen: `EXIT_Programmname_dreistelligeZahl`, aber nur, wenn die dahinterliegende Erweiterung auch implementiert und aktiviert wurde. Ein nicht aktivierter Customer Exit wird nicht aufgerufen.

Für die Arbeit mit Customer Exits stehen zwei Transaktionen bereit:

- **Transaktion SMOD (SAP-Erweiterungen)**
  Diese Transaktion wird von SAP genutzt, um Customer Exits anzulegen. Sie können die Transaktion nutzen, um Erweiterungen zu finden und um die Komponenten der Erweiterung zu sehen und zu analysieren.
- **Transaktion CMOD (Projektverwaltung von SAP-Erweiterungen)**
  Mit dieser Transaktion können Sie die Erweiterungen und ihre Komponenten in einem Projekt implementieren und damit die Erweiterung aktivieren.

Syntax

```
CALL CUSTOMER-FUNCTION 'XXX'
  [EXPORTING ...]
  [IMPORTING ...]
  [CHANGING ...]
  [TABLES ...]
  [EXCEPTIONS ...].
```

Beispiel

Gehen wir davon aus, dass Sie auf der Suche nach einer Erweiterung sind, um den Auftraggeber eines Kundenauftrags vorzubelegen. Sie rufen daher das Programm `SAPMV45A` hinter der Transaktion VA01 (Kundenauftrag anlegen) auf und wechseln über **System • Status** im Hauptmenü und einen anschließenden Doppelklick auf das Feld **Programm(Dynpro)** in den Quelltext. Dort durchsuchen Sie den Quelltext mithilfe der Suchfunktion () aus der Funktionsleiste nach »CALL CUSTOMER-FUNCTION« (siehe Abbildung 21.4). Dabei stoßen Sie auf den in Listing 21.2 gezeigten Aufruf im Include `MV45AFOA_AG_VORSCHLAGEN`.

```
CALL CUSTOMER-FUNCTION '002'
  EXPORTING
    I_TVAK  = TVAK
    I_TVTA  = TVTA
    I_VKGRP = DEFAULT_VKGRP
    I_VKBUR = DEFAULT_VKBUR
  IMPORTING
    E_KUNNR = KUAGV-KUNNR.
```

Listing 21.2 Aufruf eines Customer Exits

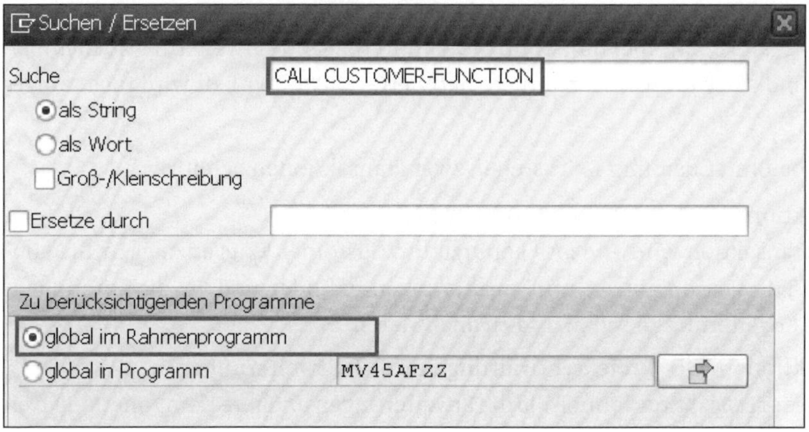

Abbildung 21.4 Suche von Customer Exits im Rahmenprogramm

Wie Sie in Listing 21.2 sehen können, gibt uns der Aufruf nur eine Nummer »002« für den Funktionsbaustein mit dem Z-Include vor. Nun gilt es, von dieser Nummer zum Namen der Erweiterung zu gelangen. Um dies zu bewerkstelligen, hilft es zu wissen, dass sich der Name des Funktionsbausteins aus `EXIT_`, gefolgt vom Namen des Hauptprogramms und der Nummer des Aufrufes zusammensetzt. In diesem Beispiel wäre der Name des Funktionsbausteins also `EXIT_SAPMV45A_002`. Durch einen Doppelklick auf 002 aus Listing 21.2 gelangen Sie durch Vorwärtsnavigation auch zu diesem Funktionsbaustein.

Jetzt könnten Sie versuchen, den Funktionsbaustein in Transaktion SE37 zu suchen und über die Dokumentation den Namen des zugehörigen Customer Exits herauszufinden. Meistens sind diese Dokumentationen allerdings nicht gepflegt.

Wenn dies der Fall ist, können Sie wie folgt vorgehen, um den Namen der Erweiterung herauszufinden:

1. Gehen Sie in die Transaktion SE11 (oder SE16N), und rufen Sie die Datenbanktabelle `MODSAP` auf.
2. Tragen Sie im *dritten* Feld **Erweiterung** (nicht im gleichnamigen ersten Feld) den Namen des Funktionsbausteins `EXIT_SAPMV45A_002` ein.
3. Starten Sie die Suche mit dem Button **Ausführen** ().
4. In der gefundenen Zeile steht im ersten Feld nun der Name der Erweiterung, im Beispiel aus Abbildung 21.5 `V45A0002`.

Nun gilt es, diese Erweiterung zu implementieren:

1. Gehen Sie dazu in die Transaktion CMOD, und geben Sie dort unter **Projekt** einen neuen, frei wählbaren Namen (im Kundennamensraum, maximal achtstellig) für Ihr Erweiterungsprojekt ein. Klicken Sie auf **Anlegen**.

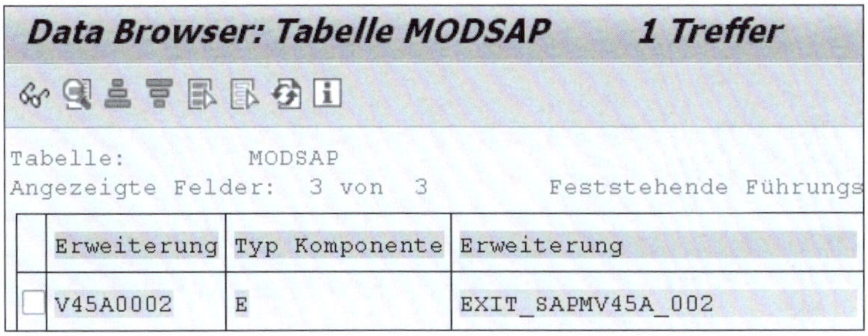

Abbildung 21.5 Erweiterung zu einem Customer-Exit-Aufruf finden

2. Tragen Sie in der nächsten Maske einen Kurztext ein, und ordnen Sie die gewünschte Erweiterung über den Button **Zuordnung Erweiterung** in der Funktionsleiste zu. Tragen Sie dazu, wie in Abbildung 21.6 gezeigt, in der Spalte **Erweiterung** den Namen der Erweiterung V45A0002 ein, und bestätigen Sie Ihre Eingabe mit [↵].

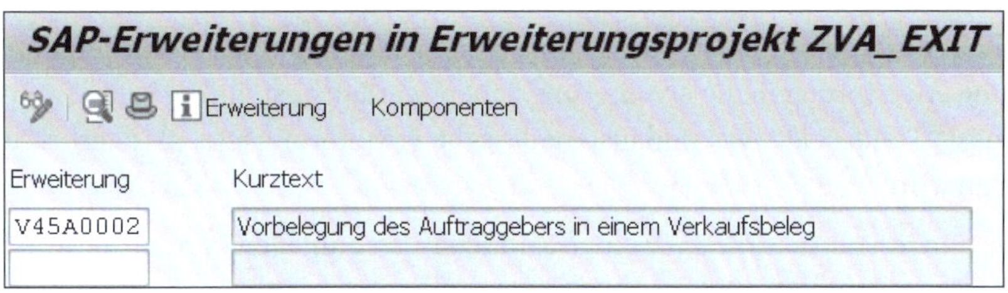

Abbildung 21.6 Implementierung eines Customer Exits

3. Nun können Sie die Komponenten der eingetragenen Erweiterung ausprägen. Klicken Sie hierzu in der Funktionsleiste auf **Komponenten**. Dadurch gelangen Sie zum Überblick über den Funktionsumfang der Erweiterung.
4. Klicken Sie dort doppelt auf den Funktionsbaustein EXIT_SAPMV45A_002 und innerhalb des Funktionsbausteins ebenfalls doppelt auf das Include ZXVVAU04.
5. Bestätigen Sie die Warnung »Programmnamen ZX... sind für Includes v. Exit-Funktionsgruppen reserviert« (es kommt je nach Systemeinstellung kein Pop-up-Fenster) mit [↵].
6. Bestätigen Sie die Anlagemaske mit **Ja**. Hier können Sie jetzt Ihre zusätzliche Logik programmieren. Die zur Verfügung gestellten Parameter erkennen Sie am besten, wenn Sie einen Breakpoint setzen und im Debugger in der Schnellanzeige auf der Registerkarte **Locals** die Datenobjekte anschauen (siehe Abbildung 21.7).

   Hier können Sie erkennen, dass der einzige Ausgabeparameter E_KUNNR ist und dazu dient, die Kundennummer vorzubelegen. Fügen Sie also z. B. E_KUNNR = '123456' in Ihr Include ein, und aktivieren (🖉) Sie dieses.

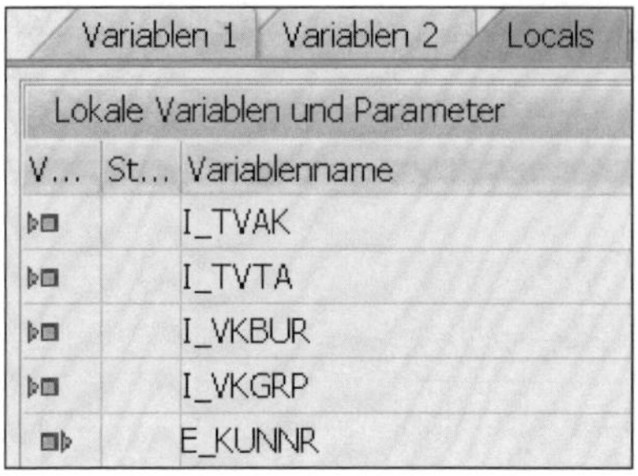

Abbildung 21.7 Zur Verfügung gestellte Datenobjekte

7. Wechseln Sie anschließend dreimal zurück ( ) zur vorigen Ansicht. Dadurch gelangen Sie zurück auf die Startseite der Transaktion CMOD.
8. Hier können Sie jetzt die Erweiterung mit dem Button **Projekt aktivieren** ( ) aktivieren.

Wenn Sie jetzt wieder über den Button **Anzeigen** in das Projekt und über den Button **Zuordnung Erweiterung** in die Erweiterung gehen, werden anstelle der roten Lampen ( ) grüne ( ) angezeigt, was signalisiert, dass die Erweiterung jetzt aktiviert ist und aufgerufen wird.

Wenn Sie nun in Transaktion VA01 einen Kundenauftrag anlegen, werden Sie feststellen, dass wie in Abbildung 21.8 das Feld **Kundennummer** bereits wie gewünscht durch Ihren Wert vorbelegt ist.

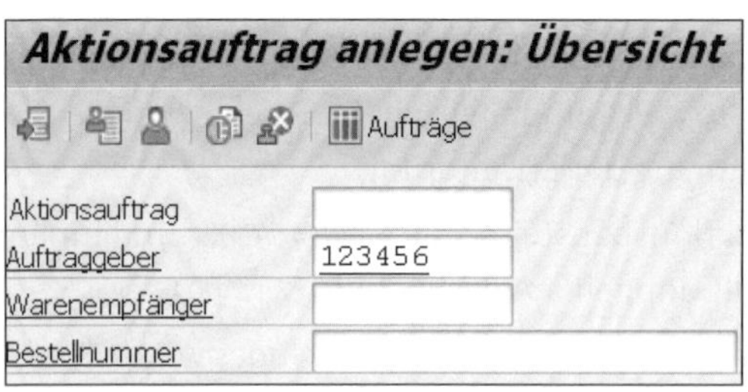

Abbildung 21.8 Vorbelegter Auftraggeber bei der Anlage eines Auftrags

21.3 Klassische Business Add-ins (BAdIs)

Mit Release 4.6d (d. h. im Jahr 2000) wurde mit den Business Add-ins (BAdIs genannt) nach den User und Customer Exits eine neue Erweiterungsmöglichkeit eingeführt. Im Vergleich zu den früheren Technologien findet die Erweiterung jetzt in einem objektorientierten Rahmen statt, wodurch mehrere Implementierungen (als Instanz einer Klasse) gleichzeitig zu einer Erweiterung aktiv sein können, die entweder nacheinander abgearbeitet werden oder für die durch einen Filter bestimmt wird, welche dieser Implementierungen tatsächlich ausgeführt wird. Darüber hinaus boten die BAdIs zum ersten Mal die Möglichkeit, dass auch Partner von SAP, die eigene ABAP-Entwicklungen vertreiben, Erweiterungspunkte für die Kunden anbieten konnten.

Ein BAdI besteht aus einem Interface und einer Adapterklasse, die dieses Interface implementiert. Neben dem Interface kann ein BAdI auch Funktionscodes für Menüerweiterungen sowie Screen-Erweiterungen enthalten. Die Aufgabe der Adapterklasse ist es, die Ausführung zu steuern, d. h., sie sorgt z. B. dafür, dass die zur Laufzeit aktive Implementierung aufgerufen wird.

Die Instanz eines BAdIs wird über die Klasse `CL_EXITHANDLER` besorgt, wobei der Rückgabewert eine Referenzvariable auf das BAdI-Interface `BADI_INTERFACE` sein muss. Der Name des BAdIs ist im Parameter `EXIT_NAME` angegeben.

Für die Implementierung von BAdIs steht die Transaktion SE19 zur Verfügung. Neben der dortigen [F4]-Hilfe zum Feld **BAdI-Name** gibt es zwei Wege, um BAdIs zu finden:

- durch eine Quelltextsuche (bzw. durch das Repository-Infosystem)
- durch einen Breakpoint in der Klasse `CL_EXITHANDLER` in der Methode `GET_INSTANCE`

Syntax

```
DATA r_exit TYPE REF TO Badi_interface
CALL METHOD cl_exithandler=>get_instance
  EXPORTING
    exit_name = 'BADI_NAME'
  CHANGING
    Instance  = r_exit.
```

21.3.1 BAdIs mithilfe eines Breakpoints finden

Um ein BAdI mithilfe eines Breakpoints zu finden, setzen Sie einen Breakpoint in der Methode, die die Instanz des BAdIs besorgt (für jeden BAdI), und rufen Sie anschließend die Transaktion auf, für die Sie erfahren wollen, welche BAdIs für sie bereitgestellt werden. Im Parameter `EXIT_NAME` steht dabei der Name des gerade aufgerufenen BAdIs.

1. Gehen Sie dazu in Transaktion SE24 in der Klasse `CL_EXITHANDLER` zur Methode `GET_INSTANCE`, und setzen Sie dort einen Breakpoint in Zeile 14 beim Aufruf der Methode `GET_CLASS_NAME_BY_INTERFACE`.
2. Rufen Sie nun die gewünschte Transaktion auf.
3. Wenn Sie sich jetzt wie in Abbildung 21.9 die Variable `EXIT_NAME` in der Schnellanzeige anzeigen lassen (z. B. durch einen Doppelklick oder das Eintragen des Namens), wissen Sie, welcher BAdI gerade aufgerufen wurde.

Abbildung 21.9 Klassische BAdIs im Debugger finden

4. Springen Sie so lange mit dem Button **Weiter** (![]) oder [F8] weiter, bis alle BAdIs aufgerufen wurden.

Beispiel

Dieses Beispiel implementiert eine zusätzliche Prüfung für die Eingabe von Materialdaten in Transaktion MM01 (Material anlegen) und in Transaktion MM02 (Material ändern). Das dabei verwendete BAdI heißt BADI_MATERIAL_CHECK, ist von SAP im dahinterliegenden Programm SAPLMGMU in der Formroutine BADI_MATERIAL_CHECK_INIT platziert und wird immer dann aufgerufen, wenn die Materialdaten durch den Benutzer gespeichert werden. Den Aufruf sehen Sie in Listing 21.3.

```
* get a reference for the interface for the BAdI
  CALL METHOD cl_exithandler=>get_instance
    EXPORTING
      EXIT_NAME = 'BADI_MATERIAL_CHECK'
```

Listing 21.3 Aufruf des BAdIs BADI_MATERIAL_CHECK

Implementieren Sie dieses BAdI z. B. wie folgt:

1. Gehen Sie in die Transaktion SE19, und wählen Sie im unteren Bereich **Implementierung anlegen** die Option **klassisches BAdI**.
2. Tragen Sie im Eingabefeld **BAdI-Name** den Namen des BAdIs BADI_MATERIAL_CHECK ein, und klicken Sie anschließend auf den Button **Impl. Anlegen**.
3. Geben Sie in dem sich öffnenden Pop-up-Fenster einen Namen für die Implementierung an (z. B. ZBADI_MAT_CHECK), und bestätigen Sie Ihre Eingabe mit einem Klick auf das grüne Häkchen (✔).
4. Dadurch gelangen Sie zu dem in Abbildung 21.10 dargestellten BAdI-Builder. Tragen Sie hier einen Kurztext ein, und wechseln Sie anschließend auf die Registerkarte **Interface**.

5. Klicken Sie hier doppelt auf die Methode `CHECK_DATA`, und bestätigen Sie die Frage, ob die Klasse angelegt werden soll, mit **Ja**.

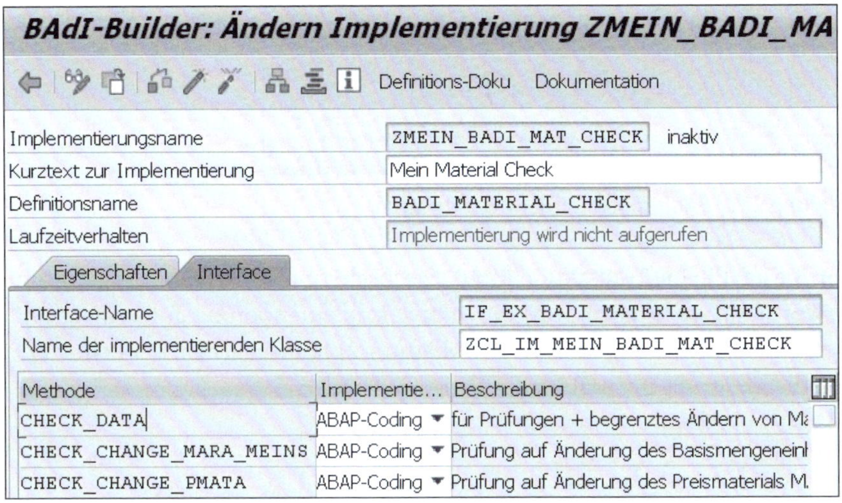

Abbildung 21.10 Implementierung eines klassischen BAdIs

6. In der Signatur der Methode, die Sie über den Button **Signatur** in der Funktionsleiste aufrufen können, haben Sie viele Parameter zur Verfügung, die Sie zur Laufzeit mit allen wichtigen Materialdaten versorgen können. Im Parameter `WMARA` finden Sie z. B. alle Kopfdaten des Materials.
7. Hier können Sie jetzt eine beliebige Prüfung der Materialdaten implementieren und im Negativfall eine Meldung vom Typ »E« (Fehler) ausgeben lassen. In Listing 21.4 sehen Sie ein Beispiel für eine Prüfung der Berechtigungsgruppe, die für alle Materialien nicht mehr dem Wert »ALT« entsprechen darf.

```
METHOD if_ex_badi_material_check~check_data.
IF wmara-begru = 'ALT'.
  MESSAGE 'Ber.Gruppe veraltet, nicht mehr verwenden!'
          TYPE 'E'.
ENDIF.
ENDMETHOD.
```

Listing 21.4 Beispielhafte Implementierung der Methode CHECK_DATA()

8. **Aktivieren** () Sie die Methode und die angelegte Klasse, und wechseln Sie anschließend über **Zurück** () zurück in den BAdI-Builder.
9. Nun müssen Sie die BAdI-Implementierung ebenfalls über den Button **Aktivieren** () in der Menüleiste aktivieren.
10. Dadurch erscheint im Feld **Laufzeitverhalten** der Text »Implementierung wird aufgerufen« (siehe Abbildung 21.11).

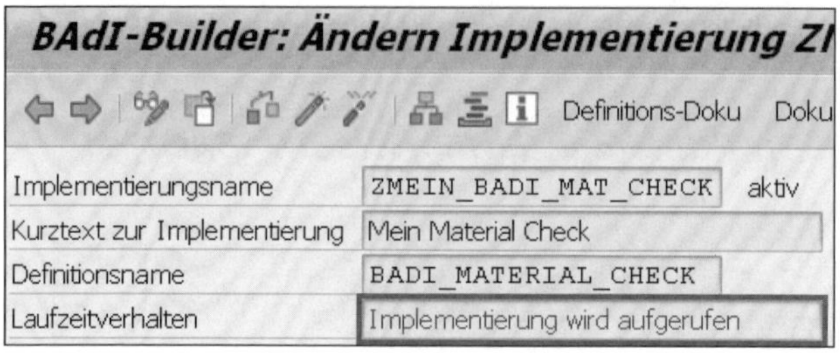

Abbildung 21.11 BAdI-Implementierung aktivieren

Wenn Sie jetzt in die Transaktion MM02 wechseln und bei der **Berechtigungsgruppe** den Wert »ALT« eintragen, wird Ihre aktive Implementierung aufgerufen, und die programmierte Meldung wird wie in Abbildung 21.12 ausgegeben. Der Benutzer kann somit die Änderung des Materials nicht speichern.

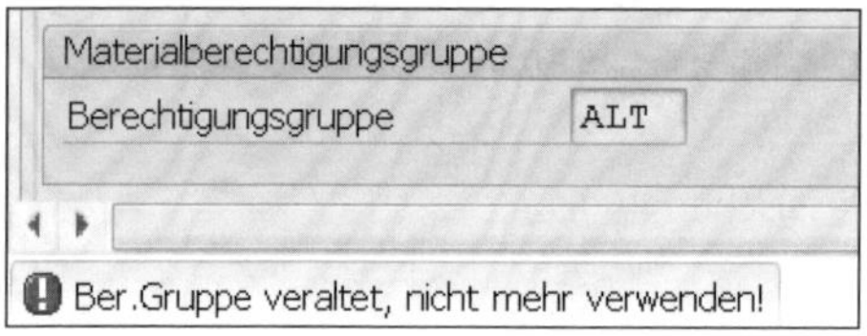

Abbildung 21.12 Endergebnis des implementierten BAdIs

21.4 Enhancement Framework

Das *Enhancement Framework* wurde mit SAP NetWeaver 7.0 (d. h. im Jahr 2005) eingeführt und stellt eine komplette Überarbeitung des Erweiterungskonzepts dar, um eine flexible, modifikationsfreie und organisierte Erweiterung des SAP-Systems zu ermöglichen. Hintergrund dieser Überarbeitung war, dass SAP das Konzept des Rollouts von verschiedenen Lösungen innerhalb des SAP-Systems überdachte. SAP bemerkte, dass Dutzende Lösungen (für jede Branche ein Add-on) einen zu hohen Pflege- und Wartungsaufwand bedeuteten.

Der neue Gedanke: Die Branchenlösungen werden deaktiviert zusammen mit dem Kernsystem (den SAP-Standardkomponenten) an den Kunden ausgeliefert. Der Kunde aktiviert dann die gewünschte Branchenlösung und damit zusätzliche Funktionalität im System. Die Grenzen dieser zusätzlichen Branchenlösungen waren aber schwimmend. Sie teilten sich mitunter viele Transaktionen.

Daher brauchte SAP eine Technologie, die es ermöglichte, Standardanwendungen bei Bedarf unterschiedliche Funktionalität ausführen zu lassen. Es sollten zusätzlicher Code, zusätzliche Oberflächen oder zusätzliche ABAP-Dictionary-Strukturen bereitstehen, die je nach Bedarf an- oder ausgeschaltet werden können. Das Enhancement Framework in Kombination mit dem *Switch Framework* war geboren.

Diese Herangehensweise bot zusätzlich den Charme, dass aufbauend auf diesen beiden Frameworks die *Enhancement Packages* (EHP) eingeführt wurden, die im Vergleich zu Service Packages keine Fehler beheben, sondern dem System zusätzliche, neue Funktionen hinzufügen. Der Clou: Auch hier sind alle Funktionen nach dem Einspielen zunächst deaktiviert, und der Kunde kann (nach seinen eigenen Zeitvorstellungen oder seinem Bedarf) gezielt entscheiden, welche neue Funktionalität er aktivieren möchte.

Die Überarbeitung brachte weitere Vorteile mit sich:

- eine deutlich flexiblere Erweiterung des SAP-Systems durch immer vorhandene und nicht explizit vorgegebene Erweiterungspunkte
- verbesserte Unterstützung beim Release-Wechsel
- die Möglichkeit, über das Switch Framework Erweiterungen ein- und auszuschalten
- die Gruppierung von Erweiterungen sowie ihre Dokumentation über eine bereitgestellte Architektur
- Die expliziten Erweiterungsoptionen können auch von Partnern (und nicht nur von SAP) angelegt und dem Kunden bereitgestellt werden. Dadurch wird auch die Flexibilität von Partnerlösungen erhöht.

Folgende Erweiterungsmöglichkeiten wurden neu eingeführt:

- *explizite Erweiterungspunkte* (Explicit Enhancement Points) zum Hinzufügen von Quellcode an vorgesehenen Stellen (analog zu User Exits, Customer Exits und BAdIs, siehe Abschnitt 21.4.2)
- *neue BAdIs* als Überarbeitung der klassischen BAdIs (siehe Abschnitt 21.5)
- *implizite Erweiterungspunkte* (Implicit Enhancement Points) zum Hinzufügen von Quellcode an nicht direkt (explizit) vorgesehenen Stellen (siehe Abschnitt 21.4.3)
- *explizite Erweiterungssektionen* (Explicit Enhancement Sections) für die Ersetzung von Quellcode (siehe Abschnitt 21.4.6)

Diese Technologien können zur Erweiterung folgender Objekte verwendet werden:

- Klassen (siehe Abschnitt 21.4.4)
- Funktionsbausteine (siehe Abschnitt 21.4.5)

Außerdem können die folgenden Techniken für die Erweiterung von ABAP-Dictionary-Objekten verwendet werden:

- Append-Strukturen zur Erweiterung bereits existierender Standardstrukturen (siehe Abschnitt 21.4.7)
- Suchhilfenerweiterungen zur Erweiterung existierender Suchhilfen (siehe Abschnitt 21.4.8)

- Indexerweiterungen zum Hinzufügen von Datenbankindizes (siehe Abschnitt 21.4.9)
- Einzelwerterweiterungen zur Erweiterung von Domänenfestwerten (siehe Abschnitt 21.4.10)

21.4.1 Architektur

Zur Gruppierung der eingeführten neuen Erweiterungen und ihrer Implementierungen wurde eine Architektur eingeführt. Die Aufgabe dieser Architektur: Ordnung schaffen. Das SAP-System enthielt bisher eine ungezählte Menge an User und Customer Exists sowie klassischen BAdIs, die zusammenhangslos im System existierten und nur durch eine externe Dokumentation in einen Zusammenhang gebracht wurden. Angenommen, Sie hätten die Aufgabe, eine Standardtransaktion für eine bestimmte Funktionalität zu erweitern und Sie hätten dafür zwei User Exits, einen Customer Exit und drei BAdIs verwendet. Woher wissen Sie, dass diese zusammengehören, und wie finden Sie diese wieder? Nur über die Dokumentation. Also wurde für die neuen Erweiterungen die Transaktion SE20 (Enhancements) als zentraler Einstiegspunkt eingeführt. In Abbildung 21.13 sehen Sie den Einstiegsbildschirm dieser Transaktion.

Abbildung 21.13 Einstieg der Transaktion SE20

Hier bekommen Sie einen Überblick über alle im System vorhandenen und bereits implementierten Erweiterungen und können diese verwalten, z. B. ändern, anlegen, löschen oder (ganz wichtig) dokumentieren.

Die dahinterliegende Architektur ist in Abbildung 21.14 skizziert. Sie setzt sich aus den folgenden Objekten zusammen:

- **Erweiterungsoptionen (Enhancement Options)**
  Erweiterungsoptionen sind Repository-Objekte (z. B. Quelltext, Includes, Klassen), an denen Erweiterungen vorgenommen werden können. Es gibt implizite (nicht direkt vorgesehene) und explizite (direkt vorgesehene) Erweiterungsoptionen:
  - Implizit: Erweiterungspunkte
  - Explizit: Erweiterungspunkte, -sektionen, neue BAdIs

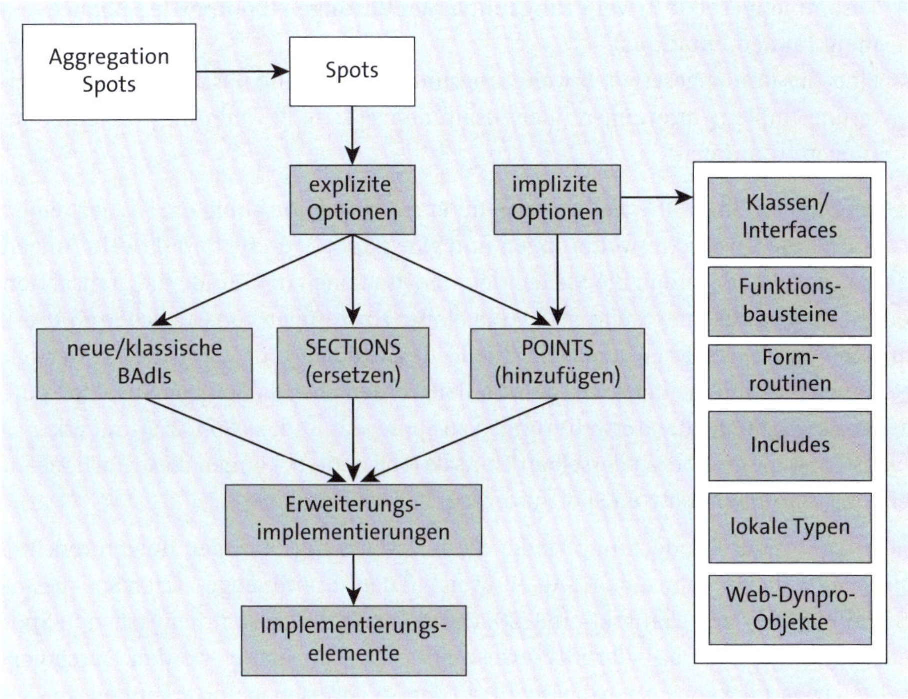

Abbildung 21.14 Architektur des Enhancement Frameworks

- **Erweiterungsimplementierungselemente (Enhancement Implementation Elements)**
  Ein Erweiterungsimplementierungselement stellt die eigentliche Erweiterung dar und enthält den hinzugefügten Code bzw. das Objekt.
- **Erweiterungsimplementierungen (Enhancement Implementations)**
  Erweiterungsimplementierungen kapseln mehrere Erweiterungsimplementierungselemente.
- **Erweiterungsspots (Enhancement Spots)**
  Erweiterungsspots definieren die Stellen, an denen eine Erweiterungsoption explizit angeboten wird. Deshalb ist in der Syntax von expliziten Punkten und Sektionen immer der Zusatz SPOTS angegeben. Erweiterungsspots fassen darüber hinaus die zugehörigen Erweiterungsimplementierungen zusammen.

  Ein Spot kann mehrere explizite Erweiterungsoptionen definieren, kann aber immer nur einen Typ beinhalten, d. h. entweder Quelltexterweiterungen (Punkte und Sektionen) oder neue BAdIs.
- **Zusammengesetzte Erweiterungsspots (Composite Enhancement Spots)**
  Zusammengesetzte Erweiterungsspots fassen Erweiterungsspots und zusammengesetzte Erweiterungsspots zusammen.

- **Zusammengesetzte Erweiterungsimplementierungen (Composite Enhancement Implementations)**
  Eine zusammengesetzte Erweiterungsimplementierung fasst mehrere Erweiterungsimplementierungen oder zusammengesetzte Erweiterungsimplementierungen zusammen.

Angenommen, SAP will Erweiterungen für eine Transaktion anbieten: SAP legt einen Spot 1 für die Quelltexterweiterungen und einen Spot 2 für die BAdI-Erweiterungen an. Anschließend werden die Stellen definiert, an denen der Kunde die Transaktion erweitern darf. An einer Stelle ist dies ein bloßes Hinzufügen von Quellcode (*Punkte*), an anderen Stellen das Ersetzen von Quellcode (*Sektionen*) oder gar Bildschirmerweiterungen (z. B. durch ein BAdI). Diese Stellen werden anschließend den beiden Spots zugeordnet: die Quelltexterweiterungen zu Spot 1, das BAdI zu Spot 2. Damit erkennbar ist, dass diese Spots zu derselben Transaktion gehören, können diese noch mal in einem zusammengesetzten Spot zusammengefasst werden.

Jetzt kommt der Kunde zum Zug, der diese Erweiterungsoptionen nutzen möchte. Nehmen wir an, er ist in einem SAP-Hinweis auf den zusammengesetzten Spot gestoßen und öffnet nun Transaktion SE20. Dort kann er den zusammengesetzten Spot eintragen und sehen, dass darunter zwei weitere Spots angeboten werden. Durch Vorwärtsnavigation kann er sich die Details zu den Spots ansehen und erkennen, an welchen Stellen die Möglichkeit besteht, sich in die Verarbeitungslogik einzuhängen. Der eine Spot bietet sogar eine Screen-Erweiterung an, um eine weitere Registerkarte hinzuzufügen! Der Kunde entscheidet sich, zwei dieser Erweiterungspunkte zu nutzen, und fängt an, diese zu implementieren. Bei der Anlage wird der Kunde jeweils aufgefordert, eine Erweiterungsimplementierung anzulegen. Beim ersten Mal legt er eine neue an, bei der Implementierung des zweiten Punktes wählt er die bereits angelegte Erweiterungsimplementierung aus. Diese gehören letztlich zusammen. Der Kunde implementiert den Code, der im Hintergrund als Erweiterungsimplementierungs-Element behandelt wird. Davon bekommt der Kunde aber nichts mit.

21.4.2 Explizite Erweiterungspunkte

Explizite Erweiterungspunkte ermöglichen das Hinzufügen von Quellcode an fest vorgesehenen Stellen. Diese Stellen sind im Quellcode mit `ENHANCEMENT-POINT` angegeben. Sie sind immer einem Erweiterungsspot über den Zusatz `SPOTS` zugeordnet. Normalerweise werden Sie eine solche Definition eingebettet in andere Quelltextzeilen vorfinden.

Syntax

```
ENHANCEMENT-POINT point_name SPOTS spot_name.
```

Beispiel

Die fett gedruckten Zeilen in Listing 21.5 sind vorgegeben, die normalen durch den Kunden hinzugefügt.

```
WRITE: 'Original 1'.
ENHANCEMENT-POINT ehfw_point SPOTS ehfw_spot.
ENHANCEMENT 1 z_implementation.
  WRITE: 'Erweiterung 1'.
ENDENHANCEMENT.
WRITE: 'Original 2'.
```

Listing 21.5 Angabe eines expliziten Erweiterungspunktes

Die Ausgabe des Beispiels in der Listenausgabe wäre:

- Vor der Implementierung:
  - Original 1
  - Original 2
- Nach der Implementierung:
  - Original 1
  - Erweiterung 1
  - Original 2

Implementierung

In Abbildung 21.15 sehen Sie einen von SAP vorgegebenen expliziten Erweiterungspunkt innerhalb einer LOOP-Anweisung. Dieser ermöglicht es Ihnen, den dortigen Feldkatalog zu ändern (und damit auch die darauf aufbauende Tabellenanzeige).

```
Include   LMGMMF38   aktiv

      loop at lt_fieldcat assigning <ls_fieldcat>.
        if <ls_fieldcat>-fieldname <> 'TEXT_ZEILE'.
          <ls_fieldcat>-no_out = 'X'.
        endif.
ENHANCEMENT-POINT TOP_OF_PAGE_01 SPOTS ES_LMGMMF38

      endloop.
```

Abbildung 21.15 Ein expliziter Erweiterungspunkt

Um einen solchen expliziten Erweiterungspunkt zu implementieren, gehen Sie wie folgt vor:

1. Klicken Sie auf **Erweitern** () in der Funktionsleiste.
2. Klicken Sie anschließend mit der rechten Maustaste auf `ENHANCEMENT-POINT` (in Abbildung 21.15 in Zeile 34), und wählen Sie **Erweiterungsoperation • Implementierung anlegen** im Kontextmenü.
3. Geben Sie, wie in Abbildung 21.16 gezeigt, einen Namen für die **Erweiterungsimplementierung** und einen **Kurztext** an, und bestätigen Sie Ihre Eingabe mit einem Klick auf das grüne Häkchen ().

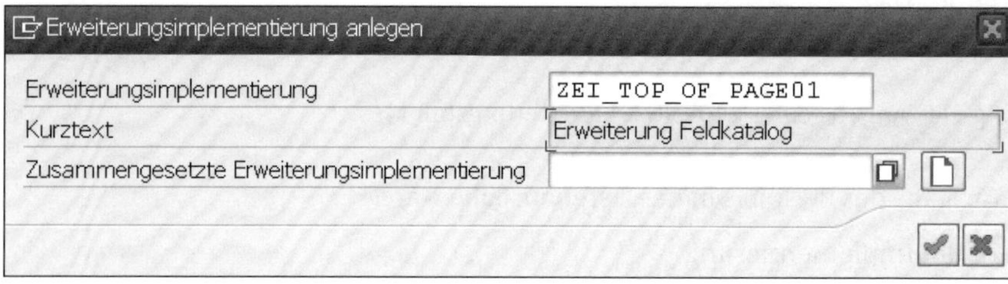

Abbildung 21.16 Erweiterungsimplementierung anlegen

Dadurch wird der Punkt implementiert, und der Quellcode unterhalb des Punktes wird, wie in Abbildung 21.17 sichtbar, für Ihre Implementierung freigegeben.

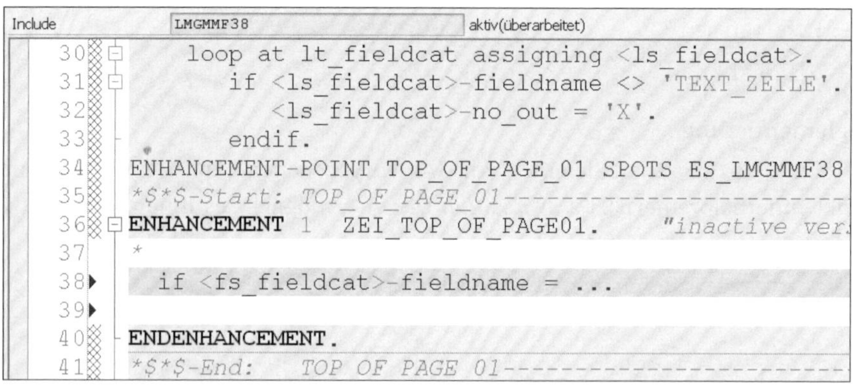

Abbildung 21.17 Implementierung eines expliziten Erweiterungspunktes

4. Geben Sie hier Ihren Quelltext ein, und aktivieren Sie Ihre Erweiterung über den Button **Erweiterungen** in der Funktionsleiste.
5. Den Erweiterungsmodus können Sie durch einen Klick auf den Button **Anzeigen <-> Ändern** () wieder verlassen.

Wollen Sie Ihren implementierten expliziten Erweiterungspunkt später wieder bearbeiten, können Sie erneut in den Erweiterungsmodus () wechseln, mit der rechten Maustaste auf Ihre Erweiterung klicken (den Block `ENHANCEMENT ... ENDENHANCEMENT` in Abbildung 21.17 ab Zeile 36) und aus dem Kontextmenü **Erweiterungsoperation • Implementierung ändern** auswählen.

21.4.3 Implizite Erweiterungspunkte

Neben den fest vorgegebenen expliziten Erweiterungspunkten gibt es die impliziten Erweiterungspunkte, um Quellcode und Objekte an nicht direkt (explizit) vorgesehenen Stellen hinzuzufügen.

Zu diesen Stellen zählen der Kopf und Fuß von:

- Funktionsbausteinen
- Methoden von Klassen (sowie das Überschreiben)
- Formroutinen
- Includes
- lokalen Typangaben (`TYPES BEGIN OF`)

Außerdem können Schnittstellen von Klassen (und Interfaces) um Attribute, Interfaces, Ereignisse und Typen erweitert werden sowie um Funktionsbausteine. Darüber hinaus können Sie in Web Dynpro ABAP jegliche Stellen erweitern (Controller, Context) und bestehende Oberflächen (Views) komplett modifizieren, z. B. Elemente entfernen oder hinzufügen. In diesem Abschnitt stelle ich Ihnen die allgemeine Vorgehensweise vor.

In Abschnitt 21.1, »User Exits«, hatte ich Ihnen gezeigt, wie Sie einen User Exit implementieren können, hatte aber auch darauf hingewiesen, dass man auf implizite Erweiterungspunkte zurückgreifen sollte, um eine Modifikation zu vermeiden. Dieses Beispiel greife ich hier wieder auf:

1. Gehen Sie im Quelltext (Programm `SAPMV45A`) der Formroutine über den Button **Erweitern** () in der Funktionsleiste in den Erweiterungsmodus. Links vom Quelltext wird nun ein schraffierter Streifen angezeigt.
2. Klicken Sie anschließend mit der rechten Maustaste auf den Quellcode (egal wo), und wählen Sie den Pfad **Erweiterungsoperationen • Implizite Erw.Optionen einblenden** im Kontextmenü.

```
FORM USEREXIT_SAVE_DOCUMENT.
""""""""""""""""""""""""""""""""""""""

* Example:
* CALL FUNCTION 'ZZ_EXAMPLE'
*      IN UPDATE TASK
*      EXPORTING
*           ZZTAB = ZZTAB.

""""""""""""""""""""""""""""""""""""""
ENDFORM.
```

Abbildung 21.18 Erweiterungsoptionen am Kopf und am Fuß

3. Dadurch wird am Kopf und am Fuß der Formroutine (am linken Rand) jeweils ein kleiner Pfeil (➡) angezeigt (siehe Abbildung 21.18). Damit werden die impliziten Erweiterungspunkte markiert, die Ihnen zur Implementierung zur Verfügung stehen.
4. Klicken Sie mit der rechten Maustaste auf die Kopfzeile mit Pfeil (in Abbildung 21.18 Zeile 259), und wählen Sie **Erweiterungsoperationen • Implementierung anlegen** aus dem Kontextmenü aus.
5. Geben Sie einen Namen für die Erweiterungsimplementierung und einen Kurztext an, und bestätigen Sie Ihre Eingabe mit einem Klick auf das grüne Häkchen (✔). Dadurch wird der Punkt implementiert und der Quellcode unterhalb des Punktes wird, wie in Abbildung 21.19 sichtbar, für Ihre Implementierung freigegeben.

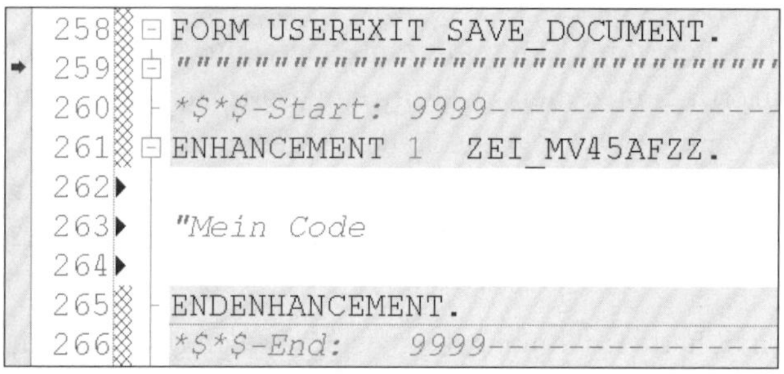

Abbildung 21.19 Erweiterung einer Formroutine durch einen impliziten Erweiterungspunkt

6. Geben Sie hier Ihren Quelltext ein, und aktivieren Sie Ihre Erweiterung über den Button **Erweiterungen** in der Funktionsleiste.

Durch die Implementierung des impliziten Erweiterungspunktes am Kopf der Formroutine haben Sie eine Modifikation vermieden.

21.4.4 Klassenerweiterungen

Folgende Änderungen sind an Klassen (bzw. Interfaces) möglich:

- Bei Methoden:
  - zusätzliche Methoden
  - Überschreiben von Methoden
  - Erweiterung am Kopf und am Fuß
  - Erweiterung der Parameter
- zusätzliche Attribute, Freunde und Interfaces

Um eine Klasse zu erweitern, wechseln Sie über die Funktionsleiste in den Erweiterungsmodus ().

Tragen Sie im sich öffnenden Pop-up-Fenster einen Namen und eine Kurzbeschreibung für die Erweiterungsimplementierung ein, und bestätigen Sie Ihre Eingabe mit einem Klick auf das grüne Häkchen (). Nun können Sie auf den verschiedenen Registerkarten beliebige neue Komponenten (Attribute, Methoden, Interfaces, Freunde) eintragen.

Methoden

Zu den Methoden gibt es neben dem Hinzufügen neuer Methoden noch weitere Erweiterungsoptionen. Über den Eintrag **Bearbeiten** im Hauptmenü erreichen Sie das in Abbildung 21.20 dargestellte Menü **Erweiterungsoperationen**.

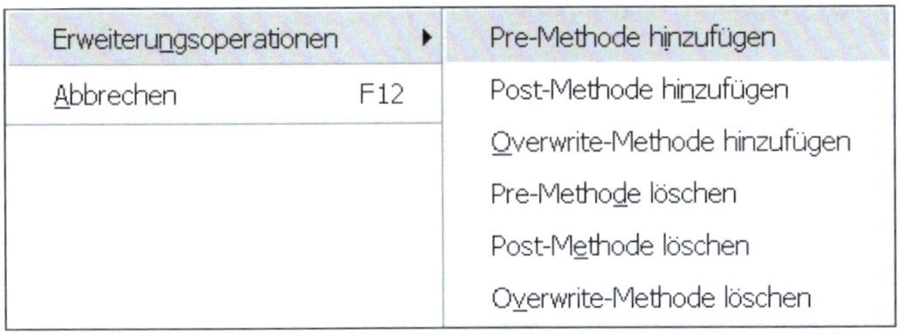

Abbildung 21.20 Erweiterungsmöglichkeiten von Methoden im Hauptmenü

Dort können Sie folgende Erweiterungen für eine vorher ausgewählte Methode anlegen:

- Pre-Methode (Erweiterung am Kopf)
- Post-Methode (Erweiterung am Fuß)
- Overwrite-Methode (Ersetzung der Methode)

Durch die Anlage wird, wie in Abbildung 21.21 dargestellt, für die jeweilige Methode in der Erweiterungsspalte ein Button **Navigieren zu ...** () angezeigt.

Wie in Abbildung 21.21 ersichtlich, können Sie auch beliebig neue Funktionen (hier eine Funktion `TO_JSON()`) hinzufügen.

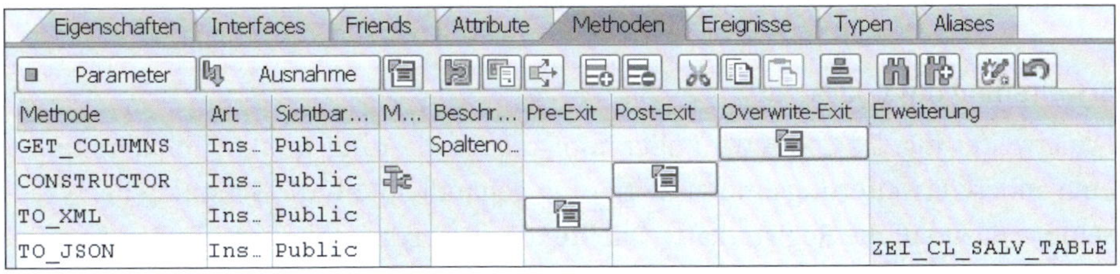

Abbildung 21.21 Erweiterung der Methoden einer Klasse

Dabei können Sie dort ebenso frei neue Parameter hinzufügen, wie bei bestehenden Methoden. Bei diesen können allerdings nur optionale Parameter hinzugefügt werden, damit bestehende Aufrufe der Methoden weiterhin funktionieren.

Die Erweiterungen lassen sich nicht für geerbte Methoden anlegen, sondern müssen in der Oberklasse erfolgen. Redefinierte Methoden können Sie dagegen beliebig erweitern. Sie haben zusätzlich aber auch die Möglichkeit, sich innerhalb jeder Methode am Kopf- und am Fuß über Erweiterungsimplementierungen reinzuhängen.

21.4.5 Funktionsbaustein-Erweiterungen

Folgende Änderungen an Funktionsbausteinen sind möglich:

- Erweiterung der Schnittstelle
- Erweiterung des Codes (Registerkarte **Quelltext**)

Erweiterung der Schnittstelle

Wechseln Sie hierzu in den Erweiterungsmodus (). Passen Sie auf, dass Sie sich dabei auf den Schnittstellenregisterkarten und nicht auf der Registerkarte **Quelltext** befinden. Tragen Sie im sich öffnenden Pop-up-Fenster einen Namen und eine Kurzbeschreibung für die Erweiterungsimplementierung ein, und bestätigen Sie Ihre Eingabe mit einem Klick auf das grüne Häkchen (). Tragen Sie auf den Registerkarten **Import**, **Export**, **Changing** und **Tabellen** neue Parameter ein. Diese werden immer **Optional** gesetzt, damit bestehende Aufrufe des Funktionsbausteins weiterhin funktionieren. In Abbildung 21.22 wurde beispielhaft ein neuer Parameter `NEUER_PARAMETER` vom Typ `CHAR10` hinzugefügt.

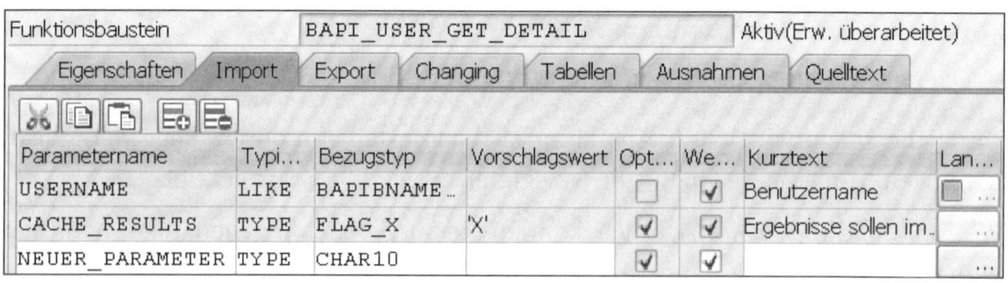

Abbildung 21.22 Erweiterung der Parameter eines Funktionsbausteins

Erweiterung des Codes

Die Erweiterung des Codes wird über implizite Erweiterungspunkte und damit über eine andere Erweiterungsimplementierung gehandhabt als die Schnittstelle. Wechseln Sie dazu auf die Registerkarte **Quelltext** und dort anschließend in den Erweiterungsmodus. Falls Sie vorher die Schnittstelle erweitert haben und der Erweiterungsmodus bereits aktiv ist, sollten Sie diesen über **Anzeigen <-> Ändern** () verlassen und den Erweiterungsmodus über **Erweitern** () erneut aktivieren. Nun können Sie Ihren Quelltext, wie in Abschnitt 21.4.3, »Implizite Erweiterungspunkte«, beschrieben, am Kopf und Fuß des Funktionsbausteins anfügen. Beispielhaft wurde in Abbildung 21.23 der Kopf des Funktionsbausteins erweitert, um zu prüfen, ob der neu hinzugefügte Parameter gesetzt wurde. Dies ist z. B. nützlich, um die Eingabeparameter des Funktionsbausteins zu manipulieren, während sich durch den Erweiterungspunkt am Ende die Ausgabeparameter manipulieren lassen.

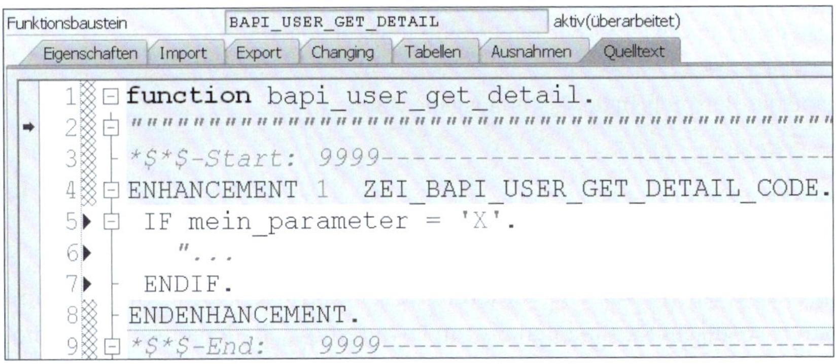

Abbildung 21.23 Erweiterung des Quelltextes eines Funktionsbausteins

Einen Overwrite Exit wie bei Methoden von Klassen gibt es nicht. Öfter sieht man aber, dass der komplette Code des Funktionsbausteins in die Kopferweiterung kopiert und dort angepasst und anschließend am Ende der Erweiterung die Anweisung `EXIT` hinzugefügt wurde, damit der originale Code des Funktionsbausteins nicht mehr ausgeführt wird.

21.4.6 Erweiterungssektionen

Die neuen Erweiterungssektionen dienen nicht der Erweiterung, sondern der Ersetzung von originalem Quellcode. Diese Stellen sind im Quellcode mit `ENHANCEMENT-SECTION` angegeben. Sie sind immer einem Erweiterungsspot über den Zusatz `SPOTS` zugeordnet. Normalerweise werden Sie eine solche Definition eingebettet in andere Quelltextzeilen vorfinden.

Syntax

```
ENHANCEMENT-SECTION section_name SPOTS spot_name.
  ...
END-ENHANCEMENT-SECTION.
```

Beispiel

Die fett gedruckten Zeilen in Listing 21.6 sind vorgegeben, die normal gedruckten durch den Kunden hinzugefügt.

```
ENHANCEMENT-SECTION ehfw_section SPOTS ehfw_spot.
  WRITE 'Original'.
END-ENHANCEMENT-SECTION.
ENHANCEMENT 1 z_implementation.
  WRITE 'Ersetzung'.
ENDENHANCEMENT.
```

Listing 21.6 Ersetzung von Quellcode mit Erweiterungssektionen

Die Ausgabe des Beispiels in der Listenausgabe wäre:

- Vor der Ersetzung: `Original`
- Nach der Ersetzung: `Ersetzung`

Implementierung

Abbildung 21.24 zeigt eine von SAP vordefinierte Erweiterungssektion. Um sie zu implementieren, wechseln Sie über den Button **Erweitern** (◎) in den Erweiterungsmodus und klicken anschließend mit der rechten Maustaste auf `ENHANCEMENT-SECTION`. Wählen Sie im Kontextmenü **Erweiterungsoperation • Implementierung**.

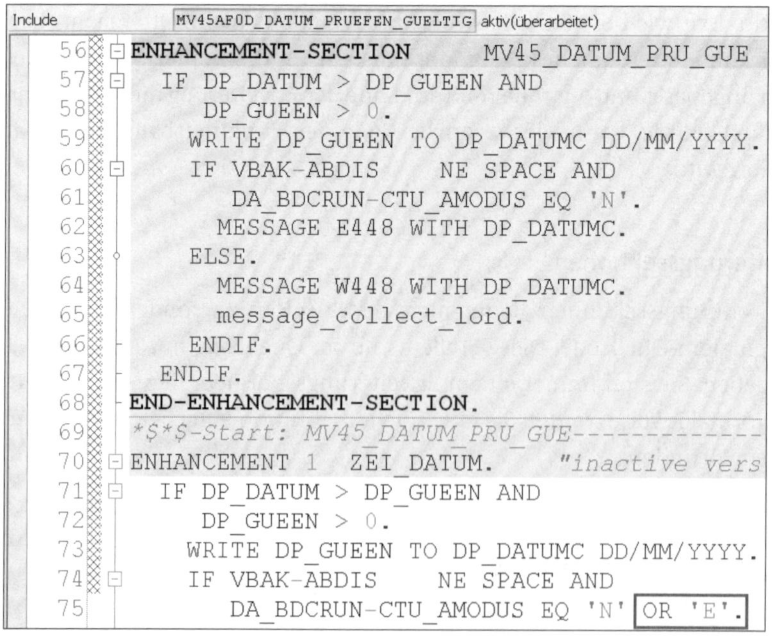

Abbildung 21.24 Implementieren einer Erweiterungssektion

Legen Sie über den Button **Neu** ( ) eine Erweiterungsimplementierung an, indem Sie einen Namen und einen Kurztext eingeben und Ihre Eingabe mit einem Klick auf das grüne Häkchen ( ) bestätigen.

Wählen Sie anschließend die angelegte Erweiterungsimplementierung aus der Liste aus. Dadurch wird die ursprüngliche Sektion kopiert und, wie in Abbildung 21.24 sichtbar, für Ihre Implementierung freigegeben.

Ändern Sie hier den Quelltext nach Belieben. Beispielsweise wurde in Abbildung 21.24 die `IF`-Abfrage um ein `OR 'E'` erweitert. Aktivieren Sie anschließend Ihre Änderungen über den Button **Erweiterungen**.

Mehrere Implementierungen

In manchen Versionen lässt Sie die Transaktion SE20 mehrere Implementierungen für eine Sektion anlegen. Wenn Sie mehrere Implementierungen für eine Sektion vornehmen, werden nicht alle, sondern nur eine durchlaufen. Das System priorisiert dabei alphabetisch nach dem Namen der Erweiterung.

21.4.7 Strukturerweiterungen

Der Grund, aus dem Sie bei der Anlage einer Struktur wie in Abbildung 21.25 dazu aufgefordert werden, die Erweiterungskategorie einzustellen, ist, dass Sie für eine Struktur eine *Append-Struktur* – also eine Erweiterung – anlegen können.

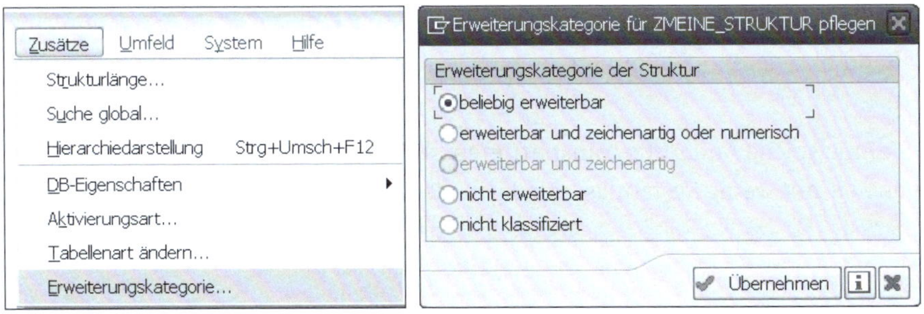

Abbildung 21.25 Erweiterungskategorie einer Struktur

Dies geschieht ebenfalls im Rahmen des Enhancement Frameworks und kann damit später auch über das Switch Framework geschaltet werden. Dies ist besonders hilfreich, wenn Sie SAP-Strukturen Felder hinzufügen wollen, damit Ihnen z. B. in einer Standardtransaktion ein Feld mehr angezeigt wird.

Da Tabellen auf Strukturen basieren, ist die Anlage einer Append-Struktur auch in Tabellen möglich, d. h., Sie können eine SAP-Standardtabelle, falls es die Erweiterungskategorie zulässt, um weitere Felder erweitern.

Zur Anlage müssen Sie lediglich in Transaktion SE11 die gewünschte Tabelle aufrufen, z. B. die in Abbildung 21.26 angezeigte Tabelle MARA (die SAP-Materialtabelle), und auf den Button **Append-Struktur** ❶ in der Menüleiste klicken.

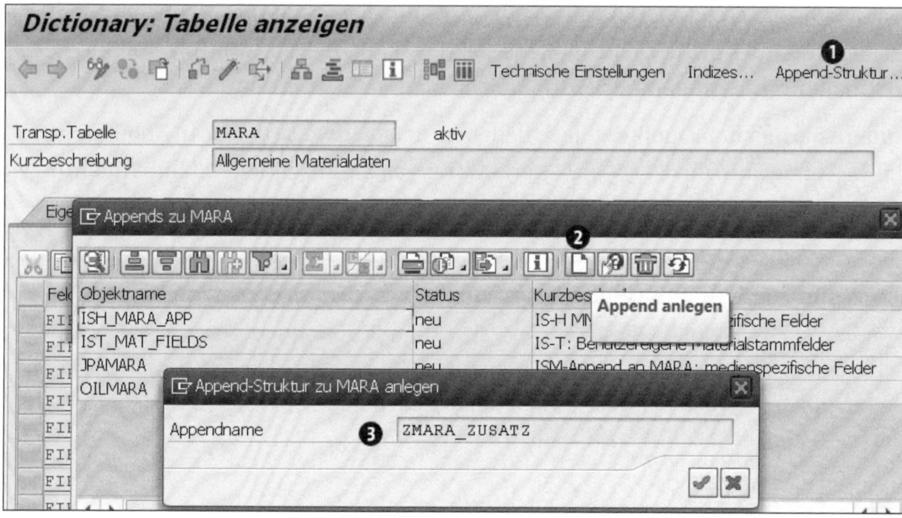

Abbildung 21.26 Anlegen einer Append-Struktur

In dem sich öffnenden Pop-up-Fenster können Sie nach einem Klick auf **Append anlegen** (❷) einen Namen für Ihre Append-Struktur vergeben ❸. Durch das Bestätigen Ihrer Eingabe mit einem Klick auf das grüne Häkchen wird die neue Append-Struktur angelegt, die Sie nun analog zu einer normalen Struktur ausprägen und anschließend aktivieren () können. Je nach Größe der Tabelle kann dies eine Weile dauern.

Falls Sie eine solche Änderung transportieren, stellen Sie sicher, dass Sie dies zu einer ruhigen Zeit mit wenig Systemlast erledigen, da die Tabelle währenddessen nicht erreichbar ist.

21.4.8 Suchhilfenerweiterungen

Mithilfe einer Append-Suchhilfe können Sie eine Standardsammelsuchhilfe, wie z. B. S_MAT1, für die Material-Suche modifikationsfrei erweitern. Die Umsetzung einer Append-Suchhilfe erfolgt genauso wie die einer normalen Sammelsuchhilfe (siehe Abschnitt 3.10.2, »Sammelsuchhilfe«):

1. Rufen Sie die Suchhilfe in Transaktion SE11 auf.
2. Wählen Sie **Springen • Append-Suchhilfe** im Hauptmenü, und legen Sie über **Neu** () eine neue Append-Suchhilfe an (siehe Abbildung 21.27). Bestätigen Sie Ihre Eingabe mit einem Klick auf das grüne Häkchen ().

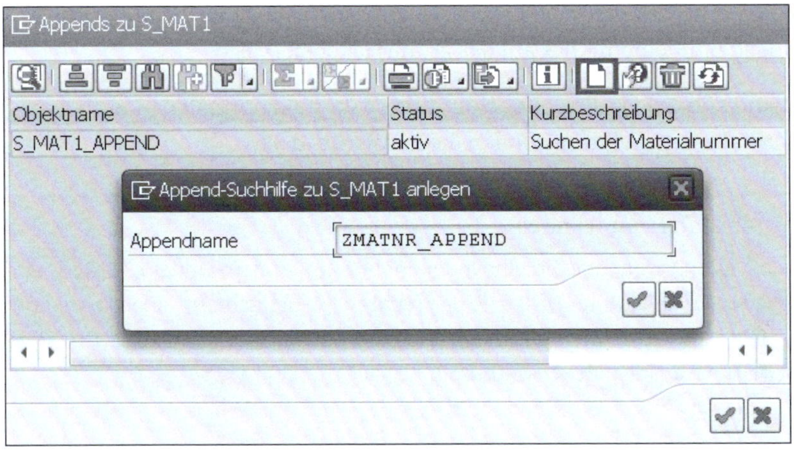

Abbildung 21.27 Anlage einer Append-Suchhilfe

3. In der Append-Suchhilfe können Sie nun auf der Registerkarte **Inkludierte Suchhilfen** eine Suchhilfe eintragen und über den Button **Parameterzuordnung** mit den Parametern der originalen Suchhilfe verknüpfen.
4. **Aktivieren** () Sie Ihre Append-Suchhilfe anschließend.

21.4.9 Indexerweiterungen

Mit einem *Extension-Index* können Sie einen zusätzlichen Index für eine Standardtabelle anlegen. Diese Erweiterung geschieht ebenfalls im Rahmen des Enhancement Frameworks und kann damit später auch über das Switch Framework geschaltet werden (siehe Abbildung 21.28 in den Spalten **Schalter** und **Schalterstellung**).

Um einen Extension-Index anzulegen, gehen Sie wie folgt vor:

1. Rufen Sie die Tabelle, deren Index Sie erweitern wollen, in Transaktion SE11 auf, und klicken Sie in der Funktionsleiste auf **Indizes**.
2. Klicken Sie anschließend in dem in Abbildung 21.28 dargestellten Pop-up-Fenster auf **Neu** (), und wählen Sie dort **Extension-Index anlegen**.

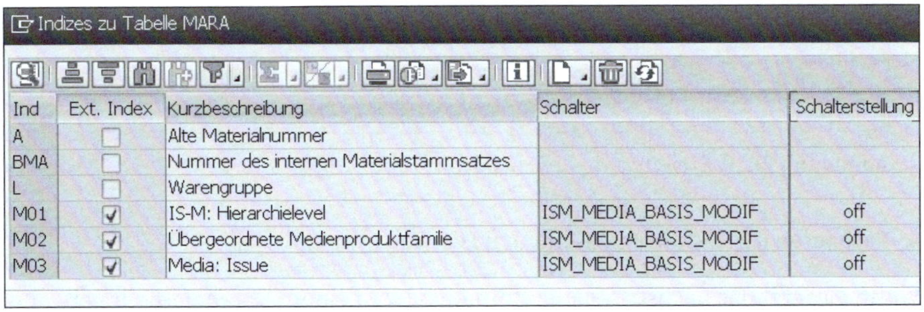

Abbildung 21.28 Indexerweiterungen

3. Tragen Sie einen Namen aus dem Kundennamensraum ein, und bestätigen Sie Ihre Eingabe mit einem Klick auf das grüne Häkchen (✔).

Anschließend können Sie den Extension-Index wie einen normalen Index ausprägen. Mehr Informationen zu Indizes finden Sie in Abschnitt 3.6.

[»]

Bestehende Indizes umwandeln

Um einen bestehenden Index in eine Indexerweiterung umzuwandeln, klicken Sie in der Anzeige aus Abbildung 21.28 mit der rechten Maustaste auf einen Index, und wählen Sie im Kontextmenü den Eintrag **Index in XINX umwandeln** aus. XINX ist der technische Typ für eine Indexerweiterung

21.4.10 Einzelwerterweiterungen

Auch die Einzelwerte einer Standarddomäne können Sie um beliebige Werte erweitern. Dazu gehören auch Festwertintervalle.

1. Rufen Sie die gewünschte Domäne auf, und wählen Sie **Springen • Festwert-Append** im Hauptmenü.
2. Geben Sie in dem sich öffnenden Pop-up-Fenster einen Namen für den Festwert-Append ein, und bestätigen Sie Ihre Eingabe mit einem Klick auf das grüne Häkchen (✔).
3. Fügen Sie Ihre neuen Werte hinzu, wie in Abbildung 21.29 gezeigt. Über den Button **Domänewerte einblenden** können Sie die originalen Werte einblenden lassen.

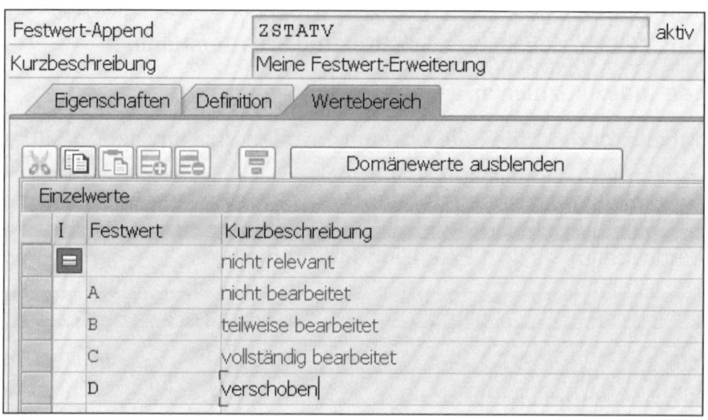

Abbildung 21.29 Erweiterung der Einzelwerte

4. **Aktivieren** (✎) Sie anschließend den Festwert-Append.

Wenn Sie jetzt das nächste Mal die Domäne z. B. in einem Datenelement verwenden, werden wie in Abbildung 21.30 auch Ihre Werte als F4-Hilfe angeboten.

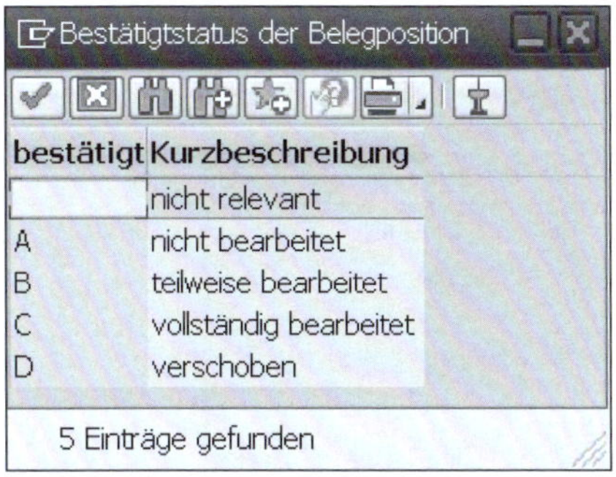

Abbildung 21.30 Ergebnis der Erweiterung der Einzelwerte

21.4.11 Debugging von Erweiterungen

Beim Debugging von Erweiterungen ist es wichtig zu wissen, dass die Implementierungen im Debugger nicht angezeigt werden, sondern stattdessen am Rand ein Spiralsymbol (⑤) angezeigt wird. Dieses Symbol, das Sie auch in Abbildung 21.31 sehen können, deutet an, dass dahinter eine aktive Implementierung liegt und die Implementierung aufgerufen wird, wenn das Programm diese Stelle erreicht.

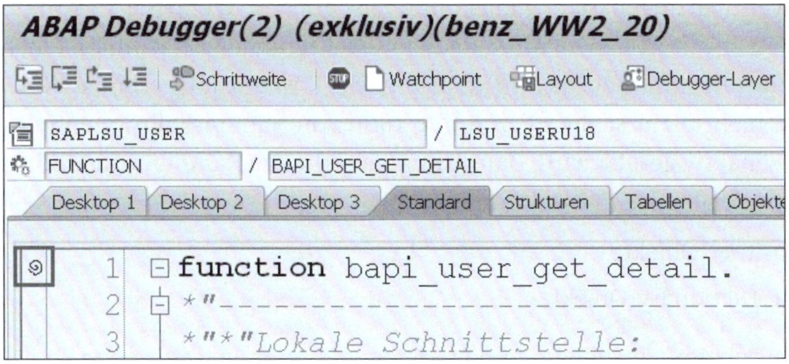

Abbildung 21.31 Verweis auf eine Erweiterung im Debugger

Wenn der Debugger diesen Punkt passiert, springt er, wie in Abbildung 21.32 gezeigt, in diese Implementierung ab.

Das liegt daran, dass Implementierungen technisch gesehen eigene Includes sind, die das System automatisch generiert, um den Code der Erweiterung zu verwalten. Das System überprüft erst zur Laufzeit, ob dieses Include aufgerufen werden muss oder nicht.

Der Name der Includes enthält den Namen der Erweiterungsimplementierung (bis zu 30 Zeichen). Wenn der Name kürzer als 30 Zeichen ist, werden die restlichen Stellen mit dem Gleichheitszeichen (=) aufgefüllt. Das letzte (31.) Zeichen ist ein E.

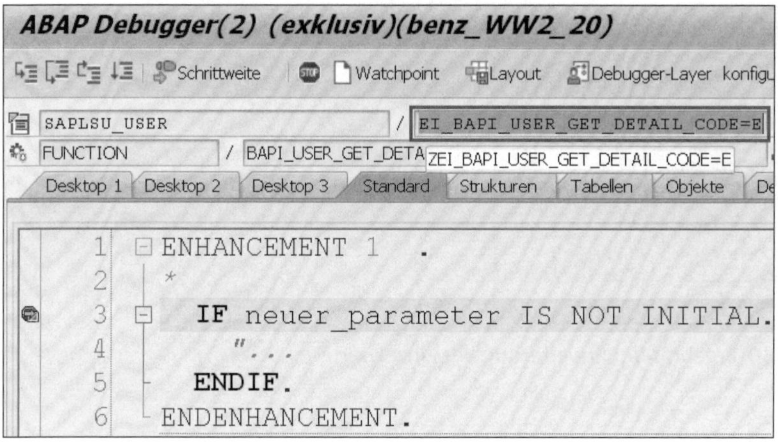

Abbildung 21.32 Debugging durch das Include der Erweiterung

21.4.12 Transaktion SPAU_ENH: Abgleich von Erweiterungen im Rahmen von Updates

Bei einem Update durch ein Support Package werden bestehende Objekte des SAP-Standards von eventuell angepassten Objekten überschrieben. Wenn Sie als Kunde genau diese Stellen erweitert haben, müssen diese Erweiterungen im Rahmen eines Abgleichs neu eingepflegt werden, da Ihre ursprüngliche Erweiterung bei einem Konflikt (der Code ist nicht mehr schlüssig, z. B. aufgrund von Namenskollisionen oder gelöschtem Code) inaktiv gesetzt wird. Dafür standen bisher im Rahmen von Modifikationen die folgenden beiden Transaktionen bereit:

- SPAU für Repository-Objekte
- SPDD für ABAP-Dictionary-Objekte

Mit der Einführung des Enhancement Frameworks wurde zusätzlich eine neue Transaktion SPAU_ENH eingeführt, die ausschließlich dem Abgleich von Erweiterungen dient. Den hier beschriebenen Abgleich sollten Sie in der Regel nach jedem Update bzw. Upgrade durchführen:

1. Rufen Sie die Transaktion SPAU_ENH auf, und wählen Sie die in Abbildung 21.33 dargestellte Sicht **Erweiterungen (Upgrade-Sicht)**.
2. Hier finden Sie alle abzugleichenden Erweiterungen. Unabhängig vom Status (grau, grün, gelb, rot) sollten Sie sich alle anschauen. Klicken Sie dazu doppelt auf einen Eintrag, wodurch sich auf der rechten Seite die Detailansicht öffnet (siehe Abbildung 21.34).
3. Wählen Sie hier aus der **Konfliktliste** der Erweiterungsimplementierung (diese können ja mehrere Erweiterungsoptionen zusammenfassen) einen Konflikt, und schauen Sie sich diesen an, indem Sie auf den Button **Konflikt** klicken.

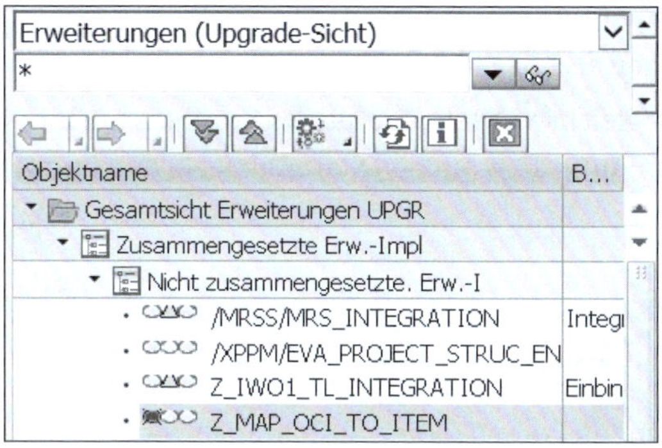

Abbildung 21.33 Abzugleichende Erweiterungen

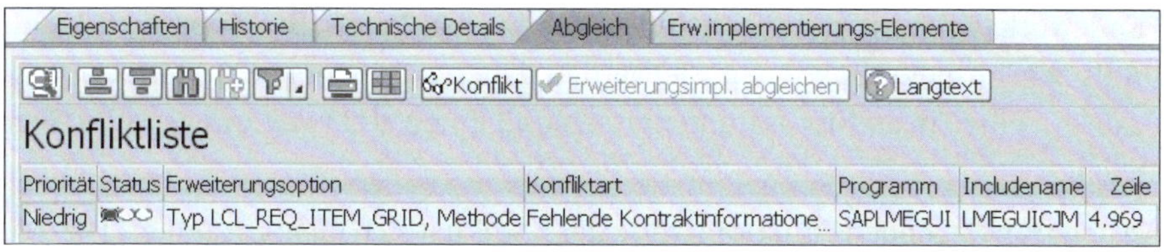

Abbildung 21.34 Konfliktliste einer Erweiterung

4. Der Konflikt kann bei jeder Erweiterungsimplementierung unterschiedlich sein. Weitere Informationen zum Konflikt erhalten Sie über den **Langtext** zum Konflikt, in dem Sie eine Beschreibung des Problems vorfinden.
5. Wenn Sie den Konflikt nun beheben möchten, können Sie in den Bearbeitungsmodus () wechseln, den Konflikt erneut aus der Liste auswählen und nach einem Klick auf den Button **Konflikt** bearbeiten. Hier können Sie z. B. wie in Abbildung 21.35 die Implementierung der Erweiterung ändern.

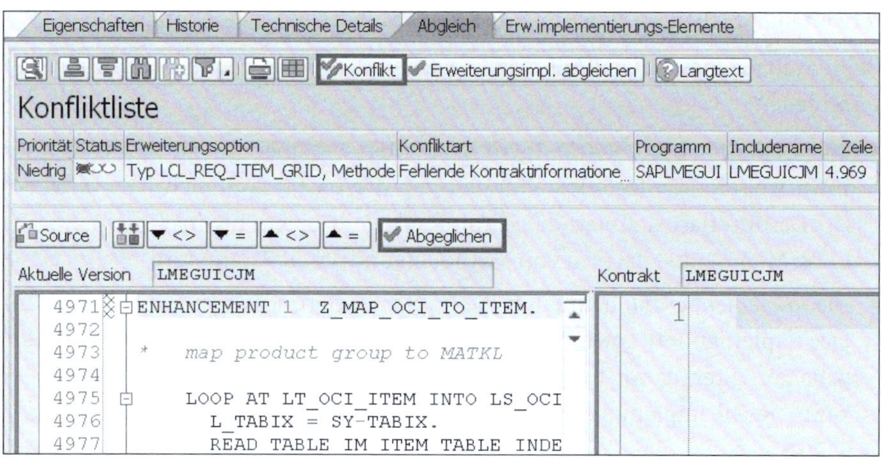

Abbildung 21.35 Eine Erweiterung abgleichen

6. Wenn Sie die Änderungen durchgeführt haben, können Sie den Konflikt anschließend über den Button **Abgeglichen** als abgeglichen bestätigen.
7. Durch das Speichern (💾) des Abgleichs wird der Status des Konflikts auch in der Liste der Erweiterungen aus Abbildung 21.35 auf den Status abgeglichen (grün) gesetzt.

21.5 Neue Business Add-ins (BAdIs)

Mit der Einführung des Enhancement Frameworks wurden auch die klassischen BAdIs komplett überarbeitet und in die neue Architektur eingebettet. So sind die neuen BAdIs als explizite Erweiterungsoptionen in der Architektur des Enhancement Frameworks immer einem Spot zugeordnet, wobei demselben Spot auch mehrere BAdIs zugeordnet sein können. Sie werden daher viele Spots im System finden, die BAdIs für eine Thematik zusammenfassen und Ihnen als Erweiterungsoption bereitstellen.

An der grundlegenden Funktionsweise der BAdIs hat sich nichts geändert: Die neuen BAdIs sind wie klassische BAdIs bereits an Stellen der Standardanwendungen vorgegeben, und Sie können damit sowohl Quelltext als auch Menüs und Oberflächen erweitern.

Neben der offensichtlichsten Änderung, der Spot-Zuordnung, hat sich vor allem im Hintergrund etwas getan: So weisen die neuen BAdIs aufgrund der Implementierung im Kernel (daher begegnet man auch dem Begriff *kernelbasierte BAdIs*) eine deutlich bessere Performance auf, und durch ein erweitertes Filterkonzept und den Einsatz von Kontexten wird zusätzliche Flexibilität gewonnen, um mehrere Implementierungen gleichzeitig handhaben zu können. Beim Aufruf des BAdIs können bereits Filterwerte übergeben werden und müssen nicht mehr extra beschafft werden.

Beim Aufbau eines neuen BAdIs wird zwischen Definition und Implementierung unterschieden:

- Eine *Definition* besteht aus einem BAdI-Interface, einer Menge an Auswahlfiltern sowie weiteren Laufzeiteinstellungen (z. B. der, ob das BAdI mehrfach verwendbar ist). Das Interface definiert die Schnittstelle der Objekt-Plug-ins (Quelltext, Screen Exits, Menü-Exits) in Form von Methoden und deren Parametern.
- Die *Implementierung* beinhaltet die Implementierungsklasse, die das BAdI-Interface implementiert, sowie eine Bedingung für die eventuell in der Definition angegebenen Filter, damit bei der Beschaffung des BAdI-Handles bestimmt werden kann, welche Implementierung aufgerufen werden soll.

In den folgenden Abschnitten zeige ich Ihnen den Aufruf eines neuen BAdIs und wie Sie zu einer BAdI-Definition gelangen. Nachdem ich Ihnen gezeigt habe, wie Sie die

Implementierung eines neuen BAdIs anlegen können, zeige ich Ihnen, wie Sie mit dessen Hilfe Programmlogik, Menüs und Dynpros erweitern können und wie Sie Ihre Implementierung von eventuell bereitgestellten Filtern abhängig machen können. Am Ende finden Sie ein komplexes Beispiel, wie Sie mithilfe eines Standard-BAdIs die Oberfläche der Standardtransaktion »Aufträge« (Transaktionscodes VA01, VA02 und VA03) erweitern können.

21.5.1 Aufruf

Für den Aufruf eines neuen BAdIs wurde die ABAP-Anweisung `GET BADI` eingeführt. Sie bezieht sich auf die Definition des BAdIs (nicht auf das Interface wie bei klassischen BAdIs). Über den Zusatz `FILTERS` können Filterwerte mitgegeben werden, die die Auswahl der Implementierung steuern.

Die Methoden des BAdIs werden über die Anweisung `CALL BADI` aufgerufen.

Syntax

```
DATA: r_exit TYPE REF TO badi_definition.
GET BADI r_exit.
  FILTERS
    filter1 = wert1
      ...
CALL BADI r_exit->methode1.
```

21.5.2 Definition aufrufen

Eine BAdI-Definition können Sie wie folgt aufrufen:

- aus dem Quelltext, indem Sie doppelt auf die Definition des BAdIs klicken (`TYPE REF TO badi_definition`)
- indem Sie den Namen des BAdIs in Transaktion SE18 im Feld **BAdI-Name** eingeben und auf **Anzeigen** klicken
- indem Sie den Namen des Spots in Transaktion SE19 im Feld **Neues BAdI** eingeben und auf **Anzeigen** klicken

Die BAdI-Definition ist einem Spot zugeordnet. In einem Spot können sich mehrere BAdI-Definitionen befinden. Einen Spot mit mehreren BAdI-Definitionen sehen Sie beispielsweise in Abbildung 21.45.

21.5.3 Implementierung anlegen

Innerhalb eines Spots können Sie eine Implementierung für eine BAdI-Definition anlegen, indem Sie die BAdI-Definition aus der Liste auswählen und in der Funktionsleiste darüber auf **BAdI-Implementierung anlegen** ( ) klicken. Alternativ können Sie auch **Spot Implementieren** ( ) in der Funktionsleiste wählen. Die Anlage funktioniert auf beiden Wegen gleich, nur die Eingabemasken unterscheiden sich etwas.

Geben Sie anschließend einen Namen für die Erweiterungsimplementierung und einen Kurztext ein, und bestätigen Sie Ihre Eingabe mit einem Klick auf das grüne Häkchen ( ). Im folgenden Pop-up-Fenster (siehe Abbildung 21.36) werden Sie nach einem Namen für die BAdI-Implementierung und nach einer implementierenden Klasse gefragt. Den Namen dieser Klasse müssen Sie selbst vergeben. Es empfiehlt sich, die Klasse wie die BAdI-Definition zu nennen. Bestätigen Sie Ihre Eingabe anschließend erneut mit einem Klick auf das grüne Häkchen ( ). **Aktivieren** ( ) Sie abschließend Ihre Implementierung.

Abbildung 21.36 Anlage einer BAdI-Implementierung

21.5.4 Filterwerte

Wenn für das BAdI Filterwerte definiert wurden, müssen Sie in Ihrer Implementierung diese Filterwerte ausprägen, um zu definieren, bei welchen Werten Ihre Implementierung greifen soll. Würde z. B. ein BAdI wie in Listing 21.7 aufgerufen, müsste Ihre Implementierung den Filterwert `STD_BC01` angeben. Eventuell gibt es auch einen zweiten Aufruf mit dem Wert `STD_BC02`, für den Sie eine zweite Implementierung (dann mit diesem Wert) anlegen können.

```
DATA: r_exit TYPE REF TO EHSH_BC_DET_SCR.
GET BADI r_exit.
  FILTERS
     FILTER1 = 'STD_BC01'.
```

Listing 21.7 Angabe von Filterwerten beim Beschaffen eines BAdIs

Innerhalb Ihrer für das BAdI angelegten Implementierung können Sie sehen, ob Filterwerte definiert wurden. Dies ist der Fall, wenn in der Liste auf der linken Seite der Eintrag **Filterwerte** vorhanden ist (siehe Abbildung 21.37). Klicken Sie doppelt auf diesen Listeneintrag, um die entsprechenden Filterwerte zu implementieren.

Nun haben Sie die Möglichkeit, über den Button **Kombination** einen neuen Filterwert anzugeben. In der Regel hilft Ihnen die [F4]-Hilfe beim Ausprägen des Filterwertes, je nach Definition des Filters. Diese können Sie sich über den Button **Filtereigenschaften** anzeigen lassen.

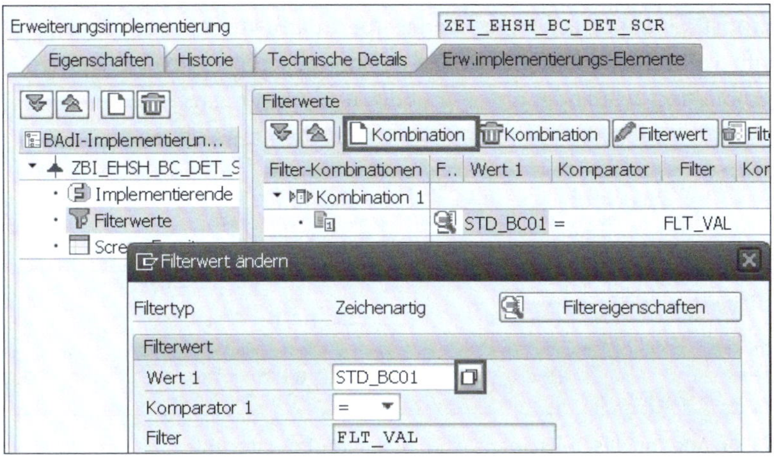

Abbildung 21.37 Filter ausprägen

21.5.5 Menü-Exit

Menü-Exits gibt es auch in anderen Erweiterungstechnologien (außer User Exits). Auch mit den neuen BAdIs stehen Ihnen diese zur Verfügung. Sie implementieren Menü-Exits an zwei Stellen:

1. Zum einen muss der Text für den Menüeintrag gesetzt werden. Dafür steht unterhalb der BAdI-Implementierung, wie in Abbildung 21.38 zu sehen, der Abschnitt **Menü-Erweiterungen** zur Verfügung. In diesem Abschnitt finden Sie alle Funktionscodes. Die Funktionscodes für Menü-Exits beginnen dabei immer mit einem Pluszeichen (in Abbildung 21.38 heißt die Funktion `+MX1`). 21

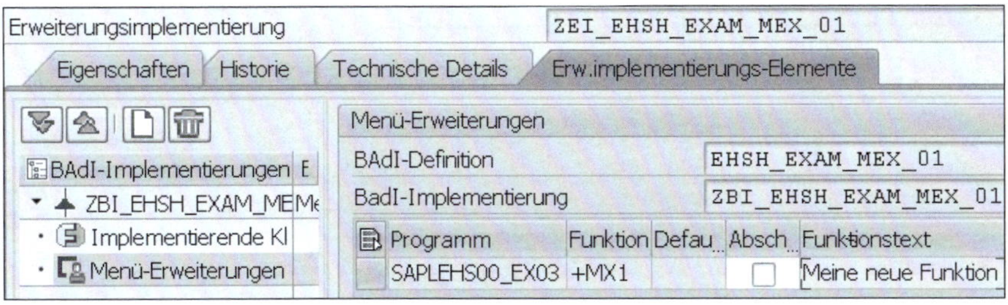

Abbildung 21.38 Ein Menü-Exit in einem BAdI

2. Zum anderen muss die Logik für den Menüeintrag in der bereitgestellten Methode implementiert werden. Zu jedem Menü-Exit existiert eine Methode innerhalb der implementierenden Klasse. Diese kann jedes Mal unterschiedlich heißen. Die richtige Methode gilt es, über die Kurzbeschreibung der Methoden herauszufinden.

21.5.6 Dynpro-Exit

Die Implementierung eines Dynpro-Exits erfolgt ebenfalls an zwei Stellen:

1. Zum einen muss der Subscreen angegeben werden, dafür steht je nach Art entweder unterhalb der BAdI-Implementierung ein neuer Abschnitt **Screen-Erweiterungen** (siehe Abbildung 21.39) oder eine Methode zur Verfügung (z. B. `ACTIVATE_TAB_PAGE`), in der Sie den Subscreen programmatisch angeben müssen.

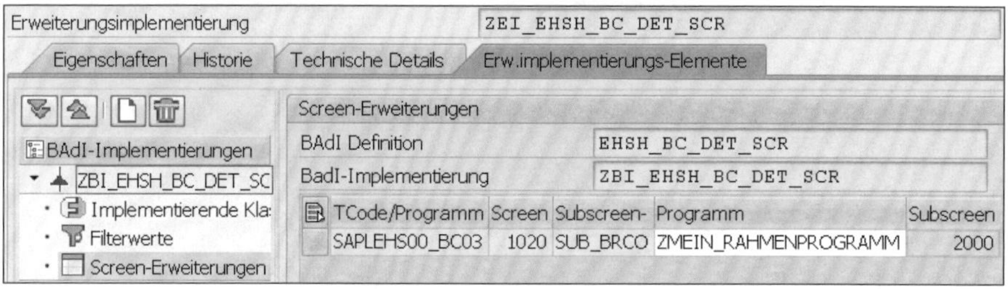

Abbildung 21.39 Angabe des Subscreens in einer Screen-Erweiterung

2. Zum anderen muss die Logik für den Subscreen in den bereitgestellten Methoden implementiert werden. Es existiert in der Regel eine Methode zum Lesen der Daten vom Subscreen und eine Methode zum Setzen der Daten auf dem Subscreen. Diese heißen jedes Mal unterschiedlich, sind in der Regel aber durch die Kurzbeschreibung identifizierbar. In Abbildung 21.40 finden Sie dazu ein Beispiel.

Um den Subscreen mit Daten zu befüllen und diese wieder zu lesen, empfiehlt sich die Nutzung einer Funktionsgruppe. Hier können Sie ein Dynpro und zwei Funktionsbausteine (einen zum Lesen und einen zum Schreiben) für den Zugriff von außen (d. h. vom BAdI aus) anlegen. Da sich alle in derselben Funktionsgruppe befinden, können diese Objekte auf gemeinsame Daten zugreifen. Ein ausführliches Beispiel dazu finden Sie im folgenden Abschnitt.

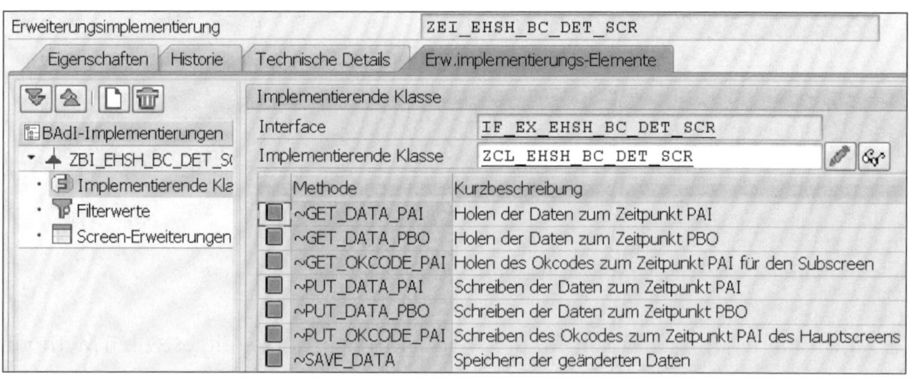

Abbildung 21.40 Methoden zum Implementieren einer Screen-Erweiterung

Beispiel

Dieses Beispiel soll verdeutlichen, wie Sie Bildschirme mithilfe von neuen BAdIs erweitern können. Die Implementierung ähnelt dabei sehr stark der eines klassischen BAdIs; der einzige Unterschied ist, dass eine Erweiterungsimplementierung benötigt wird.

Ziel ist, dass in den Transaktionen VA01 (Kundenauftrag anlegen), VA02 (Kundenauftrag bearbeiten) und VA03 (Kundenauftrag anzeigen) wie in Abbildung 21.41 eine neue Registerkarte **Neuer Reiter** in den Kopfdaten angezeigt wird.

Auf dieser Registerkarte soll das neue Eingabefeld **Zusatz** angezeigt werden. Einträge in das zusätzliche Feld sollen beim Speichern mit auf die Datenbank zu den Kundenauftragsdaten geschrieben und beim Anzeigen des Auftrags auch wieder von der Datenbank gelesen werden.

Abbildung 21.41 Neue Registerkarte in den Auftragstransaktionen

Dazu wird das BAdI `BADI_SLS_HEAD_SCR_CUS` verwendet, das sich im BAdI-Spot `BADI_SD_SALES_BASIC` befindet.

Die Vorgehensweise sieht zwei Hauptschritte vor:

1. neue Registerkarte mit dem Subscreen hinzufügen
2. Subscreen mit Daten füllen und wieder auslesen

Neue Registerkarte mit Subscreen hinzufügen

Im ersten Hauptschritt müssen Sie, um eine neue Registerkarte hinzuzufügen, die folgenden Schritte durchführen:

1. Funktionsgruppe anlegen
2. Subscreen anlegen
3. Layout des Subscreens ausprägen
4. Erweiterungs- und BAdI-Implementierung anlegen
5. die Methode `ACTIVATE_TAB_PAGE` implementieren

Funktionsgruppe anlegen

Legen Sie eine Funktionsgruppe an, wie in Abschnitt 5.4, »Funktionsgruppen«, beschrieben. Vergessen Sie nicht, Ihre Funktionsgruppe anschließend zu aktivieren.

Lesen Sie nun den Namen des angelegten Rahmenprogramms aus, indem Sie mit der rechten Maustaste auf Ihre Funktionsgruppe klicken und **Anzeigen • Rahmenprogramm** wählen (siehe Abbildung 21.42).

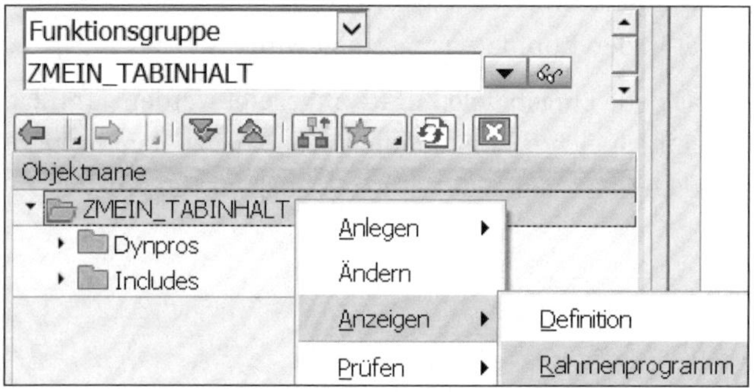

Abbildung 21.42 Zum Rahmenprogramm navigieren

Der Name des Rahmenprogramms wird dabei oben im ABAP Editor angezeigt und fängt mit `SAPLZ` an. Beispielsweise hat das Rahmenprogramm für die Funktionsgruppe `ZMEIN_TABINHALT` den Namen `SAPLZMEIN_TABINHALT`.

Subscreen anlegen

Legen Sie innerhalb der Funktionsgruppe ein neues Dynpro an. Klicken Sie hierzu ebenfalls wie in Abbildung 21.42 mit der rechten Maustaste auf den Ordner der Funktionsgruppe, und wählen Sie **Anlegen • Dynpro**. Vergeben Sie eine Nummer für das Dynpro, z. B. 2000.

Auf der Registerkarte **Eigenschaften** des Screens (siehe Abbildung 21.43) müssen Sie nun eine **Kurzbeschreibung** vergeben und als **Dynprotyp** die Option **Subscreen** auswählen.

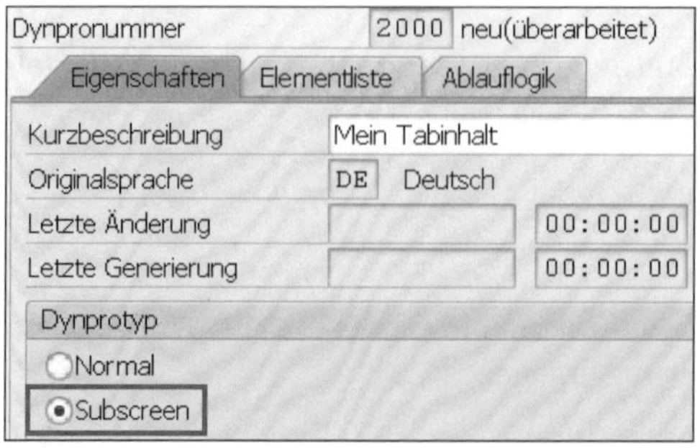

Abbildung 21.43 Anlage eines Subscreens

Layout des Subscreens ausprägen

Wechseln Sie über den Button **Layout** in der Funktionsleiste in den Screen Painter, und legen Sie ein Feld mit dem technischen Namen ZZUSATZ an. Fügen Sie außerdem einen Text hinzu, um das Feld wie in Abbildung 21.44 zu beschreiben. Es empfiehlt sich, zur Sicherheit die Oberfläche des Dynpros nicht größer zu ziehen, als gebraucht. Wenn später der Subscreen in die Standardtransaktion eingebettet wird, muss dieser von der Größe her passen, ansonsten wird Ihnen nichts angezeigt (dies lässt sich dann nur im Debugger herausfinden). **Aktivieren** () Sie Ihr Dynpro anschließend.

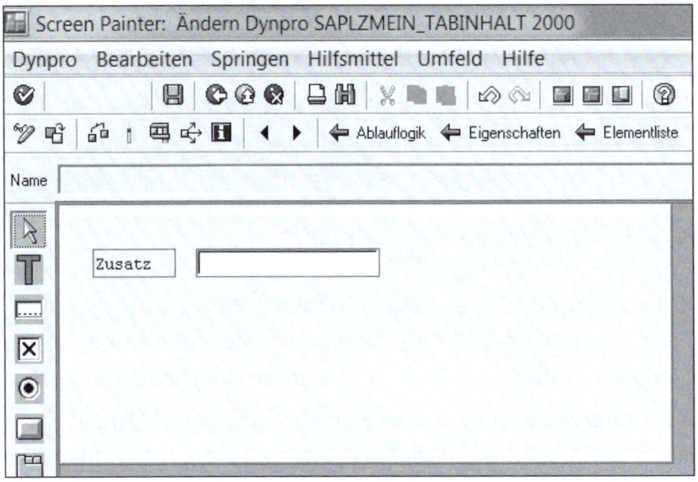

Abbildung 21.44 Definieren des Eingabefeldes auf dem Dynpro

Erweiterungs- und BAdI-Implementierung anlegen

Gehen Sie wie folgt vor, um die Implementierung anzulegen:

1. Gehen Sie in Transaktion SE18 (den BAdI-Builder), und tragen Sie dort den Namen des BAdIs BADI_SD_SALES_BASIC unter **Erweiterungsspot** ein. Klicken Sie dann auf **Anzeigen**. Sie gelangen zu der in Abbildung 21.45 dargestellten Ansicht des Erweiterungsspots.
2. Auf der linken Seite ist erkenntlich, dass in diesem Spot mehrere BAdI-Definitionen zusammengefasst sind, die für Verkaufsaufträge relevant sind. Sie werden in der Liste auch die BAdI-Definition BADI_SLS_HEAD_SCR_CUS für einen zusätzlichen Detailscreen auf Kopfebene sehen. Markieren Sie diese BAdI-Definition, und legen Sie dafür eine Implementierung an, indem Sie in der Funktionsleiste darüber auf **BAdI-Implementierung anlegen** () klicken.
3. Im nächsten Pop-up-Fenster werden Sie gefragt, ob Sie eine Erweiterungsimplementierung auswählen oder neu anlegen wollen. Klicken Sie unten rechts auf **Neu** ().

Abbildung 21.45 BAdI-Definitionen eines Erweiterungsspots

4. Vergeben Sie im nächsten Pop-up-Fenster einen Namen (z. B. `ZEI_BADI_SD_SALES_BASIC`) für die Erweiterungsimplementierung, und tragen Sie einen Kurztext ein. Bestätigen Sie Ihre Eingaben mit einem Klick auf das grüne Häkchen (✔).
5. Ihre neu angelegte Erweiterungsimplementierung wird nun in der Liste als Auswahl angezeigt und ist bereits automatisch markiert. Bestätigen Sie erneut mit dem grünen Häkchen (✔).
6. Nun werden Sie in einem weiteren Pop-up-Fenster aufgefordert, die eigentliche BAdI-Implementierung anzulegen. Geben Sie auch hier einen Namen, eine Kurzbeschreibung und einen Namen für die implementierende Klasse an (siehe Abbildung 21.46), und bestätigen Sie Ihre Eingaben mit dem gründen Häkchen (✔). Es empfiehlt sich, nahe am Namen des BAdIs zu bleiben und lediglich die Suffixe (`ZEI_` für Erweiterungsimplementierung, `ZBI_` für BAdI-Implementierung) auszutauschen, so können Sie im Nachhinein besser den Überblick behalten.

Abbildung 21.46 BAdI-Implementierung anlegen

7. Sie werden anschließend die angelegte Erweiterungsimplementierung und die zugeordnete BAdI-Implementierung auf der Registerkarte **Erw.implementierungs-**

Elemente sehen (siehe Abbildung 21.47). Hier werden Ihnen nun alle Methoden angezeigt, die Ihnen dieses BAdI zur Verfügung stellt.

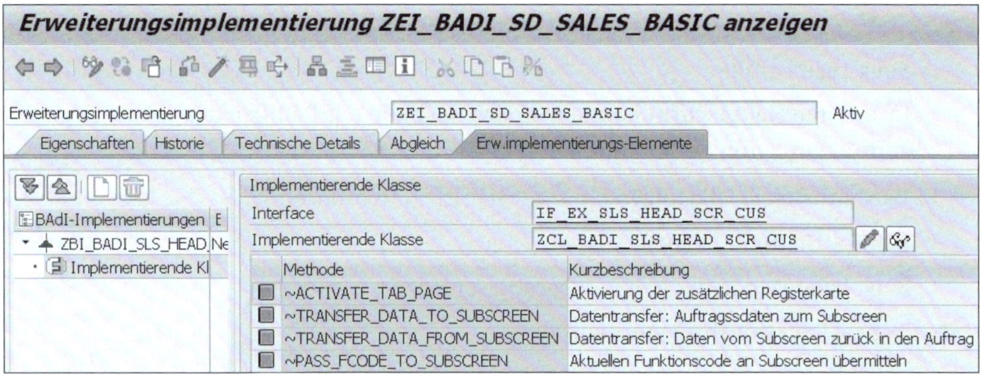

Abbildung 21.47 Die Methoden der BAdI-Implementierung

Die Aufrufe der Methoden befinden sich tief im Standardcode des SAP-Programms und sorgen bei der richtigen Implementierung dafür, dass eine neue Registerkarte und ein Subscreen angezeigt werden und dass Daten von und zum Subscreen gelangen können.

Die Methode ACTIVATE_TAB_PAGE implementieren

Klicken Sie doppelt auf die in Abbildung 21.47 angezeigte Methode `IF_EX_SLS_HEAD_SCR_CUS~ACTIVATE_TAB_PAGE`, und bestätigen Sie die Anlage. Fügen Sie anschließend den in Listing 21.8 gezeigten Quellcode ein. Für den Parameter `HEAD_PROGRAM` müssen Sie den Namen Ihres Rahmenprogramms und für den Parameter `HEAD_DYNPRO` die Nummer Ihres Dynpros angeben. Den Namen der Registerkarte im Parameter `HEAD_CAPTION` können Sie frei wählen.

```
DATA: ls_cus_head TYPE sales_cust_tab_page.
ls_cus_head-head_caption = 'Neuer Reiter'.
ls_cus_head-head_dynpro  = '2000'.
ls_cus_head-head_program = 'SAPLZMEIN_TABINHALT'.
APPEND ls_cus_head TO ct_cus_head_tab.
```

Listing 21.8 Aktivieren der Registerkarte

Aktivieren (icon) Sie die Methode, und wechseln Sie anschließend über die Navigation **Zurück** (icon) in den BAdI-Builder. **Aktivieren** (icon) Sie auch dort die Erweiterungsimplementierung.

Damit ist die Registerkarte fertig implementiert. Um die Funktionsweise zu überprüfen, können Sie nun in Transaktion VA03 wechseln und sich einen bestehenden Kundenauftrag anzeigen lassen. Über den Button **Details zum Belegkopf anzeigen** (icon), mittig) können Sie zu den Kopfdaten des Auftrags navigieren. Dort sollten Sie nun wie in Abbildung 21.41 eine neue Registerkarte sehen. Damit haben Sie den ersten Hauptschritt abgeschlossen.

Subscreen befüllen

Im zweiten Hauptschritt können Sie sich noch um das Befüllen des auf der Registerkarte angezeigten Feldes kümmern.

Dazu müssen Sie die folgenden Unterschritte durchführen:

1. die Struktur der Tabelle VBAK erweitern
2. globales Feld in der Funktionsgruppe anlegen
3. zwei Funktionsbausteine anlegen
4. die Datenversorgung im BAdI ausimplementieren

Struktur der Tabelle VBAK erweitern

Legen Sie, wie in Abschnitt 21.4.7, »Strukturerweiterungen«, beschrieben, eine Append-Struktur für die Tabelle VBAK an, und tragen Sie in dieser Append-Struktur ein weiteres Feld ZZUSATZ ein. Eine mögliche Umsetzung sehen Sie in Abbildung 21.48.

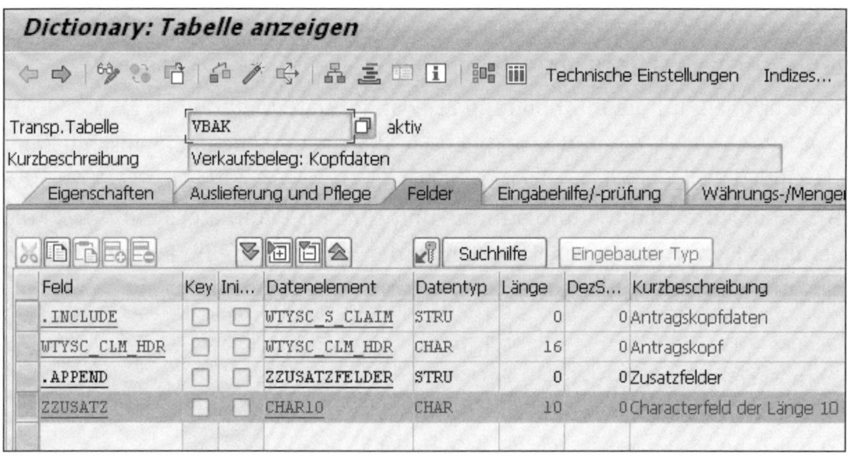

Abbildung 21.48 Erweiterung der Struktur VBAK um das Feld ZZUSATZ

Die Erweiterung sorgt dafür, dass dieses Feld über die Standardschnittstelle verarbeitet wird. Wenn Sie dieses Feld also später füllen und den Lieferbeleg speichern, wird der Inhalt dieses Feldes ebenfalls auf die Datenbank übertragen und beim Auslesen des Auftrags auch wieder gelesen. Darüber hinaus erweitern Sie dabei den Parameter IS_VBAK bzw. CS_VBAK in den Methoden TRANSFER_DATA* des BAdIs, da beide auf dem Typ VBAK basieren.

Globales Feld in der Funktionsgruppe anlegen

Wechseln Sie in das Rahmenprogramm Ihrer Funktionsgruppe (siehe Abbildung 21.42), und gehen Sie in das zugehörige Top-Include (mit der Endung TOP). Legen Sie hier, wie in Abbildung 21.49 gezeigt, eine globale Variable vom Typ VBAK-ZZUSATZ an, also jenes Feld, um das Sie gerade die Tabelle VBAK erweitert haben.

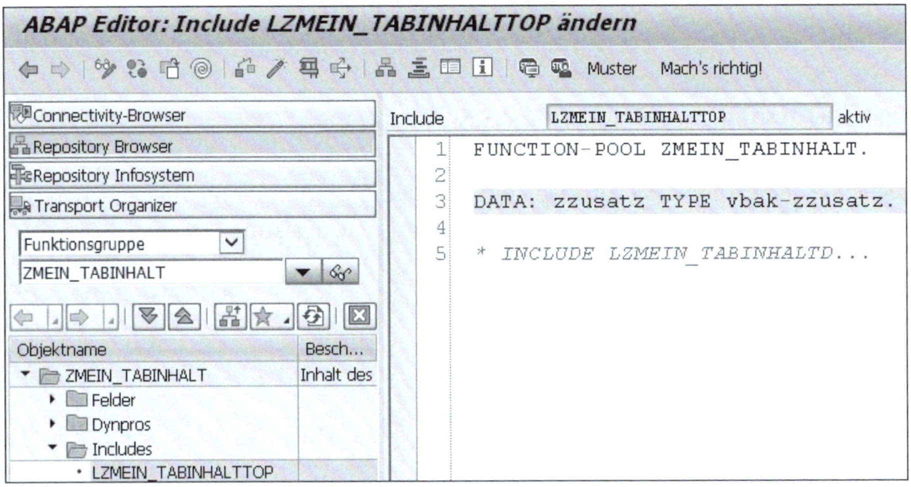

Abbildung 21.49 Definition eines globalen Datenobjekts in der Funktionsgruppe

Der Name der Variablen muss dabei exakt dem Namen des Feldes auf dem Dynpro entsprechen. Das hatten wir ja ebenfalls ZZUSATZ genannt. Nur so wird eine Schnittstelle zwischen den beiden Feldern hergestellt.

Zwei Funktionsbausteine anlegen

Damit dieses globale Feld mit Daten befüllt werden kann, müssen Sie nun zwei Funktionsbausteine innerhalb Ihrer Funktionsgruppe anlegen: einen Funktionsbaustein, der das Feld schreibt, und einen Funktionsbaustein, der das Feld ausliest. Diese Funktionsbausteine werden später aus der BAdI-Implementierung aufgerufen und stellen sicher, dass der Subscreen mit Daten versorgt wird. Dies funktioniert aufgrund der Mechanik, dass eine Funktionsgruppe Daten übergreifend für die enthaltenen Funktionsbausteine speichern kann und dass diese auch nach Ausführung eines Funktionsbausteins innerhalb einer Ausführung erhalten bleiben.

Einen Funktionsbaustein innerhalb der Funktionsgruppe können Sie anlegen, indem Sie wie in Abbildung 21.50 mit der rechten Maustaste auf den Namen Ihrer Funktionsgruppe klicken und anschließend im Kontextmenü **Anlegen • Funktionsbaustein** wählen.

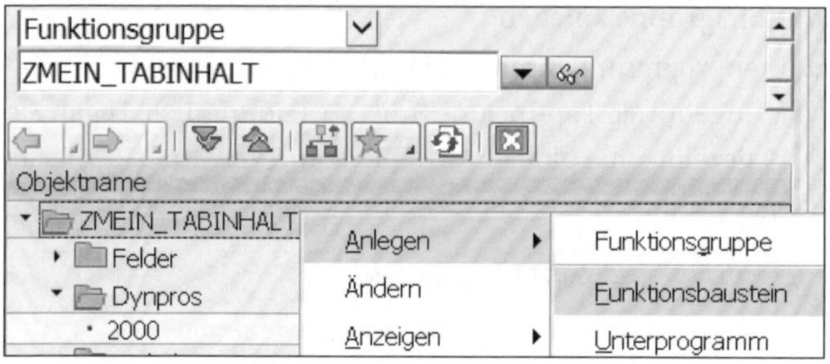

Abbildung 21.50 Anlage eines Funktionsbausteins

Legen Sie den ersten Funktionsbaustein (mit dem im Kommentar angegebenen Importparameter IV_ZZUSATZ vom Typ VBAK-ZZUSATZ) wie in Listing 21.9 an.

```
FUNCTION zvl_transfer_to_subscreen.
*  IMPORTING
*      VALUE(IV_ZZUSATZ) TYPE VBAK-ZZUSATZ
  zzusatz = iv_zzusatz.
ENDFUNCTION.
```

Listing 21.9 Implementierung zum Setzen der Daten

Legen Sie den zweiten Funktionsbaustein (mit dem im Kommentar angegebenen Exportparameter EV_ZZUSATZ vom Typ VBAK-ZZUSATZ) wie in Listing 21.10 an.

```
FUNCTION zvl_transfer_from_subscreen.
*  EXPORTING
*      VALUE(EV_ZZUSATZ) TYPE VBAK-ZZUSATZ
  ev_zzusatz = zzusatz.
ENDFUNCTION.
```

Listing 21.10 Implementierung zum Auslesen der Daten

Die Datenversorgung im BAdI implementieren

Zum Schluss müssen Sie diese beiden angelegten Funktionsbausteine noch aus Ihrer BAdI-Implementierung aufrufen.

Wechseln Sie dazu zurück zu Ihrer angelegten BAdI-Implementierung, entweder über den BAdI-Namen in Transaktion SE18 (**Anzeigen** und **Implementierung • Anzeigen** im Hauptmenü wählen) oder über Transaktion SE19 (Namen Ihrer Erweiterungsimplementierung im Feld **Neues BAdI** eingeben). Wechseln Sie innerhalb der Erweiterungsimplementierung auf die Registerkarte **Interface**. Implementieren Sie hier die Methode TRANSFER_DATA_TO_SUBSCREEN wie in Listing 21.11.

```
METHOD if_ex_sls_head_scr_cus ~transfer_data_to_subscreen.
  CALL FUNCTION 'ZVL_TRANSFER_TO_SUBSCREEN'
    EXPORTING
      iv_zzusatz = is_vbak-zzusatz.
ENDMETHOD.
```

Listing 21.11 Aufruf zum Übertragen der Daten

Implementieren Sie die Methode TRANSFER_DATA_FROM_SUBSCREEN wie in Listing 21.12.

```
METHOD if_ex_sls_head_scr_cus~transfer_data_from_subscreen.
  DATA: lv_zzusatz TYPE vbak-zzusatz.
  CALL FUNCTION 'ZVL_TRANSFER_FROM_SUBSCREEN'
    IMPORTING
      ev_zzusatz = lv_zzusatz.
  cs_vbak-zzusatz = lv_zzusatz.
ENDMETHOD.
```

Listing 21.12 Aufruf zum Auslesen der Daten

Aktivieren () Sie wieder Ihre Erweiterungsimplementierung. Öffnen Sie nun die Transaktion VA02 (Kundenauftrag ändern, nicht Transaktion VA03), und gehen Sie in die Kopfdaten () des Auftrags. Füllen Sie das zusätzliche Feld mit einem Wert, und speichern Sie den Auftrag.

Der Wert wird nun auf der Datenbank gespeichert und beim nächsten Laden des Auftrags wieder von der Datenbank geladen und angezeigt. Damit haben Sie erfolgreich den Bildschirm mithilfe eines neuen BAdIs erweitert.

21.6 Switch Framework

Das Switch Framework ist die Ergänzung zum Enhancement Framework und dient der Steuerung der Sichtbarkeit von Repository-Objekten und Erweiterungen. Diese Technologie wird gerade für Branchenlösungen und Enhancement Packages (EHP) genutzt, bei denen die Entwicklungen zwar bereits im System ausgeliefert werden, aber zunächst nicht sichtbar und damit auch nicht verwendbar sind. Die Entwicklungsobjekte werden dazu gruppiert und einem Schalter zugeordnet. Je nach Schalterstellung sind die Entwicklungsobjekte sichtbar oder unsichtbar.

Sie als Kunde haben die Möglichkeit, das Switch Framework für Ihre eigenen Erweiterungsimplementierungen und Repository-Objekte (wie z. B. Dynpro-Felder) zu nutzen und diese so schaltbar zu machen.

21.6.1 Architektur

Das Switch Framework besteht aus drei Hauptkomponenten (siehe Abbildung 21.51):

- *Schaltern* zur Steuerung der Sichtbarkeit von Repository-Objekten
- *Business Functions* zur Zusammenfassung mehrerer Schalter. Eine Business Function bildet aus betriebswirtschaftlicher Sicht eine eigenständige Funktion.
- *Business Function Sets* zur Zusammenfassung mehrerer Business Functions. Diese können auch andere Business Function Sets beinhalten.

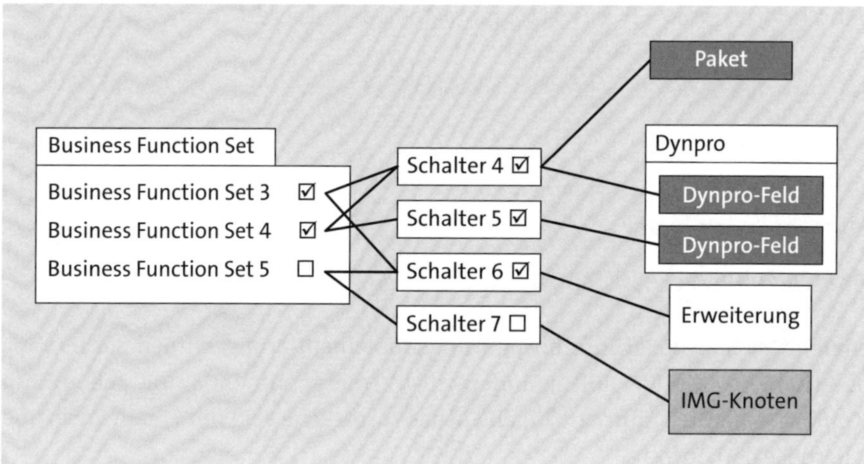

Abbildung 21.51 Architektur des Switch Frameworks

Mit dem Switch Framework werden nicht, wie man meinen könnte, die eigentlichen Schalter, sondern die Business Functions und Business Function Sets geschaltet. Es gibt dabei Business Functions, die nur eingeschaltet werden können (und dann für immer aktiv bleiben), und welche, die sich wieder ausschalten lassen (auch *reversible Business Functions* genannt). Wird ein Business Function Set eingeschaltet, werden auch die enthaltenen Business Functions aktiv.

Beim Einschalten einer Business Function werden die enthaltenen Schalter entweder auf den Zustand **ein** oder **standby** gesetzt. Im Zustand **standby** bleiben alle Objekte, außer denen des ABAP-Dictionarys und den statischen Quelltexterweiterungen (Zusatz `STATIC`) ausgeschaltet.

Business Functions können Sie in Transaktion SFW5 einschalten. Daneben stehen Ihnen folgende weitere Transaktionen zur Arbeit mit dem Switch Framework zur Verfügung:

- Transaktion SFW1: Anlegen von Schaltern
- Transaktion SFW2: Anlegen von Business Functions
- Transaktion SFW3: Anlegen von Business Function Sets

21.6.2 Schaltbare Objekte

Zu den schaltbaren Objekten zählen:

- Pakete
- Erweiterungen (des Enhancement Frameworks), also auch Komponenten von Klassen und Funktionsbausteinen, sowie Web-Dynpro-Erweiterungen
- Dynpro-Felder und Aufrufmodule (mit SWITCH-Anweisung) sowie Funktionscodes
- Pflege-Views
- Views und Viewcluster
- IMG-Knoten einer IMG-Struktur (Customizing)
- Knoten eines Bereichmenüs

Wird ein Paket geschaltet, werden auch all seine enthaltenen schaltbaren Entwicklungsobjekte geschaltet. Alle anderen Entwicklungsobjekte bleiben von der Änderung unberührt.

21.7 Suche nach Erweiterungen

In Tabelle 21.1 finden Sie eine Liste der wichtigsten Suchbegriffe und Aufrufe für die Suche nach Erweiterungen.

Erweiterung	Suchbegriff/Methode	Transaktionscode
User Exits	Suche nach Formroutinen mit dem Namen USER-EXIT_	–
Customer Exits	Aufruf CALL CUSTOMER-FUNCTION oder Suche nach Funktionsbausteinen mit dem Namen EXIT_	SMOD
klassische BAdIs	Aufruf cl_exithandler=>get_instance, auch über den Debugger (siehe Abschnitt 21.3)	SE18
neue BAdIs	Aufruf GET BADI	SE19
Enh.-Spots	Begriff SPOTS	SE20
Enh.-Points	Begriff ENHANCEMENT-POINT	SE20
Enh.-Sections	Begriff ENHANCEMENT-SECTION	SE20

Tabelle 21.1 Überblick der Suchbegriffe und Aufrufe

Neben der klassischen Quelltextsuche können Sie auch die Transaktion SE84 (Repository-Infosystem) nutzen. Diese stellt Ihnen gerade für die neueren Erweiterungen im Ordner **Erweiterungen** weitere Suchfunktionen zur Verfügung (siehe Abbildung 21.52).

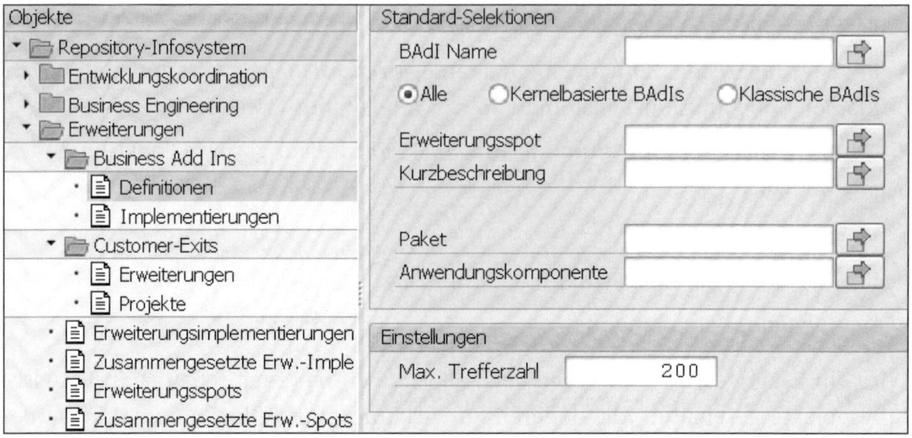

Abbildung 21.52 Das Repository-Infosystem

Kapitel 22
SAP-Formularentwicklung

In diesem Kapitel zeige ich Ihnen die verschiedenen Möglichkeiten zur Erzeugung von Formularen.

Ich möchte Ihnen die Formularentwicklung mit SAP vorstellen. Ein Formular ist ein Vordruck mit Feldern, in die bestimmte Informationen eingetragen werden sollen. Abbildung 22.1 zeigt als Beispiel eines solchen Formulars eine Rechnung.

Im SAP-System geht es darum, die Felder eines Formulars dynamisch zur Laufzeit mit Daten zu befüllen. Die Formulare können z. B. eine Rechnung oder auch ein Kündigungsschreiben sein. Die Daten werden mit ABAP aus den Tabellen des Systems beschafft und aufbereitet.

Es gibt drei verschiedene Formulartechnologien, mit denen Sie solche Formulare entwerfen können:

- SAPscript (seit 1992)
- SAP Smart Forms (seit 2001) als Weiterentwicklung
- SAP Interactive Forms by Adobe (seit 2005) als komplette Neuentwicklung, die SAP in Zusammenarbeit mit Adobe entworfen hat

All diese Technologien sind immer noch täglich im Einsatz, und auch wenn mit den SAP Interactive Forms schon der zweite Nachfolger für SAPscript existiert, finden Sie auch diese noch sehr häufig im System vor. Das liegt unter anderem daran, wie schwierig es ist, ein Formular zu migrieren. Wurde ein Formular einmal in einer Technologie entwickelt, ist der Aufwand, es auf die neue Technologie zu migrieren, sehr hoch, weshalb aus Kostengründen häufig davon abgesehen wird. Denn letztlich hat man durch eine Migration dasselbe Ergebnis: ein ausgedrucktes Formular.

Natürlich sollte man bei Neuentwicklungen von Formularen die neuen Technologien bevorzugen. Solche Neuentwicklungen finden im Formularwesen allerdings selten statt, meistens einmalig bei der Einführung des SAP-Systems. Anschließend geht es fast ausschließlich um die Änderung und Anpassung der bestehenden Formulare, z. B. das Hinzufügen von neuen Feldern, um beispielsweise eine Gesetzesänderung zu berücksichtigen.

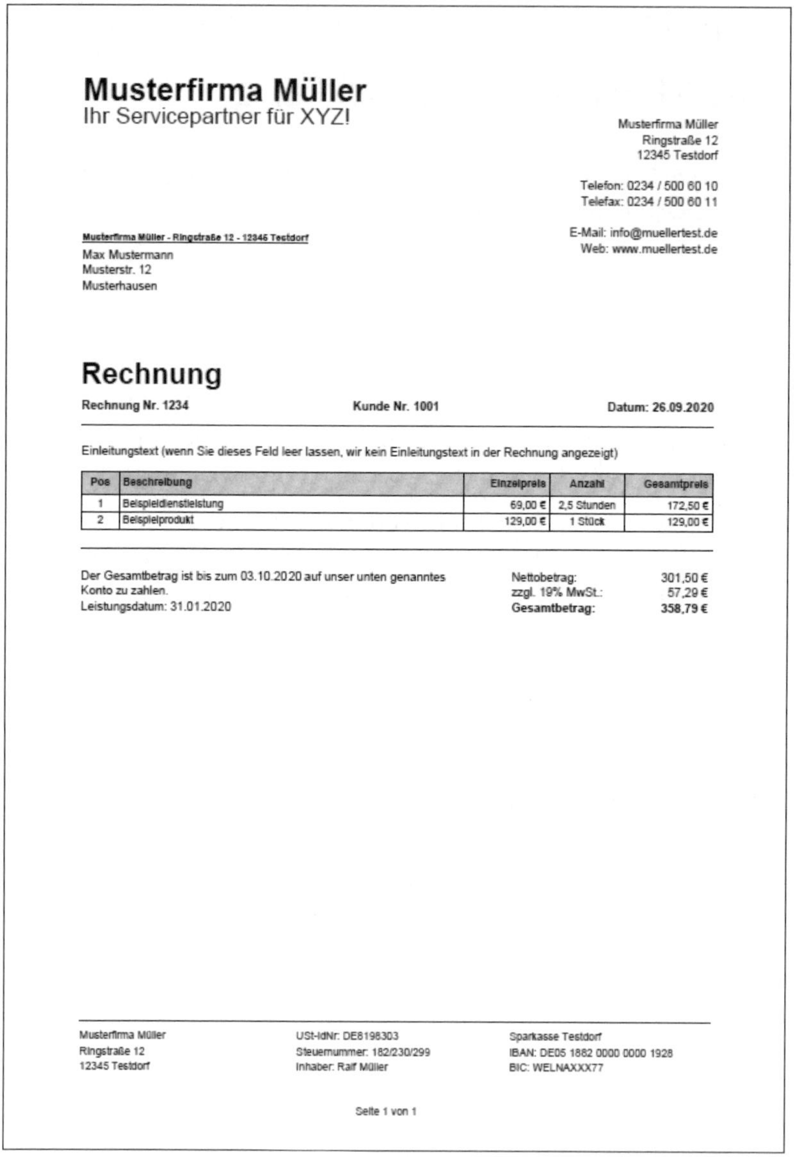

Musterfirma Müller
Ihr Servicepartner für XYZ!

Musterfirma Müller
Ringstraße 12
12345 Testdorf

Telefon: 0234 / 500 60 10
Telefax: 0234 / 500 60 11

E-Mail: info@muellertest.de
Web: www.muellertest.de

Musterfirma Müller - Ringstraße 12 - 12346 Testdorf
Max Mustermann
Musterstr. 12
Musterhausen

Rechnung

Rechnung Nr. 1234 **Kunde Nr. 1001** **Datum: 26.09.2020**

Einleitungstext (wenn Sie dieses Feld leer lassen, wir kein Einleitungstext in der Rechnung angezeigt)

Pos	Beschreibung	Einzelpreis	Anzahl	Gesamtpreis
1	Beispieldienstleistung	69,00 €	2,5 Stunden	172,50 €
2	Beispielprodukt	129,00 €	1 Stück	129,00 €

Der Gesamtbetrag ist bis zum 03.10.2020 auf unser unten genanntes Konto zu zahlen.
Leistungsdatum: 31.01.2020

Nettobetrag: 301,50 €
zzgl. 19% MwSt.: 57,29 €
Gesamtbetrag: 358,79 €

Musterfirma Müller
Ringstraße 12
12345 Testdorf

USt-IdNr: DE8198303
Steuernummer: 182/230/299
Inhaber: Ralf Müller

Sparkasse Testdorf
IBAN: DE05 1882 0000 0000 1928
BIC: WELNAXXX77

Seite 1 von 1

Abbildung 22.1 Ein beispielhaftes Formular

Daher sind alle drei Technologien immer noch im Einsatz und sollten von einem ABAP-Entwickler zumindest grundlegend beherrscht werden, auch wenn sich die Gewichtung mit jedem Update von SAP weiter in Richtung SAP Interactive Forms verlagert. Daher möchte ich Ihnen hier einen Überblick über diese drei Formulartechnologien geben und so die Einstiegshürde reduzieren, wenn Sie im Alltag damit in Kontakt kommen und damit arbeiten müssen. In den einzelnen Abschnitten für jede Formulartechnik habe ich dazu jeweils dasselbe Beispiel umgesetzt: die Anzeige einer internen Tabelle in einem Formular (in Abbildung 22.1 in der Mitte) sowie den Aufruf des Formulars aus ABAP. So lernen Sie den Grundmechanismus jeder Technologie kennen.

Zusätzlich möchte ich Ihnen am Ende zeigen, wie Sie aus allen drei Formularen PDF-Dokumente erzeugen können. Dies ist eine sehr häufige Anforderung in Entwicklungsprojekten, um die Formulare beispielsweise als E-Mail-Anhang versenden zu können oder das Dokument letztlich zu archivieren.

Alle Technologien haben Folgendes gemeinsam:

- Die Formulare werden in einer jeweils eigenen Transaktion erstellt.
- Sie werden durch ein ABAP-Programm (auch Druckprogramm genannt) mit den aufbereitenden Daten aufgerufen. Alle Technologien nutzen hierfür Funktionsbausteine, wobei diese für jede Technologie unterschiedlich heißen.

Bei einer Formularentwicklung versucht man eine Zweiteilung: Das Formular soll der reinen Definition der Anzeige dienen, während die Datenbeschaffung mit ABAP im Druckprogramm stattfindet. Dadurch sollen Wiederverwendung und Wartbarkeit erhöht werden.

22.1 Der Druckdialog

Der Dialog **Drucken** kommt immer dann zum Einsatz, wenn Sie ein Formular (oder ein anderes Dokument) drucken wollen. Abbildung 22.2 zeigt einen solchen Druckdialog.

Der Druckdialog ist für Sie wichtig, da Sie diesen für Testausgaben nutzen (d. h., wenn Sie Ihr Druckprogramm testen wollen). Darüber hinaus haben Sie aber auch die Möglichkeit, diesen Dialog in den einzelnen Technologien programmatisch mit Werten vorzubelegen und, falls gewünscht, sogar zu unterdrücken.

22

Für die Vorschau eines Formulars müssen Sie lediglich einen Drucker unter **Ausgabegerät** eingeben und anschließend auf den Button **Druckansicht** klicken. `LOCL` ist nicht der Name eines Druckers, sondern zeigt auf den in Ihren Benutzereinstellungen eingestellten Standarddrucker.

Diesen können Sie einrichten, indem Sie über das Hauptmenü über den Pfad **System • Benutzervorgaben • Eigene • Daten** (oder über die Transaktion SU01) auf der Registerkarte **Festwerte** im Bereich **Spool-Steuerung** einen Drucker hinterlegen.

Darüber hinaus haben Sie im Druckdialog die Möglichkeit, einen Spool-Auftrag für das zu druckende Dokument anzulegen. Das System verwendet beim Drucken einen Spool-Auftrag mit einer zehnstelligen Identifikationsnummer, um die aufbereiteten Druckdaten temporär zu speichern, ohne jedoch das Formular direkt zu drucken.

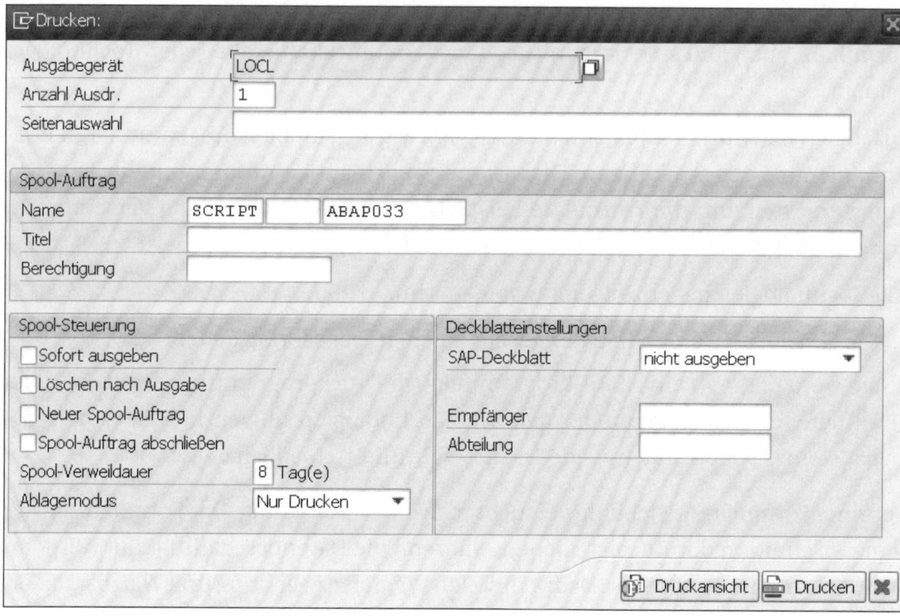

Abbildung 22.2 Der Druckdialog

Es steht für einen späteren Druck (Umwandlung in einen *Ausgabeauftrag*) bereit. Spool-Aufträge können Sie in Transaktion SP01 zum Drucken freigeben und sich gegebenenfalls ebenfalls eine Vorschau anzeigen lassen.

Wie Sie in Abbildung 22.2 sehen können, beinhaltet der Druckdialog mehrere Einstellungsmöglichkeiten für Spool-Aufträge. So können Sie einen Namen und einen Titel sowie Steuerparameter wie eine direkte Ausgabe oder eine Verweildauer spezifizieren.

22.2 SAPscript

SAPscript ist die älteste der Formulartechnologien. Grund für den Einsatz dieser Technologie ist vor allem die Performance bei Massendruck. Ein SAPscript-Formular besteht aus *Seiten* und *Fenstern*, die auf diesen Seiten angeordnet werden und in denen die Daten angedruckt werden können. Abbildung 22.3 zeigt schematisch zwei beispielhafte Seiten, auf denen mehrere Fenster angeordnet sind.

Die Anlage der Seiten und die Anordnung der Fenster findet über Texteingaben in Transaktion SE71, den *Form Painter*, also nicht durch einen grafischen Editor, statt. Wurde ein Fenster einer Seite zugeordnet, spricht man von einem *Seitenfenster*.

Hinter jedem auf einer Seite angeordneten Seitenfenster liegt eine Definition. Diese Fensterdefinitionen geben die Größe des Bereichs vor, in dem Daten angezeigt werden können. Ein definiertes Fenster kann dann als Seitenfenster mehrfach auf einer Seite oder auf verschiedenen Seiten hinzugefügt und angeordnet werden.

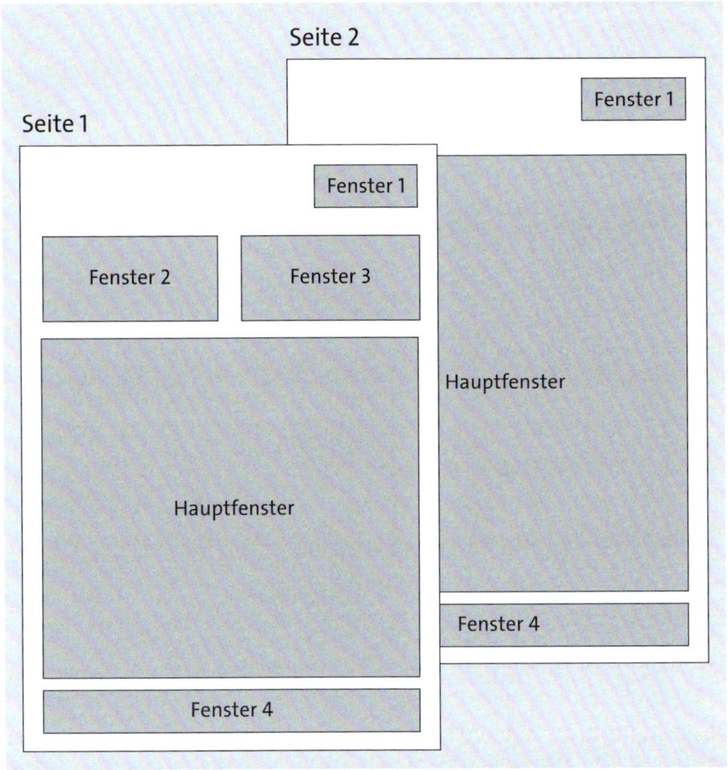

Abbildung 22.3 Seiten und Fenster in einem Formular

Es gibt dabei verschiedene Fenstertypen. Das wichtigste ist das *Hauptfenster*, das in einem Formular genau einmal vorkommen kann. Im Hauptfenster wird fortlaufender Text über mehrere Seiten ausgegeben. Sobald das Fenster auf einer Seite vollständig mit Text und Daten gefüllt ist, erfolgt ein automatischer Seitenumbruch, und der Text wird im fortgeführten Hauptfenster der Folgeseite ausgegeben.

Ein solches Hauptfenster dient der Datenanzeige in der Mitte des Formulars. Bei einer Rechnung könnten hier z. B. die Rechnungspositionen angezeigt werden, die ja beliebig viele sein können. In der Seite wird dabei definiert, welche Folgeseite ausgegeben werden soll. Eine Seite kann auch auf sich selbst verweisen. Abbildung 22.4 zeigt diesen Mechanismus am Beispiel von zwei definierten Seiten, wobei die erste Seite auf die zweite Seite verweist und die zweite Seite auf sich selbst.

Nehmen wir als Beispiel eine Hauptseite (in Abbildung 22.4 ist dies Entwurfsseite 1), auf der sich die Anrede und der Absender befinden, und eine zweite Seite (Entwurfsseite 2), die auf diese Informationen verzichtet und vor der Datenanzeige maximiert wird. Diese zweite Seite wird so oft ausgegeben, bis keine Daten mehr anzudrucken sind. Zum Schluss der so ausgegebenen Tabellen wird oft noch eine Summenzeile (z. B. für den Gesamtbetrag) angedruckt.

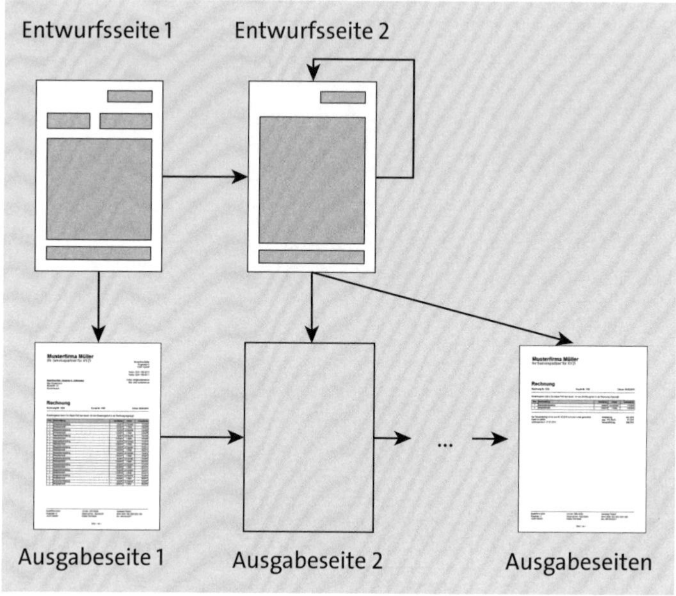

Abbildung 22.4 Entwurfs- und Ausgabeseiten

Um dies dynamisch zu steuern, enthält ein Fenster Textelemente zum Andrucken der Daten. Diese Textelemente werden erst zur Laufzeit durch das Druckprogramm gelesen und dynamisch durch Daten ersetzt. Sie können hier über ABAP steuern, wann und was angedruckt wird.

Neben den Hauptfenstern (`MAIN`) gibt es noch drei weitere Arten von Fenstern:

- `CONST`: konstantes Fenster, das immer dieselben Daten auf jeder Seite andruckt, beispielsweise den Header und den Footer
- `VAR`: rücksetzendes Fenster, das pro Seite zurückgesetzt und so neu gefüllt werden kann, z. B. für die Anzeige der Seitennummer
- `GRAPH`: grafisches Fenster für die Anzeige von Grafiken

Neben den Seitenfenstern und Fenstern gibt es noch den *Formularkopf* sowie *Absatz-* und *Zeichenformate*. Während Absatz- und Zeichenformate die Formatierung des Textes (Schriftart, Größe, Einrückung) vorgeben, enthält der Formularkopf die benötigten Kontrollinformationen für den Druck. Hier werden z. B. die Startseite, die Sprache, das zu verwendende Absatzformat sowie das Seitenlayout definiert.

22.2.1 Formular erstellen

Ziel dieses Beispiels soll es sein, dass der Inhalt einer Tabelle auf dem Formular ausgegeben wird.

1. Gehen Sie in Transaktion SE71, und tragen Sie dort einen neuen Namen für Ihr SAPscript-Formular ein (z. B. `ZMEIN_SC_FORM`).
2. Klicken Sie auf den Button **Anlegen**. Bestätigen Sie die Meldung, dass das Formular nicht vorhanden ist, mit **Weiter** (✓), und tragen Sie in dem sich öffnenden Formular-Editor in Abbildung 22.5 im Feld **Bedeutung** eine Kurzbeschreibung für das Formular ein.

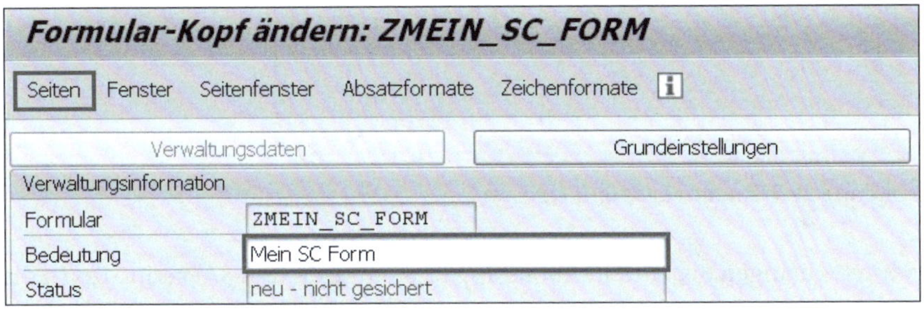

Abbildung 22.5 Anlage eines Formulars

3. Wechseln Sie anschließend über den Button **Seiten** in der Funktionsleiste zu dem in Abbildung 22.6 dargestellten Seiten-Editor.

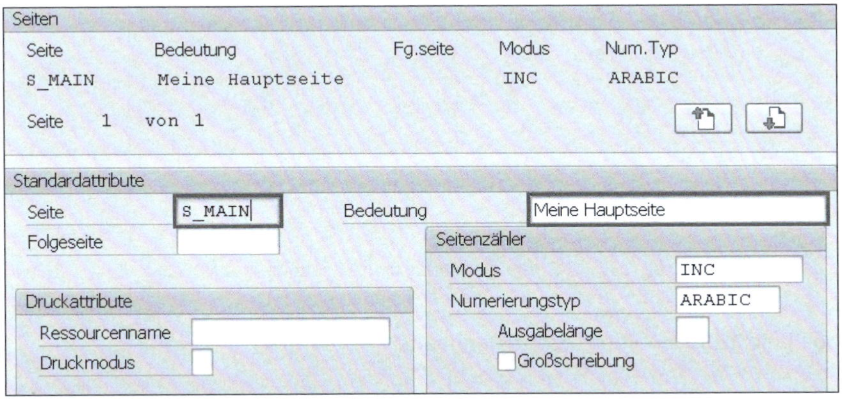

Abbildung 22.6 Definition einer Hauptseite

4. Tragen Sie hier im Feld **Seite** einen Namen für eine neue Seite (z. B. `S_MAIN`) und unter **Bedeutung** eine Kurzbeschreibung ein, und bestätigen Sie die Eingabe mit [↵]. Diese Seite wird die Hauptseite des Formulars sein.
5. Dieser Seite müssen Sie jetzt noch ein Fenster zuordnen. Standardmäßig ist schon ein Fenster angelegt: das Hauptfenster mit dem Namen `MAIN`. (Wie eingangs er-

wähnt, kann ein Formular immer nur ein Hauptfenster enthalten, da es fortlaufenden, seitenübergreifenden Text darstellen kann.) Dieses Fenster können Sie sehen, wenn Sie über den Button **Fenster** in der Funktionsleiste in den Fenster-Editor wechseln. Hier werden alle in einem Formular existierenden Fenster definiert und mit Inhalt gefüllt.

6. Um dem Fenster MAIN einen Text zuzuordnen, müssen Sie, wie in Abbildung 22.7 dargestellt, dieses Fenster markieren und anschließend auf den Button **Textelemente** () in der Funktionsleiste klicken.

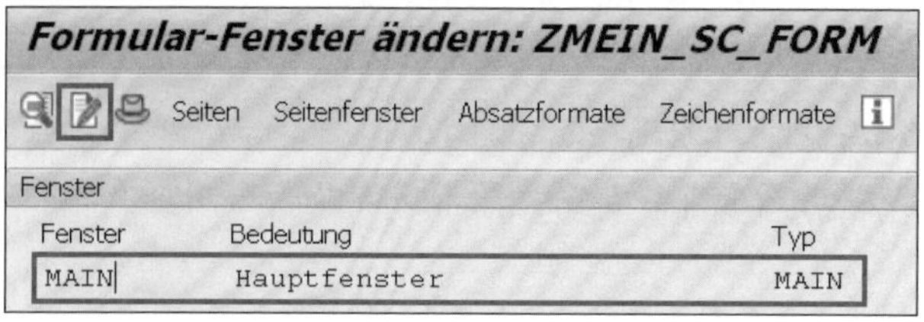

Abbildung 22.7 Ändern des Hauptfensters

7. Dadurch gelangen Sie zum in Abbildung 22.8 dargestellten SAPscript-Text-Editor. Hier wird das Aussehen des Formulars durch Texte und durch eingebundene Grafiken bestimmt. Geben Sie wie in Abbildung 22.8 die Definition der Kopfzeile TABELLENKOPF und der Datenzeilen BUCHUNGEN ein. Die doppelten Kommata werden als Tabulator interpretiert.

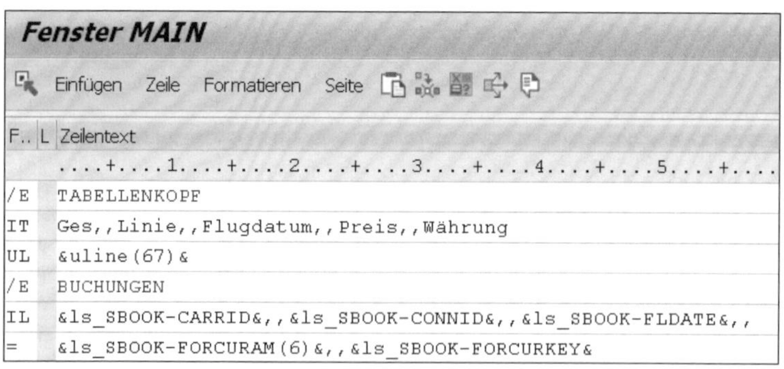

Abbildung 22.8 Definition des Fensterinhalts

[»]

Formatkennzeichen

Mit dem Format /E können Sie eigene Textelemente spezifizieren. Diese werden im Druckprogramm über den danach angegebenen Namen (in Abbildung 22.8 über TABELLENKOPF) identifiziert und mit Daten über einen Funktionsbaustein aufgerufen. Erst dann wird die darunter angezeigte Definition (mit den aktuellen Daten) angedruckt. Ein Ende der Definition wird durch ein neues Formatkennzeichen eingeleitet (BUCHUNGEN, in Zeile 4).

Zusätzlich stehen Ihnen hier weitere Formate zur Verfügung. Die wichtigsten davon sind:

- `*` für den Default-Absatz
- `C` für zentriert
- `IT` für Positionsüberschrift und `IL` für Positionszeilen (Tabellen)
- `UL` Absatz für Trennlinie
- `Leerzeichen` für normalen Fließtext
- `=` für Langzeilen
- `/*` für Kommentarzeilen (werden nicht angedruckt)

Steuerkommandos

Zusätzlich haben Sie hier die Möglichkeit, mit `/:` Steuerkommandos einzufügen. Folgende Steuerkommandos stehen Ihnen hier zur Verfügung:

`INCLUDE`, `DEFINE`, `ADDRESS ... ENDADDRESS`, `PROTECT ... ENDPROTECT`, `NEW-PAGE`, `IF...ENDIF` und `CASE ... ENDCASE`.

Das Einbinden eines Textbausteins (in Transaktion SO10) könnten Sie hier beispielsweise mit `/: INCLUDE ADRS_FOOTER OBJECT TEXT ID ADRS` realisieren.

8. Wechseln Sie anschließend zurück ( ) in den Fenster-Editor. Die hier angelegten Fenster sind nur Definitionen und müssen nun noch einer Seite zugeordnet werden. Klicken Sie dazu auf den Button **Seitenfenster**, und wählen Sie anschließend **Bearbeiten • Anlegen Element** über das Hauptmenü.
9. Klicken Sie in dem Fenster doppelt auf das Hauptfenster `MAIN`. Dadurch wird, wie in Abbildung 22.9 gezeigt, das Hauptfenster der Seite `S_MAIN` zugeordnet.

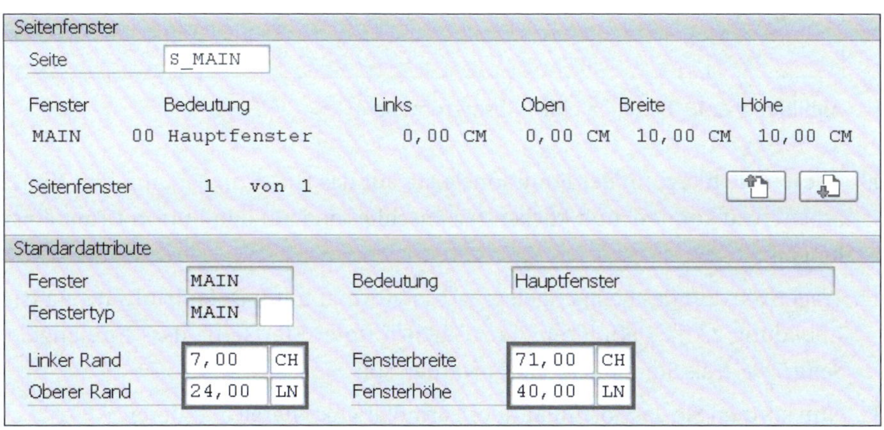

Abbildung 22.9 Definition der Breite, Höhe und Einrückung des Fensters

10. Tragen Sie hier eine **Fensterbreite** und **Fensterhöhe** ein. Zusätzlich können Sie über **Linker Rand** und **Oberer Rand** die Position des Fensters auf der Seite bestimmen.
11. Bevor Sie das Formular aktivieren können, muss in den Kopfdaten noch ein Absatz zugeordnet werden, damit das Formular »weiß«, wie der Text anzuzeigen ist. Diesen Absatz müssen Sie allerdings erst anlegen.
12. Klicken Sie hierzu in der Funktionsleiste auf den Button **Absatzformate**, und tragen Sie, wie in Abbildung 22.10 dargestellt, unter **Absatz** einen neuen Absatznamen (z. B. `DF` für Default) ein. Bestätigen Sie Ihre Auswahl mit [↵].

    Ergänzen Sie anschließend im Feld **Bedeutung** noch eine Kurzbeschreibung. Dieses Absatzformat definiert standardmäßig, dass der Text linksbündig ist (`LEFT`) und einen Zeilenabstand von einer Zeile (1,00 LN) hat. Dies können Sie bei Bedarf überschreiben. Das Absatzformat kann nun in den Kopfdaten dem Formular zugeordnet werden.

Abbildung 22.10 Erstellen eines Absatzformats

13. Klicken Sie hierzu in der Funktionsleiste auf das Hut-Icon (), um den Kopf bearbeiten zu können, und klicken Sie anschließend auf den Button **Grundeinstellungen**.
14. Tragen Sie dort das eben angelegte Absatzformat unter **Default-Absatz** ein (siehe Abbildung 22.11). Definieren Sie zusätzlich unter **Startseite**, dass Ihre angelegte Seite `S_MAIN` als Startseite benutzt werden soll.
15. Nun können Sie das Formular über **Formular • Aktivieren** aktivieren.

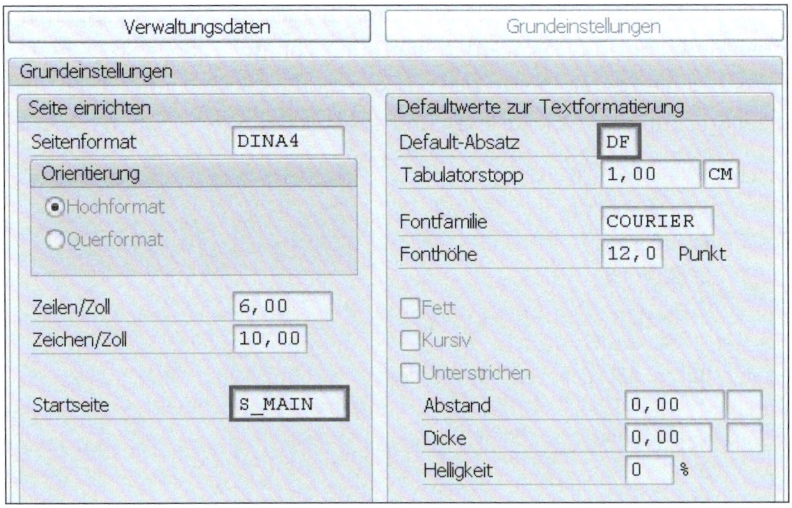

Abbildung 22.11 Zuordnen des Absatzformats und der Startseite

Um Ihr Formular zu testen, können Sie im Hauptmenü auf **Hilfsmittel • Testdruck** klicken. Wählen Sie hier im Druckdialog im Feld **Ausgabegerät** einen Drucker aus (z. B. LOCL), und klicken Sie auf den Button **Druckansicht**. Da dem Formular noch keine Daten zugeordnet wurden, werden Sie hier nicht viel sehen. Im Folgenden werden wir das zum Formular gehörige Druckprogramm entwickeln, das die Datenbeschaffung für das Formular vornimmt.

22.2.2 Druckprogramm erstellen

Das Druckprogramm ist dafür verantwortlich, die für das Formular benötigten Daten zu beschaffen und damit die im Formular spezifizierten Textelemente aufzurufen. Das Druckprogramm eines SAPscript-Formulars unterscheidet sich von dem der anderen Techniken vor allem dadurch, dass es keine klare Schnittstelle zum Formular gibt (z. B. als Funktionsbaustein-Parameter), sondern alle benötigten Daten als globale Definitionen innerhalb des Programms bereitgestellt werden müssen. Eine Verbindung zum Formular wird durch die Namensgleichheit (analog zu Dynpros) der Datenobjekte hergestellt.

Zum Aufruf eines SAPscript-Formulars müssen Sie mindestens die folgenden drei Funktionsbausteine aufrufen:

- OPEN_FORM: Starten des Formulardrucks, Initialisieren der Druckausgabe
- WRITE_FORM: Aufrufen eines im Formular definierten Textelements. Das Textelement versucht anschließend, die im Textelement definierten Felder in den globalen Daten des Programms auszulesen und anzudrucken.
- CLOSE_FORM: Schließen und Anzeigen des Ergebnisses des Formulardrucks

Listing 22.1 implementiert das Druckprogramm für das im vorangegangenen Abschnitt entwickelte Formular. Es werden die Daten von der Tabelle SBOOK beschafft und zum Drucken die Textelemente TABELLENKOPF und BUCHUNGEN aufgerufen, die die Daten aus der Struktur LS_SBOOK auslesen und ausdrucken.

```
DATA: lt_sbook TYPE TABLE OF sbook,
      ls_sbook TYPE sbook.
*Öffnen des Druckauftrags
CALL FUNCTION 'OPEN_FORM'
  EXPORTING
    form = 'ZMEIN_SC_FORM'.
*Schreiben der Daten mit den Textbausteinen
*der Kopfzeile
CALL FUNCTION 'WRITE_FORM'
  EXPORTING
    element = 'TABELLENKOPF'.
SELECT * FROM sbook INTO TABLE lt_sbook UP TO 10 ROWS.
*bzw. der Datenzeilen
LOOP AT lt_sbook INTO ls_sbook.
  CALL FUNCTION 'WRITE_FORM'
    EXPORTING
      element = 'BUCHUNGEN'.
ENDLOOP.
*Schließen des Druckauftrags
CALL FUNCTION 'CLOSE_FORM'.
```

Listing 22.1 Druckprogramm für ein SAPscript-Formular

Führen Sie das Programm aus, wird Ihnen der Druckdialog angezeigt. Tragen Sie hier einen Drucker ein (z. B. LOCL), und klicken Sie auf den Button **Druckansicht**. In Abschnitt 22.5 ist zusätzlich beschrieben, wie Sie ein PDF-Dokument aus dem Formular erzeugen können.

22.3 SAP Smart Forms

SAP Smart Forms sind die konsequente Weiterentwicklung der SAPscript-Technologie und kamen 2001 auf den Markt. Viele SAPscript-Funktionen, gerade im Hintergrund, wurden damit weiterhin verwendet. Der größte Unterschied ist jedoch, dass mit der Transaktion SMARTFORMS (dem Form Builder) ein grafischer Editor für die Anlage der Formulare bereitgestellt wird.

Der Grundaufbau einer SAP Smart Form besteht wie bei SAPscript aus Fenstern und Seiten. Ich empfehle Ihnen daher, sich den einleitenden Abschnitt 22.2 zu SAPscript durchzulesen. Der Mechanismus ist hier gleich geblieben.

In Abbildung 22.12 sehen Sie eine solche Seite mit einem Hauptfenster und drei sogenannten *Nebenfenstern* im *Form Painter* des Form Builders. Es kann pro Formular wieder genau ein Hauptfenster angegeben werden, das sich über mehrere Seiten erstrecken kann. Sobald das Hauptfenster vollständig gefüllt ist, erfolgt ein automatischer Seitenumbruch auf der in der Hauptseite angegebenen Folgeseite.

Nebenfenster können dagegen beliebig viele auf dem Formular angeordnet werden (bis kein Platz mehr da ist) und dienen als Container für Daten, Adressen oder Grafiken. Ein Nebenfenster kann darüber hinaus auf beliebig vielen Seiten (über Namensgleichheit) wiederverwendet werden.

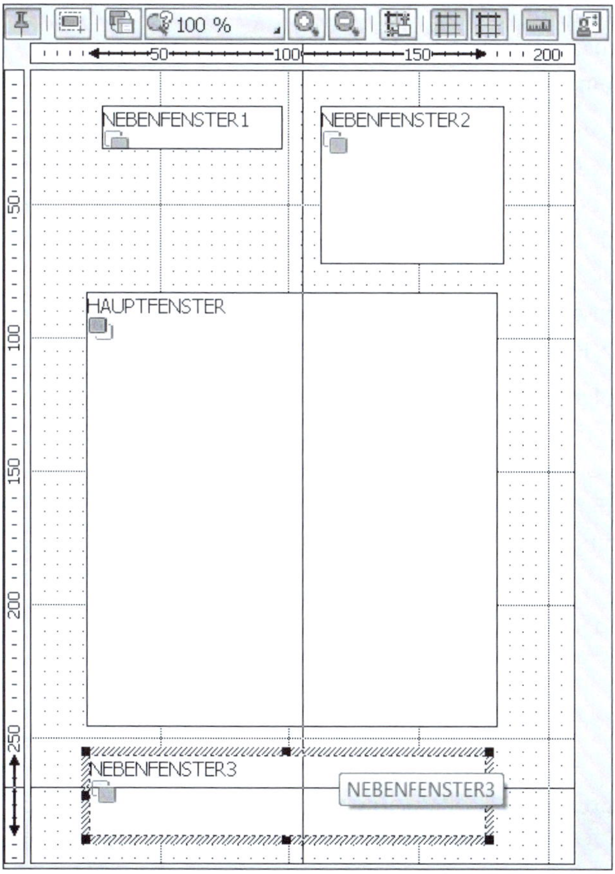

Abbildung 22.12 Definition von Seiten und Fenstern mit SAP Smart Forms

Neben den Haupt- und den Nebenfenstern, gibt es zwei weitere Arten von Fenstern:

- **Kopienfenster**
  Dieses Fenster wird nur auf einer Kopie des Formulars (nach dem erstmaligen Druck) oder nur auf dem Original (beim erstmaligen Druck) ausgegeben.

- **Abschlussfenster**
  Dieses Fenster dient der Anzeige von Daten, die erst nach der Verarbeitung des kompletten Formulars bereitstehen (z. B. die Summe der Positionen). Abschlussfenster werden in der Verarbeitung übersprungen und erst am Ende (wenn alle anderen Daten verarbeitet wurden) verarbeitet.

Im Vergleich zu einem SAPscript-Formular hat eine SAP Smart Form eine klar definierte Schnittstelle, über die die Kontrolldaten für das Formular sowie die anzudruckenden Daten mitgegeben werden. Auch hier findet idealerweise eine klare Zweiteilung statt: Das Formular als reine Anzeige und das Druckprogramm zur Datenbeschaffung. Für jedes Formular wird genau ein Funktionsbaustein generiert, der für den Aufruf des Formulars zuständig ist. Die Schnittstelle des Formulars wird dabei 1:1 über die Funktionsbaustein-Parameter abgebildet.

SAP Smart Forms gehen hier noch einen Schritt weiter und ermöglichen die formularübergreifende Wiederverwendung von Absatz- und Textformaten über *Stile* (auch *Smart Styles* genannt), die ebenfalls in Transaktion SMARTFORMS erstellt werden können. Dies hat den Vorteil, dass Sie für das gesamte Unternehmen einen Stil (analog zu einer Corporate Identity) anlegen und zentral für alle Formulare pflegen können. Dieser Stil kann anschließend in den Formularattributen, neben der Sprache und anderen Ausgabeoptionen, z. B. dem Seitenformat, eingestellt werden.

Pro Formular können außerdem globale Definitionen hinzugefügt werden. Dazu gehören globale Daten, Typen, eine Initialisierungsroutine, eigene Formroutinen sowie ein Mechanismus für das automatische Umwandeln von Währungs- und Mengenfeldern. Durch die Routinen kann auch hier eine Datenbeschaffung stattfinden; diese sollte aus Wartbarkeits- und Wiederverwendungsgründen allerdings vermieden werden.

22.3.1 Formular erstellen

Auch in diesem Beispiel soll der Inhalt einer internen Tabelle auf dem Formular ausgegeben werden:

1. Gehen Sie in die Transaktion SMARTFORMS, und tragen Sie unter der Option **Formular** einen Namen (z. B. `ZMEIN_SF_FORMULAR`) für Ihr anzulegendes Formular ein. Klicken Sie anschließend auf den Button **Anlegen**.
2. Wechseln Sie im Navigationsbaum auf der linken Seite in den Ordner **Globale Einstellungen**, und klicken Sie doppelt auf **Formularschnittstelle**. In dieser neu eingeführten Schnittstelle können Sie die zu übergebende Tabelle definieren.
3. Tragen Sie dazu auf der Registerkarte **Import**, wie in Abbildung 22.13 dargestellt, eine neue Tabelle `IT_SBOOK` vom Tabellentyp `TY_BOOKINGS` ein. Es steht dazu zwar auch eine Registerkarte **Tabellen** zur Verfügung, diese ist jedoch obsolet und sollte

(wie bei der Definition von Funktionsbausteinen auch) nicht mehr verwendet werden.

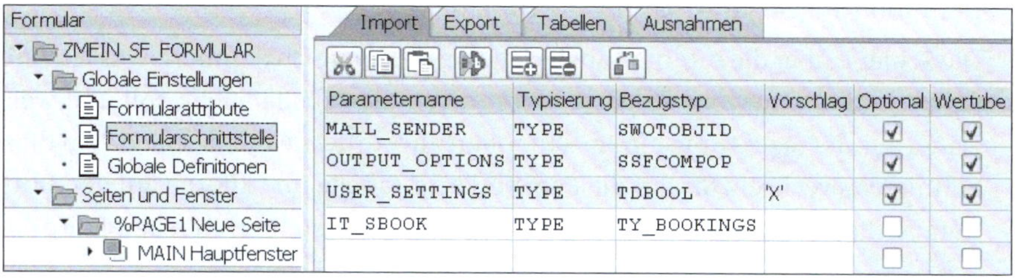

Abbildung 22.13 Definition einer internen Tabelle in der Schnittstelle

4. Im späteren Verlauf sollen die Werte genau dieser internen Tabelle `IT_SBOOK` über eine Iteration in das Formular übertragen werden. Dazu ist in einer SAP Smart Form eine Zielstruktur nötig, in die die einzelnen Zeilen geschrieben werden können (analog zur Anweisung `LOOP AT it_sbook INTO ls_sbook`). Diese Struktur kann, wie in Abbildung 22.14 gezeigt, im Bereich **Globale Definitionen** auf der Registerkarte **Globale Daten** angelegt werden. Alle hier definierten Datenobjekte stehen dem gesamten Formular zur Verfügung. Tragen Sie hier eine Struktur `LS_SBOOK` (Typ `SBOOK`) ein (lokal aus Sicht der SAP Smart Form).

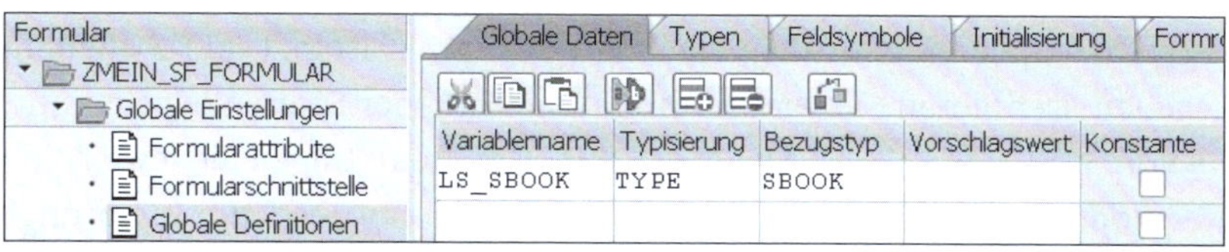

Abbildung 22.14 Definition einer globalen Struktur

5. Jetzt gilt es, eine Anzeigetabelle anzulegen, die den Inhalt der internen Tabelle anzeigen soll. Wechseln Sie dazu im Navigationsbaum auf der linken Seite auf **Seiten und Fenster • %PAGE1 Neue Seite • MAIN Hauptfenster**. Mit einem Rechtsklick auf diesen Eintrag öffnen Sie das Kontextmenü, in dem Sie **Anlegen • Tabelle** wählen. Dadurch wird, wie in Abbildung 22.15 dargestellt, unter dem Hauptfenster `MAIN` eine neue Tabelle `%TABLE1` angelegt.

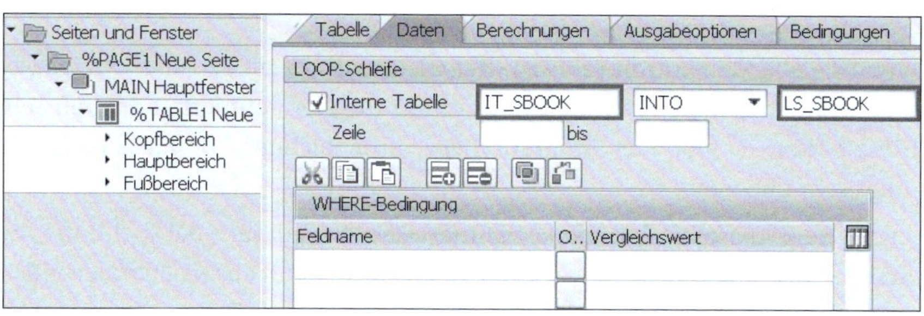

Abbildung 22.15 Iterieren über die Datentabelle

6. Klicken Sie doppelt auf diese neu angelegte Tabelle, und wechseln Sie auf die Registerkarte **Daten**. Tragen Sie hier die interne Tabelle `IT_SBOOK` und die als globale Definition angelegte Struktur `LS_SBOOK` ein.
7. Die Schleife über die interne Tabelle ist damit erfolgreich definiert. Was jetzt noch fehlt, ist die Definition, welche Überschriften die Tabelle haben soll und welche Daten aus der Struktur in einem Durchlauf angedruckt werden sollen. Um dies zu definieren, wechseln Sie auf die Registerkarte **Tabelle** und klicken auf den Button **Details**. Sie gelangen in den in Abbildung 22.16 dargestellten Tabellen-Editor.

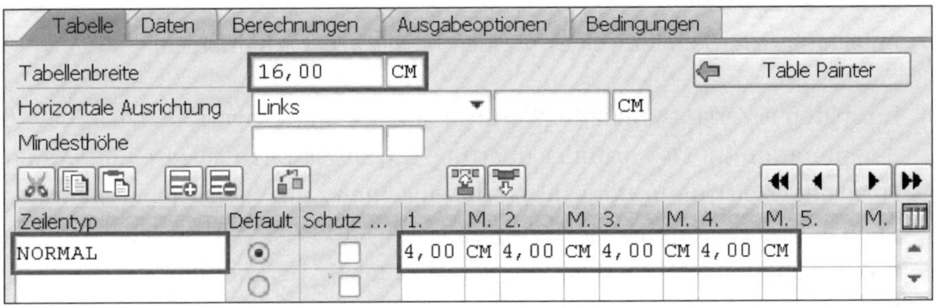

Abbildung 22.16 Definition eines Zeilentyps

8. Hier haben Sie die Möglichkeit, die Breite der einzelnen Spalten als sogenannten *Zeilentyp* zu definieren. Die maximale Breite der Tabelle ist im Feld **Tabellenbreite** vorgegeben. Definieren Sie wie in Abbildung 22.16 vier Spalten jeweils mit der Breite von 4,00 Zentimetern (4 × 4 = 16 cm). Die Breite tragen Sie jeweils in die Spalten von 1 bis 4 ein. Benennen Sie den Zeilentyp in `NORMAL` um (ursprünglich `%LTYPE1`).

Zeilentyp

Pro Zeile können Sie frei wählen, welcher Zeilentyp zum Andrucken verwendet werden soll. So kann die Kopfzeile eine unterschiedliche Zellenbreitendefinition haben als die Zeilen, die die Daten beinhalten. Häufig wird hier für eine Summenzeile ebenfalls ein eigener Zeilentyp verwendet. Dazu werden nämlich in der Regel nur zwei Zellen gebraucht: eine für den Text und eine für den Summenwert.

9. Wenn Sie über den Button **Table Painter** wieder zurück zur Tabellenanzeige wechseln, werden Sie dort wie in Abbildung 22.17 die vier definierten Spalten sehen. Diese hätten Sie hier auch im grafischen Editor zeichnen können (dies ist allerdings sehr ungenau).
10. Jetzt, wo das Aussehen der Tabelle definiert ist, geht es darum, die Spaltentexte anzulegen, also die Texte, die jeweils den Inhalt der Struktur ausgeben sollen. Klicken Sie dazu im Navigationsbaum unterhalb der Tabelle `%TABLE1` auf den Knoten **Kopf-**

bereich, und wählen Sie aus dem Kontextmenü **Anlegen • Tabellenzeile** aus. Dadurch erscheint darunter, wie in Abbildung 22.18 gezeigt, die angelegte Zeile %ROW1.

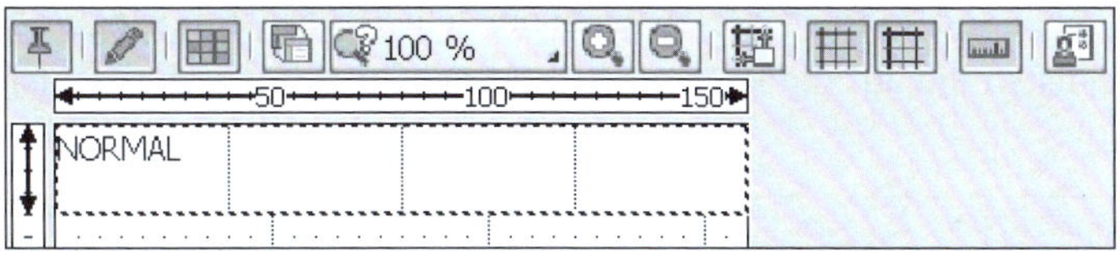

Abbildung 22.17 Definierter Zeilentyp mit vier Spalten

[+]

Verwendung eigener Namen

In diesem Beispiel bleibe ich nur aus didaktischen Gründen bei den generischen Namen für Tabellen, Zeilen etc., damit Sie sich bei der Anlage besser orientieren können. Sie sollten diese aber spätestens zum Schluss gegen eigene sprechende Namen austauschen. Die Tabelle %TABLE1 könnte z. B. TBL_FLUEGE heißen. Dies für die Lesbarkeit (für andere Kollegen) sehr hilfreich und erleichtert die Orientierung im Formular.

11. Wenn Sie doppelt auf die Zeile %ROW1 klicken, können Sie wie in Abbildung 22.18 auf der Registerkarte **Ausgabeoptionen** den eben angelegten Zeilentyp NORMAL auswählen. Daraufhin wird unter der Zeile im Navigationsbaum automatisch für jede Zelle ein Unterabschnitt angelegt (%CELL1 bis %CELL4), insgesamt vier an der Zahl, weil vier Spalten im Zeilentyp definiert wurden.

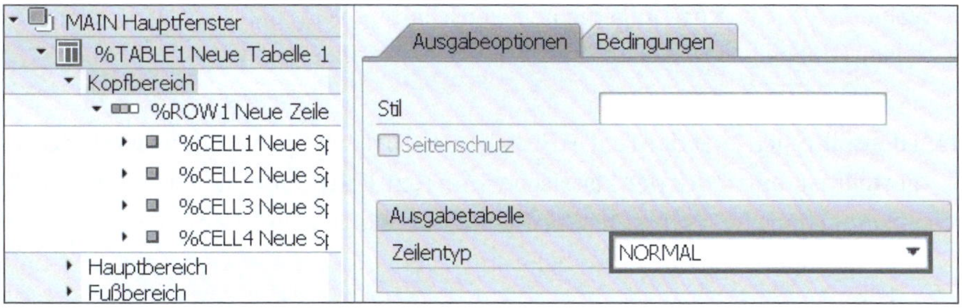

Abbildung 22.18 Zeilentyp für die Tabelle auswählen

12. Wiederholen Sie die Anlage der Tabellenzeile auch für den Knoten **Hauptbereich**, und wählen Sie auch hier denselben Zeilentyp NORMAL aus. Dadurch werden erneut Zellen (%CELL5 bis %CELL8) angelegt.

    In jeder dieser Zellen können Sie eigene Texte anlegen und definieren, was angedruckt werden soll. Die Kopfzeile wird dabei immer einmal angedruckt, die Zeilen des Hauptbereichs für jeden Durchlauf Ihrer definierten Schleife. Da Sie sich innerhalb der Tabelle befinden, haben Sie in den Texten Zugriff auf die Struktur LS_SBOOK, in die für jeden Durchlauf iteriert wird. Um für diese Zellen einen Text anzulegen, klicken Sie mit der rechten Maustaste auf `%CELL1`, und wählen Sie **Anlegen • Text** aus dem Kontextmenü.

13. Klicken Sie anschließend doppelt auf den unter der Zelle 1 (`%CELL1`) angelegten Text `%TEXT1`, und wechseln Sie auf die Registerkarte **Allgemeine Eigenschaften** (siehe Abbildung 22.19).

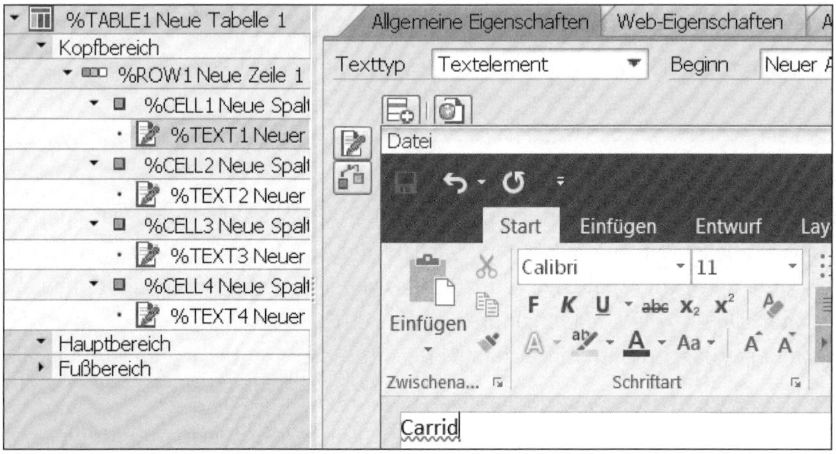

Abbildung 22.19 Eingabe von Text im Text-Editor

[!]

Registerkarte wird nicht immer direkt angezeigt

Wenn die Registerkarte **Allgemeine Eigenschaften** nicht angezeigt wird, klicken Sie so lange doppelt auf die erste Registerkarte, bis sie angezeigt wird.

14. Hier sollte sich jetzt der Text-Editor öffnen. Dieser ist, je nachdem, wie Ihr GUI eingestellt ist, entweder der klassische SAP-Text-Editor oder wie in Abbildung 22.19 ein eingebetteter Microsoft-Word-Editor. In beiden Fällen können Sie den Text für die erste Spalte der Anzeigetabelle eintragen.

15. Wiederholen Sie dies für jede Zelle. Legen Sie über das Kontextmenü je einen Text an, und füllen Sie diese anschließend wie folgt:
    - Zelle 1 (`%CELL1`): `Carrid`
    - Zelle 2 (`%CELL2`): `Connid`
    - Zelle 3 (`%CELL3`): `Fldate`
    - Zelle 4 (`%CELL4`): `Bookid`

    Damit sind die Kopftexte für die Tabelle definiert.

16. Legen Sie nun, wie in Abbildung 22.20 dargestellt, für jede Zelle des Hauptbereichs ebenfalls einen Text an (siehe Abbildung 22.18). Wenn Sie hier keine Zellen sehen, haben Sie vergessen, eine Zeile vom Typ `NORMAL` anzulegen. Diesmal wird den Zel-

len allerdings kein fester Text zugewiesen, sondern jeweils der Wert des aktuellen Schleifendurchlaufs. Diese Werte stehen in der angegebenen Struktur `LS_SBOOK`.

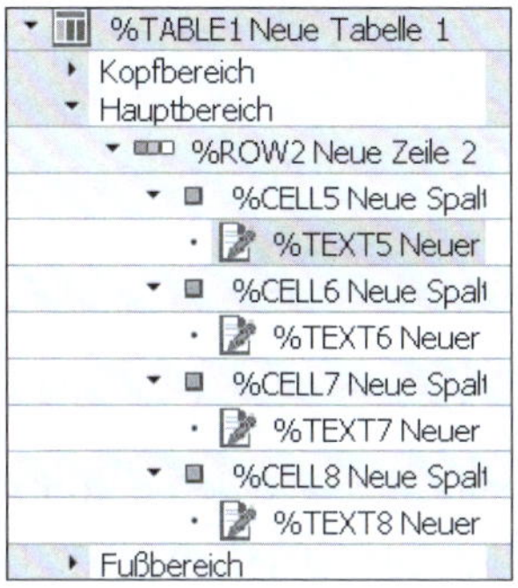

Abbildung 22.20 Ein Text pro Zelle der Zeile

Klicken Sie dazu auf den Text der ersten Zelle des Hauptbereichs (in Abbildung 22.20 ist dies `%TEXT5`), und fügen Sie über **Feld einfügen** (, siehe Abbildung 22.21) ein Textfeld der Form `&ls_sbook-carrid&` ein. Bestätigen Sie die Eingabe anschließend mit einem Klick auf das grüne Häkchen ().

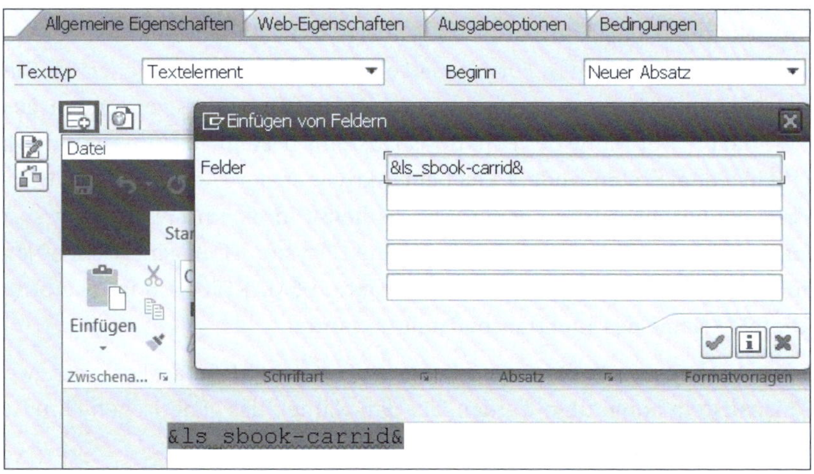

Abbildung 22.21 Definition von Textsymbolen

[«]

Und-Zeichen

Dadurch, dass der Wert durch zwei kaufmännische Und-Zeichen (`&...&`) eingeschlossen ist, »weiß« SAP Smart Forms, dass es sich hier um ein Datenfeld handelt, das zur Laufzeit durch den aktuellen Wert des angegebenen Datenobjekts ersetzt werden soll. Zusätzlich haben Sie hier die Möglichkeit, Formatierungsanweisungen mit anzugeben, die Sie in der SAP-Hilfe unter dem Begriff »Ausgabeoptionen von Feldinhalten« finden können.

17. Wiederholen Sie dies für jede Zelle des Hauptbereichs. Legen Sie je einen Text an, und füllen Sie diesen anschließend über **Feld einfügen** (![]) mit den folgenden Werten:
    - Spalte 1 (`%CELL5`): `&ls_sbook-carrid&`
    - Spalte 2 (`%CELL6`): `&ls_sbook-connid&`
    - Spalte 3 (`%CELL7`): `&ls_sbook-fldate&`
    - Spalte 4 (`%CELL8`): `&ls_sbook-bookid&`
18. Aktivieren (![]) Sie nun Ihre SAP Smart Form.

Nun ist es geschafft! In dem Formular wurde eine Tabelle angelegt, deren Kopfzeile und Datenzeilen definiert wurden. In der Schnittstelle des Formulars haben wir dafür gesorgt, dass eine interne Tabelle übergeben wird, die die anzuzeigenden Daten enthält, die Zeile für Zeile in eine Struktur gelesen werden. In der Datenzeile werden die Daten aus dieser Struktur mithilfe von Textsymbolen beschafft, und auch der Überschriftenzeile wurden feste Texte zugewiesen.

22.3.2 Druckprogramm erstellen

Nun entwickeln wir das zum Formular gehörige Druckprogramm. Wie bereits erwähnt, wird für jede SAP Smart Form genau ein Funktionsbaustein generiert. Diesen Funktionsbaustein können Sie direkt zum Aufruf des Formulars verwenden. Es gibt nur einen Haken: Der Name des Funktionsbausteins besteht aus Ziffern und Zahlen und heißt in jedem System anders. Erst beim Aktivieren der SAP Smart Form wird der zugehörige Funktionsbaustein generiert. Das heißt, in einem Entwicklungssystem wird der Name anders lauten als in einen Produktivsystem. Den generischen Namen des Funktionsbausteins können Sie in Transaktion SMARTFORMS im Hauptmenü unter **Umfeld • Name des Funktionsbausteins** erfahren.

Programmatisch muss vor dem eigentlichen Aufruf der SAP Smart Form ein zweiter Funktionsbaustein aufgerufen werden, der den Namen des generischen Funktionsbausteins für das Formular für das aktuelle System beschafft.

Dieser Funktionsbaustein heißt `SSF_FUNCTION_MODULE_NAME`. Er erwartet als Übergabe den Namen der SAP Smart Form und gibt als Rückgabewert den generischen Namen des Formular-Funktionsbausteins zurück. Dieser Formular-Funktionsbaustein stellt die folgenden (optionalen) Standardparameter beim Aufruf bereit:

- Steuerung des Druckauftrags über die Struktur des Parameters `CONTROL_PARAMETERS`:
  - Felder `NO_OPEN` und `NO_CLOSE`: Zusammenfassen mehrerer Formulare (Formularaufrufe) zu einem Druck

- DEVICE: Angabe des Druckers
- NO_DIALOG: kein Druckdialog (nur wenn Drucker angegeben)
- PREVIEW: Ausgabe der Vorschau
- GETOTF: zur Ausgabe von OTF (Output Text Format, z. B. für die Umwandlung in PDF, siehe Abschnitt 22.5)
- LANGU, REPLANGU1, REPLANGU2, REPLANGU3: Drucksprachen in priorisierter Reihenfolge
- STARTPAGE: Übersteuern der Startseite mit einer anderen

- Steuerung des Druckdialogs (Spool-Einstellungen): OUTPUT_OPTIONS
- Versenden einer E-Mail durch: MAIL_APPL_OBJ, MAIL_RECIPIENT, MAIL_SENDER
- Archivierung mit SAP ArchiveLink durch: ARCHIVE_INDEX, ARCHIVE_INDEX_TAB, ARCHIVE_PARAMETER
- Verwendung der Benutzereinstellung durch USER_SETTINGS zur Steuerung des Spool-Auftrags (Ausgabegerät, sofort drucken, Löschen nach Ausgabe)

Listing 22.2 definiert das Druckprogramm für das im vorangegangenen Abschnitt entwickelte Formular. Es werden die Daten von der Tabelle SBOOK und der Name des Formular-Funktionsbausteins beschafft und dem Formular über den Schnittstellenparameter IT_SBOOK übergeben (das wurde ja so im Formular definiert).

```
DATA: lt_sbook TYPE TABLE OF sbook.
SELECT * FROM sbook INTO TABLE lt_sbook UP TO 10 ROWS.
DATA: lv_formname TYPE tdsfname.
*Beschaffen des Namens
CALL FUNCTION 'SSF_FUNCTION_MODULE_NAME'
  EXPORTING
    formname = 'ZMEIN_SF_FORMULAR'
  IMPORTING
    fm_name  = lv_formname.
*Aufruf des Formular-Funktionsbausteins mit den Daten
CALL FUNCTION lv_formname
  EXPORTING
    it_sbook = lt_sbook.
```

Listing 22.2 Der (einfachste) Aufruf einer SAP Smart Form

Führen Sie das Programm aus, wird Ihnen der Druckdialog angezeigt. Tragen Sie hier einen Drucker ein (z. B. LOCL), und klicken Sie auf den Button **Druckansicht**.

22.4 SAP Interactive Forms by Adobe

SAP Interactive Forms by Adobe kam 2005 mit der Einführung von SAP NetWeaver auf den Markt und ist die aktuellste Formulartechnologie von SAP. Zur Entwicklung der Formulare wird der Adobe LiveCycle Designer (ein externes Tool) verwendet, der in Transaktion SFP eingebunden wurde.

Voraussetzungen für den Einsatz von SAP Interactive Forms sind:

- ein installierter Adobe Reader ab Version 8.0
- ein installierter Adobe LiveCycle Designer
- ein Java-Stack im SAP-System
- Installation und Konfiguration der Adobe Document Services (ADS)
- eine ABAP-seitige Konfiguration, die definiert, welche ADS-Installation verwendet werden soll

Für Sie als Entwickler ist die Benutzung eines externen Tools auch die größte Änderung, die sich bemerkbar macht. Der Rest ist sehr ähnlich geblieben: Das Formular hat eine klare Schnittstelle, die im Vergleich zu der von SAP Smart Forms getrennt vom Formular entwickelt wird (und dadurch für mehrere Formulare wiederverwendet werden kann). Der Aufruf der Formulare geschieht im Druckprogramm ebenfalls durch Funktionsbausteine.

Es ist allerdings ein neuer Anwendungsfall, das Offlineformular, hinzugekommen: Der Benutzer muss zur Bearbeitung eines Formulars nicht mehr direkt am System angemeldet sein, sondern kann die Daten losgelöst vom SAP-System in das Formular als PDF-Dokument eintragen. Nach dem Ausfüllen wird das PDF-Dokument zurück in das SAP-System geladen, und die eingetragenen Informationen werden aus dem PDF-Dokument extrahiert und verarbeitet. Eine solche Eingabefähigkeit funktioniert auch online (d. h., wenn der Benutzer am SAP-System angemeldet ist) unter Verwendung von Web Dynpro.

22.4.1 Formular erstellen

Wie bei den vorigen Beispielen auch soll wieder der Inhalt einer Tabelle auf dem Formular ausgegeben werden. Dazu müssen Sie zuerst ein Interface anlegen, das die Tabelle als Importparameter für den Aufruf aus dem Druckprogramm definiert:

1. Gehen Sie dazu in die Transaktion SFP, und tragen Sie dort, wie in Abbildung 22.22 gezeigt, unter der Option **Schnittstelle** einen Namen (z. B. `ZMEIN_AF_INTERFACE`) für die anzulegende Schnittstelle ein. Klicken Sie anschließend auf den Button **Anlegen**.

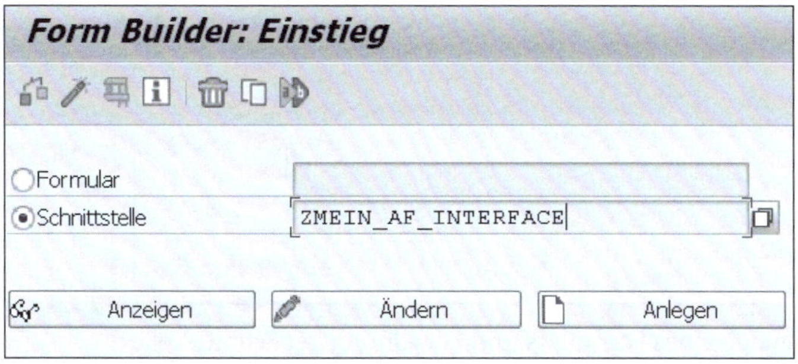

Abbildung 22.22 Anlage einer Schnittstelle für eine SAP Interactive Form

2. Geben Sie in dem sich öffnenden Pop-up-Fenster eine Beschreibung ein, und wählen Sie als Schnittstellentyp **ABAP Dictionary basierte Schnittstelle** aus. Bestätigen Sie Ihre Eingabe mit dem Button **Sichern**.
3. Dadurch öffnet sich der Schnittstellen-Editor. Klicken Sie im Navigationsbaum unter dem Ordner **Formularschnittstelle** auf **Import**, und tragen Sie dort einen neuen Parameter `IT_SBOOK` vom Typ `TY_BOOKINGS` ein (siehe Abbildung 22.23). Dieser Parameter wird die interne Tabelle darstellen, die auf dem Formular ausgegeben werden soll.

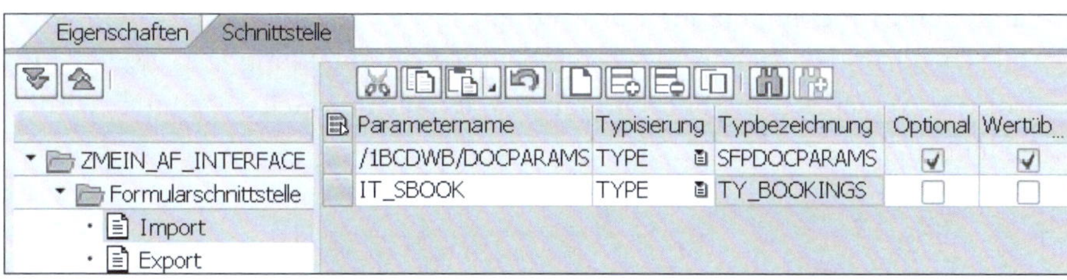

Abbildung 22.23 Definition einer internen Tabelle in der Schnittstelle

4. Aktivieren () Sie Ihr Interface anschließend.

Dieses Interface, das nur einen zusätzlichen Parameter definiert, müssen Sie jetzt einem neuen Formular zuweisen. Ein Interface kann, wie erwähnt, für mehrere Formulare wiederverwendet werden:

1. Gehen Sie dazu zurück () auf den Startbildschirm der Transaktion SFP, und wählen Sie diesmal die Option **Formular** aus. Tragen Sie einen Namen für das neue Formular (z. B. `ZMEIN_AF_FORMULAR`) ein, und klicken Sie anschließend auf den Button **Anlegen**.
2. Geben Sie in dem in Abbildung 22.24 dargestellten Fenster eine **Beschreibung** ein, und wählen Sie die eben angelegte Schnittstelle im Feld **Schnittstelle** aus. Bestätigen Sie Ihre Eingabe mit dem Button **Sichern**.

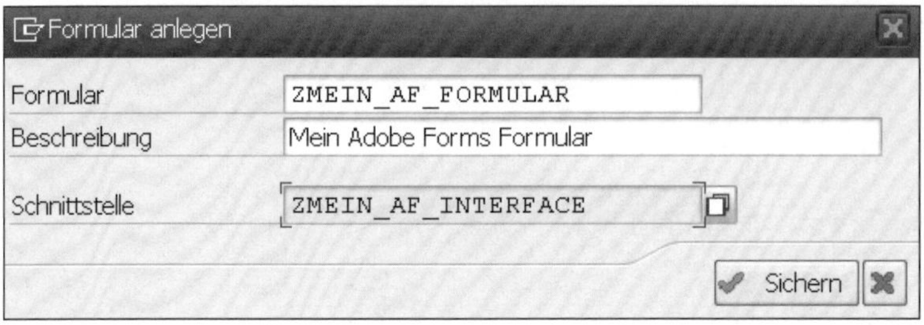

Abbildung 22.24 Anlage eines Formulars und Zuordnung der Schnittstelle

[»]

Komponenten des Formulars

Das neu angelegte Formular besteht aus zwei Komponenten:

- dem Kontext (Registerkarte **Kontext**), der ein Mapping zwischen der Schnittstelle und dem Formular und zusätzliche Elemente wie Grafiken, Adressen und Texte definiert
- dem Layout (Registerkarte **Layout**), das das Aussehen des Formulars definiert

3. Gehen Sie zuerst auf die Registerkarte **Kontext**, und klappen Sie im Navigationsbaum den Ordner **Import** auf. Dort werden Sie die eben im Interface definierte Tabelle wiederfinden. Ziehen Sie diese Tabelle, wie in Abbildung 22.25 gezeigt, mit gedrückter Maustaste auf den Ordner auf der rechten Seite. Dadurch wird eine Schleife über die Tabelle `IT_SBOOK` angelegt.

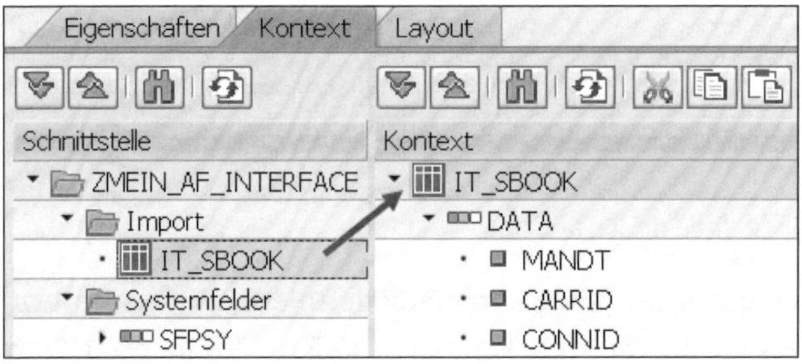

Abbildung 22.25 Schnittstellenparameter dem Kontext zuordnen

Innerhalb des Knotens `IT_SBOOK` werden alle zur Verfügung stehenden Spalten der Tabelle angezeigt. Da nicht alle Spalten auf dem Formular angezeigt werden sollen, empfiehlt es sich, die nicht benötigten Spalten zu deaktivieren. Markieren Sie dazu die benötigten Spalten, und gehen Sie, wie in Abbildung 22.26 dargestellt, im Kontextmenü auf **Inaktiv setzen**. Dadurch taucht neben den Spalten ein kleines Symbol (☒) auf. Deaktivieren Sie auf diese Weise alle Spalten außer `CARRID`, `CONNID`, `FLDATE` und `BOOKID`.

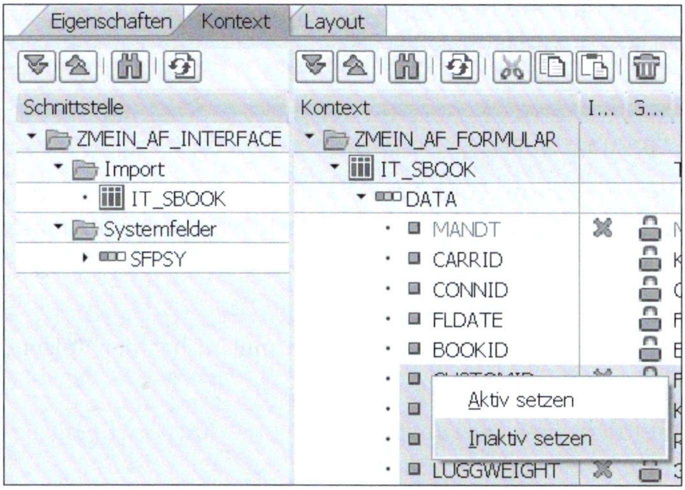

Abbildung 22.26 Nicht benötigte Felder deaktivieren

4. Wechseln Sie anschließend auf die Registerkarte **Layout**. Alternativ können Sie den Layout-Editor in einem externen Fenster über den Button **Layout** in der Funktionsleiste starten. Sie haben nun das leere Formular vor sich, auf dem Sie jetzt eine Tabelle hinzufügen können.
5. Öffnen Sie dazu die Datensicht über **Paletten • Datenansicht** im Hauptmenü. Stellen Sie sicher, dass in der Navigationsspalte links die Registerkarte **Datenansicht** ausgewählt ist (siehe Abbildung 22.27).

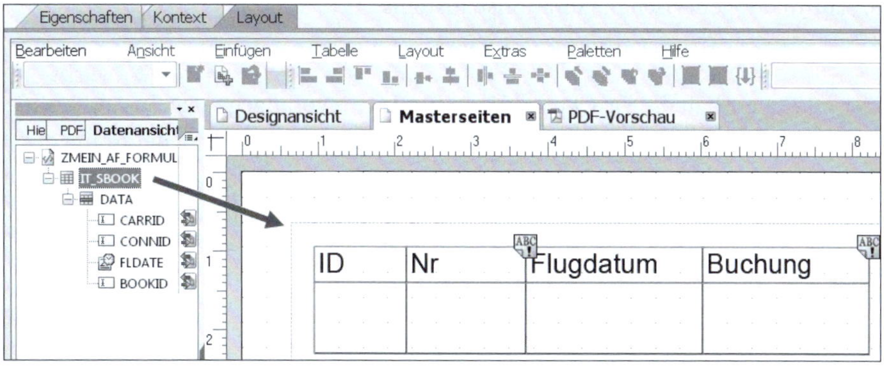

Abbildung 22.27 Definieren einer Ausgabetabelle aus dem Formular

6. Hier wird Ihnen im Navigationsbaum die Tabelle `IT_SBOOK` zur Verfügung stehen, die Sie jetzt per Drag & Drop auf die Oberfläche des Formulars im Editor ziehen können. Dadurch wird eine Tabellenanzeige auf dem Formular generiert. Passen Sie anschließend die Breite der angelegten Tabelle Ihren Vorstellungen an.
7. Aktivieren () Sie das Formular.

Damit ist Ihr Formular schon fertig. Das diesem Beispiel zugehörige Druckprogramm finden Sie im nachfolgenden Abschnitt beschrieben.

22.4.2 Druckprogramm erstellen

Auch für ein SAP-Interactive-Forms-Formular wird im Hintergrund ein generischer Funktionsbaustein generiert. Diesen Namen müssen Sie sich mit dem Funktionsbaustein FP_FUNCTION_MODULE_NAME über den Namen des Formulars für das jeweilige System geben lassen.

Das Druckprogramm eines SAP-Interactive-Forms-Formulars hat den folgenden Grundaufbau:

1. Öffnen des Druckauftrags durch den Funktionsbaustein FP_JOB_OPEN. Übergabe der Druckparameter über die Struktur IE_OUTPUTPARAMS:
   - DEST: Drucker
   - NODIALOG: kein Druckdialog (nur wenn Drucker angegeben ist)
   - REQNEW: neuer Spool-Auftrag
   - REQIMM: Sofortdruck
   - GETPDF: Rückgabe PDF
   - FILLABLE: Interaktives Formular, eingabefähige Felder sind aktiv.
2. Beschaffung des generischen Namens des Funktionsbausteins über den Funktionsbaustein FP_FUNCTION_MODULE_NAME
3. Aufruf des generischen Funktionsbausteins
4. Schließen des Druckauftrags mit dem Funktionsbaustein FP_JOB_CLOSE

Listing 22.3 enthält das Druckprogramm für das im vorangegangenen Abschnitt entwickelte Formular. Es werden die Daten von der Tabelle SBOOK und der Name des Formular-Funktionsbausteins beschafft und dem Formular über den Schnittstellenparameter IT_SBOOK übergeben (das wurde ja so im Formular definiert).

```
DATA: lt_sbook TYPE TABLE OF sbook.
SELECT * FROM sbook INTO TABLE lt_sbook UP TO 10 ROWS.
DATA: lv_formname      TYPE rs38l_fnam,
      ls_docparams     TYPE sfpdocparams,
      ls_outputparams  TYPE sfpoutputparams.
*Öffnen des Druckauftrags
CALL FUNCTION 'FP_JOB_OPEN'
  CHANGING
    ie_outputparams = ls_outputparams.
*Beschaffung des Namens
CALL FUNCTION 'FP_FUNCTION_MODULE_NAME'
```

```
  EXPORTING
    i_name      = 'ZMEIN_AF_FORMULAR'
  IMPORTING
    e_funcname = lv_formname.
ls_docparams-langu = nast-spras.
ls_docparams-country = 'DE'.
*Aufruf des Formulars und Übergabe der Daten
CALL FUNCTION lv_formname
  EXPORTING
    /1bcdwb/docparams = ls_docparams
    it_sbook          = lt_sbook.
*Schließen des Druckauftrags
CALL FUNCTION 'FP_JOB_CLOSE'.
```

Listing 22.3 Druckprogramm einer SAP Interactive Form

Führen Sie das Programm aus, wird Ihnen der Druckdialog angezeigt. Stellen Sie hier sicher, dass Sie einen Drucker auswählen, der für die Ausgabe von SAP Interactive Forms eingestellt ist. Dies kann für den Test ein beliebiger Drucker sein, es wird ja nicht wirklich gedruckt. Klicken Sie anschließend auf den Button **Druckansicht**.

[«]

Adobe Document Server

PDF-Dokumente können nur auf Druckern ausgedruckt werden, für deren SAP-Gerätetyp eine XDC-Datei auf dem Adobe Document Server vorhanden ist. Kontaktieren Sie hier Ihr SAP-Basis-Team.

22.5 Generierung von PDFs

22

In diesem Abschnitt zeige ich Ihnen, wie Sie alle drei Formulartechnologien nutzen können, um PDF-Dokumente zu erzeugen. Dies ist insbesondere von Bedeutung, wenn die Formulare nicht direkt ausgedruckt, sondern z. B. per E-Mail versendet oder heruntergeladen werden sollen. In Listing 22.4 finden Sie beispielsweise einen Quellcode, um ein solches Formular als PDF-Dokument zu speichern.

```
DATA: lv_path  TYPE string.
*Durch Ihren Pfad zum Desktop ersetzen
lv_path = 'C:\Users\Desktop\Mein_Formular.pdf'.
*Herunterladen
cl_gui_frontend_services=>gui_download(
  EXPORTING
    filename = lv_path
```

```
    filetype = 'BIN'
  CHANGING
    data_tab = lt_pdf ).
```

Listing 22.4 Herunterladen einer umgewandelten PDF-Datei

Es wurde dabei eine interne Tabelle verwendet, die das PDF-Format enthält. In den folgenden Abschnitten zeige ich Ihnen, wie Sie diese interne Tabelle mit den verschiedenen Technologien generieren können.

22.5.1 Generierung der internen Tabelle in SAPscript

In SAPscript erreichen Sie diese interne Tabelle, indem Sie sich beim Schließen des Formulars eine OTF-Tabelle zurückgeben lassen, die Sie in einem zweiten Schritt in die PDF-Tabelle konvertieren können. Die OTF-Tabelle erhalten Sie als optionalen Tabellenparameter `OTFDATA` zurück, wenn Sie in der Übergabestruktur `OPTIONS` beim Aufruf des Funktionsbausteins `PRINT_TEXT` oder `OPEN_FORM` den Parameter `TFGETOTF` mit `X` belegen. In diesem Fall erfolgt keine Spool- bzw. Druckausgabe, Bildschirmanzeige oder Fax-/Telex-/Teletex-Ausgabe.

```
DATA: ls_options TYPE ...
ls_options-tfgetotf = 'X'.
CALL FUNCTION 'OPEN_FORM'
  options = ls_options
  ...
DATA: lt_otf TYPE TABLE OF itcoo.
CALL FUNCTION 'CLOSE_FORM'
  TABLES
    otfdata = lt_otf.
```

Listing 22.5 Rücknahme des OTF-Formats eines SAPscript-Formulars

Die interne Tabelle `LT_OTF` aus Listing 22.5 können Sie nun in das PDF umwandeln. Dieses Vorgehen ist in Abschnitt 22.5.4 beschrieben.

22.5.2 Generierung der internen Tabelle SAP Smart Forms

Bei SAP Smart Forms müssen Sie sich ebenfalls erst eine OTF-Tabelle vom Formular-Funktionsbaustein zurückgeben lassen, die Sie in einem zweiten Schritt in eine PDF-Tabelle konvertieren können. Dazu müssen Sie beim Aufruf des Formulars den Parameter `CONTROL_PARAMETER` im Feld `GETOTF` mit `'X'` belegen. Dadurch wird über den Ausgabeparameter `JOB_OUTPUT_INFO` in der darin enthaltenen internen Tabelle `OTFDATA` die aufbereitete Ausgabe im Format OTF zurückgegeben.

Wenn Sie die Ausgabe auf dem Bildschirm unterdrücken möchten, können Sie optional das Feld NO_DIALOG mit dem Wert 'X' befüllen und über DEVICE einen Drucker vorauswählen. Auch wenn nicht gedruckt wird, kann ohne Angabe eines Druckers die Ausgabe nicht generiert werden. Die Angabe von LOCL reicht hier aus.

Beispiel

```
DATA: ls_cparam       TYPE ssfctrlop,
      ls_outoptions   TYPE ssfcompop,
      lv_formname     TYPE tdsfname,
      lt_otf          TYPE TABLE OF itcoo,
      lt_otf_from_fm  TYPE ssfcrescl.
*Druckdialog und Drucken unterdrücken und Drucker setzen
ls_cparam-no_dialog = 'X'.
ls_cparam-device = 'PRINTER'.
ls_cparam-getotf = 'X'. "OTF-Format anfordern
ls_outoptions-tddest = 'LOCL'.
ls_outoptions-tdnoprint = 'X'.
ls_outoptions-bcs_langu = sy-langu.
*...Beschaffung des Namens (siehe Abschnitt 22.3.2)
CALL FUNCTION lv_formname
  EXPORTING
    control_parameters = ls_cparam
    output_options     = ls_outoptions
    user_settings      = ''
    "... Weitere Formularparameter ...
  IMPORTING
    job_output_info    = lt_otf_from_fm.
*Rückname des OTF-Formats
lt_otf = lt_otf_from_fm-otfdata[].
```

Listing 22.6 Rücknahme des OTF-Formats einer SAP Smart Form

Die interne Tabelle LT_OTF aus Listing 22.6 können Sie nun in ein PDF umwandeln (siehe Abschnitt 22.5.4).

22.5.3 Generierung der internen Tabelle in SAP Interactive Forms by Adobe

Bei SAP Interactive Forms by Adobe können Sie sich direkt das PDF zurückgeben lassen, das Sie anschließend mit dem Funktionsbaustein SCMS_XSTRING_TO_BINARY in eine binäre Tabelle umwandeln können. Fordern Sie dazu im Parameter IS_OUTPUTPARAMS des Funktionsbausteins FP_JOB_OPEN über das Feld GETPDF die Rückgabe des PDF-Formats an (siehe Listing 22.7).

```
DATA: lt_sbook         TYPE TABLE OF sbook.
DATA: lv_formname      TYPE rs38l_fnam,
      ls_docparams     TYPE sfpdocparams.
DATA: ls_outputparams TYPE sfpoutputparams.
DATA: ls_formoutput    TYPE fpformoutput,
      lt_pdf           TYPE TABLE OF x255.
SELECT * FROM sbook INTO TABLE lt_sbook UP TO 10 ROWS.
*Unterdrücken des Dialogs und Anforderung PDF
ls_outputparams-getpdf   = 'X'.
ls_outputparams-nodialog = 'X'.
ls_outputparams-preview  = 'X'.
ls_outputparams-dest     = 'PDF1'. "Drucker
CALL FUNCTION 'FP_JOB_OPEN'
  CHANGING
    ie_outputparams = ls_outputparams.
*... Beschaffung Formname (siehe Abschnitt 22.4.2)
*Rücknahme PDF in LS_FORMOUTPUT
CALL FUNCTION lv_formname
  EXPORTING
    /1bcdwb/docparams  = ls_docparams
    it_sbook           = lt_sbook
  IMPORTING
    /1bcdwb/formoutput = ls_formoutput.
CALL FUNCTION 'FP_JOB_CLOSE'.
*Umwandlung in PDF-Tabelle
CALL FUNCTION 'SCMS_XSTRING_TO_BINARY'
  EXPORTING
    buffer     = ls_formoutput-pdf
  TABLES
    binary_tab = lt_pdf.
```

Listing 22.7 Umwandlung einer SAP Interactive Form zu einer PDF-Tabelle

Diese PDF-Tabelle können Sie nun herunterladen. Eine weitere Umwandlung ist nicht erforderlich. Einen Weg dazu habe ich Ihnen in der Einleitung von Abschnitt 22.5, »Generierung von PDFs«, bereits gezeigt.

[»]

Mehrere Adobe Forms in einem PDF

Möchten Sie mehrere Adobe Forms in einem PDF zusammenführen, geschieht dies mithilfe des Funktionsbausteins FP_GET_PDF_TABLE. Als Beispielprogramme zur Analyse zur Verwendung dieses Funktionsbausteins stehen die beiden Programme FP_CHECK_BATCH_PDF_RETURN und FP_TEST_SAVE_PDF_TO_SPOOL zur Verfügung.

22.5.4 OTF in PDF konvertieren

Das *Output Text Format* (OTF) ist das standardisierte Ausgabeformat von SAP für den Druck von Formularen. Es beschreibt unabhängig von der ursprünglichen Technologie, wie das zu druckende Formular auszusehen hat. Dieses OTF-Format können Sie über den Funktionsbaustein CONVERT_OTF in andere Formate, wie z. B. ein PDF-Dokument, umwandeln. Diesen Zwischenschritt brauchen Sie nur für SAPscript und SAP Smart Forms durchzuführen. Benutzen Sie dabei die interne Tabelle LT_OTF mit dem OTF-Format, die Sie sich, wie in den vorangegangenen Abschnitten beschrieben, von den Formularaufrufen beschafft haben.

In Listing 22.8 finden Sie eine Umwandlung in PDF mit dem Funktionsbaustein CONVERT_OTF.

```
DATA: lt_pdf          TYPE TABLE OF tline,
      lv_bin_filesize TYPE i.
CALL FUNCTION 'CONVERT_OTF'
  EXPORTING
    format        = 'PDF'
    max_linewidth = 132
  IMPORTING
    bin_filesize  = lv_bin_filesize
  TABLES
    otf           = lt_otf
    lines         = lt_pdf.
```

Listing 22.8 Umwandlung von OTF zu PDF

Diese PDF-Tabelle können Sie sich nun herunterladen. Einen Weg dazu habe ich Ihnen in der Einleitung von Abschnitt 22.5, »Generierung von PDFs«, beschrieben.

Kapitel 23
Business Object Processing Framework

In diesem Kapitel gebe ich Ihnen eine Einführung in den Begriff BOPF und wie Sie mit ABAP und der Consumer-API Grundoperationen auf Geschäftsobjekten des Frameworks durchführen können.

Das *Business Object Processing Framework*, kurz BOPF, ist ein Entwicklungsframework, also einfach formuliert eine Sammlung von Funktionen in Form von Klassen – Klassen, die den Programmierern dabei helfen sollen, wiederkehrende Aufgaben bei der Programmentwicklung zu automatisieren, und zwar durch die Modellierung von *Business Objects*, also Geschäftsobjekten. Für die Modellierung werden eigene Transaktionen bzw. Entwicklungswerkzeuge bereitgestellt.

Stellen Sie sich nun vor, Sie müssten für einen Kunden oder für Ihr eigenes Unternehmen eine neue Anforderung in Form einer neuen Transaktion entwickeln. In dieser Transaktion soll es möglich sein, in einer Tabelle Daten anzuzeigen, zu löschen, hinzuzufügen bzw. Daten zu ändern. Zusätzlich sollen weitere Funktionen oberhalb der Tabelle angeboten werden, die die Daten in irgendeiner Form bearbeiten.

Klingt dies auf den ersten Blick nach einer trivialen, oft angefragten Aufgabe, so haben Sie bei einer solchen Aufgabenstellung doch einige Entwicklungsschritte zu erledigen:

- **Berechtigungsprüfung, häufig zweistufig:**
  - Wer darf die Transaktion aufrufen?
  - Wer darf welche Daten sehen (Stichwort Selektionsbildschirm), und wer darf die Daten über die Oberfläche modifizieren?
- **Sperrobjekte:** Wenn ein zweiter Benutzer dieselbe Transaktion aufruft, darf dieser nicht den gleichen Datensatz wie der erste Benutzer bearbeiten, sondern es muss eine Sperrmeldung kommen, dass dieser Datensatz bereits in Bearbeitung ist.
- **Datenmanagement:** Es müssen die benötigten Datenstrukturen modelliert und die dazugehörigen Datenbanktabellen angelegt werden. Von diesen müssen die Daten nach den Selektionskriterien ausgewählt werden. Hierzu gehört aber ebenso das Anlegen, das Löschen sowie das Speichern von Änderungen an Datensätzen. Für all diese Operationen müssen SQL-Anweisungen nach demselben Schema ge-

schrieben werden. Natürlich muss aber auch immer die Konsistenz der Daten sichergestellt werden, wie es bisher die offiziellen Geschäftslogik-Funktionsbausteine (BAPIs) gemacht haben: Waren die Daten unvollständig oder falsch, wurden in diesen BAPI-Funktionsbausteinen Fehlermeldungen ausgegeben, dass die Daten nicht verarbeitet werden konnten und warum.

- **Transaktionsmanagement:** Die Daten, die über mehrere Datenbanktabellen verteilt sein können, müssen am Ende in einem konsistenten Zustand in diese gespeichert werden (Stichwort *Commit Work*). Tritt beim Schreiben auf die Datenbank ein Fehler auf, müssen die Änderungen rückgängig gemacht werden (*Rollback Work*), analog zu den SAP-Verbuchungsbausteinen. Es darf beispielsweise nicht vorkommen, dass ein Positionseintrag eines Belegs ohne einen Kopfeintrag existiert. Dies muss von Ihnen berücksichtigt und entsprechend ausprogrammiert werden.
- **Organisation der Geschäftslogik:** In modernen Reports wird die Geschäftslogik nicht mehr in lokalen Unterprogrammen oder gar Funktionsbausteinen gekapselt, sondern in zentralen Klassen. Bei größeren Entwicklungen ergibt sich hier häufig eine größere Hierarchie, die oft Entwurfsmuster, wie beispielsweise das Muster Model View Controller (MVC), einsetzen. Diese Klassen ersetzen nicht nur die klassischen Funktionsbausteine, sondern sie werden nach objektorientierten Gesichtspunkten als Objekte, sogenannte *Geschäftsobjekte*, modelliert. Ein Geschäftsobjekt besitzt also Eigenschaften in Form von globalen Attributen, die nur durch die angebotenen Funktionen modifiziert werden können. Damit kann sichergestellt werden, dass sich das Objekt immer in einem validen Zustand befindet. Insbesondere spielen hier aber auch Beziehungen zu anderen Geschäftsobjekten eine Rolle. So wird man beispielsweise in einem Geschäftsobjekt `Verkaufsauftrag` auch eine Referenz auf ein Geschäftsobjekt `Käufer` finden.

Auf den zweiten Blick haben Programmierer doch gerade bei größeren Entwicklungen eine Menge an Entwicklungsschritten zu vollziehen, Tätigkeiten, die mehr »organisatorischer« Natur sind und die Entwickler von ihrer eigentlichen Aufgabe abhalten: dem Programmieren der Geschäftslogik. Doch genau hier setzt das BOPF als unterstützendes Framework an – denn um alle oben genannten Punkte kümmert es sich automatisch.

Der Programmierer muss dazu nur in einer grafischen Oberfläche ein Geschäftsobjekt modellieren, indem er die gewünschte Datenstruktur und den Aufbau des Geschäftsobjekts in Form von Knoten angibt. Auf Basis dieser Angabe werden anschließend die benötigten Funktionen und Entwicklungsobjekte für das Anlegen, Lesen, Ändern und Löschen (auf Englisch kurz *CRUD* für **C**reate, **R**ead, **U**pdate und **D**elete) inklusive der Pufferung, des Transaktionshandlings sowie des Anlegens der Datenbanktabellen und der Sperrobjekte vom Framework generiert.

Abbildung 23.1 fasst dieses Vorgehen zusammen.

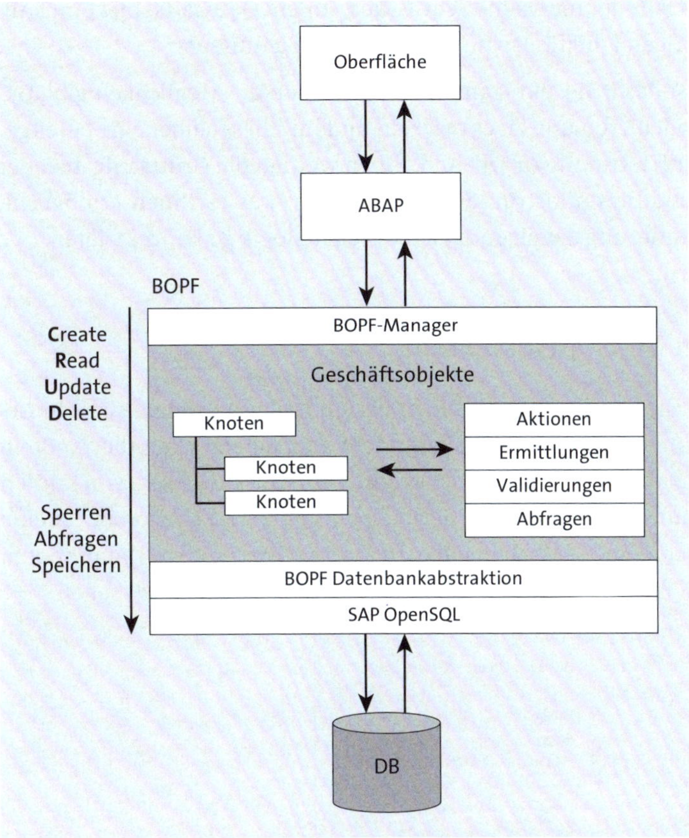

Abbildung 23.1 Die bereitgestellte Anwendungsinfrastruktur durch das BOPF

In anderen Worten: Es muss hierfür keine einzige Zeile ABAP-Quelltext vom Programmierer geschrieben werden. Es wird eine Anwendungsinfrastruktur (*Application Infrastructure*) zur Verfügung gestellt, die die oben aufgeführten grundlegenden Aufgaben bereits erledigt bzw. vorbereitet.

Und auch für das Arbeiten mit den Daten (d. h. Geschäftsobjekten) müssen keine Open-SQL-Befehle mehr geschrieben werden, sondern der Zugriff geschieht komplett mit Klassen, die mit allen Geschäftsobjekten generisch funktionieren. Ob das Framework also ein Geschäftsobjekt »Geschäftspartner« oder ein Geschäftsobjekt »Lieferung« ausliest: Die Aufrufreihenfolge und die durchlaufende Programmlogik bleibt die gleiche.

Die eigentliche Geschäftslogik wird dem Geschäftsobjekt durch den Programmierer im Entwicklungstransaktion durch bereitgestellte Masken hinzugefügt und anschließend in den bereitgestellten Klassen ausimplementiert. Das hat den Vorteil, dass aus diesem grafischen Editor immer erkennbar ist, welche Methoden auf das Geschäftsobjekt anwendbar sind bzw. welche Prüfungen zur Datenvalidierung wann durchlaufen werden. Dadurch fällt der mühsame Schritt weg, für ein Geschäftsobjekt im SAP-System nach zugehörigen Funktionsbausteinen suchen zu müssen.

Zusammenfassend ist das BOPF ein Framework, das Ihnen die Möglichkeit gibt, Geschäftsobjekte zu modellieren und zu entwickeln und mit diesen über eine bereitgestellte Anwendungsinfrastruktur zu arbeiten. Ihnen werden die Grundaufgaben der Erstellung der Anwendungsinfrastruktur abgenommen, was es Ihnen ermöglicht, sich auf die Implementierung der eigentlichen Geschäftslogik zu konzentrieren.

23.1 Aufbau von Geschäftsobjekten

Dieser Abschnitt beschreibt die verschiedenen Bestandteile, aus denen sich ein Geschäftsobjekt zusammensetzen kann, insbesondere aber seinen Hauptbestandteil: den Knoten. Ein Geschäftsobjekt wird immer als ein hierarchischer Baum von Knoten dargestellt. In Abbildung 23.2 können Sie beispielhaft in der Transaktion BOBX eine solche Knotenhierarchie eines Geschäftsobjekts `Plankopf` mit seinem Hauptknoten `PLAN_HEADER` und dem ihm untergeordneten Knoten, z. B. `PLAN_STRUCTURE`, sehen.

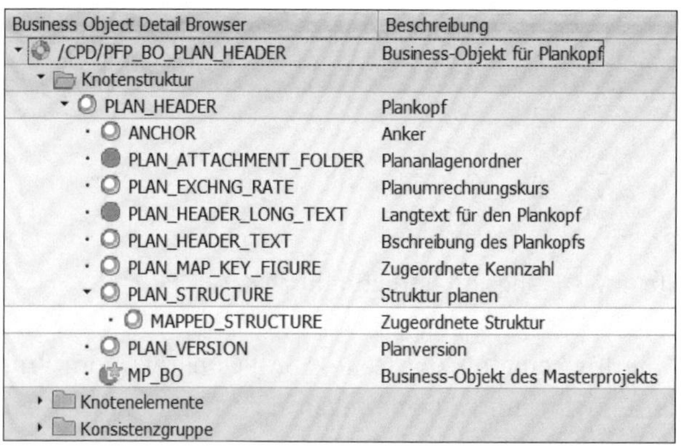

Abbildung 23.2 Knotenstruktur eines Geschäftsobjekts

Während jeder Knoten eine Struktur und Beziehungen zu anderen Knoten unterhält, können Sie zu jedem dieser Knoten die gewünschte Geschäftslogik in Form von Knotenelementen (Aktionen, Ermittlungen, Validierungen und Abfragen) modellieren.

23.1.1 Knoten

Wie in der Einleitung des Kapitels erwähnt, wird ein Geschäftsobjekt als hierarchischer Baum von Knoten dargestellt. Ein einzelner Knoten in diesem hierarchischen Baum stellt eine Datenhaltungsschicht dar. In Abbildung 23.3 stellt beispielsweise der oberste Knoten `ROOT` die Kopfdaten des Geschäftsobjekts `/BOBF/DEMO_CUSTOMER` dar, während alle anderen unter ihm angeordneten Knoten (z. B. der Knoten `ROOT_TEXT`)

Kindknoten sind und zum Kopf zugehörige weitere Daten repräsentieren. Dieser oberste Knoten muss nicht ROOT (zu Deutsch *Wurzel*) heißen, diese Benennung ist aber in den meisten Geschäftsobjekten als Standard vorzufinden.

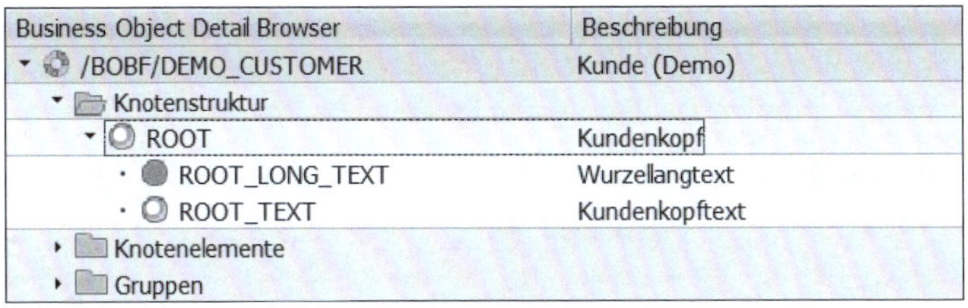

Abbildung 23.3 Aufbau des Geschäftsobjekts »/BOBF/DEMO_CUSTOMER«

Durch diese Anordnung sind die Positionsdaten von den Kopfdaten abhängig. Dies können Sie sich genauso wie den Lieferbeleg im SAP-System vorstellen: Die Kopfdaten des Lieferbelegs werden in der Datenbanktabelle LIKP abgebildet, während die Positionsdaten, also die einzelnen Lieferpositionen, in der Datenbanktabelle LIPS abgebildet sind.

Die Lieferpositionen sind sogenannte *schwache Entitäten*, d. h., sie können ohne einen dazugehörigen Kopf nicht existieren, sind also immer genau einem Lieferbeleg zugeordnet. Der Kopf dagegen kann allein existieren, es kann ja Lieferbelege geben, die (noch) keine Lieferpositionen haben.

Am Beispiel des Geschäftsobjekts ROOT und ROOT_TEXT bedeutet dies: Der Text zum Knoten ROOT kann ohne eine Instanz dieses Knotens nicht existieren. Dem Kopf muss immer ein Text zugeordnet sein. Daher ist dieser ROOT_TEXT unter dem Hauptknoten ROOT angeordnet. Wenn Sie also ein Geschäftsobjekt modellieren, bilden Sie solche Zusammenhänge durch die Anordnung der Knoten in einer Hierarchie ab.

Wie erwähnt, stellt jeder Knoten eine Datenhaltungsschicht dar. Die Attribute jedes Knotens werden durch eine (von Ihnen definierte) Struktur im ABAP Dictionary mithilfe von Datenelementen abgebildet. Auf Basis dieser Strukturen legt das Framework automatisch für jeden Knoten eine dazugehörige Datenbanktabelle für Sie an. Abbildung 23.4 zeigt beispielsweise die hinter dem Hauptknoten ROOT liegende Struktur. Sie definieren die Knoten, ordnen diese an und bestimmen zu jedem Knoten die dazugehörige Struktur.

Der Aufbau eines Geschäftsobjekts ist im Vergleich mit der Objektorientierung als Klasse zu verstehen. Der modellierte Aufbau ist lediglich ein Bauplan. Erst zur Laufzeit wird eine Instanz des Geschäftsobjekts erstellt, und die Strukturen werden mit Daten beladen. Deshalb werden im Framework die Komponenten einer Struktur (siehe beispielsweise Abbildung 23.4) auch als *Attribute* bezeichnet. Dies trifft genau genommen nur auf den Wurzelknoten zu, alle anderen Knoten werden erst instanziiert und geladen, wenn diese von der Anwendung explizit angefragt werden. Während beispielsweise bei einem Verkaufsauftrag der Hauptknoten für eine Geschäftsobjektinstanz genau einmal instanziiert wird, wird der Knoten für die Positionen genauso oft instanziiert, wie der Verkaufsauftrag Positionen hat (vorausgesetzt, diese Positionen werden auch angefragt). Der Knoten agiert daher als eine Art Container: Er kann zur Laufzeit keine, eine oder mehrere Instanziierungen besitzen.

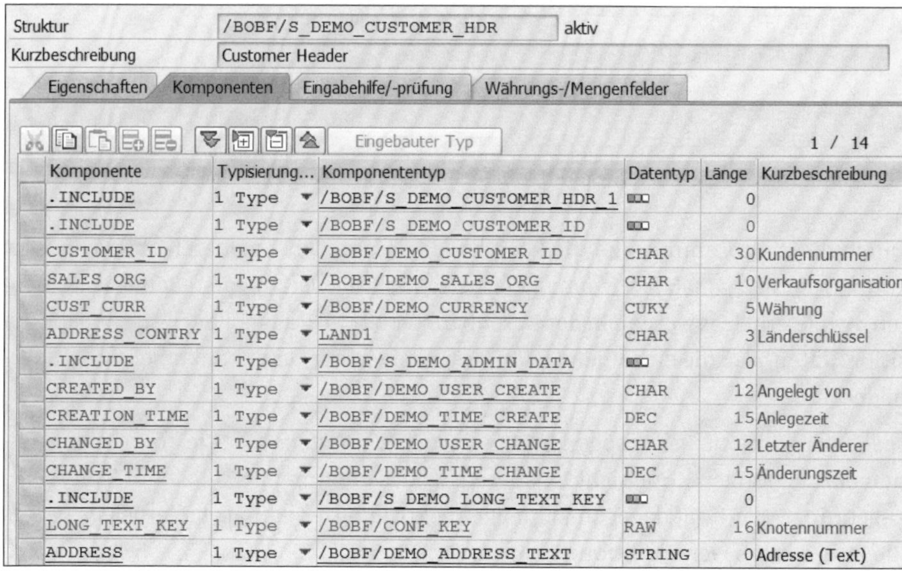

Struktur: /BOBF/S_DEMO_CUSTOMER_HDR aktiv
Kurzbeschreibung: Customer Header
Eigenschaften | Komponenten | Eingabehilfe/-prüfung | Währungs-/Mengenfelder
Eingebauter Typ 1 / 14

Komponente	Typisierung...	Komponententyp	Datentyp	Länge	Kurzbeschreibung
.INCLUDE	1 Type	/BOBF/S_DEMO_CUSTOMER_HDR_1		0	
.INCLUDE	1 Type	/BOBF/S_DEMO_CUSTOMER_ID		0	
CUSTOMER_ID	1 Type	/BOBF/DEMO_CUSTOMER_ID	CHAR	30	Kundennummer
SALES_ORG	1 Type	/BOBF/DEMO_SALES_ORG	CHAR	10	Verkaufsorganisation
CUST_CURR	1 Type	/BOBF/DEMO_CURRENCY	CUKY	5	Währung
ADDRESS_CONTRY	1 Type	LAND1	CHAR	3	Länderschlüssel
.INCLUDE	1 Type	/BOBF/S_DEMO_ADMIN_DATA		0	
CREATED_BY	1 Type	/BOBF/DEMO_USER_CREATE	CHAR	12	Angelegt von
CREATION_TIME	1 Type	/BOBF/DEMO_TIME_CREATE	DEC	15	Anlegezeit
CHANGED_BY	1 Type	/BOBF/DEMO_USER_CHANGE	CHAR	12	Letzter Änderer
CHANGE_TIME	1 Type	/BOBF/DEMO_TIME_CHANGE	DEC	15	Änderungszeit
.INCLUDE	1 Type	/BOBF/S_DEMO_LONG_TEXT_KEY		0	
LONG_TEXT_KEY	1 Type	/BOBF/CONF_KEY	RAW	16	Knotennummer
ADDRESS	1 Type	/BOBF/DEMO_ADDRESS_TEXT	STRING	0	Adresse (Text)

Abbildung 23.4 Struktur für den Knoten ROOT des Geschäftsobjekts »/BOBF/DEMO_CUSTOMER«

Mit diesem rudimentären Grundaufbau (Anlegen und Anordnen der Knoten und Definieren der dahinterliegenden Strukturen) können Sie über die bereitgestellte API bereits auf dieses Geschäftsobjekt zugreifen und neue Instanzen dafür anlegen, diese ändern und durch Speichern einen Eintrag auf den dahinterliegenden Datenbanktabellen erzeugen oder das Geschäftsobjekt natürlich auch auslesen und gezielt löschen. Ein solches rudimentäres Geschäftsobjekt würde nur die Persistenzschicht des Frameworks benutzen. Und in der Tat hätten Sie dadurch bereits Vorteile errungen, müssten keine SQL-Befehle und Sperrobjekte mehr für die Grundfunktionen schreiben und könnten, falls benötigt, auf eine bereitgestellte transaktionale Verarbeitung zurückgreifen. Neben dieser absoluten Grundfunktion können Sie aber durch die angebotenen Knotenelemente für jeden Knoten Geschäftslogik hinterlegen. Dies geschieht in Form der in Abschnitt 23.1.2 beschriebenen Knotenelemente.

23.1.2 Knotenelemente

Jeder Knoten kann über Knotenelemente mit Geschäftslogik angereichert werden. Jedes Knotenelement kann für einen Knoten gar nicht oder beliebig oft existieren.

Die Knotenelemente im Überblick:

- **Alternative Schlüssel:** Dies sind spezielle Knotenattribute (eines oder mehrere), die als fachliche Abgrenzung zu den technischen Schlüsseln dienen (siehe Abschnitt 23.1.3).
- **Aktionen:** Sie bilden Funktionen an einem Knoten ab und können die Attribute von Knoteninstanzen manipulieren (siehe Abschnitt 23.1.4).
- **Assoziationen:** Sie verknüpfen zwei Knoten miteinander und ermöglichen so die Navigation zwischen diesen beiden Knoten (siehe Abschnitt 23.1.5).
- **Ermittlungen:** Dies sind spezielle Methoden, die zu bestimmten Zeitpunkten automatisch ausgeführt werden und die Attribute von Knoteninstanzen manipulieren können (siehe Abschnitt 23.1.6).
- **Validierungen:** Dies sind Prüfmethoden, die die Konsistenz der Attribute von Knoteninstanzen prüfen (siehe Abschnitt 23.1.7).
- **Abfragen:** Es handelt sich hierbei um vordefinierte oder selbst definierte Suchen, die Instanzen eines Geschäftsobjekts anhand von zusätzlichen Kriterien ermitteln können (siehe Abschnitt 23.1.8).
- **Berechtigungsprüfungen:** Damit wird die Berechtigung des Anwenders für definierte Berechtigungsobjekte zu bestimmten Zeitpunkten (Stichwort Autorisierung) überprüft (siehe Abschnitt 23.1.9).

Abbildung 23.5 zeigt beispielhaft die Knotenelemente für das Geschäftsobjekt /BOBF/DEMO_CUSTOMER.

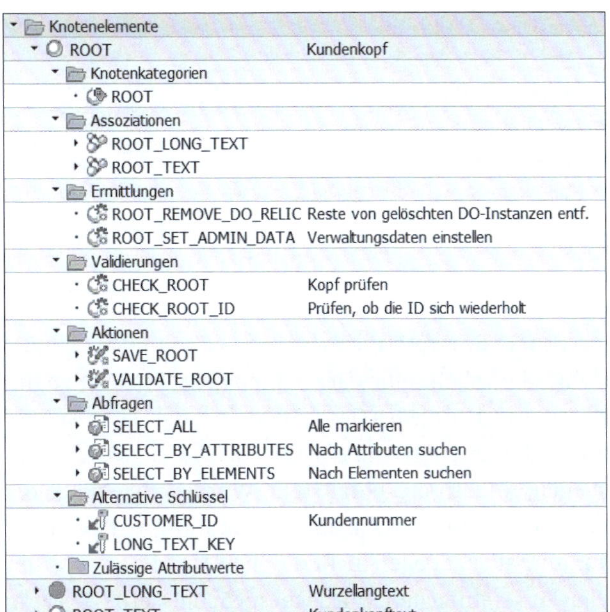

Abbildung 23.5 Knotenelemente des Geschäftsobjekts »/BOBF/DEMO_CUSTOMER«

23.1.3 Alternative Schlüssel

In Abschnitt 23.1 hatte ich Ihnen erläutert, dass für jeden Knoten eine Struktur definiert ist. In diesem Abschnitt hat Abbildung 23.5 eine beispielhafte Struktur des Hauptknotens eines Geschäftsobjekts gezeigt.

Wenn Sie sich dagegen die aus der Struktur generierte Datenbanktabelle in Abbildung 23.6 ansehen, werden Sie feststellen, dass diese mit dem Feld DB_KEY einen Primärschlüssel besitzt, der nicht in der ursprünglichen Struktur enthalten war. Überraschenderweise ist das Feld für die Kundennummer (CUSTOMER_ID), das Sie vermutlich als Primärschlüssel erwartet hätten, als normales Feld definiert.

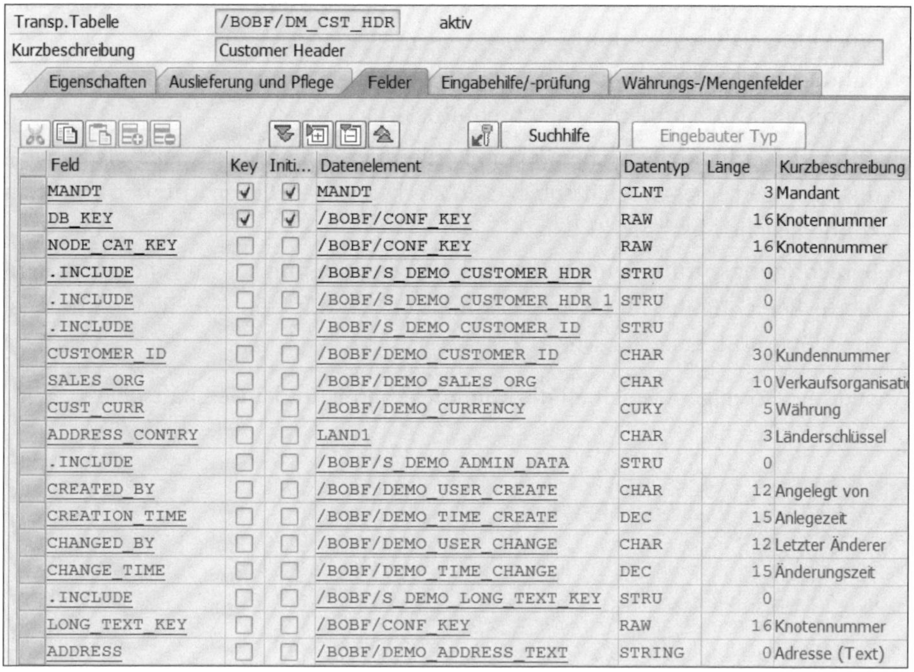
Transp.Tabelle /BOBF/DM_CST_HDR aktiv
Kurzbeschreibung Customer Header
Eigenschaften | Auslieferung und Pflege | Felder | Eingabehilfe/-prüfung | Währungs-/Mengenfelder
Suchhilfe | Eingebauter Typ

Feld	Key	Initi...	Datenelement	Datentyp	Länge	Kurzbeschreibung
MANDT	☑	☑	MANDT	CLNT	3	Mandant
DB_KEY	☑	☑	/BOBF/CONF_KEY	RAW	16	Knotennummer
NODE_CAT_KEY	☐	☐	/BOBF/CONF_KEY	RAW	16	Knotennummer
.INCLUDE	☐	☐	/BOBF/S_DEMO_CUSTOMER_HDR	STRU	0	
.INCLUDE	☐	☐	/BOBF/S_DEMO_CUSTOMER_HDR_1	STRU	0	
.INCLUDE	☐	☐	/BOBF/S_DEMO_CUSTOMER_ID	STRU	0	
CUSTOMER_ID	☐	☐	/BOBF/DEMO_CUSTOMER_ID	CHAR	30	Kundennummer
SALES_ORG	☐	☐	/BOBF/DEMO_SALES_ORG	CHAR	10	Verkaufsorganisati
CUST_CURR	☐	☐	/BOBF/DEMO_CURRENCY	CUKY	5	Währung
ADDRESS_CONTRY	☐	☐	LAND1	CHAR	3	Länderschlüssel
.INCLUDE	☐	☐	/BOBF/S_DEMO_ADMIN_DATA	STRU	0	
CREATED_BY	☐	☐	/BOBF/DEMO_USER_CREATE	CHAR	12	Angelegt von
CREATION_TIME	☐	☐	/BOBF/DEMO_TIME_CREATE	DEC	15	Anlegezeit
CHANGED_BY	☐	☐	/BOBF/DEMO_USER_CHANGE	CHAR	12	Letzter Änderer
CHANGE_TIME	☐	☐	/BOBF/DEMO_TIME_CHANGE	DEC	15	Änderungszeit
.INCLUDE	☐	☐	/BOBF/S_DEMO_LONG_TEXT_KEY	STRU	0	
LONG_TEXT_KEY	☐	☐	/BOBF/CONF_KEY	RAW	16	Knotennummer
ADDRESS	☐	☐	/BOBF/DEMO_ADDRESS_TEXT	STRING	0	Adresse (Text)

Abbildung 23.6 Datenbanktabelle zum Knoten »ROOT« für das Geschäftsobjekt »/BOBF/DEMO_CUSTOMER«

Das Feld DB_KEY wurde dagegen vom Framework zusätzlich eingefügt und als Schlüsselfeld definiert. Dieses Feld ist in jeder Tabelle eines Geschäftsobjekts im BOPF zu finden. Das liegt daran, dass das Framework für jedes Geschäftsobjekt die Datenbanktabellen automatisch generiert und dafür generische Klassen für den Zugriff in Form der Grundfunktionen wie Anlegen, Ändern etc. bereitstellt. Würde jede Tabelle die bisher üblichen Schlüsselfelder wie CUSTOMER_ID für die Kundennummer besitzen, wäre eine solche gleiche Behandlung aller Tabellen nicht möglich. Um die Logistik des Umgangs mit all diesen Tabellen zu vereinfachen, wurde dieser Schlüssel DB_KEY vom Typ /BOBF/CONF_KEY eingeführt. Er hat genau 32 Stellen, die vom Framework automatisch vergeben werden (das Datenformat ist **RAW** von der Länge 16, **RAW** ist hierbei hexadezimal). Konkret würde der Wert eines solchen Schlüssels beispielsweise so aussehen: 0050568F72901ED79EA326CDC37C60FF.

Zusätzlicher Schlüssel bei Unterknoten

Bei Unterknoten wird zusätzlich ein Feld mit dem Namen PARENT_KEY inkludiert, das den technischen Schlüssel des ihm zugeordneten Oberknotens enthält. Die Verknüpfung zwischen Ober- und Unterknoten ist daher über KEY = PARENT_KEY gegeben.

Durch das Inkludieren eines technischen Schlüssels werden die bisherigen Primärschlüssel, wie z. B. die Material- oder die Kundennummer, im BOPF zu normalen Attributen. Um dennoch die Eindeutigkeit dieser Attribute zu gewährleisten, müssen diese manuell als alternative Schlüssel für den entsprechenden Knoten definiert werden.

Durch die Definition eines Attributs als alternativer Schlüssel kümmert sich das Framework für jede Knoteninstanz darum, dass diese Attribute (in der Standardeinstellung) wie Primärschlüssel behandelt werden, d. h. eindeutig sind. Das gilt auch dann, wenn diese Felder technisch gesehen auf Datenbankebene (siehe Abbildung 23.6 am Beispiel CUSTOMER_ID) weiterhin als normale Felder definiert sind.

Eine solche Definition dieser alternativen Schlüssel ist wichtig, da Sie für das Geschäftsobjekt ja bestimmen wollen, dass z. B. ein Kunde mit derselben Kundennummer nicht zweimal vorkommen darf. Abbildung 23.7 zeigt beispielhaft den alternativen Schlüssel CUSTOMER_ID für den Knoten ROOT des Geschäftsobjekts /BOBF/DEMO_CUSTOMER.

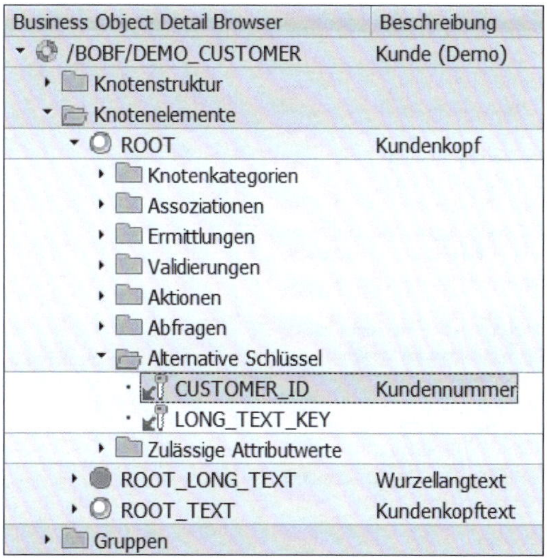

Abbildung 23.7 Alternative Schlüssel des Geschäftsobjekts »/BOBF/DEMO_CUSTOMER«

Für jeden Knoten eines Geschäftsobjekts können mehrere dieser alternativen Schlüssel angelegt werden. In Abbildung 23.7 können Sie dies auch erkennen: Dort existiert neben der `CUSTOMER_ID` auch ein Schlüssel `LONG_TEXT_KEY`. Dadurch soll ebenfalls sichergestellt werden, dass ein Langtext eines Kunden nicht mehreren Kunden gleichzeitig zugeordnet werden kann, sondern immer genau einer Instanz des Geschäftsobjekts zugeordnet ist.

23.1.4 Aktionen

Eine *Aktion* entspricht im weiteren Sinne den Methoden eines objektorientiert modellierten Geschäftsobjekts und bildet die Geschäftslogik ab. Dies ist notwendig, da Sie neben den durch das Framework automatisch generierten Grundaktionen (Anlegen, Ändern, Löschen, Sperren, Entsperren und Speichern) auch die eigentliche Geschäftslogik für das Geschäftsobjekt abbilden wollen. Diese Grundaktionen werden nicht wie BAPIs lose im System als Funktionsbausteine angelegt, sondern direkt in das Geschäftsobjekt mit integriert.

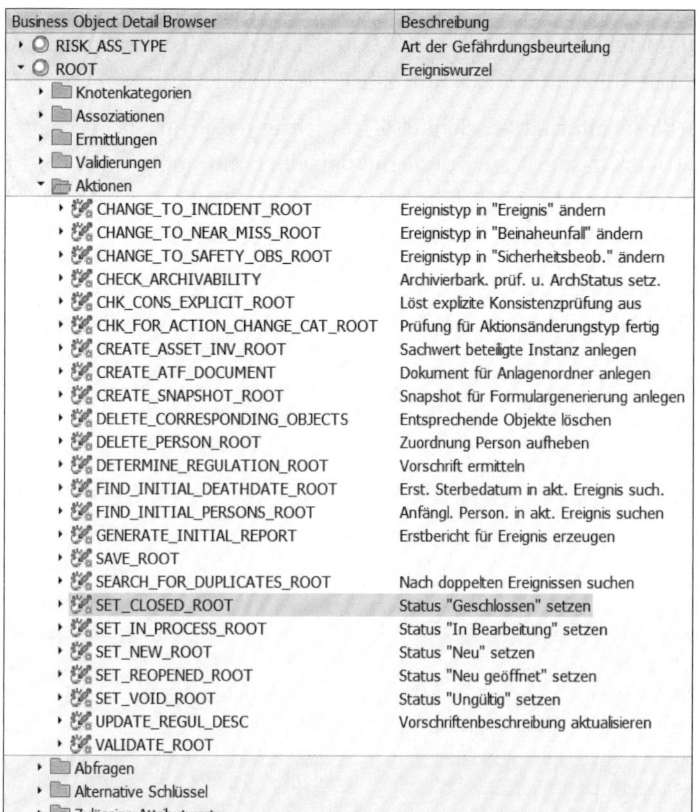

Abbildung 23.8 Beispielhafte Aktionen des Knotens »ROOT« eines Geschäftsobjekts

Abbildung 23.8 zeigt beispielhaft die recht zahlreichen Aktionen für den Knoten ROOT des Geschäftsobjekts EHHSS_INCIDENT.

Häufig vorzufinden sind die mit SET_ benannten Aktionen, die den Status des Geschäftsobjekts beeinflussen. Die Aktionen greifen dazu im Normalfall auf die Attribute der Instanz des ihnen zugewiesenen Knotens zurück (für SET_CLOSED_ROOT beispielsweise auf den Knoten ROOT) und manipulieren diese Attribute abhängig von der implementierten Logik. Letztlich bleibt es aber Ihnen überlassen, was Sie in einer Aktion implementieren.

23.1.5 Assoziationen

Mit Assoziationen können Sie Beziehungen zwischen Knoten definieren. Eine Beziehung beschreibt, wie von einem Knoten A (dem Quellknoten) zu einem Knoten B (dem Zielknoten) navigiert werden kann. Zusätzlich beschreibt die Kardinalität, in welcher Beziehung die Instanzen der beiden Knoten zueinander stehen. Die erlaubten Kardinalitäten entsprechen dabei dem Standard:

- **1 zu 0..1:** Einer Instanz des Knotens A ist keine oder genau eine Instanz des Knotens B zugeordnet.
- **1 zu 1:** Einer Instanz des Knotens A ist immer genau eine Instanz des Knotens B zugeordnet.
- **1 zu 0..n:** Einer Instanz des Knotens A können weder eine Instanz des Knotens B noch beliebig viele Instanzen des Knotens B zugeordnet sein.
- **1 zu 1..n:** Einer Instanz des Knotens A sind immer mindestens eine Instanz oder beliebig viele Instanzen des Knotens B zugeordnet.

Damit das Framework weiß, wie die zueinander in Beziehung stehenden Knoten gefunden und verarbeitet werden können, existieren zwei verschiedene Assoziationskategorien: die *Kompositionen* und die *allgemeinen Assoziationen*.

23.1.6 Ermittlungen

Ermittlungen sind Funktionen, die automatisch ausgeführt werden, sobald bei der Arbeit mit einer Knoteninstanz (z. B. einer Änderung) die bei der Ermittlung hinterlegten Auslösebedingungen und Auswertungszeitpunkte zutreffen. Sie dienen dazu, Knoteninstanzen mit ermittelten Informationen anzureichern.

Für Ermittlungen stehen Ihnen die folgenden vier Ermittlungskategorien zur Verfügung:

- **Persistente Ermittlungen**
  Es wird bei der Ermittlung mindestens ein persistentes Attribut geändert.

Beispiel: Der Gesamtpreis eines Belegs soll bei jeder Änderung neu berechnet und in die Kopfstruktur gespeichert werden. Beim Speichern wird dieser berechnete Wert in der Datenbanktabelle gespeichert.

- **Transiente Ermittlungen**
  Es werden bei der Ermittlung nur transiente Felder geändert. Zusätzliche Daten sollen erst zur Laufzeit ermittelt werden, d. h., die Daten werden nicht persistent in der Datenbanktabelle gespeichert. Über diese transienten Ermittlungen können Sie transiente Knoten und transiente Attribute befüllen.

  Beispiel: Sie wollen zu bestimmten technischen Werten zusätzliche Texte nachlesen, um diese dem Benutzer auf der Oberfläche zum einfacheren Verständnis anzubieten.
- **Verwaltungsdaten**
  Zeigt an, dass bei der Ermittlung Verwaltungsdaten des Systems gesetzt werden.

  Beispiel: Sie wollen, dass im Kopf des Geschäftsobjekts bei einer Änderung die entsprechende Zeit, das jeweilige Datum und die Person (deren Benutzername), die die Änderung durchgeführt hat, mit abgespeichert werden.
- **Berechtigungsprüfung**
  Zeigt an, dass die Ermittlung eine Berechtigungsprüfung durchführt.

  Beispiel: Es soll vor dem Anzeigen überprüft werden, ob der Benutzer den Verkaufsauftrag für den Buchungskreis 1000 sehen darf.

Für alle diese Ermittlungskategorien können Sie weitere Einstellungen vornehmen, z. B. wann diese Ermittlungen ausgeführt und wie mehrere voneinander abhängige Ermittlungen in welcher Reihenfolge ausgeführt werden sollen.

23.1.7 Validierungen

Eine Validierung kann eine bestimmte Menge von Knoteninstanzen auf verschiedene Kriterien überprüfen. Das Framework stellt dafür zwei Arten von Validierungen bereit:

- **Konsistenzvalidierungen**
  Überprüft, ob Knoteninstanzen in sich konsistent sind, d. h. keine falsche Werte enthalten.
- **Aktionsvalidierungen**
  Überprüft, ob eine Aktion auf eine Knoteninstanz ausgeführt werden kann.

In Abbildung 23.9 sehen Sie beispielhaft Validierungen für den Knoten ROOT dargestellt.

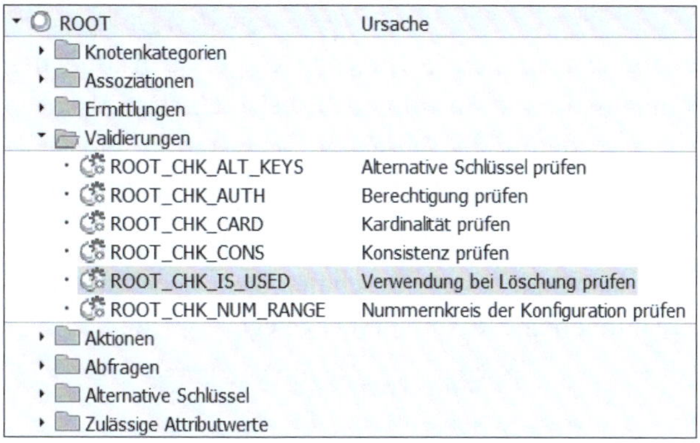

Abbildung 23.9 Validierungen eines Geschäftsobjekts

23.1.8 Abfragen

Abfragen brauchen Sie immer dann, wenn Sie Instanzen von Geschäftsobjekten über Suchkriterien finden wollen (oder finden lassen wollen). Abfragen beziehen sich nicht auf ein komplettes Geschäftsobjekt, sondern immer nur auf einen Knoten eines Geschäftsobjekts.

Diese Abfragen können Sie sich wie eine [F4]-Suchhilfe im System vorstellen: Der Anwender kann Instanzen eines Geschäftsobjekts nach bestimmten Kriterien mit der Suchmaske suchen. Will der Anwender beispielsweise die Daten des Kunden mit der Kundennummer 40010517 sehen, wird eine Abfrage mit diesem Suchwert durchgeführt. Als Ergebnis einer solchen Abfrage erhält er eine interne Tabelle mit allen Schlüsseln, die den Suchkriterien (hier der Kundennummer) entsprechen. Die Rückgabe der Daten zu diesen ermittelten Knoteninstanzen ist ebenfalls möglich.

Nur Rückgabe von persistenten Daten

Abfragen geben nur die Schlüssel von Instanzen zurück, die bereits auf der Datenbank persistiert wurden (aber nicht die Schlüssel, die gerade im Speicher in Bearbeitung liegen).

Mit den zurückgegebenen Schlüsseln können Sie anschließend die Datenbeschaffung durchführen. Das Framework stellt zwei Standardabfragen zur Verfügung:

- `SELECT_ALL`: Gibt alle Instanzen für einen Knoten zurück. Jeder Knoten besitzt diese Abfrage automatisch, da sie beim Anlegen eines Knotens mit generiert wird.
- `SELECT_BY_ELEMENTS`: Gibt alle Instanzen für einen Knoten zurück, die den Suchkriterien entsprechen. Als Suchkriterien können alle Attribute des zugewiesenen Knotens verwendet werden. Diese Abfrage kann für einen Knoten separat von Ihnen generiert werden.

Kundeneigene Abfragen

Neben diesen beiden Standardabfragen können Sie für jeden Knoten auch kundeneigene Abfragen anlegen und implementieren. So können Sie beispielsweise Abfragen realisieren, die bereits eine fest vordefinierte Teilmenge an Instanzen eines Geschäftsobjekts zurückgeben. Für jede Abfrage können Sie sowohl die erlaubten Suchparameter als auch die Rückgabestruktur definieren.

So wurden in Abbildung 23.10 beispielhaft für ein Geschäftsobjekt neben der Standardabfrage `SELECT_ALL` weitere kundeneigene Abfragen angelegt.

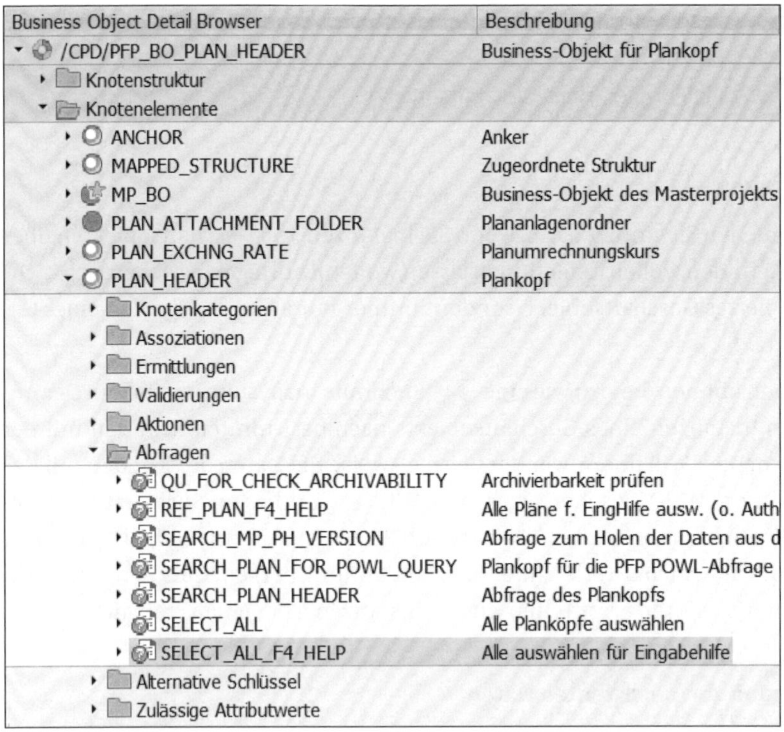

Abbildung 23.10 Abfragen für ein Geschäftsobjekt

Im einfachsten Fall wurde eine zusätzlich Abfrage `SELECT_ALL` erstellt, die für [F4]-Suchhilfen die Ergebnisse mit einer anderen Rückgabestruktur (weniger Felder) zurückgibt.

Prinzipiell sind hier Abfragen jeglicher Art denkbar. Häufig werden beispielsweise Abfragen für Belege angeboten, die die Belege nach ihrem Status (offen, freigegeben, storniert usw.) selektieren und aufbereiten. Für Rechnungsbelege wäre beispielsweise eine Abfrage »Selektiere alle offenen und unbezahlten Rechnungen« denkbar.

23.1.9 Berechtigungsprüfungen

Während Sie weiterhin wie gehabt Berechtigungsprüfungen in ABAP implementieren können, stellt das Framework ein generisches Berechtigungskonzept bereit für Sie, mit dem Sie ohne Programmieraufwand das Anzeigen und Ändern von Geschäftsobjekten mit klassischen Berechtigungsobjekten einschränken können. Dazu müssen Sie lediglich ein Berechtigungsobjekt anlegen, dem Knoten eines Geschäftsobjekts zuweisen und die entsprechenden Felder des Knotens mit dem Berechtigungsobjekt verknüpfen. Damit Sie ein Berechtigungsobjekt für BOPF verwenden können, muss dieses folgendem Muster folgen:

- Das erste Feld muss ACTVT (Aktivität) sein.
- Das zweite Feld muss BO_SERVICE (z. B. Name einer BOPF-Aktion) sein.
- Ab dem dritten Feld können Sie beliebige anwendungsspezifische Felder vergeben.

Die so eingestellten Berechtigungsprüfungen gelten damit für die gesamte Knotenhierarchie des Geschäftsobjekts. Hat ein Benutzer für das Anzeigen des Knotens ROOT keine Berechtigung, darf er auch nicht die Unterknoten von ROOT (beispielsweise ITEM) ansehen. Abbildung 23.11 zeigt beispielhaft eine solche angelegte Berechtigungsprüfung.

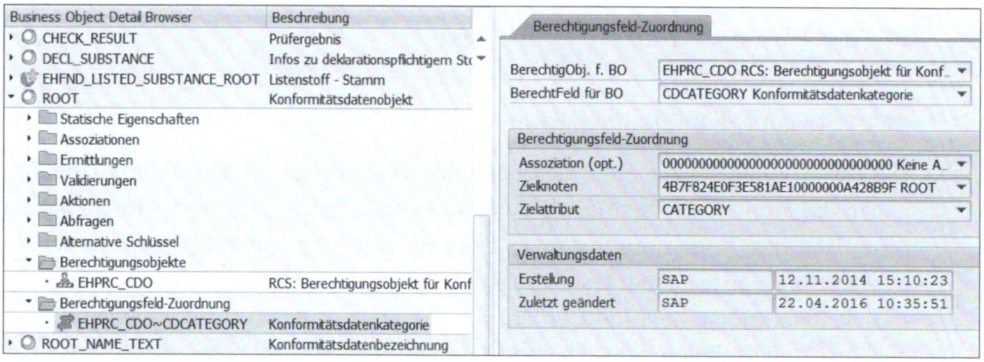

Abbildung 23.11 Zuordnung eines Berechtigungsobjekts für einen Knoten (hier »ROOT«)

In dieser Prüfung wurde dem Knoten ROOT das Berechtigungsobjekt EHPRC_CDO zugeordnet, während das Attribut CATEGORY über eine Berechtigungsfeldzuordnung dem Feld CDCATEGORY des Berechtigungsobjekts zugeordnet wurde.

23.2 Anwendung der Consumer-API

In diesem Abschnitt zeige ich Ihnen, wie Sie die Methoden der Consumer-API auf bereits bestehende Geschäftsobjekte anwenden können. Dazu zählen in erster Linie die

CRUDQ-Grundoperationen zum Bearbeiten von Knoteninstanzen eines Geschäftsobjekts:

- Anlegen (Create)
- Lesen (Read)
- Aktualisieren (Update)
- Löschen (Delete)
- Abfragen (Query)

In den Listings dieses Abschnitts kommt immer wieder die Variable LO_SERV_MGR vor, die eine Referenz auf den Service-Manager hält, der das Auslesen und Modifizieren von Geschäftsobjekten ermöglicht. Dieser Service-Manager wird aus Platzgründen nicht immer wieder erneut beschafft. Die Beispiele bauen daher immer auf Listing 23.1 auf, in dem der Service-Manager für das Geschäftsobjekt /BOBF/DEMO_CUSTOMER beschafft wird.

```
DATA: lo_serv_mgr  TYPE REF TO /bobf/if_tra_service_manager.
lo_serv_mgr = /bobf/cl_tra_serv_mgr_factory=>get_service_manager(
  iv_bo_key = /bobf/if_demo_customer_c=>sc_bo_key
).
```

Listing 23.1 Beschaffung des Service-Managers

23.2.1 Lesen von Knoteninstanzen

Das Lesen von Instanzen eines Geschäftsobjekts gehört zu den absoluten Grundaufgaben des Frameworks. In diesem Zusammenhang möchte ich noch einmal darauf hinweisen, dass immer nur Instanzen *eines einzelnen Knotens* ausgelesen werden. In der Regel werden Sie daher erst den Hauptknoten (ROOT) auslesen und anschließend, falls weitere Knoten benötigt werden, von diesem aus über Assoziationen zu Ihrem gewünschten Zielknoten navigieren. Beim Lesen von Knoteninstanzen eines Geschäftsobjekts müssen zwei Szenarien unterschieden werden:

1. **Abfrage von Instanzen anhand von Kriterien**
   Sie haben keinen Schlüssel, aber eventuell einen oder mehrere alternative Schlüssel (beispielsweise die ursprünglichen Primärschlüssel) oder Filterkriterien, zu denen Sie die dazugehörigen Instanzen bzw. die Schlüssel auslesen möchten. Dann können Sie die Methode QUERY des Service-Managers verwenden.
2. **Abfrage von Instanzen über einen Schlüssel**
   Sie haben bereits einen oder mehrere Schlüssel und wollen dazu die dazugehörigen Knoteninstanzen eines Geschäftsobjekts auslesen. Dann können Sie die Methode RETRIEVE oder QUERY des Service-Managers verwenden.

Die Methode QUERY

Zur Abfrage von Knoteninstanzen eines Geschäftsobjekts anhand von bestimmten Kriterien können Sie die Methode QUERY des Service-Managers verwenden.

Konkret können Sie mit dieser Methode dieselben Funktionen wie mit einer SELECT-Anweisung (von Joins und Aggregationen abgesehen) abbilden. Zu diesen Funktionen zählen:

- vordefinierte Abfragen aus dem Geschäftsobjekt ausführen
- nach Schlüsseln und Werten filtern
- bestimmen, ob nur die ermittelten Schlüssel oder auch die Daten der Knoteninstanzen zurückgegeben werden sollen
- sich die Anzahl der gefundenen Einträge zurückgeben lassen
- die maximale Ergebnismenge einschränken
- die Ergebnismenge sortieren
- Paging verwenden, d. h. sich nur eine Teilmenge zurückgeben lassen

Grundaufbau

Zur Demonstration der Funktionsweise der Methode QUERY wird in diesem Abschnitt die grundlegende Abfrage SELECT_ALL auf den Hauptknoten (hier ROOT) verwendet, die in jedem Geschäftsobjekt als Standard definiert werden kann. Diese gibt, wie der Name sagt, alle Instanzen eines Knotens zu dem jeweiligen Geschäftsobjekt zurück.

Beim Aufruf der Methode QUERY müssen Sie unter dem Parameter IV_QUERY_KEY über das Konstanten-Interface des Geschäftsobjekts unter Konstante SC_QUERY_ROOT den Schlüssel dieser Abfrage entsprechend auswählen. Für das Geschäftsobjekt /BOBF/DEMO_CUSTOMER wäre der Pfad zum Schlüssel der Abfrage der folgende:

```
/bobf/if_demo_customer_c=>sc_query-root-select_all
```

23

Listing 23.2 zeigt einen beispielhaften Aufruf der Methode QUERY für den Knoten ROOT des Geschäftsobjekts /BOBF/DEMO_CUSTOMER.

```
DATA: lt_data TYPE /bobf/t_demo_customer_hdr_k,
      lt_keys TYPE /bobf/t_frw_key.
"Beschaffen des Service-Managers wie in Listing 23.1
lo_serv_mgr->query(
  EXPORTING
    iv_query_key = /bobf/if_demo_customer_c=>
                   sc_query-root-select_all
    iv_fill_data = abap_true
  IMPORTING
```

```
    et_data        = lt_data
    et_key         = lt_keys
).
```

Listing 23.2 Grundaufbau einer Abfrage

Sind Sie nicht nur an den Schlüsseln (Rückgabetabelle ET_KEY), sondern auch an den Daten der Knoteninstanzen interessiert, können Sie diese über den Parameter IV_FILL_DATA = 'X' abfragen. Dadurch wird auch die Rückgabetabelle ET_DATA mit den Daten der Knoteninstanzen gefüllt. Wichtig ist dabei, dass Sie für diesen Parameter eine Tabelle mit der richtigen, zu dem Knoten passenden Struktur bereitstellen.

Eine solche Abfrage über die Methode QUERY können Sie für alle vordefinierten Abfragen des Geschäftsobjekts durchführen. Wählen Sie dazu über das Konstanten-Interface die entsprechende Abfrage aus. Nachfolgend ist dies über die zweite Standardabfrage SELECT_BY_ATTRIBUTES (bzw. SELECT_BY_ELEMENTS) dargestellt, die ebenfalls für jeden Knoten zusätzlich angelegt werden kann.

Einschränken über Attribute

Zum Einschränken der Abfrageergebnisse nach Attributwerten bietet der Parameter IT_SELECTION_PARAMETERS den Grundaufbau einer Range-Tabelle mit den klassischen Feldern SIGN, OPTION, LOW und HIGH an.

Zusätzlich zu diesen Grundfeldern müssen Sie in der Struktur noch den Namen des einzuschränkenden Attributs im Feld ATTRIBUTE_NAME angeben. Durch dieses zusätzliche Feld ist es möglich, dass Sie auf mehrere Attribute gleichzeitig filtern können oder für ein Attribut mehrere Einschränkungen treffen können, z. B. pro Zeile der Selektions-Parametertabelle eine Einschränkung.

Listing 23.3 zeigt Ihnen eine beispielhafte Implementierung einer Abfrage mit SELECT_BY_ATTRIBUTES für den Knoten ROOT des Geschäftsobjekts /BOBF/DEMO_CUSTOMER. Im Beispiel werden alle Kunden gesucht, die EUR als Kundenwährung haben.

```
DATA: lt_sel_param TYPE /bobf/t_frw_query_selparam,
      ls_sel_param TYPE /bobf/s_frw_query_selparam.

ls_sel_param-attribute_name = /bobf/if_demo_customer_c=>
   sc_query_attribute-root-select_by_attributes-cust_curr.
"Oder auch direkte Angabe des  Attributs CUST_CURR möglich
ls_sel_param-low    = 'EUR'.
ls_sel_param-option = 'EQ'.
ls_sel_param-sign   = 'I'.
APPEND ls_sel_param TO lt_sel_param.
lo_serv_mgr->query(
```

```
  EXPORTING
    iv_query_key  = /bobf/if_demo_customer_c=>sc_query-root-
                    select_by_attributes
    iv_fill_data  = abap_true
    it_selection_parameters = lt_sel_param
  IMPORTING
    et_data       = lt_data
    et_key        = lt_keys
).
```

Listing 23.3 Abfrage nach Attributen

Einschränken über Schlüssel

Wenn Sie bereits die Schlüssel einer Knoteninstanz eines Geschäftsobjekts haben und sich dazu die Daten der Knoteninstanz auslesen lassen wollen, müssen Sie diesen Schlüssel nur im Feld KEY der Tabelle des Parameters IT_FILTER_KEY angeben und zusätzlich den Parameter IV_FILL_DATA auf abap_true setzen. Listing 23.4 zeigt beispielhaft eine solche Abfrage auf Knoteninstanzen über einen Schlüssel.

```
DATA: lt_filter_key TYPE /bobf/t_frw_key,
      ls_filter_key TYPE /bobf/s_frw_key.

ls_filter_key-key = '000C294A1BC91ED78FA9BE1AD6C520E0'.
APPEND ls_filter_key TO lt_filter_key.

lo_serv_mgr->query(
  EXPORTING
    iv_query_key  = /bobf/if_demo_customer_c=>sc_query-root-
                      select_all
    iv_fill_data  = abap_true
    it_filter_key = lt_filter_key
  IMPORTING
    et_data       = lt_data
    et_key        = lt_keys
).
```

Listing 23.4 Abfrage nach Schlüsseln

Die Methode RETRIEVE

Anstatt bei der Methode QUERY im Parameter IT_FILTER_KEY die Schlüssel mitzugeben und über den Parameter IV_FILL_DATA die Daten anzufragen, können Sie dies auch über die Methode RETRIEVE des Service-Managers erreichen.

Vorteil dieser Methode ist, dass Sie über den Parameter IV_INVALIDATE_CACHE die Möglichkeit haben, den Puffer zurückzusetzen und, falls Sie dies benötigen, Sperren auf die Knoteninstanzen zu setzen.

Listing 23.5 zeigt Ihnen einen solchen Aufruf der Methode RETRIEVE. Achten Sie darauf, wirklich nur Schlüssel und keine alternativen Schlüssel mitzugeben. Im Beispiel ist zu demonstrativen Zwecken ein richtiger und ein falscher Schlüssel mitgegeben worden.

```
DATA: lt_keys        TYPE /bobf/t_frw_key,
      ls_key         TYPE /bobf/s_frw_key,
      lt_failed_keys TYPE /bobf/t_frw_key.

"beispielhafter Schlüssel
ls_key-key = '0050568F72901ED79EA326CDC37C60FF'.
APPEND ls_key TO lt_keys.

ls_key-key = '123456'. "falsch
APPEND ls_key TO lt_keys.

lo_serv_mgr->retrieve(
  EXPORTING
    iv_node_key         = /bobf/if_demo_customer_c=>sc_node-
                            root
    it_key              = lt_keys
    iv_fill_data        = abap_true
    iv_invalidate_cache = abap_true
  IMPORTING
    et_data             = lt_data
    et_failed_key       = lt_failed_keys
).
```

Listing 23.5 Auslesen von Daten mit RETRIEVE

Für die Schlüssel, für die die Abfrage erfolgreich war, können Sie im Rückgabeparameter ET_DATA die Daten der Knoteninstanzen finden. Alle fehlerhaften Schlüssel werden dagegen im Rückgabeparameter ET_FAILED_KEY zurückgegeben.

23.2.2 Konvertieren von alternativen Schlüsseln

Häufig werden Sie bereits einen alternativen Schlüssel eines Geschäftsobjektknotens zur Hand haben (beispielsweise die Kundennummer 123456) und möchten dann zu diesem alternativen Schlüssel den technischen Schlüssel des dazugehörigen Knotens bestimmen, damit Sie mit diesem technischen Schlüssel eine Sperrung, eine Modifikation oder eine Assoziation über die Methoden des Frameworks durchführen können. In einem solchen Fall haben Sie zwei Möglichkeiten:

- Sie führen mit dem alternativen Schlüssel eine Abfrage über SELECT_BY_ATTRIBUTES aus.
- Sie verwenden die Methode CONVERT_ALTERN_KEY des Service-Managers und übergeben dort den alternativen Schlüssel.

Die Verwendung der Methode CONVERT_ALTERN_KEY ist denkbar einfach: Sie müssen in der internen Tabelle des Parameters IT_KEY die alternativen Schlüssel, im Parameter IV_NODE_KEY den entsprechenden Knoten und im Parameter IV_ALTKEY_KEY den Namen des alternativen Schlüssels mitgeben.

Auch wenn sich der Parameter IV_ALTKEY_KEY über Literale (durch die direkte Angabe von 'CUSTOMER_ID') befüllen lässt, empfiehlt sich die Benutzung des Konstanten-Interface des Geschäftsobjekts. Die alternativen Schlüssel finden Sie im Konstanten-Interface unter der Konstante SC_ALTERNATIVE_KEY, gefolgt vom Namen des Knotens.

In Listing 23.6 sehen Sie eine beispielhafte Implementierung der Methode, mit der für den alternativen Schlüssel CUSTOMER_ID der Schlüssel der dazugehörigen Knoteninstanz bestimmt wird.

```
DATA: lt_alt_keys TYPE TABLE OF /bobf/demo_customer_id,
      ls_alt_keys TYPE /bobf/demo_customer_id,
      lt_keys     TYPE /bobf/t_frw_key.

ls_alt_keys = '123456'.
APPEND ls_alt_keys TO lt_alt_keys.

lo_mgr->convert_altern_key(
  EXPORTING
    iv_node_key   = /bobf/if_demo_customer_c=>sc_node-root
    iv_altkey_key = /bobf/if_demo_customer_c=>
                      sc_alternative_key-root-customer_id
    it_key        = lt_alt_keys
  IMPORTING
    et_key        = lt_keys
).
```

Listing 23.6 Konvertierung von alternativen Schlüsseln

Bei erfolgreicher Ausführung erhalten Sie die zugehörigen Schlüssel in der Rückgabetabelle ET_KEY.

23.2.3 Modifizieren von Objekten

Das Modifizieren von Objekten geschieht im BOPF mit der Methode MODIFY des Service-Managers. Mit dieser Methode können Sie Geschäftsobjekte anlegen, ändern und löschen.

Zusätzlich wird zum Abschluss für all diese Modifikationen die Methode SAVE des Transaktions-Managers benötigt. Den Transaktions-Manager brauchen Sie in diesem Fall, da Datenbankmodifikationen nicht direkt ausgeführt, sondern wie bei klassischen transaktionalen Funktionsbausteinen (BAPI-Funktionsbausteinen) in einer logischen Datenbankeinheit (Logical *Unit of Work*, kurz *LUW*) gesammelt werden. Die Methode SAVE stößt zum Abschließen dieser Verarbeitung die Anweisung COMMIT WORK an und verarbeitet die in der LUW gesammelten Datenbankoperationen.

[»]

Datenbanksperren

Sperren werden durch den Aufruf der Methode MODIFY für die übergebenen Schlüssel automatisch gesetzt. Die Sperren gelten für das gesamte Geschäftsobjekt und werden durch die Methode SAVE wieder freigegeben. Falls das Speichern fehlschlägt, kann die Freigabe mit der Methode CLEANUP erfolgen.

Die entscheidende Tabelle beim Modifizieren mit der Methode MODIFY ist die Tabelle des Importparameters IT_MODIFCATION. Eine Zeile dieser Tabelle entspricht genau einer Modifikation. Für jede Zeile kann über das Feld CHANGE_MODE bestimmt werden, welche Modifikation ausgeführt wird (also ob angelegt, geändert oder gelöscht wird). Die Methode MODIFY ermöglicht daher die Ausführung mehrerer Modifikationsoperationen gleichzeitig. Listing 23.7 zeigt die grundlegende Aufrufreihenfolge der Methode MODIFY.

```
"Beschaffen des Service-Managers
DATA: lo_serv_mgr TYPE REF TO /bobf/if_tra_service_manager.
lo_mgr = /bobf/cl_tra_serv_mgr_factory=>get_service_manager(
  iv_bo_key = /bobf/if_demo_customer_c=>sc_bo_key
).
"Beschaffen des Transaktions-Managers
DATA: lo_trans_mgr TYPE REF TO /bobf/if_tra_transaction_mgr.
lo_trans_mgr = /bobf/cl_tra_trans_mgr_factory=>
                 get_transaction_manager( ).
"Deklaration der benötigten Variablen
DATA: lt_modi          TYPE /bobf/t_frw_modification,
      ls_modi          TYPE /bobf/s_frw_modification,
      lo_message       TYPE REF TO /bobf/if_frw_message,
      lt_messages      TYPE /bobf/t_frw_message_k,
      lv_rejected      TYPE flag,
```

```
    lt_rejected_keys TYPE /bobf/t_frw_key2.
FIELD-SYMBOLS: <s_message> TYPE /bobf/s_frw_message_k.

"Hier unterschiedliches Befüllen der Tabelle LT_
MODI je "nachdem, ob Sie das Geschäftsobjekt Anlegen, Ändern
"oder Aktualisieren wollen
ls_modi-...
APPEND ls_modi TO lt_modi.
"Aufruf der Methode MODIFY und Übergabe der Modifikations-"Tabelle
lo_serv_mgr->modify(
  EXPORTING
    it_modification = lt_modi
  IMPORTING
    eo_message      = lo_message
).
"Überprüfung, ob die Verarbeitung erfolgreich war
IF lo_message IS BOUND.
  IF lo_message->check( ) EQ abap_true.
    "Ausgabe der Nachrichten im Fehlerfall
    lo_message->get_messages(
      IMPORTING et_message = lt_messages
    ).
    LOOP AT lt_messages ASSIGNING <s_message>.
      cl_demo_output=>write_data(
        <s_message>-message->get_text( )
      ).
    ENDLOOP.
    cl_demo_output=>display( ).
  ELSE. "bei erfolgreicher Ausführung speichern
    lo_trans_mgr->save(
      IMPORTING
        ev_rejected = lv_rejected
    ).
    "Falls Speichern erfolgreich, Ausgabe sonst Rollback
    IF lv_rejected IS INITIAL.
      cl_demo_output=>display_text( 'Erfolg!' ).
    ELSE.
      lo_trans_mgr->cleanup( ).
    ENDIF.
  ENDIF.
ENDIF.
```

Listing 23.7 Grundaufbau für die Methode MODIFY

Das Feld CHANGE_MODE können Sie mit folgenden Konstanten des Interface /BOBF/IF_FRW_C belegen:

- /BOBF/IF_FRW_C=>SC_MODIFY_CREATE für Anlegen
- /BOBF/IF_FRW_C=>SC_MODIFY_UPDATE für Aktualisieren
- /BOBF/IF_FRW_C=>SC_MODIFY_DELETE für Löschen

Je nachdem, ob Sie anlegen, aktualisieren oder löschen wollen, müssen Sie die Zeilenfelder der Tabelle IT_MODIFICATION unterschiedlich belegen.

Einen Überblick über die einzelnen Felder der Modifikationstabelle finden Sie in Tabelle 23.1.

Feldname	Beschreibung
NODE	der Name des zu modifizierenden Knotens
CHANGE_MODE	Art der Änderung
NODE_CAT	Beim Anlegen: Knotenkategorie. Wenn keine mitgegeben wird, wird die Standardkategorie verwendet (obsolet, immer leer lassen).
KEY	Beim Anlegen: neu erzeugter Schlüssel des Knotens (mit GET_NEW_KEY)
DATA	Beim Anlegen und Aktualisieren: Daten des Knotens
CHANGED_FIELDS	Beim Ändern: die geänderten Felder
ASSOCIATION	ID der Verknüpfung; zum Anlegen von Unterknoten
SOURCE_NODE	eventuell referenzierter Oberknoten; zum Anlegen von Unterknoten
SOURCE_KEY	eventuell referenziertes Geschäftsobjekt; zum Anlegen von Unterknoten
ROOT_KEY	Optional beim Anlegen und Aktualisieren: Zu welchen ROOT-Knoten soll die Instanz gehören?

Tabelle 23.1 Die Felder der Modifikationsstruktur

In den folgenden Abschnitten beschreibe ich folgende Aspekte:

- Anlegen von Oberknoten
- Anlegen von Unterknoten
- Aktualisieren von Knoteninstanzen
- Löschen von Knoteninstanzen

Anlegen von Hauptknoten

Beim Anlegen von Hauptknoten müssen Sie die Felder KEY, DATA, NODE und natürlich CHANGE_MODE befüllen. Wichtig ist, dass Sie in der Struktur des Parameters DATA und im Parameter KEY einen neu generierten Schlüssel mitgeben, den Sie von der Methode GET_NEW_KEY des Service-Managers erhalten.

Zusätzlich müssen Sie dafür sorgen, dass Sie im Parameter DATA die richtige Struktur des gewünschten Knotens mitgeben. Das Feld ist hierbei vom Typ TYPE REF TO data. Daher müssen Sie die Struktur vorher ebenfalls über TYPE REF TO strukturname deklarieren und über die Anweisung CREATE DATA erzeugen. Den Strukturnamen finden Sie in den Einstellungen des Knotens. Anschließend können Sie die erzeugte Struktur über den Komponentenselektor -> befüllen. Listing 23.8 zeigt dies beispielhaft für das Geschäftsobjekt /BOBF/DEMO_CUSTOMER für den Knoten ROOT.

```
"Deklaration der Variablen und Beschaffung
"des Service-Managers und Transaktions-Managers
"wie in Listing 23.7
DATA: lr_cust_root TYPE REF TO /bobf/s_demo_customer_hdr_k.
"Erzeugen der neuen Knotenstruktur des Kundenkopfes
CREATE DATA lr_cust_root.

"Erzeugung eines neuen technischen Schlüssels
lr_cust_root->key = lo_serv_mgr->get_new_key( ).
"oder über /bobf/cl_frw_factory=>get_new_key( ).

lr_cust_root->customer_id     = '123459'.
lr_cust_root->sales_org       = '200'.
lr_cust_root->cust_curr       = 'US'.
lr_cust_root->address_contry = 'US'.

ls_modi-data = lr_cust_root. "Befüllte Struktur
ls_modi-node = /bobf/if_demo_customer_c=>sc_node-root.
ls_modi-change_mode = /bobf/if_frw_c=>sc_modify_create.
ls_modi-key         = lr_cust_root->key.
APPEND ls_modi TO lt_modi.

lo_serv_mgr->modify(
  EXPORTING
    it_modification = lt_modi
  IMPORTING
    eo_message      = lo_message
).
```

Listing 23.8 Anlegen eines Hauptknotens

Ob das Anlegen erfolgreich war, können Sie wie in Listing 23.7 über den Rückgabeparameter LO_MESSAGE ermitteln. Zusätzlich müssen Sie wie in Listing 23.7 die Methode SAVE aufrufen, um die Verbuchung anzustoßen. Erst dadurch werden die Daten auf der Datenbanktabelle erzeugt.

Anlegen von Unterknoten

Das Anlegen für Unterknoten funktioniert analog zum Anlegen eines Hauptknotens, indem Sie im Feld NODE den Namen des gewünschten anzulegenden Knotens angeben. Zusätzlich müssen Sie noch im Feld SOURCE_NODE die ID des Oberknotens, im Feld SOURCE_KEY den Schlüssel des Oberknotens und im Feld ASSOCIATION die dazugehörige Assoziation vom Ober- zum Unterknoten angeben. Dadurch legen Sie letztlich auch immer eine Assoziationsverbindung mit an.

Diese Assoziationsverbindung können Sie im Konstanten-Interface des Geschäftsobjekts unter der Konstante SC_ASSOCIATION finden, gefolgt vom gewünschten Knoten. Das in diesem Abschnitt gezeigte Beispiel legt hierzu eine neue Instanz des Knotens ROOT_TEXT zum Oberknoten ROOT des Geschäftsobjekts /BOBF/DEMO_CUSTOMER an und ist als Fortsetzung des im vorherigen Abschnitt gezeigten Anlegens eines Hauptknotens zu verstehen. Abbildung 23.12 zeigt nochmals die Knotenhierarchie des Geschäftsobjekts.

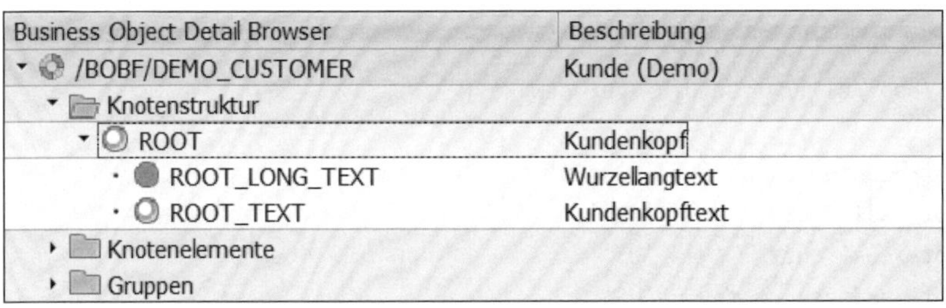

Abbildung 23.12 Aufbau des Geschäftsobjekts /BOBF/DEMO_CUSTOMER

Da der Knoten ROOT_TEXT unter dem Knoten ROOT hängt, wird als SOURCE_KEY derselbe Schlüssel aus dem im vorherigen Abschnitt angelegten Knoten ROOT benutzt. Das bedeutet, dass der hier neu angelegte Text dem Kunden mit der Kundennummer 123456 zugewiesen wird, wie es Listing 23.9 zeigt.

```
"Deklaration der Variablen und Beschaffung des Service-
"Managers und Transaktions-Managers
"wie in Listing 23.7
DATA lr_cust_root_txt TYPE REF TO /bobf/s_demo_short_text_k.
"Erzeugen der neuen Knotenstruktur eines Kurztextes CREATE DATA lr_cust_root_
txt.
lr_cust_root_txt->key = lo_serv_mgr->get_new_key( ).
```

```
lr_cust_root_txt->text     = 'Beispiel-Text'.
lr_cust_root_txt->language = sy-langu.

ls_modi-node = /bobf/if_demo_customer_c=>sc_node-root_text.
ls_modi-change_mode = /bobf/if_frw_c=>sc_modify_create.
ls_modi-source_node = /bobf/if_demo_customer_c=>
                        sc_node-root.
ls_modi-association = /bobf/if_demo_customer_c=>
                        sc_association-root-root_text.
ls_modi-source_key  = lr_cust_root->key. "aus Listing 23.8
ls_modi-key         = lr_cust_root_txt->key.
ls_modi-data        = lr_cust_root_txt.
APPEND ls_modi TO lt_modi.
lo_serv_mgr->modify(
  EXPORTING
    it_modification = lt_modi
  IMPORTING
    eo_message      = lo_message
).
```

Listing 23.9 Anlegen eines Unterknotens

Ob das Anlegen erfolgreich war, können Sie wie in Listing 23.7 mit dem Rückgabeparameter LO_MESSAGE ermitteln. Zusätzlich müssen Sie wie in Listing 23.7 die Methode SAVE aufrufen, um die transaktionale Verarbeitung abzuschließen. Erst dadurch werden die Daten auf der Datenbanktabelle angelegt.

Aktualisieren von Knoteninstanzen

Das Aktualisieren einer Knoteninstanz funktioniert vom Prinzip her so wie das Anlegen derselben – mit dem Unterschied, dass Sie in der internen Tabelle des Feldes CHANGED_FIELDS der Modifikationsstruktur angeben, welche Felder aus den im Feld DATA mitgegebenen Daten geändert werden sollen. Ohne diese Angabe können keine Attribute der Knoteninstanz aktualisiert werden.

Listing 23.10 zeigt hier beispielhaft das Aktualisieren der Attribute ADDRESS (Adresse) und CUST_CURR (Kundenwährung) des Knotens ROOT im Geschäftsobjekt /BOBF/DEMO_CUSTOMER. Die Adresse wird auf eine neue Straße geändert, während die Kundenwährung auf initial gesetzt (d. h. entfernt) wird. Im Feld KEY ist ein beispielhafter Schlüssel einer Knoteninstanz des Knotens ROOT angegeben.

```
"Deklaration der Variablen und Beschaffung des
"ServiceManagers und Transaktions-Managers
"wie in Listing 23.7
```

```
"Für die Angabe der geänderten Attribute
DATA: lt_changed_fields TYPE /bobf/t_frw_name.

DATA: lr_cust_root TYPE REF TO /bobf/s_demo_customer_hdr_k.
"Erzeugen der neuen Knotenstruktur als Datenobjekt
CREATE DATA lr_cust_root.

"Spezifizieren, welche Felder geändert werden sollen
APPEND 'ADDRESS'   TO lt_changed_fields.
APPEND 'CUST_CURR' TO lt_changed_fields.
"Auch Angabe der Attribute über das Konstanten-Interface "möglich:
"/bobf/if_demo_customer_c=>sc_query_attribute-root-"select_by_attributes-cust_
curr.

"Neue Werte setzen
lr_cust_root->address = 'Mühlenstraße 5'.
CLEAR lr_cust_root->cust_curr.

ls_modi-data = lr_cust_root.
ls_modi-node = /bobf/if_demo_customer_c=>sc_node-root.
ls_modi-change_mode = /bobf/if_frw_c=>sc_modify_update.
"Beispielhafter Schlüssel
ls_modi-key             = '0050568F72901ED79EA63B400C91A0FF'.
ls_modi-changed_fields = lt_changed_fields.
APPEND ls_modi TO lt_modi.

lo_serv_mgr->modify(
  EXPORTING
    it_modification = lt_modi
  IMPORTING
    eo_message      = lo_message
).
```

Listing 23.10 Aktualisieren von Attributen einer Knoteninstanz

Ob das Aktualisieren erfolgreich war, können Sie wie in Listing 23.7 über den Rückgabeparameter LO_MESSAGE ermitteln. Zusätzlich müssen Sie wie in Listing 23.7 die Methode SAVE aufrufen, um die transaktionale Verarbeitung abzuschließen. Erst dadurch werden die Daten auf der Datenbanktabelle aktualisiert.

Löschen von Knoteninstanzen

Zum Löschen von Knoteninstanzen müssen Sie bei der Methode MODIFY lediglich den Knotennamen im Feld NODE, den Modus zum Ändern SC_MODIFY_DELETE im Feld

CHANGE_MODE und den Schlüssel des zu löschenden Knotens im Feld KEY der Änderungsstruktur angeben. Unterknoten können Sie auf dieselbe Art und Weise löschen. Geben Sie dazu bei NODE den Namen des Unterknotens und im Feld KEY den Schlüssel des zu löschenden Unterknotens an.

[«]

Löschen eines gesamten Geschäftsobjekts

Wenn Sie die Instanz eines Hauptknotens (ROOT) eines Geschäftsobjekts löschen, werden alle dazugehörigen Unterknoten mit gelöscht.

In Listing 23.11 können Sie das Löschen einer Knoteninstanz des Knotens ROOT des Geschäftsobjekts /BOBF/DEMO_CUSTOMER sehen. Im Feld KEY ist ein beispielhafter Schlüssel einer Knoteninstanz des Knotens ROOT angegeben.

```
"Deklaration der Variablen und Beschaffung des
"Service-Managers und Transaktions-Managers
"wie in Listing 23.7
"Befüllen der Modifikations-Tabelle
ls_modi-node = /bobf/if_demo_customer_c=>sc_node-root.
ls_modi-change_mode = /bobf/if_frw_c=>sc_modify_delete.
ls_modi-key = '0050568F72901ED79EA31FECBD8520FF'. "Beispiel
APPEND ls_modi TO lt_modi.

lo_serv_mgr->modify(
  EXPORTING
    it_modification = lt_modi
  IMPORTING
    eo_message      = lo_message
).
```

Listing 23.11 Löschen einer Knoteninstanz

23

Ob das Löschen erfolgreich war, können Sie wie in Listing 23.7 über den Rückgabeparameter LO_MESSAGE ermitteln. Zusätzlich müssen Sie wie in Listing 23.7 die Methode SAVE aufrufen, um die transaktionale Verarbeitung abzuschließen. Erst dadurch werden die Daten auf der Datenbanktabelle gelöscht.

Kapitel 24
Fortgeschrittene Programmiertechniken

Sie kennen die Grundlagen bereits und möchten Ihre Programme mit fortgeschrittenen Techniken verbessern? Dann ist dieses Kapitel genau das richtige für Sie. Von dynamischer Programmierung bis zu persistenten Objekten – hier lernen Sie Techniken, die Sie als versierter ABAP-Programmierer beherrschen sollten.

In diesem Kapitel stelle ich Ihnen fortgeschrittene Programmiertechniken vor, mit denen Sie nicht jeden Tag konfrontiert werden, die aber dennoch für die Programmierung mit ABAP von großer Bedeutung sind und je nach Projekt von Ihnen gefordert werden. Deshalb ist es umso wichtiger, dass Sie, wenn diese Techniken einmal zum Einsatz kommen müssen, eine verlässliche Referenz mit Quellcodebeispielen zum Nachschlagen haben.

Der erste Teil des Kapitels behandelt die folgenden Themen:

- Object Services mit persistenten Klassen zur Kapselung von SQL-Zugriffen (siehe Abschnitt 24.1)
- die Arbeit mit XML und JSON (siehe Abschnitt 24.2)
- das Ablegen von Daten im Speicher mit `EXPORT` und Shared Objects (siehe Abschnitt 24.3)
- die Parallelisierung der Ausführung zur Performanceoptimierung von Programmen (siehe Abschnitt 24.4)

Der zweite, größte Teil des Kapitels beschäftigt sich anschließend mit der dynamischen Programmierung mit ABAP, bestehend aus:

- dynamische Erzeugung von Datenobjekten (siehe Abschnitt 24.5)
- Runtime Type Services (RTTS) zur dynamischen Erzeugung von Typbeschreibungen (siehe Abschnitt 24.6)
- Umsetzung von dynamischen SQL-Anweisungen (siehe Abschnitt 24.7)

Zur Veranschaulichung der dynamischen Programmierung habe ich zwei komplexe Beispiele hinzugefügt, zum einen zum dynamischen Aufbau einer internen Tabelle, die anschließend mithilfe der ALV-Anzeige dargestellt wird (siehe Abschnitt 24.5.3), zum anderen zum Exportieren einer beliebigen internen Tabelle nach Microsoft Excel (siehe Abschnitt 24.6.7).

Im letzten Teil des Kapitels steht alles im Zeichen von Nachrichten. Hier stelle ich Ihnen in Abschnitt 24.8 das ADF (*ABAP Daemon Framework*) vor, das für die Implementierung moderner hochverfügbarer IoT-Implementierungen benötigt wird.

Gleichermaßen zeige ich Ihnen in Abschnitt 24.9 die ABAP Channels, die eine moderne Kommunikation zwischen Anwendungsservern und Webanwendungen ermöglichen.

24.1 Object Services

Die Object Services bilden eine in ABAP Objects programmierte Abstraktionsschicht zwischen einem ABAP-Programm und der ABAP-Laufzeitumgebung. Diese Abstraktionsschicht soll helfen, Datenbankzugriffe im Anwendungsprogramm zu verwalten. Einfach formuliert haben Sie mit den Object Services sogenannte *persistente Klassen* zur Verfügung, die die Open-SQL-Anweisungen kapseln und vor Ihnen »verstecken«. Sie als Programmierer sowie das Programm selbst arbeiten nur noch über Methodenaufrufe von Objekten – *persistente Objekte* genannt – mit der Datenbank und eben nicht mehr mit Open SQL. Ein persistentes Objekt stellt dabei eine Zeile einer oder mehrerer verknüpfter Datenbanken dar.

Die Object Services umfassen:

- einen Persistenzdienst zur Verwaltung persistenter Objekte auf der Datenbank, in erster Linie, um Inkonsistenzen der Daten zu vermeiden
- einen Query-Dienst, um persistente Objekte zu suchen und zu laden
- einen Transaktionsdienst zur Verbuchung persistenter Objekte, analog zu Verbuchungsbausteinen

Um die Object Services nutzen zu können, müssen Sie für die gewünschten Tabellen eine persistente Klasse anlegen. Dieses Vorgehen ist im folgenden Abschnitt beschrieben. Zusätzlich zeige ich Ihnen, wie Sie mithilfe der persistenten Klasse klassische Open-SQL-Aufgaben ausführen können.

24.1.1 Persistente Klasse anlegen

Aufgabe einer persistenten Klasse ist es, den Zugriff auf eine oder mehrere zusammenhängende Tabellen zu kapseln. Dazu müssen der Klasse die gewünschten Tabellen (in der Regel eine) und die gewünschten Felder der Tabelle zugewiesen werden. Die für den Zugriff benötigten Methoden werden auf Basis dieser Definition anschließend automatisch generiert.

Eine persistente Klasse können Sie in Transaktion SE24 anlegen:

1. Vergeben Sie dazu auf dem Startbildschirm der Transaktion SE24 einen neuen Namen für die Klasse, und klicken Sie auf **Anlegen**. Für persistente Klassen sind keine speziellen Namen von SAP vorgesehen.
2. Tragen Sie in dem folgenden Fenster (siehe Abbildung 24.1) eine Kurzbeschreibung ein, und wählen Sie als **Klassentyp Persistente Klasse** aus. Bestätigen Sie Ihre Eingabe anschließend mit **Sichern**.

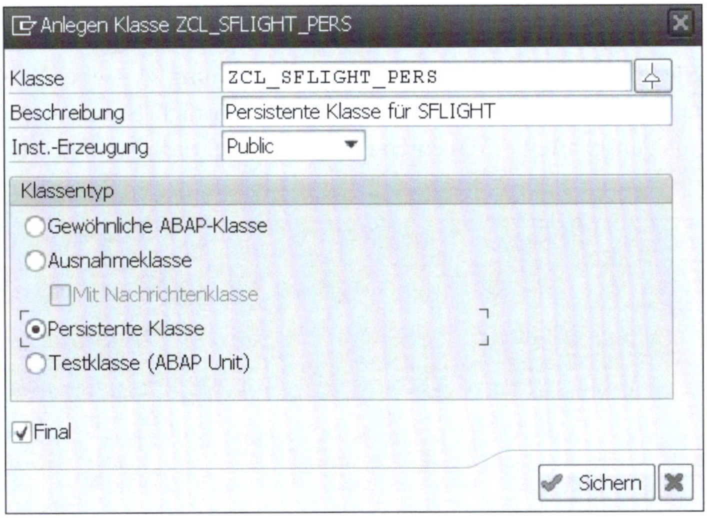

Abbildung 24.1 Anlage einer persistenten Klasse

3. Dadurch gelangen Sie in den normalen Class Builder, in dem die Klasse angezeigt wird. In der Tat wurden allerdings drei Klassen angelegt (dazu später), und in der Funktionsleiste befindet sich ein neuer Button **Persistenz**, über den Sie Ihre persistente Klasse mit einer Tabelle verbinden können. Klicken Sie auf diesen Button, fragt Sie das System nach einer Tabelle. Tragen Sie hier die Tabelle ein, auf die Sie mit der persistenten Klasse zugreifen möchten (z. B. SFLIGHT), und bestätigen Sie Ihre Eingabe mit einem Klick auf das grüne Häkchen (✔).
4. Dadurch gelangen Sie zur Abbildung der Persistenz, wo Ihnen im unteren Bereich alle Felder der ausgewählten Tabelle angezeigt werden (siehe Abbildung 24.2).

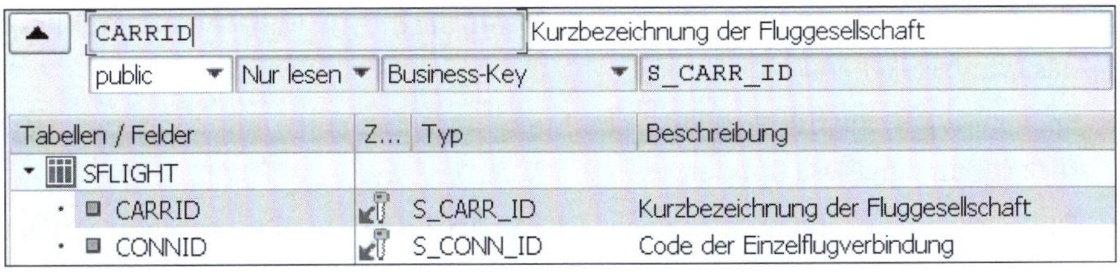

Abbildung 24.2 Mappen der Felder zu einer persistenten Klasse

5. Diese Felder müssen nun mit der Klasse verknüpft werden. Für jedes Feld werden in der Klasse ein Attribut und zwei Methoden `SET_FIELD()` und `GET_FIELD()` angelegt, wobei `FIELD` für den Namen des jeweiligen Feldes steht. Klicken Sie hierzu doppelt auf ein Feld (z. B. `CARRID`). In der Leiste darüber werden Ihnen nun die Eigenschaften des Feldes angezeigt, die Sie bei Bedarf ändern können.

   Die Sichtbarkeit (**public**, **protected** oder **private**) steuert, ob Sie von außerhalb der Klasse direkt auf das angelegte Attribut der Klasse zugreifen können oder ob der Zugriff nur über die `SET_` und `GET_`-Methode möglich ist.

6. Klicken Sie anschließend zum Hinzufügen des Feldes in das Mapping auf den Pfeil-Button (▲). Wiederholen Sie dies für alle Felder. In Abbildung 24.3 sehen Sie die so der Klasse zugeordneten Felder. Hier haben Sie auch nachträglich noch die Möglichkeit, die Feldeigenschaften durch einen Doppelklick auf das jeweilige Feld zu bearbeiten.

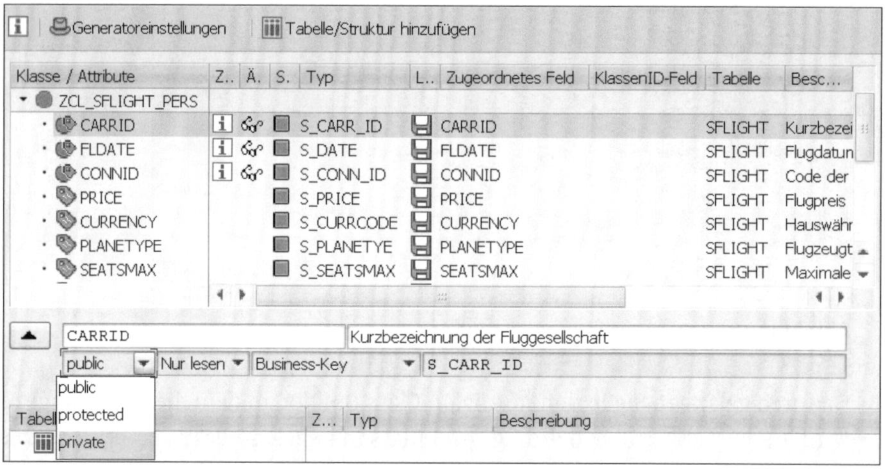

Abbildung 24.3 Nachträgliche Bearbeitung der zugeordneten Felder

7. Klicken Sie anschließend auf den Button **Generatoreinstellungen** in der Funktionsleiste. Standardmäßig werden für die zugeordnete Klasse keine Query-Methoden generiert, die Sie allerdings benötigen werden, wenn Sie mehrere Einträge aus der Tabelle laden möchten (analog zur Anweisung `SELECT ... WHERE`). Um die Query-Methoden zu generieren, wählen Sie wie in Abbildung 24.4 die dritte Option **Methoden für Query generieren** aus, und bestätigen Sie die Auswahl mit einem Klick auf das grüne Häkchen (✔).

8. Speichern Sie die Persistenzabbildung anschließend, und navigieren Sie **Zurück** in den Class Builder.

9. Dort werden Sie jetzt auf der Registerkarte **Attribute** die hinzugefügten Attribute bzw. auf der Registerkarte **Methoden** (siehe Abbildung 24.5) die hinzugefügten Methoden vorfinden.

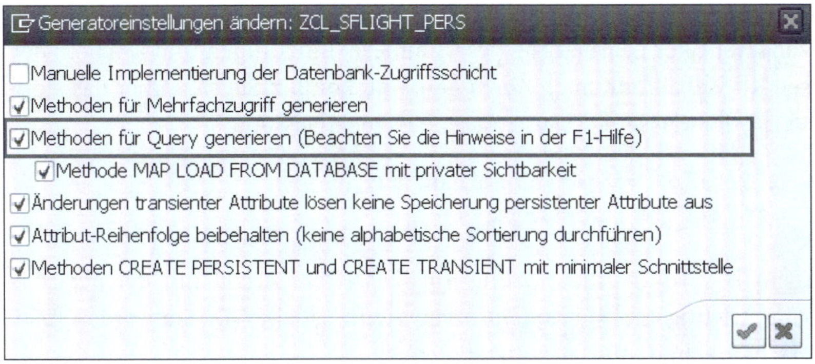

Abbildung 24.4 Generatoreinstellungen für persistente Klassen

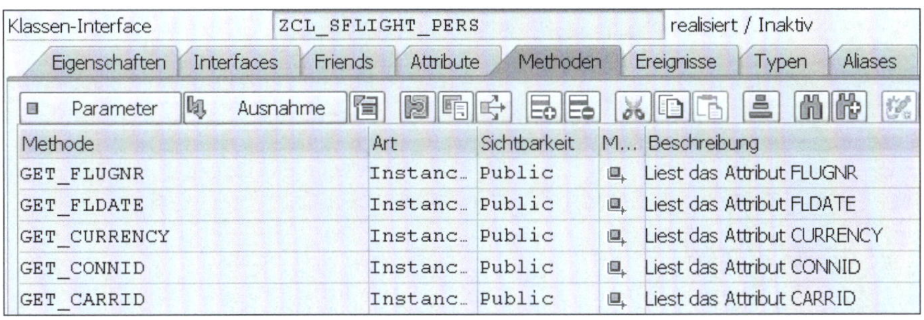

Abbildung 24.5 Generierte GET- und SET-Methoden für jedes Feld

10. Damit ist Ihre Persistenzklasse ausgeprägt. **Aktivieren** () Sie diese. Beim erstmaligen Aktivieren werden Sie zusätzlich gefragt, ob Sie auch den Klassenakteur aktivieren wollen. Bestätigen Sie dies mit **Ja**.

Neben der Hauptklasse `ZCL_SFLIGHT_PERS` wurden noch zwei weitere Klassen angelegt:

- `ZCA_SFLIGHT_PERS` als *Klassenakteur*, der in der Hauptklasse als Freund eingetragen ist
- `ZCB_SFLIGHT_PERS` als die Oberklasse des Klassenakteurs

Dies können Sie auch in der in Abbildung 24.6 abgebildeten Klassenhierarchie sehen.

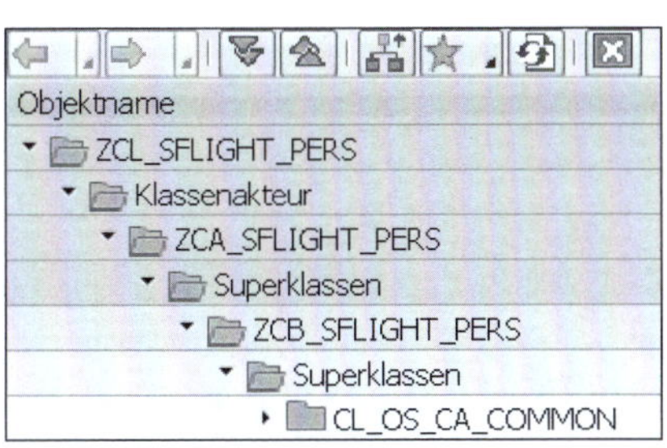

Abbildung 24.6 Klassenhierarchie einer persistenten Klasse

Während die Hauptklasse eine Zeile der definierten Datenbank repräsentiert, dient der Klassenakteur der Bearbeitung (lesen, ändern, hinzufügen und löschen) der Daten. Diesen Klassenakteur, auch *Agent* genannt, können Sie sich über das statische Attribut AGENT der Klasse ZCA_SFLIGHT_PERS ausgeben lassen:

```
DATA: lo_agent   TYPE REF TO zca_sflight_pers.
lo_agent = zca_sflight_pers=>agent.
```

Dieser Agent ist Grundvoraussetzung für die weitere Arbeit mit der persistenten Klasse. Seine wichtigsten Methoden finden Sie in Tabelle 24.1. Sie werden teilweise von unterschiedlichen Interfaces angeboten.

Methode	Beschreibung
GET_PERSISTENT()	Lesen eines Eintrags über den Schlüssel
IF_OS_CA_PERSISTENCY~ GET_PERSISTENT_BY_QUERY()	Lesen mehrerer Einträge über eine Bedingung
IF_OS_CA_PERSISTENCY~ GET_PERSISTENT_BY_KEY_TAB()	Lesen mehrerer Einträge über eine Schlüsseltabelle
CREATE_PERSISTENT()	Erzeugen eines Eintrags
IF_OS_FACTORY~DELETE_PERSISTENT()	Löschen eines Eintrags

Tabelle 24.1 Methoden des Agenten

Alle Methoden werden in den nachfolgenden Abschnitten näher erläutert.

24.1.2 Datenbanktabelle lesen

Das Lesen eines Eintrags geschieht über den Primärschlüssel der Tabelle und die Methode GET_PERSISTENT() des Agenten (siehe Listing 24.1). Als Rückgabewert erhalten Sie dabei ein Objekt Ihrer persistenten Klasse. Dieses Objekt stellt die gefundene Zeile dar. Über die GET_-Methoden können Sie die einzelnen Attribute auslesen. Kann die Zeile über die angegebenen Schlüssel nicht gefunden werden, wird die Ausnahme CX_OS_OBJECT_NOT_EXISTING ausgelöst.

```
DATA: lo_agent   TYPE REF TO zca_sflight_pers,
      lo_sflight TYPE REF TO zcl_sflight_pers.
PARAMETERS:  p_carrid TYPE sflight-carrid,
             p_connid TYPE sflight-connid,
             p_fldate TYPE sflight-fldate.
*Beschaffung des Agenten (des Klassenakteurs)
lo_agent = zca_sflight_pers=>agent.
```

```
*Lesen eines Eintrags
TRY.
  lo_sflight = lo_agent->get_persistent( i_carrid = p_carrid
                                         i_connid = p_connid
                                         i_fldate = p_fldate ).
  CATCH cx_os_object_not_existing.
ENDTRY.
*Lesen des Flugpreises
DATA: lv_price TYPE sflight-price.
lv_price = lo_sflight->get_price( ).
WRITE: 'Preis: ', lv_price.
```

Listing 24.1 Beschaffung eines persistenten Objekts mithilfe des Agenten

Außerdem können Sie mithilfe der Methode `IF_OS_CA_PERSISTENCY~GET_PERSISTENT_BY_KEY_TAB()` des Agenten mehrere Objekte gleichzeitig auslesen, aber auch nur wieder über die Schlüsselfelder, die als interne Tabelle übergeben werden müssen.

24.1.3 Datenbanktabelle aktualisieren

Um die Tabelle ändern zu können, müssen Sie sich erst, wie in Abschnitt 24.1.2, »Datenbanktabelle lesen«, beschrieben, ein Objekt der zu ändernden Zeile ausgeben lassen. Über dieses Objekt können Sie anschließend die `GET_`-Methode des zu ändernden Attributs aufrufen. Die Änderung wird dabei nicht direkt durchgeführt, sondern in einer *Logical Unit of Work* (LUW) vorgehalten (siehe Abschnitt 13.5, »Datenkonsistenz«). Damit die Daten tatsächlich auf die Datenbank geschrieben werden, müssen Sie mit der Anweisung `COMMIT WORK` eine Verbuchung durchführen. Hier empfiehlt sich der Zusatz `AND WAIT`, damit der Datensatz auch wirklich auf die Datenbank geschrieben wird, bevor weitergearbeitet wird. Dies ist besonders wichtig, wenn Sie mit den Daten weiterarbeiten wollen.

So wird in Listing 24.2 der geschriebene Datensatz gleich wieder von der Datenbank gelesen. Ohne den Zusatz `AND WAIT` würde der Datensatz nicht gefunden werden.

```
*Aktualisierung des Flugpreises
lo_sflight->set_price( 1 ).
*Daten auf die Datenbank schreiben
COMMIT WORK AND WAIT.
lo_sflight = lo_agent->get_persistent( i_carrid = p_carrid
                                       i_connid = p_connid
                                       i_fldate = p_fldate ).
lv_price = lo_sflight->get_price( ).
WRITE: / 'Neuer Preis: ', lv_price.
```

Listing 24.2 Aktualisierung eines Feldes

24.1.4 Query anlegen

Wenn Sie mehr als eine Zeile über den Agenten und auch nicht nur über die Primärschlüssel auslesen wollen, brauchen Sie die Methode IF_OS_CA_PERSISTENCY~GET_PERSISTENT_BY_QUERY des Agenten. Diese Methode verlangt als Übergabeparameter ein *Query-Objekt* sowie die zugehörigen Bedingungswerte. Ein solches Query-Objekt können Sie sich über einen *Query-Manager* erstellen lassen, den Sie über die statische Methode GET_QUERY_MANAGER( ) der Klasse CL_OS_SYSTEM auslesen können. Dieser Query-Manager bietet eine Methode CREATE_QUERY( ) an, die als Parameter einen Filterstring benötigt. Dieser Filterstring enthält die Bedingung, die nach den normalen Regeln einer WHERE-Klausel konstruiert wird.

Die abzufragenden Werte werden aber nicht in diesem Filterstring mitgegeben, sondern durch die Platzhalter PAR1 bis PAR3 erst beim Aufruf der Methode GET_PERSISTENT_BY_QUERY( ) durch die Parameter I_PAR1 bis I_PAR3 ersetzt. Die Zuordnung der Platzhalter erfolgt dabei der Reihenfolge nach.

Wenn Sie mehr als drei Parameter haben, können Sie hier die interne Tabelle des Übergabeparameters I_PARAMETER_TAB verwenden. Als Rückgabe erhalten Sie eine Tabelle mit persistenten Objekten. Diese Tabelle können Sie anschließend in einer Schleife auslesen und mittels Casting auf Ihre persistente Klasse zugreifen.

[»]

Generierung der Query-Methoden

Um einen Abbruch der Query zu verhindern, müssen die Query-Methoden vorher generiert werden. Dies können Sie beim Mapping der Felder der Tabelle in der persistenten Klasse erreichen, indem Sie bei den **Generatoreinstellungen** die Option **Methoden für Query generieren** markieren.

In Listing 24.3 werden alle Flüge gelesen, deren Preis kleiner gleich 100 ist. Anschließend werden die Schlüsselfelder der gefundenen Flüge in einer Listenausgabe ausgegeben.

```
DATA: lo_query_manager TYPE REF TO if_os_query_manager,
      lo_query         TYPE REF TO if_os_query,
      lt_reftab        TYPE osreftab,
      lo_ref           TYPE REF TO object.
DATA: lv_carrid TYPE sflight-carrid,
      lv_connid TYPE sflight-connid,
      lv_fldate TYPE sflight-fldate.
lo_query_manager = cl_os_system=>get_query_manager( ).
DATA: lv_filter TYPE string.
*Aufbau der Bedingung
lv_filter = 'PRICE <= PAR1'.
```

```
lo_query = lo_query_manager->create_query(
                i_filter = lv_filter ).
*Abfrage
lt_reftab =
   lo_agent->if_os_ca_persistency~get_persistent_by_query(
                i_query = lo_query
                i_par1  = 100 ).
LOOP AT lt_reftab INTO lo_ref.
  lo_sflight ?= lo_ref.
  lv_carrid   = lo_sflight->get_carrid( ).
  lv_connid   = lo_sflight->get_connid( ).
  lv_fldate   = lo_sflight->get_fldate( ).
  WRITE: / lv_carrid, lv_connid, lv_fldate.
ENDLOOP.
```

Listing 24.3 Beschaffung mehrerer persistenter Objekte mithilfe des Query-Managers

24.1.5 Neuen Eintrag in der Datenbanktabelle anlegen

Einen neuen Eintrag in der verknüpften Datenbanktabelle können Sie über die Methode CREATE_PERSISTENT() des Agenten erzeugen. Dies funktioniert ähnlich wie beim Lesen eines Eintrags über den Primärschlüssel. Bei der Anlage wird geprüft, ob dieser Primärschlüssel bereits vorhanden ist. Ist dies der Fall, wird die Ausnahme CX_OS_OBJECT_EXISTING ausgelöst. Als Rückgabewert erhalten Sie ein persistentes Objekt, dessen Attribute Sie über die SET_-Methoden festlegen können. Die Anlage wird erst durch ein COMMIT WORK auf der Datenbank ausgeführt.

In Listing 24.4 wird ein neuer Eintrag mit einem neu eingegebenen Flug zum aktuellen Datum mit dem Preis 2 angelegt.

```
TRY.
    lo_sflight = lo_agent->create_persistent(
                     i_carrid = p_carrid
                     i_connid = p_connid
                     i_fldate = sy-datum
                 ).
  CATCH cx_os_object_existing.
ENDTRY.
IF lo_sflight IS NOT INITIAL.
  lo_sflight->set_price( 2 ).
  COMMIT WORK AND WAIT.
ENDIF.
```

Listing 24.4 Anlage eines persistenten Objekts mit Verbuchung

24.1.6 Löschen eines neuen Eintrags

Um einen Eintrag zu löschen, können Sie die Methode DELETE_PERSISTENT() des Interface IF_OS_FACTORY des Agenten verwenden, wie in Listing 24.5 gezeigt. Das Objekt muss zuvor von der Datenbank geladen und der Methode mitgegeben werden. Das Löschen wird erst durch ein COMMIT WORK auch auf der Datenbank ausgeführt.

```
lo_sflight = lo_agent->get_persistent(
               i_carrid = p_carrid
               i_connid = p_connid
               i_fldate = sy-datum ).
IF lo_sflight IS NOT INITIAL.
  TRY.
      lo_agent->if_os_factory~delete_persistent(
        i_object = lo_sflight ).
    CATCH cx_os_object_not_existing.
  ENDTRY.
ENDIF.
COMMIT WORK AND WAIT.
```

Listing 24.5 Löschen eines persistenten Objekts mit Verbuchung

24.2 Mit XML und JSON arbeiten

Mit der Anweisung CALL TRANSFORMATION können Sie ABAP-Daten in XML bzw. JSON umwandeln und umgekehrt. SAP stellt dazu die Identitätstransformations-ID bereit. In diesem Abschnitt zeige ich Ihnen, wie Sie ABAP in XML und XML in ABAP umwandeln. Zusätzlich zeige ich Ihnen, wie Sie aus dem generierten XML-String ein XML-Dokument erzeugen können. Dies ist hilfreich, wenn Sie eine interne Tabelle in ein Excel-Dokument konvertieren und herunterladen wollen.

Die Indentitätstransformations-ID unterstützt aber nicht nur XML und JSON, sondern ist auch in der Lage, ganze Objekte von Klassen in einen XML-String zu konvertieren und umgekehrt. Dieser Prozess wird *Serialisieren* bzw. *Deserialisieren* genannt. Dadurch haben Sie die Möglichkeit, einen Zustand eines Objekts abzuspeichern und später wiederherzustellen.

24.2.1 Exkurs: XML und JSON

XML und JSON werden zur Übertragung und zum Speichern strukturierter Daten eingesetzt. Beide Formate haben einen unterschiedlichen Aufbau sowie jeweils unterschiedliche Vor- und Nachteile, auf die ich an dieser Stelle nicht eingehen möchte. Wichtig für Sie zu wissen ist, wie beide Formate dargestellt werden. Dies ist in Tabelle 24.2 gegenübergestellt. Während in XML geschachtelte Tags (< >) benutzt werden, wird in JSON auf oberster Ebene ein Objekt mit geschweiften Klammern ({ und }) definiert. Eckige Klammern ([und]) umschließen ein *Array*, also eine Aufzählung.

Jede in einem Objekt enthaltene Eigenschaft besteht aus einem eindeutigen Schlüsselfeld und einem durch einen Doppelpunkt getrennten Wert. Ein Wert kann wiederum ein Objekt, ein Array, eine Zeichenkette, eine Zahl oder einer der Ausdrücke `true`, `false` oder `null` sein. Beide Teile werden durch einen Doppelpunkt voneinander getrennt.

XML	JSON
<order>	{
<id>731</id>	"id": 731,
<customer>17</customer>	"customer": 17,
<items>	"items" : [
<item>	{
<quantity>5</quantity>	"quantity": 5,
<descr>Produkt A</descr>	"descr": "Produkt A"
</item>	},
<item>	{
<quantity>2</quantity>	"quantity": 2,
<descr>Produkt B</descr>	"descr": "Produkt B"
</item>	}
</items>	]
</order>	}

Tabelle 24.2 Vergleich zwischen XML und JSON

24.2.2 Konvertierung von ABAP in JSON/XML

Um ABAP in JSON/XML zu konvertieren, rufen Sie die Anweisung `CALL TRANSFORMATION` und die Identitätstransformations-ID auf. Hinter dem Zusatz `SOURCE` wird ein Auszeichner `tag` angegeben, der im Ergebnis die ABAP-Datenobjekte umschließen soll. Dieser Angabe folgen eine Zuweisung und die Angabe eines ABAP-Datenobjekts (Variable, Struktur, interne Tabelle oder Objekt).

Wenn Sie als Element `tag` z. B. den Wert `fluege` angeben, wäre das Ergebnis in XML:

```
<fluege>Umgewandelte ABAP-Daten</fluege>
```

Hinter dem Zusatz `RESULT XML` müssen Sie zusätzlich noch ein Zieldatenobjekt angeben. Bei XML wäre dies ein String, für JSON müssen Sie einen JSON-Reader angeben, der die Daten in dem Zwischenformat XML-JSON entgegennimmt (ein eingeführtes Hilfskonstrukt). Anschließend können die Daten mit der Hilfsklasse `CL_ABAP_CONV_IN_CE` in JSON konvertiert werden.

24

Syntax

```
CALL TRANSFORMATION transformation
  SOURCE tag = quelldatenobjekt
  RESULT XML zieldatenobjekt.
```

Beispiel

In Listing 24.6 wird eine Struktur in JSON bzw. XML umgewandelt. Anstelle einer Struktur können Sie auch eine interne Tabelle angeben.

```
DATA: ls_sflight TYPE sflight.
SELECT SINGLE * FROM sflight INTO ls_sflight.
*Umwandlung in JSON
DATA: lo_json_writer TYPE REF TO cl_sxml_string_writer.
lo_json_writer = cl_sxml_string_writer=>create(
 type = if_sxml=>co_xt_json ).
CALL TRANSFORMATION id SOURCE fluege = ls_sflight
                       RESULT XML lo_json_writer.
DATA lv_result TYPE string.
cl_abap_conv_in_ce=>create( )->convert(
  EXPORTING
    input = lo_json_writer->get_output( )
  IMPORTING
    data = lv_result ).
*Umwandlung in XML
CALL TRANSFORMATION id SOURCE fluege = ls_sflight
                       RESULT XML lv_result.
```

Listing 24.6 Transformation von ABAP in JSON bzw. XML

24.2.3 Konvertierung von JSON/XML in ABAP

Um JSON bzw. XML in ABAP zu transformieren, müssen Sie den String mit den entsprechenden Daten lediglich erneut über die Identitätstransformations-ID umwandeln. Diesmal geben Sie allerdings den Zusatz `XML` nach dem Zusatz `SOURCE` und nicht nach `RESULT` an. Die Identitätstransformation bestimmt dabei automatisch, ob es sich um JSON oder XML handelt und ob als Ziel eine Struktur oder interne Tabelle angegeben ist.

[»]

Ergebnis klammern

Stellen Sie sicher, dass nach `RESULT` das umschließende Element `tag` der umzuwandelnden Daten angegeben ist.

Beispiel

```
CLEAR ls_sflight.
CALL TRANSFORMATION id SOURCE XML lv_result
                       RESULT fluege = ls_sflight.
```

24.2.4 Erzeugung eines XML-Dokuments

Über die Klasse `CL_XML_DOCUMENT` können Sie aus einem XML-String (oder einem JSON-String) über die Methode `PARSE_STRING()` ein XML-Dokument erzeugen lassen, das Sie anschließend über `EXPORT_TO_FILE()` als Microsoft-Excel-Datei herunterladen und öffnen können. Wie Sie in Abbildung 24.7 sehen können, werden die Spaltennamen dabei ebenfalls aus dem XML-Dokument übernommen.

	A	B	C	D	E	F	G	H
1	version	MANDT	CARRID	CONNID	FLDATE	PRICE	CURRENCY	PLANETYPE
2	1	800	AA	17	11.02.2020	422,94	USD	747-400
3	1	800	AA	17	11.03.2020	422,94	USD	747-400
4	1	800	AA	17	08.04.2020	422,94	USD	747-400
5	1	800	AA	17	06.05.2020	422,94	USD	747-400
6	1	800	AA	17	03.06.2020	422,94	USD	747-400
7	1	800	AA	17	01.07.2020	422,94	USD	747-400
8	1	800	AA	17	29.07.2020	422,94	USD	747-400
9	1	800	AA	17	26.08.2020	422,94	USD	747-400
10	1	800	AA	17	23.09.2020	422,94	USD	747-400
11	1	800	AA	17	21.10.2020	422,94	USD	747-400

Abbildung 24.7 Heruntergeladene XML-Datei in Microsoft Excel

Bestätigen Sie beim Öffnen der Datei die Meldungen jeweils mit **ja**. Dieser Weg ist gerade für schnelle Entwicklungen und Exporte sehr nützlich, da sehr wenig Quellcode benötigt wird.

Beispiel

Listing 24.7 erzeugt ein XML-Dokument.

```
DATA: lt_sflight TYPE TABLE OF sflight.
DATA: lv_xml     TYPE string.
DATA: lo_xml_doc TYPE REF TO cl_xml_document.
SELECT * FROM sflight INTO TABLE lt_sflight UP TO 10 ROWS.
CALL TRANSFORMATION id
   SOURCE data_node = lt_sflight
   RESULT XML lv_xml.
CREATE OBJECT lo_xml_doc.
lo_xml_doc->parse_string( lv_xml ).
lo_xml_doc->export_to_file( 'C:/temp/sflight.xls' ).
```

Listing 24.7 Erzeugung eines XML-Dokuments

24.2.5 Objekte serialisieren

Sie können auch Objekte von Klassen in XML umwandeln und damit Objektzustände abspeichern und durch das Laden des XML-Dokuments wiederherstellen. Die Umwandlung geschieht dadurch ebenfalls über die Identitätstransformation ID.

Die Klasse muss dabei das Interface IF_SERIALIZABLE_OBJECT implementieren. Das Interface selbst ist leer, da es nur als Tag-Interface dient und der Laufzeitumgebung die Serialisierbarkeit der Klasse anzeigt.

Standardmäßig werden alle Instanzattribute einer Klasse serialisiert bzw. deserialisiert. Wird eine Klasse ohne dieses Interface in XML transformiert, wird kein Instanzattribut übernommen, und die Transformation wird leer sein.

Beispiel

In Listing 24.8 wird eine lokale Klasse serialisiert und deserialisiert. Dabei bleibt das vorher zugewiesene Instanzattribut MV_NAME erhalten.

```
CLASS lcl_beispiel DEFINITION.
  PUBLIC SECTION.
    INTERFACES: if_serializable_object.
    DATA: mv_name TYPE string.
    METHODS:  constructor IMPORTING iv_name TYPE string,
              zeige_name.
ENDCLASS.
CLASS lcl_beispiel IMPLEMENTATION.
  METHOD constructor.
    me->mv_name = iv_name.
  ENDMETHOD.
  METHOD zeige_name.
     WRITE: / me->mv_name.
  ENDMETHOD.
ENDCLASS.
DATA: lo_beispiel TYPE REF TO lcl_beispiel.
DATA: lv_xml      TYPE string,
      lo_neu      TYPE REF TO lcl_beispiel.
START-OF-SELECTION.
  CREATE OBJECT lo_beispiel
    EXPORTING
      iv_name = 'Felix'.
  lo_beispiel->zeige_name( ). "Ausgabe: Felix
*Serializierung
  CALL TRANSFORMATION id
    SOURCE obj = lo_beispiel
    RESULT XML lv_xml.
```

```
*Deserialisierung
  CALL TRANSFORMATION id
    SOURCE XML lv_xml
    RESULT obj = lo_neu.
  lo_neu->zeige_name( ). "Ausgabe: Felix
```

Listing 24.8 Serialisierung und Deserialisierung einer Klasse

24.3 Daten im Memory ablegen

Ab und zu haben Sie eine Situation, in der Sie Daten aus einer aktuellen Verarbeitung einer folgenden Verarbeitung bereitstellen wollen, die Programme allerdings voneinander unabhängig ausgeführt werden und keine Übergabe durch eine Schnittstelle möglich ist. In einem solchen Fall können Sie Datenobjekte in den SAP-Speicher auslagern, um später von einer anderen Stelle aus wieder auf den Speicher zuzugreifen und die benötigten Datenobjekte dort auslesen zu können. Auf diese Weise können Sie Variablen, Strukturen oder interne Tabellen von einem Programm in ein anderes übertragen, ohne die Daten explizit auf eine Datenbank schreiben zu müssen. Dafür gibt es zwei Wege:

- die Anweisungen `EXPORT` und `IMPORT`
- Shared Objects

Im klassischen Fall werden die beiden Anweisungen `EXPORT` und `IMPORT` verwendet, wie in Abschnitt 24.3.1 beschrieben.

Daneben wurden mit dem Release ABAP 6.40 die *Shared Objects* eingeführt. Shared Objects sind im Speicher abgelegte Objekte von speziellen Klassen und können wie normale Objekte bearbeitet werden. Für einfache Implementierungen wie das Exportieren und Importieren von Werten waren die Shared Objects ursprünglich nicht gedacht. Hauptziel war es damals, unnötige Datenbankzugriffe zu vermeiden. Shared Objects sollten die Daten beim ersten Zugriff von der Datenbank in ein im Speicher zur Verfügung gestelltes Objekt (eine Klasse) laden. Jede weitere Anfrage (von anderen unabhängigen Programmen) sollte die Daten aus dem Puffer des Shared Memorys lesen. Man kann Shared Objects daher als Puffertechnik begreifen, mit dem Unterschied, dass durch das geteilte Objekt zusätzlich auch Business-Logik (in Form von Methoden) zu den gepufferten Daten bereitgestellt werden kann.

Der Unterschied zwischen den beiden Techniken besteht darin, dass die Daten jeweils in unterschiedlichen Speicherbereichen des Servers abgelegt werden: bei der `EXPORT`-Anweisung im ABAP Memory und bei Shared Objects im Shared Memory. Jeder dieser Speicher weist unterschiedliche Charakteristiken auf:

- **ABAP Memory**
  Der ABAP Memory ist ein Speicherbereich, der zur Ausführung eines ABAP-Programms bereitgestellt wird. Die Daten bleiben dabei während der gesamten Ausführung des Programms (auch wenn dieses Programm ein weiteres Programm aufruft) erhalten. Das aufgerufene Programm kann dadurch auf die vorher im Speicher abgelegten Daten zugreifen. Der Speicherbereich ist also an eine interne Sitzung gebunden. Nachdem die interne Sitzung beendet ist, gehen auch die Daten verloren.
- **Shared Memory**
  Im Vergleich zum ABAP Memory existiert ein Gebiet im Shared Memory so lange, wie die Instanz des Applikationsservers läuft. Damit müssen die einzelnen Programme, die auf diesen Shared Memory zugreifen, nicht hintereinander im selben Modus durchlaufen werden. Ein Programm kann die Daten auch noch nach Tagen auslesen

24.3.1 Die Anweisungen EXPORT und IMPORT

Mit den Anweisungen `EXPORT` können Daten im ABAP Memory abgelegt und mit `IMPORT` wieder ausgelesen werden. Voraussetzung dafür ist, dass die Quell- und Zielprogramme hintereinander in derselben internen Sitzung durchlaufen werden (`CALL TRANSACTION`, `SUBMIT`, `CALL DIALOG`). Wenn Sie ein Programm ausführen und anschließend ein zweites Programm aufrufen, kann dieses zweite Programm im Normalfall nicht mehr auf die Daten zugreifen.

Daten mit EXPORT exportieren

Die zu übertragenen Datenobjekte können Sie als Parameter nach der Anweisung `EXPORT` einzeln mit `p1`, `p2` ... etc. angeben, wobei die Namen für die Parameter `p` frei wählbar sind. Die Datenobjekte werden unter den angegebenen Namen im ABAP Memory abgelegt und können so beim Auslesen wieder identifiziert werden.

Die Parameter können auch als zweispaltige interne Tabelle übergeben werden, wobei die Namen der Spalten frei wählbar sind. In der ersten Spalte müssen die Namen der Parameter und in der zweiten Spalte muss der Name des Datenobjekts stehen.

Nach dem Zusatz `TO MEMORY ID` kann ein eindeutiger Name `id` angegeben werden, der die Menge von Parametern im Speicher identifiziert. Dieser eindeutige Name wird zum Auslesen der Daten benötigt. Die Schreibweise `TO MEMORY` ohne den Zusatz `ID` ist obsolet.

Syntax

```
EXPORT {p1 = dobj1 p2 = dobj2 ...}
       | (paratab) TO MEMORY ID id.
```

Daten mit IMPORT importieren

Die Syntax zum Importieren ist sehr ähnlich. Nach der Anweisung IMPORT müssen wieder die gleichen Parameter (mit den gleichen Namen) sowie die Zieldatenobjekte angegeben werden. Alternativ kann wieder eine Parametertabelle benutzt werden. Hinter dem Zusatz FROM MEMORY ID muss die ID des Exports angegeben werden.

Syntax

```
IMPORT {p1 = dobj1 p2 = dobj2 ...}
       | (paratab) FROM MEMORY ID.
```

Beispiel

In Listing 24.9 werden zunächst die Daten aus einem Programm exportiert, das anschließend ein zweites Programm aufruft.

```
REPORT zprogramm1.
DATA: lt_sflight TYPE TABLE OF sflight.
SELECT carrid connid fldate FROM SFLIGHT INTO TABLE lt_sflight.
EXPORT sflight = lt_sflight TO MEMORY ID 'SFLIGHT'.
SUBMIT zprogramm2.
```

Listing 24.9 Exportierendes Programm

Dieses Programm importiert die Daten in Listing 24.10 wieder und gibt sie anschließend aus. Der Parametername sflight muss bei den Anweisungen EXPORT und IMPORT gleich sein.

```
REPORT  zprogramm2. "Importieren der Daten
DATA: lt_sflight_imp TYPE TABLE OF sflight.
START-OF-SELECTION.
IMPORT sflight = lt_sflight_imp FROM MEMORY ID 'SFLIGHT'.
LOOP AT lt_sflight INTO ls_sflight.
 WRITE: / ls_sflight-carrid,
          ls_sflight-connid,
          ls_sflight-fldate.
ENDLOOP.
```

Listing 24.10 Importierendes Programm

24

[«]

Objekte im ABAP Memory

Objekte könnten Sie auch ablegen, indem Sie das Objekt der Klasse serialisieren (siehe Abschnitt 24.2.5, »Objekte serialisieren«) und den XML-String in den ABAP Memory exportieren. Auf der Gegenseite müssen Sie das Objekt dann wieder auslesen und deserialisieren.

24.3.2 Shared Objects

Shared Objects sind im Shared Memory abgelegte Objekte von speziellen Klassen und können wie normale Objekte bearbeitet werden. Der Shared Memory ist ein Bereich auf dem SAP NetWeaver Application Server (AS) ABAP, auf den alle ABAP-Programme zugreifen können. Es wird dabei mit Referenzen gearbeitet, sodass für den Zugriff keine Kopien erforderlich sind.

Die Ablage von Objekten wird dabei in *Gebieten* organisiert. Für jedes angelegte Gebiet wird eine *Gebietsklasse* generiert, mit der Sie anschließend eine Gebietsinstanz erzeugen und Daten ablegen bzw. lesen können.

Um die Technik zu verstehen, skizziere ich hier die grundlegende Funktionsweise. Dafür soll beispielhaft eine interne Tabelle von einem Programm in den Shared Memory geschrieben und vom anderen Programm wieder ausgelesen werden.

Wurzelklasse vorbereiten

Die *Wurzelklasse* ist der Datencontainer eines Gebiets, d. h., hier werden später die zu übertragenden Datenobjekte abgelegt. Eine solche Wurzelklasse wird durch eine normale globale Klasse abgebildet. Voraussetzung ist jedoch, dass für die Klasse wie in Abbildung 24.8 die Eigenschaft **Shared-Memory-fähig** markiert ist. Im ABAP-Code wird dies durch den Zusatz `SHARED MEMORY ENABLED` hinter `CLASS ... DEFINITION` abgebildet.

1. Legen Sie in Transaktion SE24 eine Klasse an, und wählen Sie die Eigenschaft wie in Abbildung 24.8 aus. Die Ablage von SAP-Standardklassen über Shared Objects ist nur möglich, wenn für diese bereits diese Eigenschaft aktiviert ist.

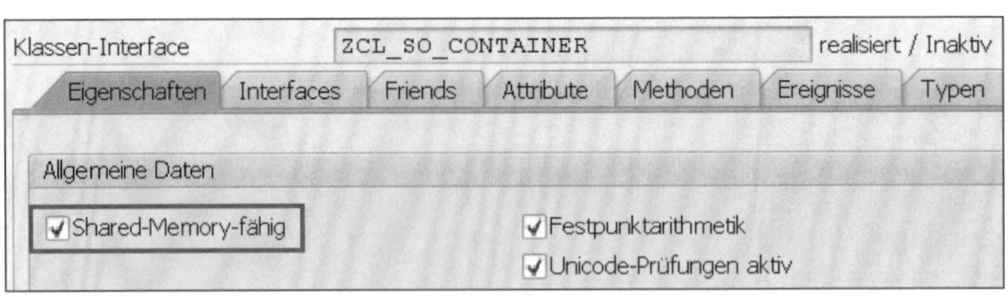

Abbildung 24.8 Die Eigenschaft »Shared-Memory-fähig«

2. Tragen Sie zusätzlich auf der Registerkarte **Attribute** eine interne Tabelle vom Typ `FLIGHTTAB` ein. Der Typ `FLIGHTTAB` ist ein Tabellentyp für die Tabelle `SFLIGHT`. Diese interne Tabelle soll später vom Programm 1 ausgelagert und vom Programm 2 gelesen werden.
3. **Aktivieren** () Sie Ihre Klasse anschließend.

Konstruktorklasse vorbereiten

Die Konstruktorklasse ist ebenfalls eine normale globale Klasse, die allerdings das Interface `IF_SHM_BUILD_INSTANCE` implementiert und dadurch die statische Methode

BUILD() erhält. Diese Methode wird immer beim Instanziieren des Gebiets aufgerufen. Mit ihr könnten Sie beispielsweise die in der Wurzelklasse definierte interne Tabelle befüllen. Diese Methode können Sie aber auch leer lassen. In diesem Fall müssen die in der Wurzelklasse definierten Attribute (z. B. die interne Tabelle) von außen durch ein anderes ABAP-Programm gefüllt werden.

Für die Konstruktorklasse muss nicht unbedingt eine neue Klasse angelegt werden. Sie können auch die im vorigen Schritt angelegte Wurzelklasse wiederverwenden. Tragen Sie hierzu in der Wurzelklasse das Interface IF_SHM_BUILD_INSTANCE ein. **Aktivieren** (🖊) Sie Ihre Klasse anschließend.

Gebiet anlegen

Da nun die Wurzelklasse als Datencontainer und die Konstruktorklasse mit ihrer Konstruktormethode angelegt sind, können Sie als Nächstes ein Gebiet im Shared Memory anlegen:

1. Gehen Sie in Transaktion SHMA, und tragen Sie auf der Startmaske einen Namen (z. B. ZCL_MEIN_GEBIET) für Ihr neues Gebiet ein. Da für jedes Gebiet eine gleichnamige Gebietsklasse angelegt wird, empfiehlt es sich, den Namen des Gebiets mit ZCL_ beginnen zu lassen.
2. Klicken Sie auf **Anlegen**. Dadurch gelangen Sie zu der in Abbildung 24.9 dargestellten Anlagemaske.

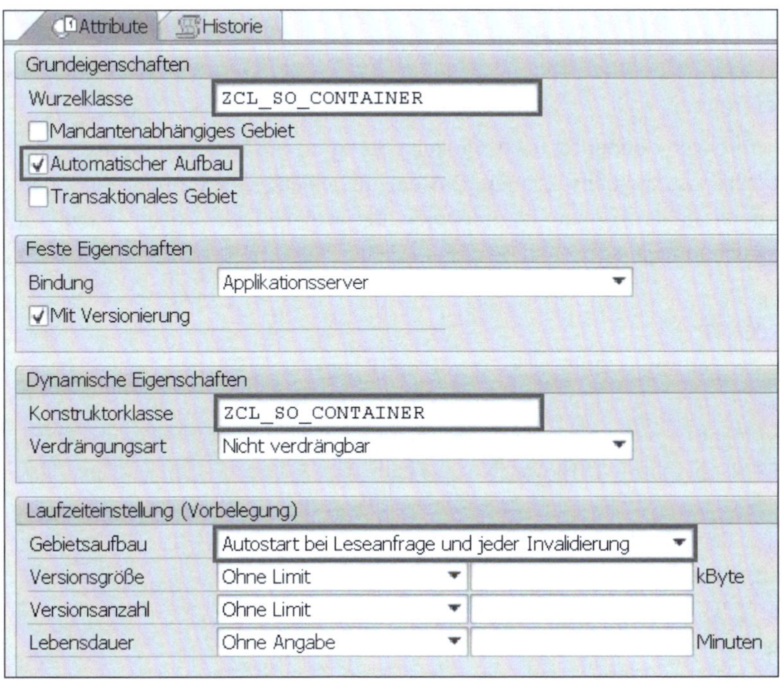

Abbildung 24.9 Anlage eines Shared-Memory-Gebiets

3. Tragen Sie hier eine Kurzbeschreibung, die angelegte Wurzelklasse und die Konstruktorklasse ein, und wählen Sie die Optionen **Automatischer Aufbau** sowie als Art des Aufbaus **Autostart bei Leseanfrage und jeder Invalidierung** aus.
4. Speichern (💾) Sie Ihre Eingaben anschließend. Dadurch werden die benötigten Klassen im Hintergrund generiert.

Umsetzung in ABAP

Zum Exportieren der Objekte müssen Sie eine Instanz der Gebietsklasse mit der statischen Methode ATTACH_FOR_WRITE( ) erzeugen (siehe Listing 24.11). Dadurch wird das Gebiet instanziiert, und für andere Programme wird eine Änderungssperre gesetzt.

Anschließend können Sie Ihre Wurzel mit dem Zusatz AREA HANDLE unter Angabe der Instanz der Gebietsklasse erzeugen und mit der Methode SET_ROOT( ) Ihrem Gebiet zuweisen.

Nun können Sie die Attribute Ihrer Wurzelklasse beliebig manipulieren. Zum Beispiel wird in Listing 24.11 die interne Tabelle des Attributs MT_FLUEGE mit Daten gefüllt.

Die durch die Instanziierung gesetzte Änderungssperre können Sie anschließend mit der Methode DETACH_COMMIT( ) der Gebietsklasse wieder aufheben. Dadurch werden Ihre Änderungen bestätigt. Voraussetzung dafür ist, dass die aktuelle Gebietsinstanz eine Wurzelklasse enthält (die hatten Sie ja über die Methode SET_ROOT( ) gesetzt) und dass es keine Referenzen zwischen dem Shared Memory und anderen Speicherbereichen gibt.

[»]

Keine Referenzen

»Keine Referenzen« bedeutet, dass Sie keine Referenzen (TYPE REF TO) als Attribut Ihrer Wurzelklasse angeben können. Das einzige Objekt, das Sie über den Shared Memory bereitstellen können, ist das Objekt der Wurzelklasse. Ansonsten wird die folgende Ausnahme ausgegeben: CX_SHM_EXTERNAL_REFERENCE.

```
REPORT ZPROGRAMM1.
DATA: lo_mein_gebiet     TYPE REF TO zcl_mein_gebiet,
      lo_mein_container TYPE REF TO zcl_so_container.
DATA: lt_sflight         TYPE TABLE OF sflight.
SELECT * FROM sflight    INTO TABLE lt_sflight.
TRY.
*Instanz der Gebietsklasse erzeugen
    lo_mein_gebiet = zcl_mein_gebiet=>attach_for_write( ).
    CREATE OBJECT lo_mein_container AREA HANDLE lo_mein_gebiet.
*Instanz der Wurzelklasse erzeugen
    lo_mein_gebiet->set_root( lo_mein_container ).
```

```
*Attribute der Wurzelklasse bearbeiten
    lo_mein_container->mt_fluege = lt_sflight.
*Änderungssperre aufheben
    lo_mein_gebiet->detach_commit( ).
  CATCH cx_shm_attach_error.
ENDTRY.
SUBMIT zprogramm2.
```

Listing 24.11 Erzeugen und Schreiben eines Shared Objects

Um die Daten zu lesen, wird wieder ein Gebietshandle erzeugt, diesmal allerdings nur für den lesenden Zugriff mit der Methode ATTACH_FOR_READ() der Gebietsklasse (siehe Listing 24.12). Dadurch wird wieder für andere Programme eine Änderungssperre für das Gebiet gesetzt.

Anschließend kann über das Attribut ROOT auf die Wurzelklasse und damit auf deren Attribute zugegriffen werden. Haben Sie die benötigten Daten gelesen, können Sie über DETACH() der Gebietsklasse die Änderungssperre wieder entfernen.

```
REPORT zprogramm2.
DATA: lo_mein_gebiet TYPE REF TO zcl_mein_gebiet,
      lt_sflight     TYPE TABLE OF sflight.
TRY.
*Gebietshandle erzeugen
    lo_mein_gebiet = zcl_mein_gebiet=>attach_for_read( ).
*Zugriff auf die Wurzelklasse und deren Attribute
    lt_sflight = lo_mein_gebiet->root->mt_fluege.
*Änderungssperre aufheben
    lo_mein_gebiet->detach( ).
  CATCH cx_shm_attach_error.
ENDTRY.
```

Listing 24.12 Schreiben und Lesen eines Shared Objects

Das zweite Programm wurde in Listing 24.11 durch die Anweisung SUBMIT aufgerufen. Dank der Unabhängigkeit des Speichers könnte der Aufruf aber auch erst am nächsten Tag durch einen anderen Benutzer erfolgen. Die Daten wären immer noch im Shared Memory (solange der Applikationsserver nicht neu gestartet wurde).

Zusätzlich könnten Sie den Quellcode von Programm 1 (siehe Listing 24.11) auch in die Methode BUILD() der Konstruktorklasse kopieren (ohne das SUBMIT). Dadurch würde der Quellcode von Programm 2 (siehe Listing 24.12) immer noch funktionieren, da durch die Leseanfrage die Konstruktormethode aufgerufen und damit das Gebiet mit der internen Tabelle instanziiert würde. Diese Funktionsweise kommt gerade bei der eingangs beschriebenen Puffertechnik zum Tragen.

24.4 Parallelisierung

Eine Parallelisierung kann in ABAP mithilfe von Funktionsbausteinen realisiert werden. Wenn ein Funktionsbaustein aufgerufen wird, wird normalerweise auf dessen Antwort gewartet, und erst dann wird Ihr aktuelles Programm weiter ausgeführt. Sie haben allerdings mit dem Zusatz STARTING NEW TASK die Möglichkeit, einen separaten Hintergrundprozess für die Verarbeitung zu starten. Damit wird erreicht, dass Ihr normales Programm nach dem Aufruf des Funktionsbausteins weiterläuft. Dies funktioniert nur mit RFC-fähigen (Remote Function Call) Funktionsbausteinen.

Das Parallelisieren ermöglicht deutliche Performanceschübe: So können Sie z. B. die Beschaffung neuer Daten parallel zur Verarbeitung zuvor beschaffter Daten laufen lassen, statt nacheinander.

Die Rücknahme der Werte des parallel ausgeführten Funktionsbausteins findet über eine Formroutine oder eine Methode statt, die Sie ebenfalls beim Funktionsbausteinaufruf zwischen den Zusätzen PERFORMING und END OF TASK angeben müssen. Die Formroutine oder Methode hat die Aufgabe, die Rückgabewerte des Aufrufes entgegenzunehmen. Dies geschieht über die Anweisung RECEIVE RESULTS FROM FUNCTION.

Wenn Sie an eine Stelle in Ihrem Programm kommen, an der Sie ohne die Ergebnisse des parallel aufgerufenen Funktionsbausteins nicht weiterarbeiten können, können Sie über die Anweisung WAIT UNTIL eine Wartefunktion einbauen. Diese hält die Verarbeitung Ihres Programms an und wartet so lange, bis der Aufruf abgeschlossen wurde. Das Flag, ob der Funktionsbaustein erfolgreich aufgerufen und beendet wurde, setzen Sie dabei in der angegebenen Formroutine. Diese wird ja nur aufgerufen, wenn der Funktionsbaustein beendet wurde.

Zusätzlich haben Sie bei der Anweisung RECEIVE RESULTS FROM FUNCTION noch die Möglichkeit, den Zusatz KEEPING TASK zu verwenden. Dieser erhält die RFC-Verbindung und sorgt dafür, dass die globalen Daten der Funktionsgruppe ebenfalls erhalten bleiben. Rufen Sie einen weiteren Funktionsbaustein mit derselben Task-ID (im folgenden Beispiel FUNC1) auf, wird mit denselben globalen Daten der Funktionsgruppe weitergearbeitet.

Beispiel

Listing 24.13 zeigt den parallelen Aufruf eines Funktionsbausteins. Nutzen Sie eine Kundenummer, die in Ihrem System auch vorhanden ist. Suchen Sie sich hier eine Kundennummer aus der Tabelle KNA1 heraus.

```
DATA: aufruf_fertig(1) TYPE c,
      ls_kunde         TYPE bapicustomer_kna1.
CALL FUNCTION 'BAPI_CUSTOMER_GETDETAIL2'
  STARTING NEW TASK 'FUNC1'
  DESTINATION 'NONE'
```

```
  PERFORMING fb_aufruf_fertig ON END OF TASK
  EXPORTING
    customerno = '0000000001'.
"Hier können Sie jetzt weiterarbeiten,
"es wird nicht auf den Rückgabewert gewartet
WRITE: / 'Kundennummer:', ls_kunde-customer. "wird leer sein
WAIT UNTIL aufruf_fertig = 'X'.
"Warten, bis der Aufruf fertig ist,
"um mit den Rückgabedaten weiterzuarbeiten
WRITE: / 'Kundennummer:', ls_kunde-customer. "wird gefüllt sein
FORM fb_aufruf_fertig USING taskname.
  RECEIVE RESULTS FROM FUNCTION 'BAPI_CUSTOMER_GETDETAIL2'
    IMPORTING
      customergeneraldetail = ls_kunde.
  aufruf_fertig = 'X'.
ENDFORM.
```

Listing 24.13 Paralleler Aufruf eines Funktionsbausteins

Listing 24.14 zeigt dieselbe Implementierung unter Verwendung einer Methode statt einer Formroutine.

```
DATA: aufruf_fertig(1) TYPE c,
      ls_kunde         TYPE bapicustomer_kna1.

CLASS: lcl_handler DEFINITION.
  PUBLIC SECTION.
    CLASS-METHODS: fb_aufruf_fertig IMPORTING p_task TYPE clike.
ENDCLASS.
CLASS: lcl_handler IMPLEMENTATION.
  METHOD fb_aufruf_fertig.
    RECEIVE RESULTS FROM FUNCTION 'BAPI_CUSTOMER_GETDETAIL2'
      IMPORTING
        customergeneraldetail = ls_kunde.
    aufruf_fertig = 'X'.
  ENDMETHOD.
ENDCLASS.
START-OF-SELECTION.

  CALL FUNCTION 'BAPI_CUSTOMER_GETDETAIL2'
    STARTING NEW TASK 'FUNC1'
    DESTINATION 'NONE'
    CALLING lcl_handler=>fb_aufruf_fertig ON END OF TASK
    EXPORTING
      customerno = '0000000001'.
```

```
"Hier können Sie jetzt weiterarbeiten,
"es wird nicht auf den Rückgabewert gewartet
WRITE: / 'Kundennummer:', ls_kunde-customer. "wird leer sein
WAIT UNTIL aufruf_fertig = 'X'.
"Warten, bis der Aufruf fertig ist,
"um mit den Rückgabedaten weiterzuarbeiten
WRITE: / 'Kundennummer:', ls_kunde-customer. "wird gefüllt sein
```

Listing 24.14 Paralleler Aufruf eines Funktionsbausteins unter Verwendung einer Callback-Methode

24.5 Dynamische Erzeugung von Datenobjekten

Anonyme Datenobjekte können Sie dynamisch zur Laufzeit mit den beiden folgenden Anweisungen erzeugen:

- `CREATE DATA` (reine Erzeugung, siehe Abschnitt 24.5.1)
- Konstruktorausdruck `NEW` (Erzeugung und zusätzliche Befüllung, siehe Abschnitt 24.5.2)

Dynamische Definitionen von eigenen Typeigenschaften können Sie mithilfe der RTTS (siehe Abschnitt 24.6) aufbauen. Anschließend können Sie aus diesen Typen mit `CREATE DATA` und dem Zusatz `HANDLE` Datenobjekte erzeugen.

24.5.1 Anonymes Datenobjekt mit CREATE DATA erzeugen

Die Anweisung `CREATE DATA` erzeugt ein anonymes Datenobjekt und weist die Referenz auf das Datenobjekt der Referenzvariablen `dref` zu.

Syntax

```
CREATE DATA dref.
```

Beispiel

In Listing 24.15 wird eine interne Tabelle vom Typ `SFLIGHT` erzeugt und über `ASSIGN` dereferenziert und einem Feldsymbol zugewiesen. In dieses Feldsymbol wird anschließend das Ergebnis einer Selektion geschrieben und als Liste ausgegeben. Da die Felder der Tabelle nicht bekannt sind, können Sie sie zur Designzeit auch nicht statisch ansprechen, sondern sie müssen mit der Anweisung `ASSIGN COMPONENT` beschafft werden.

```
FIELD-SYMBOLS: <fs_tabelle> TYPE STANDARD TABLE,
               <fs_zeile>   TYPE any,
               <fs_wert>    TYPE any.
DATA: lv_tabelle TYPE tabname.
```

```
DATA: dref TYPE REF TO data.
lv_tabelle = 'SFLIGHT'.
CREATE DATA dref TYPE STANDARD TABLE OF (lv_tabelle).
ASSIGN dref->* TO <fs_tabelle>.
SELECT * FROM (lv_tabelle)
  INTO CORRESPONDING FIELDS OF TABLE <fs_tabelle>
LOOP AT <fs_tabelle> ASSIGNING <fs_zeile>.
  DO.
    ASSIGN COMPONENT sy-index OF STRUCTURE <fs_zeile> TO
                                           <fs_wert>.
    WRITE: / <fs_wert>.
  ENDDO.
ENDLOOP.
```

Listing 24.15 Dynamische Erzeugung einer internen Tabelle

Im Beispiel wird dabei eine dynamische SQL-Anweisung verwendet. Weitere Informationen zur Dynamisierung von SQL-Anweisungen finden Sie in Abschnitt 24.7.

Der Zusatz HANDLE

Der Zusatz `HANDLE` erlaubt es, Bezug auf ein Typobjekt `typobjekt` zu nehmen. Das ermöglicht die Erzeugung von Datenobjekten eines dynamisch zur Laufzeit erstellten Typs.

Syntax

```
CREATE DATA dref TYPE HANDLE typobjekt.
```

Beispiel

```
CREATE DATA ref_wa TYPE HANDLE ref_tabellentyp.
```

Wie Sie einen dynamischen Typ mithilfe von RTTS erstellen, beschreibe ich in Abschnitt 24.6.

24

24.5.2 Anonymes Datenobjekt mit NEW erzeugen

Die Anweisung `NEW` erzeugt wie `CREATE DATA` ein anonymes Datenobjekt und weist die Referenz auf das Datenobjekt der Referenzvariablen `dref` zu. Zusätzlich können die erzeugten Datenobjekte mit (Initial-)Werten befüllt werden.

Zur Erzeugung eines anonymen Datenobjekts müssen Sie nach der Anweisung `NEW` den zu erzeugenden Datentyp angeben. Ist der Typ aus dem Kontext erkennbar, können Sie an dessen Stelle auch das Hash-Symbol (#) angeben.

In Klammern können Sie die Werte angeben, die zugewiesen werden sollen. Hierfür gilt innerhalb der Klammern dieselbe Syntax wie bei der Anweisung VALUE (siehe Abschnitt 7.13.1, »VALUE: Erzeugung von Werten«) zur Erzeugung von normalen Datenobjekten. Das heißt, Sie können mit NEW ebenfalls Initialwerte erzeugen, Strukturen befüllen und interne Tabellen befüllen (jeweils nur mit anonymen Datenobjekten).

Syntax

```
... NEW {Datentyp|#}( ... ) ...
```

Beispiel

```
DATA: dref TYPE REF TO data.
dref = NEW i( 555 ).
ASSIGN dref->* TO <fs>.
```

Der Typ muss im Vergleich zur Erzeugung mit CREATE DATA bereits zur Designzeit existieren. Ein Zusatz wie HANDLE, durch den dynamisch erzeugte Typen angegeben werden können, wird nicht unterstützt. Für das Beispiel aus Listing 24.15 des vorangegangenen Abschnitts würde dies bedeuten, dass Sie die Tabelle SFLIGHT (die zur Designzeit noch nicht bekannt war) bereits explizit als Typ hätten angeben müssen. Dasselbe Beispiel mit NEW ist in Listing 24.16 umgesetzt:

```
FIELD-SYMBOLS: <fs_tabelle> TYPE STANDARD TABLE.
DATA: dref TYPE REF TO data.
TYPES: tt_sflight TYPE STANDARD TABLE OF sflight
                  WITH DEFAULT KEY.
dref = NEW tt_sflight( ).
ASSIGN dref->* TO <fs_tabelle>.
```

Listing 24.16 Dynamische Erzeugung einer internen Tabelle mit NEW

24.5.3 Beispiel: Dynamische ALV-Tabelle erzeugen

Die Klasse CL_ALV_TABLE_CREATE ist eine Hilfsklasse zur Erzeugung von internen Tabellen, die es bereits vor der Einführung der in Abschnitt 24.6 beschriebenen RTTS gab und die man immer noch gelegentlich in älteren Entwicklungen vorfinden kann.

Die interne Tabelle wird dabei in drei Schritten erzeugt:

1. Aufbau eines Feldkatalogs mit Feldnamen und Feldtyp
2. Aufruf der Methode =>create_dynamic_table( ) mit dem Feldkatalog
3. Dereferenzierung der Rückgabe mit ->*

Das folgende Beispiel soll die Erzeugung einer internen Tabelle zur Laufzeit demonstrieren. Dabei ist erst zur Laufzeit bekannt, welche Spalten die interne Tabelle haben kann. Anwendungsfall ist der Aufbau einer ALV-Tabelle (SAP List Viewer, siehe auch Kapitel 19, »Tabellenanzeige mit dem SAP List Viewer (ALV)«) auf Basis der Werte einer Datenbanktabelle. Für jede Zeile in der Datenbanktabelle sollen eine Spalte und eine Zeile in der ALV-Tabelle erzeugt werden. Ziel ist es, wie in Abbildung 24.10 jedem Werk jedes Werk gegenüberzustellen.

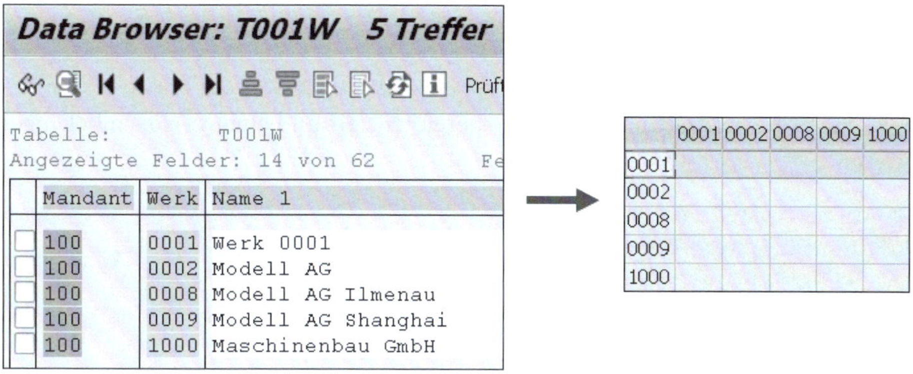

Abbildung 24.10 Erzeugung einer ALV-Tabelle auf Basis einer Datenbanktabelle

Folgende Schritte sind hierzu notwendig:

1. Aufbau des Feldkatalogs
2. Erzeugen der internen Tabelle
3. Hinzufügen der Zeilen
4. Erzeugen der ALV-Tabelle
5. Umbenennen der Spalten
6. Anzeige der ALV-Tabelle

Aufbau des Feldkatalogs

Es wird eine interne Tabelle aufgebaut, die die Namen der gewünschten Spalten und deren Typen enthält (siehe Listing 24.17). Alle Spalten sind vom Typ desselben Datenelements WERKS_D.

```
DATA: lt_ftab  TYPE lvc_t_fcat,
      ls_ftab  TYPE lvc_s_fcat.
DATA: lt_t001w TYPE TABLE OF t001w,
      ls_t001w TYPE t001w.
ls_ftab-fieldname = 'XY'. "Erste Spalte
ls_ftab-dd_roll   = 'WERKS_D'.
APPEND ls_ftab TO lt_ftab.
SELECT werks   FROM t001w
   INTO CORRESPONDING FIELDS OF TABLE lt_t001w.
LOOP AT lt_t001w INTO ls_t001w.
```

```
  ls_ftab-fieldname = 'Z' && ls_t001w-werks.
  ls_ftab-dd_roll = 'WERKS_D'.
  APPEND ls_ftab TO lt_ftab.
ENDLOOP.
```

Listing 24.17 Aufbau des Feldkatalogs

Erzeugung der internen Tabelle

In Listing 24.18 wird mit der Methode CREATE_DYNAMIC_TABLE() der Klasse CL_ALV_TABLE_CREATE die interne Tabelle erzeugt, dereferenziert und einem Feldsymbol zugewiesen.

```
DATA: lr_prepared TYPE REF TO data.
FIELD-SYMBOLS: <gft_dyn_table> TYPE STANDARD TABLE.
CALL METHOD cl_alv_table_create=>create_dynamic_table
  EXPORTING
    it_fieldcatalog = lt_ftab
  IMPORTING
    ep_table        = lr_prepared.
*Das ist die interne Tabelle:
ASSIGN lr_prepared->* TO <gft_dyn_table>.
```

Listing 24.18 Erzeugung der internen Tabelle

[»]

Erzeugung der internen Tabelle mit RTTS

In Abschnitt 24.6.2 wird das gleiche Beispiel unter Verwendung der RTTS umgesetzt. Ersetzen Sie dazu einfach die Codezeilen aus den Schritten »Aufbau des Feldkatalogs« (siehe Listing 24.17) und »Erzeugung der internen Tabelle« (siehe Listing 24.18) durch den Code aus Listing 24.26. Das Beispiel wird danach immer noch lauffähig sein.

Die Zeilen hinzufügen

In Listing 24.19 werden alle Werke der y-Achse hinzugefügt, indem jeweils die erste Spalte xy mit dem Werk gefüllt und der internen Tabelle <gft_dyn_table> hinzugefügt wird.

```
FIELD-SYMBOLS: <fs_dyn_table> TYPE any, "eine Zeile
               <fs_xy>        TYPE any. "eine Spalte
DATA: lr_dref TYPE REF TO data.
"Erzeuge eine Zeile vom Typ der internen Tabelle
CREATE DATA lr_dref LIKE LINE OF <gft_dyn_table>.
ASSIGN lr_dref->* TO <fs_dyn_table>.
ASSIGN COMPONENT 'XY' OF STRUCTURE  <fs_dyn_table> TO <fs_xy>.
LOOP AT lt_t001w INTO ls_t001w.
```

```
  <fs_xy> = ls_t001w-werks.
  APPEND <fs_dyn_table> TO <gft_dyn_table>.
ENDLOOP.
```

Listing 24.19 Aufbau der y-Achse

Erzeugung der ALV-Tabelle

In Listing 24.20 wird eine neue ALV-Tabelle auf Basis der internen Tabelle aufgebaut.

```
DATA: lo_alv  TYPE REF TO cl_salv_table.
CALL METHOD cl_salv_table=>factory
  IMPORTING
    r_salv_table = lo_alv
  CHANGING
    t_table      = <gft_dyn_table>.
```

Listing 24.20 Erzeugung der ALV-Tabelle auf Basis der dynamischen Tabelle

Spalten umbenennen

Bevor die ALV-Tabelle angezeigt wird, werden die Texte der Spalten geändert, da diese sonst alle den Text des Datenelements `WERKS_D` enthalten. Als neue Texte werden die Werke angezeigt. Der Langtext und der Normaltext pro Spalte werden dabei leer gelassen, damit die Anzeige des Kurztextes erzwungen wird.

```
DATA: lv_langtext TYPE scrtext_s,
      lv_name     TYPE lvc_fname,
      lo_spalten     TYPE REF TO cl_salv_columns_table,
      lo_spalte      TYPE REF TO cl_salv_column_table.
lo_spalten = lo_alv->get_columns( ).
LOOP AT <gft_dyn_table> ASSIGNING <fs_dyn_table>.
  ASSIGN COMPONENT 'XY' OF STRUCTURE <fs_dyn_table> TO <fs_xy>.
  IF sy-subrc    = 0.
     lv_name     = <fs_xy>.
     lv_langtext = <fs_xy>.
     TRY.
        lo_spalte ?= lo_spalten->get_column( lv_name ).
        lo_spalte->set_long_text( '' ).
        lo_spalte->set_medium_text( '' ).
        lo_spalte->set_short_text( lv_langtext ).
      CATCH cx_salv_not_found.
    ENDTRY.
  ENDIF.
ENDLOOP.
lo_spalten->set_optimize( 'X' ).
```

Listing 24.21 Spalten umbenennen

Anzeige der ALV-Tabelle

Schließlich kann die ALV-Tabelle wie folgt angezeigt werden:

```
lo_alv->display( ).
```

24.6 Runtime Type Services (RTTS)

Die Runtime Type Services (RTTS) helfen Ihnen bei der Beschreibung und Erzeugung von Datenobjekten. Die Services bestehen aus zwei Komponenten:

- Runtime Type Information (*RTTI*) zur Beschreibung von Datenobjekten
- Runtime Type Creation (*RTTC*) zur Erzeugung einer Beschreibung jeglicher Typeigenschaften, die anschließend mit der Anweisung `CREATE DATA ... TYPE HANDLE` als Datenobjekte erzeugt werden können

Beide Komponenten werden durch die Klassenhierarchie der abstrakten Klasse `CL_ABAP_TYPDESCR` abgebildet, deren Unterklassen sowohl Methoden zur Beschreibung (RTTI) als auch zur Erzeugung (RTTC) vorhalten. Die Klasse bietet die folgenden wichtigsten (statischen) Methoden an, mit denen Sie Datenobjekte bzw. ABAP-Dictionary-Elemente beschreiben können (siehe Listing 24.22):

- `=>describe_by_data()` für Datenobjekte
- `=>describe_by_data_ref()` für Referenzdatentypen
- `=>describe_by_object_ref()` für Objektreferenzen
- `=>describe_by_name()` für ABAP-Dictionary-Objekte (Tabellen, Strukturen, Datenelemente etc.)

```
... ?= cl_abap_typedescr=>describe_by_data( ls_sflight ).
... ?= cl_abap_typedescr=>describe_by_data( lt_sflight ).
... ?= cl_abap_typedescr=>describe_by_data( <fs_sflight> ).
... ?= cl_abap_typedescr=>describe_by_name( 'SFLIGHT' ).
... ?= cl_abap_typedescr=>describe_by_data_ref( lr_dref ).
... ?= cl_abap_typedescr=>describe_by_object_ref( lo_alv ).
```

Listing 24.22 Beschreibungsmethoden der RTTS

Neben diesen Beschreibungsmethoden bietet die Klasse auch folgende hilfreiche Instanzattribute an:

- `ABSOLUTE_NAME`: absoluter Typname
- `TYPE_KIND`: detaillierter Typ (String, Integer, ...)
- `LENGTH`: interne Länge des Datentyps

- DECIMALS: Nachkommastellen
- KIND: genereller Typ (Elementardatentyp, Struktur, Referenz, Klasse, Interface, ...)

Ihre Verwendung ist in Listing 24.23 veranschaulicht.

```
DATA: lv_data TYPE p DECIMALS 2,
      lo_descr TYPE REF TO cl_abap_typedescr.
lo_descr = cl_abap_typedescr=>describe_by_data( lv_data ).
WRITE: / lo_descr->absolute_name.
"Ausgabe: \TYPE=%_T00006S00000000000000000158
WRITE: / lo_descr->type_kind. "Ausgabe: P
WRITE: / lo_descr->length.    "Ausgabe: 8
WRITE: / lo_descr->decimals.  "Ausgabe: 2
WRITE: / lo_descr->kind.      "Ausgabe: E
```

Listing 24.23 Generelle Informationen einer Beschreibung

Je nachdem, was Sie beschreiben, erhalten Sie allerdings unterschiedliche Objekte von Klassen entlang der in Abbildung 24.11 dargestellten Klassenhierarchie zurück (z. B. eine Klasse für Strukturen, eine Klasse für interne Tabellen etc.). Mit diesen Klasseninstanzen können Sie dann weiterarbeiten und Informationen zu dem jeweiligen beschriebenen Datenobjekt bekommen.

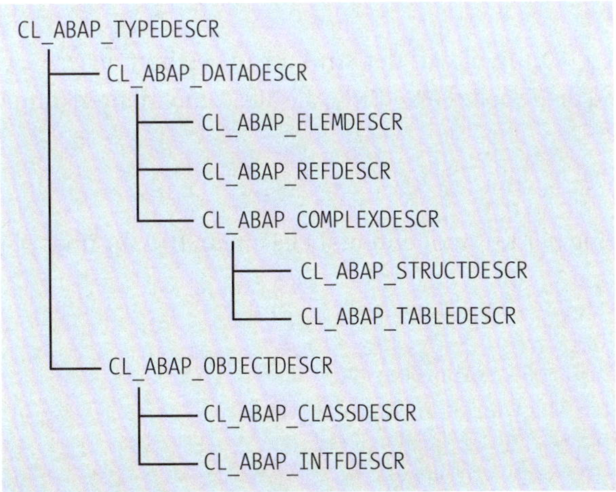

Abbildung 24.11 Klassenhierarchie der RTTS

Die direkten Erben der Klasse CL_ABAP_TYPEDESCR sind dabei die folgenden beiden Klassen:

- CL_ABAP_DATADESCR zur Beschreibung und Erzeugung von einfachen und komplexen Typeigenschaften
- CL_ABAP_CLASSDESCR zur Beschreibung von Klassen und Interfaces

Sie wurden zur Strukturierung der Klassenhierarchie eingeführt. Die in Listing 24.22 aufgeführten Methoden werden aufgrund der Vererbung von all diesen Klassen angeboten. Zusätzlich bieten die jeweiligen Klassen Attribute und Methoden an, um an zusätzliche Informationen zu dem beschriebenen Datenobjekt zu gelangen. Daneben bieten die meisten dieser Klassen eine Methode `CREATE()` an, mit der die verschiedenen Datenobjekte erzeugt werden können.

Diese einzelnen Klassen sind in den nachfolgenden Abschnitten näher beschrieben:

- `CL_ABAP_STRUCTDESR` für Strukturen (siehe Abschnitt 24.6.1)
- `CL_ABAP_TABLDESCR` für interne Tabellen (siehe Abschnitt 24.6.2)
- `CL_ABAP_REFDESCR` für Referenzdatentypen (siehe Abschnitt 24.6.3)
- `CL_ABAP_CLASSDESCR` für Klassen (siehe Abschnitt 24.6.4)
- `CL_ABAP_INTFDESCR` für Interfaces (siehe Abschnitt 24.6.5)
- `CL_ABAP_ELEMDESCR` für elementare Datentypen (siehe Abschnitt 24.6.6)

24.6.1 Strukturen: Klasse CL_ABAP_STRUCTDESCR

Die beiden wichtigsten Methoden dieser Klasse sind die Methode `GET_COMPONENTS()` zur Beschaffung der Felder einer Struktur als Komponententabelle sowie `CREATE()` zur Erzeugung einer neuen Struktur, für die genau eine solche Komponententabelle gebraucht wird.

Hilfreiche Attribute sind `STRUCT_KIND`, um die Art der Struktur zu bestimmen (z. B. ob es eine Append-Struktur ist), und die Tabelle `COMPONENTS`, die die Komponenten (ohne Beschreibungsobjekt) enthält.

Beispiel

Listing 24.24 zeigt die Beschaffung der Komponententabelle einer Struktur über die Methode `GET_COMPONENTS()`.

```
DATA: ls_sflight  TYPE sflight,
      lr_strdescr TYPE REF TO cl_abap_structdescr,
      lt_comp     TYPE cl_abap_structdescr=>component_table.
lr_strdescr ?= cl_abap_structdescr=>describe_by_data(
                                  ls_sflight ).
lt_comp = lr_strdescr->get_components( ).
```

Listing 24.24 Beschaffung der Komponententabelle

Listing 24.25 zeigt die Erzeugung einer neuen Struktur auf Basis einer Komponententabelle über die Methode `CREATE()` mit anschließender Derefenzierung.

```
DATA: lo_neuer_strukturtyp TYPE REF TO cl_abap_structdescr.
lo_neuer_strukturtyp = cl_abap_structdescr=>create( lt_comp ).
DATA: lr_data TYPE REF TO data.
CREATE DATA lr_data TYPE HANDLE lo_neuer_strukturtyp.
FIELD-SYMBOLS: <fs_neue_struktur>  TYPE any.
ASSIGN lr_data->* TO <fs_neue_struktur>.
```

Listing 24.25 Erzeugung einer Struktur mit einer Komponententabelle

24.6.2 Interne Tabellen: Klasse CL_ABAP_TABLEDESCR

Die drei wichtigsten Methoden dieser Klasse sind die Methode GET_TABLE_LINE_TYPE() zur Beschaffung des Zeilentyps, die Methode GET_KEYS() zum Auslesen der Schlüsselfelder sowie die Methode CREATE() zur Erzeugung einer neuen internen Tabelle.

Hilfreiche Attribute sind hier KEY für die Schlüssel, HAS_UNIQUE_KEY, um die Key-Art, und TABLE_KIND, um die Tabellenart zu bestimmen.

Beispiel

Listing 24.26 zeigt eine alternative Tabellenerzeugung, z. B. aus Abschnitt 24.5.3, »Beispiel: Dynamische ALV-Tabelle erzeugen« (siehe Listing 24.18). Hier wird kein Feldkatalog aufgebaut, sondern eine Komponententabelle LT_COMP, die mit den gewünschten Spalten gefüllt wird. Im Feld TYPE dieser Tabelle wird eine Elementbeschreibung LO_ELEMENT des gewünschten Datenelements hinzugefügt. Im Feld NAME wird der Name der Spalte vergeben.

Anschließend wird mit der Komponententabelle LT_COMP mit der Methode cl_abap_structdescr=>create ein neuer Strukturtyp erzeugt, der der Methode cl_abap_tabledescr=>create zusammen mit dem gewünschten Tabellentyp übergeben wird.

```
DATA: lt_ftab  TYPE lvc_t_fcat,
      ls_ftab  TYPE lvc_s_fcat.
DATA: lt_t001w TYPE TABLE OF t001w,
      ls_t001w TYPE t001w.
SELECT werks FROM t001w
   INTO CORRESPONDING FIELDS OF TABLE lt_t001w UP TO 10 ROWS.
DATA: lo_element            TYPE REF TO cl_abap_elemdescr,
      lo_neuer_strukturtyp TYPE REF TO cl_abap_structdescr,
      lo_neuer_itabtyp     TYPE REF TO cl_abap_tabledescr.
DATA: lt_comp TYPE cl_abap_structdescr=>component_table,
      ls_comp LIKE LINE OF lt_comp.
lo_element  ?= cl_abap_elemdescr=>describe_by_name( 'WERKS_D' ).
ls_comp-type = lo_element.
ls_comp-name = 'XY'.
APPEND ls_comp TO lt_comp.
```

```
LOOP AT lt_t001w INTO ls_t001w.
  ls_comp-type = lo_element.
  ls_comp-name = 'Z' && ls_t001w-werks.
  APPEND ls_comp TO lt_comp.
ENDLOOP.
lo_neuer_strukturtyp = cl_abap_structdescr=>create( lt_comp ).
DATA: lr_data TYPE REF TO data.
lo_neuer_itabtyp = cl_abap_tabledescr=>create(
                 p_line_type  = lo_neuer_strukturtyp
                 p_table_kind = cl_abap_tabledescr=>tablekind_std
                 p_unique     = abap_false ).
CREATE DATA lr_data TYPE HANDLE lo_neuer_itabtyp.
FIELD-SYMBOLS: <gft_dyn_table>  TYPE STANDARD TABLE.
ASSIGN lr_data->* TO <gft_dyn_table>.
```

Listing 24.26 Dynamische Erzeugung einer internen Tabelle mit RTTS

24.6.3 Referenzdatentypen: Klasse CL_ABAP_REFDESCR

Neben der Methode CREATE() zur Erzeugung von Referenzdatentypen stellt diese Klasse Methoden bereit, um Informationen von Referenzen zu bekommen oder eine Referenzierung vorzunehmen. Die wichtigsten sind:

- GET_REFERENCED_TYPE() gibt den Typ einer Referenz zurück.
- GET_REF_TO_DATA() liefert das Typobjekt zu REF TO DATA.
- GET_REF_TO_OBJECT() liefert das Typobjekt zu REF TO OBJECT.

24.6.4 Klassen: Klasse CL_ABAP_CLASSDESCR

Diese Klasse dient der Beschreibung von Klassen. Die wichtigsten Methoden sind:

- GET_CLASS_NAME() gibt Klassennamen zu einem Objekt zurück.
- GET_FRIEND_TYPES() gibt die Freunde zurück.
- GET_SUPER_CLASS_TYPE() gibt die Superklasse zurück.
- IS_SHARED_MEMORY_ENABLED() ermittelt, ob die Klasse im Shared Memory instanziierbar ist.

Hilfreiche Attribute sind:

- INTERFACES: die Interfaces
- TYPES: die Typen
- ATTRIBUTES: die Attribute
- METHODS: die Methoden

- EVENTS: die Events
- class_kind: die Klassenart
- create_visibility: die Sichtbarkeit der Erzeugung

Beispiel

In Listing 24.27 wird zu einem Objekt (einer ALV-Tabelle) die dahinterliegende Klasse ausgelesen, anschließend werden die in der Klasse eingetragenen Freunde ausgelesen.

```
DATA: lo_class TYPE REF TO cl_abap_classdescr.
lo_class ?= cl_abap_classdescr=>describe_by_object_ref(
 EXPORTING
 p_object_ref = lo_alv ).
DATA: lv_name TYPE abap_abstypename.
lv_name = cl_abap_classdescr=>get_class_name( lo_alv ).
WRITE: / Name: lv_name.
DATA: lt_freunde TYPE  abap_frndtypes_tab,
      ls_freunde LIKE LINE OF lt_freunde.
lt_freunde = lo_class->get_friend_types( ).
WRITE: / 'Freunde:'.
LOOP AT lt_freunde INTO ls_freunde.
  WRITE: / ls_freunde->absolute_name.
ENDLOOP.
```

Listing 24.27 Auslesen von Klasseninformationen mit RTTS

Die Listenausgabe wäre:

```
Name: \CLASS=CL_SALV_TABLE
Freunde:
\CLASS=CL_SALV_ADAPTER
\CLASS=CL_SALV_CONTROLLER
\CLASS=CL_SALV_CONTROLLER_TABLE
```


24.6.5 Interfaces: Klasse CL_ABAP_INTFDESCR

Diese Klasse dient der Beschreibung von Interfaces. Die wichtigsten Methoden sind:

- GET_ATTRIBUTE_TYPE(): Lesen eines Attributtyps
- GET_EVENT_PARAMETER_TYPE(): Lesen eines Event-Parameter-Typs
- GET_INTERFACE_TYPE(): Lesen des Interface-Typs
- GET_METHOD_PARAMETER_TYPE(): Lesen eines Parametertyps zu einer Methode
- GET_TYPE(): Lesen eines Typs

Hilfreiche Attribute:

- INTERFACES: die Interfaces
- TYPES: die Typen
- ATTRIBUTES: die Attribute
- METHODS: die Methoden
- EVENTS: die Ereignisse
- INTF_KIND: Art der Interfaces

24.6.6 Elementare Datentypen: Klasse CL_ABAP_ELEMDESCR

Diese Klasse dient der Beschreibung und Erzeugung elementarer Datentypen. Es gibt für jeden elementaren Datentyp genau ein Typbeschreibungsobjekt und eine Methode, die dieses Objekt zur Verfügung stellt, z. B. GET_STRING() oder GET_I(). Diese können Sie nutzen, um eine Komponententabelle für die Erstellung von Strukturen und internen Tabellen aufzubauen. In der Regel geht man hier allerdings den Weg über vorhandene Datenelemente.

24.6.7 Beispiel: Eine interne Tabelle nach Microsoft Excel exportieren

Mithilfe der RTTS kann jede beliebige interne Tabelle automatisch in eine Excel-fähige Tabelle mit Kopftexten umgewandelt werden. Die Kopftexte müssen dabei nicht angegeben werden, sondern werden automatisch aus dem ABAP Dictionary, genauer den Datenelementen (Kurztexte), gezogen. Die zum Typ gehörigen Datenelemente werden mithilfe der RTTI-Services beschafft und ausgelesen. Diese Vorgehensweise ist auch auf interne Tabellen anwendbar, die auf einem lokalen Typ basieren.

[»]

Alternative Lösung

Prinzipiell lässt sich dasselbe Ergebnis auch über eine XML-Konvertierung und durch die Erzeugung eines XML-Dokuments erreichen (ca. 15 Zeilen Quellcode). Mehr Informationen dazu finden Sie in Abschnitt 24.2.4, »Erzeugung eines XML-Dokuments«. In der Praxis wird man dennoch eher zu der hier beschriebenen Lösung tendieren, da die Entwicklung nur einmal erfolgen muss und der Komfort für den Anwender höher ist. Zusätzlich kann man auf diesem Weg auch noch eine Abfrage des Verzeichnisses hinzuprogrammieren (siehe Abschnitt 20.3.3, »Weitere nützliche Funktionen«).

Die Lösung besteht dabei aus einer Klasse mit zwei Methoden: einer Methode für die Generierung der Kopfzeile und der zugehörigen Texte und einer Methode, die den Datenblock der internen Tabelle in CSV-Schreibweise (mit einem Tabulator als Trennzeichen) umwandelt.

Der Aufruf der Lösung ist in Listing 24.28 vorgegeben. Es wird lediglich ein Objekt der Klasse erzeugt und die Methode CONVERT_TABLE() mit der internen Tabelle aufgerufen.

```
DATA: lt_sflight TYPE TABLE OF lt_sflight.
SELECT * FROM sflight INTO TABLE OF lt_sflight.
DATA: lr_excel  TYPE REF TO zcl_excel.
CREATE OBJECT lr_excel.
lr_excel->convert_table( lt_sflight ).
```

Listing 24.28 Hauptaufruf der Umwandlung einer internen Tabelle in das Excel-Format

Definition der Klasse

Die Klasse besteht aus zwei Methoden, PREP_HEADER() für das Beschaffen der Kopftexte sowie CONVERT_TABLE() zum Umwandeln der internen Tabelle. Die Methode CONVERT_TABLE() ruft dabei im Bauch die Methode PREP_HEADER() auf, um so eine komplett herunterladbare Tabelle zu generieren (siehe Listing 24.29).

```
CLASS zcl_excel DEFINTION PUBLIC FINAL CREATE PUBLIC.
PUBLIC SECTION.
  TYPES: tt_dd04t TYPE TABLE OF dd04 WITH DEFAULT KEY.
  TYPES: BEGIN OF ty_excel, row(5000),
         END OF ty_excel.
  TYPES: tt_excel TYPE TABLE OF ty_excel.
  DATA gt_data TYPE TT_EXCEL.
  METHODS: prep_header IMPORTING !IT_IMPORT TYPE TABLE
           RETURNING VALUE(RT_DD04T) TYPE tt_dd04t,
           CONVERT_TABLE importing !IT_IMPORT TYPE TABLE.
ENDCLASS.
```

Listing 24.29 Definition der Klasse

Kopfzeile lesen

Die Methode PREP_HEADER() beschafft für jede Komponente der internen Tabelle den dahinterliegenden Datentyp und liest von der Tabelle DD04T den zugehörigen Text aus. Als Rückgabewert gibt sie eine interne Tabelle mit den Texten für jede Komponente zurück.

Die fett markierten Stellen in Listing 24.30 zeigen den Einsatz der RTTS bzw. der dynamischen Programmierung.

```
METHOD prep_header.
DATA: lr_tbl_descr  TYPE REF TO cl_abap_tabledescr,
      lr_type_descr TYPE REF TO cl_abap_typedescr,
      lv_fname      TYPE fieldname.
DATA: ls_dd04t TYPE dd04t.
```

```
FIELD-SYMBOLS: <fs_import> TYPE any,
               <fs_key>    TYPE abap_keydescr,
               <fs_field>  TYPE any.
DATA: lr_tab TYPE REF TO data.
TYPES: BEGIN OF ty_rollname,
         rollname TYPE rollname,
       END OF ty_rollname.
DATA: lt_abs_types  TYPE TABLE OF ty_rollname,
      lv_rollname   TYPE rollname,
      lv_abs_type   TYPE abap_abstypename.
*Beschaffung der Typdefinition der internen Tabelle
lr_tbl_descr ?= cl_abap_typedescr=>describe_by_data( it_import ).
READ TABLE it_import INDEX 1 ASSIGNING <fs_import>.
*Beschaffung des Datenelements hinter jeder Spalte
LOOP AT lr_tbl_descr->key ASSIGNING <fs_key>.
  lv_fname = '<fs_import>-' && <fs_key>-name.
  ASSIGN (lv_fname) TO <fs_field>.
  IF sy-subrc = 0.
    GET REFERENCE OF <fs_field> INTO lr_tab.
    lr_type_descr ?= cl_abap_typedescr=>describe_by_data_ref(
                                          lr_tab ).
    lv_abs_type = lr_type_descr->absolute_name.
    REPLACE '\TYPE=' IN lv_abs_type WITH '' .
    lv_rollname = lv_abs_type.
*Die Selektion des dazugehörigen Textes vom Datenelement
*geschieht hier manuell und nicht mit FOR ALL ENTRIES,
*da sonst die Reihenfolge verloren geht
    SELECT SINGLE ddtext FROM dd04t
      INTO CORRESPONDING FIELDS OF ls_dd04t
      WHERE rollname   = lv_rollname
        AND ddlanguage = sy-langu
        AND as4local   = 'A'.
    APPEND ls_dd04t TO rt_dd04t.
  ELSE.
    CLEAR ls_dd04t.
    APPEND ls_dd04t TO rt_dd04t.
  ENDIF.
ENDLOOP.
ENDMETHOD.
```

Listing 24.30 Beschaffung der Kopftexte mit RTTS

Daten konvertieren

Die Methode CONVERT_TABLE() wandelt jede Zeile der internen Tabelle in eine CSV-Zeile mit einem Tabulator als Trennzeichen um. Die fett markierten Stellen in Listing 24.31 zeigen den Einsatz der RTTS.

```
METHOD convert_table.
DATA: lt_data TYPE tt_excel.
DATA: lt_header  TYPE /xiting/t_dd04t,
      ls_excel   TYPE zcl_excel=>ty_excel,
      lr_tbl_descr TYPE REF TO cl_abap_tabledescr.
FIELD-SYMBOLS: <fs_header> TYPE LINE OF /xiting/t_dd04t,
               <fs_import> TYPE any,
               <fs_field>  TYPE any,
               <fs_key>    TYPE abap_keydescr.
CONSTANTS: ht(1) TYPE c
                 VALUE cl_abap_char_utilities=>horizontal_tab.
*Beschaffung der Kopftexte
lt_header = me->prep_header( it_import ).
LOOP AT lt_header ASSIGNING <fs_header>.
  IF sy-tabix = 1.
    ls_excel-row = <fs_header>-ddtext.
  ELSE.
    ls_excel-row = ls_excel-row && ht &&  <fs_header>-ddtext.
  ENDIF.
ENDLOOP.
APPEND ls_excel TO lt_data.
CLEAR ls_excel.
lr_tbl_descr ?= cl_abap_typedescr=>describe_by_data( it_import ).
LOOP AT it_import ASSIGNING <fs_import>.
  CLEAR ls_excel.
  LOOP AT lr_tbl_descr->key ASSIGNING <fs_key>.
    ASSIGN COMPONENT <fs_key> OF STRUCTURE <fs_import>
    TO <fs_field>.
      IF sy-subrc = 0.
        ls_excel-row = ls_excel-row && ht && <fs_field>.
      ENDIF.
  ENDLOOP.
  REPLACE FIRST OCCURRENCE OF ht IN ls_excel-row WITH ''.
  APPEND ls_excel TO lt_data.
ENDLOOP.
ENDMETHOD.
```

Listing 24.31 Konvertierung der internen Tabelle mit RTTS

24

24.7 Dynamisches SQL

Bestimmte Bestandteile von Open-SQL-Anweisungen können auch dynamisch zur Laufzeit bestimmt werden. Hier zeige ich Ihnen die Einsatzmöglichkeiten am Beispiel der Anweisung SELECT. Bei der SELECT-Anweisung haben Sie die Möglichkeit, die folgenden Bestandteile dynamisch zu ersetzen:

- Selektionsliste (siehe Abschnitt 24.7.1)
- FROM-Klausel (siehe Abschnitt 24.7.2)
- WHERE-Klausel (siehe Abschnitt 24.7.3)

[!]

Dynamische Fehler abfangen

Damit nicht zu viele Ausnahmen generiert werden, empfehle ich Ihnen, Ihrer dynamischen SQL-Anweisung immer eine TRY...CATCH-Anweisung hinzuzufügen, wie in Listing 24.32 gezeigt. Dies habe ich in den folgenden Beispielen aus Platzgründen weggelassen.

```
TRY.
  "Dynamisches SQL
CATCH cx_sy_dynamic_osql_error.
ENDTRY.
```

Listing 24.32 Dynamische Open-SQL-Fehler abfangen

24.7.1 Dynamische Selektionsliste

Die dynamische Selektionsliste ist eine Tabelle vom Typ FIELDNAME. Fügen Sie dieser Tabelle einfach alle benötigten Felder hinzu, und geben Sie sie in der Selektionsliste in Klammern (ohne Leerzeichen) an. Stellen Sie dabei sicher, dass Sie den Zusatz INTO CORRESPONDING FIELDS OF angeben, da sonst nicht sichergestellt werden kann, dass die Felder der Zielstruktur richtig zugeordnet werden.

Beispiel

Listing 24.33 erzeugt eine dynamische Selektionsliste.

```
DATA: lt_felder  TYPE TABLE OF fieldname,
      lt_sflight TYPE TABLE OF sflight.
APPEND 'CARRID' TO lt_felder.
APPEND 'CONNID' TO lt_felder.
APPEND 'FLDATE' TO lt_felder.
SELECT (lt_felder) FROM sflight
  INTO CORRESPONDING FIELDS OF TABLE lt_sflight
  UP TO 10 ROWS.
```

Listing 24.33 Dynamische Selektionsliste

24.7.2 Dynamische FROM-Klausel

Eine dynamische Auswahl mit der FROM-Klausel lässt sich durch eine Zeichenkette realisieren, die den Namen der zu lesenden Datenbanktabelle (bzw. Quelle) beinhaltet. Sie müssen nach dem Zusatz INTO eine Zielstruktur oder Zieltabelle angeben, die die gelesenen Werte aufnehmen kann, d. h., das Ziel muss von Aufbau und Länge her der Quelle entsprechen. Da Sie zur Designzeit nicht wissen können, von welcher Tabelle zur Laufzeit wirklich selektiert wird, können Sie sich hier dynamisch mit CREATE DATA eine interne Tabelle vom selben Typ erzeugen lassen (siehe Listing 24.34).

```
FIELD-SYMBOLS:  <fs_tabelle>  TYPE ANY TABLE.
DATA: lv_tabelle TYPE tabname.
DATA: dref TYPE REF TO data.
CREATE DATA dref TYPE TABLE OF (lv_tabelle).
ASSIGN dref->* TO <fs_tabelle>.
SELECT (lt_felder) FROM (lv_tabelle)
  INTO CORRESPONDING FIELDS OF TABLE <fs_tabelle>.
```

Listing 24.34 Dynamische Auswahl der Datenbanktabelle

Auf die interne Tabelle können Sie dann über die Anweisung ASSIGN COMPONENT zugreifen (siehe Listing 24.35). Die Feldnamen werden dabei aus der internen Tabelle für die Selektionsliste entnommen.

```
FIELD-SYMBOLS: <fs_zeile> TYPE any,
               <fs_wert>  TYPE any.
DATA: lv_feld TYPE fieldname.
LOOP AT <fs_tabelle> ASSIGNING <fs_zeile>.
  LOOP AT lt_felder INTO lv_feld.
    ASSIGN COMPONENT lv_feld OF STRUCTURE <fs_zeile>
                                       TO <fs_wert>.
    IF sy-subrc <> 0.
      EXIT.
    ELSE.
      WRITE: <fs_wert>.
    ENDIF.
  ENDLOOP.
  NEW-LINE.
ENDLOOP.
```

Listing 24.35 Zugriff auf die Ergebnisse der dynamischen Selektion

Haben Sie anstelle einer Feldtabelle einen Stern angegeben, müssen Sie sich über die RTTI-Services (siehe Abschnitt 24.6.2, »Interne Tabellen: Klasse CL_ABAP_TABLEDESCR«) eine Liste aller Felder geben lassen und anschließend über diese eine Schleife

24

ausführen. Wenn für Ihre weitere Verarbeitung die Feldnamen keine Rolle spielen, könnten Sie alternativ auch wie in Listing 24.15 über eine Do-Schleife über die Spalten iterieren.

[+]

Dynamischer Join

In der Variablen LV_TABELLE haben Sie die Möglichkeit, komplette Join-Bedingungen zu definieren.

24.7.3 Dynamische WHERE-Klausel

Eine dynamische WHERE-Klausel lässt sich über eine Stringtabelle (bzw. einen String) realisieren, die die gewünschten Bedingungen enthält. Diese müssen Sie anschließend nur in Klammern (ohne Leerzeichen) in der WHERE-Bedingung angeben. Die Teilbedingungen können beliebig mit logischen Verknüpfungsoperatoren wie AND und OR verknüpft werden.

Beispiel

Listing 24.36 zeigt eine dynamische WHERE-Klausel.

```
DATA: lv_where TYPE string,
      lt_where TYPE TABLE OF string.
lv_where = 'CARRID' && ` = 'AA'`.
APPEND lv_where TO lt_where.
lv_where = 'AND CONNID' && ` = 17`.
APPEND lv_where TO lt_where.
SELECT (lt_felder) FROM (lv_tabelle)
  INTO CORRESPONDING FIELDS OF TABLE <fs_tabelle>
  UP TO 10 ROWS
   WHERE (lt_where).
```

Listing 24.36 Dynamische Bedingungen

24.8 Das ABAP Daemon Framework (ADF)

In Zeiten von IoT (Internet of Things) wird es immer wichtiger, dass Dienste ständig zur Verfügung stehen, damit die Daten über das »Internet der Dinge« an einer zentralen Stelle zusammenlaufen und verarbeitet werden können, analog zu den Windows Services. Bisher war dies in ABAP immer dadurch beschränkt, dass die Instanz einer Klasse immer an die Instanz und den Modus eines Benutzers gebunden war. Meldete sich dieser Benutzer ab oder schloss den entsprechenden Modus, waren alle Instanzen dieser Klassen verloren. Daten, die von Bedeutung waren und nicht verloren gehen sollten, mussten in einem zusätzlichen Schritt auf der Datenbank persistiert werden. Eine permanente Verfügbarkeit der Instanz einer Klasse gab es nicht.

Mit ABAP 7.52 wurde daher das *ABAP Daemon Framework* (ADF) eingeführt, das es ermöglicht, sogenannte *Daemons* mit unbegrenzter Laufzeit zu erzeugen, die permanent zur Verfügung stehen. Diese ABAP Daemons sind Instanzen einer speziellen Klasse, die vom Applikationsserver behandelt werden. Tritt beispielsweise ein Laufzeitfehler auf, kümmert sich der Applikationsserver darum, dass die Instanz des ABAP Daemons direkt wieder gestartet wird.

Der zentrale Unterschied zu normalen Klassen ist, dass ein direkter Aufruf der Methoden dieser speziellen Daemon-Klasse nicht möglich ist. Sie haben aber jederzeit die Möglichkeit, mittels spezieller Nachrichten mit dem Daemon zu kommunizieren, z. B. um Ereignisse zu behandeln. Dies ist auch der Hauptnutzen der ABAP Daemons: die Verarbeitung von Ereignissen.

Stellen Sie sich hier vor, dass Tausende von Sensoren mit einem ABAP-System verbunden sind, die in entsprechenden Intervallen Nachrichten an das ABAP-System senden. Hier kann es vorkommen, dass das ABAP-System nicht in der Lage ist, eine Nachricht zu verarbeiten, weil es gerade mit der Verarbeitung einer anderen beschäftigt ist. Genau hier kommen die ABAP Daemons ins Spiel, da diese aufgrund ihrer dauerhaften Verfügbarkeit eine Implementierung eines Ereignis-Schedulers ermöglichen, der die Nachrichten sammelt und dafür sorgt, dass sie der Reihenfolge nach abgearbeitet werden.

In den nachfolgenden Abschnitten möchte ich Ihnen anhand eines kleinen Beispiels die Funktionsweise der Programmierung eines ABAP Daemons demonstrieren. Dazu soll ein neuer ABAP Daemon angelegt werden, der Nachrichten empfangen kann.

Folgende Schritte zeige ich Ihnen hierfür:

- das Anlegen einer ABAP-Daemon-Klasse (siehe 24.8.1)
- das Starten des ABAP Daemons (siehe 24.8.2)
- die Übergabe von Parametern (siehe 24.8.3)
- das Senden einer Nachricht an den ABAP Daemon (siehe 24.8.4)
- das Beenden des ABAP Daemons (siehe 24.8.5)

24.8.1 Anlegen eines Daemons

Im ersten Schritt muss ein ABAP Daemon angelegt werden. Dies geschieht, indem Sie auf dem üblichen Weg (in der Transaktion SE24, oder in Eclipse) eine normale Klasse anlegen. Damit diese Klasse als ABAP Daemon verwendet werden kann, muss sie von der Oberklasse `CL_ABAP_DAEMON_EXT_BASE` erben. Tragen Sie daher eine Vererbung zu dieser Klasse `CL_ABAP_DAEMON_EXT_BASE` ein. Eine beispielhaft angelegte, aber noch nicht implementierte Klasse ist in Listing 24.37 dargestellt.

```
CLASS zcl_mein_daemon DEFINITION
PUBLIC
INHERITING FROM CL_ABAP_DAEMON_EXT_BASE
FINAL
CREATE PUBLIC.
PUBLIC SECTION.
PROTECTED SECTION.
PRIVATE SECTION.
ENDCLASS.
```

Listing 24.37 Definitionsteil einer neuen ABAP-Daemon-Klasse

Durch die eingetragene Vererbung zur Klasse CL_ABAP_DAEMON_EXT_BASE werden Ihnen über das vererbte Interface IF_ABAP_DAEMON_EXTENSION insgesamt neun Methoden vorgegeben, für die Sie wie üblich einen Implementierungsrumpf vorgeben müssen.

Listing 24.38 zeigt beispielhaft die Implementierung der Methode ON_START. Legen Sie hier entsprechend für jede der neun Methoden jeweils einen Implementierungsrumpf an.

```
CLASS zcl_mein_daemon IMPLEMENTATION.
METHOD on_start.
ENDMETHOD.
...
ENDCLASS.
```

Listing 24.38 Implementierungsteil einer ABAP-Daemon-Klasse

Die wichtigsten dieser vordefinierten Methoden stelle ich Ihnen in den folgenden Abschnitten vor.

24.8.2 Starten eines Daemons

Nachdem Sie im ersten Schritt die ABAP-Daemon-Klasse angelegt haben, müssen Sie sich nun darum kümmern, dass dieser ABAP Daemon auch erzeugt werden kann. Damit die Erzeugung funktioniert, müssen Sie in der Methode ON_ACCEPT dafür sorgen, dass die Erzeugung auch akzeptiert wird.

Durch die Methode ON_ACCEPT können Sie demzufolge eine Berechtigung in der Form implementieren, dass nicht jeder Aufrufer eine Instanz des Daemons erzeugen kann, sondern nur, wenn dies auch ausdrücklich gewünscht ist. Dies geschieht hierbei nicht über das normale Berechtigungskonzept und die damit verbundenen SAP-Rollen, sondern beispielsweise anhand des Namens der aufrufenden Klasse.

Dazu stehen Ihnen zwei entscheidende Parameter für Verfügung:

- Über den Importparameter I_CONTEXT_BASE kann das aufrufende Programm ermittelt werden.
- Über den Rückgabeparameter E_SETUP_MODE können Sie mithilfe der Konstante CO_SETUP_MODE-ACCEPT die Erzeugung akzeptieren oder mit der Konstante CO_SETUP_MODE-REJECT die Erzeugung ablehnen.

Listing 24.39 zeigt eine beispielhafte Implementierung der Methode ON_ACCEPT. Dabei wird geprüft, ob der Daemon aus derselben Klasse heraus erzeugt wird, in der der Daemon selbst definiert wurde.

```
METHOD if_abap_daemon_extension~on_accept.
  TRY.
"Ermittlung des Rahmenprogramms für die erlaubte aufzurufende Klasse
    DATA(lv_program_name) = cl_oo_classname_service=>get_classpool_name(
       'ZCL_MEIN_DAEMON'
    ).
"Prüfen, ob das aufrufende Programm dem ermittelten Rahmenprogramm entspricht
    IF i_context_base->get_start_caller_info( )-program = lv_program_name.
      e_setup_mode = co_setup_mode-accept.
    ELSE.
      e_setup_mode = co_setup_mode-reject.
    ENDIF.
  CATCH cx_abap_daemon_error.
    e_setup_mode = co_setup_mode-reject.
  ENDTRY.
ENDMETHOD.
```

Listing 24.39 Beispielhafte Implementierung der Methode ON_ACCEPT

Nach der Ausimplementierung der Methode ON_ACCEPT ist die grundlegende Implementierung des ABAP Daemons abgeschlossen, sodass dieser mithilfe des ABAP Daemon Managers in Form der Klasse CL_ABAP_DAEMON_CLIENT_MANAGER und seiner statischen Methode START gestartet werden kann.

Diese Methode START setzt den Namen des zu startenden Daemons voraus, den Sie frei definieren können. Zusätzlich haben Sie die Möglichkeit, die Priorität des Daemons mitzugeben und, falls gewünscht, Startparameter in Form einer PCP-Nachricht (einem speziellen Protokoll), die innerhalb des ABAP Daemons entgegengenommen und ausgelesen werden können, um das Verhalten des ABAP Daemons beliebig zu steuern.

Der von Ihnen definierte Name des ABAP Daemons wird dafür gebraucht, mehrere unabhängige Instanzen Ihrer ABAP-Daemon-Klasse starten zu können. Jede Instanz des ABAP Daemons bekommt also einen eigenen Namen, über den der Daemon im Nachhinein eineindeutig identifiziert werden kann.

In Listing 24.40 ist die Erzeugung des ABAP Daemons der im vorigen Abschnitt definierten ABAP-Daemon-Klasse `ZCL_MEIN_DAEMON` beispielhaft dargestellt. Dazu wurde in dieser Klasse eine eigene statische Methode `MEIN_START` definiert.

```
CLASS zcl_mein_daemon DEFINITION
  PUBLIC
  INHERITING FROM CL_ABAP_DAEMON_EXT_BASE
  FINAL
  CREATE PUBLIC.
PUBLIC SECTION.
  CLASS-METHODS: mein_start.
  PROTECTED SECTION.
  PRIVATE SECTION.
ENDCLASS.
CLASS zcl_mein_daemon IMPLEMENTATION.
...
METHOD mein_start.
  cl_abap_daemon_client_manager=>start(
      i_class_name = 'ZCL_MEIN_DAEMON'
      i_name       = 'MEIN_DAEMON_1'
      i_priority   = cl_abap_daemon_client_manager=>co_session_priority_low ).
ENDMETHOD.
ENDCLASS.
```

Listing 24.40 Definieren einer Methode zum Start des ABAP Daemons

In einem letzten Schritt müssen Sie diese Methode `MEIN_START` nur noch aufrufen. Dies kann beispielsweise in einem separaten Report wie in Listing 24.41 geschehen.

```
REPORT z_mein_abap_daemon.
zcl_mein_daemon=>start( ).
```

Listing 24.41 Aufruf der Startmethode zum Erzeugen eines ABAP Daemons

Dadurch wurde der ABAP Daemon gestartet und steht nun zur Verfügung.

[»]

Starten und Monitoring von ABAP Daemons

Alle laufenden Instanzen von ABAP Daemons können über die Transaktion SMDAEMON im SAP GUI überwacht werden. Hier können Sie den Status der ABAP Daemons sehen, diese auf Fehler hin prüfen, sie neu starten oder gar beenden. In diesem Beispiel wird die Instanz des ABAP Daemons durch einen selbst programmierten Report gestartet. Dies hat die Konsequenz, dass der ABAP Daemon, sobald die Anwendung beendet wird, ebenfalls beendet wird. Um dieses Problem zu umgehen, hat SAP in der ABAP-Plattform 1809 in Transaktion SMDAEMON Startkonfigurationen hinzugefügt, die auf der Datenbank gespeichert werden. Dadurch werden die Instanzen beim Start des Applikationsservers erzeugt.

24.8.3 Übergabe von Parametern

Sie haben zusätzlich die Möglichkeit, Werte mit in den ABAP Daemon zu übergeben. Dazu stellt Ihnen die Methode `START` des ABAP Daemon Managers einen weiteren Parameter `I_PARAMETER` zur Verfügung, der als Typ eine PCP-Nachricht erwartet.

Eine solche PCP-Nachricht können Sie, wie in Listing 24.42 dargestellt, über die Klasse `CL_AC_MESSAGE_TYP_PCP` und die statische Methode `CREATE` erzeugen. Nach dem Erzeugen haben Sie die Möglichkeit, mittels der Methode `SET_FIELD` beliebig viele eigene Parameter mit den dazugehörigen Werten hinzuzufügen.

```
DATA(lo_pcp) = cl_ac_message_type_pcp=>create( ).
lo_pcp->set_field( i_name = 'MeinParameter' i_value = 'MeinWert' ).
cl_abap_daemon_client_manager=>start(
    i_class_name = 'ZCL_MEIN_DAEMON'
    i_name       = 'MEIN_DAEMON_1'
    i_priority   = cl_abap_daemon_client_manager=>co_session_priority_low
    i_parameter  = lo_pcp
).
```

Listing 24.42 Übergabe von Parametern beim Start eines ABAP Daemons

Da direkt nach der Erzeugung des ABAP Daemons die Methode `ON_START` angelaufen wird, ist dies die Stelle der Wahl, um die übergebenen Parameter wieder auszulesen. Dazu stellt die Methode `ON_START` den Parameter `I_CONTEXT` mit der Methode `GET_START_PARAMETER` zur Verfügung.

Listing 24.43 zeigt beispielhaft das Auslesen des im vorherigen Listing übergebenen Parameters `MeinParameter`. Die so ausgelesenen Parameter können Sie zwischenspeichern, indem Sie sich in der ABAP-Daemon-Klasse beliebig viele Attribute anlegen und die Werte entsprechend zuweisen.

```
METHOD if_abap_daemon_extension~on_start.
  "Auslesen aller benötigten Parameter
  "... = i_context->get_start_parameter( )->get_field( 'MeinParameter' ).
ENDMETHOD.
```

Listing 24.43 Auslesen übergebener Parameter

24.8.4 Dem Daemon eine Nachricht senden

Nachdem eine Instanz Ihres ABAP Daemons erzeugt wurde, passiert erst mal nicht viel. Die Instanz des ABAP Daemons wartet nun auf Anweisungen in Form von PCP-Nachrichten. Um eine Nachricht an die Instanz Ihres ABAP Daemons zu schicken, müssen Sie diese zuerst auslesen.

Dazu stellt der ABAP Daemon Manager die Klasse GET_DAEMON_INFO bereit, die eine interne Tabelle aller Instanzen Ihres ABAP Daemons über den Namen der ABAP-Daemon-Klasse (hier ZCL_MEIN_DAEMON) zurückgibt. Über den beim Start in Listing 24.42 mitgegebenen Namen MEIN_DAEMON_1 können Sie die Instanz entsprechend aus der internen Tabelle auslesen. Listing 24.44 zeigt dies exemplarisch.

```
DATA(lt_ad_info) = cl_abap_daemon_client_manager=>get_daemon_info(
  i_class_name = 'ZCL_MEIN_DAEMON'
).
READ TABLE lt_ad_info WITH KEY name = 'MEIN_DAEMON_1' ASSIGNING FIELD-
SYMBOL(<s_info>).
```

Listing 24.44 Auslesen der Instanz eines ABAP Daemons

In einem zweiten Schritt können Sie nun, wie in Listing 24.45 dargestellt, eine neue PCP-Nachricht erzeugen und dieser mit der Methode SET_TEXT einen Text zuweisen. Die so neu erzeugte Nachricht kann nun mithilfe der Methode ATTACH des ABAP Daemon Managers an die Instanz Ihres ABAP Daemons gesendet werden.

```
DATA(lo_pcp) = cl_ac_message_type_pcp=>create( ).
lo_pcp->set_text( iv_text ).
cl_abap_daemon_client_manager=>attach( <s_info>-instance_id )->send( lo_pcp ).
```

Listing 24.45 Senden einer Nachricht zum ABAP Daemon

Nach dem Empfangen einer Nachricht wird im ABAP Daemon die Methode ON_MESSAGE aufgerufen, die die Nachricht im Parameter I_MESSAGE entgegennimmt. Listing 24.46 zeigt, wie Sie den übergebenen Text mittels der Methode GET_TEXT des Parameters I_MESSAGE wieder auslesen können. Zur Demonstration wird eine Nachricht über den Funktionsbaustein TH_POPUP an den aktuellen Benutzer gesendet.

```
METHOD if_abap_daemon_extension~on_message.
  TRY.
      DATA(lv_text) = i_message->get_text( ).
      CALL FUNCTION 'TH_POPUP'
        EXPORTING
          client  = sy-mandt
          user    = sy-uname
          message = CONV th_popup( |Message received: { lv_text }| ).
```

```
    CATCH cx_root.
  ENDTRY.
ENDMETHOD.
```

Listing 24.46 Beispielhafte Implementierung der Methode ON_MESSAGE zum Auslesen von Parametern

Auf diese Art und Weise haben Sie jederzeit die Möglichkeit, eine Nachricht an die Instanzen Ihres ABAP Daemons zu senden. Dies ist vergleichbar mit dem Auslösen eines Ereignisses, wie es in der Objektorientierung definiert ist: Alle registrierten Instanzen empfangen das Ereignis und behandeln dieses analog zu ihrer Implementierung.

[«]

Mandantenabhängige Nachrichten

Da in diesem Beispiel der ABAP Daemon durch ein eigenes Programm gestartet wird und nicht durch den Anwendungsserver über eine Startkonfiguration, ist dem ABAP Daemon der aktuellen Benutzer zugeordnet. Daher können keine systemweiten Nachrichten, sondern nur Nachrichten innerhalb des aktuellen Mandanten gesendet werden.

[«]

Verbotene ABAP-Anweisungen

Damit der ABAP Daemon immer verfügbar ist, sind einige bekannte ABAP-Anweisungen wie SUBMIT, CALL TRANSACTION, WAIT oder CALL SCREEN innerhalb der ABAP Daemons verboten. Eine Ausnahme von dieser Regel stellen allerdings synchrone Funktionsbaustein-Aufrufe dar. Diese dürfen weiterhin verwendet werden.

24.8.5 Den Daemon stoppen

Ein Daemon wird durch den ABAP Daemon Manager in Form der Klasse CL_ABAP_DAEMON_CLIENT_MANAGER und seiner statischen Methode STOP gestoppt. Im Gegensatz zur START-Methode wird allerdings nicht der Name des erzeugten ABAP Daemons benötigt, sondern dessen Instanz-ID. Diese können Sie, wie bereits in Listing 24.47 dargestellt, über die statische Methode GET_DAEMON_INFO auslesen. Auch hier können Sie sich analog zur Methode MEIN_START eine neue statische Methode in Ihrer Klasse ZCL_MEIN_DAEMON definieren, die die Implementierung zum Stoppen des ABAP Daemons trägt.

```
METHOD mein_stop.
  DATA(lt_ad_info) = cl_abap_daemon_client_manager=>get_daemon_info(
      i_class_name = 'ZCL_MEIN_DAEMON'
```

```
  ).
  READ TABLE lt_ad_info WITH KEY name = 'MEIN_DAEMON_1'
    ASSIGNING FIELD-SYMBOL(<s_info>).
  IF sy-subrc = 0.
    cl_abap_daemon_client_manager=>stop( i_instance_id = <s_info>-instance_id ).
  ENDIF.
ENDMETHOD.
```

Listing 24.47 Stoppen eines ABAP Daemons

Bei der Methode STOP können Sie analog zur Methode START über den Parameter I_PARAMETER mithilfe einer PCP-Nachricht beliebig viele Parameter mitgeben, die entsprechend in der Methode ON_STOP auf dieselbe Art und Weise ausgelesen werden können.

24.9 ABAP Channels

ABAP Channels wurden mit ABAP 7.40 eingeführt und ermöglichen eine ereignisbasierte Kommunikation zwischen Applikationsservern und Webanwendungen über Nachrichten.

Hier werden zwei unterschiedliche Arten von ABAP Channels unterschieden:

- ABAP Messaging Channels (AMC) für das Senden von Nachrichten zwischen ABAP-Programmen über die Grenzen der Benutzersitzung und des Applikationsservers hinaus (siehe Abschnitt 24.9.1)
- ABAP Push Channels (APC) für die bidirektionale Kommunikation mit Webanwendungen über das Internet mittels WebSockets (siehe Abschnitt 24.9.2)

24.9.1 ABAP Messaging Channels

ABAP Messaging Channels (AMC) ermöglichen Ihnen die Kommunikation zwischen ABAP-Programmen über Nachrichten. Als Nachrichten sind sowohl Text- und Byte-Strings als auch PCP-Nachrichten möglich, die wahlweise zwischen verschiedenen Benutzersitzungen und auch Applikationsservern ausgetauscht werden können. Jede Kommunikation basiert auf einem eigenen anzulegenden ABAP Messaging Channel, auf dem sich einzelne Programme für das Senden oder das Empfangen anmelden können, dem sogenannten *Publish-and-Subscribe-Mechanismus*.

In diesem Abschnitt möchte ich Ihnen anhand eines grundlegenden Beispiels die Funktionsweise der ABAP Messaging Channels vorstellen. Dazu sollen ein neuer ABAP Messaging Channel und jeweils ein Programm zum Senden und Empfangen eines Textes über diesen Channel angelegt werden. Das Prinzip ist hierbei einfach: Das eine Programm sendet einen Text, das andere Programm empfängt diesen Text und gibt ihn entsprechend aus.

Folgende Schritte sind hierfür notwendig:

- Anlegen eines ABAP Messaging Channels
- Implementieren eines Sendeprogramms
- Implementieren eines Empfangsprogramms
- Testen des ABAP Messaging Channels

Anlegen eines ABAP Messaging Channels

Im ersten Schritt muss ein neuer ABAP Messaging Channel angelegt werden. Dieser wird letztlich die Verbindung zwischen den einzelnen Anwendungen aufrechterhalten. Gehen Sie hierzu in die Transaktion SAMC, klicken Sie, wie in Abbildung 24.12 dargestellt, mit rechts auf den Ordner **ABAP Messaging Channels**, und wählen Sie aus dem Kontextmenü die Option **Anlegen**.

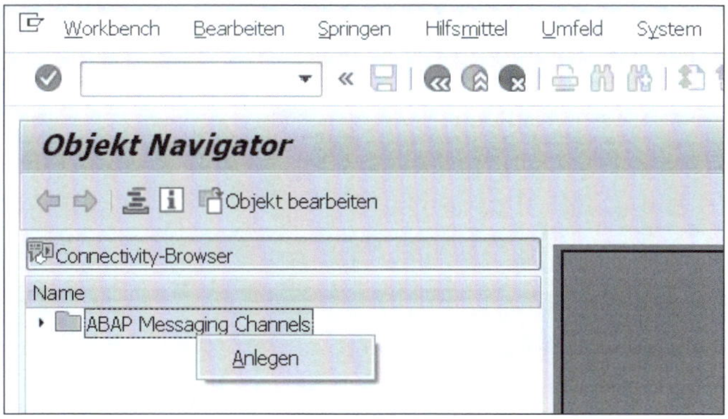

Abbildung 24.12 Einen neuen ABAP Messaging Channel anlegen

Vergeben Sie anschließend im sich öffnenden Pop-up-Fenster einen Namen für den neuen ABAP Messaging Channel (hier »ZAMC_MEIN_CHANNEL«), und bestätigen Sie Ihre Eingabe mit **Weiter** (siehe Abbildung 24.13). 24

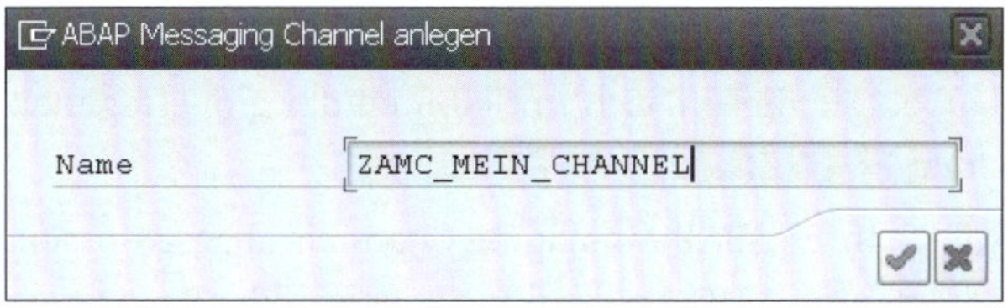

Abbildung 24.13 Vergeben eines Namens für einen neuen ABAP Messaging Channel

Dadurch gelangen Sie zu Oberfläche aus Abbildung 24.14. Vergeben Sie hier im Feld **Beschreib.** eine Beschreibung (hier »Mein AMC Channel«), und tragen Sie auf der linken

Seite in der Tabelle für die **Liste der Channels** einen neuen Channel ein (hier »/hauptkanal«). Beachten Sie, dass der Name des Channels mit einem »/« beginnen muss.

Geben Sie anschließend auf der rechten Seite im Feld **Nachr.-Typ-ID** die Art der zu übertragenden Nachrichten ein (hier »TEXT«), und wählen Sie im Feld **Aktiv.-Umfang** einen Umfang (hier **C Mandant**) aus. Dadurch wird bestimmt, dass über Ihren Channel (**/hauptkanal**) Text übertragen werden kann, und zwar an alle Programme, die sich im selben Mandanten befinden.

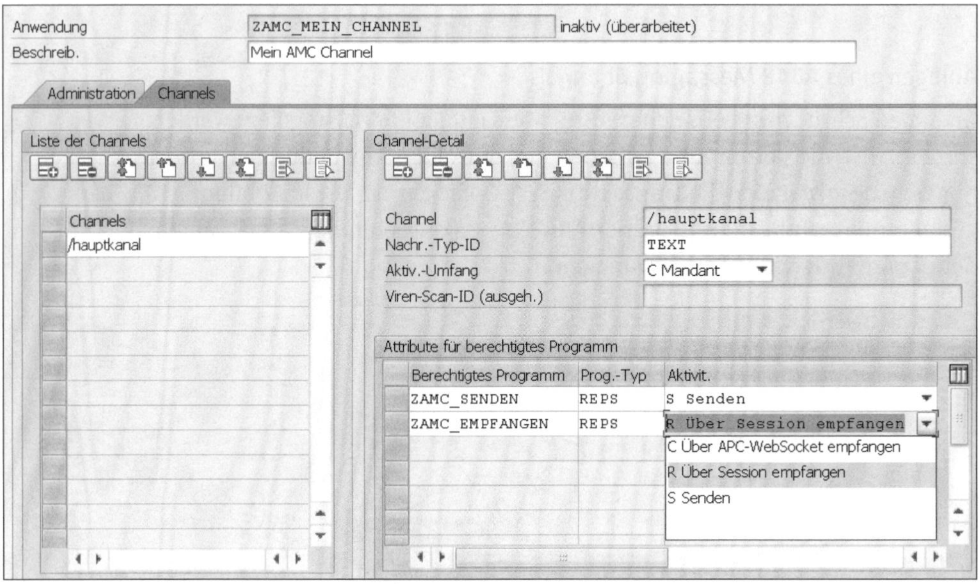

Abbildung 24.14 Definieren eines ABAP Messaging Channels

Legen Sie sich parallel dazu in einem neuen Modus zwei neue Programme an (hier »ZAMC_SENDEN« und »ZAMC_EMPFANGEN«). Lassen Sie diese Programme vorerst leer, aktivieren Sie sie jedoch.

Tragen Sie diese beiden Programme, wie in Abbildung 24.14 dargestellt, in die untere rechte Tabelle ein. Wählen Sie hierzu für das Programm `ZAMC_SENDEN` die Aktivität **S** für Senden und für das Programm `ZAMC_EMPFANGEN` die Aktivität **R** für Empfangen. Sie können der Tabelle eine neue Zeile über den Button **Zeil.einfü.** hinzufügen. Durch das Eintragen der Programme erlauben Sie diesen, sich im Rahmen der eingetragenen Aktivität am Channel anzumelden.

Damit ist die grundlegende Anlage Ihres ABAP Messaging Channels abgeschlossen. Streng genommen haben Sie zuerst eine AMC-Anwendung angelegt, der Sie danach einen Channel zugeordnet haben. Auf diese Art und Weise können einer Anwendung mehrere Channels zugeordnet werden, wobei jeder Channel unterschiedlich ausgeprägt sein kann (beispielsweise könnte ein zweiter Channel statt Textnachrichten binäre Nachrichten unterstützen).

Zusätzlich wurden dem Channel zwei Programme zugeordnet: ein Programm zum Senden und ein Programm zum Empfangen. Diese Programme gilt es jetzt, mithilfe von ABAP zu implementieren.

Implementierung eines Sendeprogramms

Das Grundprinzip zur Implementierung eines AMC-Sendeprogramms ist, dass es sich als Sendeprogramm für den gewünschten ABAP Messaging Channel registriert. Als Voraussetzung hierfür haben Sie das Programm im Channel bereits eingetragen und dem Programm damit die Erlaubnis zur Verbindung erteilt.

Das Registrieren als Sendeprogramm geschieht über die statische Methode CREATE_MESSAGE_PRODUCER der Klasse CL_AMC_CHANNEL_MANAGER. Wie in Listing 24.48 dargestellt, müssen Sie dieser Methode lediglich den Namen der AMC-Anwendung (hier ZAMC_MEIN_CHANNEL) und den Namen des Channels (hier /hauptkanal) mitgeben.

Da im vorherigen Schritt für den Channel als Nachrichtentyp **TEXT** ausgewählt wurde, muss die zurückgegebene erzeugte Instanz auf das Interface IF_AMC_MESSAGE_PRODUCER_TEXT gecastet werden (hier durch die Zuweisung mit ?=). Dieses Interface stellt dann die entsprechende Methode zum Senden, namentlich SEND, bereit.

```
DATA: lo_producer TYPE REF TO if_amc_message_producer_text.
lo_producer ?= cl_amc_channel_manager=>create_message_producer(
    EXPORTING
      i_application_id       = 'ZAMC_MEIN_CHANNEL'
      i_channel_id           = '/hauptkanal'
  ).
lo_producer->send( i_message = 'Meine Nachricht'  ).
```

Listing 24.48 Registrieren des Sendeprogramms für einen ABAP Messaging Channel

[«]

Unterschiedliche Nachrichtentypen beim Senden

Hätten Sie anstelle des Nachrichtentyps **TEXT** die Option **BINARY** ausgewählt, so müssten Sie hier das Interface IF_AMC_MESSAGE_PRODUCER_BINARY verwenden, das ebenfalls eine Methode SEND bereitstellt, aber den Datentyp XSTRING statt STRING erwartet. Für den Nachrichtentyp **PCP** muss dagegen das Interface IF_AMC_MESSAGE_PRODUCER_PCP verwendet werden, dessen Methode SEND den Typ IF_AC_MESSAGE_TYPE_PCP erwartet. (Wie eine PCP-Nachricht erzeugt werden kann, können Sie in Listing 24.45 sehen).

Das Ausführen des Sendeprogramms führt aktuell noch zu keinem Ergebnis, weil es noch kein implementiertes Empfangsprogramm gibt. Dies gilt es jetzt, im nächsten Schritt zu implementieren.

Implementierung eines Empfangsprogramms

Die Implementierung des Empfangsprogramms geschieht auf ähnliche Art und Weise wie die Implementierung des Sendeprogramms und ist in Listing 24.49 dargestellt. Es wird ebenfalls die Klasse CL_AMC_CHANNEL_MANAGER verwendet, allerdings statt der statischen Methode CREATE_MESSAGE_PRODUCER die Methode CREATE_MESSAGE_CONSUMER. Diese erwartet ebenfalls dieselben Grundparameter I_APPLICATION_ID und I_CHANNEL_ID.

Zusätzlich muss von der erzeugten Instanz aber noch die Methode START_MESSAGE_DELIVERY aufgerufen werden, die als Parameter eine Instanz einer Klasse erwartet, die das Interface IF_AMC_MESSAGE_RECEIVER_TEXT mit der dazugehörigen Methode RECEIVE implementiert. Diese Methode RECEIVE ist letztlich der Ereignisbehandler, der aufgerufen wird, wenn eine Nachricht an den Channel gesendet wird. Innerhalb dieser Methode kann über den Importparameter I_MESSAGE die Nachricht entgegengenommen und verarbeitet werden.

```
REPORT zamc_empfangen.

CLASS lcl_receiver DEFINITION.
  PUBLIC SECTION.
    DATA: mv_received TYPE flag,
          mv_text     TYPE string.

    INTERFACES: if_amc_message_receiver_text.
    METHODS:  subscribe_to_channel.
ENDCLASS.

CLASS lcl_receiver IMPLEMENTATION.
  METHOD if_amc_message_receiver_text~receive.
    me->mv_text = i_message.
    me->mv_received = 'X'.
  ENDMETHOD.
  METHOD subscribe_to_channel.
    TRY.
        cl_amc_channel_manager=>create_message_consumer(
                          i_application_id      = 'ZAMC_MEIN_CHANNEL'
                          i_channel_id          = '/hauptkanal'
                      )->start_message_delivery( i_receiver = me ).
      CATCH cx_root.
    ENDTRY.
  ENDMETHOD.
ENDCLASS.
```

Listing 24.49 Implementierung des Empfangsprogramms für einen ABAP Messaging Channel

[«]

Unterschiedliche Nachrichtentypen beim Empfangen

Analog zum Senden müssen Sie je nach Nachrichtentyp unterschiedliche Methoden unterschiedlicher Klassen verwenden. Hätten Sie anstelle des Nachrichtentyps **TEXT** die Option **BINARY** ausgewählt, so müssten Sie hier das Interface IF_AMC_MESSAGE_RECEIVER_BINARY verwenden, das ebenfalls eine Methode RECEIVE bereitstellt, aber den Datentyp XSTRING statt STRING erwartet. Für den Nachrichtentyp **PCP** muss dagegen das Interface IF_AMC_MESSAGE_RECEIVER_PCP verwendet werden, dessen Methode RECEIVE den Typ IF_AC_MESSAGE_TYPE_PCP erwartet.

In Listing 24.49 wird die so entgegengenommene Nachricht aus dem Importparameter I_MESSAGE in ein Attribut der eigenen Klasse geschrieben (hier MV_TEXT). Zusätzlich wird ein Flag gesetzt (hier MV_RECEIVED), dass eine Nachricht entgegengenommen wurde.

Die so implementierte lokale Klasse gilt es jetzt noch, in einem letzten Schritt zu erzeugen. Dies kann wie in Listing 24.50 geschehen.

```
START-OF-SELECTION.
  DATA(lo_receiver) = NEW lcl_receiver( ).
  lo_receiver->subscribe_to_channel( ).

  WAIT FOR MESSAGING CHANNELS
    UNTIL lo_receiver->mv_received = 'X'
    UP TO 60 SECONDS.

  WRITE: lo_receiver->mv_text.
```

Listing 24.50 Registrieren des Empfängers und Warten auf Nachrichten

Neu ist hier der Zusatz FOR MESSAGING CHANNELS ... UNTIL der ABAP-Anweisung WAIT. Diese sorgt dafür, dass das Programm so lange offen bleibt, bis die angegebene Bedingung erfüllt ist (hier das MV_RECEIVED gleich X ist) oder die angegebene Zeitspanne abgelaufen ist (hier 60 Sekunden). Wurde eine Nachricht entgegengenommen, so wird diese mit der ABAP-Anweisung WRITE auf der Oberfläche ausgegeben. Damit ist die grundlegende Implementierung des Empfangsprogramms abgeschlossen, und Sie können Ihren ABAP Messaging Channel entsprechend testen.

Testen des ABAP Messaging Channels

Rufen Sie hierzu zuerst das Programm ZAMC_EMPFANGEN auf. Durch das Ausführen passiert erst mal nichts, da dieses Programm 60 Sekunden darauf wartet, dass eine Nachricht gesendet wird.

Rufen Sie zum Senden einer Nachricht anschließend das Programm ZAMC_SENDEN auf. Wenn Sie jetzt zum Programm ZAMC_EMPFANGEN wechseln, werden Sie entsprechend die Listausgabe wie in Abbildung 24.15 angezeigt bekommen.

Abbildung 24.15 Empfangene und ausgegebene Nachricht

Damit haben Sie erfolgreich ein grundlegendes Beispiel für einen ABAP Messaging Channel implementiert und getestet. Sie haben jederzeit die Möglichkeit, sich über die Transaktion SMAMC aktive ABAP Messaging Channel anzeigen zu lassen. So wird beispielweise, wenn das Programm ZAMC_EMPFANGEN auf eine Nachricht wartet, in Abbildung 24.16 ein entsprechender Eintrag angezeigt.

Abbildung 24.16 Die Transaktion SMAMC zeigt aktive ABAP Messaging Channels an.

24.9.2 ABAP Push Channels

ABAP Push Channels (APC) ermöglichen ABAP-Programmen die bidirektionale Kommunikation mit dem Internet sowohl über WebSockets als auch über TCP-Sockets. Diese Neuerung ist insbesondere wichtig, da die Kommunikation von SAP-Weboberflächen bisher immer nur in eine Richtung zugelassen wurde: Die Webseite musste bisher immer das SAP-System in periodischen Abständen oder zu gezielten Zeitpunkten nach neuen Daten abfragen (*Pull*-Request). Dies konnte dazu führen, dass sich, wenn ein Anwender eine Webanwendung lange offen hatte, in der Zwischenzeit im SAP-System im Hintergrund Daten durch andere Transaktionen geändert hatten, ohne dass die Weboberfläche davon Kenntnis nahm.

ABAP Push Channels lösen dieses Problem, da über sie eine Nachricht an die Weboberfläche gesendet werden kann (auch *Push* genannt), beispielsweise, dass sich Daten geändert haben und dass die Oberfläche sich aktualisieren und die neuen Daten anzeigen soll.

In diesem Abschnitt möchte ich Ihnen an einem Beispiel diese Funktionsweise demonstrieren. Da im Rahmen dieses ABAP-Buches keine Weboberfläche programmiert werden kann, wird hierzu die von SAP generierte Web-Dynpro-Testoberfläche verwendet, die in Abbildung 24.17 dargestellt ist.

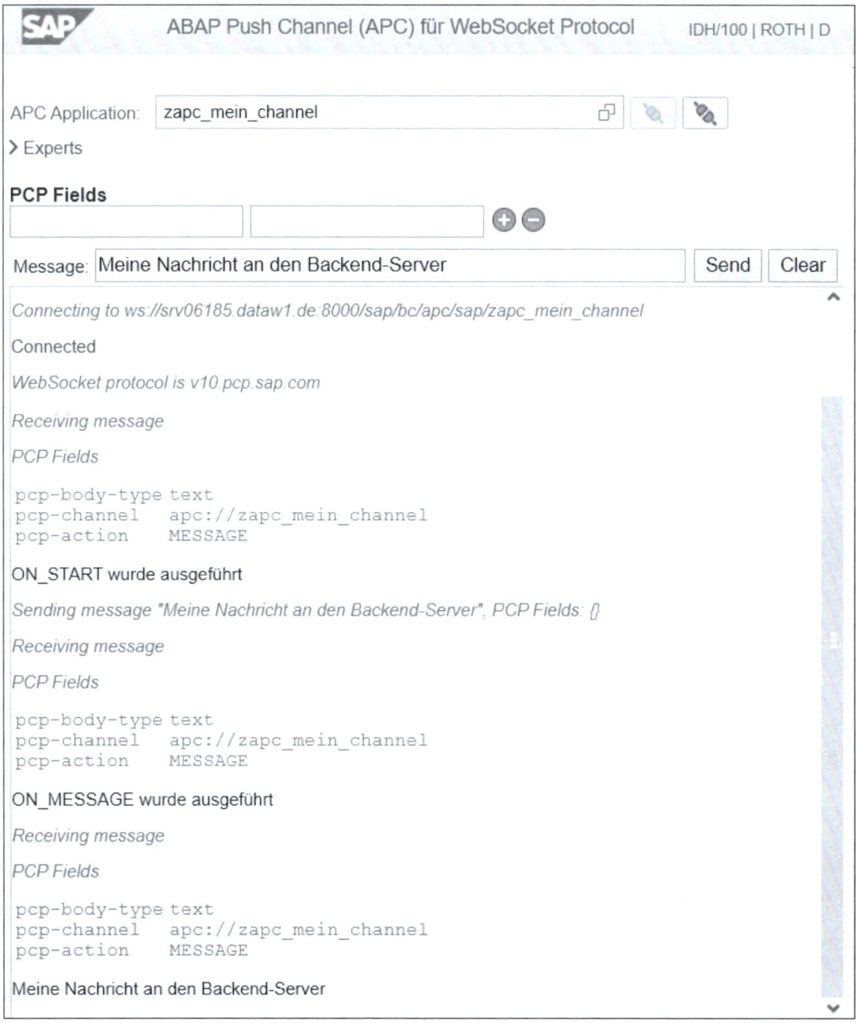

Abbildung 24.17 Weboberfläche zum Testen eines ABAP Push Channels

Ziel des Beispiels ist es, dass sich die Weboberfläche über das WebSocket-Protokoll mit dem SAP-System verbindet (siehe Meldung **Connected**) und eine Nachricht von der Weboberfläche eingegeben und an das SAP-System abgesendet werden kann (siehe Feld **Message** sowie den Button **Send**). Diese Nachricht wird vom SAP-System entsprechend empfangen und postwendend an die Weboberfläche zurückgeschickt, wodurch diese im unteren Ausgabefeld erscheint.

Folgende Schritte sind hierzu notwendig:

- Anlegen eines ABAP Push Channels
- Implementieren der APC-Klasse
- Testen des ABAP Push Channels

Anlegen eines ABAP Push Channels

Im ersten Schritt muss hierzu ein neuer ABAP Push Channel angelegt werden. Dieser wird letztlich die Verbindung zwischen dem Frontend und dem Backend aufrechterhalten.

Gehen Sie hierzu in die Transaktion SAPC. Klicken Sie, wie in Abbildung 24.18 dargestellt, mit rechts auf den Ordner **ABAP Push Channels**, und wählen Sie aus dem Kontextmenü die Option **Anlegen**.

Abbildung 24.18 Einen neuen ABAP Push Channel anlegen

Vergeben Sie anschließend im sich öffnenden Pop-up-Fenster aus Abbildung 24.19 einen Namen für den neuen ABAP Push Channel (hier »ZAPC_MEIN_CHANNEL«), und bestätigen Sie Ihre Eingabe mit **Weiter** ✔.

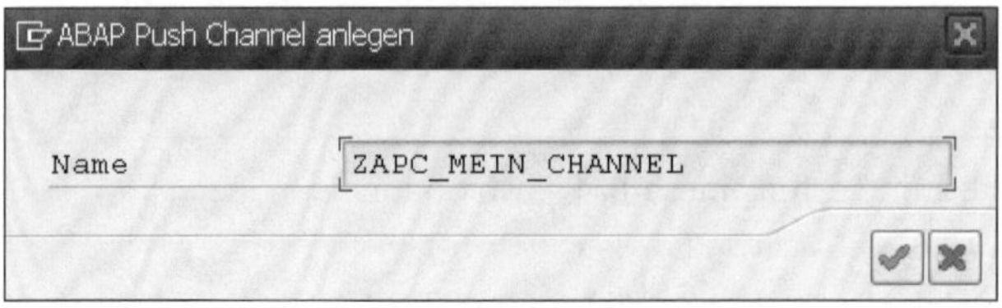

Abbildung 24.19 Vergeben eines Namens für einen neuen ABAP Push Channel

Dadurch öffnet sich die Eingabemaske aus Abbildung 24.20. Vergeben Sie hier eine Beschreibung (hier »Mein APC Channel«), und wählen Sie im Feld **Protokoll** den Eintrag **V10.PCP.SAP.COM** aus. Klicken Sie anschließend auf den Button **Klasse u. Service generieren**.

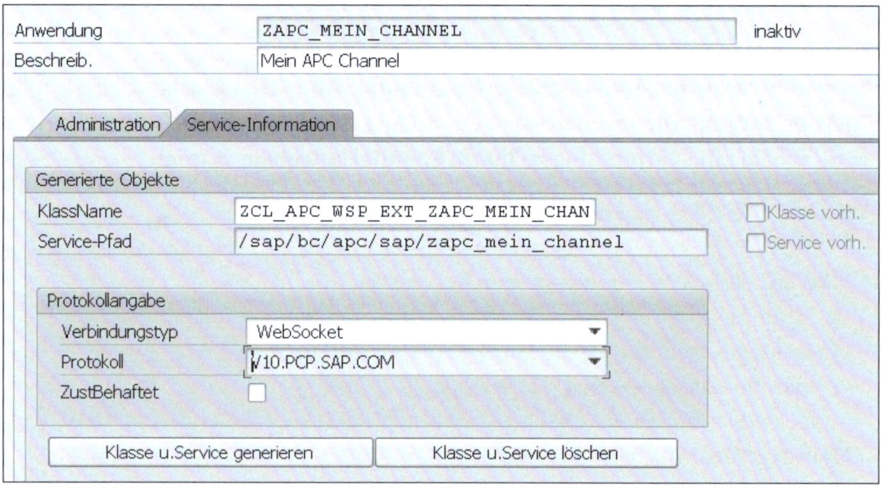

Abbildung 24.20 Ausprägung einer ABAP-Messaging-Channel-Anwendung

Durch die Generierung werden im Hintergrund automatisch ein Webservice und eine normale ABAP-Klasse generiert, die von der Klasse `CL_APC_WSP_EXT_STATELESS_PCP_B` erbt.

Implementierung der APC-Klasse

Diese generierte Klasse gilt es, im nächsten Schritt zu implementieren. Wechseln Sie nun in diese generierte Klasse, indem Sie auf den Namen im Feld **KlassName** doppelt klicken (siehe Abbildung 24.20). Dadurch gelangen Sie in den Class Builder aus Abbildung 24.21.

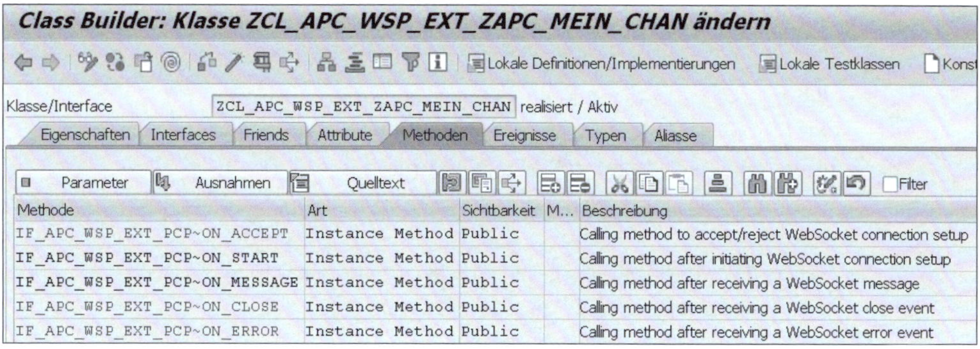

Abbildung 24.21 Die generierte APC-Klasse zur Implementierung Ihres Channels

Hier werden Ihnen durch die Vererbung bereits fünf Methoden angeboten. Für dieses Beispiel müssen die Methoden ON_START und ON_MESSAGE redefiniert werden. Wechseln Sie dazu über die Menüleiste in den Änderungsmodus, setzen Sie den Cursor auf die Methode ON_START, und wählen Sie oberhalb der Tabelle auf der rechten Seite den Button **Methode neu definieren**. Wiederholen Sie dies für die Methode ON_MESSAGE.

Implementieren Sie die Methode ON_START, wie in Listing 24.51 gezeigt. Diese Implementierung sorgt dafür, dass der Text »ON_START wurde ausgeführt« zurückgesendet wird, sobald eine Verbindung zu Ihrem Channel aufgebaut wurde.

```
METHOD if_apc_wsp_ext_pcp~on_start.
  TRY.
      "Melde, dass die Methode ausgeführt wurde
      DATA(lo_message) = i_message_manager->create_message( ).
      lo_message->set_text( 'ON_START wurde ausgeführt' ).
      i_message_manager->send( lo_message ).

    CATCH cx_root INTO DATA(lx_error).
      MESSAGE lx_error->get_text( ) TYPE 'E'.
  ENDTRY.

ENDMETHOD.
```

Listing 24.51 Implementierung der ON_START-Methode

Wechseln Sie anschließend in die Methode ON_MESSAGE, und implementieren Sie diese wie in Listing 24.52. Diese Methode wird immer dann automatisch ausgeführt, wenn eine Nachricht an den Channel gesendet wurde. In diesem Fall wird im ersten Schritt die Meldung »ON_MESSAGE wurde ausgeführt« zurückgesendet und im zweiten Schritt die ursprünglich empfangene Nachricht, die durch den Importparameter I_MESSAGE und die Methode GET_TEXT bereitgestellt wird.

```
METHOD if_apc_wsp_ext_pcp~on_message.
  TRY.
      "Melde, dass die Methode ausgeführt wurde
      DATA(lo_message) = i_message_manager->create_message( ).
      lo_message->set_text( 'ON_MESSAGE wurde ausgeführt' ).
      i_message_manager->send( lo_message ).

      "Sende die vom Frontend gesendete Nachricht zurück
      lo_message->set_text( i_message->get_text( ) ).
      i_message_manager->send( lo_message ).
```

```
    CATCH cx_root INTO DATA(lx_error).
      MESSAGE lx_error->get_text( ) TYPE 'E'.
  ENDTRY.
ENDMETHOD.
```

Listing 24.52 Implementierung der ON_MESSAGE-Methode

Dadurch ist die Implementierung bereits abgeschlossen, und alle Entwicklungsobjekte können aktiviert werden, damit der ABAP Channel in einem letzten Schritt getestet werden kann. Wechseln Sie dazu zur Methodenübersicht aus Abbildung 24.21 zurück, und aktivieren Sie über die Funktionsleiste die gesamte Klasse.

Testen des ABAP Push Channels

Bevor Ihr ABAP Push Channel getestet werden kann, muss auch dieser aktiviert werden. Navigieren Sie hierzu über Zurück zur Ansicht aus Abbildung 24.22, und aktivieren Sie dort über Ihren eben neu angelegten ABAP Channel.

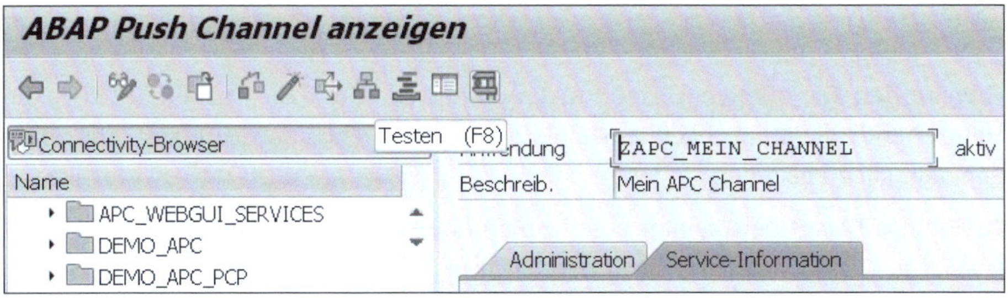

Abbildung 24.22 Aufruf der Testanwendung zum Testen eines ABAP Push Channels

Zum Testen des ABAP Channels können Sie die Testanwendung über den Button **Testen** in der Funktionsleiste aus Abbildung 24.22 aufrufen. Dadurch öffnet sich die Testanweisung aus Abbildung 24.17 in einem Browserfenster. Hier müssen Sie sich gegebenenfalls mit Ihrem SAP-Benutzernamen und Passwort anmelden). Beim Start versucht die Testanwendung, automatisch eine Verbindung zum Channel herzustellen. Ist dies erfolgreich geschehen, so wird im unteren Textfeld die Meldung **Connected** ausgeben. Zusätzlich sollte die Meldung **ON_START wurde ausgeführt** ausgegeben werden. Dadurch können Sie sehen, dass diese von Ihnen im vorherigen Schritt implementierte Methode auch wirklich ausgeführt wurde.

Im Feld **Message** können Sie nun eine Nachricht eingeben und diese mit dem Button **Send** abschicken. Die Nachricht wird dann entsprechend an das SAP-System geschickt und durch die Methode `ON_MESSAGE` verarbeitet. Hier wird der Text »ON_MESSAGE wurde ausgeführt« an die Oberfläche gesendet, zusammen mit der ursprünglich empfangenen Nachricht. In der Praxis würde das Backend ohne Zutun der Oberfläche eine Nachricht an die Oberfläche senden, beispielsweise wenn sich in der Zwischenzeit Daten auf der Datenbank geändert haben.

Die offene Verbindung zwischen der Weboberfläche und dem SAP-System können Sie in der Transaktion SMWS sehen, die in Abbildung 24.23 dargestellt ist.

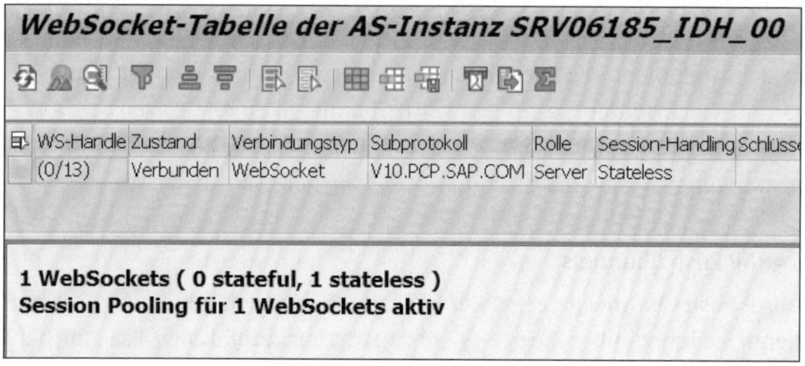

Abbildung 24.23 Die Transaktion SMWS zeigt aktive Verbindungen zu ABAP Push Channels an

Hier werden alle offenen Verbindungen dargestellt. Zusätzlich haben Sie über die Hauptmenüs die Möglichkeit, einzelne Verbindungen zu analysieren, mitzuschneiden oder gar zu beenden.

Listing 24.53 zeigt beispielhaft eine Implementierung auf der Weboberfläche über JavaScript (was ja die Grundlage für Web Dynpro und SAPUI5 darstellt).

```
//Eine Verbindung zum ABAP Push Channel über
//ein WebSocket aufbauen
var ws = new WebSocket("ws[s]://host.domain:port/path?query_string");
ws.onopen = function() {
  //Verbindung wurde erfolgreich hergestellt, eine Nachricht senden
  ws.send("Nachricht an das SAP-System");
};
ws.onmessage = function (msg) {
  //Wenn das SAP-System eine Nachricht zurückschickt,
  //dann wird diese Methode aufgerufen
  //Nachricht ausgeben
  alert(msg.data);
};
```

Listing 24.53 Beispiel einer Implementierung eines WebSockets in JavaScript

Vergleichbares wäre beispielsweise in SAPUI5 denkbar, um einen Push-Mechanismus vom SAP-System zur Weboberfläche zu implementieren.

TEIL V

Objektorientierte Programmierung

Kapitel 25
Grundlagen der Objektorientierung

Machen Sie sich in diesem Kapitel mit den allgemeinen Konzepten der objektorientierten Programmierung und deren Umsetzung in ABAP vertraut.

In diesem Kapitel erläutere ich die objektorientierte Programmierung im Allgemeinen, ohne auf die konkrete Implementierung in der Sprache ABAP Objects einzugehen. Die praktische Umsetzung dieses Konzepts in ABAP wird in Kapitel 11, »Die ABAP-Objects-Syntax«, und Kapitel 6, »Der Class Builder«, gezeigt.

In den folgenden Abschnitten finden Sie zu den einzelnen Konzepten jeweils einen Querverweis auf die Syntax, mit der diese umgesetzt werden. So können Sie die neu erworbenen Kenntnisse direkt im System ausprobieren.

In Abschnitt 25.1 gebe ich Ihnen zunächst eine Einführung in das Thema Objektorientierung, während die darauffolgenden Abschnitte Schritt für Schritt einzelne Konzepte erläutern. Diese Einführung richtet sich besonders an erfahrene ABAP-Entwickler, die bisher prozedural entwickelt haben. Hiermit möchte ich Sie direkt abholen und Ihnen die Vorteile der objektorientierten gegenüber der prozeduralen Programmierung aufzeigen.

Die weiteren Abschnitte dieses Kapitels bauen auf diesen Einführungen auf. Ich empfehle Ihnen daher, die Abschnitte nacheinander durchzuarbeiten. Sie reichen von der Erläuterung von Klassen und Objekten (siehe Abschnitt 25.2) über deren Instanziierung (siehe Abschnitt 25.3) bis hin zu Konzepten wie Vererbung (siehe Abschnitt 25.6) und Polymorphie (siehe Abschnitt 25.9). Ganz am Ende finden Sie eine Zusammenfassung der wichtigsten Grundsätze der Objektorientierung (siehe Abschnitt 25.10). Damit Sie Ihren Lernfortschritt besser einschätzen können, habe ich Ihnen hier auch eine Checkliste zusammengestellt, mit der Sie sich selbst testen können. Wenn Sie jeden Punkt der Liste kennen und verstanden haben, haben Sie einen wichtigen Schritt in Richtung der Anwendung von ABAP Objects getan.

25.1 Einführung für ABAP-Entwickler

Dieser Abschnitt ist für ABAP-Entwickler gedacht, die sich mit Funktionsgruppen und Funktionsbausteinen bestens auskennen. Wenn Sie bisher noch nicht die Chance hatten, mit ABAP zu programmieren, empfehle ich Ihnen, diesen Abschnitt zunächst zu überspringen und mit Abschnitt 25.2, »Klassen und Objekte«, fortzufahren.

Betrachtet man die Änderungen am SAP-System mit der Einführung von ABAP Objects, lässt sich festhalten, dass sich seitdem für Sie als ABAP-Programmierer nicht viel geändert hat: Es wurden ein neues Konstrukt, die *Klasse* zur Strukturierung von Programmen, und darauf aufbauende Konstrukte wie Interfaces und Ausnahmen eingeführt. Zusätzlich finden Sie vereinzelt bereits von SAP bereitgestellte Klassen (z. B. für den SAP List Viewer zur Tabellenanzeige), mit denen Sie bestimmte Problemstellungen lösen können. Sie als ABAP-Entwickler haben jedoch immer noch die Wahl und können ältere Konstrukte weiterhin ohne Probleme benutzen. Dies ist vielleicht auch der Hauptgrund, warum seit der Einführung von ABAP Objects im Jahr 2004 der Umschwung nur sehr langsam vonstattengeht. Denn die Klasse wird als neues Konstrukt ganz selbstverständlich zusammen mit älterem ABAP-Code verwendet, insbesondere da sich durch die Verwendung von älterem Code kaum offensichtliche Nachteile ergeben. Die Klasse bringt zwar eine andere Denkweise mit sich, muss aber wie frühere Strukturierungselemente ebenfalls definiert und letztlich benutzt werden. In ABAP kann diese Definition lokal in einem Programm oder global in Transaktion SE24 stattfinden. Diese Klassentypen lassen sich mit Unterprogrammen und Funktionsbausteinen vergleichen: Unterprogramme werden lokal im Programm definiert, dagegen werden Funktionsbausteine global in Transaktion SE37 definiert und können von überall aus dem System aufgerufen werden.

In Tabelle 25.1 stelle ich die beiden Klassentypen den älteren Konstrukten gegenüber.

Der Hauptunterschied zu den älteren Konstrukten besteht darin, dass eine Klasse (wie in Tabelle 25.1 in der Spalte »Klassen« dargestellt) deutlich mehr Funktionalität kapseln kann, während ein Funktionsbaustein nur eine Funktion enthält. So werden Daten und Funktionen (die mit den Daten arbeiten) in einer Einheit zusammengefasst. Die Trennung zwischen Daten (Ihrem Programm) und Funktionen (Funktionsbausteine) wird hierbei nicht vollzogen.

Die Zusammenfassung von Operationen und den dazugehörigen Daten hat SAP bereits früher schon so gehandhabt: Schauen Sie sich Standardprogramme von SAP an, finden Sie viele Unterprogramme, die mit globalen Daten des Rahmenprogramms arbeiten, und viele Funktionsbausteine, die auf die globalen Daten einer Funktionsgruppe zugreifen. Klassen greifen dieses Konzept auf und ermöglichen eine noch stärkere Kapselung. Klassen sind eine Weiterentwicklung in der Modularisierung, wobei noch weitere, bisher nicht vorhandene Konzepte hinzugefügt wurden.

Dies ist eine gute Nachricht: Sie müssen die Programmierung nicht neu erlernen. Sie werden auf bekannte Techniken der »klassischen« Programmierung treffen. Die Daten und die Methoden werden nur anders strukturiert. Das heißt natürlich nicht, dass es das Ziel sein sollte, prozedural mit Klassen zu programmieren.

<table>
<tr><th>Unterprogramme</th><th>Funktionsbausteine</th><th>Klassen</th></tr>
<tr><td colspan="3">Aufruf mit:</td></tr>
<tr><td><code>PERFORM</code></td><td><code>CALL FUNCTION</code></td><td><code>DATA lo_obj TYPE REF TO klasse.
CREATE OBJECT object.
Object->Methode
Klasse=>Methode</code></td></tr>
<tr><td colspan="3">Definition mit:</td></tr>
<tr><td><code>FORM form.
 "Anweisungen
ENDFORM.</code></td><td><code>FUNCTION fuba.
 "Anweisungen
ENDFUNCTION.</code>
(eingebettet in eine Funktionsgruppe, die mehrere Funktionsbausteine und globale Daten beinhalten kann)</td><td><code>CLASS klasse DEFINITION.
 "globale Daten
 METHODS: fktA, fktB.
ENDCLASS.
CLASS klasse IMPLEMENTATION.
 "mehrere Funktionen
 FUNCTION fktA.
  "Anweisungen
 ENDFUNCTION.
 FUNCTION fktB.
  "Anweisungen
 ENDFUNCTION.
ENDCLASS.</code></td></tr>
</table>

Tabelle 25.1 Die möglichen Strukturierungskonstrukte in ABAP

Durch die folgenden Erläuterungen werden Sie nämlich erkennen, dass objektorientierte Programmierung mehr bedeutet als die Erlernung der Syntax und dass sie mehr als eine Strukturvorschrift ist. Es ist eine Denkweise (ein Paradigma), die schon vor der ersten Zeile Programmcode anfängt und durch verschiedene Ansätze und die damit verbundenen Erweiterungsmöglichkeiten bereits die Zeit nach dem fertigen Programm im Blick hat. Konkret bedeutet dies: Es muss erlernt werden, wie Programme auf eine Art und Weise objektorientiert strukturiert werden können, mit der möglichst eine hohe Wiederverwendbarkeit, Erweiterbarkeit und Wartbarkeit erreicht werden kann. Dafür muss man begreifen, wie die Komplexität eines komplizierten Sachverhalts auf einfache Einheiten (Objekte) heruntergebrochen werden kann. Diese Strukturierung muss gelernt und intensiv geübt werden, bis die Vorteile voll ausgespielt werden können. Aber auch hier kommt Ihnen Ihre Erfahrung mit der klassischen Programmierung zugute: Sowohl »teile und herrsche« als auch die Datenkapselung sind zwei elementare Prinzipien, die hier gelebt werden sollten. Schließlich sollte auch kein Unterprogramm oder Funktionsbaustein Tausende von Zeilen haben und auf Tausende von globalen Variablen zugreifen. Die Funktionalität sollte in kleine beherrschbare Teile geteilt und durch eine sinnvolle Aufrufreihenfolge beherrscht werden, wobei nur die benötigten Daten über Parameter weitergereicht und entgegengenommen werden.

Nahezu alles, was Sie objektorientiert programmieren können, können Sie auch durch prozedurale Programmierung erreichen. In manchen Fällen lohnt sich dies sogar. Aber gerade in großen, sehr komplexen Implementierungen benötigen Sie hier oft deutlich mehr Quellcode und Zeit, bis irgendwann eine gewisse Grenze der Beherrschbarkeit erreicht wird – gerade wenn zusätzliche Anforderungen wie Wiederverwendung, Sicherheit, Robustheit und Performance hinzukommen.

Objektorientierte Programmierung ist kein Allheilmittel. Aber es gibt Problemstellungen, für die sich die Objektorientierung besonders gut eignet (wegen genau dieser Problemstellungen wurde die Objektorientierung erfunden), und es gibt Problemstellungen, für die sie sich weniger gut eignet. Vor allem gibt es aber – wie in der prozeduralen Programmierung – gut und schlecht geschriebenen Code.

Stellen Sie sich vor, dass Sie ein Programm mit 18.000 Zeilen vor sich haben. Durch clevere Wiederverwendung einer neuen Technologie haben Sie hier die Möglichkeit, den Quellcode auf gut 14.000 Zeilen zu reduzieren und zusätzlich noch die Wartbarkeit, Erweiterbarkeit und Wiederverwendbarkeit zu erhöhen. Teile des Programms können z. B. für das nächste Projekt ohne Kopieren direkt wiederverwendet werden. Auch wenn dies nicht nach einem Allheilmittel klingt, klingt es doch nach einer Verbesserung. Würden Sie die Chance ergreifen?

Bisherige ABAP-Programmierung sah so aus: Sie haben Programme angelegt. In diesen Programmen haben Sie Datenobjekte mit `DATA` deklariert und angefangen, Ihre Anforderung umzusetzen. Sie haben Benutzereingaben vom Selektionsbildschirm entgegengenommen und dazu passende Daten von der Datenbank selektiert, diese anschließend verarbeitet und gegebenenfalls auf die Datenbank zurückgeschrieben oder dem Benutzer auf der Oberfläche ausgegeben. Wurde Ihr Programm zu groß, haben Sie Unterprogramme und Funktionsbausteine eingeführt, um die Komplexität des Programms zu verringern und insbesondere, um es zu strukturieren. Sie dachten sich eventuell, dass Sie dieselbe Funktion in einiger Zeit noch mal gebrauchen könnten und dass Sie die Lesbarkeit erhalten wollen: ein Unterprogramm zum Lesen der Daten, ein Unterprogramm zum Verarbeiten der Daten, ein Unterprogramm zum Anzeigen der Daten und noch viele mehr.

SAP ging hier mit seinen Programmen noch einen Schritt weiter: Es wurden Funktionsbausteine angeboten, die sich in einer Funktionsgruppe befanden und so Zugriff auf dieselben dort definierten globalen Daten hatten. Es war also möglich, neben der reinen Definition von Logik durch die Anlage von Funktionsbausteinen diesen verschiedenen Funktionsbausteinen auch Daten bereitzustellen. Es fand eine Datenhaltung über mehrere Funktionsbausteine hinweg statt. Der erste Funktionsbaustein lud die Daten in die Funktionsgruppe, der zweite aufgerufene Funktionsbaustein arbeitete mit diesen Daten weiter.

Das Problem dabei war, dass die dahinterliegende Funktionsgruppe pro Programm nur genau einmal benutzt werden konnte. In den globalen Daten konnte nur genau ein Datensatz gehalten werden, mit dem die verschiedenen Funktionsbausteine arbeiteten. Ein weiteres Problem war (und führt heutzutage immer noch zu Problemen) die Frage, ob eine Funktionsgruppe bereits instanziiert wurde. Ein mehrfach aufgerufener Funktionsbaustein verwendete eventuell die Daten des vorangehenden Aufrufes, ohne dass Sie dies wollten. Hier mussten Sie sich immer manuell um das »Zurücksetzen« der globalen Daten in der Funktionsgruppe kümmern.

Die Objektorientierung umgeht genau dieses Problem: Sie fasst ebenfalls die globalen Daten (auch *Attribute* genannt) und die Funktionen (auch *Methoden* genannt) als *Klasse* zusammen (in diesem Sinnbild funktioniert eine Klasse wie eine Funktionsgruppe mit ihren Funktionsbausteinen und globalen Daten). Eine Klasse ist also erst mal nur eine reine Beschreibung: Sie sagt, welche globalen Daten innerhalb der Klasse zur Verfügung stehen und welche Methoden auf diesen Daten ausführbar sind. Die Klasse stellt zusätzlich einen Typ bereit, der genau diesen Aufbau beschreibt.

Der Clou dabei: Diese Klasse kann im Vergleich zu einer Funktionsgruppe nicht nur einmal verwendet werden. Von der Klasse können beliebig viele *Instanzen* erzeugt und in einem Datenobjekt durch `DATA` mit der Referenz auf den Typ der Klasse (wie ein Feldsymbol als Zeiger) gespeichert werden:

```
DATA lo_objekt TYPE REF TO zcl_meine_klasse.
```

Diese Instanzen (auch *Objekte* genannt) können losgelöst von ihrer Definition in anderen Aufrufen anderen Programmen übergeben werden, die anschließend mit diesen Instanzen weiterarbeiten können – samt ihren Daten, samt ihren Methoden. Das ist, als hätten Sie die Instanz einer Funktionsgruppe (mit den globalen Daten und all ihren Funktionsbausteinen) in einer Variablen zur Verfügung und könnten diese beliebig durch Ihr Programm reichen. Genau dies ist mit Objekten möglich.

Die Instanz einer Klasse könnte also z. B. in einem Funktionsbausteinparameter mitgegeben werden:

```
CALL FUNCTION zmein_fuba
  EXPORTING
    objekt = lo_objekt.
```

Dazu müsste der Funktionsbaustein nur einen Parameter vom Typ der Klasse anbieten.

Jetzt stellen Sie sich vor, es würde eine Anzeigetabelle als Funktionsgruppe modelliert. Auch hier wird man aufgrund der vielen Bestandteile (Spalten, Funktionen, Kopfbereich, Fußbereich) für jeden Bestandteil jeweils eine Funktionsgruppe anlegen, die neben den anderen Funktionsgruppen existiert. Jede Funktionsgruppe hat ihre eigenen Funktionsbausteine, um jeweils mit diesen Bestandteilen zu arbeiten.

Stellen Sie sich jetzt weiter vor, Sie könnten diese neuen Funktionsgruppen innerhalb der ersten Funktionsgruppe anlegen, um die Zugehörigkeit besser zu definieren und dafür zu sorgen, dass beliebig viele neue Tabellen von dieser Funktionsgruppe gebaut werden können. Jede dieser Funktionsgruppen könnten Sie dabei bei Bedarf erneut instanziieren und benutzen.

Beispielsweise könnte eine Instanz einer Funktionsgruppe mit dem Namen SPALTE jeweils eine einzelne Spalte darstellen, die globale Daten für die einzelnen Eigenschaften der Spalte (z. B. für die Überschrift) sowie Funktionsbausteine z. B. für das Umbenennen der Spalte anbietet. Hätte eine Tabelle also fünf Spalten, existierten innerhalb der ersten Funktionsgruppe für diese Tabelle fünf weitere instanziierte Funktionsgruppen. Für jede dieser Spalten könnten Sie denselben Funktionsbaustein (der jeweiligen instanziierten Funktionsgruppe) zum Umbenennen aufrufen.

Ein solches Verhalten lässt sich mit Funktionsgruppen natürlich nicht umsetzen. Aber genau dies ist mit Klassen möglich. Ein Attribut, als globale Variable, kann vom Typ einer Klasse sein und damit beliebig viele Instanzen von Objekten beinhalten.

SAP hat genau diese beschriebene Vorgehensweise (z. B. mit den Spalten) mithilfe von Klassen umgesetzt. In Abbildung 25.1 sehen Sie eine solche Klasse (CL_SALV_TABLE) mit einem Attribut vom Typ einer anderen Klasse (CL_SALV_COLUMNS_TABLE). Die Klasse erlaubt es Ihnen, innerhalb eines Programms beliebig viele neue Tabellen zur Anzeige aufzubauen. Die Verwendung genau dieser Klasse finden Sie in Kapitel 19, »Tabellenanzeige mit dem SAP List Viewer (ALV)«, beschrieben.

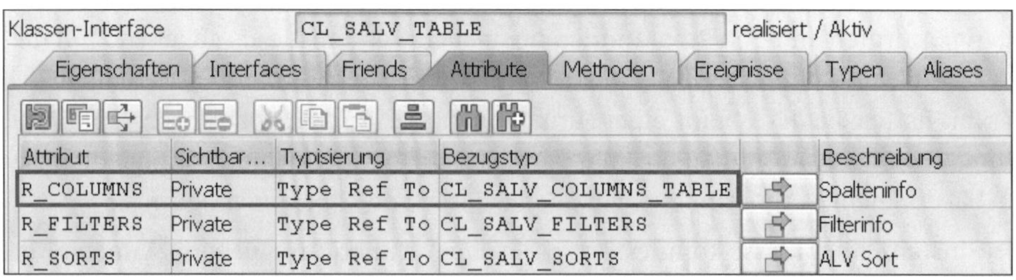

Abbildung 25.1 Ein Attribut vom Typ einer anderen Klasse

Zusätzlich bieten Klassen weitere Vorteile gegenüber der prozeduralen Programmierung. So kann die Definition einer bestehenden Klasse auf eine andere, neue Klasse übertragen werden. Dies können Sie sich so vorstellen, als könnten Sie mit einem Befehl dafür sorgen, dass eine Funktionsgruppe dieselben Funktionsbausteine und globalen Daten hat wie eine andere Funktionsgruppe und dass Sie diese beliebig um neue Parameter, Funktionsbausteine und globale Daten erweitern und sogar die Implementierung von bestehenden Funktionsbaustein ändern können. Dieser Mechanismus wird in der objektorientierten Programmierung *Vererbung* genannt.

Dieses Konzept erleichtert nicht nur die Wiederverwendung, sondern vermeidet auch Redundanzen. Haben Sie beispielsweise zwei Klassen, die zum Teil dieselbe Definition aufweisen, können Sie diese Definition in eine dritte Klasse auslagern und von dieser Klasse anschließend erben. Müssen Änderungen durchgeführt werden, müssen diese nur noch an einer Stelle (in der Oberklasse) und nicht mehr in zwei Klassen durchgeführt werden, da die Änderungen direkt in den anderen beiden Klassen bereitstehen. Neben dieser reinen Redundanzvermeidung wird das Konzept der Vererbung gerade auch für die Spezialisierung verwendet. Das heißt, dass die erbende Klasse mehr kann, als die Klasse, von der sie erbt. Dies verbessert auch die Wartbarkeit Ihrer Programme. Neben diesen beiden prinzipiellen Konzepten der Datenkapselung und der Vererbung gibt es mit Ereignissen und Interfaces weitere Konzepte der Objektorientierung, die ich Ihnen im Laufe des Kapitels vorstellen möchte.

25.2 Klassen und Objekte

In der Softwareentwicklung werden viele Programme geschrieben, die eine Abbildung der realen Welt darstellen. So kann eine Software etwa den Verkehr simulieren, eine Lagerverwaltung, ein Ticketsystem oder eine Fahrtenplanung für eine Schifffahrtsgesellschaft abbilden – oder die Ressourcen innerhalb eines Unternehmens verwalten (Enterprise Resource Planning, ERP), wie es beim SAP-System der Fall ist. Hier werden Unternehmensprozesse der realen Welt in einer Software abgebildet.

Irgendwann (genauer gesagt 1974) hatte Alan Key die Idee, »Objekte der realen Welt« direkt in einem Programmcode abzubilden. Anstelle von losen Sammlungen von globalen Daten und Unterprogrammen, die diese Daten bearbeiten, sollte ein Programm komplett aus Objekten bestehen, die sich gegenseitig Nachrichten zuschicken.

Eine direkte Nachbildung jedes einzelnen Objekts der realen Welt wäre bei Weitem zu umfangreich. Also versuchte man sich in der Abstraktion. Es wurde versucht herauszufinden, was diese Objekte gemeinsam haben. Es wurden Eigenschaften und Verhaltensweisen identifiziert. Dabei versuchte man nicht, Gemeinsamkeiten aller Objekte zu finden, sondern nur die Gemeinsamkeiten von Objekten *einer Art*. Es wurde also eine *Klassifikation* der Objekte vorgenommen.

Für die Schifffahrtsgesellschaft wurden beispielsweise die Klassen: Schiffe, Kapitäne, Passagiere, Anlegeplätze, Tickets definiert. Ebenso wurden auch abstrakte Objekte wie Routen identifiziert.

Anschließend wurde überlegt, was diese klassifizierten Objekte jeweils gemeinsam haben. Was haben z. B. alle Arten von Schiffen gemeinsam? Was haben alle Arten von Tickets gemeinsam? Diese Eigenschaften (*Attribute*) dieser klassifizierten Objekte wurden mithilfe von Datenobjekten (Variablen, Strukturen und internen Tabellen) definiert. Das Verhalten dieser Objekte wurde durch Operationen implementiert, die durch eine Schnittstelle (Ein- und Ausgabeparameter) aufgerufen werden können.

Diese Attribute und Methoden wurden der Klasse zugeordnet. Damit beschreibt eine Klasse (eine Klassifikation) Objekte mit gemeinsamen Eigenschaften und stellt ein gemeinsam definiertes Verhalten in Form von Operationen bereit.

Diese Klassen sind reine Beschreibungen, d. h., sie können nicht ohne Weiteres in der Programmierung verwendet werden. Um mit Ihnen zu arbeiten, muss zur Laufzeit der Programme ein Exemplar der Klasse (engl. *Instance*) erstellt werden. Dieses Vorgehen wird *Instanziieren* genannt, während die zur Laufzeit existierenden Exemplare einer Klasse *Instanzen* heißen.

Eine Klasse ist somit ein Bauplan für Instanzen, und es können beliebig viele Instanzen einer Klasse erzeugt werden. In der Praxis werden diese Instanzen häufig auch *Objekte* genannt. Jede Instanz besitzt einen eigenen Speicherbereich, ein eigenes lokales Gedächtnis. Dieser Speicherbereich wird durch die in der Klasse definierten Attribute (und die dort definierten Typen) vorgegeben und bei der Erzeugung im Arbeitsspeicher reserviert. Jede Instanz agiert komplett unabhängig von anderen Instanzen. In Abbildung 25.2 sind beispielsweise zwei Instanzen der Klasse `Material` aufgeführt. Die Klasse definiert ein Attribut `Materialtyp` vom Typ `string` und zwei Methoden. Eine Methode `setze_typ()` für das Setzen des Attributs `name` und eine Methode `zeige_an()`, die den Typ in der Listenausgabe ausgeben kann.

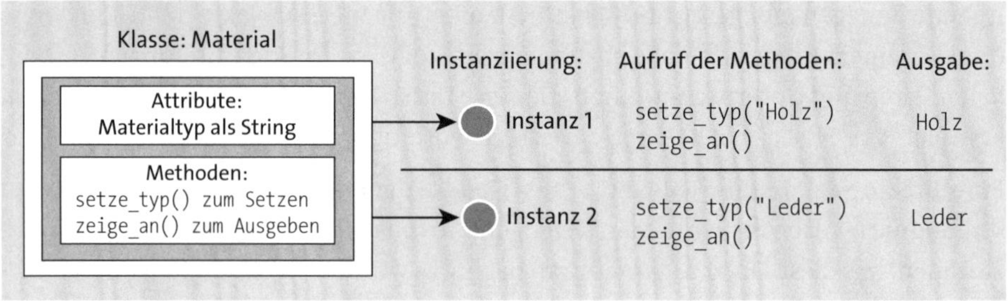

Abbildung 25.2 Instanzen einer Klasse

Durch das Aufrufen der Methode `setze_typ("Holz")` der Instanz 1 wird das Attribut `Materialtyp` auf den Wert »Holz« gesetzt. Wird die Methode `zeige_an()` der Instanz 1 aufgerufen, wird das Attribut ausgelesen und der Wert »Holz« in der Listenausgabe ausgegeben. In beiden Fällen wurde die Methode ursprünglich in der Klasse definiert.

Das Besondere ist somit, dass jeder Instanz dieselben Methoden bereitstehen, diese aber abhängig von den Attributen der Klasse unterschiedlich agieren können. Jede Methode kann dabei die Attribute einer Instanz manipulieren. So manipuliert beispielsweise die Methode `setze_typ()` je nach Übergabe das Attribut `Materialtyp`.

Ein Attribut kann auch vom Typ einer anderen Klasse sein. Dadurch kann eine Instanz einer Klasse eine weitere Instanz einer anderen Klasse beinhalten. Dies lässt sich beliebig schachteln.

Zusätzlich haben Sie in ABAP die Möglichkeit, innerhalb einer Klasse Datentypen (mit der Anweisung TYPES) zu definieren. Diese Datentypen stehen dann innerhalb der Klasse zur Definition von Attributen und Parametern von Methoden zur Verfügung (siehe Abbildung 25.3).

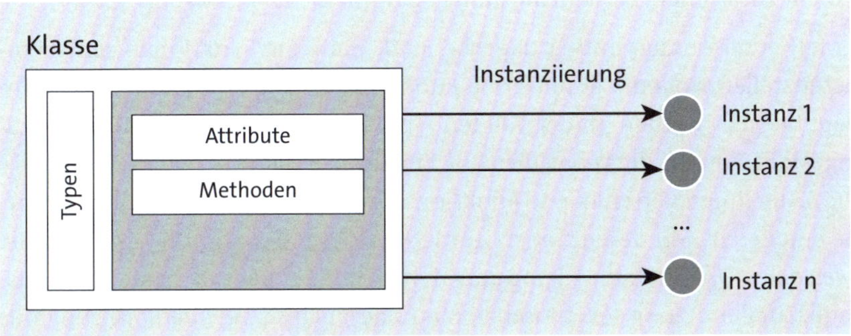

Abbildung 25.3 Grundaufbau einer Klasse

[«]

Grundaufbau einer Klasse

Wie Sie den Rumpf einer Klasse definieren, ist in Abschnitt 11.1, »Grundaufbau einer Klasse«, beschrieben. Darüber hinaus erkläre ich in Abschnitt 6.1, »Klassen anlegen«, wie Sie eine globale Klasse in Transaktion SE24 anlegen.

25.2.1 Statische Klassen

Neben normalen Klassen, von denen Sie beliebig viele Instanzen erzeugen können, gibt es auch statische Klassen, von denen Sie keine weiteren Instanzen erzeugen können. Die Komponenten dieser statischen Klassen können daher direkt verwendet werden. Diesen Mechanismus gibt es in der Objektorientierung, weil es beim Start des Programms einen Quellcode geben muss, der in der Lage ist, Quellcode auszuführen, ohne vorher selbst instanziiert zu werden. In der Programmiersprache Java gibt es hierfür z. B. die `main()`-Methode, die ausgeführt wird, wenn das Programm gestartet wird. In ABAP wird ein solcher Mechanismus nur bedingt benötigt, da mit einem Report schon ein direkt ausführbares Konstrukt existiert, das sich um die Instanziierung einer Klasse kümmern kann.

Eine statische Klasse, die nur statische Komponenten hätte, entspräche genau einer Funktionsgruppe: Diese kann sowohl globale Daten enthalten als auch mehrere Funktionsbausteine. In Klassen sind die globalen Daten Attribute, die Methoden sind die Funktionsbausteine. Eine *statische Methode* ist daher nichts anderes als ein besserer Funktionsbaustein: Sie können die Methode direkt von der Klasse aus aufrufen und ebenfalls Parameter mitgeben.

Der Vorteil, den Sie bei Methoden genießen, liegt in der Überprüfung der Typen der Parameter. Während dies bei einem Funktionsbaustein erst zur Laufzeit geschieht (und dadurch ein unvermeidlicher Programmabbruch stattfindet), werden die angegebenen Typen beim Aufruf der Methode direkt vom ABAP Compiler überprüft. Passen diese nicht zusammen, können Sie das Programm nicht aktivieren.

Statische Methoden werden immer dann benutzt, wenn Sie Funktionen zentral im System bereitstellen wollen – ähnlich wie Funktionsbausteine von SAP zentral im System bereitgestellt werden. In den letzten Jahren ist eine Reihe von Klassen von SAP bereitgestellt worden, die genau dies tun. Ein Beispiel ist die Klasse `CL_GUI_FRONTEND_SERVICES`, die Ihnen verschiedene Funktionen zur Interaktion mit der Benutzeroberfläche bereitstellt. Mit deren statischer Methode `FILE_OPEN_DIALOG()` können Sie beispielsweise den Datei-öffnen-Dialog aufrufen, damit der Benutzer eine Datei auswählen kann. Zur Benutzung der statischen Methode (auch *Klassenmethode* genannt) müssen Sie nichts weiter tun, als sie direkt aufzurufen, eine Instanz der Klasse muss nicht erzeugt werden.

In ABAP können Sie eine Klasse nicht komplett als statisch oder dynamisch (d. h. als normale Klasse) definieren, sondern nur die einzelnen Komponenten. Dies führt dazu, dass eine Klasse sowohl dynamische Komponenten als auch statische Komponenten haben kann. Statische Attribute (auch *Klassenattribute* genannt) könnten beispielsweise dazu verwendet werden, die erzeugten Instanzen einer Klasse zu zählen. Mit jeder neu erzeugten Instanz der Klasse wird das Klassenattribut um 1 erhöht.

Beim Instanziieren der Klasse werden dabei nur die dynamischen Komponenten kopiert und bereitgestellt, während die statischen Komponenten prinzipiell immer bereitstehen. Ein Zugriff auf beides ist möglich: auf die statischen Komponenten über den Klassennamen (**`klasse=>`**`statische_methode`) und auf die dynamischen Komponenten über die erzeugte Instanz der Klasse (**`objekt->`**`dynamische_methode`). Wenn Sie also im Quelltext ein `=>` sehen, dann wissen Sie, dass es sich hier um den Aufruf einer statischen Methode handeln muss.

In ABAP bleiben gesetzte statische Attribute nur so lange erhalten, wie die interne Sitzung eines Programms ausgeführt wird. Nach Beendigung des Programms gehen die gesetzten Daten verloren, ganz analog zu den Daten einer Funktionsgruppe.

25.3 Instanziierung

Instanzen einer Klasse werden nicht durch die Datendeklaration erzeugt, sondern durch eine spezielle Anweisung. In ABAP ist dies die Anweisung `CREATE OBJECT` oder die Konstruktoranweisung `NEW`, die ab ABAP 7.40 verfügbar ist. Durch die Verwendung dieser Anweisungen wird von der angegebenen Klasse eine Instanz erzeugt und

Speicherplatz für die Attribute der Klasse im Hauptspeicher reserviert (siehe Abbildung 25.4).

Um mit der Instanz weiterarbeiten zu können, muss ein Zeiger auf diesen Hauptspeicher über ein Datenobjekt bereitgehalten werden. Dies wird durch eine Zeigervariable realisiert, die mit `DATA` und dem Zusatz `TYPE REF TO` erzeugt werden kann. Diese Zeigervariable hat den Typ der entsprechenden Klasse.

In ABAP Objects wird eine solche Referenzvariable wie folgt definiert:

```
DATA instanz TYPE REF TO klasse.
```

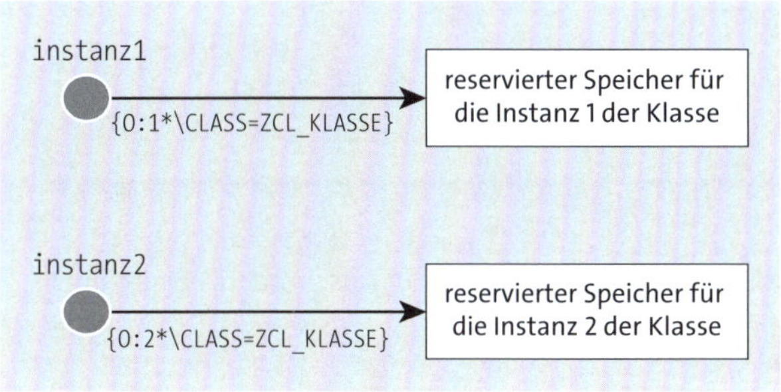

Abbildung 25.4 Referenz einer Instanz

Zeigt kein Zeiger mehr auf die erzeugte Instanz der Klasse, können Sie nicht mehr auf die Instanz zugreifen. Diese »verlorenen« Instanzen werden durch den *Garbage Collector*, der in regelmäßigen Abständen den Hauptspeicher durchsucht, gefunden und zerstört, wodurch der dahinterliegende Speicherplatz wieder freigegeben wird. In Abbildung 25.5 ist ein solcher Fall dargestellt. Der Zeiger der Variablen `instanz1` wurde gelöscht, der Garbage Collector hat die verwaiste Instanz gefunden und den Speicherplatz wieder freigegeben.

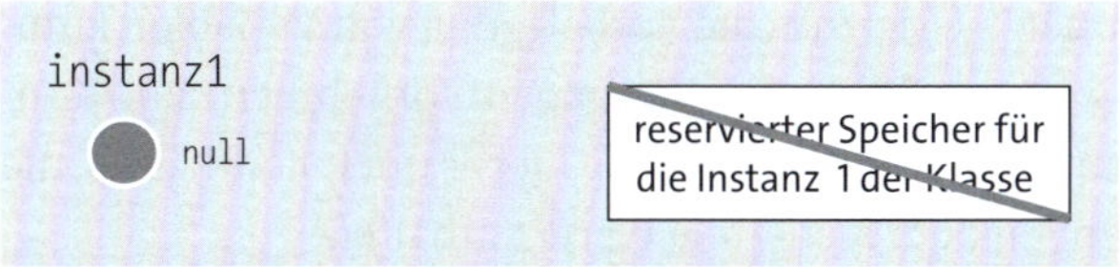

Abbildung 25.5 Fehlende Referenz einer Instanz

Bei der Arbeit mit mehreren Instanzen einer Klasse ist zu beachten, dass die Objektidentität völlig unabhängig von dem Zustand (d. h. der Ausprägung der Attribute) der Instanz ist. Wenn Sie also mit `instanz1 = instanz2` eine Zuweisung vornehmen, wird die Instanz 1 zerstört, und beide Referenzvariablen verweisen nun auf dieselbe Instanz. In Abbildung 25.6 ist dies dargestellt.

25

Die einzelnen Attribute der einen Instanz werden nicht in die andere Instanz kopiert. Dies müssen Sie, falls gewünscht, händisch für jedes einzelne Attribut machen.

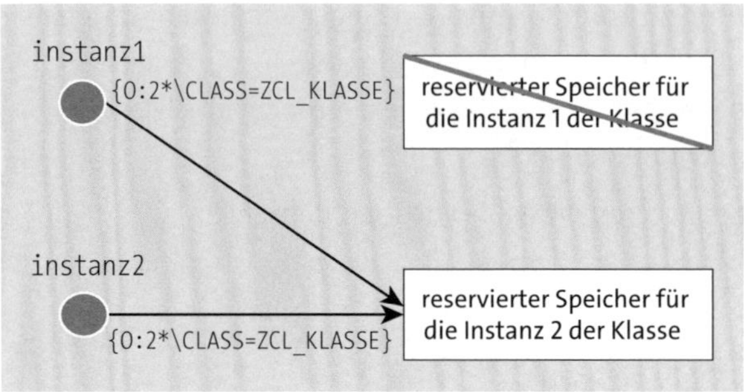

Abbildung 25.6 Referenz zuweisen

[»]

Instanziierung einer Klasse

Wie Sie eine Klasse mithilfe von ABAP instanziieren, ist in Abschnitt 11.1.1, »Instanziierung von Klassen«, beschrieben.

25.3.1 Konstruktoren

Konstruktoren sind besondere Methoden, die bei der Erzeugung oder beim Zugriff auf Klassenkomponenten aufgerufen werden. Es werden zwei Konstruktoren unterschieden:

- **Konstruktor**
  Diese vordefinierte Methode wird immer dann aufgerufen, wenn eine Klasse instanziiert, also eine Instanz der Klasse erzeugt wird, aber maximal einmal pro Instanz. Der Aufruf geschieht automatisch und kann nicht manuell durchgeführt werden. Im Konstruktor können Sie sich um die Vorbelegung von Variablen kümmern und gegebenenfalls wichtige Datenbeschaffungen vornehmen. Ein Konstruktor kann nur Eingabeparameter, aber keine Ausgabeparameter enthalten, die in der Regel die vorzubelegenden oder steuernde Werte enthalten.
- **Klassenkonstruktor**
  Diese Methode wird aufgerufen, wenn zum ersten Mal auf eine statische Komponente (d. h. auf ein statisches Attribut oder eine statische Methode) der Klasse zugegriffen wird. Der Aufruf geschieht genau einmal pro Klasse.

Zusätzlich kennt die Objektorientierung einen Destruktor, also eine Methode, die immer dann aufgerufen wird, wenn eine Instanz einer Klasse zerstört wird. Hier können abschließende Maßnahmen durchgeführt werden. Ein solcher Destruktor kann in einer ABAP-Klasse zwar definiert, aber nicht vom Kunden implementiert werden. Dies ist SAP vorbehalten.

[«]

Definition von Konstruktoren

Die Definition von Konstruktoren in ABAP beschreibe ich für lokale Klassen in Abschnitt 11.5 und für globale Klassen in Abschnitt 6.1.9.

25.4 Datenkapselung

Eines der vier Grundprinzipien der Objektorientierung ist die *Datenkapselung*. Konkret geht es darum, den inneren Aufbau einer Klasse nach außen hin zu verbergen und Änderungen an Attributen (und damit an Objektzuständen) nur über dafür vorgesehene Methoden zu erlauben. Ein direkter Zugriff auf Attribute sollte nicht erlaubt werden.

Dieses Konzept wird bereits durch die Funktionsbausteine in ABAP umgesetzt. Ein direkter Zugriff auf die globalen Variablen ist standardmäßig (d. h. ohne Dirty Assign) nicht möglich; die Benutzung ist nur über die Schnittstelle des Funktionsbausteins möglich.

Durch die Datenkapselung soll sichergestellt werden, dass ausgehend von einem Anfangszustand (nach der Instanziierung) der aktuelle Zustand eines Objekts nur durch die Folge von Methodenaufrufen definiert ist, die das Objekt bis dahin ausgeführt hat. Dadurch wird die Konsistenz gewährleistet, und es kann zu keinem unvorhersehbaren und ungewünschten Programmverhalten kommen.

Ließe man jedem Benutzer den Zugriff auf alle Komponenten einer Instanz, bestünde die Gefahr inkonsistenter Zustände, in deren Folge das Verhalten (bei einem Aufruf der Methoden) nicht mehr vorhersehbar wäre und es im schlimmsten Fall zu einem Programmabbruch kommen könnte. Das liegt nicht daran, dass dies bewusst herbeigeführt würde, sondern dass es ein zweiter Programmierer (der die Klasse nur benutzt und nicht programmiert hat) einfach nicht besser weiß. Angenommen, der Programmierer der Klasse hat vorgesehen, dass zur korrekten Ausführung der Methode x vorher ein Attribut y gesetzt werden muss. Woher soll der zweite Programmierer dies wissen? Aus der Dokumentation wäre hier die falsche Antwort. Jedem Benutzer einer Klasse muss dafür eine klar definierte Schnittstelle in Form von Methoden bereitgestellt werden. Erst dadurch ermöglichen Sie eine fehlerfreie und klar beschriebene Verwendung Ihrer Klasse und deren Instanzen. Jedem Benutzer der Klasse stehen nur die öffentlich bereitgestellten Methoden zur Arbeit zur Verfügung, und er hat keinen direkten Zugriff auf die Attribute einer Klasse.

Die Datenkapselung ist also ein Konzept, das zur Robustheit Ihrer Programme beiträgt, und gleichermaßen ein wichtiges Argument für die objektorientierte Programmierung: Sie ermöglicht die Arbeitsteilung. Erst durch das Prinzip der Datenkapselung kann sich der Programmierer losgelöst auf die Implementierung seiner Klasse und die damit abgebildete Teilfunktionalität konzentrieren. Alles, was er anderen Programmierern mitteilen muss, ist, wie die Funktionalität seiner Klasse verwendet werden kann.

Natürlich war dieses Prinzip innerhalb des SAP-Systems bereits mit den Funktionsbausteinen möglich (denn auch dort ist eine klar definierte Schnittstelle vorhanden, und die Arbeitsteilung ist möglich). Sie müssen sich aber vor Augen halten, dass es globale Prozeduren wie Funktionsbausteine eben nicht in jeder Programmiersprache gibt und die Objektorientierung losgelöst von SAP und ABAP entwickelt wurde. Es wird auch eine Zeit kommen, in der Funktionsbausteine abgelöst werden.

Folgende Sichtbarkeiten werden in der Objektorientierung unterstützt (zur Umsetzung in ABAP und den Klassenkomponenten siehe auch Abschnitt 11.2, »Sichtbarkeiten«):

- **Öffentlich (public)**
  Die Komponente ist nach außen hin sichtbar und zugreifbar.
- **Privat (private)**
  Die Komponente ist nur innerhalb der Klasse sichtbar und zugreifbar.
- **Geschützt (protected)**
  Wie privat, nur dass die Komponente auch für Kindklassen (bzw. Unterklassen) sichtbar und zugreifbar ist.
- **Paketzugriff (package)**
  Für andere Klassen desselben Pakets gilt diese Angabe wie die Angabe öffentlich, für Klassen außerhalb des Pakets gilt diese Angabe wie die Angabe geschützt (dies trifft auch auf SAP-Pakete zu). Mehr Informationen zu Paketen erhalten Sie in Abschnitt 1.4.7, »Der Package Builder«.

Wie eingangs erwähnt, sollen Attribute immer privat gesetzt werden, und der Zugriff auf die Attributwerte sollte nur über Methoden erfolgen. Das heißt, ein direkter Zugriff auf die Attribute von außen ist nicht möglich. Wollen Sie ein Attribut von außen mit einem Wert versorgen oder auslesen, muss die Klasse dazu zwei Methoden anbieten:

- `GET_ATTRIBUTNAME()` zum Auslesen (auch *Selektor* genannt)
- `SET_ATTRIBUTNAME()` zum Schreiben (auch *Modifikator* genannt)

`ATTRIBUTNAME` steht hier jeweils für den Namen des Attributs der Klasse. Die Methoden überprüfen, ob der Wert für das Attribut zulässig ist, und wandeln den übergebenen Wert gegebenenfalls um.

In Abbildung 25.7 können Sie eine Klasse in UML-Notation sehen (darauf gehe ich in Kapitel 26, »Unified Modeling Language (UML)«, ausführlicher ein). Die Klasse `Auftrag` enthält nur private Attribute (erkennbar an dem Minuszeichen »–« davor) und stellt für diese jeweils öffentliche Methoden (erkennbar an dem Pluszeichen »+« davor) zum Setzen und Lesen bereit. Für das Attribut `kunde` gibt es beispielsweise eine Methode `setKunde()` und eine Methode `getKunde()`. Ein direkter Zugriff auf das Attribut von außerhalb ist nicht möglich.

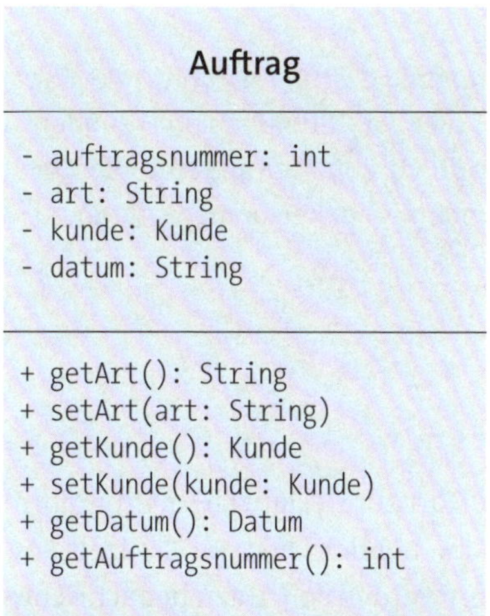

Abbildung 25.7 Zugriffsmethoden in einer Klasse

Definition der Sichtbarkeiten

Die Definition von Sichtbarkeiten in ABAP beschreibe ich für lokale Klassen in Abschnitt 11.2 und für deren Klassenkomponenten im Abschnitt »Komponentensichtbarkeit« innerhalb desselben Abschnitts. Für globale Klassen erfolgt die Definition in Transaktion SE24 unter der jeweiligen Registerkarte für die einzelnen Klassenkomponenten (Methoden, Attribute, ...) in der Spalte **Sichtbarkeit**.

25.4.1 Freunde

Klassen können andere Klassen als Freunde definieren. Dies ermöglicht der befreundeten Klasse, auf die privaten oder geschützten Komponenten der ursprünglichen Klasse zuzugreifen. Auch ein Ereignis kann dabei als Komponente einer Klasse definiert werden.

Die Beziehung ist dabei immer einseitig, d. h., die ursprüngliche Klasse kann nicht auf die Komponenten der Freundklasse zugreifen, und die Freundschaft wird nicht vererbt. In Abbildung 25.8 ist dieser Mechanismus dargestellt.

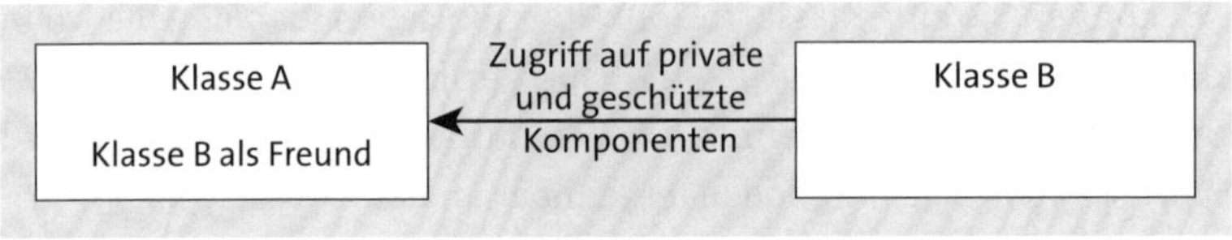

Abbildung 25.8 Zugriff auf eine Klasse durch Freunde

> **Definition von Freunden**
>
> Wie Sie einen Freund für eine lokale Klasse definieren, zeige ich in Abschnitt 11.10. Für eine globale Klasse zeige ich dies in Abschnitt 6.1.3. Bei der Definition von Freunden sollten Sie sich immer bewusst sein, dass Sie dadurch zum Teil die Vorteile der Datenkapselung aushebeln. Der Einsatz von Freunden ist daher immer kritisch zu hinterfragen.

25.5 Ereignisse

Neben normalen Methoden, bei denen die Aufrufe starr zur Designzeit im Programm hinterlegt werden, bieten Ereignisse ein Konzept an, bei dem erst zur Laufzeit entschieden werden kann, welche Methode aufgerufen werden soll. Dazu benachrichtigen Instanzen von Klassen andere Instanzen von Klassen, sobald ein bestimmtes Ereignis aufgetreten ist. Das Ereigniskonzept kann dabei auch rein statisch eingesetzt werden, d. h., dass eine statische Klasse eine andere statische Klasse beim Auftreten eines Ereignisses benachrichtigt.

Dieses Verhalten lässt sich mit einem Newsletter vergleichen. Der Anbieter des Newsletters verschickt monatlich die neuesten Tipps & Tricks für ABAP. Sie als wissensdurstiger ABAP-Entwickler schreiben sich wie viele andere mit Ihrer E-Mail-Adresse für diesen Newsletter-Dienst ein. Kommt der Newsletter heraus, wird an alle registrierten Abonnenten eine E-Mail verschickt. Der Newsletter-Anbieter ist in diesem Szenario die `Klasse A`. Der Newsletter ist das `Ereignis E` der `Klasse A`. Die Abonnenten sind jeweils eine eigene Klasse: Sie sind `Klasse B`, die weiteren Abonnenten sind Klasse `C`, `D` usw. Die E-Mail-Adressen, mit denen Sie sich für das Ereignis registrieren, sind die Methoden dieser Klassen. Während die E-Mail-Adressen angeschrieben werden, wenn der Newsletter herauskommt, wird beim Auslösen des Ereignisses die Methode »angeschrieben« (d. h. aufgerufen). Die Methode Ihrer `Klasse B` heißt etwa `behandle_ereignis_e()` (auch *Ereignisbehandler-Methode* genannt). Der Name ist frei wählbar, könnte also auch z. B. `empfange_newsletter()` heißen.

Die Klasse A bietet in ihrer Definition das Ereignis E an, während sich die Klasse B zur Laufzeit für das Ereignis E einer Instanz der Klasse A registriert. Klasse B muss bei der Registrierung eine Methode (behandle_ereignis_e()) angeben, die beim Auftreten des Ereignisses aufgerufen werden soll. Diese Methode muss die Klasse B in ihrer Definition bereits für genau das Ereignis E unter Angabe der Klasse A (und keiner anderen) definiert haben. Das heißt, Sie beziehen sich hier genau auf das Ereignis dieser Klasse. Daher gibt es z. B. genau die eine Methode behandle_ereignis_e() für Ereignis E der Klasse A.

Beim Auslösen des Ereignisses hat Klasse A die Möglichkeit, Parameter mit zu übergeben (z. B. newsletter vom Typ string), die von der Ereignisbehandler-Methode entgegengenommen werden können.

Auch Klasse C und D können sich wie Klasse B für das Ereignis von Klasse A registrieren. Dies ist beliebig skalierbar. Der Herausgeber des Newsletters hat dabei nicht die Möglichkeit, die Abonnenten zu selektieren. Wer will, der darf sich registrieren.

Wird letztlich das Ereignis der Klasse A durch eine normale Methode ereignis_ausloesen() innerhalb dieser Klasse ausgelöst, werden alle registrierten Methoden der anderen Klassen nacheinander aufgerufen. Hat sich gar keine andere Klasse mit einer Methode für das Ereignis registriert, passiert nichts. In Abbildung 25.9 ist dieser Ablauf für zwei Abonnenten grafisch dargestellt. Natürlich könnten sich jederzeit weitere Abonnenten dynamisch zur Laufzeit für das Ereignis E registrieren und würden dadurch beim Auslösen des Ereignisses entsprechend informiert werden.

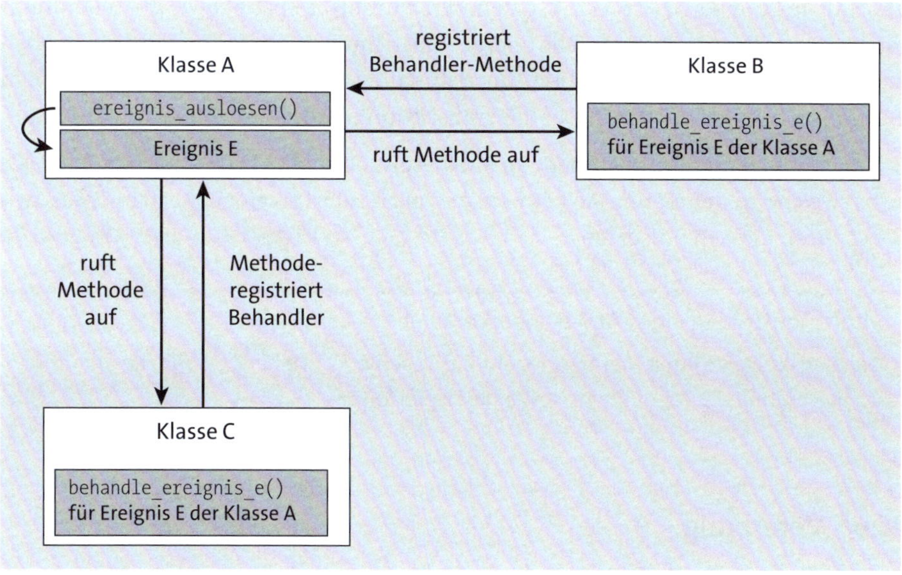

Abbildung 25.9 Schematische Darstellung des Ablaufs von Ereignissen

[»]

Implementierung eines Ereignisses

Die Implementierung eines Ereignisses für lokale Klassen zeige ich in Abschnitt 11.6, die für globale Klassen in Abschnitt 6.1.6.

Beispiel

Sie erhalten die Anforderung vom Fachbereich, eine Tabellenanzeige zu implementieren, die Materialien mit ihrer Materialnummer, der Materialkurzbeschreibung und ihrem aktuellen Bestand anzeigen soll. Der Fachbereich möchte außerdem, dass beim Doppelklick auf eine Materialnummer die Materialtransaktion für das angeklickte Material aufgerufen werden soll.

Sie verwenden eine von SAP bereits definierte Klasse `CL_SALV_TABLE`, um die Tabellenanzeige aufzubauen. Glücklicherweise ist in dieser bereits ein Ereignis `DOUBLE_CLICK` definiert, das immer dann ausgelöst wird, wenn ein Benutzer doppelt auf eine Zelle der Tabellenanzeige klickt. Da sich allerdings keine Klasse mit einem entsprechenden Ereignisbehandler für das Ereignis registriert hat, passiert momentan auch nichts, wenn das Ereignis durch einen Doppelklick ausgelöst wird.

Ihre Aufgabe ist es jetzt, eine neue Klasse und eine Ereignisbehandler-Methode bereitzustellen und sich mit dieser Methode für das Ereignis `DOUBLE_CLICK` zu registrieren. Wird dann das nächste Mal das Ereignis durch einen Doppelklick ausgelöst, wird auch Ihre Ereignisbehandler-Methode ausgeführt, und als Parameter werden (da dies von SAP im Ereignis `DOUBLE_CLICK` so definiert wurde) die Spalte sowie die Zeilennummer der doppelt angeklickten Zelle übergeben. In Ihrer Methode können Sie diese beiden Informationen nun verarbeiten, um damit die Materialnummer aus der internen Tabelle auszulesen und mit dieser die Transaktion für die Materialien aufzurufen.

In der Praxis werden Sie also eher von SAP bereits definierte Ereignisse benutzen, als selbst welche zu definieren. Sie können aber auch selbst so einen Mechanismus zwischen Ihren Klassen umsetzen.

[»]

Implementierung eines ALV-Doppelklicks

Die hier skizzierte Implementierung eines Doppelklicks in einer ALV-Tabelle erläutere ich in Abschnitt 19.2.3, »Ereignisse«, am Beispielcode.

25.6 Vererbung

Die bisher beschriebene Vorgehensweise bei der objektorientierten Programmierung ist relativ überschaubar: Es werden Attribute und Methoden zu Klassen zusammengefasst, von denen Instanzen (Kopien) erstellt werden können, mit denen zur Laufzeit unabhängig voneinander gearbeitet werden kann. Die Komponenten dieser Klassen wurden gekapselt und nur wohldefinierte Methoden nach außen hin zur Arbeit mit diesen Instanzen bereitgestellt.

Dies stellt bereits einen Vorteil gegenüber der prozeduralen Programmierung dar, allerdings fehlt noch das gewisse Extra. Vererbung ist genau dieses fehlende Puzzle-Stück und der Hauptgrund für die Effektivität der Wiederverwendung und die Vermeidung von Redundanzen im Quellcode. Die Vererbung zu verstehen und zu beherrschen (d. h. richtig anzuwenden) ist elementar für die objektorientierte Programmierung im Allgemeinen und für ABAP Objects im Speziellen.

Der Mechanismus ist dabei einfach: Klassen können Komponenten (z. B. Attribute, Methoden und Ereignisse) von anderen Klassen übernehmen. Darüber hinaus können Sie diese Komponenten beliebig um neue Komponenten erweitern.

In Abbildung 25.10 ist dies grafisch in einem UML-Klassendiagramm dargestellt (auf die verschiedenen Diagrammarten gehe ich in Kapitel 26, »Unified Modeling Language (UML)«, ein). Der Pfeil geht dabei von der Unterklasse zur Oberklasse, und an der Pfeilspitze steht ein unausgefülltes Dreieck. Die *Unterklasse* ist dabei eine *Spezialisierung* der Oberklasse (da sie z. B. mehr Attribute und Methoden enthält bzw. Methoden durch Redefinition anders implementiert), während die *Oberklasse* genereller als die Unterklasse ist (da sie weniger Attribute und Methoden enthält). Die Vererbung wird daher auch *Generalisierung* genannt.

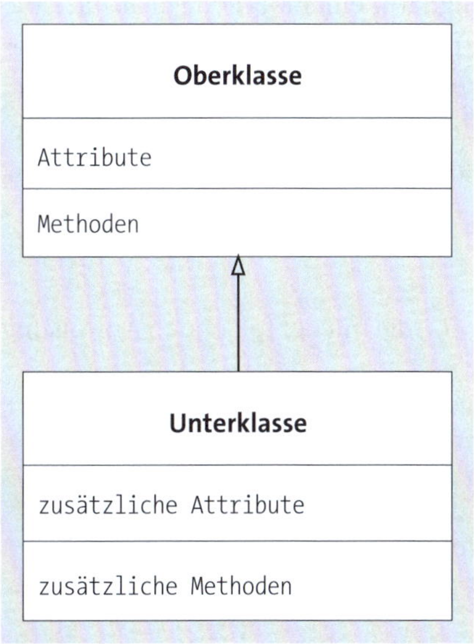

Abbildung 25.10 Vererbung von Komponenten einer Klasse

Eine Klasse in ABAP kann immer nur von *einer* Klasse erben. Es werden dabei nur Komponenten übernommen, die mit der Sichtbarkeit `public` oder `protected` definiert wurden. Dieses Verhalten können Sie z. B. ausnutzen, wenn Sie mehrere Klassen mit gemeinsamen Eigenschaften und Methoden haben, diese aber nicht immer wieder aufs Neue definieren und implementieren möchten. Würden Sie sie immer wieder neu implementieren, hätten Sie dieselben Methoden mit derselben Implementierung und damit auch mehrere Stellen, die es zu warten gilt. Mit der Vererbung haben Sie die Möglichkeit, diese Eigenschaften und Methoden in eine zentrale Klasse auszulagern, um diese nicht in jeder Klasse immer wieder neu beschreiben zu müssen.

Von dieser Oberklasse (auch *Superklasse* genannt) können andere Klassen nun erben, und Sie können so die einmal definierten Eigenschaften und Methoden in Ihre Unterklassen (auch *Subklasse* oder *Kindklasse* genannt) samt Implementierung übernehmen. In jeder Unterklasse können Sie nun neue zusätzliche Attribute und Methoden hinzufügen bzw. Methoden redefinieren und damit die Oberklasse spezialisieren.

[»]

Implementierung einer Vererbung

Die Implementierung einer Vererbung von einer lokalen Klasse beschreibe ich in Abschnitt 11.7, die von einer globalen Klasse in Abschnitt 6.1.1.

25.6.1 Redefinition

Sie haben außerdem die Möglichkeit, alle geerbten Methoden der Oberklasse mit einer neuen Implementierung zu versehen. Die Signatur einer Methode (d. h. die Parameter und Ausnahmen) können Sie hierbei allerdings (in ABAP) nicht ändern. Dieses Vorgehen wird in der Objektorientierung *Redefinition* genannt. Die Unterklasse kann die originale Methode bei Bedarf über die Pseudoreferenz `super->methode()` aufrufen. Auf diese Weise ist es nicht nur möglich, eine Methode komplett neu zu redefinieren, sondern auch, die Logik der geerbten Methode zu erweitern.

Beispiel

In der Oberklasse existiert eine Methode `ausgabe()`, die mit der folgenden Anweisung implementiert ist:

```
WRITE: / 'Oberklasse'.
```

Die Unterklasse, die die Methode `ausgabe()` von der Oberklasse erbt, redefiniert diese Methode. Als neue Implementierung wird die folgende Anweisung angegeben:

```
WRITE: / 'Unterklasse'
```

Wird die Methode `oberklasse->ausgabe()` aufgerufen, wird der Text »Oberklasse« in der Listenausgabe ausgegeben. Wird dagegen die Methode `unterklasse->ausgabe()` aufgerufen, wird der Text »Unterklasse« in der Listenausgabe ausgegeben.

Die Unterklasse ändert (redefiniert) nun die Methode `ausgabe()` wie folgt:

```
super->ausgabe().
WRITE: / 'Unterklasse'.
```

Wird nun erneut `unterklasse->ausgabe()` aufgerufen, wird Folgendes in der Listenausgabe ausgegeben:

```
Oberklasse
Unterklasse
```

Tabelle 25.2 fasst die verschiedenen Aufrufe und Ausgaben dieses Beispiels noch einmal zusammen.

Aufruf der Methode »ausgabe()«	Ausgabe
in Oberklasse	`Oberklasse`
in Unterklasse (ohne Redefinition)	`Oberklasse`
in Unterklasse (mit Redefinition)	`Unterklasse`
in Unterklasse (mit Aufruf der Methode der Oberklasse)	`Oberklasse` `Unterklasse`

Tabelle 25.2 Ausgaben vor und nach der Redefinition

Ein Konstruktor kann ebenfalls redefiniert werden, in diesem Fall muss aber der Aufruf `super->constructor()` verwendet werden, d. h. der letzte Fall in Tabelle 25.2.

[«]

Redefinierung von Methoden

Beispiele für die Redefinition von Methoden einer lokalen Klasse finden Sie in Abschnitt 11.7.1, »Redefinition von Methoden«, für die Methoden einer globalen Klasse im gleichnamigen Abschnitt in Abschnitt 6.1.5.

25

25.6.2 Klassenhierarchien

Aufgrund der Vererbung von Klassen bietet es sich an, eine Klassenhierarchie entlang einer Spezialisierungslinie aufzubauen. Jede Unterklasse stellt eine Spezialisierung Ihrer Oberklasse dar, die Oberklassen sind jeweils eine Generalisierung der Unterklassen. In Abbildung 25.11 ist eine solche Klassenhierarchie dargestellt. Es kann dabei beliebig oft vererbt werden. Je tiefer sich eine Klasse in der Vererbungshierarchie befindet, desto spezialisierter ist sie.

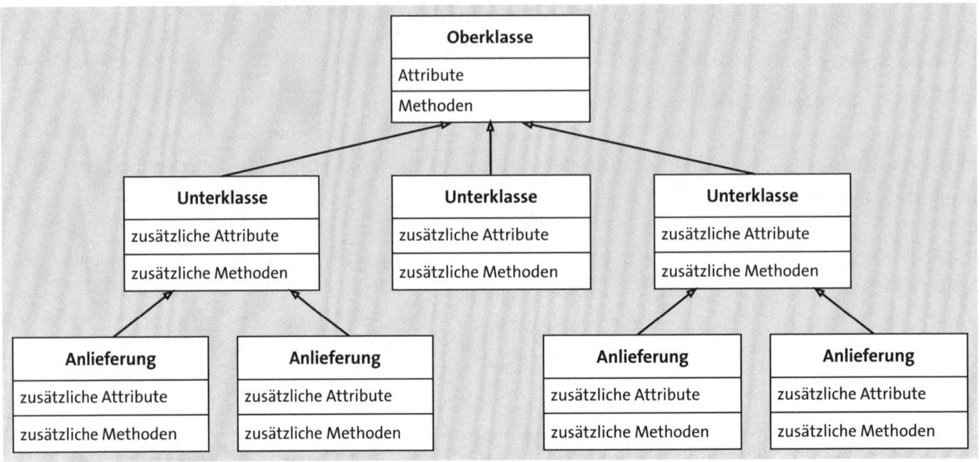

Abbildung 25.11 Eine Klassenhierarchie

Beispiel

Sie haben in Ihrem Unternehmen die Aufgabe, zehn Formulare (Rechnung, Lieferung, Anlieferung, Retoure, ...) für Ihr Unternehmen zu entwickeln. Für all diese Formulare müssen Sie die benötigten Daten mithilfe von ABAP von verschiedenen Tabellen beschaffen. Dabei haben die Formulare eine gemeinsame Schnittmenge: Es gibt eine Anschrift, einen Absender, einen Kopftext und einen Fußtext mit den Details Ihres Unternehmens. Nur der Datenbereich in der Mitte unterscheidet sich für jedes Formular. Anstatt nun die einzelnen Bestandteile für jedes Formular erneut zu programmieren, können Sie eine zentrale Klasse anlegen, die die Beschaffung der gemeinsamen Bestandteile übernimmt. Zusätzlich legen Sie für jedes Formular eine eigene Klasse an, die von dieser zentralen Klasse erbt.

Vielleicht haben Sie sogar zwei Formulare, bei denen sich die Datenbeschaffung sehr ähnelt; bei einem von diesen Formularen müssen Sie jedoch einige zusätzliche Felder definieren. In einem solchen Fall kann das Formular mit den zusätzlichen Feldern erneut von dem ersten Formular (das ja von der zentralen Klasse erbt) erben. Dadurch übernehmen Sie erneut die Eigenschaften und Methoden der Klasse, können aber zusätzlich neue Attribute hinzufügen. Auf diese Weise können Sie auf Basis eines bestehenden Formulars ein spezielleres Formular entwickeln.

In den jeweiligen Druckprogrammen, die die Formulare erzeugen, würden Sie die jeweils benötigte Klasse aufrufen, um den Datenbereich entsprechend zu beschaffen. In Abbildung 25.12 ist diese Klassenhierarchie beispielhaft für die Formulare dargestellt. Die in der Klasse `Grundformular` definierten Methoden `gib_header()`, `gib_footer()` und `gib_daten()` stehen dabei allen Formularen zur Verfügung. Die Methode `gib_daten()` wird vermutlich (dies kann für jede Unterklasse einzeln entschieden werden) redefiniert und mit einer anderen Datenbeschaffung versehen. Zusätzlich haben hier beispielhaft die Klassen Lieferung und Rechnung zwei neue Methoden definiert.

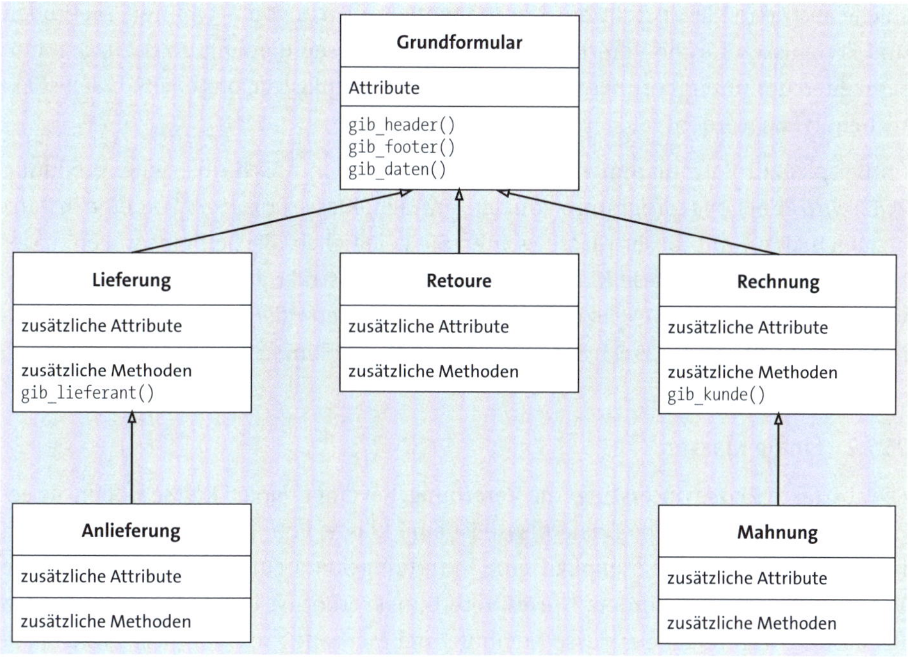

Abbildung 25.12 Klassenhierarchie für Formulare

Eine solche Klassenhierarchie vor Beginn der Programmierung zu konstruieren ist die eigentliche Kunst in der Anwendung der objektorientierten Programmierung. Hierfür muss Zeit investiert werden. Tut man dies nicht, läuft man Gefahr, eine Struktur aufzubauen, die keine sinnvolle Wiederverwendung, Erweiterung und Wartbarkeit zulässt und gegebenenfalls eine sehr schlechte Performance aufweist.

25.7 Klassenarten

Neben normalen Klassen kennt die Objektorientierung mit abstrakten und finalen Klassen zwei weitere Klassenarten.

Implementierung einer abstrakten oder finalen Klasse

Die Implementierung einer abstrakten oder finalen Klasse zeige ich in Abschnitt 11.8, »Klassenarten«, die Definition einer abstrakten oder finalen globalen Klasse mittels der Transaktion SE24 in Abschnitt 6.1, »Klassen anlegen«.

25.7.1 Abstrakte Klassen

Eine *abstrakte Klasse* ist eine Klasse, von der Sie keine Instanz erzeugen können. Eine solche abstrakte Klasse stellt nur Komponenten in Form von Attributen, Methoden und Ereignissen für die Vererbung bereit. Diese Klassen dienen also dazu, Gemeinsamkeiten der untergeordneten Klassen zusammenzufassen, ohne jemals selbst aktiv benutzt zu werden.

Im Beispiel zur Formularentwicklung aus dem vorigen Abschnitt (siehe Abbildung 25.12) wird kein Druckprogramm von der zentralen Klasse `Grundformular` eine Instanz erzeugen, denn mit dieser Klasse wollten Sie ja lediglich die Gemeinsamkeiten der Formulare abbilden. Diese Klasse kann daher als abstrakt gekennzeichnet werden, wodurch die Erzeugung explizit verboten wird. Die Methoden könnten durch Redefinition (siehe Abschnitt 25.6.1) entsprechend fertig implementiert werden.

25.7.2 Finale Klassen

Die abstrakte Klasse unterstützt die Vererbung. Bei einer *finalen Klasse* wollen Sie genau dies verhindern. Eine finale Klasse ist eine Klasse, von der nicht geerbt werden kann. Dadurch kann also explizit eine Vererbungshierarchie beendet und weitere Vererbung untersagt werden. Dieses Vererbungsverbot ist insbesondere dann von Bedeutung, wenn die Oberklasse Attribute und Methoden mit der Sichtbarkeit `protected` hat, da auf diese in der Unterklasse beliebig zugegriffen werden kann, was ein potenzielles Sicherheitsrisiko darstellen kann.

25.8 Interfaces

Wie in Abschnitt 25.3, »Instanziierung«, erläutert, brauchen Sie für die Instanziierung immer den Namen der Klasse, da dieser den Typ der Objektreferenzvariablen darstellt.

```
DATA instanz TYPE REF TO klasse.
```

Dies bedeutet, dass Sie in jedem Fall die Klasse hinter der Instanz, mit der Sie arbeiten wollen, kennen müssen, da Sie ansonsten eine solche Objektreferenzvariable nicht definieren können. Ein *Interface* bietet einen Mechanismus an, dank dem der Typ der Klasse zur Laufzeit nicht bekannt sein muss und dennoch mit einer Instanz gearbeitet werden kann. Es muss lediglich bekannt sein, welche Methoden und Attribute diese »anonyme« Klasse bereitstellt, damit Sie sie benutzen und aufrufen können. Ein Interface stellt genau solch eine Menge von Komponenten bereit, indem es wie eine Klasse Methoden, Attribute und Ereignisse definiert. Die Methoden können dabei allerdings nicht implementiert werden, d. h., es kann für sie kein ABAP-Code angegeben werden. Lediglich die Definition des Namens der Methode und die der Schnittstelle (Parameter und Ausnahmen) sind möglich.

Da für die Methoden keine Implementierung angegeben ist, kann ein Interface auch nicht instanziiert werden. In Abbildung 25.13 sind die möglichen Komponenten eines Interface zusammengefasst.

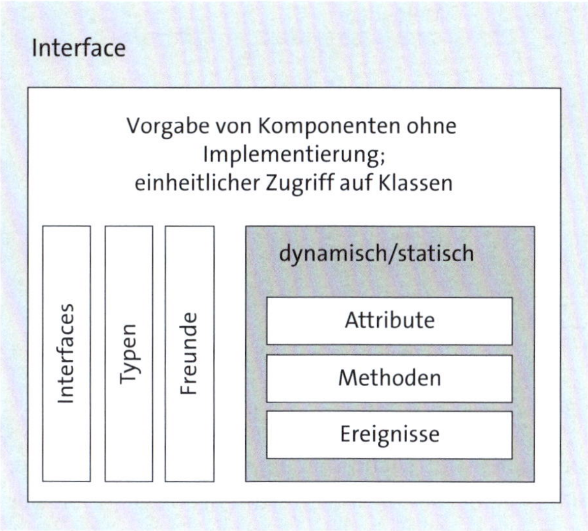

Abbildung 25.13 Grundaufbau eines Interface

Interfaces haben also Komponenten ohne Implementierung und können nicht instanziiert werden. Sie definieren nur eine Teilmenge von Eigenschaften. Zusätzlich definiert ein Interface (wie eine Klasse auch) einen eigenen Typ, von dem später Objektreferenzvariablen (mit `DATA` und `TYPE REF TO`) definiert werden können.

Dieses Interface können Sie nun benutzen, um die so definierten Komponenten anderen Klassen vorzugeben. Dazu muss die Klasse das Interface bekannt machen und dafür sorgen, dass die vorgegebenen Methoden implementiert werden. Jede Klasse kann selbst »entscheiden« (wenn nicht explizit vom Interface vorgeschrieben), wie sie die Attribute und Methoden verwendet, d. h., jede Klasse könnte z. B. die Methoden anders implementieren, je nachdem, welche Funktion gewünscht ist. Im Beispiel mit den Formularen könnten Sie die Methoden (z. B. `gib_positionsdaten()`) und Attribute, die jedes Formular haben soll, also beispielsweise auch mit einem Interface umsetzen.

Eine Klasse kann nicht nur ein Interface, sondern beliebig viele Interfaces implementieren. In Abbildung 25.14 implementieren zwei Klassen dasselbe Interface und übernehmen dadurch die im Interface definierten Attribute (`Attribute_aus_IF`) und Methoden (`Methoden_aus_IF`). Dies wird durch die gestrichelten Linien der Pfeile dargestellt.

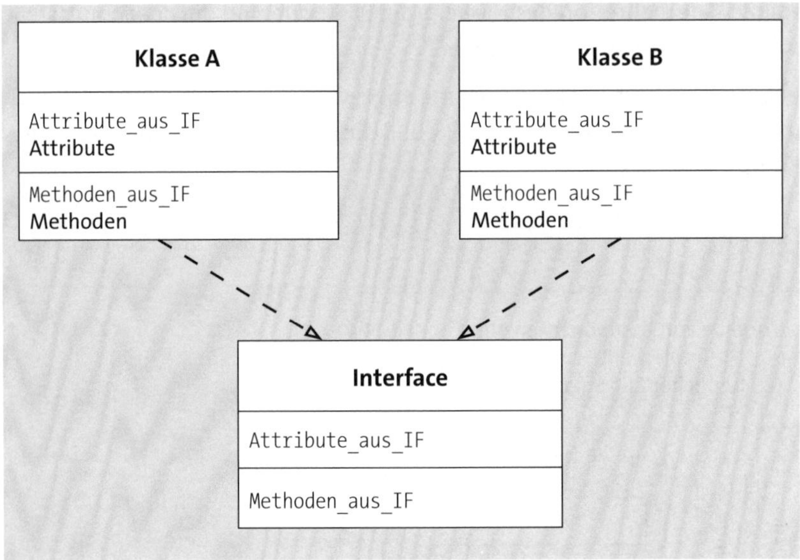

Abbildung 25.14 Implementierung eines Interface in einer Klasse

Dadurch haben beide Klassen eine gemeinsame Schnittmenge an Attributen und Methoden. Über das Interface kann nun genau auf diese Schnittmenge zugegriffen werden. Dabei spielt es keine Rolle, welche Klasse eigentlich das Interface implementiert. Der Klassentyp muss dabei nicht bekannt sein; die Klasse muss lediglich das Interface implementieren. Tut sie das, ist sichergestellt, dass die Klasse auch wirklich die definierten Attribute und Methoden besitzt. Für den Zugriff muss die Instanz einer Klasse in eine Objektreferenzvariable vom Typ des Interface geschrieben werden.

Beispiel 1

Sie haben zwei Klassen, `Klasse_A` und `Klasse_B`. Beide haben die Methode `gemeinsame_Methode()`. Wollen Sie diese Methode aufrufen, müssen Sie ein Objekt jeder Klasse erzeugen. Den einzigen Weg, den Sie hier haben, zeigt Listing 25.1. In beiden Fällen muss der Klassentyp (nach `TYPE REF TO`) bekannt sein, und ein entsprechendes Datenobjekt muss vorher mit `DATA` deklariert worden sein. Hier werden die Instanzen der Klassen manuell erzeugt, in der Praxis werden Sie diese z. B. in Form eines Methodenaufrufes einer anderen Klasse zurückbekommen.

```
DATA lo_klasse1 TYPE REF TO klasse_a.
DATA lo_klasse2 TYPE REF TO klasse_b.
CREATE OBJECT lo_klasse1.
lo_klasse1->gemeinsame_methode(). "Ausgabe: A
CREATE OBJECT lo_klasse2.
lo_klasse2->gemeinsame_methode(). "Ausgabe: B
```

Listing 25.1 Zugriff über die jeweiligen Klassentypen

Wird die Methode gemeinsame_methode() jetzt in ein Interface zif_schnittstelle ausgelagert und implementieren beide Klassen jeweils dieses Interface, lässt sich auf die Methode beider Klassen über das Interface zugreifen, ohne zu wissen, welche Klasse eigentlich dahintersteckt. Jede Klasse kann dabei die Methode unterschiedlich ausimplementieren: Klasse A implementiert die Methode mit der Anweisung WRITE 'A', während Klasse B die Methode mit der Anweisung WRITE 'B' implementiert. Listing 25.2 führt das Beispiel aus Listing 25.1 fort.

```
DATA lo_beide TYPE REF TO zif_schnittstelle.
lo_beide = lo_klasse1. "Zuweisung auf das Interface
lo_beide->gemeinsame_methode(). "Ausgabe: A
lo_beide = lo_klasse2. "Zuweisung auf das Interface
lo_beide->gemeinsame_methode(). "Ausgabe: B
```

Listing 25.2 Zugriff über eine Schnittstelle

Auf diese Weise können Sie mit beiden Klassen arbeiten, ohne zu wissen, welche Klasse eigentlich dahintersteckt. Was Sie interessiert, ist, dass Sie die Methode gemeinsame_methode() aufrufen wollen.

Sie nutzen Interfaces also immer dann, wenn Sie mehreren Klassen Komponenten vorschreiben wollen, die Implementierung allerdings frei wählbar ist und Sie universellen Zugriff auf die Methoden und Attribute haben wollen. Zusammengefasst bieten Interfaces eine elegante Möglichkeit, Instanzen verschiedener Klassen mit einer Teilmenge von Eigenschaften einheitlich zu verwenden. Dies funktioniert für alle Klassen, auch wenn diese nicht in einer Vererbungshierarchie miteinander in Beziehung stehen.

[«]

Anlage eines Interface

Die Anlage eines Interface beschreibe ich für eine lokale Klasse in Abschnitt 11.11 und für eine globale Klasse in Abschnitt 6.3.

Beispiel 2

Stellen Sie sich vor, Sie haben in Ihrem System sehr viele Klassen, die Anlagen Ihres Unternehmens beschreiben. Dies kann von einem Schreibtisch über einen Laptop bis hin zu Gebäuden und Autos reichen. Jedes dieser Objekte hat eine Inventarnummer und soll dazu in der Lage sein, seine Inventarnummer über eine Methode zurückzugeben. Damit diese Methode nicht in jeder dieser vielen Klassen unterschiedlich implementiert wird und nicht jedes Mal unterschiedlich aufgerufen werden muss, wird sie mit dem Namen GIB_INVENTARNUMMER() in einem Interface definiert. Das Interface heißt ZIF_INVENTARNUMMER, und der Rückgabewert der Methode ist vom Typ einer Zeichenkette (String) und von der Länge 10.

Alle Klassen, die ein Objekt im Unternehmen beschreiben, müssen dieses Interface implementieren und erhalten dadurch die Methode GIB_INVENTARNUMMER(). Jede Klasse definiert anschließend diese Methode.

Nehmen wir nun an, dass Ihnen eine interne Tabelle LT_ANLAGEN zur Verfügung steht, die alle Anlagen als Instanzen Ihrer jeweiligen Klassen enthält. Diese interne Tabelle hat nur eine Spalte vom Typ des Interface ZIF_INVENTARNUMMER. Dann könnten Sie sich wie in Listing 25.3 von allen Objekten die Inventarnummer geben lassen.

```
DATA: lt_anlagen TYPE TABLE OF REF TO if_inventarnummer,
      lo_anlage  TYPE REF TO if_inventarnummer,
      lv_nummer  TYPE string.
*LT_ANLAGEN enthält alle Anlagen
*unterschiedlicher Klassentypen
LOOP AT lt_anlagen INTO lo_anlage.
 lv_nummer = lo_anlage->gib_inventarnummer( ).
 WRITE: / lv_nummer.
ENDLOOP.
```

Listing 25.3 Zugriff über eine einheitliche Schnittstelle

Das Besondere daran ist, dass jede Anlage durch eine komplett unterschiedliche Klasse definiert sein kann. Das Interface ZIF_INVENTARNUMMER definiert in allen Klassen eine einheitliche Methode GIB_INVENTARNUMMER(), über die Sie über das Interface zugreifen können. Ein Interface bietet somit einheitlichen Zugriff auf unterschiedliche Klassen.

25.9 Polymorphie

Polymorphie ist das letzte Grundprinzip der Objektorientierung und bedeutet übersetzt Vielgestaltigkeit. Konkret geht es darum, dass sich hinter demselben Namen einer Methode verschiedene Implementierungen verbergen können. Eine solche Konstellation entsteht immer im Zusammenhang mit Vererbung und durch die Verwendung von Interfaces. Eine Methode ist *polymorph*, wenn sie in verschiedenen Klassen die gleiche Signatur (Name, Parameter) besitzt, jedoch erneut implementiert wird. In ABAP tritt dieses Phänomen durch Vererbung und Redefinition der vererbten Methoden auf: Es gibt dann einmal die Implementierung in der Oberklasse und einmal die redefinierte Methode mit einer überschriebenen Implementierung in der Unterklasse.

In Abbildung 25.15 ist die Polymorphie einer solchen Methode dargestellt. Jede Klasse implementiert dabei die `Methode A` unterschiedlich.

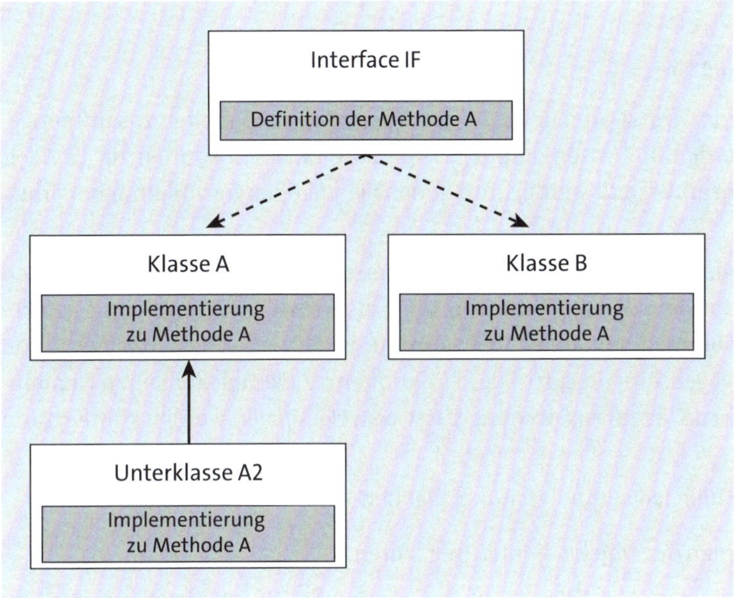

Abbildung 25.15 Polymorphie der Methode A

[«]

Überladung

Die Objektorientierung kennt neben dieser *Überdefinition* auch den Begriff der *Überladung* von Methoden. Hierbei können bei einer Redefinition der Methode auch die Parameter unterschiedlich gestaltet werden, d. h., es können mehrere Methoden mit demselben Namen, mit unterschiedlichen Parametern und unterschiedlicher Implementierung existieren. Erst zur Laufzeit wird anhand des Methodenaufrufes und der mitgegebenen Parameter entschieden, welche Methode am besten zum Aufruf passt. Hier kann ich Sie aber beruhigen: Diese Möglichkeit gibt es in ABAP Objects nicht. Bei der Redefinition einer Methode kann die Schnittstelle nicht angepasst werden.

[«]

Ausnahme Konstruktoren

Eine Ausnahme hiervon bilden Konstruktoren. Die Schnittstelle kann bei ihnen in jeder Unterklasse neu definiert werden. Sie werden allerdings gezwungen, in der ersten Zeile des Konstruktors den Konstruktor der Oberklasse mit `super->constructor()` aufzurufen. Das heißt, es werden zur Laufzeit alle Konstruktoren durchlaufen. Eine Überladung findet hier nicht statt.

25.10 Zusammenfassung

In diesem Abschnitt habe ich noch einmal alles Wichtige zur Objektorientierung zusammengefasst.

Objektorientierung ist:

- Eine *Strukturvorschrift*: Daten und Funktionen werden zu Einheiten zusammengefasst. Diese werden in Klassen definiert. Von diesen Klassen können zur Laufzeit Kopien (Instanzen) erstellt werden, mit denen Sie unabhängig voneinander arbeiten können.
- Eine *Modellierungsvorschrift*: Die Einheiten orientieren sich an Objekten der realen Welt (sowohl solchen, die man anfassen kann, als auch abstrakten). Diese Objekte stehen in Beziehung zueinander und kommunizieren über den Austausch von Nachrichten (gegenseitiger Aufruf der Funktionen). Viele Objekte haben Gemeinsamkeiten, die zu Klassen zusammengefasst, also *klassifiziert* werden können (und sollten).
- Eine *Denkrichtung*: Jede Einheit hat ihre eigenen Verantwortlichkeiten.

Die Grundprinzipien der Objektorientierung lauten:

- *Abstraktion*: Da ein Objekt der realen Welt nicht zu 100 % in all seinen Details nachmodelliert werden kann (und dies auch nicht gewollt ist, da nur eine bestimmte Problemstellung gelöst werden soll), muss abstrahiert werden. Eine Klasse stellt also immer eine vereinfachte Sicht der realen Welt dar.
- *Datenkapselung*: Keiner außer der Klasse sollte direkten Zugriff auf die Attribute der Klasse und damit den Zustand des Objekts haben.
- *Vererbung*: Klassen, die die Gemeinsamkeiten von Objekten zusammenfassen, können von bereits existierenden Beschreibungen abgeleitet werden.
- *Polymorphie*: Hinter dem Namen einer Methode können unterschiedliche Implementierungen vorhanden sein, und es wird erst zur Laufzeit anhand der Parameter entschieden, welche Implementierung aufgerufen wird.

Die Checkliste in Tabelle 25.3 prüft das Verständnis der Objektorientierung und dient Ihrer Selbstkontrolle.

Ich habe verstanden, ...	Abschnitt
... was eine Klasse und was ein Objekt ist und dass diese Attribute und Methoden als Komponenten haben können.	Abschnitt 25.2
... was eine Instanz ist.	Abschnitt 25.3

Tabelle 25.3 Checkliste zur Objektorientierung

Ich habe verstanden, ...	Abschnitt
... dass es auch statische Klassen gibt, die nicht instanziiert werden müssen.	Abschnitt 25.3
... dass es Konstruktoren als spezielle Methoden gibt und wann diese aufgerufen werden.	Abschnitt 25.3
... was Datenkapselung bedeutet und welche Sichtbarkeitsbereiche es gibt und dass Attribute standardmäßig als *privat* definiert werden sollten und auf sie nur über Methoden zugegriffen werden sollte.	Abschnitt 25.4
... dass Instanzen über Ereignisse miteinander kommunizieren können, dass Klassen Ereignisse anbieten und Methoden – auch Ereignisbehandler genannt – sich für diese Ereignisse registrieren können.	Abschnitt 25.5
... dass Klassen voneinander erben können und dadurch das wesentliche Konzept der Wiederverwendung und Erweiterbarkeit umgesetzt wird.	Abschnitt 25.6
... was Redefinition einer Methode bedeutet und was dies mit Vererbung zu tun hat.	Abschnitt 25.6.1
... welche Klassenarten es gibt sowie dass von einer abstrakten Klasse keine Instanzen erzeugt werden können und von einer finalen Klasse nicht geerbt werden kann.	Abschnitt 25.7
... dass es das Konzept der Interfaces ermöglicht, auf unterschiedliche Klassen über eine einheitlich definierte Komponentenmenge zuzugreifen.	Abschnitt 25.8

Tabelle 25.3 Checkliste zur Objektorientierung (Forts.)

Kapitel 26
Unified Modeling Language (UML)

Mit UML lassen sich Anforderungen und Entwürfe unabhängig von der Programmiersprache präzise durch grafische Elemente modellieren. Hier zeige ich Ihnen, wie Sie sich dies für die ABAP-Programmierung zunutze machen können.

Die *Unified Modeling Language* (UML) ist ein einheitliches Metamodell für Softwareentwickler und der Standard für die objektorientierte Analyse (OOA). Sie definiert einheitliche Symbole sowie ein einheitliches Vokabular zur Erstellung von Modellen in einem objektorientierten Kontext.

UML stellt (in der aktuellsten Version 2.5) 13 verschiedene Diagrammarten bereit. Ziel dieser Diagramme ist es, sämtliche Aspekte aller nur denkbaren Situationen einheitlich und verständlich modellieren zu können. UML gibt dazu lediglich eine Notation und keine Entwicklungsmethodik vor. Deshalb wird neben der UML zwingend eine Vorgehensmethodik benötigt. Eine Methodik erläutere ich Ihnen in Kapitel 27, »Anwendungsentwicklung – wo fange ich an?«.

Jedes der 13 Modelle beleuchtet einen bestimmten Sachverhalt, sei es den Aufbau einer Software und der enthaltenen Entwicklungsobjekte (*strukturelle Modelle*) oder die Funktionen und das damit verbundene Ablaufverhalten (*verhaltensorientierte Modelle*). Innerhalb des Entwicklungsprozesses werden in der Regel mehrere Modelle erstellt. Hier ist oft weniger mehr, da ab einer gewissen Anzahl von Modellen der Blick für das Ganze erschwert wird und insbesondere der gegenseitige Abgleich der Modelle (zur Erhaltung der Konsistenz) einen hohen Aufwand darstellt.

Ich möchte Ihnen in diesem Kapitel nur zwei Diagrammtypen vorstellen. Dazu gehört das *Klassendiagramm* (ein strukturelles Diagramm) zum Aufbau einer sinnvollen Programmarchitektur, denn Klassen sind das Herzstück jeder objektorientierten Programmierung. Von den verhaltensorientierten Diagrammen möchte ich Ihnen insbesondere das *Anwendungsfalldiagramm* näherbringen, da dies für die Analyse und Erfassung der Anforderungen für Sie von großem Nutzen sein wird.

Dieses Kapitel dient lediglich als Einführung in UML und deckt nur die absoluten Grundlagen ab. Ich habe gezielt die Diagramme herausgesucht, die für Sie unmittelbar den größten Nutzen haben.

[»]

Weiterführende Informationen zum Thema UML

Wollen Sie sich weiter mit diesem Thema auseinandersetzen, empfehle ich Ihnen die Lektüre von »UML 2.5. Das umfassende Handbuch« von Christoph Kecher, Ralf Hoffmann-Elbern und Torsten T. Will (Rheinwerk Verlag 2021).

Die Anwendung der hier vorgestellten Modelle zieht sich durch alle in Kapitel 27 beschriebenen Phasen einer Entwicklung. Wie erwähnt, ist die Erstellung von Diagrammen mit UML kein Selbstzweck, sondern es geht um die konkrete Analyse der Anforderungen und den Entwurf gut strukturierter und qualitativ hochwertiger und stabiler Software, die eine leichte Erweiterbarkeit und Wartbarkeit ermöglicht.

26.1 Anwendungsfalldiagramm

Eine innerhalb des SAP-Systems zu entwickelnde Lösung ist immer in einen Unternehmenskontext eingebunden. Sie soll die Geschäftsprozesse des jeweiligen Unternehmens abbilden und unterstützen. Deshalb ist es besonders wichtig zu beschreiben, was die Lösung dem Anwender bieten soll und was zur optimalen Durchführung des Prozesses gebraucht wird. Diese Beschreibung umfasst z. B. die Funktionalität, den Ablauf des Prozesses, das Abfangen von unerwünschtem Verhalten, zu beachtende Geschäftsregeln, aber auch Schnittstellen zu anderen Systemen, wie z. B. einem Archivierungssystem.

Der Darstellung dieser Anforderungen dient das Anwendungsfalldiagramm (*Use Case Diagram*). Es basiert auf dem Konzept des Anwendungsfalls (*Use Case*) und dem des Akteurs, die miteinander in Beziehung stehen. Es beschreibt konkret, *was* das System leisten soll, ohne darauf einzugehen, *wie* dies letztlich umgesetzt wird. Dies wird durch andere Diagrammarten abgebildet.

Das Diagramm wird im Rahmen der Anforderungsermittlung erstellt und soll dabei helfen, noch nicht berücksichtigte Funktionalität aufzudecken, die mit in die Lösung einfließen soll. Dadurch soll verhindert werden, dass während der Projektdurchführung die Anforderungen geändert werden müssen, da dies den Projekterfolg gefährden und den Zeitplan in Gefahr bringen kann.

Anwendungsfalldiagramme sind besonders wichtig, denn es hat sich gezeigt, dass andere Diagrammarten von den Fachbereichen (also den Anwendern) nur schwer zu verstehen sind. Sie eignen sich daher hervorragend, um den zu implementierenden Prozess zu diskutieren sowie um die Anforderungen zu validieren.

26.1.1 Akteure

Die innerhalb eines Geschäftsprozesses mit dem Programm agierenden menschlichen oder maschinellen Benutzer (z. B. Systeme) werden innerhalb des Anwendungsfalldiagramms als *Akteure* modelliert. Ein Akteur beschreibt jedoch keinen konkreten Benutzer, sondern eine bestimmte ihm zugeordnete Rolle. Da eine Person oder ein System mehrere Aufgaben innehaben kann, kann ein konkreter Benutzer durchaus durch mehrere Akteure modelliert werden. Mit jeder Rolle sind bestimmte Aufgaben verknüpft, die im System durchgeführt werden sollen.

Akteure werden in UML standardmäßig als Strichmännchen dargestellt (siehe Abbildung 26.1). Der Name der Rolle steht dabei unterhalb der Figur und sollte unmissverständlich gewählt sein. Häufig sind anstelle der Strichmännchen auch frei gewählte Symbole zu finden, um den Unterschied zwischen Mensch und Maschine herauszustellen.

Abbildung 26.1 Beispiele für Akteure

Sie können gemeinsame Eigenschaften dieser Akteure zusammenfassen, entsprechend der Generalisierung von Klassen (siehe Abschnitt 25.6, »Vererbung«). Die spezielleren Akteure können dann mindestens die Rollen der allgemeineren Akteure spielen. Abbildung 26.2 zeigt eine solche Vererbungshierarchie zwischen Akteuren, mit der die Spezialisierung eines Sachbearbeiters (auf Aufträge oder Lieferungen) dargestellt wird.

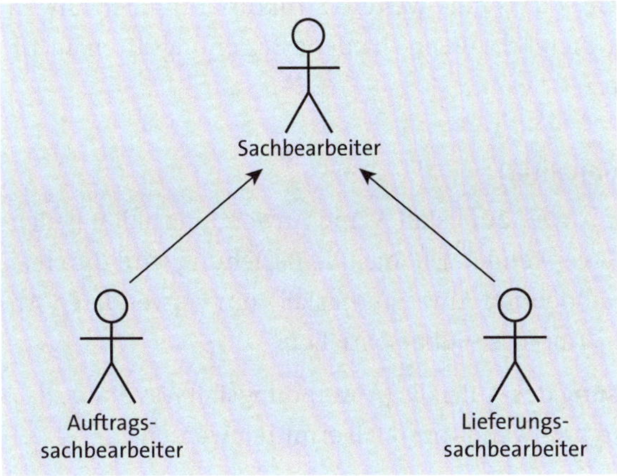

Abbildung 26.2 Vererbungshierarchie zwischen Akteuren

26

26.1.2 Anwendungsfälle

Ein Anwendungsfall ist eine in sich abgeschlossene Funktion des Anwendungssystems, die die Akteure zur Durchführung ihrer Aufgaben benötigen. Die Nutzung der Anwendungsfälle durch die Akteure wird durch *Assoziationen* modelliert. Diese werden als durchgezogene Linien gezeichnet. Die Anwendungsfälle werden als Ellipsen oder Rechtecke modelliert, in denen der Name des jeweiligen Anwendungsfalls steht. Die Anwendungsfälle werden zusätzlich in einem Rechteck gebündelt, das die Grenze des Anwendungssystems repräsentiert. In Abbildung 26.3 erfasst der Sachbearbeiter einen Auftrag im System. Die Systemgrenze ist dabei nur angedeutet.

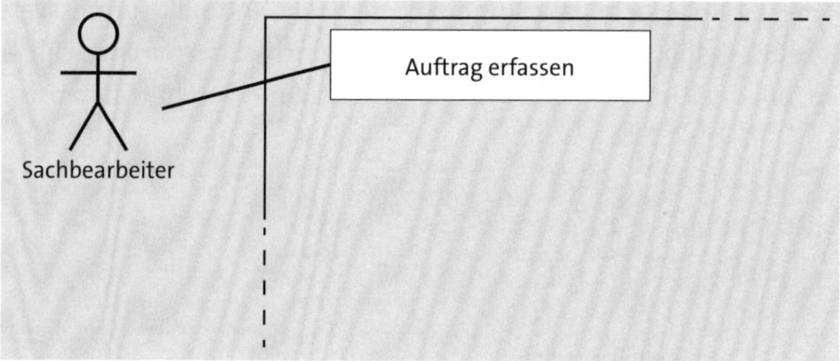

Abbildung 26.3 Beziehung zwischen einem Akteur und einem Anwendungsfall

Jedes Anwendungsfalldiagramm stellt somit eine Sammlung möglicher konkreter Abläufe des Systems dar. Ein konkreter Ablauf (»Sachbearbeiter Max erfasst einen Auftrag XYZ und ...«) wird dabei als *Szenario* bezeichnet.

26.1.3 Beziehungen

Mit der Zeit kann ein Anwendungsfalldiagramm, gerade durch die Beachtung vieler Sonderfälle, sehr komplex werden, sodass eine weitere Strukturierung der Anwendungsfälle erforderlich wird. UML bietet dazu verschiedene Beziehungsarten an, die ich im Folgenden kurz beschreibe.

Die Include-Beziehung (Teilfunktionalität)

Eine Include-Beziehung zwischen Anwendungsfall A und Anwendungsfall B bedeutet, dass A die Teilfunktionalität B verwendet. Die Include-Beziehung wird durch einen gestrichelten Pfeil vom verwendenden Anwendungsfall zum verwendeten Anwendungsfall modelliert und mit `<<include>>` überschrieben.

In Abbildung 26.4 setzt die Erfassung des Auftrags (Anwendungsfall A) voraus, dass die dazugehörigen Positionen durch Anwendungsfall B ermittelt werden.

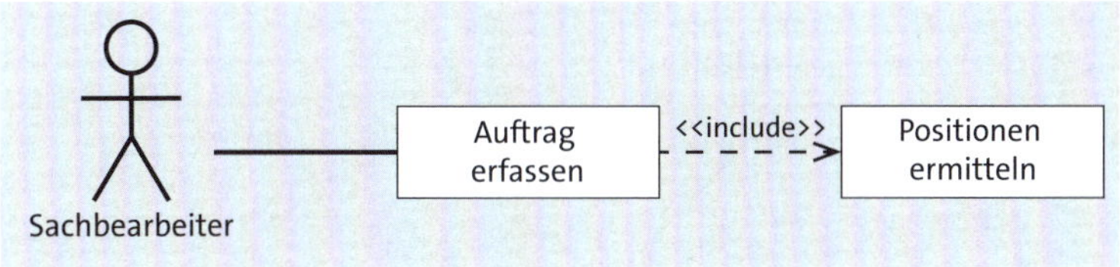

Abbildung 26.4 Include-Beziehung im Anwendungsfalldiagramm

Die Extend-Beziehung (erweiterte Funktionalität)

Ein Anwendungsfall A kann durch die in Anwendungsfall B beschriebene Funktionalität erweitert werden. Die Extend-Beziehung wird durch einen gestrichelten Pfeil dargestellt, der von dem Anwendungsfall, der die optionale Erweiterung darstellt (B), zu dem Anwendungsfall, der diese Erweiterung verwenden möchte (A), führt. Eine Bedingung, unter der die Erweiterung Anwendung findet, kann in eckigen Klammern hinzugefügt werden.

Im Beispiel in Abbildung 26.5 möchte der Sachbearbeiter den Auftrag bearbeiten (Anwendungsfall A). Dies ist aber nur möglich, wenn der Auftrag bereits durch Anwendungsfall B im System erfasst wurde.

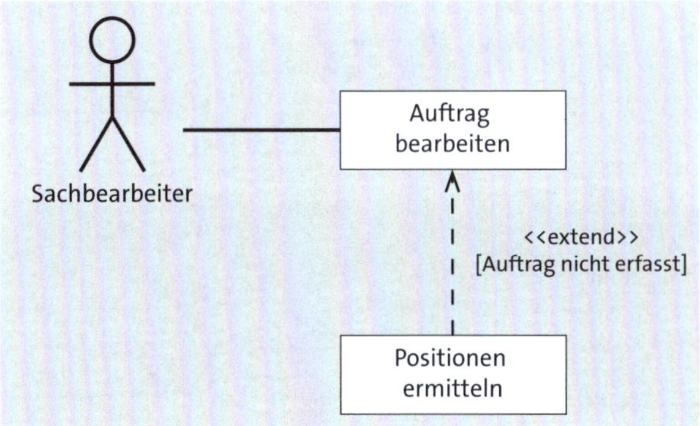

Abbildung 26.5 Extend-Beziehung im Anwendungsfalldiagramm

Generalisierung

Auch für Anwendungsfälle kann wie bei Akteuren eine Generalisierungsbeziehung modelliert werden. Der spezialisierte Anwendungsfall umfasst dabei die Aufgaben des allgemeineren Anwendungsfalls, bearbeitet aber einige Teilaufgaben in spezialisierter Weise. In diesem Fall werden auch alle Beziehungen (Generalisierungsbeziehung zwischen Akteuren, Include- und Extend-Beziehungen) an den spezialisieren Anwendungsfall vererbt. Die Generalisierungsbeziehung wird durch einen durchgezogenen Pfeil vom spezielleren zum allgemeineren Anwendungsfall mit geschlossener, aber nicht ausgefüllter Spitze dargestellt.

In Abbildung 26.6 kann eine Forderung eine Rechnung oder eine Mahnung sein.

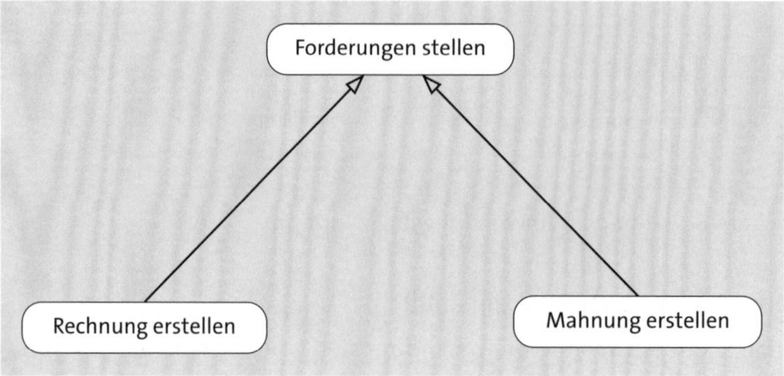

Abbildung 26.6 Generalisierungsbeziehung zwischen Anwendungsfällen

26.1.4 Beispieldiagramm

In Abbildung 26.7 finden Sie ein beispielhaftes Anwendungsfalldiagramm für das Auftragswesen. Der Sachbearbeiter soll einen Auftrag erfassen.

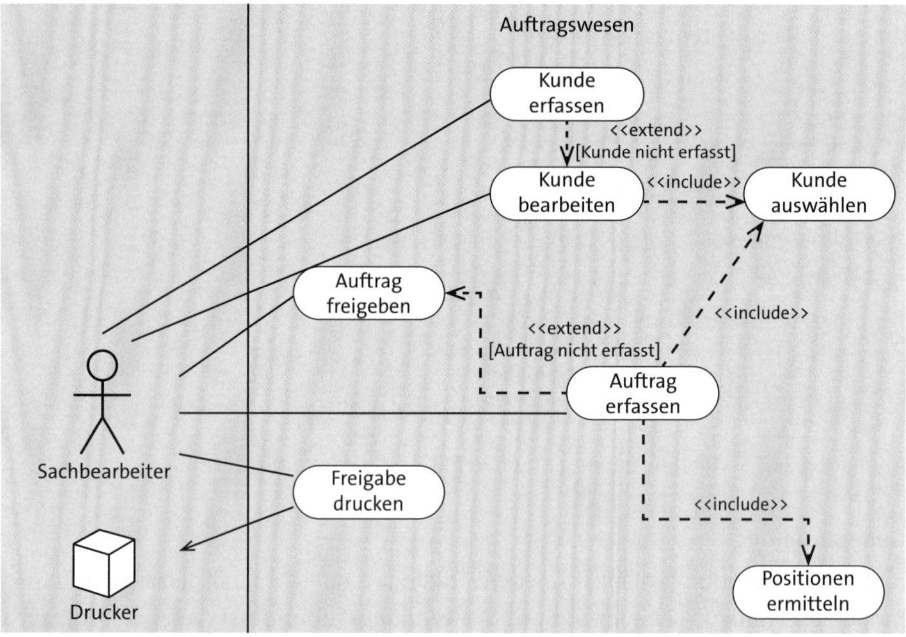

Abbildung 26.7 Anwendungsfalldiagramm für das Auftragswesen

Zum Erfassen des Auftrags muss der Sachbearbeiter die Positionen ermitteln und den Kunden auswählen. Ist der Kunde noch nicht im System erfasst, muss dieser erst angelegt werden. Ist der Auftrag erfasst, kann der Auftrag freigegeben werden. Zusätzlich kann eine Freigabe gedruckt werden (zu einem beliebigen Zeitpunkt, gegebenenfalls auch mehrfach). Diese Aktivität ist unabhängig von der Freigabe (auch wenn diese Vorausetzung sein sollte). Die Freigabe wird an den Drucker gesendet. Um zu verdeutlichen, dass es sich bei dem Drucker nicht um einen menschlichen Akteur handelt, wurde in Abbildung 26.7 ein anderes Symbol gewählt.

26.1.5 Textuelle Beschreibung

In Projekten ist es zum Standard geworden, dass Anwendungsfälle auch textuell beschrieben werden. Schließlich möchte man möglichst gezielt den Arbeitsablauf beschreiben. Ein Schema für eine textuelle Beschreibung könnte am Beispiel des Anwendungsfalldiagramms aus Abbildung 26.7 wie folgt aussehen:

- **Anwendungsfall:** Bestellung erfassen
- **Kurzbeschreibung:** Der Sachbearbeiter erfasst einen Kundenauftrag im System.
- **Akteure:** Sachbearbeiter, Drucker
- **Vorbedingung:** –
- **Hauptablauf:** Der Sachbearbeiter nimmt den Auftrag entgegen (z. B. per E-Mail). Er legt einen neuen Auftrag im System für den Kunden an und trägt dort alle Auftragspositionen mit den jeweiligen Produkten ein.
- **Alternativer Ablauf:** Wenn die Kundendaten nicht aktuell sind oder ein Neukunde bestellt, werden diese aktualisiert bzw. erfasst.
- **Nachbedingung:** Die Bestellung ist erfasst, die Kundendaten sind aktuell. Der Kunde ist gegebenenfalls neu erfasst.
- **Offene Punkte:** Es muss eventuell die Kreditwürdigkeit des Kunden geprüft werden.
- **Sonstige Anmerkungen:** konkretere Diskussion bezüglich der offenen Punkte notwendig
- **Änderungshistorie:** 03.11.2020 – F. Roth – initiale Erstellung

26.2 Klassendiagramm

Das Klassendiagramm (*Class Diagram*) bildet den unverzichtbaren Kern jeder objektorientierten Entwicklung ab. Hier werden alle Klassen mit Ihren Eigenschaften und Operationen und Ihre Beziehungen untereinander zusammengefasst und grafisch dargestellt. Gezielt eingesetzt, kann das Klassendiagramm in verschiedenen Detaillierungsgraden während aller Entwicklungsaktivitäten von der Anforderungsermittlung bis hin zur Implementierung und Dokumentation genutzt werden und damit einen festen Bezugsrahmen für das gesamte Projekt schaffen.

Ein Klassendiagramm sollte nicht nur nach Abschluss der Entwicklung als Dokumentation erstellt werden, sondern bereits vor der ersten Zeile Quellcode. Ziel der Klassenmodellierung ist es, Gemeinsamkeiten von Objekten sowie deren Eigenschaften und Verhalten herauszuarbeiten, aber auch Verbindungen zu anderen Objekten.

Die Klassen und Interfaces innerhalb des Klassendiagramms werden durch Rechtecke dargestellt, die wie in Abbildung 26.8 durch eine horizontale Linie in drei Abschnitte unterteilt werden:

- Klassen- bzw. Interface-Name
- Attribute
- Operationen (auch z. B. Ereignisse)

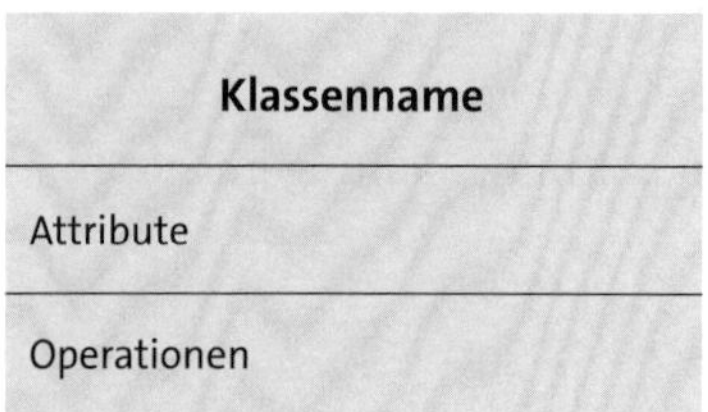

Abbildung 26.8 Aufbau einer Klasse im Klassendiagramm

Wenn eine Klasse oder ein Interface keine Attribute oder Methoden hat, können diese Abschnitte weggelassen werden.

Für ein Interface wird das Stereotyp `<<interface>>` oberhalb des Namens hinzugefügt, während für abstrakte Klassen `{abstract}` (oder ein kursiver Klassenname) und für finale Klassen `{final}` unterhalb des Klassennamens hinzugefügt werden (siehe Abbildung 26.9).

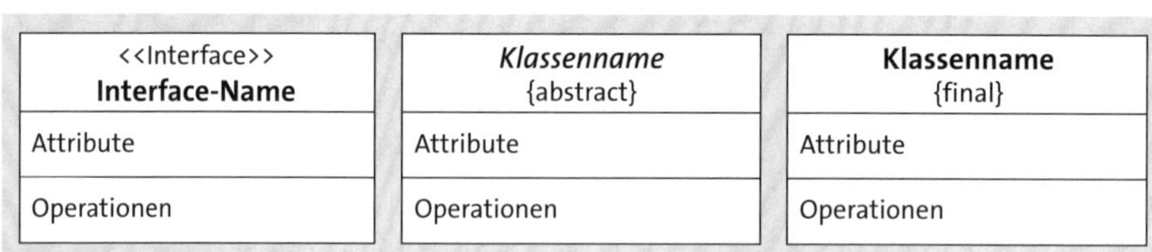

Abbildung 26.9 Darstellungen eines Interface und verschiedener Arten von Klassen

Für die Komponenten können die Sichtbarkeiten über folgende Symbole dargestellt werden (siehe Abbildung 26.10):

- + für public
- # für protected
- - für private
- ~ für package

Zusätzlich stehen Ihnen folgende Kennzeichen zur Verfügung (siehe Abbildung 26.10):

- Unterstrichene Komponenten sind statische Komponenten, z. B. Klassenattribute, Methoden oder Ereignisse.
- Ein Schrägstrich / steht für ein abgeleitetes Attribut, also ein Attribut, das aus anderen Attributen bestimmt werden kann. Zum Beispiel könnten Sie das Alter einer Bestellung anhand des aktuellen Datums und des Bestelldatums errechnen.

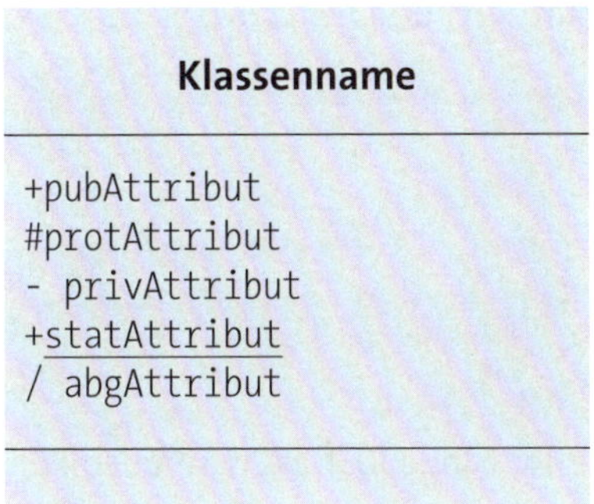

Abbildung 26.10 Sichtbarkeiten im Klassendiagramm

Die einzelnen Komponenten haben zusätzlich jeweils eine eigene Syntax, um Ihre Spezifika abbilden zu können. Allerdings geht es in UML nicht um eine direkte Abbildung einer Programmiersprache (im Sinne einer Dokumentation), sondern um eine abstrakte Beschreibung der Anforderungen. Das heißt, manche Modellierungselemente werden Sie so nicht direkt in ABAP wiederfinden. Sie müssen gegebenenfalls in der Implementierungsphase umgewandelt und entsprechend ausprogrammiert werden.

So kann beispielsweise für ein Attribut eine Multiplizität angegeben werden:

```
Spalten[0..n]
```

Die Angabe sagt aus, dass das Attribut 0 bis unendlich viele Spalten enthalten kann.

Eine Umsetzung solcher Angaben kann in ABAP Objects so nicht direkt in der Implementierung umgesetzt werden. Die konkrete Implementierung einer solchen Angabe könnte beispielsweise in Form einer internen Tabelle geschehen. Diese interne Tabelle hätte eine Spalte vom Typ des Attributs und wäre bei der Initialisierung leer (`0`) und könnte während der Laufzeit durch Hinzufügen beliebig viele (`n`) Zeilen beinhalten.

UML-Diagramme beschreiben also nur abstrakt, was das Programm können soll, die konkrete Implementierung bleibt dem Programmierer überlassen. In der Regel werden solche UML-Diagramme auch für externe Dienstleister erstellt, die die Programmierung durchführen. UML ermöglicht also auch die Trennung der Aufgaben. Es muss nicht explizit ein Programmierer die Diagramme erstellen. In größeren Softwarehäusern ist dies auch der Standard.

26.2.1 Attribute

Neben dem Namen und den Sichtbarkeiten eines Attributs können Sie auch einen Typ `typ`, eine Multiplizität `multi`, einen Standardwert `defaultwert` sowie zusätzliche Eigenschaften wie `readOnly` (nur lesbar), `ordered` (sortiert) und `constraints` (z. B. Bedingungen wie Attribut > 0) angeben.

Syntax

```
[-|+|#|~] [/] name [: typ] [multi]
  [= defaultwert] [{readOnly|ordered|constraints}]
```

Beispiel

Eine Klasse `Auftrag` braucht eine Auftragsnummer der Länge 10. Das Attribut soll öffentlich sein, es soll aber nur lesend darauf zugegriffen werden können (d. h., ein Schreibzugriff wäre nur durch den Aufruf einer separaten Methode innerhalb der Klasse möglich):

```
+ auftragsnummer:String[10] {read-only}
```

26.2.2 Operationen

Operationen sind Dienstleistungen, die von einem Objekt aufgerufen werden können. Sie werden durch eine Signatur in Form von Operationsname, Parameter und, falls vorhanden, durch einen Rückgabewert beschrieben. Ein häufiger Begriff in diesem Zusammenhang ist eine *Nachricht*, die die Operation anfordert.

Neben der Sichtbarkeit und dem Namen der Operation können Sie hier die Parameter in Klammern angeben, durch Kommata getrennt. Dazu müssen Sie die Richtung `richtung` der einzelnen Parameter `paraname`, gefolgt vom Namen des Parameters, sowie, durch einen Doppelpunkt getrennt, den Typ `typ` angeben. Eine Vorbelegung der Parameter können Sie über die Angabe von `defaultwert` definieren.

Folgende Richtungen sind möglich:

- `in` für eingehende Parameter (`IMPORTING`)
- `out` für ausgehende Parameter (`EXPORTING`)
- `inout` für ein- und ausgehende Parameter (`CHANGING`)

Zusätzlich können Sie für die Operation einen Rückgabetyp (`RETURNING`) angeben. Dieser wird nach der Angabe der Parameter durch einen Doppelpunkt eingeleitet. Am

Ende der Angabe der Operation können Sie zusätzlich die Art der Operation über `{eigenschaft}` definieren. Hier können Sie z. B. `{static}` für statische Operationen (auch ein unterstrichener Operationsname ist möglich) oder `{abstract}` für abstrakte Methoden (also nicht implementierte Methoden) angeben.

Syntax

```
[-|+|#|~] methodenname
  [{([richtung] paraname : typ [=defaultwert],
     ...})]
  [: Rückgabetyp] [{eigenschaft}]
```

Beispiel

Die Klasse `Auftrag` bietet eine öffentliche Methode `gibPositionen()` an, die über den Importparameter `position` eine Positionsnummer vom Typ `Posnr` entgegennimmt und die ausgelesene Position vom Typ der Klasse `Position` zurückgibt. Ist der Parameter leer, wird standardmäßig die Position 10 des Auftrags ausgelesen:

```
+ gibPositionen(in position : Posnr = 10): Position
```

26.2.3 Beziehungen zwischen Klassen

In der Praxis gibt es in UML deutlich mehr Beziehungen zwischen Klassen, als in diesem Abschnitt dargestellt werden können. Ich gehe auf die zwei wichtigsten ein, die Sie im Alltag immer wieder brauchen werden: eine normale Assoziation und eine Spezialisierung im Sinne der Vererbung. In Abbildung 26.11 sind diese beiden neben weiteren möglichen Beziehungen dargestellt. Jede Beziehung hat ihre eigene Pfeildarstellung.

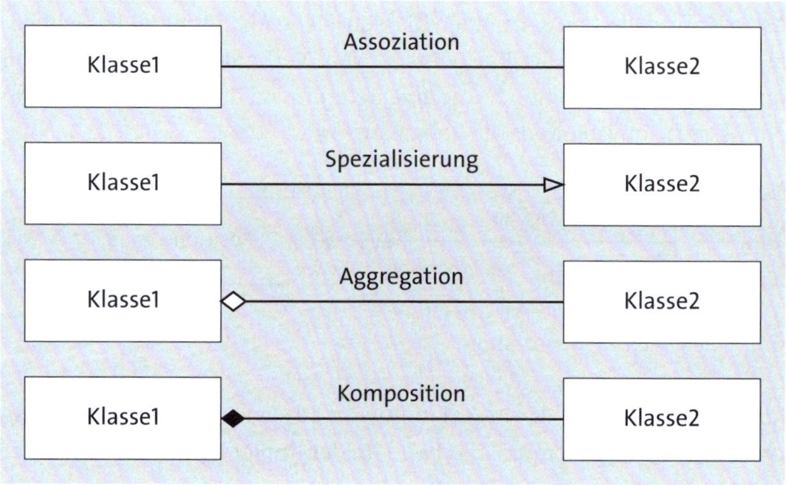

Abbildung 26.11 Mögliche Beziehungen im Klassendiagramm

Assoziation

Assoziationen beschreiben die Beziehung zwischen Klassen und damit eine Menge von Objektverbindungen. Sie werden durch eine normale durchgezogene Linie dargestellt. Eine Klasse kann auch mit sich selbst in Beziehung stehen und so eine Rekursion abbilden.

Der Name der Assoziation sollte so gewählt werden, dass auf Anhieb erkannt werden kann, worin oder warum diese Beziehung besteht. Beide Enden können mit einem Namen versehen werden, um die Rolle der einzelnen Klasse in der Beziehung zu erläutern.

Eine Klasse stellt mehrere Objekte (Instanzen) dar. Eine Instanz einer Klasse `Auftrag` kann z. B. die Rolle eines Lieferauftrags oder eines Bestellauftrags erfüllen. Um auszudrücken, wie viele dieser Objekte in Beziehung zu den anderen Objekten dieser Beziehung stehen, können Sie an den Enden zusätzlich Multiplizitäten vermerken.

In der Praxis sind oft *gerichtete* Assoziationen vorzufinden, die durch eine offene Pfeilspitze dargestellt werden. Denn eine Rolle auf jeder Seite stellt in der Implementierung der Klasse ein *Attribut* dar. Von diesem Attribut der `Klasse1` (das die Referenz auf die Instanz der `Klasse2` hält), kann dann »navigiert« werden – aber nicht andersherum, da in der `Klasse2` kein Attribut existiert, das auf die Instanz der `Klasse1` zeigt. Eine beidseitige Assoziation wäre in beiden Klassen durch jeweils ein Attribut und eine Referenz auf die jeweils andere Klasse implementiert. Ein solcher Fall kommt jedoch sehr selten vor.

Beispiel

Eine Klasse `Auftrag` kann mindestens eine oder mehrere Positionen vom Typ der Klasse `Position` haben. Dann werden diese Positionen im Klassendiagramm in der Regel nicht durch ein Attribut der Form `positionen:Position[1..n]` dargestellt, sondern durch eine Assoziation zwischen den beiden Klassen (siehe Abbildung 26.12). Schließlich steht die Klasse `Auftrag` mit der Klasse `Position` in Verbindung. Die Assoziation ist dabei gerichtet, da nur die Klasse `Auftrag` eine Referenz auf die Positionen hält. An den Enden der Assoziation ist jeweils die Rolle vermerkt.

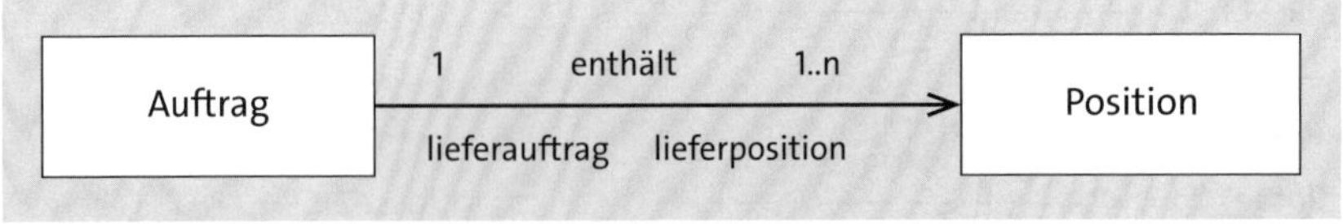

Abbildung 26.12 Eine gerichtete Assoziation

Durch die Kardinalität oberhalb der Assoziation wird ausgedrückt, dass ein Auftrag mindestens eine Position haben muss. Das heißt, in der Implementierung muss hier sichergestellt werden, dass ein Auftrag nicht ohne eine angelegte Position gespeichert werden kann.

Generalisierung

Eine Generalisierung (auch Spezialisierung) wird als durchgezogene Linie zwischen zwei Klassen dargestellt. An der Oberklasse ist die Linie mit einer geschlossenen, nicht ausgefüllten Pfeilspitze gekennzeichnet. In Abbildung 26.13 können Sie eine solche Generalisierungsbeziehung sehen. Die abstrakte Klasse `Auftrag` stellt zwei Methoden `anzeigen()` und `entfernen()` bereit, die in die Unterklassen Lieferauftrag und Kundenauftrag vererbt und dort implementiert werden.

Von der abstrakten Klasse `Auftrag` erben die beiden Klassen `Lieferauftrag` und `Kundenauftrag`, die jeweils die Methoden implementieren und zusätzlich neue Attribute definieren. Auf die Angabe von Details wurde hier verzichtet.

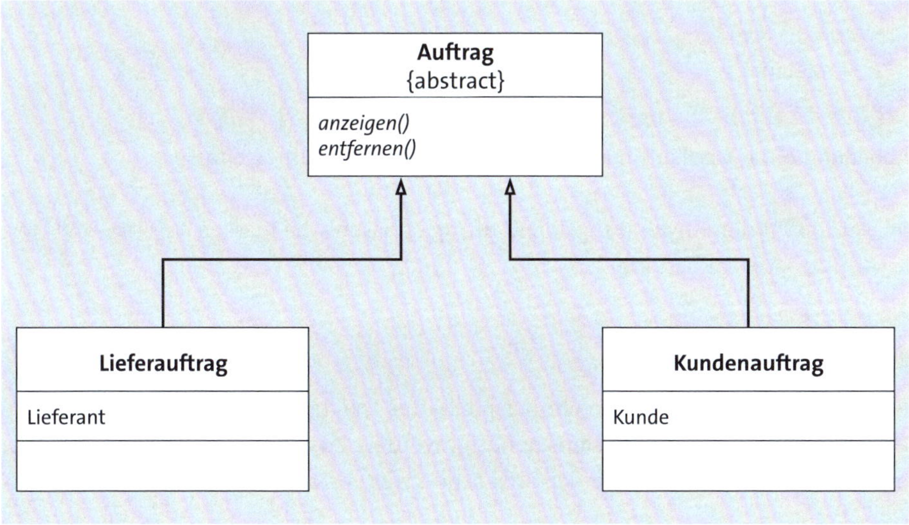

Abbildung 26.13 Vererbungsbeziehungen im Klassendiagramm

26.2.4 Vom Anwendungsfall zum Klassendiagramm

Die Menge aller Klassen, von denen Instanzen in einem Anwendungsfalldiagramm vorkommen, kann als *Mechanismus* dargestellt werden. Dieser ist ein partielles Klassendiagramm und hilft, den Zusammenhang zwischen dem Anwendungsfall und den beteiligten Klassen darzustellen. Eine solche Vereinfachung ist nicht in UML vorgeschrieben, ist aber gerade beim ersten Entwurf eines Klassendiagramms sehr hilfreich.

In Abbildung 26.14 ist ein Mechanismus für das Anwendungsfalldiagramm aus Abschnitt 26.1.4 dargestellt.

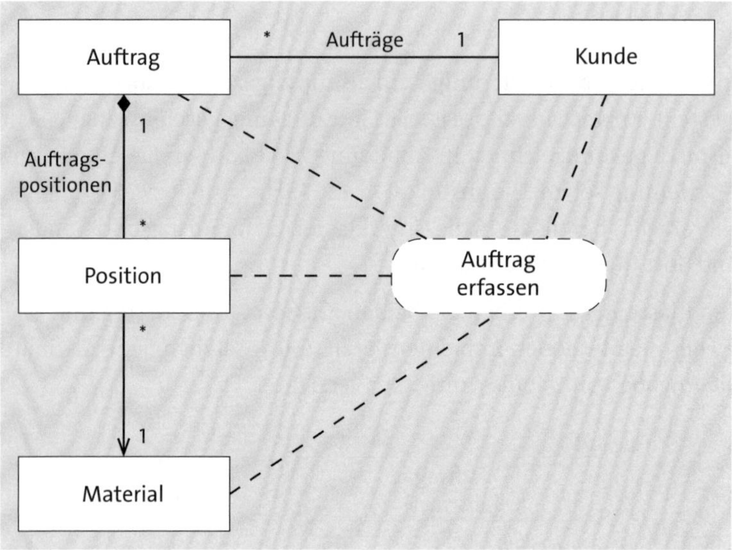

Abbildung 26.14 Mechanismus für den Anwendungsfall »Auftrag erfassen«

So werden für den Anwendungsfall »Auftrag erfassen« die Klassen `Auftrag`, `Position`, `Kunde` und `Material` benötigt.

26.2.5 Beispieldiagramm

In Abbildung 26.15 finden Sie ein beispielhaftes Diagramm der Klassen, die für die Umsetzung des Anwendungsfalls benötigt werden. Zusätzlich zu den im Mechanismus dargestellten Klassen werden aber schon weitere Informationen dargestellt.

Der Detaillierungsgrad des Klassendiagramms ist so gewählt, dass es für die weitere Analyse und Betrachtung der Anforderungen genügt. Durch die gezielte Modellierung zusätzlicher Verhaltensdiagramme kann untersucht werden, ob noch Attribute und Methoden für die Implementierung fehlen. Für die Implementierung wäre ein solches Klassendiagramm noch nicht ausreichend, da die Attributtypen, die Parameter sowie die Rückgabewerte der Methoden nicht spezifiziert sind.

Das Klassendiagramm zeigt lediglich die grundlegenden Klassen und wie diese miteinander in Beziehung stehen. So gehört der Auftrag immer genau zu einem Kunden, während der Kunde mehrere Aufträge haben kann. Ein Auftrag hat darüber hinaus mindestens eine Position, die ebenfalls als Klasse abgebildet wird. Eine Position wiederum zeigt auf genau ein Material bzw. Produkt.

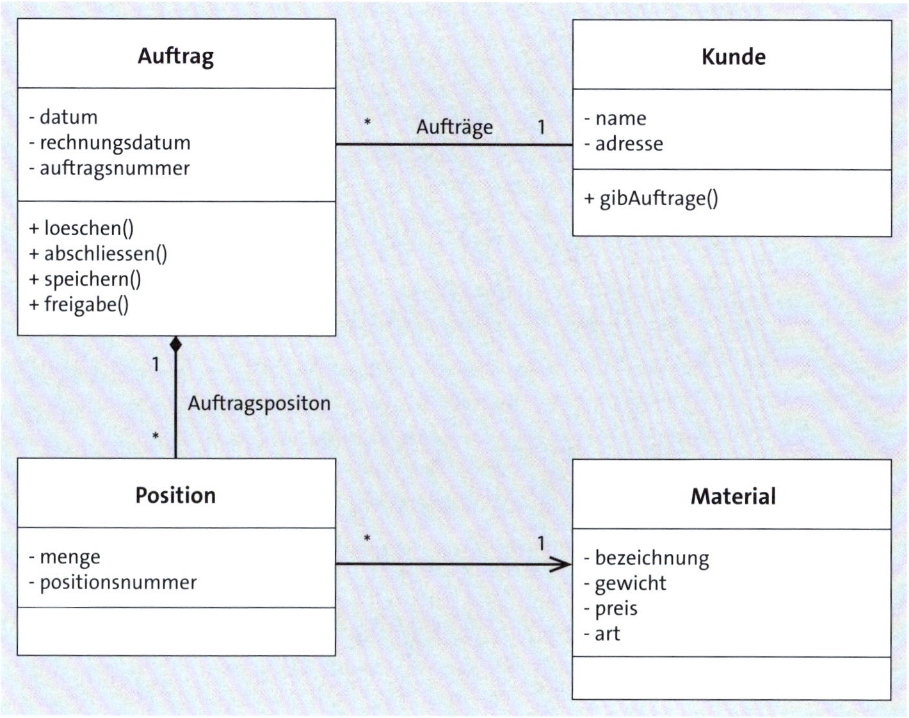

Abbildung 26.15 Beispielhaftes Klassendiagramm

Kapitel 27
Anwendungsentwicklung – wo fange ich an?

In diesem Kapitel werden Ansätze zur Anwendung von Objektorientierung in der Anwendungsentwicklung aufgezeigt.

In der Praxis der ABAP-Entwicklung ist häufig zu beobachten, dass der Entwickler mit der Implementierung neuer Anforderungen nicht lange wartet. Es gibt einen kurzen Austausch mit den Fachabteilungen, und anschließend wird direkt der ABAP Editor aufgerufen und losprogrammiert. Tauchen Unsicherheiten während der Programmierung auf, wird nochmals bei der Fachabteilung nachgefragt, und notfalls werden bereits geschriebene Programmteile wieder umgebaut. Die Fachabteilungen auf der anderen Seite sehen keinen Bedarf für eine ausführliche Beschreibung der Anforderungen, sodass der Programmierer gezwungen ist, diese Informationen zu beschaffen.

Überspitzt formuliert finden die Implementierung, die Ermittlung und die Analyse der Anforderungen und der Entwurf gleichzeitig statt. Dies mag mit weniger komplexen Anforderungen funktionieren. Denn je erfahrener der Programmierer ist, desto eher weiß er, welche Fragen am Anfang des Projekts gestellt werden müssen und wie ein guter Entwurf eines Programms aussieht. In diesem Fall müssen wahrscheinlich nur wenige Bestandteile der Implementierung nachträglich noch geändert werden. Hätte dieselbe Entwicklung dagegen der junge, unerfahrene Kollege übernommen, würde die Implementierung komplett anders aussehen und einer anderen Struktur entsprechen. Jedes Programm ist daher fast ein Unikat, in das sich ein anderer Entwickler mit erhöhtem Aufwand einarbeiten muss.

Gerade bei größeren Anforderungen können so die Vorteile objektorientierter Programmierung nicht voll ausgespielt werden. Die Software funktioniert bestenfalls, weist aber häufig eine sperrige Struktur sowie unverständlichen Quellcode auf und lässt sich dadurch nur schwer warten und erweitern. Auch der Einsatz von Testwerkzeugen wie Testklassen wird erschwert. Häufig hofft man, dass das Programm schon irgendwie funktioniert. Tritt ein Fehler im produktiven Einsatz auf, wird eben ein Ticket erstellt und möglichst schnell nachgebessert.

Dabei werden jedoch auch Fehler auftreten, die klar auf unzureichende Anforderungsbeschreibungen oder unzureichendes Testen zurückzuführen sind. Das Prozesswissen für das gesamte Programm ist meist auf mehrere Köpfe verteilt, und nur wenige überblicken alles. Verlässt einer dieser Wissensträger das Unternehmen (z. B. weil das Projekt für den externen Mitarbeiter der Beratungsfirma ausläuft), ist der Schaden hoch, insbesondere wenn keine gute Dokumentation existiert. Dies wird häufig aber erst Monate später bemerkt.

Die beschriebenen Symptome sind aber auch ein Managementproblem. Das Management muss erkennen, dass es sich langfristig lohnt, zu Beginn zusätzlichen Aufwand zu investieren, und dass es nicht nur darum gehen kann, eine Anforderung so schnell wie möglich umzusetzen. Stattdessen muss ausreichend Zeit für die Analyse der Anforderungen, die Dokumentation und für intensive Tests (eventuell sogar mit Einsatz von ABAP Unit) eingeplant werden. Natürlich muss dies auch wirtschaftlich betrachtet werden, aber am falschen Ende sollte hier nicht gespart werden, da dadurch langfristig Mehrkosten entstehen können.

Objektorientierung bringt einen großen Vorteil mit sich, der außerhalb der eigentlichen Programmierung liegt: Sie bietet eine durchgängige Methode und Techniken für die Aktivitäten eines Entwicklungsprozesses von der Anforderungsermittlung über den Entwurf, die Implementierung bis hin zur Dokumentation. Die Analyse der Anforderungen in einem objektorientierten Kontext wird auch als *objektorientierte Analyse* bezeichnet. Mit der objektorientierten Analyse soll sichergestellt werden, dass qualitativ hochwertige Anwendungen entwickelt werden und dass gute Wartbarkeit und Wiederverwendung die Regel und kein Glücksfall werden. Der erhöhte Aufwand soll sich dadurch langfristig durch eine erhöhte Produktivität amortisieren.

Objektorientierte Analyse beinhaltet nicht nur die Bildung von Klassen. Im idealen Fall beginnt man mit abstrakten, groben Modellen, die die Anforderungen aus verschiedenen Perspektiven beschreiben. Anschließend werden die Modelle schrittweise über die gesamte Projektphase hinweg konkretisiert und verfeinert, sodass sich am Ende der zu programmierende ABAP-Code fast von selbst ergibt.

Man programmiert also nach Modellen. Bei einer systematischen Entwicklung kann der Aufwand für die Modellierung den Aufwand für die Programmierung übersteigen. In anderen Branchen hat sich ein solches Vorgehen schon seit Jahrzehnten etabliert. Ein Architekt könnte ein Blockhaus auf gut Glück vielleicht auch ohne Planung bauen, bei größeren Häusern, die architektonisch nicht unbedingt dem Standard entsprechen, ist eine Planung jedoch zwingend notwendig.

In diesem Kapitel möchte ich Ihnen eine strukturierte und methodische Vorgehensweise bei der objektorientierten Anwendungsprogrammierung vorstellen. Hierbei muss natürlich beachtet werden, dass ABAP in den Unternehmen in der Regel in kleineren Teams programmiert wird. Selbst wenn ein Unternehmen mit 5.000 Mitarbeitern global SAP einführt, sind zu Spitzenzeiten oft nicht mehr als 30 Entwickler im Einsatz. In großen internationalen Unternehmen stellt sich dies ähnlich dar, nur dass sich die Entwickler dann pro Projekt bzw. Teilprojekt aufteilen. Bei SAP oder Partnern, die ganze Module implementieren, sieht das natürlich anders aus.

Ich möchte mich hier in erster Linie auf den Mittelstand fokussieren. Dort sind pro Unternehmen und Branche nicht mehr als zwei bis drei (interne) Entwickler in einer Abteilung im Einsatz. In den SAP-Systemen wird in der Regel nur vereinzelt ein Programm hinzugefügt oder die SAP-Standardlogik an die jeweiligen Unternehmensprozesse angepasst. Daher orientiere ich mich in diesem Kapitel an dem mindestens erforderlichen organisatorischen Aufwand, der betrieben werden sollte, um sichere und erfolgreiche Programme zu entwickeln. Für größere Projekte sind die folgenden Erläuterungen nur im Kern zutreffend und müssen nach oben hin skaliert werden.

Insbesondere soll in diesem Kapitel verdeutlicht werden, wie die in Kapitel 26, »Unified Modeling Language (UML)«, vorgestellten Diagramme für die einzelnen Entwicklungsphasen eingesetzt werden können. Neben den dort vorgestellten Diagrammtypen Anwendungsfall- und Klassendiagramm werden hier zusätzlich Interaktions- bzw. Kommunikationsdiagramme erwähnt, die Beziehungen zwischen Objekten und den Austausch von Nachrichten zwischen diesen modellieren.

[«]

Weiterführende Informationen zu Entwicklungsdiagrammen

Zu dieser Art von Diagrammen finden Sie ausführliche Informationen in dem Buch »UML 2.5. Das umfassende Handbuch« von Christoph Kecher, Ralf Hoffmann-Elbern und Torsten T. Will (Rheinwerk Verlag 2021), wenn Sie sich mit diesem Thema umfassender beschäftigen möchten.

Diese vorbereitenden Phasen einer Anwendungsentwicklung sind:

- Anforderungsermittlung (siehe Abschnitt 27.1)
- Analyse (siehe Abschnitt 27.2)
- Entwurf (siehe Abschnitt 27.3)

Daran schließen sich Implementierung, Dokumentation und Test an, die jedoch nicht Thema dieses Kapitels sind.

27.1 Anforderungsermittlung

Bei der Anforderungsermittlung geht es um das Sammeln, Aufbereiten und Überprüfen der Vollständigkeit und Korrektheit der Anforderungen. Das Ergebnis dieser Phase sind klar definierte und in sich konsistente Anforderungen, die in einer *Anforderungsspezifikation* beschrieben werden. Eine solche Anforderungsspezifikation enthält Dokumente für die beteiligten Personengruppen, mit einem unterschiedlichen Grad der Abstraktion:

- **Für Anwender und Manager**
  umgangssprachliche Beschreibungen der Funktionalität sowie eine grobe Beschreibung der Benutzeroberfläche
- **Für Entwickler und Analytiker**
  UML-Diagramme in Form eines Anwendungsfalldiagramms, eines groben Klassendiagramms und zusätzlichen Interaktionsdiagrammen

Die in der Anforderungsermittlung durchgeführten Modellierungsaktivitäten orientierten sich ausschließlich an der Problemwelt: Was ist das Problem, und was wird gebraucht, um es zu mindern bzw. zu beheben?

Beispiel

Nehmen wir an, Sie haben die Aufgabe, in Zusammenarbeit mit einem SAP-Business-Analysten und dem Fachbereich eine neue Anwendung zur Provisionsabrechnung von Lieferanten zu entwickeln. Es hat sich herausgestellt, dass dies aufgrund bestimmter Beschränkungen nicht mit SAP-Standardlogik umgesetzt werden kann. Zuallererst sollen die Anforderungen für diese neue Anwendung zusammengetragen werden.

Abhängig von dem in Ihrem Unternehmen genutzten Vorgehensmodell hat diese Phase einen unterschiedlichen Umfang. Der Kern der Phase bleibt aber gleich: Die Anforderungen werden ermittelt und anschließend aufbereitet. Am Ende wird überprüft, ob die Anforderungen vollständig und in sich konsistent sind.

27.1.1 Ermittlung

Je nach Konstellation werden Sie zusammen mit dem Business-Analysten und einem Vertreter des Fachbereichs in einem Raum sitzen und die Anforderungen im Gespräch zusammentragen. Gehen wir davon aus, dass der Fachbereich bereits ein paar Seiten grundlegende Informationen zusammengetragen hat. In größeren (eventuell extern betreuten) Projekten wäre dies das *Lastenheft* mit verbal abgefassten und skizzierten Anforderungen. Während der Diskussion machen Sie und der Business-Analyst sich Notizen. Während der Business-Analyst die Funktionalität textuell und umgangssprachlich beschreibt, skizzieren Sie kleine Ellipsen auf Ihrem Blatt: ein grobes Anwendungsfalldiagramm. Sie konzentrieren sich zunächst nur auf den Prozess. Fragen der Realisierung lassen Sie erst mal unberücksichtigt.

Zwischendrin stellen Sie zusammen mit dem Business-Analysten die richtigen Fragen, um mehr und mehr Informationen zur Anforderung zu erhalten. Denn Sie wissen aus Erfahrung, dass die in der Anforderungsermittlung gesammelten Informationen den Erfolg des Projekts in einem hohen Maß bestimmen werden. Wie oft haben Sie sich schon die Haare gerauft, weil in früheren Projekten noch in den letzten Wochen eine neue Anforderung eingeworfen wurde, sodass Sie die bereits bestehende

Implementierung wieder ändern mussten und das gesamte Projekt dadurch verzögert wurde.

Sie widmen dem Gespräch zur Anforderungsermittlung daher lieber eine Stunde mehr. Gezielt sprechen Sie bereits konkrete Szenarien durch, wie der Anwender mit dem zu entwickelnden System arbeiten wird. Zusammen mit dem Business-Analysten ermitteln Sie die Akteure und die Anwendungsfälle. Sie klopfen wichtige Fragen ab:

- Art und Umfang der Anforderungen
- Priorisierung nach Wichtigkeit
- Definition des Zeitrahmens

Zusätzlich fragen Sie auch schon, wie sich der Fachbereich die Benutzeroberfläche vorstellt. Er wünscht sich zwei Transaktionen: Eine komplexe Eingabemaske zur Erfassung einer Provision sowie eine schicke Ausgabe zu den bereits erfassten Provisionen, in der nachträglich noch Änderungen vorgenommen werden können. Die zweite Transaktion soll als Genehmigungstransaktion nach dem Vieraugenprinzip funktionieren, d. h., eine Provision soll ausgewählt und genehmigt werden können.

Als der Vertreter des Fachbereichs eine dritte Transaktion zur grafischen Analyse historischer Provisionen anspricht – er hätte da den Begriff *Fiori* gehört –, müssen Sie seine Erwartungen leider etwas dämpfen. Dafür sei ein eigener Entwickler notwendig, der sich mit SAPUI5 auskennt, wofür das aktuelle Budget nicht ausreicht. Sie bieten dem Fachbereich aber an, dies als Erweiterung für das nächste Quartal im Hinterkopf zu behalten und bieten sogar an, sich schon einmal um die benötigte Datenbeschaffung zu kümmern. (Sie haben hier bereits im Hinterkopf, dass Sie diese bei guter Strukturierung und Definition der Schnittstellen direkt wiederverwenden können). Sie einigen sich, dass die zwei Transaktionen den Mindestumfang darstellen, und vereinbaren dafür einen Zeitrahmen von einem Monat. Zusätzlich nicken Sie die Machbarkeit der gewünschten Anforderungen ab. Sie vereinbaren, die gesammelten Informationen zu der Anforderung aufzubereiten und sich am nächsten Tag erneut zu treffen, um die Anforderungen nochmals zu prüfen.

27.1.2 Spezifikation

In Ihrem Büro machen Sie nun genau dies: Sie bereiten Ihre Skizzen, technisch unterstützt, grafisch auf und überprüfen Ihre Gedanken, indem Sie Anforderungen in einem Anwendungsfalldiagramm (*Use Case Diagram*) grafisch ausformulieren. In Ihrem Unternehmen hat es sich zusätzlich eingebürgert, auch eine textuelle Beschreibung der Anwendungsfälle vorzunehmen, um Vor- und Nachbedingungen und offene Punkte klar festzuhalten.

Ihre Checkliste, die Sie über Ihrem Monitor angebracht haben, hilft Ihnen dabei, nichts zu vergessen:

- Jeder Anwendungsfall behandelt eine klar abgegrenzte Aufgabe und liefert ein relevantes Ergebnis.
- Anwendungsfälle beschreiben die Systemnutzung aus Sicht der Anwender.
- Einfachheit geht vor Eleganz; Beziehungen werden möglichst spät und sparsam eingesetzt.
- Jeder Anwendungsfall wird textuell mit Vor- und Nachbedingung spezifiziert und ist auf maximal eine Seite begrenzt.

Zusätzlich fertigen Sie einen ersten Entwurf eines groben Klassendiagramms an. Sie identifizieren Objekte und deren Attribute und bilden daraufhin Klassen. Sie orientieren sich dabei an der Problembeschreibung der »realen Welt«, und jede Klasse nimmt auf mindestens einen Anwendungsfall aus dem Anwendungsfalldiagramm Bezug. In unserem Fall identifizieren Sie beispielsweise die Entitätsklassen `Provision` und `Provisionsbearbeiter`.

Das grobe Klassendiagramm enthält insgesamt nur ein paar Klassen und öffentliche Attribute, noch keine detaillierten Eigenschaften oder Verhalten. Das wollen Sie im Rahmen der folgenden Entwicklungsaktivitäten in Ruhe schrittweise ausbauen. Je nach Projektgröße ist die Anzahl der Klassen unterschiedlich; eine zu feine Klassenzerlegung wollen Sie jedoch vermeiden.

Ihr Fokus liegt vor allem auf der Überprüfung der fachlichen Vollständigkeit und der Korrektheit der Anforderungen. Diese sind häufig komplex und schwierig, korrekt zu modellieren. Mehr Details würden für Sie in dieser Phase noch keinen Sinn ergeben, da alles noch dynamisch ist und sich im nächsten Meeting schon wieder ändern kann. Ihre Erfahrung hat gezeigt, dass das Klassenmodell erst einmal eine gewisse Stabilität erreichen sollte, bevor es sich lohnt, weiteren Aufwand zu investieren. Eigenschaften, die Sie im Klassendiagramm nicht genau genug ausdrücken können, definieren Sie in knapper Form textuell.

Die Modellierung haben Sie so »natürlich« wie möglich gewählt und vor allem die Sichtweise der Anwender wiedergegeben. Alle Modellelemente haben ein Pendant in der »Problemwelt«. Von Generalisierung haben Sie erst einmal abgesehen. Auch andere Beziehungen haben Sie erst einmal spärlich eingesetzt, immerhin modellieren diese keine Abläufe, sondern nur funktionale Zerlegungen. Dies empfinden vor allem Nicht-Programmierer als unnatürlich, was die Validierung der Anforderungen erschwert.

Zusätzlich skizzieren Sie auch schon die gewünschten Oberflächen und das Dialogverhalten. Details interessieren Sie hier ebenfalls nicht. Sie wollen nur die wesentlichen Fenster zur Darstellung und Änderung des Provisionsobjekts abbilden. Sie orientieren sich hierbei an den Anwendungsfällen. Die Faustregel ist dabei, dass pro Anwendungsfall und Akteur eine Oberfläche benötigt wird.

Aber auch die Navigation zwischen den Fenstern interessiert Sie. In der Regel ergeben sich hier Navigationsbeziehungen, wenn eine Include- oder Extend-Beziehung zwischen Anwendungsfällen existiert (siehe Abschnitt 26.1.3, »Beziehungen«). Vielleicht bietet sich ja für die verschiedenen Transaktionen ein Einstiegscockpit an, um den Sachbearbeitern den Aufruf zu erleichtern.

27.1.3 Verhaltensmodellierung

Darüber hinaus machen Sie sich auch bereits Gedanken über das ablauforientierte Verhalten der Anwendungsfälle. Aufgrund der noch instabilen Anforderungen, die sich erneut ändern können, müssen Sie eine intensive Betrachtung jedoch noch zurückstellen. Was Sie aber bereits analysieren können, sind z. B. die *externen Interaktionen* (d. h. der Ablauf, wenn der Anwender das Programm benutzt) sowie das zustandsorientierte Verhalten komplexer Objekte auf Basis der diskutierten Geschäftsregeln.

Ablauforientiertes Verhalten

Das ablauforientierte Verhalten von Anwendungsfällen können Sie mithilfe der *Szenarien* eines Anwendungsfalldiagramms modellieren. Ein Szenario als Instanz eines Anwendungsfalls besteht aus einer Folge von Aktionen, wie z. B. der Eingabe von Attributwerten eines Objekts oder der Selektion eines Objekts anhand vorgegebener Kriterien. Ein Szenario wäre z. B., wie ein Sachbearbeiter eine Provision (als Objekt) selektieren und freigeben kann.

Durch eine solche Modellierung werden die zeitlichen Abläufe auf einen Blick deutlich. Dazu müssen Sie das zu entwickelnde Programm und die Instanz der Akteure selbst als Objekt sehen. Auf diese Weise können Sie die in einem Szenario auftretenden externen Interaktionen bereits als Kommunikationsdiagramm analysieren. Dies wird Ihnen besonders in der sich anschließenden Analysephase für die Auskleidung der Klassen mit weiteren Attributen und Methoden nützlich sein.

In anderen Worten analysieren Sie hier die Benutzung des zukünftigen Programms durch die Anwender: Welche Daten müssen eingegeben werden? Welche Daten werden dem Benutzer angezeigt? Und welche Operationen werden dafür benötigt?

Zustandsorientiertes Verhalten

Das zustandsorientierte Verhalten zu modellieren lohnt sich nur für Klassen, die eine gewisse Komplexität aufweisen. Als Grundlage der Modellierung nutzen Sie die gesammelten Regeln, die die Zustände der zu bearbeitenden Objekte, wie z. B. einer Provision, berücksichtigen. Die Regeln wurden zuvor in den Anforderungen der einzelnen Anwendungsfälle festgehalten.

Eine solche Regel könnte beispielsweise wie folgt lauten:

- Eine Provision `P` der Provisionsklasse `PK` ist freigegeben, wenn zwei Sachbearbeiter die Provision genehmigt haben.
- Wenn eine Provision `P` den Attributwert »genehmigt« besitzt und das Ereignis `archiviere` auftritt, sollen die Methoden `validiere()` und `archiviere()` ausgeführt werden.

Die Methoden beziehen sich in der Regel auf das Objekt (hier `P`) und ändern dessen Attributwerte. Gibt es für Objekte der Klasse `PK` mehrere solcher Regeln, kann man diese in einem sogenannten *Zustandsdiagramm* für die Klasse `PK` zusammenfassen. Eine solche Modellierung hilft Ihnen, den Überblick zu bewahren und zu prüfen, ob Übergänge existieren, die unmöglich sind, und ob Regeln vergessen wurden zu spezifizieren.

27.1.4 Validierung

Beim nächsten Treffen stellen Sie dem Fachbereich die Ergebnisse vor. Ihr Ziel ist es, die gesammelten Anforderungen zu validieren und der Frage »Bauen wir das richtige Programm für Sie?« auf den Grund zu gehen. Beim Durchgehen des Anwendungsfalldiagramms werden ausgewählte Szenarien durchgespielt. Dadurch werden an einigen Stellen noch vage Formulierungen und fehlende Wertebereiche aufgedeckt: »Ach, eine Urlaubsvertretung für die Genehmigung ist auch gewünscht?« Schnell bessern alle Beteiligten die aufgedeckten Unklarheiten in ihren Aufzeichnungen aus. Die Änderungen zwingen Sie dazu, Ihre Modelle noch mal nachzubessern. Damit hatten Sie gerechnet und diese daher erst einmal grob gehalten, sodass eine Änderung wenig Aufwand mit sich bringt.

Dem Fachbereich haben aber gerade Ihre Entwürfe der Oberflächen gefallen. Die Anforderungsspezifikation sollte zwar, so weit es geht, von Realisierungsfragen bereinigt sein, aber im Hinterkopf haben Sie für die Tabellenanzeige z. B. bereits den SAP List Viewer (ALV) im Kopf: eine Excel-Export-Funktion – fantastisch!

Am Ende werden alle Dokumente nochmals überarbeitet und zu der Anforderungsspezifikation zusammengestellt.

27.2 Analyse

Das Klassenmodell der Anforderungsermittlung enthielt bisher nur Klassen von Objekten der »realen Welt« (z. B. die Provision). In diesem Klassendiagramm müssen nun noch die Anwendungsfälle Schritt für Schritt abgebildet werden. Die Analyse dient der Überführung der Anforderungsermittlung in die Realisierung. Dabei werden die Anforderungen überarbeitet, weiter strukturiert und präzisiert.

Die folgenden Tätigkeiten laufen dabei iterativ bzw. parallel und nicht in einer fest vorgegebenen Reihenfolge ab:

- Überführung jedes Anwendungsfalls in Kontrollklassen und Schnittstellenklassen
- Auskleiden des Klassendiagramms, z. B. durch Hinzufügen von Operationen, Attributen und Ereignissen, anhand der Modellierung des ablauforientierten Verhaltens komplexer Anwendungsfälle
- Ergänzung der Anforderungsspezifikation mit den gewonnenen Erkenntnissen
- Verifikation des Modells (Entwickeln wir das Programm richtig?)

Das Ergebnis der Analyse ist eine *Analysespezifikation* in Form eines detaillierteren Klassendiagramms sowie zusätzlicher Interaktions- und Zustandsdiagramme der Dokumentation der Ergebnisse der Verifikation.

In kleineren Projekten kann auf diese Phase verzichtet werden. Das heißt aber nicht, dass auf die für diese Phase beschriebenen Tätigkeiten verzichtet werden kann. Diese werden lediglich auf die Phasen der Anforderungsermittlung bzw. der Implementierung verteilt. Die Analyse als separate Phase soll aber gerade die vorangehende Anforderungsermittlung von zu realisierungsbezogenen Fragen entlasten und somit den Blick auf die Validierung der Anforderungen lenken.

Abhängig von dem in Ihrem Unternehmen praktizierten Vorgehensmodell könnte eine solche Analysephase auch agil durchgeführt werden. In diesem Fall würde man die Phase nur für die wichtigsten Anwendungsfälle durchspielen, anschließend einen Entwurf vornehmen und die Implementierung durchführen. Ist ein Teil der Anforderungen funktionstüchtig implementiert, können die weiteren Anwendungsfälle nach demselben Muster analysiert, entworfen und implementiert werden. Durch eine solche prototypische Vorgehensweise soll das Risiko fehlerhafter Entscheidungen verringert werden.

27.2.1 Die Klassenmodellierung

Bei diesem Schritt wollen Sie sich darauf konzentrieren, das Klassendiagramm der Anforderungsermittlung zu verfeinern. Konkret geht es darum, jeden Anwendungsfall strukturell im Klassendiagramm umzusetzen. Dazu werden dem Klassendiagramm neue Elemente hinzugefügt:

- Attribute möglichst aus dem Problembereich
- Vererbung (nur zur Strukturierung und nicht zur reinen Redundanzvermeidung)
- Standardoperationen, wie z. B. der Zugriff auf Attribute, Hinzufügen, Entfernen oder Suchen

Darüber hinausgehende Operationen werden nur aufgenommen, wenn sie für das Verständnis der zugehörigen Klasse notwendig sind. Hierzu gehört auch die Schnittstellenbeschreibung mit Signaturen (die Ein- und Ausgabeparameter). Diese werden nur für komplexere Operationen angegeben.

Das Verhalten der Klassen wird in Form von Verantwortlichkeiten textuell skizziert. Jede Verantwortlichkeit umreißt einen inhaltlich zusammenhängenden Teil des Verhaltens der Klasse.

Anstatt z. B. die komplette Logik der Provision in einer Klasse abzubilden, wäre hier eine Trennung analog zum MVC-Entwurfsmuster (*Model View Controller*) durch die folgenden Klassen möglich:

- **Entitätsklassen**
  Entitätsklassen repräsentieren langlebige Informationen. Zu ihnen gehören alle Klassen der Anforderungsspezifikation. Hier gilt es, die Attribute zu verfeinern, die Assoziationen besser auszuarbeiten und fehlende Operationen hinzuzufügen. Die in diesen Klassen enthaltenen Daten werden später auf einer Datenbank gespeichert.
- **Kontrollklassen**
  Kontrollklassen enthalten die fachliche Logik der Anwendungsfälle. Jeder Anwendungsfall hat seine eigene Kontrollklasse, bei dem Anwendungsfall »Provision freigeben« beispielsweise die Klasse `ProvisionFreigeben`. Eine solche Kontrollklasse kontrolliert die an einem Anwendungsfall beteiligten Instanzen der Entitätsklassen (also z. B. eine Provision) gemäß der definierten fachlichen Logik. Soll beispielsweise eine Provision freigegeben werden, prüft diese Klasse, ob dies möglich ist.

Dadurch wird eine Trennung der Datenhaltung in Entitätsklassen und die dazugehörige Logik vollzogen.

Zusätzlich kann über *Schnittstellenklassen* die Interaktion zwischen den Akteuren (in diesem Fall den Anwendern) und dem Anwendungssystem (dem Programm) gebündelt werden. In der Praxis wird dies häufig durch Reports modelliert, wobei diese die im Hintergrund angelegten Kontrollklassen jeweils anders steuern. Bei einer komplett objektorientierten Entwicklung würde man für jeden dieser Reports nochmals eine Klasse anlegen, damit diese wiederverwendet werden können.

Es geht bei den Schnittstellenklassen also hauptsächlich darum, dass ein bestimmter Anwendungsfall ausgewählt werden kann. Dadurch werden die Anwendungsfälle in entsprechende Klassen transformiert. Für jeden Akteur wird eine Akteur-Schnittstellenklasse (AS-Klasse) angelegt. Diese Klasse erlaubt es dem Akteur, die ihm zur Verfügung stehenden Anwendungsfälle zu aktivieren. Aus dem Akteur »Provisionsbearbeiter« wird beispielsweise die Klasse `ProvisionsbearbeiterAS`.

Ist ein Akteur ein technisches System (z. B. das Archivierungssystem), wird in einer solchen Klasse die Umsetzung des Kommunikationsprotokolls realisiert (was aber erst in der Implementierungsphase stattfindet).

Operationen

In der Anforderungsermittlung hatten Sie noch auf das Hinzufügen von Operationen zum Klassenmodell verzichtet, denn Sie wollten die Anforderungsspezifikation frei von Realisierungsaspekten halten. Dies holen Sie jetzt nach.

Als Grundlage zur Verfeinerung der Klassen nutzen Sie die Anwendungsfälle zusammen mit den in Kommunikationsdiagrammen notierten externen Interaktionen. Über das konkrete Ablaufverhalten der so hinzugefügten Operationen machen Sie sich erst einmal keine Gedanken; dieses wollen Sie erst in der sich anschließenden Entwurfsphase präzisieren.

Die hier ermittelten Operationen sind Voraussetzung, um später überprüfen zu können, ob das Programm wirklich sinnvoll entwickelt wird und ob die Modelle untereinander konsistent sind.

27.2.2 Verhaltensmodellierung

Das Auskleiden des Klassendiagramms findet nicht separat statt, sondern während Sie die Interaktionsdiagramme verfeinern. Durch eine solche Modellierung erhoffen Sie sich, noch nicht berücksichtigte Operationen zu finden, die Sie in den entsprechenden Klassendiagrammen nachtragen können.

Ein Anwendungsfall wird im Analyse-Klassendiagramm über seine Schnittstellenklassen und seine Kontrollklassen zunächst rein strukturell umgesetzt. Bei der Präzisierung seines Ablaufverhaltens mit Interaktionsdiagrammen wird gleichzeitig seine Funktionalität in Form von Operationen im Klassendiagramm verankert.

Dazu können Sie wie folgt vorgehen:

1. Zunächst werden die den Anwendungsfall realisierenden Klassen mit einem Mechanismus kenntlich gemacht (siehe Abschnitt 26.2.4, »Vom Anwendungsfall zum Klassendiagramm«).
2. Die zu einem Szenario gehörigen Instanzen der Klassen werden aus dem Mechanismus erzeugt, und mithilfe eines Kommunikationsdiagramms wird das Ablaufverhalten modelliert.

Hierbei verwenden Sie die bereits abgeleiteten Schnittstellen- und Kontrollklassen sowie die zum Anwendungsfall gehörige Entitätsklasse. Die bei der Erstellung des Kollaborationsdiagramms identifizierten Operationen tragen Sie entsprechend im Klassendiagramm nach.

27.2.3 Verifikation

Die Verifikation der Modelle der Analyse ist wichtig, um Fehler möglichst früh zu entdecken und damit den Aufwand für die nachträgliche Behebung zu reduzieren. In diesem Schritt überprüfen Sie die einzelnen Modelle in folgender Hinsicht:

- *Vollständigkeit:* Die Diagramme entsprechen der Spezifikation.
- *Eindeutigkeit:* Die Diagramme können nur auf eine Art und Weise interpretiert werden.
- *Konsistenz:* Alle Verweise sind existent; es kommen keine redundanten oder widersprüchlichen Konstellationen vor.

Hier ist insbesondere wichtig, dass Sie die textuellen Beschreibungen nochmals mit den Modellen abgleichen. Dies betrifft insbesondere alle Beziehungen (Include- und Extend-Beziehungen, Assoziationen, Multiplizitäten, Vererbung).

Zusätzlich vergleichen Sie die einzelnen Modelle untereinander. Dabei steht vor allem der Abgleich des Analyse-Klassenmodells mit dem (bereits in der Anforderungsermittlung validierten) Anwendungsfallmodell im Vordergrund. Beispielsweise könnten Sie hier im Kommunikationsdiagramm Schritt für Schritt durchgehen und prüfen, ob für jeden Operationsaufruf eine entsprechende Operation im Klassenmodell existiert. Markieren Sie dabei jede gefundene Methode im Klassendiagramm. Dadurch lassen sich eventuell überflüssige Operationen finden.

27.3 Entwurf

Bisher haben Sie vor allem die Anforderungen analysiert und ein Klassendiagramm so weit vorangetrieben, dass es reif für die Implementierung ist. Bevor Sie jedoch mit der Implementierung anfangen, müssen Sie sich noch im Rahmen der Entwurfsphase Gedanken über den grundsätzlichen Aufbau und die innere Struktur Ihrer Software machen.

Für Architekturentwürfe stehen in einem SAP-System drei Schichten bereit, daher müssen Sie sich nicht viele Gedanken machen:

- *Benutzerschnittstelle*: SAP GUI, Business Server Pages (BSP), Web Dynpro oder SAPUI5
- *Anwendungskern*: ABAP (bzw. Java-Stack)
- *Datenhaltung*: die (primär/sekundär) angebundene Datenbank

Sie müssen lediglich eine Auswahl treffen und so Ihre Softwarearchitektur spezifizieren.

Leitthema des gesamten Entwurfs ist die Bewältigung der Komplexität durch eine schrittweise Zerlegung der Software in kleinere und damit beherrschbare Einheiten. Der Entwurf dient damit nicht nur der Vorbereitung der Implementierung, sondern bestimmt auch entscheidend die Wartbarkeit des Endprodukts.

Im darauffolgenden *Feinentwurf* wählen Sie anschließend das Rahmenwerk aus, das für die Benutzerschnittstelle verwendet werden soll. Haben Sie sich beispielsweise für das SAP GUI entschieden, wäre ein Einsatz des ALVs denkbar. Sie könnten sich an dieser Stelle aber z. B. auch für persistente Klassen und damit dafür entscheiden, ein Persistenzrahmenwerk für den Zugriff auf die Datenbank zu verwenden. Mit hoher Wahrscheinlichkeit werden Sie sich dafür entscheiden, für die Datenbeschaffung BAPI-Funktionsbausteine zu verwenden.

Sie untergliedern damit die einzelnen Schichten erneut. Jede der definierten Teileinheiten sollte ein logisch zusammenhängendes Teilproblem behandeln. Dies nennt man in der Theorie auch *Kohäsion*. Zusätzlich soll eine schwache Kopplung existieren, die aussagt, dass die Beziehungskomplexität zwischen den Modulen möglichst kleingehalten wird. Vor allem aber sollen diese Module so definiert sein, dass sie ohne Probleme von anderen Modulen benutzt werden können, ohne die Implementierung zu kennen. Dies zielt auf das in der Objektorientierung wichtige *Geheimnisprinzip* ab. Sie kennen beispielsweise weder die Implementierung eines BAPI-Funktionsbausteins noch die der ALV-Anzeige. Ihr Programm sollte im besten Fall genauso von einem zukünftigen Drittprogramm verwendbar sein. Wird die Logik einer der Module geändert, wirkt sich das nicht auf Ihre Programme aus.

Sie müssen also neben der Auswahl bereits bestehender SAP-Teileinheiten wie BAPIs, ALV usw. auch für Ihre eigene Software eine innere Architektur definieren.

Dabei unterstützen Sie z. B. die in Kapitel 28 beschriebenen Entwurfsmuster. Beispielhaft ist hier das MVC-Entwurfsmuster zu nennen, das bereits einen Architekturentwurf mit hoher Kohäsion und schwacher Kopplung abbildet. Dadurch ließe sich etwa die Oberfläche leicht vom Rest der Anwendung entkoppeln und durch eine neue Oberfläche ersetzen.

Die grobe Vorgehensweise beim Entwurf ist wie folgt:

1. die Kontrollklassen des Anwendungsfalls um Operationen anreichern, die die von der externen Schnittstelle geforderten Funktionen realisieren
2. UML-Elemente, die sich nicht direkt in ABAP implementieren lassen, transformieren
3. zu große Klassen in kleinere Klassen zerlegen
4. Entitätsklassen als persistente Klassen integrieren (falls gewünscht)
5. Datenbankschema entwerfen

Die im Entwurf definierten Einheiten, deren Funktionsweise und ihr Zusammenspiel werden in einer *Entwurfsspezifikation* beschrieben. Hauptbestandteil dieser Entwurfsspezifikation ist das Klassenmodell, das nun deutlich detaillierter ausgestaltet ist als das Klassenmodell der Analysephase. Es wird um Interaktions- und Zustandsdiagramme ergänzt. Der Detaillierungsgrad der Entwurfsspezifikation sollte so gewählt sein, dass eine unmittelbare Implementierung möglich ist.

Haben Sie es bis hierhin geschafft, ist das Programmieren nur noch ein »Programmieren nach Zahlen«. Ab diesem Stadium findet in der Praxis auch häufig ein *Outsourcing*, also eine Auslagerung an externe Auftragnehmer statt. Je besser Sie die Anforderungen mithilfe von UML-Diagrammen und zusätzlichen Dokumenten beschrieben haben, desto weniger werden Sie vom Ergebnis überrascht sein.

Kapitel 28
Entwurfsmuster

Für viele Probleme, mit denen Programmierer beim Entwurf von Anwendungen konfrontiert werden, gibt es bereits Schablonenlösungen. Hier stelle ich Ihnen wichtige Entwurfsmuster vor, die bei der ABAP-Programmierung häufig zum Einsatz kommen.

Bei der Programmierung treten viele Problemstellungen immer wieder auf. Gerade in einem sehr spezialisierten Bereich wie der SAP-Programmierung lässt sich beobachten, dass viele Programmierer Quellcode aus älteren Programmen kopieren, um eine erneute Implementierung zu vermeiden. Bei Entwurfsmustern (*Design Patterns*) verfolgt man ein ähnliches Prinzip, nur dass anstelle des Quellcodes Entwürfe wiederverwendet werden. Die Entwurfserfahrungen wurden mit der Zeit zusammengetragen und dokumentiert. Ziel war es dabei, eine möglichst hohe Wiederverwendbarkeit bestimmter Lösungen zu erreichen, um so die Entwicklungszeit zu reduzieren.

Ein Entwurfsmuster benennt und beschreibt einen allgemeinen Entwurf für eine wiederkehrende Problemstellung in einem objektorientierten Kontext. Es beschreibt das Problem und stellt eine aus wenigen Klassen bestehende Lösung bereit. Zusätzlich erläutert es, wann die Lösung angewandt werden sollte und welche Konsequenzen sich aus der Verwendung ergeben. Entwurfsmuster sind dabei immer abstrakt gehalten und geben keine Implementierung, höchstens konkrete Beispiele für den Einsatz, für Ihr Problem vor.

Sie als Programmierer sollten die Entwurfsmuster kennen, um entscheiden zu können, ob sich ein Einsatz im jeweiligen Fall lohnt. Als ABAP-Programmierer werden Sie aufgrund der meist geringen bis mittleren Größe der Anforderungen kaum ein Projekt begleiten, in dem sich der Einsatz aller Entwurfsmuster lohnt. Das heißt aber nicht, dass Sie keine Kenntnis der bekanntesten Entwurfsmuster haben sollten. Im Gegenteil, denn SAP hat als großes Softwarehaus genau diese eingesetzt. So werden Sie sowohl innerhalb des SAP-Codes als auch in den Entwicklungstechniken viele Entwurfsmuster entdecken.

So finden Sie beispielsweise in allen Webtechnologien von SAP (BSP, Web Dynpro, SAPUI5) das MVC-Entwurfsmuster (*Model View Controller*) wieder. Zum Beispiel kann es sein, dass Sie beim Analysieren eines Fehlers im Debugger feststellen, dass von einer Klasse immer nur dieselbe Instanz zurückgegeben wird, was wahrscheinlich daran liegt, dass hier das Singleton-Entwurfsmuster implementiert wurde (siehe Abschnitt 28.1). Sie werden also zwar nicht unbedingt gefordert sein, ein Entwurfsmuster im Rahmen einer Entwicklung umzusetzen, aber Sie werden zumindest gefordert sein, Entwurfsmuster zu verstehen und die bereits von SAP implementierten Entwurfsmuster einzuhalten.

Es gibt in der Praxis über 100 Entwurfsmuster. In diesem Kapitel möchte ich Ihnen als Einführung einen Überblick über die wichtigsten (d. h. in ABAP am häufigsten benutzten) Entwurfsmuster geben, die Sie im Alltag sinnvoll einsetzen können.

Dazu möchte ich Ihnen jeweils ein bis zwei Vertreter jeder Entwurfsmusterkategorie vorstellen. Man unterscheidet zwischen den folgenden Entwurfsmusterkategorien:

- **Erzeugungsmuster**
  Dienen der Entkopplung der Erzeugung einer Instanz. Aus dieser Kategorie lernen Sie das Singleton-Pattern (siehe Abschnitt 28.1) und die Fabrikmethode (siehe Abschnitt 28.2) kennen.
- **Strukturmuster**
  Vorgefertigte Entwürfe für die Beziehungen zwischen Klassen. Aus dieser Kategorie lernen Sie die Muster Model View Controller (siehe Abschnitt 28.3) und Fassade (siehe Abschnitt 28.4) kennen.
- **Verhaltensmuster**
  Modellieren komplexes Verhalten unter Beachtung einer hohen Flexibilität. Aus dieser Kategorie stelle ich Ihnen das Observer-Pattern vor (siehe Abschnitt 28.5).

Zusätzlich möchte ich Ihnen in Abschnitt 28.6 einen Ansatz für objektorientierte Reports vorstellen, den Sie in Ihrer täglichen Arbeit mit ABAP einsetzen können. Dieser Ansatz gehört nicht zu den Standardentwurfsmustern, kann Ihnen aber als Vorlage bzw. Muster für die objektorientierte Programmierung dienen.

[+]

Quellcode als Vorlage speichern

Prinzipiell empfiehlt es sich, den Quellcode zur konkreten Implementierung der hier vorgestellten Muster als Muster abzuspeichern, damit Sie ihn nicht immer wieder aufs Neue implementieren müssen.

28.1 Singleton

Das Konzept, die Instanziierung einer Klasse auf genau eine einzelne Instanz zu beschränken, nennt sich *Singleton*. Die Klasse verhindert es, falls bereits eine Instanz existiert, eine weitere Instanz zu erzeugen. Dies kann hilfreich sein, wenn Sie über verschiedene Stellen hinweg immer wieder mit derselben Instanz arbeiten wollen.

Listing 28.1 zeigt eine mögliche Verwendung. Ausgangslage sind die User Exits in der Auftragstransaktion, um zusätzliche kundeneigene Felder zu verwalten. Die einzelnen User Exits werden an verschiedenen Stellen innerhalb der Auftragserfassungstransaktion aufgerufen. Sie möchten nun dafür sorgen, dass an all diesen Stellen nur mit einem Auftrag gearbeitet wird. So wollen Sie beim Speichern des Dokuments nicht irgendeine Instanz eines Auftrags in der Tabelle speichern, sondern genau den, mit dem Sie gerade arbeiten. Die statische Methode GIB_AUFTRAG() gibt dabei immer die gleiche Instanz der Klasse zurück.

```
FORM userexit_move_field_to_vbak.
  DATA: lo_auftrag TYPE REF TO zcl_auftrag.
  "Statische Methode gibt die Instanz zurück
  lo_auftrag = zcl_auftrag=>gib_auftrag( ).
  "Arbeit mit der Instanz
  lo_auftrag->setze_kopf( vbak ).
ENDFORM.
FORM userexit_save_document.
  DATA: lo_auftrag TYPE REF TO zcl_auftrag.
  "Statische Methode gibt die Instanz zurück
  lo_auftrag = zcl_auftrag=>gib_aufrag( ).
  "Arbeit mit der Instanz
  lo_auftrag->speichern( ).
ENDFORM.
```

Listing 28.1 Beispielhafte Benutzung des Singleton-Patterns

Ein solcher Mechanismus ließe sich im ABAP-Universum auch über SET MEMORY und GET MEMORY bzw. Shared Objects realisieren, und auch die Verwendung einer Klasse mit rein statischen Methoden wäre denkbar (es kann von einer statischen Klasse immer nur eine Instanz geben). Diese Variante hat dennoch den Vorteil der einfachen Implementierung sowie der Übersichtlichkeit (Stichwort Verwendungsnachweis) und Erweiterbarkeit. Während statische Methoden nicht überschrieben werden können und immer final sind, können Instanzmethoden in Unterklassen beliebig redefiniert werden.

Eine Singleton-Klasse können Sie wie folgt definieren:

1. Definieren Sie eine private Klasse (damit die Klasse nicht von außen mit CREATE OBJECT instanziiert werden kann).
2. Definieren Sie ein privates Attribut vom Typ der Klasse (dieses Attribut wird später die einzige Instanz halten).
3. Definieren Sie eine statische öffentliche Methode, um die einzige Instanz zu setzen (beim ersten Aufruf) und die Instanz zurückzugeben (ab dem zweiten Aufruf).

Beispiel

In Listing 28.2 finden Sie eine mögliche Implementierung der Klasse für das User-Exit-Beispiel für Aufträge. Es empfiehlt sich, die Zugriffsmethoden einheitlich zu benennen (im Beispiel GIB_OBJEKT()). Dadurch erkennen Sie auf Anhieb, dass es sich um ein Singleton-Konstrukt handelt, wenn Sie während des Debuggings auf so einen Aufruf stoßen.

```
CLASS zcl_auftrag DEFINITION PUBLIC FINAL CREATE PRIVATE.
  PUBLIC SECTION.
    CLASS-METHODS gib_objekt RETURNING
        VALUE(ro_auftrag) TYPE REF TO zcl_auftrag.
    METHODS setze_kopf IMPORTING VALUE(is_vbak) TYPE VBAK,
            speichern.
  PROTECTED SECTION.
  PRIVATE SECTION.
    CLASS-DATA o_objekt TYPE REF TO zcl_auftrag.
    DATA s_vbak TYPE vbak.
ENDCLASS.
CLASS zcl_auftrag IMPLEMENTATION.
  METHOD gib_objekt.
    IF zcl_auftrag=>o_objekt IS NOT BOUND.
      CREATE OBJECT zcl_auftrag=>o_objekt.
    ENDIF.
    ro_auftrag = zcl_auftrag=>o_objekt.
  ENDMETHOD.
  METHOD setze_kopf.
    ms_vbak = is_vbak.
  ENDMETHOD.
  METHOD speichern.
    "Implementierung des Speicherns
  ENDMETHOD.
ENDCLASS.
```

Listing 28.2 Implementierung einer Singleton-Klasse

28.2 Fabrikmethode

Das Fabrikmethode-Entwurfsmuster (*Factory Method*) ist vielleicht das am häufigsten benutzte Entwurfsmuster. Ziel der Fabrikmethode ist es, die Komplexität der Instanziierung einer Klasse vor dem Anwender der Klasse (dem aufrufenden Programm) zu verstecken. Die instanziierte Klasse ist dem Programm dabei unbekannt und kann eine Klasse entlang der Vererbungshierarchie sein. Die Entscheidung, welche Klasse instanziiert wird, wird dabei von der Oberklasse getroffen.

Dazu bietet dieses Entwurfsmuster eine Schnittstelle für die Instanziierung in Form einer statischen Methode an. Diese Mechanik wird benötigt, da der Konstruktor einer Klasse zwar redefinierbar ist, aber zwingend in der Unterklasse über `super->constructor()` aufgerufen werden muss.

Die angebotene Methode erstellt dabei die Instanz. Die Methode kann in unterschiedlichen Formen angeboten werden:

- in einem extra Interface
- in einer Basisklasse
- Durch optionales Überschreiben der Factory-Methode in den Unterklassen. Dadurch kann die Unterklasse die Erzeugung übersteuern.

In Abbildung 28.1 ist ein UML-Diagramm für dieses Entwurfsmuster dargestellt. Die Methode `FACTORY()` in der Basisklasse erstellt die Instanz. Diese Instanz könnte bedingungsabhängig von den Klasse `KLASSE_TYP1`, `KLASSE_TYP2` oder der Basisklasse selbst sein.

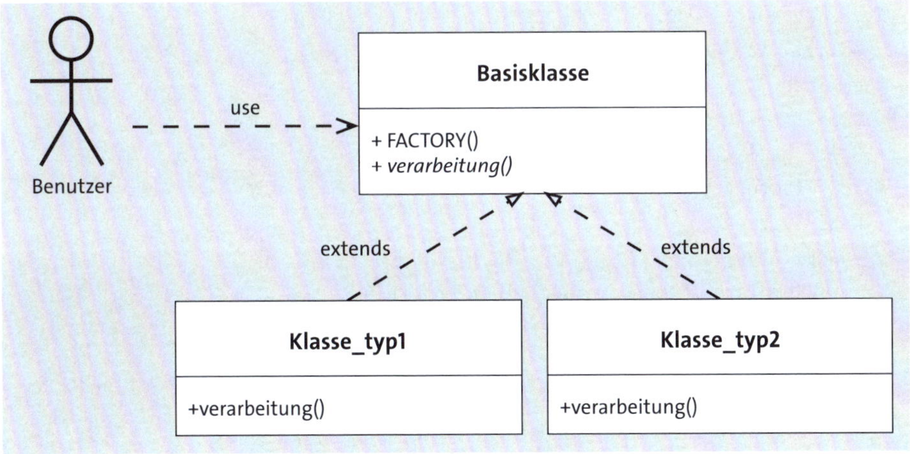

Abbildung 28.1 UML-Diagramm zum Fabrikmethode-Muster

Die Schritte für die Implementierung sind die folgenden:

1. Erstellen einer Oberklasse mit einer statischen Factory-Methode
2. Ausprägen der Importparameter der Factory-Methode. Diese können beispielsweise benutzt werden, um die zu erzeugende Unterklasse zu bestimmen. Die Methode kann dabei bereits eine Implementierung enthalten bzw. (wenn es eine abstrakte Klasse ist) vorgeben.
3. Definieren einer Vererbung von dieser Oberklasse
4. Definieren einer Objektreferenz auf die Oberklasse

28

Beispiele

Listing 28.3 zeigt die Umsetzung des UML-Diagramms aus Abbildung 28.1. Die Basisklasse ist als abstrakte Klasse abgebildet. Es wurde aus Gründen der Vereinfachung nur eine Unterklasse umgesetzt.

```
CLASS lcl_basisklasse DEFINITION ABSTRACT.
  PUBLIC SECTION.
    CLASS-METHODS: factory
      IMPORTING iv_type TYPE char10
      RETURNING value(ro_objekt) TYPE REF TO lcl_basisklasse.
    METHODS: verarbeitung ABSTRACT.
ENDCLASS.
CLASS lcl_typ1 DEFINITION INHERITING FROM lcl_basisklasse.
  PUBLIC SECTION.
    METHODS: verarbeitung REDEFINITION.
ENDCLASS.
CLASS lcl_typ1 IMPLEMENTATION.
  METHOD verarbeitung.
    WRITE: 'Ich wurde instanziiert'.
  ENDMETHOD.
ENDCLASS.
CLASS lcl_basisklasse IMPLEMENTATION.
  METHOD factory.
    CASE iv_type.
      WHEN 'Typ1'.
        "Komplexe Instanziierung einer Unterklasse,
        "die vor dem Benutzer versteckt wird
         CREATE OBJECT ro_objekt TYPE lcl_typ1.
      WHEN 'Typ2'.
        "Erzeugung von einer anderen Klasse entlang der
        "Vererbungshierarchie
    ENDCASE.
  ENDMETHOD.
ENDCLASS.
START-OF-SELECTION.
  DATA: lo_verwendung TYPE REF TO lcl_basisklasse.
  lo_verwendung = lcl_basisklasse=>factory( 'Typ1' ).
  lo_verwendung->verarbeitung( ).
  "Oder beispielsweise:
  lo_verwendung = lcl_basisklasse=>factory( 'Typ2' ).
  lo_verwendung->verarbeitung( ).
```

Listing 28.3 Implementierung einer Fabrikmethode

In beiden Fällen in Listing 28.3 wird nur mit der Klasse LCL_BASISKLASSE gearbeitet; die FACTORY()-Methode entscheidet, welche Klasse wirklich implementiert wird. Ab ABAP 7.40 wäre für die Implementierung der FACTORY()-Methode auch ein Einsatz der neuen Anweisung SWITCH denkbar (siehe Abschnitt 7.13.6, »SWITCH: Bedingte Ausdrücke«). In Listing 28.4 finden Sie eine entsprechende Implementierung.

```
METHOD factory.
  ro_objekt  = SWITCH #( iv_type
                 WHEN 'Typ1' THEN NEW lcl_handler_typ1 ( )
                 WHEN 'Typ2' THEN NEW lcl_handler_typ2 ( )
                 ELSE THROW cx_sy_no_handler( )
               ).
ENDMETHOD.
```

Listing 28.4 Einsatz der neuen SWITCH-Anweisung

28.2.1 Factory-Methode beim SAP List Viewer

In der Praxis findet man häufig eine zweite Ausprägung dieses Musters. Ist Ihnen schon einmal aufgefallen, dass bei der Instanziierung einer neuen ALV-Klasse (SAP List Viewer, siehe Kapitel 19, »Tabellenanzeige mit dem SAP List Viewer (ALV)«) CL_SALV_TABLE nicht die Anweisung CREATE OBJECT, sondern eine statische Methode FACTORY() verwendet wird? In Listing 28.5 ist ein solcher Aufruf zu sehen.

```
DATA: lt_sflight TYPE TABLE OF sflight.
DATA: lo_alv     TYPE REF TO cl_salv_table.
cl_salv_table=>factory(
  IMPORTING
    r_salv_table = lo_alv
  CHANGING
    t_table      = lt_sflight
).
```

Listing 28.5 Implementierung einer ALV-Anzeige

In der Tat ist es auch gar nicht möglich, CREATE OBJECT auf die Klasse anzuwenden, da diese als private definiert ist. Daher hat nur die Klasse CL_SALV_TABLE selbst die Berechtigung, eine Instanz von sich zu erzeugen. Damit der Klasse dies von außen mitgeteilt werden kann, muss diese eine statische Methode anbieten.

Dies gilt ebenfalls für die Oberklasse: Diese ist abstrakt und vererbt an zwei Klassen weiter:

- CL_SALV_MODEL_LIST:
  Basismodell für alle listenartigen Tabellendarstellungen (abstrakt)
  - CL_SALV_HIERSEQ_TABLE:
    Basisklasse für hierarchisch-sequenzielle Tabellen (privat und final); bietet keinen Konstruktor, aber eine FACTORY()-Methode an.
  - CL_SALV_TABLE:
    Basisklasse für einfache Tabellen (privat und final); bietet keinen Konstruktor, aber eine FACTORY()-Methode an.

Die FACTORY()-Methode wird zwar auch der Schwesterklasse CL_SALV_HIERSEQ_TABLE angeboten, allerdings wird sie nicht von der Oberklasse vererbt, sondern in jeder Klasse *manuell* definiert. Im Sinne des Entwurfsmusters Fabrikmethode ist die Verwendung deshalb nicht korrekt. Der SAP List Viewer setzt dieses Entwurfsmuster also nicht um. Die Logik, die hier in der FACTORY()-Methode enthalten ist, hätte 1 : 1 auch im Konstruktor der einzelnen Klassen platziert werden können (gerade, da beide Klasse final sind und von ihnen nicht weiter geerbt werden darf). Eine Instanziierung über die Klasse CL_SALV_MODEL_LIST (ohne dass der Anwender weiß, welche Klasse wirklich erzeugt wird) wäre nicht möglich, da cl_salv_model_list =>factory nicht existiert.

Nur weil das Muster hier nicht eingehalten wurde, heißt das aber nicht, dass sich hieraus keine Vorteile ergeben. Solche Factory-Methoden sind ebenfalls sehr häufig im Einsatz. Die folgenden Vorteile können sich aus ihrer Nutzung in ABAP ergeben:

- Die Methode kann benannt sein, Konstruktoren nicht.
- Es können mehrere Methoden angeboten werden, die die Klasse instanziieren können.
- Es muss keine Instanziierung zurückgegeben werden (bei Konstruktoren ist dies zwingend).
- Eine Vererbung und Überschreibung ist möglich (falls die Klasse nicht final ist).
- Gerade bei der Benutzung vieler zusammenhängender Klassen kann so die Anwendung vereinfacht werden.

In der Tat böte die Klasse CL_ALV_TABLE (wenn sie nicht final wäre) die besten Voraussetzungen für die Implementierung des Fabrikmethodenmusters. Die Methode könnte dann z. B. statt der eigenen Klasse eine Unterklasse instanziieren und diese zurückgeben. Sie als Benutzer von CL_SALV_TABLE würden davon allerdings nichts mitbekommen. Zum Glück kann SAP das Finalkennzeichen ja relativ einfach entfernen und hat somit für die Zukunft bereits vorgedacht.

28.3 Model View Controller

Alle drei Webtechnologien von SAP, Business Server Pages (BSP), Web Dynpro und SAPUI5 (siehe Kapitel 31, »SAPUI5, SAP Fiori und SAP Gateway«, und Kapitel 32, »Andere SAP-Webtechnologien«), setzen das MVC-Entwurfsmuster um (je nach Anwendung kann dieses Muster auch als Architekturmuster eingesetzt werden). MVC steht für *Model View Controller* und besagt, dass Anwendungen in diese miteinander verbundenen Schichten verteilt sein sollten:

- **Model**
  Die Datenhaltungsschicht. Hier werden alle Daten vorgehalten, die auf der Benutzeroberfläche angezeigt werden sollen. Dies können Inhalte von Feldern, Daten für Tabellen oder konkrete Steuerinformationen sein (Feld einblenden oder ausblenden).
- **View**
  Der View dient der reinen Definition der Oberfläche. Hier werden die Eingabemasken definiert und die Daten aus dem Model angezeigt.
- **Controller**
  Der Controller verbindet die View-Schicht mit der Model-Schicht und steuert diese. Hier wird außerdem die programmierte Logik festgehalten, d. h. der eigentliche Programmcode, beispielsweise wenn der Anwender auf einen Button klickt.

In Abbildung 28.2 sehen Sie diesen Zusammenhang.

In Web Dynpro und SAPUI5 werden pro View ein Model und ein Controller angeboten, während die gesamte Anwendung nochmals durch einen zentralen Controller gesteuert wird, der ebenfalls einem Model zugewiesen ist. Durch die klare Trennung der Schichten soll auch die Wiederverwendbarkeit sowie die Flexibilität der einzelnen Komponenten erhöht werden. So könnten Sie ohne großen Aufwand bereits bestehende Anwendungen in eine andere Anwendung einbinden.

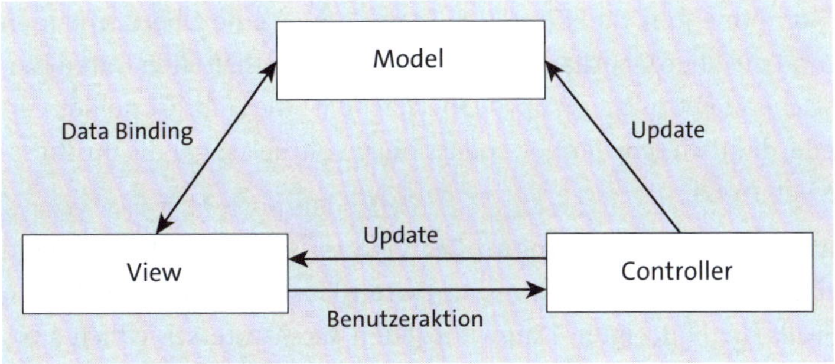

Abbildung 28.2 Das MVC-Konzept

In Web Dynpro ABAP ist der SAP List Viewer (ALV) – die komplexe Tabellenanzeige – z. B. als separate Komponente entwickelt. SAP musste diese ALV-Komponente nur einmal programmieren; Sie können sie bedenkenlos in all Ihren Web-Dynpro-Anwendungen einsetzen. Dazu betten Sie die dazugehörige Oberfläche (den View) ein, der die Tabelle definiert, und steuern mit Ihrem Controller den Controller der ALV-Komponente, der wiederum die Datenhaltungsschicht zur Tabellenanzeige steuert.

Abbildung 28.3 skizziert diesen Wiederverwendungsmechanismus von MVC-Anwendungen.

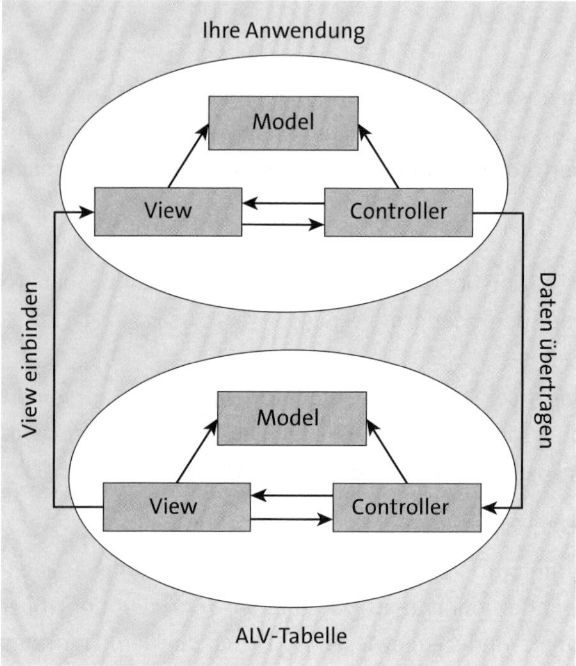

Abbildung 28.3 Wiederverwendung einer MVC-Anwendung

Der Vorteil der Anwendung des MVC-Musters besteht insbesondere in der Ersetzbarkeit der einzelnen Komponenten. So könnten Sie problemlos eine Oberfläche (den View) austauschen und die neue Oberfläche an die im Model enthaltenen Daten binden. In einem klassischen Report mit Dynpro-Oberfläche ist dies (aufgrund der verwobenen Bestandteile) deutlich schwieriger, sodass hier eventuell sogar die Business-Logik angepasst werden muss.

Abbildung 28.4 deutet eine solche Ersetzung an. Der View muss dabei nicht zwingend eine Benutzeroberfläche sein, sondern könnte in diesem Zusammenhang z. B. auch ein Formular sein. Falls die benötigten Daten für jeden View unterschiedlich sind, ließe sich hier auch pro Model ein eigener View definieren.

Im Folgenden erläutere ich, wie Sie einen solchen Mechanismus in ABAP implementieren können. Dazu implementieren Sie eine ALV-Anzeige mit der zugehörigen Datenhaltung und einem Controller, der die ALV-Anzeige und die Datenhaltung verbindet und orchestriert. Die hier umgesetzte Lösung ermöglicht das flexible Austauschen des Views (der ALV-Anzeige), des Models oder des Controllers. Das Beispiel ist so konzipiert, dass Sie durch Vererbung aller drei Klassen eine Ersetzung erreichen könnten. So ließe sich beispielsweise der View durch Vererbung durch eine Formularanzeige oder einen E-Mail-Versand der Daten ersetzen.

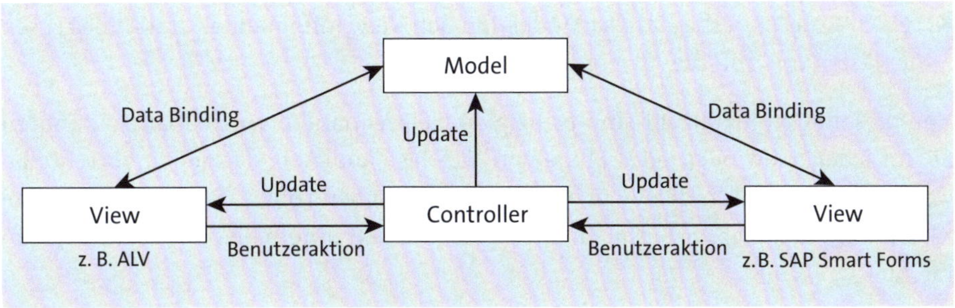

Abbildung 28.4 Ersetzbarkeit der Komponenten am Beispiel View

Abbildung 28.5 skizziert die Implementierung in einem UML-Klassendiagramm. Die Klassen sind dabei zur einfacheren Demonstration als lokale Klassen definiert. Sie könnten natürlich auch globale Klassen mithilfe der Transaktion SE24 definieren.

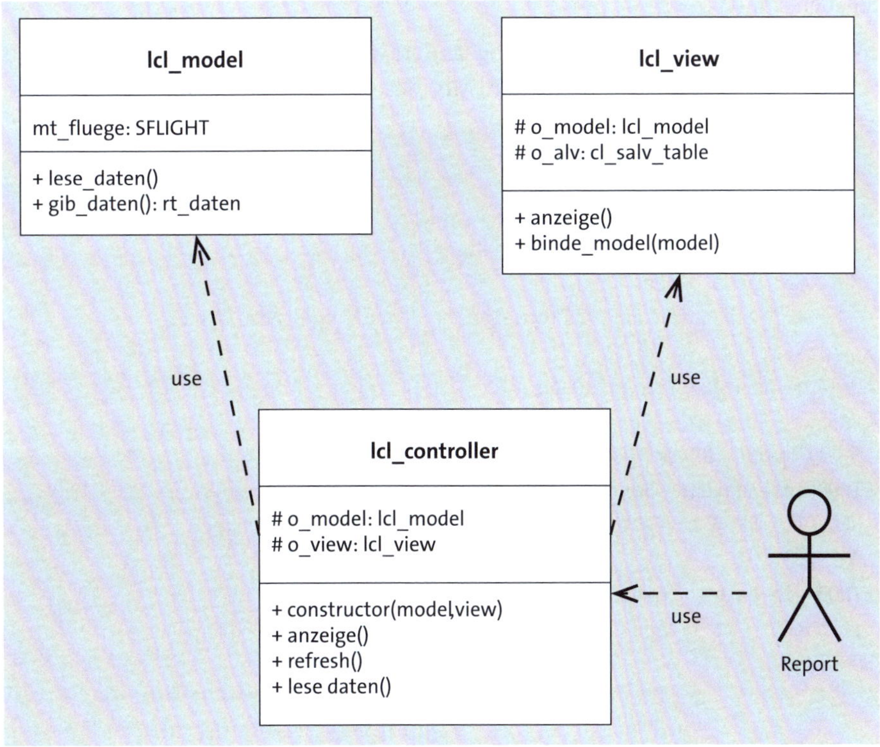

Abbildung 28.5 UML-Diagramm einer einfachen MVC-Anwendung

Die Lösung verwendet drei Klassen:

- LCL_MODEL repräsentiert die Datenhaltung und enthält in erster Linie eine interne Tabelle und eine Methode, um diese zu füllen.
- LCL_VIEW definiert die ALV-Anzeige. Dabei werden die Daten aus dem Model zur Anzeige benutzt.
- LCL_CONTROLLER verbindet das Model und den View miteinander, startet das Lesen der Daten und ruft die Anzeige auf.

Von diesem Grundkonzept sind prinzipiell viele Varianten vorstellbar. So könnten Sie für jeden View oder jedes Model ein Interface anbieten, das genau vorschreibt, welche Komponenten der View oder das Model haben sollen. Auch eine abstrakte Klasse wäre denkbar (es befinden sich ja alle Klassen innerhalb der Vererbungshierarchie).

28.3.1 Model-Klasse

Das Model beschafft in Listing 28.6 die Daten mithilfe der Methode LESE_DATEN() und speichert diese im Attribut MT_FLUEGE. Zusätzlich steht mit GIB_DATEN() eine Methode bereit, die die Daten des Models auslesen, also den Inhalt des Attributs MT_FLUEGE zurückgeben, kann.

Mit Vererbung könnte das Model so abgeändert werden, dass eine andere Tabelle als Tabelle SFLIGHT angezeigt werden kann. Aus diesem Grund ist der Rückgabewert der Methode GIB_DATEN() vom Typ ANY TABLE.

```
CLASS lcl_model DEFINITION.
  PUBLIC SECTION.
    TYPES: t_fluege TYPE TABLE OF sflight WITH DEFAULT KEY.
    METHODS: lese_daten,
             gib_daten EXPORTING value(rt_daten) TYPE ANY TABLE.
  PRIVATE SECTION.
    DATA mt_fluege TYPE t_fluege.
ENDCLASS.
CLASS lcl_model IMPLEMENTATION.
  METHOD lese_daten. "Beschafft die Daten
    SELECT * FROM sflight UP TO 10 ROWS INTO TABLE mt_fluege.
  ENDMETHOD.
  METHOD gib_daten. "Gibt die Daten zurück
    rt_daten = mt_fluege.
  ENDMETHOD.
ENDCLASS.
```

Listing 28.6 Implementierung der Model-Klasse

28.3.2 View-Klasse

Im View wird die Anzeige programmiert, in diesem Fall eine neue ALV-Anzeige (siehe Abschnitt 19.2, »Die neue ALV-Anzeige«), die über die Methode `ANZEIGE()` aufgerufen werden kann (siehe Listing 28.7). Die anzuzeigenden Daten werden dabei aus dem Model entnommen, das dem View vom Controller über die Anweisung `BINDE_MODEL()` zugewiesen wurde. Bei einem zweiten Aufruf der Methode `ANZEIGE()` wird die Tabellenanzeige nicht neu aufgebaut, sondern aktualisiert.

```
CLASS lcl_view DEFINITION.
  PUBLIC SECTION.
    METHODS: anzeige,
             binde_model IMPORTING io_model TYPE REF TO lcl_model.
  PROTECTED SECTION.
    "hält das Model
    DATA: o_model TYPE REF TO lcl_model.
    "hält die ALV-Anzeige
    DATA: o_alv TYPE REF TO cl_salv_table.
ENDCLASS.
CLASS lcl_view IMPLEMENTATION.
  METHOD anzeige. "Zeigt den View an (in dem Fall die
                  "ALV-Anzeige)
    DATA: lt_sflight TYPE TABLE OF lcl_model=>t_fluege.
    o_model->gib_daten( IMPORTING rt_daten = lt_sflight ).
    "Anzeige der Daten aus dem Model
    IF o_alv IS NOT BOUND.
      cl_salv_table=>factory(
        IMPORTING
          r_salv_table   = o_alv
        CHANGING
          t_table        = lt_sflight
      ).
      o_alv->display( ).
    ELSE.
      o_alv->refresh( ).
    ENDIF.
  ENDMETHOD.
  METHOD binde_model. "Das Model wird an den View gebunden
    o_model = io_model.
  ENDMETHOD.
ENDCLASS.
```

Listing 28.7 Implementierung der View-Klasse

28.3.3 Controller-Klasse

Die Controller-Klasse in Listing 28.8 verbindet den View mit dem Model. Dazu hat der Controller zwei Attribute: ein Attribut MO_MODEL für das Model (vom Typ der Model-Klasse) und ein Attribut MO_VIEW für den View (vom Typ der View-Klasse). Beide Instanzen werden im Konstruktor gesetzt. Das heißt, das aufrufende Programm kann entscheiden, welches Model und welcher View verwendet werden soll.

Der Controller lädt darüber hinaus über die Methode LESE_DATEN() die Daten in das Model und sorgt über die Methode ANZEIGE() für das Anzeigen des Views (in diesem Beispiel der ALV-Tabelle) und kann diese Anzeige auch über die Methode REFRESH() aktualisieren.

```
CLASS lcl_controller DEFINITION.
  PUBLIC SECTION.
    METHODS: constructor IMPORTING io_model TYPE REF TO lcl_model
                                   io_view  TYPE REF TO lcl_view.
    METHODS: anzeige,
             refresh,
             lese_daten.
  PROTECTED SECTION.
    DATA: mo_model TYPE REF TO lcl_model, "Hält das Model
          mo_view  TYPE REF TO lcl_view.  "Hält den View
ENDCLASS.
CLASS lcl_controller IMPLEMENTATION.
  METHOD constructor. "Verbindet den View mit dem Model
    mo_model = io_model.
    mo_view  = io_view.
    mo_view->binde_model( mo_model ).
  ENDMETHOD.
  METHOD anzeige. "Ruft den View auf
    mo_view->anzeige( ).
  ENDMETHOD.
  METHOD refresh. "Aktualisiert den View
    mo_view->anzeige( ).
  ENDMETHOD.
  METHOD lese_daten. "Stößt die Datenbeschaffung an
    mo_model->lese_daten( ).
  ENDMETHOD.
ENDCLASS.
```

Listing 28.8 Implementierung der Controller-Klasse

28.3.4 Hauptprogramm

Das Hauptprogramm in Listing 28.9 erzeugt den gewünschten View und das dazugehörige Model sowie den Hauptcontroller. Dem Controller werden dabei beim Erzeugen die Instanz des Models sowie des Views mitgegeben. Abschließend werden die Daten gelesen, und die Anzeige wird aufgerufen.

```
START-OF-SELECTION.
*View erzeugen
  DATA: lo_view TYPE REF TO lcl_view.
  CREATE OBJECT lo_view.
*Model erzeugen
  DATA: lo_model TYPE REF TO lcl_model.
  CREATE OBJECT lo_model.
*Controller erzeugen
  DATA: lo_controller TYPE REF TO lcl_controller.
  CREATE OBJECT lo_controller
    EXPORTING
      io_model = lo_model
      io_view  = lo_view.
  lo_controller->lese_daten( ). "Daten laden
  lo_controller->anzeige( ).    "Anzeige starten
```

Listing 28.9 Implementierung des Hauptprogramms

Führen Sie das Programm aus, wird die ALV-Tabelle wie in Abbildung 28.6 angezeigt.

Flugliste

Man...	Carri...	Flug-Nr.	Flugdatum	Preis	Währu...	Flugzeugtyp
100	AA	17	29.05.2020	1,00	USD	747-400
100	AA	17	12.06.2020	422,94	USD	747-400
100	AA	17	26.06.2020	422,94	USD	747-400
100	AA	17	10.07.2020	422,94	USD	747-400
100	AA	17	24.07.2020	422,94	USD	747-400

Abbildung 28.6 Die erzeugte ALV-Tabelle

28.3.5 Ersetzung des Views

Durch eine Vererbung vom View `LCL_VIEW` und die Redefinition der Methode `ANZEIGE()` können Sie den View jederzeit ersetzen. In Listing 28.10 wird der View durch eine Vererbung redefiniert und anstelle der ALV-Anzeige eine Excel-Export-Funktion angeboten, die die Daten exportiert. Die Methode `BINDE_MODEL()` bleibt dabei unberührt und bindet das Model an den View. Eine PDF-Anzeige eines Formulars wäre hier ebenso denkbar wie das Versenden der Daten in einer E-Mail.

```
CLASS lcl_view_excel DEFINITION INHERITING FROM lcl_view.
  PUBLIC SECTION.
    METHODS: anzeige REDEFINITION.
ENDCLASS.
CLASS lcl_view_excel IMPLEMENTATION.
  METHOD anzeige. "Komplett neuer Code, Excel statt ALV
    DATA: lt_sflight TYPE TABLE OF sflight.
    DATA: lv_xml     TYPE string.
    DATA: lo_xml_doc TYPE REF TO cl_xml_document.
    o_model->gib_daten( IMPORTING rt_daten = lt_sflight ).
    CALL TRANSFORMATION id
       SOURCE data_node = lt_sflight
       RESULT XML lv_xml.
    CREATE OBJECT lo_xml_doc.
    lo_xml_doc->parse_string( lv_xml ).
    lo_xml_doc->export_to_file( 'C:/temp/sflight.xls' ).
  ENDMETHOD.
ENDCLASS.
```

Listing 28.10 Implementierung zur Ersetzung des Views

Ersetzen Sie zur Anzeige lediglich die Instanz beim Erzeugen des Controllers. Den Austausch der Anzeige könnten Sie sogar mit einer Selektionsmaske und einem Radiobutton verbinden. Eine mögliche Umsetzung einer entsprechenden Selektionsmaske sehen Sie in Abbildung 28.7. Abhängig davon, welche Auswahl der Anwender trifft, wird die ALV-Anzeige oder der Excel-Export aufgerufen. Listing 28.11 zeigt diese Implementierung.

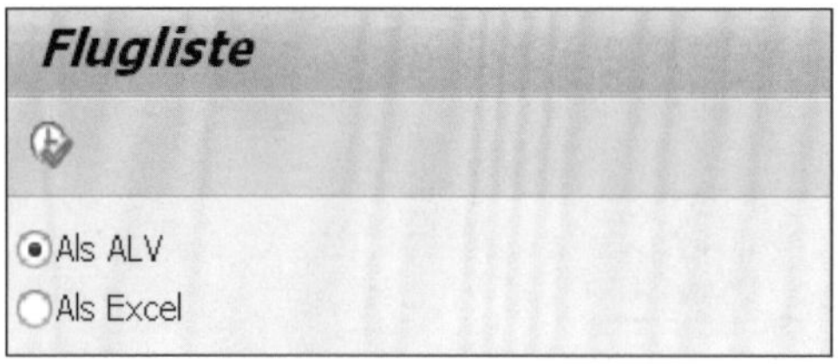

Abbildung 28.7 Selektionsbildschirm für die Auswahl des Views auf dem Startbildschirm

```
*Definition der Auswahlboxen
PARAMETERS: p_alv   TYPE char01 RADIOBUTTON GROUP grp1.
PARAMETERS: p_excel TYPE char01 RADIOBUTTON GROUP grp1.
START-OF-SELECTION.
*Abfrage der Auswahl und Instanziierung des gewünschten Views
  DATA: lo_view TYPE REF TO lcl_view.
  IF p_alv = 'X'.
```

```
    CREATE OBJECT lo_view.
  ELSE.
    DATA: lo_view_excel TYPE REF TO lcl_view_excel.
    CREATE OBJECT lo_view_excel.
    lo_view = lo_view_excel.
  ENDIF.
*Hier die Erzeugung des Controllers wie in Listing 28.9
```

Listing 28.11 Implementierung zur Auswahl des Views

Wird die Option **Als Excel** ausgewählt, wird anstelle der ALV-Tabelle eine Abfrage zum Speichern der Daten als Excel-Export angezeigt. Mehr Informationen zu dem hier verwendeten Excel-Export finden Sie in Abschnitt 24.2.4, »Erzeugung eines XML-Dokuments«.

An diesem Beispiel wollte ich Ihnen den Mechanismus des MVC-Musters verdeutlichen. Ob eine solche Implementierung für Ihre Programme möglich und sinnvoll ist, hängt von den Anforderungen ab. Das hier vorgestellte Beispiel kommt Anforderungen aus der Praxis jedoch sehr nahe.

28.4 Fassade

Ziel bei der Einführung von BAPIs seitens SAP (siehe Abschnitt 20.2, »Business-Objekte und BAPIs«), war es, die Komplexität des SAP-Systems herunterzubrechen und die Anwendung für Sie als ABAP-Programmierer zu vereinfachen. Die verteilte Datenhaltung in Tausenden von Tabellen, die von vielen tausend Funktionsbausteinen gelesen und geschrieben wurden – all dies basierte vorher auf der Erfahrung jedes einzelnen Programmierers.

In den BAPI-Funktionsbausteinen wurden Dutzende andere Funktionsbausteine gekapselt und für Sie in der bestimmten Reihenfolge aufgerufen. Sie als Programmierer haben so nicht mehr mit diesen Dutzenden Funktionsbausteinen zu kämpfen, sondern nur noch mit einem BAPI.

Doch selbst die Implementierung eines BAPIs kann heutzutage noch einige Zeit in Anspruch nehmen, sodass viele Programmierer angefangen haben, diese nochmals in eigenen Funktionsbausteinen zu kapseln. Die Vorgehensweise bleibt dabei die gleiche: Aus Dutzenden von Schnittstellen werden durch Zusammenfassung weniger Schnittstellen.

Gerade in der kundeneigenen Entwicklung, bei der jeder Programmierer sehr autonom programmiert, ist die Chance groß, dass Klassen und Interfaces mit ähnlicher Funktionalität doppelt und dreifach in einem SAP-System vorkommen. Dadurch steigt die Komplexität des Systems und damit auch der Wartungsaufwand.

Das Entwurfsmuster *Fassade* (Facade) beschreibt, wie mehrere logisch zusammenhängende Entwicklungsobjekte (z. B. Funktionsbausteine oder Klassen) in einer neuen Schnittstelle zusammengeführt werden – ganz so, als würden Sie eigene BAPI-Funktionsbausteine entwickeln. Alle Programme rufen dann die zusammengefasste Schnittstelle auf. Muss eine Änderung durchgeführt werden, kann dies an einer Stelle für alle Programme geschehen.

In Abbildung 28.8 ist dieser Sachverhalt zusammengefasst dargestellt. Je weiter man in dem Diagramm nach rechts geht, desto höher ist die Komplexität. Ihre Programme merken davon allerdings nichts, da sie nur mit wenigen Klassen arbeiten.

In der Praxis könnten die Fassadenklassen z. B. die Verwendung einer ALV-Anzeige inklusive ihrer Eingabefähigkeit zusammenfassen und damit die Benutzung für alle Implementierungen in Ihrem Unternehmen vereinfachen. Denkbar wären auch Funktionen, die eine Kopie von bestehenden Business-Objekten des SAP-Systems, wie z. B. einen Arbeitsplan, realisieren und dafür mehrere Funktionsbausteine aufrufen müssen.

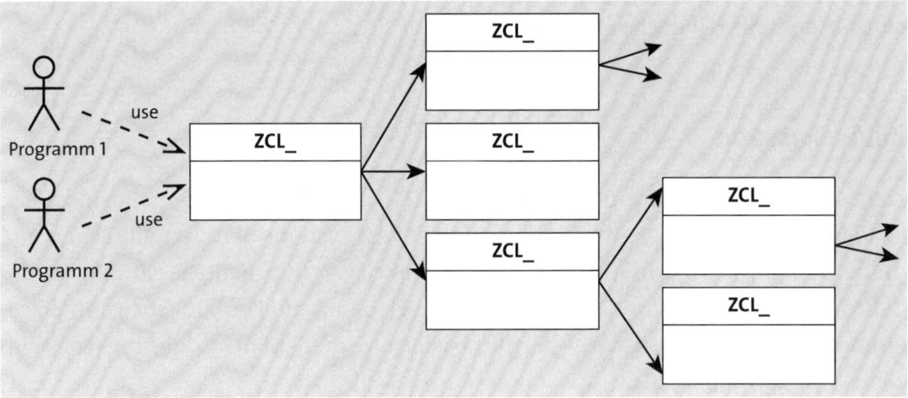

Abbildung 28.8 Prinzip einer Fassade

28.5 Observer

Mit dem *Observer*-Entwurfsmuster können Abhängigkeiten zwischen Objekten definiert werden. Wenn sich das Hauptobjekt ändert, werden alle davon abhängigen Objekte informiert. Die informierten Objekte können anschließend entscheiden, wie sie mit dieser Information umgehen: Entweder sie aktualisieren sich, oder sie ignorieren die Information.

Dieses Muster macht sich das Ereigniskonzept der Objektorientierung zunutze (siehe Abschnitt 25.5, »Ereignisse«). Ein Hauptobjekt löst ein Ereignis in einem fest definierten Unterobjekt aus. Soll ein weiteres Objekt informiert werden, erbt dieses den Ereignisbehandler von diesem Unterobjekt und registriert den redefinierten Ereignisbehandler für das Hauptobjekt. Abbildung 28.9 verdeutlicht dieses Vorgehen in einem UML-Diagramm.

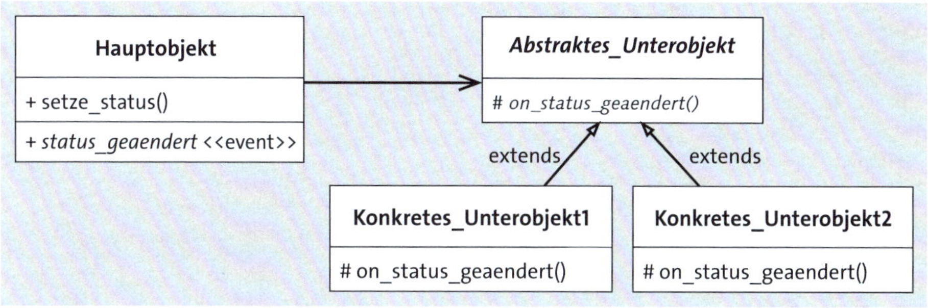

Abbildung 28.9 UML-Diagramm für das Observer-Muster

Die einzelnen Schritte sind die folgenden:

1. In der Hauptklasse wird ein Ereignis angeboten (`STATUS_GEAENDERT`).
2. In der zweiten Klasse wird für das Ereignis eine Ereignisbehandler-Methode angeboten (`ON_STATUS_GEAENDERT`).
3. Sie können so oft wie nötig von dieser zweiten Klasse erben. Jede Unterklasse redefiniert den Ereignisbehandler.
4. Registrieren Sie anschließend die neuen Ereignisbehandler für das Ereignis aus der Hauptklasse mit:

```
SET HANDLER on_status_geandert FOR ALL INSTANCES
```

Beispiel

Angenommen, Sie haben eine Oberfläche mit drei ALV-Tabellen: eine Haupttabelle und zwei Detailtabellen, die jeweils Details zur ausgewählten Zeile der Haupttabelle anzeigen sollen. Ihre Anforderung ist, dass sich die Detailtabellen immer dann aktualisieren sollen, wenn der Anwender in der Haupttabelle durch einen Doppelklick eine neue Zeile auswählt. In Abbildung 28.10 ist eine solche Oberfläche dargestellt.

Für diese Anforderung eignet sich das Observer-Muster bestens. Die Haupttabelle bietet dafür ein Ereignis `REFRESH` an, das immer dann ausgelöst wird, wenn der Benutzer doppelt auf eine Zeile klickt. Dieses Ereignis `REFRESH` gibt dabei immer die Daten der ausgewählten Zeile mit.

Die Detailtabellen registrieren sich für dieses Ereignis durch eine in einer abstrakten Klasse definierte Ereignisbehandler-Methode `ON_REFRESH()`. Von dieser abstrakten Klasse erben die konkreten Detailtabellen und erhalten so den Ereignisbehandler. Jede Detailtabelle kann durch Redefinition entscheiden, wie die Methode implementiert werden soll. In jedem Fall wird aber die ausgewählte Zeile als Struktur vom Ereignis übergeben.

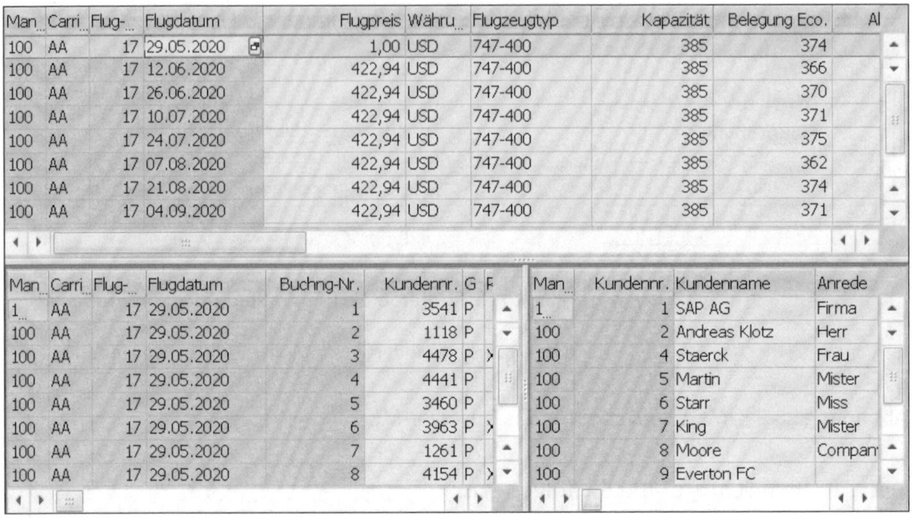

Man...	Carri...	Flug-...	Flugdatum	Flugpreis	Währu...	Flugzeugtyp	Kapazität	Belegung Eco.	Al
100	AA	17	29.05.2020	1,00	USD	747-400	385	374	
100	AA	17	12.06.2020	422,94	USD	747-400	385	366	
100	AA	17	26.06.2020	422,94	USD	747-400	385	370	
100	AA	17	10.07.2020	422,94	USD	747-400	385	371	
100	AA	17	24.07.2020	422,94	USD	747-400	385	375	
100	AA	17	07.08.2020	422,94	USD	747-400	385	362	
100	AA	17	21.08.2020	422,94	USD	747-400	385	374	
100	AA	17	04.09.2020	422,94	USD	747-400	385	371	

Man...	Carri...	Flug-...	Flugdatum	Buchng-Nr.	Kundennr.	G	F
1...	AA	17	29.05.2020	1	3541	P	
100	AA	17	29.05.2020	2	1118	P	
100	AA	17	29.05.2020	3	4478	P	>
100	AA	17	29.05.2020	4	4441	P	
100	AA	17	29.05.2020	5	3460	P	
100	AA	17	29.05.2020	6	3963	P	>
100	AA	17	29.05.2020	7	1261	P	
100	AA	17	29.05.2020	8	4154	P	>

Man...	Kundennr.	Kundenname	Anrede
1...	1	SAP AG	Firma
100	2	Andreas Klotz	Herr
100	4	Staerck	Frau
100	5	Martin	Mister
100	6	Starr	Miss
100	7	King	Mister
100	8	Moore	Compan
100	9	Everton FC	

Abbildung 28.10 Eine Haupttabelle und zwei davon abhängige Detailtabellen

Mit dieser Struktur können die Detaildaten beschafft und die Detailtabellen aktualisiert werden. Dieser Mechanismus wiederholt sich, wenn der Anwender eine neue Zeile aus der Haupttabelle auswählt. Auf diese Weise wird sichergestellt, dass die Detailtabellen immer die richtigen Daten anzeigen.

In Abbildung 28.11 finden Sie das UML-Diagramm für diese Implementierung.

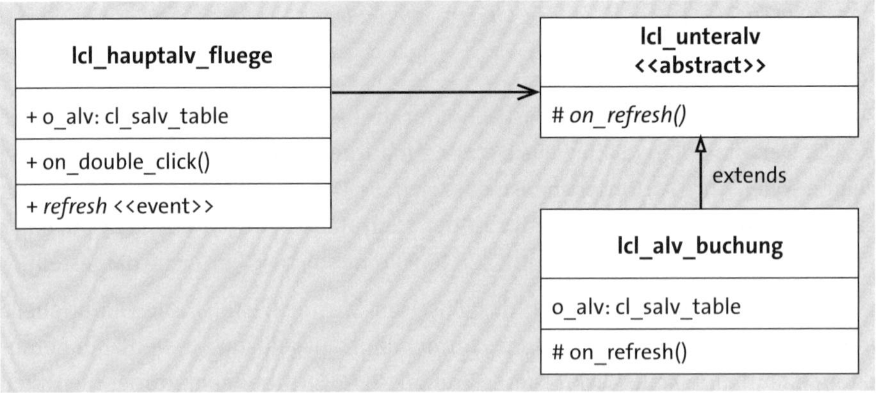

Abbildung 28.11 UML-Diagramm für einen Observer-Mechanismus

[»]

Umsetzung mit zwei ALV-Tabellen

Aus Platzgründen zeige ich im Folgenden nur die Implementierung einer Haupttabelle und einer Detailtabelle. Sie können aber jederzeit durch Vererbung von der Klasse `LCL_UNTERALV` eine neue Detailtabelle hinzufügen.

28.5.1 Haupttabelle

Die Haupttabelle ist eine Klasse, die eine normale ALV-Tabelle in sich als Attribut aufnimmt und implementiert und zusätzlich ein Ereignis REFRESH bereitstellt, das immer dann durch die Methode ON_DOUBLE_CLICK() ausgelöst wird, wenn der Anwender doppelt auf eine Zeile klickt (d. h., wenn die ALV-Klasse das Ereignis DOUBLE_CLICK auslöst). Die Methode DISPLAY() wird benötigt, damit die ALV-Tabelle nach der Erzeugung der Detailtabellen angezeigt werden kann (siehe Listing 28.12).

```
CLASS lcl_hauptalv_fluege DEFINITION.
  PUBLIC SECTION.
    EVENTS: refresh EXPORTING value(es_sflight) TYPE sflight.
    METHODS:  on_double_click FOR EVENT double_click
                              OF cl_salv_events_table
                              IMPORTING row column,
              constructor IMPORTING io_container
                          TYPE REF TO cl_gui_container,
              display.
  PRIVATE SECTION.
    DATA: o_alv TYPE REF TO cl_salv_table,
          mt_fluege TYPE TABLE OF sflight.
ENDCLASS.
CLASS lcl_hauptalv_fluege IMPLEMENTATION.
  METHOD constructor.
    SELECT * FROM sflight INTO TABLE mt_fluege UP TO 10 ROWS.
    cl_salv_table=>factory(
      EXPORTING
        r_container  = io_container
      IMPORTING
        r_salv_table = o_alv
      CHANGING
        t_table      = mt_fluege
    ).
    DATA: lo_events TYPE REF TO cl_salv_events_table.
    lo_events = o_alv->get_event( ).
    SET HANDLER on_double_click FOR lo_events.
  ENDMETHOD.
  METHOD on_double_click.
    DATA: ls_flug TYPE sflight.
    "Aktuelle Zeile der ALV-Tabelle mit ROW auslesen
    READ TABLE mt_fluege INDEX row INTO ls_flug.
    "Ereignis REFRESH auslösen und ausgewählte Zeile mitgeben
    RAISE EVENT refresh EXPORTING es_sflight = ls_flug.
  ENDMETHOD.
```

```
  METHOD display.
    o_alv->display( ).
  ENDMETHOD.
ENDCLASS.
```

Listing 28.12 Implementierung der Haupttabelle

28.5.2 Abstrakte Detailtabelle

Die Klasse LCL_UNTERALV in Listing 28.13 stellt lediglich einen Ereignisbehandler für das in der Haupttabelle definierte Ereignis REFRESH bereit. Diese Klasse ermöglicht, dass sich durch Vererbung so viele Detailtabellen wie möglich für das Ereignis registrieren können, ohne die eigentliche Haupttabelle zu kennen.

```
*Hauptdefinition des Ereignisbehandlers
*für alle Unter-AlV-Klassen
CLASS lcl_unteralv DEFINITION ABSTRACT.
  PUBLIC SECTION.
    METHODS: on_refresh ABSTRACT
      FOR EVENT refresh OF lcl_hauptalv_fluege
      IMPORTING es_sflight.
ENDCLASS.
```

Listing 28.13 Eine abstrakte Unter-ALV-Klasse

28.5.3 Konkrete Detailtabelle

Eine konkrete Detailtabelle erbt von der abstrakten Klasse LCL_UNTERALV, um den dort definierten Ereignisbehandler ON_REFRESH() für die Haupttabelle zu bekommen. Gleichzeitig wird dieser Ereignisbehandler redefiniert und mit einer Logik für diese Detailtabelle versehen. Dazu wird die ausgewählte Zeile der Haupttabelle über den Ereignisparameter ES_SFLIGHT entgegengenommen, und damit werden die relevanten Detaildaten besorgt. Abschließend muss die Detailtabelle noch mit den neuen Daten über alv->refresh() aktualisiert werden.

Im CONSTRUCTOR wird dabei die eigentliche ALV-Tabelle aufgebaut (siehe Listing 28.14). Hier könnten Sie den CONTAINER für die Split-Anzeige mitgeben. Eine zweite Detailtabelle würde nach demselben Schema ausprogrammiert werden.

```
CLASS lcl_alv_buchungen DEFINITION INHERITING FROM lcl_unteralv.
  PUBLIC SECTION.
    METHODS: constructor IMPORTING io_container
                           TYPE REF TO cl_gui_container,
             on_refresh REDEFINITION.
  PRIVATE SECTION.
```

```
    DATA: o_alv        TYPE REF TO cl_salv_table,
          mt_buchungen TYPE TABLE OF sbook.
ENDCLASS.
CLASS lcl_alv_buchungen IMPLEMENTATION.
  METHOD constructor.
    super->constructor( ).
    SET HANDLER on_refresh FOR ALL INSTANCES.
    "Erzeugung der ALV-Tabelle für die Buchungen,
    "MT_BUCHUNGEN ist noch leer, soll ja erst für einen
    "ausgewählten Flug gefüllt werden
    "(also durch Doppelklick)
    cl_salv_table=>factory(
      EXPORTING
        r_container = io_container
      IMPORTING
        r_salv_table = o_alv
      CHANGING
        t_table      = mt_buchungen
).
  ENDMETHOD.
  METHOD on_refresh.
    "Datenbeschaffung der Buchungen mit
    "Importparameter ES_SFLIGHT
    SELECT * FROM sbook INTO TABLE mt_buchungen
      WHERE carrid = es_sflight-carrid
        AND connid = es_sflight-connid
        AND fldate = es_sflight-fldate.
    o_alv->refresh( ). "Aktualisieren der ALV-Anzeige
  ENDMETHOD.
ENDCLASS.
```

Listing 28.14 Implementierung einer Detailtabelle

28.5.4 Hauptprogramm

Das Hauptprogramm erzeugt die Split-Container und instanziiert beide Klassen (siehe Listing 28.15). Der Report muss dazu ein Dynpro (komplett leer) mit der Nummer 2000 bereitstellen.

28

```
START-OF-SELECTION.
  DATA: lo_dockcon  TYPE REF TO cl_gui_docking_container,
        lo_splitter TYPE REF TO cl_gui_splitter_container,
        lo_con1     TYPE REF TO cl_gui_container,
        lo_con2     TYPE REF TO cl_gui_container.
```

```
  CREATE OBJECT lo_dockcon
    EXPORTING
      repid     = sy-repid
      dynnr     = '2000'
      side      = cl_gui_docking_container=>dock_at_left
      extension = 3000.
  CREATE OBJECT lo_splitter
    EXPORTING
      parent  = lo_dockcon
      rows    = 2
      columns = 1.
  lo_con1 = lo_splitter->get_container( row    = 1
                                        column = 1 ).
  lo_con2 = lo_splitter->get_container( row    = 2
                                        column = 1 ).
*Erzeugung der ALV-Tabellen mit den erzeugten Containern
  DATA: lo_hauptalv_fluege TYPE REF TO lcl_hauptalv_fluege,
        lo_alv_buchungen   TYPE REF TO lcl_alv_buchungen.
  CREATE OBJECT lo_hauptalv_fluege
    EXPORTING
      io_container = lo_con1.
  CREATE OBJECT lo_alv_buchungen
    EXPORTING
      io_container = lo_con2.
  lo_hauptalv_fluege->display( ). "Anzeige der Haupt-ALV-Tabelle
  CALL SCREEN 2000. "Aufruf des Dynpros
```

Listing 28.15 Implementierung der Ausführung

Mehr Informationen zu der hier verwendeten Split-Variante finden Sie in Abschnitt 19.4, »Mehrere ALV-Tabellen auf einer Oberfläche«.

Führen Sie das Programm aus und klicken Sie doppelt auf die Haupttabelle, wird die Detailtabelle entsprechend dem ausgewählten Eintrag aktualisiert. Dies könnten Sie mit beliebig vielen Detailtabellen fortführen, ohne zusätzlichen Implementierungsaufwand zu haben.

Dies ist ein sehr praxisnahes Beispiel, das gerade häufig in Transaktionen zum Einsatz kommt, die ein Cockpit, also einen Überblick, darstellen sollen. Hier wäre auch die Kombination mit einem Timer denkbar, der die Haupttabelle in regelmäßigen Abständen aktualisiert.

28.6 Objektorientierte Reports

Wenn Sie sich entscheiden, konsequent objektorientiert zu programmieren, sollten Sie sich (unabhängig von der Entwicklung von Reports) an folgende Dinge halten:

- Nutzen Sie keine rein statischen Methoden (das sind bessere Funktionsbausteine). Lassen Sie die Tür für die Erweiterung und Wiederverwendung offen. Statische Methoden ergeben nur für Toolklassen (als Sammlung von Funktionalitäten) Sinn, wie z. B. `CL_GUI_FRONTEND_SERVICES` (siehe Abschnitt 20.3.3, »Weitere nützliche Funktionen«).
- Nutzen Sie keine Wrapper-Methoden für Unterprogramme (Formroutinen). Dadurch verweben Sie Ihre Klasse fest mit dem Report und verhindern jegliche Wiederverwendung.
- Ein Zugriff auf globale Daten aus den Methodenimplementierungen einer Klasse ist aus denselben Gründen nicht empfohlen. Dies gilt insbesondere für Parameter und Selektionsoptionen.

In Listing 28.16 sehen Sie den einfachsten Fall einer objektorientierten Modellierung eines Reports mit einer Klasse. Dies stellt nur ein Beispiel dar, in der Praxis werden Sie hier z. B. für jedes benutzte Ereignis eines Reports eine Methode in der Klasse anbieten. Prinzipiell wird die komplette Logik des Programms in die Klasse verlagert, während der Report nur der Steuerung dieser Klasse dient.

```
CLASS zcl_rep_fluege DEFINITION PUBLIC CREATE PUBLIC.
  PUBLIC SECTION.
    TYPES: tt_connid TYPE RANGE OF sflight-connid.
    METHODS: setze_selektion IMPORTING
                           ip_carrid TYPE sflight-carrid
                           iso_conn  TYPE tt_connid.
    METHODS: lese_daten,
             verarbeite_daten,
             zeige_daten. "Methoden zur Business-Logik
  PRIVATE SECTION.
    DATA: p_carrid TYPE sflight-connid,
          so_conn  TYPE tt_connid.
    DATA: t_sflight TYPE TABLE OF sflight WITH DEFAULT KEY.
ENDCLASS.
CLASS lcl_report IMPLEMENTATION.
  METHOD setze_selektion. "Übergabe des Selektionsbildschirms
    p_carrid = ip_carrid.
    so_conn  = iso_conn.
  ENDMETHOD.
  METHOD lese_daten. "Business-Logik
```

```
    SELECT carrid connid fldate price FROM sflight
      INTO CORRESPONDING FIELDS OF TABLE t_sflight
      WHERE carrid = p_carrid
        AND connid IN so_conn.
  ENDMETHOD.
  METHOD verarbeite_daten.
    "LOOP AT t_sflight INTO ...
    "ENDLOOP.
    "Anreicherung, Zusammenfassen
  ENDMETHOD.
  METHOD zeige_daten.
    "Beispielsweise ALV-Anzeige
  ENDMETHOD.
ENDCLASS.
```

Listing 28.16 Eine Reportdefinition als globale Klasse

Eine beispielhafte Benutzung dieser Klasse im Report könnte dann wie in Listing 28.17 aussehen.

```
DATA: lv_connid TYPE sflight-connid.
PARAMETERS: p_carrid TYPE sflight-carrid.
SELECT-OPTIONS: so_conn FOR lv_connid.
START-OF-SELECTION.
*Erzeugung der Reportklasse
  DATA: lo_report TYPE REF TO lcl_report.
  CREATE OBJECT lo_report.
*Übergabe der Selektion zur Entkopplung
*des Reports von der Klasse
  lo_report->setze_selektion(
      ip_carrid = p_carrid
      iso_conn  = so_conn[] ).
*Arbeit mit der Klasse
  lo_report->lese_daten( ).
  lo_report->verarbeite_daten( ).
  lo_report->zeige_daten( ).
```

Listing 28.17 Implementierung einer Reportklasse

Häufig findet man dazu auch eine lokale Klasse. Dann ist eine Wiederverwendung aber nur durch Kopieren und Einfügen möglich. Ein möglicher Anwendungsfall wären z. B. zwei Reports mit ähnlicher Funktionalität. Ein Report soll von den Angestellten verwendet werden, und der gleiche Report (mit erweiterter Funktionalität) soll für den Manager angeboten werden.

In diesem Fall könnten Sie von der Grundklasse des ersten Reports eine Vererbung implementieren und die erweiterte Funktionalität entsprechend implementieren. Ein mögliches UML-Diagramm sehen Sie in Abbildung 28.12.

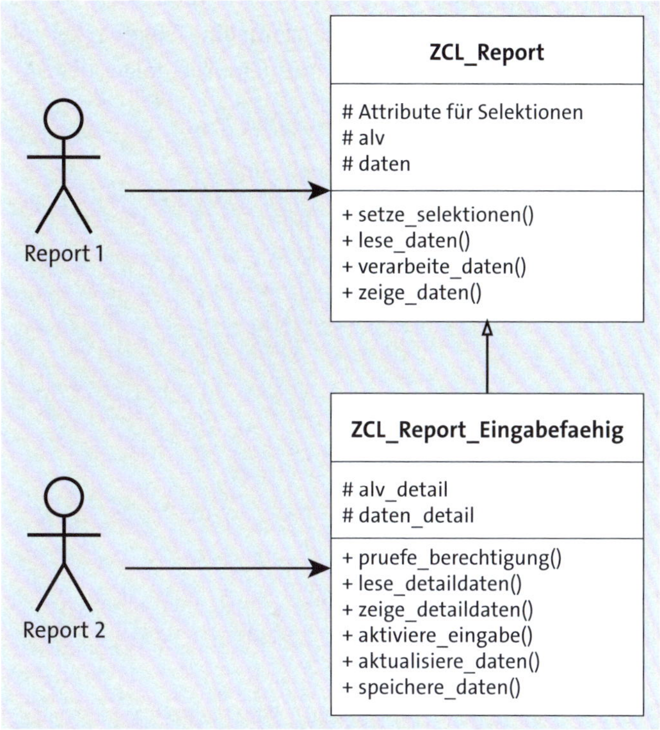

Abbildung 28.12 UML-Diagramm für die Wiederverwendung eines Reports

Entscheiden Sie sich in diesem Fall für die Methode des Kopierens und Einfügens, müssen Sie spätestens bei der ersten Änderung dieselbe Stelle in zwei Reports ändern und haben damit einen höheren Wartungsaufwand.

Die in Listing 28.17 vorgestellte Modellierung ist nur ein Grundgerüst. Sie soll Ihnen als Einstieg dienen. Eine solche Modellierung könnten Sie so weit treiben, dass Sie an das MVC-Muster angelehnt eine vom Report unabhängige Daten- und View-Schicht anbieten. In die Datenschicht könnten Sie die Verarbeitung auslagern, in die View-Schicht z. B. Ihre Anzeige mit ALV.

Erst dadurch öffnet sich das Fenster zur objektorientierten Programmierung und lassen sich Vorteile gegenüber der prozeduralen Programmierung erzielen. Hier sollten Sie nach dem goldenen Mittelmaß suchen: Während eine Verwebung einer Klasse mit globalen Daten zu wenig ist, sind Klassenirrgärten zu viel. Der Fokus sollte auf der Wartbarkeit, der Wiederverwendung und der Erweiterbarkeit Ihrer Klassen liegen. Besonderes Augenmerk sollten Sie daher auf die reportübergreifende Logik legen.

Die Möglichkeiten der objektorientierten Programmierung sind gerade im SAP-Umfeld scheinbar paradiesisch. So laden Materialien, Belege, Prüflose, Kreditoren, Debitoren, Stücklisten und tausend andere Business-Objekte (siehe Abschnitt 20.2, »Business-Objekte und BAPIs«) dazu ein, in Klassen gekapselt zu werden. Viele solcher Klassen sind auch bereits in ABAP Objects abgebildet. Es ist nur eine Frage der Zeit, bis eine Ablöse der Alttechnologien erfolgt, gerade auch mit dem Nachfolger des SAP-ERP-Systems SAP S/4HANA.

TEIL VI

Ein Blick über den Tellerrand: Was Sie als ABAP-Entwickler sonst noch kennen sollten

Kapitel 29
ABAP-Programmiermodelle

In diesem Kapitel zeige ich Ihnen auf, welche neuen Programmiermodelle es für die Entwicklung mit dem SAP-ERP-System gibt und welche Bedeutung dies für die klassische Entwicklung mit ABAP hat.

Der Begriff ABAP-Programmiermodell ließe sich auf den ersten Blick mit dem prozeduralen Programmiermodell und dem objektorientierten Programmiermodell assoziieren, in der Tat geht es hier aber um die Architektur der entwickelten Programme. Konkret geht es um die Frage:

Welchem Aufbau unterliegen meine Programme? Diese allgemeine Frage kann in mehrere konkrete Fragen aufgeteilt werden:

- Wie und wo werden die Daten beschafft?
- Wie und wo werden die Daten verarbeitet?
- Wie und wo werden die Daten angezeigt?

Beim klassischen ABAP-Programmiermodell, das seit mehr als zwei Jahrzehnten eingesetzt wird, dreht sich alles um die Entwicklungsobjekte Reports und Dynpros – also alles so, wie Sie es bisher kennen.

Stellen Sie sich nun vor, Sie müssten für einen Kunden oder für Ihr eigenes Unternehmen eine neue Anforderung in Form einer neuen Transaktion entwickeln. In dieser Transaktion soll es möglich sein, in einer Tabelle Daten anzuzeigen, zu löschen, hinzuzufügen und die Daten auch zu ändern. Zusätzlich sollen weitere Funktionen oberhalb der Tabelle angeboten werden, die die Daten in irgendeiner Form bearbeiten.

Obwohl dies auf den ersten Blick nach einer trivialen, oft angefragten Aufgabe klingt, haben Sie bei einer solchen Aufgabenstellung doch einige Entwicklungsschritte zu erledigen:

- **Berechtigungsprüfung**, häufig zweistufig:
  - Wer darf die Transaktion aufrufen?
  - Wer darf welche Daten sehen (Stichwort Selektionsbildschirm), bzw. wer darf die Daten über die Oberfläche modifizieren?

- **Sperrobjekte:** Wenn ein zweiter Benutzer dieselbe Transaktion aufruft, darf dieser nicht den gleichen Datensatz wie der erste Benutzer bearbeiten, sondern er muss eine Sperrmeldung erhalten, dass dieser Datensatz bereits in Bearbeitung ist.
- **Datenmanagement:** Es müssen die benötigten Datenstrukturen modelliert und die dazugehörigen Datenbanktabellen angelegt werden. Von diesen müssen die Daten nach den Selektionskriterien ausgewählt werden. Hierzu gehört aber ebenso das Anlegen, das Löschen sowie das Speichern von Änderungen an Datensätzen. Für all diese Operationen müssen SQL-Anweisungen nach demselben Schema geschrieben werden. Natürlich muss aber auch immer die Konsistenz der Daten sichergestellt werden. Analog dazu, wie es bisher die offiziellen Geschäftslogik-Funktionsbausteine (BAPIs) gemacht haben: Waren die Daten unvollständig oder falsch, wurden Fehlermeldungen ausgegeben, dass die Daten nicht verarbeitet werden konnten und warum.
- **Transaktionsmanagement:** Die Daten, die über mehrere Datenbanktabellen verteilt sein können, müssen am Ende in diese in einem konsistenten Zustand gespeichert werden (Stichwort *Commit Work*). Tritt beim Schreiben auf die Datenbank ein Fehler auf, müssen die Änderungen rückgängig gemacht werden (*Rollback Work*), analog zu den SAP-Verbuchungsbausteinen. Es darf beispielsweise nicht vorkommen, dass ein Positionseintrag eines Belegs ohne einen Kopfeintrag existiert. Dies muss von Ihnen berücksichtigt und entsprechend ausprogrammiert werden.
- **Organisation der Geschäftslogik:** In modernen Reports wird die Geschäftslogik nicht mehr in lokalen Unterprogrammen oder gar Funktionsbausteinen gekapselt, sondern in zentralen Klassen. Bei größeren Entwicklungen ergibt sich hier häufig eine größere Hierarchie, die häufig Entwurfsmuster, wie beispielsweise das Muster *Model View Controller* (MVC), einsetzen. Diese Klassen ersetzen nicht nur die klassischen Funktionsbausteine, sondern sie werden nach objektorientierten Gesichtspunkten als Objekte, sogenannte *Geschäftsobjekte* modelliert. Ein Geschäftsobjekt besitzt also Eigenschaften in Form von globalen Attributen, die nur durch die angebotenen Funktionen modifiziert werden können. Damit kann sichergestellt werden, dass sich das Objekt immer in einem validen Zustand befindet.

Auf den zweiten Blick haben Sie doch gerade bei größeren Entwicklungen eine Menge an Entwicklungsschritten zu vollziehen, um eine sinnvolle Architektur aufzuziehen – Tätigkeiten, die mehr »organisatorischer« Natur sind (wie organisiere ich meinen Quellcode) und Sie von Ihrer eigentlichen Aufgabe abhalten: dem Programmieren von Geschäftslogik. Insbesondere ist hier aber auch anzumerken, dass jeder Programmierer die oben genannte Aufgabenstellung unterschiedlich lösen würde: Es kommt zu Wildwuchs und Architekturschlössern.

In den folgenden Abschnitten möchte ich Ihnen die drei vorhandenen Programmiermodelle vorstellen, die für diese Aufgabenstellung jeweils eine unterschiedliche Architektur und Entwicklungsweise vorsehen. Dazu gehören:

- das klassische ABAP-Programmiermodell (bis ABAP 7.40) in Abschnitt 29.1, unterteilt in:
  - das prozedurale Programmiermodell
  - das objektorientierte Programmiermodell
  - die Entwicklung mit dem BOPF (*Business Object Processing Framework*)
- das ABAP-Programmiermodell für SAP Fiori (ab ABAP 7.50) in Abschnitt 29.3 mit der Entwicklung von SAPUI5-Apps unter Verwendung von CDS Views, automatisch generierten OData-Services und BOPF
- das *ABAP RESTful Application Programming Model* (ab ABAP 7.54) in Abschnitt 29.4 mit der Entwicklung von SAPUI5-Apps unter Verwendung von CDS Views, automatisch generierten OData-Services und speziellen ABAP-Klassen

Um den Wandel vom aktuellen zu den neuen Programmiermodellen besser nachvollziehen zu können, setzt dieser Abschnitt grundlegende Kenntnisse der neuen Technologien SAPUI5, OData und der *Core Data Services* (CDS) voraus.

Sollten Ihnen die Begriffe nicht ganz so geläufig sein, hier eine kurze Einordnung:

- *SAPUI5* ist die Weboberflächentechnologie, mit der SAP-Fiori-Apps geschrieben sind. SAP-Kunden können mithilfe von SAPUI5 und dem SAP Business Application Studio ebenfalls eigene Webanwendungen erstellen. SAP hat angekündigt, dass diese SAPUI5-Oberflächen langfristig das SAP GUI als zukünftige Standardoberfläche ablösen werden. Die von SAP in SAPUI5 entwickelten Apps werden unter dem Namen SAP Fiori vertrieben (Stand 2023: rund 17.000 Apps; siehe auch Kapitel 31, »SAPUI5, SAP Fiori und SAP Gateway«).
- Da die neuen Oberflächen mit Daten aus den bisherigen SAP-Systemen versorgt werden müssen, werden diese in Form der Webservicetechnologie *OData* bereitgestellt. Diese Services werden durch klassische ABAP-Entwickler mit Entwicklungswerkzeugen (SAP GUI und Eclipse) entwickelt und über SAP Gateway (als Webserver, der OData versteht) nach außen hin bereitgestellt (siehe auch Kapitel 31, »SAPUI5, SAP Fiori und SAP Gateway«).
- Die Core Data Services (*CDS*) sind die neue Art der (datenbankunabhängigen) Datenmodellierung, die nur in den ABAP Development Tools (ADT) in Eclipse entwickelt werden können. Hiermit können beispielsweise Views über Datenbanktabellen erstellt und mit zusätzlichen Informationen (auch *Annotationen* oder Annotations genannt) angereichert werden, etwa Beziehungen zwischen Tabellen,

Informationen über Funktionen und für die SAPUI5-Oberfläche (siehe auch Abschnitt 9.8, »ABAP Core Data Services (CDS)«).

- Das Business Object Processing Framework (*BOPF*) ist ein Architektur-Framework zur Modellierung, Ausprogrammierung und Verwendung von Geschäftsobjekten. Für die modellierten Geschäftsobjekte werden automatisch Datenbanktabellen und Sperrobjekte angelegt, die beim Zugriff über die Consumer-API dem transaktionalen Konzept unterliegen (siehe auch Kapitel 23, »Business Object Processing Framework«).
- SAP HANA ist die In-Memory-Datenbank von SAP. Das heißt, dass die Datenbank im Hauptspeicher von Servern vorgehalten wird. Der Server selbst ist mit einer sehr leistungsfähigen Berechnungslogik ausgestattet, sodass die Datenbank sehr schnell in der Aggregation und Berechnung von Daten ist. Sie können dies durch die neue erweiterte Open-SQL-Syntax und -Funktionen ausreizen. Die neuen CDS sind ebenfalls in ihrem Funktionsumfang auf die Leistungsfähigkeit der Datenbank ausgelegt, auch wenn diese, wie erwähnt, ebenso ohne eine SAP-HANA-Datenbank funktionieren (siehe auch Kapitel 30, »SAP HANA«).

29.1 Das klassische Programmiermodell

In der Einleitung des Kapitels hatte ich bereits grundlegende Schritte bei der Entwicklung einer klassischen Problemstellung skizziert, die sich in drei große Teilschritte unterteilen lassen. Schaut man heutzutage einem ABAP-Entwickler bei der Abarbeitung dieser Teilschritte über die Schulter, geschieht dies sehr häufig wie folgt:

- **Modellierung der Daten im ABAP Dictionary**
  Datenbanktabellen, Strukturen, Datenelemente, Domänen und Pflege-Views werden in der Transaktion SE11 angelegt.
- **Programmieren und Kapseln der Anwendungslogik**
  Die Anwendungslogik wird in Reports gekapselt. Ist das Programm größer, kommen Funktionsbausteine oder (idealerweise) Klassen zum Einsatz. Ist die Entwicklungsabteilung sehr fit, kommen auch Entwurfsmuster für die Klassenstrukturierung zum Einsatz. Wo immer möglich, wird auf die SAP-Standardlogik in Form von BAPI-Funktionsbausteinen zurückgegriffen, in manchen Modulen auch bereits durch Klassen, die von SAP bereitgestellt wurden. Der Einsatz von Batch-Input bzw. Modifikationen gilt nur als letzte Möglichkeit und wird ansonsten vermieden.

  Der Einsatz von BOPF ist sehr selten vorzufinden, was bedeutet, dass viele ABAP-Programmierer den Datenzugriff, das Sperrkonzept und das transaktionale Handling händisch mit einem hohen zeitlichen Aufwand selbst implementieren.

- **Entwickeln der Oberfläche**
  Als Oberfläche entscheiden sich die Entwickler fast ausschließlich für klassische Dynpros und Selektionsbildschirme für das SAP GUI. Neue Webtechnologien wie Web Dynpro oder SAPUI5 sind nur selten anzutreffen, auch wenn davon auszugehen ist, dass dieses Verhältnis sich in den nächsten Jahren mehr und mehr verschiebt. Werden Daten von Drittsystemen benötigt, werden häufig flache Dateischnittstellen (Stichwort CSV), häufig aber auch schon Webservices (klassisches HTTP oder SOAP) verwendet.

Abbildung 29.1 fasst das klassische Programmiermodell zusammen.

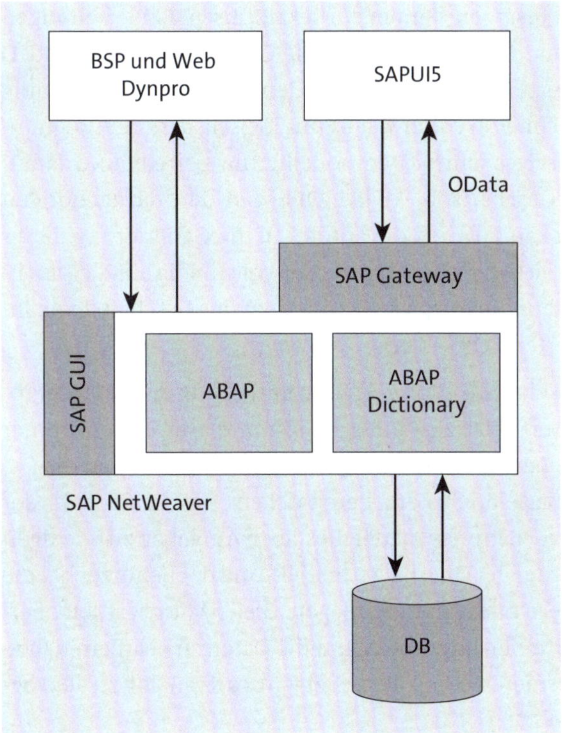

Abbildung 29.1 Das aktuelle Programmiermodell mit SAP ECC 7.0

Natürlich muss hier angemerkt werden, dass diese Vorgehensweise ihre Daseinsberechtigung hat, hat sie sich doch letztlich über Jahrzehnte bewährt. Es ist auch davon auszugehen, dass sich an diesem Programmiermodell für den weiteren Einsatz von SAP ECC bis zur Ablöse mit SAP S/4HANA nichts ändern wird. Es ist allerdings zu beobachten, dass immer mehr Unternehmen über ein Upgrade auf ABAP 7.40 (oder höher) und damit den Einsatz von SAPUI5 und der SAP-HANA-Datenbank (mit SAP ECC) nachdenken bzw. sich auf ihren Einsatz vorbereiten. Dies ist ein legitimer Zwischenschritt auf dem Weg zu SAP S/4HANA.

29.2 Die Innovation für die Zukunft

Mit der Einführung von SAP S/4HANA und der Oberfläche mit SAPUI5 war plötzlich eine zersplitterte Entwicklung vorzufinden: Die Oberfläche wurde von speziellen SAPUI5-Entwicklern (Webentwicklern) vorgenommen, die klassischen ABAP-Entwickler sollten insbesondere die Schnittstelle zu den Daten mittels der OData-Services bereitstellen. Diese zersplitterte Entwicklungslandschaft wollte SAP vereinfachen, und so überlegte man sich dort, ob es nicht möglich wäre, die Welt von SAPUI5 mit ihren OData-Services mit der SAP-HANA-Welt zu vereinen.

Letztlich ist die Erzeugung von Geschäftsobjekten und die Erzeugung von OData-Services auch wieder auf einen gemeinsamen Nenner zurückzuführen: Beide benötigen ein modelliertes Datenmodell, und für beide müssen die Grundoperationen CRUD (Create, Read, Update und Delete) ausprogrammiert werden: Grundoperationen, die das BOPF ja automatisch beherrscht. Von daher war es nur logisch, dass der Programmierer nun mit den Core Data Services seine Datenmodellierung betreibt und darauf automatisch das dazugehörige Geschäftsobjekt in BOPF und den dazugehörigen OData-Service generieren lassen kann. Durch die automatische Generierung dieser vorher händischen Schritte kann sich der ABAP-Entwickler vollständig auf die Datenmodellierung und anschließend auf die Ausprogrammierung der Geschäftslogik innerhalb der automatisch generierten BOPF-Klassen kümmern.

Doch auch dies ließ sich noch um eine Stufe steigern: Die Entlastung des SAPUI5-Programmierers, der für die Weboberfläche zuständig ist. Denn dieser bekam immer noch dieselben Informationen geliefert: einen oder mehrere OData-Services, die Daten und Funktionen aus dem Backend-System bereitstellen. Das heißt, dass der SAPUI5-Programmierer letztlich auch immer wieder dieselben Aufgaben zu erledigen hat: In der Regel wird eine Tabelle auf der Oberfläche erstellt, und der Benutzer hat die Möglichkeit, darin Daten zu ändern oder neue anzulegen. Gleichzeitig werden oberhalb der Tabelle zusätzliche Funktionen angeboten, um die Daten zu bearbeiten (beispielsweise um ein Eintrag zu stornieren oder zu entsperren), ganz analog zu dem beschriebenen Entwicklungsbeispiel.

Also war es auch hier nur logisch, eine automatische Generierung der Entwicklungsoberfläche für SAPUI5 (mithilfe des SAP Business Application Studios, vorher SAP Web IDE) anzubieten, damit diese Schritte nicht immer wieder manuell und zeitaufwendig durchgeführt werden müssen. Aber natürlich benötigt diese automatische Generierung alle notwendigen Informationen: Welche Spalten gibt es, und welche Funktionen sollen wo angezeigt werden? Dürfen die in der Tabelle angezeigten Einträge auch bearbeitet, neu angelegt oder gar gelöscht werden?

All das sind Informationen, die in den CDS und in BOPF klar abgebildet sind und über den OData-Service bereitgestellt werden können. Der OData-Service musste nur entsprechend um diese Informationen angereichert werden. Und so führte SAP die sogenannten *OData-Annotationen* ein, die es ermöglichen, diese Informationen im Webservice zu integrieren. Im ersten Schritt musste ein Programmierer dies händisch bei der Entwicklung der OData-Services nachtragen, doch auch dies ließ sich weiter automatisieren, indem die Annotationen um eine Stufe nach unten auf die CDS verlagert wurden: mit den *CDS-Annotationen*.

Denn Sie erinnern sich: Aus CDS kann automatisch ein OData-Service generiert werden. Werden die Informationen bereits hier in den CDS View durch CDS-Annotationen hinzugefügt, können diese automatisch bei der Generierung in den OData-Service übernommen werden, was den Aufwand nochmals reduziert. Gleichzeitig kann aber auch in diesen Anmerkungen auf die Funktionen im BOPF verwiesen werden: In welcher Methode steht die gewünschte Funktion, und wo soll sie auf der Oberfläche aufgerufen werden?

Der SAPUI5-Entwickler muss daher nur in die SAP Web IDE gehen und dort das Template-Werkzeug aufrufen, das die Anmerkungen aus dem angegebenen OData-Service ausliest und auf Basis dieser Anmerkungen die Oberfläche in Form der Tabelle vorgeneriert.

Das Ganze ist also ein großer Fortschritt, musste vor wenigen Jahren doch noch jede Spalte einer solchen Tabelle in Form von ca. vier bis fünf Programmierzeilen händisch (!) geschrieben und manuell an das richtige Feld einer Tabelle aus dem OData-Service gebunden werden.

Zusammenfassend lässt sich sagen: Aus CDS wird ein Geschäftsobjekt und der dazugehörige OData-Service generiert. In den Metadaten des OData-Service wird auf die Methoden und auf die modellierte Struktur aus dem CDS verwiesen. Im SAP Business Application Studio kann der Entwickler über ein Template-Werkzeug auf diese Anmerkungen aus dem OData-Service zugreifen. Das Werkzeug generiert auf Basis der Annotationen vollautomatisch eine neue Oberfläche.

Auf dieser Oberfläche werden auch bereits Buttons für die Funktionen zu finden sein. Klickt der Benutzer auf eine dieser Funktionen, wird die dazugehörige Funktion im OData-Service automatisch ausgelöst, die wiederum automatisch die Funktion in den dahinterliegenden Klassen aufruft, die der ABAP-Programmierer in der aufzurufenden Geschäftslogik hinterlegt hat.

29.3 Das ABAP-Programmiermodell für SAP Fiori

Das in Abschnitt 29.1 beschriebene klassische Programmiermodell wurde in den letzten Jahren vor allem von zwei Seiten stark beeinflusst:

- durch die Einführung der SAP-HANA-Datenbank
- durch die Einführung von SAPUI5 und die starke Gewichtung durch Ankündigung der langfristigen Ablöse von SAP GUI

Beide Technologien mussten in die bestehende ABAP-Welt eingebettet werden. Gerade die Einführung der SAP-HANA-Datenbank führte dazu, dass ABAP stark angepasst und erweitert werden musste. Das lag unter anderem daran, dass SAP verhindern wollte, dass ABAP-Entwickler zur Verwendung dieser Funktionen ein komplett neues Skill-Set erlernen mussten. Aber auch die Entscheidung, ABAP weiterhin für SAP S/4HANA einzusetzen, machte eine Erweiterung des Funktionsumfangs von ABAP zwingend notwendig, um ein neues, modernes System mit ABAP als Unterbau zu realisieren.

Deshalb lag der Fokus von SAP insbesondere in den Releases ab ABAP 7.40 darauf, dass Programmierer weiterhin wie gewohnt mit ABAP arbeiten und gleichzeitig von den Neuerungen und Features auf der SAP-HANA-Datenbank profitieren können. Hierfür waren bis dahin zwingend Eclipse ADT, natives SQL und spezielle Aufrufkonstrukte (externe Views) nötig.

Insbesondere der Ansatz »Code zu Daten« (Code-to-Data), der dazu auffordert, die (SAP-HANA-)Datenbank so viele Berechnungen wie möglich machen zu lassen, hat so die gewohnte Arbeitsweise der Programmierer über die erweiterte Open-SQL-Syntax deutlich vereinfacht. So lässt sich heute konstatieren, dass ABAP in gut 98 % aller Fälle (in Bezug auf die Entwicklung von transaktionalen Programmen) dazu ausreicht, den erhofften Performanceschub herbeizuführen, und dass dafür nicht auf SAP-HANA-spezifische Artefakte zurückgegriffen werden muss.

Diese Entscheidung hatte zur Folge, dass sich die Art ändert, wie Programmierer die Daten beschaffen, und dass komplexere Open-SQL-Anweisungen geschrieben werden, während weniger Programmlogik auf dem Anwendungsserver (z. B. Iterationen mit der LOOP-Anweisung) ausgeführt werden muss.

Eine andere Entwicklung, die die Einführung der SAP-HANA-Datenbank mit sich brachte, waren die Core Data Services (CDS), die ursprünglich nur für die Entwicklung auf der SAP-HANA-Datenbank gedacht waren, aber letztlich aufgrund ihres mächtigeren Funktionsumfangs mit in das ABAP Dictionary integriert wurden. Diese Entscheidung führte dazu, dass sich der erste Programmierteilschritt »Modellierung der Daten im ABAP Dictionary« ändern musste, da nun neue Funktionalität zur Verfügung stand.

Auf der anderen Seite wurde SAPUI5 als neue Webtechnologie eingeführt. Besonders neu war hier die Idee, die Weboberflächen komplett von ABAP zu entkoppeln und die OData-Services als standardisierte Schnittstelle einzuführen.

Dies sorgte dafür, dass sich die ABAP-Entwicklung für diese SAPUI5-Anwendungen vor allem darauf konzentriert, dass diese OData-Services mit ABAP entwickelt werden und innerhalb der Klassen die Datenverarbeitung stattfindet. Das heißt konkret: Es werden bekannte BAPI-Funktionsbausteine aufgerufen oder SQL-Befehle ausgeführt, um die klassischen CRUD-Grundoperationen auszuführen. Alle anderen Aspekte des bekannten Programmiermodells blieben von der Einführung der neuen Technologien erst einmal unberührt. ABAP blieb ABAP, und auch die Entwicklung von Reports und Transaktionen veränderte sich zunächst nicht.

Trägt man die angesprochenen Funktionalitäten schematisch in das Programmiermodell in Abbildung 29.1 ein, ergibt sich das in Abbildung 29.2 dargestellte Bild.

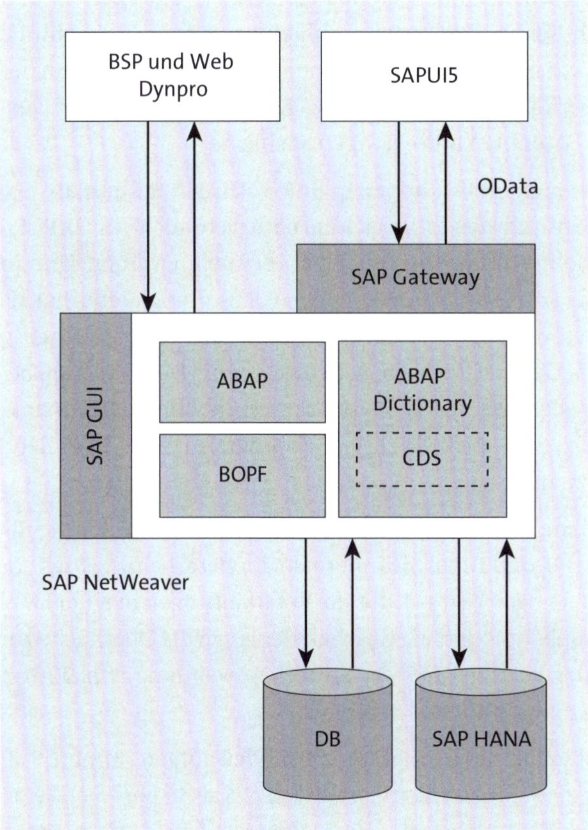

Abbildung 29.2 Das aktuelle Programmiermodell mit BOPF, SAP HANA und CDS mit SAP ECC 7.0

Durch die Gewichtung von SAPUI5 als Nachfolger des SAP GUI und die Entkopplung durch OData-Services trat ein bekanntes Problem wieder auf: die transaktionale Verarbeitung. Letztlich kennen Sie die transaktionale Verarbeitung aus dem SAP GUI: Sie rufen eine Standardtransaktion auf, die sich über Dutzende von Masken hinzieht. Der Benutzer wird mehr oder minder durch diese Masken geführt und muss mindestens die geforderten Pflichtfelder ausfüllen. Erst am Ende drückt der Benutzer auf den **Speichern**-Button, und die Eingaben werden auf der Datenbank in mehreren Datenbanktabellen gespeichert. Natürlich wird nicht erst am Ende beim Speichern eine Prüfung der Eingaben durchgeführt, sondern schon während die Eingaben durch den

Benutzer getätigt werden. Eingaben, die sich gegenseitig bedingen und bei Falscheingaben Fehlermeldungen verursachen, sollen auf der Oberfläche angezeigt werden.

SAP löste diese Problemstellung bisher durch die BAPI-Funktionsbausteine: Sie waren transaktional, d. h., sie wurden zwar komplett ausgeführt (und damit wurden die Daten entsprechend verarbeitet und geprüft), auf die Datenbank wurde aber noch nichts geschrieben. Stattdessen wurden alle Datenbankbefehle (`INSERT`, `UPDATE` und `MODIFY`), die innerhalb des BAPI-Funktionsbausteins aufgeführt wurden, erst einmal in einer sogenannten *Logical Unit of Work* (LUW) zwischengespeichert. Erst wenn der Benutzer am Ende auf **Speichern** klickte, wurde die ABAP-Anweisung `COMMIT WORK` ausgeführt, die alle gesammelten Datenbankanweisungen ausführte.

Da solche Funktionsbausteine in einem brandneuen SAP-S/4HANA-System als historisch und veraltet erschienen und dieses Verhalten natürlich auch für SAPUI5-Anwendungen funktionieren sollte, musste hier ein Ersatz gefunden werden. Und so rückte das schon ältere BOPF als Framework wieder in den Fokus: Denn dieses hat als eine seiner Hauptfunktionen eine solche transaktionale Logik im Bauch. Das heißt, die Programmierer können ihre Geschäftsobjekte beliebig über die BOPF-Klassen beeinflussen und erst am Ende (ebenfalls durch die BOPF-Klassen) einen Datenbank-Commit durchführen, ohne auch nur eine Zeile zusätzlich programmieren oder neue Entwicklungsobjekte anlegen zu müssen.

Die Lösung lag daher auf der Hand: Modellieren Sie Ihre Geschäftsobjekte, die Sie für SAPUI5 anbieten wollen, mit BOPF und rufen Sie innerhalb der Verarbeitungsmethoden im OData-Service die BOPF-Funktionen auf, die alle Verarbeitungen in einer LUW sammelt. Geben Sie gegebenenfalls auftretende Geschäftsfehler an die Oberfläche zurück und führen Sie – wenn der Benutzer auf der SAPUI5-Anwendung den Button **Speichern** klickt – den Datenbank-Commit des BOPF aus.

Daher wurde das BOPF fest mit in das neue Programmiermodell aufgenommen. SAP ordnet BOPF, wie in Abbildung 29.3 dargestellt, zwischen SAPUI5 als neuer Oberfläche und SAP HANA als neuer Datenbank neben der normalen ABAP-Programmierung und den neuen Core Data Services als neue Art der Datenmodellierung ein.

Das Schöne daran für den ABAP-Entwickler: Er bekommt Features des BOPF, wie z. B. Sperrobjekte, mit an die Hand und hat zusätzlich weniger Programmieraufwand als vorher.

Zusammenfassend ist zu dem Modell zu sagen: Die Anwendung wird im CDS View definiert, auf dessen Informationen automatisch ein OData-Service und ein dazu passendes Geschäftsobjekt in BOPF generiert wird. Auf Basis der im OData-Service hinterlegten Informationen aus dem CDS View kann in der SAP Web IDE eine SAPUI5-App generiert werden, die die Grundoperationen CRUD beherrscht (Anlegen, Lesen, Aktualisieren und Löschen).

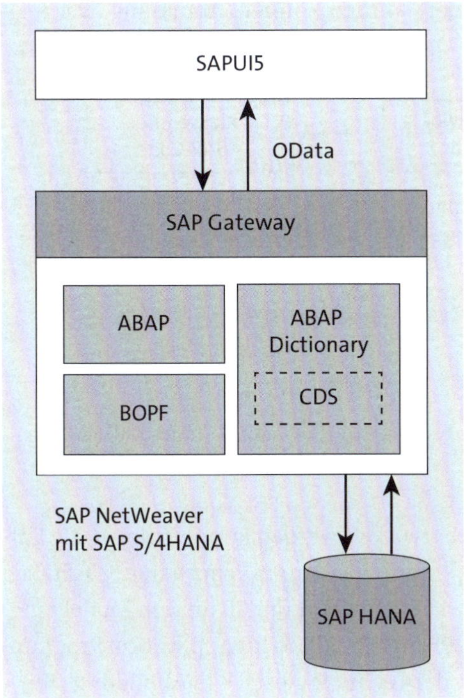

Abbildung 29.3 Das ABAP-Programmiermodell für SAP Fiori

29.4 Das ABAP RESTful Application Programming Model

Mit der Einführung der SAP Business Technology Platform (SAP BTP, ehemals SAP Cloud Platform) als Platform as a Service (PaaS) existierte neben SAP ERP ein cloudbasiertes System, für das ebenfalls SAPUI5-Apps oder sogar Java-Web-Apps entwickelt werden konnten. Auch diese Anwendungen brauchen letztlich (Geschäfts-)Daten zur Anzeige, die häufig zusammen mit der Verarbeitungslogik in Backend-Systemen liegen, wie beispielsweise SAP ERP. Es wird also eine moderne Web-API benötigt, die den Zugriff ermöglicht. Als Standardverbindungsprotokoll wurden hier die OData-Services auserkoren.

Für das reine Anbieten eines OData-Service zur Konsumierung in anderen Anwendungen, wie beispielsweise der SAP BTP, war das ABAP-Programmiermodell für SAP Fiori aber nicht ausgelegt. Hier lag der Fokus in der Vorbereitung eines OData-Service, der alle Informationen zur Generierung einer SAPUI5-App enthält. Daher griff SAP die Grundidee dieses Programmiermodells auf und gestaltete es grundlegend technologisch neu. Dazu wurde vor allem der Einsatz des BOPF-Frameworks durch CDS-Verhaltensweisen ersetzt, die durch spezielle ABAP-Klassen implementiert werden. Die CDS Views wurden also um eine Funktionalität erweitert, damit die Zusatzfunktionen direkt dort modelliert und ausprogrammiert werden können. Abbildung 29.4 zeigt dies entsprechend.

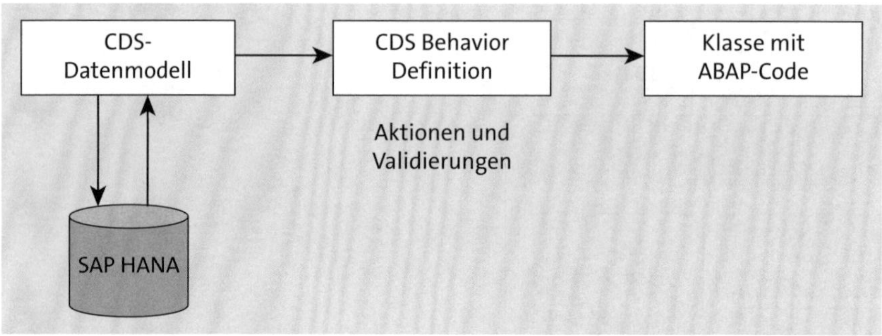

Abbildung 29.4 CDS-Verhaltensdefinitionen zur Implementierung von Geschäftslogik zu CDS Views

Da CDS Views nur in Eclipse mit den ADT entwickelt werden können, findet die Entwicklung in diesem Programmiermodell grundsätzlich nur in Eclipse statt. Zusätzlich wurde die OData-Schicht um die Version V4 angereichert und in diesem Modell integriert. Wie bereits erwähnt, entfällt das BOPF im ABAP RESTful Application Programming Model ersatzlos. Dadurch ergibt sich der Technologiestack in Abbildung 29.5.

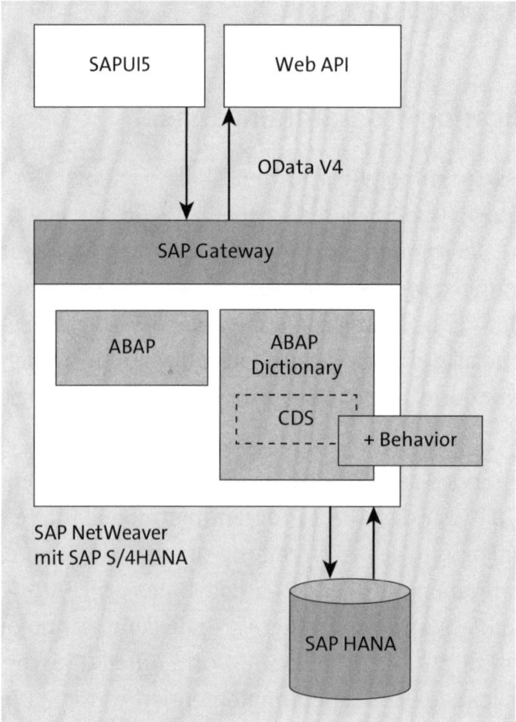

Abbildung 29.5 Das ABAP RESTful Application Programming Model

Es bleibt festzuhalten, dass die Entwicklung im ABAP RESTful Application Programming Model grundlegend von CDS Views ausgeht. Selbst bei der Bereitstellung eines OData-Service, der nur Daten nach außen hin für ein Drittsystem exponiert, wäre dies der Fall. Der ursprüngliche Weg der Entwicklung eines OData-Service in der Transaktion SEGW ist damit obsolet und wird nicht mehr empfohlen.

Das ABAP RESTful Application Programming Model ist der Nachfolger des ABAP-Programmiermodells für SAP Fiori und löst dieses entsprechend ab. Es ist daher davon auszugehen, dass uns dieses Modell für viele Jahre begleiten wird.

Abbildung 29.6 zeigt beispielhaft eine SAP-Fiori-App, die mit dem ABAP RESTful Application Programming Model umgesetzt wurde. Hierbei handelt es sich um eine Überblicks-App, die der Suche, Anzeige, Bearbeitung und dem Löschen von Geschäftsobjekten dient. Hier ist das Geschäftsobjekt ein Flug, wobei ein Flug eine Flugverbindung darstellt.

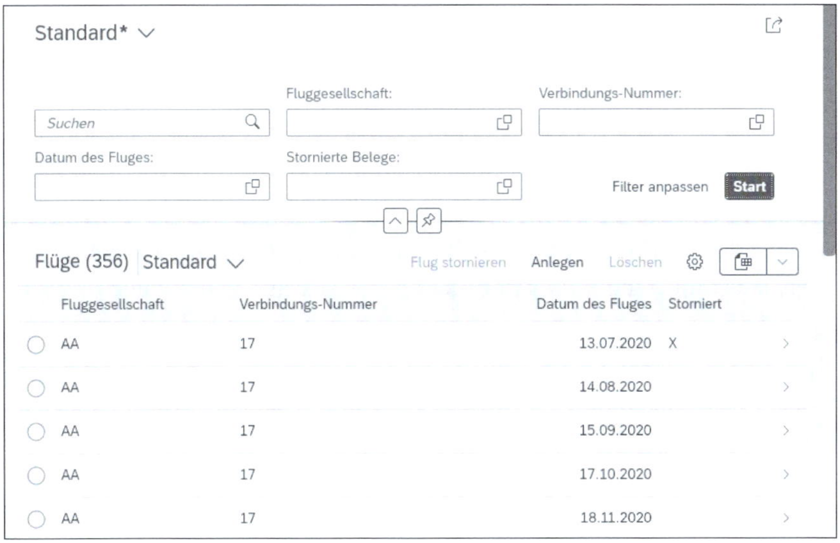

Abbildung 29.6 SAP-Fiori-App für die Anzeige und Bearbeitung von Flugverbindungen

Eine solche Überblicks-App ist dabei immer nach dem gleichen Muster aufgebaut:

- Im Kopf befindet sich die Maske für die Suche, analog zur dem bisherigen Selektions-Screen bei Reports.
- Darunter befindet sich die Ergebnisliste, analog zu einer ALV-Tabelle in der SAP GUI, in der einer oder mehrere Einträge zur Bearbeitung ausgewählt werden können.
- Durch die Auswahl eines Eintrags wird eine Detailseite aufgerufen, auf der weitere Informationen für den Eintrag dargestellt werden.

29

Als Entwickler haben Sie die Möglichkeit, diese Maske programmatisch innerhalb der definierten CDS Views bis zu einem gewissen Grad zu beeinflussen. So können beispielsweise die Suchmaske und die Tabelle beliebig ausgeprägt werden, ebenso können Sie mit den angebotenen Grundfunktionen individuell verfahren oder sie gar deaktivieren. Zu den Grundfunktionen gehören:

- Anlage (Create)
- Lesen (Read)
- Aktualisieren (Update)
- Löschen (Delete)

Neben diesen Grundfunktionen können Sie zusätzlich weitere eigene Funktionen hinzufügen (hier beispielsweise die Funktion **Flug stornieren**, die sich oberhalb der Tabelle in Abbildung 29.6 als Schaltfläche findet). Sie können aber auch individuelles Verhalten (Behaviour) in Form von Anreicherungen (Determinations) sowie Validierungen (Validations) mithilfe von ABAP implementieren. Das bedeutet, die Hinterlegung der Geschäftslogik geschieht hier nicht in SAPUI5 mithilfe von JavaScript, sondern wie gewohnt (wenn auch mit neuen ABAP-Anweisungen) in speziell dafür angelegten ABAP-Klassen. Die Implementierung geschieht also im Backend auf dem Applikationsserver, in dem Sie bisher auch ABAP in der ABAP Workbench entwickelt haben. Der Unterschied besteht wie bei den CDS Views darin, dass alle beteiligten Entwicklungsobjekte nur in den ABAP Development Tools (ADT) in Eclipse angelegt werden können. Eine Implementierung über das SAP GUI ist also nicht möglich.

In Abbildung 29.7 sehen Sie die Detailseite einer einzelnen ausgewählten Flugverbindung, deren Eintrag bearbeitet werden kann. Hier ließen sich durch weitere Implementierungen auch zugehörige Unterdaten, wie z. B. die zugehörigen Buchungen eines Fluges, in einer separaten Tabelle anzeigen.

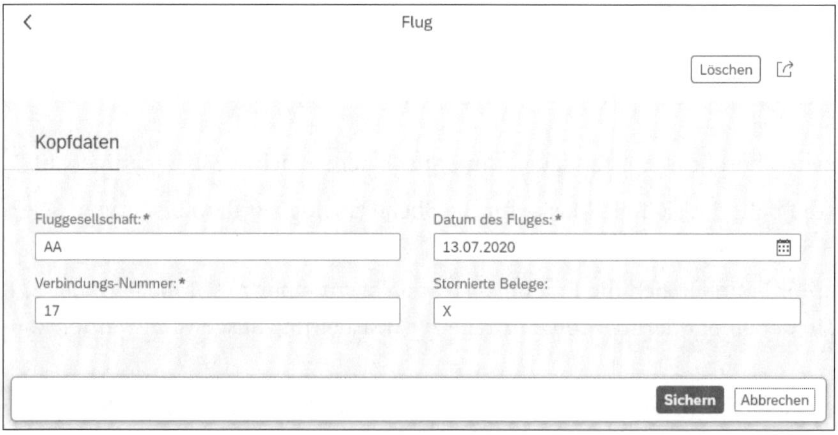

Abbildung 29.7 Detailanzeige einer Flugverbindung

Beispielhafte Implementierung

Um Ihnen das ABAP RESTful Application Programming Model praktisch näherzubringen, habe ich im Folgenden die dazugehörige Implementierung der Flugverbindungen aus Abbildung 29.6 skizziert, damit Sie eine konkrete Vorstellung davon erhalten, wie SAP sich in Zukunft die Entwicklung von SAP-Fiori-Apps vorstellt. Da ich damit das Themengebiet des Buches verlasse, stellt dies keine detaillierte Beschreibung der notwendigen Entwicklungsschritte dar. Wenn Sie planen, mit dem neuen Programmiermodell zu entwickeln, kann ich Ihnen das Buch »ABAP RESTful Application Programming Model« von Lutz Baumbusch, Matthias Jäger und Michael Lensch empfehlen (siehe *https://www.sap-press.de/5412*).

Die Grundlage für die Entwicklung einer SAP-Fiori-App mit dem ABAP RESTful Application Programming Model ist immer mindestens ein CDS View als Projektion einer Datenbanktabelle.

Listing 29.1 zeigt dies am Beispiel der SAP-Fiori-App für die Flugverbindungen. Bei den verwendeten Datenbanktabellen muss es sich nicht zwingend um eigens angelegte handeln, Sie können auch Standarddatenbanktabellen von SAP verwenden. Hier ist es beispielsweise die Datenbanktabelle `SFLIGHT` (Flüge), die vorher um ein neues Z-Feld `CANCELLED` erweitert wurde. Dieses Feld soll später durch die neue Funktion **Flug stornieren** in der SAP-Fiori-App auf den Wert »X« gesetzt werden.

```
@AbapCatalog.sqlViewName: 'ZI_VFLIGHTS'
@AbapCatalog.compiler.compareFilter: true
@AbapCatalog.preserveKey: true
@AccessControl.authorizationCheck: #CHECK
@EndUserText.label: 'Flüge'
define view ZI_FLIGHTS as select from sflight {
    key carrid as Carrid,
    key connid as Connid,
    key fldate as Fldate,
    price as Price,
    currency as Currency,
    planetype as Planetype,
    seatsmax as Seatsmax,
    seatsocc as Seatsocc,
    paymentsum as Paymentsum,
    seatsmax_b as SeatsmaxB,
    seatsocc_b as SeatsoccB,
    seatsmax_f as SeatsmaxF,
```

```
    seatsocc_f as SeatsoccF,
    cancelled
}
```

Listing 29.1 Grundlegender CDS View für die Flugverbindungen

Anschließend wird eine CDS-View-Entität mit dem Steuerbefehl `DEFINE ROOT VIEW ENTITY` angelegt (kein klassischer CDS View mit `DEFINE VIEW`), der die Hierarchie mehrerer CDS Views definieren kann. Für das Beispiel der Flugverbindungen ist, wie in Listing 29.2 dargestellt, der vorher definierte CDS View die Wurzel (Root). Daher ist dieser CDS View als führende Kopftabelle angegeben. Die hier definierten Felder sind die Felder, die in der entstehenden App sowohl für die Suche als auch in der Tabelle zur Verfügung stehen werden. Zusätzlich werden in einer solchen CDS-View-Entität durch Anmerkungen (Annotations) bereits Informationen hinterlegt, die das Aussehen der entstehenden SAP-Fiori-App definieren. In Listing 29.2 sind dies insbesondere alle Anmerkungen mit `@UI` für die Überschrift der App, ebenso wie die Reihenfolge der Spalten der Tabelle (hier mit 10, 20, 30 und 40 aufsteigend angegeben). Diese Anmerkungen müssen aktuell durch den Programmierer noch zeichengenau manuell angegeben werden, da hier momentan nur minimale Unterstützung durch die Eingabehilfe von Eclipse (`Strg` + Leertaste) angeboten wird.

```
@AccessControl.authorizationCheck: #CHECK
@Search.searchable: true
@UI.headerInfo: { typeName: 'Flug', typeNamePlural: 'Flüge' }
@EndUserText.label: 'Flüge'
define root view entity ZC_FLIGHTS as select from ZI_FLIGHTS
{
    @UI.facet: [{ id: 'Flights',
                  purpose: #STANDARD,
                  type: #IDENTIFICATION_REFERENCE,
                  label: 'Kopfdaten',
                  position: 10 }]
    @UI: {
    lineItem: [ { position: 10, importance: #HIGH },
                { type: #FOR_ACTION, dataAction: 'cancelFlight',
                  label: 'Flug  stornieren' }],
                  identification: [ { position: 10 } ] }
    @Search.defaultSearchElement: true
    key Carrid,
        @UI: {
    lineItem: [ { position: 20, importance: #HIGH } ],
                  identification: [ { position: 20 } ] }
```

```
    key Connid,
        @UI: { lineItem: [ { position: 30, importance: #HIGH } ],
               identification: [ { position: 30 } ] }
    key Fldate,
      @UI: {
    lineItem: [ { position: 40, importance: #HIGH, label:
                  'Storniert' } ],
                  identification: [ { position: 40 } ] }
    cancelled
}
```

Listing 29.2 Definition der CDS-View-Entität für die Flugverbindungen

Im nächsten Schritt muss das Verhalten definiert werden. Dies geschieht durch die neu eingeführten Verhaltensdefinitionen (Behaviour Definitions), die Sie, wie die vorherigen Objekte, nur in den ABAP Development Tools (ADT) in Eclipse anlegen können. In einer solchen Verhaltensdefinition wird definiert, welches Implementierungsszenario Sie verwenden möchten:

- eine *Managed Implementation*, bei der Ihnen alle Grundoperationen für das Anlegen (Create), Lesen (Read), Aktualisieren (Update) und Löschen (Delete) bereits vorimplementiert bereitgestellt werden
- eine *Unmanaged Implementation*, bei der Sie alle Grundoperationen selbst implementieren müssen bzw. können

Listing 29.3 zeigt für das Beispiel der Flugliste eine Managed Implementation, bei der die zu persistierende Tabelle `SFLIGHT` angegeben wird, also jene Datenbanktabelle, in der später die Daten gelesen und in die sie wieder geschrieben werden. Zusätzlich werden für das Geschäftsobjekt die Grundoperationen zum Anlegen, Aktualisieren und Löschen aktiviert. Lassen Sie hier beispielsweise die Anweisung `delete;` weg, kann später in der SAP-Fiori-App kein Flug gelöscht werden, und auch die zugehörige Schaltfläche **Löschen** wird oberhalb der Tabelle nicht angeboten. Außerdem wird die zusätzliche Aktion `cancelFlight` definiert, damit ein Flug storniert werden kann. Solche Aktionen können Sie frei definieren, d. h., sie sind nicht vorgegeben.

```
managed implementation in class zbp_c_flights unique;
define behavior for ZC_FLIGHTS alias _flights
persistent table sflight
lock master
{
  create;
  update;
  delete;
```

29

```
  //hier kann man weiteres Verhalten definieren mit:
  //Aktionen
  action ( features: instance ) cancelFlight result [1] $self;
  //Ermittlungen
  //Validierungen
}
```

Listing 29.3 Ausprägung der Verhaltensdefinition für die Flugverbindungen

Da es sich bei einer Verhaltensdefinition lediglich um eine Definition handelt, muss in einem weiteren Schritt die dazugehörige Implementierung mithilfe einer ABAP-Klasse bereitgestellt werden. Diese ABAP-Klasse muss vom Programmierer neu angelegt werden und wird wie in Listing 29.3 in Zeile 1 mit dem Zusatz `implementation in class` verknüpft. Die Klasse muss dabei den Aufbau aus Abbildung 29.8 haben und wird im Gegenzug mit dem Zusatz `FOR BEHAVIOR OF` mit der Verhaltensdefinition verknüpft.

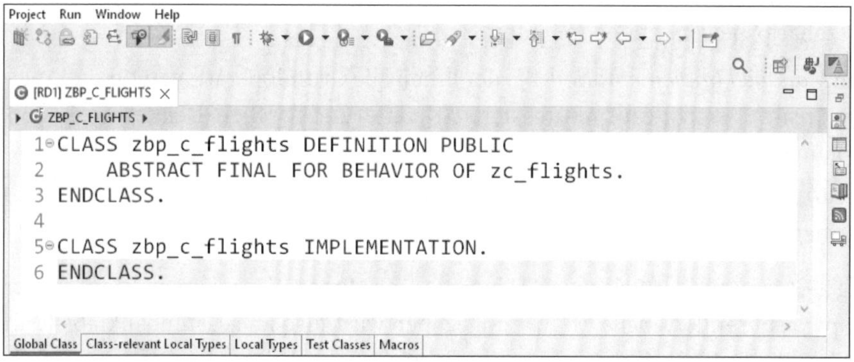

Abbildung 29.8 Die Klasse für die Implementierung einer Verhaltensdefinition der Flugverbindungen

Die Implementierung geschieht nicht direkt im Implementierungsteil dieser Klasse, sondern in einer lokalen Klasse, die als lokaler Typ innerhalb der normalen Klasse definiert werden muss. Diese lokale Klasse können Sie implementieren, indem Sie, wie in Abbildung 29.8 zu sehen, unterhalb der Klasse auf die Registerkarte **Local Types** klicken. Dabei ist es wichtig, dass diese *lokale* Klasse von der Oberklasse `CL_ABAP_BEHAVIOR_HANDLER` erbt. In Listing 29.4 ist die lokale Klasse für die Flugliste-App abgebildet.

```
CLASS lhc_flights DEFINITION INHERITING FROM cl_abap_behavior_handler.
  PRIVATE SECTION.
    METHODS cancelFlight FOR MODIFY
      IMPORTING keys FOR ACTION _flights~cancelFlight RESULT result.
ENDCLASS.
```

```
CLASS lhc_flights IMPLEMENTATION.

  METHOD cancelFlight.
      "Den ausgewählten Flug auf 'storniert' setzen
      "In der internen Tabelle 'key' steht der ausgewählte Flug
      MODIFY ENTITIES OF zc_flights IN LOCAL MODE
        ENTITY _flights UPDATE FROM VALUE #( FOR key IN keys (
           %key = key-%key
           cancelled = 'X'
           %control-cancelled = if_abap_behv=>mk-on
        ) ).
      "Den aktualisierten Flug neu von der Datenbank lesen
      READ ENTITIES OF zc_flights IN LOCAL MODE
         ENTITY _flights FROM VALUE #( FOR key IN keys (
            %key = key-%key
            %control-cancelled = if_abap_behv=>mk-on
         ) )
      RESULT DATA(lt_flights).
      result = VALUE #( FOR flight IN lt_flights (
        %key = flight-%key %param = flight )
      ) .
  ENDMETHOD.

ENDCLASS.
```

Listing 29.4 Die implementierte lokale Klasse für die Verhaltensdefinition der Flugverbindungen

Da für das Beispiel der Flugliste das Szenario Managed Implementation (statt Unmanaged Implementation) ausgewählt wurde, muss in der lokalen Klasse keine Methode für die Grundoperationen Anlegen, Lesen, Aktualisieren oder Löschen angegeben und implementiert werden, dies übernimmt SAP in diesem Szenario. Das heißt, Sie müssen an keiner Stelle eine `SELECT`-, `UPDATE`-, `INSERT`- oder `DELETE`-Anweisung auf die Datenbanktabelle `SFLIGHT` schreiben. Dies passiert automatisch. Jedes gewünschte Verhalten, das darüber hinausgeht, muss allerdings implementiert werden. So implementiert die Methode `cancelFlight` aus Listing 29.4 die Aktion **Flug stornieren**. Dabei werden allerdings ebenfalls keine SQL-Anweisungen, sondern neue ABAP-Anweisungen verwendet, die eigens für das ABAP-RESTful-Programmiermodell in den ABAP-Sprachumfang aufgenommen wurden. In unserem Beispiel betrifft das die Anweisung `MODIFY ENTITIES OF` für das Aktualisieren und die Anweisung `READ ENTITIES OF` für das Lesen der verknüpften Datenbanktabellen. Sie werden aber auch weitere neue Zusätze finden, die beispielsweise bei der Methodendefinition von `cancelFlight` verwendet wurden (`FOR MODIFY` und `FOR ACTION`). Diese neuen Anweisungen können nur im Rahmen des ABAP RESTful Application Programming Models verwendet werden und haben keinen Einfluss auf die normale objektorientierte Programmierung mit ABAP.

Anschließend muss ein Service Binding angelegt werden, damit die Implementierung auch nach außen hin, d. h. über das Internet, verwendet werden kann. Technisch gesehen wird durch diesen Schritt der dazugehörige OData-Service im Hintergrund auf Basis der angegebenen Informationen generiert. So wird hier, wie in Abbildung 29.9 dargestellt, bereits bei der Anlage entschieden, ob es sich um eine Webprogrammierschnittstelle (Web-API) oder um eine Oberfläche (UI) handeln soll. Auf Basis dieser Entscheidung werden alle zusätzlich benötigten Informationen in dem Metadatendokument des OData-Service hinterlegt.

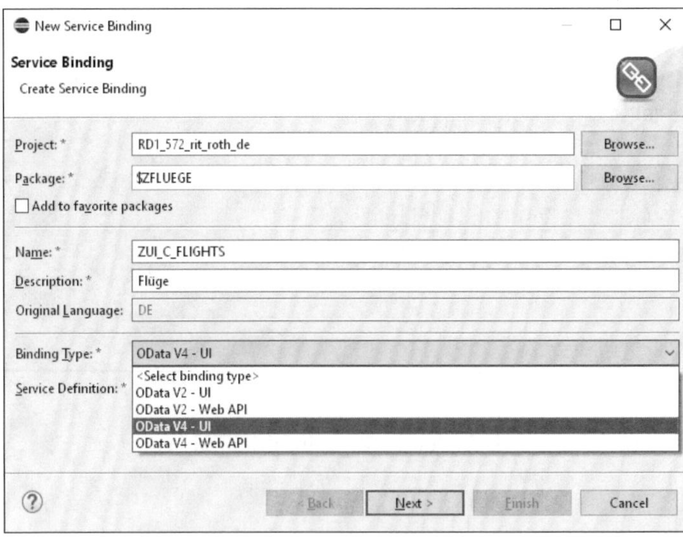

Abbildung 29.9 Anlage eines neuen Service Bindings mit Auswahl des Binding Types

In Abbildung 29.10 können Sie das angelegte Service Binding sehen. In diesem haben Sie die Möglichkeit, den Service zu veröffentlichen (mit der Schaltfläche **Publish**), oder die Veröffentlichung zurückzunehmen (mit der Schaltfläche **Unpublish**). Wenn es sich um ein UI-Binding handelt, können Sie sich über die Schaltfläche **Preview** zusätzlich eine Vorschau der SAP-Fiori-App anzeigen lassen, ohne auf das SAP Business Application Studio zurückgreifen zu müssen.

Im nächsten Schritt kann der so erzeugte OData-Service über die angegebene Service-URL an einen (SAP-Fiori-)Entwickler weitergegeben werden, der damit im SAP Business Application Studio die dazugehörige SAP-Fiori-App entwickelt. Der Entwickler kann dafür einen Wizard benutzen, der auf Basis der Metadaten des OData-Service die UI-Annotationen ausliest, die in der CDS-View-Entität hinterlegt wurden. Mithilfe dieser UI-Annotationen wird bereits ein Großteil der Oberfläche vorgeneriert. Klickt der Anwender in der fertigen SAP-Fiori-App auf einen Flug und anschließend auf die neue Funktion **Flug stornieren**, wird der entsprechende Funktionsimport im OData-Service aufgerufen, der wiederum die in ABAP implementierte Methode aus Listing 29.4 aufruft und das Z-Feld `CANCELLED` in der Tabelle `SFLIGHT` für den ausgewählten Flug aktualisiert.

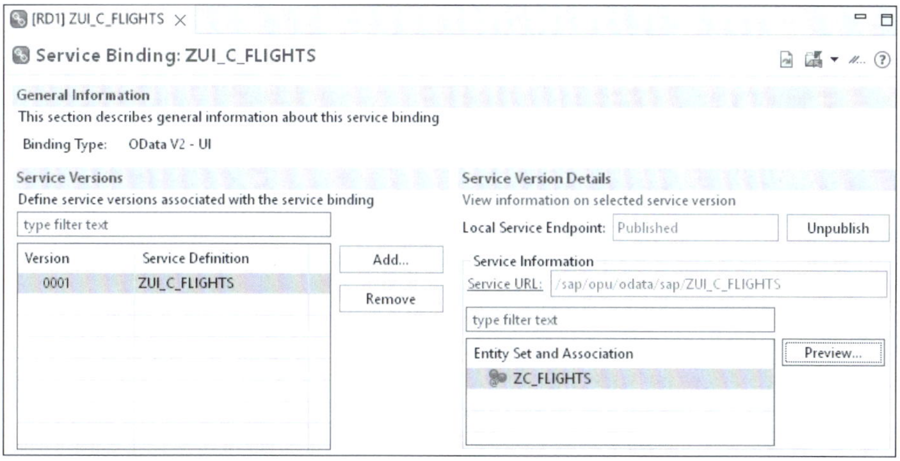

Abbildung 29.10 Service Bindung für die Flugverbindungen

Das Beispiel zeigt mehrere Vorteile des ABAP RESTful Application Programming Models:

- Es können sowohl kundeneigene als auch Standarddatenbanktabellen verwendet werden.
- Der Entwickler muss keine eigene Implementierung eines OData-Service tätigen, da das Endergebnis des ABAP RESTful Application Programming Models ein OData-Service ist.
- Die Implementierung der Grundoperationen (Anlegen, Lesen, Ändern, Löschen) und die Implementierung der Sperrobjekte wird vorgeneriert.
- Es besteht die Möglichkeit, zusätzliches Verhalten wie Aktionen, Validierungen oder Ermittlungen mithilfe neuer ABAP-Anweisungen in speziell verknüpften ABAP-Klassen zu implementieren.
- Ein Großteil der SAPUI5-Oberfläche wird vorgeneriert, diese Schritte können in der Zukunft gegebenenfalls wieder von einem einzigen Entwickler übernommen werden.

Beachten Sie bitte, dass dieses Programmiermodell noch in der Entwicklung steckt und mit jedem neuen ABAP-Release um neue Funktionen erweitert wird. Daher ist ein Einsatz unter ABAP 7.57 nur bedingt zu empfehlen, da Sie gegebenenfalls nicht jede gewünschte Anforderung implementieren können.

Kapitel 30
SAP HANA

SAP HANA ist eine programmierbare Datenbank mit erweiterten Rechen- und Analysefähigkeiten. In diesem Kapitel wird erläutert, was dies bedeutet und was sich für Sie als ABAP-Entwickler damit ändert.

In diesem Kapitel möchte ich Ihnen einen Überblick über die neue Datenbank SAP HANA, deren Architektur und deren neuen Entwicklungsobjekte geben. Von anderen Datenbanken unterscheidet sie sich vor allem durch die folgenden Merkmale:

- Die Daten werden durch eine In-Memory-Technologie im Arbeitsspeicher vorgehalten.
- Die Tabellen werden unter anderem spaltenbasiert gespeichert.
- Die Daten werden komprimiert und über numerische Schlüssel identifiziert.
- Es gibt eine eingebaute parallele Verarbeitung der Datenzugriffe.
- Es werden keine sekundären Indizes mehr benötigt.
- Es kann direkt auf der Datenbank programmiert werden, dies kann auch durch einen grafischen Editor geschehen.

Ziel dieses Kapitels ist es, Ihnen die Grundkenntnisse über die SAP-HANA-Datenbank mit auf den Weg zu geben, die Sie als ABAP-Entwickler am häufigsten brauchen werden: das Aufrufen von SAP-HANA-Entwicklungsobjekten mit ABAP. Auf die konkrete Entwicklung dieser SAP-HANA-Objekte gehe ich dabei nicht näher ein, da dies durch spezialisierte Entwickler (in Projektanfragen häufig als »HANA-Entwickler« bezeichnet) umgesetzt wird. In diesem Kapitel gebe ich Ihnen zunächst einen Überblick über die Architektur der SAP-HANA-Datenbank und über die Zusammenhänge. Den Möglichkeiten des Datenzugriffs habe ich in Kapitel 10, »Zugriff auf SAP-HANA-Entwicklungsobjekte«, ein separates Kapitel gewidmet.

Als Entwickler werden Sie in den nächsten Jahren häufiger der Frage begegnen, was eigentlich mit den bestehenden Kundenentwicklungen bei der Einführung von SAP HANA passiert. Die hier empfohlenen Schritte habe ich in Abschnitt 30.3, »Migration auf SAP HANA«, zusammengefasst.

30.1 Überblick

SAP HANA ist die selbst entwickelte Datenbank von SAP. Sie ist allerdings deutlich mehr als nur eine schnellere Datenbank, sondern geht mit einer neuen Architektur, neuen Rechen- und Analysefähigkeiten und einem neuen Programmierparadigma einher: *Code-to-Data* (zu Deutsch: Quellcode zu den Daten).

Bisher holte sich ein ABAP-Entwickler die Daten mit einer `SELECT`-Anweisung von der Datenbank und verarbeitete sie anschließend mithilfe von ABAP (z. B. mit einer `LOOP`-Anweisung). Es wurden also Daten zum Quellcode geladen (*Data-to-Code*).

Je nachdem, wie viele Transaktionen, Reports und Anwendungen gleichzeitig auf einem SAP-System liefen, desto langsamer wurde das gesamte SAP-System, da nur eine limitierte Anzahl von Daten gleichzeitig von der Datenbank geladen und auf dem Applikationsserver verarbeitet werden konnte. Um diesen Flaschenhals zu entlasten, bietet SAP HANA neue Entwicklungsobjekte, die mit dem Eclipse-Plug-in *SAP HANA Studio* direkt *auf* der Datenbank entwickelt werden. Dadurch wird der Quellcode zu den Daten gebracht und letztlich die Menge der übertragenen Daten zwischen Datenbank und Applikationsserver deutlich verringert. Es werden nur Daten geladen, die auch wirklich für die Weiterverarbeitung benötigt werden.

Die Entwicklung auf der SAP-HANA-Datenbank findet nicht mit ABAP statt, sondern es werden spezielle Entwicklungsobjekte entwickelt, die auch *SAP-HANA-Artefakte* genannt werden. So wurden z. B. die *SAP-HANA-Views* eingeführt, die wie Views im ABAP Dictionary bereits Datenbanktabellen verknüpfen können. Zusätzlich bieten diese Views die Möglichkeit, Werte vorzuberechnen und aggregieren zu lassen. Neben den SAP-HANA-Views wurde mit *SQLScript* eine eigene Skriptsprache eingeführt, mit der sogenannte *Stored Procedures* (Datenbankprozeduren) entwickelt werden können, die analog zu Open SQL Daten von der Datenbank lesen und aufbereiten können. Der ABAP-Entwickler kann diese beiden Arten von Objekten nutzen, um die Entwicklung vom Anwendungsserver auf die Datenbank zu verlagern, und anschließend diese Entwicklungsobjekte mit ABAP aufrufen.

Das neue Code-to-Data-Paradigma wird auch durch neue ABAP-Funktionalität unterstützt, die im Zuge der Einführung von SAP HANA hinzugefügt wurde. So lassen sich z. B. durch erweiterte Funktionalität von Open SQL deutlich mehr Berechnungen auf die Datenbank verlagern. Zu diesen Änderungen gehören:

- neue Open-SQL-Ausdrücke, z. B. die `CASE`-Anweisung (ab ABAP 7.40 SP04, siehe Abschnitt 9.3.1)
- die `UNION`-Funktion zur Zusammenfassung der Ergebnismenge zweier Selektionen (ab ABAP 7.50, siehe Abschnitt 9.2.14)
- die Core Data Services (CDS) zur Definition spezieller Views auf dem Applikationsserver (siehe Abschnitt 9.8)

- eine neue Tabellenanzeige (SAP List Viewer mit integriertem Datenzugriff – Integrated Data Access, kurz ALV mit IDA), die die Anzeige von Daten direkt von einer Datenbank unterstützt, wobei immer nur der aktuell sichtbare Teil der Datenbank geladen wird (siehe Abschnitt 19.3)

Außerdem wurden mit SAP HANA neue Suchfunktionen eingeführt, etwa eine Volltextsuche mit zusätzlichen Funktionen, wie z. B. einer Freitextsuche, einer Spracherkennung und einer Fuzzy-Funktion, die Ähnlichkeitssuchen ermöglicht. Auf diese neuen Suchfunktionen gehe ich kurz in Abschnitt 30.5 ein.

30.2 Architektur

Zu den wesentlichen Konzepten, die bei SAP HANA eine deutliche Steigerung der Datenbankperformance bewirken, gehören:

- die In-Memory-Technologie (siehe Abschnitt 30.2.1)
- die spaltenorientierte Speicherung (siehe Abschnitt 30.2.2)
- die Wertekomprimierung (siehe Abschnitt 30.2.3)

Diese Konzepte werden durch verschiedene Engines der in Abbildung 30.1 dargestellten Architektur der SAP-HANA-Datenbank realisiert.

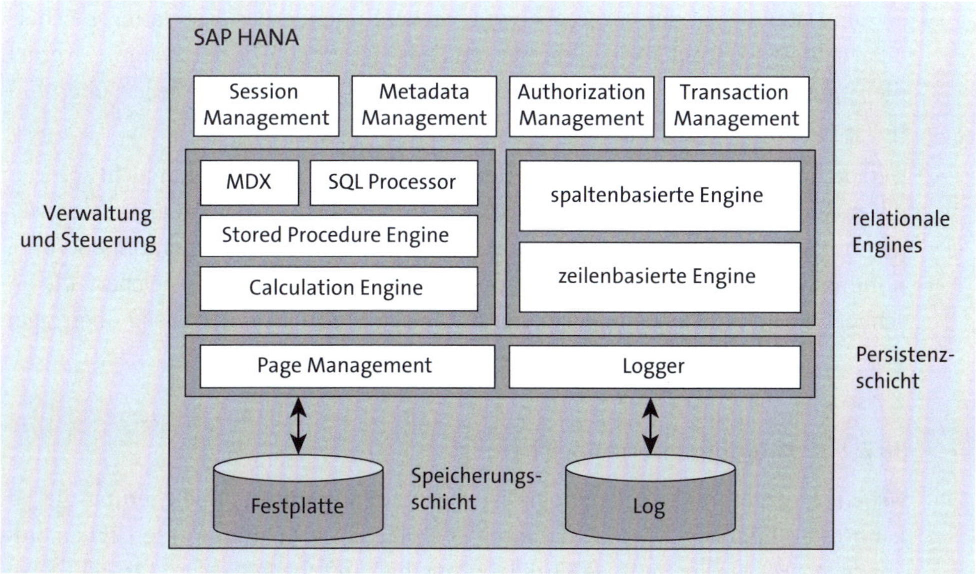

Abbildung 30.1 Die Architektur von SAP HANA

In den folgenden Abschnitten gehe ich auf die einzelnen Engines etwas genauer ein.

30.2.1 Die In-Memory-Technologie

Die in SAP HANA umgesetzte In-Memory-Technologie besteht darin, dass die Daten direkt im lokalen Arbeitsspeicher vorgehalten werden. Heutige Server haben aufgrund eines rapiden Preisrückgangs bei gleichzeitig verbesserter Hardware mehr Speicherplatz und einen größeren Hauptspeicher (RAM) zur Verfügung. Erst diese Entwicklung ermöglichte es, die schon lang existierende Idee von Echtzeitanwendungen wirklich umzusetzen. Der Hauptspeicher zeichnet sich mit 100 Nanosekunden (ns) im Vergleich zu anderen Speicherarten wie Festplatten (10.000.000 ns) und SSD (150.000 ns) durch eine deutlich kürzere Antwortzeit aus.

Ein Irrglaube ist jedoch, dass SAP HANA *ausschließlich* mit dem Hauptspeicher arbeitet und dort die gesamte Datenbank liegt. Denn was passiert, wenn die Datenbank größer als der Arbeitsspeicher ist? Was passiert, wenn der Strom ausfällt oder der Server heruntergefahren wird? Die langfristige Speicherung der Daten erfolgt weiterhin auf Festplatten, bei denen ein Bereich für die eigentlichen Daten und ein Bereich für das Verwalten von Datenänderungen unterschieden werden. Über das *Page Management* in der Persistenzschicht der Architektur werden die Daten von den Festplatten in den Arbeitsspeicher geladen. Dies kann gerade nach dem Start der SAP-HANA-Datenbank gewisse Zeit in Anspruch nehmen. Bevorzugt werden hierbei die Daten geladen, die am häufigsten im SAP-System gebraucht werden.

Ein *Logger*, der sich ebenfalls in der Persistenzschicht befindet, schreibt Änderungen an den Datensätzen der vorgesehenen Speichereinheiten des Festplattenspeichers. Zu geeigneten Zeitpunkten (nicht während des Hauptbetriebs der Systeme) werden die gepufferten Änderungen in die entsprechenden Datenbanktabellen übernommen und aus dem Puffer gelöscht.

Gerade Änderungen an spaltenorientiert abgelegten Tabellen werden nicht sofort in die entsprechende Datenbanktabelle übernommen, da diese dazu reorganisiert werden müsste. Stattdessen werden die durch Insert- und Update-Operationen vorgenommenen Änderungen in einer temporären Tabelle zwischengespeichert, die anschließend durch Massenänderungen in die spaltenorientierte Tabelle übertragen wird.

30.2.2 Spaltenorientierte Speicherung

Neben der In-Memory-Technologie ist die spaltenorientierte Speicherung die bekannteste Änderung. Die Idee dahinter ist einfach: Aus Spalten werden Zeilen, und aus Zeilen werden Spalten, wie Sie dies beispielhaft an Tabelle 30.1 und Tabelle 30.2 sehen können.

Fluggesellschaft	Flugnummer	Flugpreis	Währung	Abflug
AA	0017	422,94	EUR	New York
AA	0018	300,40	EUR	New York
LH	0010	550,50	EUR	Berlin
LH	0011	550,50	EUR	Berlin

Tabelle 30.1 Zeilenorientierte Tabelle

Fluggesellschaft	AA	AA	LH	LH
Flugnummer	0017	0018	0010	0011
Flugpreis	422,94	300,40	550,50	550,50
Währung	EUR	EUR	EUR	EUR
Abflug	New York	New York	Berlin	Berlin

Tabelle 30.2 Spalten werden zu Zeilen – spaltenorientierte Tabelle

Wichtig zu wissen ist hierbei, dass die SAP-HANA-Datenbank Tabellen in beiden Varianten ablegen kann, d. h., Tabellen können sowohl in der bisherigen zeilenbasierten Speicherung als auch in der neuen spaltenbasierten Speicherung vorgehalten werden. Ihre Aufgabe als Entwickler wird es sein, zu entscheiden, in welcher Speicherart Sie eine neue Tabelle anlegen wollen.

Jede Speicherungsart hat ihre Vor- und Nachteile. Dies liegt vor allem daran, wie eine Zeile auf der Datenbank vom Datenbanksystem gesucht wird. Dazu durchläuft der Zeiger jede Zeile einer Tabelle nacheinander von vorne bis hinten, bis der gewünschte Eintrag gefunden wurde. Dies kann beim Lesen einer einzelnen Zeile sehr schnell sein (ein Durchlauf), beim Lesen von Spalten aber langsam (da n Zeilen durchlaufen werden müssen, obwohl nur jeweils eine Spalte der Zeile gebraucht wird).

Werden jetzt die Zeilen mit den Spalten getauscht, drehen sich die Vor- und Nachteile um: Eine Spalte kann in der spaltenorientierten Speicherung deutlich schneller gelesen werden, da dafür jetzt nur ein Durchlauf benötigt wird (in einer Zeile stehen ja jetzt alle Spaltenwerte), während das Lesen einer Zeile langsam ist, da dafür wieder n Zeilen durchlaufen und rekonstruiert werden müssen (in einer Spalte stehen ja jetzt alle Werte einer Datenzeile).

Die spaltenorientierte Speicherung sollte daher für das Aggregieren von Spalten verwendet werden. Beispielsweise wäre eine Summierung aller Flugpreise aus Tabelle 30.2 in dieser Speicherungsart sehr schnell, da alle benötigten Werte in einer Zeile stehen. Die zeilenorientierte Speicherung sollte dagegen für transaktionale Daten verwendet werden, d. h., wenn z. B. eine Position eines Auftrags hinzugefügt wird.

Ein wesentlicher Nachteil der spaltenorientieren Speicherung ist die Komplexität von Insert- bzw. Update-Operationen. Beim Hinzufügen einer Zeile (also Spalte) muss dabei unter Umständen die gesamte Tabelle reorganisiert werden. Dies wird aber durch die Persistenzschicht abgefangen, sodass die Zugriffe in der Praxis in gleicher Geschwindigkeit ablaufen wie bei klassischen zeilenorientierten Tabellen und Sie hier zur Laufzeit keinen Unterschied bemerken werden. In der Gesamtbetrachtung wurde dadurch gerade für analytische Anwendungen, die Spalten aggregieren und Berechnungen durchführen, eine deutliche Performanceverbesserung herbeigeführt.

Ab SAP NetWeaver ABAP 7.40 wurde im ABAP Dictionary, wie in Abbildung 30.2 dargestellt, in Transaktion SE11 unter **Technische Einstellungen** eine neue Registerkarte **DB spezifische Eigenschaften** eingeführt, auf der Sie bei der Anlage einer Tabelle die **Speicherungsart** auswählen können.

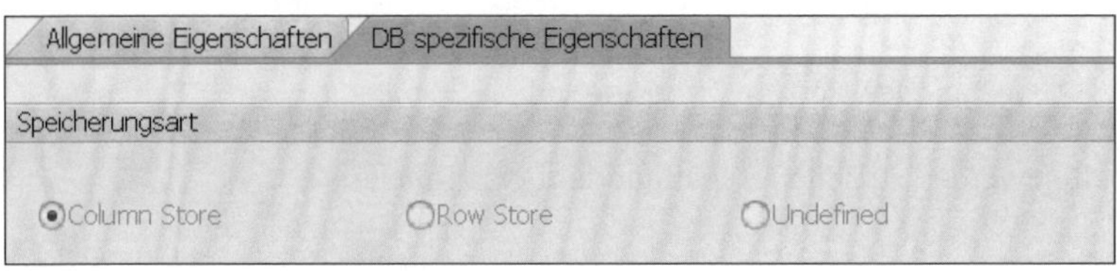

Abbildung 30.2 Speicherart einer Tabelle

30.2.3 Wertekomprimierung

Da in der spaltenorientierten Speicherung keine unterschiedlichen Datentypen mehr in einer Zeile vorliegen, ist eine stärkere Komprimierung möglich. So werden in einer Zeile mehrfach vorkommende Werte in einem sogenannten *Attributvektor* zusammengefasst. Jedem tatsächlichen Wert wird dabei eine eindeutige numerische ID zugewiesen. Mit diesen IDs wird eine komprimierte Spalte aufgebaut und dazu ein invertierter Index angelegt, der das Vorkommen der ID in den einzelnen Zeilen angibt. In Tabelle 30.3 sehen Sie diese Art der Komprimierung für die Zeile »Fluggesellschaft« aus Tabelle 30.2.

Dictionary			Komprimierte Spalte			Invertierter Index	
1	AA		1	1		1	1, 2
2	LH		2	1		2	3, 4
			3	2			
			4	2			

Tabelle 30.3 Komprimierung der Werte für die Spalte »Fluggesellschaft«

Wollen Sie beispielsweise herausfinden, in welcher Zeile die Fluggesellschaft AA (mit dem Dictionary-Wert 1) vorkommt, lässt sich dies direkt im invertierten Index ablesen: Index 1 kommt in Zeile 1 und 2 vor.

Da hier primär mit Zahlen gearbeitet wird, erhöht sich auch die Verarbeitung von Bedingungen in der Central Processing Unit (CPU), da ein Vergleich von Zeichenketten deutlich teurer ist.

30.3 Migration auf SAP HANA

Bei der Migration eines SAP-Systems auf SAP HANA muss sichergestellt werden, dass alle kundeneigenen Entwicklungen weiterhin laufen. Dies betrifft vor allem alle kundeneigenen Programme, die natives SQL und nicht das datenbankunabhängige Open-SQL-Format benutzen. Aber auch Zugriffe auf Pool- und Clustertabellen müssen umgeschrieben werden.

Um diese Stellen zu finden, hat SAP zwei neue Prüfvarianten für den Code Inspector (siehe Abschnitt 15.3, »Der Code Inspector«) bereitgestellt. Diese beiden Prüfvarianten sollten Sie für alle kundeneigenen Entwicklungen anwenden:

- `FUNCTIONAL_DB`
  - Findet natives SQL und Datenbank-Hints.
  - Findet ADBC-Klassen (ABAP Database Connector, siehe Abschnitt 9.7.2, »ABAP Database Connectivity«, ebenfalls natives SQL).
  - Findet Aufrufe spezieller Dictionary-Funktionsbausteine, die die Existenz bestimmter Eigenschaften oder Indizes auf der Datenbank prüfen.
  - Findet Zugriffe auf Pool- und Clustertabellen.
  - Findet ABAP-Quellcode, der auf der impliziten Sortierung von SQL-Anfragen (ohne `ORDER-BY`-Klausel) aufbaut.
- `FUNCTIONAL_DB_ADDITION`

  Prüft SQL-Anfragen ohne `WHERE`-Klausel.

Verfügbar sind die neuen Prüfvarianten ab den folgenden Releases:

- SAP NetWeaver 7.02 ab SAP_BASIS SP14
- SAP NetWeaver 7.31 ab SAP_BASIS SP09
- SAP NetWeaver 7.40 ab SAP_BASIS SP02

Sie können die beiden Prüfungen in Transaktion SCI im Hauptmenü unter **Hilfsmittel • Prüfvarianten importieren** importieren.

[»]

Remote-Prüfung für ältere Systeme

Für ältere Systeme (kleiner gleich 7.31) haben Sie die Möglichkeit, den kompletten Code des noch nicht migrierten Systems zu exportieren und in ein System auf dem Releasestand SAP NetWeaver 7.40 SP08 zu importieren, um dort mit den Informationen eine Remote-Code-Inspector-Prüfung durchführen zu können. Dieses Vorgehen ist unter folgendem Link beschrieben:

http://s-prs.de/v9449002

Falls dieser Link aktualisiert wird, können Sie alternativ in einer Suchmaschine nach dem folgenden Suchbegriff suchen: »Executing Remote Static Checks in Context of HANA Migration«.

30.4 SAP-HANA-Objekte

Die SAP-HANA-Datenbank stellt neben der reinen Datenbankfunktionalität SAP-HANA-Objekte bereit, die zur Modellierung verwendet werden können. Dazu gehören SAP-HANA-Views und Stored Procedures. Durch diese Objekte können die Daten in den Tabellen auf der Datenbank miteinander verknüpft, vorberechnet, analysiert und durch semantische Informationen angereichert werden.

Diese verschiedenen Objekte bringen unterschiedliche Funktionalität für jeden Anwendungsfall mit sich. Wie in Abbildung 30.3 gezeigt, können Sie diese auf der SAP-HANA-Datenbank mithilfe von Eclipse und dem Plug-in SAP HANA Studio anlegen.

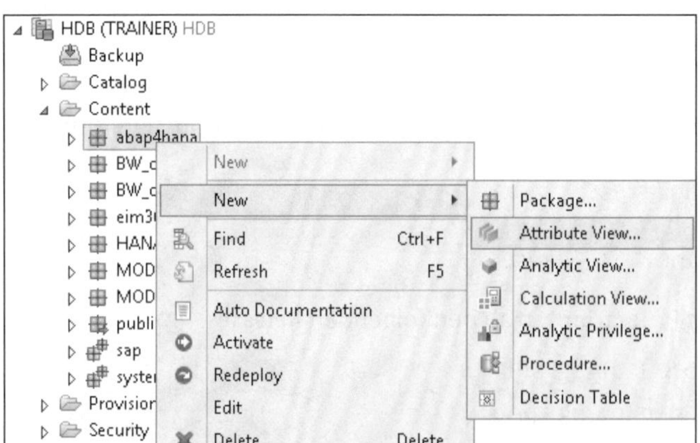

Abbildung 30.3 Anlage der SAP-HANA-Objekte in Eclipse

Die einfachste Variante eines SAP-HANA-Views, die Ihnen hier zur Verfügung steht, sind *Attribute Views*, in denen zwei Tabellen miteinander verknüpft und um semantische Informationen (Spaltenüberschriften) erweitert werden können. Hier sind aber auch bereits einfache Umrechnungen (z. B. Währungsumrechnungen) oder Umformungen (z. B. Sprachkennzeichen) der Daten möglich.

Eine darauf aufbauende, etwas komplexere Struktur stellt der *Analytic View* dar. Hier können Sie zwei verknüpfte Tabellen um zusätzliche Tabellen – auch Dimensionen – erweitern, in etwa vergleichbar mit InfoCubes aus dem Bereich SAP Business Warehouse (BW). So können z. B. Verkaufsdaten von Produkten um eine Zeitdimension erweitert werden.

Der komplexeste View in dieser Reihe ist der *Calculation View*, in dem mehrere Verknüpfungen durch Vereinigungen (`UNION`) zusammengeführt, Aggregationen berechnet sowie prozedurale Logik in Form von SQLScript zur Datenaufbereitung eingesetzt werden kann.

Möchten Sie diese in SQLScript programmierten Rechen- und Analysefähigkeiten in unabhängige Module kapseln, können Sie *Stored Procedures* entwickeln. Diese können Sie sich wie Funktionsbausteine auf der Datenbank vorstellen – nur in SQLScript geschrieben.

Alle Objekte werden im Katalog der SAP-HANA-Datenbank im Schema `_SYS_BIC` abgelegt und können mit nativem SQL oder (bis auf die Stored Procedures) über externe Views mithilfe von Open SQL in ABAP aufgerufen werden. Dieser Zugriff ist in Kapitel 10, »Zugriff auf SAP-HANA-Entwicklungsobjekte«, beschrieben. In den folgenden Abschnitten erhalten Sie weitere Informationen zu den einzelnen Objekten.

30.4.1 Attribute View

Ein Attribute View besteht aus zwei Teilen: einer *Data Foundation*, die die Datenbasis des Views definiert, und einem *Semantics*-Teil, der die Außendarstellung des Views definiert. Bei der Data Foundation werden Tabellen über Joins verbunden, eine Auswahl der verwendeten Spalten wird getroffen, und es können Spalten mit Berechnungen (Calculated Columns) hinzugefügt werden. Im Semantics-Teil werden die Schlüsselfelder definiert, nicht benötigte Spalten ausgeblendet und Hierarchien gebildet.

Wie in Abbildung 30.4 dargestellt, legen Sie Attribute Views im grafischen Editor des SAP HANA Studios an, d. h., Sie können die benötigten Elemente per Drag & Drop in den Editor schicken und über Masken die Schlüsselfelder und die gewünschten Spalten definieren. Ebenso können Sie neue Berechnungsspalten hinzufügen.

In Abbildung 30.4 werden dabei die beiden Tabellen `SFLIGHT` und `SBOOK` miteinander über die Primärschlüsselfelder `CARRID`, `CONNID` und `FLDATE` verknüpft. Von den beiden Tabellen werden dabei nicht alle Felder, sondern nur die Primärschlüsselfelder sowie das Feld `PRICE` von `SFLIGHT` und die Felder `BOOKID` und `CUSTOMID` von `SBOOK` übernommen.

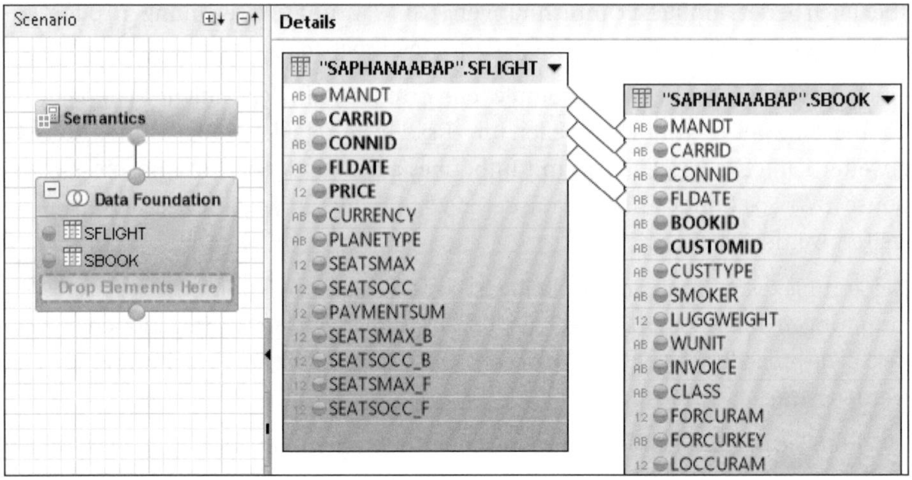

Abbildung 30.4 Ein Attribute View

30.4.2 Analytic View

Ein Analytic View nutzt neben einer Data Foundation und dem Semantics-Teil zusätzlich einen *Star Join*, mit dem auf Basis der Data Foundation weitere Tabellen verknüpft werden, wodurch weitere Dimensionen modelliert werden können. In Abbildung 30.5 wird beispielsweise die Data Foundation von zwei Tabellen mit drei weiteren Tabellen verknüpft. Auch dies wird komplett im grafischen Editor definiert.

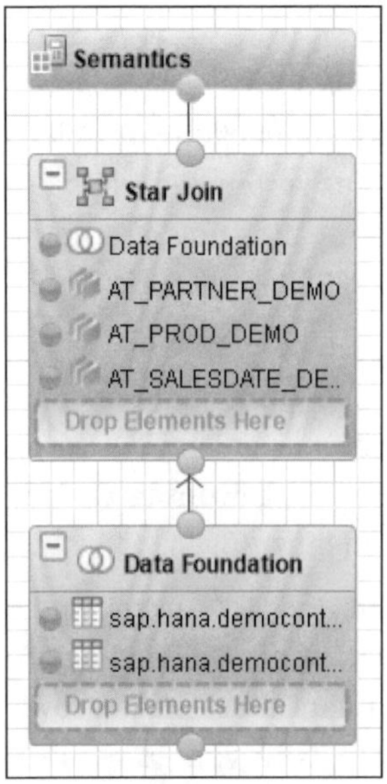

Abbildung 30.5 Ein Analytic View

30.4.3 Calculation View

Der allgemeinste und mächtigste SAP-HANA-View ist der Calculation View. Dieser kann entweder grafisch oder in SQLScript erstellt werden.

Grafische Anlage

Im Vergleich zum Analytic View, der im Wesentlichen aus zwei aufeinanderfolgenden Join-Operationen besteht, erlaubt ein grafischer Calculation View zusätzlich eine Vereinigung von mehreren Ergebnismengen (`UNION`) und eine Projektion (`WHERE`-Klausel). Als Datengrundlage können so nicht nur Tabellen, sondern auch andere SAP-HANA-Views dienen. Mit einem Calculation View können so z. B. Daten aus mehreren Analytic Views, die jeweils auf ein Merkmal beschränkt sind, über `UNION` zusammengeführt und z. B. mit Daten aus weiteren Tabellen angereicht werden. In Abbildung 30.6 sehen Sie beispielsweise zwei vereinigte Analytic Views, auf denen eine weitere Aggregation durchgeführt wurde.

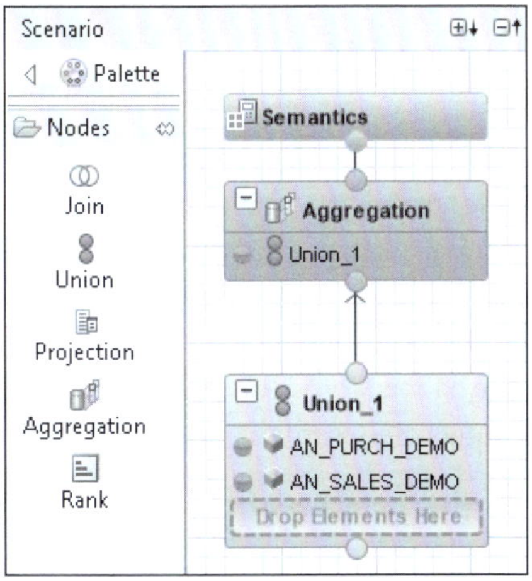

Abbildung 30.6 Ein grafisch modellierter Calculation View

Definition in SQLScript

Die programmatische Variante der Definition eines Calculation Views besteht nur aus einem einzigen Knoten, dem *Script View*, sowie einer darauf aufbauenden Semantics-Sicht. Innerhalb dieses Knotens kann SQLScript geschrieben werden. SQLScript ist eine von SAP entwickelte Skriptsprache, die SQL mit weiteren Anweisungen zur Programmierung von Ablauflogik anreichert. Es sollte allerdings beachtet werden (auch wenn der Name es nicht vermuten lässt), dass SQLScript eine SAP-HANA-spezifische Skriptsprache ist, und die Prozeduren damit nur auf der SAP-HANA-Datenbank funktionieren. Neben SQL-Anweisungen werden klassische Programmieranweisungen wie Bedingungen oder Schleifen angeboten, mit denen Zwischenergebnisse aufbereitet, berechnet oder aggregiert werden können.

Es kann dabei immer nur eine Ausgabetabelle geben. In Abbildung 30.7 wird beispielsweise eine Verknüpfung über zwei Tabellen durchgeführt und die Ergebnismenge der Tabelle PRODUCT zugewiesen. Diese Ergebnistabelle kann durch die semantische Schicht dann weiter bearbeitet werden.

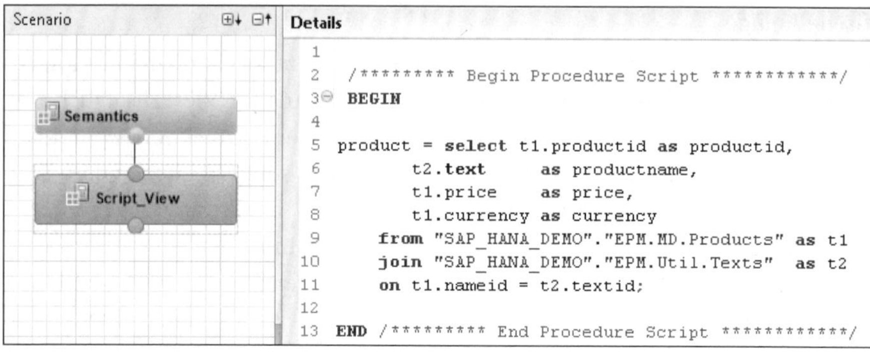

Abbildung 30.7 Ein Script View mit SQLScript

30.4.4 Stored Procedures

Stored Procedures sind in SQLScript geschriebene Prozeduren. Ziel ist es, eine Wiederverwendung von Logik zu ermöglichen. Anstatt die Logik wie in Abbildung 30.7 innerhalb eines Calculcation Views zu verwenden, können Sie diese auch als separate Datenbankprozedur ablegen und so aus mehreren Calculation Views heraus aufrufen. Zusätzlich haben Sie die Möglichkeit, diese Stored Procedures auch direkt mit ABAP zu konsumieren. Ähnlich wie Funktionsbausteine haben Stored Procedures Eingabe- und Ausgabeparameter und können mit ABAP aufgerufen werden.

30.5 Volltextsuchen

Mit der Einführung von SAP HANA stehen die folgenden zwei neuen Suchen zur Verfügung:

- die *Fuzzy-Suche* (Ähnlichkeitssuche)
- die *linguistische Suche* (sprachbasierte Suche)

Die Vorgehensweise bei der Anwendung dieser Suchen ist immer dieselbe:

1. Für die betreffende Spalte wird ein Volltextindex angelegt.
2. Sie bieten die SQL-Anweisung zur Durchführung der Suche an oder aktivieren für die betreffenden Eingabemasken die Suchfunktionen.

Als Volltextindex wird eine zusätzliche unsichtbare Spalte für eine Tabelle als Sekundärindex angelegt. Diese zusätzliche Spalte enthält den aufbereiteten Inhalt der indexierten Spalte und wird bei Suchanfragen ausgewertet.

SAP HANA und natives SQL als Voraussetzung

Die Suchen können momentan nur mit nativem SQL, z. B. über ADBC (siehe Abschnitt 9.7, »Natives SQL«), durchgeführt werden. Darüber hinaus funktionieren sie aufgrund des benötigten Volltextindex momentan nur für eine primär angebundene SAP-HANA-Datenbank.

30.5.1 Volltextindex anlegen

Folgende Voraussetzungen muss die Datenbanktabelle für die Anlage eines Volltextindex erfüllen:

- Die Tabelle muss spaltenorientiert sein (Column Store).
- Die Spalte muss auf den eingebauten Typen `CHAR`, `SHORTSTRING`, `STRING` oder `RAWSTRING` basieren.
- Es muss eine Spalte für die Textsprache existieren.

Die Anlage kann direkt im SAP HANA Studio oder ab SAP NetWeaver Application Server ABAP 7.40 SP03 in Transaktion SE11 über die Anlage eines Sekundärindex erfolgen. Hier beschreibe ich die Anlage in Transaktion SE11:

1. Rufen Sie die gewünschte Tabelle in Transaktion SE11 auf (Eingabefeld **Datenbanktabelle**, über den Button **Anzeigen**), und klicken Sie im Tabellen-Editor in der Funktionsleiste auf den Button **Indizes**.
2. In der Übersicht der vorhandenen Indizes für die Tabelle können Sie nun in der Menüleiste auf den Button **Anlegen** () klicken und aus dem Untermenü den Eintrag **Index anlegen** auswählen (siehe Abbildung 30.8).

Abbildung 30.8 Index zu einer Tabelle anlegen

3. Tragen Sie, wie in Abbildung 30.9 dargestellt, das Feld ein, für das Sie den Volltextindex anlegen wollen ❶, und wählen Sie **Springen • Full Text Index** ❷ im Hauptmenü.

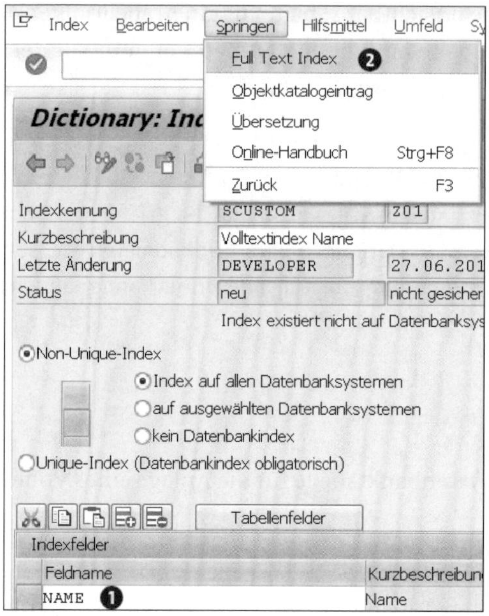

Abbildung 30.9 Volltextindex anlegen

4. Im sich öffnenden Fenster können Sie nun den Volltextindex über die Checkbox **Full Text Index** (siehe Abbildung 30.10) aktivieren und gegebenenfalls weitere Einstellungen zum Volltextindex vornehmen. Über den Button **Info** erhalten Sie hierzu weitere Informationen.

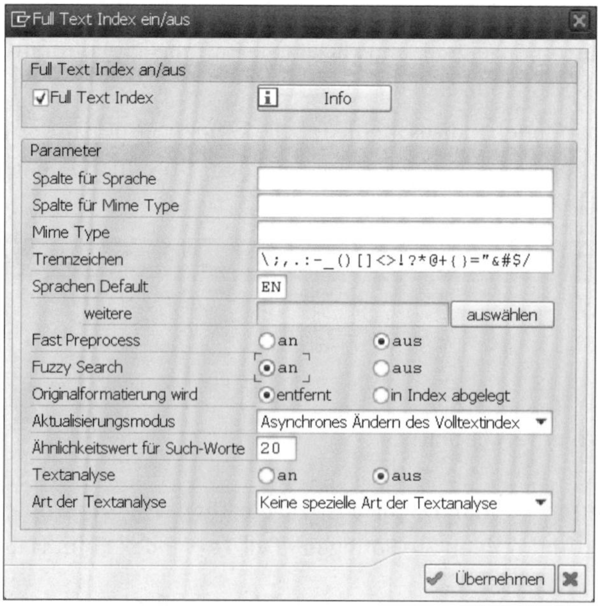

Abbildung 30.10 Volltextindex konfigurieren und aktivieren

Die wichtigste Einstellung ist dabei der **Aktualisierungsmodus**, der bestimmt, wie der Volltextindex aktuell gehalten wird. Zwei Varianten stehen Ihnen hier zur Verfügung:

- *Asynchron*: Der Index wird nach einer bestimmten abgelaufenen Zeit t oder nach n neuen Einträgen aktualisiert.
- *Synchron*: Der Index wird immer dann aktualisiert, wenn eine Zeile neu eingeführt, aktualisiert oder gelöscht wird.

Bei der synchronen Variante ist zu beachten, dass sich dadurch die Laufzeiten der einzelnen Befehle (z. B. `INSERT`) erhöhen.

5. **Aktivieren** () Sie Ihren Volltextindex anschließend.

30.5.2 Fuzzy-Suche

Eine Ähnlichkeitssuche wird über die Methoden `CONTAINS()` und `SCORE()` implementiert, die Sie direkt in einem Open-SQL-Befehl in der `WHERE`-Klausel angeben können. Die Methode `CONTAINS()` führt die eigentliche Fuzzy-Suche durch, während `SCORE()` die Ergebnisliste sortiert.

Die Methode CONTAINS()

Die Methode `CONTAINS()` führt die Fuzzy-Suche mithilfe der drei Parameter `FELDNAME`, `SUCHBEGRIFF` und `GENAUIGKEIT` durch. Wird keine Genauigkeit angegeben, wird der Standardwert 0.8 genommen. Wie eingangs erwähnt, handelt es sich hier um natives SQL. Ein Wert von 1.0 entspricht einem perfekten Treffer (analog zur `EQ` in einer `WHERE`-Klausel). Je kleiner der Wert, desto unähnlicher können die Treffergebnisse dem Suchbegriff sein.

Syntax

```
... contains(Spaltenname, Suchbegriff, FUZZY(Genauigkeit))
```

Beispiel

Im Folgenden werden alle Kundennamen selektiert (Spalte `NAME`), die »SAP« enthalten oder einen ähnlichen Namen besitzen. Es wird dabei der Standardwert von 0.8 zur Suche benutzt. So könnte beispielsweise auch ein Unternehmen mit dem Namen »PAS« gefunden werden.

```
SELECT * FROM scustom WHERE contains(NAME, 'SAP', FUZZY)
```

Das Ergebnis, das am besten zu der Suche passt, steht nicht an erster Stelle, da die Ergebnisliste nicht nach der Treffergenauigkeit sortiert, sondern so aufgebaut wird, wie die passenden Einträge auf der Datenbank gefunden werden.

Die Methode SCORE()

Die Methode `SCORE()` sortiert die Ergebnisliste absteigend (`DESC`) oder aufsteigend (`ASC`).

Syntax

```
... ORDER BY score() {DESC|ASC}
```

Beispiel

Das Ergebnis der Fuzzy-Suche wird im Folgenden absteigend sortiert:

```
SELECT * FROM scustom WHERE contains(NAME, 'lix', FUZZY)
   ORDER BY score( ) DESC
```

30.5.3 Linguistische Suche

Die linguistische Suche dient der Analyse von unstrukturiertem Text. Ziel ist es, möglichst viele Informationen herauszufiltern und diese dann in verschiedenen Formaten in strukturierte Informationen umzuwandeln, damit sie gezielt weiterverarbeitet werden können. SAP benutzt für diese Analyse mehrere Wörterbücher.

Die linguistische Suche schalten Sie ebenfalls über einen Volltextindex ein, wobei Sie, wie in Abbildung 30.10 unten zu sehen, die Option **Textanalyse** anschalten und eine **Art der Textanalyse** auswählen können. Wenn Sie die Textanalyse einschalten, wird zusätzlich zu dem Volltextindex eine weitere Indextabelle angelegt, deren Name mit `$TA` beginnt, woran sich der Name der originalen Tabelle anschließt. Diese zusätzlich angelegte Indextabelle (siehe Tabelle 30.4) wird abhängig von der Art der Textanalyse befüllt. Die in dieser Tabelle enthaltenen Einträge werden bei einer Suchanfrage hinzugezogen.

Folgende Arten der Textanalyse stehen Ihnen zur Verfügung:

- `LINGANALYSIS_BASIS`: nur Normalisierung (Spalte `TA_NORMALIZED`)
- `LINGANALYSIS_STEM`: zusätzliche Stammbildung (Spalte `TA_STEM`)
- `LINGANALYSIS_FULL`: zusätzliche Bestimmung des Typs (Spalte `TA_TYPE`), wie z. B. Name, Unternehmen, Städte, Sprache etc.
- `EXTRATION_CORE`: Extrahiert nur den Typ (Spalte `TA_TYPE`).
- `EXTRACTION_CORE_VOICEOFCUSTOMER`: Extrahiert die Typen und deren Zusammenhang. Es wird zusätzlich eine Zeile für den kompletten Text mit dem Typ »Sentiment« eingefügt.

Beispielsweise könnte eine Datenbanktabelle `ZMEINTEXT` eine Spalte `TEXT` mit nur einem einzigen Eintrag »Felix likes working with ABAP« enthalten. Werden für diese Tabelle der Volltextindex und die linguistische Analyse angeschaltet, wird dieser Satz in einer zusätzlichen Tabelle `$TA_ZMEINTEXT` analysiert und, wie in Tabelle 30.4 dargestellt, in seine Bestandteile zerlegt.

TA_TOKEN	TA_LANGUAGE	TA_TYPE	TA_NORMALIZED	TA_STEM
Felix	en	Proper name	Felix	Felix
likes	en	Noun	likes	like
working	en	Verb	working	work
with	en	Preposition	with	?
ABAP	en	Proper name	ABAP	ABAP

Tabelle 30.4 Eine beispielhafte $TA-Tabelle

Eine linguistische Suche wird in ABAP ebenfalls mit der Methode `CONTAINS()` und den Parametern `FELDNAME` und `SUCHBEGRIFF` durchgeführt. Zusätzlich steht ein Parameter für die Suchsprache zur Verfügung. Die Sprache muss dabei als zweistelliger Code angegeben werden. Ist der angegebene Code unbekannt, wird Englisch als Standardsprache angenommen.

Syntax

```
... contains(Spaltenname, Suchbegriffe, LINGUISTIC, LANGUAGE()) ...
```

Beispiel

Für die Spalte `TEXT` wird eine linguistische Suche nach dem Begriff »work« durchgeführt. Aus Tabelle 30.4 würde so auch »working« als konjugiertes Verb des Stammes »work« gefunden werden:

```
... contains("TEXT", "Lauf", LINGUISTIC, LANGUAGE("DE")) ...
```

30.5.4 Eingabefelder für die Vorschlagssuche

Eine Vorschlagssuche (*Type-Ahead-Suche*) sucht für einen in einem Eingabefeld eingegebenen Wert passende Ergebnisse auf der Tabelle, ohne dass hierfür die [F4]-Hilfe aufgerufen werden muss. In Abbildung 30.11 sehen Sie ein Beispiel hierfür. Für die Eingabe »Hamburg« wurden passende Werte über alle Spalten der Tabelle gesucht (im Beispiel auch in der Spalte **Ort**, obwohl der Parameter sich nur auf den Kundennamen bezieht). Die Fuzzy-Suche kann dabei in der Suchhilfe des Datenelements des Eingabefeldes aktiviert werden.

30

Die Vorschlagssuche über eine Spalte funktioniert für alle Datenbanken, während die Volltextsuche über alle Spalten einen Volltextindex und somit momentan noch eine SAP-HANA-Datenbank voraussetzt.

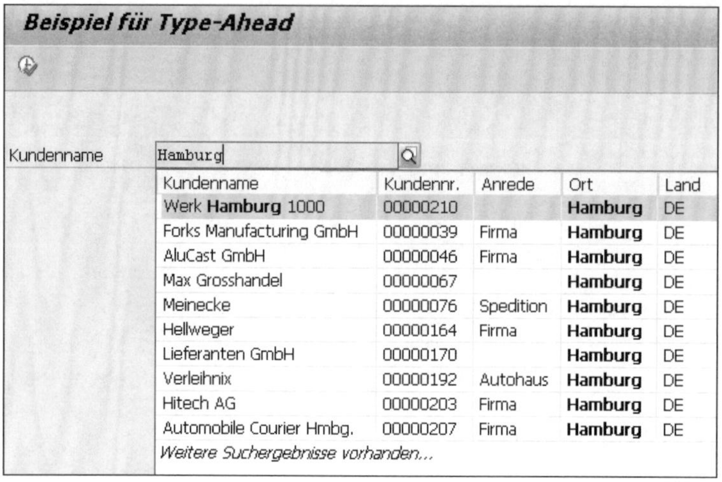

Abbildung 30.11 Vorschläge für die Eingabe in ein Eingabefeld

Beispiel

Sie wollen für die Tabelle SCUSTOM (Flugkunden) eine solche Type-Ahead-Suche für das Feld Name anbieten. Für das Feld existiert auf der Datenbank bereits ein Volltextindex. In der Standardsuchhilfe SCUSTOM_NAME ist die Fuzzy-Suche jedoch deaktiviert. Sie können nun diese Suchhilfe kopieren und die Type-Ahead-Suche manuell aktivieren. Die kopierte Suchhilfe können Sie anschließend über den Zusatz MATCHCODE OBJECT an einen Parameter binden:

```
PARAMETERS: p_name TYPE scustom-name MATCHCODE OBJECT
 zscustom_name.
```

Die dazu nötigen Einstellungen nehmen Sie auf der Registerkarte **Definition** der Suchhilfe im Abschnitt **Erweiterte Optionen** vor (siehe Abbildung 30.12).

Dort haben Sie zwei Optionen:

- **Vorschlagssuche auf Eingabefeldern:** Aktiviert die Suche (funktioniert auch ohne SAP HANA).
- **Spaltenübergreifende Volltextsuche:** Der Begriff wird über die in der Suchhilfe definierten Spalten gesucht. Hierfür sind eine SAP-HANA-Datenbank (zumindest momentan noch), die Aktivierung der Option **Vorschlagssuche auf Eingabefeldern** sowie eine spaltenbasierte Tabelle Voraussetzung.

Ausführlichere Informationen zur Programmierung für SAP HANA finden Sie in dem Buch »ABAP-Entwicklung für SAP HANA« von Hermann Gahm, Thorsten Schneider, Eric Westenberger und Christiaan Swanepoel (siehe *www.sap-press.de/3773*).

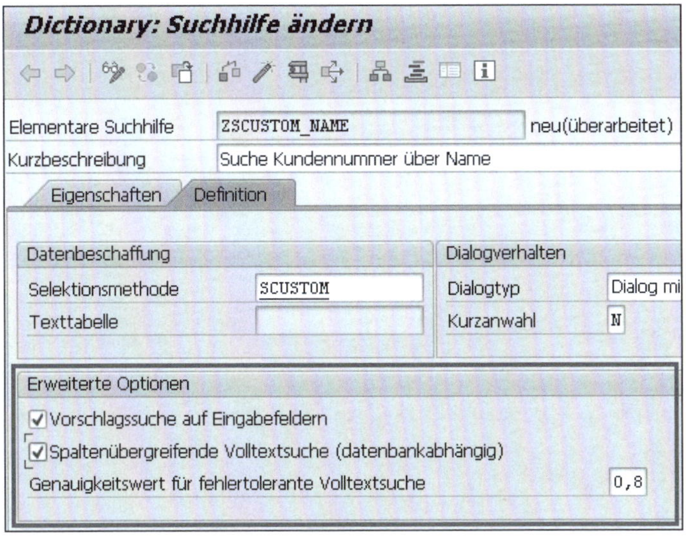

Abbildung 30.12 Aktivieren der Type-Ahead-Eingabe für eine Suchhilfe

Vorschlagssuche ab SAP NetWeaver 7.40 SP4 und SAP GUI 7.30 (Patch Level 5)

In Releases vor SAP NetWeaver 7.40 SP4 und SAP GUI 7.30 (Patch Level 5) brauchen Sie die Methode `cl_dsh_dynpro_properties=>enable_type_ahead()`, die Sie im Process Before Output (PBO) ausführen müssen, um die Vorschlagshilfe für das jeweilige Feld zu aktivieren. Fügen Sie dazu den Namen des Feldes im Parameter `FIELDS` hinzu. Mehr Informationen dazu finden Sie im SAP-Hinweis 1861491.

Kapitel 31
SAPUI5, SAP Fiori und SAP Gateway

In diesem Kapitel stelle ich Ihnen die webbasierte Oberflächentechnologie von SAP sowie die in diesem Zusammenhang wichtigen Begriffe vor.

Ziel dieses Kapitels ist es, Ihnen einen Überblick über die neuen Technologien im SAP-Umfeld zu geben: SAPUI5, SAP Fiori, SAP Fiori Launchpad, Business Application Studio, SAP Gateway und OData. Insbesondere möchte ich Sie auf die Herausforderung vorbereiten, einen OData-Service bereitzustellen, und Ihnen den Zusammenhang der einzelnen Technologien aufzeigen.

Alle diese Technologien haben ein gemeinsames Ziel: Sie wollen die alte Oberfläche in Form des SAP GUI ablösen. Die einzelnen Begriffe lassen sich schnell einordnen:

- *SAPUI5* ist die Nachfolgetechnologie von Web Dynpro, d. h., hiermit können neue Weboberflächen gebaut werden. Diese Technologie stellt ein Framework bereit, das auf JavaScript, HTML5 und CSS basiert (kein ABAP!).
- *SAP Fiori* bezeichnet von SAP in SAPUI5 neu geschriebene Business-Anwendungen. Sie basieren größtenteils auf alten Transaktionen, geben diesen aber ein neues Gewand. Zusätzlich wurden auch neue, bisher nicht vorhandene Business-Anwendungen als SAP-Fiori-Apps realisiert. Es gibt heute ungefähr 12.000 Apps, viele davon funktionieren nur mit SAP HANA bzw. wurden für SAP S/4HANA entwickelt. Das *SAP Fiori Launchpad* dient als zentraler Einstiegspunkt für alle SAP-Fiori-Apps und auch alle Vorgängertechnologien. Alle von SAP veröffentlichen Apps können in der *SAP Fiori Apps Reference Library* unter *https://fioriappslibrary.hana.ondemand.com/* nachgeschlagen werden.
- *OData* ist ein im SAP-Umfeld neuer Webservicestandard, um die Oberflächen mit Daten zu versorgen. Die Entwicklung der Anwendungslogik findet dabei separat von der Oberfläche mit ABAP statt. Die OData-Services werden von *SAP Gateway*, einem Add-on für den SAP NetWeaver Application Server (AS) ABAP veröffentlicht und verwaltet. Es dient der Entwicklung und Bereitstellung von OData-Services.
- *Business Application Studio* ist ein Entwicklungswerkzeug für SAPUI5, das im Browser und in der Cloud läuft.

Die Ablösung des SAP GUI ist ein ambitioniertes Ziel, an dem schon die Vorgängertechnologie Web Dynpro gescheitert ist. Denn das Ausmaß dieses Ziels ist beachtlich, müssen ja nicht nur sämtliche Business-Transaktionen, sondern auch alle Entwicklungswerkzeuge der ABAP Workbench neu programmiert werden. Dies ist ein Prozess, der sich über die nächsten Jahre hinziehen wird. Bis dahin wird man die parallele Verwendung beider Oberflächen beobachten können: Das SAP GUI und seine Transaktionen werden in vielen Bereichen weiterhin von den Fachbereichen genutzt werden, bis die einzelnen Transaktionen durch SAP-Fiori-Apps abgelöst werden. So können sich die Anwender erst nach und nach auch an die Benutzung der SAP-Fiori-Apps gewöhnen. Dies gilt vor allem, wenn ein Unternehmen das Nachfolgesystem der SAP Business Suite, SAP S/4HANA, einführt. In der Zwischenzeit wird es für die ABAP-Programmierer ähnlich laufen: Sie werden so lange auch noch mit den SAP-GUI-basierten Werkzeugen der ABAP Workbench programmieren, bis die Eclipse-Umgebung (die ABAP Development Tools, ADT) gänzlich unumgänglich wird (oder ein anderer webbasierter Nachfolger angekündigt wird).

Der Schwerpunkt dieses Kapitels liegt, wie eingangs erwähnt, auf Abschnitt 31.5, »Entwicklung eines OData-Service«, da Sie darüber auch als ABAP-Entwickler Bescheid wissen müssen. Denn Sie werden damit mit sehr hoher Wahrscheinlichkeit in zukünftigen Projekten konfrontiert werden.

Damit Sie häufig wiederkehrende Probleme schnell lösen können, habe ich Ihnen am Ende des Kapitels die wichtigsten Implementierungen der sogenannten *CRUD-Methoden* zusammengestellt (siehe Abschnitt 31.6).

31.1 SAPUI5

SAPUI5 steht für *SAP User Interface Development Toolkit for HTML5* und ist ein Framework zum Erstellen von Weboberflächen. Dafür werden Bibliotheken mit vorgefertigten User-Interface-Elementen (UI-Elementen) sowie einer Architektur (Model View Controller, MVC, siehe Abschnitt 28.3) bereitgestellt, um diese Oberflächen mit Daten, Logik und einer Navigation zu versorgen.

Die neuen Oberflächen werden nicht mit ABAP, sondern mit HTML5, XML, JSON, JavaScript und CSS programmiert. Als Standard für die Definition der Oberflächen hat sich hier XML herauskristallisiert. In einigen Unternehmen wird auch direkt JavaScript eingesetzt.

Die Anwendungslogik (z. B. wenn ein Benutzer auf einen Button klickt) wird dabei immer in JavaScript abgebildet. Damit werden auch die OData-Services aufgerufen, die die Daten aus dem Backend beschaffen.

Listing 31.1 zeigt eine beispielhafte Implementierung eines Buttons in JavaScript.

```
var oButton = new sap.m.Buttons({
  text: "Mein Button",
  press: oController.meineMethode
});
```

Listing 31.1 Implementierung eines Buttons in JavaScript

Und Listing 31.2 zeigt eine Implementierung in XML. Der Verweis auf die Bibliothek **sap.m** wird im XML-Rumpf angegeben.

```
<mvc:View xmlns="sap.m">
  <Button text="Mein Button"
     press="meineMethode">
  <Button>
</mvc:View>
```

Listing 31.2 Implementierung eines Buttons in XML

Den Quellcode zur Implementierung eines UI-Elements muss der Entwickler nicht für alle UI-Elemente auswendig wissen, sondern kann diese in der API-Referenz auf der folgenden Internetseite auf der Registerkarte **API Reference** bzw. **Explored** nachschlagen:

http://s-prs.de/v9449003

Falls Sie an der Entwicklung mit SAPUI5 interessiert sind, finden Sie auf dieser Seite auch einige einführende Anleitungen (wenn auch auf Englisch). Geben Sie dazu in das Suchfeld oben links den Begriff »Walkthrough« ein. Der Walkthrough wird Sie Schritt für Schritt von einer Hello-World-Anwendung bis zu komplexeren Anwendungen führen.

Weitere Informationen zu SAPUI5

Als deutschsprachige Literatur zur Einführung kann ich Ihnen das Buch »Einstieg in SAPUI5« von Miroslav Antolovic empfehlen (*www.sap-press.de/5501*).

Die Programmierung findet in der von SAP neu eingeführten SAP Web IDE statt. Eclipse wird hierfür nicht mehr unterstützt. Das fertig entwickelte Frontend wird abschließend als BSP-Anwendung (Business Server Pages) auf einem Backend-System deployt, und ein Service hierzu wird im Internet Communication Framework (ICF) des Servers registriert (siehe Abschnitt 32.3). Über diesen Service wird die Datei **index.html** des Frontends, also der SAPUI5-Anwendung, anschließend gestartet. Der in der Datei **index.html** enthaltene JavaScript-Code (auch *Bootstrap* genannt) lädt die benötigten Bibliotheken, und Ihr Browser rendert die Anzeige der Oberfläche entsprechend. Eine so entwickelte SAPUI5-Anwendung ist nicht automatisch im SAP Fiori

Launchpad verfügbar, sondern muss über eigene Customizing-Apps manuell in das SAP Fiori Launchpad eingebunden werden.

31.2 SAP Fiori

SAP Fiori bezeichnet im Grunde zahlreiche neue Apps, die mit der Technologie SAPUI5 entwickelt wurden. SAP Fiori ist gleichzeitig auch das Herzstück von SAPs neuer UI-Strategie.

Das Ziel ist es, eine bessere User Experience (UX, Benutzererlebnis) zu erreichen. Das SAP GUI mit den vielen Transaktionen ist gerade für SAP-Anfänger und nur gelegentliche Nutzer sehr sperrig und ungewohnt. SAP möchte die Anwender abholen und die Benutzung deutlich vereinfachen und damit die Akzeptanz erhöhen.

Um dies zu erreichen, unterliegt jede SAP-Fiori-App den *SAP Fiori Design Guidelines*, die genau vorschreiben, wie eine Oberfläche auszusehen hat. So soll eine Einheitlichkeit der vielen Apps erreicht und damit vermieden werden, dass der Anwender ständig mit einer anders aussehenden Oberfläche konfrontiert wird. Die SAP Fiori Design Guidelines finden Sie unter folgender URL:

http://s-prs.de/v9449004

Neben den alten SAP-Transaktionen (zum Anzeigen, Ändern, Erstellen und Genehmigen von Business-Objekten), die mit der neuen, vereinfachten Oberfläche angeboten werden (auch *transaktionale Apps* genannt), werden zwei weitere SAP-HANA-spezifische App-Typen angeboten:

- **Analytische Apps**
  Diagramme zur Visualisierung von Kennzahlen, teilweise basierend auf tagesaktuellen Daten
- **Factsheets**
  Apps zur Informationssuche in Stammdaten sowie in Geschäftsdokumenten und den damit verbundenen Daten

31.2.1 SAP Fiori Launchpad

Das SAP Fiori Launchpad dient als neuer zentraler Einstiegspunkt in die Anwendungen. Wie Sie in Abbildung 31.1 sehen können, handelt es sich dabei um eine im Browser aufgerufene Webseite, die Kacheln bereitstellt. Jede Kachel stellt dabei eine Anwendung dar. Dies muss keine SAPUI5-Anwendung sein, sondern es kann sich auch um eine Web-Dynpro-Anwendung, einen Link oder gar eine SAP-GUI-Transaktion handeln.

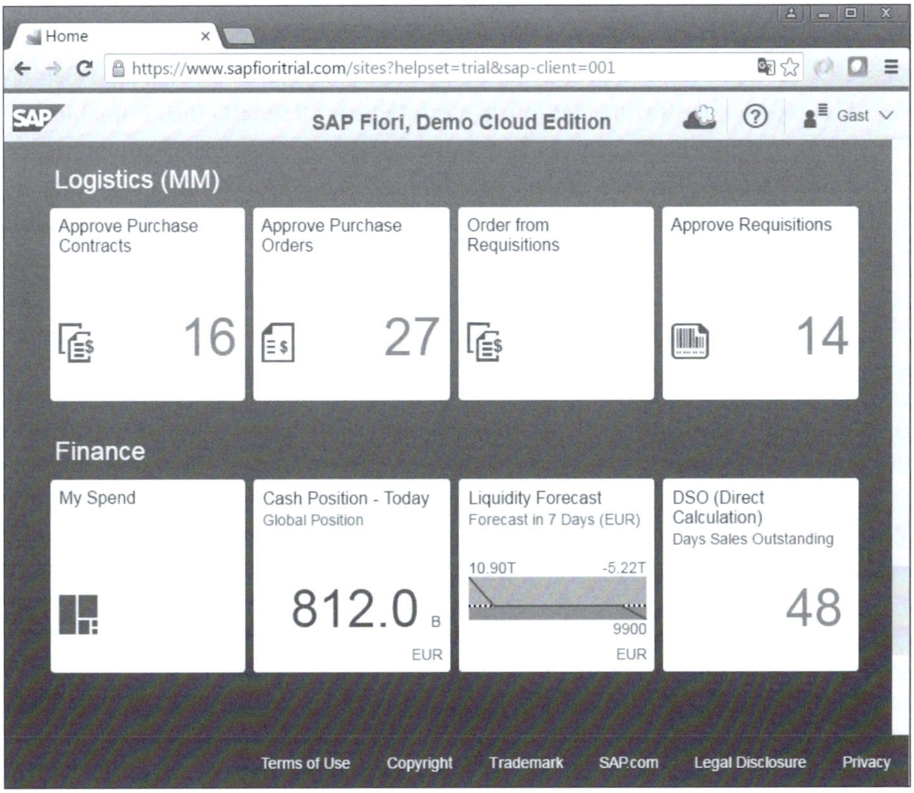

Abbildung 31.1 Das SAP Fiori Launchpad

Ziel des SAP Fiori Launchpads ist es, die vielen Systeme, auf die ein Benutzer Zugriff hat, über einen Zugang verfügbar zu machen. Dies entspricht dem Gedanken der Portallösung der SAP-NetWeaver-Plattform (*SAP Enterprise Portal*). Welche Kacheln angezeigt werden, wird rollenbasiert definiert, d. h., unterschiedliche Benutzergruppen sehen unterschiedliche Kacheln. Die Anzeige der Kacheln wird über klassische Berechtigungsrollen im SAP-Backend gesteuert.

[«]

Mehr Informationen zum SAP Fiori Launchpad

Mehr Informationen zum SAP Fiori Launchpad können Sie unter folgendem Link finden: *http://s-prs.de/v9449005*

[«]

Ausführliche Informationen zu SAP Fiori

Ausführliche Informationen zu SAP Fiori finden Sie in dem Buch »SAP Fiori – Implementierung und Entwicklung« von Michael Englbrecht (siehe *www.sap-press.de/4974*).

31.3 OData

OData ist ein HTTP-basiertes Protokoll für den Datenzugriff. Überspitzt lässt sich sagen, dass es SQL-Zugriffe über das Internet ermöglicht. OData ist ein SAP-unabhängiger Standard, d. h., jeder beliebige Client mit einer OData-Bibliothek kann mit jedem anderen beliebigen Client mit einer OData-Bibliothek kommunizieren. Das heißt, die von Ihnen in SAP entwickelten OData-Services könnten Sie z. B. auch in Microsoft Excel einbinden.

Bei einem OData-Service werden nicht wie bei normalen Webservices Funktionen nach außen bereitgestellt, sondern Daten in Form von Tabellen (auch *Entitätssets* genannt), die selbst aus Zeilen (auch *Entitäten* genannt) bestehen.

Auf die Entitätssets und die Entitäten können die in Tabelle 31.1 aufgeführten Methoden angewandt werden.

OData-Methode	HTTP-Methode	Bedeutung	SQL
`Create`	`POST`	Erstellen eines neuen Eintrags	`INSERT`
`Read`	`GET`	Lesen von Einträgen	`SELECT`
`Update`	`PUT`	Aktualisieren eines Eintrags	`UPDATE`
`Delete`	`DELETE`	Löschen eines Eintrags	`DELETE`

Tabelle 31.1 Die OData-Methoden

Die Spalte »SQL« in Tabelle 31.1 dient nur der Veranschaulichung. Die einzelnen Methoden werden später von Ihnen als ABAP-Entwickler ausprogrammiert. Hier sind Sie nicht gezwungen, SQL-Anweisungen zu verwenden, sondern haben das volle Spektrum von ABAP (z. B. Funktionsbausteine oder Methoden) zur Verfügung, um die Daten zu beschaffen, sie zu erstellen, zu löschen oder zu ändern. Die OData-Methoden werden *CRUD-Methoden* genannt, nach ihren Anfangsbuchstaben.

[»]

CRUDQ: Query für OData-Services für SAP

Das SAP-System unterscheidet neben den CRUD-Methoden des OData-Standards eine weitere Methode: `Query`. Dadurch wird die Methode `Read` noch einmal unterteilt, abhängig davon, ob mehrere Zeilen (analog zur Open-SQL-Anweisung `SELECT`) oder einzelne Zeilen (analog zu `SELECT SINGLE`) gelesen werden sollen. Die Methode `Query` ist für das Lesen mehrerer Zeilen reserviert.

31.3.1 Beispiel

Öffnen Sie einen Browser Ihrer Wahl, und rufen Sie die folgende URL eines beispielhaften OData-Service auf:

http://services.odata.org/V3/OData/OData.svc/

Dadurch wird Ihnen das in Abbildung 31.2 dargestellte OData-Service-Dokument angezeigt. Dieses Dokument repräsentiert einen Service. Es enthält alle Entitätssets, auf die zugegriffen werden kann, sowie ihren URI (Unique Resource Identifier, den Endpunkt), Namen und Operationen.

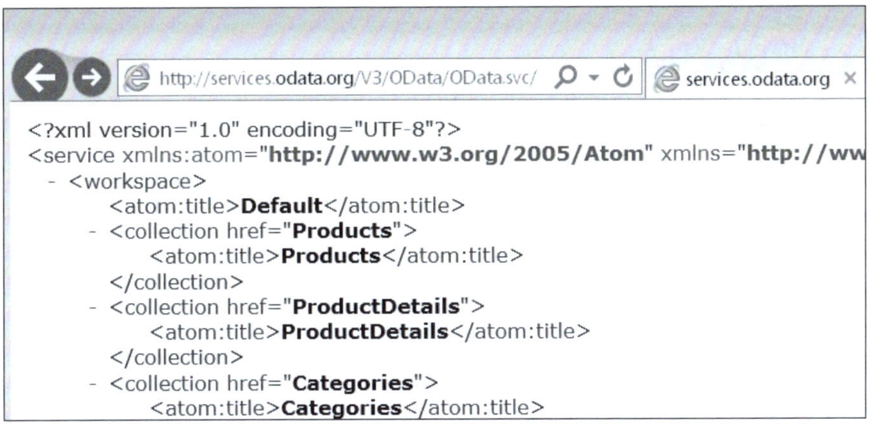

Abbildung 31.2 Ein Webservicedokument eines OData-Service

Im Beispiel haben Sie sieben Entitätssets zur Verfügung, z. B. das Entitätsset `Products` für alle Produkte. Ändern Sie nun Ihre URL, und fügen Sie `Products` wie folgt hinzu:

http://services.odata.org/V3/OData/OData.svc/Products

Dadurch werden Ihnen im Browser alle Produkte aufgelistet, ähnlich, als würden Sie im ABAP Dictionary (in Transaktion SE11) eine Tabelle aufrufen und sich den Dateninhalt anzeigen lassen – nur über den Browser.

> **Unterschiedliche Anzeigen im Browser**
> Je nach Browser wird Ihnen statt der Anzeige eine XML-Datei zum Download angeboten. Dies können Sie umgehen, indem Sie *?$format=json* der URL anhängen. Zur besseren Anzeige bieten viele Browser entsprechende Plug-ins an, die Ihnen die JSON-Ausgabe formatieren.

Sie haben damit eine HTTP-Get-Methode (wird standardmäßig im Browser ausgeführt) auf die obige URL ausgeführt und damit dem OData-Service gesagt, das die OData-Methode `Read` aufgerufen werden soll. Im Hintergrund wurde dazu die zur Datenbeschaffung benötigte Implementierung aufgerufen, und das Ergebnis wurde Ihnen entsprechend zurückgesendet.

Eine einzelne Entität (eine Zeile) können Sie adressieren, indem Sie in der URL in Klammern die Schlüsselfelder ergänzen. Im Fall der Produkte wäre die URL zur Abfrage des Produkts mit der ID 1 z. B.:

.../OData.svc/Products(1)

Dadurch wird Ihnen nur das Produkt mit dem Primärschlüssel 1 zurückgegeben. Besteht ein Primärschlüssel aus mehr als einem Feld (auch Property genannt), müssen Sie die Namen der Felder entsprechend mit angeben:

/Entitätsset(Key1='Wert',Key2='Wert')

Je nach Datentyp muss der Wert dabei in Hochkommata (für Zeichenketten) oder ohne (für Zahlenwerte) angegeben werden.

Falls dies im Service definiert ist, haben Sie zusätzlich die Möglichkeit, über eine Navigation von einem Entitätsset zu einem anderen zu gelangen. Zum Beispiel können Sie sich zu einer Kategorie mit der ID 2 alle dazugehörigen Produkte anzeigen lassen:

.../OData/OData.svc/Categories(2)/Products

Dies lässt sich auch als Verknüpfung (Join) realisieren, sodass die Daten der Kategorie mit in die Produkte eingebettet werden:

.../OData.svc/Categories(2)?$expand=Products

Neben der hier verwendeten Expand-Option stehen Ihnen weitere Abfrageoptionen zur Verfügung, mit denen Sie die Ergebnismenge weiter einschränken können. Dies ist ebenfalls ganz analog zu einer SQL-Anweisung zu sehen: Bisher haben Sie nur ein `SELECT [SINGLE] * FROM` durchgeführt, aber weder die Selektionsliste (Angabe der gewünschten Spalten) noch die `WHERE`-Klausel ausgeprägt. Die Abfrageoptionen beschreibe ich in Abschnitt 31.3.4 ausführlicher.

31.3.2 Metadatendokument

Zu jedem Entitätsset muss der Service definieren, auf welcher Struktur diese Tabelle basiert und welchen Datentyp jedes Feld hat. Diese Struktur wird im OData-Kontext *Entitätstyp* genannt. Die zu den Entitätssets gehörigen Entitätstypen können Sie sich im *Metadatendokument* anzeigen lassen. Dieses Metadatendokument exponiert alle Metadaten eines Service. Dies umfasst das Datenmodell, die Typen, mögliche Aktionen, Relationen und semantische Informationen. Zum Aufruf des Metadatendokuments fügen Sie den Zusatz *$metadata* an das Ende der Service-URL an:

http://services.odata.org/V3/OData/OData.svc/$metadata

Am Ende dieses Dokuments finden Sie alle Entitätssets. So ist z. B. für Produkte der Entitätstyp `ODataDemo.Product` angegeben (siehe Listing 31.3).

```
<EntitySet Name="Products" EntityType="ODataDemo.Product"/>
```

Diesen Entitätstyp finden Sie am Anfang des Dokuments:

```
<EntityType Name="Product">
<Key><PropertyRef Name="ID"/></Key>
<Property Name="ID" Nullable="false" Type="Edm.Int32"/>
<Property Name="Name" Type="Edm.String"/>
<Property Name="Description" Type="Edm.String"/>
<Property Name="ReleaseDate" Nullable="false" Type="Edm.DateTime"/>
<Property Name="DiscontinuedDate" Type="Edm.DateTime"/>
<Property Name="Rating" Nullable="false" Type="Edm.Int16"/>
<Property Name="Price" Nullable="false" Type="Edm.Double"/>
...
</EntityType>
```

Listing 31.3 Entitätstyp im Metadatendokument eines OData-Service

Dort sind alle Felder (auch *Properties* genannt) mit Datentyp angegeben. Außerdem ist definiert, welche Property das Schlüsselfeld (`key`) darstellt.

31.3.3 Aufbau eines OData-Service

In Abbildung 31.3 sehen Sie die bereits eingeführten Begriffe noch einmal im Zusammenhang:

- **Entity Container (Entitätscontainer)**
  Enthält alle Entitätssets.
- **Entity Set (Entitätsset)**
  Stellt eine Tabelle dar, die auf einem Entitätstyp basiert.
- **Entity Type (Entitätstyp)**
  Typisiert die Felder sowie die Schlüsselfelder.
- **Property (Felder bzw. auch Attribute)**
  Stellt die einzelnen Felder eines Entitätstyps dar.
- **Entity (Entität)**
  Bezeichnet die Zeile einer Tabelle.

Zusätzlich können Tabellen durch Navigation und Assoziationen miteinander in Beziehung stehen:

- **Association (Assoziation)**
  Verknüpft Primär- und Fremdschlüssel miteinander und definiert so auch das Ziel und die Kardinalität der Beziehung (1:1, 1:n, n:m).

- **Navigation (Navigationsattribut)**
  Ist eine spezielle Form einer Property, die eine Verknüpfung zu einer anderen Ressource (Entität oder Entitätsmenge) darstellt. Zur Verknüpfung wird eine Assoziation verwendet.

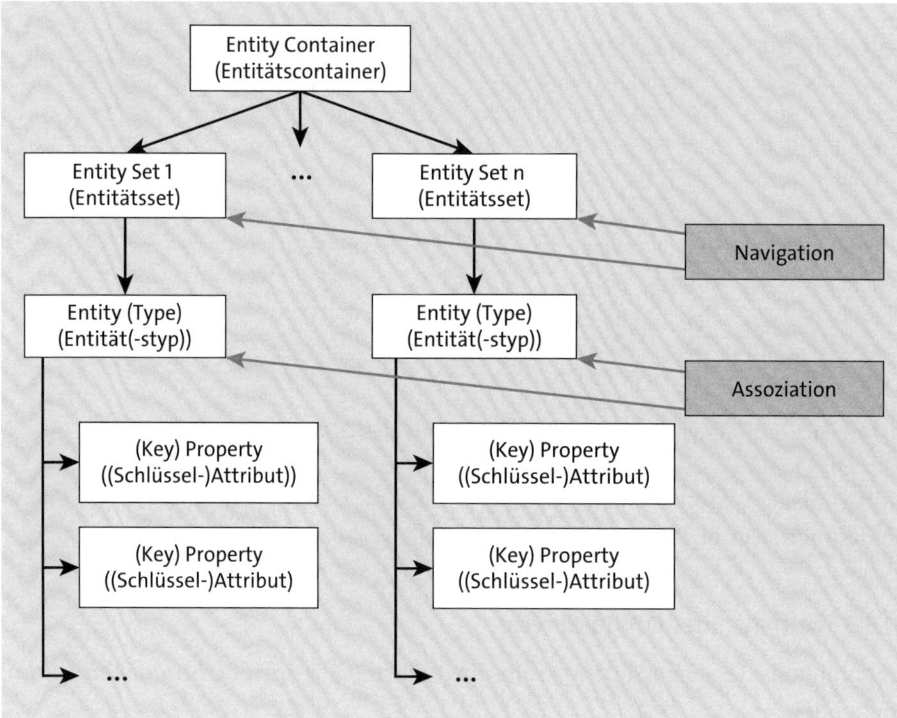

Abbildung 31.3 Aufbau eines OData-Service

31.3.4 Abfrageoptionen

Die Abfrageoptionen beeinflussen die Ergebnismenge, dienen also der Filterung. Die wichtigsten Filteroptionen sind in Tabelle 31.2 aufgeführt. Die Beispiele beziehen sich auf die folgende Basis-URL:

http://services.odata.org/V3/OData/OData.svc/

Die Spalten müssen dabei in richtiger Groß- und Kleinschreibung angegeben werden.

Die Abfrageoptionen können bis auf `/$count` mit einem Und-Zeichen (&) beliebig miteinander kombiniert werden. Die erste Abfrageoption muss mit einem Fragezeichen (?) eingeleitet werden.

Schema

BasisUrl/Entitäts(set)?$option1=...&$option2=...&$optionN

Option	Beschreibung	Beispiel
/$count	Anzahl der Einträge	Products/$count (mit / und ohne ? davor)
$inlinecount	Anzahl der Einträge innerhalb der Ergebnismenge	Products?$inlinecount=allpages
$filter	WHERE-Klausel	Products?$filter=Price lt 50
$select	Selektionsliste, Auswahl der Spalten	Products?$select=ID,Price
$orderby	Sortierung	Products?$orderby=Price desc
$top	maximale Anzahl an Zeilen	Products?$top=2
$skip	Überspringen von Einträgen	Products?$skip=2
$expand	Verknüpfung von Ergebnismengen (JOIN)	Categories(2)?$expand=Products

Tabelle 31.2 OData-Abfrageoptionen

Beispiel

Die folgende URL wird einmal vom Frontend aufgerufen, um alle Informationen zu der in Abbildung 31.4 dargestellten Tabelle zu erhalten.

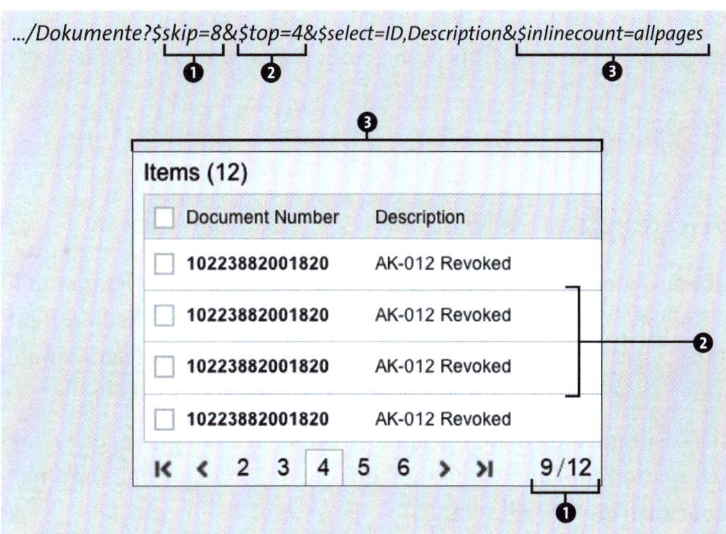

Abbildung 31.4 Abfrageoptionen anhand eines Praxisbeispiels

31.4 SAP Gateway

Im vorigen Abschnitt habe ich erwähnt, dass OData ein SAP-unabhängiger Standard ist und dass ein Client zur Ausführung dieses Standards eine OData-Bibliothek besitzen muss, um mit anderen Clients bzw. Servern zu kommunizieren. Diese Bibliotheken sowie die Entwicklungswerkzeuge zur Bereitstellung von OData-Services werden von SAP Gateway bereitgestellt. Die Aufgabe von SAP Gateway ist es, alle OData-Anfragen von außen zu verarbeiten sowie eigene OData-Services nach außen hin bereitzustellen.

Das SAP Gateway ist als Add-on für ein SAP-NetWeaver-System konzipiert und ab SAP NetWeaver 7.40 bereits standardmäßig als Komponente integriert. Wichtig zu verstehen ist, dass SAP Gateway in zwei Teile unterteilt ist: in einen zur Entwicklung von OData-Services und einen zur Bereitstellung (Veröffentlichung) der entwickelten OData-Services nach außen hin. Dabei muss die Entwicklung nicht auf demselben System stattfinden wie die Veröffentlichung.

Daraus ergeben sich drei verschiedene Deployment-Optionen, wie Sie SAP Gateway in Ihrer Systemlandschaft einsetzen können:

- *Embedded* auf Basis eines bestehenden Systems
- zentral als eigenständiges System, ohne Entwicklung
- zentral als eigenständiges System, mit Entwicklung

[»]

Weitere Informationen

Zu den einzelnen Versionen und der Einrichtung des SAP Gateways finden Sie weitere Informationen unter dem Link:
http://s-prs.de/v9449006

31.4.1 Embedded Deployment

In der Embedded-Deployment-Option befindet sich das SAP-Gateway-System mit in den Systemen der SAP Business Suite. Das heißt, die Entwicklung und die Veröffentlichung von OData-Services findet, wie in Abbildung 31.5 dargestellt, auf dem jeweiligen System statt.

Der Nachteil dieser Lösung ist, dass Sie für jedes Backend-System ein eigenes SAP-Gateway-System einrichten und verwalten müssen. Die dadurch gewonnene Unabhängigkeit kann aber auch ein Vorteil sein.

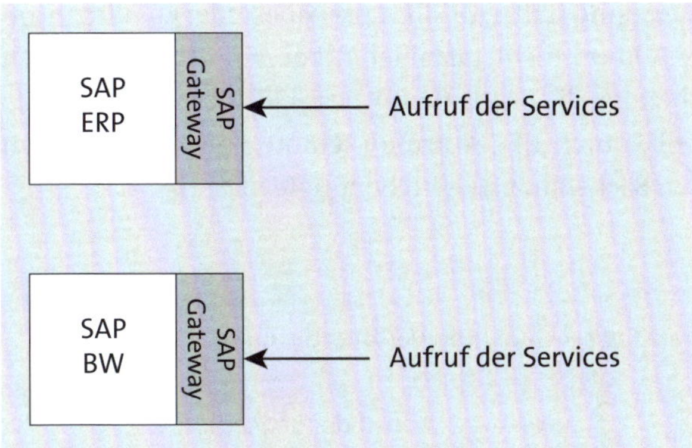

Abbildung 31.5 Embedded Deployment-Option

31.4.2 Zentrales Deployment ohne Entwicklung

Bei der zweiten Deployment-Option wird SAP Gateway als eigenes (eventuell leeres) SAP-NetWeaver-System aufgesetzt und dient lediglich der Veröffentlichung der in den Backend-Systemen entwickelten Services. Hierzu kann auch ein bereits bestehendes System verwendet werden.

Wie in Abbildung 31.6 dargestellt, laufen dann alle Anfragen und Antworten über dieses System. Diese Architektur ermöglicht, dass Sie diesen Server z. B. zur Absicherung Ihres Firmennetzwerkes in einem speziell abgesicherten Bereich (demilitarisierte Zone, DMZ) aufsetzen können, sodass Ihre Backend-Systeme weiterhin nicht von außen erreichbar sind, sondern nur dieses eine SAP-Gateway-System.

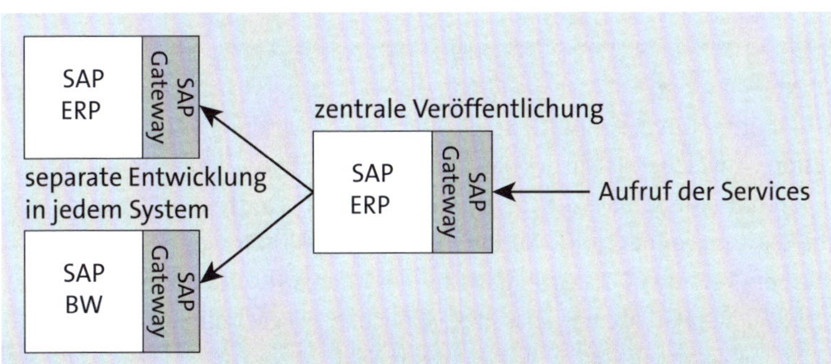

Abbildung 31.6 Zentrale Deployment-Option ohne Entwicklung

31.4.3 Zentrales Deployment mit Entwicklung

In der dritten Variante wird SAP Gateway ebenfalls als eigenes System aufgesetzt. Die Entwicklung findet allerdings nicht in den einzelnen Backend-Systemen, sondern ebenfalls in diesem System statt. Diese Lösung brauchen Sie z. B. für den Fall, dass Sie ein System mit veraltetem Releasestand (z. B. SAP ERP 4.6c) haben oder aus einem anderen Grund das SAP-Gateway-Add-on nicht installieren können und damit auch keine Entwicklungsumgebung bereitsteht. SAP Gateway beschafft sich in diesem Fall, wie in Abbildung 31.7 dargestellt, durch RFC-Aufrufe (Remote Function Call) von Funktionsbausteinen die aus den Backend-Systemen benötigten Daten.

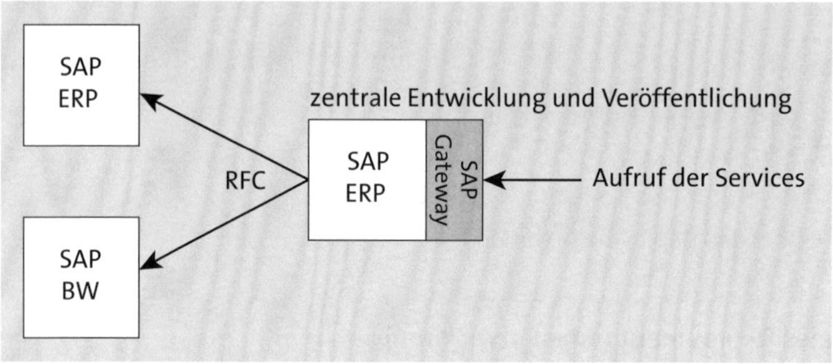

Abbildung 31.7 Zentrale Deployment-Option mit Entwicklung

31.5 Entwicklung eines OData-Service

Dieser Abschnitt zeigt Ihnen, wie Sie einen OData-Service selbst entwickeln können. Als Beispiel soll ein lesender Service entwickelt werden, der sowohl mehrere Einträge als auch einen einzelnen Eintrag einer Datenbanktabelle bereitstellen kann. Ein solcher Service kann beispielsweise für eine in Abbildung 31.8 dargestellte Master-Detail-Anwendung benutzt werden.

[»]

OData v2 und v4

Seit ABAP 7.50 SP4 unterstützt der ABAP-Stack auch die Entwicklung von OData-Services in der Version v4, welcher sich in der hier beschriebenen Entwicklung unterscheidet. Diese Version hat eine schlankere Beschreibung der übermittelten Dokumente und ermöglicht die serviceübergreifende Referenzierung mithilfe von Servicegruppen. Prinzipiell ist die Version v4 die Grundlage für das neue *ABAP RESTful Application Programming Model*, Sie haben aber auch die Möglichkeit, diese manuell zu implementieren, was jedoch einen erhöhten Aufwand darstellt.

Weitere Informationen zur Implementierung von OData v4 finden Sie unter der URL *http://s-prs.de/v9449007* von André Fischer und im Buch »SAP Gateway und OData« von Bönnen et al. (siehe *www.sap-press.de/4802*).

Die Entwicklung eines OData-Service (v2) findet in der Regel in den folgenden Schritten statt:

1. Entwicklung mit der Transaktion SEGW (siehe Abschnitt 31.5.1)
2. Veröffentlichung mit der Transaktion /IWFND/MAINT_SERVICE (siehe Abschnitt 31.5.2)
3. Testen mit der Transaktion /IWFND/GW_CLIENT (siehe Abschnitt 31.5.3)
4. Fehleranalyse mit der Transaktion /IWFND/ERROR_LOG (siehe Abschnitt 31.5.4)

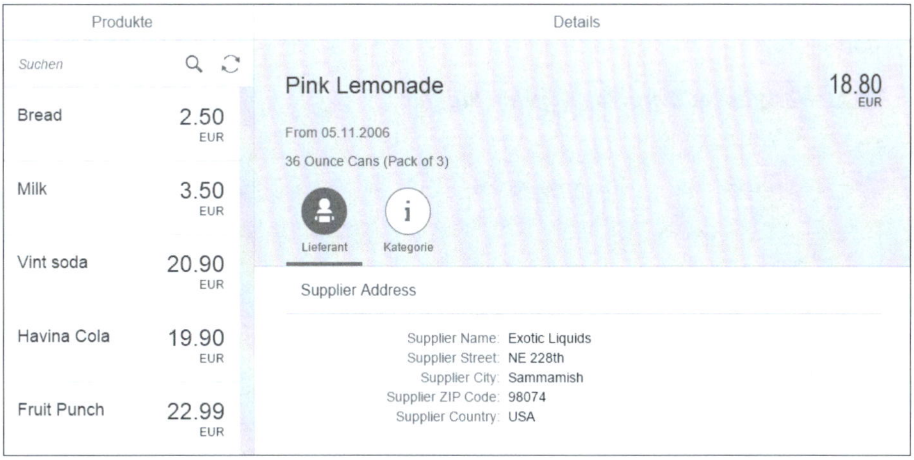

Abbildung 31.8 Master-Detail-Oberfläche einer SAPUI5-Anwendung

Unterschiedliche Oberflächen

Die Oberflächen dieser Transaktionen variieren je nach Version etwas. Lassen Sie sich davon nicht irritieren, der Ablauf bleibt der gleiche.

31.5.1 Entwicklung

Jeder Service wird als ein eigenes Projekt abgebildet. Innerhalb eines Projekts werden die Typdefinitionen für die einzelnen Entitätssets (Tabellen) definiert. Anschließend wird dafür gesorgt, dass die CRUDQ-Methoden mithilfe von ABAP ausimplementiert werden können.

1. Rufen Sie zur Anlage eines neuen Projekts das SAP-System auf, auf dem Sie Ihren Service entwickeln wollen, und öffnen Sie die Transaktion SEGW.
2. Klicken Sie in der Funktionsleiste auf **NEU** ( ).
3. Vergeben Sie im sich öffnenden Pop-up-Fenster einen Projektnamen sowie eine Kurzbeschreibung. Definieren Sie außerdem ein Paket, und bestätigen Sie Ihre Eingaben mit einem Klick auf das grüne Häkchen ( ).

4. Dadurch wird Ihr neues Projekt, wie in Abbildung 31.9 sichtbar, zusammen mit vier Ordnern angelegt. Klicken Sie hier mit der rechten Maustaste auf den Ordner **Data Model**, und wählen Sie im Kontextmenü **Importieren • ABAP-Dictionary-Struktur**. Prinzipiell können Sie so im ABAP Dictionary vorhandene Strukturen importieren und müssen nicht jede Struktur mit jedem einzelnen Feld für Ihren OData-Service manuell anlegen. Neben ABAP-Dictionary-Strukturen können Sie hier auch die Typdefinitionen von (BAPI-)Funktionsbausteinparametern oder Suchhilfen importieren.

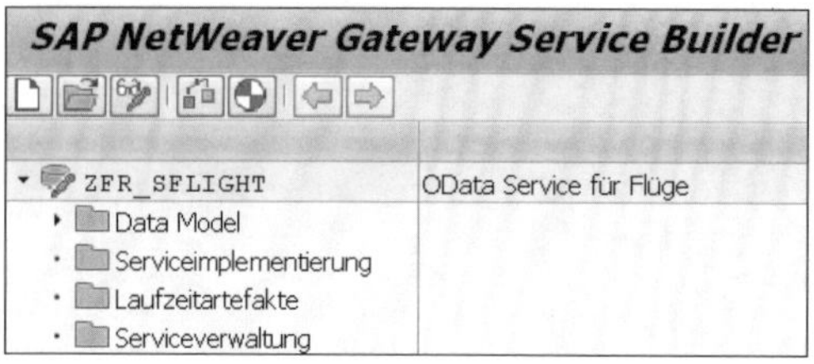

Abbildung 31.9 Projektstruktur einer OData-Service-Definition

5. Geben Sie in dem in Abbildung 31.10 dargestellten Pop-up-Fenster einen Namen für den **Entitätstyp** (z. B. »Fluege«) sowie die Struktur `SFLIGHT` ein, und stellen Sie sicher, dass die Option **StandrdentitMnge anlegen** (Standardentitätsmenge anlegen) ausgewählt ist. Klicken Sie anschließend auf **Weiter**.

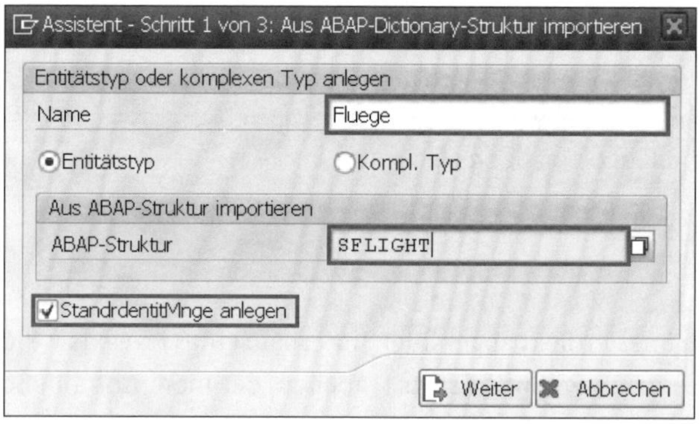

Abbildung 31.10 Importieren einer Dictionary-Struktur

6. Im nächsten Fenster (siehe Abbildung 31.11) werden Ihnen die Felder der Struktur angezeigt. Wählen Sie hier die komplette Struktur bis auf das Feld **MANDT** (da dies nicht angezeigt werden soll) aus, und klicken Sie erneut auf **Weiter**.
7. Überprüfen Sie, ob Ihre Felder mit denen aus Abbildung 31.12 übereinstimmen. Hier werden Sie jetzt aufgefordert, die Primärschlüssel zu bestimmen. Wählen Sie hier über die einzelnen Checkboxen in der Spalte **Ist Schlüssel** die Felder `CARRID`, `CONNID` und `FLDATE` aus. Dies sind die Primärschlüssel der Tabelle `SFLIGHT`. Bestätigen Sie Ihre Eingabe anschließend mit dem Button **Fertig stellen**.

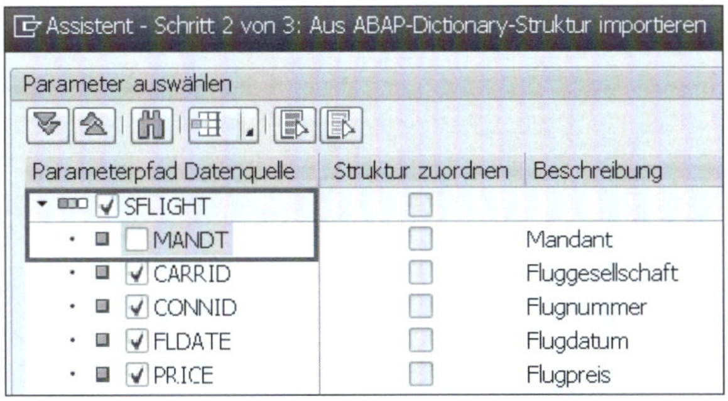

Abbildung 31.11 Auswahl der Felder der Struktur

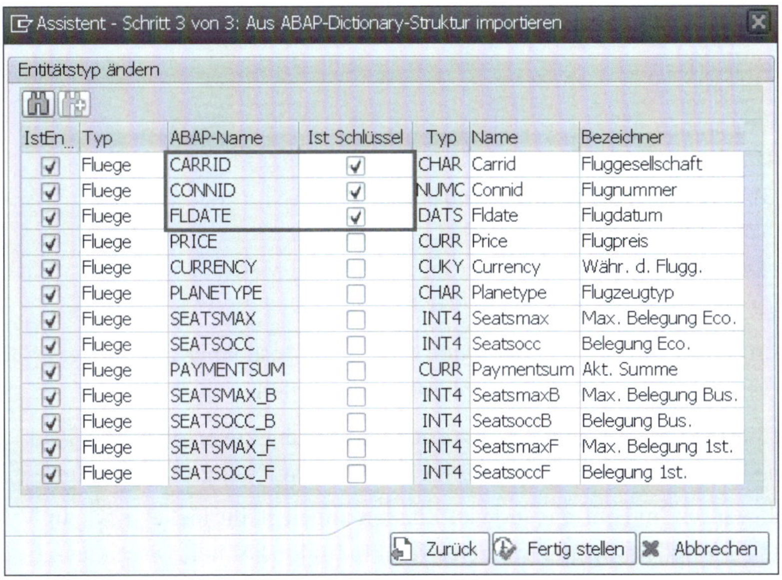

Abbildung 31.12 Definition der Schlüsselfelder

Dadurch werden, wie in Abbildung 31.13 dargestellt, der Entitätstyp `Fluege` und die Entitätsmenge (aufgrund der Auswahl **Entitätsmenge anlegen**) `FluegeSet` angelegt, die auf dem Entitätstyp `Fluege` basiert. Die einzelnen Felder des Entitätstyps können Sie über einen Doppelklick auf den Ordner **Eigenschaften** unterhalb Ihres Entitätstyps sehen.

[+]

Vergessene Felder nachimportieren

Den Import-Wizard können Sie erneut aufrufen, indem Sie mit der rechten Maustaste auf Ihren Entitätstyp (hier `Fluege`) klicken und anschließend im Kontextmenü **Importieren • Eigenschaften** wählen.

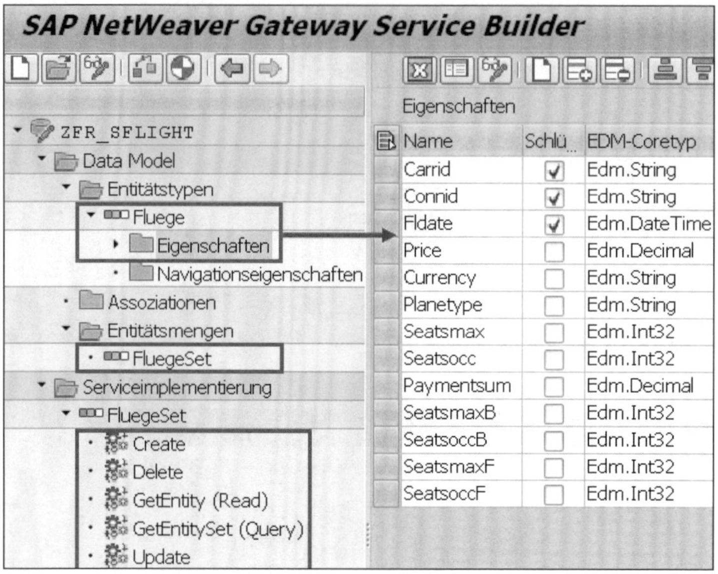

Abbildung 31.13 Angelegter Entitätstyp und Entitätsmenge

Im Ordner **Serviceimplementierung** werden die CRUDQ-Methoden für das Entitätsset angeboten.

Im nächsten Schritt müssen die Methoden `Query` (zum Lesen mehrerer Einträge) und `Read` (zum Lesen eines Eintrags) ausimplementiert werden:

1. Klicken Sie dazu in der Funktionsleiste auf **Laufzeitobjekte erzeugen** ( ), und bestätigen Sie die Generierung direkt mit einem Klick auf das grüne Häkchen ( ).
2. Dadurch werden im Hintergrund vier Klassen angelegt, die Sie jetzt, wie in Abbildung 31.14 gezeigt, im Ordner **Laufzeitartefakte** finden können. Diese Klassen sind für jedes Projekt genau einmal vorhanden und stellen die Modellierung der Entitätssets und die dazugehörige Datenlogik bereit.

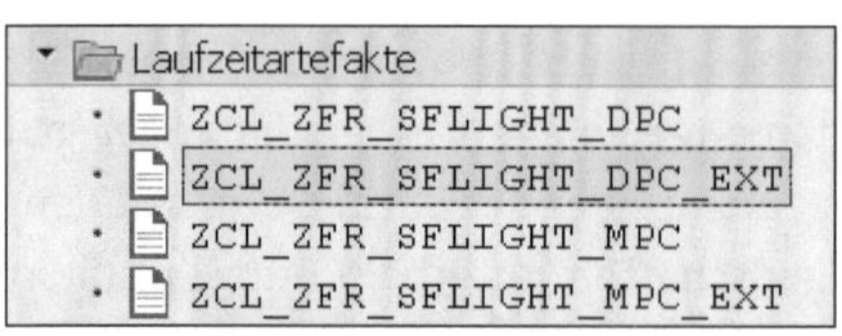

Abbildung 31.14 Laufzeitartefakte einer OData-Service-Definition

Laufzeitobjekte

Die folgenden Klassen werden angeboten:

- ..._DPC (*Data Provider Class*) für die vom SAP-System generierte Implementierung der Datenverarbeitung

- `..._DPC_EXT` (Erweiterung der Data Provider Class) erbt von der normalen Data Provider Class und erlaubt es Kunden, ihre eigene Datenverarbeitung zu implementieren.
- `_MPC` (*Model Provider Class*) für die vom SAP-System generierte Implementierung Ihrer Datenstrukturen
- `_MPC_EXT` (Erweiterung der Model Provider Class) erbt von der normalen Model Provider Class und erlaubt es den Kunden, die eigenen Datenstrukturen zu erweitern.

Die für Sie wichtige Klasse, in der Sie die Implementierung durchführen werden, hat die Endung `_DPC_EXT`. Hier werden Sie die CRUDQ-Methoden für die einzelnen vom Service angebotenen Entitätssets mithilfe von ABAP implementieren.

Nutzen Sie immer die _EXT-Klassen

Implementieren Sie keine Logik in den beiden Standardklassen mit der Endung `_DPC` und `_MPC`. Diese werden bei jeder Neugenerierung mit dem Button **Laufzeitobjekte erzeugen** () komplett überschrieben. Nur die `_EXT`-Klassen bleiben erhalten und bekommen aufgrund des Vererbungsmechanismus auch die neuen Änderungen der Standardklassen mit.

3. Klicken Sie zur Implementierung der `Read`-Methode mit der rechten Maustaste auf die in Abbildung 31.14 dargestellte `_DPC_EXT`-Klasse, und wählen Sie aus dem Kontextmenü den Eintrag **Zur ABAP Workbench**.
4. Dadurch gelangen Sie, wie in Abbildung 31.15 dargestellt, in Transaktion SE24 (den Class Builder innerhalb der ABAP Workbench). Prüfen Sie hier noch einmal anhand des in der Titelzeile angezeigten Klassennamens, dass Sie die `_DPC_EXT`-Klasse bearbeiten. Wechseln Sie anschließend über den Button **Anzeigen <-> Ändern** () in der Funktionsleiste in den Bearbeitungsmodus.

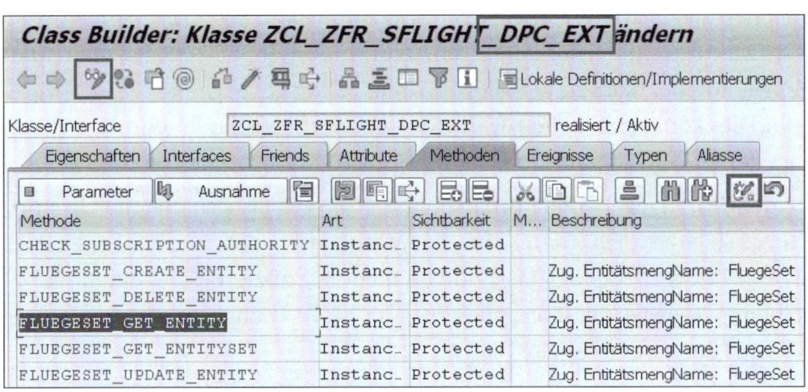

Abbildung 31.15 Redefinieren der CRUDQ-Methoden

5. Scrollen Sie auf der Registerkarte **Methoden** bis ans Ende der Liste, und wählen Sie die Methode `FLUEGESET_GET_ENTITY` aus (kein Doppelklick). Klicken Sie auf den Button **Redefinieren** (), der sich oberhalb der Methodenliste befindet.
6. Dadurch wird die Methode redefiniert, und Sie können die Datenbeschaffung für eine Zeile, wie in Abbildung 31.16 gezeigt, ausimplementieren. Diese Methode wird immer dann aufgerufen, wenn ein OData-Service in Form der folgenden URL aufgerufen wird:

   /FluegeSet(Carrid=...,Connid=...,Fldate=...)

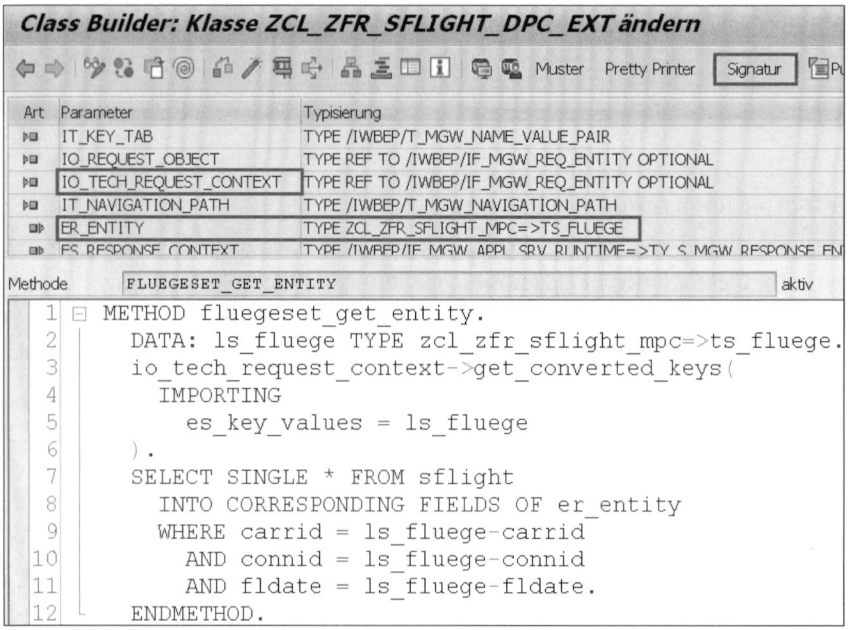

Abbildung 31.16 Implementierung der GET_ENTITY-Methode

7. Für den in der URL angegebenen Primärschlüssel gilt es nun, die Daten aus der Tabelle `SFLIGHT` zu selektieren und in der Rückgabestruktur `ER_ENTITY` bereitzustellen. Die Rückgabestruktur basiert auf Ihrer zuvor importierten Struktur und wird über die Model Provider Class als globaler Typ über `zcl_zfr_sflight_mpc=>ts_fluege` angeboten. Dies können Sie sehen, wenn Sie sich die zur Methode gehörigen Parameter über den Button **Signatur** in der Funktionsleiste einblenden lassen.
8. Den in der URL angegebenen Primärschlüssel können Sie sich über den Importparameter `IO_TECH_REQUEST_CONTEXT` mit der Methode `GET_CONVERTED_KEYS()` auslesen lassen. Der Rückgabetyp der Methode ist nicht spezifiziert; Sie können hier aber denselben Typ wie bei der Rückgabestruktur `ER_ENTITY` angeben. Kopieren Sie sich den Typ aus der Parameterliste.

Der Importparameter IT_KEY_TAB

Der Importparameter IT_KEY_TAB stellt die Schlüsselfelder ebenfalls bereit, allerdings ohne führende Nullen. Die Methode GET_CONVERTED_KEYS() fügt diese automatisch dem dahinterliegenden Typ hinzu. Haben Sie beispielsweise eine Materialnummer 123456, die über die URL importiert wird, würde IT_KEY_TAB genau diesen Wert beinhalten. Die Materialnummer ist intern aber mit 18 Zeichen definiert, d. h., sie wird über 000000000000123456 dargestellt. Die Methode GET_CONVERTED_KEYS() würde die Materialnummer genau in dieser Form zurückgeben.

9. **Aktivieren** () Sie die Methode FLUEGESET_GET_ENTITY() anschließend.

Nun gilt es noch, die Query-Methode auszuimplementieren, damit der OData-Service nicht nur eine Zeile der Tabelle SFLIGHT auslesen kann, sondern auch mehrere Zeilen:

1. Gehen Sie dazu **Zurück** () zur Methodenliste, und wählen Sie diesmal die Methode FLUEGESET_GET_ENTITYSET aus. Klicken Sie erneut auf **Redefinieren** ().
2. Tragen Sie den in Abbildung 31.17 gezeigten Code in die Methode ein. Als Rückgabeparameter wird hier eine interne Tabelle mit dem Namen ET_ENTITYSET angeboten, die auf Ihrem angelegten Zeilentyp basiert. In diese interne Tabelle können Sie die Daten schreiben.

Methode FLUEGESET_GET_ENTITYSET aktiv

```
METHOD fluegeset_get_entityset.
  SELECT * FROM sflight
    INTO CORRESPONDING FIELDS OF TABLE et_entityset.
ENDMETHOD.
```

Abbildung 31.17 Implementierung der GET_ENTITYSET-Methode

3. Gehen Sie anschließend **Zurück** (), und aktivieren Sie die gesamte Klasse über den Button **Aktivieren** ().

Die Implementierung unserer OData-Service-Definition ist nun abgeschlossen. Es wurde eine Struktur importiert und dafür automatisch ein Entitätsset angelegt. Für dieses Set wurden anschließend die Read- und die Query-Methode redefiniert und implementiert, die Read-Methode mit einer SELECT-SINGLE-Anweisung, die Query-Methode mit einer SELECT-Anweisung.

Auf diese Servicedefinition kann von außen noch nicht zugegriffen werden. Daher muss Sie im nächsten Schritt veröffentlicht werden.

31.5.2 Veröffentlichung

Die Veröffentlichung und Verwaltung aller OData-Services findet in der Transaktion /IWFND/MAINT_SERVICE statt. Stellen Sie beim Aufruf der Transaktion sicher, dass Sie ein /n oder /o im Kommandofeld angeben, ansonsten erhalten Sie eine Fehlermeldung: »Benutzer nicht mehr angemeldet.« Die Transaktion startet trotzdem.

Tragen Sie also z. B. »/n/IWFND/MAINT_SERVICE« in das Kommandofeld ein. Am besten legen Sie sich diese Transaktion als Favorit an.

Auf dem Startbildschirm der Transaktion werden Ihnen alle auf dem Server veröffentlichten OData-Services angezeigt. Jede SAP-Fiori-App basiert auf (mindestens) einem OData-Service, das gilt ebenfalls für das SAP Fiori Launchpad. All diese Services können Sie in dieser Liste finden. Zu diesen aktiven Services fügen Sie nun den eben entwickelten Service hinzu:

1. Klicken Sie dazu, wie in Abbildung 31.18 dargestellt, auf den Button **Service hinzufügen** in der Funktionsleiste.

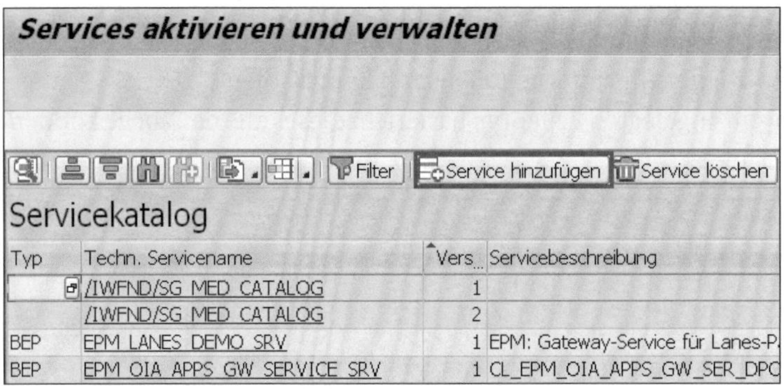

Abbildung 31.18 Auswahl des hinzuzufügenden Service

2. Wählen Sie über die F4-Hilfe einen **Systemalias** (siehe Abbildung 31.19). Dies ist, je nach Deployment-Option, das Backend-System, auf dem Sie den Service entwickelt haben. In diesem Fall wurde der Service auf demselben Server entwickelt, auf dem er auch veröffentlicht werden soll.

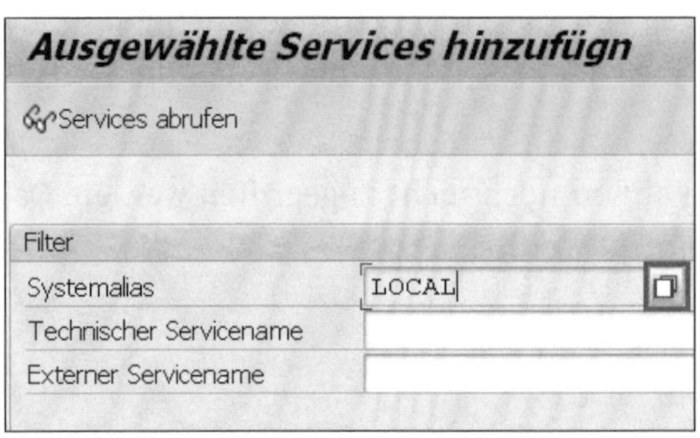

Abbildung 31.19 Auswahl des Backend-Systems

3. Klicken Sie anschließend auf den Button **Services abrufen**, und wählen Sie Ihre Servicedefinition aus der Liste aus. Haben Sie den Standardnamensraum Z oder Y gewählt, werden Sie diese ganz am Ende der Liste finden.
4. Klicken Sie entweder auf den unterstrichenen Namen Ihrer Servicedefinition, oder wählen Sie wie in Abbildung 31.20 die vollständige Zeile über einen Klick in die Auswahlspalte aus, und klicken Sie anschließend in der Funktionsleiste auf den Button **Ausgewählte Services hinzufügen**.

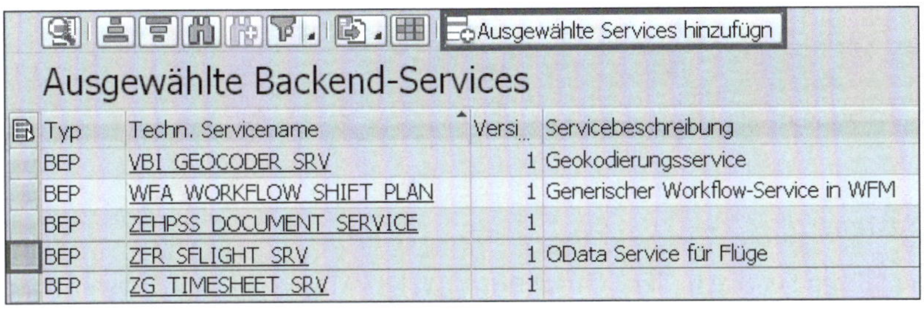

Abbildung 31.20 Hinzufügen des Service

5. In dem sich öffnenden Pop-up-Fenster müssen Sie eine Paketzuordnung angeben und das Hinzufügen des Service mit dem grünen Häkchen (✔) bestätigen. Darauf wird Ihnen die in Abbildung 31.21 gezeigte Meldung angezeigt. Der Service ist nun aktiv und kann getestet werden.

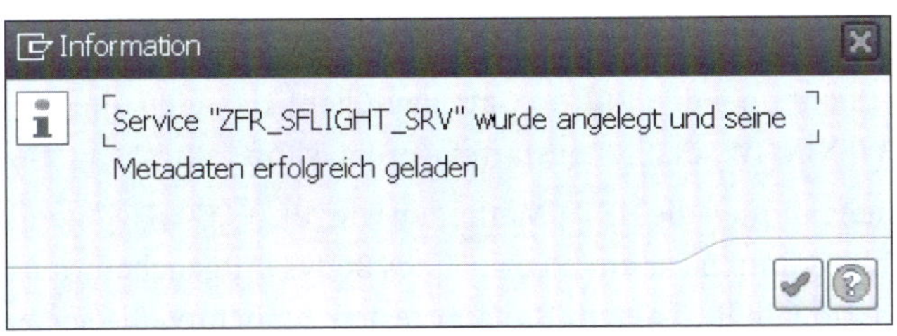

Abbildung 31.21 Erfolgreiches Hinzufügen des Service

Sollte Ihnen hier die Meldung angezeigt werden, dass der Service nicht aktiviert werden konnte, wechseln Sie **Zurück** (⏪) zur Liste des Servicekatalogs, und wählen Sie Ihren eben hinzugefügten Service durch einen Klick auf den unterstrichenen Namen aus.

Klicken Sie dann wie in Abbildung 31.22 auf den Auswahl-Button **ICF-Knoten**, und wählen Sie **Aktivieren** im Kontextmenü.

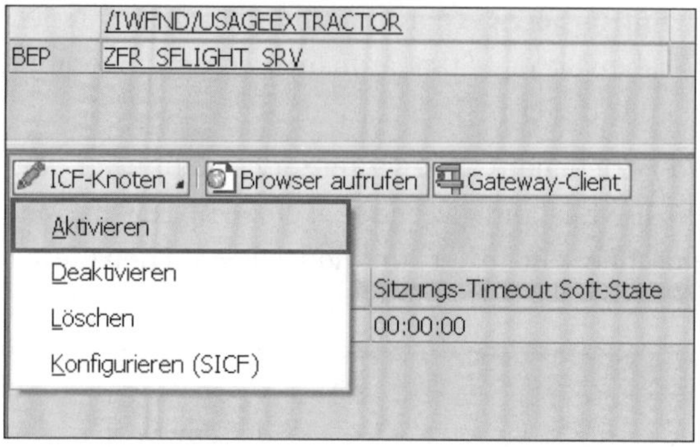

Abbildung 31.22 Nachaktivieren eines Service

31.5.3 Testen

Sie können Ihren Service in der Transaktion /IWFND/MAINT_SERVICE testen:

1. Auf dem Startbildschirm der Transaktion wählen Sie aus der Liste Ihren bereits veröffentlichten Service aus (durch einen Klick auf den unterstrichenen Namen). Bei einem Standardnamensraum Z oder Y werden Sie diesen ganz am Ende der Liste finden.
2. Nun können Sie den Service auf zwei verschiedene Arten testen:
   - im Browser über den Button **Browser aufrufen** (Standardbrowser, z. B. Microsoft Edge)
   - mit dem Gateway-Client über den Button **Gateway-Client**, der auch direkt über die Transaktion /IWFND/GW_CLIENT gestartet werden kann

   Über den Gateway-Client können die HTTP-Methoden wie PUT, DELETE, POST getestet werden, und der Anfrage können Daten in Form eines Bodys mitgegeben werden. Wollten Sie diese Funktionalität in einem Browser testen, bräuchten Sie spezielle Plug-ins (z. B. Postman für den Browser Firefox). Ich zeige Ihnen hier den Weg über den Gateway-Client. Nach dem Klick auf diesen Button öffnet sich die Oberfläche aus Abbildung 31.23.
3. Klicken Sie hier auf den Button **EntitySets** in der Funktionsleiste ❶, und wählen Sie im sich öffnenden Pop-up-Fenster Ihr Entitätsset aus. Dadurch wird der **Request-URI** (*/FluegeSet*) eingetragen ❷.
4. Überprüfen Sie, ob die **HTTP-Methode GET** ausgewählt ist ❸.
5. Führen Sie die Anfrage mit einem Klick auf den Button **Ausführen** ❹ aus.
6. Auf der rechten Seite unter **HTTP-Response** erhalten Sie die Rückmeldung des Service, in diesem Fall alle Flüge der Tabelle SFLIGHT.

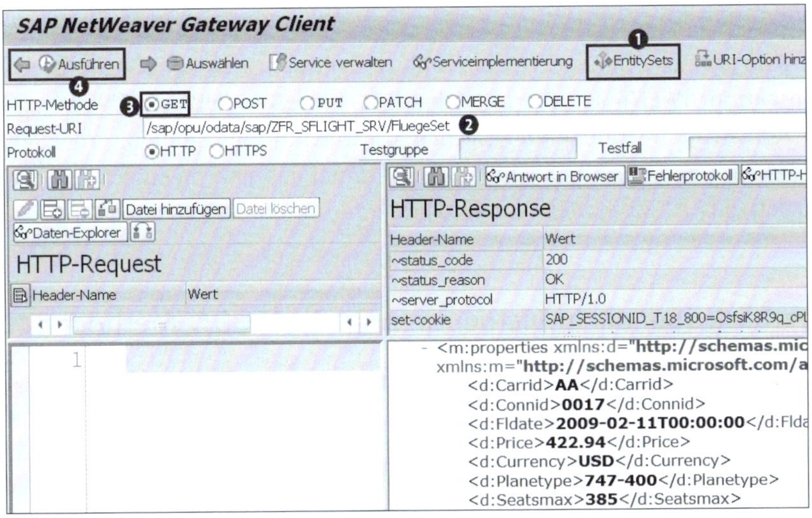

Abbildung 31.23 Testen der Query-Methode

Wie Sie in Abbildung 31.24 sehen können, wird für jede einzelne Zeile der Rückgabemenge eine URL mit `href=` angeboten. In den Klammern nach `"FluegeSet()` sind alle Primärschlüssel (`Carrid`, `Connid` und `Fldate`) angegeben.

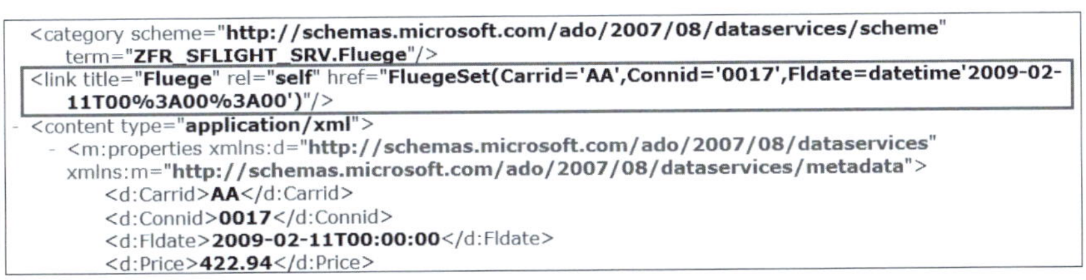

Abbildung 31.24 Angabe eines URI für einen einzelnen Flug

Diese URL können Sie jetzt nutzen, um die `Read`-Methode zu testen. Diese soll genau einen Flug zurückgeben. Gehen Sie dazu wie folgt vor:

1. Kopieren Sie den Link, und fügen Sie ihn dem **Request-URI**, wie in Abbildung 31.25 gezeigt, hinzu.
2. Klicken Sie auf **Ausführen**.

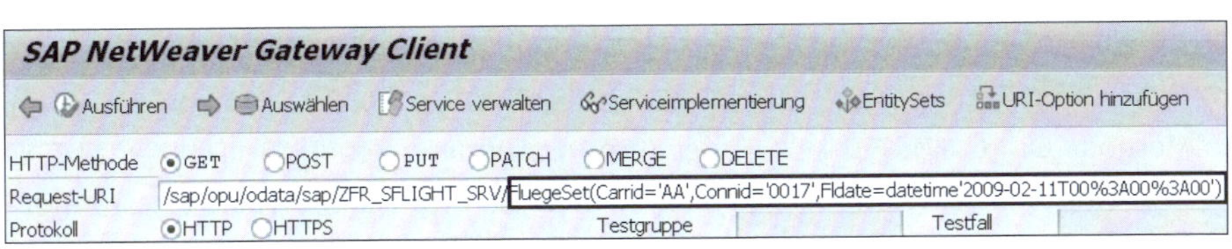

Abbildung 31.25 Testen der Read-Methode

Als HTTP-Response werden Sie diesen Flug mit seinen Detaildaten zurückbekommen.

31.5.4 Fehleranalyse

Sollte beim Aufruf eines OData-Service ein Fehler aufgetreten sein, können Sie diesen in der Transaktion /IWFND/ERROR_LOG einsehen. Dies gilt nicht nur für aktuelle Fehler, sondern auch für früher datierte Fehler. Die Meldung »Es ist ein interner Server-Fehler aufgetreten« erhalten Sie in der Regel immer dann, wenn ein Programmabbruch in den CRUDQ-Methoden (durch fehlerhaftes ABAP) ausgelöst wurde.

31.6 Überblick über die Implementierung der CRUDQ-Methoden

Während ich Ihnen im vorigen Abschnitt die prinzipielle Entwicklung eines OData-Service am Beispiel der CRUDQ-Methoden `Read` und `Query` gezeigt habe, finden Sie in diesem Abschnitt eine Beispielimplementierung für die am häufigsten gebrauchten Funktionalitäten der weiteren CRUDQ-Methoden (also `Create`, `Update` und `Delete`). In Tabelle 31.3 sind die CRUDQ-Methoden den ABAP-Methoden der Data Provider Class zugeordnet.

CRUDQ	HTTP-Methode	URL	Methode der _DPC_EXTKlasse
`Create`	POST	*/EntitySet*	ENTITYSET_CREATE_ENTITY()
`Read`	GET	*/EntitySet*	ENTITYSET_GET_ENTITY()
`Update`	PUT	*/EntitySet(Schlüssel)*	ENTITYSET_UPDATE_ENTITY()
`Delete`	DELETE	*/EntitySet(Schlüssel)*	ENTITYSET_DELETE_ENTITY()
`Query`	GET	*/EntitySet(Schlüssel)*	ENTITYSET_GET_ENTITYSET()

Tabelle 31.3 Überblick über die CRUDQ-Methoden

In diesen Methoden muss sehr häufig dasselbe programmiert werden, gerade wenn es um die Implementierung der Abfrageoptionen eines OData-Service geht. Hier können Sie durch cleveres Kopieren und Einfügen viel Zeit sparen.

31.6.1 Auslesen der Schlüsselfelder

Betrifft die Methode `GET_ENTITY`. Die URL erhält die Endung */FluegeSet (Carrid='AA',Connid='0017',Fldate=datetime'2009-02-11T00%3A00%3A00')*. Nutzen Sie dafür die Methode `GET_CONVERTED_KEYS()` des Importparameters `IO_TECH_REQUEST_CONTEXT` (siehe Listing 31.4). Alternativ können Sie auch direkt die als Importparameter mitgegebene Tabelle `IT_KEYS` benutzen. Der Vorteil der Methode ist, dass führende Nullen automatisch für die einzelnen Schlüsselfelder hinzugefügt werden.

```
DATA: ls_fluege TYPE zcl_zfr_sflight_mpc=>ts_fluege.
io_tech_request_context->get_converted_keys(
  IMPORTING
    es_key_values = ls_fluege
).
```

Listing 31.4 Auslesen der Schlüsselfelder

31.6.2 Auslesen des HTTP-Request-Bodys

Betrifft die Methoden `create_entity` und `update_entity`. Die URL erhält den Zusatz */FluegeSet*. Der Body des HTTP-Requests könnte wie in Listing 31.5 aussehen.

```
{
    "Carrid" : "AA",
    "Connid" : "0017",
    "Fldate" : "2016-08-21T00:00:00"
}
```

Listing 31.5 Beispieldaten für einen Aufruf

Eine Anfrage zum Testen könnte z. B. im Gateway-Client ausgeführt werden (siehe Abbildung 31.26).

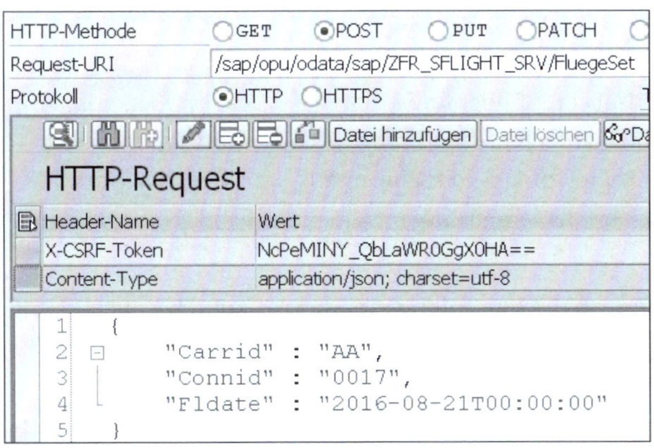

Abbildung 31.26 Testen der Create-Methode mit Übergabe von Daten

Achten Sie darauf, dass im Header der **Content-Type** `application/json` hinzugefügt werden muss. Eine XML-Anfrage wäre hier natürlich auch möglich.

Zum Auslesen dieses Bodys müssen Sie vom Objekt `IO_DATA_PROVIDER` die Methode `READ_ENTRY_DATA()` aufrufen. Der Rückgabetyp ist dabei nicht spezifiziert. Geben Sie hier aber den Typ der Rückgabestruktur von `ER_ENTITY` an. Diese können Sie aus der

Signatur der Methode kopieren. Die Felder werden dann automatisch richtig zugeordnet. Anschließend können Sie die Struktur verwenden, um den Eintrag z. B. neu anzulegen oder zu aktualisieren. Die Struktur `LS_FLUG` in Listing 31.6 enthält die im Body übergebenen Daten.

```
DATA: ls_flug TYPE zcl_zfr_sflight_mpc=>ts_fluege.
io_data_provider->read_entry_data(
  IMPORTING
    es_data = ls_flug
).
```

Listing 31.6 Auslesen des HTTP-Request-Bodys

31.6.3 Abfrageoptionen $skip und $top

Betrifft die Methoden `get_entity` und `get_entityset`. Der URL wird der Zusatz */FluegeSet?$skip=1&$top=3* angehängt. Lassen Sie sich dazu über die Methoden `GET_SKIP()` und `GET_TOP()` des Importparameters `IO_TECH_REQUEST_CONTEXT` den Wert von *$skip* und *$top* geben (siehe Listing 31.7). Berechnen Sie daraus anschließend die benötigten Spalten, selektieren Sie diese aus der Tabelle, und löschen Sie die nicht benötigten Spalten aus der Rückgabemenge. Bei einer Datenbeschaffung über einen Funktionsbaustein würden Sie, falls dieser dies unterstützt, ähnlich vorgehen.

[»]

Überspringen von Zeilen mit OFFSET

Ab ABAP 7.51 steht Ihnen der Zusatz `OFFSET` der Anweisung `SELECT` zum Überspringen von Zeilen analog zu `$skip` in Open SQL zur Verfügung. Mehr Informationen dazu finden Sie in Abschnitt 9.2.11, »Begrenzung der Ergebnismenge mit OFFSET«. Dort finden Sie auch ein Beispiel für die Implementierung.

Achten Sie darauf zu überprüfen, ob die Variablen `skip` und `top` auch wirklich gefüllt sind, und testen Sie dies. Sonst kann durch eine ungünstige Kombination beider Werte eventuell ein Programmabbruch auftreten.

```
DATA: lv_skip TYPE i,
      lv_top  TYPE i,
      lv_max  TYPE i.
lv_skip = io_tech_request_context->get_skip( ).
lv_top  = io_tech_request_context->get_top( ).
IF lv_top IS NOT INITIAL.
  lv_max = lv_skip + lv_top.
ENDIF.
SELECT * FROM sflight
```

```
  INTO CORRESPONDING FIELDS OF TABLE et_entityset
  UP TO lv_max ROWS.
IF lv_skip IS NOT INITIAL.
  DELETE et_entityset FROM 1 TO lv_skip.
ENDIF.
```

Listing 31.7 Implementieren von $skip und $top

31.6.4 Abfrageoption $count

Betrifft die Methode get_entityset. Der URL wird der Zusatz */FluegeSet/$count* angehängt. Die Abfrageoption *$count* wird vom System automatisch auf Basis der Rückgabetabelle ET_ENTITYSET bestimmt, die Sie ja mit ABAP beschafft haben. Die Einträge der Rückgabetabelle werden danach gelöscht. Es werden also im schlimmsten Fall Hunderte von Einträgen umsonst von der Datenbank geladen, nur um anschließend die Anzahl zu bestimmen.

Hier lohnt es sich, händisch nachzubessern und im Fall einer count-Anfrage eine spezielle SELECT-Anweisung zur Bestimmung der Anzahl abzusetzen (siehe Listing 31.8). Diese Anzahl können Sie dann in das Feld COUNT der Rückgabestruktur ES_REPONSE_CONTEXT schreiben. Sie können dabei mit der Methode HAS_COUNT( ) des Importparameters IO_TECH_REQUEST_CONTEXT prüfen, ob die Anzahl (der Count) angefragt wurde. Für einige Funktionsbausteine können Sie ebenfalls eine solche Funktionalität implementieren.

```
DATA: lv_count TYPE i.
IF io_tech_request_context->has_count( ) = abap_true.
  SELECT COUNT( * ) FROM sflight INTO lv_count.
  es_response_context-count = lv_count.
ELSE.
  SELECT * FROM sflight
    INTO CORRESPONDING FIELDS OF TABLE et_entityset.
ENDIF.
```

Listing 31.8 Abfangen der Abfrageoption $count

31.6.5 Abfrageoption $inline-count

Betrifft die Methode get_entityset. Der URL wird der Zusatz */FluegeSet?$inlinecount=allpages* angehängt.

Die Bestimmung der Abfrageoption *$inline-count* wird nicht vom System übernommen und muss von Ihnen, falls gewünscht, selbst implementiert werden. Bestimmen Sie dazu die Anzahl der selektierten Zeilen, und schreiben Sie diesen Wert in das Feld INLINECOUNT der Rückgabestruktur ES_REPONSE_CONTEXT (siehe Listing 31.9). Über die

Methode HAS_INLINECOUNT() des Importparameters IO_TECH_REQUEST_CONTEXT können Sie überprüfen, ob die Anzahl innerhalb der Ergebnismenge (der *Inline-Count*) angefragt wurde.

```
DATA: lv_count TYPE i.
IF io_tech_request_context->has_inlinecount( ) = abap_true.
  lv_count = lines( et_entityset ).
  es_response_context-inlinecount = lv_count.
ENDIF.
```

Listing 31.9 Abfangen der Abfrageoption $inline-count

31.6.6 Abfrageoption $filter

Betrifft die Methode GET_ENTITYSET. Die URL endet mit */FluegeSet$filter=Price eq 422.94 and Planetype eq '747-400'*.

Für die Implementierung der Abfrageoption *$filter* haben Sie zwei Optionen: Entweder Sie nutzen den Importparameter IV_FILTER_STRING (je nach Version) und geben diesen z. B. in einer SQL-Anweisung an, oder Sie nutzen die in Abbildung 31.27 dargestellte Filtertabelle, die für jedes gefilterte Feld jeweils eine Selektionsoption (standardmäßig mit den Spalten SIGN, OPTION, LOW und HIGH) im Bauch hat. Diese Variante bräuchten Sie z. B., um eine Selektion für einen BAPI-Funktionsbaustein aufzubauen.

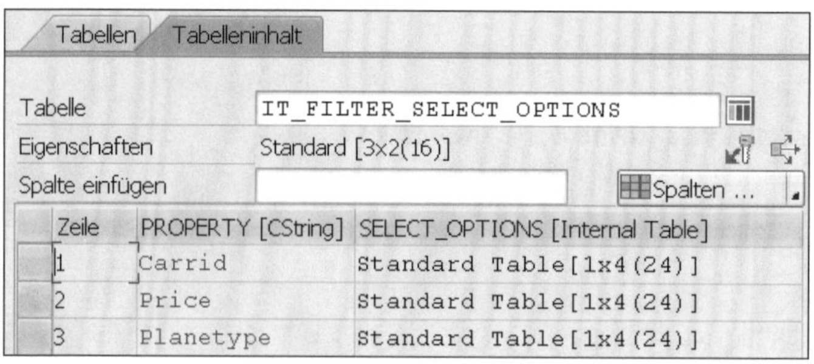

Abbildung 31.27 Eine Selektionsoption pro Attribut

Listing 31.10 zeigt die Implementierung mit IV_FILTER_STRING.

```
DATA: lv_filter TYPE string.
lv_filter = io_tech_request_context->get_filter( )->
                                   get_filter_string( ).
         "Oder, falls gefüllt, direkt IV_FILTER_STRING
SELECT * FROM sflight
  INTO CORRESPONDING FIELDS OF TABLE et_entityset
  WHERE (lv_filter).
```

Listing 31.10 Verarbeitung der Filter über einen Filterstring

Listing 31.11 zeigt die Implementierung mit Selektionsoption.

```
DATA: ls_filter TYPE /iwbep/s_mgw_select_option,
      ls_so     TYPE /iwbep/s_cod_select_option.
READ TABLE it_filter_select_options
  INTO ls_filter WITH KEY property = 'Carrid'.
  IF sy-subrc = 0.
     LOOP AT ls_filter-select_options INTO ls_so.
       "In LS_SO befindet sich jetzt eine Zeile der
       "Selektionsoption für die Spalte CARRID
       "Aufbau der Selektion für einen FuBa
     ENDLOOP.
   ENDIF.
```

Listing 31.11 Verarbeitung der Filter über Ranges-Tabellen

31.6.7 Abfrageoption $select

Betrifft die Methoden get_entity und get_entityset. Der URL wird der Zusatz */FluegeSet?$select=Carrid,Price* angehängt. Die Abfrageoption *$select* wird auch standardmäßig vom Framework durchgeführt, aber auch hier können Sie die Performance verbessern, wenn Sie händisch die Selektion bzw. den Funktionsbausteinaufruf einschränken.

Für die Implementierung können Sie sich über die Methode GET_SELECT_WITH_MANDTRY_FIELDS() des Importparameters IO_TECH_REQUEST_CONTEXT die selektierten Spalten auslesen lassen (siehe Listing 31.12). Diese interne Tabelle können Sie dann z. B. direkt als dynamische Selektion in einer SQL-Anweisung angeben oder, falls der Funktionsbaustein eine Selektion unterstützt, diesen damit aufrufen.

```
DATA: lt_fields TYPE /iwbep/t_mgw_tech_field_names.
lt_fields =
  io_tech_request_context->get_select_with_mandtry_fields( ).
SELECT (lt_fields) FROM sflight
  INTO CORRESPONDING FIELDS OF TABLE et_entityset.
```

Listing 31.12 Implementierung von $select

31.6.8 Abfrageoption $orderby

Betrifft die Methode get_entityset. Der URL wird der Zusatz */FluegeSet?$orderby=SeatsoccF desc* angehängt. Listing 31.13 zeigt eine Implementierung, um die Ergebnistabelle abhängig von der Abfrageoption *$orderby* dynamisch zu sortieren. Dazu wird die angefragte Sortierung über die Methode GET_ORDERBY() vom Importparameter IO_TECH_REQUEST_CONTEXT abgefragt, und damit werden die benötigten internen

Tabellen für die Sortierung aufgebaut. Diese Lösung können Sie sowohl für Funktionsbausteine als auch für SQL-Anweisungen nutzen.

```
DATA: lt_order_tec TYPE /iwbep/t_mgw_tech_order,
      ls_order_tec TYPE /iwbep/s_mgw_tech_order.
lt_order_tec = io_tech_request_context->get_orderby( ).
DATA: lt_order TYPE abap_sortorder_tab,
      ls_order TYPE abap_sortorder.
LOOP AT lt_order_tec INTO ls_order_tec.
  ls_order-name = ls_order_tec-property.
  IF ls_order_tec-order = 'desc'.
    ls_order-descending = 'X'.
  ELSE.
    ls_order-descending = space.
  ENDIF.
  APPEND ls_order TO lt_order.
ENDLOOP.
SORT et_entityset BY (lt_order).
```

Listing 31.13 Implementierung von $orderby für interne Tabellen

Wollen Sie die Sortierung direkt durch SQL durchführen lassen, können Sie sich eine interne Tabelle z. B. vom Typ `CHAR40` aufbauen lassen, die Sie dann in SQL direkt mit `SELECT ... ORDERBY (lt_order)` angeben können (siehe Listing 31.14).

```
DATA: lt_order TYPE TABLE OF char40,
      ls_order TYPE char40.
LOOP AT lt_order_tec INTO ls_order_tec.
  CASE ls_order_tec-order.
    WHEN 'asc'.  ls_order  = ls_order_tec-property && ` ASCENDING`.
    WHEN 'desc'. ls_order  = ls_order_tec-property && ` DESCENDING`.
  ENDCASE.
  APPEND ls_order TO lt_order.
ENDLOOP.
"SELECT ... ORDERBY (lt_order)
```

Listing 31.14 Implementierung von $orderby für SQL-Abfragen

31.6.9 Meldungen ausgeben

Eine Meldung können Sie mit Ihrem OData-Service zurückgeben (z. B. ob eine Anlage erfolgreich war), indem Sie die Ausnahme `/IWBEP/CX_MGW_BUSI_EXCEPTION` auslösen. Der Konstruktor bietet verschiedene Parameter für die Übergabe von Meldungen jeglicher Art an. Die wichtigsten sind in Listing 31.15 aufgeführt.

Normale Meldungen wie bei der Anweisung MESSAGE können Sie über das Objekt des Message-Containers mit der Methode ADD_MESSAGE_TEXT_ONLY() erzeugen lassen. Diesen können Sie sich dabei vom globalen Instanzattribut MO_CONTEXT über die Methode GET_MESSAGE_CONTAINER() geben lassen.

```
DATA: lo_container TYPE REF TO /iwbep/if_message_container.
lo_container = mo_context->get_message_container( ).
lo_container->add_message_text_only(
  EXPORTING
    iv_msg_type = 'I'
    iv_msg_text = 'Es ist ein Fehler aufgetreten'
).
RAISE EXCEPTION TYPE /iwbep/cx_mgw_busi_exception
  EXPORTING
    "previous = --> Angabe eines Fehlerobjekts (CATCH INTO ...)
    "textid = --> Für Nachrichtenklassen
    message_container = lo_container.
    ENDTRY.
```

Listing 31.15 Meldungen ausgeben

Weitere Informationen zu SAP Gateway

Weiterführende Informationen und Beispiele zur Entwicklung von OData-Services und zu SAP Gateway finden Sie in dem Buch »SAP Gateway und OData« von Carsten Bönnen et al. (siehe *www.sap-press.de/4802*).

Kapitel 32
Andere SAP-Webtechnologien

In diesem Kapitel stelle ich Ihnen die Vorgänger von SAPUI5 vor: die Webtechnologien BSP und Web Dynpro.

Vor der Einführung von SAPUI5 gab es bereits verschiedene Technologien für Weboberflächen, die im Rahmen der ABAP-Entwicklung auch heute noch eine wichtige Rolle spielen. Dazu gehören Business Server Pages (BSP, siehe Abschnitt 32.1) und Web Dynpro ABAP (siehe Abschnitt 32.2). Viele SAP-Anwender arbeiten mit Lösungen, die auf diesen Technologien basieren. Diese Anwendungen müssen daher weiterhin gepflegt und bei Bedarf erweitert werden. Insbesondere Web Dynpro ABAP kommt für Webanwendungen im SAP-Umfeld große Bedeutung zu, da mit dieser Technologie sehr schnell viel erreicht werden kann und für die Entwicklung (im Vergleich zu SAPUI5) nur ein ABAP-Entwickler benötigt wird, der sich nicht mit Webentwicklungstechnologien auskennen muss. Schließlich kann direkt mithilfe von ABAP ohne zusätzliche Middleware auf die Datenbanken zugegriffen werden.

Darüber hinaus ist Web Dynpro ABAP momentan die sicherste der Webtechnologien, da das Frontend komplett vom Web-Dynpro-Framework generiert und dadurch am wenigsten Angriffsfläche geboten wird. Solche Angriffsflächen können sich in anderen Technologien durch eventuelle Programmierfehler einschleichen.

Die Kenntnis von BSP und Web Dynpro ist auch hilfreich, um die neue Webtechnologie SAPUI5 zu verstehen. Denn nahezu alles, was in SAPUI5 neu erscheint, gab es schon einmal. Auch Web Dynpro und BSP arbeiten mit HTML, CSS und JavaScript. Das Architekturparadigma Model View Controller (MVC) wurde ebenfalls schon mit diesen Webtechnologien umgesetzt, und auch ein Launchpad gab es schon in Web Dynpro. Stellt man alle drei Technologien nebeneinander, lässt sich sehr gut eine Evolutionskette erkennen.

Man darf beim Vergleich der Technologien auch nicht vergessen, dass SAPUI5 gerade erst den Kinderschuhen entwächst. Web Dynpro kam 2004 heraus und wurde von den SAP-Kunden erst um das Jahr 2010 herum als ausgereifte, stabile und sichere Technologie wahrgenommen und standardmäßig eingesetzt. Verfolgt SAPUI5 in den nächsten Jahren eine ähnliche Entwicklungskurve wie Web Dynpro, können wir uns auf eine sehr mächtige und ausgereifte Technologie freuen. Wenn kein eigener Webentwickler mehr benötigt wird, sondern alle Anwendungselemente durch einen

ABAP-Entwickler mithilfe eines gut ausgereiften Editors generiert und gepflegt werden können und wenn wichtige Entwicklungszeit nicht mit der Recherche von Kleinigkeiten aufgebraucht wird, sondern viele Fehler bereits von der Entwicklungsumgebung abgefangen oder erkannt werden – dann ist dieser Status aus meiner Sicht erreicht. Mit der neuen SAP Web IDE wurde dafür bereits der Grundstein gelegt.

Um die Grundfunktionalität von BSP und Web Dynpro verständlich zu machen, wird in den folgenden Abschnitten jeweils dasselbe Problem gelöst: Es sollen die zu einer Eingabe gehörenden Einträge von der Datenbank geladen und auf der Oberfläche als Tabellenanzeige ausgegeben werden.

Die Abschnitte dienen jeweils nur der Einführung in die Technologien. Sie sollen Ihnen dabei helfen, die Themen besser einschätzen zu können, und Sie unterstützen, wenn Sie Änderungen an bestehenden Anwendungen auf Basis dieser Technologien vornehmen müssen. Zur Beruhigung für routinierte ABAP-Entwickler: Die Technologien sind nicht komplex, nur anders.

32.1 Business Server Pages (BSP)

Business Service Pages (BSP) dienen der dynamischen Erzeugung von HTML-Inhalten. Dies wurde in der ersten Version erreicht, indem HTML-Befehle um ABAP- bzw. JavaScript-Code in speziellen mit den Zeichen <% und %> umschlossenen Tags angereichert wurden (siehe Listing 32.1).

```
<% LOOP AT mt_fluege INTO ls_sflight. %>
     <tr><td> <%= ls_sflight-carrid %> </td>
          <td> <%= ls_sflight-connid %> </td>
<% ENDLOOP.%>
```

Listing 32.1 Ein Loop mit ABAP in BSP

Außerdem konnten die Funktionen und die Logik der Anwendung (z. B. die Datenverarbeitung) in bereitgestellten Controllern komplett in ABAP programmiert werden.

Erst später wurden die *BSP-Extensions* angeboten. Mit solchen Erweiterungen des HTML-Standards, wie z. B. der von SAP standardmäßig angebotenen Erweiterung HTMLB (*HTML Business*), wurden komplexere HTML-Befehle (mit eigenem Design und vorgefertigter Funktionalität) über ABAP-Klassen zur vereinfachten Anwendung gekapselt. In einfachen Worten: Anstelle von bloßem HTML wurden vorgefertigte funktionsreiche und schick aussehende User-Interface-Elemente (UI-Elemente) für Sie bereitgestellt.

In Abbildung 32.1 sehen Sie den Unterschied: auf der linken Seite reines HTML ohne Designvorlage und auf der rechten Seite die HTMLB-Erweiterung mit Design und erweiterter Funktionalität (die Blätterfunktion am unteren Ende der Tabelle). Der Aufwand für die Definition ist für Sie als Programmierer bei beiden Tabellen ungefähr gleich.

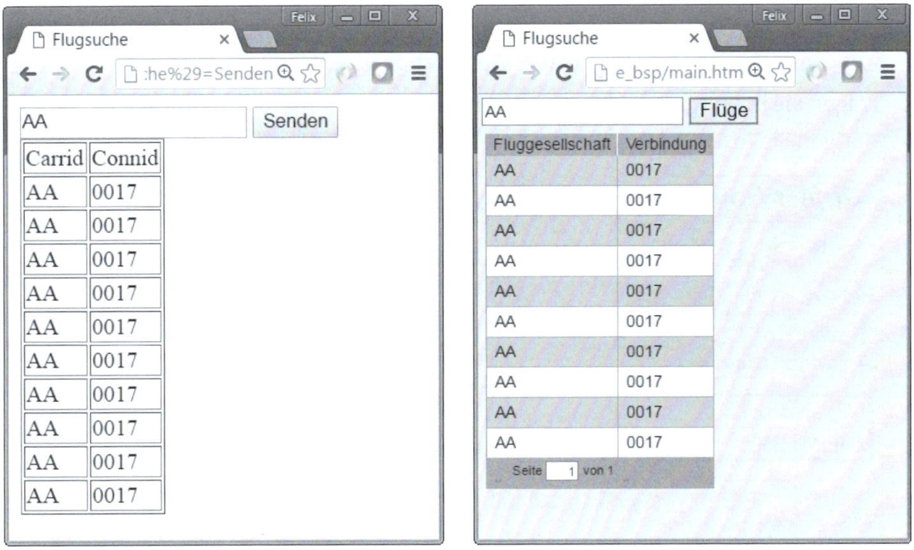

Abbildung 32.1 HTML und HTMLB im Vergleich

Dieses Konzept ist mit dem von Web Dynpro und SAPUI5 vergleichbar: Dort wurden UI-Elemente (HTML) mit einem schicken Aussehen (CSS) und vordefinierter Funktionalität (JavaScript) in Klassen als Bibliothek gekapselt. Während diese Technologien in Web Dynpro vor Ihnen versteckt werden, sehen Sie sie in SAPUI5 ganz offen: `sap.m.Button` wäre z. B. die zu einem SAPUI5-Button gehörende (JavaScript-)Klasse (um dies in ABAP auszudrücken verwenden Sie `ZCL_SAP_M_BUTTON`).

Auch in BSP wurden bereits das MVC-Entwurfsmuster in Form von Views und Seiten mit Ablauflogik und Controllern umgesetzt. So konnte gezielt eine Trennung zwischen Frontend, Logik und der Datenhaltung erreicht werden. Weitere Informationen zum MVC-Entwurfsmuster finden Sie in Abschnitt 28.3.

Die wichtigsten Merkmale von BSP fasse ich hier auf einen Blick zusammen:

- Die Entwicklung findet in Transaktion SE80 statt (Dropdown-Listeneintrag **BSP-Applikation** im Object Navigator, siehe Abbildung 32.2).
- Sie haben die Wahl zwischen der Nutzung von HTML und HTMLB. In Transaktion SE80 wird für beide ein *Tag Browser* als Hilfe angeboten.
- Eine BSP-Anwendung besteht aus Seiten (Oberfläche) mit einer dazugehörigen Datenhaltung (Model) und Controllern (Logik).
- Für die Anwendung wird ein ICF-Knoten (Internet Communication Framework) in Transaktion SICF angelegt (siehe Abschnitt 32.3).

32.1.1 BSP-Anwendung mit HTML anlegen

Im Folgenden zeige ich Ihnen, wie Sie die BSP-Anwendung aus Abbildung 32.1 anlegen und umsetzen können:

1. Gehen Sie in die Transaktion SE80, und wählen Sie, wie in Abbildung 32.2 dargestellt, aus der Dropdown-Liste **BSP-Applikation** aus.
2. Tragen Sie im Eingabefeld darunter einen Namen für Ihre Anwendung ein, und bestätigen Sie Ihre Eingabe mit der [↵]-Taste.

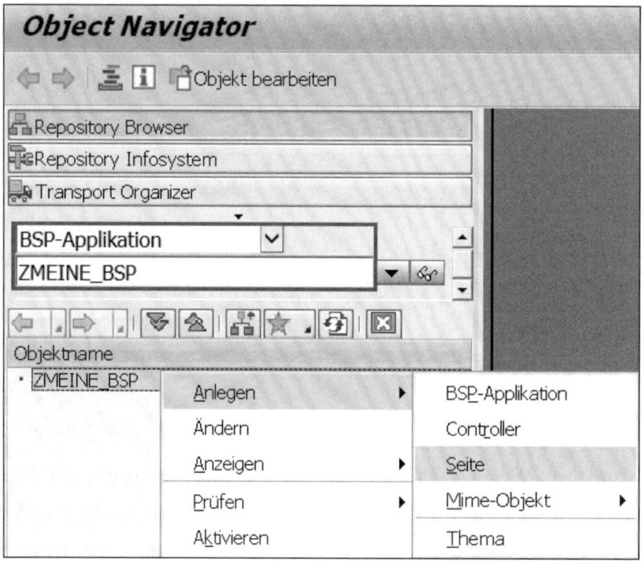

Abbildung 32.2 Seite für eine BSP-Anwendung anlegen

3. Die BSP-Anwendung wurde nun angelegt und ist erst einmal leer. Sie müssen jetzt die von Ihnen gewünschten Views, also die anzuzeigenden Seiten, definieren. Klicken Sie dazu, wie ebenfalls in Abbildung 32.2 dargestellt, auf Ihre BSP-Anwendung, und wählen Sie **Anlegen • Seite** im Kontextmenü.

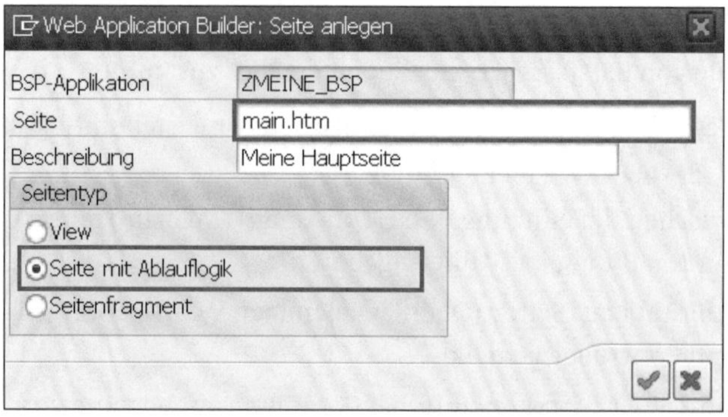

Abbildung 32.3 Definition der Seiteneigenschaften

4. Tragen Sie im anschließenden Dialogfenster wie in Abbildung 32.3 einen Namen für Ihre Seite ein (z. B. »main.htm«), und wählen Sie als Seitentyp **Seite mit Ablauflogik** aus. Es soll ja ein Button angeboten werden, über den Daten von der Tabelle gelesen werden können.
5. Tragen Sie anschließend auf der Registerkarte **Layout** der eben angelegten Seite den in Listing 32.2 angegebenen Quellcode ein. Hier werden ein Eingabefeld sowie eine Tabelle definiert. Der Inhalt der Tabelle wird über eine `LOOP`-Anweisung abgerufen, d. h., die eingeschlossenen Zeilen-Tags werden so oft mit den Daten aus `ls_sflight-carrid` und `ls_sflight-connid` wiederholt, wie Schleifendurchläufe stattfinden.

   Zusätzlich wird definiert, dass ein Klick auf den Button durch den Anwender die Methode `OnInputProcessing()` auslösen und den Parameter `Suche` übergeben soll.

```
<html>
  <page>
    <form name="formlist">
      <input type="text" name="mv_carrid">
      <input type="submit" name="OnInputProcessing(Suche)">
      <table border=1>
      <tr><td>Carrid</td>
          <td>Connid</td>
      </tr>
<% DATA ls_sflight TYPE sflight. %>
<% LOOP AT mt_fluege INTO ls_sflight. %>
      <tr><td> <%= ls_sflight-carrid %> </td>
          <td> <%= ls_sflight-connid %> </td>
<% ENDLOOP.%>
      </tr>
      </table>
    </form>
  </page>
</html>
```

Listing 32.2 Definition des Layouts der Hauptseite mit HTML und ABAP

6. Die in Listing 32.2 verwendete interne Tabelle `MT_FLUEGE` muss nun noch, neben einem Attribut `mv_carrid` für die Eingabe der Fluggesellschaft, global als Seitenattribut definiert werden. Dies ist nötig, da die Selektion der Flüge in der Ablauflogik der Seite stattfindet und nicht in der Definition der Oberfläche. Auf diese beiden Attribute wird später mit einer ABAP-Methode zugegriffen. Dabei wird die Selektion durchgeführt, und die Ergebnismenge wird zurückgeschrieben. Das Frontend kann dabei ebenfalls auf die hier definierten Attribute zugreifen. Die Seitenattribute stellen in der MVC-Architektur somit das Modell eines Views dar.

Wechseln Sie daher auf die Registerkarte **Seitenattribute**, und tragen Sie dort die in Abbildung 32.4 dargestellten Attribute ein.

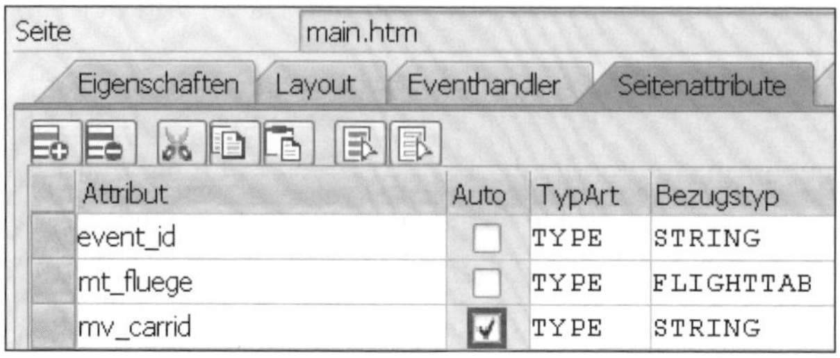

Abbildung 32.4 Anlage von Seitenattributen für die Datenhaltung

Seitenattribute

Diese Attribute bedeuten Folgendes:

- `event_id` wird den Wert enthalten, der beim Aufruf der Methode `OnInputProcessing` in Klammern mitgegeben wurde. In Listing 32.2 geschieht der Aufruf mit `OnInputProcessing(Suche)`. Wird der Button gedrückt, enthält `event_id` den Wert `Suche`.
- `mv_carrid` wird den Eingabewert enthalten. Die Verbindung wird hergestellt, da dem Eingabefeld in Listing 32.2 der Name `mv_carrid` übergeben wird. Durch die Markierung der Checkbox in der Spalte **Auto** wird sichergestellt, dass dieser Wert nach dem Drücken des Buttons auch übertragen wird.
- `mt_fluege` wird das Ergebnis der Selektion beinhalten. In Listing 32.2 wird über diese Tabelle später ein Loop ausgeführt, um die einzelnen Tabellenzeilen in HTML auf dem Frontend hinzuzufügen.

7. Nun gilt es noch, die Logik zu implementieren: Wenn der Benutzer auf den Button klickt, wird die Ereignisbehandler-Methode `OnInputProcessing()` ausgelöst. Diese Methode finden Sie auf der Registerkarte **Eventhandler** in der Dropdown-Liste. Wählen Sie diese aus, wie in Abbildung 32.5 gezeigt.

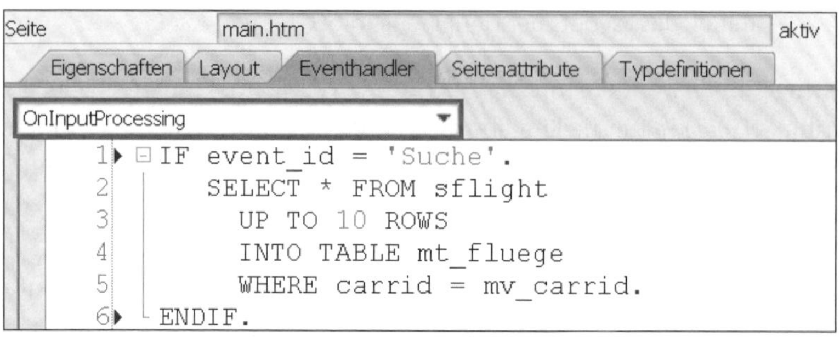

Abbildung 32.5 Definition der Aktion für den Such-Button

8. Implementieren Sie zusätzlich die Selektion der Daten anhand der eingegebenen Fluggesellschaft wie in Abbildung 32.5. Eine Prüfung des Attributs `event_id` ist hier sinnvoll, da diese Methode von mehreren Ereignissen (z. B. durch verschiedene Buttons) ausgelöst werden könnte und daher eine Unterscheidung der ausführbaren Logik notwendig ist.
9. Aktivieren Sie Ihre BSP-Anwendung anschließend über den Button **Aktivieren** ().

Sie können die BSP-Anwendung ausführen, indem Sie mit der rechten Maustaste auf Ihren BSP-Ordner klicken und im Kontextmenü die Aktion **Testen** auswählen. Das Ergebnis sollte nun wie links in Abbildung 32.1 aussehen. Eine Umsetzung dieses Beispiels mit HTMLB zeige ich Ihnen im folgenden Abschnitt.

32.1.2 BSP-Anwendung mit HTMLB anlegen

HTMLB ist eine BSP-Erweiterung (*Extension*), die vordefinierte UI-Elemente bereitstellt. All diese UI-Elemente werden über den Namensraum (*Namespace*) `htmlb` in Tags, z. B. `<htmlb:button></htmlb:button>`, identifiziert. Die Tags für die UI-Elemente müssen Sie nicht auswendig kennen, sondern können Sie sich im Tag Browser anschauen.

Gehen Sie dazu in der Navigationsspalte in Transaktion SE80 in den **Tag Browser**, und wählen Sie dort unterhalb des Ordners **BSP-Extensions • Transportierbar** das Verzeichnis **htmlb** aus (siehe Abbildung 32.6). Durch einen Doppelklick auf ein UI-Element-Tag, z. B. `<htmlb:button>`, werden Ihnen Informationen zu dem UI-Element sowie alle Eigenschaften des UI-Elements angezeigt.

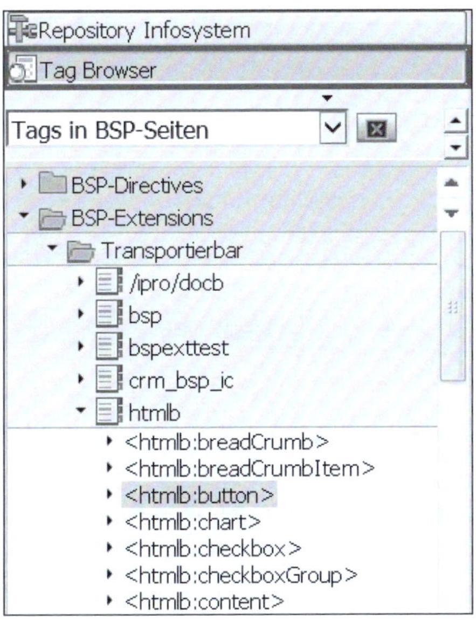

Abbildung 32.6 Der Tag Browser für die BSP-Erweiterungen

[+]

Tag Browser wird nicht angezeigt

Wenn Ihnen der Button **Tag Browser** nicht angezeigt wird, müssen Sie diesen erst über den Menüpfad **Hilfsmittel • Einstellungen** auf der Registerkarte **Workbench allgemein** aktivieren.

In Listing 32.3 wird das Tabellenbeispiel aus dem vorigen Abschnitt mithilfe von HTMLB umgesetzt. Fügen Sie diesen Code auf der Registerkarte **Layout** für die Seite main ein.

```
<%@page language="abap" %>
<%@extension name="htmlb" prefix="htmlb" %>
<htmlb:content design="design2003" >
  <htmlb:page title="Flugsuche" >
    <htmlb:form>
      <htmlb:inputField id="mv_carrid" />
      <htmlb:button id = "Suche" text = "Flüge"
                    onClick = "onInputProcessing" />
      <table>
      <tr><td>
      <htmlb:tableView id     = "tabelle1"
                       design = "ALTERNATING"
                       table  = "<%= mt_fluege %>" >
        <htmlb:tableViewColumns>
          <htmlb:tableViewColumn columnName = "Carrid"
                                 title = "Fluggesellschaft" >
          </htmlb:tableViewColumn>
          <htmlb:tableViewColumn columnName = "Connid"
                                 title = "Verbindung" >
          </htmlb:tableViewColumn>
        </htmlb:tableViewColumns>
      </htmlb:tableView>
      </td></tr></table>
    </htmlb:form>
  </htmlb:page>
</htmlb:content>
```

Listing 32.3 Definition des Layouts der Hauptseite mit HTMLB

Durch die Verwendung von HTMLB kann das Ereignis nicht mehr über die Klammern des Aufrufes der Methode OnInputProcessing() mitgegeben werden. Stattdessen müssen Sie wie in Listing 32.4 das Ereignis über die Managerklasse CL_HTMLB_MANAGER per Methode GET_EVENT() auslesen lassen.

```
METHOD OnInputProcessing.
DATA: lo_event TYPE REF TO cl_htmlb_event.
lo_event = cl_htmlb_manager=>get_event(
   request = runtime->server->request
).
CASE lo_event->id.
  WHEN 'Suche'.
    IF mv_carrid IS NOT INITIAL.
      SELECT * FROM sflight UP TO 10 ROWS INTO TABLE mt_fluege
        WHERE carrid = mv_carrid.
    ENDIF.
ENDCASE.
ENDMETHOD.
```

Listing 32.4 Definition der Logik mit HTMLB

Darüber hinaus werden häufig keine Seitenattribute benutzt, sondern es wird direkt auf die einzelnen UI-Elemente über deren ID zugegriffen. Ein solcher Zugriff kann wie mit der Methode `GET_DATA()` der Klasse `CL_HTMLB_MANAGER` stattfinden. In Listing 32.5 wird der Wert des Eingabefeldes mit der ID `inputField` ausgelesen.

```
DATA: lname TYPE REF TO cl_htmlb_inputfield.
lname ?= cl_htmlb_manager=>get_data(
           request = runtime->server->request
           name = 'inputField'
           id = 'mv_carrid'
         ).
```

Listing 32.5 Auslesen eines Attributs von einem UI-Element

Aktivieren () Sie nun Ihre BSP-Anwendung, und testen Sie diese. Das Ergebnis können Sie in Abbildung 32.1 rechts sehen.

32.2 Web Dynpro ABAP

Web Dynpro ABAP ist wie BSP eine UI-Technologie zur Entwicklung von Webanwendungen im ABAP-Umfeld und entwickelt die Idee der BSP-Technologie konsequent weiter. Web Dynpro basiert ebenfalls auf HTML und JavaScript, während die Implementierung der Logik mit ABAP stattfindet. Die Besonderheit ist, dass Sie dank einer umfangreichen Entwicklungsumgebung und eines grafischen Editors im Vergleich zu BSP und SAPUI5 keine einzige Zeile Quellcode für das Frontend selbst schreiben müssen (und auch nicht können), da die Generierung komplett vom Framework übernommen wird. Sie klicken sich die Oberfläche zusammen.

Neben der ABAP-Version wird auch Web Dynpro Java angeboten, das zeitlich gesehen zuerst, nämlich mit dem ersten Release von SAP NetWeaver (2004), auf den Markt kam. Beide Versionen bieten denselben Funktionsumfang.

In Abbildung 32.7 wurde das Beispiel aus Abbildung 32.1 mithilfe von Web Dynpro umgesetzt.

Es hat sich jedoch nicht nur auf der Oberfläche etwas getan, sondern vor allem sehr viel im Hintergrund. So wurde ein umfangreiches Klassensystem aufgebaut, das es erlaubt, mit den verschiedenen Bestandteilen programmatisch zu arbeiten. So ist es bei Bedarf sogar möglich, eine in Web Dynpro entwickelte Anwendung komplett dynamisch zur Laufzeit aufzubauen.

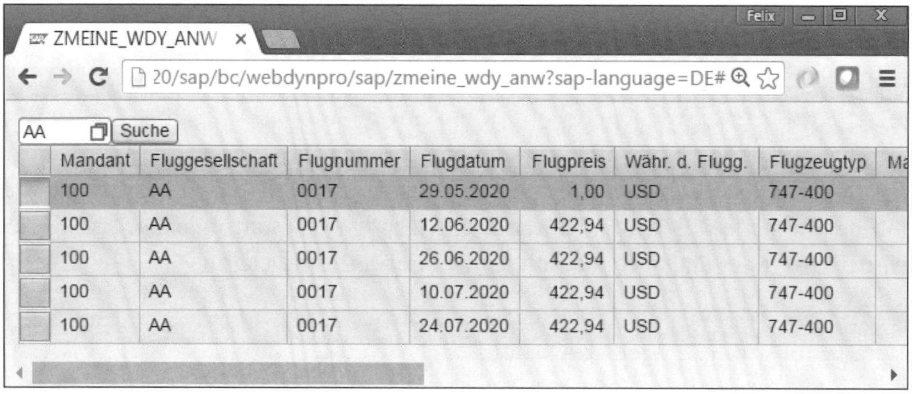

Abbildung 32.7 Eine Tabellenausgabe mit Web Dynpro

Die Merkmale von Web Dynpro ABAP sind auf einen Blick folgende:

- Die Entwicklung findet in Transaktion SE80 statt (Dropdown-Listeneintrag **Web-Dynpro-Comp. / Intf.**).
- Web Dynpro ABAP basiert auf dem MVC-Entwurfsmuster (siehe Abschnitt 28.3). Es werden Controller für die Logik, Views für die Oberflächen und Modelle (zur Datenhaltung) als sogenannte *Contexts* (Kontexte) abgebildet.
- Die Datenübertragung zwischen Frontend und Backend findet automatisch statt.
- Die Entwicklung findet in einer Komponente (*Component*) statt; erst eine Anwendung macht eine Component lauffähig. Diese Components können sich gegenseitig verwenden, sodass kleinere Anwendungen zu größeren Anwendungen zusammengefügt werden können.
- Die Implementierung der Logik erfolgt mit ABAP.
- Für die Anwendung wird ein ICF-Knoten in Transaktion SICF angelegt (siehe Abschnitt 32.3, »Internet Communication Framework«).

32.2.1 Web-Dynpro-Component anlegen

Im Folgenden zeige ich Ihnen, wie Sie die Web-Dynpro-Anwendung aus Abbildung 32.7 anlegen und umsetzen können:

1. Gehen Sie zur Anlage in die Transaktion SE80, und wählen Sie, wie in Abbildung 32.8 dargestellt, **Web-Dynpro-Comp. / Inf.** aus der Dropdown-Liste aus.

[«]

Unterschied zwischen Anwendung und Component

Umgangssprachlich spricht man davon, das eine Web-Dynpro-Anwendung entwickelt wird. Tatsächlich meint man damit jedoch meist eine *Web-Dynpro-Component*, die erst anschließend über eine sogenannte *Web-Dynpro-Anwendung* gestartet werden kann. Diese Web-Dynpro-Anwendung dient ausschließlich dem Start der Component.

2. Tragen Sie im Eingabefeld darunter einen Namen für Ihre Component ein, und bestätigen Sie Ihre Eingabe mit [↵].

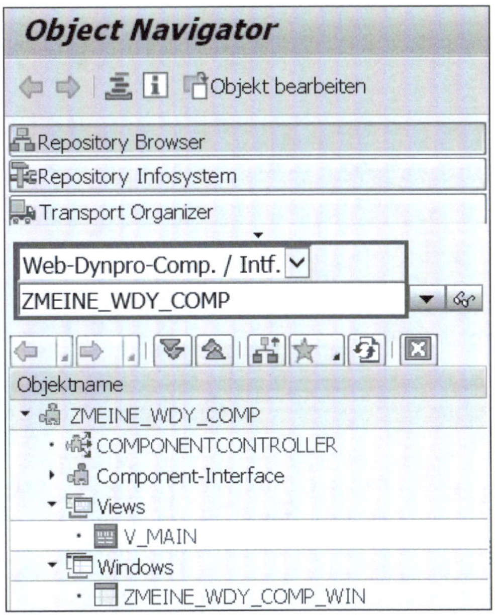

Abbildung 32.8 Anlage einer Web-Dynpro-Component

3. Dadurch öffnet sich das in Abbildung 32.9 gezeigte Pop-up-Fenster. Geben Sie hier eine Kurzbeschreibung ein, und wählen Sie den Typ **Web-Dynpro-Component** aus. Es empfiehlt sich hier, an den Namen des Fensters (**Window-Name**) das Suffix `_WIN` zu hängen, damit es nicht genauso wie die Component heißt.

32

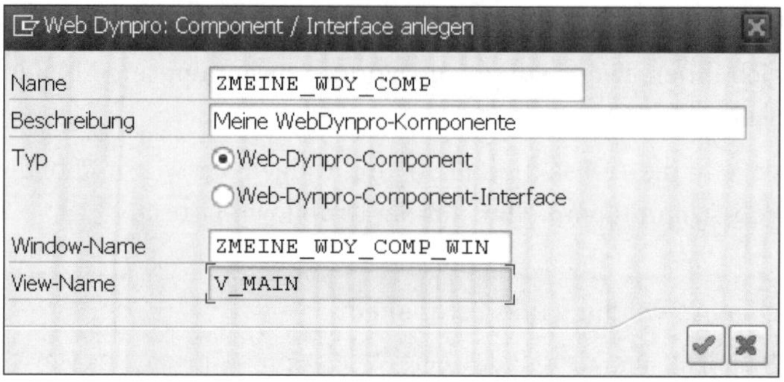

Abbildung 32.9 Vergabe der Namen für das Window und den View

4. Klicken Sie anschließend im Ordner der angelegten Component (siehe Abbildung 32.8) auf den Eintrag **Componentcontroller**. Dadurch öffnet sich der Editor für den Controller auf der rechten Seite. Oben in der Mitte des Bildschirms sehen Sie immer, auf welcher Ebene Sie sich gerade befinden (markiert in Abbildung 32.10).

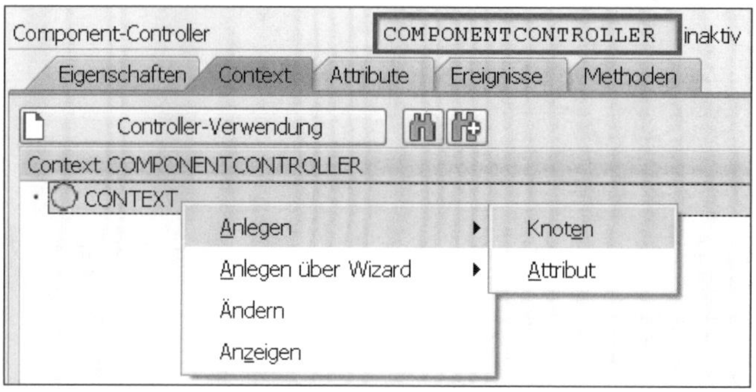

Abbildung 32.10 Anlage eines Knotens im Context

Component-Controller und Context

Der Component-Controller ist die zentrale Steuereinheit Ihrer Anwendung. Hier definieren Sie View-übergreifende Logik (auf den Registerkarten **Attribute**, **Ereignisse** und **Methoden**) sowie die zugehörige Datenhaltung (auf der Registerkarte **Context**).

Wie Sie vielleicht an den Namen der Registerkarten erkennen können, ist Web Dynpro komplett objektorientiert aufgebaut. In dieser Datenhaltungsschicht, dem Context, werden alle Daten definiert und abgelegt, die auf der Oberfläche angezeigt werden sollen.

5. Im Context gilt es nun, ein Attribut für die Eingabe der Fluggesellschaft sowie eine Tabelle für die Ausgabe der Flüge zu definieren. Klicken Sie dazu mit der rechten Maustaste auf den Knoten **Context**, und wählen Sie aus dem Kontextmenü **Anlegen • Knoten**.

6. Vergeben Sie im sich öffnenden Pop-up-Fenster einen Namen für den Knoten, und stellen Sie sicher, dass die Eigenschaft **Kardinalität** auf **1..1** gestellt ist (siehe Abbildung 32.11). Bestätigen Sie Ihre Eingaben mit einem Klick auf das grüne Häkchen (✔).

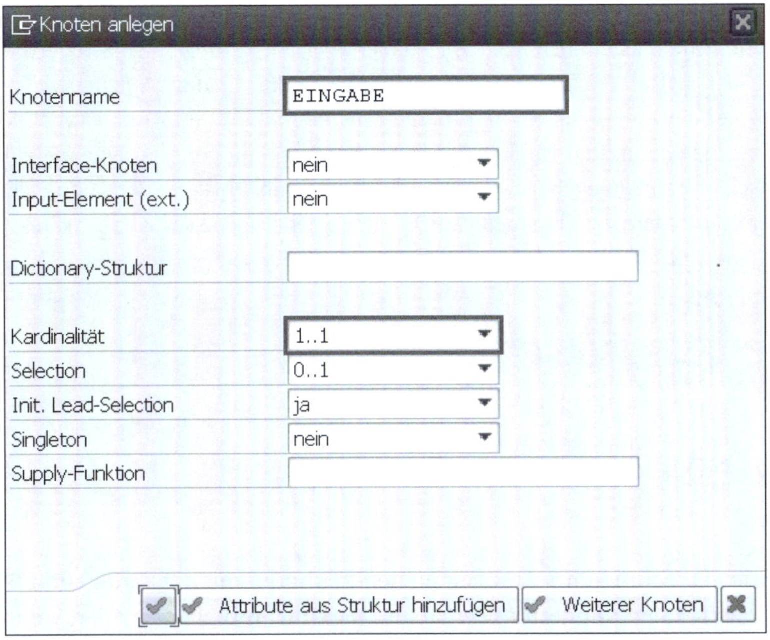

Abbildung 32.11 Definition eines Knotens, insbesondere der Kardinalität

7. Klicken Sie anschließend mit der rechten Maustaste auf den eben von Ihnen erstellten Knoten, und wählen Sie hier **Anlegen • Attribut** aus.
8. Tragen Sie folgende Daten in das nächste Pop-up-Fenster ein:
   - **Attributname**: `Carrid`
   - **Typ**: `sflight-carrid`
9. Bestätigen Sie die Anlage des Attributs mit einem Klick auf das grüne Häkchen (✔). Dadurch wurde ein Knoten mit dem Attribut `carrid` definiert. In diesem Attribut wird später der eingegebene Wert der Fluggesellschaft durch den Benutzer vorgehalten. Um dies zu erreichen, muss dieses angelegte Feld noch mit dem Eingabefeld auf der Oberfläche verknüpft werden (auch Binding) genannt.

32.2.2 Ausgabetabelle definieren

Zuerst muss jedoch die Ausgabetabelle definiert werden. Schließlich sollen die Flüge zu der eingegebenen Fluggesellschaft angezeigt werden. Diese Tabelle wird ebenfalls als neuer Knoten definiert.

32

[»]

Knoten und Kardinalität

Einen *Knoten* können Sie sich als eine Art Struktur, d. h. als Vorlage für eine Zeile, vorstellen. Ein solcher Knoten kann vom Framework zur Laufzeit, abhängig von den von Ihnen vorgegebenen Einstellungen, einfach oder mehrfach instanziiert werden.

Die Anzahl der möglichen Instanzen wird dabei über die *Kardinalität* gesteuert. In Abbildung 32.11 hatten Sie für den Knoten **Eingabe** die **Kardinalität 1..1** zugewiesen und damit definiert, dass der Knoten mindestens einmal und maximal einmal instanziiert werden kann. Dies ist auch genau die Voraussetzung für das Eingabefeld: Der Wert soll immer eingegeben und in diesem Knoten abgelegt werden können. Es gibt keinen Fall, in dem das Eingabefeld nicht auf der Oberfläche vorhanden wäre.

In Tabelle 32.1 wurde vom Benutzer beispielsweise der Wert AA für die Fluggesellschaft eingegeben.

Instanz (EINGABE)	Feld (Carrid)
1	AA

Tabelle 32.1 Ein Knoten mit maximal einer Instanz

Für unsere Tabelle definieren Sie nun einen neuen Knoten mit der **Kardinalität 0..n**. Damit kann der Knoten mindestens 0-mal und maximal n-mal instanziiert werden. Mit anderen Worten: Die Tabelle kann mindestens 0 Einträge haben und maximal n (unendlich) viele Einträge.

Auch dies passt zur Aufgabe: Wenn zur eingegebenen Fluggesellschaft kein Flug gefunden wird, wird die Tabelle leer sein (d. h., es gibt auch keinen Grund, Daten im Knoten abzulegen), ist die Fluggesellschaft vorhanden, werden Sie von der Selektion je nach Fluggesellschaft eine unterschiedliche Anzahl von Flügen zurückbekommen.

In Tabelle 32.2 wurden beispielsweise zwei Zeilen von der Datenbank selektiert und in den Knoten FLUEGE zurückgeschrieben. Der Knoten hat damit zwei Instanzen, pro Zeile eine Instanz.

Den zweiten Knoten legen Sie wie folgt an:

1. Klicken Sie zur Anlage des neuen Knotens mit der rechten Maustaste auf die Wurzel **Context**, und wählen Sie erneut **Anlegen • Knoten** aus.
2. Vergeben Sie, wie in Abbildung 32.12 dargestellt, einen Knotennamen und die **Kardinalität 0..n**.

Nach der Anlage des letzten Knotens wurde das Attribut `carrid` anschließend manuell dem Knoten hinzugefügt. Dies wäre im Fall einer ganzen Struktur sehr zeitaufwendig. Daher bietet das Fenster **Knoten anlegen** die Option an, Attribute aus einer ABAP-Dictionary-Struktur zu importieren. Tragen Sie dazu im Feld **Dictionary-Struktur** die zu importierende Struktur ein, und klicken Sie anschließend auf den Button **Attribute aus Struktur hinzufügen**.

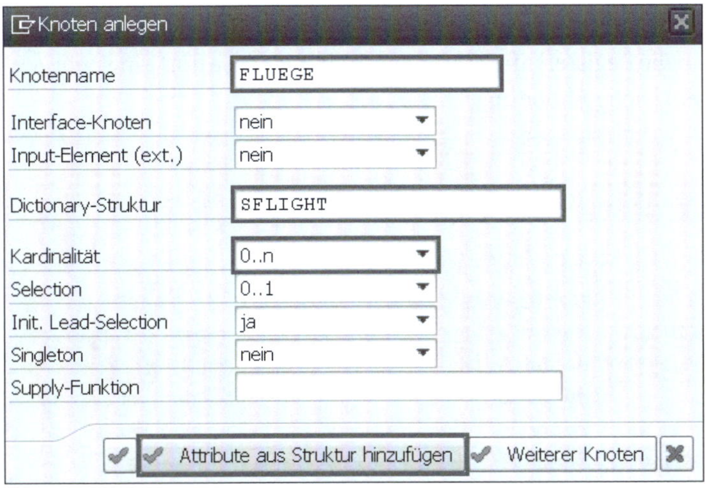

Abbildung 32.12 Definition eines Knotens mit Übernahme von Attributen

Instanz (FLUEGE)	Attribute			
Carrid	**Connid**	**Fldate**	**...**	
1	AA	17	21.10.2020	...
2	AA	18	22.11.2020	...
n	...	...	...	...

Tabelle 32.2 Ein Knoten mit mehrfacher Instanziierung

Wählen Sie, wie in Abbildung 32.13 dargestellt, über den Button in der Funktionsleiste alle Felder aus, und bestätigen Sie Ihre Auswahl mit einem Klick auf das grüne Häkchen ().

Abbildung 32.13 Auswahl der Attribute der Struktur

32.2.3 Methode zur Datenselektion implementieren

Nachdem die benötigten Knoten und Attribute in der Datenhaltungsschicht, dem Context, definiert wurden, können Sie nun eine Methode anbieten, die die Suche nach Flügen durchführen wird.

Wechseln Sie dazu auf die Registerkarte **Methoden**, und tragen Sie dort eine neue Methode SUCHE_FLUEGE ein (siehe Abbildung 32.14).

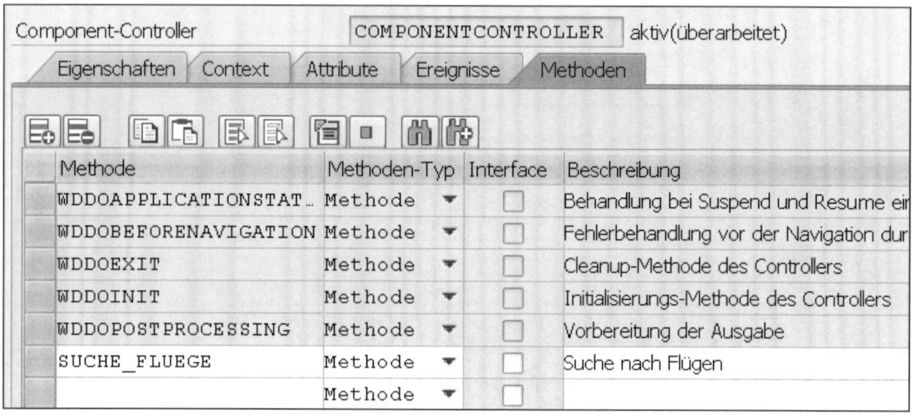

Abbildung 32.14 Die Methoden des Component-Controllers

Die Methode soll, wenn der Benutzer nach der Eingabe der Fluggesellschaft auf den Such-Button klickt, die im Eingabefeld eingetragene Fluggesellschaft lesen und die zugehörigen Flüge von der Datenbank lesen. Das Lesen geschieht über den Context (in diesem wurde ja sowohl ein Knoten **Eingabe** mit dem Eingabefeld als auch ein Knoten für die Tabelle **Fluege** modelliert), der zur Laufzeit als Instanz zur Verfügung steht.

Folgende Schritte müssen in der Methode durchgeführt werden:

1. Das Eingabefeld aus dem Context muss ausgelesen werden.
2. Die Daten von der Datenbank müssen selektiert werden.
3. Die Ergebnistabelle muss zurück in den Context geschrieben werden.

Zur Laufzeit wird in jedem Controller (d. h. dort, wo sich die Methode befindet) ein globales Attribut WD_CONTEXT zur Verfügung gestellt, das auf den Context des Controllers zeigt. Den dazu benötigten Quellcode müssen Sie nicht selbst schreiben, sondern Sie können dazu den bereitgestellten Wizard verwenden:

1. Klicken Sie dazu doppelt auf den Namen SUCHE_FLUEGE der Methode.
2. Klicken Sie in den leeren Rumpf der Methode (zwischen METHOD und ENDMETHOD), und wählen Sie anschließend den Button **Wizard** (icon) in der Funktionsleiste aus.

3. Auf der Registerkarte **Context** des sich öffnenden Fensters (siehe Abbildung 32.15) stellen Sie sicher, dass Sie im Bereich **Operation auf dem Context** die Operation **Auslesen** ❶ ausgewählt haben. Nun klicken Sie auf den Button **Context** ❷ und wählen das Attribut `CARRID` ❸ des Knotens `EINGABE` aus.
4. Bestätigen Sie den Wizard anschließend mit einem Klick auf das grüne Häkchen (✔).

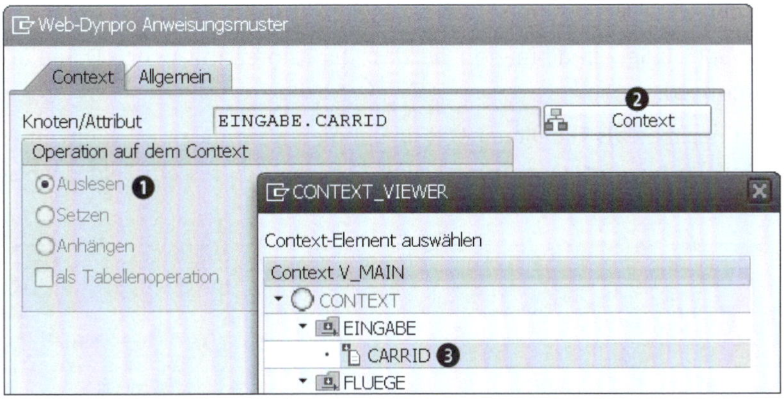

Abbildung 32.15 Auslesen eines Contexts mithilfe des Wizards

5. Fügen Sie nun nach dem generierten Code die in Abbildung 32.16 in Zeile 29 bis 31 dargestellte `SELECT`-Anweisung ein. Diese beschafft die Flüge zur eingegebenen Fluggesellschaft, die in der Variablen `lv_carrid` steht. Die Tabelle `lt_fluege` müssen Sie dabei nicht extra deklarieren, die dazugehörige Definition wird durch den nächsten Aufruf des Wizards generiert.

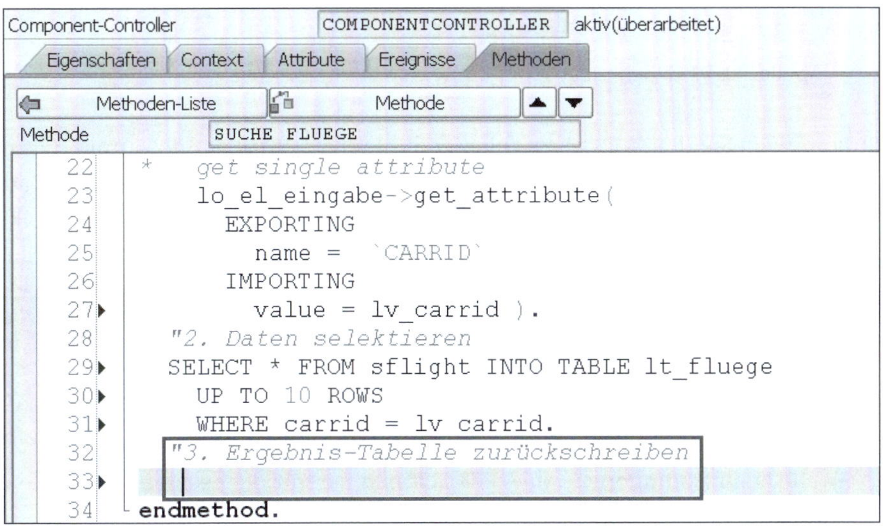

Abbildung 32.16 Ergebnistabelle in den Context zurückschreiben

Beachten Sie hier jedoch, dass der Name der internen Tabelle nach `lt_` (hier `fluege`) exakt dem des Knotens der Tabelle (`fluege`) entspricht.

6. Klicken Sie hierzu in die Zeile nach der `SELECT`-Anweisung (Zeile 33 in Abbildung 32.16), und klicken Sie erneut auf den Button **Wizard** () in der Funktionsleiste.
7. Diesmal wählen Sie allerdings nach dem Klick auf den Button **Context** den Knoten der Tabelle `FLUEGE` aus (siehe Abbildung 32.17) und markieren im Bereich **Operation auf dem Context** die Operation **Setzen** sowie die Checkbox **als Tabellenoperation**.
   - Mit der Option **Setzen** definieren Sie, dass der Knoten mit neuen Daten überschrieben wird.
   - Mit der Checkbox **als Tabellenoperation** definieren Sie, dass es sich um eine interne Tabelle handelt. Ohne dieses Häkchen wäre dieses ein Feld oder eine Struktur.

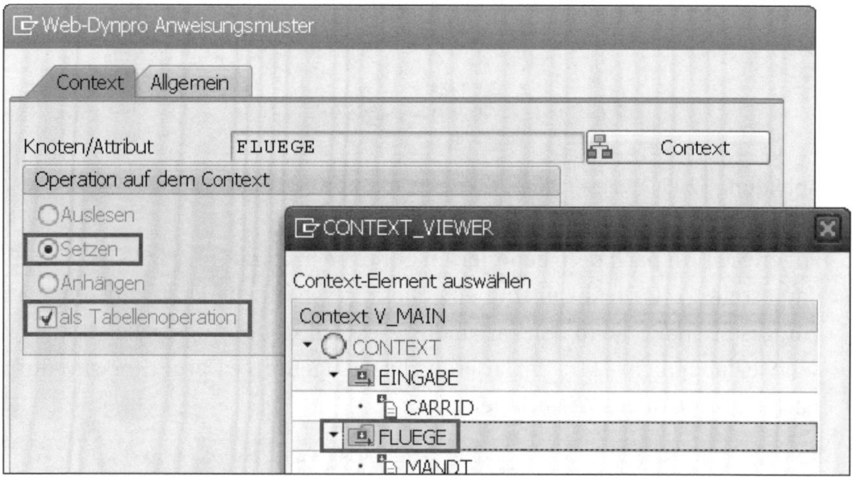

Abbildung 32.17 Schreiben eines Contexts mithilfe des Wizards

8. Bestätigen Sie den Wizard anschließend mit einem Kick auf das grüne Häkchen (). Hierbei müssen Sie beachten, dass der neu generierte Code ebenfalls Datendeklarationen beinhaltet, die Sie jetzt an den Kopf der Methode kopieren sollten. Wie Sie in Abbildung 32.18 sehen, wurde z. B. in Zeile 35 die Deklaration der internen Tabellen `lt_fluege` hinzugefügt. Diese wird aber schon in Zeile 29 für die `SELECT`-Anweisung benötigt. Verschieben Sie die beiden Deklarationen daher an den Kopf der Methode (z. B. nach Zeile 2).
9. Aktivieren Sie die Methode anschließend. Klicken Sie hierzu doppelt auf die Web-Dynpro-Component `ZMEINE_WDY_COMP` (siehe Abbildung 32.8 in Abschnitt 32.2.1, »Web-Dynpro-Component anlegen«). Öffnen Sie mit der rechten Maustaste das Kontextmenü, und wählen Sie **Aktivieren** aus.

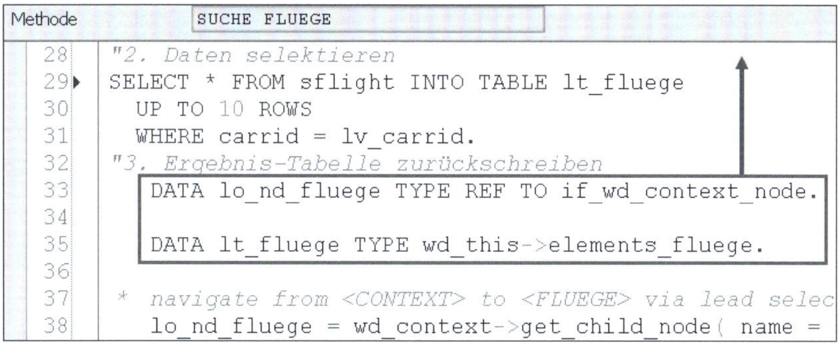

Abbildung 32.18 Verschieben der Datendeklaration an den Kopf

Den kompletten Code der Methode SUCHE_FLUEGE finden Sie zur Orientierung in Listing 32.6. Die vom Wizard generierten Kommentare habe ich dabei aus Platzgründen entfernt und durch deutschsprachige ersetzt, diese können Sie unbeachtet in Ihrem Quellcode belassen.

```
DATA lo_nd_eingabe TYPE REF TO if_wd_context_node.
DATA lo_el_eingabe TYPE REF TO if_wd_context_element.
DATA ls_eingabe    TYPE wd_this->element_eingabe.
DATA lv_carrid     TYPE wd_this->element_eingabe-carrid.
DATA lo_nd_fluege  TYPE REF TO if_wd_context_node.
DATA lt_fluege     TYPE wd_this->elements_fluege.
*Holen des Knotens EINGABE
lo_nd_eingabe = wd_context->get_child_node(
 name = wd_this->wdctx_eingabe ).
lo_el_eingabe = lo_nd_eingabe->get_element( ).
*Lesen des Attributs
lo_el_eingabe->get_attribute(
  EXPORTING
    name =  `CARRID`
  IMPORTING
    value = lv_carrid ).
*Lesen der dazugehörigen Daten
SELECT * FROM sflight INTO TABLE lt_fluege UP TO 10 ROWS
  WHERE carrid = lv_carrid.
*Holen des Knotens FLUEGE
lo_nd_fluege = wd_context->get_child_node(
 name = wd_this->wdctx_fluege ).
*Zurückschreiben der selektierten Tabelle
lo_nd_fluege->bind_table( new_items = lt_fluege
                          set_initial_elements = abap_true ).
```

Listing 32.6 Selektieren und Setzen der Flüge für die Benutzereingabe

[+]

Aktivieren der Methode über die Web-Dynpro-Component

Es empfiehlt sich, das Aktivieren immer über die Web-Dynpro-Component (als oberste Ebene) durchzuführen. Auf diese Weise werden alle darunterliegenden inaktiven Objekte gesammelt, und so können Sie kein Element vergessen zu aktivieren.

32.2.4 Context mit View verbinden

Nun muss dieser Context noch mit dem View verbunden werden, der die Daten anzeigen soll, und der View selbst muss noch mit einem Eingabefeld und einer Tabelle ausgeprägt werden:

1. Wechseln Sie hierzu in Ihrer Web-Dynpro-Component zum Ordner **Views**. Klicken Sie doppelt auf den View `V_MAIN`. Wechseln Sie dann auf die in Abbildung 32.19 dargestellte Registerkarte **Context**.

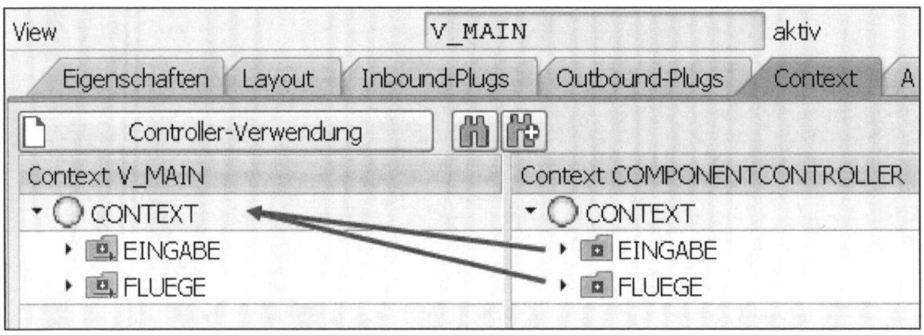

Abbildung 32.19 Das Mappen von Knoten

[»]

Context des View-Controllers und Mapping

Wie Sie sehen können, hat nicht nur der Component-Controller eine Datenhaltungsschicht (Context). Ein View und der dazugehörige Controller haben ebenfalls eine separate Datenhaltungsschicht, die momentan noch leer ist. In der Tat gibt es für jeden in Web Dynpro existierenden Controller eine solche Registerkarte **Context** und damit eine Datenhaltungsschicht.

Sie können nun Teile dieser Datenhaltungsschichten miteinander verbinden, und zwar knotenweise. Das Framework kümmert sich dann automatisch darum, die im Knoten enthaltenen Daten zu synchronisieren. Dieses Vorgehen nennt sich *Mapping*.

2. Ziehen Sie die beiden Knoten `EINGABE` und `FLUEGE`, wie in Abbildung 32.19 dargestellt, von den beiden Ordnern auf der rechten Seite auf die Wurzel `CONTEXT` auf der linken Seite.

3. Da die beiden Knoten jetzt auch auf dem View `V_MAIN` zur Verfügung stehen, können diese nun mit den dort angezeigten UI-Elementen verknüpft werden. Wechseln Sie dazu anschließend auf die Registerkarte **Layout** (siehe Abbildung 32.20).

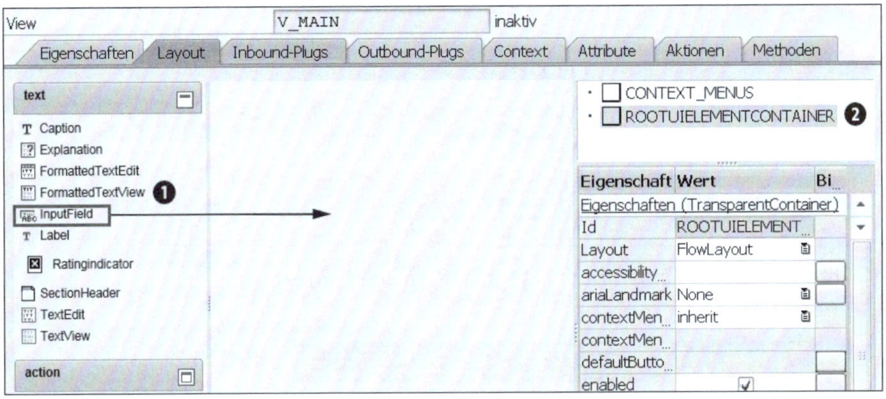

Abbildung 32.20 Anlage von UI-Elementen auf der Oberfläche

4. Die Registerkarte **Layout** steht Ihnen zur Verfügung, um die Oberfläche Ihrer Anwendung auszuprägen. Dazu haben Sie auf der linken Seite verschiedene Kategorien mit UI-Elementen zur Verfügung. Unter der Kategorie **text** ist beispielsweise ein Eingabefeld (**InputField**) vorhanden. Um es hinzuzufügen, haben Sie zwei Möglichkeiten:
   - Sie ziehen das Element **InputField** per Drag & Drop (wie ❶ in Abbildung 32.20 zeigt) auf die Oberfläche (dies funktioniert nicht immer).
   - Sie klicken mit der rechten Maustaste auf `ROOTUIELEMENTCONTAINER` und wählen im Kontextmenü den Eintrag **Einfügen**. Vergeben Sie im folgenden Pop-up-Fenster eine **Id** (z. B. `ip_carrid`), und wählen Sie als Typ **InputField** aus.
5. Nun verbinden Sie das eben angelegte Eingabefeld mit der Datenhaltungsschicht des Views, definieren also das Binding. Klicken Sie hierzu unter `ROOTUIELEMENTCONTAINER` ❷ auf das angelegte Eingabefeld. Dadurch werden darunter die Eigenschaften des UI-Elements angezeigt. Wann immer Sie etwas mit einem UI-Element machen wollen, definieren Sie das hier in den Eigenschaften. Es gibt dazu keine andere Stelle.
6. Klicken Sie hier, wie in Abbildung 32.21 gezeigt, bei der Eigenschaft **value** auf den dahinter angezeigten Button [Button].
7. Wählen Sie das Feld `CARRID` unter dem Knoten `EINGABE` aus, und bestätigen Sie Ihre Auswahl mit einem Klick auf das grüne Häkchen ([✔], siehe Abbildung 32.22).
8. Nun muss noch ein Button angelegt werden, der die Suche anstößt. Legen Sie auf die gleiche Weise, wie für das Eingabefeld beschrieben, einen Button (**Id**: `btn_suche`, **Typ**: `Button`) z. B. mit dem Namen `BTN_SUCHE` an.

32

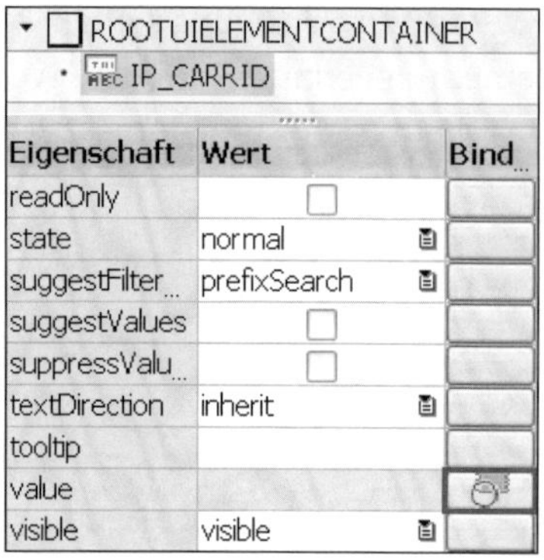

Abbildung 32.21 Binden einer Eigenschaft an den Context

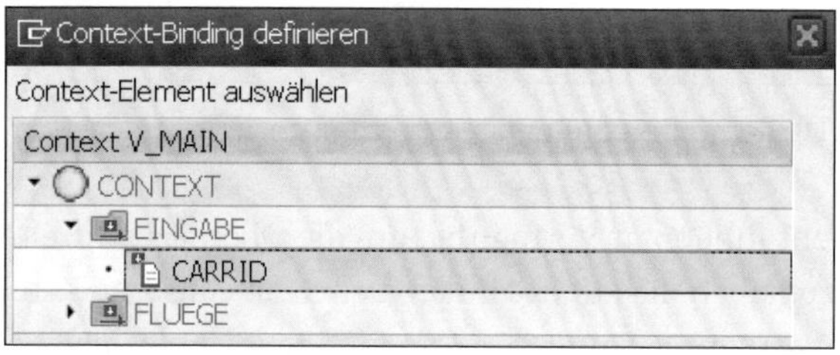

Abbildung 32.22 Auswahl des Attributs für das Binding

9. Klicken Sie anschließend auf diesen neu angelegten Button unter dem Knoten ROOTUIELEMENTCONTAINER, und definieren Sie über die Eigenschaft **text**, welcher Text auf dem Button angezeigt werden soll (siehe Abbildung 32.23).

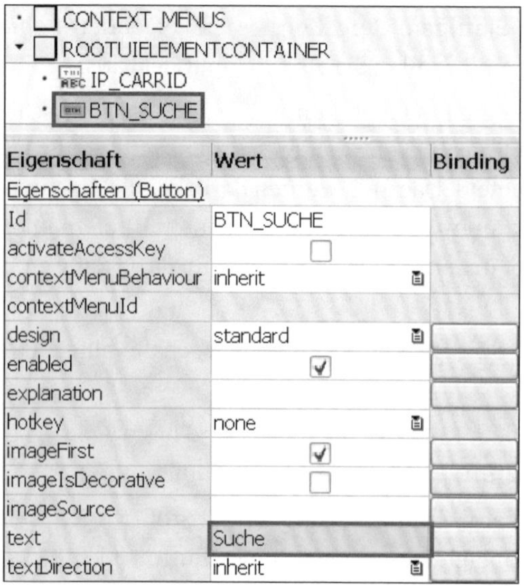

Abbildung 32.23 Setzen einer Eigenschaft für ein UI-Element

32.2.5 Ergebnistabelle anlegen

Der Editor für Ihre Oberfläche dürfte nun aussehen, wie in Abbildung 32.24 dargestellt: ein Eingabefeld, in das das Binding eingetragen ist, und ein Button mit dem Text »Suche«.

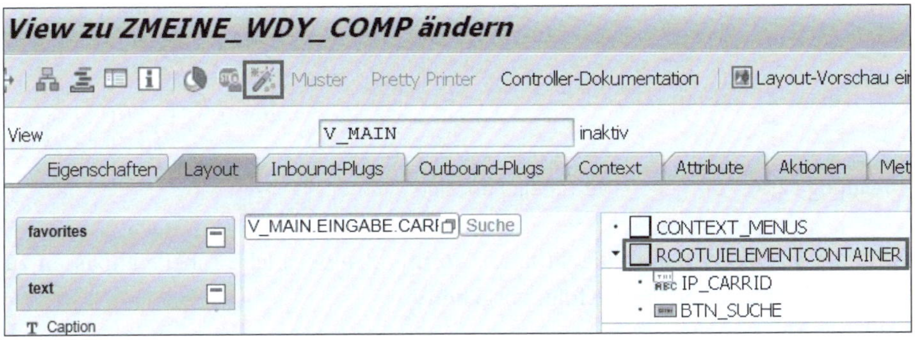

Abbildung 32.24 Generieren einer Tabelle mithilfe des Wizards

Nun muss noch die Ergebnistabelle auf der Oberfläche angelegt werden. Für die Erzeugung der Tabelle gibt es ebenfalls einen Wizard.

1. Damit der Wizard weiß, wohin die Tabelle generiert werden soll, klicken Sie, wie in Abbildung 32.24 angedeutet, auf den Knoten ROOTUIELEMENTCONTAINER.
2. Klicken Sie anschließend in der Funktionsleiste auf den Button **Wizard** ( ), und wählen Sie im Pop-up-Fenster die Option **Table** aus. Bestätigen Sie die Auswahl mit **Weiter**.
3. Klicken Sie im nächsten Schritt auf den Button **Context**, und wählen Sie den **Context-Knoten** FLUEGE aus (siehe Abbildung 32.25).

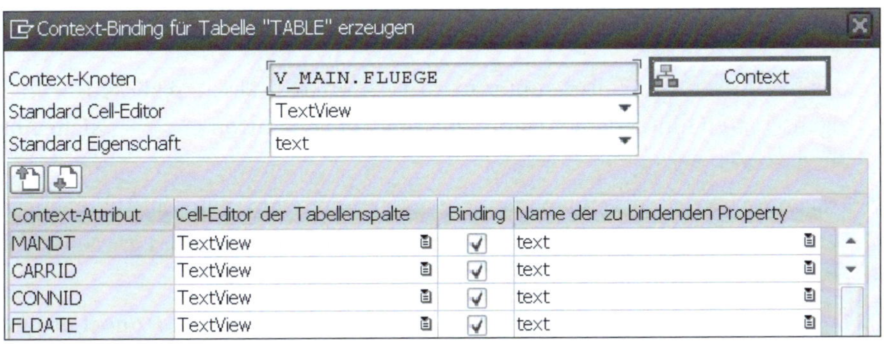

Abbildung 32.25 Auswahl eines Context-Knotens für die Tabelle

4. Dadurch werden alle Spalten in der darunter angezeigten Auswahlliste automatisch vorgeschlagen. Bestätigen Sie die abschließende Generierung mit einem Klick auf das grüne Häkchen ( ).

32

Dadurch wird die Tabelle auf der Oberfläche wie in Abbildung 32.26 generiert.

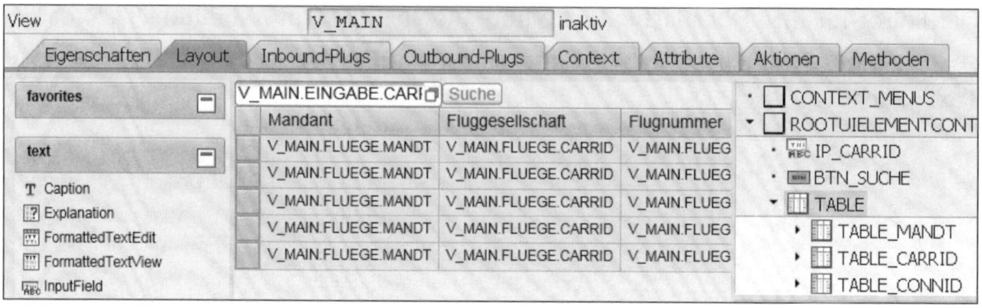

Abbildung 32.26 Eine generierte Tabellenanzeige

Wenn Sie im Alltag mal in die Situation kommen, eine solche Tabelle anpassen zu müssen, dann können Sie wie folgt vorgehen:

- **Spalte hinzufügen**
  Erweitern Sie die hinter dem Knoten liegende Struktur, oder fügen Sie im Knoten ein neues Attribut ein. Führen Sie den Tabellen-Wizard anschließend erneut aus, und ersetzen Sie die alte Tabelle durch die neue. Wählen Sie gegebenenfalls die gleiche ID.
- **Spalte entfernen**
  Gehen Sie unter `ROOTUIELEMENTCONTAINER` auf die Tabelle und die Spalte, und drücken Sie die Taste [Entf].

32.2.6 Logik für den Button implementieren

Als nächsten Schritt müssen Sie dafür zu sorgen, dass dem Button **Suche** (momentan noch ausgegraut und nicht anklickbar) eine Logik zugewiesen wird, um die Daten für das ausgewählte Eingabefeld zu selektieren:

1. Gehen Sie dazu zum Button unter `ROOTUIELEMENTCONTAINER`, und klicken Sie in den Eigenschaften hinter dem Ereignis **onAction** auf den Button (siehe Abbildung 32.27).
2. Tragen Sie im sich öffnenden Pop-up-Fenster einen Namen für die Aktion ein (z. B. Suche), und bestätigen Sie Ihre Eingabe mit einem Klick auf das grüne Häkchen ().
3. Dadurch wird die Aktion angelegt und in den **Eigenschaften** unter **onAction** eingetragen.
4. Klicken Sie anschließend doppelt auf den Namen der Aktion. Dadurch gelangen Sie in die Ereignisbehandler-Methode für den Button auf der Registerkarte **Methoden**. Wie Sie am oberen Rand sehen können, befinden Sie sich immer noch im View `V_MAIN`.

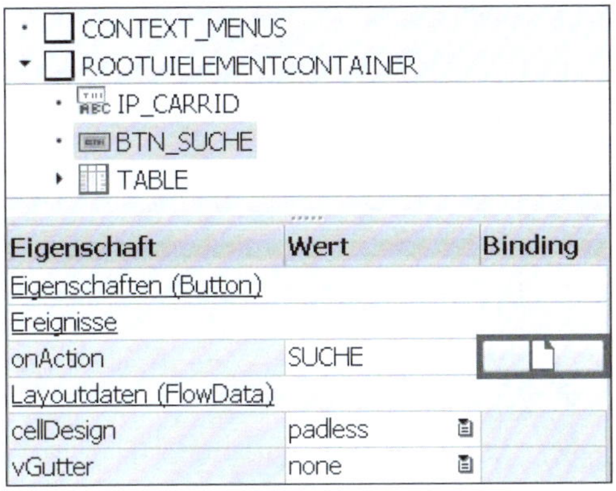

Abbildung 32.27 Anlegen einer Aktion für ein UI-Element

5. Tragen Sie den Methodenaufruf aus Abbildung 32.28 ein. Dieser ruft die in Abschnitt 32.2.3, »Methode zur Datenselektion implementieren«, angelegte Methode `SUCHE_FLUEGE()` aus dem Component-Controller auf.

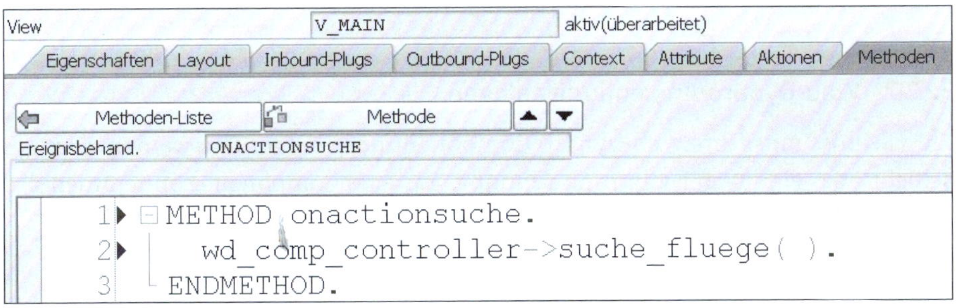

Abbildung 32.28 Aufruf der Methode des Component-Controllers

Die Referenz `WD_COMP_CONTROLLER` steht Ihnen standardmäßig auf der Registerkarte **Attribute** zur Verfügung. Diese Methode liest das Attribut `Carrid` des Knotens `EINGABE` aus, der ja mit dem Context des Views gemappt und an das Eingabefeld gebunden wurde. Wenn der Benutzer also einen Wert in das Eingabefeld einträgt und auf den Button **Suche** klickt, wird der eingegebene Wert (z. B. AA) in den Context des Views übertragen, der anschließend – aufgrund des Mappings – den Wert im Context des Component-Controllers synchronisiert. Die Methode liest diesen Wert aus dem Context des Component-Controllers aus, führt die SQL-Anweisung durch und schreibt das Ergebnis in den Knoten `FLUEGE` des Component-Controllers zurück. Da dieser Knoten mit dem Context des Views verbunden ist, werden die Daten mit dem View synchronisiert und aufgrund des Bindings an die Tabelle auf der Oberfläche übertragen.

Abbildung 32.29 fasst diesen Mechanismus zusammen. Die Kreise stellen die einzelnen Kontexte (Datenhaltungsschichten) dar.

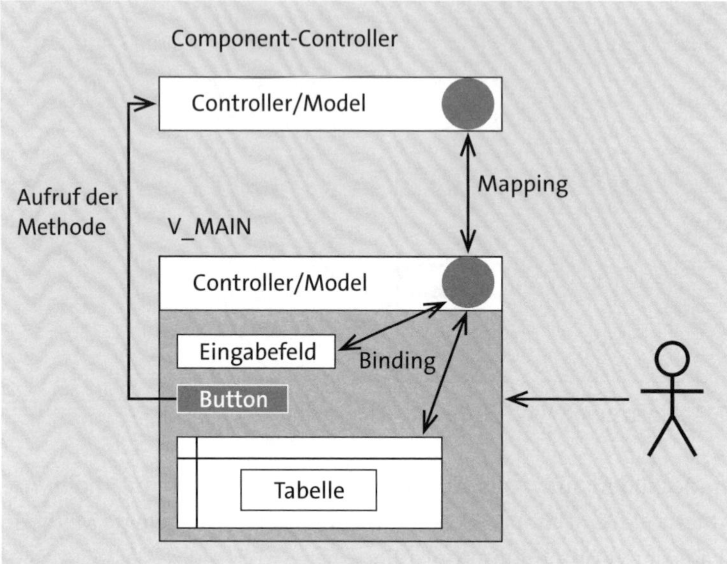

Abbildung 32.29 Der Mechanismus des MVC-Patterns

32.2.7 Web-Dynpro-Anwendung anlegen

Zum Schluss muss Ihre Web-Dynpro-Component noch aufgerufen werden. Dies geschieht über eine Web-Dynpro-Anwendung. Für eine Component können mehrere Web-Dynpro-Anwendungen existieren.

Klicken Sie zur Anlage der Anwendung mit der rechten Maustaste auf den obersten Ordner `ZMEINE_WDY_COMP` (siehe Abbildung 32.8 in Abschnitt 32.2.1, »Web-Dynpro-Component anlegen«), und wählen Sie **Anlage • Web-Dynpro-Anwendung**. Vergeben Sie im sich öffnenden Pop-up-Fenster einen Namen für die Anwendung (z. B. »ZMEINE_WDY_ANW«) und eine Kurzbeschreibung. Speichern (💾) Sie die Anwendung anschließend (ein Aktivieren ist nicht möglich).

Wie in Abbildung 32.30 dargestellt, wird in der Anwendung im Feld **Component** definiert, dass Ihre Web-Dynpro-Komponente und das dazugehörige Window (öffentlich, da **Interface-View** genannt) aufgerufen wird. Von dem Window soll dabei der Plug `DEFAULT` benutzt werden, der definiert, dass der View `V_MAIN` angezeigt werden soll.

Zusätzlich finden Sie im Feld **URL** die Adresse, unter der Sie die Anwendung im Browser erreichen können. Am Aufbau der URL ist erkennbar, dass für die Web-Dynpro-Anwendung ein Service im ICF angelegt wurde. Weitere Informationen dazu finden Sie in Abschnitt 32.3.

Die Web-Dynpro-Anwendung können Sie über den Button **Testen/Ausführen** (🖥) in der Funktionsleiste aufrufen. Dadurch startet der im System eingestellte Standardbrowser, und Ihnen wird die fertige Anwendung aus Abbildung 32.7 angezeigt.

Abbildung 32.30 Eine WebDynpro-Anwendung mit URL zum Aufruf

Weitere Informationen zu Web Dynpro ABAP

Eine vollständige Übersicht aller UI-Elemente und weitere Informationen zu Web Dynpro ABAP finden Sie in dem Buch »Web Dynpro ABAP – Das umfassende Handbuch« von Dominik Ofenloch und Roland Schwaiger (siehe *www.sap-press.de/3532*).

32.3 Internet Communication Framework

Für alle drei Webtechnologien werden im Internet Communication Framework (ICF) Services angelegt, über die die jeweiligen Einstiegsseiten über das Internet erreichbar sind. Das ICF ist fester Bestandteil jedes SAP NetWeaver AS und ermöglicht die Kommunikation mit dem SAP-System über die Standardprotokolle HTTP, HTTPS und SMTP.

Solche Aufrufe werden vom ICF empfangen, verarbeitet und anschließend zur entsprechenden Anwendung weitergeleitet. Die Anwendung wird ausgeführt und sendet gegebenenfalls Antworten über das ICF an den Aufrufer zurück.

Am Beispiel der in diesem Kapitel beschriebenen Frontend-Technologien würden Sie also im Browser die URL aufrufen, unter der z. B. eine Web-Dynpro-Anwendung erreichbar ist. Das ICF nimmt diese Anfrage entgegen, startet die dazugehörige Web-

Dynpro-Anwendung und sendet die generierte Oberfläche mit den benötigten Anzeigeinformationen zurück. Klicken Sie als Anwender jetzt z. B. auf einen Button, wird eine neue Anfrage an das ICF gesendet, und das entsprechende Ergebnis wird zurückgesendet.

[»]

Anlage von ICF-Services

Die Services werden von den verschiedenen Werkzeugen der ABAP Workbench automatisch angelegt. Sie haben aber auch die Möglichkeit, eigene Services anzulegen, z. B. für eine HTTP-Anfrage.

Jeder erreichbare Endpunkt wird im ICF als Service angelegt, den Sie in Transaktion SICF anzeigen und pflegen können:

1. Gehen Sie dazu in Transaktion SICF, und klicken Sie auf **Ausführen** (⊕). Dadurch gelangen Sie zu der in Abbildung 32.31 dargestellten Oberfläche.
2. Tragen Sie hier den Namen der aufzurufenden Anwendung in das Eingabefeld **Servicename** ein, und klicken Sie anschließend auf den Button **Anwenden**.

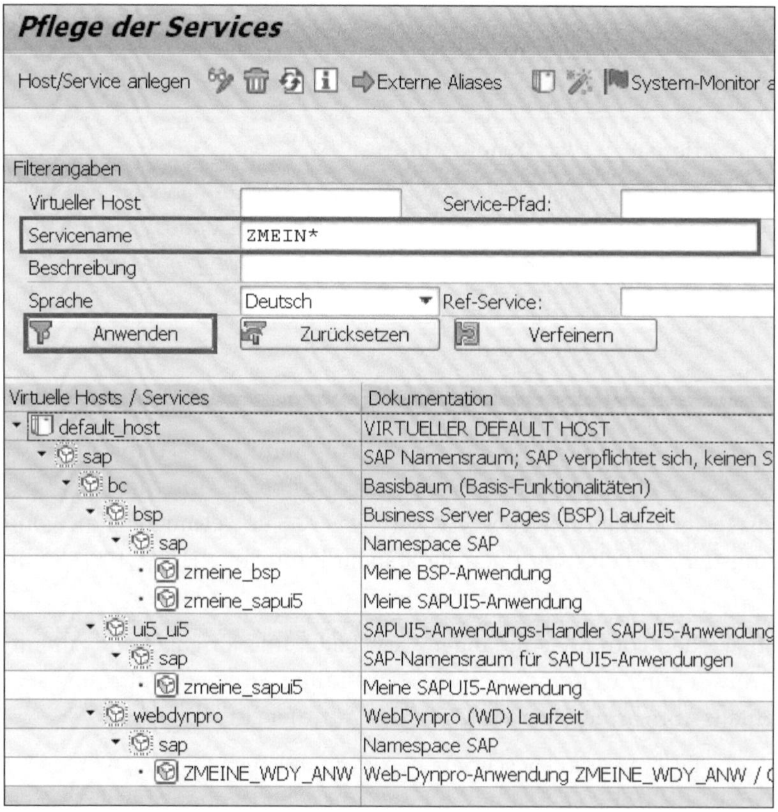

Abbildung 32.31 Im ICF definierte Services

Die Services werden dabei für jede Technologie mit unterschiedlichen Namen und unterschiedlichen Pfaden angelegt:

- Bei BSP suchen Sie den Service über den Namen der Anwendung. Der Pfad lautet **sap/bc/bsp/sap/**.
- Bei Web Dynpro suchen Sie den Service über den Namen der Web-Dynpro-Anwendung (nicht den der Component). Der Pfad lautet **sap/bc/webdynpro/sap/**.
- Bei SAPUI5 suchen Sie nach dem Namen der SAPUI5-Anwendung. Dieser wurde beim Hochladen der Anwendung festgelegt (nicht der Name des Projektordners). Das Projekt selbst wird als BSP-Anwendung abgelegt. Die Pfade lauten **sap/bc/bsp/sap/** für die BSP-Anwendung und **sap/bc/ui5_ui5/sap/** für die SAPUI5-Anwendung (Datei **index.html**).

Die drei wichtigsten Funktionen der Transaktion SICF können Sie in dem in Abbildung 32.32 dargestellten Kontextmenü finden.

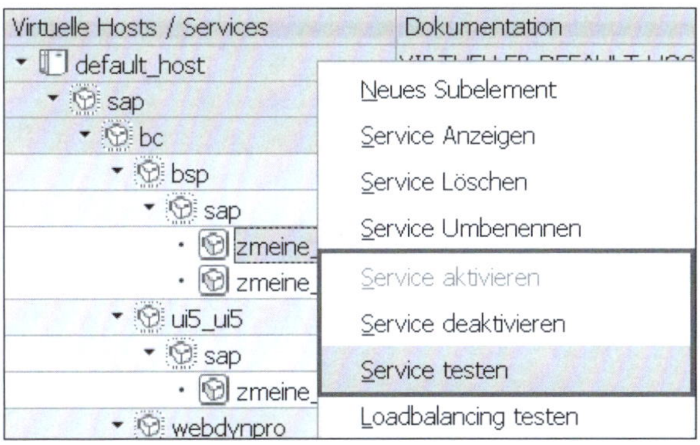

Abbildung 32.32 Aktivieren, Deaktivieren und Testen eines Service

Hier können Sie den **Service testen**, wodurch sich der Browser öffnet, den **Service deaktivieren**, wodurch er nicht mehr von außen erreichbar ist, und den **Service aktivieren**. Das Aktivieren spielt gerade bei der Einrichtung von SAP-Fiori-Apps eine wichtige Rolle. Diese werden nach dem Einspielen der benötigten Installationspakete initial auf **deaktiviert** gesetzt.

Wenn Sie doppelt auf einen Service klicken, haben Sie darüber hinaus die Möglichkeit, weitere Eigenschaften zu ändern. Hier könnten Sie z. B. auf der Registerkarte **Anmelde-Daten** einen technischen Benutzer eintragen, wodurch beim Aufruf der URL keine expliziten Benutzerdaten mehr abgefragt werden (siehe Abbildung 32.33).

Die Abfrage nach Benutzername und Passwort wird initial angezeigt, wenn der Benutzer die URL einer Webanwendung im Browser aufruft.

32

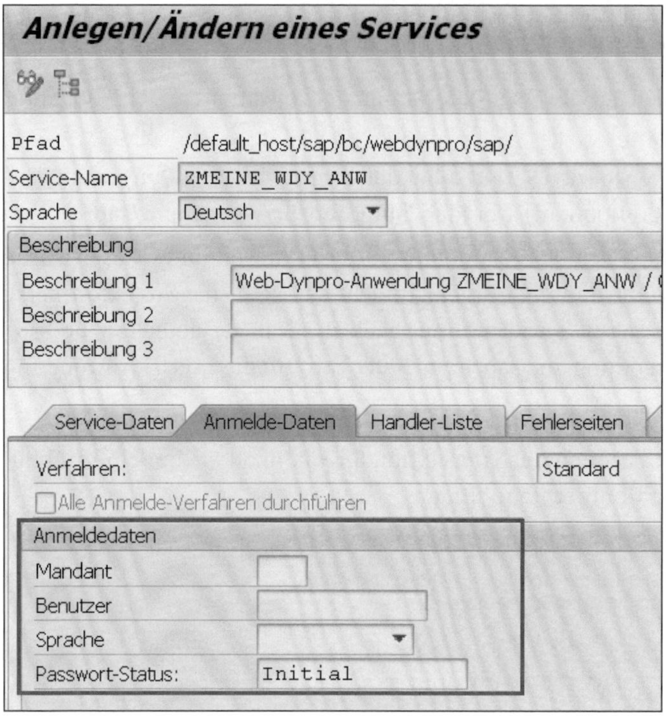

Abbildung 32.33 Hinterlegen von Anmeldedaten für einen ICF-Service

Anhang

Anhang A
Das SAP-Flugdatenmodell

In nahezu allen Beispielen dieses Buches wird das Flugdatenmodell von SAP verwendet. Das Flugdatenmodell beschreibt in einfacher Art und Weise den Flugbetrieb verschiedener Fluggesellschaften. Es ist auf jedem Kundensystem verfügbar und ermöglicht Ihnen damit, alle Beispiele direkt an Ihrem System nachzuvollziehen.

Das Modell setzt sich aus vielen Tabellen zusammen. Die wichtigsten (für die Beispiele in diesem Buch verwendeten) Tabellen sind die folgenden; sie sind jeweils über Fremdschlüsselbeziehungen miteinander verknüpft:

- `SCARR`: Enthält die Fluggesellschaften.
  Primärschlüssel: `CARRID` (Fluggesellschaft)
- `SPFLI`: Enthält die Flugverbindungen, den Flugplan.
  Primärschlüssel: `CARRID`, `CONNID` (Verbindung)
- `SFLIGHT`: Enthält alle Flüge.
  Primärschlüssel: `CARRID`, `CONNID`, `FLDATE` (Flugdatum)
- `SCUSTOM`: Enthält die Kunden.
  Primärschlüssel: `ID` (Flugkundennummer)
- `SBOOK`: Enthält die Buchungen für die Flüge
  Primärschlüssel: `CARRID`, `CONNID`, `FLDATE`
  Fremdschlüssel: `CUSTOMID` (Flugkundennummer)

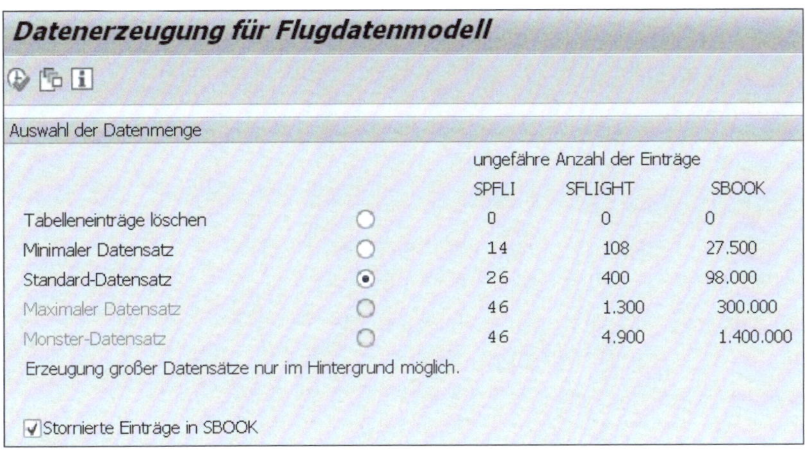

Abbildung A.1 Datenerzeugung für das Flugdatenmodell

Sind diese Tabellen auf Ihrem System noch leer, können Sie aktuelle Daten mit dem Report `SAPBC_DATA_GENERATOR` generieren. Dazu müssen Sie lediglich den Report in der Transaktion SE38 oder SA38 ausführen und die gewünschte Menge an Daten auswählen (siehe Abbildung A.1).

Anhang B
Übersicht der ABAP-Anweisungen

Hier finden Sie eine Übersicht der im Buch behandelten ABAP-Anweisungen. Obsolete Anweisungen sind als solche gekennzeichnet. Eine Auflistung der wichtigsten obsoleten Anweisungen finden Sie in Abschnitt B.12.

B.1 Grundbefehle

Die folgenden grundlegenden ABAP-Anweisungen und deren Zusätze werden beschrieben:

- `REPORT` zur Einleitung eines ausführbaren Programms mit Listenausgabe
- `WRITE` zum Schreiben in der Listenausgabe
- `SKIP` zum Überspringen einer Zeile in der Listenausgabe
- `DATA` für die Deklaration von Variablen, mit den Zusätzen `TYPE`, `LIKE`, `... TABLE OF`, `... LINE OF`, `... RANGE OF`
- `DATA()` für die Inline-Deklaration von Variablen
- `FIELD-SYMBOLS` für die Deklaration von Feldsymbolen
- `FIELD-SYMBOLS()` für die Inline-Deklaration von Feldsymbolen
- `=` für die Zuweisung von Datenobjekten, neu ergänzt durch die Kurzschreibweise `+=`, `-=`, `*=`, `/=` und `&&=`
- `WRITE ... TO` für die Zuweisung von Datenobjekten (obsolet)
- `CONSTANTS` und `FINAL` für die Deklaration von Konstanten
- `TYPES` zur Definition von Typen
- `TYPES: BEGIN OF ... END OF ...` zur Definition von Strukturtypen
- `MOVE-CORRESPONDING` zum Übertragen namensgleicher Felder in Strukturen und internen Tabellen. Neu ist dies mit der Anweisung `CORRESPONDING` möglich.
- `CLEAR` zur Initialisierung einer Variablen
- `FREE` zum Freigeben des reservierten Speichers einer Variablen
- `IF ... ELSE ... ELSEIF ... ENDIF` zur Definition einer Wenn-dann-Bedingung
- `CASE ... WHEN ... OTHERS ... ENDCASE` zur Definition einer Fallunterscheidung
- `DO ... ENDDO` zur Definition einer Kopfschleife

- WHILE ... ENDWHILE zur Definition einer Fußschleife
- CHECK zur Angabe von Prüfbedingungen
- EXIT zum Verlassen des aktuellen Verarbeitungsblocks
- CONTINUE zum Überspringen des aktuellen Verarbeitungsblocks

B.2 Arbeit mit Zeichenketten, Nachrichten und Textsymbolen

Die folgenden Anweisungen und Zusätze werden für die Arbeit mit Zeichenketten, Nachrichten und Textsymbolen verwendet:

- CONCATENATE für die Verkettung von Zeichenketten mit den Zusätzen RESPECTING BLANKS und SEPARATED BY space. Neu kann dies mit && unter Angabe von Leerzeichen mit ` ` (Akzente, keine normalen Hochkommata) sowie mit der Methode CONCAT_LINES_OF() umgesetzt werden. Alternativ nutzen Sie die Kurzschreibweise &&=.
- FIND zum Finden von Teilzeichenketten mit den Zusätzen FIRST OCCURENCE und ALL OCCURENCES sowie RESPECTING CASE und IGNORING CASE. Neu kann dies mit den Methoden FIND(), FIND_END(), FIND_ANY_OF(), FIND_ANY_NOT_OF(), COUNT(), COUNT_ANY_OF() und COUNT_ANY_NOT_OF() umgesetzt werden.
- REPLACE zum Ersetzen von Teilzeichenketten. Neu kann dies mit den Methoden REPLACE() und TRANSLATE() umgesetzt werden.
- ESPACE() zum Einfügen von Fluchtsymbolen
- INSERT() zum Einfügen von Zeichen
- TRANSLATE zur Konvertierung von Zeichenketten mit den Zusätzen TO UPPER CASE und TO LOWER CASE. Neu kann dies mit den Methoden TO_UPPER() und TO_LOWER() umgesetzt werden.
- CONDENSE zur Verdichtung von Zeichenketten. Neu kann dies mit der Methode CONDENSE() umgesetzt werden.
- DESCRIBE FIELD ... LENGTH zur Bestimmung der Länge der Zeichenkette. Neu kann dies mit den Methoden STRLEN() und CHARLEN() umgesetzt werden.
- Zeichenkette+(Position)Länge zur Angabe von Offsets zum Auslesen bzw. Bearbeiten von Teilzeichenketten. Neu kann dies mit den Methoden SUBSTRING(), SUBSTRING_AFTER(), SUBSTRING_FROM(), SUBSTRING_BEFORE(), SUBSTRING_TO() und MATCH() umgesetzt werden.
- MESSAGE zur Ausgabe von Nachrichten (Type I, S, W, X, A und E):
  - Für Nachrichtenklassen: MESSAGE Nummer(Klasse)
  - Der Zusatz INTO dient der Übernahme der Texte in eine Variable.
- text-... für den Zugriff auf Textsymbole und Text(nr) als Kurzschreibweise

- CA, CO, CS, CP für den Vergleich von Zeichenketten
- |{ ausdruck }| als Angabe von Zeichenketten-Templates, insbesondere der Formatierungsoptionen ALPHA = [IN|OUT] sowie CURRENCY und COUNTRY

B.3 Arbeit mit internen Tabellen

Die folgenden Anweisungen und Zusätze dienen der Arbeit mit internen Tabellen:

- DATA ... TYPE [STANDARD|SORTED|HASHED] TABLE zur Definition von internen Tabellen (WITH HEADER LINE ist obsolet), Schlüsseldefinition mit dem Zusatz WITH [UNIQUE| NON-UNIQUE] KEY ... [COMPONENTS] bzw. DEFAULT KEY
- DATA ... TYPE RANGE OF ... zur Definition von Ranges-Tabellen (die Anweisung RANGES ist obsolet)
- LOOP AT ... ENDLOOP als Tabellenschleife mit den Zusätzen INTO und ASSIGNING sowie dem neuen Zusatz GROUP BY zur Gruppierung
- READ TABLE zum Lesen eines Eintrags mit den Zusätzen INDEX und WITH [TABLE] KEY zur Spezifizierung des Index bzw. Schlüssels sowie TRANSPORTING NO FIELDS zur Existenzprüfung
- Itab[...] zum Lesen eines Eintrags mithilfe eines Tabellenausdrucks mit den Zusätzen OPTIONAL und DEFAULT
- APPEND zum Hinzufügen eines Eintrags am Ende mit dem Zusatz LINES OF zum Hinzufügen der Zeilen einer anderen internen Tabelle
- INSERT zum Hinzufügen eines Eintrags über einen Index/Schlüssel
- DELETE zum Löschen von Einträgen
- MODIFY zum Ändern von Einträgen
- REFRESH zum Leeren des Inhalts (obsolet)
- SORT ... BY zum Sortieren mit den Zusätzen DESCENDING für absteigend, ASCENDING für aufsteigend
- COLLECT zum Aggregieren von Spalten
- LINES() zur Bestimmung der Zeilenanzahl
- CONCAT_LINES_OF() zur Verbindung von Zeilen zu einer Zeichenkette
- LINE_INDEX() zur Bestimmung des Index einer Zeile
- LINE_EXISTS() zur Prüfung der Existenz einer Zeile
- TYPES: BEGIN OF MESH zur Definition von Meshes

B.4 Konstruktorausdrücke

Dies sind die neuen Konstruktorausdrücke:

- VALUE zur Erzeugung von Werten (Initialwerte, Strukturen, interne Tabellen, ...)
- REF zur Besorgung von Referenzen
- EXACT zur verlustfreien Zuweisung/Berechnung
- CONV zur Konvertierung von Werten
- COND für komplexe bedingte Ausdrücke
- SWITCH für einfache bedingte Ausdrücke
- NEW zur Instanziierung
- CAST zur Typumwandlung
- REDUCE zur Reduzierung von internen Tabellen über Iteratoren
- FILTER zur Filterung von internen Tabellen mit einer WHERE-Klausel oder einer zweiten Tabelle
- CORRESPONDING zum Kopieren von Strukturen und internen Tabellen über Namensgleichheit sowie Angabe eines Mappings über die Zusätze MAPPING und EXCEPT

Zu den Konstruktorausdrücken gibt es die Zusätze:

- LET zur Definition von Hilfsvariablen
- BASE zum Erhalten des Startwertes

B.5 Arbeit mit Datenbanktabellen

Die folgenden Anweisungen und Zusätze dienen der Arbeit mit Datenbanktabellen:

- SELECT ... INTO TABLE zum Lesen mehrerer Einträge
- SELECT SINGLE ... INTO zum Lesen eines Eintrags
- SELECT ... INTO ... ENDSELECT zum zeilenweisen Lesen mehrerer Einträge in einer Schleife:
  - WHERE zur Einschränkung der Selektionsmenge sowie der Zusatz IN zur Angabe von Ranges-Tabellen und Selektionsoptionen
  - @ zur Angabe von Host-Variablen und Host-Ausdrücken mit Kommata zum Trennen der Spalten der Selektionsliste (strikte Syntaxschreibweise)
  - Verkettung mit &&
  - +, -, * und / für arithmetische Ausdrücke
  - ABS( ) als Absolutwert, CEIL( ) zum Aufrunden, FLOOR( ) zum Abrunden, DIV( ) für die ganzzahlige Division, MOD( ) für den ganzzahligen Rest, ROUND( ) für das Runden

  - CASE ... WHEN ... ELSE ... END zur Fallunterscheidung in der Selektionsliste
  - CAST() zur Typumwandlung
  - COALESCE() für die Ersetzung von Nullwerten
  - AVG() für den Durchschnitt, COUNT() für die Anzahl, MAX() für den Maximalwert, MIN() für den Minimalwert, SUM() für die Summe sowie der Zusatz DISTINCT zum Ausschließen doppelter Werte
  - CONCAT() zum Verbinden von Zeichenketten, LPAD() und RPAD() zum Verschieben und Ersetzen, LENGTH() für die Länge, REPLACE() zum Ersetzen, RIGHT() zum Verschieben, RTRIM() und LTRIM() zum Entfernen von Leerzeichen, SUBSTRING() für Teilzeichenketten
  - ORDER BY zum Sortieren mit den Zusätzen DESCENDING für aufsteigend und ASCENDING für absteigend
  - GROUP BY zur Gruppierung
  - HAVING zur Einschränkung der Gruppierung
  - CORRESPONDING FIELDS OF [TABLE] zum Zuweisen namensgleicher Spalten
  - INNER JOIN ... ON zur Verknüpfung mehrere Tabellen, auch LEFT [OUTER] JOIN und RIGHT [OUTER] JOIN
  - FOR ALL ENTRIES IN zur Einschränkung über interne Tabellen
  - FIELDS zur expliziten Angabe der Selektionsliste (z. B. nach der FROM-Klausel)
  - UNION zur Vereinigung von Ergebnismengen, mit den Zusätzen ALL und DISTINCT
  - AS spalte zur Benennung neuer Spalten
- DELETE zum Löschen von Einträgen
- UPDATE zum Aktualisieren von Einträgen
- INSERT zum Einfügen von Einträgen
- MODIFY zum Ändern oder Einfügen von Einträgen
- EXEC SQL ... ENDEXEC zum Ausführen von nativem SQL (obsolet)
- CALL DATABASE PROCEDURE für den Aufruf einer Datenbankprozedur über einen Datenbankprozedur-Proxy (SAP HANA)
- COMMIT WORK zum Anstoßen der Verbuchung
- ROLLBACK WORK zum Zurückspielen der Verbuchung
- WITH zur Definition allgemeiner Tabellenausdrücke, um mehrere SELECT-Anweisungen aufeinander aufzubauen
- der Zusatz OFFSET bei einer SELECT und DELETE-Anweisung, um Einträge gezielt zu überspringen

B.6 Selektionsbildschirme, Dynpros und Transaktionen

Die folgenden Anweisungen und Zusätze werden im Zusammenhang mit Selektionsbildschirmen, Dynpros und Transaktionen verwendet:

- `PARAMETERS` zur Definition eines Eingabefeldes
- `PARAMETERS ... AS LISTBOX` zur Definition einer Dropdown-Liste
- `PARAMETERS ... AS CHECKBOX` zur Definition einer Checkbox
- `PARAMETERS ... RADIOBUTTON GROUP` zur Definition einer Radiobutton-Gruppe
- `SELECT-OPTIONS` zur Definition eines Von-bis-Eingabefeldes
- `INITIALIZATION` zur Initialisierung des Selektionsbildschirms
- `START-OF-SELECTION` für den Start der eigentlichen Verarbeitung
- `AT SELECTION SCREEN` zur Reaktion auf Benutzerinteraktionen
- `CALL SCREEN` für den Aufruf eines Dynpros
- `LEAVE PROGRAM` zum Verlassen eines Programms
- `LEAVE TO SCREEN 0` zum Zurückkehren zum Selektionsbildschirm
- `SET PF-STATUS` zum Setzen eines GUI-Status
- `SET TITLEBAR` zum Setzen eines GUI-Titels
- `SUBMIT` für den Aufruf eines Reports
- `CALL TRANSACTION ... WITH AUTHORITY-CHECK` für den Aufruf einer Transaktion (ohne Zusatz obsolet)
- `SET PARAMETER ID` zum Setzen eines SPA-/GPA-Parameters
- `GET PARAMETER ID` zum Auslesen eines SPA-/GPA-Parameters
- `CALL TRANSFORMATION` zum Aufrufen einer Transformation

B.7 Objektorientierung

Die folgenden Anweisungen und Sätze wurden zur objektorientierten Programmierung mit ABAP Objects eingeführt:

- `CLASS ... DEFINITION ... ENDCLASS` als Grundrumpf einer Klasse sowie die Zusätze:
  - `CREATE [PUBLIC|PRIVATE|PROTECTED]` zur Steuerung der Erzeugungssichtbarkeit der Klasse
  - `PUBLIC` zur Definition der Klasse als globale Klasse
  - `[GLOBAL] FRIENDS` zur Angabe von Freunden
  - `INHERITING FROM` zur Angabe von Vererbung

- ABSTRACT zur Definition der Klasse als abstrakte Klasse
- FINAL zur Definition der Klasse als finale Klasse
- SHARED MEMORY ENABLED zur Definition der Klasse als Shared-Objects-Klasse
- PUBLIC SECTION, PRIVATE SECTION, PROTECTED SECTION zur Definition der Sichtbarkeitsbereiche einer Klassendefinition
- INTERFACES zur Implementierung von Interfaces
- [CLASS-]EVENTS zur Definition von Ereignissen
- [CLASS-]METHODS zur Definition von Methoden, mit den Zusätzen OPTIONAL und DEFAULT, aber auch RAISING für klassenbasierte Ausnahmen und EXCEPTIONS für lokale Ausnahmen
- CONSTRUCTOR und CLASS_CONSTRUCTOR zur Definition von Konstruktoren
- ... FOR EVENT ... OF ... IMPORTING zur Definition von Ereignisbehandlern
- METHODS ... REDEFINITION zur Redefinierung von Methoden von Oberklassen
- [CLASS-]DATA und CONSTANTS zur Definition von Attributen

- CLASS ... IMPLEMENTATION ... ENDCLASS zur Definition des Implementierungsteils einer Klasse
- METHOD ... ENDMETHOD zur Implementierung von Methoden
- INTERFACE ... ENDINTERFACE als Grundrumpf eines Interface
- CREATE OBJECT zur Erzeugung der Instanz einer Klasse
- -> Aufruf einer dynamischen Methode/Zugriff auf ein dynamisches Attribut
- => Aufruf einer statischen Methode/Zugriff auf eine statische Komponente
- ?= für den Up und Down Cast von Klassentypen
- RAISE EVENT zum Auslösen eines Ereignisses
- SET HANDLER ... FOR zum Registrieren eines Ereignisbehandlers, der Zusatz ACTIVATION zum Deregistrieren
- RAISE, MESSAGE RAISING zum Werfen einer lokalen Ausnahme
- RAISE EXCEPTION zum Werfen einer Ausnahme auf Basis einer Ausnahmeklasse
- CASE TYPE OF zum Prüfen des Klassentyps
- IF ... IS INSTANCE OF zum Prüfen des Klassentyps mit einer Fallunterscheidung
- CALL METHOD für den Aufruf einer Methode (obsolet)
- TRY ... CATCH ... ENDTRY zum Abfangen und Behandeln einer Ausnahme, der Zusatz INTO REF zum Entgegennehmen der Instanz der Ausnahmeklasse

B.8 Dynamische Programmierung

Die folgenden Anweisungen und Zusätze werden für die dynamische Programmierung mit ABAP verwendet:

- `->*` zur Dereferenzierung eines anonymen Datenobjekts
- `GET REFERENCE OF` für die Besorgung von Referenzen. Dies kann neu mit dem Konstruktorausdruck `REF` umgesetzt werden.
- `CREATE DATA` zum Erzeugen von anonymen Datenobjekten. Dies kann neu mit dem Konstruktorausdruck `NEW` umgesetzt werden.
- `TYPE any/any table` sowie `TYPE REF TO data/object` zur Definition von generischen Variablen
- `ASSIGN` für die Zuweisung eines Datenobjekts

B.9 Strukturierungselemente

Die folgenden Anweisungen dienen der Strukturierung von Programmen:

- `FORM ... ENDFORM` zur Definition einer Form (obsolet)
- `PERFORM` für den Aufruf einer Form (obsolet)
- `INCLUDE` zum Einbinden eines Includes
- `DEFINE ... END-OF-DEFINITION` zur Definierung eines Makros
- `CALL FUNCTION` für den Aufruf eines Funktionsbausteins

B.10 Erweiterungen

Die folgenden Anweisungen werden im Zusammenhang mit Erweiterungen verwendet:

- `GET BADI` zur Beschaffung einer Referenz auf ein BAdI
- `CALL BADI` für den Aufruf einer BAdI-Methode
- `CALL CUSTOMER-FUNCTION` für den Aufruf eines Customer Exits (obsolet)
- `ENHANCEMENT-POINT` als expliziter Erweiterungspunkt
- `ENHANCEMENT-SECTION` als explizite Erweiterungssektion

B.11 Sonstige

Darüber hinaus werden folgende Anweisungen behandelt:

- `GET RUN TIME FIELD` zur Beschaffung der Zeit in Nanosekunden
- `OPEN DATASET` zum Öffnen einer Datei
- `READ DATASET` zum zeilenweisen Einlesen einer Datei
- `TRANSFER DATASET` zum zeilenweisen Schreiben in eine Datei
- `CLOSE DATASET` zum Schließen einer Datei

B.12 Obsolete ABAP-Anweisungen

Die hier aufgeführten Varianten können zwar immer noch in Programmen gefunden werden, sollten aber nicht mehr verwendet werden; insbesondere in Klassen ist ihre Verwendung verboten und wird durch die Syntaxprüfung abgefangen:

- Benutzung von Makros und Forms jeglicher Art
- Beim Anlegen von Funktionsbausteinen sollten Tabellenparameter und Definitionen eines Parameters mit `LIKE` nicht mehr benutzt werden. Dies gilt auch für die Definition von globalen Parametern über Funktionsgruppen hinweg.
- Erweiterungen mit Customer-Exits über die Transaktion `CMOD`
- die Anweisung `CALL TRANSACTION` ohne den Zusatz `WITH AUTHORITY-CHECK`
- statt der Entwicklung neuer Dynpros sollte Web Dynpro bzw. SAPUI5 verwendet werden
- Verwendung von logischen Datenbanken
- Verwendung von internen Tabellen mit einer Kopfzeile und den daraus resultierenden Kurzformen von Anweisungen für interne Tabellen (z. B. `LOOP`, `READ TABLE`, `COLLECT`, …) und Open-SQL-Anweisungen und damit auch der Zusatz `OCCURS` bei der Definition von internen Tabellen mit `DATA` sowie die Anweisung `REFRESH`
- Verwendung der Kopfzeile von `SCREEN`, hier sollte immer eine separate Struktur definiert werden (`DATA ls_screen TYPE screen`).
- Deklaration einer Ranges-Tabelle mit `RANGES` (mit Kopfzeile), anstelle der Definition mit `TYPE` bzw. `LIKE RANGE OF` der Anweisung `TYPES` (ohne Kopfzeile)
- Verwendung der Anweisung `TABLES` zur Deklaration von Arbeitsbereichen
- Verwendung der Vergleichsoperationen `=<`, `=>`, `><`
- Verwendung von nativem SQL mit `EXEC`
- Zuweisungen mit `MOVE`
- Aufruf eines Dialogbausteins mit `CALL DIALOG`

- Verwendung der Anweisung SEARCH
- Verwendung der Anweisung COMPUTE
- Methodenaufrufe mit CALL METHOD
- Verwendung der Anweisung LEAVE ohne Zusatz
- Anweisungen zwischen CASE und WHEN
- Verwendung der Anweisung ON CHANGE OF
- Export und Import in den ABAP Memory mit EXPORT bzw. IMPORT ohne den Zusatz ID
- Der Zusatz LIKE sollte nur für den Bezug auf Datenobjekte verwendet werden, für den Bezug auf Datentypen ist grundsätzlich der Zusatz TYPE zu verwenden.

[»]

Zusammenfassung der obsoleten Anweisungen

Bei der Liste der obsoleten Anweisungen handelt es sich um eine Auswahl. Der Schwerpunkt wurde auf die Bekanntheit und Wichtigkeit der einzelnen Anweisungen gelegt. Eine vollständige Aufführung nach Kategorien können Sie unter folgender URL finden: *http://s-prs.de/v9449008*

Wollen Sie von einer bestimmten Anweisung oder Schreibweise wissen, ob sie obsolet ist, können Sie die Anweisung markieren und [F1] drücken. Die SAP-Hilfe enthält die entsprechenden Informationen.

Anhang C
Eingebaute Datentypen

In Tabelle C.1 finden Sie die eingebauten Datentypen von ABAP in der Übersicht.

Typ	Länge	Bedeutung	Wertebereich	Initial
`i`	4 Byte	ganze Zahl	–2.147.483.648 bis +2.147.483.647	0
`int8` (ab Release 7.50)	8 Byte	ganze Zahl	–9.223.372.036.854.775.808 bis + 9.223.372.036.854.775.807	0
`p`	8 Byte	gepackte Zahl	1 bis 16 Byte	0
`decfloat16`	8 Byte	Gleitpunktzahl	Exponent von –383 bis +384	0
`decfloat34`	16 Byte	Gleitpunktzahl	Exponent von –6.143 bis +6.144	0
`f`	8 Byte	Gleitpunktzahl	–1,7976931348623157E+308 bis –2,2250738585072014E–308 für den negativen Bereich und +2,2250738585072014E–308 bis +1,7976931348623157E+308 für den positiven Bereich	0
`c`	1 Zeichen	Zeichen	1 bis 262.143 Zeichen	Leerzeichen
`n`	1 Zeichen	numerisches Textfeld	1 bis 262.143 Zeichen	'0'
`string`	variabel	Zeichenkette	variabel	Länge 0
`x`	1–64 kB	hexadezimal	1 bis 65.535 Byte	X'00'
`xstring`	variabel	hexadezimal	variabel	X'00'
`d`	8 Zeichen	Datum der Form 'JJJJMMDD'		'00000000'
`t`	6 Zeichen	Zeit der Form 'HHMMSS'		'000000'

Tabelle C.1 Eingebaute ABAP-Datentypen

Die Datentypen d, f, i und t sind fest definiert, während für die Datentypen c, n, p und x über den Zusatz LENGTH der Anweisung DATA oder TYPES die Länge spezifiziert werden kann.

Zusätzlich stellt ABAP die in Tabelle C.2 aufgeführten generischen Datentypen bereit. c, n, p, decfloat16, decfloat34 und x sind ebenfalls generisch, hier aber nicht noch einmal aufgeführt. Sie finden sie in Tabelle C.1.

Typ	Beschreibung
any, data	beliebiger Datentyp
clike	zeichenartig (c, n, string, d, t und zeichenartige flache Strukturen)
csequence	textartig (c, string)
numeric	numerische Typen (i, int8, p, decfloat16, decfloat32)
object	beliebiger Objekttyp
simple	elementarer Datentyp inklusive strukturierter Typen mit ausschließlich zeichenartigen flachen Komponenten
sorted table	sortierte Tabelle
standard table, table	Standardtabelle
hashed table	Hash-Tabelle
index table	Indextabelle
any table	interne Tabelle beliebiger Tabellenart
xsequence	byteartig (x, xstring)

Tabelle C.2 Generische ABAP-Typen

Anhang D
Transaktionscodes

Hier finden Sie eine Übersicht über die wichtigsten Transaktionen, die Sie bei der Entwicklung mit ABAP benötigen werden:

- Allgemeine ABAP-Entwicklung:
  - SE80: ABAP Development Workbench (Object Navigator)
  - SE38: ABAP Editor
  - SA38: Programmausführung
  - SE21/SPACKAGE: Package Builder
  - SE37: Function Builder
  - SE93: Transaktionspflege
  - SHDO: Anlage von Transaktionsvarianten
  - SE91: Nachrichtenklassen
  - SE24: Class Builder
  - SE84: Repository-Infosystem
  - SM13: Anzeige Verbuchungsaufträge
- ABAP Dictionary:
  - SE11: ABAP Dictionary
  - SE16: Data Browser
  - SE16N: Allgemeine Tabellenanzeige
  - SM30: Tabellensichtpflege
  - SE54: Generierung Tabellenpflegedialog
  - SM12: Sperreinträge auflisten
  - DBACOCKPIT: Verwaltung von Datenbanken
  - SICK: SAP Initial Inconsistency Check
  - SM13: Anzeige Verbuchungsaufträge
- Erweiterungen:
  - SE18: BAdI-Builder für Definitionen
  - SE19: BAdI-Builder für Implementierungen
  - SE20: Übersicht über alle Erweiterungen des Enhancement Frameworks

- SMOD: Anzeigen von Customer Exits
- CMOD: Projektanlage und Aktivierung von Customer Exits
- SPAU: Modifikationsabgleich
- SPDD: Modifikationsabgleich von Dictionary-Objekten
- SPAU_ENH: Abgleich von Erweiterungen
- SFW_BROWSER: Switch Framework Browser
- SFW1: Pflege von Schaltern
- SFW2: Pflege von Business Functions
- SFW3: Pflege von Business Function Set
- SFW5: Aktivierung von Business Functions

- Transportwesen:
  - SE10: Transport Organizer
  - SE01: Transport Organizer (erweiterte Sicht)
  - SE03: Transport Organizer Tools
  - STMS: Transport Management System
- Analyse- und Testwerkzeuge:
  - S_MEMORY_INSPECTOR: Memory Inspector
  - SCI: Einstieg des Code Inspectors
  - SCII: Direkte Inspektion
  - SLIN: Erweiterte Programmprüfung
  - SAT: Laufzeitanalyse
  - SE30: Alte Laufzeitanalyse
  - SWLT: SQL Worklist
  - SQLM: SQL-Monitor
  - SQLMD: SQL-Monitor: Auswertung
  - SCOV: ABAP Coverage Analyzer
  - SAUNIT_CLIENT_SETUP: Einstellung ABAP-Unit-Tests
  - ATC: ABAP Test Cockpit
  - ST05: Performanceanalyse
  - SLG1: Anzeige Log
  - SLG0: Anlage Log
  - ST22: Anzeige ABAP-Laufzeitfehler
  - STWBM: eCatt-Testfälle
  - SU53: Anzeige der letzten Berechtigungsprüfung

- Hintergrund/automatische Verarbeitung:
  - SM62: Übersicht der Ereignishistorie
  - SM35: Batch-Input-Mappen-Übersicht
  - SHDB: Transaktionsrecorder
  - SM36: Definition Hintergrundjob
  - SM37: Jobauswahl
- Systemübergreifende Services:
  - SM59: Konfiguration RFC-Verbindungen
  - SPROXY: Enterprise Services Browser
  - SOAMANAGER: Verwaltung Webservices
  - SEGW: Gateway Service Builder (OData)
  - /IWFND/GW_CLIENT: Gateway Client (Testen)
  - /IWFND/MAINT_SERVICE: Registrierung von OData-Services
  - /IWFND/ERROR_LOG: Fehlerlog für OData-Services
  - WE02: IDoc-Liste
  - WE30: Entwicklung von IDoc
  - SICF: Pflege ICF-Services
  - WDYID: Aufruf von Web-Dynpro-Anwendungen
- Formulare:
  - SMARTFORMS: SAP-Smart-Forms-Entwicklungen
  - SE71: Form Painter für SAPscript
  - SE78: Verwaltung von Formulargrafiken
  - SO10: Standardtexte
  - SFP: Adobe Forms
  - SE63: Standard-Übersetzungsumfeld
- Systemdienste und andere:
  - SHMA: Gebietsverwaltung für Shared Objects
  - SHMM: Shared Objects Monitor
  - SPRO: Customizing
  - SNRO: Nummernkreise
  - CG3Y: Datei von Server herunterladen
  - CG3Z: Datei auf Server hochladen
  - SU01: Benutzerpflege
  - SBWP: Business Workplace

  - SW01: Business Object Builder
  - PFCG: Rollenpflege für Berechtigungen
  - SP01: Spool-Steuerung
  - SOST: Sendeaufträge mit SAPconnect
- Allgemeine Systeminformationen:
  - SM04: Angemeldete User
  - SM50: Workprozess-Übersicht
  - BAPI: Business Object Repository
  - SWO2: Business Objekt Browser
  - ICON: Anzeige Icons
  - STERM: Glossar für SAP-Begriffe
  - AL11: SAP-Verzeichnisse
  - SE20: Erweiterungsinfosystem

Anhang E
Wichtige Systemfelder

Systemfelder sind eine Besonderheit des SAP-Systems. Es sind globale Felder, die von der Laufzeitumgebung zur Systemsteuerung benutzt werden. Diese Felder stehen Ihnen zur Laufzeit unter der Struktur mit dem Namen `sy` zur Verfügung, d. h., Sie können jederzeit mit ABAP darauf zugreifen. Insbesondere das Systemfeld `sy-subrc` ist von großer Bedeutung, da dieses Feld den Return-Code (erfolgreich oder nicht erfolgreich) der zuletzt ausgeführten ABAP-Anweisung enthält.

Prinzipiell sollten Sie die Systemfelder nur lesend verwenden, da anderenfalls die weitere Programmausführung beeinflusst werden kann. In Tabelle E.1 finden Sie eine Auflistung der wichtigsten Systemfelder, die in den Beispielen dieses Buches verwendet werden.

Systemfeld	Bedeutung
`sy-subrc`	Rückgabewert von ABAP-Anweisungen
`sy-index`	Schleifenindex
`sy-tabix`	Index für interne Tabellen
`sy-langu`	Sprache
`sy-mandt`	Mandant des Systems
`sy-tcode`	aktueller Transaktionscode
`sy-uname`	angemeldeter Benutzer
`sy-datlo`, `sy-timlo`	lokales Datum und Zeit des aktuellen Benutzers
`sy-cprog`	aufrufendes Programm
`Sy-repid`	Reportname

Tabelle E.1 Wichtige Systemfelder

Eine vollständige Übersicht über alle Systemfelder erhalten Sie, wenn Sie sich in Transaktion SE11 die Struktur `SYST` anschauen (siehe auch Abschnitt 3.3, »Strukturen«). Dort sind die einzelnen Felder definiert.

Anhang F
Technische Tabellen

Im Folgenden finden Sie wichtige technische Systemtabellen, in denen Informationen stehen, die für die Programmierung mit ABAP wichtig sind:

- Entwicklungsobjekte:
  - `T100`: Nachrichten aus Nachrichtenklassen
  - `DD01L`: Domänen
  - `DD02L`: Tabellen
  - `DD03L`: Tabellenfelder
  - `DD04L`: Datenelemente
  - `DD07L`: Festwerte zu Domänen
  - `DD12L`: Sekundärindizes zu Tabellen
  - `TDEVC`: Pakete
  - `TFDIR`: Funktionsbausteine
  - `ENLFDIR`: Zusatzattribute zu Funktionsbausteinen
  - `TADIR`: Katalog der Repository-Objekte
  - `TRDIR`: Programme (Report)
  - `SEOCLASS`: Klasse/Interface
  - `TSTC`: Transaktionscodes
- Benutzerinformationen:
  - `USR01`: Benutzerstamm (Runtime-Daten)
  - `USR02`: Anmeldedaten (Passwort, Sperre)
  - `USR21`: Zuordnung von Benutzername und Adressschlüssel
  - `ADRP`: Personen (Zugriff über Adressschlüssel)
  - `DEVACCESS`: Tabelle für Entwicklungs-User
- Transportwesen:
  - `E070`: Kopfdaten von Aufträgen/Aufgaben
  - `E071K`: Schlüsseleinträge von Aufträgen/Aufgaben
  - `E070C`: Quell-/Zielmandant
  - `TLOCK`: Sperrtabelle des Change- und Transportsystems

- Änderungsbelege:
  - CDHDR: Änderungsbelegkopf
  - CDPOS: Änderungsbelegpositionen
- Währungen:
  - TCURC: Währungscodes
  - TCURR: Umrechnungskurse
  - TCURX: Dezimalstellen
- Sonstige:
  - STXH: SAPscript-Textdatei (Kopf)
  - STXL: SAPscript-Textdatei (Zeilen)
  - TSP01: Spool: Aufträge
  - TSP02: Spool: Druckaufträge
  - NRIV: Nummernkreisintervalle
  - TNRO: Definition der Nummernkreisobjekte
  - CVERS: Versionsverwaltung der Softwarekomponenten

Anhang G
Nützliche Funktionsbausteine

Hier finden Sie eine Übersicht nützlicher Funktionsbausteine für verschiedene Aufgaben:

- Fortschrittsanzeige (siehe Abschnitt 16.7.2):
  - SAPGUI_PROGRESS_INDICATOR
- Application Log (siehe Abschnitt 16.8):
  - APPL_LOG_INIT: Anwendungslog initialisieren
  - BAL_LOG_CREATE: neues Log erstellen
  - BAL_LOG_DELETE: Log löschen
  - BAL_LOG_EXITS: Existenz eines Logs im Speicher prüfen
  - BAL_LOG_MSG_ADD: Nachricht dem Log hinzufügen
  - BAL_LOG_MSG_CHANGE: Nachricht ändern
  - BAL_LOG_MSG_DELETE: Nachricht löschen
  - BAL_LOG_MSG_EXIST: Existenz einer Nachricht prüfen
  - BAL_DB_SAVE: Log speichern
  - BAL_DSP_PROFILE_POPUP_GET: Anzeigeprofil auslesen
  - BAL_DSP_LOG_DISPLAY: Log als Pop-up-Fenster anzeigen lassen
- Für die Hintergrundverarbeitung:
  - BP_EVENT_RAISE: Hintergrundereignis auslösen (siehe Abschnitt 18.3, »Ereignisse für Jobs«)
  - JOB_OPEN, JOB_SUBMIT, JOB_CLOSE (siehe Abschnitt 18.4, »Jobs mit ABAP definieren«)
- Für die Arbeit mit dem Frontend gibt es eine Reihe von Funktionsbausteinen, die durch die Einführung der Klasse CL_GUI_FRONTEND_SERVICES obsolet sind (siehe Abschnitt 20.3.3, »Weitere nützliche Funktionen«).
- Für die Arbeit mit Batch-Input:
  - BDC_OPEN_GROUP, BDC_INSERT, BDC_CLOSE_GROUP (siehe Abschnitt 20.5, »Batch Input«)

- Formulare:
  - SAPscript: OPEN_FORM, WRITE_FORM, CLOSE_FORM, PRINT_TEXT (siehe Abschnitt 22.2.2, »Druckprogramm erstellen«)
  - SAP Smart Forms: SSF_FUNCTION_MODULE_NAME (siehe Abschnitt 22.3.2, »Druckprogramm erstellen«)
  - SAP Interactive Forms by Adobe: FP_JOB_OPEN, FP_JOB_CLOSE, FP_FUNCTION_MODULE_NAME (siehe Abschnitt 22.4.2, »Druckprogramm erstellen«)
  - SCMS_XSTRING_TO_BINARY: Umwandlung des ABAP-Typs xstring in einen binären Typ (siehe Abschnitt 22.5.3, »Generierung der internen Tabelle in SAP Interactive Forms by Adobe«)
  - CONVERT_OTF: OTF-Umwandeln (siehe Abschnitt 22.5.4, »OTF in PDF konvertieren«)
- ALV-bezogene Funktionsbausteine:
  - LVC_FIELDCATALOG_MERGE: Feldkatalog beschaffen (siehe Abschnitt 19.1.1, »Aufbau des Grundgerüsts«)
- Verbuchungsbausteine (siehe Abschnitt 13.5, »Datenkonsistenz«):
  - BAPI_TRANSACTION_COMMIT: Commit durchführen
  - BAPI_TRANSACTION_ROLLBACK: Rollback durchführen
- Formatierung/Konvertierung:
  - CONVERSION_EXIT_ALPHA_INPUT: führende Nullen hinzufügen
  - CONVERSION_EXIT_ALPHA_OUTPUT: führende Nullen entfernen (siehe hier die Formatierungsoption ALPHA der Zeichenketten-Templates in Abschnitt 7.12.7)
  - CONVERT_TO_FOREIGN_CURRENCY: Umrechnung der Hauswährung in Fremdwährung
  - CONVERT_TO_LOCAL_CURRENCY: Umrechnung Fremdwährung in Hauswährung
  - CONVERT_AMOUNT_TO_CURRENCY: Betrag in andere Währung umrechnen, die Umrechnungsrate wird von der Datenbank gelesen.
  - CONVERT_CURRENCY_BY_RATE: Betrag in andere Währung umrechnen, die Umrechnungsrate wird manuell übergeben.
  - WWW_LIST_TO_HTML: Listenausgabe in HTML umwandeln
- Arbeit mit Dropdown-Listen (siehe Abschnitt 12.2.4):
  - VRM_SET_VALUES: Befüllen einer Dropdown-Liste
  - DYNP_VALUES_READ: Lesen einer Dropdown-Liste
- Abfrage-Pop-up-Fenster (siehe Abschnitt 14.4):
  - POPUP_TO_CONFIRM: Ja-/Nein-Frage stellen
  - POPUP_TO_DECIDE: Mehrfachauswahl als Radiobuttons

- DD_POPUP_WITH_INFOTEXT: Texte anzeigen
- POPUP_GET_VALUES: Abfrage für mehrere Felder
- POPUP_TO_GET_VALUE: Abfrage für ein Feld
- F4IF_INT_TABLE_VALUE_REQUEST: interne Tabelle für Auswahl als [F4]-Hilfe
- F4IF_FIELD_VALUE_REQUEST: [F4]-Hilfe für Felder, die nur zur Laufzeit bekannt sind
- F4_DATE: Abfrage nach Datum
- POPUP_TO_SELECT_MONTH: Abfrage nach Monat

- Datumsfunktionen:
  - CALULATE_DATE: Berechnung des um die angegebenen Monate und Tage versetzten Datums
  - DATE_TO_DAY: Datum des Wochentages, abhängig von der Anmeldesprache
  - DATE_COMPUTE_DAY: Liefert die Nummer des Wochentages zum angegebenen Datum.
  - DATE_GET_WEEK: Gibt die Kalenderwoche zum angegebenen Datum zurück.
  - DATE_IN_FUTURE: Addition/Subtraktion einer Anzahl von Tagen zu einem mitgegebenen Datum
  - DATE_CHECK_PLAUSIBILITY: Plausibilitätsprüfung für Datum
  - WEEK_GET_FIRST_DAY: Gibt den ersten Tag einer Kalenderwoche zurück.
  - LAST_DAY_OF_MONTHS: Gibt den letzten Tag des Monats zurück.
  - FIMA_DAYS_AND_MONTHS_AND_YEARS: Ermittelt Tage, Monate und Jahre zwischen zwei kalendarischen Daten.
  - GET_CURRENT_YEAR: Gibt das aktuelle Jahr zurück.
  - HOLIDAY_GET: arbeitsfreie Tage auslesen
- Benutzerinformationen:
  - TH_POPUP: Nachricht an angemeldeten Benutzer
  - TH_DELETE_USER: Benutzer abmelden
  - TH_USER_INFO: Benutzerinformationen auslesen
  - TH_USER_LIST: Liste der angemeldeten Benutzer
  - BAPI_USER_GET_DETAIL: Benutzerdaten auslesen
- Sonstige Funktionsbausteine:
  - ABAP4_CALL_TRANSACTION (obsolet ab ABAP 7.40, stattdessen soll der Zusatz WITH AUTHORITY-CHECK der Anweisung CALL TRANSACTION verwendet werden (siehe Abschnitt 4.2.1, »Verwendung von CALL TRANSACTION«)
  - NUMBER_GET_NEXT: nächste Nummer eines Nummernkreises

- ENQUEUE_READ: Sperreinträge aus der Sperrtabelle lesen
- RFC_READ_TABLE: externer Zugriff auf Tabellen
- READ_TEXT: Langtext auslesen
- SAVE_TEXT: Langtext speichern
- GET_PRINT_PARAMETERS: Druckerparameter auslesen
- ICON_CREATE: Icon-Name und Text einem Dynpro-Feld übergeben
- REUSE_ALV_VARIANT_F4: Auslesen einer Anzeigevariante aus einem anderen Report

Anhang H
Klassen

Im Folgenden finden Sie eine Übersicht der wichtigsten ABAP-Systemklassen:

- Klassen für die Frontend-Programmierung:
  - die Unterklassen der Klasse `CL_GUI_CONTROL` (siehe Abschnitt 14.3, »SAP Control Framework«)
  - `CL_GUI_CUSTOM_CONTAINER`
  - `CL_GUI_SPLITTER_CONTAINER` (siehe Abschnitt 19.4, »Mehrere ALV-Tabellen auf einer Oberfläche«)
- Klasse zur Ausführung von nativem SQL:
  - Klasse `CL_SQL_STATEMENT` der ABAP Database Connectivity (ADBC; siehe Abschnitt 9.7.2, »ABAP Database Connectivity«)
- Klassen für ALV-Tabellen (siehe Kapitel 19, »Tabellenanzeige mit dem SAP List Viewer (ALV)«):
  - `CL_GUI_ALV_GRID` für die klassische ALV-Anzeige mit Eingabefunktion
  - `CL_SALV_TABLE` für die neue ALV-Anzeige
  - `CL_SALV_GUI_TABLE_IDA` für die ALV-Anzeige mit integriertem Datenzugriff auf Datenbanken
- Klassen für ein Debugging-Skript:
  - die Unterklassen der Klasse `CL_TPDA_SCRIPT_DATA_DESCR` (siehe Abschnitt 15.2, »Das Debugging-Skript«)
- persistente Klassen (siehe Abschnitt 24.1, »Object Services«)
- Shared Objects (siehe Abschnitt 24.3.2)
- Ausnahmeklassen (siehe Abschnitt 11.8.3):
  - `CX_ROOT`, `CX_DYNAMIC_CHECK`
  - `CX_STATIC_CHECK`
- Sonstige Klassen:
  - `CL_ABAP_CONV_IN_CE` zur Umwandlung von XML in JSON (siehe Abschnitt 24.2, »Mit XML und JSON arbeiten«)
  - `CL_XML_DOCUMENT` zur Erzeugung eines XML-Dokuments (siehe Abschnitt 24.2.4)

- `CL_ALV_TABLE_CREATE` zur dynamischen Erzeugung einer internen Tabelle (siehe Abschnitt 24.5, »Dynamische Erzeugung von Datenobjekten«)
- `CL_ABAP_TYPEDESCR` der Runtime Type Services (RTTS) mit all ihren Unterklassen zur Beschreibung und Erzeugung von Datentypen (siehe Abschnitt 24.6)
- `CL_GUI_FRONTEND_SERVICES` für den Zugriff auf das Frontend (Hoch- und Herunterladen von Dokumenten, Ordner auslesen etc., siehe Abschnitt 20.3.3, »Weitere nützliche Funktionen«)

Anhang I
Namenskonventionen für die Programmierung

In diesem Anhang stelle ich Ihnen eine mögliche Richtlinie zur Benennung von Entwicklungs- und Datenobjekten in ABAP vor. Es ist von hoher Bedeutung, dass sich innerhalb eines Unternehmens alle Programmierer – ob extern oder intern – an dieselben Namenskonventionen halten, um den Einarbeitungsaufwand und damit auch den Wartungsaufwand zu reduzieren.

In ABAP wird hier die sogenannte *ungarische Schreibweise* benutzt, bei der Präfixe die Art und den Typ der konkreten Komponente beschreiben. Auf diese Art und Weise soll auf Anhieb erkannt werden können, um was es sich bei der jeweiligen Komponente handelt. Dadurch wird der Programmcode lesbarer und verständlicher.

In den folgenden Beispielen wird der Kundennamensraum `Z` verwendet. Neben `Y` kann hier alternativ auch ein kundeneigener Namensraum /.../ verwendet werden. Prinzipiell ist bei der Namensgebung zu beachten, dass die Namen der meisten Entwicklungsobjekte auf wenige Stellen begrenzt sind.

Die hier vorgestellte Namenskonvention bedient sich folgender Abkürzungen:

- `V` für Variablen
- `S` für Strukturen
- `T` für interne Tabellen
- `O` für Referenzvariablen
- `R` für Datenreferenzen
- `I` für Interface-Referenzen
- `B` für BAdI-Referenzen
- `X` für Ausnahmeklassenreferenzen
- `TY` für Typen
- `TT` für Tabellentypen
- `RT` für Ranges-Tabellen
- `CO` für Konstanten
- `FS` für Feldsymbole

L steht für lokal, G für global. Diese Buchstaben werden jeweils bei Datenobjekten und Typen allen anderen Präfixen vorangestellt. GV_ steht also z. B. für eine globale Variable und LV_ für eine lokale Variable.

Die Namenskonventionen im Einzelnen:

- Namenskonventionen für Parameter (in Unterprogrammen, Funktionsbausteinen und Methoden):
  - Import: IV_, IS_, IT_, IR_, IO_ ...
  - Export: EV_, ES_, ET_, ER_, EO_ ...
  - Returning: RV_, RS_, RT_, RR_, RO_ ...
  - Changing: CV_, CS_, CT_, RR_, RO_ ...
  - Tables: TT_
- Namenskonventionen für Klassen:
  - Globale: ZCL_*
  - Lokale: LCL_*
  - Ausnahmeklassen: ZCX_*
  - Für Instanzattribute: MC_*, MV_*, MS_*, MT_*, MO_*, MR_* ... (M steht hier für Member.)
  - Für statische Attribute: GC_*, GV_*, GS_*, GT_*, GR_*, GO_* ...
  - Ereignisse: <Substantiv>_<Verb im Partizip>, z. B. DOUBLE_CLICKED
  - Attributzugriffe: SET_<Attributname>, GET_<Attributname>
  - Ereignisbehandler-Methoden: ON_<Ereignisname>
  - Typkonvertierungen: AS_<neuer Typ>, z. B. AS_STRING
  - Wahrheitsüberprüfungen: IS_<Adjektiv>, z. B. IS_ACTIVE
  - Prüfmethoden: CHECK_<Ziel>, z. B. CHECK_STATE
- Namenskonventionen für Interfaces:
  - Globale: ZIF_*
  - Lokale: LIF_*
  - Für die Komponenten gelten dieselben Konventionen wie für Klassen.
- Namenskonventionen für Jobs: Z<Modul>_*
- Namenskonventionen für Screenelemente/die Dynpro-Programmierung:
  - Parameter: P_*
  - Selektionsoptionen: SO_*
  - Checkboxen: CB_*
  - Radiobuttons: RB_*
  - Textfelder: LBL_*
  - Eingabefeld: IP_*

  - Buttons: BTN_*
  - Tab Strips: TS_*
  - Subscreen: SC_*
  - Table Control: TBL_*
  - Custom Control: CC_*
- Namenskonventionen für strukturierende Elemente:
  - Reports, Transaktionen, Nachrichtenklassen, Web Dynpro, Business Server Pages (BSP), Funktionsgruppen, Funktionsbausteine: Z<Modul>_<Name>
  - Pakete: Z<Module>_<Bereich>
  - Includes: wie Reports
  - Includes als Suffixe: _TOP für Top-Include, _PXX für PBO- (Process Before Output) und PAI-Module (Process After Input), _FORMS für Unterprogramme, _CLASS für lokale Klassen
- Namenskonventionen für Web Dynpro:
  - Views: V_*
  - Windows: W_*
  - View-Container: VC_*
  - Navigations-Plugs: FROM_<View>, TO_<View>
  - UI-Elemente: Button BTN_*, Eingabe IP_*, Tabelle TBL_* ...
- Namenskonventionen für Formulare:
  - SAPscript, SAP Smart Forms, SAP Interactive Forms by Adobe: Z<Modul>_*
  - SAP-Interactive-Forms-Schnittstelle: Z<Modul>_IF_*
  - Tabelle: TBL_*
  - Zeile: R_*
  - Zelle: C_*
  - Text: T_*
- Namenskonventionen für Erweiterungen:
  - Erweiterungsspots (Enhancement Spots): ZES_*
  - Erweiterungspunkte (Enhancement Points): ZEP_*
  - Erweiterungsimplementierung: ZEI_*
  - Customer Exits: ZCE_*
- Namenskonventionen für BAdIs:
  - Definitionen: ZBD_*
  - Implementierung: ZBI_*
  - Implementierungsklasse: ZCL_*

- Namenskonventionen für ABAP-Dictionary-Objekte:
  - Tabellen: `ZT_*`
  - Views: `ZV_*`
  - CDS-Views: `ZC_` und `ZCV_`
  - Tabellentypen: `ZTT_*`
  - Strukturen: `ZS_*`
  - Domänen: `ZD_*`
  - Datenelement: `ZE_*`
  - Suchhilfe: `ZH_*`
  - Sperrobjekte: `EZ<Tabelle>`
  - Typgruppen: `ZTY_*`

Anhang J
Systemglossar und Suche nach fremdsprachigen SAP-Begriffen

Sollten Sie mal einen Begriff nicht kennen oder nach einer Übersetzung für einen SAP-Begriff suchen, steht Ihnen als mehrsprachiges Glossar die Transaktion STERM zur Verfügung.

Beim erstmaligen Aufruf der Transaktion werden Sie nach den Quell- und Zielsprachen gefragt, die Sie in der späteren Suche verwenden möchten. Tragen Sie hier, wie in Abbildung J.1 dargestellt, die gewünschte **Quellsprache** und **Zielsprache** ein. Weitere gewünschte Sprachen tragen Sie unter **Weitere Sprachen** ein.

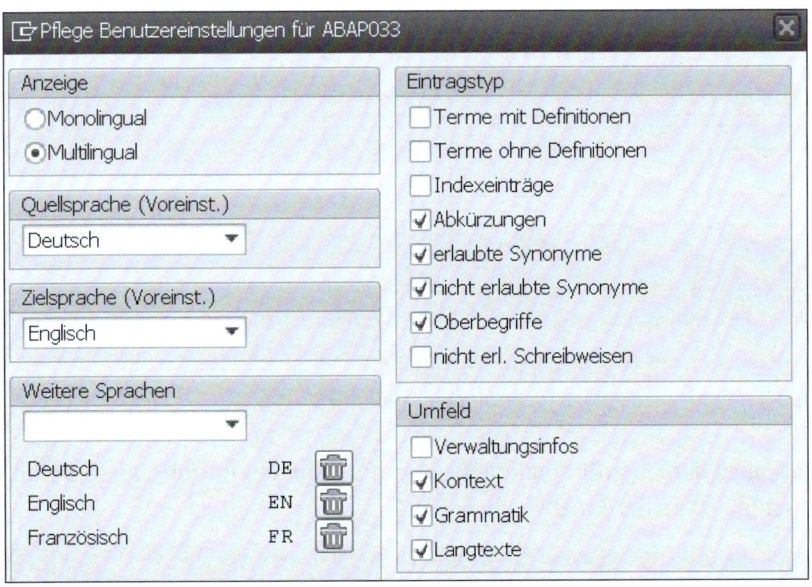

Abbildung J.1 Einstellung der Sprachen in den Benutzereinstellungen

Nach dem Bestätigen der Eingabe gelangen Sie zum Startbildschirm der Begriffssuche, auf dem Sie nun, wie in Abbildung J.2 gezeigt, nach SAP-Begriffen suchen können.

Wählen Sie dazu die gewünschte Quell- und Zielsprache aus, und tragen Sie unter **Terminologiebegriff** einen SAP-Begriff ein.

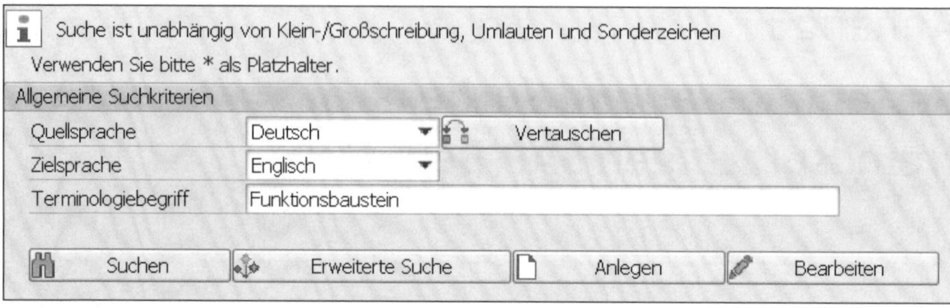

Abbildung J.2 Suche nach einem Begriff

Wie als Information über der Suche angegeben, ist die Suche unabhängig von der Groß- und Kleinschreibung, von Umlauten oder Sonderzeichen. Als Platzhalter können Sie hier den Stern (*) verwenden. Klicken Sie anschließend auf den Button **Suchen**. Dadurch gelangen Sie zu der in Abbildung J.3 dargestellten Ergebnisansicht, in der Ihr Begriff mit seiner Übersetzung angezeigt wird.

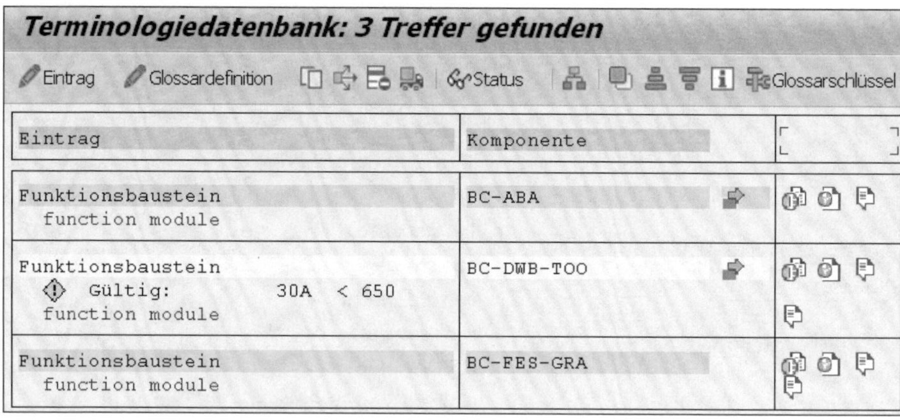

Abbildung J.3 Ergebnisanzeige der Technologiedatenbank

Eine Definition zu dem Begriff erhalten Sie, wenn Sie auf den Button **Glossardefinition in SAPscript** () rechts daneben klicken.

Anhang K
Glossar

ABAP Core Data Services (ABAP CDS) Ermöglichen es, mit einer eigenen Datendefinitionssprache datenbankunabhängige CDS-Views und CDS-Tabellenfunktionen zu definieren. Diese dienen dem Zugriff (Lesen und Ändern) von Daten auf Datenbanktabellen.

ABAP Development Tools (ADT) die auf Eclipse basierende Entwicklungsumgebung für ABAP

ABAP Doc Dokumentationswerkzeug, das es erlaubt, Klassen direkt im ABAP-Quelltext mithilfe von speziellen ABAP-Doc-Kommentaren zu dokumentieren. Aus den so definierten Dokumentationen können anschließend HTML-Dokumente erzeugt werden.

ABAP Managed Database Procedures (AMDP) Klassen-Framework, das die Entwicklung von Stored Procedures auf dem ABAP-Applikationsserver in Form von Klassenmethoden erlaubt

ABAP Test Cockpit (ATC) Framework, das den Code Inspector und ABAP-Unit-Tests mit dem SAP-Transportwesen verknüpft und zusätzlich Werkzeuge zur Ausführung und Auswertung verschiedener Tests bereitstellt

ABAP Unit Testwerkzeug für die Durchführung von Modultests. Ein Test wird dazu in einer lokalen Testklasse definiert. Methoden und Funktionsbausteine werden automatisch und mit vordefinierten Parametern aufgerufen und die Ausgabeparameter mit vordefinierten Erwartungswerten verglichen. Stimmt der Ausgabeparameter nicht mit dem erwarteten Ergebnis überein, liegt ein Fehler vor.

ABAP Workbench Die Entwicklungsumgebung für ABAP im SAP GUI. Enthält alle notwendigen Werkzeuge zur Bearbeitung von Entwicklungsobjekten.

ALV → *SAP List Viewer*

BAPI Abkürzung für *Business Application Programming Interface*. Stellt eine Schnittstelle für SAP-Standardlogik bereit. BAPIs dienen der Abfrage und dem Ändern von Business-Objekten und werden durch Funktionsbausteine implementiert, deren Namen mit `BAPI_` anfangen. Den BAPI-Explorer zur Suche nach BAPIs können Sie über die Transaktion BAPI aufrufen.

Batch Input Technik zum Automatisieren von Transaktionen zur Übernahme von Daten. Die Steuerung geschieht dabei über in *Batch-Input-Mappen* zusammengefasste Steuerungsbefehle.

Breakpoint Haltepunkt, bei dem die Verarbeitung eines ABAP-Programms anhält und der ABAP Debugger aufgerufen wird

Business Add-in (BAdI) Technologie zur Erweiterung des SAP-Systems. BAdIs bestehen prinzipiell aus einem Interface und können durch eine Klasse implementiert werden. In SAP-Programmen sind dazu feste Aufrufstellen vorgesehen.

Business Object Processing Framework (BOPF) Ein Framework zur Definition und Entwicklung von Geschäftsobjekten, die durch eine bereitgestellte API programmatisch angesprochen werden können, um beispielsweise Grundoperationen wie CRUD (Create, Read, Update und Delete) auf diese durchzuführen. Zusätzlich können die Geschäftsobjekte um weitere Logik angereichert werden.

Casting Umwandlung eines Datentyps in einen anderen Datentyp, z. B. Integer zu String oder Klassentyp A zu Klassentyp B

Code Inspector Werkzeug zum Überprüfen und Analysieren von Entwicklungsobjekten, wie z. B. ABAP-Programmen. Kann über die Transaktion SCI aufgerufen werden.

Core Data Services → *ABAP Core Data Services (ABAP CDS)*

Customer Exits Eine von der SAP bereitgestellte Möglichkeit, SAP-Standardprogramme an fest vorgesehenen Stellen über Funktionsbausteine zu erweitern. Customer Exits werden von SAP in der Transaktion SMOD angelegt und können in der Transaktion CMOD implementiert und aktiviert werden.

Datendeklaration Prozess des Definierens eines Datenobjekts mit `DATA`

Datenelement Ein Entwicklungsobjekt im ABAP Dictionary, das einen konkreten Datentyp beschreibt. Die Eigenschaften des Datentyps können entweder direkt im Datenelement oder in einer Domäne definiert werden. Zusätzlich definiert das Datenelement semantische Eigenschaften, wie die Bedeutung, durch Texte und eventuelle Suchhilfen. Ein Datenelement kann in beliebig vielen Strukturen und global von ABAP-Programmen verwendet werden.

Domäne Ein Entwicklungsobjekt im ABAP Dictionary, das die Eigenschaften von Datenelementen beschreibt. Dazu gehören beispielsweise der Datentyp und eine eventuelle Wertemenge. Eine Domäne kann in beliebig vielen Datenelementen verwendet werden.

Dynpro Abkürzung für *Dynamisches Programm*. Ein Bildschirm im SAP GUI sowie die zugehörige Ablauflogik. Dynpros werden mithilfe des Screen Painters innerhalb der ABAP Workbench erstellt.

Eclipse Open-Source-Entwicklungsumgebung für die Programmierung. Sie ist offen und kann durch Plug-ins (zum Beispiel für die ADT) erweitert werden.

Enhancement Framework Framework, das verschiedene Konzepte zur Erweiterung des SAP-Systems zusammenfasst

Ereignis Kann als Komponente definiert werden und wird durch Methoden ausgelöst. Andere Methoden (auch anderer Klassen) können auf das Ereignis reagieren, indem sie sich vorher für das Ereignis registrieren.

Formroutine → *Unterprogramm*

Funktionsbaustein eine global im System verfügbare Prozedur, die aus allen Programmen heraus aufgerufen werden kann

Funktionsgruppe ein spezielles ABAP-Programm, das Funktionsbausteine logisch kapselt

Hintergrundjob Dient dem automatischen Aufrufen von ABAP-Programmen für die Hintergrundverarbeitung zu festgelegten Einstellungen. Die Ausführung findet ohne Selektionsbildschirm statt.

Include ABAP-Programm, das mit der Anweisung `INCLUDE` in ein anderes ABAP-Programm eingebunden wird. Dient der Strukturierung und Wiederverwendung von Programmteilen.

Inline-Deklaration Definieren eines Datenobjekts innerhalb oder anhand der Rückgabe einer anderen ABAP-Anweisung

Instanz ein einzelnes zur Laufzeit existierendes Exemplar einer Klasse und softwaretechnische Repräsentation eines einzelnen Objekts

Instanzattribut Beschreibt eine Eigenschaft einer Instanz; der entsprechende Datentyp ist in der Klasse deklariert.

Interface Ermöglicht den einheitlichen Zugriff auf gleiche (vom Interface definierte) Komponenten verschiedener Klassen. Eine Klasse realisiert ein Interface, in dem sie für jede ihrer Operationen eine Implementierung zur Verfügung stellt. Der Zugriff erfolgt über eine Objektreferenzvariable vom Typ des Interface.

Interne Tabelle Ein dynamisches Datenobjekt, das eine Tabelle innerhalb des ABAP-Applikationsservers als 2D-Array darstellt. Es hat demzufolge Spalten und Zeilen und kann Daten enthalten. Eine interne Tabelle wird über einen Zeilentyp, die Tabellenart (Standard, sortiert, Hashed) und über einen Tabellenschlüssel spezifiziert. Für die Arbeit mit internen Tabellen stehen mehrere ABAP-Anweisungen bereit.

Internet Communication Framework (ICF) Schicht im Applikationsserver, die als Webserver dient und sich um die eingehenden und ausgehenden Anfragen (HTTP, HTTPS und SMTP) kümmert. Durch das ICF kann das SAP-System mit dem Internet kommunizieren und Webservices korrekt ausführen.

Klasse Beschreibung von Objekten einer Art. Dies erfolgt über Attribute (Eigenschaften) und Funktionen (Verhalten).

Konstruktor eine Methode, die immer dann aufgerufen wird, wenn die Instanz einer Klasse erzeugt wird

Konstruktorausdrücke Eine Reihe von ABAP-Anweisungen, die mit ABAP 7.40 eingeführt wurde und direkt an Operandenpositionen angegeben werden kann. Sie dient der Erzeugung von Inhalten zu einem angegebenen Typ. Dazu gehören die Instanziierung, die Erzeugung von Werten und Referenzen, verlustfreie Berechnungen, Konvertierungen, das Kopieren von Komponenten, die Umwandlung von Typen, die Reduzierung und das Filtern interner Tabellen und das Überprüfen von Bedingungen.

Legacy System Migration Workbench (LSMW) Unterstützt die Übernahme und Transformation von Daten aus Fremdsystemen und verschiedenen Quellen durch spezielle Entwicklungswerkzeuge.

Makro lokal in einem Programm definierte obsolete Anweisungsfolge, die mit `DEFINE` beginnt und mit `END-OF-DEFINITION` abgeschlossen wird

Mesh spezielle Struktur, deren Komponenten ausschließlich aus internen Tabellen bestehen, die über Assoziationen miteinander verknüpft sind und über Mesh-Pfade ausgelöst werden können

Methode Eine Funktion, die die Instanz einer Klasse ausführen kann. Die Implementierung ist in der Klasse definiert.

Object Services Klassen-Framework, das Persistenz- und Transaktionsdienste zur Verfügung stellt, mit denen persistente Objekte verwaltet werden können. Dient als Abstraktionsschicht zwischen einem ABAP-Programm und einer Datenbanktabelle, sodass nur über Methoden von Klassen mit der Datenbanktabelle gearbeitet wird.

Objekt Objekt der realen Welt, bezeichnet aber auch die Instanz einer Klasse.

Open SQL Anweisungen, die in ABAP für den Zugriff (Lesen und Ändern) auf Datenbanktabellen bereitstehen. Diese Anweisungen funktionieren datenbankunabhängig.

PBO-/PAI-Modul *Process Before Output* und *Process Before Input* sind Dynpro-Ereignisse, die vor und nach der Anzeige eines Dynpros durchlaufen werden. Sie dienen dem Aufbereiten eines Dynpros und dem Verarbeiten der Benutzereingaben bzw. -aktionen.

Pflegedialog Dient dem Bearbeiten einer Tabelle über eine Oberfläche, die in Transaktion SM30 aufgerufen werden kann. Der Pflegedialog für eine Tabelle kann im ABAP Dictionary in Transaktion SE11 angelegt werden.

Ranges-Tabelle spezielle interne Tabelle, die eine komplexe Bedingung pro Zeile für die Selektion von Daten aus einer Datenbanktabelle beinhalten kann

Report ausführbares Programm zur Darstellung von Daten, z. B. in einer Liste oder auf einem Dynpro

Repository-Objekte Entwicklungsobjekte jeglicher Art. Dazu gehören z. B. Reports, Klassen oder Objekte des ABAP Dictionarys.

Runtime Type Services (RTTS) Klassen-Framework zur Erstellung von Typbeschreibungen (Runtime Type Creation, RTTC) und zur Beschaffung von Informationen zu Datentypen, Klassen, Interfaces und Objekten (Runtime Type Information, RTTI)

SAP Control Framework (CFW) Klassen-Framework, das verschiedene UI-Elemente für das SAP GUI bereitstellt

SAP Fiori Neue Weboberflächentechnologie von SAP. SAP-Fiori-Apps sind in SAPUI5 entwickelte Anwendungen, die den Gestaltungsrichtlinien von SAP Fiori folgen.

SAP Gateway Add-on für ein SAP-NetWeaver-System. Unterstützt die Entwicklung und Bereitstellung von OData-Services, die unter anderem für SAPUI5-Anwendungen zur Datenbeschaffung benötigt werden.

SAP HANA eine von SAP entwickelte programmierbare Datenbank, die In-Memory-fähig ist

SAP-HANA-Views Ein SAP-HANA-View ist ein auf der SAP-HANA-Datenbank entwickelter View und dient der Selektion, Analyse und Berechnung von Daten. Mit Attribute, Analytic und Calculation Views gibt es drei View-Typen, von denen Calculation Views die umfassendsten Funktionen aufweisen und daher zukünftig bevorzugt zum Einsatz kommen sollen. Mithilfe eines externen Views kann ein SAP-HANA-View direkt mit Open SQL konsumiert werden.

SAP List Viewer (ALV) Klassen-Framework zur Erstellung von tabellarischen oder hierarchischen Anzeigen

SAP-Systemlandschaft alle SAP-Systeme in einem Unternehmen und deren Beziehung zueinander

SAPUI5 Entwicklungs-Framework zur Entwicklung von SAP-Weboberflächen, basierend auf HTML5. Alle SAP-Fiori-Anwendungen werden mit SAPUI5 entwickelt.

Selektionsbildschirm Spezielles Dynpro als Eingabemaske zur Konfiguration einer Reportausführung. Der Selektionsbildschirm kann durch spezielle Anweisungen gestaltet werden. Er hat standardmäßig die Dynpro-Nummer 1000.

Selektionstabelle → *Ranges-Tabelle*

SPA-/GPA-Parameter Datenobjekte, die helfen, die Eingabefelder auf Dynpros auszulesen und mit Werten zu füllen. Dazu sind die Eingabefelder mit einem SPA-/GPA-Parameter verknüpft. Auf diese Weise können z. B. die Eingabefelder von Standardtransaktionen mithilfe von ABAP vorbelegt werden.

Sperrobjekt Dient dem Sperren von Datenbanktabellen für Lese- oder Schreibezugriffe. Wird verwendet, um die Datenkonsistenz zu gewährleisten.

SQL-Monitor Transaktion SQLM zum Mitschneiden von SQL-Zugriffen über einen längeren Zeitraum für das gesamte SAP-System

SQL Performance Tuning Worklist Transaktion SWLT zur Analyse von im SQL-Monitor gesammelten Zugriffsdaten und von den vom ABAP Test Cockpit gesammelten statischen Analysen

SQLScript SAP-HANA-spezifische Skriptsprache zur Definition von SQLScript-Prozeduren und -Funktionen. Kann zur nativen Programmierung auf der SAP-HANA-Datenbank verwendet werden. Über Datenbankprozedur-Proxies können SQLScript-Prozeduren direkt mit ABAP aufgerufen werden (in Form von AMDP-Methoden). Siehe auch → *ABAP Managed Database Procedures (AMDP)*.

Statische Methode eine Methode, die eine Klasse selbst ausführen kann, ohne dass von der Klasse vorher explizit eine Instanz erzeugt werden muss

Statischer Konstruktor eine Methode, die immer dann aufgerufen wird, wenn der erste Zugriff auf eine statische Komponente einer Klasse erfolgt

Statisches Attribut Beschreibt eine Eigenschaft der Klasse. Auf die Attribute kann zugegriffen werden, ohne dass von der Klasse vorher explizit eine Instanz erzeugt werden muss.

Stored Procedure Datenbankprozedur, insbesondere eine auf der SAP-HANA-Datenbank gespeicherte Prozedur, die dort auch implementiert wurde. Eine Stored Procedure kann mithilfe von SQL zum Lesen und Bearbeiten von Daten in Datenbanktabellen verwendet werden.

Struktur Beschreibt logisch zusammenhängende Komponenten, die jeweils eine eigene Typisierung aufweisen und auf die über den Namen der Struktur mit einem Bindestrich wie auf eine Variable zugegriffen werden kann.

Switch Framework (SFW) Framework, das der Steuerung der Sichtbarkeiten von Entwicklungsobjekten oder Erweiterungen dient. Die Steuerung geschieht über Schalter.

Tabellenausdruck Eine neue Schreibweise für die Anweisung `READ TABLE` zum Lesen einer Zeile einer internen Tabelle. Kann direkt an einer Operandenposition verwendet werden.

Tabellentyp Beschreibt den Aufbau einer internen Tabelle und kann in ABAP-Programmen sowie in Schnittstellen von Funktionsbausteinen und Methoden von Klassen mit der Anweisung `TYPE` verwendet werden.

Transportaufgabe Teil eines Transportauftrags. Identifiziert genau einen Entwicklungsbenutzer.

Transportauftrag Container zum Transportieren von Entwicklungsobjekten zwischen verschiedenen Systemen

Transportweg definierte Verbindung zwischen zwei Systemen, über die Transportaufträge in das System eingespielt werden können

Unterprogramm Lokal in einem Programm definierbare Prozedur, die mit `FORM` anfängt und mit `ENDFORM` aufhört. Unterprogramme sind obsolet.

User Exits Spezielle von SAP bereitgestellte Unterprogramme, deren Namen mit `USEREXIT_` anfangen und die der Erweiterung des originalen SAP-Quellcodes dienen. Müssen durch eine Modifikation implementiert werden.

View Verknüpft mehrere Tabellen logisch miteinander und kann in einer Open-SQL-Anweisung als Datenquelle verwendet werden. Siehe auch → *ABAP Core Data Services (ABAP CDS)* und → *SAP-HANA-Views*.

Watchpoint dynamischer Haltepunkt, bei dem die Verarbeitung eines ABAP-Programms nur dann anhält, wenn ein Datenobjekt einen bestimmten Wert annimmt oder sich ändert

Webservice Beschreibt eine über das Internet erreichbare Funktion. SAP kennt REST-, SOAP- und OData-Services.

Der Autor

Felix Roth ist Trainer, Entwickler und Berater mit Herzblut und im kompletten ABAP-Technologie-Umfeld zu Hause. Aktuell ist er als selbstständiger Berater unter dem Namen LOOP AT Consulting (*www.loop-at.de*) tätig. In seiner Position berät er Kunden in den verschiedensten Entwicklungsprojekten und beschäftigt sich maßgeblich mit den neuesten SAP-Technologien. Seit 2014 hält Felix Roth regelmäßig SAP-Schulungen. Seine Spezialität sind speziell auf den Kundenbedarf zugeschnittene Schulungen.

Index

B

C

D

F

G

H

I

J

K

L

N

O

P

Q

R

S

T

U

V

W

X

Z